Normandie
UNE TERRE DE CONTRASTES

Terre de contrastes, la Normandie rayonne par son authenticité. Ici, la nature a conservé ses lettres de noblesse et dévoile ses multiples facettes au fil du littoral et de sa jolie campagne. Ses longues plages et ses côtes accidentées, aux falaises abruptes, côtoient bocages et plaines verdoyantes. Son patrimoine architectural regorge de joyaux inestimables, de la cathédrale de Rouen aux petites églises qui trônent sur les places de ses charmants villages.

Marquée par l'histoire, la région a vu débarquer le 6 juin 1944 des milliers de soldats venus libérer la France. Ils ont forgé à jamais le destin de la Normandie, devenue un lieu de mémoire. Une région également indissociable de sa voisine anglaise : ses îles anglo-normandes en témoignent et l'épopée menée il y a un millénaire par un certain Guillaume le Conquérant n'y est pas pour rien…

Terre de culture, d'art, de littérature, de peinture, de musique : nombreux sont les artistes qui ont trouvé dans la diversité de ce territoire une inspiration fertile pour nourrir leurs œuvres. Cette tradition perdure puisque de nombreux festivals animent chaque année la saison estivale.

Impossible d'évoquer la Normandie sans parler de sa gastronomie ! Teurgoule, spécialité proche du riz au lait, camembert, calvados… ce n'est qu'un petit échantillon des richesses du terroir normand.

Dans une période marquée par la crise sanitaire liée à la pandémie de la Covid-19, la Normandie constitue une destination idéale pour s'évader. Dépaysement assuré !

Retrouvez cette offre en page 442

SOMMAIRE

© ROSSHELEN - SHUTTERSTOCK.COM

6 INSPIRER

Les bonnes raisons d'y aller, les mots-clés à connaître, les événements qui rythment l'année... Un premier aperçu de la destination, pour se mettre dans le bain !

27 DÉCOUVRIR

Histoire, géographie, gastronomie, sports, architecture, arts et culture... Toutes les clés pour comprendre cette région passionnante.

77 CALVADOS

Ses plages du Débarquement, ses stations balnéaires aux noms mythiques, Guillaume le Conquérant, sa richesse culturelle. Ici, le patrimoine, l'histoire et l'art rayonnent.

221 EURE

Les jardins de Claude Monet à Giverny, l'incroyable forteresse de Château-Gaillard, ses villes d'art et d'histoire à l'architecture préservée. Une région authentique propice à l'évasion.

© ANNE CROCHARD

© FOTOLIA

443 SEINE-MARITIME

Des incroyables falaises d'Etretat à l'architecture unique du Havre, de Rouen à la destinée historique aux superbes plages de Dieppe : une terre de contrastes.

527 ORGANISER SON SÉJOUR

Moyens de transports, agences de voyage et autres informations pratiques : tout le nécessaire pour planifier au mieux vos vacances.

273 MANCHE

Le Mont-Saint-Michel et sa baie, les incroyables panoramas du Cotentin, les îles anglo-normandes de Jersey et Guernesey. Un territoire à la richesse naturelle et à la beauté sauvage.

© ROLF E. STAERK - SHUTTERSTOCK.COM

387 ORNE

Des jolis vallons du Perche aux paysages du bocage en passant par la beauté naturelle de la Suisse normande. Véritable poumon vert de la région au patrimoine préservé.

Autoroute
Nationale 4 voies
Nationale
Départementale
Préfecture
Sous-préfecture
Ville, village
Forêt domaniale
M anche
Cap Lévy
CHERBOURG-OCTEVILLE
St.Pierre-Eglise
BARFLEUR
D901
Quettehou
Pointe de Barfleur
'ST-VAAST-LA-HOUGUE
D904
Les Pieux
N13
D902
BRICQUEBEC
VALOGNES
Plages du Débarquement
ARROMANCHES-LES-BAINS
LUC-SUR-MER
ST-AUBIN-SUR-MER
Lion-sur-Mer
Ste.Mère-Eglise
ST.SAUVEUR-LE-VICOMTE
GRANDCAMP-MAISY
PORT-EN-BESSIN
BARNEVILLE-CARTERET
COURSEULLES-SUR-MER
St-Laurent-sur-Mer
La Hague-du-Puits
Douve
D514
Portbail
D903
Colleville-sur-Mer
Bernières-sur-Mer
Carentan
ISIGNY SUR-MER
BAYEUX
CABOURG
Douvres-la-Délivrande
Merville-Fra
D900
D24
D971
Creully
COLLEVILLE-MONTGOMERY
Bénouville
Lessay
St.Jean-de-Daye
D5
D572
MONTGOMERY
RANVILLE
Tilly-sur-Seulles
N13
Périers
Vire
Balleroy
D9
D2
D13
CAEN
Dive
ST-LÔ
N175
Troarn
Vieux-la-Romaine
D613
COUTANCES
D972
Villers-Bocage
N174
AGON-COUTAINVILLE
Calvados
Moult
Manche
A84
N158
D40
Aunay-sur-Odon
D562
N175
D7
Thury-Harcourt
Potigny
D6
D511
Gavray
D6
CLÉCY
Condé-sur-Noireau
D577
D511
FALAISE
GRANVILLE
Vassy
VIRE
N512
Villedieu-les-Poêles
Orne
N158
D909
D973
D999
Putanges-Pont-Ecrepin
Sourdeval
Tinchebray
FLERS
ARG
LE MONT-ST.MICHEL
AVRANCHES
Sée
D5
D924
Messei
Briouze
Ecouché
A88
MORTAIN
D962
Vers Dinan, S t.M alo
N175
N176
D908
la Ferté-Macé
CAROUGE
St.Hilaire-du-Harcouët
Sélune
Domfront
N176
Pontorson
A84
D21
BAGNOLES-DE-L'ORNE
ALE
Vers Fougères
Vers Rennes
Vers M ayenne
Vers le M ayenne
Ille-et-Vilaine
Mayenne

Normandie
LE TRÉPORT
Vers Abbeville
Criel-sur-Mer
EU
Gamaches
Vers Abbeville
DIEPPE
Envermeu
le Bourg-Dun
D925
ARQUES-LA-BATAILLE
ST.VALERY-EN-CAUX
Fontaine-le-Dun
Béthune
D1
Bresle
A28
Vers Amiens
D142
NEUFCHÂTEL-EN-BRAY
Aumale
Fécamp
D925
CANY-BARVILLE
Longueville-sur-Scie
Valmont
Doudeville
TRETAT
D940
D926
Fauville-en-Caux
Yerville
St-Saëns
D915
Criquetot-l'Esneval
Goderville
Forges-les-Eaux
D925
CLÈRES
Buchy
VILLIERS
A29
N15
YVETOT
ARFLEUR
BOLBEC
Caudebec-en-caux
Barentin
A1501
Seine-Maritime
Argueil
Vers Beauvais
Andelle
LILLEBONNE
Seine
A15
HONFLEUR
DUCLAIR
ROUEN
GOURNAY-EN-BRAY
TROUVILLE-SUR-MER
Boos
Lyons-la-Forêt
Val-de-Reuil
Fleury-sur-Andelle
Beuzeville
La Bouille
Touques
A29
N175
PONT-AUDEMER
Bourg-Achard
Etrépagny
MONTFORT S./RISLE
PONT-DE-L'ARCHE
Cormeilles
Elbeuf
GISORS
A13
Blangy-le-Chate
Lieurey
le Bec-Hellouin
N138
les Andelys
LOUVIERS
Vers Pontoise
Brionne
Seine
le Neubourg
LISIEUX
Thiberville
la Rivière-Thibouville
Eure
VERNON
Val-d'Oise
A28
D613
Iton
A13
BERNAY
Beaumont-le-Roger
GIVERNY
EVREUX
Eure
Touques
Orbec
Broglie
D140
Beaumesnil
Vers Paris
Pacy-sur-Eure
Conches
St-André-de-l'Eure
la Neuve-Lyre
D 819
IVRY-LA-BATAILLE
D979
N138
Damville
N154
Orne
Breteuil
Risle
Iton
Yvelines
Gacé
Exmes
l'Aigle
Nonancourt
D932
Verneuil
Nonant-le-Pin
Vers Dreux
le Merlerault
Moulins-la-Marche
Avre
Courtomer
N12
D932
Tourouvre
N12
D918
MORTAGNE-AU-PERCHE
D938
Rémalard
Vers Chartres
BELLÊME
D955
Eure-et-Loir
Vers le Mans
le Theil
N23
Vers le Mans
Sarthe
Loir et Cher
15 KM

QUAND Y ALLER

JANVIER	FÉVRIER	MARS
CAEN 2° / 9°	CAEN 3° / 9°	CAEN 4° / 12°
ROUEN 1° / 7°	ROUEN 1° / 8°	ROUEN 3° / 12°

JANVIER

LE GOÛT DES AUTRES
Au Havre, un festival de création littéraire qui permet chaque année au public de découvrir des écrivains, des textes et des artistes.

FÉVRIER

LE CARNAVAL DE GRANVILLE

© ANNDCS - SHUTTERSTOCK.COM

Plus grand carnaval de la région, classé par l'Unesco au patrimoine culturel immatériel de l'humanité. Un incontournable.

MARS

Toute l'année, la Normandie ne manque pas d'attraits et ses charmes se dévoilent à chaque saison. Au printemps et à l'automne, la nature se pare de milles couleurs et il fait bon se promener en campagne ou sur ses belles plages. A la saison estivale, le soleil brille sur la région et les animations se multiplient : festivals, activités sportives, visites culturelles ou virées gastronomiques sont au programme. L'hiver, découvrez la Normandie au coin du feu lors d'une escapade détente.

AVRIL

CAEN

5° / 14°

ROUEN

5° / 15°

FLAUBERT 21
Gustave Flaubert s'est taillé une place de choix dans le paysage littéraire. Cet événement rouennais est l'occasion de le redécouvrir.

L'EURE POÉTIQUE ET MUSICALE
Un festival original et singulier dans le paysage culturel normand qui met à l'honneur la musique classique et ses grands noms.

MAI

CAEN

8° / 18°

ROUEN

8° / 18°

VEINES URBAINES
C'est l'événement d'art urbain de l'agglomération rouennaise. Expositions et performances modernes rythment le festival.

ANNIVERSAIRE DU DEBARQUEMENT - D-DAY FESTIVAL
La région célèbre le Débarquement des alliés autour de multiples animations et manifestations. Plongez dans l'ambiance « D-Day » !

FÊTE DU FROMAGE

© SLOWMOTIONGLI - STOCK.ADOBE.COM

Pont-l'Évêque célèbre son fameux fromage AOC à la forme carrée. Un rendez-vous très folklorique qui fleure bon le pays d'Auge.

JUIN

CAEN

11° / 21°

ROUEN

11° / 21°

FESTIVAL DU FILM ROMANTIQUE
A Cabourg, ce festival, qui met l'amour au cœur de sa programmation, est devenu au fil des années incontournable en France et à l'étranger.

QUAND Y ALLER

JUILLET

CAEN

13° / 23°

ROUEN

13° / 24°

LES VENDREDIS DE L'ÉTÉ
L'un des rendez-vous de l'été à Bagnoles de l'Orne ! Une programmation entre concerts et théâtre de rue qui réjouit tous les publics.

FESTIVAL BEAUREGARD
Un festival incontournable de la région, qui lance à Hérouville-Saint-Clair les festivités de l'été, à ne surtout pas manquer. Pensez vite à réserver !

FESTIVAL DES GRANDES MARÉES
A Jullouville, avec en toile de fond le magnifique décor de la baie du Mont-Saint-Michel, ce festival à la programmation variée mérite le détour.

$ $ $

AOÛT

CAEN

13° / 24°

ROUEN

13° / 24°

ROLEX FASNET RACE
Une course prestigieuse à laquelle participent 500 voiliers et dont le point d'arrivée est la capitale du Cotentin : Cherbourg !

PAPILLONS DE NUIT
Des milliers de festivaliers se pressent à Saint-Laurent-de-Cuves pour participer à ce rendez-vous qui met la musique dans toute sa diversité à l'honneur.

MÉDIÉVALES DE MONTFORT-SUR-RISLE
Cet événement est l'occasion de découvrir une page de l'histoire locale tout en profitant des animations ludiques et pédagogiques.

© ZELJKO VRANJKOVIC - SHUTTERSTOCK.COM

$ $ $

SEPTEMBRE

CAEN

11° / 21°

ROUEN

10° / 20°

FOIRE SAINTE-CROIX DE LESSAY
Rendez-vous millénaire, cette foire agricole rassemble chaque année plusieurs milliers de personnes. A faire au moins une fois !

FÊNO
Toutes les richesses culturelles de la Normandie réunies, le temps d'un week-end, au Grand-Quevilly : c'est cela le Fêno !

FESTIVAL DU CINÉMA AMÉRICAIN
A Deauville, cet évènement est l'un des plus importants de France. Chaque édition est l'occasion de belles découvertes cinématographiques.

FESTIVAL CIDRE ET DRAGON
L'univers fantasy et médiéval à la sauce normande ? ça donne un festival unique à Merville-Franceville. C'est sûr, vous serez surpris !

$ $

OCTOBRE	NOVEMBRE	DÉCEMBRE
CAEN 8° / 17°	CAEN 5° / 12°	CAEN 3° / 9°
ROUEN 8° / 16°	ROUEN 4° / 11°	ROUEN 2° / 8°
FÊTE DU VENTRE ET DE LA GASTRONOMIE NORMANDE Dégustez et achetez des produits frais en plein air, directement auprès des 180 producteurs locaux présents chaque année à Rouen.		
$	$	$

LES BONNES RAISONS D'Y ALLER

© MARTINA BADINI - SHUTTERSTOCK.COM

LES FALAISES D'ETRETAT

Taillées dans un écrin de nature sauvage, ces falaises de craie blanche sont monumentales.

PLAGES HISTORIQUES DU DÉBARQUEMENT

Le 6 juin 1944, les Alliés débarquent. Aujourd'hui des millions de visiteurs s'y pressent.

© PACKSHOT - STOCK.ADOBE.COM

© FRANCOIS - STOCK.ADOBE.COM

HARAS DU PIN, VERSAILLES DU CHEVAL

Fondé sous Louis XIV, ce haras national est un fleuron du patrimoine et de l'équidé.

PLONGEZ DANS LA CITÉ DE LA MER

Montez à bord du sous-marin *Le Redoutable* et découvrez les incroyables secrets de l'océan.

LA NORMANDIE, TERRE DE FESTIVALS

Papillons de nuit, Beauregard, Art sonic : l'été, la région vibre sur toutes les musiques.

LA FABULEUSE TAPISSERIE DE BAYEUX

Classée à l'Unesco, elle retrace la conquête de l'Angleterre par Guillaume le Conquérant.

LE PATRIMOINE ARCHITECTURAL

La Basilique de Lisieux, les cathédrales de Rouen et Bayeux : des joyaux incontournables.

LES BONNES RAISONS D'Y ALLER

LE MONT-SAINT-MICHEL

Ce site attire chaque année des millions de visiteurs conquis par sa beauté unique.

© 4MAX - STOCK.ADOBE.COM

© FONDATION CLAUDE MONET, GIVERNY

LES JARDINS DE MONET À GIVERNY

L'artiste peintre a exercé ses talents côté jardins pour mieux les croquer sur ses toiles.

© KAYANN - STOCK.ADOBE.COM

LE HOMARD SE PLAÎT AUX ÎLES CHAUSEY

Reconnaissable à sa carapace bleue, ce crustacé aime les eaux cristallines de l'archipel.

LES 12 MOTS-CLÉS

#CAMEMBERT

Cette spécialité fromagère au lait cru, du nom d'un village perché sur les collines du pays d'Auge ornais, doit sa naissance à Marie Harel. A la fin du XVIIe siècle, la paysanne confectionne ce fromage sans imaginer qu'il finira par trôner sur toutes les tables des Français. Ni que sa reconnaissance sera mondiale. Il est désormais labellisé AOP.

© BRASIL2 - ISTOCKPHOTO

#CHEVAL

Terre de prédilection de l'équidé, vous trouverez aux quatre coins du territoire de multiples activités à pratiquer. Courses hippiques, élevage, haras, centres équestres, vous avez l'embarras du choix. Balades à cheval, stages d'initiation, camps itinérants… : les plus expérimentés pourront s'inscrire aux différents concours organisés dans la région.

#CIDRE

Délicieuse boisson pétillante à base de pommes, le cidre est un incontournable de la gastronomie locale ! Doux, brut ou demi-sec, sa légère teneur en alcool le rend idéal à déguster lors d'un apéritif ou pour accompagner délicatement un plat. Véritable emblème de la région, le cidre a d'ailleurs son AOC dans le pays d'Auge et aussi dans le Perche.

© BARMALINI - STOCK.ADOBE.COM

#DÉBARQUEMENT

La région a connu l'un des épisodes majeurs de notre histoire contemporaine avec le Débarquement des Alliés, en juin 1944, sur cinq plages du Calvados et de la Manche. De Utah à Juno Beach, des milliers d'hommes ont perdu la vie au nom de notre liberté. Découvrez les sites incontournables : Mémorial de Caen, musées, cimetière américain…

#DENTELLE

La production de dentelle a façonné la renommée de la Normandie. Du XVIIe siècle au début du XXe, Alençon, Caen et Bayeux deviennent des sites de manufactures. Aujourd'hui, le savoir-faire spécifique de la région est renommé. Notamment grâce au Point d'Alençon qui célèbre cette année ses dix ans d'inscription au patrimoine immatériel de l'Unesco.

#EGLISES

Ici, chaque village a son clocher. Alors, n'hésitez pas et partez à la découverte de ce patrimoine riche et varié. A ne pas manquer : Saint-Catherine d'Honfleur et ses murs en bois, l'église circulaire très contemporaine d'Yvetot, l'édifice semi-troglodyte de Saint-Georges d'Orival et les fresques colorées de Saint-Vigor de Ménil-Gondouin.

© JONATHAN - STOCK.ADOBE.COM

#FESTIVAL

La Normandie aime la culture et la décline en festival. Côté musique, Les Papillons de nuit, Beauregard, Jazz sous les pommiers ou encore Art Sonic tiennent le haut de l'affiche. Le cinéma n'est pas en reste avec le festival du film américain de Deauville et celui du film romantique de Cabourg. Chaque année, le public y participe par milliers.

#GOLF

Envie de taper dans une balle ? Dans la région, vous avez le choix entre une cinquantaine de sites pour exercer votre passion. Adepte d'une belle vue sur la mer : Bayeux, Etretat ou encore la Presqu'île du Cotentin devraient vous plaire. Si vous êtes plutôt un amateur de campagne (vallonnée) rendez-vous à Bellême, Clécy ou à la forêt verte à Rouen.

#MÉDIÉVAL

Indissociable de la Seconde Guerre mondiale, la Normandie l'est aussi de l'ère médiévale. Bayeux, Caen ou Domfront-en-Poiraie compte encore de magnifiques vestiges du Moyen Age. Partez sur les traces de Guillaume le Conquérant, duc de Normandie né à Falaise, ou de Jeanne d'Arc, morte sur le bûcher à Rouen. A faire : les fêtes médiévales bien sûr !

#NAUTISME

Avec 600 kilomètres de côtes, faites le plein d'activités nautiques en Normandie ! Catamaran, optimiste, char à voile, kitesurf, paddle, planche à voile… la mer vous offre un sacré terrain de jeux. Et si vous êtes plutôt « marin d'eau douce », rendez-vous sur les cours d'eau en vallée de Seine ou en Suisse normande pour des balades en canoë-kayak.

#RANDONNÉE

Sentiers, chemins de grandes randonnées (plus de 3 000 kilomètres), voies vertes… si vous aimez la marche à pied, vous allez être servis ici ! Quelle plus belle façon de découvrir le charme et l'authenticité de la région que de l'arpenter au rythme de vos pas. Chaque département offre de multiples possibilités. Topoguides à votre disposition.

#VERT

S'il y a bien une couleur pour représenter la Normandie, c'est elle. Et ce n'est pas vos escapades en Suisse Normande, sur les routes du Perche ou dans les plaines du Neubourg qui vous prouveront le contraire. Grâce à une jolie pluviométrie et la douceur des températures, la verdure normande fait le bonheur des vaches qui paissent dans les prés.

VOUS ÊTES D'ICI, SI…

- Lorsque vous êtes étonné ou surpris, vous dites spontanément « euh la ! »
- Quand vous vous baignez dans une eau à 18 degrés, vous la trouvez bonne !
- Vous avez déjà goûté aux tripes à la mode de Caen.
- Vous dites « à tantôt » à une personne que vous allez revoir dans l'après-midi.
- De temps en temps, vous finissez un bon repas par « un petit calva » (à consommer avec modération !).
- Vous êtes plutôt d'un naturel taiseux.
- Vous savez que la teurgoule n'est pas une espèce de plante, mais un dessert à base de riz au lait et de cannelle.
- Vous qualifiez « d'accourus » les résidents secondaires, principalement des Parisiens, venus s'installer dans le Perche.
- Le parapluie n'est pas juste un accessoire. Il a une réelle utilité pour se protéger des averses assez régulières dans la région.
- Les plateaux de fromages sont votre spécialité, et vous ne manquez jamais d'y faire trôner camembert, livarot, neufchâtel et pont-l'évêque en bonne place !

FG.
FeelGood.

TOP 10

SE RÉGALER

La gastronomie est l'un des fleurons de la région. Ses produits de qualité, ses spécialités et ses bonnes tables font sa renommée. Lors de votre séjour, profitez-en pour découvrir toutes les richesses de la mer et de la terre réunies dans votre assiette. Du célèbre homard de Chausey à la viande d'agneau pré-salé, en passant par le délicieux camembert ou un bon livarot, sans oublier la Teurgoule et l'incontournable tarte aux pommes : vos papilles se régalent. N'hésitez pas à accompagner vos plats d'un bon verre de cidre, de poiré ou de calvados, à consommer avec modération évidemment.

À CONTRE SENS

Cuisine de saison, fraîche et variée, dans un restaurant à Caen offrant un bon rapport qualité-prix et une ambiance chaleureuse.

LA CASCADE INSOLITE

Au Vaudreuil, déco insolite pour un restaurant qui ne l'est pas moins, avec en prime un accueil chaleureux et une cuisine savoureuse.

LE CAILLOU

A Saint-Philbert-sur-Orne, venez vous régaler de bons petits plats faits maison, à base d'ingrédients frais et de qualité.

LA COURONNE

La plus vieille auberge de France propose une cuisine mêlant tradition et innovation. Son plat phare ? le canard à la rouennaise !

LE JARDIN DES PLUMES

Découvrez en plein cœur de Giverny les créations gastronomiques de David Gallienne, avec chaque mois une carte renouvelée.

© LE PANORAMIQUE

© YVAN MOREAU

258

305

LE PANORAMIQUE

Du haut de la colline de la Pernelle, le Panoramique offre, en plus de la vue, une cuisine sublimant les produits du coin.

© ROMAIN HÉBERT

MANOIR DE LA POMMERAIE

Le Manoir de la Pommeraie vous propose de déguster des plats maîtrisés et des desserts raffinés dans un coin de paradis à Roullours.

218

ALBA RESTAURANT

Dans le quartier des Antiquaires à Rouen, découvrez ce restaurant qui sublime les produits frais, renouvelés au fil des saisons..

© PHOTOGRAPHE JOAO SILVA MENDES

3

LA MARINE

A travers l'inspiration du chef Damien Goguet, vivez une expérience culinaire d'exception à Barneville-Carteret.

© ALBA RESTAURANT

455

© LA RENAISSANCE

425

LA RENAISSANCE

A Argentan, coup de cœur pour cet établissement étoilé où la cuisine raffinée du chef Arnaud Viel fera voyager vos papilles.

TOP 10

SE LOGER

Pour un séjour réussi, rien ne vaut un endroit adapté à vos besoins et vos envies. Quelle que soit votre gamme de prédilection, la Normandie ne manque pas de bonnes adresses. Envie d'un panorama à couper le souffle ? Réservez dans l'un des incroyables hôtels qui offrent une vue imprenable sur la Manche et ses falaises. Plutôt adepte de la campagne ? Réservez une nuit dans une ancienne bâtisse restaurée ou dans un château au cœur du Perche. Et si vous souhaitez de l'insolite, pourquoi ne pas séjourner dans un tipi, une yourte et même... dans une cabane en haut de chênes centenaires !

© FOAD KARO

LA BELLÊME BLEUE

Dans une ancienne bâtisse percheronne, vivez un séjour entre exotisme et design où chacune des chambres vous fera voyager.

© DOMAINE DE VILLERAY

DOMAINE DE VILLERAY

Un domaine composé d'un moulin, d'un château et d'un spa, entre autres, pour un séjour tout confort dans un cadre enchanteur.

CABANES DE LA CHAUSSÉE

Le temps d'un séjour insolite, une belle occasion de jouer les Robinson dans 6 cabanes construites dans des chênes centenaires.

© CLAIRE LEFEBVRE

© G DE LAUBIER

LE DONJON - DOMAINE SAINT-CLAIR

Au cœur d'un grand parc, chambres luxueuses dans un hôtel à Etretat, avec piscine chauffée et prestations de qualité.

HÔTEL LE LANDEMER

L'un des *must* de l'hôtellerie dans le Cotentin avec 10 chambres splendides qui offrent chacune une vue imprenable sur la Manche.

© LE PAQUEBOT-D'LYS SARL

© HÔTEL LE LANDEMER

LE PAQUEBOT

Embarquez à bord de ce Paquebot, à Villerville, où chaque chambre bénéficie d'une vue face à la mer avec terrasse privative.

© HÔTEL DE LA CROIX D'OR

HÔTEL RESTAURANT DE LA CROIX D'OR

Ancien relais de poste du XVIIe à Avranches, réhabilité dans l'esprit de la Normandie de l'époque avec des chambres chaleureuses.

BEL AMI

A Pacy-sur-Eure, ce bel hôtel rénové en 2017 propose des chambres décorées avec goût, qui donnent sur le jardin ou la rivière..

© DIANE GUYON

KOTAVENTURE

Au cœur de la Suisse Normande, découvrez les tentes pod et kota, petits chalets finlandais, pour un séjour familial ou romantique.

© BEL AMI

© LE REFUGE DU CLOS DU MOULIN

LE REFUGE DU CLOS DU MOULIN

Séjournez dans un tipi, une yourte ou encore un chariot de western pour un séjour empreint d'évasion et de dépaysement à Brionne.

TOP 10

ACTIVITÉS

La Normandie ne rime certainement pas avec ennui ! Ici, il y a plein de choses à faire et plus encore. Les chemins de la baie du Mont-Saint-Michel, à parcourir à pied ou à survoler en ULM, une sortie en mer à bord d'un vieux gréement au départ de Fécamp, des activités de plein air et de pleine nature au cœur de la Suisse normande, la découverte du monde animal autour d'animations ludiques au sein d'une ferme pédagogique, une aventure entre terre et mer sur les routes de la région au volant d'une 2 CV, ou encore la découverte d'un château au riche passé doté de son mobilier d'origine.

© ANYMANIA

263

ANYMANIA

Dans une atmosphère familiale, une ferme pédagogique au Val-de-Reuil qui propose des activités ludiques pour les enfants.

© CHEMINS DE LA BAIE DU MONT-SAINT-MICHEL

359

CHEMINS DE LA BAIE DU MONT-SAINT-MICHEL

De multiples possibilités de traverser la baie : commentées ou non, au petit matin, en nocturne ou encore aux flambeaux !

CHÂTEAU DE CARROUGES

Découvrez sept siècles d'histoire à travers la visite de ce château qui accueille également des manifestations culturelles.

© MIMI POTTER - FOTOLIA

401

© EGI – STOCK.ADOBE.COM

486

LE CLOS LUPIN - MAISON MAURICE LEBLANC

Un musée à Etretat qui vous plongera à la découverte du célèbre gentleman-cambrioleur, imaginé par l'écrivain Maurice Leblanc.

DECOUVERTE DE LA BAIE DU MONT-SAINT-MICHEL EN ULM

Découvrez la baie du Mont-Saint-Michel en ULM ! Une manière unique d'admirer sous un autre angle ce monument exceptionnel.

© DIDIER HULIN INSTRUCTEUR U.L.M AÉRODROME D'AVRANCHES

© CHARLOTTE ENAULT

LA NORMANDIE EN 2CV

Prenez la route avec la plus légendaire des voitures populaires, en toute liberté ou à travers un circuit personnalisé radioguidé.

© OIT FECAMP

FÉCAMP AU GRÉ DES VENTS

Découvrez les falaises de la côte d'un autre point de vue avec des séances inoubliables de navigation sur de vieux gréements.

LA ROCHE D'OËTRE

Une vue à couper le souffle. La Roche d'Oëtre est l'un des plus prestigieux belvédères naturels de l'ouest de la France.

© FONDATION CLAUDE MONET, GIVERNY

FONDATION CLAUDE MONET

Admirez la célèbre collection d'estampes japonaises et découvrez le quotidien de Monet dans sa demeure et son jardin à Giverny.

© SITE DE LA ROCHE D'OËTRE

© VIADUC DE LA SOULEUVRE

VIADUC DE LA SOULEUVRE

Tyrolienne, balançoire géante, piste de luge sur rail et parcours d'accrobranche vous attendent au viaduc de la Souleuvre.

IDÉES DE SÉJOUR

Grâce à l'incroyable diversité de ses paysages, ainsi qu'à la richesse de son histoire et de son patrimoine, la région offre toute une palette de découvertes. Courtes escapades ou longs séjours : le champ des possibles est vaste ! En famille ou entre amis, vous trouverez ici de quoi occuper vos journées et rentrerez ragaillardis de votre séjour en Normandie. Promenades sur le littoral du Cotentin à Etretat, activités sportives en bord de mer ou en Suisse normande, randonnées pédestres dans la campagne verdoyante, balades à bicyclette sur les sentiers aménagés… Sans oublier la découverte de lieux historiques comme le Mont-Saint-Michel, Château-Gaillard ou les plages du Débarquement. Ajoutez à cela les musées consacrés à l'Histoire, aux Beaux-arts, les nombreux festivals de musique qui émaillent la saison estivale, les balades citadines dans les quartiers historiques et vous avez un bel échantillon des trésors que recèle la région.

LA NORMANDIE ENTRE TERRE ET MER

Envie de sillonner la campagne et les vallons de la Suisse normande et de découvrir la beauté et la diversité du littoral normand du Cotentin à la côte d'Albâtre ? Optez pour une découverte de ses incroyables panoramas à travers un séjour entre terre et mer.

› Jour 1

Direction La Cité de la Mer à Cherbourg pour une journée riche en découvertes. Ici, vous plongerez dans les profondeurs du monde marin. Embarquez à bord du sous-marin *le Redoutable* et découvrez la vie à bord de ce navire militaire. Pénétrez dans la grande galerie « des engins et des hommes » où vous découvrirez des machines extraordinaires permettant d'explorer les profondeurs. En pénétrant dans la salle des bagages de l'ancienne gare maritime transatlantique, revivez l'épopée du *Titanic*, qui fit escale dans la ville. Ne manquez pas les espaces multimédias consacrés à l'océan du futur.

› Jour 2

Enfilez vos chaussures de randonnée et, avec votre pique-nique dans le sac à dos, direction le phare de Gatteville pour l'une des étapes du GR 223, également surnommé le « sentier des douaniers ». Au départ du village de Saint-Vaast-la-Hougue, le circuit de 17 kilomètres vous permet de découvrir la beauté de la mer et de la terre. Faites étape dans le joli petit port de Barfleur avant de longer le littoral et rejoindre le phare. Durée estimée de la balade : environ 4 heures 30.

› Jour 3

Pour découvrir les multiples facettes du site mythique et mondialement connu qu'est le mont Saint-Michel, on vous recommande de commencer la journée le matin par une randonnée guidée côté baie. Avant de réaliser la traditionnelle visite intérieure de cet îlot rocheux l'après-midi. Pour faire cette randonnée, optez pour un guide attesté (gage de qualité) que vous pourrez réserver sur le site de l'office de tourisme du mont Saint-Michel. Rendez-vous sur la commune des Genêts où se situent les principaux points de départ. Au programme : sables mouvants et découverte de la faune et de la flore.

› Jour 4

Après le littoral, place pour une journée à la campagne ! Profitez d'une excursion en Suisse normande, entre Orne et Calvados. La Roche d'Oëtre, belvédère naturel culminant à 118 mètres à Saint-Philbert-sur-Orne, est le site idéal pour vous adonner à une activité de plein air en famille ou entre amis. Le matin, découvrez le site lors d'une balade à dos de vache avec l'association 4 Pat'Balad ! Pour l'après-midi, reprenez la route direction la base nautique Beau Rivage à Clécy : embarquez pour une balade au fil de l'eau et en kayak d'environ 2 heures.

› Jour 5

Le temps d'une journée, sillonnez la Côte Fleurie et appréciez le charme de Deauville, Trouville et Honfleur. La première est connue pour sa grande plage et ses célèbres planches ainsi que son casino. La deuxième pour son petit port et son caractère authentique. La troisième, située sur le territoire de l'estuaire de la Seine et qui a inspiré les peintres Monet et Boudin pour leurs toiles impressionnistes, a conservé son charme d'antan.

› Jour 6

Profitez d'une excursion en VTT, le temps d'un après-midi, pour découvrir un petit échantillon des magnifiques paysages du Parc naturel des boucles de Seine : la boucle de Notre-Dame-de-Bliquetuit.

Sanef 107.7 :
sur l'autoroute
la voix la plus directe
pour partir à la conquête
de l'Ouest.
Crédits photos : © Beboy, © Proud_Photos, - stock.adobe.com
Toute l'actualité Sanef 107.7 sur
sanef 107.7
@sanef_1077
sanef 107.7

À la Maison du Parc, point de départ de cette « petite balade » d'une trentaine de kilomètres, c'est parti pour une belle découverte de la presqu'île de Brotonne. Vous sillonnerez ce cadre verdoyant en direction du charmant village qui donne son nom à la balade. La suite de votre parcours vous mènera le long de la Seine. Vous découvrirez le pont de la Brotonne, petit bijou d'architecture, avant de retrouver votre point départ.

› Jour 7

Elles sont mondialement connues et vous ne pouvez pas séjourner en Normandie sans aller les découvrir. Elles, ce sont les falaises d'Étretat. Ce site est littéralement à couper le souffle. Taillées dans la roche calcaire, ces falaises offrent une vue panoramique sur la Manche. Du lever au coucher du soleil, la lumière offre un spectacle à chaque fois renouvelé de ce haut lieu du patrimoine naturel normand. Profitez-en aussi pour découvrir la plage de galets qui est l'une des plus renommées. Attention, il est interdit de rapporter un de ces morceaux de roche en souvenir.

› Jour 8

La côte d'Albâtre, véritable terre de contrastes, pourquoi ne pas la découvrir en sillonnant les flots ? Direction Dieppe, point de départ idéal pour une escapade en mer. Après une visite de la ville le matin, rendez-vous au port pour une « sortie dauphin » d'environ 3 heures avec la compagnie Navigation normande. Dans le cadre magnifique des falaises, dauphins et marsouins sont très présents en juillet et août.

› Jour 9

Passez la journée à Rouen. Le matin, son Musée maritime, fluvial et portuaire vous y attend avec ses importantes collections consacrées aux exploits marins normands, à la marine à voile, etc. Depuis toujours, la cité située sur les bords de Seine a occupé une place stratégique dans l'histoire de la région et de la France. Le Viking Rollon, fondateur du duché de Normandie, y crée des entrepôts pour le fret, puis entre le XVIe et le XVIIIe siècle la ville devient le point de départ de nombreuses expéditions dans le monde entier. Une fois l'escapade réalisée, et après une pause déjeuner bien méritée, optez pour la visite audio-guidée proposée par l'office de tourisme « Sur les pas de Jeanne d'Arc ». Durée : environ 1h30.

› Jour 10

Concluez votre séjour normand par une excursion à Giverny. C'est dans ses jardins ouverts à la visite que l'artiste impressionniste a peint ses célèbres nymphéas. La lumière et la beauté des couleurs de la nature sont au cœur du travail de Claude Monet qui a consacré beaucoup de temps à concevoir, et à admirer, ses jardins. Le charme des lieux change au fil des saisons. Poursuivez avec la visite du musée des Impressionnismes Giverny et profitez de l'une des activités proposées comme l'atelier origami.

SUR LES ROUTES DE L'HISTOIRE

Adeptes de l'incroyable épopée médiévale qui a donné naissance à la région et avides de mieux comprendre tout l'enjeu et l'aspect décisif du Débarquement de milliers de soldats, sur les plages normandes, un jour de juin 1944, dans la résolution d'un conflit mondial ? Alors embarquez sur les routes de l'Histoire.

› Jour 1

Démarrez votre journée par une excursion matinale sur les hauteurs de Domfront-en-Poiraie. Cette petite cité de caractère, dont l'histoire est intimement liée à celle du duché de Normandie, a conservé son cœur historique médiéval avec ses ruelles pavées et ses maisons à colombages. Témoignage de l'époque moyenâgeuse, ses tours-remparts qui datent du XIIIe siècle. L'après-midi, direction le Mémorial de Coudehard-Montormel pour une autre page de l'histoire : la bataille de Normandie, et plus précisément la poche de Chambois qui en constitue le dernier acte. Un site incontournable.

› Jour 2

Ville de naissance de Guillaume le Conquérant, duc de Normandie et roi d'Angleterre, le château de Falaise porte son nom à défaut. C'est en réalité au XIIe siècle que le bâtiment, l'un des premiers à être réalisé en pierres dans le duché, est édifié.

À l'époque, Falaise rayonne sur le duché. Mais les siècles suivants vont mettre à mal le château qui sera sauvé de la destruction grâce à son classement au patrimoine historique. Lors de la visite (1 heure 30), vous découvrirez son histoire. Profitez de votre excursion pour découvrir le Mémorial de Falaise – La Guerre des civils. Un lieu unique qui raconte la vie sous l'occupation, l'exode…

› Jour 3

Poursuivez l'aventure médiévale normande en allant découvrir l'incroyable œuvre d'art qu'est la tapisserie de Bayeux au Bayeux Museum. Cette broderie, longue de près de 70 mètres et qui date du XIe siècle, retrace la bataille d'Hastings. Prolongez ensuite par la visite de l'abbaye aux Hommes à Caen. Édifiée en 1060 par le fameux, et décidément incontournable Guillaume le Conquérant, cette bâtisse est un pur joyau du style roman et gothique.

© BORISB17

Centre historique de Rouen.

› Jour 4

Embarquez pour une page de l'Histoire mondialement connue : le Débarquement en Normandie le 6 juin 1944 et la Seconde Guerre mondiale. Le Mémorial de Caen constitue une étape incontournable. Images d'archives, documents, objets de la vie quotidienne… À travers une scénographie moderne, le musée retrace avec force détails le Débarquement et la bataille de Normandie qui s'ensuivit. Vous découvrirez aussi toute l'histoire de la Seconde Guerre mondiale, de la naissance du conflit au génocide des juifs. Plusieurs heures de visite au programme.

› Jour 5

Partez à la découverte des cinq plages du littoral normand dont les noms sont pour toujours entrés dans l'Histoire : Utah Beach, Omaha Beach, Gold Beach, Juno Beach et Sword Beach. S'étendant d'Ouistreham à Sainte-Marie-du-Mont, ces sites ont été le théâtre de combats sanglants. Une visite forcément chargée en émotions. Arrêtez-vous à la pointe du Hoc, à Criqueville-en-Bessin entre Omaha et Utah Beach, pour découvrir le site fortifié par l'armée allemande et dont les impacts de bombes sont encore visibles.

› Jour 6

Poursuivez votre circuit thématique concernant la Seconde Guerre mondiale en vous rendant au Havre. Véritable cité martyre puisque les bombardements des alliés, bien décidés à chasser l'occupant nazi en septembre 1944, l'ont détruite à près de 80 % ! Seuls les bassins historiques, la cathédrale Notre-Dame ou encore la Maison de l'armateur datant du XVIIIe siècle ont été épargnés. Ils sont valorisés dans la reconstruction de la ville par l'architecte Auguste Perret qui est classée au patrimoine mondial de l'Unesco. Optez pour une visite guidée avec guide conférencier agréé.

› Jour 7

En route pour Rouen. À quelques kilomètres de la grande ville, faites étape le matin à l'abbaye Saint-Pierre de Jumièges. Ce joyau de l'architecture romane normande, dont il ne reste aujourd'hui que des vestiges suite à sa destruction au XIXe siècle, mérite le détour. Inaugurée par Guillaume le Conquérant, elle a traversé les siècles avant que la Révolution française ne lui écrive un autre destin et ne la transforme en carrières de pierres ! Jeanne d'Arc a elle aussi vu sa destinée s'écrire de façon cruelle à Rouen où elle sera brûlée vive. Poussez la porte de L'Historial Jeanne d'Arc, dans les bâtiments de l'archevêché, qui raconte l'histoire de la célèbre pucelle de France. Poursuivez votre après-midi en sillonnant la vieille ville.

› Jour 8

Concluez votre escapade sur les routes de l'histoire de la Normandie par une journée dans l'Eure. La visite d'un monument majeur : Château-Gaillard aux Andelys. Richard Cœur de Lion, duc de Normandie et roi d'Angleterre, a décidé de faire construire ce château fort à la fin du XIIe siècle. Son objectif : protéger Rouen, qui est alors la capitale de la région. S'il est aujourd'hui en ruines, ses murs d'enceinte surplombent la ville avec majesté. Sur les hauteurs de cette forteresse, découvrez une superbe vue sur la vallée de la Seine. À environ 30 de kilomètres, visitez l'abbaye cistercienne de Bonport qui doit sa naissance, elle aussi, au descendant de Guillaume le Conquérant.

DÉCOUVRIR

La Normandie, terre des Hommes du Nord, constitue une destination riche à plusieurs titres. Le Débarquement des alliés en juin 1944 et, plusieurs siècle auparavant, l'épopée de Guillaume le Conquérant ont marqué les mémoires et forgé son identité comme vous le découvrirez. Sa nature préservée et l'incroyable diversité de ses paysages - entre vallons, campagne bocagère, littoral et hautes falaises - en font un écrin pour la biodiversité que les acteurs tiennent à préserver. Car la Normandie est une destination de choix pour les adeptes du tourisme vert qui, à pied ou à vélo, trouveront ici de belles balades. Son patrimoine bâti et ses joyaux architectures sont évidemment à découvrir. Tout comme son goût pour les arts. Berceau de l'impressionnisme, la Normandie fait la part belle à la peinture, la littérature, la musique ou même le cinéma... Sa gastronomie et son célèbre Camembert contribuent aussi à sa renommée. Vous allez être conquis !

DÉBARQUEMENT

En choisissant de débarquer sur ses plages un matin brumeux de juin 1944, les alliés ont fait entrer la Normandie dans l'Histoire. Sous le nom de code « opération Neptune », la plus grande opération militaire amphibie, par voie aérienne et parachutée imaginée constitue un tournant majeur de la Seconde Guerre mondiale qui prendra officiellement fin, presque un an plus tard, le 8 mai 1945. Au total, ce sont 156 000 soldats venus des Etats-Unis, du Canada, d'Angleterre ou d'Australie qui débarquent le « D Day » sur les plages de Juno, Sword, Omaha, Utah et Gold Beach. Un seul objectif au bout de leur canon : libérer la France puis l'Europe occupées par l'ennemi nazi. Au soir du 6 juin, l'opération « Overlord », nom de code de la Bataille de Normandie, peut commencer. Pendant 3 mois, les combats vont faire rage. Plus de 130 000 militaires et civils perdent la vie lors de ces affrontements qui ont laissé de nombreux stigmates dans la région.

Un débarquement par mer, terre et dans les airs

La France est sous l'occupation allemande depuis trois ans déjà lorsque le Débarquement est imaginé. Objectif : réaliser une percée sur le front Ouest pour permettre aux Alliés d'affronter l'armée allemande et ainsi soulager l'armée soviétique qui affronte seule les nazis. S'il avait été pensé au départ sur les côtes du Pas de Calais, c'est finalement la Normandie qui est retenue afin de prendre par surprise le camp allemand. Dans le plus grand secret, sous le nom de code « opération Neptune », des hommes s'entraînent dans la campagne anglaise. Ils sont fin prêts le 5 juin 1944 pour débarquer sur les plages normandes. Le 5 ? Oui, c'est la date qui est retenue. Mais la météo exécrable qui règne ce jour-là oblige à décaler le « D-Day » au 6 juin. Au petit matin, ce sont 156 000 soldats venus des Etats-Unis, du Canada, d'Angleterre ou d'Australie qui débarquent sur les cinq plages du littoral normand : Juno, Sword, Omaha, Utah et Gold Beach. Un débarquement qui se déroule en plusieurs étapes clés.

Dans les airs d'abord. Afin de garantir la sécurité des soldats alliés qui vont arriver sur les plages, des parachutistes tombent littéralement du ciel entre minuit et une heure du matin sur les communes de Sainte-Mère-Eglise et Ranville. Ce sont les 82e et 101e divisions aéroportées américaines et la 6e division aéroportée britannique qui portent cette incroyable responsabilité. Le soldat américain John Marvin Steele a marqué l'histoire pour être resté accroché au clocher de l'église de Sainte-Mère-Eglise. Cette même nuit du 5 au 6 juin, environ 2 000 bombardiers vont lancer 8 000 tonnes de bombes et autres engins explosifs sur l'artillerie allemande. Au petit matin, avant que ne s'élancent les militaires sur les plages normandes, l'artillerie navale prend le relais. Puis c'est le Débarquement par la mer. Si à Utah Beach, les combats se déroulent « relativement bien », Omaha paye un lourd tribut humain et sera surnommée « Bloody Omaha ». Trois jours plus tard, le 8 juin, les têtes de pont de toutes les plages se rejoignent. L'« opération Overlord » peut commencer.

Visite du musée du Débarquement à Arromanches.

La Bataille de Normandie

« L'opération Overlord », nom de code de la Bataille de Normandie, a une mission claire : ouvrir un front à l'Ouest pour permettre de libérer la France et l'Europe du joug allemand. Lorsque les dizaines de milliers de soldats s'élancent sur les plages normandes sous le feu des balles allemandes, leur mission est claire : élargir la tête de pont, s'emparer de Caen et du port de Cherbourg. L'objectif dans un deuxième temps étant de libérer la Bretagne et les ports de la façade atlantique d'un côté, et du Havre de l'autre, afin d'élargir ce nouveau front Ouest qui permettra de faire battre en retraite les troupes nazies.

Bayeux est la première ville libérée par les troupes alliées. Ce sont les soldats britanniques qui entrent dans la ville le 7 juin 1944, et ils n'ont même pas besoin d'affronter la garnison allemande qui se rend sans difficulté. Le 14 juin, le général de Gaulle débarque dans Bayeux sous les acclamations de la population. Un épisode heureux qui contraste avec les combats sanglants que doivent affronter les dizaines et dizaines de milliers de soldats de Caen à Cherbourg. Les troupes alliées ont toutes les difficultés du monde à réussir à pénétrer dans la préfecture du Calvados et au total près de 6 semaines d'affrontements seront nécessaires pour réussir à libérer ce haut-lieu stratégique. Caen a un aéroport (Carpiquet), et il serait bien utile aux aviateurs... De plus, pour rejoindre Paris c'est le meilleur axe choisi par le général Montgomery. Plusieurs bombardements ont lieu mais les 1re et 12e division blindées des SS résistent. Finalement, les troupes alliées ont raison de la défense allemande et les troupes canadiennes pénètrent dans la ville le 9 juillet.

La rade de Cherbourg constitue aussi un choix stratégique. Son port en eau profonde attise les convoitises et ce sont les soldats débarqués sur Utah Beach qui ont la lourde tâche de récupérer la ville aux mains des Allemands. Le 21 juin, ils réussissent à encercler la capitale du Cotentin. L'assaut est lancé et 5 jours plus tard, les troupes alliées pénètrent dans Cherbourg. La joie est de courte durée : les SS ont complètement saccagé le port, le rendant inutilisable. Il faudra attendre la mi-août pour qu'il soit à nouveau opérationnel. Ce site tactique deviendra le port du plus actif du monde pendant plusieurs mois.

La percée d'Avranches, baptisée « opération Cobra », le 30 juillet 1944 constitue une nouvelle étape pour les troupes alliées. Après la difficile « bataille des haies », où les soldats piétinent dans le bocage normand et où les allemands profitent de leurs difficultés, cette victoire est la bienvenue. D'autant qu'avec l'ouverture d'Avranches, c'est toute la Bretagne qui va pouvoir être libérée.

Poursuivant leurs avancées, les alliées réussissent à s'emparer de Falaise au mois d'août. Les 5ème et 7ème armées allemandes sont encerclées dans la, désormais célèbre, poche de Chambois. Entre l'Orne et le Calvados, c'est ici que se joue la dernière étape de la Bataille de Normandie. Et aussi la plus sanglante puisque Chambois est surnommée « le couloir de la mort ». Du 12 au 21 août, les combats font rage et l'étau se resserre autour des soldats allemands, désormais pris au piège. 6 000 soldats SS trouvent la mort, 50 000 sont fait prisonniers. Sous la chaleur écrasante, c'est un tel charnier et une telle puanteur que la population est obligée de fuir. Le général américain Eisenhower parle de cet épisode comme *« l'une des plus grandes tueries de la guerre »*.

Malgré d'âpres combats et de nombreuses pertes humaines, la bataille de Normandie est - au bout de 100 jours - remportée par les Alliés. Ces affrontements permettent de libérer Alençon le 12 août, Honfleur le 25 août, Rouen le 30 août. Le Havre est la dernière ville de Normandie à être libérée le 12 septembre.

Pour mener à bien leurs objectifs, les Alliés n'ont pas eu d'autre choix que de bombarder tous les dispositifs militaires des armées nazies. Et la région en conservera pour toujours les stigmates. A l'été 1944, certaines villes ont presque été rasées de la carte. Saint-Lô, Falaise ou Lisieux sont détruites à plus de 75 %, Le Havre à 80 %, et Vire à 95 % ! La population civile a aussi payé un lourd tribut. On estime à environ 20 000 les nombre de personnes qui ont perdu la vie lors de ces combats. Le nombre de soldats alliés et allemands tués est évalué à 70 000.

Débarquement des troupes alliées sur la côte normande, juin 1944.

© OVERLORD MUSEUM - OMAHA BEACH / FRANCIS CORMON

Des lieux de mémoires

Plusieurs lieux de mémoire vous permettent de revivre cette incroyable épopée que représentent le Débarquement et la bataille de Normandie qui s'en est suivie.

A Arromanches, un musée est entièrement consacré au « D-Day ». Construit sur le site même où fut édifié le pont artificiel, dont il reste des vestiges, le musée retrace les grandes étapes du Débarquement et recontextualise son déroulement. Premier site mémoriel à avoir ouvert en 1954, sa scénographie met en scène maquettes, animations 3 D et film. Un autre lieu mérite le détour : le cinéma circulaire Arromanches 360 qui vous plonge au cœur de la bataille via des images d'archives inédites.

Sur le site de la Pointe du Hoc, à Cricqueville-en-Bessin, marchez dans l'Histoire. Lieu stratégique fortifié par les troupes allemandes, il est attaqué au matin du 6 juin 1944 par 225 rangers. Le lendemain, ils ne sont plus que 90 à être en état de se battre Aujourd'hui accessible en visite libre, il permet de se rendre compte de l'incroyable épopée qu'a représenté sa prise par les alliés. Poste de direction de tirs, blockhaus… les cratères des bombardements sont autant de témoignages des terribles affrontements.

A Caen, le Mémorial est un site intournable pour découvrir toute l'histoire de la bataille de Normandie et plus largement de la Seconde Guerre mondiale. A travers des parcours extrêmement bien documentés, riches d'objets et d'images d'archives, plongez dans les affres de ce conflit mondial et des affrontements qui ont marqué à jamais l'Histoire de la Normandie. Outre l'aspect militaire et stratégique, des photographies avant-après saisissantes témoignent de la destruction des villes normandes par les bombardements et on découvre aussi le quotidien des civils normands pour qui l'arrivée des alliés n'a pas été que joie et soulagement. Eux aussi ont payé un lourd tribut à la libération.

Des croix blanches à n'en plus finir s'étendent sur le cimetière américain de Colleville-sur-Mer. Au total, le site rassemble 9 387 tombes de soldats venus combattre loin de chez eux et qui sont morts pour la liberté. Le lieu, forcement empreint d'émotions, rend hommage à leur courage.

Mémoire d'Albâtre, site du Pont rouge, offre l'occasion de découvrir ce pan de l'Histoire qui a marqué la Normandie à travers un sentier découverte qui serpente la falaise. Sur environ 1 kilomètre, entre bunkers et tranchées, découvrez des espaces thématiques notamment dédiés à l'Histoire de ce point d'appui SS et le vécu de l'occupation allemande sur le territoire.

Entre Chambois et Vimoutiers, le mémorial Coudehard-Montormel se situe à l'endroit exact où se sont déroulés les combats sanglants du dernier acte de la bataille de Normandie. C'est ici, entre le 18 et le 22 août que la débâcle sonne pour les Allemands. L'espace scénographique explique et décrit ce qu'ont représenté ces combats dans l'issue même de la Seconde Guerre mondiale. Le général Montgomery définissant le lieu comme *« le commencement de la fin de la guerre »*.

L'ouverture du tout nouveau Mémorial britannique à Ver-sur-Mer est prévue au printemps. Ce lieu de mémoire qui, c'est tout un symbole, fait face à la mer rend hommage aux militaires qui ont perdu la vie sous le commandement britannique lors de la bataille de Normandie. Le nom de plus de 22 000 soldats sont gravés dans la pierre. Un autre monument rend hommage aux victimes civils souvent peu évoquées. Le lieu devrait être inaugurée à la date symbolique du 6 juin.

TOURISME VERT

Soucieuse de conserver la beauté de ses paysages, la Normandie se positionne comme une destination phare du tourisme vert. Profiter de la beauté de la faune et de la flore, agir pour la préservation de la biodiversité en participant à des animations originales, privilégier des modes de déplacements doux à l'image de la marche et du vélo ou opter pour des activités de plein air comme le kayak ou l'escalade, profiter de toutes les richesses gastronomiques du terroir grâce aux petits producteurs locaux, séjourner au sein d'hébergements insolites... Venez voyager autrement en territoire normand. Des paysages préservés de la côte d'Albâtre aux Parcs régionaux, en passant par les Espaces naturels sensibles, réserves naturelles et autres jardins remarquables : la région ne manque pas de jolies destinations pour se mettre au vert, se ressourcer, vivre des expériences uniques et respirer un bon bol d'air pur.

A vélo...

Pour profiter pleinement de la destination verte qu'est la Normandie, empruntez l'un des nombreux sentiers de la région en deux roues. Et optez, pourquoi pas, pour les voies vertes ! Longue de 335 km, La London-Paris, entre l'Eure et la Seine-Maritime, vous offre l'occasion de découvrir de magnifiques écrins de nature préservée et des paysages uniques où la lumière changeante a inspiré les impressionnistes. Et en premier lieu Claude Monet dont les célèbres jardins se trouvent sur votre chemin. Envie de découvrir les jolis paysages les côtes du Cotentin et la baie du Mont-Saint-Michel ? direction le Tour de Manche. Au fil de 116 km, la campagne verdoyante et les marais défilent à perte de vue. L'Orne n'est pas en reste avec déjà deux voies vertes et une troisième en préparation. Elles vous permettent de relier les vallons du Perche, à partir de Condé-sur-Huisne, à la préfecture de l'Orne et, à partir de là de rejoindre les Rives d'Andaines dans le bocage ornais. A partir de cet automne, vous pourrez vous rendre de Briouze à la cité thermale de Bagnoles de l'Orne. Ces voies vertes se trouvent sur l'itinéraire de la Véloscénie qui vous permet, à partir de Notre-Dame-de-Paris (oui oui) de rejoindre le majestueux îlot rocheux du Mont-Saint-Michel. Un circuit qui demandera sans doute quelques efforts aux novices, puisqu'il vous faudra réaliser 450 km, mais cela en vaut la peine. Sur les 230 kilomètres de la partie normande de cet itinéraire, vous traverserez les jolis espaces des Parc naturels régionaux du Perche et Normandie-Maine. Profitez d'une petite escapade pour découvrir les joyaux du patrimoine bâti, entre charmantes petites églises et manoirs de plus haute envergure.

Enfin, si vous êtes férus d'histoire, le circuit consacré au D-Day est évidemment incontournable : des plages du Débarquement, riche d'histoire et de sites mémoriels, en passant par Bayeux et sa célèbre tapisserie, aux marais du Cotentin sans oublier évidemment la baie et son fameux mont consacré à Saint-Michel.

© ATERROM - FOTOLIA

Randonnée sur le GR 223 dans le Cotentin, vers le nez de Jobourg.

BIENVENUE à la ferme

+ DE 400 PRODUCTEURS ADHÉRENTS

MANGEZ VIVEZ *fermier*

Edition 2021

NORMANDIE

BIENVENUE à la ferme

C'EST DÉCOUVRIR, APPRENDRE, SE RÉGALER...

MANGEZ *fermier*

LES PRINCIPAUX CANAUX DE VENTE SONT

- LA FERME
- LES MARCHÉS
- LES POINTS DE VENTE COLLECTIF
- LA VENTE EN LIGNE

UNE OFFRE DIVERSIFIÉE AVEC 7 CATÉGORIES DE PRODUITS REPRÉSENTÉES

- *le panier de saison*
- *l'épicerie du pays*
- *le comptoir des éleveurs*
- *l'etal de la mer*
- *le coin du cremier*
- *la cave*

VIVEZ *fermier*

l'offre « Vivez fermier » s'articule autour de 3 thématiques :

- DORMIR À LA FERME
- SE RESTAURER À LA FERME
- DÉCOUVRIR ET S'AMUSER À LA FERME

NORMANDIEALAFERME.COM

@BIENVENUEALAFERMENORMANDIE

BIENVENUEALAFERME@NORMANDIE.CHAMBAGRI.FR

Venez NOUS VOIR

© MÉLI-L- STOCK.ADOBE.COM

L'estuaire de l'Orne.

... ou à pied !

Plutôt adepte de la randonnée pédestre ? La Normandie regorge de centaines de kilomètres de chemins creux et de sentiers longeant la mer. A Granville, plus de 550 kilomètres de boucles dont le célèbre GR 223 vous attendent. Entre terre et mer, amateur ou sportif, vous découvrirez la beauté de la baie, observerez les îles Chausey ou arpenterez les remparts de la vieille ville. Envie de marcher le long de la côte et de rejoindre une île ? C'est possible. Direction Saint-Vaast-la-Hougue, ville inscrite au patrimoine mondiale de l'UNESCO, dans le Cotentin. A marée basse, les randonneurs peuvent rejoindre l'île de Tatihou. Sur place, le fort Vauban, un musée maritime et une réserve maritime sont ouverts au public. Sur les hauteurs des falaises, le Nez de Jobourg est un site incroyable. Moins connues qu'Etretat, ses falaises sont pourtant parmi les plus hautes d'Europe occidentale et ce site, qui a des accents de lande irlandaise, est le plus visité de la Manche après le Mont-Saint-Michel.

La campagne a aussi de belles surprises à offrir aux marcheurs. Dans l'Eure, optez pour le joli circuit patrimonial des bénédictines au Bec-Hellouin. Situé dans la vallée de La Risle est classé parmi les plus beaux villages de France, ses ruelles et ses maisons à colombages sont à découvrir le long de cette petite escapade de moins de 10 km et donc accessible à tous ! En Suisse normande, les sentiers de randonnées ne manquent pas. A deux pas du Calvados, direction l'Orne et la Roche d'Oëtre et les gorges de la Rouvre. Sur ce site, ancien vestige du massif armoricain, des chemins escarpés avec un panorama à couper le souffle vous attend. Pour les randonneurs expérimentés, rendez-vous en Seine-Maritime sur le sentier des Troglodytes. Equipés de bonnes chaussures, découvrez des habitats aménagés dans la roche calcaire et les vestiges du château de la Roche Fouet édifié sur ordre de Richard Cœur-de-Lion.

A pied ou à vélo, chacune de ces escapades recèle son lot de jolies pépites : des petits producteurs locaux qui vous font découvrir leurs produits du terroir, des chambres d'hôtes dans des logements insolites...

Des sites préservés

Grâce à ces quatre Parcs naturels régionaux et ses nombreux Espaces naturels protégés, découvrez des sites préservés où la biodiversité s'épanouit. Pour vous les faire découvrir, les structures et collectivités locales vous propose des balades naturalistes. Dans l'Orne, qui compte près de 40 Espaces naturels sensibles, découvrez la Tourbière des Petits Riaux au cœur du massif forestier d'Ecouves. Grâce à la géologie de son sol, acide, une flore bien particulière pousse ici. Entre coussins spongieux et plantes carnivores, embarquez pour la visite ! Dans le Calvados, l'estuaire de l'Orne est un lieu propice à la découverte d'un magnifique patrimoine écologique. Lors d'une animation nature, empruntez l'itinéraire de découverte de la pointe du Siège et la réserve du Gros Banc. De la tour d'observation, vous pourrez observer la faune locale et plus particulièrement les oiseaux. En Seine-Maritime, la maison de l'Estuaire propose des visites guidées et rendez-vous nature. Au programme : oiseaux d'eau, zone humide, coupe de roseaux... Et bien sûr découverte de la réserve à la biodiversité exceptionnelle.

La Normandie compte aussi des trésors floraux que vous pourrez découvrir en visitant de magnifiques parcs et jardins. Impossible de faire l'impasse sur les jardins de l'artiste impressionniste Claude Monet à Giverny. On vous recommande également de faire un détour par le jardin plume à Auzouville-sur-Ry en Seine-Maritime. Le site, qui a fait des graminées et des plantes vivaces sa spécialité, est également doté d'un verger. Direction le Calvados pour découvrir le parc et le jardin du château de Mézidon-Canon. Entre la roseraie, le jardin sauvage « à l'anglaise » ou plus ordonné « à la française », les circuits botaniques... de multiples facettes de la beauté florale s'offrent à vous. Dernière destination à ne pas manquer, les jardins de la Petite Rochelle dans le Perche ornais. Dans ce cadre bucolique, à l'abris des regards, les magnolias annoncent l'arrivée du printemps. En été, les lis fleurissent et à l'automne la végétation prend de couleurs, du bordeaux au rouge ardent.

GÉOGRAPHIE

Entre terre et mer, la Normandie est une terre de contrastes. Située au Nord-Ouest de la France, la région offre une incroyable diversité de paysages et s'étend sur près de 30 000 km². Du Cotentin en passant par les falaises d'Etretat aux immanquables plages du Calvados, le littoral normand compte pas moins de 600 kilomètres de côtes. Dans les terres, de nombreux cours d'eau comme l'Orne ou La Risle ont façonné la campagne entre collines, vallées et plaines. Du massif armoricain à l'Ouest au bassin parisien à l'Est, la Normandie compte cinq départements et recense plus de 3,3 millions d'habitants. Ecrin de nature préservé et verdoyant, dotée de quatre parcs naturels régionaux, la Normandie oscille entre modernité et tradition avec la métropole de Rouen, les agglomérations de Caen et du Havre… et les petits villages d'une petite centaine d'habitants qui ont conservé leur patrimoine et leur charme d'antan.

La mer : des îles au littoral

Ouverte sur la Manche, la mer borde quatre des cinq départements normands. A l'Ouest, les îles anglo-normandes témoignent du lien spécial qui unit la Normandie à l'Angleterre. Jersey, Guernesey, Sercq, Hem et Aurigny en sont les principales. Des paysages abruptes et variés les caractérisent. D'autant que le climat océanique modérée sied à la nature qui s'épanouit largement sur ces petits bouts de terre entourés d'eau. A leurs côtés, de nombreux ilots se dévoilent à marée basse.

Plus grande des îles anglo-normandes, il règne à Jersey une ambiance tellement « british ». Plages, campagne vallonée, charmants petits villages, elle vous séduira aussi par ses multiples variétés de plantes. Ce n'est pas un hasard si on la surnomme « l'ile aux fleurs ». Sa petite sœur, Guernesey, est plus sauvage. Et offre de superbes points de vue entre dunes, criques et sentiers… Un calme ressourçant règne dans cet ilot de terre qui compte un riche patrimoine historique. Aurigny, Sercq et Hem méritent aussi le détour. Sauf pour la première, vous devrez arpenter les deux autres à pieds ou à vélo pour découvrir la beauté de la nature qui a conservé son caractère sauvage et préservé. Toutes offrent d'inoubliables couchers de soleil.

Beaucoup plus proches du littoral, les îles normandes sont plus connues que leurs cousines anglo-normandes. Il suffit simplement de citer le Mont-Saint-Michel : dans la baie du même nom, à deux pas de la Bretagne, cette île est l'une des plus visitées au monde. Plus loin, vers Granville, l'archipel de Chausey et ses trente habitants est unique en son genre. Regroupant 365 ilots qui se dévoilent lorsque la mer descend, Chausey compte de très belles plages qui ont conservé leur caractère sauvage. La faune et la flore profitent allégrement de cet écrin préservé. Au nord -Est du Cotentin, ne manquez pas l'île de Tatihou qui est accessible à pied lors de certaines marées.

DÉCOUVRIR

© SIEM DE VOS - SHUTTERSTOCK.COM

La plage d'Arromanches.

Le Mont-Saint-Michel.

Le littoral normand se caractérise par sa diversité. En Seine-Maritime, les côtes d'Albâtre et les falaises de granit et de silex du pays de Caux abritent notamment le port de Fécamp. Dans le Calvados, rendez-vous sur la côte fleurie et la côte de Nacre pour profiter des magnifiques stations balnéaires. Trouville, Deauville, Cabourg, Courseulles-sur-Mer, Houlgate n'en sont qu'un petit échantillon : vous avez l'embarras du choix et des paysages ! La Manche n'est pas en reste et ses eaux cristallines, entre grandes plages et petites criques, ravissent les amateurs de baignades. Carolles, Julouville, Bréville-les-Bains ou Vauville constituent des destinations incontournables.

La campagne : des plaines au bocage

De nombreux cours d'eau traversent la région : la Seine, l'Eure, l'Orne, la Risle mais aussi la Vire, la Douve ou encore la Bresle. S'ils font le bonheur des pêcheurs, ils ont façonné la campagne normande qui alterne entre plaines et bocages. Les pays d'Ouche, du Perche ou d'Andaine dans l'Orne, le sud de la Manche, le territoire virois dans le Calvados sont caractéristiques du bocage qui se définit comme un paysage de près clos et de levées de terre plantées d'arbres. Les plaines de Caen, Falaise, Alençon ou du Neubourg sont représentatives des vastes étendues plates, qui contrastent avec les beaux reliefs de la région.

Entre douceur et humidité, la nature s'épanouit

Les Normands vous le diront, ici le climat est doux… et humide. Les températures oscillent en moyenne entre 6 degrés en hiver et environ 18 degrés en été. Les précipitations sont relativement fréquentes. Entre crachin, bruine ou forte averse : la diversité des qualificatifs témoigne de cette humidité ambiante qui, cependant, n'enlève rien à l'ensoleillement de la région.

C'est d'ailleurs ce mélange de douceur des températures et d'importante hydrométrie qui sied à la nature et donne à la campagne ce vert si caractéristique. Compte tenu du réchauffement climatique, la Normandie comme partout en France subit désormais des épisodes de canicule durant la saison estivale, provoquant des périodes de sécheresses qui ont un impact notamment sur les cultures et les domaines forestiers. Cependant, le littoral conserve ce vent de fraîcheur salvateur qui constitue un véritable refuge en cas de fortes hausses des températures.

Un sacré relief !

Amateurs de vallons ? La région vous tend les bras. En Normandie, la géographie prend du relief ! Côté campagne, entre l'Orne et le Calvados, la Suisse normande est représentative de cette jolie facette de la région. Notamment les points de vue de Pont d'Ouilly et de la Roche d'Oëtre. Cette dernière, façonnée dans le grès armoricain, culmine à 118 mètres de hauteur. A noter que le Signal d'Ecouves, situé dans la forêt ornaise éponyme, est le point culminant de la région à 413 mètres. Côté mer, évidemment les célèbres falaises calvadosiennes d'Etretat sont incontournables pour qui aime prendre un peu de hauteur afin d'observer la beauté de la nature. Idem au sommet des Vaches noires qui, entre Houlgate et Villers-sur-Mer, dominent le bord de mer.

Dans la Manche, le Nez de Jobourg est une destination incontournable. Ses falaises sont parmi les plus hautes d'Europe. A une autre échelle, Granville ou Cherbourg-en-Cotentin constituent également un joli petit échantillon des magnifiques panoramas que l'on peut découvrir grâce à cette spécificité géographique de la région.

Petit coup d'œil à la géologie

L'évolution terrestre a constitué la géographie normande telle qu'on la connait. Son identité se scinde en deux parties par une ligne verticale de Bayeux à Alençon : à l'Ouest le massif armoricain et à l'Est le bassin parisien.

Le Massif armoricain est en réalité une ancienne chaîne de montagnes. Bien évidemment, il ne s'agit plus d'un massif montagneux aujourd'hui mais la composition de son sol et ses massifs abruptes en sont toujours caractéristiques. En Normandie, la Roche d'Oëtre (Orne) ou le Mont Pinçon (Calvados) constituent de parfaits exemples, tout comme Mortain (Manche) et ses grandes cascades. Dans le massif armoricain, le sol est principalement constitué de grés.

Le bassin parisien est une vaste cuvette sédimentaire dont les origines sont principalement marines et lagunaires. Son sol est très riche : calcaire, craie, gypse ou sable… Ces ressources ont permis la construction de nombreux bâtiments de la capitale. Le Bassin parisien se distingue par de grands plateaux et de grandes vallées. Comme par exemple dans le pays de Bray.

Carte d'identité des cinq départements

La Normandie est constituée de cinq départements : le Calvados, l'Eure, la Seine-Maritime, la Manche et l'Orne. Avec 3 303 500 habitants (Source : Insee - 1er janvier 2020), la région représente environ 5,1 % de la population française (France métropolitaine). On trouve dans les départements ce que l'on appelle des régions naturelles, c'est-à-dire territoire d'étendue limitée aux caractéristiques physiques homogènes.

Panorama sur le Bocage Normand.

Grâce à la variété de ses paysages, le département du Calvados peut être divisé en 6 régions naturelles : le pays d'Auge, le Bessin, la plaine de Caen, le Bocage normand, la campagne de Falaise et la Suisse normande. Le climat, relativement doux, est intimement lié aux marées alors qu'aux confins du département le climat est plus froid en hiver et plus chaud en été. Le Calvados c'est 120 km de littoral, de l'embouchure de Vire à l'estuaire de la Seine (du coté de Honfleur). D'une superficie de 5 548 km^2, c'est le plus petit département de Normandie. La principale ville, Caen, avec environ 400 000 habitants, est aussi la préfecture.

Grâce à sa proximité avec l'Île de France, le département de l'Eure est stratégiquement bien situé. Il bénéficie d'une grande attractivité. Evreux, sa préfecture, compte 100 000 habitants. Caractérisée par un paysage de plaines, il compte cinq régions naturelles : la vallée de la Seine, le Vexin normand, le plateau de l'Eure, le pays de Lyons et un dernier ensemble paysager à l'Ouest (pays d'Ouche, du Lieuvin, d'Auge et du Roumois).

Au nord-est de la Normandie, le littoral, les falaises et les grandes agglomérations font de la Seine-Maritime une terre d'une grande variété ! Plus grand département de la région en termes de superficie avec 6 278 km^2, presque la moitié de sa population vit dans des communes de plus de 10 000 habitants. La métropole rouennaise et ses 650 000 habitants, également préfecture, constitue un fort pôle d'attractivité.

Territoire située à l'Ouest de la région et bordé par 355 km de côtes, la Manche se délimite en trois principales zones géographiques qui témoignent de la diversité de sa géographie. Il s'agit du Nord-Cotentin, du Saint-Lois et du Coutançais, ainsi que de l'Avranchin et du Martainais. C'est un département que l'on peut qualifier de rural : près de 54 % de sa population habite dans des communes de moins de 2 000 habitants. Sa préfecture est Saint-Lô, bien qu'en termes de population, ce soit Cherbourg-en-Cotentin la plus peuplée avec environ 115 000 habitants.

Situé au sud de la région, l'Orne, le département le moins peuplé de la Normandie, fait la part belle à la nature et se caractérise par ses bocages et ses plaines. Les trois quarts des habitants vivent dans des communes de moins de 500 habitants. Sa faible densité n'empêche pas sa grande diversité. Du Domfrontais au pays d'Andaine en passant par le pays d'Auge, d'Ouche ou du Perche : les paysages changent au grès des kilomètres. Alençon, la préfecture, compte 25 000 habitants. C'est dans le département que se situe le point culminant de la Normandie (413 mètres, voir ci-dessus).

Quatre parcs régionaux

La région préserve sa richesse naturelle, patrimoniale et culturelle à travers quatre parcs naturels régionaux : le parc naturel des boucles de la Seine normande entre Rouen et Le Havre, le parc naturel régional Normandie-Maine dans l'Orne et la Manche, le parc naturel régional du Perche dans l'Orne, et le parc naturel régional des marais du Cotentin et du Bessin près de Carentan-les-Marais. Chacun d'entre eux constitue une véritable facette géographique de la Normandie.

Industrie et agriculture

Impossible d'évoquer la géographie de la Normandie sans parler de deux de ses principaux secteurs économiques qui, au fil des siècles, ont façonné la morphologie du territoire. Axe maritime le plus fréquenté au monde grâce à son ouverture sur la Manche et ses 600 km de côtes, le territoire normand se caractérise évidemment par son activité portuaire comme à Dieppe ou à Caen. Mais aussi par d'importants pôles industriels qui ont vu le jour autour des grandes agglomérations. Sans oublier, bien sûr, l'agriculture : depuis toujours grâce à la richesse de ses paysages si caractéristiques, La Normandie est une terre de terroir. Il est important de noter que la proximité géographique avec le Bassin parisien contribue depuis longtemps à son développement. A noter que la pêche et le tourisme sont les deux autres poumons économiques de la Normandie.

NATURE

Ici, la biodiversité est riche et variée. Forte de 4 parcs naturels régionaux et de plus de 90 sites protégés Natura 2000, la Normandie reconnue pour ses magnifiques paysages fait de la préservation de sa faune et de sa flore une priorité. Malgré une certaine disparité entre les territoires les plus urbanisés et les écrins de nature préservés – sans oublier l'EPR de Flamanville – le développement durable fait consensus. De plus en plus de sorties nature voient le jour, et l'écotourisme constitue une vraie réalité dans la région qui tient à préserver son authenticité – pour le plus grand bonheur des amateurs de nature qui viennent se ressourcer et observer les nombreux volatiles, amphibiens, mammifères ou insectes qui vivent au cœur des marais, tourbières, massifs forestiers et autres falaises côtières. La flore n'est pas en reste : plus de 1000 espèces prennent ici racine, tel l'ajonc ou l'aubépine à deux styles.

La faune côté campagne

Forcément, quand les paysages d'une région sont variés, sa biodiversité l'est tout autant ! Du côté des campagnes et des massifs forestiers, vous pourrez observer des spécimens de chouette effraie, écureuil roux, biches, chevreuils ou cerfs. Le brame du roi de la forêt est d'ailleurs une sortie incontournable à la fin de l'été, particulièrement sur le massif d'Ecouves. Une saison à laquelle vous pourrez d'ailleurs croiser la célèbre couleuvre à collier. Côté insectes, ouvrez les yeux : coccinelle à sept points, grillon champêtre, grande sauterelle verte, libellule... les prairies normandes sont des « spots » parfaits pour les observer. Dans les mares, notamment dans le bocage, les amphibiens sont légions. Crapaud, grenouille verte, triton crêté, salamandre tachetée : ces espèces n'auront plus de secret pour vous. Du côté des cours d'eau, nombreux dans la région, certains poissons font le bonheur des pêcheurs comme la truite fario ou le brochet. Ces derniers auront peut-être aussi la chance de croiser une espèce malheureusement menacée : l'écrevisse à pattes blanches. Des ragondins se promènent aussi dans ces coins.

Il est également important de noter que la Normandie est une terre d'élevage. Parmi les principales espèces que vous pourrez aussi découvrir durant votre séjour : l'âne du Cotentin, les chèvres de la Hague, le cob normand, le dindon noir de Normandie, le cheval percheron, la vache normande ou encore les agneaux qui pâturent dans les prés salés de la baie du Mont-Saint-Michel.

Moutons des prés salés.

La faune côté mer

Le littoral normand révèle bien des surprises. Voir des dauphins dans les eaux salées de Honfleur ou observer des phoques en baie du Mont-Saint-Michel ou près de Caen dans l'estuaire de l'Orne : c'est possible ! Outre ces mammifères qui se plaisent en bord de mer et les poissons qui s'ébattent dans les eaux salées, comme la daurade grise ou le maquereau, impossible de ne pas évoquer les crustacés qui tiennent ici le haut de l'affiche. A marée basse, les longues plages des côtes normandes constituent un magnifique terrain de jeu pour qui aime les observer. Bulots, bigorneaux, étrilles, crevettes grises, couteaux, tourteaux, palourdes, coques et bien d'autres intriguent les petits comme les grands.

A noter que les amateurs de pêche à pied sont nombreux dans le coin et que les grandes marées (se renseigner pour les dates) sont toujours très prisées. Huîtres de Normandie et moules de Barfleur, particulièrement reconnues pour leur saveur, sont très prisées et font l'objet d'élevage. Si vous souhaitez en savoir plus, rendez-vous dans l'une des réserves ornithologiques à Tatihou, Tombelaine ou celle du Gros banc près de Caen.

Les yeux en l'air

Une multitude d'espèces d'oiseaux traversent les ciels changeants du territoire normand. De la bécasse au canard siffleur, en passant par la cigogne ou le Geai des chênes, sans oublier l'hirondelle des cheminées, la mésange bleue ou le pic vert : de nombreux volatiles peuplent la région. Côté mer, goélands argentés, mouettes tridactyles, bernaches cravants et grands cormorans dévoilent leurs attraits. Ces volatiles apprécient notamment les falaises qui leurs offrent de nombreux espaces de nidification. Pour mieux les observer, chaussez vos jumelles et armez-vous de patience. Pour en savoir plus, de nombreux sites renseignent le grand public et proposent des balades naturalistes. Comme l'observatoire de la réserve naturelle de l'estuaire de Seine, les marais de Ver-sur-Mer ou encore la Maison de l'oiseau migrateur à Carolles.

La beauté de la flore

La nature est généreuse et la flore tient aussi ses lettres de noblesse en Normandie. Plus de 1000 espèces prennent ici racine. Gui, frêne, hellébore, houx, aubépine à deux styles, ifs, hêtre, chêne, suage des près, violette, ajonc de LeGall, iberis, perce neige, jacinthe des bois… Entre bocage, plaines, estuaires, dunes ou falaises, sans oublier les massifs forestiers : la diversité des lieux associée à un climat doux et humide, et une diversité géologique entre calcaire et craix, a permis à une végétation variée de voir le jour dans la région. Une végétation qui nécessite beaucoup d'attention puisque c'est le refuge de nombreuses espèces. Les parcs naturels régionaux sont des sites de prédilection pour observer la flore locale, tout comme les espaces naturels sensibles. Chacun des cinq départements du territoire normand compte de nombreux bénévoles très actifs qui sensibilisent le public aux enjeux actuels du développement durable. Plusieurs d'entre eux sont membres d'associations locales qui organisent des sorties thématiques tout au long de l'année.

Carte d'identité des parcs naturels

Culture et nature : deux mots qui prennent toute leur importance au sein des quatre parcs naturels régionaux que compte la Normandie. Afin de protéger ce précieux patrimoine, ces structures situées au cœur de territoires ruraux à l'équilibre fragile s'organisent autour d'un projet de développement durable et d'une « Charte du Parc ». Aménagement durable, gestion adaptée des milieux naturels, qualité de vie et information du public constituent leurs principales missions. Véritable cartes d'identité de leur territoire, ce sont des lieux privilégiés pour sensibiliser les visiteurs à la richesse et l'importance de la biodiversité.

Au fil du célèbre fleuve, le parc naturel des boucles de la Seine normande est situé entre Rouen et Le Havre. Au-delà des célèbres ponts de Tancarville et de Normandie, les 180 km de boucles offrent de magnifiques points de vue. A la Maison du Parc, située dans un ancien corps de ferme à Notre-Dame-de-Bliquetit, un parcours découverte a été aménagé autour d'un verger conservatoire, haies traditionnelles et marais.

A cheval sur les départements de l'Orne et de la Manche se niche le parc naturel régional Normandie-Maine. Grâce à son massif tout en relief, la région compte de nombreux sentiers entre bocage et massifs forestiers. L'occasion pour les adeptes de la randonnée de découvrir la richesse patrimoniale. Comme par exemple le château de Carrouges, situé à deux pas de la Maison du Parc.

La nature a décidément ses lettres de noblesse dans l'Orne puisqu'elle compte un second parc dans le Perche. Sur la route des manoirs et des petits villages de la région, qui a conservé un caractère authentique, rendez-vous au manoir de Courboyer. C'est ici, sur un site de 65 hectares, que la Maison du Parc propose de découvrir la diversité de ses paysages.

Le parc naturel régional des marais du Cotentin et du Bessin, La Maison du Parc, s'étend sur environ 150 000 hectares. La balade nature dans la réserve ornithologique de la Maison du Parc, à deux pas de Carentan-les-Marais, dévoile un échantillon de la beauté de la nature dans la région.

© PARC NATUREL RÉGIONAL NORMANDIE-MAINE

Forêt d'Ecouves.

DÉCOUVRIR

Natura 2000 et Espaces naturels sensibles

Protéger des habitats et des espèces représentatives de biodiversité en Europe : c'est tout l'enjeu du réseau Natura 2000. En Normandie, on en dénombre plus de 90 et cela représente une superficie d'environ 800 000 hectares. Zones humides, littoraux, cours d'eau, bocage, coteaux calcaires… Au total, un tiers des communes de la région sont concernées par une zone de ce type. Autant de territoires protégés auprès desquels les visiteurs peuvent découvrir l'étonnante biodiversité normande. La Région compte également 6 réserves naturelles régionales. Sans oublier de nombreux Espaces naturels sensibles où la faune et la flore qui, menacées de disparition, sont à nouveau entretenues. Grâce à la restauration et la préservation de ces espaces, la biodiversité retrouve ses lettres de noblesse et des actions en direction du public sont organisées. Ces visites pédagogiques sont autant d'opportunités de sensibiliser petits et grands aux enjeux du développement durable et de la préservation de tous les environnements.

Majestueuses forêts

La Normandie est peut-être connue pour ses plages et son littoral, elle n'en reste pas moins une région riche de domaines forestiers. Au total, ce ne sont pas moins de 400 000 hectares de forêts (dont un quart sont publiques) qui sont recensés sur le territoire, essentiellement dans les départements de l'Orne et de la Seine-Maritime. A noter que celui de la Manche est a contrario le moins boisé de France. Cette surface importante – 13 % du territoire normand est recouvert de massifs forestiers – constitue un véritable poumon vert et une zone naturelle indispensable pour l'épanouissement de la faune et de la flore locale. C'est aussi une filière économique importante, car de belles essences d'arbres grandissent sur les terres de la région. L'Office nationale des forêts porte d'ailleurs une grande attention à la gestion raisonnée des massifs forestiers qui sont majoritairement composés de feuillus. De la forêt de Bellême au massif forestier d'Ecouves dans l'Orne, en passant par la forêt de Cerisy classée zone Natura 2000 dans le Calvados ou la forêt verte près de Rouen, ce patrimoine naturel normand vaut aussi le détour.

Jardins remarquables

Amateurs de plantes et autres fleurs vous ouvrent leurs portes ! Dans les cinq départements normands, des propriétaires privés de parcs et autres espaces de nature labellisés « jardins remarquables » invitent les visiteurs à partir à la découverte de la flore. Ces lieux sont autant d'occasions d'admirer la beauté de la nature que le savoir-faire de ces passionnés à la main verte. Ce label a pour objectif de distinguer jardins et parcs qui présentent un intérêt culturel, esthétique, botanique ou même historique. Dans la région, vous avez l'embarras du choix : les jardins d'Etretat ou les jardins de Bellevue à Beaumont-le-Hareng en Seine-Maritime, le jardin du manoir d'Argences à Saussey ou le jardin botanique du château de Vauville dans la Manche, jardin de la Petite Rochelle à Rémalard ou le jardin retiré à Bagnoles-de-l'Orne dans l'Orne, jardin du pays d'Auge à Cambremer ou parc du château de Vendeuvre dans le Calvados, jardin de la Fondation Claude-Monet à Giverny ou jardins et roseraie du château à Miserey dans l'Eure.

TOP 10

PAYSAGES NORMANDS

La Normandie, écrin naturel préservé, offre des points de vue à couper le souffle : la mer avec ses falaises et ses plages infinies, la campagne vallonnée et verdoyante. Aux quatre coins de la région, découvrez des paysages dont le charme n'a de cesse de se renouveler au fil des jours… et des saisons !

CHAMPEAUX

Le plus beau kilomètre de France sur la route des falaises de Champeaux, avec vue sur l'île de Tombelaine.

ETRETAT

Ses falaises emblématiques et sa vue panoramique attirent chaque année un million de visiteurs !

© STEVANZZ - ISTOCKPHOTO.COM

LA ROCHE D'OËTRE

A environ 118 m de hauteur, ce belvédère naturel perché sur la plus ancienne montagne d'Europe détonne.

© DAVID-BGN - STOCK.ADOBE.COM

CHÂTEAU DE CAEN

Depuis les remparts de l'ancien édifice construit vers 1060, découvrez la ville aux 100 clochers autrement.

© S4SVISUALS - STOCK.ADOBE.COM

MONT SAINT-MICHEL

La plage de Genets offre une vue imprenable sur la baie et le mont. Entre faune et flore, le monument s'impose.

© GUY53 - STOCK.ADOBE.COM

ÎLES CHAUSEY

Plus grand archipel d'Europe à la nature sauvage, connu pour ses grandes marées et ses 365 îlots et rochers.

© KAYANN - FOTOLIA

LA HAGUE

L'un des plus incroyables sites normands avec ses paysages sauvages qui rappellent la lande irlandaise.

© KATEAFTER - ISTOCKPHOTO.COM

CHERBOURG

La montagne du Roule domine la ville et culmine à 112 mètres d'altitude, offrant un panorama unique.

© M. COUPARD - STOCK.ADOBE.COM

CLÉCY

Découvrez la capitale de la Suisse normande et ses vallons magnifiques sur les hauteurs du viaduc.

© JULIEN - STOCK.ADOBE.COM

HONFLEUR

Pour contempler la ville, il faut prendre de la hauteur et grimper jusqu'au Mont-Joli. Admirez !

© PASCALE GUERET - STOCK.ADOBE.COM

HISTOIRE

Terre celte, mais surtout Viking, la Normandie doit son nom aux « hommes du Nord » qui ont peuplé la contrée. Au fil des siècles, le duché normand constitue son territoire jusqu'à devenir la région telle qu'on la connaît actuellement. Son histoire est indissociable de sa voisine anglaise. Notamment grâce à un certain Guillaume le Conquérant. Il n'est pas le seul : Richard cœur de Lion et Jeanne d'Arc, morte sur le bûcher à Rouen, sont des figures historiques de la période médiévale qui voient la France et l'Angleterre s'affronter régulièrement. Evidemment, la Seconde Guerre mondiale a marqué au fer rouge le territoire puisque les plages du Calvados et de la Manche ont vu débarquer des milliers de soldats un matin de juin 1944. Des alliés venus défendre notre liberté qui ont fait de la région plus qu'une terre d'Histoire, mais aussi un lieu de mémoire. Séparée entre Haute et Basse Normandie, la région est réunifiée depuis cinq ans.

500 000 AV. J-C

Les premiers hommes débarquent dans la région. Silex taillés et traces de foyers témoignent de leur présence. Des gravures dans la grotte de Gouy, à quelques kilomètres de Rouen, montrent que des hommes y ont habité vers la fin du Paléolithique, soit environ 40 000 à 9 500 av. J-C.

475 AV. J-C

Alors que la France est connue sous le nom de La Gaule, ce sont principalement les Celtes qui peuplent la future Normandie. La région compte alors 9 tribus, dont les divisions profitent notamment à l'empereur César.

56 AV. J-C

Les légions romaines conquièrent le territoire. Au fil des décennies, les premières cités sortent de terre : Rotomagus (future ville de Rouen), Noviomagus (l'ancêtre de Lisieux), Augustodurum (qui deviendra Bayeux). Les sanctuaires du Vieil-Evreux et de Berthouville témoignent de cette présence romaine. Tout comme la petite ville de Vieux dont les fouilles archéologiques ont mis au jour un théâtre, un aqueduc, des thermes etc.

841

Les Vikings débarquent dans la région. Venus de la Seine à bord de leurs célèbres drakkars, ils envahissent Rouen et mettent le feu aux abbayes de Saint-Ouen. Au fil des années, ces guerriers à la réputation plus que sulfureuse étendent leur emprise sur le territoire en envahissant notamment Saint-Lô et Bayeux.

911

Naissance officielle de la Normandie « pays des hommes du Nord », suite à la signature d'un traité de paix à Saint-Clair-sur-Epte entre Charles le Simple, roi des Francs, et Rollon, chef Viking qui obtient en échange ce qui correspond à l'ancienne région Haute-Normandie. Ce dernier, devenu comte de Rouen, a également l'obligation de se convertir au christianisme.

924

Raoul de France, roi de France, cède la région du Bessin à Rollon, devenu Robert lors de sa conversion à la religion chrétienne.

933 Le duché de Normandie s'étend avec l'annexion de l'Avranchin, du Cotentin et des îles Anglo-Normandes. Originellement occupés par les Bretons, ces territoires sont repris par le fils de Rollon, Guillaume Longue Epée. La configuration de la région ressemble alors, dans les grandes lignes, à la Normandie telle qu'on la connaît actuellement. C'est d'ailleurs un duché prospère. A noter que les Vikings ont laissé peu de traces dans la région, exceptés quelques noms de communes. Ainsi, pour celles qui se terminent en « fleur » – comme Honfleur ou Barfleur – cela vient du mot viking « floth » qui signifie rivière en français.

1027 Naissance à Falaise de Guillaume qui sera plus tard connu sous le nom de Guillaume le Conquérant. Descendant de Rollon, ce bâtard devenu duc de Normandie, à l'âge de 8 ans, établit au fil des années une Normandie florissante, notamment grâce à son mariage avec Mathilde de Flandre, nièce du roi de France. En 1066, Guillaume part à la conquête de l'Angleterre : c'est la célèbre bataille de Hastings.

© PACK-SHOT - SHUTTERSTOCK.COM

Statue équestre de Guillaume le Conquérant à Falaise.

25 DÉCEMBRE 1066 Guillaume, duc de Normandie, devient roi d'Angleterre. Couronné à la célèbre abbaye de Westminster, il est désormais Guillaume le Conquérant et son épopée est retracée sur la célèbre tapisserie de Bayeux. Il meurt à Rouen en 1070. Son tombeau repose depuis dans l'antre de l'abbaye aux Hommes à Caen.

1106 Le Duché de Normandie est rattaché au royaume d'Angleterre à l'issue de la Bataille de Tinchebray qui voit le fils de Guillaume le Conquérant, le duc Robert Courteheuse, être fait prisonnier par le roi d'Angleterre Henri Ier Beauclair.

1157 Naissance de Richard Ier d'Angleterre, plus connu sous le nom de Richard cœur de Lion, dans la ville d'Oxford en Angleterre. En 1189, il hérite du trône d'Angleterre et devient alors duc de Normandie.

1194 Parti aux croisades en 1191, Richard cœur de Lion est emprisonné depuis trois ans. Par une manœuvre de son frère Jean sans Terre qui souhaite lui ravir le trône, il voit son duché envahit par le roi de France Philippe-Auguste qui est bien décidé à en reprendre le contrôle. De retour sur ses terres, le roi Richard défend ardemment son territoire. Mais, blessé par une arbalète, il meurt en 1199.

1199 Jean sans Terre, frère cadet de Richard cœur Lion, est donc parvenu à ses fins. Il est couronné roi d'Angleterre et duc de Normandie à Rouen.

1202 Le roi de France Philippe-Auguste et son armée envahissent la Normandie. Ils s'emparent d'abord du pays de Bray. Jean sans Terre perd ses alliés et, rapidement, la bataille.

1204 C'en est fini du duché de Normandie. Après le siège de Château-Gaillard aux Andelys, c'est la ville de Caen qui est reprise par l'armée française, puis enfin Rouen. La région appartient désormais au domaine royal et ses habitants doivent s'acquitter des impôts qui vont avec.

1337 Début de la Guerre de Cent Ans qui a profondément marqué la région, puisqu'elle devient un véritable enjeu entre le roi de France et le roi d'Angleterre. Ce qui n'est pas vraiment surprenant au regard du passé qui unit ces deux contrés. Lorsque le conflit éclate, Philippe VI, roi de France, exige que les Normands fournissent une flotte navale comme seul Rouen peut en construire. En 1340, la flotte sombre face à l'armée anglaise. C'est le début de nombreuses défaites côté français.

© EVERETT COLLECTION - SHUTTERSTOCK.COM

Philippe VI battu à la bataille de Crécy pendant la guerre de 100 ans.

1348 La peste noire touche la région. La famine règne et la maladie fait des ravages.

1415 Après quelques années de calme, la Guerre de Cent Ans reprend. Le roi d'Angleterre Henri V arrive sur les terres normandes, bien décidé à les reconquérir. Et cela commence par Harfleur. En 1419, Rouen est aux mains du représentant du trône d'Angleterre qui, par la même occasion, annexe une bonne partie de la France. Seul Le Mont-Saint-Michel, grâce à sa position stratégique, échappe à la main mise anglaise.

1422 Charles VII devient le nouveau roi de France. Son objectif : récupérer l'ensemble du royaume et bouter les Anglais hors de l'Hexagone. Il trouve en Jeanne d'Arc, jeune paysanne, une alliée déterminante puisque celle que l'Histoire surnomme Jeanne la Pucelle permet à l'armée française de renouer avec la victoire et à Charles VII d'être sacré à Reims. La reconquête du royaume de France est en marche.

1431 Jeanne d'Arc, accusée d'hérésie, est vendue aux anglais puis enfermée au château de Rouen avant de mourir, brûlée vive, sur la place du vieux-marché.

1450 L'occupation anglaise prend fin. Cherbourg est la dernière ville libérée. La Normandie retrouve sa place au sein du royaume de France.

1466 Le duché de Normandie devient un territoire épars composé de plusieurs entités, divisées en vicomtés. Trois ans plus tard sonne le glas du titre de duc de Normandie. Symboliquement, l'anneau ducal est détruit.

1517 La ville du Havre voit le jour grâce au roi François Ier qui y lance aussi la création d'un port.

1542 La Normandie est divisée en deux généralités [circonscription destinée à l'administration financière] : celle de Rouen et celle de Caen. En 1636, une nouvelle généralité les rejoint : celle d'Alençon.

XVIe SIÈCLE Le protestantisme règne en maitre dans la région. Des temples voient le jour dans les villes de Saint-Lô, Coutances, Rouen, Caen… Alençon est d'ailleurs l'une des premières à être acquise au calvinisme. Mais les conflits éclatent, les guerres de religion règnent partout en France. 80 000 Normands devenus protestants décident de s'exiler aux Pays-Bas ou en Angleterre pour échapper aux massacres. L'apaisement revient lorsqu'Henri IV finit par se convertir au catholicisme. Peu à peu, le protestantisme décline en Normandie.

XVIe ET XVIIe SIÈCLE Deux siècles marqués par une grande épopée maritime. Les nombreux ports normands voient partir de grands explorateurs : Samuel Champlain, Jean Cavelier de La Salle… Grâce à ses activités portuaires le commerce est forcément florissant dans la région normande.

1621-1622 Départ de Robert Giffard, habitant du Perche, pour s'installer au Canada dans la région de la « Nouvelle France » (c'est-à-dire Québec). Ils seront plus d'une centaine d'habitants de cette région de l'Orne à aller s'installer sur les bords du Saint-Laurent.

1625-1635 Né à Allouville, Pierre Belain d'Esnambuc colonise la Guadeloupe, la Martinique, Saint-Christophe et Marie-Galante. Sous l'impulsion d'un certain Richelieu, cardinal devenu célèbre, il devient le premier gouverneur général des Antilles françaises.

1689 Après une longue accalmie avec les voisins anglais, les combats reprennent entre les deux pays ennemis. Le littoral est la cible d'attaques. En 1694, Les villes du Havre et Dieppe sont bombardées et un incendie détruit en grande partie cette dernière.

XVIIIe SIÈCLE La région prospère et le commerce évolue. La filière bovine permet aux pays d'Auge, du Bessin ou de Bray de vendre viande, beurre et fromage aux habitants des villes. Le bocage et le pays de Caux se spécialisent dans la culture céréalière. L'industrie du textile prend de l'ampleur notamment dans le pays d'Ouche. Sa proximité avec la capitale offre de nombreuses opportunités en matière de commerce.

DÉCEMBRE 1789 A l'issue de la Révolution française, la Normandie est alors divisée en cinq départements : le Calvados, la Manche, l'Eure, la Seine-Inférieure (devenue aujourd'hui Seine-Maritime) et l'Orne qui se voit attribuer le comté du Perche.

11 JUILLET 1793 L'Ornaise Charlotte Corday, lasse des excès de la Révolution, assassine le député montagnard Marat dans sa baignoire à Paris. Descendante de Corneille, elle est exécutée quelques jours plus tard pour son crime.

1800 La chouannerie, mouvement d'insurgés royalistes, s'est particulièrement développée en Basse Normandie depuis 1795. Elle est brutalement stoppée par un certain Napoléon Bonaparte. C'est à Alençon que le futur empereur arrête le comte de Frotté, chef du mouvement.

1843 La première ligne de train, Paris-Rouen est inaugurée. Il faut compter un peu plus de 4 heures de trajet aux voyageurs venus d'Île de France pour rejoindre la Normandie. 1855 voit l'arrivée du premier train en gare de Caen, et trois ans après celui de Cherbourg. Saint-Lô est reliée en 1860 et Granville en 1870.

1864 A partir de cette année-là, et jusqu'en 1974, des paquebots quittent régulièrement le port du Havre pour rejoindre les ports de New-York. Rapides et luxueux, ils fascinent les Français.

1870 Guerre franco-allemande. Les Prussiens débarquent dans plusieurs endroits de la région : à Rouen et Alençon notamment. Un épisode peu connu de l'histoire de France, et de la région, qui porte pourtant en son sein les prémisses de la Première Guerre mondiale.

XIXe SIÈCLE Les premières stations balnéaires voient le jour sur les 600 kilomètres de la côte normande. Dieppe, Etretat, Le Tréport, Trouville, Deauville ou Cabourg deviennent des destinations incontournables pour la bourgeoisie venue tout droit de Paris.

1912 Le célèbre Titanic fait escale à Cherbourg. Près de 280 personnes monteront à bord de ce paquebot au sinistre destin.

1936 C'est l'année du Front populaire et ses fameux congés payés. Sur la côte normande et ses plages, les gens se pressent.

6 JUIN 1944 Débarquement de plus de 40 000 soldats alliés venus des Etats-Unis, du Canada et de l'Angleterre sur les plages du Calvados et de la Manche. C'est l'opération « Overlord », un D-Day historique à plusieurs titres pour la région. Le Débarquement et la Bataille de Normandie qui s'en suit constituent un épisode majeur de la Seconde Guerre mondiale dans la reconquête de la liberté des nations occupées. C'est un tournant pour le territoire qui s'impose, au fil des décennies, comme un véritable lieu de mémoire.

© EVERETT COLLECTION - SHUTTERSTOCK.COM

Bataille de Normandie.

1956 La Normandie est séparée en deux. L'Orne, le Calvados et la Manche composent la Basse-Normandie, l'Eure et la Seine-Maritime la Haute-Normandie.

2016 Fini la Basse et la Haute Normandie, la région est finalement réunifiée.

TOP 10

PERSONNAGES HISTORIQUES

De Guillaume le Conquérant, Normand entré dans l'histoire française ET anglaise, au peintre impressionniste Claude Monet qui a croqué la région comme personne, en passant par le couturier Christian Dior ou la mère Poulard : découvrez les personnalités qui ont marqué et façonné l'histoire de la Normandie.

ERIK SATIE

Le compositeur de musique et artiste naît à Honfleur. La maison de son enfance abrite le musée Satie.

GUILLAUME LE CONQUÉRANT

Figure emblématique. Duc de Normandie et roi d'Angleterre né à Falaise vers 1027, il meurt à Rouen en 1087.

© GEORGIOSART- ISTOCKPHOTO.COM

LA MÈRE POULARD

Cuisinière émérite, elle ouvre son auberge en 1888 au Mont-Saint-Michel et scelle son destin à celui du monument.

© WIKIMEDIAS COMMONS

JULES DUMONT D'URVILLE

Rien ne prédestinait l'homme né à Condé-sur-Noireau à devenir explorateur et réaliser 3 tours du monde.

© MORPHART CREATION - SHUTTERSTOCK.COM

JEANNE D'ARC

Son épopée se clôt à Rouen : la Pucelle est enfermée au château avant d'être brûlée sur la place du Vieux-Marché.

© ISTOCKPHOTO.COM

ALAIN

Né à Mortagne-au-Perche, l'auteur de *Propos sur le bonheur* fut philosophe, journaliste, essayiste…

© PACKSHOT - STOCK.ADOBECOM

JULES BARBEY D'AUREVILLY

Dandy, romancier, journaliste et polémiste né à Saint-Sauveur-le-Vicomte. Une personnalité phare du XIXe siècle.

© WIKIMEDIA COMMONS

CHRISTIAN DIOR

C'est dans la maison d'enfance du célèbre couturier, à Granville, que se trouve le musée qui lui est consacré.

© SPATULETAIL - SHUTTERSTOCK.COM

JACQUES PRÉVERT

Conquis par la Hague, le poète connu des petits et des grands a vécu à Omonville-la-Petite où il est enterré.

CLAUDE MONET

Le peintre impressionniste et la Normandie : une grande histoire d'amour qui nourrit son inspiration.

© EVERETT COLLECTION

ARCHITECTURE

Plus de mille ans d'histoire ont façonné le patrimoine architectural de la Normandie. De son passé médiéval, la région conserve de jolis fleurons comme le château de Falaise ou les vestiges de celui de Domfront. L'architecture normande a aussi inscrit son style dans la pierre de majestueux édifices religieux romans et gothiques avec les cathédrales de Rouen, Bayeux ou Sées. Dans un autre registre, le pays d'Auge et la Haute Normandie sont connues pour leurs maisons à colombage. Et ses villas, à découvrir le long du littoral, qui s'affichent dans le pur style néo-normand du XIXe siècle. Evidemment, les affres du Débarquement et de la bataille de Normandie ont réduit en poussière des joyaux du patrimoine et l'importante phase de reconstruction qui a suivi a donné lieu à des réalisations d'attraits variés. La région s'est aussi réinventée, avec succès, dans des ouvrages d'art contemporain comme le célèbre pont de Normandie.

Châteaux et manoirs

Château-Gaillard aux Andelys, ruines du château de Caen ou de celui de Domfront, château de Falaise : ces forteresses moyenâgeuses sont des témoignages de l'histoire de la région. Au Xe siècle, lorsque les Normands décident de s'établir sur le territoire, la construction de mottes castrales est leur priorité. Fossés et donjons carrés ou rectangulaires sont la base de ces fortifications principalement constituées à base de terre. D'ailleurs, la Normandie est renommée pour la qualité de ses donjons qui sont souvent plus imposants que dans d'autres régions du royaume de France. Notamment parce que les enceintes ne jouent en réalité qu'un rôle mineur. C'est notamment le cas du château de Falaise, et d'autres forteresses que Guillaume le Conquérant fit ensuite édifier sur son royaume d'Angleterre. Vers la fin du XIIe siècle, l'architecture évolue. C'est la naissance des châteaux dit « féodaux ». Souvent bâties sur un piton rocheux et bordées d'un cours d'eau, ces structures fortifiées abritent ressources et garnisons. Château-Gaillard, construit par Richard Cœur de Lion aux Andelys, a traversé les siècles. Cela démontre le savoir-faire des architectes et des ouvriers de l'époque.

Les siècles passant, d'autres demeures de haute volée voient le jour. L'aspect défensif n'étant, au fil du temps, plus une priorité, les architectes dessinent désormais des constructions de prestige pour accueillir l'art de vivre à la française. Châteaux, mais surtout manoirs font partie de la richesse du patrimoine normand. Entre le XVe et le XVIe siècle, le château de Saint-Germain-de-Livet dans le Calvados voit le jour. Il réunit deux techniques : la construction à pans de bois et la construction en pierres.

Le château Gaillard.

La cathédrale gothique de Rouen.

Maisons à colombages à Honfleur.

Au cœur du parc naturel régional Normandie-Maine, le château de Carrouges témoigne de l'architecture Renaissance. Sa spécificité ? Cette demeure seigneuriale a évolué au fil des siècles et a toujours été habitée par la même famille que l'on découvre, notamment, à travers son mobilier d'origine. Lors de votre visite, ne manquez pas non plus le Haras du Pin dans l'Orne. Voulu par le roi Louis XIV et construit sous le règne de Louis XV, son château fut édifié entre 1719 et 1724. Largement inspiré de Versailles, le château de Bizy dans l'Eure a été construit en 1740 et Louis XV en a été l'un des propriétaires. De par sa proximité avec l'Île-de-France et la diversité de ses paysages, la Normandie est une terre de manoirs. Ces demeures, moins ambitieuses que les châteaux, témoignent néanmoins de la richesse des ses propriétaires. Dans l'Orne, et plus précisément dans le Perche, un circuit thématique vous permet de partir à la découverte de ces demeures pour le moins prestigieuses.

Abbayes, cathédrales et églises

L'art roman et l'art gothique sont à la base du style architectural normand. L'art roman voit le jour au XIe siècle et se poursuit au XIIIe siècle avec le gothique normand. Les édifices religieux sont de parfaits exemples de ces deux styles qui ont appris à cohabiter au fil des siècles. Souvent de style roman au départ, ils ont ensuite été agrémentés de touches gothiques. C'est le cas de l'église Saint-Etienne et de la Trinité de Caen, des arcades romanes de la cathédrale de Bayeux et son chœur gothique ou Notre-Dame-sous-Terre au Mont-Saint-Michel. Exception faite dela cathédrale de Sées ou l'église abbatiale Saint-Ouen de Rouen qui ont, elles, vu le jour à l'époque gothique. A noter qu'avec sa sobriété et son aspect massif, qui sont quelques-unes de ses caractéristiques, l'art roman a d'ailleurs séduit outre-Manche : les Anglais s'en sont inspirés pour la réalisation de nombreux édifices dont la célèbre cathédrale de Canterbury. A l'inverse, ce sont eux qui, à la fin de la guerre de Cent ans, inspireront un nouveau courant : le gothique flamboyant. Pour découvrir cette « dentelle de pierre », rendez-vous à la basilique Notre-Dame d'Alençon ou Notre-Dame de Caudebec-en-Caux. Tout ceci n'est bien sûr qu'un petit échantillon des joyaux architecturaux à découvrir en Normandie. Prenez le temps de sillonner aussi les petits villages, car comme chacun le sait chaque village en France a son clocher et la Normandie ne faillit pas à la règle.

Des maisons à colombages aux fleurons modernes

La ville de Rouen, les pays de Caux, de Bray ou du pays d'Auge ont en commun… de jolis exemples de maisons à colombage ! Ce style, qui trouve son origine au Moyen Âge, allie charpente en bois et technique de « maçonnerie » appelée bauge. Ces habitations sont autant de témoignages de ce que pouvait être la vie des Normands à cette époque. Au XIXe siècle, c'est le style néo-normand qui s'impose le long du littoral. Ces belles et grandes habitations, de type villas, qui allient tradition et modernité dans la construction auraient été imaginées par l'architecte sarthois Jacques Baumier. La gare de Trouville-Deauville, des maisons de Houlgate ou le château Gabriel à Berneville-sur-Mer en constituent quelques exemples.

© PHILIPPE PRUDHOMME - STOCK.ADOBE.COM

Château de Bizy.

Ce type d'architecture a quelques similitudes avec l'architecture qui voit le jour vers 1880, et s'étend jusqu'à la Première Guerre mondiale, le style Belle-époque. Reconnaissables à ses façades colorées et ses fenêtres arquées communément appelées « *bow window* », les maisons à étages de style Belle-époque sont à découvrir à Granville ou Bagnoles-de-l'Orne. Impossible de passer sous silence le drame architectural consécutif à la Seconde Guerre mondiale. La Bataille de Normandie a durement touché le territoire et vu le patrimoine bâti de certaines villes réduit drastiquement. S'en est suivi une période de reconstruction qui a donné lieu à des réalisations d'intérêt plus ou moins grands. Avant qu'un vent de modernité ne souffle sur la région. Le pont de Normandie, construit entre 1988 et 1995, qui relie Honfleur au Havre, en est l'un des symboles. Le Havre qui compte d'incroyables ouvrages d'art comme le centre aquatique signé Jean Nouvel et inspiré des thermes de la Rome antique ou le siège de la Métropole : baptisé « le 108 », un lieu imaginé pour rendre hommage à Claude Monet et aux impressionnistes. A Caen, la presqu'île connait une sacrée révolution architecturale et offre un nouveau visage à l'ancien quartier portuaire et notamment avec la bibliothèque Alexis de Tocqueville.

BEAUX-ARTS

La Normandie et les beaux-arts, c'est une belle histoire qui traverse les âges. Une histoire aux multiples facettes, à l'image du foisonnement artistique et culturel que connait la région à travers les siècles. Terre d'inspiration de nombreux artistes et artisans, la Normandie est riche d'un savoir-faire unique et d'œuvres intemporelles. Comme la tapisserie de Bayeux, broderie du XIe siècle et joyau mondialement connu, qui retrace l'épopée de Guillaume le Conquérant… ou la dentelle et son fameux point d'Alençon qui ont fait la réputation de la région au-delà des frontières de l'Hexagone. La Normandie, c'est aussi des grands noms de la peinture qui ont mis la région en lumière, dans des œuvres impressionnistes à jamais entrées dans l'Histoire, à l'image de Claude Monet. Une histoire qui n'a jamais cessé de s'écrire, notamment à travers l'art contemporain. Les musées et festivals de la région sont autant d'invitation à la découverte.

Entre broderie et dentelle

Bayeux. Le nom de cette ville du Calvados est mondialement connu grâce une œuvre aussi unique que spectaculaire : sa célèbre tapisserie. Cette œuvre d'art incomparable a traversé les siècles. Et doit sans doute sa renommée à son aspect singulier. La Tapisserie de Bayeux, brodée au XIe siècle, étant tout à la fois chef d'œuvre de l'art roman et un témoignage historique. Toute l'épopée de Guillaume le Conquérant pour accéder au trône d'Angleterre est en effet racontée sur une toile de lin longue de près de 70 mètres et haute de 50. Les fils de laine brodés mettent en scène des drakkars, des chevaux, des champs de bataille, des chevaliers en cotte de maille : autant d'éléments indispensables puisque la tapisserie retrace la fameuse bataille d'Hastings. Bataille lors de laquelle Guillaume, duc de Normandie, traverse la mer avec ses milliers d'hommes pour récupérer le trône qui lui revient de droit. Le visiteur est invité à prendre son temps pour découvrir les nombreux et précieux détails qui ornent ce chef d'œuvre inscrit au patrimoine mondial de l'UNESCO. L'occasion d'une plongée inédite dans l'histoire moyenâgeuse. Et une découverte originale du savoir-faire probablement anglo-saxon, d'après les informations dont les historiens disposent, des artisans qui se cachent derrière cette réalisation. Commande de l'évêque Odon, demi-frère de Guillaume le Conquérant, la tapisserie de Bayeux a probablement orné la nef de la cathédrale de Bayeux. A découvrir au Bayeux Museum jusqu'en 2024, date à laquelle la tapisserie devrait prendre la direction du Royaume-Uni pour y subir une restauration.

Après la broderie, place à la dentelle. Là encore, de véritables œuvres d'art aux motifs délicats et raffinés ont vu le jour dans la région. Ce savoir-faire prend de l'ampleur en Normandie à partir du XVIIe siècle, date à laquelle Colbert, ministre de Louis XIV, décide la création de manufactures de dentelle. Caen, Bayeux et Alençon deviennent d'importants lieux de production et ce jusqu'à la fin du XIXe siècle. La préfecture de l'Orne, osons le jeu de mot, tire véritablement son épingle du jeu avec son fameux point d'Alençon. Baptisé « Reine des dentelles », ce point unique au monde est réalisé à l'aiguille et doit sa naissance à la dentellière Marthe de la Perrière. Très convoité à la cour, le point d'Alençon demande un travail minutieux et nécessite beaucoup de patience : il faut sept heures de travail pour réaliser 1 cm^2 de dentelle. Désormais classé au patrimoine immatériel de l'UNESCO, ce savoir-faire se perpétue à l'atelier conservatoire national du Point d'Alençon. Sept dentellières continuent de concevoir des pièces qui sont à chaque fois de petits chefs d'œuvre. De magnifiques réalisations, dont le voile de la mariée qui date du XIXe siècle, sont à découvrir au musée des Beaux-arts et de la Dentelle d'Alençon. A une quarantaine de kilomètres de là, découvrez aussi la maison des Dentelles à Argentan consacrée notamment… au point d'Argentan ! Cette technique connut elle aussi une belle renommée.

Claude Monet par Auguste Renoir, 1872.

Les Nymphéas par Claude Monet.

© EVERETT COLLECTION - SHUTTERSTOCK.COM

Scène de plage à Trouville par Eugène Boudin, 1863.

La Normandie, version impressionniste

Les falaises d'Etretat, la cathédrale de Rouen, le soleil qui se lève sur la ville du Havre, le joli petit port d'Honfleur, les déjeuners sur l'herbe sur les bords de Seine… Les paysages normands ont inspiré les peintres impressionnistes. La région peut d'ailleurs s'enorgueillir d'être le berceau de ce courant pictural qui voit le jour dans la seconde moitié du XIXe siècle. Un art qui a révolutionné les pratiques en vigueur en mettant à l'honneur les jeux de lumière, les couleurs, les émotions. Né en 1840 et mort en 1926, Claude Monet, auteur de nombreux tableaux dont les célèbres nymphéas croqués en plusieurs dizaines de versions dans ses jardins de Giverny, fait partie des grands noms qui ont marqué l'histoire de l'art. La visite de la maison et des extérieurs de celui qui est considéré comme le père de l'impressionnisme font partie des incontournables lors d'un séjour en Normandie. Autre figure incontournable de ce courant pictural : Eugène Boudin. Peintre né à Honfleur en 1824, il est lui considéré comme le précurseur de l'impressionnisme. La mer, les marins, le ciel constituent ses principales sources d'inspiration. Ses dessins et ses peintures, l'artiste les a légués à sa ville natale qui les a rassemblés au sein du musée Eugène-Boudin. Ses œuvres côtoient celles d'autres peintres de Honfleur.

Le musée des Beaux-arts de Rouen consacre une partie de son impressionnante collection aux peintres impressionnistes. Ici, vous découvrirez des œuvres de Claude Monet évidemment, mais aussi de Sisley, Renoir ou Pissaro qui ont beaucoup puisé leur inspiration en observant sa cathédrale ou les boucles de la Seine. A noter que le lieu foisonne d'œuvres dans des domaines aussi variés que la sculpture ou même les arts décoratifs.

Classé parmi les plus beaux villages de France, la commune ornaise de Saint-Céneri-le-Gérei a séduit aussi de nombreux artistes. Au XIXe siècle, ils sont nombreux à venir ici, attiré par le charme de cette petite cité de caractère à la lumière changeante et idéale pour inspirer les peintres. C'est notamment le cas du fameux Eugène Boudin. Le village compte un lieu singulier : l'auberge des sœurs Moisy. Cette habitation ancienne, très prisée des artistes de 1875 à 1925, compte un lieu bien particulier : sa salle des « décapités ». Sur ses murs, les artistes ont dessiné au fusain les ombres des profils des hôtes qui séjournaient ici. Elle est ouverte à la visite. A noter que Saint-Céneri-le-Gérei perpétue la tradition artistique du village puisque chaque année est organisée « La rencontre des peintres ». Les chevalets prennent place aux quatre coins du village, de l'église romane au bord de la rivière en passant par le vieux pont en pierres.

La région propose des circuits touristiques thématiques pour découvrir les lieux de prédilection des impressionnistes : la côte d'albâtre et le port de Fécamp, les terres sauvages du Cotentin et son fameux phare de Gatteville, l'estuaire de la Seine et la ville du Havre classée au patrimoine mondiale de l'UNESCO… Et côté festival, « Normandie impressionniste » est une manifestation à ne pas manquer. Dans le cadre de cet évènement, plusieurs animations sont organisées sur l'ensemble du territoire dont des expositions d'art contemporain et de photographie.

L'ART CONTEMPORAIN

Et oui, la Normandie est également une terre fertile en matière d'art contemporain ! Natif d'Argentan, dans l'Orne, l'artiste Fernand Léger fait partie de ceux qui ont écrit une nouvelle page de l'histoire de l'art et marqué la première moitié du XXe siècle. Destiné à devenir architecte, il devient finalement peintre et révolutionne les codes en présentant des tableaux d'inspiration cubique. Cet art pictural privilégie l'abstrait et les formes géométriques. Ce n'est pas la seule corde à son arc : Fernand Léger est également décorateur, céramiste, sculpteur. Son ami d'enfance également artiste André Mare, né lui aussi à Argentan, est plus connu pour son rôle majeur dans la création du mouvement artistique de l'Art déco qui a connu ses heures de gloire dans les années 1920 – 1930. Tous deux sont mis à l'honneur au sein du musée Fernand-Léger et André-Mare qui a ouvert dans la maison natale de l'artiste aux inspirations cubistes. Le lieu, très original par son architecture, mérite le détour.

Envie de découvrir le street art ? Egalement baptisé « art urbain », il rassemble des formes d'art réalisées dans des lieux publics. Tags, graffitis et autres fresques se dévoilent sur le mobilier. Et c'est notamment le cas à Rouen. Parmi les lieux incontournables, rendez-vous dans les hangars des quais de Seine ou les transformateurs EDF du centre-ville qui sont aisément reconnaissables à leurs couleurs « flashy » ! La ville compte des artistes locaux dont la renommée ne cesse croitre : Padame, Madcow ou Dhoa. A Dieppe, la ville a lancé il y a trois ans son premier festival de street art. Baptisé « Spray de street art », l'évènement réunit chaque année de nombreux grapheurs qui réalisent des œuvres sous les yeux du public. Dans la Manche, de nombreux lieux sont devenues des œuvres à découvrir à ciel ouvert : château d'eau de Granville, façades d'immeubles à Cherbourg, ruines de blockhaus à Fermanville, ou fresque mural à Agon-Coutainville… Sur l'ensemble du territoire normand, on ne peut que vous inciter à ouvrir l'œil et découvrir ses pépites artistiques originales !

Côté photographie, direction le centre photographique de Rouen. C'est une étape incontournable de votre voyage dans l'art contemporain normand. Créé il y a une trentaine d'années, et situé au cœur de la cité, cet espace promeut la création et multiplie les actions de sensibilisation de cet art en direction de tous les publics. Chaque année, expositions et résidences sont organisées dans ce haut-lieu de la photographie, devenu au fil des années un art majeur. En invitant régulièrement des artistes variés, le centre incite à la découverte de la démarche artistique qui se cache derrière l'objectif. Localement, les différents départements normands comptent de nombreux photographes amateurs qui proposent régulièrement des expositions. Les offices de tourisme sauront vous renseigner.

La Normandie compte également une douzaine de centres d'art contemporain qui font découvrir aux visiteurs des démarches artistiques modernes et variées. Près de Rouen, la région compte un lieu unique pour la promotion de l'art contemporain : le SHED. Dans une ancienne usine de mèche à bougies, ce lieu a été imaginé par un groupe d'artistes bien décidés à soutenir la création et la partager au plus grand nombre. Dans la Manche, poussez la porte de l'usine Utopik. Cette plateforme de recherche et d'expérimentation propose soirées thématiques, concerts, lectures publiques. A Yvetot, la galerie Duchamps propose aux visiteurs de découvrir entre 4 et 5 expositions par an et donne des clés pour mieux révéler les secrets de l'art contemporain. N'hésitez à découvrir ses lieux lors de votre séjour.

MUSIQUES ET SCÈNES

Rock, jazz, pop, électro ou classique : la Normandie est fan de toutes les musiques ! La région promeut d'ailleurs largement tous les styles à travers de nombreux festivals. De Beauregard aux Papillons de nuit en passant par Jazz sous les pommiers ou Art Sonic, la saison estivale est propice à la découverte et le public toujours enthousiaste pour découvrir des artistes de qualité. Au fil des années, la région s'est d'ailleurs forgée une belle réputation en la matière. Les scènes de musiques actuelles, comme Le Cargö à Caen, le Big Band Café à Hérouville-Saint-Clair, le Tétris au Havre ou La Luciole à Alençon se démarquent aussi par leur programmation éclectique. Alternant têtes d'affiches connues et pépites artistiques locales. Un patrimoine culturel foisonnant dans lequel s'inscrit également, même si elle est moins connue que sa cousine bretonne, la musique traditionnelle normande. Oui, au pays des hommes du nord, la musique a la cote !

DÉCOUVRIR

La musique traditionnelle normande, un héritage méconnu

Contrairement à sa cousine bretonne, qui s'affiche comme un véritable patrimoine culturel doté d'une forte identité, la musique traditionnelle de la région est beaucoup moins connue. Les chants marins sont souvent au cœur de ces compositions qui ont traversé les siècles. Mais pas seulement. L'histoire et les péripéties locales sont une source inépuisable d'inspirations et ont fait naître de grandes complaintes. Le violon, la loure (instrument à vent normand appartenant à la famille des cornemuses), ou accordéons sont quelques-uns des instruments de prédilection de ces compositions. Elles étaient, évidemment comme c'était la coutume à l'époque, accompagnées de pas de danse… qui malheureusement se sont perdus au fil du temps. Quelques associations et groupes locaux essaient de faire revivre et de transmettre au public un peu de cette identité culturelle normande. Basée à Vire, l'association La Loure, musiques et traditions orales de Normandie, tend à faire sortir du bois la culture musicale locale en organisant concerts et stages thématiques. Ainsi qu'en produisant des groupes qui font revivre la tradition populaire en musique. Des CD sont d'ailleurs disponibles sur le site de l'association. A noter que les îles anglo-normandes s'inscrivent également sur la partition de la musique traditionnelle normande. Le français n'y est plus, majoritairement, la langue parlée depuis le milieu du XXe siècle, mais les chants traditionnels l'emploient encore à travers les dialectes locaux du jersiais et du guernesiais ainsi que la langue normande qui est aujourd'hui classée comme langue sérieusement en danger par l'UNESCO.

Normandie, terre de festivals

Tout mélomane qui se respecte trouvera ici de quoi satisfaire son insatiable appétit musical. Rock, world music, pop, électro… La diversité est au rendez-vous et la saison estivale se prête parfaitement à la réussite de ces évènements qui, chaque année, sortent renforcés d'un succès toujours grandissant. Des grands noms de la musique sont désormais les têtes d'affiches de ces événements normands qui se sont taillés une place de choix sur la scène musicale nationale et internationale. C'est parti pour un tour d'horizon des festivals à ne (surtout) pas manquer !

Avec plus de 100 000 personnes réunis dans le parc du château d'Hérouville-Saint-Clair, le festival de Beauregard créé il y a 12 ans, s'est rapidement taillé une place de choix parmi les grands événements musicaux français. Chaque 1er weekend de juillet, le public débarque sur ce magnifique site du Calvados pour profiter d'une programmation où les têtes d'affiche se succèdent les unes aux autres. Julien Doré, Sting, Jain, Lenny Kravitz, Placebo, ou encore Etienne de Crécy, il y en a pour tous les goûts.

Festival chic, Beauregard met aussi la gastronomie normande à l'honneur avec ses stands culinaires où vous pouvez déguster des huîtres tout en profitant des artistes… la classe !

L'édition 2021, si elle se déroule (croisons les doigts), sera une édition particulière pour le festival Jazz sous les pommiers qui fêtera ses quarante ans d'existence. Organisé à Coutances, dans la Manche, l'évènement est une véritable institution et des artistes de renommée internationale se pressent sur scène. Il faut dire que l'événement est une référence dans le monde du jazz. Pendant une dizaine de jours au mois de mai, la musique emplit les salles de concerts, bien sûr, et aussi les bars et la rue. Goran Bregovic, Eric Bibb, Thomas Dutronc ou Fatoumata Diawara ont fait résonner leurs compositions ces dernières années.

Avec Les Papillons de nuit, le petit village de Saint-Laurent-de-Cuves au cœur de la Manche se transforme chaque année au mois de mai en une ville géante de 75 000 festivaliers. Une ambiance détendue et familiale règne le temps d'un week-end dans ce « plus grand festival de France dans le plus petit lieu ». Petits et grands trouvent ici de quoi régaler leurs yeux et leurs oreilles. De Maitre Gims à Izia, de Kendji Girac à

The Avener, la diversité et la marque de fabrique de ce grand rendez-vous annuel.

Changement de cadre et d'ambiance : direction Tatihou. Cette petite ile située en face de Saint-Vast-la-Hougue est accessible à marée basse. D'où le nom donné à l'évènement organisé courant août : Les Traversées de Tatihou. Ici, c'est la musique venue du grand large qui résonne. Des formations musicales venues d'Irlande, d'Ecosse, de France, de Finlande ou du Portugal sont à l'affiche. Seul impératif des organisateurs pour la programmation : qu'elles soient originaires d'un pays ayant une frontière maritime. Ce rendez-vous, qui s'étend sur une petite dizaine de jours, est original et l'ambiance singulière. D'autant que les groupes se produisent à des horaires particuliers puisqu'ils sont définis en fonction de l'amplitude des marées !

Envie de voyager autour des musiques du monde ? Direction la Seine-Maritime. Chaque année, le festival Moz'aïque anime Le Havre à la mi-juillet. Sur le joli site des Jardins suspendus, durant 5 jours, résonnent le rock, le jazz, la soul, le reggae, la world music et même la musique classique. Popa Chubby, le regretté Manu Dibango ou Kyle Eastwood font partie des grands noms qui ont fait vibrer les festivaliers qui participent chaque année à cet évènement.

Dans le cadre majestueux de ses falaises connues dans le monde entier, Etretat accueille le festival Hello Birds. Chaque année début juillet, les organisateurs vous invitent à « une escapade seapop en terre normande » autour de concerts en plein air et de dj set. A noter que la découverte de la côte d'Albâtre et de la gastronomie locale sont toutes aussi importantes que la programmation musicale. Petit plus : le festival est majoritairement gratuit. Et c'est suffisamment rare pour le souligner.

Loin du littoral, le festival Art Sonic accueille les festivaliers au cœur de la Suisse normande pour une parenthèse musicale variée ! Mi-juillet, le village de Briouze se transforme pour accueillir plus de 20 000 personnes. Ambiance conviviale et chaleureuse au programme. Sur les deux scènes, de jeunes groupes locaux ou non partagent l'affiche avec des grands noms de la musique comme Jain ou Shaka Ponk.

A Cabourg, il n'y a pas que le cinéma, il y a aussi de jolies mélodies ! Depuis 2012, la plage du Cap accueille de nombreux artistes dans le cadre du festival Cabourg, mon amour. Pendant trois jours, le dernier week-end de juin, laissez vous bercer par les vagues musicales préparées par les organisateurs. Clara Luciani, Angèle, Fishbach ou l'Impératrice ont fait chanter et danser les festivaliers. Pop et électro ont la cote, alors laissez-vous tenter ! Il s'agit d'une liste non exhaustive. D'autres festivals comme Chauffer dans la noirceur dans la Manche ou Rock in Evreux dans l'Eure valent évidemment le détour. Et, c'est sans compter les autres rendez-vous, certes moins fréquentés mais tout aussi qualitatifs, qui sont organisés au sein de chaque département. N'hésitez pas à vous renseigner lorsque vous préparez votre séjour. Il est également important de noter que la programmation musicale de la région brille toute l'année grâce notamment au réseau de scènes de musique actuelles. Le Cargö à Caen, le Big Band Café à Hérouville-Saint-Clair, le Tétris au Havre ou encore la Luciole à Alençon participent à la renommée du territoire dans ce domaine. Et offre toute l'année la possibilité aux visiteurs de partager de grands moments d'émotions. On ne peut que vous encourager à consulter leurs sites d'internet et découvrir les petites pépites de leur programmation.

Ambiance classique

Le classique aussi a ses lettres de noblesse en Normandie. La région compte plusieurs festivals qui devraient vous séduire. Poétique et musicale, le festival international de musique du sud de l'Eure a déjà 13 éditions et plus de 100 concerts à son actif. Orchestres et ensembles, musiciens solistes et comédiens acteurs sont les ingrédients principaux de ce rendez-vous qui a su s'implanter dans le paysage culturel et musical. Jean-François Zygel, Brigitte Fossey, Bruno Rigutto ou le quatuor Morphing font partie des grands noms qui ont participé à quelques-unes des éditions. A Rouen, le festival Les musicales de Normandie propose durant la saison estivale environ une trentaine de concerts. Des événements qui se déroulent dans les joyaux du patrimoine local allant jusqu'à la vallée de la Seine, Fécamp ou Varengeville-sur-Mer etc. Grâce aux artistes invités, des airs de Schubert, Berlioz ou Haendel résonnent en Haute-Normandie.

D'autres événements vous attendent un peu partout dans la région. Direction l'abbaye de Lessay pour Les heures musicales (Manche), le festival Musique d'août à Deauville (Calvados) ou l'Orne, les mélomanes ont dans divers lieux du département à l'occasion du Septembre musical de l'Orne.

Bande-originale

La musique est indissociable du cinéma et le cinéma est inséparable de la Normandie. Ce n'est pas pour rien que le 7e art est ici à l'honneur à travers deux festivals majeurs : le festival du film américain de Deauville, le festival du film romantique de Cabourg. Et un troisième, certes moins renommé, le festival du film russe de Honfleur. La Normandie est un décor de choix pour de nombreux films. On peut citer le célèbre *Quai des Brumes* qui réunit le couple mythique Jean Gabin et Michèle Morgan au Havre, *Les parapluies de Cherbourg* réalisé par Jacques Demy et qui se déroule dans la célèbre ville de Manche, *Les Misérables* de Claude Lelouch réalisé à Villers-sur-Mer, le *Jeanne d'Arc* de Luc Besson tourné dans l'Orne, *Le Goût des autres* d'Agnès Jaoui, dont l'intrigue se déroule à Rouen, ou *La Famille Bélier* tourné à Domfront-en-Poiraie.

LITTÉRATURE

De Corneille à Victor Hugo en passant par Gustave Flaubert, dont Rouen célèbre cette année le bicentenaire de la naissance, du philosophe Alain né à Mortagne-au-Perche au poète Jacques Prévert qui s'établit près de La Hague : la Normandie a vu naître et a accueilli de nombreux écrivains, inscrivant ainsi ses lettres de noblesse dans la littérature française. Au fil des siècles, les auteurs ont trouvé leur inspiration dans les paysages de la région, devenus depuis le décor d'œuvres majeures comme dans *Madame Bovary*... ou ont profité de la quiétude des lieux pour laisser leur imagination vagabonder et donner vie à des personnages mythiques comme Arsène Lupin. Aujourd'hui, les auteurs normands ont toujours du succès. Certains caracolent en tête des ventes à l'image du rouennais Michel Bussi, auteur d'*Un avion sans elle*. L'Euroise Françoise Bourdin a signé plus d'une quarantaine de livres dont le succès ne se dément jamais.

La genèse

C'est au XIIe siècle que la littérature normande prend naissance dans ses racines anglo-normandes et puise notamment son inspiration auprès des emblématiques rois de ce royaume à cheval entre l'Angleterre et le duché de Normandie : Guillaume le Conquérant, Richard Cœur de Lion ou Jean sans Terre. L'une des œuvres emblématiques qui a été rédigée à cette époque est *La Chanson de Roland*, une épopée contée et qui aurait été chantée durant la célèbre bataille d'Hastings. Dans cette même veine, l'époque est à la conquête et elle inspire les auteurs, *Le Roman de Rou* signé Wace raconte l'histoire du duché de Normandie, de l'arrivée du viking Rollon à la bataille de Tinchebray. Deux poètes normands signent ensuite une histoire d'amour qui a traversé les âges : *Tristan et Iseult*. Marie de France, née au milieu du XIIe siècle, rédige de courtes fables en anglo-normand. Forte de son succès, elle est aussi l'une des créatrices de l'amour courtois, qui au Moyen Âge désigne la façon d'aimer avec courtoisie dans le but d'atteindre la joie.

A la fin du XVe siècle, l'imprimerie révolutionne la littérature. Mais éditer un livre dépend de privilèges et ce sont les éditeurs parisiens qui les détiennent. Des éditeurs de Rouen décident de contourner le système en vigueur en proposant des ouvrages de « seconde édition » avec certes une impression de plus basse qualité mais au tirage plus important. Durant presque tout le XVIIe siècle, ce sont plus de 5 600 éditions qui sont imprimées à Rouen, faisant de la ville normande un lieu incontournable de l'édition en France. Avant que les Parisiens ne se rebellent et que Rouen ne se spécialise ensuite dans l'édition d'œuvres qualifiées à l'époque d'illégales. Voltaire et Rousseau, interdits de publication, firent imprimer quelques-uns de leurs ouvrages dans la cité normande.

A noter que le dramaturge et poète Pierre Corneille, né à Rouen, a écrit sa plus célèbre pièce *Le Cid* dans sa ville natale.

© CLU - ISTOCKPHOTO.COM

Guy de Maupassant.

L'explosion littéraire du XIXe siècle

La Normandie a vu naître de nombreux écrivains qui ont contribué à la renommée de la région et plus particulièrement au XIXe siècle. Parmi ces grands noms de la littérature française le théoricien du dandysme et manchois Jules Barbey-D'Aurevilly. Celui-ci à tour à tour été essayiste, poète, critique littéraire et journaliste et a notamment publié le roman *Une vieille maîtresse* qui se déroule dans sa région natale. Gustave Flaubert, dont Rouen célèbre cette année le bicentenaire de la naissance, est l'auteur du célèbre *Madame Bovary*. Enseignée au lycée, cette œuvre à la renommée internationale a fait l'objet de plusieurs adaptations cinématographiques dont une par Sophie Barthes tournée dans plusieurs lieux du Perche, dans l'Orne. Guy de Maupassant, né en Seine-Maritime, est un auteur qui a inscrit ses lettres de noblesse dans

© NASTASIC - ISTOCKPHOTO.COM

Gustave Flaubert.

la littérature française avec *Boule de suif* ou son recueil de nouvelles *La Maison Tellier*. Son plus beau succès demeure *Une vie*, considéré comme un roman majeur par le célèbre écrivain russe Léon Tolstoï. Également né à Rouen, Maurice Leblanc a fait naître sous sa plume un personnage mythique : le gentleman cambrioleur Arsène Lupin. Dans *L'Aiguille creuse*, Etretat sert de décor à l'une des nombreuses intrigues. C'est ici que l'écrivain populaire a longtemps vécu. Sa maison Le Clos Lupin est devenue un musée qui lui est consacré.

D'autres plumes ont aiguisé leur talent en Normandie à cette époque, même s'ils n'ont pas vu le jour ici. Ainsi, Victor Hugo, vif opposant au régime de l'Empereur, s'exila sur l'île de Guernesey. Il y résidera pendant quinze ans et signera dans cette île anglo-normande quelques-unes de ses œuvres majeures dont *Les Misérables* et *Les Contemplations*. Sa maison, baptisée Hauteville House, est depuis devenue un musée. Au cœur de Port Saint-Peter, c'est à Candie Garden que se trouve la célèbre statue de l'écrivain. Honoré de Balzac, lui, séjourna quelques temps à Bayeux, *« jolie ville située à deux lieues de la mer »* comme il l'écrit dans son roman *La Femme abandonnée*.

Dans un autre registre, la comtesse de Ségur, auteure de nombreux ouvrages de la littérature jeunesse dont le succès de ne s'est jamais démenti, a vécu au château des Nouettes dans l'Orne. C'est ici, sous sa plume, que *Les Malheurs de Sophie* ou *Les Petites Filles modèles* ont été rédigés. Le marché de L'Aigle est d'ailleurs dépeint dans l'un de ses ouvrages. Ornais, le philosophe et essayiste Alain, né à Mortagne-au-Perche en 1868, a davantage marqué le XXe siècle notamment avec ses pamphlets qui font suite à son expérience de la Grande guerre. Son œuvre majeure se fonde sur ses *Propos*, genre littéraire au style concis dont il est à l'origine, et notamment ses célèbres *Propos sur le bonheur*.

Auteurs contemporains

La Normandie est encore aujourd'hui une terre fertile qui attire ou voit naître des écrivains. Le poète populaire Jacques Prévert, a marqué et continue de marquer des générations d'écoliers, élut domicile à Omonville-la-Petite au début des années 70. Situé dans la Manche, à la pointe de la Hague, sa dernière demeure est aujourd'hui un musée.

Plus proche de nous, Michel Bussi, maître du suspense, est né à Rouen et a puisé son inspiration dans la ville pour rédiger quelques-uns de ses romans qui sont toujours de grands succès en librairie. L'auteur d'*Un avion sans elle*, adapté en série pour la télévision, a signé *Nymphéas noirs* avec en toile de fond le village de Giverny. Dans *Mourir sur Seine*, il met en scène son intrigue autour de l'Armada, célèbre événement de rassemblement de voiliers. Françoise Bourdin, installée dans l'Eure, est une écrivaine prolifique. Longtemps quatrième auteure français en nombre de livres vendus, elle a signé plus d'une quarantaine d'ouvrages avec un succès jamais démenti. Katherine Pancol, dont les attaches normandes se sont tissées au fil du temps à Fécamp, écrit ses romans dans la région. L'auteur de *Moi d'abord* et du premier roman d'une trilogie à succès *Les Yeux jaunes des crocodiles* séjourne la moitié de l'année dans la région. Elle est née dans l'Isère et réside en Provence, et pourtant Claudie Gallay a su trouver l'inspiration et les mots pour dépeindre les paysages sauvages du Cotentin et sa mer tempétueuse avec force conviction dans son magnifique roman *Les Déferlantes*.

© PICTORE - ISTOCKPHOTO.COM

Victor Hugo a vécu sur l'Î le de Guernesey.

QUE RAPPORTER ?

Pour faire découvrir ou conserver un petit bout de la Normandie, rien de tel que de ramener un souvenir *made in Normandy* ! Décoration, bougies, gastronomie, vêtements, livres… Il y en a pour tous les goûts et pour toutes les bourses. De la tasse floquée « heu la », à prononcer avec l'accent normand évidemment, aux bougies aux senteurs délicates produites depuis plusieurs siècles par la Maison Trudon à Mortagne-au-Perche, en passant par des sablés aux saveurs variées venus tout droit de la biscuiterie de Lonlay-l'Abbaye, aux nombreux ouvrages dédiés aux pays qui composent la Normandie, sans oublier une petite marinière sortie tout droit des ateliers de confection Saint-James ou, plus originale, une cloche venue tout droit de l'atelier de fonderie de Villedieu-les-Poêles : le choix est vaste. D'autant que chaque département compte son lot de créateurs et de petits producteurs que vous aurez l'opportunité de découvrir lors de votre séjour.

Vive la gastronomie !

Le phénomène a pris de l'ampleur jusqu'à devenir incontournable : les produits gastronomiques ! De retour de Normandie, quoi de mieux que de rapporter des spécialités locales à déguster. Et en la matière, la région ne manque pas d'idées. Produites à Caen, les madeleines de la biscuiterie Jeannette sont une référence, tout comme les sablés de la biscuiterie de Lonlay-l'Abbaye dans l'Orne. Les caramels au beurre salé à la crème d'Isigny réjouissent les palais, tout autant que les sucres de Rouen : une spécialité à base de jus de pomme, sucre, compote et eau. S'il reste encore une petite place dans votre panier, le caramel de pommes dieppois agrémentera délicatement vos desserts.

Côté boissons, des bouteilles de calvados et de cidre, à consommer évidemment avec modération, trouveront aisément une place dans votre cabas. Profitez de votre visite dans une cave ou une distillerie pour faire vos achats. Le château de Breuil dans le pays d'Auge, Calvados Expérience du père Magloire à Pont-l'Evêque, la cidrerie du père Mahieu à Bricqueboscq (Manche) ou la cidrerie traditionnelle du Perche à Val-au-Perche (Orne) constituent quelques bonnes adresses. Pour un arôme plus délicat, optez pour le poiré. Direction le musée consacré à cette boisson, dans la ville médiévale de Domfront.

Le fromage tient évidemment le haut de l'affiche en Normandie, ce serait dommage de s'en priver d'en ramener un morceau des 4 fromages certifiés AOP. A Camembert la fromagerie Durand produit la spécialité locale, internationalement reconnue. Pour un bon livarot, rendez-vous à la fromagerie E.Graindorge. Sur place, vous pourrez en découvrir les coulisses de sa fabrication. Le neufchâtel, moulé en forme de cœur, est produit à la fromagerie Villiers près de Neufchâtel-en-Bray. Et pour un bon Pont-l'Evêque, direction la ferme du bourg à Saint-Philibert-des-Champs.

Evidemment, pour d'autres spécialités de la région comme les tripes à la mode de Caen, le boudin noir de Mortagne-au-Perche ou encore l'andouille de Vire, rendez-vous chez les charcutiers locaux.

Joindre l'utile à l'agréable

La marque normande Heula, en référence à l'expression locale propose des produits utiles, des objets de déco et même des vêtements floqués à son effigie. Pleine d'humour et de dérision sur la région, Heula propose des parapluies colorés et sur lesquels on peut lire « En Normandie, on vit pluvieux », des mugs dont les dessins représentent souvent des Normands en ciré et mêmes des bodys pour bébés ou s'affiche par exemple le célèbre jus de pomme. A acheter directement dans l'une des boutiques Heula de Caen ou Cherbourg ou directement en ligne !

Envie de belles bougies haut de gamme aux odeurs délicates pour joliment décorer et parfumer votre intérieur, celles de la marque Trudon sont incontournables. Produites dans l'Orne à Mortagne-au-Perche, selon un savoir-faire ancestral, leur renommée est internationale.

Dans la Manche, selon un savoir-faire qui a lui aussi traversé les siècles, ce sont des cloches et autres ustensiles de cuisine en cuivre qui voient le jour dans les ateliers de la fonderie Cornille-Havard à Villedieu-les-Poêles. Dans le même village, l'entreprise Mauviel produit depuis 1830 des ustensiles de cuisine principalement en inox selon un tour de main artisanal. A Rouen, la faïence bleue se décline sur de nombreux objets de cuisine du quotidien : huiliers, saucières, boites à épices, tasses… La faïencerie Augy-Carpentier, reconnaissable à sa belle devanture de couleur bleue (forcément) perpétue ce savoir-faire dans son atelier en proposant des créations originales ou personnalisées.

C'est peut-être un cliché pour certains, mais la marinière se plait sur le littoral normand. Et là

Le Neufchatel.

encore, l'artisanat a la cote. Les pulls et t-shirts de la marque Saint-James ont des rayures reconnaissables d'un seul coup d'œil ! Il faut dire que l'univers marin inspire depuis longtemps la maison dont l'histoire est intimement liée à celle du Mont-Saint-Michel, situé non loin de l'atelier de fabrication.

Envie d'un parapluie qui résiste à tous les vents ? Au cœur du Calvados, l'entreprise H2O confectionne de produits durables dont la résistance aux vents normands est appréciable ! Dans la Manche, au cœur de la préfecture, sont fabriqués les Parapluies de Cherbourg. Haut de gamme et de belles factures, ils portent un nom mythique.

Un peu de lecture

La région compte de magnifiques ouvrages, riches en photographies, qui mettent en valeur toutes ses facettes. *Paysages de Normandie*, signé Denis Montagnon et Jacques Denarnaud, propose un voyage aux quatre coins de la région. De la vallée de la Seine au pays de Caux, des plages du Débarquement à la Suisse normande... le territoire normand, aux paysages variés, n'aura plus de secret pour vous. Prenez un grand bol d'air pur et de nature sauvage avec *Lumières marines du Cotentin*. Les photographies sont signées Jérôme Houyvet. Dans l'Orne, la campagne se dévoile au sein de l'ouvrage *Le Pays de Perche* : les photographies de Christian Vallée sont accompagnées de la poésie de Julien Cendres. Francis Cormond a pris son appareil photo et de la hauteur pour son ouvrage *Au-dessus de la Seine-Maritime*. Il offre un autre point de vue sur les paysages de ce coin du territoire.

N'hésitez pas à pousser la porte des librairies lors de votre escapade dans la région, ce sont eux qui sauront vous conseiller au mieux sur le ou les ouvrages indispensables pour ramener un peu de Normandie dans vos bibliothèques. A noter que les éditeurs de cartes postales, qui ont toujours la cote quoi qu'on en pense ou qu'on en dise, puisent leur inspiration dans les livres consacrés à la région.

Et pourquoi pas un coffret-cadeau ?

Vous avez apprécié votre séjour dans l'uns des hôtels de la région, une bonne table vous a tapé dans l'œil, le soin corps que vous vous êtes offerts dans l'un des spas a eu raison de vos tensions ? Pourquoi ne pas rapporter de votre séjour en Normandie un coffret-cadeau ? Soit il vous offrira la possibilité de profiter à nouveau des charmes de la région, soit il permettra à l'un de vos proches auquel vous le destinez de la découvrir. Des coffrets cadeaux thématiques, dans chacun des cinq départements normands, sont proposés par l'office de tourisme de Normandie. Original et personnalisable !

SPORTS ET LOISIRS

Randonnée pédestre ou à vélo, escapades à cheval, voile, surf, paddle, longe-côtes, saut en parachute, golf, virée en 2 CV, escape game, accrobranche ou thalasso… En matière de sport et de loisirs, la liste est longue. Il faut dire que la Normandie, grâce à ses paysages et sa géographie variés, offre une multitude de possibilités. Profitez de l'air vivifiant de la mer, du calme des cours d'eau, de la beauté des points culminants ou du charme de la campagne en participant à l'une des nombreuses activités proposées aux quatre coins du territoire. En famille ou entre amis, le choix est vaste. Les amateurs de sensations fortes trouveront ici de quoi doper leur adrénaline tandis qu'au contraire, les amateurs de calme et de quiétude se ressourceront autour d'une escapade tranquille et relaxante. Les deux ne sont d'ailleurs pas incompatibles : ce sont autant de façons de profiter des charmes de la région !

Terre de cheval

Dans la région du cheval, les activités équestres sont forcément répandues. Au sein de l'un des nombreux clubs, centres équestres ou écuries que compte le territoire, de la Seine-Maritime aux confins de l'Orne, petits et grands pourront découvrir l'équidé dans toute sa diversité. Randonnée sur les chemins de campagne, promenade sur les plages du littoral, initiation à l'équitation western, stages, cours ou séjours à thème : il y a l'embarras du choix. A noter que de nombreux itinéraires équestres sont recensés dans la région et répertoriés en fonction de leur niveau de difficulté. N'hésitez pas à vous renseigner auprès des Offices de tourisme.

Terre de cheval, la Normandie compte, forcément, de nombreux haras souvent nichés à l'abri des regards indiscrets et qui se dévoilent au détour d'une route de campagne. Et l'un d'entre eux a acquis une renommée nationale et même internationale : le Haras du Pin. Baptisé le « Versailles du cheval », ce lieu situé dans le département de l'Orne et imaginé par Louis XIV a traversé les siècles. Ses bâtiments accueillent aujourd'hui des milliers de visiteurs qui, chaque année, désirent tout savoir de ce majestueux animal. Sur place, vous pourrez découvrir toute son histoire, les différentes races d'équidés, découvrir aussi une collection originale de voitures hippomobiles … mais aussi assister à des spectacles équestres de haute volée. Le site, qui a été retenu comme centre de préparation pour les Jeux olympiques Paris 2024, accueille aussi des compétitions nationales et internationales environ 200 jours par an. A ne pas manquer !

A pied ou à vélo : vive la randonnée !

Le territoire normand constitue un terrain de jeu idéal pour tous les amateurs de randonnée. A pied ou à bicyclette, la Normandie vous tend les bras. Pour les premiers, plus de 3 000 kilomètres de chemins de Grande randonnée (GR) offrent de superbes possibilités de découvrir les multiples facettes de la région. Et c'est sans compter tous les petits chemins ou petites routes de campagne, longeant le littoral ou traversant les massifs forestiers… Selon le niveau et l'endurance des marcheurs, les itinéraires sont nombreux : le plus difficile sera, comme toujours, de faire son choix. Au fil des pas, les trésors du patrimoine bâti et paysager seront vos meilleurs compagnons de route. Si vous avez fait le choix de découvrir la Normandie en vélo, de nombreux itinéraires s'offrent à vous. Que ce soit côté mer, campagne, le long des cours d'eau etc., là encore, il y a l'embarras du choix. Les voies vertes, anciennes voies de chemin de fer réhabilitées, offrent un cadre privilégié et entièrement sécurisé pour les adeptes du deux roues de Clécy à Thury-Harcourt au cœur de la Suisse normande, de Condé-sur-Huisne à Alençon au cœur du Perche ornais, de Ducey-les-Chéris au Mont-Saint-Michel dans la Manche… et ce n'est qu'un petit échantillon ! D'autres itinéraires également comme le cœur de l'avenue verte London-Paris de Giverny à Dieppe en Seine-Maritime où, entre le fleuve et la Côte d'Albâtre, les jolis paysages défilent sont à portée de tous les cyclistes. Et ce quel que soit leur niveau, car il n'est pas obligatoire d'être un ou une passionné(e) de la petite reine pour arpenter les circuits normands. A ne pas manquer, non plus, le circuit Vélo Francette qui permet, à partir de Caen, de rejoindre La Rochelle via les prairies et les vallons normands.

Envie de prendre de la hauteur ?

Des falaises du littoral aux hauts vallons de la Suisse normande ou des massifs forestiers, la région offre aux visiteurs d'innombrables occasions de s'évader autrement. Envie d'escalade ? Les sites de la Fosse Arthour dans l'Orne, le Mont Myrrha à Falaise ou le site de Connelles dans l'Eure n'attendent plus que vous. Envie de pratiquer sur un mur artificiel ? Alors n'oubliez pas vous renseigner auprès des clubs d'escalade de la région. D'autant qu'en cas de pluie, ce qui est tout à fait possible en Normandie, ils vous proposeront de belles solutions de repli.

Cavaliers à l'entraînement sur Omaha Beach.

Plutôt adepte des parcours aventures dans les arbres ? Là encore, plusieurs options sont à disposition des afficionados de ces activités qui se pratiquent très souvent en famille ou entre amis. Vous avez d'ailleurs le choix entre des dizaines d'adresses : direction l'Orne et la forêt d'Andaine à Bagnoles-de-l'Orne pour le Parcours acrobatique dans les arbres ou le parcours Orne Aventures situé sur le belvédère naturel de la Roche d'Oëtre, la Manche pour relever les défis du Forest Adventure à Saint-Sauveur-le-Vicomtes ou bien testez le parc accrobranche - Etretat Aventures en Seine-Maritime. Tyroliennes et parcours de différents de niveau difficulté, qui nécessitent bien souvent de savoir jouer les équilibristes, sont au programme !

Envie de monter encore plus haut ? Rendez-vous pour un tour en ULM, en biplan ou en planeur. Plusieurs clubs vous permettent de survoler le littoral et ses belles plages, comme la baie du Mont-Saint-Michel, la campagne et ses jolies prairies comme celles du pays d'Auge. Chaque département compte son lot de passionnés dans ce domaine, et ils sont toujours ravis de partager leur enthousiasme lors d'une virée dans les airs.

Activités d'eau douce et d'eau salée

Rivières, étangs, mer… Sous toutes ses formes, l'eau est très présente en Normandie et ce n'est pas la pluviométrie locale qui vous dira le contraire ! Adeptes de l'eau douce ? Que ce soit sur les marais du Cotentin, au fil de l'Orne ou le long de la Risle, autant de spots sont parfaits pour accueillir les amateurs de canoë et autres kayaks. Partez à la journée pour découvrir la beauté de la nature. Vous pouvez aussi pratiquer cette activité, et bien d'autres, sur l'une des nombreuses Bases de loisirs de la région. Direction Putanges-le-Lac, Montville ou Vittefleur pour se baigner, faire du ski nautique, de la bouée tractée, du pédalo… Que l'on soit grand ou bien petit, l'ennui n'est jamais au programme ! Certains préféreront peut-être s'exercer au stand up Paddle : c'est également possible. Cette pratique, qui consiste à avancer dans l'eau en tenant debout en équilibre sur une planche le tout armé d'une pagaie, fait fureur depuis quelques années. Elle se pratique aussi bien sur les étendues d'eau douce que d'eau salée… Férus d'eau salée ? Les amateurs de surfs ou de kite-surf, sport qui consiste à glisser sur l'eau sur une planche en étant tracté par une aile, seront ravis d'apprendre qu'ici aussi il est possible d'avoir des vagues dignes de ce nom. Dans le département de la Manche (à ne pas confondre avec la mer du même nom), Siouville-Hague semble faire l'unanimité, en Seine-Maritime Etretat a acquis ses lettres de noblesse, et du côté du Calvados il semble que Trouville ait ses adeptes. Si vous aimez la mer mais plutôt côté plages, les clubs nautiques proposent une longue liste d'activités dont le char à voile… ou le longe côte : à mi-chemin entre le bord de mer et la mer, cette marche aquatique se pratique en combinaison de plongées. Enfin, une espade au bord de la mer vaut bien une balade en bateaux pour découvrir les jolis coins de la région d'une autre façon.

Activités insolites !

Oui, la Normandie a plus d'un tour dans son sac pour vous surprendre. Faire un tour sur les routes de la région en 2 CV ? Bien sûr que c'est possible ! Et même recommandé : à bord de cette voiture emblématique, arpentez la région hors des sentiers battus. Dans le pays d'Auge au départ de Pont-L'Evêque, ou de Bayeux pour partir à la découverte des plages du Débarquement, cette excursion en « deudeuche » restera gravée dans votre mémoire. Prenez contact auprès du club sobrement baptisé La Normandie en 2 CV.

Découverte du Pays d'Auge à vélo, Beuvron-sur-Auge.

09:41
4G
RMC
INFO TALK SPORT
EN DIRECT : 09H00/12H00
LES GRANDES GUEULES
Appeler le 3216
Votre message
INFO
SPORT
RADIO
PODCASTS
MENU
ÉCOUTEZ RMC
PARTOUT
TOUT LE TEMPS
RMC
INFO TALK SPORT

© ANNE CROCHARD

Descente de la vallée de l'Orne en canoë ou en kayak.

Pour vivre une drôle d'aventure dans les airs, direction « l'Aéroplume » d'Ecaussevilles : un ballon dirigeable gonflé à l'hélium permet au participant de prendre de la hauteur en battant des ailes. Vu d'en haut, le grand hangar à dirigeables constitue une sacrée découverte. En manque de sensations fortes, optez pour le parachutisme face à l'île de Jersey, face au Tréport, à Etretat ou dans la baie du Mont-Saint-Michel. Dans un autre registre, la tyrolienne géante ou la balançoire géante du viaduc de la Souleuvre dans le Calvados offrent aussi de belles sensations. Petite anecdote : ce monument a été imaginé par Gustave Eiffel.

Envie de jouer et de vous évader en même temps ? C'est parti pour les escapes games. En quelques années, ces activités originales se sont développées vitesse grand V. Incarner un groupe de résistants le jour du Débarquement à Caen, sauver le monde de la propagation d'un virus au Havre ou s'évader de la prison d'Alençon : vous aurez exactement 60 minutes à votre disposition pour réussir votre mission.

L'évasion peut revêtir plusieurs formes. Au zoo de Jurques, à environ une vingtaine de minutes de Caen, prenez la direction de l'Afrique du Sud, la Sibérie, l'Australie ou la Mongolie et découvrez 750 animaux sauvages. Dans le massif forestier ornais d'Ecouves, au parc animalier du Bouillon, ce sont 400 espèces d'animaux venues des cinq continents qui se dévoilent sous les yeux des visiteurs.

Direction le golf

Cette discipline, qui s'est largement démocratisée ces dernières années, a désormais le vent en poupe auprès des adeptes de tous niveaux. Pour les amateurs de golf, quoi de mieux que de venir pratiquer dans la région qui compte près d'une cinquantaine de greens aux paysages variés et aux panoramas parfois spectaculaires. Fairways qui surplombent la mer du Cotentin à la Côte d'Albâtre ou nichés au cœur des vallons du Perche ornais…, la Normandie est l'endroit idéal pour se perfectionner et sa réputation en la matière n'est plus à faire. A noter que ces lieux de qualité ont chacun une identité bien marquée qui varie à chaque saison. Dans sa version familiale et accessible à tous les publics, optez pour l'un des nombreux mini-golfs de la région.

Envie de buller ?

Après l'effort, le réconfort ! Après une belle randonnée ou une sortie à sensations fortes, thalassothérapies et autres spas offrent une bulle de détente salvatrice. La Normandie est riche de belles adresses où il fait prendre soin de soi et déconnecter. Spa marin à Granville, Thalazur à Cabourg ou cures marines Trouville : profitez de tous les bienfaits de l'eau de mer, jets massants et autres bains de boue. Envie d'avoir accès à tout cela même à la campagne ? Rendez-vous au Spa Pom dans le Perche ornais ou à Center Parc Les Bois francs dans l'Eure. Outre les bienfaits de l'eau et autres bains de vapeur, tous ces lieux à l'atmosphère tranquille sont riches d'activités variées. Parmi lesquelles des modelages du corps et du visage à base de produits marins ou du fruit emblématique de la région qui vous feront oublier tous les tracas de la vie quotidienne. Pour ceux qui le souhaitent, des activités sportives douces et relaxantes de type yoga ou randonnée sont également proposées. Le temps d'un après-midi ou durant plusieurs jours, laissez-vous tenter…

GASTRONOMIE

La gastronomie constitue une part importante de la culture locale. Connaître la Normandie passe par une étape incontournable : la dégustation de ses spécialités. Terre d'élevage, réputée pour la qualité de ses produits du terroir, la cuisine régionale oscille entre les mets salés et sucrés. Et puisque nous sommes ici entre terre et mer, la variété est forcément dans l'assiette et vos papilles apprécieront le voyage ! La pomme, la crème, les fruits de mer, le fromage, le poisson, les abats… Vous vous souviendrez longtemps de vos escapades culinaires dans les bonnes tables de la région ou sur les nombreux marchés. D'autant que pour accompagner tous ces bons petits plats, les breuvages normands aussi ont une excellente réputation : vous aurez le choix entre cidre, poirée, calvados ou pommeau. Véritables gages de qualité, des labels AOP et AOC récompensent d'ailleurs le talent des producteurs normands.

Côté mer

Forte de ses 600 km de littoral, la région propose de nombreuses spécialités aux saveurs marines et iodées. Près de 80 espèces sont pêchées dans les eaux de la Manche. Fruits de mer en tête !

La coquille Saint-Jacques est l'un des emblèmes du coin. Dégustée simplement après une cuisson au beurre ou revenue à la crème fraiche, son goût et sa texture délicate en font une entrée ou un plat très apprécié. La coquille Saint-Jacques est d'ailleurs souvent mise en haut de l'affiche chez les restaurateurs. Que le premier normand qui n'a jamais dégusté des bulots mayonnaise sous un beau soleil et face à la mer se lève maintenant ! Ce plat, d'une simplicité désarmante, est assurément un incontournable pour qui séjourne dans la région et veut en découvrir tous les attraits culinaires. La simplicité aussi a du bon en ce qui concerne les huîtres. Ce mollusque à la saveur iodée, dont l'aspect ne séduit pas tout le monde c'est un fait, se plait sur les côtes du Cotentin. Agrémentée d'un filet de citron, ou nature pour les puristes, c'est un incontournable. Les moules sont aussi l'apanage du territoire. Produits dans le Cotentin, celles de bouchots et de Barfleur se dégustent forcément accompagnées de ses célèbres frites ! Dans une autre catégorie, craquez pour le homard du Cotentin : c'est un mets fin que l'on n'a pas l'occasion de déguster tous les jours. Un séjour en Normandie serait l'occasion de vous laisser tenter…

Plutôt envie d'un bon poisson ? La région n'est pas en reste. Maquereau, dorade, aiglefin ou bar de ligne aiguisent les papilles des gourmets. D'autant que plusieurs versions de la sauce normande, à base bien sûr de crème fraiche et parfois de cidre, accompagnent parfaitement leur chair délicate.

Côté terre

Dans cette terre d'élevage, la viande se décline sous l'égide de la qualité et de la diversité. Le bœuf de race normande fait le bonheur des amateurs de viande rouge. Entrecôte, bavette ou rosbif se dégustent généralement accompagnés d'une petite sauce dont les cordons bleus de la région ont le secret. La volaille se plait aussi sur le territoire : du poulet à la dinde en passant par la pintade, la région aux cinq départements offre un large choix en la matière. Et ce ne sont pas les gourmands qui vont s'en plaindre. Souvent cuisinées avec du cidre, ces volailles fermières révèlent toutes leurs saveurs. Tout comme les moutons et agneaux de prés salés : élevés dans la baie Mont-Saint-Michel, les embruns qui balayent leurs prairies donnent à leur viande un goût inimitable.

Amateurs de charcuterie, vous trouverez aussi de quoi vous restaurer en Normandie. Ici, plusieurs spécialités ont la cote. A commencer par le boudin noir. Cette spécialité ornaise à base de sang de porc est l'une des plus anciennes spécialités de charcuterie.

© MARGOUILLATPHOTOS - ISTCKPHOTO.COM

Noix de Saint-Jacques snackées.

© JPC-PROD - SHUTTERSTOCK.COM

Le livarot.

Elle n'a rien à voir avec le boudin blanc, excepté le boyau de porc dans lequel la farce est enfermée. Autre spécialité charcutière à l'odeur très prononcée, il faut bien le reconnaître, l'andouillette séduit pourtant bien les palais. La spécialité locale, l'andouillette rouennaise, est confectionnée à partir de boyau de porc et de fraise de veau.

La balade culinaire en Normandie se poursuit et se termine avec un plat incontournable et unique en France : les tripes à la mode de Caen. La base de ce plat à l'odeur caractéristique est… l'estomac de la vache. Avis aux amateurs. Ce plat emblématique de la région vous ne le retrouverez pas ailleurs c'est certain !

Les produits laitiers ont la cote

Les vaches normandes se repaissent les vertes prairies de la région et produisent du bon lait qui sied parfaitement à la réalisation de délicieuses spécialités. Cette boisson constitue la base de la bonne crème fraîche qui apporte une touche normande à de nombreux plats salés et sucrés. Elle permet aussi de confectionner de délicieux yaourts, petits suisses, faisselles que vous pourrez découvrir auprès des producteurs fermiers. Ou dans un autre registre une délicieuse teurgoule. Le beurre aussi est l'apanage de la cuisine du terroir. En version doux ou salé, selon les préférences des palais, ce produit issu du lait est indispensable pour se mettre aux fourneaux et réaliser des bons petits plats.

Impossible de parler de bon lait normand sans évoquer… le fromage bien sûr ! Sur les terres du célèbre camembert, fromage à pâte molle qui tient du petit village niché dans le pays d'Auge ornais, ce serait un affront de ne pas en manger un morceau ou deux à la fin d'un repas. Dans la région, 4 fromages sont titulaires du label AOP (Appellation d'origine protégée) : le camembert de Normandie, le Pont-l'Evêque, le Livarot et le Neufchâtel. Mais sur les étals et sur les plateaux de fromage des restaurants ils sont bien plus nombreux : crémeux du Mont-Saint-Michel, gruyère de Carrouges, tomme de Villedieu-Rougigny, Breslois, Oreiller de Noix… Et la liste est encore longue. D'autant que les fromages à base de lait de chèvre sont aussi très présents dans la région comme le Trèfle du Perche, le crottin des alpines ou le Galet d'Albâtre. Un seul séjour en Normandie n'y suffira pas, il vous faudra revenir pour tous les découvrir !

Envie de sucré ?

Star de la région, le fruit défendu est aussi la star des desserts normands ! La célèbre tarte aux pommes est ici un incontournable pour finir un bon repas ou tout pour accompagner une boisson chaude à l'heure du goûter. Confectionnée à base de pâte brisée, la tarte met largement le fruit à l'honneur… en y ajoutant une touche de crème fraiche et parfois en l'agrémentant d'une goutte de calvados (deux autres spécialités locales) pour les cuisiniers les plus fidèles à la tradition. Rectifions, au passage, une idée reçue concernant les amateurs de tarte aux pommes : la célèbre tarte tatin n'a rien à voir avec la Normandie. C'est une spécialité de la Sologne.

Reinettes, Bailleul et autres Boskoop sont aussi mises à l'honneur dans un autre mets sucré de la région : le Bourdelot. La pomme est évidée avant d'être posée au centre d'une pâte brisée puis cuite au four. Accompagné d'une bolée de cidre, à consommer avec modération bien sûr, ou d'un jus de pommes c'est un délice ! Enfin, si vous avez envie d'un dessert plus aérien, goûtez le soufflé normand.

NORMANDIE
GRATUIT
PARC DES EXPOSITIONS
ROUEN
10 › 12
SEPTEMBRE
2021
FENO
FESTIVAL DE
L'EXCELLENCE
NORMANDE
GASTRONOMIE / ARTISANAT
CULTURE / INNOVATION
RÉGION
NORMANDIE
FENO.NORMANDIE.FR #FenoNormandie

L'incontournable tarte aux pommes.

A mi-chemin avec la charlotte, cette pâtisserie nécessite de napper des biscuits à la cuillère de calvados, de monter des blancs en neige et de recouvrir de morceaux de pommes. Comme tout bon soufflé, il se déguste immédiatement après être sorti du four.

Lassé de la pomme ? La Normandie a plus d'un tour dans son sac ! Si vous aimez déjà le riz au lait, la Teurgoule ne devrait pas vous laisser indifférent. Cette spécialité serait née au XVIIIe siècle à Honfleur. Ce dessert doit son petit plus à sa longue cuisson au four qui dure plusieurs heures. Mais surtout à l'épice qui lui donne toute sa saveur : la cannelle. Son nom vient lui du normand « se tordre la tête » et qui serait peut-être lié au fait que les gourmands, voulant déguster ce mets cuit dans une terrine et encore tout chaud, se seraient brûlés le palais. Pour la petite histoire, le riz et la cannelle sont arrivés sur le territoire grâce aux corsaires normands. Ces derniers ayant pillés les galions espagnols, ils sont ramené ces deux ingrédients indispensables à la confection de la teurgoule. Il n'y avait plus qu'à y ajouter du bon lait normand pour en faire une spécialité !

La crème fraîche est un ingrédient indispensable de la tradition culinaire normande. Oui. Mais pas seulement. Le beurre a aussi ses lettres de noblesse sur le territoire et il est particulièrement indispensable dans la confection d'une autre spécialité qui accompagne merveilleusement le thé, le café ou toute autre boisson : le sablé ! Comme dans toute bonne gourmandise, on ne lésine pas sur le beurre ni sur le sucre. Ajoutez-y farine et œufs et, après un passage au four en règle, ce biscuit reconnaissable à sa rondeur et sa belle couleur blonde se déguste avec appétit. D'autres spécialités plus locales imposent un petit tour de tous les charmants pays qui font la Normandie.

Une petite soif ?

La pomme, fleuron de la région, ne se déguste pas uniquement dans les desserts. Elle aime aussi apporter sa touche aux boissons de la région. Si le jus de pomme tient le haut de l'affiche, ce sont davantage les boissons en versions alcoolisées qui ont une belle renommée. Brut, doux ou demi-sec, le cidre trône en bonne place sur les tables des habitants de la région. Cette boisson pétillante, confectionnée à base de pommes à couteaux écrasées puis pressurées avant que leur jus ne soit fermenté, se déguste à l'apéritif ou pour accompagner un plat. Sa teneur est modérée en alcool. Le cidre est notamment labellisé AOC dans le pays d'Auge et dans le Perche. Son alter égo, à base de poires cette fois-ci, est simplement et sobrement baptisé poiré. Principalement produit dans la région de Domfront, son arôme est plus délicat et ses bulles plus fines. Si vous avez envie de déguster un alcool plus intense, à consommer avec modération évidemment, laissez-vous tenter par LE produit phare de la région. Tant et si bien qu'il a même pris le nom d'un département normand… Il s'agit du Calvados bien sûr ! Vieilli en fût de chêne, ce breuvage rond en bouche est préparé à base de cidre qui est ensuite distillé dans un alambic. Plusieurs décennies sont nécessaires pour obtenir un Calvados au goût unique. Selon les terroirs et son âge, cette spécialité communément et affectueusement surnommée « calva » par les habitants révèle toute une palette d'effluves et de saveurs. Il se déguste généralement en fin de repas. Un peu moins connu, le pommeau met aussi le fruit défendu en haut de l'affiche mais cette voici en version apéritive.

Un savoir-faire protégé

Pour éviter de voir ses bonnes et savoureuses spécialités se transformer en produits de piètre qualité confectionnés dans des lieux indéterminés, la région met un point d'honneur à les protéger. Grâce à de nombreux labels, le consommateur est assuré de la provenance et du savoir-faire utilisés pour confectionnés de nombreux produits. Appellation d'origine protégée (AOP) pour la crème fraiche d'Isigny-sur-Mer, appellation d'origine contrôlée pour le Camembert de Normandie, le Calvados du Pays d'Auge, ou le Calvados du Domfrontais… et même IGP Normandie Label rouge pour les volailles fermières. N'hésitez pas à vous rendre sur les nombreux marchés de la région pour réaliser vos emplettes : il n'y a pas de meilleur lieu pour échanger en direct avec les producteurs locaux. Ce sont les véritables ambassadeurs de leur terroir et ils sont la garantie d'une belle traçabilité de vos produits. Les départements mettent un point d'honneur à les valoriser comme par exemple avec le réseau Orne Terroir ou Manche terroir. Tout comme la région avec la marque Saveurs de Normandie. Autant de repères pour aider le consommateur à faire le bon choix !

© CATHERINE CLAVERY - STOCK.ADOBE.COM

La teurgoule.

AGENDA

La Normandie ne manque pas d'idées pour animer votre séjour. Cette petite sélection témoigne de toute la diversité du paysage culturel, historique, gastronomique et aussi sportif de la région. La musique tient le haut de l'affiche avec de nombreux festivals, comme Beauregard ou Les Papillons de nuit, et le cinéma n'est pas en reste en mettant à l'honneur les longs-métrages américains ou les films romantiques. Le Débarquement évidemment est au cœur de nombreuses manifestations à travers le «D-Day» festival et l'époque médiévale chère à Guillaume le Conquérant revit aussi le temps d'une journée à Montfort-sur-Risle. Cette année, pour célébrer le bicentenaire de sa naissance à Rouen, la Normandie met Flaubert à l'honneur. Envie de prendre l'air ? Direction le festival des cerfs-volants de Dieppe. Envie de prendre le large ? Rendez-vous à Cherbourg pour la Rolex fasnet race. On vous avez prévenu, la diversité est au programme !

FESTIVAL BEAUREGARD

Château de Beauregard
HÉROUVILLE-SAINT-CLAIR
www.festivalbeauregard.com

Les 1er, 2, 3 et 4 juillet 2021. Pass 1 jour 52 €, 2 jours 89 €, 3 jours 115 € et 4 jours 145 €.

Si tout se déroule sans accrocs, cette nouvelle édition devrait cartonner. Le Festival Beauregard – *la bulle pop-rock du début de l'été* –, qui avait dû annuler son édition 2020, revient cette année avec la belle programmation qui était en partie prévue l'an dernier. A l'affiche : Philippe Katerine et Metronomy (le 1er juillet), PNL, Sum 41 (le 2), Archive et Catherine Ringer chantent les Rita Mitsouko (le 3), Massive Attack, Nada Surf et Samba de la Muerte (le 4). Si tout va bien, 5 000 festivaliers chaque jour pourront participer selon la réglementation sanitaire.

FESTIVAL DU FILM ROMANTIQUE

CABOURG
✆ 01 58 62 56 09
www.festival-cabourg.com

Du 29 juin au 1er juillet 2021. 34e Festival du film de Cabourg - Journées romantiques.

Juin : le mois du Festival du film de Cabourg-Journées romantiques. Un cadre enchanteur dans un lieu mythique pour un cinéma d'émotion où se croisent, dans une ambiance très bon enfant, plus de 12 000 visiteurs et les plus grands noms du cinéma français, européen et international. Cette année, pour cause de pandémie de la Covid-19, c'est une édition un peu particulière qui se déroulera. Elle sera présidée par l'acteur Benoît Magimel. Huit longs-métrages sont en compétition.

FESTIVAL DU CINÉMA AMÉRICAIN

1, avenue Lucien-Barrière
DEAUVILLE
✆ 02 31 14 14 14
www.festival-deauville.com

47e édition du 3 au 12 septembre 2021. Pass festival 160 €, journée 35 € (tarifs sous réserve).

Depuis 1975, Deauville est au générique des rendez-vous cinématographiques majeurs en France. En 2014, le festival du cinéma américain a même soufflé ses 40 bougies avec Mick Jagger ! Pendant une dizaine de jours, c'est toute la diversité du cinéma d'outre-Atlantique qui est présentée au public. Chaque édition est l'occasion de belles découvertes, le festival a d'ailleurs révélé des œuvres devenues cultes, et aussi de belles rencontres avec des acteurs et des actrices de renom.

FESTIVAL CIDRE ET DRAGON

MERVILLE-FRANCEVILLE-PLAGE
www.cidreetdragon.eu

18 et 19 septembre 2021. Entrée gratuite, seuls quelques concerts et animations sont payants.

Depuis 2006, le festival Cidre et Dragon accueille de nombreux fans de l'univers fantasy et médiéval à « Merravilla » : Merville-Franceville étant rebaptisée pour l'occasion ! Cette manifestation, organisée par l'association Raid Tolkien et la commune, regroupe littérature, théâtre de rue, marché médiéval, artisanat, reconstitutions historiques, concerts, jeux de rôle grandeur nature, etc. Chaque année, environ 80 000 visiteurs amateurs d'elfes, de trolls et d'histoire médiévale participent à cet évènement à nul autre pareil.

ANNIVERSAIRE DU DEBARQUEMENT - D-DAY FESTIVAL

CAEN

https://www.ddayfestival.com/

De mi-mai à mi-juin.

Chaque année, les commémorations du Débarquement des troupes alliées en Normandie ont lieu dans toute la région, principalement pour l'anniversaire du D-Day, de mi-mai à mi-juin. Le «D-Day Festival Normandy», ce sont donc de nombreux rendez-vous et manifestations : soirées concerts, randonnées thématiques, conférences, visites guidées sur les sites qui ont vu débarquer des dizaines de milliers de soldats en juin 1944, défilé de véhicules militaires et d'époque, etc. A ne pas manquer !

LES GALOPADES DU PATRIMOINE

ALENÇON ✆ 02 33 82 15 15

www.galopades.zeclic.fr

Course dans les rues d'Alençon. Vendredi 17 septembre 2021.

Les Galopades du Patrimoine : une course « Mo-Nu-Men-Tale ». Ce rendez-vous amical et sportif, ouvert à tous, arbore fièrement son slogan. Organisée dans les rues d'Alençon, cette épreuve pédestre en semi-nocturne, à destination des jeunes et des adultes, a lieu chaque année le vendredi soir, veille des Journées du Patrimoine. L'idée est de relier les principaux monuments, parfois de les traverser de façon étonnante comme l'hôtel du Département ou la Préfecture.

LA FOIRE AU BOUDIN

MORTAGNE-AU-PERCHE ✆ 02 33 83 34 37

Pour cause de pandémie de la covid-19, l'édition 2021 est annulée. Rendez-vous en mars 2022.

Mortagne-au-Perche : c'est LA capitale du boudin noir. La ville célèbre sa spécialité tous les ans ! La foire débute dès le vendredi après-midi avec le concours international du meilleur boudin organisé par la confrérie des chevaliers du Goûte-boudin et se clôture le dimanche soir. Beaucoup d'animations tout au long de ces 3 jours auxquels participent 150 exposants. Samedi et dimanche, démonstrations de cuisine et ateliers participatifs autour d'un chef cuisinier sont programmés. Cette année, comme l'an dernier, la Covid-19 a eu raison de la manifestation.

LES VENDREDIS DE L'ÉTÉ

BAGNOLES DE L'ORNE NORMANDIE

✆ 02 33 37 85 66

www.bagnolesdelorne.com

Du 1er week-end de juillet au dernier week-end d'août. Gratuit.

C'est LE rendez-vous estival de Bagnoles qui anime les soirées de la plus importante station thermale de l'ouest ! Tous les vendredis de juillet et août, des spectacles d'arts de la rue gratuits, à 21h, investissent la ville. L'occasion pour petits et grands de découvrir des artistes de talent et de passer des moments conviviaux. Entre concerts et représentations burlesques, le plaisir est au programme. Forcément, la pandémie de la Covid-19 a un petit peu perturbé l'édition 2020 et devrait également perturber celle de 2021...

FLAUBERT 21

ROUEN

http://flaubert21.fr/

D'avril à novembre 2021.

Pour célébrer le bicentenaire de la naissance de l'écrivain à Rouen, la région Normandie lui rend hommage. Au total, plus de 200 dates de rendez-vous sont proposées d'avril à novembre sur le territoire. Entre expositions et conférences, découvrez toute la richesse de l'œuvre de Gustave Flaubert. Auteur normand, sa renommée internationale lui confère une place particulière dans le paysage littéraire. L'actrice Isabelle Huppert, qui a interprété Madame Bovary dans le film de Claude Chabrol, est la présidente d'honneur de la manifestation.

FÊNO

46, avenue des Canadiens

LE GRAND-QUEVILLY

✆ 02 35 18 28 28

feno.normandie.fr

Du 10 au 12 septembre 2021. Entrée et parking gratuits.

Après une première édition qui s'est tenue à Caen en 2019, ce nouveau festival qui devait se dérouler à nouveau en 2020 à Rouen a été annulé et revient donc en 2021 au Parc expo de Rouen du 10 au 12 septembre. Son principe ? La mise en lumière des richesses culturelles au sens large de la Région Normandie. Les talents régionaux y sont mis à l'honneur, que ce soit dans l'économie, le sport, le patrimoine, la création artistique, l'innovation ou encore la gastronomie. Vous y découvrirez donc démonstrations, animations, concerts, rencontres et dégustations.

UN ÉTÉ AU HAVRE

125, rue Victor-Hugo

LE HAVRE

www.uneteauhavre.fr/fr

De juin à septembre. Gratuite.

Un Eté au Havre, c'est la grande manifestation qui anime la Porte Océane depuis les célébrations de ses 500 ans en 2017. Pendant 4 mois, la ville vit au rythme des événements, qui s'étirent dans chaque quartier et pendant toute la saison : expositions, concerts, déambulations, performances interactives... L'occasion de découvrir la ville sous un jour nouveau. Vestige des 500 ans, vous pouvez encore aujourd'hui admirer notamment le Catène de containers colorés de Vincent Ganivet sur le quai de Southampton... en attendant l'été prochain !

FESTIVAL INTERNATIONAL DU CERF VOLANT

DIEPPE

Septembre.

C'est une institution dans la région. Chaque année, des centaines de cerfs-volants emplissent le ciel de Dieppe sous les yeux des milliers de visiteurs avides de découvrir ce magnifique spectacle. Un pays est à chaque fois désigné invité d'honneur de l'évènement. L'an dernier, la manifestation devait célébrer ses quarante ans d'existence mais la pandémie de la Covid-19 en a décidé autrement. Il ne reste plus qu'à espérer que l'édition 2021 soit celle des retrouvailles avec le public.

LE ROCK DANS TOUS SES ÉTATS

EVREUX

www.lerock.org

Du 25 au 27 juin 2021. Restauration. Pass 1 jour 43 €, 2 jours 68 €, 3 jours 99 €.

C'est LE festival rock de la région, et l'un des premiers grands festivals de l'été dont la programmation rivalise avec les plus célèbres ! Une véritable institution débutée en 1984 et qui mélange têtes d'affiche et découvertes, implantée à l'hippodrome d'Evreux, et où l'on vient de loin pour profiter des différentes scènes. Rock, pop, électro en fin de soirée, musiques du monde : il y en a pour tous les goûts. Le programme est concocté par l'Abordage, une référence !

© KIPGODI - SHUTTERSTOCK.COM

Festival international du cerf volant à Dieppe.

MÉDIÉVALES DE MONTFORT-SUR-RISLE

MONTFORT-SUR-RISLE

www.amcp27.fr

Fin août / Début septembre.

Envie de vous plonger dans l'ambiance moyenâgeuse ? Rendez-vous aux Médiévales de Montfort-sur-Risle ! Chaque année, l'association Montfort Culture et Patrimoine propose au public de découvrir la vie aux temps des ducs et des seigneurs pour une journée. Dans le cadre historique du château de la Motte, de multiples animations sont au programme : combats de chevaliers, campement médiéval, troupes vikings, spectacle de jonglerie, marché artisanal... Il y en a pour tous les goûts !

L'EURE POÉTIQUE ET MUSICALE

www.festivaleure.com

Un mois de festivités d'avril à mai.

C'est une manifestation à la croisée des chemins : musique, poésie, chant, paroles... L'Eure poétique et musicale est un festival original et singulier dans l'agenda culturel de la région. La musique classique et ses grandes personnalités sont à nouveau sous le feu des projecteurs pendant un mois. Des grands noms contemporains de la musique et du monde du spectacle viennent d'ailleurs leur rendre hommage, à l'image de Brigitte Fossey ou Marie-Christine Barrault.

FOIRE SAINTE-CROIX DE LESSAY

LESSAY

✆ 02 33 76 58 82

www.lessay.fr

Du 10 septembre 2020 au 12 septembre 2021. Restauration.

C'est l'événement de la rentrée, en Normandie, l'une de plus grande foire de France. La foire Sainte-Croix de Lessay, plus généralement et simplement appelée «Foire de Lessay», est une foire agricole créée initialement au XIe siècle par les religieux de l'abbaye Sainte-Trinité. Comme chaque année, c'est durant le second week-end de septembre que la grande lande de Lessay accueille, sur cet espace de 32 hectares, plusieurs centaines de milliers de personnes.

CALVADOS

Entre plages du Débarquement et Suisse Normande, le Calvados est un concentré de Normandie. Explorer sa riche identité, c'est avoir un œil côté mer, avec ses 120 kilomètres de côtes aux allures très diverses, mais aussi côté terre, où le doux et verdoyant bocage normand se pare de ses plus beaux habits de lumière. Le vieux bassin de Honfleur, l'abbaye aux Hommes de Caen, la Tapisserie de Bayeux, le cimetière américain de Colleville-sur-Mer, les Planches de Deauville, le château de Falaise, la Basilique de Lisieux, le port de pêche de Port-en-Bessin... Le Calvados prend bien des figures pour vous attirer et sait surprendre. Il est également animé toute l'année de moments de fêtes autour de son histoire maritime ou de sa gastronomie. Entre plages mythiques, lumière extraordinaire, qui inspira de nombreux peintres du XIXe siècle, méandres de rivières, terroir authentique et simple bonheur de vivre, bienvenue dans le Calvados !

20 KM
La Manche
LANGRUNE-SUR-
SAINT-AUBIN-SUR-MER
BERNIÈRES-SUR-MER
GRANDCAMP-MAISY
ARROMANCHES-LES-BAINS
VIERVILLE-SUR-MER
SAINT-LAURENT-SUR-MER
LA CAMBE
COLLEVILLE-SUR-MER
VER-SUR-MER
Osmanville
PORT-EN-BESSIN-HUPPAIN
ASNELLES
COURSEULLES
SUR- MER
ISIGNY-SUR-MER
CRÉPON
TRÉVIÈRES
LONGUES-SUR-MER
CREULLY
Cress
BAYEUX
FONTAINE-HENRY
THAON
LE MOLAY-LITTRY
DOUVRES-LA-DÉLIVRAN
Cairon
Saint-Jean-de-Daye
BÉNOUVILL
Airel
JUAYE-MONDAYE
CERISY-LA-FORÊT
Rots
Saint-Clair-sur-l'Elle
TILLY-SUR-SEULLES
Carpiquet
BALLEROY-SUR-DRÔME
BRETTEVILLE-SUR-ODON
Agneaux
SAINT-LÔ
ÉVRECY
VIE
LIVRY
May-sur-
CAHAGNES
VILLERS-BOCAGE
Condé-sur-Vire
Torigni-sur-Vire
AUNAY-SUR-ODON
Moyon
LE HOM
Tessy-sur-Vire
Campeaux
Saint-Rémy
SOULEUVRE EN BOCAGE
CLÉCY
PONTÉCOULANT
PONT-D'OUIL
Valdallière Vassy
Saint-Sever-Calvados
VIRE
CONDÉ-EN-NORMANDIE
Athis-de-l'Orne
Coulouvray-Boisbenâtre
Tinchebray
Saint-Pois
FLERS
La Chapelle-Biche
Sourdeval
Messei

Octeville-sur-Mer
Épouville
Étainhus
MONTIVILLIERS
La Remuée
HARFLEUR
Gainneville
La Cerlangue
SAINTE-ADRESSE
l'Orcher
LE HAVRE
Berville-sur-Mer
Embouchure de la Seine
DEAUVILLE
HONFLEUR
BÉNERVILLE-SUR-MER
VILLERVILLE
C-SUR-MER
LION-SUR-MER
TROUVILLE-SUR-MER
SAINT-GATIEN-DES-BOIS
HERMANVILLE-SUR-MER
OUISTREHAM
BLONVILLE-SUR-MER
TOUQUES
Beuzeville
VILLERS-SUR-MER
MERVILLE-
HOULGATE
SAINT-PIERRE-AZIF
FRANCEVILLE-
DIVES-SUR-MER
PONT-L'ÉVÊQUE
CABOURG
SALLENELLES
BEAUMONT-EN-AUGE
BLANGY-LE-CHÂTEAU
COLLEVILLE-MONTGOMERY
BAVENT
LE BREUIL-EN-AUGE
DOZULÉ
RANVILLE
MOYAUX
HÉROUVILLE-SAINT-CLAIR
BONNEBOSQ
Cuverville
BEUVRON-EN-AUGE
MONDEVILLE
TROARN
Cagny
CAMBREMER
LISIEUX
Frénouville
ARGENCES
Beuvillers
CRÈVECOEUR-EN-AUGE
Moult
Mézidon-Canon
SAINT-GERMAIN-DE-LIVET
BRETTEVILLE-SUR-LAIZE
Fervaques
GRAINVILLE-LANGANNERIE
ORBEC
SAINT-PIERRE-SUR-DIVES
SAINT-GERMAIN-LE-VASSON
LIVAROT-PAYS-D'AUGE
POTIGNY
VIMOUTIERS
FALAISE
Le Sap
Trun
Bazoches-au-Houlme
Chambois
Gouffern en Au
Calvados
Putanges-Pont-Écrepin
Exmes
ARGENTAN
Échauffour
Silly-en-Gouffern
Écouché
Sarceaux
Nonant-le-Pin
Le Merlerault

PAGES

82

PAYS DE CAEN - CÔTE DE NACRE

Comme tout bon Normand qui se respecte, c'est la crème de la crème du pays de Caen et de la côte de Nacre que nous vous invitons à (re) découvrir au fil de ces pages. Riche d'un héritage exceptionnel et d'une histoire plus que millénaire, Caen est à la fois une cité historique et une ville en perpétuel mouvement, où passé, présent et avenir cohabitent à merveille.

121

LE BESSIN

La Normandie est une terre de tradition et de patrimoine, à l'image du pays du Bessin, situé à l'ouest de Caen. La diversité de son patrimoine naturel, géologique, historique (dont les plages du Débarquement, la Tapisserie de Bayeux, classée « Mémoire du monde » par l'UNESCO, ou encore l'épopée de Guillaume le Conquérant, duc de Normandie et roi d'Angleterre), architectural, artisanal, économique et humain, fait du Bessin un territoire bien ancré dans ses terres.

146

PAYS D'AUGE NORD - CÔTE FLEURIE

Le Pays d'Auge est une carte postale de la Normandie. Cette authentique région se distingue par la beauté de son arrière-pays, entre bocages pittoresques, pommiers en fleur et pâturages à l'herbe grasse, la variété de ses paysages côtiers, alternant plages de sable fin et falaises, ainsi que par le faste architectural et le prestige de ses stations balnéaires.

PAGES

Destination privilégiée pour les adeptes de nature, de randonnée, de pêche, ou encore de sports en eau vive, la bien nommée Suisse normande promet quiétude, dépaysement et « digital detox » pour les hyper-connectés. Plus à l'est, une fois passée la Laize, un affluent de l'Orne, nous voilà dans le pays de Falaise, terre natale de Guillaume le Conquérant, duc de Normandie et roi d'Angleterre.

L'environnement préservé du sud Pays d'Auge promet des paysages verdoyants, forêts et champs de pommiers qui forment notamment le cadre de la route des manoirs et châteaux.

Au sud-ouest du département du Calvados, entre Bessin, plaine de Caen et Suisse normande, le territoire constitué du Pré-Bocage et du Pays Virois présente une identité historique et patrimoniale distincte et marquée.

CALVADOS

CAEN ★★★

Ville dynamique où les lieux culturels et les festivals foisonnent, ville étudiante animée, ville gastronomique aux innombrables restaurants, ville d'architecture où le Moyen Age et la Reconstruction se côtoient, ville d'histoire qui a vécu la conquête de la Normandie et les heures noires des bombardements et de l'Occupation, Caen est surprenante. Si les visites culturelles ne manquent pas : deux somptueuses abbayes parmi les plus vastes de France, un château – le plus grand d'Europe septentrionale –, de nombreuses églises - elle fut, ne l'oublions pas, baptisée la ville aux cent clochers -, et des musées dont le célèbre Mémorial, les balades y sont particulièrement plaisantes. Belles rues historiques et commerçantes : rue Saint-Pierre, rue Froide, rue Caponière..., places majestueuses : place Saint-Sauveur, place du Théâtre..., port de plaisance bordé de restaurants et de cafés, immenses espaces verts... Caen est même le point de départ de nombreuses escapades. À pied, à vélo par la voie verte jusqu'à la Suisse normande, en bateau vers l'Angleterre au départ du port de Ouistreham-Riva-Bella ou en avion au départ de l'aéroport de Carpiquet... Mais là, prévoyez un peu plus de temps ! Bon séjour dans la capitale du Calvados : vous verrez, vous ne vous ennuierez pas.

ABBAYE AUX DAMES ★★

Place de la Reine-Mathilde
✆ 02 31 06 98 45
www.caenlamer-tourisme.fr
Visites guidées : 14h30 et 16h tous les jours. Adulte : 4 €. Visites libres gratuites.

Abbaye fondée vers 1060 par Mathilde, duchesse de Normandie et épouse de Guillaume le Conquérant. Son abbatiale, chef d'œuvre de l'art roman, abrite le tombeau de son illustre fondatrice. Le couvent, reconstruit au XVIIIe siècle et magnifiquement restauré en 1986, accueille aujourd'hui le siège de la Région Normandie. La visite guidée permet de découvrir la crypte romane Saint-Nicolas-sous-Terre, sans oublier les 950 ans d'Histoire de l'abbaye et de ses illustres dames ! Avec un parc de 5 ha, le site de l'Abbaye aux Dames est un havre de quiétude et de verdure.

ABBAYE AUX HOMMES ★

Esplanade Jean-Marie-Louvel ✆ 02 31 30 42 81
caen.fr/adresse/abbaye-aux-hommes
Haute saison : du lundi au vendredi 8h-18h30, week-end 9h30-18h30. Visite guidée : 5,50 €. Découverte autonome : 3 €.

Superbe abbaye, parmi les plus importants édifices de l'époque ducale en Normandie, fondée en 1063 par Guillaume le Conquérant, alors duc de Normandie. Composée de deux parties (les bâtiments conventuels et l'église Saint-Étienne), l'abbaye aux Hommes est un chef-d'œuvre architectural de l'art médiéval. L'Hôtel de Ville de Caen occupe aujourd'hui l'ensemble monastique, reconstruit au XVIIIe siècle, qui s'élève autour d'un cloître de style toscan. Consacrée en 1077, l'église abbatiale, au style gothique, abrite notamment le tombeau de Guillaume le Conquérant.

CALVADOS

Abbaye aux Dames, Caen.

CHÂTEAU DE CAEN ★

Accueil à l'église Saint-Georges :
Esplanade Jean-Marie-Louvel
✆ 02 31 30 47 90
musee-de-normandie.caen.fr

Ouvert toute l'année. Tous les jours et les jours fériés. Gratuit (hormis l'accès aux différents musées).

S'il est une chose à ne pas manquer à Caen, c'est bien le château ducal. Difficile de le rater, il trône au milieu de la ville, témoin privilégié et quelque peu chahuté de plusieurs siècles d'histoire. C'est Guillaume le Conquérant qui le fit construire au milieu du XIe siècle. Implanté sur une roche de trente mètres à peine au-dessus du niveau de la mer, il dominait les deux vallées qui alimentaient la ville en eau en 1060. Grâce à cet escarpement à pic, le château possédait ainsi une fortification naturelle à l'Est. Il faut savoir que c'est l'une des plus grandes enceintes castrales d'Europe, et que ses fossés n'ont jamais contenu d'eau, leur profondeur étant suffisante. À l'intérieur, on peut visiter le Logis du Gouverneur, qui abrite aujourd'hui le musée de Normandie. Après avoir servi de résidence princière, le château devient forteresse à partir de 1204. Il est assiégé à plusieurs reprises pendant la guerre de Cent Ans. Puis au XIXe siècle il est transformé en caserne. En 1793, pendant la Révolution, il subit la destruction de son donjon ordonnée par la Convention, car deux députés y avaient été emprisonnés. Aujourd'hui, une grande partie des remparts est accessible tous les jours et gratuitement au public, offrant une magnifique vue sur la ville. Ces remparts renferment un parc peuplé de sculptures, le musée des Beaux-Arts, le musée de Normandie et des expositions temporaires dans l'Échiquier et dans les Salles du rempart. Un monde à part en plein centre-ville à (re) découvrir !

CIMETIÈRE DORMANT DES QUATRE-NATIONS

9, rue Desmoueux

Ouvert tous les jours de 9h à 18h.

Envie de sortir des sentiers battus ? Ce cimetière, dit des Quatre-Nations, situé près du jardin des Plantes, mérite qu'on lui consacre une visite. Lieu bucolique malgré tout, il est considéré « dormant », car il n'accueille que les défunts de familles titulaires d'une concession à perpétuité, et doit son nom au fait que l'on y inhumait des personnes ayant vécu sur les quatre paroisses environnantes. Son cadre arboré charma François Truffaut qui y tourna *La Chambre Verte* en 1978.

LES ÉGLISES DE CAEN

Voici un avant-goût des plus remarquables édifices religieux de Caen, surnommée la ville aux 100 clochers :

- **L'église Notre-Dame-de-Froide-Rue**. Construite entre les XIVe et XVIe siècles, elle vaut le coup d'œil pour son porche avec un portail flamboyant du XVe siècle, son escalier qui ne mène nulle part, et ses deux nefs qui communiquent entre elles.
- **L'église Notre-Dame-de-la-Gloriette**. Construite par les Jésuites à la fin du XVIIe siècle, elle présente le mobilier le plus riche des églises de la ville, comme le magnifique maître-autel, surmonté d'un baldaquin, qui provient de l'Abbaye aux Dames.
- **L'église Saint-Étienne-le-Vieux**. Edifiée au Xe siècle, elle fut détruite au XIVe siècle avant d'être reconstruite. Puis rebelote au XVe siècle, dont elle conserve sa belle tour lanterne, ainsi qu'une énigmatique statue qui représenterait l'empereur Constantin.
- **L'église Saint-Jean.** Cette église de style gothique flamboyant fut construite entre le XIVe et le XVIe siècle. Elle possède une superbe nef et une tour-lanterne aux parois sculptées de l'époque Renaissance. Le clocher-porche, qui culmine à 46 mètres, penche sur la gauche !
- **L'église Saint-Julien**. Le monument actuel fut construit selon les plans de Henry Bernard, entre 1954 et 1959. Réalisé en béton armé, il se présente en forme de mandorle. Les parois de l'église sont constituées de 4 500 dalles de verre, de 50 couleurs différentes.
- **L'église Saint-Michel de Vaucelles** fut édifiée au XIIe siècle dans un style roman, en remplacement d'un sanctuaire dédié à saint Michel.
- **L'église Saint-Nicolas**. Fondée par les moines de l'Abbaye aux Hommes, elle représente un remarquable témoignage de l'architecture religieuse romane de Normandie.
- **L'église Saint-Pierre**. Bâtie entre le XIIIe et le XVIe siècle, l'église jouit d'une grande diversité de styles : gothique rayonnant et flamboyant, et Renaissance. Son clocher, datant du XIVe siècle (de près de 80 m de hauteur), est superbe.
- **L'église Saint-Sauveur du Marché**. Les parties basses de la croisée du transept et le premier étage du clocher remontent au début du XIe siècle, tandis que le deuxième étage de la tour, aux proportions romanes, date de la fin du XIe siècle. La nef, de style gothique flamboyant, et le chœur, de style Renaissance, datent de la fin du XVe siècle.

© WWW.CALVADOS-TOURISME.COM

La colline aux oiseaux, Caen.

COLLINE AUX OISEAUX ★

Avenue de l'Amiral-Mountbatten
✆ 02 31 30 48 38
caen.fr/adresse/colline-aux-oiseaux
Ouvert tous les jours dès 10h (excepté 25 décembre et 1er janvier). Gratuit.

Au nord-ouest de Caen, tout près du Mémorial, la Colline aux Oiseaux et ses 17 hectares nous enchantent. Les plus jeunes se ruent du côté des jeux en bois avant de se perdre dans le labyrinthe et d'aller caresser les petites bêtes du parc animalier normand. Les plus grands flânent dans la romantique roseraie étagée autour d'un bassin, musardent au gré des jardins à thème, et reçoivent une leçon d'architecture écologique du côté de la maison positive. Le magnifique point de vue sur Caen et ses environs rallie tous les âges. Le bonheur en toute simplicité.

JARDIN DES PLANTES

5, place Blot
✆ 02 31 30 48 38
www.calvados-tourisme.com/offre/jardin-des-plantes-et-jardin-botanique
Ouvert toute l'année. Lundi-vendredi : 8h-18h30 ; Week-end : 10h-18h30. Gratuit.

Un véritable havre de paix et de verdure à deux pas du centre-ville ! Au-delà de sa vocation scientifique, c'est un lieu superbe à visiter en famille. Les allées vous font découvrir les végétaux en plates-bandes, les serres valent tous les voyages, l'institut botanique entouré de plantes médicinales est une merveille d'architecture, enfin l'espace parc, équipé de jeux pour les enfants permet une halte verte très reposante. D'ailleurs, entre visites guidées, ateliers et animations en fonction des saisons, on a bien besoin d'une petite pause au jardin des Plantes !

ÉGLISE SAINT-GEORGES

Château de Caen ✆ 02 31 30 47 90
musee-de-normandie.caen.fr/le-chateau-de-caen/leglise-saint-georges
Ouvert de 9h30 à 12h30 et de 14h à 18h en semaine ; 11h-18h le week-end et jours fériés.

Cette église paroissiale où vivaient les habitants, militaires et civils, à l'intérieur de l'enceinte du château de Caen, est aujourd'hui un lieu d'exposition et de culture. C'est aussi le point d'accueil avec billetterie commune au musée de Normandie et au musée des Beaux-Arts. Ne pas manquer l'animation qui présente l'histoire du site, illustrée par une maquette du château et des tablettes tactiles interactives, qui permet de mieux comprendre, au cœur même de son enceinte, l'histoire du château de Guillaume le Conquérant et, aux enfants, de ne pas s'ennuyer !

MÉMORIAL DE CAEN ★★★★

Esplanade du Général Eisenhower
✆ 02 31 06 06 44
www.memorial-caen.fr
Plein tarif : 19,80 € ; tarif réduit : 17,50 €. Fermé en janvier. Détail des horaires et tarifs sur le site Internet.

Le mémorial de Caen est un incontournable du tourisme de mémoire en Normandie. Une fois entré par cette plaie béante, il s'y déroule un panorama de l'histoire, de 1918 à nos jours. La majorité des espaces est dédiée à la Seconde Guerre mondiale, mais aussi à la guerre froide, les deux Allemagne et la chute du mur de Berlin, ainsi qu'une réflexion sur la paix et la fragilité des droits de l'homme. Dernière nouveauté, et unique en Europe, une salle immersive dotée des toutes dernières technologies où un film à 360° retrace l'histoire de l'Europe au XXe siècle.

MUSÉE D'INITIATION A LA NATURE

Esplanade Jean Louvel ✆ 02 31 30 43 27
www.cpievdo.fr/museeinitiationnature
Ouvert toute l'année le mercredi. De Pâques à la Toussaint : lundi-vendredi. Gratuit pour les particuliers.

Un petit coin de verdure agréable et gratuit où vous découvrirez mille et une choses ! Le Musée invite à une découverte de la faune, de la flore, de la géologie et des paysages normands, il propose une exposition d'oiseaux naturalisés et comporte un jardin éducatif normand. Potager composé de plantes ancestrales, hôtel à insectes, mare à grenouilles sont également de la partie. Des expositions ludiques et interactives y sont organisées. Une jolie bulle de découvertes et de poésie.

MUSÉE DE NORMANDIE ★

Le Château
✆ 02 31 30 47 60
www.musee-de-normandie.fr
Ouvert toute l'année. Adulte : 3,50 € à 5,50 €. Gratuit tous les premiers week-ends du mois.

Ce musée offre un panorama de la vie des populations sur le territoire normand de la préhistoire au XXe siècle. L'exposition permanente se décline par thèmes au gré des salles du Logis du Gouverneur. Sachant que le lieu s'enrichit sans cesse de nouvelles pièces, que les enfants sont équipés de livrets pédagogiques ou invités à des jeux de piste, aucun risque de s'ennuyer. Quant aux expositions temporaires, elles sont accueillies dans les salles du Rempart, qui méritent la visite, et dans la salle de l'Echiquier des Ducs de Normandie, d'accès libre.

MUSÉE JARDIN DE LA LUNA ROSSA

6, rue Damozanne
✆ 02 31 27 90 30
www.caenlamer-tourisme.fr
Ouvert tous les dimanches de 10h à 18h d'avril à octobre. Gratuit.

Voilà un lieu qui se moque bien des conventions et vise essentiellement à créer des émotions. Dans ce jardin-musée, diverses œuvres d'artistes locaux sont exposées, faites de matériaux bruts ou de récupération. Cet espace a pour but de sauvegarder et de valoriser des œuvres réalisées par des artistes autodidactes, souvent issus de milieux modestes. Les sculptures hors normes qui habitent ce jardin interpellent, émeuvent, dérangent et amusent. N'hésitez pas à y emmener vos enfants !

MUSÉE DES BEAUX-ARTS DE CAEN ★★★

Le Château ✆ 02 31 30 47 70
mba.caen.fr
Mardi à vendredi 9h30-12h30 et 13h30-18h, week-end 11h-18h. 3,50 € (tarif réduit 2,50 €). Visite guidée : supplément 4 €

Situé dans l'enceinte du château depuis 1970, le musée des Beaux-Arts de Caen propose une importante collection de peintures européennes couvrant les périodes du XVIe au XXe siècle, mise en valeur par une muséographie conçue tel un parcours de la fin du Moyen Âge à nos jours. De salle en salle se dévoilent des œuvres françaises, italiennes, flamandes et hollandaises du XVIe au XXe siècle avec entre autres Véronèse, Giordano ou encore Rubens et Mignard. Puis les portraitistes et paysagistes français et italiens que sont Rigaud, Boucher et Tiepolo, représentent le XVIIe siècle. Le XIXe, quant à lui, se découvre autour des peintres romantiques, sans oublier la Normandie, terre d'inspiration pour Monet, Boudin ou encore Vuillard et Dufy. Enfin, le XXe siècle fait la part belle aux cubistes français puis, autour de thèmes comme l'espace et la lumière, c'est la création contemporaine qui vient conclure ce panorama de près de 600 tableaux. Outre la collection permanente, le musée possède également un fonds regroupant quelque 50 000 gravures. La vie du musée est rythmée par l'organisation d'expositions temporaires, généralement en résonance avec des festivals et événements culturels de la ville ou de la région, ainsi que par des actions culturelles et éducatives (ateliers, visites thématiques ou commentées). Depuis 2007, un parc de sculptures a été implanté dans l'enceinte du château, proposant aux promeneurs un ensemble de sculptures modernes et contemporaines.

PARC MICHEL D'ORNANO

Abbaye-aux-Dames ✆ 02 31 06 98 98
caen.fr/annuaire-equipement/parc-michel-dornano
De novembre à mars, tous les jours de 8h à 18h30. D'avril à octobre de 8h à 20h. Gratuit.

Jardin à la française du XVIIIe siècle, l'ancien parc Saint-Louis faisait partie du patrimoine de l'abbaye aux Dames. Dessiné en 1774 par François-Philippe Charpentier, le Conseil Général de Basse-Normandie en devient propriétaire en 1983 et engage un paysagiste pour le redessiner, c'est ainsi qu'en 1992 ouvre le parc Michel d'Ornano. Il se compose de multiples espaces : parterres à la française, allées de tilleuls, labyrinthe en tumulus... Vous pourrez aussi découvrir un superbe cèdre du Liban planté en 1849. Le tout sur 6 ha, de quoi flâner tout un après-midi.

CALVADOS

CALVADOS ATTRACTIVITÉ

8, rue Renoir
© 02 31 27 90 30
www.calvados-tourisme.com

Un site Internet et une page Facebook très bien faits, où l'on trouve toutes sortes d'infos futées sur les loisirs, l'agenda et le riche patrimoine du département. On peut aussi chercher par thématiques : partager, roucouler, se dépenser, se chouchouter, se régaler ou encore s'étonner. Pour les groupes et séminaires, de nombreuses possibilités sont également offertes. Vous pouvez même réserver vos hébergements en ligne suivant plusieurs critères. Ne pas manquer d'aller y faire un tour, c'est une précieuse aide, que l'on soit touriste ou du coin.

OFFICE DE TOURISME ET DES CONGRÈS DE CAEN LA MER

Place Saint-Pierre © 02 31 27 14 14
www.caenlamer-tourisme.fr
Ouvert du lundi au samedi 9h30-18h30, jusqu'à 13h30 le dimanche. Horaires amplifiés en été, réduits d'octobre à mars.

Face à l'église Saint-Pierre, au pied du château, l'office de tourisme se niche au sein de l'hôtel particulier d'Escoville. Une première belle découverte ! Curiosité architecturale, l'office est aussi le point de départ de nombreuses visites guidées. Loisirs, sorties, hébergements, restaurants, mais aussi transports et commerces, une mine de renseignements vous y attend. L'office est là pour vous orienter afin de satisfaire vos envies selon la durée de votre séjour et votre budget.

BATEAU LA PRESQU'ÎLE

Quai de Normandie
© 07 67 66 67 89
www.calvados-tourisme.com
D'avril à fin octobre, tous les jours 10h-12h et 14h-18h. Tarif adulte : 8 €. Soirée privatisée : 25 €/pers.

La Presqu'île, c'est un peu notre bateau-mouche normand. Sébastien, marin de métier, propose 40 minutes de voyage sur le canal qui relie Caen à la mer. Visite guidée au programme qui mêle humour et histoire (d'hier et d'aujourd'hui) et nous fait découvrir la ville sous un angle nouveau. Du pont de la Fonderie jusqu'à celui de Colombelles, le dépaysement est garanti. Et pour ceux qui le veulent, vous pouvez privatiser le bateau pour une soirée et vous régalez de bons petits plats confectionnés par un traiteur de la ville. Quand on vous dit que c'est futé !

CAP TRAIN [PETIT TRAIN TOURISTIQUE]

Office de tourisme de Caen
© 02 31 27 14 14
www.calvados-tourisme.com/offre/cap-train
Fermé du 1er octobre au 31 mars. Départs tourtes les heures (sauf 13h). Adulte 6,50 € ; enfant : 4,50 €.

Une activité ringarde ? Non ! Nous au Petit Futé, on l'a pris ce petit train, et on n'a pas été déçu ! Voilà une balade peu onéreuse et fort sympathique qui en 45 min, vous permettra de sillonner la ville et d'en découvrir les principaux sites remarquables : le château, les abbayes, le port de plaisance ou encore l'église Saint-Pierre. Commentée en français et en anglais, la balade est bon enfant. Sachez qu'il est possible de louer le petit train pour un événement privé !

COM'ON GYRO

57, rue de Bras
© 06 82 25 19 38
www.comongyro.fr
Ouvert tous les jours. De 15 € à 45 € en fonction du tour sélectionné (de 30 minutes à 2 heures). Visite guidée.

Voici le Gyropode, véhicule 2.0, électrique et facile à piloter ! Com'on Gyro en a fait son moyen de locomotion pour visiter la ville sans se fatiguer, sans polluer et à son rythme. Pas d'inquiétude, une petite formation est prévue. De l'initiation au grand tour, il y en a pour tous les emplois du temps et tous les budgets. Direction les sites les plus remarquables (abbaye aux Dames, château, hôtel de ville...), les panoramas les plus beaux et pour ce qui est du tour Gourmand, les mets les plus emblématiques (teurgoule, calvados...). Testez, vous serez séduits !

FERME SAINT-VAAST - FIBRE DE LIN

9, rue Saint-Gerbold - **LE CASTELLET**
© 06 68 97 07 32 - www.fermesaintvaast.com
Visite de la ferme : à 14h30 tous les jours, sauf dimanche, pendant les vacances scolaires. 6 €. Enfant 5 €. Boutique.

Comme on vous le dit depuis des années au *Petit Futé Caen-Calvados*, les plus beaux voyages se font souvent près de chez nous. A 10 minutes au sud de Caen, on vous promet une rencontre inoubliable avec Mathilde et Benoît, producteurs de lin depuis des générations. Après la visite de la Ferme Saint-Vaast, vous ne passerez plus devant les champs de lin, dont la petite fleur éphémère fleurit fin mai-début juin, sans penser à eux. Mieux, vous ne porterez plus de vêtements en lin par hasard.

ITINÉRAIRES À VÉLO

✆ 02 31 27 14 14

villeavelo.wordpress.com

Circuits disponibles en téléchargement sur les sites de la Maison du Vélo et de Ville à Vélo.

Pour découvrir la ville à son rythme tout en prenant un bon bol d'air et en faisant fonctionner ses jambes, les itinéraires à vélo proposent quatre itinéraires aux thématiques variées. Si vous êtes branchés histoire et architecture, optez pour « Plein la vue ! ». Pour les amoureux de nature : « Plein les poumons ! ». Les plus sportifs opteront pour le parcours (qui porte bien son nom) « Plein les jambes ! », sur 23 km de voie verte qui longe l'Orne. Enfin, « La Bataille de Caen » emmène les cyclistes jusqu'aux lieux marquants de l'été 1944 dans la cité caennaise.

VISITES GUIDÉES DE L'ABBAYE AUX DAMES

Place de la Reine-Mathilde ✆ 02 31 06 98 45

www.caenlamer-tourisme.fr

Visites guidées en juin : le week-end à 14h30 et 16h, et en juillet-août : tous les jours à 10h30, 14h30 et 16h. 4 €.

Fondée en 1060 par Mathilde de Flandre, épouse de Guillaume le Conquérant, l'abbaye aux Dames fut le lieu de vie d'une communauté de religieuses bénédictines durant plus de sept siècles. Aujourd'hui site administratif de la région Normandie, l'abbaye organise des visites guidées en été des anciens bâtiments conventuels et de l'abbatiale de la Sainte-Trinité, dont la conception illustre à merveille l'architecture romane normande. Idéal pour découvrir la riche histoire de cette abbaye.

BASSIN SAINT-PIERRE

Quai Vendeuvre

C'est l'un des cinq bassins du port de la ville. Car, malgré sa localisation, Caen a toujours été une ville portuaire. Dès le Moyen Âge, elle possédait son port afin de faciliter au mieux les échanges économiques. Il faut savoir qu'à cette époque, l'Orne était navigable. Maintenant, c'est le canal construit en 1857 qui relie la cité à la mer. Après la mise en avant de son quai ouest dans les années 2000, le sud du secteur a été reconfiguré avec l'ouverture des Rives de l'Orne et, plus récemment, le réaménagement de la presqu'île.

MAISON DU VÉLO

54, quai Amiral Hamelin

✆ 02 31 34 45 70

www.maisonduvelocaen.fr

Mardi et vendredi 10h-12h30 et 15h-19h, mercredi 10h-12h30, samedi 10h-12h et 14h-18h.

Avis aux adeptes de la « petite reine » ! Pilotée par l'association Vélisol', la Maison du Vélo propose un large éventail de services. Location de vélos et d'équipements divers, circuit de vélo-école (afin de se remémorer le code de bonne conduite). Mais ce n'est pas tout, un atelier de réparation est ouvert à tous. Ici le mécano, c'est vous ! Et parce que le vélo c'est écolo, Vélisol' collecte des bicyclettes, les rénove et les remet en selle pour ainsi dire... Un bon plan pour acquérir un vélo pas cher, à condition de mettre aussi les mains dans le cambouis !

NOMAD

Rue de la Gare

✆ 09 70 83 00 14

www.nomadcar14.fr

Lundi-samedi : 7h-20. Variable selon les jours, vacances scolaires et points de vente. Détails sur le site internet.

Rebaptisés NOMAD, les anciens bus verts relient les communes du département à Caen. Ils comptent près de 80 lignes, et une ligne interrégionale, vers Honfleur et Le Havre. Le réseau propose également des services à la demande tels l'Appelocar (réservation la veille pour le lendemain), l'Acceocar (PMR), le Flexocar (qui s'adapte aux horaires de train) ou encore le Taxicar (si votre commune n'est pas desservie). Votre billet est rechargeable, ne le jetez plus, il pourra être utilisé 2 ans ! Et cet été, pensez au Ticket plage : un aller-retour à la mer à petit prix.

TWISTO

51, rue de l'Oratoire

✆ 02 31 15 55 55

www.twisto.fr

Lundi-mardi : 8h-18h30 ; mercredi-vendredi : 8h30-18h30 ; samedi : 10h-17h. Détail des tarifs sur le site internet.

Le réseau de transports en commun géré par Caen la mer se compose d'un tramway et de 70 de lignes de bus quadrillant le territoire. Horaires larges, trajets lointains ou de proximité, navette gratuite pour le centre-ville, tout y est ! Les titres sont rechargeables et utilisables avec les Bus Verts ou encore les TER de la SNCF ! Twisto propose également de nombreux services pour faciliter votre quotidien : réservation à la demande, appli super futée qui vous permet de calculer votre itinéraire et de connaître le prochain passage grâce à la géolocalisation.

BEST WESTERN ROYAL HÔTEL CAEN €€

1, place de la République ✆ 02 31 86 55 33
www.hotel-caen-centre.com
Accueil 24h/24. Chambre double à partir de 99 €. Petit déjeuner en sus. Parking fermé. Wifi gratuit. Restauration.

Le nom a changé, les propriétaires aussi, et l'emplacement, face au square de la République, est toujours aussi prisé. Cet hôtel est le bon choix pour qui souhaite séjourner en plein cœur du centre-ville de Caen sans se ruiner. Les prestations ont, elles aussi, leurs avantages : chambres bien insonorisées, bien équipées et climatisées, sans compter le petit déjeuner buffet copieux, parfait pour attaquer les visites. Pensez à organiser votre séjour, vous n'en serez que mieux reçu.

CLÉVACANCES €€

8, rue Jean-Renoir ✆ 07 72 66 44 94
www.clevacances.com/fr/locationvacances/normandie/calvados

Un clic et une clé ! Pour dénicher un hébergement de qualité et planifier directement en ligne votre prochain séjour dans le Calvados, vous pouvez faire confiance à Clévacances. Environ 250 logements sont proposés, au bord de mer, dans les terres ou en ville. Les différentes solutions d'hébergements, entre locations saisonnières de vacances et chambres d'hôtes, en passant par des gîtes labellisés, ont été sélectionnées avec soin pour faire de votre escapade dans le Calvados une expérience unique. Des vacances réussies sans mauvaise surprise à l'arrivée !

CLOS SAINT-MARTIN €€

18 bis, place Saint-Martin
✆ 07 81 39 23 67
clossaintmartin.com
6 chambres. Chambre double à partir de 100 €, petit déjeuner inclus.

La grande classe ! Situé dans le centre historique de Caen (juste au-dessus des Fossés Saint-Julien), cet hôtel particulier du XVIe siècle, entièrement restauré, est un bijou. Le propriétaire a repensé la déco : chaque chambre porte le nom d'une couleur qui définit son ambiance. Le cachet d'antan est là : matériaux anciens, plafonds en pierres jointées, cheminée du XVIIIe, terrasse où murmure l'eau de la fontaine, cage d'escalier en pierres de Caen... Quant au petit déjeuner, frais et local, on ne vous dira qu'une seule chose : bonne dégustation !

FERME SAINT-VAAST - FIBRE DE LIN €€

9, rue Saint-Gerbold - **LE CASTELLET**
✆ 06 68 97 07 32
www.fermesaintvaast.com
Maison de campagne pour 6 personnes (110 m², 3 chambres), à partir de 790 € la semaine. Jardin clos. Wifi.

Décidément, la Ferme Saint-Vaast, productrice de lin, a plus d'un tour dans son sac ! En plus des visites, particulièrement instructives, Mathilde et Benoît vous accueillent dans une charmante maison de campagne, située à Garcelles-Secqueville, à 15 minutes au sud de Caen. Indépendante, en pierre, entièrement rénovée et bien équipée, cette maison est naturellement décorée sur le thème du lin, et le linge de lit est, faut-il le préciser, 100 % lin haut de gamme !

HÔTEL DES QUATRANS €€

17, rue Gémare ✆ 02 31 86 25 57
www.hotel-des-quatrans.com
Accueil 24h/24. Chambre double à partir de 70 €. Petit déjeuner : 12 €. Wifi gratuit. Parking : 12 €.

Aux commandes de cet hôtel du centre-ville, notre cher couple de Bretons. Anne, hyper souriante, et Roland, ancien cycliste ayant porté le maillot jaune au Tour de France ! Déco chic, délicatement moderne, et 47 chambres (dont une familiale avec terrasse) confortables et impeccables, où rien ne manque. L'hôtel a récemment fait peau neuve et travaille activement à l'accessibilité des handicapés, pour ce faire, une chambre est aménagée au rez-de-chaussée. Et petite précision, on aime beaucoup la chambre 401 du dernier étage, avec terrasse et vue sur les toits !

SMART APPART CAEN €

16, rue Grusse ✆ 07 68 61 05 30
www.smart-appart.fr
A partir de 60 € la nuit. Prix dégressifs en fonction de la durée du séjour.

Après s'être installé dans cette jolie rue du centre-ville, Smart Appart propose d'autres logements place de la République. Vous avez ainsi le choix entre le calme à quelques pas de l'hypercentre ou l'effervescence du cœur de ville. Quoi qu'il en soit, vous séjournerez dans des appartements parfaitement équipés. Du studio au deux-pièces, pour une nuit pour un plus long séjour, vous bénéficierez d'un pied-à-terre contemporain et confortable, avec une terrasse pour certains. Une bonne option pour se loger le temps d'un week-end ou d'une conférence sans se ruiner !

CléVacances
LOCATIONS & CHAMBRES D'HÔTES
De la côte fleurie aux plages du débarquement, du Bessin au Pays d'Auge, du Bocage à la Suisse Normande, plus de 250 locations et chambres d'hôtes contrôlées partout dans le Calvados par nos experts qualité
© AdobeStock - clévacances
CLÉVACANCES CALVADOS
3, rue Renoir - 14000 CAEN
clevacancescalvados@gmail.com
clevacancescalvados.com
Tél. 07 72 66 44 94

L'ATELIER DU BURGER €

6, rue Buquet ✆ 02 31 39 55 03
www.latelier-duburger.fr
Tous les jours midi et soir. Carte 9 € environ. Formule 12€ (en moyenne, selon la recette). A emporter. Food truck.

Des burgers frais, de qualité, faits à la minute ça existe ! L'atelier du burger va vous réconcilier avec un plat qui, même s'il s'affiche de plus en plus, traîne sa réputation de *junk food*. Certes, on ne s'y rend pas pour faire un régime mais vous aurez au moins la certitude que ce sera bon ! Le pain est fait tous les jours par un artisan boulanger, la viande provient de la célèbre boucherie Sabot, les frites sont détaillées dans des pommes de terre normandes, légumes frais, fromages AOP ou affinés, bref que le top du top pour un résultat des plus alléchants !

OH MY CHEF ! €

31, avenue de l'Hippodrome
✆ 02 31 28 39 70
oh-my-chef.fr
Du lundi au vendredi 11h-19h. Commande sur Internet avant 10h, repas complet 15 € - 22 € environ. Livraison gratuite.

Avis aux pressés, aux horaires décalés, mais aussi et surtout aux gourmands ! Chez Oh My Chef, on met les petits plats dans les grands, enfin les bocaux plutôt ! Prenez un panier et remplissez-le avec les recettes qui mettent l'eau à la bouche, passez à la caisse et soit vous dégustez votre repas sur place ou vous l'emportez. Marc a fait ses classes aux côtés de grands chefs étoilés comme Anne-Sophie Pic ou Alexandre Bourdas et ça se sent : un vrai régal pour les yeux et les papilles. Vous pouvez même choisir en ligne et vous faire livrer !

KEYS & CO. €

45, avenue du 6-Juin
✆ 02 31 34 60 83
Ouvert du mercredi au samedi 9h30-19h, dimanche 10h-18h. Réservation recommandée le week-end. Carte : 10 € environ.

Une de nos adresses favorites ! Ce coffee-shop tenu par une famille mi-normande mi néo-zélandaise est un *must*. Stéphanie, formation de *barista* en poche, prépare le café avec talent. Outre moka ou latte, la carte offre plusieurs formules. Le matin, œufs Bénédicte, granola, pancakes... A midi, tarte, burger, *bowl*, salade et dessert maison s'il vous reste de la place. Il se dit que leurs cheesecakes sont les meilleurs de la ville. Et pourquoi pas, après votre marché dominical, tester le brunch histoire de recharger les batteries ? Comme dirait l'autre, *what else* ?

AMALFI €€

201, rue Saint-Jean
✆ 02 31 85 33 34
Mardi-samedi : midi et soir. Réservation recommandée. Carte : 16 € environ. Vente à emporter.

A ne pas manquer lorsqu'on est féru de pizzas et autres spécialités italiennes ! Plus de 35 ans qu'Amalfi sévit pour notre plus grand plaisir. La célèbre calzone, reine de la maison, a toujours notre préférence mais toutes les recettes sont délicieuses et les pizzaiolos de vrais pros qui œuvrent à vue depuis un bail : cuisson au feu de bois, parfumées à l'huile d'olive. A la carte également, gratin d'aubergines à la parmesane, escalope grillée ou Marsala *e tutti quanti* ! Le choix de vins au pichet s'est quant à lui enrichi pour encore plus de plaisir !

BŒUF & COW €€

6, boulevard des Alliés ✆ 02 31 86 37 75
boeufandcow.com
Ouvert toute l'année. Ouvert 7j/7 en continu. Menus de 22 € à 38 €. Carte : 20 € environ. Chèque Restaurant. Terrasse.

Amis carnivores, vous mangerez ici 100 % de race normande qu'on aime valoriser jusque dans l'assiette. 11 ans que Grégoire (épaulé par Charline) accueille les férus de bœuf ! La spécialité ? Le rognon de veau entier et les tripes de la Maison Ruault. Les plus petits appétits retrouveront quant à eux le fameux carpaccio. Et puis grande nouveauté avec ces tapas super originales (avec os à moëlle !). Ouvert 7j/7 et en continu, ça serait dommage de s'en passer ! Et cette vue sur l'église Saint-Pierre fraîchement nettoyée ! En bref, un incontournable et un indémodable.

LE CAFÉ DE CAEN €€

90, boulevard Maréchal-Leclerc ✆ 02 31 86 07 00
www.lecafedecaen.com
Lundi-samedi : 8h-0h. Formule midi : 13,50 €. Plat du jour : 9,90 €. Vin au verre. Terrasse. Accueil de groupes.

Avec un style brasserie tendance, ce café vous accueille à toute heure de la journée, du petit déjeuner au dîner. Le moment sera de qualité : belles salades, viandes (fameux os à moelle), poissons grillés et formules du jour qui évoluent au fil des saisons. Il y en a pour tous les appétits et tous les emplois du temps. A l'heure du goûter, on accourt pour une pause gourmande autour d'une glace artisanale. Chic et lumineux, agrémenté d'une belle terrasse (ensoleillée quand la météo le permet), c'est un lieu de ralliement sympa au cœur de la zone piétonne du centre.

LA CAVE À HUÎTRES €€

24, quai Vendeuvre ✆ 02 31 75 58 65
www.la-cave-a-huitres.fr

Du lundi au samedi 12h-14h30 et 19h-22h30. Carte : 20 € environ. Formules du midi à 10,90 € ou 19,90 €. Vente à emporter

Face au port de plaisance, cette Cave à Huîtres vous apporte l'air iodé sur un plateau. Restauration, dégustation, vente à emporter, vous vous régalerez en toute convivialité d'huîtres de pleine mer provenant de La Calvadosienne, célèbre maison conchylicole installée à Asnelles-Meuvaines. Ce restaurant caennais, dont elle est d'ailleurs propriétaire, vous comble de son produit phare : les huîtres d'Asnelles, servies nature ou chaudes (au camembert, beurre aillé, andouille de Vire) avec un verre de blanc ou de cidre de la Ferme de Félicité à Longues-sur-Mer.

FRAGMENTS €€

2, rue Léon-Lecornu ✆ 07 71 69 29 76
www.fragments-restaurant.com

Mercredi-jeudi : midi ; vendredi-samedi : midi et soir. Formule midi 24 € à 26 €. Menu du soir 42 € à 46 €.

Nous revenons toujours chez Clément Charlot avec grand plaisir. Menus uniques qui changent chaque semaine en fonction des produits de saison. Du frais, du local, du bio (au maximum) et beaucoup de maîtrise. Une délicieuse cuisine « nouvelle vague » pour laquelle plusieurs semaines d'attente sont parfois nécessaires. Réservation plus que recommandée ! Vraiment très bon et très fin, le repas jongle entre des saveurs qui se mêlent sans jamais se concurrencer. Le dessert apporte souvent la touche de fraîcheur idéale à la fin de repas. Courez-y c'est divin !

LE COMPTOIR €€

3, rue Saint-Sauveur
✆ 02 31 38 53 40

Lundi-samedi : 12-1h. Pas de réservation le soir, recommandée le midi. Carte : 13 € environ. Terrasse.

Coup de cœur 2020, l'adresse ne cesse de nous ravir, nous y retournons toujours avec grand plaisir ! Du déjeuner à l'apéritif en passant par le goûter, on y va les yeux fermés. Le duo emblématique, Olivia aux fourneaux et son complice Johann, entouré de leur équipe seront aux petits soins. Pour le déjeuner trois plats rivalisent de saveurs : un bowl végé ou non, un burger et une recette selon l'inspiration d'Olivia (hum le tartare italien...), le choix est cornélien ! Ambiance ultra conviviale et décontractée, attention les places sont chères, pensez à réserver !

LA PLANCHE'A €€

13, rue des Prairies-Saint-Gilles
✆ 02 31 93 45 52

Lundi-samedi : midi et soir. Carte : 15€ environ. Vin au verre. Terrasse.

Ici l'accueil est fait de sourires et les plats de fraîcheur, de la terrine de saumon à l'œuf cocotte à la crème de foie gras, on vous promet des papilles en émoi. Comme son nom l'indique, les viandes et poissons crépitent sur une plancha leur donnant ainsi cette saveur qui n'est pas sans nous rappeler les belles soirées d'été. Le tout accompagné d'une belle sélection de vins. Vous en voulez encore ? Parlons des desserts : on raffole du tiramisu au Nutella et spéculos, un vrai délice ! « Bien manger c'est atteindre le ciel », c'est vrai qu'on n'en est pas loin...

LA SAUCE Y EST €€

4, rue Augustin-Fresnel - **MATHIEU**
✆ 02 31 44 10 17
www.lasauceyest-restaurant.fr

Du mercredi au samedi, midi et soir ; dimanche midi. Menus de 26 € à 48 €. Formules de 16 € à 19 € (entrée-plat-dessert)

C'est à Mathieu que se niche l'un de nos restaurants préférés. On y mange comme on aime, et la cuisine, fine et gastronomique, est servie dans une ambiance bon enfant, tout sauf feutrée. L'accueil et le service sont aussi chaleureux qu'efficaces, merci Christine ! Aux fourneaux, Christophe est un as. Croustillant de joue de bœuf, lait de coco, piments doux et coriandre ; cabillaud, lotte et dorade au fumet de langoustines ; gâteau aux pommes, glace vanille, caramel beurre salé... Un délice ! Avec une mention spéciale pour la sauce qui, somptueusement, y est !

LA TABLE DES MATIÈRES €€

15, Quai François Mitterrand ✆ 02 31 99 76 25
la-table-des-matieres.fr

Mardi-mercredi : 11h-18h. Jeudi-samedi : 11h-21h30. Réservation recommandée. Formule midi : 19€. Vente à emporter.

Heureux de retrouver notre chef coup de cœur 2020, Benoît Guillaumin. Les Casseroles qui chantent ont traversé le port pour rejoindre La Table des Matières. Une belle fusion qui permet aux « casseroles » de continuer à chanter ! Nouvelle carte, nouvelles formules pour ce restaurant installé au rez-de-chaussée de la Bibliothèque. En revanche, ce qui perdure c'est la qualité des recettes et ce mélange des saveurs savamment orchestré. Ambiance décontractée le midi, plus chic le soir, il y en a pour toutes les envies, à vous de choisir ce qui vous tente le plus.

LA VÉRANDA €€

30, rue du Général-Giraud
✆ 02 50 28 08 91

Ouvert mardi et de jeudi à samedi midi et soir, mercredi midi. A l'ardoise : midi de 16,90 à 21 €, soir de 21 à 25,90 €.

C'est toujours avec plaisir que l'on retrouve ce petit resto. Un chef discret, sa femme à la fois simple et pétillante, le tout très pro ! En cuisine, ce jour-là, on nous a préparé une délicieuse araignée de veau sauce thaï et purée de carottes-courgettes. Et que dire du faux filet de bœuf, sauce gorgonzola ! Puis, histoire de finir en apothéose, on peut opter pour le millefeuille mousse de mascarpone au chocolat et framboises. Le plus difficile est de choisir parmi tous ces plats appétissants. Et comme la carte change régulièrement, pas le temps de se lasser.

LA VRAIE VIE €€

102, rue Saint-Martin
✆ 02 14 40 51 54

Du mercredi au lundi le soir. Réservation recommandée. Menus de 33 € à 46 €. Carte : 20 € environ. Vin au verre.

La Vraie Vie fait partie de ces restaurants dont on peut être fier. Une jolie déco actuelle, l'accueil hors pair d'Élodie avec bonne humeur et bienveillance, et la cuisine juste parfaite et 100 % maison de Matthieu, toute en finesse et sans chichis. Un vrai régal, des amuse-bouches aux mignardises. Hum ce tartare de bœuf coupé au couteau, hum ce ceviche de poisson, hum ce magret de canard snacké et fumé minute. Quant aux desserts... c'est la spécialité d'Élodie, on a craqué pour LA tarte au citron ! Une belle adresse à tester sans plus attendre.

À CONTRE SENS €€€

8-10, rue des Croisiers ✆ 02 31 97 44 48
www.acontresens.fr

Mardi soir, du mercredi au samedi midi et soir. Réservation recommandée. Menus de 44 € à 68 €. Formule du midi 27 €.

A Contre sens, se sont des mets maîtrisés à la perfection dans une ambiance chaleureuse et élégante. Anthony et Cindy Caillot ont à cœur de proposer une cuisine de saison, fraîche et variée, pour tous : le menu du midi est d'un rapport qualité-prix imbattable et les plats sont les mêmes pour vos enfants (portion et prix réduits), il n'est jamais trop tôt pour apprécier les bonnes choses ! Quant au service dit « décomplexé », bien loin du côté guindé habituel, on adore ! Osez y entrer sans complexe, simplicité et raffinement n'ont jamais fait aussi bon ménage.

C&CHOUX

2, rue Léon-Lecornu
✆ 09 81 85 09 02
www.c-choux.fr

Lundi : 14h-19 ; mardi-vendredi : 10h-19h30 ; samedi : 9h30-19h30 ; dimanche : 9h30-13h30. Ateliers pâtisserie : 45 €.

On choisit cette maison pour les grandes occasions. Les choux d'Anthony sont de vrais petits bijoux, constamment renouvelés par des créations éphémères, s'appuyant sur les produits de saison. Sans compter qu'on peut bien évidemment y acheter quelques douceurs revisitées (éclair, Saint-Honoré) mais aussi des choux salés pour vos apéros, ou même savourer un chocolat chaud sur place. Sachez enfin qu'Anthony donne des cours de pâtisserie le samedi, pour adultes et enfants. Mais mieux vaut s'inscrire tôt pour ne pas faire chou blanc !

CHARLOTTE CORDAY

114, rue Saint-Jean ✆ 02 31 86 33 25
www.chocolat-corday.fr

Ouvert le lundi de 14h à 19h ; du mardi au samedi de 9h30 à 13h et de 14h à 19h. Livraison possible.

Jérôme c'est un peu le Willy Wonka caennais. Dans sa chocolaterie, il se plaît à créer des chocolats uniques comme ses Délices de Mathilde, son Bouchon Normand, son Pommeau, sans oublier ses pommes calvados. Le maître propose plus de 70 sortes de bonbons de chocolat, plus d'une trentaine de tablettes et bien d'autres douceurs. Pour l'anecdote, sachez que la boutique a une histoire : avant de partir à Paris, Charlotte Corday a réellement habité les lieux en 1793 après que les révolutionnaires eurent fermé l'Abbaye aux Dames où elle était pensionnaire.

LES DUNES

30, rue Arcisse-de-Caumont
✆ 02 31 79 60 43

Du mercredi au samedi 15h-18h. Formules goûter : crêpe et boisson chaude 7 €, pâtisserie et boisson chaude 8 €.

On connaît bien Les Dunes pour sa restauration le midi au rapport qualité-prix imbattable. Mais sachez que si vous aviez le souhait, dans l'après-midi, de faire une pause au calme, et aux beaux jours dans un jardin à l'abri des regards, cette adresse est également idéale ! Venez déguster, côté salon de thé, une boisson chaude accompagnée d'une crêpe ou d'une pâtisserie maison (crumble, cheesecake...), en fonction des envies du jour de la cuisinière. En plus d'avoir passé un agréable moment, vous serez requinqués pour la fin de journée et rassasiés jusqu'au dîner !

EL CHE GUEVARA CAFÉ

6-8, rue du Tour-de-Terre
© 02 31 85 10 75
Du mardi au samedi 18h-3h. Soirées à thèmes. Cours de salsa gratuit le mercredi à 21h.

Mis à part les deux palmiers à l'extérieur, difficile de savoir qu'il y a un bar ici. Pourtant, c'est un immanquable de Caen depuis plusieurs années ! Poussez la première porte un peu austère et gardée par un cerbère pour accéder à l'entrée d'un univers *muy caliente*. Du sable au sol, des paillotes et un bar au fond de la salle. Ce lieu a une âme, et quand les clients se mettent à danser la salsa, c'est ambiance assurée ! Bien sûr, on est ici au paradis du rhum : plus d'une vingtaine, dont de très grands... Avis aux amateurs !

AU GRENIER DES PAINS

7, rue Ecuyère
© 02 31 86 09 40
Ouvert du lundi au vendredi de 7h30 à 19h30 ; le samedi de 8h à 19h.

Depuis 2012, ce grenier nous régale de recettes maison et artisanales, avec des pains en tout genre, des viennoiseries savoureuses et de bons petits gâteaux, comme leur spécialité bretonne le fameux kouign-amann. Ici l'ambiance est bon enfant, à l'image des deux acolytes Philippe et Stéphan, rictus aux lèvres et œil qui frise. Bon choix de sandwichs chauds ou froids mais aussi un bar à salades (vous payez au poids). Et comme si cela ne suffisait pas, ils vous concoctent chaque jour deux petits plats chauds maison, il y en a pour toutes les envies !

MOON & SONS

16-20, avenue de la Libération
© 02 31 74 05 01
Du mardi au vendredi de 16h33 à 0h, samedi de 14h33 à 0h, dimanche de 11h33 à 22h. Restauration. Concerts.

Amateurs de magie, fans de Harry Potter et férus de pubs des plus vivants, vous êtes au bon endroit ! Nous nous y sommes retrouvés un samedi soir dans une joyeuse ambiance irlandaise. Il a fallu se frayer un chemin et partager notre tablée (c'est tout petit, enfin c'était, car à l'heure de la rédaction, des travaux d'agrandissement étaient en cours), mais cela vaut le détour ! Service au bar avec un « livre des potions » fourni, avec ou sans alcool. Envie de grignoter ? Régalez-vous de leurs « mangeailles » 100 % véganes. On a adoré la déco, digne de Poudlard.

ATELIER DE LUTHERIE «LES ÉCLISSES»

15, Rue Demolombe
© 02 31 85 73 40
luthier-caen.fr
Ouvert du mardi au samedi de 9h30 à 12h30 et de 14h30 à 18h30.

Cette boutique est féerique, on ne peut s'empêcher de s'arrêter devant les fenêtres pour admirer le travail en cours. Maison de lutherie créée en 1984 par Jean-Yves Tanguy, l'Atelier des Eclisses a été repris en 2018 par Antoine Lescombe. Véritable métier de niche, le savoir-faire sans pareil d'Antoine fait le bonheur des musiciens. De l'achat à l'expertise en passant par la réparation, l'entretien et même le réglage de sonorité, tout y est réuni pour bichonner votre instrument !

BOUCHERIE SABOT

25, boulevard des Alliés
© 02 31 93 62 49
boucheriesabot.fr
Du mardi au samedi de 7h à 19h30.

Depuis 1971, on est tous accros aux tripes de chez Sabot. Sylvie les cuisine à merveille ainsi que de délicieux plats chauds. Yves, son mari, n'est pas en reste en spécialiste des terrines primées aux concours nationaux. Quant à Julien, le fils, il a raflé le grand prix international ! Chez les Sabot, on a l'amour du métier chevillé au corps. Ce qui frappe lorsqu'on entre dans leur boutique, c'est l'exquis parfum de nourriture qui flotte dans l'air. Pas étonnant que l'on retrouve les tripes et viandes Sabot sur des tables caennaises. L'adresse est succulente.

BOUTIK'HEULA

7, rue Froide © 02 31 43 98 25
www.heula.fr
Ouvert le lundi de 14h à 19h ; du mardi au vendredi de 11h à 19h ; le samedi de 11h à 13h et de 14h à 19h.

C'est ici que vous trouverez toute la panoplie des objets dérivés de la célèbre marque à la petite crevette rose. Celle qui assaisonne à toutes les sauces, et surtout celle de l'humour, les Normands et la Normandie ou comment tordre le cou aux clichés et leur couper l'herbe sous le pied ! Heula se rit d'abord de la météo, mais aussi des vaches, du «Cid», des fermières aux joues rouges... La marque met en valeur les richesses du patrimoine normand et se fond dans l'actualité qu'elle décline sur de nombreux supports avec toujours la même patte ludique et décalée.

LES CAENCAENS

✆ 06 22 12 71 75
www.lescaencaens.com
Vente en ligne.

Place aux jeunes et à l'humour ! Il fallait oser lancer une marque basée sur des jeux de mots avec Caen. Cela nous rappelle le sketch mémorable de Raymond Devos, « Le car pour Caen ». De l'inspiration, Erika en a aussi. Graphiste et normande d'adoption, la cofondatrice des CaenCaens crée les visuels de cette marque pop et positive. Ainsi, les « Caen on veut on peut », « Caen je serai grand(e) », « We Caen do it » s'affichent sur tee-shirts, sacs, pochettes, tasses ou porte-clés. A retrouver sur le site Internet. Attention, « CaenTité limitée » !

LA CASA LUKAS

24, place Saint-Sauveur
✆ 09 80 93 86 64
Ouvert mardi et jeudi de 10h à 14h et de 16h à 19h, mercredi de 16h à 19h, vendredi et samedi de 10h à 19h.

Rien de tel qu'un peu d'Espagne pour réchauffer nos cœurs et nos papilles ! Direction la Casa Lukas, petite boutique alléchante place Saint-Sauveur. Spécialiste du Pata Negra (jambon ibérique dont on dit qu'il est le meilleur du monde), mais aussi d'une belle variété de charcuteries espagnoles, commandez sans attendre un de leurs plateaux apéritif à partager (ou non !), régalade assurée ! Et pour ceux qui passeraient dans le coin le midi, optez pour un sandwich au jambon ibérique ou les tartines de raclette, vous serez requinqué pour le reste de la journée !

CHAMBRE RÉGIONALE D'AGRICULTURE DE NORMANDIE

6, rue des Roquemonts
✆ 02 31 47 22 47
normandie.chambres-agriculture.fr

Les Chambres régionales d'agriculture sont, auprès des pouvoirs publics, des organes consultatifs des intérêts agricoles d'une région. En l'occurrence ici, la Normandie. Cet établissement public est au service des agriculteurs et des territoires à travers l'accompagnement de projets, le conseil aux entreprises agricoles ou encore des formations si vous êtes agriculteurs, éleveurs, exploitants en bio, producteurs locaux, salariés agricoles, pour mettre toutes les chances de votre côté.

CHARCUTERIE TOURNEUX

40, rue de Seine
✆ 02 31 82 37 20
tourneux-traiteur.com
Mardi-vendredi : 9h30-13h et 15h30-19h ; samedi 9h30-13h et 15h-19h.

Un lieu excentré mais qui vaut le détour ! Que vous soyez caennais ou d'une contrée plus lointaine, faites donc un tour rive droite. Christophe Tourneux a été élu Meilleur Ouvrier de France s'il vous plaît ! Pour autant, il garde la tête froide et choisit de transmettre son savoir-faire. La boutique est ravissante et affiche une belle collection de pâtés et terrines, de bons petits plats cuisinés, de charcuterie maison (mmm, ce cochon de Bayeux…). Nous en tout cas, c'est certain, on reviendra et sans tarder, on n'a pas pu tout goûter !

LA COOP 5 POUR 100

33, route de Trouville
✆ 06 30 34 49 49
coop5pour100.com
Mercredi-vendredi : 11h-19h ; samedi : 11h-18h.

On ne présente plus la ressourcerie de La Coop 5 pour 100. Mais c'est également le rendez-vous des amateurs de bons petits produits du marché. L'épicerie fonctionne, comme le reste du lieu, de façon coopérative : un partenariat avec une soixantaine de producteurs a permis la mise en place de ce beau projet. Pas moins de 500 références, toutes catégories confondues (alimentation, entretien, cosmétiques…) majoritairement en vrac, bio et locales vous sont proposées. Et non seulement cela garnit les rayons de l'épicerie, mais aussi les assiettes de la cantine !

ELECTROBIKE

24-26, rue du Havre
✆ 06 72 96 46 24
www.electrobike-caen.fr
Du lundi au samedi de 10h à 19h. Location de vélo : réservation possible directement en ligne.

Un magasin-atelier spécialiste du vélo électrique à Caen. Il faut dire que Electrobike maîtrise parfaitement son sujet, ils œuvrent depuis 2009 ! Des modèles de tous types aux accessoires, la boutique est bien fournie. La gamme de prix est large, tout dépend des modèles, de vos besoins (vélo de ville, pliant, VTC, VTT ou trottinette électrique) et de votre taille – comme les vêtements, tout le monde ne chevauche pas dans la même catégorie ! Electrobike propose aussi un service de location à la journée ou plus, la maintenance et la réparation de votre petite reine.

CALVADOS

ET PATATI ET PATATA

23, rue Arcisse-de-Caumont
✆ 09 52 60 73 93
www.ep-ep.fr
Du mardi au samedi de 11h à 19h.

Cette rue Arcisse de Caumont ne cesse de nous charmer. Et Patati Et Patata reste dans cette lignée qu'on apprécie, celle des boutiques indépendantes et originales. Ici on propose des objets de créateurs, qu'ils soient normands ou bretons (allez, on veut bien partager !). Décoration, accessoires, bijoux et aussi articles de récup'art, ou comment recycler des matériaux et leur redonner une seconde vie. Autant vous dire qu'on adhère et qu'on adore ! Cette boutique fourmille de trouvailles. Pour un cadeau ou pour vous, il y a de quoi faire et se faire plaisir !

LES MARCHÉS DE CAEN

Du mardi matin au dimanche matin.

Caen propose de nombreux marchés hebdomadaires. Le mardi, rendez-vous rue de Bayeux et à la Grâce de Dieu, place du Commerce. Mercredi, boulevard Leroy (notre petit faible pour ce goût d'autrefois), rue de la Défense-Passive, ou encore avenue Charlemagne. Jeudi, place à La Guérinière et au Chemin Vert. Vendredi, direction place Saint-Sauveur, rue Pémagnie, et les Fossés-Saint-Julien. Samedi, sur les places du Dr-Henri-Buot et Champlain. Dimanche, place Courtonne et surtout quai Vendeuvre, c'est l'immense marché de Caen. A vous de choisir !

FROMAGERIE CONQUÉRANT

27, rue Guillaume le Conquérant
✆ 02 50 65 47 33
www.fromagerie-conquerant.com
Mardi-vendredi : 9h30-13h30/15h30-19h30 ; samedi : 9h30-19h30 ; dimanche : 9h30-13h. Livraison possible.

Oh ça fleure bon la France et le terroir ! Boris et Cendrick vous proposent une soixantaine de variétés depuis nos bien-aimés camemberts AOC-AOP, jusqu'aux appellations de toutes les régions de l'Hexagone. Une petite place est aussi réservée aux productions voisines. Le plateau de fromages à emporter est un délice avec ses toasts sablés. Quant à la boîte à raclette fraîchement arrivée, on l'a testée et c'est une vraie « tuerie » ! Pour compléter la panoplie, des accessoires permettent d'apprécier chaque recette à sa juste valeur. De quoi en faire tout un fromage !

MÉMORANDA

19, rue des Croisiers
✆ 02 31 86 51 28
www.memoranda.fr
Mardi-vendredi : 10h30-13h/14h30-19h ; samedi : 14h30-19h. Réservation pour déjeuner le midi. Salon de thé.

Niché en plein cœur historique, le Mémoranda est un temple dédié à la lecture. Librairie emblématique de la vie caennaise depuis 35 ans, ce labyrinthe de 200 m² abrite du sol au plafond une quantité infinie de livres d'occasion. Acheteurs ou vendeurs, vous serez saisi par l'ambiance réconfortante et l'odeur de ces vieux bouquins aux innombrables vies. Pour tous les budgets : comptez un rabais de 50 % pour un livre récent. Vous pouvez même y déjeuner (attention pensez à réserver, c'est riquiqui !) ou y goûter. De quoi prendre le temps, un bon roman à la main.

LA MAISON DU VRAC

14, rue Gémare
✆ 09 81 30 81 60
lamaisonduvrac.business.site
Ouvert du mardi au samedi de 10h à 19h.

Venez chez Mathilde, Amélie et Emily avec vos sacs et pots et servez-vous. Pas de marketing ostentatoire et du vrac ! Plus de 300 références y sont vendues et régulièrement renouvelées. Épicerie sèche, liquides mais aussi produits de beauté et ménagers. Pour compléter cette idée du «consommer autrement», les demoiselles privilégient le bio et les circuits courts (farine de Thibo et Caro à Maltot, bière La Lie en Suisse normande, cosmétiques Joya à Douvres-la-Délivrande ou serviettes hygiéniques de la marque caennaise Dans ma culotte). Prêts à dégainer vos bocaux ?

LE PION MAGIQUE

13, rue de Bras
✆ 02 31 85 17 77
www.lepion.com
Lundi : 15h30-19h ; mardi/jeudi : 10h-12h/14h-19h ; mercredi/vendredi/samedi : 10h-19h. Achat en ligne.

Le Pion Magique, c'est LA référence en matière de jeux de société, 36 ans en 2020 ! Ici, tous les jeux de plateau, de cartes, de rôles, pour les grands et petits, sont représentés. Le choix pour les enfants est d'ailleurs extrêmement judicieux. Rayon un peu plus pointu également avec fléchettes ou articles de jonglage. Vous bénéficierez de conseils avisés de la part du Roi et autres Cavaliers du lieu, des passionnés qui maîtrisent leur sujet. Bonus, le site internet qui vous permet de commander en ligne. Ce pion-là n'a pas fini de nous damer !

LE PRODUCTEUR LOCAL

1, Rue basse
✆ 02 31 29 87 83
www.leproducteurlocal.fr

Basse saison : mardi-samedi de 9h30 à 13h15 et de 15h à 19h ; haute saison : de 10h à 19h.

Epicerie nouvelle génération ! Chez Alicia, c'est 100 % coopératif (producteurs, salariés, clients, tout le monde peut participer) et 100 % local. Et par-dessus le marché, 0 % de marge ! Eh oui, cette boutique n'est pas un intermédiaire, les producteurs et artisans touchent l'intégralité du prix qu'ils ont fixé. Tout simplement parce qu'ils sont sociétaires et se partagent ainsi les charges du magasin. Malin ! Du salé, du sucré, des boissons, des savons, du miel de Caen. Et sans oublier Diane et ses pâtisseries ou salades composées à tomber. Une belle idée !

LA TABLE DE JF...

87, rue de l'Oratoire
✆ 09 81 03 37 68

Lundi-vendredi : 10h-20h. Plat du jour : 9,90€. Possibilité de réserver l'unique table le soir en fin de semaine.

Vous connaissez sans doute la Table de JF version restaurant. Et bien fort de son succès, Jean-François a ouvert à deux pas de là son épicerie-traiteur. Aux commandes, sa sœur Isabelle. En plus de vous régaler à sa table, vous pouvez emporter ses bons petits produits chez vous. Beaucoup de charme pour cette adresse où l'on retrouve le côté convivial du restaurant. En plus des plats à emporter le midi, du pain, des pâtes fraîches et des gourmandises sont de la partie. C'est aussi un lieu de rencontre avec les producteurs, rendez-vous le lundi soir !

LA TANIÈRE VÉGÉTALE

32, place Saint-Sauveur
✆ 02 31 79 90 02

Du mardi au samedi de 10h à 19h.

L'emblème du renard a la cote (on sait de quoi on parle) ! Fraîchement ouverte, La Tanière Végétale a fait du fameux canidé roux son logo. Et pour cause, le concept est des plus futés : une épicerie 100 % végane et majoritairement bio. A la tête de ce beau projet, Mathilde, qui a profité de la « pause » confinement pour changer de cap. Vous y trouverez de tout pour concocter de bons petits plats, soy-cisses, fauxmages et autres steaks de soja ou de seitan. Sans oublier les douceurs sucrées, un rayon hygiène-beauté et des croquettes pour nos amis les bêtes !

BIBLIOTHÈQUE ALEXIS DE TOCQUEVILLE

15, quai François-Mitterrand ✆ 02 31 30 47 00
bibliotheques.caenlamer.fr

Mardi, mercredi, vendredi et samedi 10h-18h30. Certains dimanches (voir site Internet) de 15h à 18h30.

Sur la Presqu'île, cette mystérieuse façade « bullée » tour à tour interloque et fascine. Une chose est sûre, cette bibliothèque, ouverte en 2017, ne passe pas inaperçue ! Auditorium de 150 places, espace d'exposition, restaurant, 190 postes informatiques, 1 million de documents dont 120 000 en libre accès, fonds précieux (livres rares), fonds Normands (véritable mine d'or)... Il y en a pour tous les goûts, toutes les recherches, tous les âges. Un lieu de rencontres et de partage.

KARTING DE CAEN

Rue Denis-Papin - **DÉMOUVILLE**
✆ 02 31 72 20 00
www.karting-caen.fr

Du lundi au samedi 14h-20h, dimanche et jours fériés 14h-19h. De 17 € à 23 € selon les karts.

Envie de vous faire plaisir et de piloter ce petit bolide qu'est le kart ? Unique en Normandie, le Karting de Caen vous attend. Pistes flamboyantes, belle tribune, club house avec terrasse l'été, ouverture toute la semaine et nocturnes possibles : c'est sûr, vous allez camper là-bas ! Pour vous donner envie, on vous explique un peu les pistes : la Monaco, pour vous éclater sur 550 m de bitume au volant d'engins de 270 cm^3 ; la Monza pour les initiés, 800 m à parcourir à bord de bolides de 390 cc ; et la Jaussaud, longue de 1 100 m, sensations garanties !

HIPPODROME DE LA PRAIRIE

Boulevard Yves-Guillou
✆ 02 31 27 50 80
www.hippodrome-caen.com

Adulte 3 €. Gratuit pour les moins de 18 ans, seniors, étudiants. Restauration. Boutique. Parking 1,50 €.

C'est au cœur de la cité que se trouve l'un des plus beaux champs de courses de l'Hexagone. Né de la terre récupérée lors de la création du canal de Caen à la mer, le site accueille sa première course le 26 août 1837. La ville décida ensuite, en 1839, de créer un champ de courses permanent. Aujourd'hui, près de trente réunions sont programmées chaque année. La piste en sable de 1 954 m, réputée très rapide, et sa longue ligne droite de 450 m, en font le paradis des qualifications. On dit de l'hippodrome de la Prairie qu'il est l'antichambre de Paris-Vincennes !

BÉNOUVILLE

Port important dès l'époque préceltique puis durant l'occupation romaine, Bénouville a vu s'établir en son sein la première communauté humaine de la région. Son importance stratégique perdure jusqu'au Débarquement. Dans la nuit du 5 au 6 juin 1944, trois planeurs atterrissent près du pont de Bénouville. Les 90 Anglais de la 6e aéroportée ont notamment pour mission de prendre intacts les ponts de Bénouville et de Ranville, permettant de franchir le canal et l'Orne. En plus d'être chargée d'histoire, Bénouville est une très jolie commune, dont les habitations anciennes s'étendent tout en longueur de chaque côté de la route qui la traverse.

CANAL DE CAEN À LA MER

Ce long ruban d'eau de 14 km laisse passer les bateaux depuis 1857. Les bombardements de 1944 provoquèrent d'importants dégâts sur toutes les installations portuaires, mais l'aide des Britanniques permit la remise en marche de l'activité. Plan d'eau pour sports nautiques, lieu de promenade pour les piétons et les vélos, domaine de prédilection des pêcheurs, le canal, partie intégrante de l'environnement naturel, s'est imposé comme un lieu très riche d'activités partagées par l'ensemble des habitants des neufs communes qui le bordent.

CAFÉ GONDRÉE PEGASUS BRIDGE ★

12, avenue du Commandant-Kieffer
✆ 02 31 44 62 25
www.pegasus-bridge-cafe-gondree.com
Tous les jours 9h-18h30. Fermé de mi-novembre à mi-mars.

Bien plus qu'un simple café, le Pegasus Bridge est un symbole de liberté. Tout près du pont de Bénouville, ce café-musée est un incontournable des événements liés au Débarquement. Lieu de pèlerinage des vétérans et passionnés d'histoire, voici la première maison libérée de France par la 6e division aéroportée britannique dans la nuit du 5 au 6 juin 1944. De l'autre côté de la rue, vous verrez un canon Bofors, d'origine suédoise, qui équipait les régiments de l'artillerie britannique.

GIRAFOU

Clos de la Hogue ✆ 02 31 53 72 68
www.girafou.com
Ouvert toute l'année. Détail des horaires sur le site Internet. Entrée enfant 9,50 €. Gratuit pour les accompagnateurs.

Ici, c'est le paradis des enfants qui s'amusent comme des petits fous, et des parents qui prennent le temps de se poser pendant que leur progéniture dépense son énergie débordante. Le lieu idéal pour occuper un bon moment les 2-12 ans au cœur d'un espace de jeux et de loisirs couvert, rempli sur 1 300 m² d'activités diverses, variées et colorées où l'on saute sur les structures gonflables, où l'on glisse sur le toboggan avant de se jeter dans un bain de balles en mousse multicolores. Pour les héros fatigués, une pause cinéma ou snack permet de décompresser un peu.

CALVADOS

Café Gondrée Pegasus Bridge.

PEGASUS BRIDGE ★

Canal de Caen

Entre Bénouville et Ranville, la traversée du pont est libre, ouverte aux piétons et aux voitures.

Jour J : 5-6 juin 1944. Imaginez… La prise du pont tournant à Ranville (construit par Eiffel) et celle du pont levant à Bénouville est la mission la plus célèbre et décisive de la 6e division aéroportée britannique. C'est ici que 180 soldats du régiment Oxs and Bucks se sont posés, à bord de planeurs, le 5 juin après minuit. En dix minutes, les ouvrages étaient sous contrôle. Le pont, rendu célèbre par le film *Le jour le plus long*, fut remplacé en 1994 par un ouvrage plus adapté. L'ancien pont est conservé dans le parc du Mémorial Pegasus à Ranville.

LES 3 PLANEURS €€

23, avenue du Commandant-Kieffer
© 02 31 44 62 00
www.les3planeurs.com

Ouvert de mars à octobre. Tous les jours en été de 9h jusqu'au départ du dernier client, 20h environ. Carte 19 €.

Le long de votre balade sur la voie verte entre Caen et Ouistreham, prenez le temps de faire une pause ici, près du Pegasus Bridge. Le lieu est idéal pour manger sur le pouce tout en s'imprégnant des événements de l'été 1944. A l'intérieur, on s'attarde devant les portraits du général Gale et du major Howard. En terrasse, aux heures où le pont se lève, on regarde passer les bateaux. A midi, salade ou assiette de charcuterie avec, pour voisins, des visiteurs du monde entier. L'après-midi, c'est crêpe ou gaufre. Il y a tout ici, à toute heure, et même à emporter.

CAMPING CAPFUN HAUTES COUTURES €

Avenue de la Côte-de-Nacre © 02 31 44 73 08
www.capfun.com

Ouvert d'avril à septembre. Emplacement à partir de 23 €. Mobil-homes 2 à 12 personnes à partir de 154 €. Restauration.

On aime particulièrement ce camping pour sa situation et son côté « hôtel en plein air ». Camping ou glamping ? Notre cœur balance, mais il est bien sûr possible de planter sa tente sur un vert gazon, à l'ancienne. La formule qui fonctionne le plus ici est la location de mobil-homes, cottages ou tentes « coco sweet », de véritables petits appartements. Avec son espace aquatique, cette adresse « haute couture » a de grandes chances de modifier votre conception des vacances en camping !

MANOIR D'HASTINGS €€

18, avenue de la Côte-de-Nacre
© 02 31 44 62 43
www.manoirdhastings.fr

Mercredi à dimanche, midi et soir. Réservation recommandée. Menus de 26 € (le midi, sauf we) à 50 €. Menu enfant 18 €.

La réputation du Manoir d'Hastings, emblématique restaurant de la région, ne se dément pas d'une saison à l'autre, choyé par Sandrine et Gilles Poudras. Ne vous fiez pas au chic de la pierre. Le Manoir n'est ni sélect ni élitiste. En cuisine, Gilles garantit des produits de saison et de proximité. Il tient promesse et livre, entre goûts et saveurs, des assiettes harmonieuses de mer ou de terre. Plein de douceurs séduisent au dessert dont nous vous laissons la surprise. Ici, les murs nous abritent de leur solidité et la cuisine nous assure d'une belle gourmandise.

LA GLYCINE €€

11, place du Commando-N°4 © 02 31 44 61 94
www.la-glycine.com

Chambre double à partir de 87 €, triple à partir de 110 €. Demi-pension 84 €. Petit déjeuner 8 €. Restauration.

Il règne comme un parfum de glycine dans cet hôtel à la décoration réussie. Plusieurs salles, plusieurs ambiances, le tout rehaussé par les toiles de la maîtresse des lieux. Côté chambres, rien n'est laissé au hasard : c'est cosy à souhait, entre le bâtiment principal ou l'annexe attenante. À l'extérieur comme à l'intérieur, le plaisir des yeux ajoute à la quiétude des lieux, et l'on demeure admiratif devant la glycine, amoureusement cramponnée à la façade. Prenez le temps d'une douce halte dans cet établissement passionnément entretenu et conservé depuis 1920.

LE FLAM

4, rue des Ecordières © 02 31 44 62 38
www.leflam.fr

Du mardi au samedi 7h-13h et 15h-20h, dimanche 8h-13h. Petit déjeuner sur réservation. Epicerie. Dépôt de pain. Presse.

Oui c'est vrai, l'extérieur du Flam ne casse pas trois pattes à un canard, bar de village ni plus ni moins, mais… mais ! Vous auriez tort de vous fier aux apparences, allez-y, poussez la porte ! Ici, rien à voir avec d'autres établissements du genre, vous vous sentirez vite à l'aise. Attablez-vous avec vos sandwichs (bon, il faut quand même consommer une boisson, n'exagérons pas !) pour une pause entre deux foulées ou tours de pédalier. Idéal également pour un pique-nique en famille avec abri, table de ping-pong, et tout ça à deux pas du fameux Pegasus Bridge.

BRETTEVILLE-SUR-ODON

Du XIe siècle jusqu'à la Révolution, Bretteville-sur-Odon faisait partie des nombreuses dépendances de l'abbaye du Mont-Saint-Michel. Le domaine de la Baronnie, notamment, servait pour accueillir les plus pauvres, les indigents, les pèlerins, mais aussi les seigneurs ou ducs, les moines ou archevêques de passage. La duchesse Gonnor, femme du duc de Normandie Richard Ier (et donc arrière-grand-mère de Guillaume le Conquérant), fit don de la Baronnie à l'abbaye en 1015. De nos jours, la commune, limitrophe à l'ouest de Caen, et desservie par les lignes n° 11 et n° 32 du réseau Twisto, abrite un parc d'attractions sur le thème normand, Festyland.

FESTYLAND

Route de Caumont
✆ 02 31 75 04 04
festyland.com

Ouvert d'avril à septembre. Adulte : 21 € ; enfant (- de 12 ans) : 18 €. FestyPass : 50 €. Restauration.

Festyland, on aime bien, même si ça reste (plutôt) cher. On aime parce que c'est un parc à échelle humaine, doté d'attractions pour tous les goûts et tous les âges. On peut y pique-niquer et personne ne fait la queue pendant des heures pour monter dans un wagon. On aime parce qu'il a le mérite d'exister depuis plus de 30 ans et sait se renouveler. On aime aussi les clins d'œil à l'histoire locale au gré des déambulations et des attractions. Le plus dur c'est de dire au revoir, mais grâce au FestyPass, on est sûr de revenir !

NONNO €€

Bâtiment 007
✆ 02 31 47 30 64
www.nonno.fr

Lundi-jeudi : 9h à 21h ; vendredi : 10h-1h. Carte : 15 € environ. Formules du midi : de 14,30 € à 17,60 €.

Chez Nonno, c'est chez Marion. Pari osé avec cet établissement qui se situe dans un lieu des plus insolites : un ancien mess ! Et quand on voit ce qu'elle en a fait, on dit chapeau bas ! La déco est pétillante et moderne et on s'y régale ! Entre les raviolis maison au jambon de Parme et l'escalope de poulet panée au citron, difficile de faire un choix ! Et puis il y a de la nouveauté dans l'air avec l'arrivée d'une nouvelle recrue en pâtisserie dont les desserts ne sont que gourmandises. Pensez à réserver, le lieu est bien connu et se remplit vite !

DISTILLERIE C'EST NOUS

✆ 07 83 89 70 30
cestnous-gin.com

Le gin se distille aussi en Normandie ! Cette distillerie artisanale a même remporté en 2019 et 2020, le prix du meilleur gin de France aux World Gin Awards ! David, d'origine anglaise et Julie, sommelière, ont décidé de fabriquer eux-mêmes ce spiritueux. A base d'aromates, d'alcool de blé français et de pommes normandes qui confèrent au breuvage un goût frais et équilibré. Le couple a aussi créé des « Ginfusions », leur propre vodka et le Cold Brew, liqueur de café. A découvrir dans nos adresses futées, sur les foires et marchés du terroir ou sur leur site !

COLLEVILLE-MONTGOMERY ★

On suppose que Colleville-Montgomery fut un domaine mérovingien ou carolingien, sinon un domaine gallo-romain rebaptisé à cette époque. En effet, la commune se trouve sur le tracé de la voie romaine qui allait de Bayeux à Pont-Audemer, en traversant l'estuaire de l'Orne au port de Bénouville. L'importance de l'église montre que, dès le XIIe siècle, la communauté paroissiale était bien vivante. Mais difficile d'y voir aujourd'hui des témoignages du passé. Qu'importe, on aime ses rues étroites, son centre-bourg rénové, ses corps de ferme, ses dunes, sa plage... C'est là que débarquèrent les hommes du commandant Kieffer du 4e commando franco-britannique.

MARAIS DE COLLEVILLE-MONTGOMERY

Entrée : 17, allée des Fleurs
✆ 02 31 97 12 61

A cheval entre Colleville et Ouistreham, cette zone humide de 60 ha regorge d'une faune et d'une flore typique des eaux douces. Les deux communes se sont associées afin de valoriser ce site méconnu, masqué par le réseau bocager. Cette petite cuvette était autrefois un bras de l'Orne qui se déversait dans la mer. En passant dans la roselière, laissez-vous bercer par le bruissement léger des Phragmites (roseaux) qui masquent une quantité de passereaux et autres oiseaux aquatiques.

CALVADOS

MONUMENTS ET SECONDE GUERRE MONDIALE

✆ 02 31 97 12 61
www.colleville-montgomery.fr
Gratuit.

Site historique de Sword Beach, Colleville-Montgomery est un des hauts lieux du D-Day. Anciennement Colleville-sur-Orne, la commune a été rebaptisée en 1946 en hommage aux libérateurs britanniques et à leur commandant en chef, le maréchal Montgomery, dont la statue s'élève à l'entrée de la commune, sur la route de Lion-sur-Mer. Une bonne demi-journée est nécessaire pour faire le tour des monuments qui rendent hommage à ceux qui prirent pied sur la plage à l'aube du 6 juin 1944. Avec le site Hillman, essentiel à la compréhension du déroulement de « l'opération Overlord » dans le secteur, la statue de Bill Millin est désormais une étape incontournable sur le parcours du souvenir. Erigée en juin 2013, place du Débarquement, à l'endroit exact de Sword Beach où les commandos de Lord Lovat débarquèrent le 6 juin 1944, le monument est un bel hommage au joueur de cornemuse rendu célèbre par le film mythique *Le jour le plus long*. On peut s'attarder, non loin de là, devant la stèle First British Graves (avenue du 4e Commando) et devant le monument en hommage aux commandos qui marque l'endroit de la plage foulé par les troupes françaises et britanniques du Commandant Kieffer au matin du Jour J. Depuis les cérémonies de juin 2014, une plaque commémorative en hommage aux 177 commandos marins français a, par ailleurs, été installée à hauteur de l'avenue de Bruxelles. Elle a été inaugurée par l'association D.Day-Overlord et l'Amicale des Fusiliers Marins Commandos.

© ANNE CROCHARD

SITE FORTIFIÉ HILLMAN ★

Rue du Régiment-Suffolk
✆ 02 31 97 12 61
www.amis-du-suffolk-rgt.com
Haute saison : du lundi au samedi 10h-12h et 14h30-18h30. Gratuit.

A partir de 1942, au sud de la commune de Colleville-Montgomery (alors, Colleville-sur-Orne), les Allemands ont construit un site fortifié de dix-huit emplacements bétonnés souterrains dénommé « Hillman », nom de code donné par les Anglais pour le Débarquement. C'était le poste de commandement des défenses côtières. Un réseau de galeries reliait les blockhaus enterrés à quatre mètres de profondeur, tous munis de coupoles blindées. On trouvait, là aussi, les salles de contrôle du quartier général, le bureau de transmission, la salle des repas et des quartiers de repos. L'ensemble, stratégiquement bien placé, permettait d'observer la Baie de Seine et les plages choisies pour le Débarquement. Le 1er bataillon du Suffolk Regiment, qui a eu la charge de s'emparer de ces fortifications, n'a atteint cet objectif que le 7 juin au matin. Les Britanniques, qui avaient sous-estimé fortement la capacité de résistance de Hillman, ne purent s'emparer de Caen, non pas le 6 juin au soir comme prévu dans le plan initial, mais des semaines plus tard. Après la guerre, ces emplacements souterrains furent peu à peu comblés de terre et de gravats, qui ont permis de les conserver en très bon état. Depuis 1990, l'association « Les Amis du Suffolk Regiment » a entrepris, sans relâche et bénévolement, de dégager ces blockhaus, très bien conservés. Cette association, qui a accompli ce travail énorme de reconstitution, accueille volontiers, via des visites guidées, ceux qui lui apportent leur soutien physique ou financier.

LA FERME SAINT-HUBERT €€

3, rue de la Mer
✆ 02 31 96 35 41
www.ferme-sainthubert.com
Mardi et du jeudi au samedi midi et soir, mercredi et dimanche midi. Menus de 18 € à 31 €. Jardin. Terrasse. Parking.

Un restaurant entre mer et pâturages où l'on se sent chez soi. Repas de famille, dîner en tête à tête, soirée entre amis, le bonheur est dans l'assiette. Alexandre, Charles et Philippe ont repris le flambeau de l'institution familiale créée en 1981. Les plats oscillent entre terroir (foie gras au pommeau, fricassée de rognons et ris de veau) et compositions colorées (croustillant d'andouille de Vire et pont-l'évêque, dos de cabillaud au paprika et chorizo). Les gourmandises concluent le repas en beauté (profiteroles, tarte Tatin). Une maison raffinée et abordable.

CALVADOS

HERMANVILLE-SUR-MER

Plus discrète que ses voisines ou peut-être mal connue, Hermanville est une station qui vaut la peine de s'y attarder. Riche d'histoire, elle recèle surtout de superbes villas dont la plus célèbre, La Bluette, fut construite par Hector Guimard en 1889. Ce très grand concepteur de l'Art nouveau (à qui l'on doit notamment quelques célèbres bouches du métro parisien) a su imposer son style sur cette demeure atypique, aux coquillages et pierres incrustés, face à la mer. Au hasard de vos promenades sur la digue et le long de la plage très familiale, longue de 1 800 mètres, vous découvrirez d'autres beautés du genre qui vous mèneront jusqu'à Lion-sur-Mer.

CIMETIÈRE BRITANNIQUE ET MONUMENTS DU SOUVENIR

Tombés le 6 juin 1944 lors du Débarquement, 1 005 soldats, dont 986 Britanniques, 13 Canadiens, 3 Australiens et 3 Français reposent dans le cimetière d'Hermanville. Nombreux monuments et plaques du souvenir jalonnent également la commune : « Le Matelot », le monument de la Royale Artillerie, les plaques à la mémoire de la 3e Division d'Infanterie Britannique... Egalement, sur la départementale vers Lion-sur-Mer, un char britannique Centaur, destiné à soutenir le Royal Marine Commando.

PLAGE DE LA BRÈCHE D'HERMANVILLE

✆ 02 31 36 18 00

Ici, le bord de mer porte le nom de « Brêche d'Hermanville ». C'est là que commence une digue de quelques kilomètres, reliant Hermanville à Lion-sur-Mer, vers l'ouest. Large, cette promenade accueille piétons et cyclistes qui longent un siècle et demi d'architecture. Le site de La Brèche fut un important point d'appui allemand en 1944. Malgré des pertes sévères, les Anglais s'emparent des maisons en front de mer et, le 6 juin 1944, à 10h, la Brèche d'Hermanville est libérée.

HÉROUVILLE-SAINT-CLAIR

Petit village jusqu'en 1960, puis « ville nouvelle » dans le cadre de la décentralisation industrielle en Basse-Normandie, Hérouville-Saint-Clair est aujourd'hui la deuxième ville du Calvados, devant Lisieux et derrière Caen, avec près de 23 000 habitants. La ville, en pleine expansion et jeune, 38 % des Hérouvillais ont moins de 24 ans, constitue un pôle économique majeur. Le bourg, la chapelle Saint-Vincent, le château de Beauregard (XIXe siècle) ainsi que quelques fermes sont les principaux témoignages architecturaux de son histoire. A ne pas manquer également : le Petit Lourdes et le parc Ornavik, qui renferme les secrets de l'histoire normande.

BEAUREGARD AVENTURE

568, route de Ouistreham
✆ 06 07 63 01 31
www.beauregard-aventure.com

Haute saison : tous les jours 10h-19h. Tarif des parcours : 8 € à 23 €. CB non acceptée.

Direction le château de Beauregard et son parc où se situe un parcours de 2 ha bien ensoleillé. Plusieurs niveaux de difficulté selon l'âge et la taille. Pas d'inquiétude, tout est sécurisé. Échelles de corde, ponts de singe et autres troncs mouvants... A cela s'ajoute une tyrolienne pour 360 m de glisse et l'escalade d'un arbre puis la chute (presque) libre de 10 m qui s'ensuit. Sensations garanties ! Le plus, c'est assurément le parcours baby (dès 2 ans), situé juste à l'entrée. Les bambins sont aux anges et les parents exhortent leurs troupes, un grand moment !

ORNAVIK

568, route Départementale 515 ✆ 02 31 52 40 90
www.ornavik.fr

D'avril à octobre, du mercredi au dimanche 10h30-18h30. Visites guidées : adulte 8 €, enfant 6 €.

Un espace naturel vivant pour une plongée au cœur de la Normandie de l'an 911. Sur ce vaste chantier d'archéologie expérimentale et pédagogique, des passionnés bâtissent, forgent, tissent et cultivent selon les techniques et avec les matériaux des Xe et XIe siècles. On découvre, grandeur nature, à quoi ressemblait un village médiéval avec son château à motte, visitable courant 2021. Côté campement viking, plus loin dans la forêt, on découvre le four à pain, la forge et quelques étals d'artisans. Visite guidée, formule immersion ou même escape game le week-end !

LE PETIT LOURDES

708, rue des Sources
✆ 02 31 45 33 11
www.caenlamer-tourisme.fr
Du vendredi au mercredi de 14h à 17h.

Pourtant méconnu, le Petit Lourdes est un vrai bijou. Achevé en 1885, il est la réplique exacte au 2/3 du « grand » Lourdes dans les Pyrénées. Pour la petite histoire, c'est un Rouennais, M. Duboscq, qui prit l'initiative de cette construction suite à la miraculeuse guérison de sa femme lors d'un séjour à Lourdes. Sa façon de remercier la Vierge et par la même occasion, offrir aux Normands qui ne peuvent faire le voyage vers la cité mariale originale, un lieu de pèlerinage à deux pas de chez eux. Si vous ne connaissez pas, ce sera l'objet d'une belle balade.

L'ESPÉRANCE €€

512, rue Abbé-Calix ✆ 02 31 44 97 10
www.esperance-stephanecarbone.fr
Mardi et dimanche midi (brunch), mercredi à samedi midi et soir. Menus de 33 à 46 €. Menu enfant 12 €. Formule midi 17 €

Restaurant agréable et paisible, situé au bord de l'eau, tenu de main de maître par Stéphane Carbone. Le Caennais renommé propose une carte pour tous budgets. Le menu du midi change toutes les semaines en fonction du marché et des produits de saison : la langue de bœuf, sauce piquante, et son délicieux écrasé de pommes de terre à la ciboulette nous a régalés, comme le cheesecake au citron vert et ses arômes exotiques. L'accueil est parfait, le service irréprochable et le bonjour du chef flatteur. Pensez à réserver si vous rêvez d'un doux repas champêtre.

LE CHEF EST DANS LE PRÉ

148, rue Léon-Foucault
✆ 02 31 43 51 38
le-pre-en-ville.fr
Renseignements sur place ou par téléphone.

Vous avez un déjeuner de famille, une soirée entre collègues, bref, vous recevez et n'avez pas envie de faire la popote pendant des heures ? On vous comprend ! Nous, au *Petit Futé*, on a la solution, et on a surtout LE traiteur qu'il vous faut, peut-être un des meilleurs du coin qui plus est ! Non seulement il vous régale le midi mais le Chef est dans le Pré peut aussi vous mitonner (pour 6 à 50 personnes tout de même !) de bons petits plats à emmener chez vous pour satisfaire l'appétit de vos invités et ce, sans vous ruiner. Ce serait dommage de s'en priver !

LION-SUR-MER

A l'est de Douvres-la-Délivrande et à l'ouest d'Ouistreham, c'est l'une des plus anciennes villes de la Côte de Nacre. En effet, au XIIe siècle, ce bourg d'un peu plus de 2 000 habitants abritait déjà un port de pêche. Au XIXe siècle, on commence à apprécier la baignade et Lion devint une station balnéaire très aimée pour son air iodé particulièrement bon. Durant les deux guerres de 1870 et de 1914, de nombreux habitants trouvèrent refuge dans des villas du front de mer, construites à partir de 1851. Et malgré le Débarquement, où Lion-sur-Mer fut en première ligne, il en subsiste quelques-unes, aujourd'hui préservées au patrimoine.

Le poste de secours de Lion sur mer.

LE VIVIER €€

27, rue Bertin ✆ 02 31 23 98 66
www.demeurelevivier.com
Chambre double à partir de 110 € avec petit déjeuner. Réservation 2 nuits min. lors des vacances et d'avril à septembre.

Pour profiter pleinement des charmes de la Normandie, rien ne vaut un hébergement qui en épouse parfaitement le caractère. C'est le cas de cette superbe demeure napoléonienne du XIXe siècle, à seulement quelques centaines de mètres de la plage, qui parvient à allier charme et simplicité, luxe et discrétion, finesse et délicatesse. Trois chambres impeccablement tenues au mobilier cossu et au confort particulièrement appréciable vous attendent. Et puisque Marie et Pascal, les propriétaires, ont pensé à tout, ils peuvent vous commander un plateau de fruits de mer.

L'ABRI CÔTIER €€

28, boulevard du Calvados

✆ 06 24 74 62 53

En été, tous les jours dès 11h, dernier service à 21h30. Carte : 20 € environ. Terrasse. Animations.

Un petit restaurant à l'air de paillote, dépaysant et chaleureux, les pieds dans le sable. La note exotique est donnée dès l'apéritif avec ti-punch et acras de morue. Il y a des couleurs et des parfums à l'ardoise : moules aux légumes et cinq baies (spécialité de la maison), brochettes de poulet mariné tomate-basilic ou plus classiquement mais toujours cuisiné maison, dos de saumon grillé, fish & chips... Rien à dire sur la qualité de l'assiette et le sourire qui l'accompagne. On peut aussi juste prendre un verre en terrasse ou profiter des concerts en été.

LA FABRIQUE (CÔTÉ MER) €€

2, boulevard du Calvados ✆ 02 31 36 86 64

www.lafabrique-lionsurmer.com

Été : tous les jours 9h-1h ; sinon du vendredi soir au dimanche soir. Carte et tapas, compter environ 25 €.

Coup de cœur pour Paul et son équipe ! Dans l'historique Hôtel de La Plage, c'est ambiance décontractée et doigts de pieds en éventail. Plats complets, desserts de saison (planche de fruits à partager) ou tapas se dégustent au déjeuner comme au dîner. En basse et moyenne saison, la gastronomie aux plats plus élaborés et parfums automnaux reprend sa place. Un décor industriel pour la salle, un coin salon avec canapés pour le thé et une belle terrasse face à la mer. Le tout pour un rapport qualité-prix très correct, le midi. Une table empreinte de fraîcheur.

LA TAVERNE €€

15, place Clemenceau

✆ 02 31 96 27 05

www.la-taverne-lion-sur-mer.fr

Ouvert midi et soir, fermé dimanche soir, lundi et mercredi soir. En saison, fermé lundi. Menus de 22 à 35,50 €.

Dans une rue typique près de la plage, cette table joviale étonne avec sa déco marine un peu surannée, son carrelage années 20 et son vitrail au plafond. L'accueil chaleureux, les conversations et les bruits de fourchette mettent à l'aise. Sur la carte, on parle sauce à l'oseille, turbot, sandre, sole meunière, escalope de veau à la normande, rognons de veau. A midi la formule du jour réserve sa surprise selon le marché. Faites halte chez Sylvie et Patrick qui fêtent en 2021 les 35 ans de leur restaurant, couronnant le succès d'une aventure amoureuse et culinaire.

MONDEVILLE

Habitée depuis la nuit des temps, Mondeville a connu bien des évolutions. Les premières traces d'occupation remontent au Néolithique. Puis une petite agglomération rurale se développa à l'époque romaine. C'est au Xe siècle que le nom de Mondeville apparaît pour la première fois dans les textes. Située dans une vallée fertile aux terres giboyeuses, la commune se dote de pavillons de chasse, appelés châteaux, aux XVIIe et XVIIIe siècles. Le plus notable est le château de Bellemaist, dont le mur d'enceinte est encore visible dans le centre mondevillais. Limitrophe à l'est de Caen, la commune, densément peuplée, abrite aujourd'hui 9 870 habitants.

LA CASE

52, avenue Pierre-Mendès-France

✆ 02 31 72 84 59

www.lacaseabieres.com

Ouvert du lundi au samedi de 10h à 21h. Food truck le midi sur le parking de la Case.

Bien connue des Caennais, depuis 2005, cette Case nous régale de ses délicieux breuvages. De Normandie, de France ou de Navarre, plus de 1 500 références de bières, vins, champagnes et spiritueux vous sont proposées. Une super cave donc, mais pas seulement ! Puisque La Case c'est aussi une bonne petite restauration en collaboration avec des *food trucks* du coin. Chaque jour son plaisir : lundi, cuisine thaïe avec Wok-a-Noodle-Doo ; mardi, burgers avec C'est Quoi Ce Truck ; jeudi, cuisine végétarienne avec Greedy Guts... Passez faire un tour à midi !

FILT

2, rue Ada Lovelace

✆ 02 31 74 72 53

www.filt1860.fr

Livraison possible (sur internet. Différents points de vente dans l'agglomération).

Avec ce retour au durable, l'antigaspi, le zéro déchet, on peut dire que l'entreprise normande Filt est vraiment dans l'air du temps. Elle confectionne depuis 1860 les fameux filets à provisions de nos grands-mères (entre autres hamacs, écharpes porte-bébé, filets de coton pour les saucissons…). Déclinés dans de multiples couleurs actuelles, avec des matériaux hyper résistants, vous irez faire votre marché avec l'accessoire tendance du moment. En plus, Filt s'est associé à Longchamp il y a peu pour une collection haut de gamme !

OUISTREHAM ★★

Au cœur de la Normandie et du Calvados, sur la Côte de Nacre, Ouistreham-Riva-Bella est née de la mer et de la rivière. Cette double appartenance a toujours influé sur son destin. Sa situation géographique en fit un poste de garde qui garantissait la sécurité de la région en défendant l'embouchure de l'Orne. C'est ici que s'est implanté le bourg, sur une hauteur qui dominait la rivière. L'accroissement du transit maritime, l'accueil de navires commerciaux de grands tonnages, la création d'une plateforme de maintenance du futur parc offshore de 75 éoliennes de Courseulles-sur-Mer font de l'année 2021 celle de chantiers d'envergure sur le littoral.

Aux XIe et XIIe siècles, après la conquête de l'Angleterre en 1066 par Guillaume le Conquérant, alors duc de Normandie, le village de Ouistreham bénéficia de la grande prospérité du duché de Normandie. Au XIIIe siècle, la Normandie fut rattachée au royaume de France. Commence alors une lutte entre les rois de France et les ducs. Les siècles qui suivirent furent troublés par de nombreuses guerres avec l'Angleterre, et le village reprit souvent son rôle de sentinelle. Au XIXe siècle, après le Premier Empire, établi en France le 18 mai 1804 par Napoléon Ier, ces rivalités s'apaisèrent avec la réalisation du canal entre Caen et la mer, une voie d'eau reliant le port de Caen au port de Ouistreham. Cet ouvrage redonna une impulsion à la ville, en générant notamment la création du quartier du Port. Aujourd'hui tournée vers la terre et ouverte à la mer, la commune, qui communique désormais sous le nom Ouistreham Riva-Bella, continue son essor.

CANAL ET PORT DE PLAISANCE ★

Capitainerie : Terre-plein des Écluses
✆ 02 31 96 91 37 -
www.ouistreham-plaisance.com
Redevance d'amarrage selon longueur des bateaux, consulter le site Internet ou contacter le bureau du port de plaisance.

Le célèbre canal de Ouistreham a été creusé au XIXe siècle, sur près de 14 km, et mis en service en 1857. C'est à cette même époque qu'a commencé à se pratiquer la plaisance à Ouistreham. En 1960, un bassin d'une capacité d'accueil de 650 places a été aménagé à l'est du canal, qui continue aujourd'hui de faire le bonheur des plaisanciers français et étrangers avec un avant-port accessible à toute heure de la marée, un accueil permanent quotidien par une équipe dynamique et accessible.

ÉGLISE SAINT-SAMSON ✝ ★

Place Albert-Lemarignier
Tous les jours de 9h à 18h.

Sans doute la plus belle et parmi les plus vastes églises rurales de France témoignant de l'importance du village à l'apogée de l'État ducal. Construite au XIIe sur l'emplacement d'une église primitive en bois, détruite lors des invasions vikings, son architecture s'apparente aux abbayes fondées par Guillaume le Conquérant à Caen. Le monument classé affiche une robustesse qui colle parfaitement à son histoire, puisque le lieu de culte servit également, au fil des événements, de phare, de bâtiment de défense, ou encore de poste de surveillance.

Le port de Ouistreham.

LA FLAMME

Boulevard Aristide-Briand

Monument symbolique de la Libération, inauguré le 6 juin 1984, et œuvre de l'artiste caennaise Yvonne Guégan. Y sont gravés les noms des 177 commandos français placés sous les ordres du commandant Philippe Kieffer. Sur le monument, le 6 juin 2019, une statue de granit à l'effigie du commandant Kieffer a rejoint celle de bronze, dédiée à Lord Lovat, inaugurée en mai 2014 en hommage au général écossais qui débarqua le jour J à la tête de 2 500 bérets verts dont, précisément, le 1er Bataillon de Fusiliers Marins Commandos du Commandant Kieffer.

PHARE DE OUISTREHAM

Rue Paul-Emile-Victor

© 02 31 97 18 63

Visite libre (3 €) ou visite guidée (3,50 €) en juillet-août, sur réservation.

Ce phare, peint de rouge et blanc, est un des ouvrages emblématiques de Ouistreham, dont les habitants sont très fiers. Il fut mis en service en 1905 en remplacement de son prédécesseur, édifié en 1886, puis automatisé en 1993. Haut de 38 mètres, et visible à 16 milles marins à la ronde, il est le gardien de l'estuaire de l'Orne. Il alerte sur les dangereux rochers du Calvados à 7,5 miles grâce à un secteur rouge montrant la direction aux marins. N'hésitez pas à grimper les 171 marches pour accéder à l'optique. Le spectacle alentour est saisissant.

LE GRAND BUNKER - MUSÉE DU MUR DE L'ATLANTIQUE ★★

Avenue du 6-Juin © 02 31 97 28 69

museegrandbunker.com

De janvier à mars et d'octobre à décembre : tous les jours 10h-18h. D'avril à septembre : tous les jours 9h-19h. 8 €.

Le Grand Bunker du Mur de l'Atlantique se trouve dans l'ancien quartier général allemand qui commandait les batteries de l'estuaire de l'Orne. Dans cette tour de béton ont été reconstituées des salles (casemate de flanquement, chambrées, armurerie, salle des transmissions...) plus vraies que nature. A l'extérieur, la barge PA 30-31 : avant d'être restaurée pour le film *Il faut sauver le soldat Ryan*, cette pièce rare achemina les hommes jusqu'aux plages du débarquement le 6 Juin 1944.

MUSÉE N°4 COMMANDO ★

Place Alfred-Thomas

© 02 31 96 63 10

musee-4commando.fr

D'avril à la Toussaint, tous les jours 10h30-13h et 13h30-18h30. 5 €.

C'est le seul musée concernant la participation des Français aux événements du 6 juin 1944. De nombreux documents et armes témoignent de l'action des 177 commandos français placés sous les ordres du commandant Kieffer. Ces fusiliers marins formés en Écosse étaient intégrés aux forces britanniques. Ce musée s'adresse à tous et, en particulier, aux jeunes générations. De plus, toutes les pièces exposées conservent les stigmates de ces terribles événements : les vêtements ont été portés, les armes et les objets de la vie quotidienne utilisés.

PLAGE DE OUISTREHAM-RIVA BELLA ★★

www.ouistreham.fr

Abords payants.

Été comme hiver, la belle plage de Ouistreham-Riva Bella, et ses trois kilomètres de sable fin et doré, n'a rien à envier à la Côte d'Azur. Sa pente douce offre une grande sécurité pour les bains de mer. Idéale pour les vacances familiales, elle est également très prisée des amateurs de pêche à pied, puisque la mer se retire d'environ deux kilomètres pendant les grandes marées. La plage de Riva Bella porte ce nom en mémoire de la première villa « Belle Rive », construite en 1866 par un fabricant de corsets caennais. Visionnaire, il fit rapidement des émules, comme en témoigne le patrimoine architectural des villas sauvegardées.

La plage, qui était jusqu'au XIXe siècle un lieu de dunes et de promenade, est aujourd'hui équipée de nombreuses structures de loisirs et de bien-être, ainsi que d'une piste cyclable. Agréablement ventée, juste ce qu'il faut, cette plage est aussi le terrain des amateurs de sports nautiques (planche à voile, chars à voile et kitesurf notamment) et de promenades équestres. Le dimanche, la digue, haut lieu de conversations, accueille les promeneurs qui viennent respirer le bon air iodé ou apprécier le coucher du soleil.

La fragilité des dunes de la plage de Ouistreham-Riva Bella nécessite l'attention de chacun. Aussi, veillez à bien emprunter les sentiers existants au travers des massifs dunaires pour rejoindre la plage sans dégrader la végétation, ni déranger la faune. Dommage que ses abords soient devenus payants...

POINTE DU SIÈGE

Il s'agit du prolongement du système dunaire de Riva Bella au niveau de l'estuaire de l'Orne. Un lieu privilégié pour les ornithologues et amoureux de la nature puisque le décor est magnifique et que de nombreuses espèces animales et végétales y ont trouvé refuge. La faune et la flore locales sont d'ailleurs protégées par deux directives européennes, et une grande partie de l'estuaire appartient au Conservatoire du Littoral. La Pointe du Siège est aussi un lieu plébiscité pour les sports nautiques. Randonneurs n'oubliez pas vos jumelles et votre appareil photo.

NORMANDY CLASSIC TOUR

© 06 70 60 85 93

www.normandy-classic-tour.fr

D-Day Sword beach : 3h, 60 €. La Côte de Nacre et ses attraits : 3h, 60 €.

Et pourquoi pas s'offrir une balade vintage en Citroën Dyane sur la côte de Nacre ? Retour dans les années 70 grâce à Bernard, votre chauffeur et guide de la journée. A bord d'une authentique Citroën Dyane 6 décapotable, parcourez les petites routes de campagne entre Ouistreham et Saint-Aubin-sur-Mer. Deux balades commentées de 3 heures sont proposées : « D-Day Sword beach », le théâtre des opérations du Débarquement, et « la côte de Nacre et ses attraits », à la découverte du patrimoine historique et des richesses de ce si joli coin du Calvados.

CAMPING RIVA BELLA SEASONOVA €

1, rue de la Haie-Breton © 02 36 81 00 01

vacances-seasonova.com/fr/camping/riva-bella/

De juin à octobre. Emplacement + véhicule + 2 personnes à partir de 22 €. Location cottage à partir de 340 € la semaine.

Cottages (2 à 6 personnes), écolodges (4 personnes), emplacements pour camping-cars, sans oublier les emplacements réservés aux tentes : le lieu a le mérite d'être convivial. Côté loisirs, le camping propose des animations en été, une piscine chauffée et couverte, un bar à manger et différentes aires de jeux pour les enfants. Un pied à terre sympa pour visiter la région et les plages du Débarquement. Sans oublier la proximité de la voie verte qui permet de relier Ouistreham à Caen.

RIVA BELLA - THALAZUR €€

Boulevard du Commandant-Kieffer

© 02 31 96 40 40

www.thalazur.fr/ouistreham/hotel/

Chambre à partir de 129 €. Petit déjeuner 16 €. Nombreuses formules de cures et séjours découverte. Restauration.

A l'image de la station balnéaire, cet hôtel est accessible et familial. Une situation privilégiée face à la mer attend le voyageur en quête de bien-être. Architecture extérieure simple mais, la porte franchie, on découvre un hall lumineux où l'on s'empresse de vous accueillir. Cette adresse est appréciée pour son côté « cocon » grâce, notamment, à son nombre restreint de chambres. L'idée n'est de pas se couper de la nature alentour et de garder une dimension humaine. Outre sa vue sur le large, l'hôtel abrite un spa Thalazur pour profiter des bienfaits de l'océan.

THE LIGHTHOUSE B&B €€

102, avenue Michel-Cabieu

© 06 07 21 76 34

a2pasduphare.e-monsite.com

3 chambres doubles, côté jardin, esprit cabine de plage et côté mer à partir de 70 €, avec petit déjeuner. Table d'hôtes

Entre le bourg et le marché aux poissons, quatre chambres sont prêtes à vous accueillir (trois doubles et une individuelle). Vous serez soignés par Marie-Paule et Alain, toujours soucieux de vous en offrir plus qu'il n'en faut. Le petit déjeuner copieux permet de partir du bon pied visiter les alentours. Un repas du soir peut vous être préparé, moyennant un petit supplément. Vous vous régalerez ! Bref, vous ne manquerez de rien, accueillis par un couple empreint de gentillesse, qui aime recevoir, et au talent culinaire indéniable.

VILLA ANDRY €€

51, avenue Andry © 02 31 97 18 79

www.villa-andry.fr

Chambre double à partir de 56 €. Petit déjeuner 12 €. Animaux acceptés (avec supplément). Wifi gratuit. Bar.

Belle demeure de charme et de caractère qui vous contera plus d'un siècle et demi d'histoire. Aujourd'hui, Julien et Mélinda, ses sympathiques propriétaires, proposent des chambres, côté jardin ou côté mer, pas très grandes, mais impeccables et bien isolées. Cet hôtel à taille humaine, idéalement situé à 5 minutes à pied du centre-ville et à 30 mètres du centre de thalassothérapie, offre de belles prestations, dont un bar face à Sword Beach. Le matin, un petit déjeuner buffet vous attend dans la grande salle à manger baignée de lumière. La journée peut commencer !

AU COMPTOIR €€

14, avenue de la Mer
✆ 09 51 51 31 92

Mardi, mercredi, vendredi, samedi midi et soir. Jeudi midi et brunch dimanche (25 €). Menus 15-25 €. Formule midi 12 €.

Dans ce charmant restaurant du bout de la rue de la Mer, place au plaisir de la table. Un endroit lumineux où chacun trouve des petits plats gourmands à la mesure de son appétit. C'est finement cuisiné par Patrick et servi avec le sourire d'Alicia. Fruits de mer, fish & chips, plats veggies, salades ou le trop rare poulet Vallée d'Auge s'invitent dans les assiettes. Sans oublier le brunch du dimanche qui offre un bel échantillon du savoir-faire de cette adresse chaleureusement recommandée. Du goût, des couleurs, des prix très corrects et, surtout, du fait maison !

LA MOULERIE €€

5, place Alfred-Thomas
✆ 02 31 97 17 43
www.lamoulerieouistreham.com

Tous les jours, midi et soir. Menus de 18 à 34 €. Menu enfant 10 €. Moules de bouchot selon saison. Terrasse.

Face à la mer et au casino, ce restaurant dynamique accueille habitués et gourmands de passage toute l'année. Livré chaque jour, il assure fraîcheur optimale et du fait maison. Pour accueillir et satisfaire le maximum de convives, il y a double service le midi et le soir en été, le week-end et pendant les vacances scolaires. A table, ce sont plus de dix façons de déguster des moules, de la classique marinière à l'originale citron-ciboulette. Côté poisson, on maîtrise le saumon sauvage, le bar, la daurade ou le turbot, selon arrivage. Une adresse au bon goût iodé !

RIVA BELLA - THALAZUR €€

Boulevard du Commandant-Kieffer
✆ 02 31 96 40 40
www.thalazur.fr/ouistreham/hotel/

Tous les jours midi et soir. A midi, compter 30 € à la Table de la Plage. Le soir, 45 € au restaurant le Riva-Bella.

Osez pousser la porte du Thalazur de Ouistreham qui promet un agréable accueil et une belle vue sur mer tout au long de l'année. La décoration, sobre, invite à la détente, les plats, souvent iodés et maison, évoluent au fil des saisons. La cuisine du nouveau chef s'orchestre autour des produits régionaux. Une option qui plaît : les formules rapides du midi à prix assez raisonnable. Que ce soit le midi ou le soir, le concept ici se définit en cinq S : une cuisine simple, saine, savoureuse, de saison et de situation géographique, en l'occurrence avec vue sur la mer.

LA TABLE D'HÔTES €€

10, avenue du Général-Leclerc ✆ 02 31 97 18 44
latabledhotes-caen.com

Lundi, jeudi, vendredi, samedi, midi et soir. Mardi et dimanche midi. Menus de 33 € à 51 €. Formule du midi : 22 €.

La confidentialité donne à cette table sa valeur ajoutée. Entre terre et mer, l'assiette est riche de produits du terroir, toujours de saison, sains et naturels, souvent sublimés de notes d'épices et d'agrumes. Entre goûts et couleurs, Yoann, le chef, joue sur les contrastes pour nourrir son esprit créatif et mieux nous séduire. Il y a toujours un retour du marché avec un poisson de nos côtes fraîchement débarqué ou une viande moelleuse à souhait, assortis de savoureux légumes. Le vin est au goût de chacun sur les conseils avisés de Sylvie, son épouse et complice.

LES TERRASSES DE LA MER €€

Esplanade Eric-Tabarly ✆ 06 95 94 76 07

D'avril à septembre, tous les jours sauf mardi 9h30-19h30 (21h30 vendredi, samedi). Service continu. Carte 15 € environ.

Une escale s'impose dans ce lieu ouvert à la bonne humeur et à l'air du large. Pour cela, franchissez les écluses ! Qu'il fait bon se retrouver de l'autre côté du canal, face au port de plaisance ! Bercé par le son des haubans des voiliers, on y prend le petit déjeuner, le goûter, comme on déguste huîtres, bulots, crevettes, salades, hamburgers ou plat du jour à toute heure de la journée. Le restaurant vous accueille dans un décor maritime, à l'intérieur ou en terrasse. A la barre, Julien, fils de Sylvie et Patrick André de la renommée Taverne à Lion-sur-Mer.

LA MARE Ô POISSONS €€€

68, rue Émile-Herbline ✆ 02 31 25 32 91
restaurantlamareopoissons.com

Dimanche midi, lundi soir, mardi à samedi midi et soir. Réservation recommandée. Menus de 23 à 44 €. Formule midi 17 €.

Avec à sa tête Jean-Philippe et Séverine Énée, La Mare Ô Poissons vaut qu'on succombe à la tentation. Semaine ou week-end, l'accueil est efficace et souriant. Toutes les occasions sont bonnes pour s'y attabler. Le déjeuner où l'on pioche parmi le menu du marché rime avec plaisir. La cuisine fait la part belle aux produits nobles de Normandie, ceux de la mer (bar, lotte…) et de la terre (ris et rognon de veau, carré d'agneau…). C'est excellent, raffiné et franchement plus qu'abordable de l'entrée au dessert ! On aime revenir et partager ces délicieux instants.

PAUSE GOURMANDE

85, avenue de la Mer
✆ 09 86 42 36 87
En été, ouvert tous les jours de 13h30 à 23h. Et tous les week-ends d'hiver. Glaces de 2 à 6 €. Gaufres environ 4 €.

Même s'il a changé de nom, ce rendez-vous gourmand n'en demeure pas moins le plus couru de la rue de la Mer. On fond devant les glaces artisanales, les gaufres croustillantes et les crêpes fondantes de Sandrine. Si la glace au yaourt est la grande nouveauté, demandez à Mario la glace duo, quatre boules-chantilly à déguster à deux. Pêché mignon ou mignon pêché ? La tendance est aussi au Bubble Tea. Moustache en chocolat ou chantilly sur le bout du nez, la saison s'annonce belle et gourmande. Conseil futé : venez avant 15h ou après 18h.

DES VAGUES ET DES MOTS

86, avenue de la Mer
✆ 09 50 86 95 48
Du mardi au dimanche 10h-12h30 et 14h-19h.

On vient de Caen, on vient de l'Orne et même de la région parisienne faire, ici, le plein de littérature. Romans policiers, mangas, science-fiction, BD, guides de voyage, livres de cuisine et autres beaux livres... Plus de 10 000 références et un éventail qui mêle tous les genres, depuis les premières lectures du petit dernier jusqu'au Goncourt. Des notes de lecture vous guident, ici et là, vers quelques suggestions et morceaux choisis. Émilie et Rodolphe ont eu la bonne idée d'ouvrir ce temple en 2011 (comme le temps passe !).

MARCHÉ AUX POISSONS

Place du Général-de-Gaulle
Ouvert toute l'année, tous les jours et jours fériés de 8h à 20h.

Le lieu des délices de la mer que les Ouistrehamais aiment à partager avec leurs amis. Le point de passage obligé pour le meilleur de la pêche de la nuit : soles, turbots, barbues, maquereaux, merlans, raies, seiches et autres bars de ligne, crustacés (équilles, tourteaux, pétoncles, bulots, couteaux, coques, praires, homards...), crevettes grises... rivalisent de fraîcheur. Entre octobre et mai, la coquille Saint-Jacques se taille la part belle de la débarque. Une petite allée et une dizaine de grandes enseignes pour ce marché authentique. Incontournable !

NORMANDIE WINE

12, quai Charcot
✆ 02 31 36 05 05
ouistreham.normandie-wine.com
Tous les jours 10h-22h.

C'est un voyage au cœur des vignobles que propose ce caviste indépendant. Depuis 25 ans, il a pignon sur... mer, avec vue sur le phare et le port de plaisance. Plus de 300 vins référencés parmi les meilleurs cépages de nos terroirs dans cette cave (rne) d'Ali-Baba. 90 % des vins issus de petits récoltants et propriétés familiales : vins de pays ou plus grands crus, il y en a pour tous les palais (blanc, rouge, rosé, bulles), toutes les occasions et toutes les bourses. Rien de clinquant mais une présentation rangée au cordeau avec des nouveautés renouvelées.

ASSOCIATION OCÉAN

Jetée Paul-Émile-Victor
✆ 02 31 97 00 25
www.ocean-normandie.com
Activités nautiques diverses.

Affiliée à la Fédération Française de voile, l'association OCEAN (Ouistreham, Colleville-Montgomery, École d'Activités Nautiques) est née du regroupement de l'école de voile et de char à voile de Ouistreham (SRCO) et de l'école de voile de Colleville-Montgomery (Wind 14). Elle propose, à Ouistreham-Riva-Bella, Colleville-sur-Mer et Lion-sur-Mer, des activités diverses et variées sur la mer, le canal ou sur le sable. Enfin, le nouveau Centre d'activités nautiques (CANO), créé en 2020, a pour ambition de faire de l'école de voile la première de Normandie.

CASINO BARRIÈRE

Place Alfred-Thomas
✆ 02 31 36 30 00
www.casinosbarriere.com/fr/ouistreham.html
Du dimanche au jeudi de 9h30 à 2h, vendredi de 9h30 à 3h, samedi de 9h30 à 4h. Restauration.

Situé face à la mer, le casino Barrière de Ouistreham est un lieu de jeu, de détente, de rencontres, et parfois de spectacles. 150 machines à sous, un espace jeux de table (boule, black-jack, roulette anglaise électronique et Hold'em Poker), une discothèque (ouverte le week-end), un bar et deux restaurants, dont un avec vue sur la plage : voilà de quoi se distraire. Les soirées dansantes, revues et dîners-spectacles de cabaret attirent ponctuellement le public. Pensez à vous munir d'une pièce d'identité ! Il ne nous reste plus qu'à vous souhaiter bonne chance.

THAON

Même si le bourg fut habité dès la Préhistoire, c'est à l'époque médiévale que Thaon se développa grâce à ses moulins, ses fermes et ses carrières de pierre, exploitées jusqu'au début du XIXe siècle. Située au nord-ouest de Caen, la commune est traversée par une petite rivière, la Mue, et elle est connue pour son église Saint-Pierre qui daterait du XIIe siècle - l'une des églises romanes les plus intéressantes de Normandie -, et son château du XVIIIe. A ne pas manquer dans les environs : la cave à vin de la famille Coleaux à Rosel, ainsi que la Ferme de Billy à Rots, producteur-récoltant de pommes à cidre et l'un des meilleurs brunchs de la région !

LES CAVES DE ROSEL

7, chemin du Clos-Joli - **ROSEL**
✆ 02 31 80 05 75
www.cavesderosel.com
Mardi à samedi 10h-12h et 14h-19h, dimanche 10h-12h. Séances d'initiation et de dégustation régulières.

C'est un coup de cœur. Une cave à la campagne, nichée dans un sous-bois. Une maison de pierre, un ruisseau, un petit pont... On s'attarde avant de passer la porte en fer forgé. Le cachet des lieux suscite autant d'admiration que le nombre de flacons sagement alignés. Un œil sur les calvados, les rhums et les whiskies aux 500 étiquettes. Une halte devant les 5 500 références de vins, classés par région. La famille Coleaux est capable de vous conter chaque bouteille. Et on vous laisse découvrir le trésor qui se trouve sous vos pieds !

LA FERME DE BILLY

29 bis, rue de l'Église
ROTS
✆ 02 31 97 32 04
www.ferme-de-billy.com
Du mardi au dimanche 10h-12h30 et 14h-18h. Visite individuelle et autonome gratuite.

Le domaine de la Ferme de Billy a été façonné par Jacques de Billy en 1651. Cinq générations se sont, depuis, succédé. A sa tête, les Vauvrecy : Henri, le patriarche, et ses fils, Guillaume et Olivier. La visite est captivante, au cœur des vergers et des chais, sans oublier un petit détour vers la chapelle de l'Ortial, bijou du XIIIe siècle. Le moment le plus attendu reste la dégustation. En boutique, les tentations sont grandes entre cidre, cidre de glace, pommeau, jus de pommes, calvados, cocktail Spirit of Billy. Le talent des Vauvrecy est reconnu en haut lieu.

COURSEULLES-SUR-MER ★

Quel dommage que Courseulles ait été la proie de promoteurs immobiliers ! Résultat : un front de mer décevant malgré une belle plage et un charmant port de plaisance. Heureusement, Courseulles reste une station balnéaire animée toute l'année, dotée d'une vitalité qui fait son charme. D'excellents restaurants, une criée réputée grâce à son petit port de pêche. Les arrivages journaliers de poissons et coquillages, tout frais sortis de l'eau et vendus à la débarque, participent à son attractivité. Le passionnant musée du Débarquement, les baignades à cru à dos de cheval et le marché, désormais couvert, du mardi et vendredi en font une halte bien agréable.

Ostréiculteur à Courseulles-sur-Mer.

CHÂTEAU FRANÇOIS D'Ô

2, avenue du Château
Propriété privée, fermée au public.

Bénéficiant d'une position centrale, en centre-ville, proche du port de plaisance de Courseulles, le superbe château François d'Ô, classé monument historique depuis 1910, mérite le coup d'œil. Ancien puissant château fort du IXe siècle, il fut transformé en plaisante demeure à la fin du XVIe siècle par François d'Ô (1535-1594), originaire de l'Orne, notamment ministre des Finances sous le roi Henri III et gouverneur du château de Caen. Il fut de nouveau modifié à la fin du XVIIe siècle par Anne Morant, fille de Thomas II Morant.

CENTRE JUNO BEACH ★★★

Voie des Français-Libres
✆ 02 31 37 32 17
www.junobeach.org
Basse saison : tous les jours 10h-17h. Eté : 9h30-19h. Adulte 7,50 €.

Résolument conçu pour la famille avec, pour fil conducteur, un travail de mémoire associant pédagogie et clarté, le Centre Juno-Beach affiche sa différence. Unique sur la côte, il met un coup de projecteur sur l'engagement civil et militaire de la population canadienne, mal connu du grand public, alors que 45 000 Canadiens y laissèrent la vie dont 5 500 durant la Bataille de Normandie et 559 le 6 juin 1944. Son implantation, sur les lieux mêmes où les Canadiens débarquèrent le jour J, permet une première approche visuelle des événements, la plage en premier plan. A la fois musée et centre culturel, fondé par des vétérans et bénévoles en 2003, ce lieu ne cesse d'innover. Emotions, explications, réflexions : trois mots-clés guident petits et grands à travers expositions, témoignages et récits. A l'extérieur se dressent les vestiges du mur de l'Atlantique. Pour approfondir votre visite : le parc paysager et son impressionnant bunker, où des salles souterraines du poste de commandement allemand, en place en 1944, alors relié au bunker d'observation par une galerie couverte, sont ouvertes à la visite. A voir encore, la sculpture commémorative « Le souvenir ranimé », l'Inuksuk (symbole de survie pour les Inuits du Canada, inauguré en 2005), les canons (Bofor 44 mm, Mark II) et les Kiosques, composés de briques commémoratives dédiées aux Canadiens qui ont servi au cours des deux conflits mondiaux. Enfin, le Centre Juno-Beach soutient l'initiative d'inscription des plages du Débarquement au patrimoine mondial de l'UNESCO.

CROIX DE LORRAINE

Voie des Français-Libres
Site en accès libre.

La Croix de Lorraine fut élevée le 16 juin 1990 à la limite des communes de Graye-sur Mer et de Courseulles, sur le lieu-dit La Brèche de Graye. Elle se dresse à l'emplacement où le général de Gaulle mit le pied en terre libérée, le 14 juin 1944, après avoir traversé la Manche à bord du destroyer français *La Combattante*. Visible de très loin avec ses 18 mètres de haut, du raz de Barfleur au Havre, elle est aujourd'hui devenue l'un des amers principaux (ou points de repère sur les côtes) pour tous les navigateurs de la baie de Seine.

PORT DE PLAISANCE

Bureau du port : quai Ouest
✆ 02 31 37 51 69
www.courseulles-sur-mer.com
Capitainerie : tous les jours de 9h à 12h, et 3h avant et après la pleine mer.

Agréable port de plaisance où il fait bon passer quelques jours pour profiter des rues commerçantes, des restaurants et petits bistrots, de la plage, des musées, dont le Centre Juno-Beach. L'occasion est belle d'aller à la rencontre des marins-pêcheurs. Le port avec quelque 20 bateaux est fortement ancré et attaché à l'activité en mer. Une grande variété de poissons, coquillages et crustacés est débarquée, tout au long de l'année. Faites le plein de provisions, chaque jour, sur les étals du quai des Alliés. Il est rare de trouver mieux sur la côte.

JOYEUX RÉVEIL €

100, rue Pierre-Villey
✆ 02 31 36 79 77
www.joyeuxreveil-courseulles.fr
Ouvert toute l'année. 4 chambres. Chambre double à partir de 70 €. Petit déjeuner inclus. Gîte pour 6 personnes.

Chambres d'hôtes ? Appartement ? Gîte ? En fait, le Joyeux Réveil propose un peu de tout cela ! C'est dans une jolie maison, datant de 1854, que Marie-Pierre vous accueille toute l'année à Courseulles-sur-Mer. Certes, la déco n'est pas comme dans les magazines, mais l'adresse est bien placée et les tarifs sont raisonnables. De plus, la propriétaire met un point d'honneur au sens du partage et reste à votre disposition pour répondre à toutes vos attentes. Au Joyeux Réveil, la journée commence par un bon petit déjeuner avec yaourts et confitures maison.

CHÂTEAU DE REVIERS €€

22, rue des Moulins
REVIERS
chateaudereviers.com
Chambre double à partir de 150 €. Petit déjeuner inclus.

Fondé au XIXe siècle à l'emplacement d'une motte féodale appartenant aux seigneurs de Reviers, ce château est aujourd'hui la propriété de Madame Fontaine. Entièrement rénové, il abrite cinq chambres d'hôtes flambant neuves, feutrées, spacieuses et colorées, dont une avec kitchenette. Voilà un cadre atypique, près de Courseulles-sur-Mer, situé à la sortie du joli village de Reviers, pour une escale hors du temps dans ce château qui accueille également l'association « Tralal'air », organisatrice d'événements et d'activités artistiques.

CALVADOS

LA PÊCHERIE €€

7, place du 6-Juin
✆ 02 31 37 45 84
www.la-pecherie.fr
Chambre double à partir de 70 €. Demi-pension 90 € par personne et par nuit. Petit déjeuner 12 €, servi à La Pêcherie.

Dans la famille Berthaud, bien connue à Courseulles, on salue Gaëtan qui se trouve aux commandes de La Pêcherie. Son restaurant, dont la réputation n'est plus à faire, se double d'un hôtel, juste au-dessus. Nulle déception à l'horizon, on a eu le même élan pour l'hôtellerie que pour la restauration. Déco sobre et de bon goût dans des chambres spacieuses. Et si l'endroit affiche complet, pas de panique, le bien nommé « Manoir d'à côté » et les 5 Ruches, sorte d'annexe de La Pêcherie, propose des chambres d'hôtes de charme et de caractère.

DÉGUSTATION DE L'ÎLE €€

Route de Ver-sur-Mer
✆ 02 31 77 35 16
restaurant-degustationdelile.fr
Du mercredi au dimanche, midi et soir. Réservation recommandée. Menu Ostrea 29,50 €. Formule du midi 18,50 €.

Chez les Benoist, l'huître, choyée au cœur des parcs ostréicoles familiaux depuis trois générations, n'est pas seule à avoir les honneurs de la table. Sébastien a ouvert son restaurant à deux pas de chez son papa, propriétaire du magasin « Aux régals de l'île ». L'huître est valorisée avec la formule Papy Gilles, le nom du grand-père, tandis que poissons, viandes et crustacés sont délicieusement préparés par le chef. La formule du midi donne une belle idée de la carte à petit prix. Quand le temps est clément, le plaisir est de manger en terrasse, face au moulin.

LE MATTÉLIE €€

12, rue de la Mer
✆ 02 31 37 11 11
www.lemattelie.com
Basse saison : du mercredi au dimanche midi. Été : du mardi au dimanche midi. Menus de 23,90 à 29,90 €.

Mattélie, comme Mathieu et Aurélie. Un duo qui continue son ascension. Et un restaurant où dominent calme et sérénité. Mathieu a grandi à l'ombre de ses fourneaux, mais au soleil d'une gastronomie qu'il aime à déposer dans nos assiettes. On s'y régale de l'entrée au dessert ! Ne passez pas à côté de son renommé foie gras au pommeau. Au dessert, on n'hésite pas longtemps entre raison et gourmandise. Le service d'Aurélie est également parfait du début à la fin ! Aux beaux jours, il fait bon se poser et rêver « Côté Jardin », à l'ombre des plantes exotiques.

LE QUAI EST €€

13, quai Est ✆ 02 31 97 20 90
www.quai-est-restaurant.fr
Maître Restaurateur. Mercredi à dimanche midi et soir, tous les jours en été. Menus de 22 à 42 €. Formule midi 16,90 €.

Toutes les couleurs et saveurs de saison se retrouvent chez Arnaud, Maître Restaurateur, et Cindy. On ose à peine toucher au tableau gourmand des assiettes servies avec élégance. Arnaud rend les mets beaux et savoureux avec une touche de créativité. Que ce soit en semaine, avec le menu du marché, ou le week-end, avec des menus plus élaborés, tout est mitonné avec la même attention. Les amateurs trouveront huîtres de Courseulles, filet de bar rôti, choucroute de la mer ou ris de veau au lard en bonne place sur la carte. Service souriant. Une vraie belle adresse.

CHEZ SUZANNE €€

18, avenue de la Combattante
✆ 06 58 07 63 77
Basse saison : mercredi à samedi midi et soir, dimanche midi. Tous les jours en été. Formule du midi 19 €, en semaine.

Cette brasserie-buvette, ouverte en 2019, prône la philosophie du bien manger, du bio et du local. Après avoir notamment œuvré chez Mama Shelter et La Môme à Caen, c'est à Courseulles que Yann nous fait désormais découvrir sa cuisine maison à l'accent souvent méditerranéen et aimant jouer le sucré-salé. Côté brasserie, tout est fait minute, la courte carte s'assume donc pleinement. Côté buvette : place à la dégustation de cocktails au comptoir, préparés par son papa. L'été, une belle terrasse vous attend. Un chouette petit restaurant à garder dans sa poche !

LES PETITS CURIEUX

7, place du Marché
✆ 02 31 97 08 23
Du mardi au dimanche 9h-12h30 et 14h30-18h. Pâtisseries bios à partir de 2,50 €. Animations, concerts et débats.

Après d'importants travaux et malgré un contexte difficile, Anne et César Bolze ont ouvert fin 2020 leur joli salon de thé, place du Marché. Dans un cadre épuré, on s'installe autour d'un thé ou délicieux café du Torréfacteur, avec un livre ou un jeu de société à disposition dans la bibliothèque. Le plus dur sera de choisir votre douceur : cookie, cheesecake caramel ou moelleux aux bananes caramélisées ? Si vous êtes plutôt becs salés, optez pour la charcuterie de la Ferme de Caillouet et les fromages de la Laiterie Amélie. Une pause gourmande, bio et locale !

LA CASE À KAT

19, rue de la Mer
✆ 09 50 31 70 88
lacaseakat.fr
Lundi et jeudi 15h-20h, mardi et mercredi 9h-13h, vendredi et dimanche 9h-13h et 16h-20h, samedi 9h-20h.

Librairie indépendante et spécialisée dans les romans graphiques, les bandes dessinées, la poésie et le théâtre. Jeux et jouets pour tous les âges occupent également les étagères. Mais ce n'est pas tout ! Et si on prenait le temps... Autour d'une planche agrémentée de produits du terroir. Autour d'un verre de vin bio. Car au-delà de l'offre culturelle, judicieusement sélectionnée, cette librairie fait également office de salon de thé et bar à vin. Un lieu de vie où il se passe souvent quelque chose. En tout cas, ce serait dommage de passer à côté !

LA FROMAGERIE D'ESTELLE

24, rue de la Mer
✆ 02 31 37 07 12
Mardi et du jeudi au samedi 8h30-12h30 et 15h-19h, mercredi 8h30-12h30, dimanche 9h-12h30.

Depuis 2014, installée rue de la Mer, Estelle partage sa passion pour les fromages de nos terroirs. Dans cet antre normand, vous avez rendez-vous avec les saveurs du Pays d'Auge : fromages, œufs, beurre, crème et une gamme d'épicerie fine en direct des producteurs du coin. Le vendredi matin, pour les amateurs, ne manquez pas la teurgoule, autre spécialité culinaire de Normandie. Pour (se) faire plaisir, la Fromagerie d'Estelle, référencée sur la « Route des fromages AOP de Normandie », propose également des idées cadeaux et des paniers garnis.

MAISON DAUBERT

2, rue Léo-Gariepy
✆ 02 31 36 18 93
www.poissonnerie-maisondaubert.fr
Du mardi au vendredi 9h-12h30 et 15h30-19h, le week-end 9h-19h30. Tous les jours pendant les vacances scolaires.

Il y a tellement de bonnes choses chez la famille Daubert qu'il est difficile de se décider. Sauf à franchir le seuil de la poissonnerie avec une idée bien précise, on repart le panier chargé : une douzaine d'huîtres, une poignée de crevettes grises, par ici ; quelques bulots et noix de Saint-Jacques, un peu de rillettes de haddock, par là... Tous les poissons de nos côtes rivalisent, eux aussi, de fraîcheur. Pas le courage de vous lancer dans la cuisson d'un tourteau ? Trop maladroit pour ouvrir les huîtres ? Commandez votre plateau de fruits de mer.

COURSEULLES ÉQUITATION

Avenue de la Libération
✆ 02 31 37 82 04
www.courseulles-equitation.com
Tous les jours 9h30-12h30 et 14h15-19h30. Horaires de promenade selon les marées. Stages pendant les vacances scolaires.

Une institution sur la côte de Nacre, le centre équestre de Julien Offray accueille toute l'année depuis plus de 30 ans des cavaliers de tous âges et tous niveaux. Remarquablement équipé (manège couvert, 3 carrières et un club house), le centre possède en plus l'atout d'être à 300 m de la mer et bénéficie d'un accès direct à la plage ! Inutile de vous dire que la balade au soleil couchant est un moment d'exception, surtout si l'on ose se mettre à l'eau avec sa monture... Julien, qui aligne les diplômes en toute modestie, se montre un moniteur adorable et attentif.

BERNIÈRES-SUR-MER

Autrefois, Bernières était un port très prospère, enrichi par le commerce du bois et de la pierre de Caen, comme en témoignent encore les nobles demeures qui jalonnent le village. Les caprices du climat ayant dévié le cours de la Seulles et mis fin à l'activité portuaire, Bernières est devenue une petite commune balnéaire. Authentique et conviviale, son immense plage fait le bonheur des pêcheurs à pied grâce à ses gros rochers (les « gas » en patois local) qui se découvrent complètement à marée basse. C'est aussi sur cette plage que les Famous, les Canadiens français du régiment de la Chaudière, débarquèrent le 6 juin vers 8h du matin.

MAISON DES CANADIENS

Promenade des Français
maisondescanadiens.e-monsite.com
Visite sur demande en été.

Sur le front de mer, cette villa fut édifiée en 1928 à l'initiative de Léon Enault, directeur des grands magasins du Louvre et de l'Hôtel Crillon notamment. Etroitement liée au Débarquement, la Maison des Canadiens de Bernières-sur-Mer est inscrite dans la mémoire collective. Lieu emblématique, elle fut en effet la première maison libérée par les Canadiens le 6 juin 1944. Aujourd'hui, cette « Famous House » se veut être un lieu de recueillement, mais aussi de vie pour se souvenir de tous les Canadiens morts pour notre liberté.

CROISETTE JUNO BEACH €

253, avenue du Littoral
✆ 02 31 36 41 22
sofilangues.wixsite.com/duplexjunobeach
Studio 31 m2 à partir de 80 € la nuit. Duplex 60 m2 à partir de 100 € la nuit. Wifi. Linge de toilette.

Voilà le pied-à-terre idéal. Plutôt deux puisque, séparément loués : un studio et un duplex sont prêts à vous accueillir. D'un côté, le duplex avec ascenseur ; de l'autre, l'appartement avec vue sur mer. L'un étant aussi confortable et douillet que l'autre, à vous de voir celui qui convient le mieux. Les deux logements sont décorés avec goût, sur le thème de la mer, rien ne vous fait oublier que vous êtes au cœur de la petite crique et loin du tumulte de la côte. Pas même l'odeur des embruns sous vos fenêtres et le petit escalier qui mène directement à la plage.

AUBERGE DE LA LUZERNE €€

727, rue du Maréchal-Montgomery
✆ 02 31 25 61 91
www.auberge-luzerne.fr
Du mercredi au dimanche midi et soir. Réservation recommandée. Menus de 16 € à 23 €.

Cette belle demeure du XVIe siècle offre moult prestations. D'un côté, l'auberge, son restaurant et ses chambres, de l'autre, un gîte équipé avec piscine intérieure. Sans oublier le plus grand pigeonnier de Basse-Normandie, avec ses 1 700 boulins ! Un passage par le restaurant et vous tombez amoureux de l'ambiance naturelle et chaleureuse des lieux. La salle, très élégante, donne sur un joli jardin dominé par un saule majestueux. La carte est volontairement réduite avec des prix plus que raisonnables et des plats élaborés avec des produits frais. Bon appétit…

AU PÈRE TRANQUILLE €€

Cale du Platon
✆ 06 76 79 84 48
www.auperetranquilleplage.com
Mars à octobre, tous les jours midi et soir. Réservation recommandée. Carte 40 € environ. Plats 15 à 36 €. Tapas 10 €.

Ambiance paillote pour ce Père Tranquille, pas si tranquille que ça au plus chaud de l'été ! L'endroit est chic et cool. Côté mets, on se régale d'un cheeseburger et ses frites maison ou d'une entrecôte Black Angus. La mer n'est pas oubliée avec la salade maison (crevettes sautées et Saint-Jacques, avocat et sésame) ou le bol de bulots bien tendres et leur mayonnaise maison. Miam. Mettez un petit sou de côté, car ce n'est quand même pas donné, donné. Et si vous optez pour une pause cocktail, vous voilà transporté dans un endroit de rêve.

L'AS DE TRÈFLE €€€

420, rue Léopold-Hettier
✆ 02 31 97 22 60
www.restaurantasdetrefle.com
Mardi midi, du mercredi au dimanche midi et soir. Menus de 35 € à 69 €. Formules du midi de 16 € à 26 €.

Cette table gastronomique est une précieuse adresse sur la Côte de Nacre. Anthony Vallette est à la tête de ce succulent endroit. Normand, influencé par les saveurs du Sud, il n'hésite pas à unir les produits du terroir aux délices méridionaux et ibériques. Dans l'assiette, c'est beau, audacieux et si savoureux. Le menu du midi défie toute concurrence. Et les desserts ? C'est selon l'inspiration, mais là est encore la surprise. Le menu, inspiré des producteurs, pêcheurs et éleveurs locaux, change quotidiennement : on ne peut faire plus frais et plus près.

DOUVRES-LA-DÉLIVRANDE

Située entre Caen et la mer, Douvres s'enorgueillit de plus de 2 200 ans d'histoire. Elle doit son nom de « Délivrande » à la Vierge noire dont le culte, populaire dans la région depuis le VIIe siècle, donne lieu à un pèlerinage chaque mois d'août. Dynamique et agréable à vivre grâce à ses commerces, ses établissements scolaires, son centre aquatique intercommunal, elle est également connue pour sa basilique, son cimetière militaire britannique et son musée du radar. La commune s'attache, en parallèle, à valoriser son patrimoine dont – dernière opération en date – le manoir épiscopal, appelé « La Baronnie », à vocation culturelle et touristique.

BASILIQUE NOTRE-DAME DE LA DÉLIVRANDE

10, place de la Basilique
✆ 02 31 37 29 66

Les deux immenses tours de cette basilique se dressent au cœur de Douvres-la-Délivrande. Construite de 1854 à 1878 dans le style néo-gothique, elle est remarquable par ses proportions et la luminosité de son intérieur. Le chœur, composé de 11 verrières et 34 stalles de bois sculptées par Jacquier, célèbre sculpteur de l'époque, est splendide, révélant toute sa beauté lorsqu'un rayon de soleil le traverse. Sans oublier la Vierge Noire de 1580, et le pavage en marbre blanc du sanctuaire.

CALVADOS

PHARMACIE LESAGE

78, rue du Général-de-Gaulle

Lundi 14h30-19h30, du mardi au samedi 9h-12h15 et 14h30-19h30.

Superbe bâtisse édifiée en 1901 par un certain Georges Lesage, maire, pharmacien et amateur d'art, sur les plans de l'architecte François Rouvray, originaire de Caen. Son immense portail d'entrée, ses fenêtres aux lignes souples, ses tuiles vernissées et ses ferronneries, réalisées par Adolphe Marie, artisan de Creully, évoquent le style Art nouveau. À l'intérieur, le spectacle est également au rendez-vous : balustrade en fer forgé, cheminée, comptoir et carrelage ornés de motifs floraux et végétaux, on en oublierait presque qu'on est venu acheter de l'aspirine !

STATION RADAR 44 - MUSÉE FRANCO-ALLEMAND DU RADAR

D83, - Route de Bény ✆ 02 31 36 24 24

www.musee-radar.fr

Ouvert d'avril à novembre. Du mardi au dimanche 10h-18h. Juillet-août, tous les jours 10h-19h. Adulte 5,50 €.

À l'heure de la géolocalisation tous azimuts, ne manquez pas ce musée, unique Site Radar des plages du Débarquement. On y apprend la vie des soldats allemands dans les bunkers durant l'Occupation, ainsi que l'histoire des radars. Parmi les équipements, le radar Würzburg-Riese, immense pièce de 10 m de haut dont il n'existe plus que cinq exemplaires dans le monde et un seul en France. Entre reconstitutions et miniatures, on est fasciné devant la maquette du bunker en construction.

L'OTOKTONE €

26, place Lesage

✆ 09 62 53 58 77

De lundi à mercredi 12h-14h, jeudi et vendredi 12h-14h et 18h30-20h30. Burgers, nuggets, salades... à emporter.

Un lieu franchement simple et fraîchement bon. Sabrina et Guillaume ont à cœur de faire plaisir aux petits comme aux grands. Salades de saison, originales et équilibrées, falafels, crumble de légumes, burgers (du boulanger), grilled-cheese, frites maison, mais aussi soupes et plats chauds l'hiver... élaborés à partir d'ingrédients frais, sélectionnés chez les producteurs locaux (Les Jardins d'Arlette de Biéville-Beuville pour les légumes, par exemple). C'est délicieux et bien présenté. Ici, pas de réservation, le service est au comptoir.

LE PRESSOIR €€

12, place du Stade

✆ 02 31 37 18 90

www.le-pressoir.metro.rest

Du mardi au samedi midi et soir, dimanche midi. Menus de 22,50 € à 29,50 €. Formule du midi 12,90 €.

Jolie façade en pierre, salle chaleureuse, accueil souriant et prix raisonnables pour ce restaurant-crêperie. Les galettes sont prétexte à de jolies farandoles de plats et bons produits. Galette vosgienne ou nordique, foie gras, huîtres ou moules-frites, poisson de la côte, entrecôte, andouillette au cidre, magret de canard ou plus simplement omelette, l'assiette sent aussi bon qu'elle est savoureuse, fraîche, colorée. Le tout couronné par un succulent dessert, la pavlova géante (meringue, fruits rouges, chantilly). Si avec ça vous ne trouvez pas votre bonheur...

Station Radar 44 - Musée Franco-Allemand du Radar.

CALVADOS

LE BOCAL NORMAND

8, place Georges-Lesage
✆ 02 31 77 37 50
Du mardi au samedi de 10h à 13h et de 15h à 19h.

Entrez, c'est tout vert ! Depuis l'été 2020, Jérôme vous accueille dans son épicerie #vrac et #zéro déchet. Une belle initiative, un chouette endroit à soutenir, où vous trouverez des fruits et légumes, tous bio et locaux, des produits alimentaires, des épices, du café, des accessoires du quotidien et même des produits cosmétiques pour consommer plus durable. Parmi les producteurs du coin à l'honneur, on trouve les œufs bio de Cocotte&Co, le soda naturel, riche en microorganismes, de Lou Kombu Cha, et le pain (à réserver) de la Ferme de la Moissonnière.

PLACE 26

26, place Georges-Lesage
✆ 09 62 61 01 78
place26.com
Du mardi au samedi 9h30-12h30 et 15h-19h (le samedi jusqu'à 18h).

Véronique et Christophe ont ouvert en 2019 leur concept de librairie-café, au cœur de Douvres-la-Délivrande. Ils ont ainsi réalisé leur rêve en créant ce lieu de vie et de rencontres, et en proposant 4 500 références de livres neufs. Auteurs du cru, livres pour enfants, romans, presse étrangère… vous trouverez forcément votre bonheur. Pour la déco, le couple a chiné local chez Emmaüs et sur les brocantes de Saint-Contest et Luc-sur-Mer. Certains objets sont d'ailleurs en vente. Côté café, vous trouverez des douceurs également locales et un café torréfié à Caen.

D'UN VIN À L'AUTRE

6, avenue de la Basilique ✆ 02 31 38 25 56
dunvinalautre.com
Mardi 15h-19h30, du mercredi au samedi 10h-12h30 et 15h-19h30, dimanche 10h-13h. Soirées dégustations et promos.

Un caviste qui séduit par sa gentillesse, son amour du vin et sa... bouteille ! Chef sommelier du restaurant Drouant pendant 20 ans, membre de l'Association des Sommeliers de Paris, Nicolas Loubère est un grand œnologue. Dans sa sobre et élégante cave à vins - où s'affichent quelques photos dédicacées de son passé parisien - il conseille de sa belle expérience, tout en pratiquant des prix doux. Nicolas privilégie les vignerons indépendants. Grands classiques, grands crus, belles trouvailles, champagne Drouant (en exclusivité), spiritueux et soirées dégustations !

LANGRUNE-SUR-MER

Surnommée dans les années 1950 « La Plage des Enfants », Langrune-sur-Mer est une petite station balnéaire tranquille et conviviale. Propice au farniente sur la plage comme aux activités nautiques - son club de voile est extrêmement actif -, Langrune se prête également à la pêche à pied grâce à son vaste plateau rocheux qui s'étend au large, et que la mer découvre complètement à marée basse. Le centre du village offre une balade très agréable entre venelles étroites, belles maisons de pêcheurs, demeures Belle Époque et église classée. Une stèle en front de mer rappelle que Langrune a été libérée le 7 juin 1944 par le 48e Commando des Royal Marines.

PETITE POMME

60, rue du Général-de-Gaulle
✆ 02 31 97 05 47
boutique-petitepomme.blogspot.com
Du mardi au samedi 10h-12h30 et 14h30-19h (fermeture à 18h30 le samedi). Cours de couture et tricot.

Une boutique riche de trouvailles insoupçonnées. « Tout commence par un rêve. » Le rêve d'Aude, une « Mary Poppins » du tissu et des objets, c'est son magasin divisé en deux : un côté tissus, laines et mercerie (ça donne envie de faire de la couture) et un côté objets dénichés chez des créateurs. On aime ce lieu avec ses airs et parfums d'antan où l'on trouvait toujours ce qu'on était venu chercher et, souvent, ce qu'on n'était pas venu chercher ! Trésors, cartes postales, bijoux, vaisselle, carnets où consigner ses secrets, décorations de toutes sortes...

LE BOUT AU VENT €€

58, rue du Général-Leclerc
✆ 02 31 97 32 25
www.leboutauvent.fr
De mai à septembre, du mardi au samedi midi et soir, dimanche midi. Menus de 24 € à 29 €. Formule du midi 17,50 €.

A Langrune-sur-Mer, en front de mer avec vue sur l'horizon, face au vent, le bien-nommé Bout au Vent est le projet innovant de Christopher Germain. Ouvert en 2020, il aura fallu vite s'adapter au contexte... Mais rien n'arrête ce sympathique patron, qui continue à ne travailler que du frais, contre vents et marées. Une cuisine traditionnelle mais néanmoins moderne qui régale, entre burger (viande ou poisson), côte de cochon et crème de moutarde à l'ancienne, parmentier de lieu noir, mousse au chocolat, tarte aux pommes... Honneur au terroir normand !

CALVADOS

SAINT-AUBIN-SUR-MER ★

Le lacis de ses venelles raconte l'histoire d'un hameau de pêcheurs. Son air vivifiant et les vertus de ses bains de mer lui ont valu le surnom de « Reine de l'iode ». Sa lumière incomparable a séduit Courbet. Le charme rétro de sa digue piétonne aux villas, construites pour beaucoup après l'arrivée du chemin de fer en 1876, fait le bonheur des promeneurs. Saint-Aubin-sur-Mer est une petite perle sur la côte de Nacre, sans doute est-ce pour cela que certains l'ont rebaptisée « L'Elégante ». L'Elégante donc, qui a vu débarquer les troupes canadiennes du North Shore Regiment le 6 juin 1944, en lieu et place de l'actuel Square des Canadiens.

HÔTEL-RESTAURANT DE LA MER €€

2, rue de la Mer ✆ 02 31 96 03 37
www.hotelrestaurantdelamer.com
Tous les jours, midi et soir. Menus de 28 € à 35 €. Menu enfant 9,50 €. Moules-frites à partir de 12,90 €. Terrasse.

Face à la mer, le regard sur l'horizon, c'est l'occasion de mettre les pieds sous la table chez Stéphanie et Geoffrey. Les souriants propriétaires de cet hôtel-restaurant vous assurent un accueil et un service parfaits, qui plus est, dans un décor sympa. En cuisine, c'est Sylvain Dallet qui œuvre autour d'excellents produits de la mer, toujours cuisinés à la sauce fraîcheur. Les amateurs de moules seront ravis, de pleine mer ou de bouchot, elles sont à la carte selon les saisons.

L'APÉROTHÉRAPEUTE

52, rue du Général-Leclerc
✆ 06 85 53 95 60
Du mardi au dimanche de 11h à 15h et de 17h à 23h.

Un coup de blues ? Ou l'envie de trinquer en rentrant de la plage ? Direction L'Apérothérapeute, chez Samuel ! Un endroit très sympa où l'on est bien accueilli. A la fois bar et cave à vin, vous y trouverez convivialité, humour, vins (dont du vin corse), bières, cidres, whiskys, rhums et des coffrets à offrir pour toutes les occasions. Et si on se laissait tenter par les planches apéro ! Entre charcuterie corse et fromage de chèvre normand, de la Ferme de la Saffrie, près de Montchamp... C'est le plaisir de la Corse en Normandie !

CAMPING SANDAYA CÔTE DE NACRE €€

17, rue du Général-James-Moulton
✆ 02 31 97 14 45
www.sandaya.fr
Ouvert d'avril à septembre. 132 emplacements et 354 locations. Emplacement à partir de 19 €, cottage de 65 € la nuit.

À ce niveau, on ne parle plus de camping, mais de glamping ! Ici, les mobil-homes s'appellent cottages, oui Madame, et sont équipés de barbecue, terrasse couverte en bois, télévision, lave-vaisselle... Quant à l'espace sanitaire, il est doté d'un plancher chauffant. L'immense parc aquatique avec rivière à contre-courant, espace balnéo (bain à remous, hammam et sauna), pataugeoire et cascades réussit le tour de force de vous détourner de la mer, pourtant toute proche.

RICETERIA BY RICE

Place du 6-Juin
✆ 02 31 37 88 51
www.ricebyrice.com
Du mardi au dimanche de 10h à 19h. Menus du midi : de 8,90 € à 13,90 €. Terrasse. Boutique.

Dans les locaux de l'ancien office du tourisme, place du 6-Juin, une « jolie cabane » a vu le jour en 2020. Le concept ? Une boutique-café funky où la petite restauration est servie dans la vaisselle colorée de la marque danoise Rice, également en vente sur place. Que vous veniez pour le petit déjeuner, un déjeuner sur le pouce, juste pour un café ou une pause goûter, l'endroit est tout indiqué. Le midi, les menus aux noms anglais dévoilent des produits frais et du fait maison. L'après-midi, place au salon de thé avec gâteaux, cookies et glaces artisanales.

AUX BAINS DES MOTS €

18, boulevard Favreau
✆ 02 31 96 80 18
Été : tous les jours 10h-23h. Carte 15 € environ. Réservation conseillée les soirs de concert. Terrasse. A emporter.

Il fait bon s'y attabler à toute heure en compagnie d'un bon bouquin recommandé par Agnès, la propriétaire, institutrice dans une vie antérieure. La déco de bon ton et la *bow-window* avec vue sur la mer invite à la détente accompagnée d'un thé ou d'un chocolat chaud. Aux beaux jours, c'est la terrasse qui tient la vedette. On y mange salades, crêpes, paninis et sandwiches, d'une fraîcheur irréprochable. Petits et grands craquent pour les glaces. L'endroit expose également des œuvres d'artistes locaux. Et le vendredi soir, place à la fête, c'est dîner-concert !

CÔTE SABLE €

20, rue Pasteur
✆ 02 31 97 55 59

Du jeudi au mardi, midi et soir. Menus de 12,50 € à 17 €. Menu enfant 9,50 €. Formule midi 13 €. Salon de thé.

Petit restaurant de plage, les pieds dans l'eau, avec vue sur la plage et la mer. Tout ce qu'il y a de plus familial et sympathique. Nicolas et Morgane ont su en quelques années mener leur barque de main de maître(s). Les suggestions du jour, côtes d'agneau grillées, entrecôte grillée au sel de Guérande, burgers (Sword, Omaha, Utah, Juno) rassasient les appétits gourmands. Les salades, galettes, crêpes et gaufres contentent les petites faims passagères. Qu'on se le dise, en terrasse (presque sur le sable) ou en salle, ici on vient pour passer un moment de détente.

LES GOURMANDS DISENT... €€

95, rue Pasteur
✆ 02 31 96 49 94

Avril-octobre, tous les jours 10h-22h. Carte 17 € environ, galette + crêpe. Menu enfant 8,50 €. Galette à partir de 7 €.

Cette jolie petite crêperie offre de quoi se régaler. Comme des petits étuis à bijoux, les galettes et crêpes abritent les saveurs salées ou sucrées des producteurs locaux, dont Corinne et Stéphane, les propriétaires, ont fait leurs fournisseurs exclusifs. Fruits et légumes du Jardin de Saint-Aubin, farine du Moulin de Tibo et Caro, crème d'Isigny, glaces de la Ferme de la Haizerie, sablés d'Asnelles, cidre de la Ferme de Billy... Ici, c'est du circuit court ! Un repas, une pause goûter et vous ferez un tour d'horizon de ce que les environs offrent de meilleur.

HÔTEL-RESTAURANT LE CLOS NORMAND €€

89, rue Louis-Pasteur ✆ 02 31 97 30 47
www.closnormandhotel.com

Tous les jours en saison. Menu enfant 9,90 €. Formule du midi 17,90 €. Snacking de 15h à 18h. Terrasse. Bar.

Fermée depuis 2018, cette institution de Saint-Aubin-sur-Mer a rouvert ses portes en 2020. C'est aujourd'hui un bistro chic avec vue sur la mer. L'ambiance y est décontractée, la cuisine simple et savoureuse (moules-frites, salades, fish & chips, hamburgers ou plats gourmands). A tout moment de la journée, vous pouvez profiter de deux terrasses, une face à la mer, l'autre dans le jardin. Pour un peu on prendrait pension… Ça tombe bien, l'établissement fait aussi hôtel !

CASINO JOA DE SAINT-AUBIN

128, rue Pasteur
✆ 02 31 96 78 82
www.joa.fr

Du dimanche au jeudi 9h30-2h, vendredi 9h30-3h, samedi 9h30-4h. Machines à sous, jeux de table, bar, cinéma, restaurant.

La superbe façade Art déco (1926) de ce casino justifie à elle seule le détour. À l'intérieur, l'espace jeux mérite qu'on s'y amuse et son restaurant qu'on s'y attable ! Un beau challenge pour les propriétaires de ce casino du groupe JOA et pour le chef cuisinier qui manie avec élégance les produits normands pour offrir des plats raffinés. Faites vos jeux au sein d'une ambiance feutrée et intimiste à souhait : blackjack, boules, machines à sous, rien ne manque pour tenter sa chance.

LUC-SUR-MER ★

La commune de Luc-sur-Mer se situe à quinze kilomètres au nord de Caen et bénéficie d'un kilomètre et demi de rivage. Dès 1840, lorsque la mode des bains de mer se développe, elle s'impose comme l'une des stations balnéaires les plus courues de la Côte de Nacre, connue pour ses vastes plages de sable fin. La ville disputait alors à Dieppe le titre de première station balnéaire de la Manche. Aujourd'hui, Luc-sur-Mer offre l'image d'une ville dynamique toute l'année, prisée pour ses commerces et ses restaurants, son casino (inauguré en 1956) et son centre de thalassothérapie. Avec les enfants, ne manquez pas de dire bonjour à la baleine de Luc...

MAISON DE LA BALEINE ★

45, rue de la Mer
✆ 02 31 97 32 71
www.luc-sur-mer.fr

Haute saison : ouvert du lundi au samedi 10h-12h et 14h-18h. 3 €. Le squelette de la baleine est visible gratuitement.

Quel spectacle offert par le squelette de la baleine de Luc, exposé dans le parc municipal. On ne se lasse pas de le contempler, des fanons aux nageoires terminées par des doigts articulés. Facile dès lors d'imaginer la stupéfaction des habitants de Luc lorsqu'ils découvrirent ce cétacé de 40 tonnes et de 19 m de long, échoué sur leur plage, au matin du 15 janvier 1885 ! Le petit musée adjacent relate l'histoire de l'échouage de la baleine lutine. Le délicieux parc floral qui s'étend derrière le musée est, lui, le paradis des paons, des tortues et des canards.

CALVADOS

PLAGE DE LUC-SUR-MER ★★

Rue de la Brèche-Marais
© 02 31 97 32 71
Un parking PMR à proximité, face au casino, et des toilettes PMR sur la digue.

Surveillée en saison, la plage de sable fin de Luc est notamment accessible par la place du Petit-Enfer. Le long de la digue, vous pourrez louer une cabine de plage auprès de la mairie. Lors des grandes marées, la mer découvre les rochers permettant alors la pêche à pied.

Un plan futé si vous souhaitez vous balader avec votre chien : la plage côté Lion-sur-Mer, au bout de Luc-sur-Mer. Sans contraintes ni horaires, vous pourrez vous baigner avec, pour votre compagnon à quatre pattes, une gamelle d'eau à disposition. Les chiens sont également autorisés sur la digue.

CAMPING YELLOH ! VILLAGE LA CAPRICIEUSE €

2, rue Brummel © 02 31 97 34 43
www.campinglacapricieuse.com
Ouvert de mi-février à octobre. 181 emplacements, à partir de 28 €. Bungalows 4-8 personnes à partir de 427 € la semaine

Un camping « Yelloh ! Village » affichant 5 étoiles, tenu par une famille, situé à 50 mètres de la plage, à 100 mètres des commerces et à quelques minutes des plages du Débarquement. Sur ce camping convivial, qui a récemment bénéficié d'importants travaux, vous profiterez d'un grand et bel espace aquatique de 1 500 m², doté de deux piscines couvertes et d'un bassin extérieur, de cottages tout confort, et, nouveauté 2021, d'emplacements avec sanitaires privatifs et chauffés. La classe !

L'IMPROVISTE €

65, rue de la Mer © 02 31 96 75 64
limproviste-luc.com
Lundi et du mercredi au samedi midi et soir, mardi midi. Menus de 18,50 à 23,50 €. Formule du midi 11,50 €.

Une petite faim ? Aventurez-vous au bout de la rue de la Mer. A moins d'être nombreux (sinon, réservez), vous pouvez arriver comme son nom l'indique « à l'improviste ». Murielle et Alain vous accueillent dans un décor années 1960 et vous soignent aux petits oignons autour d'une cuisine simple, parfumée, colorée et de plats faits maison. Le menu du midi change chaque jour au gré du marché et de l'inspiration du chef. Pour nous, ce fut crevettes mayo maison, saucisse de Morteau sauce gribiche et tarte au citron. Miam ! S'il vous plaît, régalez-nous longtemps !

LE TEMPS DES METS €

26, rue de la Mer
© 02 31 36 00 88
Du vendredi au mardi midi et soir, mercredi midi. A la carte, compter entre 10 € et 19 €.

Un petit restaurant très sympa, tout comme le service. Frédéric concocte une cuisine maison et met un point d'honneur à servir ses clients avec simplicité et professionnalisme. On retrouve des plats de brasserie, comme l'entrecôte, le steak tartare, l'andouillette, les tripes, le boudin blanc ou les moules, accompagnés de frites. Côté desserts maison : moelleux au chocolat, crème brûlée ou salade de fruits frais. La déco fraîche et proprette de la salle, la présence d'une terrasse en bois pour les beaux jours ajoutent au plaisir d'être là.

LA GUI-GUI DE LUC

5, place du Petit-Enfer
© 09 53 33 21 02
Eté, ouvert tous les jours 14h-22h30. Moyenne et basse saison, jusqu'à 18h.

Quelle joie de retrouver la Gui-Gui de Luc sur la place du Petit-Enfer flambant neuve ! Ce bonbon moelleux et collant torsadé autour d'un bâtonnet. Dans leur charmante guitoune, Samuel (Sam pour les copains) et Jordy sont les garants d'une recette née en 1906. Enfant du pays, Sam a repris l'affaire où il fut saisonnier, avant d'être rejoint par son ami vendéen. Aujourd'hui, le duo invente, réinvente et combine parfums et couleurs pour le plaisir des petits et grands. Halte obligée pour toute la famille : la Gui-Gui se transmet de génération en génération !

THALASSO DES 3 MONDES

2, rue Guynemer © 02 31 97 32 22
www.thalassodes3mondes.com
Lundi à samedi 9h-12h et 14h-19h30, dimanche jusqu'à 17h. Multiples formules, cure découverte à partir de 66 €.

Cet institut tient ses promesses puisqu'il fait voyager du Japon au pays des *Mille et une nuits*, en passant par l'océan. Les soins et modelages correspondent au coin du monde choisi, de la traditionnelle cure thalasso aux algues au gommage Nuka et au soin berbère. Juste une remarque : la piscine un peu petite et vétuste. Cloisons en bois, calligraphies, thés exquis et tatamis : bienvenue aux bains japonais, un espace zen face à la mer. Hammam oriental en mosaïque et tadelakt, avec trois salles façon Rome antique, du bain froid au bain chaud. La santé par la mer !

LES SAVONS DE JOYA

19, rue des Hauts-Vents
✆ 09 67 40 31 71
lessavonsdejoya.com
Du lundi au vendredi 8h30-16h30, ou sur rendez-vous. Vente en ligne.

C'est l'histoire d'un frère et d'une sœur, Antonio et Maria, qui se sont engagés dans une démarche aussi exemplaire qu'originale avec pour point de départ, la toilette matinale. Ensemble, ils ont créé Les Savons de Joya, une savonnerie artisanale, 100 % naturelle, bio, sans huile de palme et 100 % normande. Du savon bio surgras au shampoing solide, du dentifrice au déodorant, solides également, tout est moulé, découpé et emballé à la main. La boutique n'a pas pignon sur rue, mais rien n'empêche d'aller leur rendre visite où sont aménagés quelques rayonnages.

© LES SAVONS DE JOYA

CASINO

20, rue Guynemer
✆ 02 31 97 32 19
luc.groupetranchant.com
Du dimanche au jeudi 10h-2h, vendredi et samedi 10h-4h. Restauration, bar, terrasse extérieure, parking gratuit.

Un cadre sympathique avec une vue imprenable sur la mer, une salle de spectacle, l'Éclipse, que l'on peut louer pour un événement festif – elle est sonorisée – une petite salle de réunion… Il en a des atouts ce casino ! 125 machines à sous et quatre tables de jeux pour s'éclater à la roulette anglaise ou au black jack. Ajoutez à cela des soirées de gala et des concerts de classe (on y a vu Julien Courbet, David Hallyday…), des animations ponctuelles, tout au long de l'année et, en plus, un excellent restaurant, Les Ailes. Faites vos jeux... Tout va bien !

TROARN

Située aux confins de la plaine de Caen et du Pays d'Auge, la commune de Troarn, au temps de sa prospérité, fut un bourg d'étape sur la route reliant Caen à Rouen. Aujourd'hui, tout en conservant son cachet commercial et agricole, l'ancien centre a une position de banlieue verte en périphérie caennaise, à vocation plutôt résidentielle. Alentour, elle offre un paysage de marais, bas pays de plus de 7 000 hectares, drainés par un réseau complexe de rivières (la Dives, la Muance) et de canaux. La tranquille localité fut massivement sinistrée lors de la bataille de 1944, et le bourg détruit à 65 %. Elle ne fut libérée que le 17 août 1944.

ABBAYE SAINT-MARTIN

Rue de l'Abbaye

Fondée en 1048 par Roger II de Montgomery (l'un des principaux membres de l'aristocratie féodale de Normandie), et consacrée en 1059 par Odon de Conteville, évêque de Bayeux, l'abbaye bénédictine Saint-Martin de Troarn est désaffectée depuis la Révolution, suite à des destructions importantes. Il est malheureusement impossible de visiter cet édifice riche d'histoire, classé monument historique depuis 1921. Il ne reste aujourd'hui qu'un seul bâtiment, vestige visible depuis la route de Rouen. A voir malgré tout pour le magnifique panorama sur la vallée de la Dives.

CAMPING BOIS ET MARAIS €

Rue de la Butte-Verte - **TOUFFRÉVILLE**
✆ 02 31 80 21 81
www.camping-boisetmarais.com
Mobil-homes jusqu'à 4 personnes à partir de 350 € la semaine. Jeux pour enfants. Wifi gratuit. Restauration.

À 10 minutes de Caen, des plages de Ouistreham et Cabourg, ce camping, niché à flanc de colline, offre non seulement un panorama exceptionnel mais également tout le confort d'un 5-étoiles. Dès l'arrivée, vous faites une option sur la piscine chauffée ! Quant aux mobil-homes : que du top ! Les terrasses sont incroyablement vastes ! La maison propose des parcelles à la vente ou à la location. Une excellente adresse pour un séjour au calme, à la découverte de ce superbe département. Par ailleurs, les amateurs de balades à pied ou à vélo ont de quoi faire !

LE CLOS NORMAND €€

10, rue Pasteur ✆ 02 31 23 31 28
www.leclosnormand.com
Tous les jours, midi et soir. Réservation recommandée. Menus de 19 € à 39 €. Menu enfant 10 €. Formule du midi 13 €.

Un hôtel-restaurant qui raconte de belles histoires. Celles de chaleureux banquets où l'on chantait les meilleurs refrains. Du tout-en-un pour cette belle auberge à la fois gastronomique et hôtelière. Construite après la guerre, la maison a gardé une âme d'autrefois. Premier avantage : l'amplitude des prix. Entre menus et plats du jour, il y en a pour toutes les bourses. Deuxième avantage : la cuisine normande riche en goût du chef Arnaud Malhaire qui ne lésine ni sur le beurre ni sur la crème. Les gourmets se régalent. Les habitués s'attablent comme à la maison !

ÉOLE AVENTURE

Route du Pré-Baron - **TOUFFRÉVILLE**
✆ 07 81 40 11 37
www.eoleaventure.fr
Ouvert de Pâques à Toussaint. Horaires variables selon saison. Tarif différents d'une activité à l'autre. Forfaits.

Ce parc de glisse et de loisirs outdoor occupe une ancienne carrière d'argile. Agréables sentiers pédestres le long des fronts de taille et lac de 6 ha créé lors de l'extraction du minerai. Ici, Éole propose des activités à sensations : téléski nautique, body jump (huit rampes de 10 à 26 m de long), parcours acrobatiques dans les arbres sur 1 ha, paintball et blob jump (pour sauter sur un matelas gonflable géant flottant sur le lac), paddle, sans oublier l'aquapark et ses jeux aquatiques gonflables. Sympa ! Aire de pique-nique, restauration, sanitaires.

BAYEUX ★★★

Bayeux, une véritable star dans le département. Première ville de France continentale libérée en juin 1944, elle fut dans l'Antiquité une importante cité gallo-romaine : *Augustodurum*. Aujourd'hui capitale du Bessin, Bayeux est fière de son pedigree culturel et touristique, sans être une ville-musée aliénée par un riche patrimoine, même si ses musées – celui de la Tapisserie en tête – et sa cathédrale sont incontournables. L'atmosphère y est douce, subtile alliance de calme provincial et d'animations toute l'année. Ne manquez pas le marché samedi, place Saint-Patrice, où l'on rencontre tout ce que la région compte de producteurs et artisans alentour.

MUSÉE D'ART ET D'HISTOIRE BARON GÉRARD (MAHB)

37, rue du Bienvenu © 02 31 92 14 21
www.bayeuxmuseum.com
De mai à septembre, tous les jours 9h30-18h. Le reste de l'année, 10h-12h30 et 14h-18h. Enfant 5 €. Adulte 7,50 €.

© SMAURICE_BAYEUX_MUSEUM

Labellisé Musée de France, le MAHB (pour faire court) est installé dans l'ancien Palais Épiscopal. Remarquable, le parcours muséographique décline 14 ambiances différentes permettant de découvrir à votre rythme les œuvres d'art, objets archéologiques, porcelaines et pièces de dentelle de Bayeux. Le visiteur reste béat face à la chapelle épiscopale, chef d'œuvre de la Renaissance, la collection de porcelaines abritée d'une verrière contemporaine ou encore le somptueux salon des évêques.

MUSÉE MÉMORIAL DE LA BATAILLE DE NORMANDIE ★

Boulevard Fabian-Ware © 02 31 51 25 50
www.bayeuxmuseum.com
Ouvert tous les jours de février à décembre. Adulte 7,50 €. Enfant 5 €. Pass 3 musées (Tapisserie de Bayeux + MAHB) 15 €

© BAYEUX_MUSEUM.JPG

Un *must* pour comprendre la Bataille de Normandie. Ce musée est implanté au cœur de Liberty Alley. La visite se déroule du 6 juin au 29 août 1944 au fil d'un vibrant parcours. Chaque opération militaire est illustrée avec uniformes, armes et objets d'époque. Pour approcher la vie des deux millions d'hommes qui se sont affrontés sur le territoire normand durant les 77 jours au cours desquels s'est joué le destin de l'Europe. Incontournable avant d'aller sur les plages du Débarquement.

ASSOCIATION LES AMIS DE LA CATHÉDRALE DE BAYEUX

4, rue du Général-de-Dais
www.cathedraledebayeux.fr
Visites guidées (1h30) en été et lors des Journées Européennes du Patrimoine. Gratuit (participation financière libre).

Au programme : la visite des coulisses de la cathédrale, d'ordinaire inaccessibles au public. De la crypte aux clochers, l'édifice livre ses secrets avec en exclusivité la découverte de la magnifique bibliothèque du chapitre ainsi que des parties hautes (tours, charpente, terrasse) et basses. Ces visites guidées sont proposées par l'association des Amis de la cathédrale de Bayeux. Prêt à gravir les quelque 200 marches de l'escalier en colimaçon pour aller chatouiller les gargouilles ?

CALVADOS

CATHÉDRALE NOTRE-DAME ★★

4, rue du Général-de-Dais ✆ 02 31 51 28 28
www.bayeux.fr
Ouverte tous les jours au public en visite libre, hors offices religieux, 9h-19h. Visite guidée sur réservation, 5 €.

La cathédrale Notre-Dame de Bayeux, rendue à sa magnificence par une restauration magistrale, est sans nul doute l'un des édifices de style roman et gothique les plus exceptionnels de France. Les tours de la façade occidentale, fièrement dressées au cœur du secteur sauvegardé, et la crypte datent du XIe siècle, époque de la construction de la cathédrale par les évêques Hugues d'Ivry et Odon de Conteville, demi-frère de Guillaume le Conquérant. On dit que c'est pour orner la nef qu'Odon fit broder la Tapisserie de Bayeux, célèbre chef-d'œuvre du Moyen Age. Inaugurée par Odon et Mathilde en 1077, la cathédrale fut détruite trente ans après, lors de la guerre civile opposant les fils du duc de Normandie. De sa reconstruction en style roman, au début du XIIe siècle, il ne reste que les grandes arcades de la nef et leur décor. La fin du XIIe siècle et le siècle suivant – après de graves incendies – sont marqués par le style gothique, visible dans le chœur, les chapelles et la salle du Chapitre. Cette dernière, accessible uniquement lors des visites guidées tout comme la salle du trésor, abrite un très rare labyrinthe de prière peint sur le sol, semblable à celui de la cathédrale de Chartres. La tour centrale fut commencée au cours du XVe siècle, sous l'évêque Louis d'Harcourt, puis achevée au XIXe siècle suite aux travaux hors normes d'Eugène Flachat, entrepris afin d'éviter l'écroulement de la tour. Un chef-d'œuvre de l'art gothique normand, un monument qui figure parmi les plus grandes cathédrales françaises à (re) découvrir.

© UOLIR - FOTOLIA

CIMETIÈRE MILITAIRE BRITANNIQUE ★

Boulevard Fabian-Ware
✆ 03 21 21 77 00
www.cwgc.org
Accès libre.

Ce cimetière abrite près de 5 000 stèles, celles des soldats tombés au cours des combats pour la liberté. La majorité d'entre eux étaient membres des Forces du Commonwealth. Face au cimetière, un mémorial rend hommage aux 2 092 soldats du Commonwealth n'ayant pas reçu de sépulture. Sur le fronton de ce mémorial, une inscription en latin rappelle fort à propos que les Britanniques ont versé leur sang pour libérer le pays d'où était originaire Guillaume le Conquérant...

CONSERVATOIRE DE LA DENTELLE DE BAYEUX ★

6, rue du Bienvenu ✆ 02 31 92 73 80
dentellesbayeux.com
Du lundi au mercredi, vendredi et samedi 9h30-12h30 et 14h-18h. Adhésion à l'association 20 €. Stages à partir de 240 €.

Depuis 1982, cette association promeut l'héritage dentellier de Bayeux, pratiqué au sein de la Manufacture Lefébure. La dentelle de Bayeux (aux fuseaux) présente des décors floraux et motifs architecturaux tirés de l'ornementation classique (perles, godrons, feuillages, coquilles, vasques...), faisant la part belle aux dessins figuratifs. Les dentellières ont travaillé pour de grands couturiers français : Balmain, Dior, Hermès, et transmettent leur savoir-faire au cours de stages.

MÉMORIAL DES REPORTERS ★

1939, boulevard Fabian-Ware
✆ 02 31 51 28 28
Ouvert toute l'année. Accès libre.

Un espace unique en Europe, que l'on doit à la Ville de Bayeux, en partenariat avec Reporters sans frontières. Ouvert en 2007, ce mémorial rend hommage aux journalistes tués dans l'exercice de leur profession depuis 1944. Près de 2 000 noms sont gravés sur une trentaine de pierres blanches. L'aménagement de cet espace a été réalisé par l'architecte-paysagiste Samuel Craquelin. « Se vouloir libre, c'est aussi vouloir les autres libres » a écrit Simone de Beauvoir. C'est en filigrane la maxime de ce lieu émouvant pour la profession.

LA TAPISSERIE DE BAYEUX ★★★

13, rue de Nesmond ✆ 02 31 51 25 50
www.bayeuxmuseum.com
Tous les jours 9h-18h30 (19h de mai à août). Gratuit jusqu'à 10 ans. Enfants et étudiants 5 €. Adultes 9,50 €.

Fascinante Tapisserie de Bayeux, classée Mémoire du Monde par l'Unesco. Avec 70 m de long, 50 cm de large, on reste coi devant l'ampleur de l'œuvre qui illustre l'histoire de la conquête de l'Angleterre par Guillaume le Conquérant en 1066. Un de nos plus précieux témoignages de l'art de vivre au Moyen Âge. À l'étage du musée, une salle développe les thèmes de la vie quotidienne au temps de Guillaume et d'Harold, illustrés par de splendides maquettes, mannequins et objets d'époque, dont un drakkar ! Une docufiction sur la bataille d'Hastings clôture la visite.

OFFICE DE TOURISME DE BAYEUX INTERCOM

Pont Saint-Jean ✆ 02 31 51 28 28
bayeux-bessin-tourisme.com
Du lundi au samedi 9h30-12h30 et 14h-17h30 (9h à 19h en été), dimanche et jours fériés 10h-13h et 14h-17h30.

Installé dans une ancienne halle édifiée sur un pont qui enjambe l'Aure, l'office de tourisme de Bayeux a fière allure. Accueil chaleureux et efficace avec toutes les infos, guides et documentations nécessaires pour votre séjour à Bayeux et dans le Bessin : visite des plages, des lieux et musées du Débarquement, rendez-vous culturels, lieux d'hébergement... Pensez à réserver une visite guidée de la cathédrale de Bayeux, indispensable pour accéder au labyrinthe de la salle capitulaire.

CIRCUIT DU VIEUX BAYEUX

Plan disponible gratuitement à l'office du tourisme ou en téléchargement sur le site Internet de la mairie de Bayeux.

Ce circuit, ludique et sympa, permet de visiter la ville et de flâner en toute liberté, gratuitement, avec moult explications. Une balade de 2,5 km jalonnée de clous en bronze au sol (suivez bien la direction indiquée par l'arbre stylisé, gravé dessus) et de 23 bornes d'information pour découvrir les principaux monuments : palais épiscopal, rue des Cuisiniers et sa maison à pans de bois du XIVe, rempart gallo-romain ou encore le quartier du Pont Saint-Jean. Pour une découverte familiale, procurez-vous la version junior, façon énigmes ! Franchement enrichissant.

PETITE REINE NORMANDIE

✆ 06 80 87 87 37
www.petitereinenormandie.fr
A partir de 79 €/pers la demi-journée, 119 € la journée. Journée gourmande 149 €.

Suivez le guide ! Hugo, enfant du pays, vous emmène à vélo électrique entre Bessin et Mont-Saint-Michel, sur les chemins bucoliques de ce petit bout de Normandie. Sites emblématiques, historiques (plages du Débarquement, Arromanches, Bayeux...), panoramas spectaculaires, explications et anecdotes à l'appui. Sans trop d'effort, on profite bien mieux des paysages. La journée gourmande, avec dégustations, fait craquer les plus gourmands autour des spécialités locales. C'est vraiment chouette, sympa et à la portée de tous les mollets !

CAMPING DES BORDS DE L'AURE €

Boulevard d'Eindhoven ✆ 02 31 92 08 43
www.camping-bayeux.fr
Ouvert de fin mars à fin octobre. 140 emplacements. Mobil-homes pour 2 à 4 personnes à partir de 330 € la semaine.

En matière de camping, celui-ci fait exception. Premier avantage, sa situation, le long de la rivière l'Aure (idyllique) que vous longerez pour rejoindre le centre-ville en un saut de puce. La gare est à 2 km, le supermarché à 150 m et la piscine municipale gratuite à 10 m. Le site offre 140 emplacements spacieux et des mobil-homes dernier cri. Sur place, jeux pour enfants, ping-pong, pétanque, service de restauration ambulante, tournée de pain le matin... Bref une adresse à retenir !

LA PLUS PETITE MAISON DE FRANCE (TOUR DE L'ISLET) €

1, passage de l'Islet
✆ 06 82 84 46 04
www.laplusp etitemaisondefrance.com
Chambre double à partir de 99 € la nuit. Il y a le Wifi mais pas la télé.

On dit que c'est la plus petite maison de France ! En tout cas, pour nous, c'est certainement le plus petit gîte que nous ayons déniché. Au cœur de Bayeux, ce petit abri douillet a tout d'un grand. Sa situation est idéale et son décor trognon à souhait : 16 m² où tout est bien pensé et agencé. Une halte insolite, dans l'ancien logement et atelier de l'éclusier, à un prix sympa. Les propriétaires sont intarissables sur l'histoire de leur ville. Une étape pour surprendre votre promis(e).

HÔTEL REINE MATHILDE - LE GARDE MANGER €€

23, rue Larcher
✆ 02 31 92 08 13
www.hotel-bayeux-reinemathilde.fr
Chambre double à partir de 50 €. Petit déjeuner 10,50 €. Restauration.

Difficile de trouver meilleure situation que cet hôtel situé à deux pas de la cathédrale et au bord de l'Aure. Chez Anne-Sophie et Emerick, les chambres pimpantes offrent une vue imprenable sur Bayeux. Et il y a une annexe ! La petite sœur de la Reine Mathilde s'est dotée de lits king size et immenses salles de bains. En plus, elle côtoie le salon de thé avec terrasse, où l'on peut prendre un petit déjeuner en paix les matins ensoleillés. Une certaine idée du bonheur.

LE LION D'OR €€€

71, rue Saint-Jean
✆ 02 31 92 06 90
www.liondor-bayeux.fr
Chambre double à partir de 69 €, suite de 129 €. Petit déjeuner : 14 € (6 € la formule express).

Depuis bientôt 100 ans, Le Lion d'Or prône une certaine idée du bonheur. Un lieu que l'on adore sur le département. C'est au fond d'une belle cour pavée que se dresse cet ancien relais de poste fondé en 1770 et fréquenté par les plus grandes personnalités de ce monde, de Jean Marais à John Wayne en passant par Edith Piaf, le Prince Charles, Tom Hanks ou Eisenhower… A vous les belles chambres ou suites de l'hôtel où la literie, entre autres, est incroyable. Et pour l'anecdote historique, il faut savoir que Le Lion d'Or fut le QG de la presse internationale en 1944.

LE BOUCHON €

15, rue du Maréchal-Foch
✆ 02 31 92 06 44
www.lebouchon-cavebistrot.fr
Du mardi au jeudi 10h-19h30, vendredi et samedi 10h-21h. Formule du midi 13,50 € (entrée-plat ou plat-dessert).

Un p'tit bouchon incontournable, mieux vaut réserver. La formule de Damien est simple : cuisine maison faite sous vos yeux, produits locaux, plats familiaux ou plats canailles : tripes, filet mignon de porc, burgers, ris de veau, tartares, poissons... Et aussi planches de charcuterie, fromage et huîtres avec, s'il vous plaît, la possibilité de déguster n'importe quel vin de la cave au verre. Le conseil est sûr, l'accueil chaleureux, les prix tout doux. Les Bayeusains ne s'y trompent pas : ils en ont fait un lieu de rendez-vous. Ils y reviennent et nous aussi !

AU P'TIT BISTROT €

31 ter, rue Larcher
✆ 02 31 92 30 08
Du mardi au samedi midi et soir. Menus de 16,90 € à 35 €. Formule du midi 16,90 € (entrée-plat-fromage ou dessert).

Réservation chaudement recommandée chez ce P'tit Bistrot prisé : une cuisine maison à prix moyen-doux, imaginative et souvent émulsionnée. Les plats sont légers, colorés de légumes de saison. Ce jour-là, nous avons porté notre choix sur les filets de maquereau basse température, mousseline de chou-fleur et sauce meunière. Un biscuit châtaigne, mousse cassis et marron terminait ces agapes. Accueil souriant, service efficace, eau en pichet systématiquement proposée. Voilà une belle adresse jeune, respectueuse, délicieuse, d'où l'on ressort ravi, le palais enchanté.

CHEZ PAULETTE €

44, rue des Cuisiniers
✆ 09 80 32 03 94
Ouvert 6 jours sur 7 (fermé le dimanche) 12h-22h30, sauf lundi et mercredi (fermeture à 18h30). Menus de 10,50 à 12,50 €

De la couleur, de la couleur et encore de la couleur. Retour vers les sixties et décor vintage. On se croirait dans un film dont les actrices principales, Virginie, Sandrine et Kristell marient passions et fourneaux. Côté cuisine c'est frais, bio et tout de fabrication maison ! Les assiettes fleuries en arcopal vont avec l'ensemble. Le menu est concocté en fonction des saisons et du baromètre : soupes, salades, tourtes, tatins ou bagels. Les desserts font briller les yeux : tarte chocolat croustillante, pudding abricot-chocolat, riz au lait... Un coup de foudre !

CALVADOS

© PECOLD - SHUTTERSTOCK.COM

Bayeux.

L'ANGLE SAINT-LAURENT €€

4, rue des Bouchers ✆ 02 31 92 03 01
www.langlesaintlaurent.com
Du mardi au vendredi midi et soir, samedi soir. Menus de 34 € à 46 €. Formule du midi 18 € (menu Retour du Marché).

Le restaurant de Caroline et Sébastien Rémy, chef fort créatif, compte parmi les plus raffinés de Bayeux. A midi, le Retour du Marché, à prix tout doux, permet de découvrir toute l'inventivité de Rémy, qui a fourbi ses casseroles auprès d'Alain Ducasse. Il travaille avec des produits locaux (Saint-Jacques label Rouge de Port-en-Bessin, huîtres d'Asnelles, viande de Monceaux-en-Bessin) pour une cuisine moderne, raffinée et légère, qui privilégie la saveur des aliments. Que du plaisir pour les convives, surtout avec l'accueil et le sourire de Caroline.

LE LION D'OR €€

71, rue Saint-Jean
✆ 02 31 92 06 90
www.liondor-bayeux.fr
Fermé sam midi, dim et lundi en hiver. Sinon ouvert tous les midis et soirs. Menu midi 16 €, Inspiration 24 €, Ici 39 €.

Une belle table qui contribue, depuis bientôt cent ans, à faire du repas un vrai moment de plaisir. La carte de Jérôme Alix est régulièrement renouvelée et toujours aussi étonnante. Le menu du midi, en semaine, d'un imbattable rapport qualité-prix, décline des produits de saison parfaitement cuisinés. Le soir, on joue la carte des produits locaux avec le régional « Menu d'Ici », ou bien on se laisse tenter par la formule gourmande du « Menu Inspiration », pour une belle balade au gré de la carte. Et le service est toujours impeccable.

LE MOULIN DE LA GALETTE €€

38, rue de Nesmond ✆ 02 31 22 47 75
Haute saison : tous les jours, midi et soir. Basse saison : fermé mardi et mercredi. Plat du jour 11,50 €. Terrasse.

A quelques pas de la Tapisserie de Bayeux, ce Moulin vaut le détour. La ruelle ancienne qui y conduit nous happe comme par surprise. De la terrasse, la vue sur l'Aure est apaisante. Galettes, viandes grillées et salades sont en bonne place sur la carte. Faites votre choix. Ce jour-là, influencés par le bouche-à-oreille, nous avons pris le plat du jour et ses frites maison. Une fois terminé, il faut aller payer à la caisse et non à table ! On nous a dit de prendre vraiment notre temps... Ce que l'on a fait... Et il est certain qu'on prendra le temps de revenir.

LE P'TIT RESTO €€

2, rue du Bienvenu
✆ 02 31 51 85 40
www.restaurant-bayeux.com
Du mardi au samedi, midi et soir. Menus de 25 € à 28,50 €. Formule du midi 15,90 €.

« La gastronomie est l'art d'utiliser la nourriture pour créer du bonheur. » Tout est fait dans ce P'tit Resto pour mettre du baume au cœur à un prix plus que raisonnable. Aux fourneaux, Kevin. On se sent bien ici. Autour d'une assiette, à première vue simple, mais superbement servie. Le menu du midi est un régal, initié par une mise en bouche et conclu par une assiette de fromages. Une fois que vous aurez jeté un œil sur la carte, vous reviendrez tester l'exotique tartare de volaille au mélange cajun, le cake de cochon aux mendiants, sauce pruneau. Réservez !

LES VOLETS ROSES €€

2, rue des Chanoines
✆ 09 73 24 58 53
Tous les jours 8h30-19h (fermé mercredi en basse saison). Menu enfant 8,50 €. Formule du midi 12 €. Brunch 24 €.

Salon de thé ou petit restaurant ? Les deux ! Salé ou sucré, tout le monde est ravi. Cette charmante maison, en face de la cathédrale, est reconnaissable à... ses volets roses. Tartes, quiches, gratins, soupes : c'est Nathalie qui cuisine avec amour, et en famille. Salades, croque-monsieur ou madame, croque-normand (andouille, pomme, camembert d'Isigny), œufs au plat ou omelettes s'invitent aussi à la carte. On aime aussi le petit déjeuner et le brunch du week-end, sur réservation. On n'a pas envie de repartir de ce cocon, une bulle de bonheur.

À LA REINE MATHILDE

47, rue Saint-Martin
✆ 02 31 92 00 59
Du mardi au samedi 9h-19h30, dimanche 9h-19h. Salon de thé.

Une institution ! Les Bayeusains, comme les touristes, plébiscitent cette pâtisserie-salon de thé. Créée aux alentours de 1900 et tenue depuis une vingtaine d'années par Isabelle et Pascal Doublet, la Reine Mathilde possède un cachet unique : plafond haut, moulures, dorures, lustres et fresques à l'ancienne se mêlent ici pour le plaisir des yeux. Mais les papilles ne sont pas en reste, car cette Mathilde est également un cordon bleu ! Macarons, nougats, viennoiseries, pâtisseries et spécialités. À emporter ou sur place, un paradis où l'on succombe à la tentation.

FERME DE LA HAIZERIE

La Fosse - **VAUX-SUR-AURE**
✆ 02 31 92 46 44
glacesdelahaizerie.jimdo.com
Magasin : tous les jours 14h-18h30. Visite de la ferme : du mardi au vendredi à 17h, 3,50 € avec dégustation de glaces.

Foie gras, camembert, teurgoule, tomate-basilic, concombre… La Ferme de la Haizerie révolutionne les parfums de glaces et sorbets ! Rassurez-vous, il y a aussi du sucré : châtaigne, pain d'épices, violette, spéculos, rhum-raisin, chocolat... Alain, chef pâtissier, crée aussi des sorbets pour diabétiques, des sorbets sans gluten et des glaces sur mesure. Garanties sans colorant ni conservateur, à base de fruits frais et du bon lait de la ferme, ses glaces se retrouvent à la carte des meilleures tables de la région. La ferme est aussi ouverte à la visite !

LADYNATH

58, rue Saint-Jean
✆ 02 31 10 96 23
ladynath.fr
Tous les jours 10h-19h. Démonstration gratuite mercredi à 11h (en été, mardi et samedi également). Atelier enfant.

Il y a *Charlie et la chocolaterie*, mais il existe aussi « Nathalie et la confiserie ». Le nez collé à la vitrine de Lady Nath, on se prend à rêver devant tant de douceur. Nougatines, nougats, meringues, sucettes, caramels… tout rappelle les odeurs de l'enfance. On craque devant les jolis berlingots pastel aux cinquante parfums… Nathalie n'a pas oublié de rapporter de la côte, où elle était installée, la recette locale et ancestrale de la fameuse Gui-Gui, un bonbon moelleux et collant, délicatement torsadé autour d'un bâtonnet. Ici, tout est fabriqué à l'ancienne !

OLIVIER DESCHAMPS

9, rue Saint-Patrice
✆ 02 31 21 55 07
www.chocolatier-deschamps.fr
Du lundi au samedi 9h-12h30 et 14h30-19h, dimanche 9h-12h30.

L'adresse déplace les gourmets. David, spécialiste « chocolats-pâtisseries-macarons », nous fait fondre de plaisir. « Ici c'est pour les toqués du chocolat » ! Et ici, tout, mais absolument tout, est fait maison, avec pour spécialités : la pomme au calvados enrobée de sucre candi, le chocolat du Pays d'Auge (ganache pomme façon Tatin), les glaces, les verrines, les pâtes de fruits (délaissées à tort, les confiseries de nos grands-mères reviennent avec un naturel rassurant), la pâte à tartiner… On ne résiste pas. Alors à vos tablettes ! De chocolat, bien sûr.

ESPACE CULTUREL E. LECLERC

Boulevard du 6-Juin
✆ 02 31 92 36 04
www.e-leclerc.com/bayeux
Du lundi au samedi 9h-20h.

Bienvenue dans ce temple du divertissement ! Cet espace culturel promet une belle sortie en famille à prix abordables. Une bonne idée pour se changer les idées, faire ses achats culturels et pourquoi pas (c'est même quasi-certain) repartir avec de jolies curiosités imprévues. Des plus jeunes aux plus âgés, chacun y trouvera son bonheur : lecture, coin numérique (ordinateurs et tablettes), DVD... Si vous ne trouvez pas ce que vous étiez venu chercher, il est possible de commander.

LE SAUMONIER BAYEUX

13, rue de la Résistance
✆ 02 31 22 59 91
www.lesaumonier.fr/le-saumonier-bayeux
Du mardi au samedi 14h30-18h30. Visite gratuite en juillet-août : mardi et jeudi à 17h.

L'endroit n'est pas forcément facile à trouver, mais une fois arrivé, on ne l'oublie plus, guidé par une odeur de bois de hêtre, qui cache un savoir-faire artisanal. Ici, Jean-Marc Ledot pratique le métier de saurisseur. Comprendre le filetage, le salage, le fumage à la ficelle, le tranchage à la main des poissons les plus fins. Fleuron de la maison, le pavé de saumon Flacky : un saumon d'Écosse Label Rouge qui, une fois paré et désarêté sur peau, est cuit et fumé simultanément. Maquereau, hareng, haddock se prêtent aussi bien à l'opération, un régal.

BALADE DES BORDS DE L'AURE

Au départ du practice de golf ou du parking d'Ornano.

Passionnés de rando et amoureux du patrimoine se rejoignent près du parking d'Ornano pour une balade d'environ 4 km entre ville et campagne, avec l'Aure pour fil conducteur. La promenade ombragée et judicieusement agrémentée de bancs et passerelles est, non seulement l'occasion de voir de plus près d'anciens lavoirs et moulins restaurés, mais aussi d'admirer sous un autre angle quelques fleurons du patrimoine bayeusain : cathédrale Notre-Dame, pont des Tanneurs, moulin Renard…

ARROMANCHES-LES-BAINS ★★

On prend ici réellement la mesure de ce qu'a pu être le Débarquement. En découvrant depuis la falaise les vestiges du port provisoire, en balayant son étendue, on est submergé par l'immensité de la tâche et on réalise le prix de la liberté. Quand la mer s'entoure de brume, on croit voir jusqu'aux fantômes du passé… Le musée du Débarquement d'Arromanches est le plus ancien musée français sur ce thème. Sa plage et ses barges échouées à marée basse, ses rues, stèles, chars et canons, figés dans le temps, racontent juin 1944. Mais la cité version XXIe siècle, c'est avant tout une charmante station balnéaire dotée de curiosités et d'excellents restaurants.

© JENIFOTO - SHUTTERSTOCK.COM

Arromanches-les-Bains.

ARROMANCHES 360 ★★

Chemin du Calvaire
© 02 31 06 06 44
Haute saison : tous les jours 9h30-18h. Horaires restreints le reste de l'année. Adulte 6,50 €. Tarif réduit 5,50 €.

Le cinéma circulaire d'Arromanches est remarquable à tous les égards. Outre son panorama sur les plages du Débarquement, le film « Les 100 jours de Normandie » est exceptionnel. Fruit du travail des auteurs de la série *Apocalypse, La Seconde Guerre mondiale*, ce documentaire de 19 minutes raconte la bataille de Normandie à travers un montage d'images d'archives du monde entier, inédites pour la plupart. Prévoyez un peu de temps après la séance pour vous remettre de vos émotions et vous offrir un petit pèlerinage sur les lieux des événements, tout proches.

LIBERATORS MUSEUM - NORMANDY 1944

9, rue du Colonel-René-Michel
© 02 14 08 60 98
arromanchesbnb.com/museum
De mi-avril à mi-septembre, tous les jours 9h30-18h. 4 €.

Il était une fois un jeune flamand de 12 ans, Floris Kok, qui préférait les plages du Débarquement à Disneyland… 3 000 courriers et 10 années de recherches et rencontres plus tard, en 2012, le garçon devenu grand a ouvert son musée des vétérans à Arromanches. Pour rendre hommage à son grand-père, membre de la résistance hollandaise pendant la Seconde Guerre mondiale, à son arrière-grand-père, soldat des tranchées en 14-18. Derrière chaque souvenir se trouve un homme et son histoire.

MUSÉE DU DÉBARQUEMENT ★★★★

Place du 6-Juin-1944 © 02 31 22 34 31
www.musee-arromanches.fr
Mai, juin, juillet, août : 9h à 19h. Horaires plus restreints le reste de l'année. Gratuit jusqu'à 6 ans. Adulte 8,20 €.

Érigé sur le lieu historique du port provisoire, dont les vestiges émergent encore à quelques milles du rivage, le musée du Débarquement fut voulu par Raymond Triboulet, premier sous-préfet de la France libérée. Inauguré le 5 juin 1954 par le président de la République, René Coty, ce musée est le premier centre de commémoration du 6 juin 1944 et de la bataille de Normandie.

La visite, pédagogique et adaptée à tous (adultes ou enfants), s'inscrit dans un devoir de mémoire au plus proche des événements. Des écrans géants aident à une meilleure perception cinématographique. Les visites commentées qui retracent avec fougue la fantastique histoire du port artificiel d'Arromanches (grâce aux maquettes animées) complètent l'animation audiovisuelle disponible en neuf langues. Le hall des alliés met en lumière toutes les composantes des corps d'armée qui ont participé aux combats, ainsi que toutes les différentes nationalités ayant participé au débarquement du 6 juin 1944. Composé d'archives exceptionnelles, le film de l'amirauté britannique, qui porte à la fois sur la construction du port (afin de garantir le ravitaillement des troupes débarquées) et la traversée de la Manche par les alliés, apporte, lui aussi, une explication très didactique.

Pour ceux qui désirent repartir avec un souvenir ou un ouvrage, le passage par la boutique du musée est là pour ça. Livres, maquettes, affiches, vidéos, stylos ou porte-clés, le choix est vaste. Pour ne jamais oublier, quoi que l'on fasse et où que l'on se trouve.

D DAY AVIATORS €€

9, rue Louis-Hudebert ✆ 06 78 80 50 78
www.ddayaviators.com
Chambre double 115 €. Petit déjeuner inclus (de 8h à 10h). Parking : 10 €. Tour en jeep organisé sur demande.

Installées dans une ancienne bâtisse remise en l'état par les propriétaires, ces chambres d'hôtes ont su garder leur caractère authentique. Les chambres, tout confort, possèdent un coin kitchenette. Le petit déjeuner est très complet et on note avec joie sur la table un plateau de bons fromages de Normandie. Enfin, on note l'aspect muséal puisque les propriétaires des lieux en ont profité pour exposer leur collection de pièces aéronautiques de la Seconde Guerre mondiale. Photos, cartes, hélices, cela aurait en effet été dommage de garder toutes ces pièces cachées.

LES BAINS D'ÉTÉ €€

8, cale Neptune
✆ 02 31 10 05 71
De mardi à jeudi 11h-19h, de vendredi à dimanche 11h-21h. Planches à partir de 8 €. Bagel (copieux) + dessert : 12,50 €.

Que diriez-vous d'un apéro avec vue sur mer, dans un lieu vraiment sympa, autour d'une planche fromagère ? Forcément, on dit oui ! Surtout que ces Bains d'Eté sortent du lot. Installé en 2019 à deux pas de la plage, le lieu mérite que l'on s'y arrête, que l'on s'y attarde plus exactement. Car si vous êtes plutôt becs sucrés, les gâteaux, tartes et gourmandises maison seront parfaitement accompagnés d'un café bio. Ou l'inverse. Et pour le côté salé, il faudra choisir entre les généreux bagels ou les planches apéritives. C'est bon, décalé, allez-y les yeux fermés !

LES P'TITES ASSIETTES €

6, rue Maurice-Lithare
✆ 02 31 22 36 05
www.lemulberry.fr/restaurant
Du lundi au samedi soir (ouvert le midi sur demande). Menus de 22 € à 31 €. Menu enfant 12,50 €.

Aux P'tites Assiettes, le restaurant de l'Hôtel Mulberry, les talents culinaires de Sophie n'en finissent pas de s'affiner tandis que l'accueil de Christian est un modèle de jovialité. Leur « ici, on fait la cuisine qu'on aime » est chaque année confirmée et les amateurs de bonne chère ne s'y trompent pas. Il faut d'ailleurs réserver pour avoir la chance de déguster le foie gras maison, l'aile de raie à la crème d'Isigny et citron vert, les Saint-Jacques en saison ou le filet de bœuf au livarot. Le tout pour un prix très abordable et adapté à tous les appétits.

ARROMANCHES MILITARIA

11, boulevard Gilbert-Longuet
✆ 02 31 21 51 04
www.arromanchesmilitaria.com
Du lundi au samedi 10h-19h (tous les jours 10h-20h en été).

De l'authentique et rien que de l'authentique : besaces qui ont vraiment fait le Débarquement, rangers usées sur les chemins du bocage normand, douilles d'obus, brassards allemands, cigarettes américaines, on en passe et des émouvantes... Plus qu'une boutique, c'est un véritable musée, et gratuit ! Pascal, le propriétaire, est incollable et peut vous parler des heures avec un enthousiasme communicatif. Il vous apprendra tout sur la passion de Goering pour le coca-cola... d'où la naissance de Fanta. Vous ne voyez pas le rapport ? Alors, rendez-vous à Arromanches !

LONGUES-SUR-MER

Longues-sur-Mer domine l'océan du haut d'une falaise, position idéale où les Allemands ont installé une batterie de quatre canons de 152 mm. Le 6 juin 1944, dès 5h30, plusieurs croiseurs et un cuirassé pilonnent la position. Mais quand la flotte de débarquement se présente au large, la batterie ouvre le feu à son tour. Le HMS Ajax réplique au large. Les canons allemands tirent jusqu'à 17h. La batterie de Longues-sur-Mer se rend aux Britanniques le lendemain avec les 184 hommes de la garnison. Entre mer et campagne, bocages et falaises, abbayes et productions cidricoles, Longues-sur-Mer, c'est aussi un condensé de Normandie qui vous attend.

ABBAYE SAINTE-MARIE ★

17, rue de l'Abbaye
✆ 02 31 21 78 41
www.abbayes-normandie.com
Visite de mi-avril à début août, du mardi au samedi 14h-18h. Gratuit - de 18 ans. Adulte 5 €. Possibilité d'hébergement.

Située à l'entrée du village en venant de Bayeux, cette ancienne et imposante abbaye fut édifiée en 1168 par Hugues Wac, descendant d'un compagnon de Guillaume le Conquérant. La plupart des bâtiments que nous voyons aujourd'hui datent des XIIIe et XIVe siècles. Dans le réfectoire, on peut voir les pierres tombales des seigneurs d'Argouges et une belle collection de carreaux émaillés du Pré-d'Auge. On visite également un ravissant jardin monastique. En 2019, l'abbaye a reçu la visite de Stéphane Bern à l'occasion de la deuxième édition du loto du Patrimoine.

BATTERIE ALLEMANDE DE LONGUES-SUR-MER ★★

39, rue de la Mer ✆ 02 31 21 46 87
bayeux-bessin-tourisme.com
Visite guidée en semaine en juillet-août. Le week-end au printemps et en automne. Horaires variables. 5 €. Enfant 3 €.

Le charmant petit village de Longues-sur-Mer, perché sur de hautes falaises, était propice à recevoir des canons. Et les Allemands ne s'y sont pas trompés en y installant une redoutable batterie. Edifiée en 1943, elle ne fut, en fait, jamais achevée pour cause de bombardements alliés qui redoublèrent à l'approche du D-Day. Située entre les plages britanniques et américaines, cette batterie est composée de quatre casemates et d'un poste de direction de tir parmi les mieux conservés d'Europe. Il s'agit là de l'unique batterie du mur de l'Atlantique à avoir conservé ses canons. Les plus cinéphiles d'entre vous reconnaîtront certainement le poste de commandement où a été tournée une scène du *Jour le plus long* : lorsqu'un officier allemand découvre avec effroi l'immense flotte alliée sortant du brouillard. Aujourd'hui, sur ce site venteux et très sauvage, la promenade est saisissante. On distingue, à l'ouest, le port artificiel d'Arromanches et, à l'est, la plage d'Omaha Beach.

À noter que le site est en accès libre et gratuit tout au long de l'année. Les visites guidées sont, évidemment, très enrichissantes pour ajouter une pièce au puzzle. Et d'ici 2023, il est prévu que les chemins de visite autour de la batterie soient rénovés avec un circuit sur l'histoire et la biodiversité du site.

Enfin, pour prolonger la découverte, si vous continuez la route de la batterie, vous arriverez sur une petite plage de galets appelée Le Chaos, où l'eau est couleur lagon.

PORT-EN-BESSIN-HUPPAIN ★

Quel beau petit port de pêche, niché entre ses falaises, sortes de gardes du corps ! Toute l'année, ses quais s'animent de l'effervescence du retour des chalutiers. Ses petits restaurants de poissons et fruits de mer émaillent le port et les ruelles adjacentes. Lieu gourmand lors de la fête de la coquille Saint-Jacques, reine de novembre. Solennel lorsque les chalutiers ornés de fleurs célèbrent la bénédiction de la mer en août. Pittoresque du côté de la porte-écluse et du pont tournant, où le ballet des bateaux est un vrai spectacle. Émouvant enfin, au bout des jetées de l'avant-port, quand le regard embrasse la pointe du Hoc et le port d'Arromanches.

MUSÉE DES ÉPAVES SOUS-MARINES DU DÉBARQUEMENT ★

L'Epinette ✆ 02 31 21 17 06
De juin à septembre, tous les jours 10h-13h et 14h-19h. En mai, week-end et jours fériés. 7,50 €.

A proximité de Port-en-Bessin, voici un lieu pour les passionnés de plongée sous-marine et d'histoire. Objets personnels, vestiges issus de grands navires de guerre coulés pendant ou après le 6 juin 1944, et remontés au gré de 25 ans d'exploration des fonds marins normands, reprennent vie. Leur histoire est reconstituée, expliquée, ce qui permet aux visiteurs d'établir une proximité avec les femmes et les hommes qui ont côtoyé ces objets et vécu ce conflit de l'intérieur.

Batterie allemande de Longues-sur-Mer.

CAMPING PORT'LAND €

Chemin du Castel
✆ 02 31 51 07 06
www.camping-portland.fr
Ouvert de mars à novembre. Emplacement à partir de 29 €. Mobil-homes à partir de 76 €. Restauration. Animations.

Ambiance chaleureuse et conviviale dans ce camping avec accès direct à Port-en-Bessin. A la piscine couverte, chauffée et découverte aux beaux jours, s'ajoute une piscine d'extérieure avec mini-plage et toboggan. Mais le vrai plus ici, c'est la vie au camping. Christophe et Valérie débordent d'imagination pour vous amuser non-stop. Couples, familles, passionnés de nature ou de pêche (ou les deux), ce lieu est fait pour tous . Bref, Port'land c'est la référence et la valeur sûre. Inutile de préciser qu'il est hautement conseillé de réserver.

LA CHENEVIÈRE €€€

Escures-Commes
✆ 02 31 51 25 25
www.lacheneviere.com
Ouvert de mars à novembre. Chambre double à partir de 220 €. Petit déjeuner 25 €.

Ici tout est luxe, calme et sérénité... La Chenevière est un château du XVIIIe reconverti en un superbe hôtel mêlant rigueur classique et confort moderne. Entièrement restauré, il abrite une table gastronomique, Le Botaniste, orchestrée par le chef Didier Robin, un inconditionnel des produits fermiers normands qu'il travaille avec passion. Avant ou après dîner, le Zanzibar est un autre bel endroit pour siroter un cocktail. Que dire désormais, sinon que rien ne manque, jusqu'aux promotions pour goûter à la vie de château et croquer la pomme en ce jardin d'Eden.

PAYS DU BESSIN - BAR À FRUITS DE MER €€

Quai Félix-Faure
✆ 06 13 31 02 36
Ouvert de Pâques à novembre, selon météo. Réservation recommandée. Poisson du jour 10 €. Assiette de la mer 25 €.

Embarquez à bord d'une ancienne vedette amarrée au quai, reconvertie en restaurant-bar à huîtres. A la barre, Fabrice et Virginie, un couple aussi dynamique que sympathique. On se régale d'un plateau de fruits de mer ou d'une brochette de coquilles Saint-Jacques à la plancha. Bref, une escale flottante et gourmande. Un seul laissez-passer : la bonne humeur, passagers ronchons s'abstenir. Le capitaine l'a décidé et le règlement, c'est le règlement ! A l'abordage !

LE PETIT JARDIN €€

Château la Chenevière ✆ 02 31 51 25 22
www.restaurantlepetitjardin.com
De mars à décembre, du jeudi au lundi, midi et soir. Formules du midi de 19 à 24 €. Le soir, à la carte, 45 € environ.

Quel joli moment on vit dans ce Petit Jardin romantique et bistronomique ! La cuisine saine et parfumée du jeune chef Hugo Genty tourne autour des légumes du potager du domaine, cultivés en permaculture. C'est un havre charmant où les heures s'écoulent paisiblement. Sous la verrière ou devant la piscine, on aimerait que le temps s'arrête dans ce décor idyllique, avec nappes blanches, parfums de fleurs et chants d'oiseaux. « Un jardin, même tout petit, c'est la porte du paradis » (Marie Angel). Magique, à une demi-heure de Caen et à cinq minutes de Bayeux !

LA COMPAGNIE ORDINAIRE DE LA MER

6, rue de Bayeux
✆ 07 77 22 24 70
www.compagnie-mer.com
Boutique : week-end et jours fériés de 11h à 19h. Restauration : brunch le dimanche à partir de 20 €, sur réservation.

Voici une caverne d'Ali Baba pleine de fraîcheur, tenue par les Filles du Bord de Mer® qui ont, décidément, plusieurs cordes à leur arc. Temple de la décoration où les deux acolytes, Astrid et Laurence, prodiguent conseils et suggestions à tous ceux qui ont envie d'égayer leur maison. Et ce n'est pas tout : la gourmandise a aussi sa place, ici, avec une sélection de produits locaux (d'ici ou d'ailleurs), caves et productions fermières. Le dimanche, c'est place au brunch.

LE JARDIN DE DEUX'MAIN

Lieu-dit Escures ✆ 07 86 84 81 22
legumes-deuxmain.jimdo.com
Vente sur place le mardi de 16h30 à 19h30. Commandes possibles avec livraison en point relais.

Prenez le temps de flâner et de humer la campagne avant de plonger vers Port-en-Bessin. Au lieu-dit Escures, sur la petite commune de Commes, faites une halte chez Guillaume. Passion et amour, agroécologie, maraîchage sans labour et sur sol vivant, agroforesterie, permaculture sont les engrais de sa philosophie et de ses trois hectares de jardin. Le résultat : des fruits et légumes au goût savoureux. Le maraîcher est à l'image de son jardin : délicat et généreux. N'oubliez pas, non plus, les bons œufs tout frais de sa mini-ferme.

CREULLY

Cette petite ville médiévale a connu son heure de gloire entre le XIIe et le XVe siècle, alors que la puissance des barons de Creully atteignait son apogée. De cette époque datent les plus belles réalisations à découvrir dans le village : le château fort, l'église Saint-Martin et les anciennes halles voûtées abritant aujourd'hui l'Hostellerie Saint-Martin. Les XVIIe et XVIIIe siècles ont également marqué Creully de leur empreinte, comme en témoignent les hôtels particuliers et les anciennes échoppes qui parsèment le centre. Bon à savoir, un plan du village avec ses points d'intérêt est disponible à l'office de tourisme, situé place Paillaud.

ASNELLES

Moins fréquentée que sa voisine Arromanches, la station balnéaire d'Asnelles possède un caractère plus sauvage. Sa grande plage de sable fin, paradis du char à voile, a vu débarquer les Anglais le 6 juin 1944 à 7h25, premier régiment britannique à fouler le sol de Normandie ce jour-là ! La guerre a quelque peu défiguré « Asnelles-la-Belle-Plage », telle qu'on la baptisait à la Belle Époque, quand ses villas et son casino lui donnaient des airs de petite Trouville. Une flânerie dans le village mène sur les traces de Guillaume, en suivant la Sente au Bâtard, avec ses maisons en pierre de Creully. Et ne passez pas à côté d'Asnelles-la-Gourmande !

CALVADOS

CHÂTEAU DE LANTHEUIL

LANTHEUIL ✆ 06 49 76 58 29
www.domaine-chasse-turgot.com
Du mercredi au lundi 14h30-18h30. Jardin 6 €, gratuit pour les moins de 7 ans. Promenade en 4x4 : 10 €, sur réservation.

Joyau du patrimoine du Bessin, le superbe château de Lantheuil, au cœur d'un domaine d'exception, fut célèbre pour les parties de chasse organisées par le marquis Turgot, grand argentier de Louis XVI. Aujourd'hui, les salons historiques sont ouverts à la visite et ce sont les propriétaires, descendants de Turgot, qui content les souvenirs de famille. Classé monument historique avec son architecture du XVIIe siècle, ce domaine promet un moment enchanteur, aussi grâce à ses jardins à la française. Des balades en 4x4 dans les bois du domaine sont également proposées.

HOSTELLERIE SAINT-MARTIN €€

6, place Edmond-Paillaud ✆ 02 31 80 10 11
hostelleriesaintmartin.com
Chambre double 67 €. Petit déjeuner 8 €. Parking. Restauration.

L'hôtel d'Alain Legrand est situé dans les anciennes halles voûtées de Creully datant du XIIIe au XVIe siècle. Inutile de vous dire que la salle de restaurant est tout simplement magnifique. Un escalier tournant en pierre mène à l'étage où se trouvent 12 chambres (double, triple, familiale) modernes, confortables et sobrement décorées de mobilier ancien. Idéal pour une halte gastronomique (n'oubliez pas de passer à table !), pour un séjour prolongé à la découverte du Bessin. Une adresse que l'on aime partager avec les amis et où l'on aime prendre pension.

LA CALE €€

28, rue de Southampton
✆ 02 31 21 48 78
restaurant-lacale.fr
Tous les jours, midi et soir en été. Réservation recommandée. Menus de 29,50 € à 42,50 €. Formule du midi 12,50 €.

Entre deux dégustations et une visite mémorielle, cap sur La Cale. Formule du midi, menus ou carte plus élaborée, les goûts et les couleurs sont dans l'assiette, tout simplement habillés de leurs arômes. Foi de testeur futé (et normand), un déjeuner d'excellence pour à peine plus d'un billet de dix, c'est rare ! Et succulent ! Goûtez l'assiette du Père Marie (trois poissons et trois sauces) ou la bourride de poissons de côte. « Si les cuisiniers commencent très tôt et finissent très tard, c'est parce qu'ils travaillent avec des produits frais ».

MAISON VIVIER

Chemin des Roquettes - MEUVAINES
✆ 02 31 22 04 87
Du lundi au vendredi de 8h à 12h et de 14h à 18h, samedi de 8h à 12h30 et de 14h à 18h30, dimanche de 8h à 12h30.

Un producteur d'huîtres à suivre de près ! Au pied de la Côte de Nacre, sur le site ostréicole de Meuvaines-Asnelles, la Maison Vivier chérit ses huîtres spéciales depuis 1996, mais est aussi spécialisée dans le fumage du saumon et de la truite. Dans son magasin de vente directe, huîtres, poissons fumés et homards vous attendent, de la mer à l'assiette. Vous pouvez les retrouver à la Ferme du Home à Varaville le vendredi soir et à la Ferme du Bel Air à Saint-Pierre-sur-Dives les 1er et 3e week-ends du mois. Enfin, des plateaux d'huîtres ouvertes sont à emporter.

© WWW.CALVADOS-TOURISME.COM

Chars à voile sur la plage d'Asnelles.

LES SABLÉS D'ASNELLES

2, place Alexandre-Stanier ✆ 02 31 22 18 57
www.sables-asnelles.fr
Du mardi au samedi 9h30-12h30 et 14h-18h. Visite gratuite du Labo sur réservation (durée 20-30 minutes). Salon de thé.

Authentiques et courus, les sablés d'Asnelles font le régal des générations depuis qu'en 1904, Charles Bansard eut la bonne idée de les inventer. La biscuiterie, où l'odeur des gâteaux enivre, perpétue la tradition de ce petit délice à 18 dents, fondant et croquant. En 2020, un beau salon de thé est venu s'ajouter à la liste des gourmandises, pour apprécier d'autres valeurs sûres comme la tarte aux pommes ou le flan, pour lesquels on se déplace de loin. Demandez les « biscuits cassés » et vous ferez des heureux à petit prix. Mais chut... ça, c'est un secret futé !

GOLD BEACH ÉVASION

2, avenue Maurice-Schumann ✆ 02 31 22 75 80
www.goldbeachevasion.com
Ouvert du mardi au dimanche. Quad mono : 1h, 55 €. Quad duo : 40 €. Jeep : 1h, 40 €. Kayak : 2h, 41 €.

Halte énergique pour amateurs d'évasion. Parcourir les plages du Débarquement est toujours empreint d'émotions. Grâce à Aurélien et Valentin, leur visite est accompagnée de sensations sportives. Notre duo propose, en toute liberté ou accompagnés, des randonnées en quad ou en jeep. Une heure avec arrêt photos ou deux heures, destination les falaises de Tracy-sur-Mer, le port artificiel et la batterie de Longues-sur-Mer, ou trois heures avec, en plus, le cimetière américain d'Omaha Beach. Un accueil sans chichi, des journées pleines de surprises et de bonne humeur.

CRÉPON

Au cœur du Bessin, à quelques kilomètres des plages du Débarquement, Crépon est un charmant village d'environ 200 habitants. Son patrimoine architectural composé de manoirs, fermes fortifiées et d'une majestueuse église du XIIe siècle attire de nombreux visiteurs. A juste titre, et à votre rythme, il fait bon flâner à Crépon loin de l'agitation de la côte. Et si la pluie est de la partie, raison de plus pour pousser la porte d'une maison au savoir-faire indéniable, H20 Parapluies. Une fois votre parapluie personnalisé en main, vous aurez envie de faire les beaux à la Ferme de la Rançonnière, une demeure de caractère du XIIIe siècle.

FERME DE LA RANÇONNIÈRE €€

Route de Creully-Arromanches ✆ 02 31 22 21 73
www.ranconniere.fr
Chambre double à partir de 75 €. Petit déjeuner 13 €. Restaurant gastronomique, menus de 32 € à 44 €.

Il y a du nouveau à la Rançonnière. Depuis février 2020, Mélissa Pasquette est la nouvelle propriétaire de cette seigneurie du XIIIe siècle où le charme continue d'opérer. Les chambres ne manquent pas de caractère avec leur mobilier d'époque et leurs lourdes charpentes. Le restaurant dresse la table sur le terroir et le fait maison est élaboré en toute simplicité. La force de la maison est de pouvoir s'adapter à tous les budgets, ou presque : que vous optiez pour la Petite Roucoule ou la Suite 4-étoiles, votre séjour sera mémorable.

CALVADOS

PARAPLUIES H2O

7, route de Creully
✆ 02 31 92 89 61
h2oparapluies.com
Du lundi au samedi 9h-18h.

En venant en Normandie, vous n'aurez qu'un souhait : qu'il pleuve ! Niché au cœur du petit village de Crépon, à 10 kilomètres au sud-ouest de Courseulles-sur-Mer, entre Caen et Bayeux, l'incomparable atelier-boutique H2O, spécialiste de la confection de parapluies haute couture, se porte bien. « L'espérance c'est sortir par un beau soleil et rentrer sous la pluie » : la maison fait sienne la citation de Jules Renard. Créée en 1995 par Martine et Claude Collard, reprise en 2018 par Yves-Charles Boccassini, l'enseigne au port élégant développe, chaque année, quelques nouveautés. Cette fois, le magasin relooké abrite un modèle « so british » : le mât et la poignée courbe sont constitués en une seule pièce en bois très solide et ce montage à l'anglaise lui donne sa spécificité. « I'm singing in the rain, just singin' in the rain » ! Vous n'avez pas fini de chanter : d'autres modèles faits main, du très classique au plus insolite – le Passvent, la Canapluie® (pour la randonnée), le parapluie de golf ou, encore, le « personnalisé » font que le parapluie n'est plus l'anonyme objet qu'on oublie dans un coin. Une visite chez H2O, où la superstition n'est pas de mise face au cortège de parapluies ouverts, et vous craquez au point de ne plus vous séparer de votre précieux bien (garanti à vie et réparable), ou d'en gâter vos proches et amis. Une belle idée cadeau « made in Normandie ». Chouette ! « Y'r'pleut ! » Ne partez pas si vite. Ici, il y a, aussi, d'élégantes ombrelles « anti UV ». Ben oui, quoi ! Après la pluie le beau temps !

CALVADOS

MANOIR DE CRÉPON €€

1, rue du Calvaire
✆ 02 31 22 21 27
www.manoirdecrepon.com
Chambre double à partir de 85 €, petit déjeuner inclus. Animaux acceptés. Wifi gratuit.

On se dit qu'il faudrait franchir le porche de ce manoir plus souvent. Voilà une chaleureuse maison qui sort des clichés à la mode. Les fidèles viennent depuis des générations y passer le week-end. C'est vous dire ! Vous serez séduits par l'histoire de cette bâtisse des XVIIe et XVIIIe siècles. Anne Marie vous accueille avec gentillesse et élégance dans le salon. A l'étage, un coin lecture et quatre chambres, desservies par un magnifique couloir. Pas de télévision ici, mais des objets, gardiens du passé. Nous voilà hors du temps.

FONTAINE-HENRY

Entre Caen et Courseulles-sur-Mer, près des plages du Débarquement, ce petit village du Bessin se situe sur la pittoresque Route des Moulins, au milieu d'un vallon en contrebas d'un plateau calcaire. Fontaine-Henry est ainsi quasiment invisible depuis les champs de blé alentour. Pourtant, ses belles maisons et fermes anciennes en pierre de taille méritent une halte, tout comme ses anciennes carrières de pierre, qui ont servi à la construction de nombreux édifices (jusqu'au Royaume-Uni !), et son magnifique château Renaissance qui domine la vallée de la Mue. Classé Monument historique, ce château possède l'un des plus hauts toits de France !

CHÂTEAU DE FONTAINE-HENRY ★★

3, place du Château
✆ 02 31 26 93 67
www.chateaudefontainehenry.com
Parc et château ouverts de juin à septembre, mercredi à lundi 14h-18h30. Visite guidée 8,50 €, toits 15 €, parc 5,50 €.

Ce château de style Renaissance, construit par les Harcourt et classé Monument historique, s'est transmis de génération en génération depuis le XIIIe siècle, jusqu'aux d'Oilliamson. Actuel propriétaire, le marquis d'Oilliamson évoque « un château de la Loire égaré en Normandie ». Visitables sur réservation, ses toits sont d'une hauteur vertigineuse (parmi les plus hauts de France), et la façade ouest illustre quatre styles architecturaux différents. Par ailleurs, on ne compte pas moins de 52 niveaux dans l'ensemble du château, un vrai labyrinthe ! Les salons du rez-de-chaussée abritent une riche collection de mobilier, tableaux, gravures et porcelaines d'époque. On peut également visiter la vaste chapelle seigneuriale des XIIIe et XVIe siècles. Pour la visite guidée, compter au moins trois quarts d'heure. Enfin… si c'est une visite « ordinaire » ! Car si c'est le maître des lieux qui mène la danse, la visite prend une tournure encore plus passionnante, remplie d'anecdotes, des petites et grandes histoires du lieu. Et on perd vite la notion du temps… Plusieurs thèmes de visites sont proposés : à la bougie, destinées aux enfants ou encore sous forme d'un escape game. A vous de choisir !

Bon à savoir, pour goûter à la vie de château, il est possible de loger sur place, dans le parc du château, au sein de l'ancienne sellerie ou de la maison du garde, mais attention, les réservations auprès des Gîtes de France doivent être prises longtemps à l'avance, noblesse oblige !

JUAYE-MONDAYE

Au sud de Bayeux, cette petite commune traversée par l'Aure n'est pas véritablement constituée d'un bourg mais plutôt de hameaux à l'identité marquée, notamment par leurs églises respectives. Depuis le XIIIe siècle, l'abbaye Saint-Martin de Mondaye est installée dans la verte campagne du Bessin. A l'ombre de Saint-Norbert, son fondateur, la communauté de chanoines blancs traverse le temps. Cette communauté de religieux de l'ordre des Prémontrés, créé au XIIe siècle, ne veut pas rester à l'écart du monde et accueille, pour cela, des milliers de visiteurs chaque année. Parmi eux, bon nombre viennent y faire une retraite, une parenthèse dans leur vie.

ABBAYE SAINT-MARTIN DE MONDAYE €

✆ 02 31 92 58 11

www.mondaye.com

Pour toute prévision de séjour, pour tout renseignement, s'adresser au frère hôtelier. Visite guidée de l'abbaye : 5 €.

Fondée en 1215, l'abbaye de Mondaye abrite toujours une communauté de chanoines de l'ordre des Prémontrés. Constitué d'une ferme, de bâtiments conventuels et d'une abbatiale, l'ensemble offre une architecture aux proportions particulièrement harmonieuses et régulières. Dans le calme et le silence, il est possible d'y séjourner pour un temps de retraite ou de repos. L'hôtellerie de l'abbaye dispose de 24 chambres et d'un magnifique jardin propice à la sérénité.

TILLY-SUR-SEULLES

Située au sud-est du Bessin, à une bonne dizaine de kilomètres de Bayeux, Tilly-sur-Seulles, et ses 1 722 habitants, appartient depuis le 1er janvier 2017 à la communauté de communes Seulles Terre et Mer. Meurtrie pendant la Seconde Guerre mondiale - libérée et reprise 23 fois ! -, la commune conserve une grande richesse historique et demeure un village dynamique et convivial. Parmi ses sites inscrits au titre des monuments historiques, on trouve la chapelle Notre-Dame-du-Val, qui abrite le Musée de la Bataille de Tilly, l'église romane de Saint-Pierre, datant du XIe siècle, ainsi qu'un joli pont médiéval qui surplombe la Seulles.

MUSÉE DE LA BATAILLE DE TILLY

18, rue du 18-Juin-1944

✆ 06 07 59 45 02

www.tilly1944.com

De mai à septembre, tous les week-ends et jours fériés 10h-12h et 14h-18h. 4 €. Gratuit jusqu'à 12 ans (et vétérans).

Bourg florissant avant-guerre, situé à un carrefour stratégique qui n'échappa pas aux Alliés comme aux troupes occupantes qui s'y livrèrent d'âpres combats à l'été 1944. Le village, théâtre d'une bataille sanglante, fut pris et repris 23 fois en 10 jours avant sa libération finale. Quasiment rayée de la carte, la commune fut reconstruite, tout comme l'ancienne chapelle du XIIIe siècle qui abrite ce musée qui vaut le détour. Un témoignage riche et poignant.

CALVADOS

Château de Fontaine-Henry.

VER-SUR-MER

La petite station balnéaire de Ver-sur-Mer, située juste entre Gold Beach et Juno Beach, a vu les Anglais débarquer le 6 juin 1944 pour la libérer. Mais la plage de Ver avait été, bien avant cela, le théâtre d'une curieuse aventure, celle du crash (sans gravité) du Fokker America assurant la première liaison aéropostale officielle entre les USA et la France. C'était dans la nuit du 30 juin 1927. Le musée Gold Beach rend hommage à la fois à cette traversée aérienne et aux libérateurs de Ver. Dans cette même continuité historique, un majestueux Mémorial britannique, surplombant la mer, ouvrira ses portes au public au printemps 2021.

MÉMORIAL BRITANNIQUE

Gold Beach

Inauguration prévue le 6 juin 2021.

L'inauguration du Mémorial britannique de Ver-sur-Mer est prévue au printemps 2021. Face à la mer, le site, grandiose, rend hommage aux 22 442 libérateurs tombés sous commandement britannique lors de la Bataille de Normandie, au cours de l'été 1944. Les noms des victimes, principalement des soldats, aviateurs et Marines, sont gravés sur des majestueuses colonnes de pierre et des arbres ont été plantés sur ce site emblématique du Débarquement. Le projet est notamment porté par un vétéran, George Batts, et l'association Normandy Memorial Trust, basée à Londres.

MUSÉES AMERICA & GOLD BEACH ★★★

2, place Amiral-Byrd
✆ 02 31 22 58 58
www.goldbeachmusee.fr

Du mardi au samedi 10h30-13h et 14h-18h. 4,50 €. Enfant (de 5 à 16 ans) 2 €.

Gold Beach King (la plage de Ver-sur-Mer, également connue sous le nom de La Rivière) fut endeuillée de 92 morts. Composé de deux histoires différentes, le musée retrace, d'un côté, les 42 heures du premier vol aéropostal entre les États-Unis et la France ; de l'autre, il relate la préparation du Débarquement par les Britanniques, couronnée par l'assaut victorieux des troupes de la 69e brigade de la 50e division. Documents offerts par les vétérans du Jour J à l'appui !

ISIGNY-SUR-MER ★

Beurre, crème et caramel sont les trois mamelles d'Isigny. Normal, au confluent de l'Aure et de la Vire, dans des marais quasi sauvages, pâturent des vaches normandes qui donnent un cru laitier inimitable et introuvable ailleurs. Côté histoire, malgré sa destruction à 60 % pendant la Seconde Guerre mondiale, la ville a conservé un palais du XVIIe siècle, siège de la mairie, ainsi que le magnifique jardin à la française qui l'agrémente. Et pour le conte de fées, il paraîtrait que la famille Disney – celle de Walt – descend directement d'Hugues d'Isigny, l'un des compagnons d'armes de Guillaume. Un square porte d'ailleurs son nom. *It's a small world !*

Outre son riche patrimoine culinaire, Isigny-sur-Mer c'est aussi un port d'embouchure à la longue histoire, où le cours final de la Vire a été canalisé. On le découvre au gré d'une belle promenade entre cale, portes à flots, pontons et son fameux quartier des Hogues (ancien quartier des pêcheurs), aux façades colorées et à l'âme de petit port historique. Ne manquez pas la balade le long des quais jusqu'au confluent de l'Aure et de la Vire, le spectacle est de toute beauté ! Attention, il est cependant déconseillé de tenter la traversée à guet de la baie des Veys, qui, au niveau d'Isigny-sur-Mer, sépare la Manche du Calvados. Guillaume le Conquérant l'a fait pour échapper à ses poursuivants, au temps où il n'était que « le Bâtard », et qu'il n'avait que 19 ans, mais on raconte qu'il a eu beaucoup de chance... Bassin de culture des huîtres d'Isigny et d'Utah Beach, la baie des Veys est un lieu également prisé pour la pêche à pied.

CARAMELS D'ISIGNY - LA GALERIE DU CARAMEL

Rue du 19-Mars-1962
✆ 02 31 51 39 89
www.caramels-isigny.com

Ouvert tous les jours d'avril à septembre, du lundi au vendredi 9h-18h, samedi et dimanche 10h-18h. 3,30 €.

Découvrez les secrets de fabrication de cette institution culinaire normande ! Le bon plan, c'est de faire la visite le matin en semaine pour voir les employés au travail. En prime, un espace est dédié aux produits normands du terroir d'Isigny et de la baie des Veys : crème et beurre d'Isigny, pomme et huître. La visite achevée, il ne vous reste plus qu'à filer à la boutique, Les Halles d'Isigny, située juste à côté du musée. Tout un programme...

STATION 70 - MUSÉE DE LA RN13

Route Nationale - **OSMANVILLE** ✆ 06 74 72 25 15
www.station70.fr
Ouvert le week-end, les jours fériés et pendant les vacances scolaires de 14h à 19h. 5 €. Restauration.

Passionnés de motos et de voitures ? Direction la Station 70, temple de Luc Le Gleuher, collectionneur passionné. Voitures, deux-roues, plaques publicitaires émaillées, cartes routières et autres bijoux de 1920 aux années 80. Cela sent bon les départs vers la mer le long de la Nationale 13, au temps où la route des vacances traversait les villages normands. Une ambiance qui plaira aux nostalgiques, invités aussi dans le petit bistrot à l'ancienne. Bonne humeur et convivialité assurées.

HÔTEL DE FRANCE €€

13, rue Emile-Demagny
✆ 02 31 22 00 33
www.hotel-france-isigny.fr
Ouvert tous les jours, midi et soir. Réservation recommandée. Menus de 14 € à 34 €. Menu enfant : 12 €.

Maryline, Maître Restaurateur, tient de main de maître les rênes de son hôtel-restaurant. Le seul bel établissement d'Isigny-sur-Mer qui nous rappelle les belles, joyeuses et chaleureuses pensions de famille comme on n'en voit plus que rarement. La valorisation de l'ancien relais de poste ajoute au respect des lieux. Au menu du jour, à l'ardoise ou à la carte, on reste dans le traditionnel avec l'escalope de volaille gratinée au pont-l'évêque ou la pièce de bœuf grillée maître d'hôtel. Excellentes, les huîtres d'Isigny et la tarte normande sauce caramel.

AU CAÏEU D'ISIGNY

55, rue du Docteur-Boutrois
✆ 02 31 92 05 81
Du mardi au samedi 9h-12h30 et 15h-19h, dimanche 9h-12h30. Plateaux de fruits de mer sur commande.

Il n'y a pas que le beurre et la crème à Isigny, il y a aussi les huîtres, fines et réputées ! Ce Caïeu en est l'un des meilleurs ambassadeurs. Même si Madame Taillepied est partie en 2020, la qualité des fruits de mer, poissons, coquillages et crustacés, désormais proposés par Loïc et Maxime, reste optimale. Le petit plus du Caïeu, la possibilité de déguster sur place une assiette d'huîtres d'Isigny accompagnée d'un p'tit verre de blanc pour quelques euros ! C'est bon, c'est iodé et ça requinque à toute heure de la journée. Vous allez vous régaler !

CARAMELS D'ISIGNY - LES HALLES D'ISIGNY

Rue du 19-Mars-1962
✆ 02 31 51 66 57
www.caramels-isigny.com
Janvier-février-mars : du lundi au samedi 9h-19h. Tous les jours 9h-19h d'avril à décembre. Boutique en ligne.

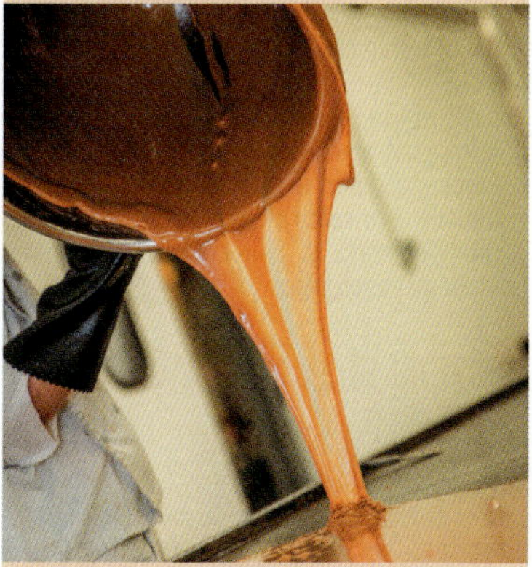

© CARAMELSDYISIGNY

Le temple du caramel ! Où on entre avec des yeux d'enfants. Tendre, croquant, nature, aux pommes, en pop-corn, en nappage, en crème, en pâte à tartiner, c'est LE produit Roi et il se décline sous toutes ses formes. Le choix de caramels, tout juste fabriqués, est surprenant et les prix intéressants. Avec le lait entier, le beurre et la crème AOP d'Isigny, on réalise d'autres merveilles comme la douce glace maison, tout de velours vêtue, on fond ! Par où commencer et, comment s'arrêter ?

LA FROMAGERIE (COOPÉRATIVE D'ISIGNY SAINTE-MÈRE)

2, rue du Docteur-Boutrois
✆ 02 31 10 12 06
www.isigny-ste-mere.com
Du lundi au samedi 10h-13h et 14h-19h (tous les jours et sans interruption en juillet-août).

La boutique de la coopérative laitière d'Isigny Sainte-Mère est l'occasion de faire le plein de fromages (pont-l'évêque et camembert AOC, mimolette extra-vieille Label Rouge...), beurres et crèmes fraîches AOC. Profitez-en pour chiner quelques recettes et dénicher de bonnes choses comme la fondue normande aux trois fromages, aux douces saveurs de cidre et calvados. A ne pas manquer non plus, d'avril à septembre, les glaces maison à l'italienne et à la crème d'Isigny, cela va de soi !

CALVADOS

BALLEROY-SUR-DRÔME

Blottie dans la vallée de la Drôme (un affluent de la Vire), Balleroy – devenue Balleroy-sur-Drôme en 2016 – est une riante commune du cœur du Bessin, située à une quinzaine de kilomètres au sud-ouest de Bayeux et à deux pas de la forêt de Cerisy. Célèbre, essentiellement, pour son château du XVIIe siècle, conçu par l'architecte François Mansart (1598-1666), elle s'enorgueillit également d'une belle église, construite en 1650. En 1970, le magnat américain de la presse, Malcolm Forbes, acquiert le château de Balleroy et y installe un insolite musée des ballons et des montgolfières... A visiter avant ou après le château et son parc.

CHÂTEAU DE BALLEROY ★

Rue du Sapin
✆ 02 31 21 06 76
www.chateau-balleroy.fr

Ouvert d'avril à la Toussaint. Du mercredi au dimanche 10h45-18h (tous les jours en été). Visite guidée du château 7 €.

Château construit en 1631 par François Mansart et classé monument historique depuis 1981. Déjà Baudelaire, ami du marquis de Balleroy, le disait : « Là, tout n'est qu'ordre et beauté, luxe, calme et volupté ». Du monumental escalier aux salons ornés de toiles de maîtres, de la salle à manger décorée de boiseries Régence à la chambre de la Reine Victoria meublée dans le style Louis XVI, la visite est un voyage dans la France de l'Ancien Régime. Elle se poursuit par une balade dans de splendides jardins d'inspiration Le Nôtre et l'insolite musée des Ballons.

FORÊT DOMANIALE DE CERISY

www.reserves-naturelles.org

Maison de la Forêt : du lundi au vendredi de 10h à 13h et de 14h à 18h, samedi et dimanche de 14h à 18h.

Qui l'eût cru, au Moyen Age, la forêt domaniale de Cerisy s'étendait de Bayeux à Saint-Lô ! Aujourd'hui, ses 2 127 ha en font la principale forêt du département. Balisée de nombreux circuits, agrémentée d'un arboretum, elle est classée en zone Natura 2000 et réserve naturelle nationale. La Maison de la Forêt, située au rond-point de l'Embranchement, sur la D10, dispose d'un intéressant espace muséographique gratuit pour tout savoir sur le massif forestier de Cerisy.

OFFICE DE TOURISME ISIGNY-OMAHA

L'Embranchement
✆ 02 31 51 96 56
isigny-omaha-tourisme.fr

Du mardi au vendredi 9h30-12h30 et 14h-18h, samedi et dimanche 14h-18h. Entrée libre.

On adore cet office de tourisme, situé en plein cœur de la forêt de Cerisy, pour ses multiples activités et animations qui témoignent de la richesse du massif forestier. Au programme, des sorties nature ou des randonnées patrimoine, en forêt ou dans la campagne environnante, durant lesquelles différentes thématiques sont abordées (légendes, histoire locale, architecture, artisanat...). A l'automne, place au brame du cerf et à la découverte des champignons.

GRANDCAMP-MAISY ★

Un petit village tranquille du Bessin au caractère maritime bien trempé. Sa flottille de chalutiers, spécialisés dans la pêche côtière (pêche fraîche), et sa situation géographique en font l'un des hauts lieux de la pêche à la coquille Saint-Jacques. Située entre les plages du Débarquement d'Utah et d'Omaha Beach, à deux pas de la pointe du Hoc, Grandcamp est restée dans le cœur des Rangers comme leur « home away from home ». Son éloignement, à la frontière entre le Calvados et la Manche, qui ne rebutait pourtant pas Georges Seurat, Alexandre Dumas ou Emile Zola au XIXe siècle, l'a quelque peu préservée des influences du tourisme moderne.

CENTRE D'ACCUEIL DE LA POINTE DU HOC

CRICQUEVILLE-EN-BESSIN
✆ 02 31 51 62 00

Ouvert tous les jours de 9h à 17h (18h d'avril à septembre). Gratuit.

Le « Visitor Center » de la Pointe du Hoc appartient aux Américains, comme la Pointe du Hoc elle-même. Il est géré par l'American Battle Monuments Commission (ABMC), créée par le Congrès en 1923, qui s'occupe également du Cimetière Américain de Colleville-sur-Mer. Agrandi, fourmillant d'informations sur les événements du 6 juin 1944 et proposant même un film sur le sujet, le centre d'accueil de la Pointe du Hoc est incontournable avant ou après la visite du site.

POINTE DU HOC ★★★

RD514 - CRICQUEVILLE-EN-BESSIN

Accès libre.

À quelques encablures de Grandcamp, le promontoire rocheux de la Pointe du Hoc fait figure de caprice de la nature. Entre ciel et mer à plus de 30 m au-dessus d'une crique encaissée, s'élève la masse imposante d'une falaise devenue célèbre.

Les Allemands y édifièrent une batterie d'artillerie qu'ils voulurent imprenable. Les alliés comprirent son importance stratégique et résolurent d'annihiler cette position dès l'aube du jour J. Mission confiée au 2e bataillon de Rangers commandé par le lieutenant-colonel James E. Rudder. Malgré les bombardements dont les positions ennemies faisaient l'objet, le bataillon dut prendre d'assaut la falaise par grand vent et sous une pluie torrentielle. Armés de simples cordages et échelles, les Rangers firent l'ascension de la falaise en quelques minutes. Au sommet, ils découvrirent un paysage émaillé de crevasses et défiguré par les bombardements. Seuls face à l'ennemi, ils engagèrent un combat qui se révéla terriblement meurtrier. Sur 225, 90 restèrent en vie. Terrible ironie de l'histoire, les Rangers dont la mission consistait à désactiver les canons allemands, découvrirent que les pièces d'artillerie avaient été retirées de la Pointe du Hoc bien avant leur arrivée.

À noter que la visite est enrichie de panneaux ainsi que d'une application pour smartphones. Le Visitor Center quant à lui s'est doté d'une salle de projection. À l'initiative de l'American Battle Monuments Commission, un troupeau de moutons de race lande de Bretagne est en pâture, participant à la sauvegarde naturelle du site.

© JROSSPHOTO - STOCK.ADOBE.COM

LES FLOTS BLEUS €

66, quai Crampon

✆ 09 72 91 03 25

Le midi du mardi au jeudi, vendredi et samedi midi et soir, et dimanche midi. Plats autour de 10 €.

Bienvenue aux Flots Bleus, ceux qui rendent les gens heureux ! Ce bistrot convivial a ouvert ses portes face à la mer en 2019. Derrière sa jolie façade en pierre, l'ambiance est agréable et la cuisine sans chichi, mais copieusement bonne. Aux manettes, François Trévillot, originaire de la commune voisine Géfosse-Fontenay. Au menu, calamars à la romaine à partager, terrine de campagne de la Trappe, cheeseburger (steak de race normande), dos de cabillaud à la normande, financier aux pommes, glace vanille et crème fouettée... Et un rapport qualité-prix indiscutable.

LA FRÉGATE €

Quai Crampon

✆ 02 31 22 62 67

Ouvert de Pâques à fin novembre (Fête de la Coquille), du mercredi au lundi 10h-1h. Menu complet à partir de 25 €.

Cet estaminet ouvert sur la digue passe presque inaperçu. Et pourtant ! Voilà un lieu comme autrefois, tout de bois vêtu, entre fauteuils de cinéma, estrade, tables de bistrot et papier peint au décor coquilles. On y vient pour boire une bière, un verre de vin, un café (calva ou non...), une limonade. On y vient pour manger une cuisine simple et saine. Excellent carpaccio de coquilles Saint-Jacques (vanille, aneth et citron vert) lors de notre visite. Pas de chichi mais du bon. Face à la mer, qu'elle soit pleine ou basse, on respire l'air du large.

LA VÉLOMARITIME GRANDCAMP-MAISY/ VIERVILLE-SUR-MER

Nouveau tronçon qui devrait être ouvert à l'automne 2021.

Tous en selle ! Une nouvelle voie cyclable qui fait partie du grand itinéraire de La Vélomaritime, l'une des plus belles voies vertes de Normandie, est prévue pour l'automne 2021. Ce tronçon d'environ 14 km le long de la côte et des falaises du Bessin permettra de relier Grandcamp-Maisy et Vierville-sur-Mer. Il s'agit du plus long tronçon cyclable réalisé sur le littoral du Calvados par le Département. A terme, il sera possible de relier Honfleur et Isigny-sur-Mer en longeant la côte.

CALVADOS

LA CAMBE

En 1830, une nécropole gauloise est découverte sur le territoire communal. Plus de 3 000 médailles y sont répertoriées. Leur nombre et leur variété attestent l'implantation d'une importante communauté gallo-romaine. En 1944, La Cambe est libérée de l'occupation allemande. En 1954, il est décidé, dans l'accord franco-allemand relatif aux tombes de guerre, d'aménager le site de La Cambe pour en faire l'un des six cimetières de regroupement allemands en Normandie. Le Volksbund Deutsche Kriegsgräberfürsorge (Service pour l'Entretien des Sépultures Militaires Allemandes) s'est chargé de cette tâche. Le 21 septembre 1961, le cimetière a été inauguré.

CIMETIÈRE MILITAIRE ALLEMAND ★★

Les Noires Terres

Tous les jours 8h30-19h. Accès libre.

21 222 militaires allemands, âgés de 18 à 20 ans pour la plupart, reposent ici pour l'éternité. Les tombes se singularisent par de simples plaques et sous le tumulus central (au sommet duquel on peut monter pour embrasser l'étendue des tombes), reposent plus de 200 soldats inconnus. Un centre d'information en mémoire de toutes les victimes de la guerre en Normandie complète la visite. Et parce que le lieu laisse ému, un Jardin de la Paix planté d'érables offre une balade méditative.

SPIRIT OF 1944 €€

Le Lieu Besnard

✆ 02 31 51 07 52

www.spiritof1944.fr

Chambre double à partir de 110 €. Petit déjeuner inclus. Wifi gratuit.

Une chambre d'hôtes à la fois historique et insolite, qui vous replonge dans les années 1940. Patricia et Laurent sont des passionnés de la Seconde Guerre mondiale, et vous en dévoileront tous les secrets. Leurs trois chambres, dénommées « Sir Winston Churchill », « Général Dwight D. Eisenhower » et « Commandant Antoine de Saint-Exupery », sont vraiment raffinées et confortables. L'atmosphère de cette période a été reconstituée avec soin : la décoration est faite de journaux et d'objets d'époque, avec Glenn Miller en fond sonore…

COLLEVILLE-SUR-MER

C'est à Colleville-sur-Mer, surplombant Omaha Beach, que se trouve le cimetière militaire américain et son centre d'interprétation. Le tourisme de mémoire fait partie intégrante de la vie quotidienne. Colleville, la tranquille, fut le théâtre de l'une des opérations les plus sanglantes du Débarquement, immortalisée dans le film *Il faut sauver le soldat Ryan* de Steven Spielberg. Seule une petite partie y fut effectivement tournée, mais pas la moindre, puisqu'il s'agit de la première et de la dernière scène qui se déroulent au cimetière américain, rendu plus impressionnant encore par le travelling découvrant petit à petit l'étendue sans fin des croix.

BIG RED ONE MUSEUM ★★

1459, route d'Omaha-Beach

✆ 02 31 21 53 81

Mars-novembre, tous les jours sauf mardi 10h-12h et 14h-18h (tous les jours 10h-19h en été). Visite libre ou guidée, 5 €

Ce musée n'est pas aussi grand et moderne que les autres connus du secteur. Mais pour nous, c'est LE musée qu'il faut aller voir. On aime y revenir en quête d'une nouvelle anecdote, d'un petit morceau de la Grande Histoire que Pierre-Louis aura encore dénichés. Intarissable, le jeune homme eut un coup de foudre pour la Big Red One (1st US Infantry Division) - l'une des premières à fouler le sable d'Omaha Beach, le matin du 6 juin 1944 -, lors d'un voyage scolaire aux États-Unis. De cette idylle est né le Big Red One Museum. Son musée à lui !

CENTRE DES VISITEURS DU CIMETIÈRE AMÉRICAIN ★★

✆ 02 31 51 62 00

www.normandie-tourisme.fr

Tous les jours 9h-18h (17h de septembre à avril). Visite libre et gratuite. Film toutes les 30 min dans l'auditorium.

Ici, pas d'apologie des tactiques guerrières ou de la victoire pour la victoire, mais plutôt un hommage aux acteurs de la Seconde Guerre mondiale, soldats et civils, honorant leur courage, leur intelligence et leur sens du sacrifice. Une scénographie contemporaine et sobre met en valeur la beauté du propos. Projeté en continu, l'émouvant et pudique *Letters* du réalisateur Max Lewkowicz, retrace l'épopée de cinq jeunes soldats tombés au champ d'honneur. Une visite poignante.

CALVADOS

CIMETIÈRE AMÉRICAIN DE NORMANDIE ★★★★

Omaha Beach
✆ 02 31 51 62 00
www.calvados-tourisme.com
Tous les jours 9h-17h (18h en été). Gratuit.

Avec un million de visiteurs par an, le cimetière américain de Colleville-sur-Mer figure parmi les lieux les plus fréquentés de France. Immense, il s'étend sur près de 70 hectares de pelouse impeccable et domine, depuis une falaise, l'une des plages les plus sanglantes du Débarquement, Omaha Beach, où les troupes américaines subirent les plus grandes pertes humaines.

Territoire autonome sous juridiction américaine inauguré en 1956, le cimetière de Colleville est l'œuvre de l'architecte paysagiste Markley Stevenson. Il est entretenu par l'American Battle Monuments Commission (ABMC), une agence indépendante fondée par le Congrès des États-Unis en 1923. Hymne à la nation américaine et à l'héroïsme de ses soldats, le cimetière abrite notamment une chapelle, un magnifique mémorial, un « Jardin des Disparus », et ne compte pas moins de 9 387 tombes en marbre blanc, croix latines et étoiles de David réunies. Vous remarquerez que les croix sont toutes orientées vers l'ouest, en direction du pays natal. Ce cimetière, comme un morceau des États-Unis en France pour l'éternité...

Un lieu de mémoire certes, mais aussi un lieu de promenade enchanteur, où règnent beauté et sérénité, le cimetière américain de Colleville invite à la contemplation. Bassins à nénuphars, fontaines aux jets harmonieux, douces pelouses, allées d'arbres aux essences rares et variées, tout évoque la paix. Jusqu'au sentier aménagé qui mène à la plage d'Omaha, si tranquille aujourd'hui...

OVERLORD MUSEUM - OMAHA BEACH ★★

Lotissement Omaha Center
✆ 02 31 22 00 55
www.overlordmuseum.com
En été, tous les jours 9h30-19h (10h-18h30 ou 17h30 le reste de l'année). 8,60 €. Enfant 6,50 €.

Situé à Colleville-sur-Mer, à proximité d'Omaha Beach et face au rond-point d'accès du cimetière américain, le musée Overlord, ouvert en 2013, retrace la période du débarquement allié en Normandie jusqu'à la libération de Paris, le 25 août 1944. Autant vous le dire, un musée comme celui-ci, il n'y en a aucun autre sur la côte. Au cœur de ces lieux de mémoire dévolus au débarquement du 6 juin 1944 et à la bataille de Normandie, il est exemplaire de pédagogie. C'est celui qu'a imaginé Nicolas Leloup pour honorer la mémoire de son père, Michel, et mettre en valeur sa collection, minutieusement constituée pendant près d'un demi-siècle sur les lieux des événements. On se sent tout petit au milieu de cet espace, face à ces engins à la taille démesurée, mais réelle (échelle 1), chars, tanks, canons... Les scènes civiles et militaires reconstituées, avec mannequins et objets de la vie quotidienne, sont autant de fils rouges qui nous prennent à témoin. Les fonds sonores restituent ceux de cette période douloureuse. On est impressionné par la collection (10 000 pièces et objets, plus de 35 véhicules, chars et canons pouvant peser jusqu'à 50 tonnes) et la mise en scène grandeur nature qui donne à réfléchir, surtout en ces périodes troublées. On s'attarde également volontiers devant les photos du photographe américain, Ian Patrick : 64 clichés réalisés entre 1984 et 2018, portraits et témoignages émouvants de vétérans, accrochés lors du 75e anniversaire du débarquement.

CALVADOS

Cimetière américain de Normandie, Colleville-sur-Mer.

LE MOLAY-LITTRY

Depuis des temps immémoriaux, l'activité du bourg s'est partagée entre les vallées verdoyantes au creux desquelles se blottissent rivières et moulins, et le travail des mines. Des érudits soulignent ainsi que le nom Molay est un hommage à l'activité première de ses habitants : les moulins, qui jadis s'égrenaient au long d'une multitude de ruisseaux. Dans les années 1980, quelques passionnés s'effrayèrent de voir avec quelle vitesse les moulins inusités tombaient en ruines et décidèrent alors d'ouvrir la Ferme-Moulin de Marcy. Si le moulin possède désormais son musée, il en est de même de l'activité minière, qui disparut au début du XXe siècle.

MUSÉE DE LA MEUNERIE

Ferme-Moulin de Marcy
✆ 02 31 21 42 13
www.ville-molay-littry.fr
De juin à la Toussaint, du mercredi au dimanche 14h-18h. Juillet-août, du mercredi au dimanche 10h-12h et 14h-18h. 5 €.

Installé sur le petit cours de la Siette, affluent de la Tortonne, le Moulin de Marcy, devenu un musée en 1986, est le dernier moulin à eau du Calvados, niché dans un cadre verdoyant. Agnès et Marc, les guides, détaillent le dispositif mécanique encore en place et le savoir-faire des meuniers d'antan avec force démonstration de trémies et meules. Parfois, on peut même assister à la confection de la farine de sarrasin. A ne pas manquer, la roue du moulin refaite artisanalement par deux passionnés, ainsi qu'une collection d'outils anciens restaurés.

MUSÉE DU QUOTIDIEN DE NOS GRANDS-PARENTS

8, rue Durant ✆ 02 31 10 05 42
www.cmlesvignets.com
Visite guidée à 14h30 et 16h tous les après-midi. Gratuit jusqu'à 8 ans. Adulte : 5 €. Enfant (de 8 à 16 ans) : 4 €.

Nous avons tous plus ou moins récupéré des objets ayant appartenu à nos grands-parents. Mais au fil du temps, qui n'a pas dispersé ce patrimoine familial ? On peut dire merci à Magali et Christophe d'avoir précieusement conservé ces gardiens de la mémoire collective. Leur incroyable collection (objets de la vie quotidienne, pupitres d'écoliers, vêtements et couvre-chefs, chaussures et galoches, outils de travail de la ville et des champs) est une rétrospective mêlée de parfums d'antan.

SAINT-LAURENT-SUR-MER

Difficile d'imaginer quand on longe la plage de Saint-Laurent-sur-Mer, si animée l'été, qu'il s'agit de la même Omaha Beach, celle que l'on surnomma « Omaha la sanglante ». Pourtant c'est bien là que quelque 3 000 hommes périrent lors du Débarquement. Des milliers de pertes aujourd'hui commémorées par un musée et de nombreux monuments et vestiges, dont certains encore visibles sur la plage. Mais il ne s'agit là que de l'histoire récente de la commune, au passé aussi riche qu'insoupçonné. On peut en effet recenser une belle église du XIIIe siècle et les vestiges d'un château fort dont les éléments, épars, sont désormais intégrés à la demeure du Prieuré.

PLAGE DE SAINT-LAURENT-SUR-MER

Rue Bernard-Anquetil
Plage surveillée tout l'été par la SNSM.

Cette plage fait partie d'Omaha Beach, qui s'étend sur 6 km de sable fin de Colleville-sur-Mer à l'est, à Vierville-sur-Mer à l'ouest. Une plage historique donc, théâtre du Débarquement en juin 44, mais qui, aujourd'hui, a aussi d'autres histoires à raconter. Comme probablement celles que vous vivrez cet été, entre bronzette et concours de châteaux de sable. Saint-Laurent-sur-Mer est une plage animée et fréquentée en été, où jeux pour enfants et baignade sont les maîtres-mots.

MAISON DE LA LIBÉRATION €

27, rue du Val
✆ 02 31 22 42 96
www.maisondelaliberation.fr
Gîte pour 4 à 6 personnes, de 350 € à 600 € la semaine selon saison.

Ce petit gîte, pour 4 à 6 personnes, est un lieu historique. Il s'agit de la première maison libérée par les Américains au matin du 6 juin 1944. Le propriétaire, issu d'une famille de résistants, a beaucoup à raconter sur le Débarquement. Le gîte, au goût du jour, est très fonctionnel : cuisine équipée, séjour, salon avec canapé convertible et 2 chambres à l'étage. Une cour et un petit jardin clos avec barbecue permettent de profiter des beaux jours. Enfin, les bâtiments jouxtant la maison évoquent les événements du 6 juin et sont ouverts à une visite insolite.

MUSÉE MÉMORIAL D'OMAHA BEACH ★★★

Avenue de la Libération ✆ 02 31 21 97 44
www.musee-memorial-omaha.com
Tous les jours 9h30-18h (jusqu'à 19h30 en été). Adulte : 7 €. Enfant (de 7 à 15 ans) : 4 €.

Scènes vivantes et remplies d'émotions vous attendent dans ce musée, le tout premier ouvert à Omaha Beach. Au gré de recherches approfondies, il se veut au plus près du réel, poussant ses concepteurs à revoir régulièrement la scénographie. Situé à 200 m de la « sanglante » plage d'Omaha, le musée Mémorial d'Omaha Beach, d'une superficie de 1 400 m², est indispensable pour une totale appréhension et compréhension des événements. Tout parle à chacun, même aux enfants et aux adolescents.

VIERVILLE-SUR-MER

A l'ouest du Bessin, à une petite dizaine de kilomètres au nord de Trévières, ce village fait, lui aussi, partie du secteur classé d'Omaha Beach, avec Saint-Laurent-sur-Mer, Colleville-sur-Mer et Sainte-Honorine-des-Pertes. C'est ici, dans cette petite bourgade de Vierville, à fleur de falaises, que furent ensevelis les premiers soldats tombés lors du Débarquement allié du 6 juin 1944. Cette dernière demeure ne fut cependant pas l'ultime, puisque les dépouilles furent transportées au cimetière voisin de Colleville-sur-Mer. Une stèle signale, sur le bord de la route, l'emplacement de cet ancien cimetière improvisé.

L'OMAHA €€

Rue du 116e-Régiment-USA
© 02 31 22 41 46
omaha-restaurant.fr
Tous les jours 12h-18h. Service continu. Menus de 22 € à 27 €. Brasserie et snack.

En dépit d'une carte relativement dense (tartines, salades, fruits de mer, soupe de poisson ou à l'oignon, poissons à la planche, viandes…) et de prix que les ronchons estiment élevés (mais pour eux, tout sera toujours trop cher !), la bonne surprise est au bout de la fourchette. C'est bon et c'est frais. Le service est rapide et souriant, même en période d'affluence (et nous n'avions pas réservé !). Petits plus : le coin souvenir qui propose livres de mémoire et bouteilles du terroir, le jardin, la terrasse couverte et la vue sur mer.

LA SAPINIÈRE €€

100, rue de la 2ème-Infanterie-US
© 02 31 92 71 72
www.la-sapiniere.fr
Ouvert tous les jours, midi et soir, de mars à fin octobre. Carte : 30 € environ.

Un peu comme une maison de vacances, tout en bois et baies vitrées, avec un carré pétanque, une terrasse pour l'apéro, des chaises longues sur la pelouse et une table de ping-pong pour les enfants. Côté cuisine, les plats frais et savoureux sont inscrits à la craie sur un triptyque en ardoise. On se régale de poissons grillés, travers de porc et l'on finit par un dessert maison. On peut accompagner le tout du cidre de la toute proche Ferme de la Sapinière et terminer par une balade digestive sur la plage en face ou sur le sentier qui mène au cimetière américain.

FERME DE LA SAPINIÈRE

12, route de Port-en-Bessin
© 02 31 22 40 51
www.producteur-cidre.com
Du lundi au samedi 9h30 (10h30 basse saison) à 18h30. Visite guidée d'avril à mi-novembre à 10h45 et 15h30 : 3,50 €.

Chemin faisant, ne passez pas à côté de la Sapinière. La visite du domaine, des vergers aux chais, est une immersion passionnante au cœur d'une histoire familiale amoureusement perpétuée depuis six générations. Régulièrement couronnée de lauriers aux concours régionaux, la production offre quatre nectars : le cidre, fleuron de la maison, le pommeau, le calvados et le jus de pomme. A chaque palais son cidre, décliné en quatre cuvées : demi-sec, brut, « Verger du littoral » et en haut de l'affiche, la cuvée spéciale « Rivage du Bessin », star de la Sapinière.

MUSÉE D-DAY OMAHA ★★

Route de Grandcamp
© 02 31 21 71 80
www.dday-omaha.fr
En avril-mai, ouvert tous les jours 10h30-18h30. De juin à août 10h-19h. En septembre 10h30-18h30. 6 €. Snack sur place.

Sur les hauteurs d'Omaha Beach, voici le « hangar-musée » d'un collectionneur passionné. Michel Brissard (aujourd'hui décédé) a passé sa vie à dénicher matériels et objets de toutes sortes, témoins et souvenirs de la Seconde Guerre mondiale. Ici, point de numérique ou autre effet 3D. On reste dans l'authentique d'un héritage, légué à chacun de nous.

Non, vous ne rêvez pas ! Ils sont là, juste devant vous ! Des verres trouvés dans le bunker d'Hitler : à vous donner des frissons ! Attardez-vous devant les décors, la signalétique et les reconstitutions qui, au passage, sont régulièrement modifiées. C'est un musée qui bouge. Détaillez les pièces rares : char Goliath, encodeur Enigma, moto de parachutiste, affaires personnelles de soldats américains, anglais et allemands. A l'extérieur, les péniches LCPV « Higgins Boat », la tourelle blindée allemande de défense côtière et les pièces d'artillerie sont d'autres trésors. Immanquables et impressionnantes, les passerelles flottantes du Mulberry (port artificiel), reconstituées, sont sauvegardées dans le village. Michel Brissard les dénicha, par hasard, dans un entrepôt, en Indre-et-Loire, en 2004. Soixante ans après le 6 juin 1944 ! On vous laisse découvrir le reste et apprécier l'accueil des hôtesses, soucieuses de garder intacte la mémoire du collectionneur. Prenez, aussi, le temps de feuilleter le passionnant catalogue du musée et de son histoire, entretenu grâce au soutien de quelques particuliers et associations locales. On repart avec l'impression de ne pas avoir tout vu.

CALVADOS

Collection extérieure, Musée D-Day Omaha.

L'EMBUSQUÉ €

Route de Grandcamp
✆ 02 31 21 71 80
Ouvert d'avril à septembre. Du lundi au samedi de 10h à 20h.

Sur le site du Musée D-Day, l'EmBusqué est, comme son nom l'indique, un bus reconverti en un lieu de restauration, aussi atypique que sympathique. Burgers garnis et délicieux, frites maison, bagels de saumon fumé, salades colorées, glaces artisanales, soda local, jus de pomme de la toute proche Ferme de la Sapinière... Tout est frais et sélectionné en étroite collaboration avec les producteurs locaux. De quoi faire une pause avant de reprendre le chemin des visites ou de la plage. Sans oublier de monter voir la vue depuis le premier étage. Une belle emBuscade !

BALADES AUTOUR DE TRÉVIÈRES

Départ : Place du Marché

A pied, à cheval ou à vélo, trois promenades autour du marais sont proposées au départ de la Place du Marché. De 6, 7 et 9 km, ces circuits permettent de découvrir les marais de l'Aure et de la Tortonne pour les deux derniers, le Beau Moulin pour le premier. Votre guide de balisage : un héron dont la couleur varie selon le parcours choisi. Le circuit héron jaune, qui quitte la ville vers Formigny, passe par le mont Saint-Pierre offrant un superbe panorama sur Trévières et ses environs.

TRÉVIÈRES

Située à l'ouest de Bayeux et à l'est d'Isigny-sur-Mer, Trévières a vécu le Débarquement de plein fouet. Elle offre pourtant aujourd'hui l'image d'une petite commune fleurie et tranquille, entre terre, mer et marais. La ville abrite deux curiosités : la maison natale de l'écrivain, critique d'art et journaliste Octave Mirbeau (1848-1917), ainsi qu'un monument aux morts de la guerre de 1914-18 figurant une statue de poilu dont le visage a été emporté par un obus en juin 1944. C'est là aussi, à la charnière des départements de la Manche et du Calvados, que commence le Parc naturel régional des Marais du Cotentin et du Bessin, créé en 1991.

ATELIER DE VITRAIL - VINCENT JAILLETTE

22, rue Octave-Mirbeau
✆ 02 31 22 04 88
www.jaillettevitrail.com
Visite uniquement sur rendez-vous. Réservation par téléphone au minimum une semaine à l'avance.

Dans la famille Jaillette, restaurateurs d'œuvres d'art de père en fils, voici Vincent, Maître verrier et Meilleur ouvrier de France. Son atelier est incontournable pour comprendre l'art millénaire du vitrail. On enjambe les sacs de verreries mis au rebut avant de saluer le maître, accaparé par un chef-d'œuvre en péril, genre vitrail de la cathédrale de Bayeux, excusez du peu ! Les étapes de fabrication et de restauration des vitraux vous seront dès lors dévoilées.

CABOURG ★★

Ah Cabourg... Sa plage, son casino, son Grand Hôtel... Dans les années 1850, elle n'est pourtant qu'un modeste village de pêcheurs. Il faut attendre 1861 pour la construction d'un premier hôtel en bord de mer, puis 1892, pour l'acquisition par Charles Bertrand, maire de Cabourg pendant 31 ans, des Grands Etablissements, pour que « La Reine des Plages », ainsi baptisée à la Belle Epoque, gagne ses lettres de noblesse. La commune met du temps à se remettre de la Seconde Guerre mondiale. En 1971, Bruno Coquatrix, alors directeur de l'Olympia et élu maire, restructure la cité balnéaire qui revêt peu à peu ce charme attachant, toujours d'actualité.

La plage de Cabourg.

PROMENADE MARCEL-PROUST 📷 ★

Que serait Cabourg sans sa promenade ? La digue, qui s'étend jusqu'à Merville-Franceville, rend hommage au plus célèbre des pensionnaires de la station balnéaire. Sur près de 4 km, elle est l'une des plus longues promenades d'Europe réservées aux piétons. Construite en 1912, elle demeure par tous les temps, sous parasol ou parapluie, un haut lieu de bavardages et de discrètes déclarations d'amour. On y va pour admirer les magnifiques couchers de soleil sur la baie de Seine, respirer l'air iodé et s'imprégner, à toute heure de la journée, de couleurs uniques.

VILLA DU TEMPS RETROUVÉ 🏛

15, avenue du Président-Raymond-Poincaré
✆ 02 31 06 20 00

Ouverture en avril 2021. A l'heure de la rédaction de ce carnet de voyage, les infos de visite n'étaient pas disponibles

Remontons le temps ! A l'origine, vers 1860, l'architecte Clément Parent érige une somptueuse villa dans le style Napoléon III, baptisée Villa Bon-Abri. Dans les années 1970, Bruno Coquatrix, en tant que maire de Cabourg, invite ses prestigieux invités dans cette villa, qui prend alors une dimension municipale et le nom de Maison des Cités-Unies. Puis, en 2006, l'ancien maire Jean-Paul Henriet transforme les lieux en espace d'exposition et d'accueil pour des associations culturelles. La villa est ainsi appelée Espace Culturel Bruno-Coquatrix.

La longue histoire de ce bel édifice continue en 2021. Puisqu'un musée dédié à la Belle Epoque, son art de vivre, et à Marcel Proust verra le jour au printemps. Vous l'aurez compris, à cette occasion, la villa change à nouveau de nom ! Un nom évocateur : la Villa du Temps Retrouvé. Lieu d'un genre inédit, l'espace muséal proposera aux visiteurs d'explorer la Belle Epoque sous toutes les coutures, au travers de ses œuvres, ses illustres personnalités, ses mœurs, ses coutumes, ses innovations et ses révolutions. A l'exposition permanente s'ajouteront des expositions temporaires, en partenariat avec d'autres grands musées, qui présenteront les aspects culturels de cette faste période. Sans oublier le jardin, aménagé selon les usages de la Belle Epoque, la boutique et le café. Pour un véritable voyage dans les années 1900. Et un bel hommage à Marcel Proust, habitué de la station cabourgeaise, où il a séjourné enfant avant de s'y rendre en villégiature entre 1907 et 1914.

GRAND HÔTEL DE CABOURG 🛏 €€€

Jardins du Casino ✆ 02 31 91 01 79 - www.grand-hotel-cabourg.com

Chambre double à partir de 155 €. Restauration (également brunch musical tous les dimanches et jours fériés). Spa.

Les artistes aiment séjourner dans cet hôtel mythique, notamment lors du Festival du film romantique. Chacun des quatre étages est baptisé en l'honneur de personnalités de Cabourg, comme Bruno Coquatrix, directeur de l'Olympia, et Marcel Proust bien sûr (la chambre 414 selon la légende lui était réservée). Avec vue sur mer ou jardin, les chambres sont spacieuses, les salles de bain luxueuses. Ou, prenez le temps d'un petit déjeuner sur la plage, d'une visite pour déguster une tasse de thé et sa traditionnelle « madeleine de Proust ». C'est ouvert à tout le monde !

LE BOUCHE À OREILLE €€

10, avenue des Dunettes
✆ 02 31 91 26 80
www.boucheaoreille-cabourg.fr
Ouvert du mardi, midi et soir, au dimanche midi. Réservation recommandée. Menus de 25 € à 44 €. Menu enfant 13 €.

Denis, Florence et leur fils Jérémy sont des amis de longue date du Petit Futé. Cette famille formidable cultive l'amour des belles préparations, entre terre et mer, autour des produits de Normandie. Blanquette de la mer, ris de veau sauce morilles, trilogie de foie gras et, pour le coup de folie, homard sauce homardine. Conseil d'ami, gardez une place pour le chariot de fromages et/ou le dessert (soufflé au Grand Marnier avec cœur glacé à l'orange...). L'âme enjouée par tant de finesse et de générosité, vous partirez vers une promenade romantique en bord de mer.

JEFF CUISINE SINCÈRE €€

83, avenue Guillaume-le-Conquérant
✆ 02 31 91 02 06
Ouvert le midi de jeudi à lundi, le soir vendredi et samedi. Réservation. Carte 37 € environ. Midi en semaine 19 à 24 €.

A peine les talons tournés que vous avez envie de revenir chez Jeff et Karina. Il est rare de goûter des alliances aussi heureuses. Jeff, en cuisine, va chercher ses légumes frais chez les producteurs voisins. On se régale d'une carte restreinte et exigeante, et l'on aimerait saisir quelques secrets de cette « cuisine sincère ». Le couple ne sert que 25 couverts par repas, mieux vaut donc annoncer votre visite pour déguster des produits de saison en circuit très très court. Tout cela pour une addition on ne peut plus sincère.

RESTAURANTS DE L'HIPPODROME €€

Avenue Michel-d'Ornano
✆ 02 31 28 28 90
www.hippodrome-cabourg.com
Ouverts les jours de réunions. La Terrasse : formules à partir de 26 €. Marcel Proust : menu 42 €.

Deux tables offrent un service efficace et des menus de toute fraîcheur avec une tendance terroir pour La Terrasse et une cuisine plus gastronomique pour le Marcel Proust. Le premier, au bord des pistes, est plus spécifiquement ouvert en période estivale ; le second, avec vue panoramique, dresse le couvert également à chaque réunion diurne, en hiver. On parie que vous allez aimer vous asseoir à table en rêvant toucher un petit couplé dans l'ordre ! Vous passerez un agréable moment.

AU PIED DES MARAIS €€€

26, avenue du Président-René-Coty
VARAVILLE
✆ 02 31 91 27 55
www.aupieddesmarais.fr
Du jeudi au lundi, midi et soir. Réservation recommandée. Menus de 39 € à 59 €. Menu enfant 14 €. Formule du midi 24 €.

Tout près de Cabourg, ce bel établissement joue dans la cour des grands. Soignée, la carte de Thierry Ramard, Maître Restaurateur, oscille entre terre et mer, entre caneton sauvageon rôti à la broche, Chateaubriand (de race normande) rôti à la braise et étouffée de blanc de turbot... La Tatin de pomme revisitée finira de vous emmener au paradis. Les vins sont de grande qualité, à moins d'opter pour un cidre du Pays d'Auge grand cru. En somme, une table tout simplement excellente, où ambiance conviviale, grande cheminée et accueil souriant du patron vous attendent.

© AU PIED DES MARAIS

© AU PIED DES MARAIS

CALVADOS

RESTAURANTS DU GRAND HÔTEL €€€

Jardins du Casino © 02 31 91 01 79
www.grand-hotel-cabourg.com
Le Balbec : tous les soirs en saison. Carte 95 €. Buffet dimanche 72 €. La Plage : tous les jours en été. Carte 45 €.

Le Balbec, incontournable normand. S'asseoir à table, en imaginant ce que Jérôme Lebeau va bien pouvoir sortir de ses fourneaux, c'est déjà fondre de plaisir avant même la première bouchée. Côté mer ou côté terre, le chef jongle avec les produits de saison qu'il magnifie.

La Plage, les pieds dans le sable. Autre décor, plus abordable, ce restaurant dont on peut profiter aux beaux jours pour des instants sublimés par la vue sur la plage, dont les couleurs sont le reflet du ciel normand.

CARPEDIEN

71, avenue de la Mer © 09 54 79 93 13
carpedien.fr
Du lundi au vendredi 11h-15h et 17h-1h45, le week-end 10h30-1h45. Terrasse. Restauration. Animations.

Carpedien ? On vous explique ! Le nom déjà, qui est la contraction de carpe diem et d'épicurien ! Beau programme. Le concept ensuite, original, ce bar à vin musical fait aussi épicerie fine et cave, au cœur de Cabourg. Vous trouverez une large sélection de vins (au verre ou à la bouteille), une collection de 80 whiskies écossais, japonais ou taïwanais, de rares bières trappistes et des jus artisanaux. Le tout accompagné de planches terre, mer ou végan. La déco n'est pas en reste, ambiance des années 50 avec chaises d'école, mezzanine en acier... C'est tendance !

BOUTIQUE OFFICIELLE DE LA MARQUE CABOURG

Jardins du Casino © 02 31 94 23 92
cabourg.fr/boutique-officielle-cabourg
Tous les jours pendant les vacances scolaires 10h-13h30 et 14h-19h. Sinon, vendredi, samedi et dimanche.

Le beau pavillon Charles Bertrand – qui fut maire de Cabourg pendant 31 ans – est situé en face du Grand Hôtel, dans les jardins du casino. Il accueillait jusqu'alors des expositions, mais depuis l'été 2018, le pavillon abrite désormais une petite boutique destinée à présenter les produits de la marque Cabourg. Tee-shirts, écharpes, bonnets, sacs de plage, mugs, objets décoratifs, mais aussi madeleines et cidres trouvent leur place sur les étalages de ce point de vente original.

LE FILS DU PÔVRE

31, avenue de la Mer
© 02 31 91 75 51
Du lundi au samedi 9h-12h et 14h-18h.

Impossible de venir à Cabourg sans passer ici ! Nicolas et Sophie sont les dignes successeurs de Dany (le papa de Nico, sommité locale à l'époque où l'échoppe s'appelait Le Pôvre Dany). Gourmets et gourmands, vous ne saurez où donner de la tête : saucissons (dont le fameux au camembert et livarot), salaisons italiennes, andouilles, tout est bon, tout est terroir. Foie gras, chips artisanales, la liste est longue ! Pour accompagner tout ça, les produits cidricoles sont en bonne place mais ils ne sont pas seuls. Nicolas a toujours des conseils à prodiguer.

© AN KASZUBA - STOCK.ADOBE.COM
Les magnifiques demeures historiques.

CALVADOS

THALAZUR

44, avenue Charles-de-Gaulle ✆ 02 50 22 10 00
www.thalazur.fr/cabourg/
Plusieurs formules : à la journée, escales, cures... avec hébergement en demi-pension. Restauration. Boutique.

Cette thalasso, face à la mer, bénéficie d'une belle situation. Les curistes sont soignés aux petits oignons, le regard fixé sur l'horizon. Plusieurs espaces aménagés permettent de se détendre plus encore. Un hôtel 4-étoiles avec chambres tout confort. Un restaurant « Le Poisson d'Argent » avec vue panoramique, ouvert à tous, et une carte de produits du terroir. Thalassothérapie et Spa, bassin d'eau de mer à 32 °C, hammam, sauna, bain bouillonnant... De quoi voir la vie en bleu ! Un endroit prisé de la Côte fleurie pour qui veut savourer une échappée belle.

CASINO DE CABOURG

Promenade Marcel-Proust ✆ 02 31 28 19 19
casino-cabourg.partouche.com
Du dimanche au jeudi 10h-2h, vendredi 10h-3h, samedi 10h-4h. Restaurant accessible sans passer par la salle des jeux.

Casino nouvelle génération avec lounge-bar en front de mer. Les « anciens » se souviendront que ces lieux ont accueilli les grands de la chanson au temps où Bruno Coquatrix était maire de Cabourg et directeur de l'Olympia. Mais redescendons sur terre. De l'autre côté du gigantesque escalier, la terrasse du Kaz propose une cuisine plutôt savoureuse au menu ou à la carte. Entre poissons, moules, fruits de mer, salades, tartare et burgers, snacking et gourmandises, il y a de quoi faire. Surtout, profitez de la vue imprenable sur la mer. Une petite coupe peut-être ?

HIPPODROME DE CABOURG

Avenue Michel-d'Ornano
✆ 02 31 28 28 80
www.hippodrome-cabourg.com
Entrée 3 €. Gratuit pour les moins de 18 ans. Parking 1,50 €. Restauration. Boutique. Animations.

Cet hippodrome consacré aux courses de trot vous accueille toute l'année. Il affiche complet durant l'été, en soirée chaque mardi et vendredi durant les Estivales. On vient ici pour jouer mais pas seulement. On peut, sur réservation, visiter les écuries au plus près des chevaux, découvrir les coulisses, voir les entraîneurs faire les derniers réglages dans les boxes. La restauration offre une large palette : snack, table panoramique (Le Marcel Proust) et une sympathique brasserie (La Terrasse), un peu en retrait des pistes, plus abordable et tout aussi attractive.

BAVENT

Entre plaine de Caen et Pays d'Auge, Bavent est la commune la plus étendue du canton de Cabourg. Son histoire est un résumé d'histoire. Guillaume le Conquérant y construisit les bateaux de sa flotte avec les arbres de ses bois. Lors de la Seconde Guerre mondiale, après bien des souffrances, la commune fut libérée le 17 août 1944. Aujourd'hui comme hier, elle est indissociable des carrières d'argile, où est située l'entreprise Terreal, qui font sa renommée mondiale. Communes associées depuis 1975, Bavent et Robehomme partagent leurs deux églises néogothiques. Entre la Dives et la Divette, Robehomme est le seul promontoire au milieu des marais.

POTERIE DU MESNIL DE BAVENT

D513
✆ 02 31 84 82 41
www.poterie-bavent.com
Boutique ouverte du lundi au samedi 8h-12h et 13h30-17h30. Entrée libre sur le site.

Située entre Cabourg et Caen, cette entreprise artisanale, fondée en 1842, est installée sur le site de ses débuts depuis plus de 175 ans. Une halte s'impose pour profiter de la visite de l'atelier, des vieux fours et du manoir de cette institution, estampillée « Entreprise du Patrimoine Vivant », et spécialisée dans la fabrication d'épis de faîtage, dits « du Pays d'Auge ». Véritables œuvres d'art, la première fonction de ces décorations en terre cuite, émaillée ou non, était de protéger les toitures des manoirs et maisons prospères des intempéries. Aujourd'hui, si elles sont façonnées dans le cadre de la restauration de divers monuments (châteaux et manoirs notamment), elles se sont aussi adaptées à des commandes plus contemporaines. Entrer en ces lieux, c'est entrer dans la tradition séculaire des potiers et pénétrer un univers magique. C'est également découvrir un savoir-faire transmis par les potiers depuis des siècles au sein des ateliers de Bavent.

La Poterie du Mesnil de Bavent fait également la part belle aux expositions temporaires (peintures, sculptures...). Le lieu est constitué d'un ensemble de constructions datant de 1842, dans le plus pur style traditionnel normand. Le village d'artisans de métier d'art (céramique, restauration de poupées, peinture...) et de brocanteurs est truffé de trésors – et d'idées cadeaux –, comme vous n'en dénicherez nulle part ailleurs. Tout, ici, est fait à la main. Ouvrez grands vos yeux d'enfants !

CHÂTEAU DE BÉNÉAUVILLE €€€

D513 ✆ 02 31 72 56 49 - www.bienvenueauchateau.com

Ouvert de mai à septembre. Chambre double à partir de 210 € ; suite à partir de 290 €. Petit déjeuner inclus. Piscine.

Un château remarquable, construit à la fin du XVIe siècle. Ses chambres sont des merveilles qui font d'une nuit un moment inoubliable. La magie serait moindre si les propriétaires n'étaient aussi prévenants que courtois. Un sans-faute. Nous ne faisons qu'effleurer le sujet : nous n'avons pas parlé de la piscine chauffée, des parties de pêche dans l'étang et des activités alentour (hippisme, golf, musées et histoire du Débarquement...). Pour une grande occasion, la vie de château est à portée de bourse pour qui veut vivre un moment hors du temps !

BEUVRON-EN-AUGE ★

Merveilleusement conservée et classée parmi les plus beaux villages de France, cette bourgade de 190 habitants est plus qu'incontournable, tel le témoin de l'histoire de la Normandie, rurale et artisanale. Un patrimoine remarquable qui compte un magnifique manoir du XVIe siècle, des maisons à colombages des XVIIe et XVIIIe siècles. C'est grand comme un mouchoir de poche, mais on peut y passer des heures pour peu que l'on explore ses ruelles et ses alentours, offrant de nombreux circuits pédestres. A ne pas manquer, au printemps, la Foire aux Géraniums, et à l'automne, la Fête du Cidre. Si vous n'avez pas vu Beuvron, vous n'avez pas vu le Pays d'Auge !

CAFÉ DU COIFFEUR

Place Michel-Vermughen

✆ 02 31 79 25 62

Tous les jours, sauf lundi, de 11h à 19h30-20h.

Amateur de cafés typiquement atypiques, en voici un, ouvert depuis 1928. Si on ne s'y fait plus couper les cheveux – la maison a conservé son activité de café-coiffeur-barbier jusqu'en 1972 –, le lieu n'en demeure pas moins unique et attachant. La formule « On peut apporter son manger », par trop souvent (hélas) disparue, est toujours d'actualité : elle fait partie de la réputation et de l'accueil chaleureux. Alors pourquoi pas une pause casse-croûte en dégustant un verre de cidre bouché fermier AOC, au cœur de ce beau village du Pays d'Auge !

CHAPELLE SAINT-MICHEL DE CLERMONT-EN-AUGE ✝

2455, route des Forges-de-Clermont

✆ 02 31 79 23 31

Accès en voiture ou par un circuit pédestre de 6 km depuis le centre de Beuvron-en-Auge.

Chapelle édifiée en pierre et pans de bois à l'époque de Guillaume le Conquérant. Remaniée au fil du temps, on y accède par une hêtraie plusieurs fois centenaire, avant de découvrir un superbe panorama sur la vallée de la Dives aux collines du Mont Pinçon et des reliefs forestiers du département de l'Orne. A l'intérieur : un autel du XIIe, un Christ de la fin du Moyen Age, les statues de saint Jean-Baptiste, saint Michel, saint Marcouf et saint Thibault, réputé soigner les fièvres.

ÉGLISE SAINT-MARTIN ✝

Chemin du Moulin

Sous son apparence anodine, l'église Saint-Martin, fondée entre 1640 et 1643 par Gilone de Goyon-Matignon, veuve de Pierre Ier d'Harcourt, marquis de Beuvron, est chargée d'histoire. Elle abrite un maître-autel de 1737, une chaire de style Louis XVI de 1859 du sculpteur lexovien Lemainier, des vitraux de 1924 signés Louis Barillet, un orgue polyphone de facture Debierre, également de 1924. Depuis quelques années, l'édifice fait l'objet d'une rénovation parrainée par la Fondation du Patrimoine. Une église à découvrir au cœur d'un des plus beaux villages de France.

HALLES ★

Place Michel-Vermughen

Comme dans nombre de communes de la région et d'ailleurs, les halles tiennent ici une place centrale. L'édifice, détruit en 1845 et 1959, a été reconstruit en 1975 par la volonté, entre autres, de Michel Vermughen, maire du village de 1971 à 1996 et d'une poignée de passionnés. Les matériaux qui ont servi à sa rénovation sont authentiques puisqu'ils ont été récupérés d'anciens bâtiments démolis suite à la construction de l'autoroute A13. Cette superbe halle couverte à pans de bois abrite désormais un restaurant prisé et quelques antiquaires.

LE CLOS FLEURI €€

23, place Michel-Vermughen
✆ 02 31 39 00 62
www.leclosfleuri-14.fr
Chambre simple 70 €, chambre double 75 €. Petit déjeuner inclus.

Monique Hamelin vous ouvre les portes de cette ancienne ferme à colombages du XVIIe, consciencieusement restaurée. Le bonheur est là de savourer le calme depuis l'adorable studio tout confort équipé d'une kitchenette. Il est baptisé la Bouillerie, car il s'agit de l'ancienne distillerie. Vous préférez peut-être la vue sur les vertes prairies depuis la douillette chambre Rose, tendue de toile de Jouy rose. Les deux logements sont accessibles de plain-pied. L'odeur du petit déjeuner saura vous sortir du lit avant une escapade sur la Route du Cidre ou en bord de mer.

DOMAINE DE LA COUR AU GRIP €€

Repentigny ✆ 02 31 63 85 85
domainedelacouraugrip.com
Nuit dans un tonneau à partir de 95 € avec petit déjeuner. Chambre d'hôte à partir de 70 €. Gîte à partir de 190 €.

Superbe propriété cidricole et fromagère du XIXe siècle, entièrement rénovée, sur les hauteurs de Repentigny. Le tonneau, petit nid douillet de 10 000 litres pour 2 personnes, surplombe 35 km de vallée. Isolé et chauffé, il peut être loué toute l'année. Tout ici a été restitué dans un souci d'authenticité. La Cour au Grip c'est aussi deux gîtes ruraux (3 à 5 personnes) et deux chambres d'hôtes, aménagés dans les anciennes étables et fromagerie. Un coup de foudre sur la Route du Cidre.

MANOIR DE SENS €€

Route des Forges-de-Clermont ✆ 02 31 79 23 05
www.manoirdesens.com
7 chambres de caractère et grand confort. Chambre double de 75 € à 130 €. Petit déjeuner inclus. Wifi. Visite du haras.

Pour un séjour unique ! En plus de vous accueillir avec chaleur, les propriétaires mettent à votre disposition un endroit de rêve, notamment pour les amoureux du cheval. En effet, où que vous soyez dans ce magnifique manoir, vous aurez une vue imprenable sur le haras. L'intérieur réserve lui aussi de belles surprises. Chambres de caractère avec lustres classieux, parquet élégant et mobilier d'époque. Les mélomanes seront comblés puisque des soirées boogie-woogie avec orchestre sont souvent organisées. Bref, tout ici est mémorable et les prix restent contenus.

CAFÉ FORGES €€

Grande-Rue
✆ 02 31 74 01 78
Tous les jours, sauf mercredi (et jeudi en basse saison), midi et soir. Carte 20 € environ. Formule 19,50 €. Terrasse.

On le pense touristique, mais pas du tout ! L'endroit est intime, le décor typique et la cuisine ouverte. A ce propos, la cuisine maison est simple, savoureuse et traditionnelle. Elle flatte les spécialité –- tripes à la mode de Caen, poulet Vallée d'Auge, palet d'andouille, terrine de foie campagnard –- mais s'autorise des escapades gustatives (escargots persillés au jambon sec) ou lointaines (brandade de morue). Le tout, accompagné d'un bon choix de cidres. Gardez une place pour le fromage (vous êtes au cœur du Pays d'Auge !) et/ou le dessert !

LA CAVE DE BEUVRON

26, place Michel-Vermughen
✆ 02 31 50 17 61
Ouvert tous les jours de 10h30 à 20h30.

Boutique aménagée dans une ancienne ferme, non loin de l'église, qui va à l'essentiel. Elle ne mise que sur des produits du terroir, la plupart AOC : cidre du Pays d'Auge, pommeau de Normandie, calvados jeunes, millésimés ou hors d'âge, jus de pomme. Thierry et Michelle, les propriétaires, vous feront également découvrir des plats cuisinés, rillettes, foie gras de canard ou tripes à la mode de Caen. Et pour le dessert, confitures fermières, teurgoule, caramels au beurre salé, pain d'épices, miel. Avis aux amateurs de produits authentiques et de bonne chère !

ÉPICERIE DE BEUVRON-EN-AUGE

15, place Michel-Vermughen
✆ 02 31 79 23 28
Haute saison : ouvert tous les jours de 10h à 13h et de 14h30 à 19h.

Vous êtes ici dans l'ancienne épicerie du village. Vous la reconnaîtrez vite à son enseigne. Depuis 20 ans, Pascale et Christiane sélectionnent avec soin des produits du terroir issus de petits producteurs locaux, mais aussi des grands classiques, comme le cidre Dupont. Gourmands et gourmets seront ravis ! Mais la maison est également connue pour ses paniers. De quoi faire encore des cadeaux sympas. En prime, la bonne humeur des hôtesses qui rend la visite souriante et agréable.

DIVES-SUR-MER ★

Dives-sur-Mer conserve les signatures de sa riche histoire : Guillaume le Conquérant en 1066, et Eugène Secrétan en 1891. Chacun à sa manière a écrit les grandes pages de cette localité à l'allure modeste mais riche de valeurs humaines. C'est d'ici que Guillaume le Conquérant partit à la conquête de l'Angleterre. Comment imaginer une flotte de 1 000 navires dans un si petit port de pêche ? C'est ici qu'Eugène Secrétan installa son usine métallurgique qui transforma Dives-sur-Mer en cité industrielle florissante. Le passé de Dives-sur-Mer est passionnant pour qui veut remonter l'histoire au fil de l'eau et flâner dans son centre-ville médiéval.

HALLES MÉDIÉVALES ★

Rue Paul-Canta

Ouvertes le samedi matin, jour de marché.

Important lieu d'échanges et de commerce, les halles de Dives-sur-Mer abritent le marché depuis plus de 600 ans. Des datations de pièces de charpente ont révélé la fondation de ces halles au début du XVe siècle, entre 1405 et 1423. De dimensions imposantes, à savoir 50 mètres de long et 12 mètres de large, elles sont l'œuvre de charpentiers-marins. La partie la plus ancienne, située au nord, date du XIVe siècle, la partie sud du XVe siècle. Le bâtiment est resté dans son état d'origine. Il n'y a pas de fondations, seuls les dés en pierre de Ranville, supportant 66 piliers de chêne, sont enfoncés dans le sol. La toiture est posée sur des lattes de châtaignier, bois qui a la propriété d'éloigner les araignées. La cloche qui sonnait le début et la fin du marché est aujourd'hui muette, mais demeure fixée à une poutre à l'entrée. Un ordre fut établi sous Louis XI afin de répartir les commerçants suivant leur corporation : à l'entrée nord se plaçaient les bouchers, puis les charcutiers qui proposaient de la viande cuite, enfin, vers le fond, se trouvaient les petits producteurs de beurre, fromage et légumes.

Le meilleur moment pour se replonger dans cette ambiance est le samedi matin, jour du marché hebdomadaire, qui permet une véritable remontée dans le temps. On y fait du même coup et, comme avant, le plein de produits frais et fermiers de fabrication locale qui fleurent bon le terroir normand. L'occasion aussi de belles rencontres et, pourquoi pas, autour d'un verre de cidre ? Comme avant.

LIEUTENANCE [MANOIR DE BOIS-HIBOUT]

Place de la République

Un bâtiment étonnant sur la place du marché, en face des halles. Construit en pierre de Caen au XVIIe par Leduc de la Falaise, valet de chambre de Louis XIV, le manoir deviendra plus tard la propriété d'un sieur de Bois-Hibout, dont il empruntera le nom, et abritera au XIXe la gendarmerie de la commune, d'où son nom de Lieutenance. Son architecture aussi belle qu'inhabituelle en fait l'un des monuments emblématiques de Dives. La Cave de l'Abbaye permet de pénétrer dans ses sous-sols.

MAISON BLEUE DA COSTA

13, rue des Frères-Bisson

© 02 31 28 12 50

www.dives-sur-mer.fr

Visite guidée [mardi et jeudi à 17h30 en juillet, août et début septembre]. Gratuit jusqu'à 18 ans. Adulte 5 €.

La Maison Bleue est un ensemble unique composé d'un lieu d'habitation et d'un jardin, où s'élève une série d'édifices miniatures [chapelles, moulins, mausolées], recouverts de fragments de céramiques et de verre de récupération. Cette mosaïque à ciel ouvert a été inscrite à l'inventaire des Monuments historiques en 1991. Elle est l'œuvre d'Euclides da Costa Ferreira [1902-1984], exilé portugais. Elle est à rapprocher du Palais idéal du Facteur Cheval, dans la Drôme, ou de la Maison Picassiette, à Chartres, et peut être assimilée à de l'art brut.

LE BAC DE LA DIVES

© 02 31 24 48 00

www.port-dives-cabourg.com

D'avril à septembre. Gratuit jusqu'à 5 ans. Adulte 9 € [enfant 6 €]. Sans réservation.

Bienvenue à bord ! Embarquez pour une promenade commentée d'une trentaine de minutes au fil du courant, à la découverte de l'estuaire de la Dives et du bassin de plaisance de Port-Guillaume. Profitez d'une vue imprenable sur la plage d'Houlgate et partez retrouver les mascottes, des phoques qui ont visiblement décidé d'élire domicile par ici. On adore, c'est vraiment sympa ! Pour ce faire, rendez-vous au point d'embarquement [c'est-à-dire au chalet bleu situé près de la halle aux poissons] un quart d'heure avant l'heure de départ.

VILLAGE D'ART GUILLAUME-LE-CONQUÉRANT ★

Rue du Général-de-Gaulle

Situé à 200 mètres des halles et de l'église, le Village d'Art Guillaume-le-Conquérant est ouvert gratuitement toute l'année au public. En saison, on peut y rencontrer artistes, antiquaires et artisans. Ancien relais de poste situé entre Rouen et Caen par le chemin de la grève, l'ensemble comprenait des galeries extérieures pour accéder aux chambres, des écuries et des dépendances. Il reste de cette époque quelques parties de bâtiments faciles à discerner dans la cour Louis XIV. A la fin du XIXe siècle, avec la mode des bains de mer, une clientèle riche s'implante et l'auberge connaît une époque de splendeur grâce à un aubergiste au talent exceptionnel, Monsieur Le Rémois, qui assurera à son établissement une réputation étendue et recevra de nombreuses célébrités artistiques, littéraires ou politiques. Grand amateur d'art, il transforme l'auberge et fait orner les bâtiments normands de colombages et de sculptures sur bois. Sur les toitures, il installe des épis de faîtage. Collectionneur, il décore les trois cours avec des sculptures sur pierre authentiques des XVIIe et XVIIIe siècles, parfois issues d'anciennes églises ou manoirs de la région. Il célèbre aussi le souvenir de Guillaume le Conquérant. Le fronton du porche est encore gravé : « Hostellerie Guillaume Le Conquérant ». Une fresque reproduisant partiellement la Tapisserie de Bayeux est installée dans la « Salle du Départ » qui abrite aujourd'hui l'office de tourisme. Un musée en plein air, hors du temps.

PORT-GUILLAUME

✆ 02 31 24 48 00

www.port-dives-cabourg.com

Eau, électricité, sanitaires, carburant (24h/24), location de vélos (en ville).

Port-Guillaume, aménagé à partir des années 1990 sur le site d'une ancienne usine de métallurgie, présente la plus grande capacité d'accueil de la Côte Fleurie. Il est situé à l'embouchure de l'estuaire de la Dives, à l'abri d'un cordon dunaire. Une escale sympa pour les plaisanciers entre Deauville et Ouistreham. Le bassin à flot offre une capacité de 600 postes d'amarrage sur *catways*. Quartier résidentiel avec restaurants, médiathèque et école de voile, Port-Guillaume est attenant au port de pêche, avec sa criée. Un marché se tient le lundi matin en saison.

LE BOUGNAT €€

27, rue Gaston-Manneville

✆ 02 31 91 06 13

www.restaurantchezlebougnat.com

Tous les jours midi et soir de Pâques à septembre et durant les vacances. Menus de 17,90 à 30,80 €. Menu enfant 12,50 €.

Lorsqu'on pousse la porte de cette ancienne quincaillerie des années 30, on découvre des tablées qui conversent avec entrain, le ballet des serveurs et un décor dans son jus. Les plats canailles sont à l'honneur. On nage dans l'excellence depuis l'œuf cocotte en brioche jusqu'aux produits tripiers ou mijotés. Les poissons sont aussi choyés en fonction des arrivages. Chaque assiette est présentée simplement, habillée de ses arômes. Hommage aux maîtres des lieux : « Le prix attire la clientèle, la qualité seule la retient », voilà l'adage de cette institution.

CALVADOS

© ANNE CROCHARD

L'entrée du village de Dives-sur-Mer.

DIV'IN BEER

Avenue des Résistants
✆ 06 10 31 50 37
www.divinbeer.fr
Lundi 10h-20h, mardi et du jeudi au samedi 10h-22h, mercredi 12h-22h. Fermeture à 1h les soirs de match ou de concert.

La convivialité *made in* Dives-sur-Mer ! Pour le bonheur des amateurs de bières, mais pas que, Aurélien Lebeurrier a ouvert son bar, au sein d'une ancienne imprimerie, où décompresser après le boulot. Trois espaces : la cave à bières avec 150 variétés françaises et étrangères à la vente, le bar avec pas moins de 50 saveurs à consommer sur place (bières blondes, ambrées, blanches, brunes, bio et sans gluten) et la cave à spiritueux. Réussie aussi, la déco, faite maison, oscillant entre vintage et industriel. C'est tendance, détendu et dans le coup !

CAVE DE L'ABBAYE

Place de la République
✆ 02 31 28 04 37
www.caveabbaye.com
Du mardi au samedi 10h-12h30 et 15h-19h, dimanche 10h-12h30.

Vincent, maître des lieux et adhérent à la Fédération des Cavistes Indépendants, vous accueille dans les sous-sols voûtés de la Lieutenance. Excellent caviste, il propose une gamme de vins dénichés, goûtés et sélectionnés au fil de ses trouvailles dans les vignes. Parce que cette cave s'emplit de flacons qui sont autant de rencontres. Vous y trouverez aussi une collection de grands malts, de rhums, ainsi qu'une belle sélection de calvados, allant des classiques issus des grands domaines incontournables de la région jusqu'aux petites productions fermières locales.

REPAS DE CAVE

4, rue Paul-Canta
✆ 02 31 38 21 13
www.repasdecave.fr
Du lundi au samedi 9h30-12h30 et 15h30-20h, dimanche 10h-12h30. Basse saison : du mardi au samedi 10h-12h30 et 15h-19h.

Passionnés de terroir, Aurélie et Sam ont ouvert leur épicerie fine près de la Halle. Repas de cave ? Une expression qu'Aurélie tient de son arrière-grand-mère béarno-landaise. « Autrefois les caves et cuisines des maisons du Sud-Ouest regorgeaient de confits, pâtés et piperade. Recevoir à l'improviste n'était pas un problème ». Grand bien lui en a pris d'importer la tradition en Normandie. Cornichons de Chemilly-sur-Yonne (le dernier produit en France), cidre du bocage, rillettes de sardine de Cornouailles, jambon de la Manche… Une échoppe qui embellit la table !

DOZULÉ

A Dozulé, on a l'impression que le temps s'est arrêté. Comme dans un autrefois paisible, juste animé des conversations villageoises. Caractéristique des bourgs normands, traversé par la Grande Rue, longé de part et d'autre de commerces et habitations, Dozulé mérite une halte le temps d'un déjeuner, d'y acheter son pain ou de profiter du marché le mardi matin. Doté de gîtes et chambres d'hôtes, Dozulé reste l'une des villes où l'on respire le vrai, la nature. Elle offre de nombreux points d'intérêt : le lavoir, le relais de Poste, l'ancien presbytère et, pour les amateurs, un hippodrome (Dozulé-Angerville), réputé pour ses trois courses annuelles.

HÔTELLERIE NORMANDE - LE MARCEL €

98, Grande Rue
✆ 02 31 79 20 18
Basse saison, mardi-dimanche midi et soir. Été, tous les jours midi et soir. Entrée-plat-dessert 14 €, menu enfant 10 €.

A Dozulé, tout proche de Cabourg, se niche un restaurant qui mérite que l'on s'y attarde. En terrasse ou en salle, on découvre une carte variée : croque mer, salades, magret de canard sauce poivre, filet de bar, tajines et couscous. Appétissant ! Chaque jour, un menu distinct est proposé aux habitués, de plus en plus nombreux, qui apprécient le simple et le bon. Autant que la convivialité de ce lieu, repris par Mohammed et Feta, dotés d'une grande gentillesse. Foncez !

LA POMME CONFITE €

71, Grande-Rue
✆ 02 31 79 31 31
Lundi et de jeudi à samedi midi et soir, mardi et dimanche midi. Menu 18,50 €. Menu enfant 9 €. Formule du midi 12,50 €.

Un restaurant ravissant, comme une carte postale d'autrefois. Installés depuis 2016, Alexis et Adeline se sont forgé une excellente réputation. Tous deux ont travaillé chez un étoilé bien connu à Beuvron-en-Auge. Maintenant qu'ils ont leur enseigne bien à eux, ils se font plaisir et à nous aussi. Galettes du moment ou menu du jour, le tout couronné d'une pomme confite, dessert fétiche d'Adeline, talentueuse pâtissière. En sommelier professionnel, Alexis vous conte en même temps qu'il vous sert l'histoire du cidre et de son ancêtre le sydre (ainsi écrit autrefois).

CALVADOS

HOULGATE ★★

La Perle de la Côte Fleurie a fêté ses 115 ans en 2020. A l'origine, la commune s'appelait Beuzeval et, comme nombre de ses voisines côtières, elle connut un essor considérable dans la seconde partie du XIXe siècle, grâce à la vogue des bains de mer. C'est en 1858 que se dessine la personnalité de la future Houlgate, avec la construction des villas, qui constituent à présent son patrimoine architectural. Par un arrêté (édifiant !) du 14 août 1904, avec effet au 21 janvier 1905, Beuzeval-les-Bains fait officiellement place à Houlgate, une station balnéaire familiale, conviviale et dynamique – un dynamisme qui va d'ailleurs crescendo.

LA MAISON D'ÉMILIE €€

25, avenue des Alliés
✆ 02 31 57 24 15
www.lamaisondemilie.net
Chambre double à partir de 85 €, suite à partir de 180 €. Petit déjeuner 10 €.

Rien qu'en montant les quelques marches qui mènent à l'hôtel, installé dans un superbe bâtiment du XIXe, on est conquis. L'émotion se poursuit à l'intérieur. La salle du petit déjeuner est à couper le souffle, un salon Napoléon III avec sa *bow window*, sa magnifique fresque, son poêle hollandais d'origine – qui fonctionne encore –, et sa petite vue sur mer. Et on ne vous a pas parlé des chambres ! Bien que pas très grandes, elles offrent un confort douillet. Ajoutez à cela l'accueil chaleureux du propriétaire, Jean-Marie, dont le savoir-faire est indéniable.

L'ABONDANCE €€

49, rue des Bains ✆ 02 31 93 16 13
restaurant-abondance.fr
Mercredi à samedi midi et soir, dimanche midi. Réservation recommandée. Menus midi en semaine de 22 à 29 €. Brunch 33 €.

Derrière cette devanture bleue se nichent un bel accueil, un cadre sobre, 20 couverts (uniquement !) et une vraie cuisine sincère, personnelle. C'est le premier restaurant du couple formé par Mathilde, en salle, et Stéphane, en cuisine. Ce chef a déjà une longue expérience, dont plusieurs restaurants étoilés. Les prix raisonnables ne doivent pas minimiser l'« abondance », d'où le nom de cette adresse, du savoir-faire, des saveurs et des produits de saison, tous issus de filières courtes. La carte, vraiment soignée, change toutes les trois semaines. A découvrir !

L'EDEN €€

7, rue Henri-Fouchard
✆ 02 31 24 84 37
www.eden-houlgate.com
Du mercredi au dimanche, midi et soir. Menus de 34 € à 46 €. Menu enfant 15,50 €.

Une table délicate. On la choisit pour un grand événement, un repas d'affaires, une déclaration d'amour. L'accueil est chaleureux et prévenant. En salle, Virginie. En cuisine, Nicolas œuvre de main de maître pour régaler vos papilles de plats fins qui font la part belle aux poissons les plus savoureux et aux morceaux choisis du boucher. Rien que de l'excellence. On façonne vos pâtisseries à la demande, comme l'incontournable fondant au chocolat. Avant la promenade digestive sur la plage, trempez vos lèvres dans un calvados du meilleur cru (Drouin ou Dupont) !

LES HALLES €€

34, rue du Général-Leclerc
✆ 02 31 24 82 25
www.restaurantdeshalles-houlgate.com
Mardi à dimanche midi et soir. Réservation recommandée. Menu 21 €, entrée-plat-dessert. Formule midi 16,90 € en semaine.

© LES HALLES

Avec Franck et Caroline, on retrouve cette table avec toujours le même plaisir. Les plats sans fioriture, renouvelés en fonction du marché et des saisons, restituent la saveur naturelle des produits : huîtres spéciales « Belle du Nordet », foie gras de canard, rognons de veau, pavé de cochon ou choucroute de la mer... Le camembert AOP (et sa cochonnaille) au four est une autre spécialité. Au dessert, le choix oscille entre riz au lait et Paris-Brest. Franck, lui, vous guide au cœur de sa riche vinothèque. L'endroit fait partie des meilleurs de la ville.

CALVADOS

A la pêche aux coques sur la plage de Houlgate.

ENTRE TERRE ET MER €€

41, rue Henri-Dobert
✆ 02 31 28 75 75
www.casino-houlgate.fr
En été, tous les jours midi et soir. D'octobre à mai, mercredi à dimanche midi et soir. Menu 26 € (entrée-plat-dessert).

Après la table des jeux au casino, ne manquez pas de glisser vers la table du goût, face à la mer. Ce restaurant porte bien son nom. Sur terre : pavé de rumsteak snacké. En mer : le retour de pêche, selon arrivage. Profitez du cadre, de l'ambiance familiale et de la vue sur mer. La baie de Seine est belle... Par beau temps, vous verrez Le Havre. La maison fait aussi office de bar-salon de thé, ouvert dès la fin de matinée pour un café et l'après-midi pour un cocktail. Un peu d'indulgence : le service est parfois un peu long.

LES PASSANTES €€

41, rue des Bains
✆ 02 61 92 39 69
Ouvert du mardi au dimanche de 11h à minuit. Menus de 24 € à 31 €. Terrasse.

De passage à Houlgate ? Ne passez pas à côté des Passantes. Maxime Lehoucq a ouvert cette adresse à la fois chic, sobre et rafraîchissante. On se régale d'une cuisine bistronomique maison issue de petits producteurs locaux. La promesse de fraîcheur s'inscrit au menu : trois entrées, trois plats et trois desserts, renouvelés chaque semaine. Pêle-mêle : œuf parfait, artichaut et légumes croquants ; pâté en croûte ; croquettes de patates douces, crème coco curry ; sole de Trouville (pêchée par le frère de Maxime)... à déguster en salle ou dans un patio ensoleillé.

MAISON CHAUDEMANCHE

59, rue des Bains
✆ 02 31 28 70 09
Du mardi au vendredi 8h30-13h et 15h-19h, samedi 8h30-13h et dimanche 8h30-13h et 14h-18h.

Une référence depuis de nombreuses années ! Lorsqu'on entre dans cette boutique, il nous vient un parfum d'autrefois... Toutes ces pâtisseries et confiseries nous font de l'œil. Sur les étagères, que du bon et de la qualité. Une boutique connue et reconnue, où les passages à l'heure de Pâques ou de Noël sont mis en scène avec brio. On aime aussi le rayon bonbons dans lequel on redécouvre les sucres d'orge. Ne partez pas sans le fameux Houlgatais (petit ou grand), la spécialité maison, accord parfait entre meringue et praliné à l'ancienne. On ne vous dit que ça !

FERME DE L'ORAILLE

Chemin de Deraine
DOUVILLE-EN-AUGE
✆ 02 31 79 93 43
sites.google.com/site/lafermedeloraille/
Vente à la ferme le mercredi et le vendredi de 16h à 19h.

Comme on aime dénicher, au détour d'une route de campagne, une belle ferme traditionnelle comme celle-là. Vous serez fiers de rapporter un des derniers-nés des pont-l'évêque fermiers AOP. Merci Sabine et Gilbert ! Le duo, éleveur de vaches laitières depuis 2004, transforme le lait de leurs protégées en produits frais : crème crue, beurre, fromage blanc fermier, faisselle, yaourts au lait entier. Fort de sa renommée, de nombreuses fois médaillé au concours général agricole, le couple a au fil du temps élargi sa gamme. Tout le Pays d'Auge servi sur un plateau.

FERME DU LIEU-ROUSSEL

Le Lieu-Roussel - **DOUVILLE-EN-AUGE**
✆ 02 31 23 71 15
lieu-roussel.pagespro-orange.fr
Tous les jours, sauf dimanche après-midi, 10h-19h. Visite libre gratuite ou guidée sur réservation, 3 €. Vente directe.

Au cœur du pays d'Auge, la Ferme du Lieu-Roussel accueille visiteurs et amoureux des produits du terroir depuis plus de 30 ans. Les produits cidricoles conduits en agriculture biologique – bien avant que le label ne devienne « tendance » – sont chouchoutés. Et ils ne sont pas les seuls. Les animaux, eux aussi, sont choyés, dorlotés et soignés aux petits oignons. La ferme pédagogique permet d'aller saluer tout ce petit monde : vaches laitières, moutons, ânes, cochons, brebis, poules, lapins et abeilles. Ici, plus qu'ailleurs, la passion est dans le pré.

GOURMET CUISINIER TRAITEUR

10, rue du Général-Leclerc
✆ 02 31 24 82 33
Du dimanche au mardi 9h-13h, du jeudi au samedi 9h-13h et 15h30-18h30. Formule déjeuner à partir de 10,50 €.

Pour un avant-goût ou pour prolonger les plaisirs de leur table, Franck Gilbert et Caroline Perrier ont ouvert cette échoppe, à deux pas de leur restaurant Les Halles. Apéro dînatoire, buffet, réception, il y a le choix pour tous les rendez-vous gourmands. Petits fours, plats cuisinés, desserts : tout est artisanal et maison. Chaque jour, une suggestion (raie au beurre blanc, parmentier de canard...) est proposée pour varier les plaisirs, à prix abordable. On se régale d'avance.

CASINO DE HOULGATE

41, rue Henri-Dobert ✆ 02 31 28 75 75
www.casino-houlgate.fr
Ouvert tous les jours à partir de 10h. Pièce d'identité obligatoire. Entrée gratuite aux machines à sous. Restauration.

Un casino au charme rare qui a conservé son cachet Belle Epoque. Ouvert en 1877, ce temple historique du jeu a été rénové en 1905, et traverse le temps sans une ride. Il a accueilli une bonne partie du gotha mondial, dont Claude Debussy, Emile Zola, Roland Garros... L'ambiance Belle Epoque s'arrête, cependant, au niveau des machines à sous puisque, de ce côté, la salle de jeux est équipée des dernières technologies. Le casino dispose d'un lounge bar, où sont organisés spectacles et soirées thématiques, et d'un restaurant adjacent avec vue imprenable sur la mer.

MERVILLE-FRANCEVILLE-PLAGE ★

Outre son passé historique, Merville-Franceville bénéficie d'une situation géographique exceptionnelle. En bord de mer, bien sûr, au pied du Pays d'Auge, au début de la Route des Marais, c'est également un haut lieu de randonnée avec plus de 100 kilomètres d'itinéraires balisés sur le secteur. Au programme, l'immanquable Musée de la Batterie de Merville qui rend un vibrant hommage aux soldats britanniques débarqués sur la plage de Sword au matin du 6 juin 1944. Puis, pour se remettre de ses émotions, ne manquez pas d'aller faire un tour sur le port. Un cadre enchanteur niché au cœur de la baie de l'estuaire de l'Orne, un bijou au soleil couchant.

MAISON DE LA NATURE ET DE L'ESTUAIRE ★

Boulevard Maritime ✆ 02 31 78 71 06
www.cpievdo.fr
Tous les jours sauf lundi 10h-12h30 et 14h-18h (tous les jours 10h-18h30 en été). Visite de l'exposition permanente 2 €.

La Maison de la Nature et de l'Estuaire (de l'Orne) est gérée par le Centre Permanent d'Initiatives pour l'Environnement (CPIE). Sa visite, indispensable à la Réserve ornithologique du Gros Banc, invite à découvrir la faune et la flore de ce site naturel exceptionnel et protégé. Les oiseaux sont les hôtes les plus visibles. Le site est accessible grâce à ses équipements de découverte. Nombreuses animations, expositions et sorties thématiques proposées tout au long de l'année.

RÉSERVE ORNITHOLOGIQUE DU GROS BANC ★★

D514 ✆ 02 31 78 71 06
cpievdo.fr
Visite libre gratuite toute l'année, ou visite guidée (voir programme de la Maison de la nature et de l'estuaire).

L'estuaire de l'Orne est un espace naturel d'une grande valeur écologique qui s'étend sur 5 communes (Amfreville, Merville-Franceville, Sallenelles, Ranville et Ouistreham). Des circuits balisés avec panneaux explicatifs y ont été aménagés pour permettre aux amoureux de la nature de découvrir librement la richesse de la faune et la flore locales, et notamment la réserve ornithologique du Gros Banc et ses 50 ha, aujourd'hui le premier site d'observation dans le Calvados.

CALVADOS

CALVADOS

MUSÉE DE LA BATTERIE DE MERVILLE ★

Place du 9ème-Bataillon
✆ 02 31 91 47 53
www.batterie-merville.com
Tous les jours 9h30-18h30 (10h-17h en basse saison). Adultes : 8 €. Enfants (de 6 à 14 ans) : 5 €.

A deux kilomètres de la mer, le site de la Batterie allemande de Merville permet de comprendre le fonctionnement d'une batterie d'artillerie, son positionnement dans le mur de l'Atlantique et les étapes de sa construction en s'imaginant le quotidien des soldats qui y étaient cantonnés. Erwin Rommel portait un intérêt particulier à cette batterie, chargée de défendre l'estuaire de l'Orne face à une incursion alliée dans l'arrière-pays, par une remontée du fleuve jusqu'à Caen. Sur une distance de dix kilomètres, les plages, à l'ouest de Ouistreham, étaient ainsi tenues sous son feu.

En mai et juin 1944, l'aviation alliée tenta à plusieurs reprises de la détruire en la bombardant pour faciliter le débarquement des 30 000 soldats britanniques sur la plage Sword au matin du 6 juin. Aucune casemate (bunker ou blockhaus) ne fut sérieusement touchée. Le 6 juin à 4h30, 150 hommes du 9e Bataillon des parachutistes britanniques l'attaquèrent une fois encore, par surprise, parvenant à la neutraliser pour les heures cruciales qui allaient suivre. Le Débarquement put avoir lieu. C'est la mémoire de ces hommes qu'honore le musée. Le plus impressionnant est le réaménagement de la casemate n° 1 qui nous plonge au cœur de la nuit du 5 au 6 juin à grand renfort d'effets spéciaux. « Vous allez entendre ce que vous n'avez jamais vu ! ». L'été, les visites nocturnes ajoutent de l'émotion à l'atmosphère impressionnante des lieux. A l'entrée, le Dakota C-47 se visite.

LE CHASSE MARÉE €€

44, boulevard Wattier
✆ 02 31 24 22 32
Du jeudi au lundi midi et soir. Réservation recommandée. Menus de 25,90 € à 35,90 €. Terrasse.

Ce restaurant est devenu notre point d'ancrage, face à la mer, où tout est fait maison. Poissons, huîtres, moules, tout est posé dans l'assiette en fonction des arrivages. A chaque saison, ses plats : coquilles Saint-Jacques, magret de canard et garniture automnale, millefeuille de saumon… On est ici dans une maison pleine de charme et de saveurs, loin des mondanités et près du meilleur. La carte est suffisamment variée pour satisfaire chaque appétit, et les assiettes idéales pour un déjeuner ou un dîner gourmand. Les amateurs de joies simples apprécieront.

L'ESCAPADE €€

1, avenue Houdart
✆ 02 31 24 01 32
www.lescapade-mf.fr
Tous les jours, sauf jeudi, midi et soir. Réservation recommandée. Menu du Chef 35 €.

Gourmands et gourmets d'ici ou de passage, n'hésitez pas une seconde. La mer pour horizon et des plats faits maison. L'adresse est courue pour sa gastronomie entre terre et mer d'une grande fraîcheur. Jimmy Lombardo connaît bien la côte normande, les produits et les producteurs. Choucroute de la mer (selon la pêche du jour), coquilles Saint-Jacques au beurre blanc, huîtres, langoustines, moules, crevettes se disputent l'assiette avec la souris d'agneau confite. Un dessert maison finira de vous régaler avant une promenade iodée sur la plage.

© MICHEL ABRAHAM

Musée de la Batterie de Merville.

SANTA FÉ €€

2, avenue Houdart
✆ 02 31 24 80 37
www.pizzeria-merville-franceville.fr
Du mercredi au dimanche, midi et soir (juillet-août, tous les jours). Plat du jour 15 €. Pizzas à partir de 12 €.

En bord de mer, c'est le resto idéal pour les petits budgets. Que l'on préfère mettre les pieds sous la table ou partir avec son repas sous le bras, la formule s'adapte à vos désirs. Sur place, la carte offre salades, généreuses assiettes de pâtes (miam les tagliatelles à la carbonara !), crêpes, glaces et café gourmand. La maison n'est pas bien grande mais Sandrine, Luc et leur équipe font le maximum : le service est convivial, les produits frais et de qualité (même si les frites ne sont pas maison). Franchement n'hésitez pas à entrer. Réservation recommandée.

CHEMINS DE RANDONNÉES

✆ 02 31 24 23 57

Chaque commune propose aujourd'hui ses propres randonnées. Merville-Franceville-Plage en suggère pas moins de douze répertoriées dans un guide en vente à l'office du tourisme. Partez donc à la découverte du coin, sur près de 90 kilomètres de piste, en choisissant votre circuit : la baie de Sallenelles, du plateau vers la plaine, les bocages du pays d'Auge, les marais et l'île de Robehomme, vers la geste de Guillaume... Une piste cyclable vous permet également de relier Merville-Franceville à Caen ou Merville-Franceville à Ouistreham à vélo.

KITE-R ÉVOLUTION

1 bis, boulevard Wattier
✆ 02 31 24 12 52
www.kite-r.com
Séance de kitesurf ou stage découverte (3h) : 145 €.

Damien Burnel est le directeur de l'école Kite-R, créée en 2002, située à proximité de la zone réservée aux pratiquants de kitesurf sur la plage de Merville-Franceville. Réputée même hors des frontières normandes, cette plage est en effet un bon spot pour le kitesurf. Vous pouvez y pratiquer et vous initier ici au kite. Pour les enfants et les poids légers, nous utilisons des ailes à caisson Flysurfer pour leur facilité de vol et de décollage. Le choix des planches se fait en fonction de la largeur, de la force du vent et du poids du rider.

LE PALAIS DU VIN

47, route de Cabourg
✆ 02 31 28 55 45
Ouvert du mardi au samedi de 9h30 à 19h30 et dimanche de 9h30 à 12h30.

© LE PALAIS DU VIN

Julien vous accueille dans sa cave, installée dans un ancien garage, esprit années 60. La visite de son antre est un plaisir : 300 bouteilles de vin et un petit penchant pour le Languedoc. On aime les promotions, le vin du week-end, les prix plus que raisonnables et les précieux conseils. Le terroir normand est valorisé avec, par exemple, la Réserve ancestrale de Roger Groult (servie à l'Elysée), les bouteilles du Père Jules, le cidre de chez Jocelyne et Pascal Breton (bel et bien normands !). Et puis, il y a le poiré, le pommeau... Trinquons !

RANVILLE ★

L'histoire ancienne de Ranville est attestée par le passage d'une voie romaine reliant Pont-Audemer à Bayeux. La commune devint célèbre par la prise du Pegasus Bridge lors du Débarquement, qui en fit le premier village libéré de France. L'ancien pont tournant, conçu par Eiffel, remplaça le bac qui, depuis l'Antiquité, permettait de passer d'une rive à l'autre entre Ranville et Bénouville. Au fil des siècles, l'économie du village s'est développée autour de l'extraction de la pierre de Caen, notamment acheminée vers l'Angleterre via l'Orne. La légende veut d'ailleurs que ce soit avec cette pierre que fut édifiée la cathédrale de Westminster de Londres.

CALVADOS

CIMETIÈRE MILITAIRE BRITANNIQUE ★

Rue Airbornes

Accès libre.

Près du pont Pegasus, le cimetière militaire de Ranville (la première commune libérée de France) est, après celui de Bayeux, le plus important en nombre de tombes. 2 564 soldats y sont enterrés, dont 2 152 Britanniques. Le plus jeune n'avait pas 16 ans... Parmi eux, le soldat Brotheridge, passager d'un des six premiers planeurs qui atterrirent à Pegasus Bridge, dans la nuit du 5 au 6 juin 1944. Il fut le premier soldat britannique tué en terre normande.

PLANEUR HORSA

Avenue du Major-Howard

Les planeurs ont été fortement utilisés pendant la Seconde Guerre mondiale. Et notamment, le plus exploité d'entre eux : le Horsa, fabriqué alors par la société Airspeed. Aujourd'hui, il ne reste qu'un seul exemplaire de cet avion, précieusement conservé au musée de Middle-Wallop, en Angleterre. Pour le 60e anniversaire du Débarquement, une réplique grandeur nature fut construite et exposée dans le parc du Mémorial Pégasus. Des fragments des appareils d'origine, rassemblés par des collectionneurs, sont visibles à l'intérieur du musée.

MÉMORIAL PÉGASUS ★★★

Avenue du Major-Howard ✆ 02 31 78 19 44

musee.memorial-pegasus.com

D'avril à septembre, tous les jours 9h30-18h30. Le reste de l'année, 10h-17h. 8 €. Enfants et étudiants 5,50 €.

Musée dédié aux 10 000 soldats de la 6e division aéroportée britannique qui furent les premiers largués, derrière Sword Beach, dans la nuit du 5 au 6 juin 1944, pour sécuriser le flanc Est de la zone de Débarquement allié. Inauguré le 4 juin 2000, le Mémorial Pégasus invite à revivre cet événement grâce à une impressionnante collection d'objets et documents authentiques. Des témoignages sur le livre d'or viennent apporter leur pierre à la mémoire collective comme celui-ci, émouvant : « *Je ne savais pas que mon père était un héros. Je l'ai découvert aujourd'hui* ». Un film préfacé par le Prince Charles, des images d'archives, des objets personnels, des morceaux de planeurs alimentent l'espace historique. Dans le parc, le vrai Pegasus Bridge, le pont Bailey utilisé sur la Dives jusqu'en 2001 et, autre symbole, la réplique du planeur Horsa, construit en 2004 pour le 60e anniversaire du Débarquement, suscitent d'autres émotions. Un seul exemplaire du planeur Horsa subsiste encore au monde, exposé au musée de l'armée de l'air de Middle Wallop en Angleterre. Pour mémoire, plus de 300 de ces avions ont transporté les hommes et le matériel de la 6e division. Remorqués de Grande-Bretagne par des bombardiers, six d'entre eux ont conduit les attaques contre le pont de Bénouville et contre le pont de l'Orne à Ranville, devenus respectivement Pegasus et Horsa Bridge. Une stèle signale le second ouvrage, à une centaine de mètres. La prise de ces deux ponts, il faut le rappeler, fut décisive pour le Débarquement et la Bataille de Normandie.

LA TABLE DE MANON €€

2, rue des Airbornes

✆ 02 31 78 69 79

Du mardi au dimanche midi, vendredi et samedi midi et soir. Réservation recommandée. Menu 28 €. Formule midi 16,50 €.

Ce n'est pas parce qu'ils ont servi quelques grands de ce monde, dont le prince Charles en 2014, que Nathalie et Frédéric ont pris la grosse tête ! Le couple sait combler notre gourmandise. Déjeuner quotidien ou repas prolongé, plats simples ou plus élaborés, prenez le temps de la dégustation. Goûtez les huîtres, le millefeuille d'andouille aux poires, le coq à la bière, le pressé de jarret de bœuf au foie gras et les légumes, pour la plupart cueillis dans la campagne alentour. Cette table est saine et bonne, à l'intérieur ou sous la tonnelle.

LA FOURNÉE DES DÉLICES

Rue de l'Artisanat

✆ 02 31 99 12 42

www.biscuiterie-lafourneedesdelices.com

Lundi 14h-18h30, du mardi au vendredi 9h30-12h30 et 14h-18h30, samedi 9h30-12h30 et 14h-18h. Livraison possible.

La famille Bisson perpétue son délicieux savoir-faire. Après douze années d'activité florissante dans la boulangerie-pâtisserie de Dives-sur-Mer, une nouvelle biscuiterie a ouvert ses portes en 2019 à Ranville. La Fournée des Délices est une histoire de famille : Philippe, passionné de pâtisserie et médaillé de plusieurs concours régionaux, confectionne différents biscuits selon des recettes d'antan, dont son fameux Sablénouville. Françoise, son épouse, s'occupe de la boutique. Et leur fils Kévin est en charge du marketing de cette nouvelle aventure gourmande.

CALVADOS

DEAUVILLE ★★★

Une ville chère au cœur des artistes. Une ville sortie des sables, entre 1860 et 1864, à l'initiative du duc de Morny, demi-frère de Napoléon III. Station balnéaire parmi les plus prestigieuses de France avec son casino, ses palaces, ses champs de course et ses villas classées, Deauville ne reste pas moins un joyau rare qui dévoile ses facettes en toute saison. Perle de culture, elle accueille une multitude de festivals, dont le célèbre Festival du cinéma américain. Venez découvrir la petite préférée de tous les arts, les pieds dans l'eau et la tête près des étoiles. Il y a les planches, le ciel et la mer... Cela suffit amplement à notre bonheur.

BELVÉDÈRES DE LA PRESQU'ÎLE DE LA TOUQUES

Quai de l'Impératrice-Eugénie

Visite : 2 € (compter 170 marches à gravir). Un ascenseur est en cours d'installation.

Après plusieurs mois de travaux, les deux tours de la Presqu'île sont enfin sorties de terre. Ce projet dantesque, qui a fait couler beaucoup d'encre, ambitionne de faire la liaison entre le centre-ville, tout proche, et la mer. Culminant à 27 m, ces « obélisques » sont deux nouveaux points de repère pour les marins et les terriens. Depuis 2020, le public peut monter au sommet de l'une des tours, côté Quai de l'Impératrice-Eugénie, pour profiter d'une vue unique sur l'estuaire.

LES PLANCHES ★★

Bord de mer

www.indeauville.fr/marcher-sur-les-planches

Cette célèbre et mythique promenade du bord de mer a été créée en 1923, par l'architecte Charles Adda, pour permettre aux femmes de profiter du paysage sans risquer de salir leurs robes dans le sable. Elle est devenue, au fil du temps, un endroit à la mode, où les célébrités de ce monde aiment être vues sans vouloir se montrer. En somme, un vrai théâtre de la comédie humaine. Le Tout-Paris des années folles s'empresse de venir sur la promenade star de Deauville : Joséphine Baker, Mistinguett, Sacha Guitry, Coco Chanel (qui y ouvrit même une boutique, où les élégantes pouvaient acheter leurs chapeaux de plage ou de soirée !)...

Les « Planches » sont à Deauville ce que la « Promenade des Anglais » est à Nice ! Chemin faisant, il faut admirer les cabines portant le nom des stars venues fouler le célèbre bois d'azobé à l'occasion du Festival du cinéma américain de Deauville, et s'attarder sur les cours intérieures et leurs bains pompéiens.

À proximité, devant les Bains au tout début des Planches, se trouve la place Claude-Lelouch, inaugurée sur le front de mer en 2006 en présence du réalisateur et des acteurs pour fêter les quarante ans du film *Un homme, une femme*, et qui associa Deauville à l'éternel rendez-vous des amoureux et du romantisme. *Cha ba da ba da, cha ba da ba da...*

Deux bars, le Bar de la Mer et le Bar du Soleil, et un restaurant, le Ciro's, appartenant tous les trois au Groupe Lucien Barrière, constituent des haltes gourmandes sur les Planches. Qui sait, peut-être y croiserez-vous une de nos chères vedettes ?

CALVADOS

Parasols sur la plage de Deauville.

PÔLE CULTUREL LES FRANCISCAINES

145, avenue de la République
www.lesfranciscaines.fr
Ouverture prévue le 20 mars 2021.

Deauville s'est lancé un sacré défi : faire renaître les Franciscaines, couvent du XIXe, en pôle culturel. L'enjeu est d'associer l'audace du contemporain à l'histoire du bâtiment. Autour de thèmes caractéristiques de la ville (cinéma, cheval, photographie...), ce nouveau spot hors norme s'articule autour d'un musée André Hambourg, un auditorium, une médiathèque et un espace de coworking. Ce lieu de culte devient un lieu de vie décloisonné, ouvert à la déambulation et à la culture.

VILLA STRASSBURGER ★

1, avenue Strassburger © 02 31 14 40 00
www.indeauville.fr
Gratuit jusqu'à 11 ans. Adulte 4,50 € (2,50 € étudiants). Visite guidée (de juin à septembre et sur rendez-vous).

Classée Monument historique depuis 1975 et symbole du Deauville de la Belle Époque, cette imposante demeure, éloignée du bord de mer, répond à une commande du baron Henri de Rothschild (1872-1947). Grand amateur de courses hippiques, ce dernier choisit de s'implanter à proximité de l'hippodrome de Deauville. Sur un terrain pentu, la villa est érigée en 1907 à l'emplacement de la Ferme du Coteau, propriété de la famille du romancier Gustave Flaubert depuis 1837. Son architecture est à la fois augeronne et typique de la Côte Fleurie : colombages à l'extérieur, damiers de briques et de pierres au rez-de-chaussée, et étage à pans de bois. Le pittoresque de l'édifice est accentué par la profusion d'éléments architecturaux animant les élévations (tourelles, *bow-windows*) et les décrochements de toitures (toits à longs pans en pavillon, rehaussés d'un pyramidion...) ornées d'épis de faîtage en céramique. Un modèle d'élégance ! Fait exceptionnel, la villa Strassburger a conservé son mobilier d'époque (comme ses bibelots, ses portraits de famille et ses tableaux de chevaux). Le caractère normand est renforcé par l'aménagement d'un vaste parc en herbe planté de pommiers, sur près de deux hectares. Dernier propriétaire en date : le riche éditeur de presse américain, Ralph Beaver Strassburger, qui lui donna son nom, et en fera sa résidence en 1924, avant que la villa ne soit léguée par ses héritiers à la municipalité quelques années plus tard, en 1980. Et la bonne nouvelle, c'est que cette superbe demeure se visite !

HIPPODROME DEAUVILLE-LA TOUQUES

45, avenue Hocquart-de-Turtot © 02 31 14 20 00
www.france-galop.com
De 5 à 10 € (gratuit jusqu'à 17 ans) selon les courses. Visite guidée les jours de courses en été. Restauration.

De style anglo-normand, ce bel hippodrome participe à l'atmosphère si particulière de la station balnéaire. Avec un calendrier de réunions réparties sur toute l'année, le temple du pur-sang de course s'inscrit au premier rang des hippodromes de plat en France. C'est aussi un lieu convivial pour toute la famille, à qui il ouvre ses coulisses l'été avec des visites guidées gratuites. Au programme : découverte des boxes, de la piste de course et de la salle de ventes de chevaux Elie-de-Brignac, mais également explications sur le rôle des commissaires et tout ce qui entoure le déroulement des courses. Des animations sont également tout spécialement programmées pour les plus jeunes, dès 3 ans (balades à poney, manège, carrousel...).

Inauguré en 1864 par le duc de Morny, fondateur de la cité balnéaire et homme de cheval, l'hippodrome a fait l'objet de remaniements successifs de la fin du XIXe siècle à nos jours. De toutes les époques passées, il a gardé une atmosphère qui n'appartient qu'à lui. Son architecture ravit les yeux et on se délecte à faire le tour des bâtiments inspirés des constructions vernaculaires du Pays d'Auge. Aménagée en 2003, la piste en sable fibré huilé, dite « toute saison », permet d'organiser des réunions du 1er janvier au 31 décembre. Une belle occasion de découvrir l'un des fleurons du tourisme deauvillais, tandis que les parieurs préparent leurs jeux et que les meilleurs jockeys se rendent au rond de présentation, dernier sas avant l'accès aux pistes !

PORT DES MARINAS DE DEAUVILLE

Quai des Marchands © 02 31 98 30 01
www.deauville.fr/port-deauville-les-marinas
Sas ouvert à la demande, se renseigner au canal VHF 9. Eau, borne électrique, sanitaires, carburant, laverie.

Protégé par une digue brise-lames en bloc de granit de 770 m, ce port privé est accessible 16 heures par jour. Il comprend un bassin éclusé, un bassin à flot et un bassin de marée. Port-Deauville propose des services d'exception : conciergerie et une présence humaine 24h/24 à l'écluse. Le spectacle est aussi sur les quais où des bateaux de personnes fortunées sont souvent amarrés. La marina associant villégiature et plaisance fait face au port de Trouville, si proche, si différent.

CYCLES DEAUVILLE

Route de Paris
✆ 02 31 88 03 91
Du lundi au samedi de 8h30 à 12h et de 14h à 19h.

Le succès du vélo ne se dément pas, d'autant plus avec la crise sanitaire qui a donné des ailes au marché du cycle, porté par l'air du temps. En voilà une preuve, cette nouvelle enseigne baignée de lumière, à la sortie de Deauville, ouverte par le groupe Mary. Les passionnés de la petite reine ou les simples amateurs devraient y trouver le modèle de leurs rêves. Vélos Peugeot, Venilu ou Ceepo, électriques, pliables, de ville, de route, VTT, et même des vélos sans pédales, c'est-à-dire des draisiennes... Plus d'excuses, tous en selle !

LUCAS CYCLES

88, avenue de la République
✆ 02 31 88 53 55
www.cycleslucas.com
Haute saison : ouvert tous les jours 10h-12h30 et 14h30-19h. Fermé le jeudi en basse saison.

La Côte Fleurie à vélo, en voilà une bonne idée futée. Lucas Cycles vous aide à partir à l'aventure à bicyclette depuis 1924. Que ce soit la location de vélos de ville, de plage ou même avec un petit coup de pouce électrique, il est certain que vous trouverez votre bonheur dans ce petit magasin « old school ». Vous pourrez aussi trouver des carrioles et vélos enfants. Les passionnés et déjà convaincus trouveront des conseils et un atelier qui se chargera de l'entretien ou de la réparation de leur petite reine. Et mieux vaut dire qu'ici, on en connaît un rayon !

MANOIR DE BENERVILLE €€

Mont-Canisy
✆ 02 31 14 68 80
www.manoirbenerville.com
Chambre double à partir de 130 €, suite 180 €. Petit déjeuner inclus. Restauration.

Un immense parc fleuri sur les hauteurs de Deauville au sein duquel se trouve une piscine chauffée qui fait face au somptueux manoir à colombages, digne de ceux que l'on s'imagine en rêve. Et les intérieurs sont tout aussi grandioses. Les chambres sont splendides et assurent un dépaysement total avec leur papier peint parfois un peu kitch mais toujours élégant. Tout ici est royal, si bien que l'on se sent parfois tout petit au milieu de tant de faste. Heureusement, pour se remettre de ces émotions, le Spa signé Adriana Karembeu propose des soins et massages.

RÉSIDENCE PIERRE&VACANCES PRESQU'ÎLE DE LA TOUQUES €€

Rue Thiers ✆ 02 31 14 08 00 - www.pierreetvacances.com
Appartements de 2 à 8 personnes à partir de 699 € la semaine. Parking. Hammam, sauna. Spa Deep Nature.

Cette adresse bénéficie d'un emplacement idéal, au sein de la Presqu'île de la Touques, à 300 m de la gare et à 10 minutes à pied des centres-villes de Deauville et Trouville. La résidence comporte de beaux jardins, une piscine chauffée, accessible en intérieur comme en extérieur, et d'équipements bien-être haut de gamme. Avec une architecture à colombages, l'ensemble offre des appartements tout confort. Un lieu qui marque l'aboutissement d'un ambitieux et long projet, né en 1989.

VILLA GYPSY HÔTEL €€

23, rue des Villas
✆ 02 31 14 18 00
www.villagypsy.fr
Chambre double à partir de 100 €. Petit déjeuner 16 €. Brunch le dimanche, ouvert à tous.

La Villa Gypsy, lieu bien connu de tous à Trouville, s'exporte de l'autre côté de la Touques. Nathalie Chauré, la mère, et Céline Laurent, sa fille, ont installé leur style à Deauville. Construite fin XIXe, cette demeure a appartenu au docteur Oliffe, maire de Deauville et médecin du duc de Morny. Près du centre, devant la mer, cet hôtel propose des chambres décorées avec goût, à l'image du coffee-shop trouvillais. Un voyage d'élégance mais aussi un lieu de vie, où des ateliers sont régulièrement organisés (yoga, sophrologie, ateliers de dessin pour enfants...).

YOU €€

1, rue Désiré-le-Hoc
✆ 02 14 09 00 54
www.youaredeauville.com
Chambre double à partir de 117 €, dortoir 54 €, suite 234 €. Animaux acceptés. Cuisine partagée. Cinéma. Salle fitness.

En octobre 2020, le tout premier hôtel de la nouvelle marque d'hôtellerie française You Urban Home a ouvert ses portes à Deauville. Idéalement placé, à la fois près de la gare, au cœur de la station et à quelques minutes de la plage, ce lieu de vie design fait souffler un air nouveau et casse les codes traditionnels du monde de l'hospitalité. Bar, cinéma, cuisine partagée, espaces de travail et en bonus des produits locaux. Urbain, moderne, décalé, surfant sur les nouvelles tendances, l'hôtel You se démarque et s'apprête à devenir « the place to be » à Deauville !

LES MANOIRS DE TOURGÉVILLE €€€

668, chemin de l'Orgueil - **TOURGÉVILLE**
✆ 02 31 14 48 68
www.lesmanoirstourgeville.com

Chambre double à partir de 185 €. Petit déjeuner 23 €. Animaux acceptés. Restauration. Piscine. Sauna.

Un endroit paradisiaque… Implanté au cœur d'un vaste parc, à proximité de Deauville, l'établissement se compose d'une bâtisse principale en colombages et de cinq manoirs, dont un accueille un restaurant offrant une vue imprenable sur la campagne environnante. Les prestations sont bluffantes : piscine couverte et chauffée, sauna, massages et soins, mais aussi une salle de remise en forme et des vélos pour aller se balader. Un havre de paix où le temps n'a plus aucune importance.

LA RÉCEPTION €€

✆ 06 08 87 39 36
www.la-reception.com

Envie de s'offrir une escapade iodée le temps d'un week-end ? Direction Deauville ! Et pour l'hébergement ? Direction le site Internet de La Réception ! Cette récente plateforme de réservation de logements courte durée a été créée par Valentin et Emmanuel, qui s'attachent à offrir de belles prestations. Un peu comme un mini Airbnb local, de qualité et à taille humaine, le service client en plus, La Réception propose de charmants studios, appartements et maisons sur la Côte Fleurie, de Deauville à Honfleur, tous sélectionnés avec soin.

LE SQUARE €€

182, avenue de la République
✆ 02 31 87 99 20
www.lesquaredeauville.fr

Eté : ouvert tous les jours sauf jeudi. Hiver : fermé mercredi et jeudi. Vente à emporter. Animations.

Quelle que soit l'heure, la visite sera ponctuée de bonnes surprises gourmandes ! Bobun et bibimbap à midi. Tapas et cocktails le soir. Le fait maison et l'originalité sont les valeurs de la maison. S'il fallait choisir un moment de la journée, ce serait le petit déjeuner. Des pancakes à l'avocado toast 100 % maison, sans oublier le pain au chocolat et le croissant carré pur beurre d'Isigny AOP : bravo au chef pâtissier ! Et même si la jolie cour intérieure est prisée, ne manquez pas la photo en noir et blanc de l'ancienne épicerie qui occupait jadis le lieu.

AUGUSTO CHEZ LAURENT €€

27, rue Désiré-le-Hoc ✆ 02 31 88 34 49
www.restaurant-augusto.com

Du mercredi au dimanche midi et soir. Menu 38 € (entrée-plat-dessert). Formule midi 30 €. Menu homard 62 €.

Bienvenue à bord ! A la barre de ce restaurant, au décor de cabine de yacht, Laurent, le roi du homard, décline une carte mer très raffinée. Du tartare de daurade au raifort et noix de Saint-Jacques au menu tout homard breton, les amateurs de poissons et de belles cuissons seront heureux. Deux niveaux et deux ambiances. Au rez-de-chaussée, le côté marin avec bois laqué et banquettes bleues annonce la couleur, surtout avec le vivier de beaux homards bleus prêts à être cueillis. Des produits frais et une belle exécution pour cette adresse deauvillaise qui a du goût.

LE BISTROT DES PLANCHES €€

3, rue Sem ✆ 02 31 87 72 14

Du lundi au vendredi 9h30-17h30, samedi 9h30-18h30, dimanche 8h30-16h30. Formules de 20 € à 23,50 €.

Voici une adresse simple et efficace pour le déjeuner. Le restaurant de la Thalasso Deauville, à deux pas des Planches et de la plage, réserve un accueil tout sourire dans une ambiance boisée et régulièrement renouvelée au gré d'expositions temporaires mettant des artistes locaux à l'honneur. Johanna concocte une bonne cuisine maison, entre salades, soupes, quiches, tartares, plats du jour, bagels, wraps, desserts végans… Pour les plus diététiques d'entre vous, sachez que certains plats sont disponibles en version « silhouette ».

LA CANTINE DE DEAUVILLE €€

90, rue Eugène-Colas ✆ 02 31 87 47 47
lacantinedeauville.fr

Tous les jours, midi et soir. Menu 35 €. Menu enfant 12 €. Formules du midi de 16,90 € à 21,90 €. Terrasse.

Incontournable sans être tape-à-l'œil, cette adresse est LA cantine de beaucoup d'habitués. Pari réussi pour Yanic et Jan qui ont su créer un lieu où il fait bon vivre. Aux petits soins pour les convives, le personnel est attentionné sans être intrusif. La carte est simple avec les *must have* de la brasserie, la touche région et saison en plus. On salue les poissons à l'honneur, bord de mer oblige. Les assiettes sont généreuses et stylées à l'image du décor. Si la formule du midi plaît, l'option salon de thé n'en est pas moins séduisante.

LES CHAUMES €€

CD 278 - **TOURGÉVILLE**
✆ 02 31 14 42 00
www.amiraute.com
Basse saison : tous les jours le midi. Haute saison : tous les jours midi et soir. Compter 35 €.

Une bonne table qui devrait plaire aux amateurs de golf, mais pas seulement... En effet, l'établissement fait rimer magnifique panorama sur le parcours de golf de l'Amirauté et sur la vallée de la Touques, à cinq minutes de Deauville, avec une cuisine fine et créative. Difficile de ne pas se régaler avec des préparations réalisées exclusivement à base de produits frais, qui invitent au voyage des sens, et qui même plusieurs jours après la dégustation laissent une empreinte de plaisir... Sans compter le service, tout en gentillesse et en attentions.

LA CRÊPERIE DE DEAUVILLE €€

15, quai de l'Impératrice-Eugénie
✆ 07 57 46 76 25 - lacreperiedeauville.fr
Tous les jours 12h-21h30. Fermé lundi hors vacances scolaires. Galettes à partir de 9,90 €. Crêpes à partir de 4,50 €.

Ouverte à l'été 2020, sur la presqu'île de la Touques, cette nouvelle adresse, avec vue sur le port et à la décoration vintage, est bien agréable le temps d'une pause en terrasse. A la carte, galettes, crêpes et salades se disputent la vedette pour les gourmands. Pourquoi ne pas se laisser tenter par la Normande (galette avec emmental, camembert, Pont l'Evêque, Livarot, pomme et andouille), ou, pour les becs sucrés, se laisser tenter par la glace artisanale Isigny (avec caramel, sauce caramel, spéculoos et chantilly). Allez, c'est commandé !

MAXIMIN HELLIO €€

64, rue Gambetta ✆ 02 31 49 19 89
www.maximinhellio.fr
Du mercredi au dimanche midi et soir. Réservation impérative. Menus de 39 à 135 €. Menu enfant 20 € (moins de 12 ans).

Décoré par l'architecte Luc Corbin, du rez-de-chaussée au salon privé, le restaurant éponyme de Maximin Hellio mérite largement son étoile. Issu d'une famille de restaurateurs, le chef breton tient à partager son esprit de convivialité et d'excellence, avec notamment ses plats signatures comme « le homard bleu de mon papa » ou « le tourteau radis noir ». Sur les bases d'une cuisine exigeante en préparation et respectueuse du produit, on découvre des plats authentiques et accessibles au plus grand nombre (on profite du menu « Indémodable » à un prix raisonnable).

CHEZ NANY, CRÊPERIE RESPONSABLE €€

62-64, rue Mirabeau ✆ 09 83 40 81 41
chez-nany-deauville.eatbu.com
Du mercredi au lundi, service continu à partir de 10h30. Galettes à partir de 12 €. Brunch 25 €. Terrasse.

Un petit univers où règne le bon goût. Derrière ce projet et les fourneaux ? Alexia, qui a travaillé avec Philippe Etchebest. Cette nouvelle adresse marque sa différence et son engagement. A la carte, des galettes et crêpes cuisinées avec amour et avec nos si bons produits du coin : farine de blé du Perche, œufs de la Ferme Cocotte, porc de Bayeux élevé en plein air de la Ferme d'Argentel, glace de la Ferme du Bois Louvet... Du bio local pour des assiettes fraîches et colorées ! Mmm !

LE SPINNAKER €€

52, rue Mirabeau
✆ 02 31 88 24 40
www.spinnakerdeauville.com
Du mercredi au dimanche midi et soir. Réservation recommandée. Menu 38 €. Entrée 15 €, plat 25 €, dessert 10 €.

A l'ombre du marché, où il fait ses courses, Frédéric Lesieur s'en sort avec les honneurs. Comment pourrait-il en être autrement quand on a mis les pieds sous la table et goûté la première bouchée ? Dégustation d'entrées gourmandes poursuivie sur un cabillaud en pavé rôti, confit de légumes et sauce vierge. Ce peut être autrement avec d'autres délices de la mer ou de la terre, joliment cuisinés en fonction du marché, des saisons et des arrivages. Pour finir, on vous laisse entre les saveurs affinées du plateau de fromages et les mains délicates du pâtissier.

L'ESSENTIEL €€€

29, rue Mirabeau
✆ 02 31 87 22 11
www.lessentiel-deauville.com
Du mercredi au dimanche midi et soir. Menus de 66 € à 75 €. Carte : 65 € environ.

Mi-ra et Charles ont su casser les codes du paysage culinaire local et garder le cap d'une table entre Asie et Occident, ou plutôt Normandie et Corée. Ici, l'essentiel prend tout son sens. Le naturel, la fraîcheur et la simplicité de ce duo amoureux dans la vie, comme à la cuisine, s'expriment autour de plats surprenants : anguille fumée, chou rouge, feta en entrée ; en plat, bœuf de Wagyu, légumes de saison, samsang. Pour terminer, c'est la même douceur autour d'un caramel miso, sésame noir. Pour les amoureux des tables raffinées aux parfums d'ailleurs.

CAFÉ MARIUS

19 bis, rue Gontaut-Biron
✆ 02 31 98 40 40

Du jeudi au mardi 10h30-20h. Fermé mercredi et jeudi hors saison. Cocktails 18 €. Petite restauration environ 15-20 €.

En quête d'un lieu atypique ? Le Café Marius devrait vous plaire ! Alors oui certes, il faut sortir les billets, l'endroit n'est pas donné donné, mais son toit-terrasse insoupçonné, élégant, végétal et au calme, accessible depuis la boutique de décoration « Par Hasard Maison » (qui vaut d'ailleurs aussi le coup d'œil), vous promet une vue imparable sur la ville et la plage. Vous n'en bougerez plus jusqu'à l'heure de l'apéritif, où des cocktails et bons petits grignotages sont proposés. Une jolie découverte, à « prix Deauville » !

CASA ROMEO

50, rue Gambetta
✆ 02 31 98 27 44

Haute saison : ouvert tous les jours de 9h30 à 19h. Service de restauration sur place.

Des plateaux de fromage aux antipasti, des olives méditerranéennes à la charcuterie, en passant par les lasagnes au veau et à la truffe ou par les diverses pâtes fraîches de fabrication artisanale... tout est fait pour ouvrir l'appétit. Ne parlons pas des desserts, une ode à la gourmandise. *Delicioso* ! Autre surprise : le service en continu permet à Sarah, la propriétaire, de proposer des dégustations sur place. Placée juste en face du marché, l'enseigne est donc un lieu de rencontres où l'on échange sur ses trouvailles tout en dégustant un bon vin italien.

GLACES MARTINE LAMBERT

76 ter, rue Eugène-Colas
✆ 02 31 88 94 04
www.martine-lambert.com

Basse saison, vendredi à dimanche 10h-13h et 14h30-19h. Avril-septembre, tous les jours 10h-19h30, nocturne le week-end.

Entre les fruits qu'elle choisit dans le monde entier et le lait, lui, toujours de Normandie, Martine Lambert travaille depuis plus de 40 ans ses 50 parfums avec la même précision. Rhum-raisin, citron non traité au gingembre, fraise Mara des bois, vanille de Madagascar, sorbet chocolat... On ne se lasse pas de tester un nouveau parfum ou de voir quelle création du mois elle vient d'inventer ! En cornet à emporter, en pot individuel ou en dessert glacé pour 8 personnes, la boutique chic de Martine Lambert détient un tel savoir-faire qu'elle turbine hiver comme été.

MAISON LAURETTE

27, rue Albert-Fracasse
✆ 06 58 18 68 63
www.maisonlaurette.com

Ouvert le lundi et du jeudi au samedi de 11h à 18h. Mardi et mercredi sur rendez-vous.

L'atelier-boutique de la chapelière Laure Fessard plaira à la femme élégante. Bien plus qu'un simple accessoire, le chapeau est ici principalement sur mesure et confectionné avec un savoir-faire unique, lui aussi. La créatrice déniche ses belles matières (rubans en velours, dentelle délicate, plumes, satin...) dans les anciennes merceries et passementeries françaises. Vous trouverez aussi des accessoires coquets : bibis bérets d'inspiration rétro, canotiers, capelines ou bandeaux pour un look travaillé. Pour de belles occasions ou à porter tous les jours !

DEAUVILLE AVENTURE

Chemin de la Performance - **SAINT-ARNOULT**
✆ 02 31 88 00 00
deauvilleaventure.fr

Tous les jours pendant les vacances, week-end et jour férié le reste du temps. Buggy 135 €, 1h15. Quad 48 €, 1h.

Aux portes de Deauville, il est un lieu tout indiqué pour les amateurs d'adrénaline et de sensations fortes ! Dans le domaine forestier privé de Deauville Aventure, on se défoule au volant d'engins tout-terrain. Randonnée en buggy ou en quad Kymco 700 (pour les pilotes à partir de 18 ans avec permis et passager de plus de 10 ans) pour repousser ses limites. Ou encore un labyrinthe végétal qui forme un terrain idéal de paintball (pour adultes et enfants). Futé : des packages groupes sont disponibles pour un anniversaire ou un enterrement de vie de célibataire !

ÉTABLISSEMENT DES BAINS DE MER

Place Claude-Lelouch ✆ 02 31 14 02 16
www.indeauville.fr

Été, tous les jours 9h-12h30 et 13h30-19h. Cabine 12 €. Location parasol 14 €. Réservation à partir de janvier.

Cet ensemble majestueux, pensé en 1923 par l'architecte Charles Ada, surprend par son enfilade de fontaines, bassins et atriums richement décorés, dans un style clairement romain. La location des plus célèbres parasols de France est possible. Ils s'empruntent à la journée ou sur une plus grande période au niveau de la cabine 101 et de la place Claude-Lelouch. La plage est ponctuée de quatre « secteurs » de parasols, repérables par leurs couleurs : orange, rouge, bleu, vert et jaune.

PÔLE INTERNATIONAL DU CHEVAL

14, avenue Ox-and-Bucks - **SAINT-ARNOULT**
✆ 02 31 14 04 04 -
www.pole-international-cheval.com
Événements équestres tout au long de l'année. École d'équitation. Accueil du lundi au samedi 9h-18h. Restauration.

Site de 8 ha consacré à la véritable vedette de Deauville. De l'amateur équestre éclairé au débutant, tout le monde s'y retrouve pour l'amour de l'équitation. Les infrastructures sont exceptionnelles : grand manège, deux carrières, écuries, bar-restaurant... Rien ne manque. Que vous soyez cavaliers ou souhaitiez assister à des compétitions régionales (saut d'obstacles, dressage...), vous serez sans nul doute séduit par l'endroit, comme nous. En bref, le temple des sports équestres !

CASINO BARRIÈRE DE DEAUVILLE

2, rue Edmond-Bland
✆ 02 31 14 31 14
casino-deauville.com
Du dimanche au jeudi 10h-2h, vendredi 10h-3h, samedi 10h-4h.

Le casino Barrière de Deauville c'est un peu comme une ville dans la ville. Jeux de table, machines à sous, *poker room*, mais également trois restaurants, une boîte de nuit *people*, un théâtre et deux bars dont LA star de l'esprit *lounge* : l'O^2 Sofa Bar, *looké* par l'extravagant Jacques Garcia. Le décorateur a magistralement déliré, entre modernité absolue et baroquisme. De surcroît, ce bar offre depuis sa terrasse de 200 m^2 la plus captivante des vues sur la mer. In-con-tour-nable.

HIPPODROME DE CLAIREFONTAINE

Route de Clairefontaine - **TOURGÉVILLE**
✆ 02 31 14 69 00
www.hippodrome-deauville-clairefontaine.com
17 journées de courses hippiques de juillet à octobre. Entrée 5 €, gratuit moins de 18 ans.

Près de Deauville, l'hippodrome de Clairefontaine est connu comme le plus fleuri de France. Construit en 1928, il associe architecture traditionnelle normande et modernisme des années 1930. « Plus qu'un champ de courses, un champ de fête ! ». Sur l'ensemble des journées qui composent le meeting, l'hippodrome accueille, ce qui est assez rare, les trois disciplines : trot, plat et obstacles. Rendez-vous les matins de courses pour une visite gratuite des coulisses.

BÉNERVILLE-SUR-MER

La grande plage de la petite commune de Bénerville-sur-Mer n'est autre que le prolongement de la plage de Deauville. Plus sauvage que sa voisine, elle longe en partie la promenade Yves-Saint-Laurent. Le célèbre couturier français aimait venir se ressourcer au Château Gabriel, somptueuse villa du XIXe, où habitait précédemment l'éditeur Gallimard. Le destin de Bénerville est également lié à l'un des plus grands collectionneurs d'art du XXe siècle, Calouste Gulbenkian, qui y créa un jardin planté d'essences rares. Sur les hauteurs, les batteries du Mont-Canisy, important maillon du mur de l'Atlantique, offrent des points de vue sur la Côte Fleurie.

PARC CALOUSTE GULBENKIAN

Chemin des Enclos © 02 31 14 02 02
www.indeauville.fr
Ouvert d'avril à octobre, tous les jours 14h-18h. Gratuit jusqu'à 18 ans. Adulte 3 €. Animaux acceptés.

Aussi appelé Domaine des Enclos, ce parc est entretenu par ses talentueux jardiniers. Sur les hauteurs de Bénerville, cet espace vert de 33 ha est l'œuvre de Calouste Gulbenkian (1869-1955), l'un des plus grands collectionneurs d'art du XXe, et du célèbre paysagiste Achille Duchêne. Pensé pour méditer et se ressourcer, il offre un ensemble de grande harmonie et de belles perspectives, à la fois sur la campagne normande et sur la mer. Peu connu, le parc abrite pourtant des collections d'arbres rares (noyer noir et frêne blanc d'Amérique, tilleul de Hollande...).

LES AMMONITES €€

16, boulevard de la Mer
© 02 31 88 40 33
Ouvert de mi-mars à début novembre. Été : ouvert tous les jours 10h-1h. Carte 30 € environ.

Ambiance paillote chic à deux minutes de Deauville ! Face à la mer, cette belle terrasse est l'une des plus séduisantes de la côte, encore plus à l'heure de l'apéritif, avec vue sur le coucher du soleil. Autant vous dire, en pleine saison et pendant les vacances, c'est « blindé ». L'endroit prisé a ses habitués. On commence avec le foie gras maison puis on se laisse vite happer lorsqu'on voit l'onglet Angus et ses petites pommes de terre saisies passer devant nous ! Le cadre est tel qu'ici on songe davantage au rapport qualité de vie qu'au rapport qualité-prix !

BATTERIES DU MONT CANISY ★★

Mont-Canisy © 02 31 98 90 10 - www.mont-canisy.org
Visite libre toute l'année. D'avril à août, visites guidées gratuites d'environ 2h30.

Le site du Mont-Canisy, situé entre Deauville et Blonville-sur-Mer, a été abandonné des promeneurs pendant un demi-siècle, avant de redevenir un haut lieu sur le plan historique et environnemental. Il fut, tour à tour, un fief seigneurial (morcelé en 1793), un poste de défense anti-sous-marins lors de la Première Guerre mondiale, une batterie côtière de 1935 à 1940, et aussi le point d'appui le plus important du Mur de l'Atlantique entre Cherbourg et Le Havre entre 1941 et 1944. Sa position, face au port du Havre et à la baie de Seine, lui vaudra, lors du dernier conflit mondial, d'être transformé en forteresse de béton.

L'association des Amis du Mont-Canisy, fondée en 1993, organise en saison des visites thématiques guidées (et gratuites !). Vous pourrez découvrir les restes des casemates, des bunkers-abris, le poste de direction de tir, ainsi que les vestiges d'un ouvrage souterrain (15 mètres en sous-sol), unique sur la côte normande : 250 mètres de tunnels, 25 alvéoles de casernement, 6 escaliers permettant l'accès en surface, 25 soutes à munitions, etc. A la surface, offrez-vous un panorama exceptionnel sur la mer et la Côte Fleurie.

Côté nature, le site protégé du Mont-Canisy, qui domine la mer de ses 110 mètres, abrite de nombreuses espèces végétales fragiles, qui attirent notamment les papillons. Des visites nocturnes « spécial papillons » ont d'ailleurs lieu en été. Enfin, côté pratique, l'accès au site du Mont-Canisy aux piétons est libre, mais interdit aux véhicules non autorisés.

CALVADOS

BLONVILLE-SUR-MER

Au pied du mont Canisy, la station balnéaire de Blonville-sur-Mer fut surnommée le « paradis des enfants » au début du XXe siècle de par la beauté de sa plage de sable fin, longue de deux kilomètres, et son caractère familial. Autre incontournable, l'îlot de nature que forme un marais de 110 hectares d'une grande richesse écologique. Malgré sa proximité avec la mer, ce marais d'eau douce est alimenté par les eaux de ruissellement de bassins versants situés sur les coteaux alentour. Muni d'une paire de jumelles et d'un peu de patience, vous pourrez y observer des espèces protégées, notamment tôt le matin, comme la rainette verte ou des cigognes.

CHAPELLE NOTRE-DAME-DE-L'ASSOMPTION

Rue Pasteur

Du dimanche au vendredi 10h-12h, samedi 10h-18h.

Chapelle dédiée à Notre-Dame-de-l'Assomption, bâtie en 1954 par le peintre Jean-Denis Maillart et le chanoine Duvieu. Son atout majeur : ses fresques peintes sur le ciment des murs entre 1960 et 1962. S'inspirant du symbolisme des cathédrales, celles du chœur évoquent l'Ancien et le Nouveau Testament au travers d'une série de patriarches, de prophètes et des douze apôtres. Les panneaux de la nef évoquent, eux, les principales étapes de la vie de la Vierge Marie.

MARAIS DE BLONVILLE-VILLERS

✆ 02 31 15 30 90

www.conservatoire-du-littoral.fr

Animaux acceptés.

Vous allez changer d'avis sur les marais. Grand de 110 hectares, cet espace d'eau douce cerné de plaines bocagères et de pommeraies d'une part, de dunes de l'autre, est un refuge pour des centaines d'espèces. Site protégé où la vie sauvage reprend ses droits et où l'on croise butors, orchidées, rainettes arboricoles et papillons en suivant le circuit découverte de 4,6 km. Les cigognes blanches y ont même leur plateforme personnelle. Alors un peu de patience et des bonnes jumelles !

LA P'TITE BOUFFE €€

8, rue du Général-de-Gaulle

✆ 02 31 88 36 02

Tous les jours 10h-22h. Fermé dimanche soir, lundi et mardi hors saison. Carte 15 € environ. Formule du midi 15 €.

Ne cherchez plus, vous êtes en présence d'une bonne table. La déco est plutôt sobre même si elle ne manque pas de couleurs, et la carte ne cherche pas à réinventer la roue. Mais voilà, l'on passe ici un moment des plus agréables, et surtout, l'on se régale ! Tapas originales, moules à la crème, diverses salades, crêpes, desserts gourmands, la cuisine respire la fraîcheur et donne de sacrés plaisirs ! Ajoutez à cela un accueil souriant et chaleureux, et vous avez compris la recette du succès. L'établissement fait également salon de thé et vente à emporter.

SAINT-GATIEN-DES-BOIS

Au cœur du Pays d'Auge, charmante petite ville située à environ 10 km de Deauville et Pont-l'Evêque, avec son église du XIXe siècle, dont certaines parties datent du XVe, qui trône sur la place centrale entourée de bons commerçants. Elle accueille l'aéroport de Deauville-Normandie qui voit se poser une centaine de chevaux par an, et le beau golf de Saint-Gatien qui étire ses trois parcours sur plus de 100 ha. Entre manoirs, maisons aux toits de chaume, forêt et un petit centre équestre (la Ferme des Galopins) tenu par la pétillante Anne, la commune de Saint-Gatien-des-Bois est l'escapade idéale pour échapper à une côte parfois trop touristique.

AUBERGE DU CHEVAL BLANC €€

35, rue Brioleurs ✆ 02 31 65 16 67

www.hotel-lechevalblanc.com

Chambre double de 55 € à 75 €. Pension et demi-pension. Wifi.

Coup de cœur pour cette auberge qui allie le charme d'une ancienne maison normande et le douillet confort moderne. Fraîchement rénovées, les chambres sont impeccables. Le tout pour un très bon rapport qualité-prix. L'accueil est toujours et particulièrement chaleureux. Et que dire de la table qui est, avec ses plats de terroir, tout simplement parmi les meilleures des alentours ! En plus, c'est à trois kilomètres à vol d'oiseau de l'aéroport de Deauville-Saint-Gatien et à dix, à peine, des petits ports de Honfleur et Trouville. Le bonheur entre terre et mer !

GOLF DE DEAUVILLE SAINT-GATIEN

Chemin de la Mué
✆ 02 31 65 19 99
www.golfdeauville.com
Du mercredi au lundi 9h-18h (tous les jours 8h-20h en haute saison).
Formules d'abonnement au mois ou à la carte.

Entre Deauville et Honfleur, ce golf propose un parcours 18-trous, l'un des plus beaux de la région, et deux 9-trous. Un practice de 65 places, dont 15 couvertes, et des greens d'approche sont disponibles. Un bel endroit pour jouer et/ou venir manger dans le club-house aménagé dans un pressoir du XVIIIe et son restaurant avec bar et cheminée. La terrasse face au parcours est parfaite aux beaux jours. Belle restauration maison et service aux petits soins.

SAINT-PIERRE-AZIF

Bourg d'à peine 160 habitants, dont le nom proviendrait de l'association de Saint-Pierre, premier évêque de Rome, et de ifs, conifères très présents dans la Normandie d'autrefois. Saint-Pierre « aux Ifs » est, au fil des siècles, devenu Saint-Pierre « Azif ». Son église, flanquée d'une tour lombarde du XIIe siècle, abrite une étonnante collection de neuf tableaux de l'école flamande. On la doit à Jean-Pierre Le Chanteur. Né à Saint-Pierre-Azif en 1760, ce secrétaire de marine collectionna ces œuvres lors de sa carrière à Anvers. Enfin, pour les littéraires, le conte *Les ailes de courage* de George Sand se déroule dans la région de Saint-Pierre-Azif.

LES NOCTAM'BULLES €€

Ecodomaine du Bouquetot ✆ 06 87 44 92 29
cabanesnormandie.com
Ouvert toute l'année. De 150 € à 170 € la nuit pour 2 (25 € par personne supplémentaire). Chauffage en hiver. Pas de tv.

Au cœur du Pays d'Auge et à 5 min des plages de sable de la Côte Fleurie, les Noctam'Bulles vous invitent à dormir dans une cabane dans les arbres, au sein d'un magnifique éco-domaine de nature préservée déployé sur près de 70 ha. Votre petite maison perchée est très confortable et tout à fait adorable. Le petit déjeuner vous attend au pied de l'arbre le matin, il suffit de le hisser. Chacune des 6 cabanes porte un nom d'oiseau et dispose d'une terrasse. Osez la cabane Grand Duc perchée à plus de 20 m de haut. D'autres sont moins hautes, à 6 ou 7 m seulement...

ÉCO-DOMAINE DE BOUQUETOT

Chemin des Broches ✆ 09 72 58 22 02 - ecopya.org
Visite guidée en été, du mardi au dimanche 11h-12h : 2,50 €, gratuit pour les moins de 12 ans. Coworking ½ journée : 8 €

Dans une ancienne ferme augeronne du XVIIIe siècle, au cœur de 68 hectares de nature, à une dizaine de kilomètres seulement de Deauville, cet éco-domaine se présente comme un lieu de coopération à dimensions écologique, économique, solidaire et pédagogique. Créée en 2010, l'association ECOPYA (ECO-domaine en PaYs d'Auge), labellisée Tiers Lieux Normandie, veille à l'animation et au développement de l'éco-domaine de Bouquetot.

Parmi les acteurs présents sur le site : Akal Food, qui produit de la spiruline, Des Fleurs Partout, qui cultive des fleurs en éco-culture, ou encore l'Écurie des Parts, consacrée à l'élevage de chevaux de sport.

Mais ce n'est pas tout ! Cette véritable ferme du XXIe siècle offre la possibilité d'un coworking rural, où bureaux et espaces naturels sont partagés. Il y a aussi une partie hébergement : les Noctam'bulles (cabanesnormandie.com) proposent des cabanes, construites dans des arbres majestueux, pour passer une nuit la tête dans les étoiles. Une partie restauration : Llocall (www.llocall.fr) régale de produits naturels. Et même une partie développement personnel : sur rendez-vous, Jérôme Lemonnier vous accompagne au milieu de la nature régénérante et préservée du Bouquetot, et vous aide à retrouver votre équilibre intérieur.

Pensé comme un lieu d'innovation social ouvert sur de nouveaux champs d'action, l'éco-domaine de Bouquetot tend à associer, faire cohabiter et faire collaborer des acteurs différents mais complémentaires. Un projet innovant à découvrir et à soutenir !

TOUQUES

À deux pas des tribulations de Deauville-Trouville se trouve un charmant village qui respire le calme et la tranquillité. Une charmante commune fleurie et animée toute l'année qui cache un passé insoupçonné. Les premières traces d'occupation humaine sur le site de Touques remontent au premier siècle de notre ère. Au Moyen Age, c'était la deuxième métropole du Pays d'Auge ! Très actif, son port de commerce était protégé par un château fort qui constituait l'une des principales résidences des Ducs de Normandie. Aujourd'hui toujours convoitée, Touques a été la première commune du Calvados à recevoir le label « Petite cité de caractère ».

HALLES

Place Lemercier

Les halles médiévales d'origine, construites au XVe siècle et appartenant aux évêques de Lisieux, furent détruites en 1910. La nouvelle halle, édifiée en 1996 et agrandie en 2018, est composée d'une nef divisée en cinq travées, mais ses proportions sont plus modestes que la précédente, formée de deux nefs séparées par onze travées, traversant quasiment de bord à bord toute la place Lemercier. Vous pouvez vous garer autour, et de là, organiser votre visite de la ville. Il y a un marché sous les halles les mardis, jeudis et samedis matin.

LA BERGERIE €€

51, avenue Aristide-Briand

✆ 02 31 88 02 78

Du mercredi au lundi, midi et soir. Réservation recommandée. Carte 15 € environ. Plat du jour 13 €. Terrasse.

Cette adresse fait l'unanimité auprès des autochtones et des visiteurs de passage que nous sommes régulièrement. Parce que la carte qui allie salades, galettes, penne, viandes grillées... offre des prix abordables ; ensuite parce que le service est aux petits oignons. Le cadre tendance en fait un lieu prisé. Une terrasse couverte permet aux enfants de n'avoir qu'un pas à faire pour aller se balancer dans le jardin. Si vous êtes plutôt galettes, essayez la Touquaise. Sinon il y a la salade du berger... eh oui, n'oubliez pas que vous êtes chez lui !

BON THÉ BONHEUR €€

77, rue Louvel-et-Brière ✆ 02 31 81 31 81

www.bon-the-bonheur.com

Du mercredi au dimanche midi et soir. Menus de 38 à 54 €. Carte 35 € environ. Formule midi 19 €, du mercredi au samedi.

Le bistrot gastronomique du coin. On pousse la porte : Malwina a un sourire qui ne quitte pas son visage. Richard Lavieille, le chef, a connu des bonnes adresses de la Grande-Bretagne à la Suisse, d'Ajaccio à Bordeaux, et a fréquenté de grands noms. Tous deux prouvent que l'amour du travail bien fait, restitué par le respect des produits, est gage d'une solide réputation. Espuma de fromages de Normandie et magret de canard fumé pour commencer, puis filet mignon de cochon ou merlu sauvage... Enfin, soufflé aux abricots et chantilly à la lavande. Une belle adresse.

QUARTIER DES ARTS

Place Saint-Pierre ✆ 02 31 88 00 07

Ouvert toute l'année. Accès libre.

Dans la coquette Touques se niche un extraordinaire vivier artistique composé de quatre ateliers de céramistes et deux galeries. Il faut s'aventurer derrière l'église Saint-Pierre pour découvrir cette face cachée de la ville et ce quartier des Arts qui fait la fierté de toute une commune.

La découverte commence sur le parvis de l'église avec la **galerie des Créateurs**, une lumineuse boutique tenue avec soin et beaucoup de goût par Mme Laborde. Les objets d'art ici exposés (vases, luminaires, décoration, art de la table...) conviennent à tous les budgets et représentent de belles idées de cadeaux. La thématique de ces créations, au supplément d'âme indéniable, directement issues d'ateliers d'artisans et de designers français, change tous les deux mois. Un univers en soi à découvrir d'avril à décembre (✆ 06 71 52 71 05 – www.creaculture.org).

Continuons la visite dans les jardins de l'ancien presbytère, derrière l'église. Là, trônent les œuvres contemporaines et colorées de la **galerie Art Discovery**, sous la houlette de Hervé Louchet. Peintures, sculptures, photos... De l'art coup de cœur et tout à fait original ! (✆ 06 40 40 61 91).

Au sein de cet univers créatif, insoupçonné depuis la route principale de Touques, on fait également la rencontre de Pierre, *alias* **Peter Potter**. Outre son atelier, installé dans l'ancienne cuisine du presbytère, où il travaille régulièrement sous le regard du public, sa boutique d'objets décoratifs en grès émaillé vaut le détour. Si vous avez toujours rêvé d'apprendre la poterie, cet artiste, originaire de Lisieux, propose des cours toute l'année (✆ 07 77 79 37 77).

Autre artisan, autre ambiance et autre décor chez **Tony Mauger** qui, au sein des anciennes écuries, déploie son savoir-faire unique et typiquement normand, l'épi de faîtage. Il y a aussi des décorations extérieures en céramique, mais on vous laisse le soin de découvrir leur « secret de fabrication » à l'étage (✆ 06 09 03 04 60 – ceramistepotier.free.fr).

Le parcours continue avec **David Guzman**, céramiste d'art d'origine espagnole, qui fait partie des Ateliers d'art de France. Ce lieu de création est une jolie vitrine de son travail réalisé à la main et de son bel univers (✆ 06 66 31 82 82).

Enfin, ne manquez pas l'atelier **Tia Terra**, empli de féminité, où la jeune céramiste Alix Thouvenot travaille sur place et expose ses créations uniques. Art de la table (on adore les tasses zébrées !), déco et bijoux ornent les étagères. Pour les plus créatifs d'entre vous, des cours de tour et modelage sont ici dispensés par l'artiste elle-même (✆ 06 63 44 67 99).

CALVADOS

TROUVILLE-SUR-MER ★★★

Séparée de Deauville par une syllabe et une rivière, la Touques, Trouville a su garder son caractère Second Empire et son charme de petit port de pêche. Au fil des Planches, les demeures à l'architecture typique de la région font toujours forte impression. Depuis le début du XIXe siècle, grâce aux bains de mer, ce havre de paix attire et magnétise les plus grands peintres, artistes ou écrivains, dont Charles Mazin à qui l'on doit l'essor de la ville dans les années 1840. Aujourd'hui encore, nombreux sont ceux qui tombent dans les filets de Trouville-sur-Mer. Tout est là pour passer un bon moment ! Un séjour que vous n'oublierez pas de sitôt.

MUSÉE VILLA MONTEBELLO ★

64, rue du Général-Leclerc
© 02 31 88 16 26
www.trouville.fr/museevillamontebello

Hiver : mercredi-vendredi 14h-17h30, week-end 10h-12h et 14h-17h30. Été : mercredi-dimanche 10h-12h et 14h-17h30. 3 €

Exemple typique de l'architecture balnéaire du Second Empire, cette villa fut édifiée en 1865 par Jean-Louis Célinsky pour la marquise de Montebello. Elle surplombe la mer, et offre ainsi une vue imprenable sur la baie de Seine. Les collections évoquent les débuts de la station balnéaire trouvillaise. Le célèbre affichiste, Raymond Savignac, dont les œuvres parsèment la ville, s'y taille une place d'honneur. Ce musée organise de nombreuses animations autour de ses collections, ainsi qu'une grande variété d'expositions temporaires.

ENIGMATIK EXPÉRIENCE AVEC ERICK FEARSON

164, boulevard Fernand-Moureaux
© 02 31 14 60 70 - www.maison-hantee.com

Visites de 2h environ durant les vacances scolaires et jours fériés. 12 €. Inscriptions à l'office de tourisme.

Pas peur des fantômes, des maisons hantées, des murs qui parlent et des parquets qui craquent ? On va voir ça ! Erick Fearson avec son habit noir et son chapeau vous emmène pour un voyage outre-tombe ou presque. Chasseur de fantômes, il est passionné de paranormal et de surnaturel. Il vous ouvre les yeux sur ce que vous ne voyez pas, l'esprit sur ce que vous ne croyez pas. Mêlant subtilement psychologie, suggestion, intuition et parfois sixième sens, il vous fait douter de la réalité.

P'TIT TRAIN

© 02 31 14 60 70

Départ à 11h30, 14h45, 15h50 et 17h10. Adulte : 8 €. Enfant (jusqu'à 10 ans) : 5 €. Visite commentée de 30 à 35 min.

Tchou tchou ! Embarquez à bord du p'tit train touristique pour une promenade (sans effort) d'environ trente minutes, à travers les grandes et petites histoires de la célèbre station balnéaire trouvillaise. Des Vikings à la Belle Epoque, de l'écrivain Gustave Flaubert aux impressionnistes, de la cabane de pêcheur aux rues pittoresques : Trouville vous sera contée par Philippe, qui conduit cet indémodable p'tit train depuis neuf ans, et qui connaît la ville comme sa poche. Départ sur les planches, à côté du manège, à l'entrée de la plage.

Trouville-sur-Mer

LES 2 VILLAS €€

25, rue Saint-Germain
✆ 02 31 49 09 19
les2villas.fr

Chambre double à partir de 70 € ; suite à partir de 150 €. Petit déjeuner buffet 14 €.

Modèle de confort et de charme, cet hôtel s'est hissé parmi les meilleurs de Trouville. C'est avec élégance et gentillesse - qui ne laissent rien deviner de leurs courtes nuits et de leurs longues journées - que M. et Mme Divay accueillent leurs clients et se plient à leurs demandes. Chaque chambre est décorée avec sobriété dans un esprit graphique, les salles de bains contemporaines ouvertes sur la pièce grâce à leurs baies vitrées offrent une impression d'espace. Sans oublier le délicieux petit déjeuner. Bref, longue vie à cet hôtel !

LOCAPLANCHES €€

Promenade Savignac ✆ 06 84 81 68 55
www.locaplanches.fr

Appartements 4 personnes à partir de 490 €/semaine. Le Loft, jusqu'à 4 personnes, à partir de 640 €/semaine. Ascenseur.

Face à la mer, sur les planches, le mythique Trouville Palace bénéficie depuis son ouverture en 1910 d'une situation privilégiée. Conçu pour accueillir estivants, aristocrates et hommes d'affaires lorsque Trouville devint un lieu prisé de villégiature, il abrite aujourd'hui notamment 5 appartements meublés en location. Parmi eux, coup de cœur pour le loft, un duplex de 60 m² et 4,50 m sous plafond, ayant appartenu à Pierre Guariche, designer visionnaire des années 1970. Le coucher de soleil à perte de vue sur la mer attire bon nombre de photographes et habitués.

CRÊPERIE DU PORT €

30, quai Fernand-Moureaux
✆ 02 31 88 18 60

Tous les jours, service continu de 11h45 à 22h30. Menu escapade : 15,90 € (entrée, galette complète et crêpe).

Ambiance simple et vraie dans cette authentique crêperie normande. Cédons au péché de gourmandise, tous les ingrédients sont locaux, frais et de saison. Devant la carte, on hésite face à l'éventail de galettes au sarrasin normand. Soulignons la très normande galette à l'andouille de Vire et ses pommes au calvados. La pâte est croustillante, l'assiette bien garnie. Au dessert, après un choix cornélien à nouveau, la crêpe au caramel au beurre salé normand emporte beaucoup de suffrages. Des crêpes oui, mais des bonnes ! Un cidre (normand !) arrose ce repas convivial.

LE VIEUX NORMAND €

124, boulevard Fernand-Moureaux
✆ 02 31 88 38 79
www.levieuxnormand.fr

Service continu tous les jours 12h-22h30. Carte 12 € environ. Galettes de 3,50 à 12,50 €. Crêpes sucrées de 3,30 à 11 €.

Crêperie prisée dont le menu est étoffé de produits prioritairement locaux, de plats maison et d'une carte de cocktails « made in Normandy ». On trouve un large choix de crêpes et galettes, de cidres, de bières de terroir, de limonades normandes. Les inconditionnels du vin goûteront aux Arpents du Soleil, l'unique cépage normand. Pas donné mais séduisant. Pour plaire à toute la famille, vous trouverez aussi des fondues, dont la raclonette, fondue à la tomme de Normandie, des moules de Bouchot (en saison), mais aussi des salades et de bonnes glaces artisanales.

VILLA GYPSY €

65, rue des Bains ✆ 09 53 83 88 90
www.villagypsy.fr

Ouvert du mercredi au dimanche de 10h30 à 18h. Tous les jours pendant les vacances scolaires. Terrasse. Boutique.

Voilà une belle histoire de famille : Nathalie, la maman, et ses filles, Céline et Victorine, offrent un lieu inclassablement délicieux au cœur de Trouville. Ce concept store doit figurer sur votre carnet d'adresses. On entre d'abord dans la boutique de déco, puis le regard s'arrête sur les pâtisseries alléchantes disposées sur le bar. Pour chaque recette, végétariennes pour beaucoup, une histoire. Cerise sur les gâteaux, la terrasse adorablement aménagée vous accueille dans un trou de verdure ensoleillé l'été et en jardin d'hiver avec plaid par temps gris.

LES AFFICHES €€

6, rue de Paris
✆ 02 31 98 31 94

Ouvert du jeudi au lundi le midi et le soir. Compter environ 20 € le plat. Réservation recommandée.

Une jolie adresse désormais bien connue. Ici on fait dans le simple et le bon : pas de carte, pas de chichi, mais des produits de saison, locaux, assemblés avec talent par le chef. Une grande ardoise annonce la couleur avec une variété de propositions qui donne immédiatement l'eau à la bouche. Une terrasse de bois couverte abrite les gourmands avec vue sur la mer en prime ! Que du bonheur. Le gourmet ne s'y trompe pas, et le restaurant est très souvent complet, pensez à réserver votre dîner en amoureux sous peine d'avoir des regrets.

LES QUATRE CHATS €€

8, rue d'Orléans
✆ 02 31 88 94 94
www.les4chats.com
Du jeudi au dimanche le soir, du vendredi au dimanche le midi. Carte 55 € environ.

Une effervescence haute en couleur pour ce restaurant au cachet de bistrot bobo pour qui cherche un dîner un peu plus branché que la brasserie habituelle. On aime l'ambiance feutrée, la déco rougissante et le dynamisme de Serge. La cuisine produit de belles choses comme le tartare de saumon au gingembre, le foie gras et chutney, le hachis parmentier de veau Marengo ou le rôti de cœur d'aloyau dans son plat au gros sel et ses petites pommes de terre. On sent là le repaire des bons amis. Un incontournable à Trouville même si sa réputation se ressent sur l'addition.

AU SABLIER €€

16, place du Maréchal-Foch
✆ 02 31 88 14 99
Du jeudi matin au mardi midi, tous les jours en période de vacances. Menus 21 à 31 €. Formule midi 16 € hors week-end.

Face au casino, non loin des planches, les pieds dans le sable au Sablier, il n'y a qu'un pas. Et la visite vaut le coup : décor cosy, sobriété de bon ton, ambiance chaleureuse et côté menu, il y a là de tout pour tous, avec des plats originaux et des assiettes joliment garnies. La carte privilégie les producteurs de la région et les spécialités séduisent : croustillant de pont-l'évêque au miel, Parmentier de bar aux petits légumes et brioche perdue au caramel salé pour la gourmandise. Il y a un temps pour tout, Au Sablier c'est celui du p'tit bonheur !

LES VAPEURS €€

160, quai Fernand-Moureaux
✆ 02 31 88 15 24
Tous les jours de 9h à 0h. Service continu. Menus de 25 € à 50 €. Carte 40 € environ. Terrasse.

Un lieu mythique qui se fait une place sur les quais entre Les Mouettes et Le Central, le trio emblématique des brasseries trouvillaises ! On s'y retrouve pour l'apéro ou pour un repas d'affaires, en famille ou en amoureux, autour d'un plateau de fruits de mer, de moules-frites ou d'une sole meunière. Une clientèle fidèle, des plats régionaux en sauce et une déco elle aussi dans son jus, rétro comme on aime. On est sûr d'y trouver des produits de qualité, un accueil et un cadre hors du temps. Depuis 1927, elles en ont accueilli des séants toutes ces banquettes !

LE 1912 €€€

Boulevard de la Cahotte ✆ 02 31 14 26 00
www.le1912.com
Ouvert le soir de mercredi à dimanche. Les prix des menus n'étaient pas connus à l'heure de la rédaction.

Après cinq années à avoir fait rayonner sa cuisine, le chef étoilé Johan Thyriot cède sa place à James Chauchat-Rozier, second de Yannick Alléno au Cheval Blanc à Courchevel, puis chef de la réputée Table du Château à Cannes. Une prise de fourneaux remarquée. Des assiettes subtiles, mais assurées pour cette nouvelle page. Côté cadre, un escalier grandiose mène vers deux salles. Celle du haut, au plafond bas et celle du bas, au plafond haut. Élégance de la Belle Époque tout en modernisme. Un repas au 1912 étonne toujours par sa finesse et son originalité.

BRASSERIE EPHEMER

Boulevard de la Cahotte
✆ 02 31 14 26 00
www.brasserie-ephemer.com
Tous les jours, midi et soir. Formule du midi : 24 €. Menu du soir : 45 €.

Bienvenue dans l'ambiance feutrée des Cures Marines, un établissement emblématique lové dans l'aile droite du Casino Barrière, parfait pour s'offrir un petit plaisir que ce soit pour marquer une occasion ou par gourmandise. La brasserie, sous plus de 6 m de plafond, régale d'une cuisine locavore et responsable. Tous les légumes, fruits, œufs sont issus de l'agriculture biologique, toutes les viandes sont normandes, tous les poissons sont issus d'une pêche locale. Le Bar d'Eugène, quant à lui, propose une sélection de cocktails créatifs et dans l'air du temps.

CABANE PERCHÉE

Boulevard de la Cahotte
✆ 02 31 14 88 00
cabaneperchee.fr
Tous les jours de 11h à 0h pendant les vacances scolaires. Planches à partager (sucrées ou salées) à partir de 14,50 €.

Ça bouge sur le front de mer trouvillais ! Enfin, ça prend de la hauteur… Cette Cabane Perchée, au style jeune, décontracté et décalé, vous attend pour un déjeuner, un moment de *chill*, un bain de soleil ou un grignotage face à la mer. Depuis le rooftop, on savoure un verre ou un cocktail, accompagné d'une planche (charcuterie et légumes grillés, burgers et frites maison ou bien, pour les becs sucrés, fondue au chocolat et fruits de saison) avec une vue imprenable sur la digue et la plage. Très sympa, branché et, désormais, incontournable !

LES DOCKS

38, rue Carnot
✆ 06 20 29 20 28
Haute saison : du mardi au dimanche de 12h à 15h et de 18h à 23h30. Terrasse.

Une ancienne maison à l'abandon désormais transformée en cave à vin cosy et en bar à tapas réjouissant. L'endroit est petit, convivial, original et à deux pas de la plage. Romain, globe-trotteur et ancien chef cuisinier dans de grands hôtels en Polynésie notamment, assure un accueil haut en couleur. Un p'tit creux après la baignade ? Les tapas devraient vous plaire. Selon les arrivages et l'humeur du chef ! Un lieu recommandé pour boire un verre, siroter un rhum arrangé, dont les bocaux décorent la vitrine, et grignoter entre amis.

JARDIN D'ÉTÉ

Les Planches
✆ 02 31 88 99 99
jardindete.fr
Du jeudi au lundi 11h-19h, tous les jours 10h-20h en haute saison. Brunch le dimanche : 39 €. Salle de jeux.

Anciennement aquarium de la ville, le bâtiment connaît une renaissance salutaire. Entrez dans ce cadre très agréable avec jardin fleuri depuis la promenade Savignac. Installez-vous confortablement à l'intérieur ou en terrasse, face à la mer, dans ce salon de thé-restaurant élégamment aménagé. Idéal pour une pause goûter avec un thé accompagné d'une bonne pâtisserie et, surtout, l'avantage de pouvoir se restaurer toute la journée, du brunch au dîner. L'endroit s'est aussi doté d'une salle de jeux avec billard, simulateurs, jeux d'arcade pour petits et grands.

PIPELETTES & CO

82, rue des Bains ✆ 02 14 09 28 92
www.pipelettesandco.com
Tous les jours 10h30-18h en haute saison et pendant les vacances scolaires.

C'est autour d'une bonne tasse de thé et d'une gourmandise maison qu'Annepamy Dupont vous convie chez Pipelettes & Co. Cette adorable boutique-salon de thé fleure bon le café, issu d'un torréfacteur du pays d'Auge, et le thé avec plus de 80 variétés de différentes provenances. Entre copines ou en couple, en terrasse ou sous un plaid, il y a mille façons de déguster ces thés d'exception. Une petite faim ? La maison sert le petit déjeuner, le déjeuner et des douceurs l'après-midi. La boutique propose aussi un éventail de produits liés à la tasse fumante du *tea time*.

L'INSTANT FROMAGES

50, rue des Bains
✆ 02 31 98 28 14
Du lundi au vendredi de 9h30 à 13h30 et de 15h à 19h, le week-end de 9h30 à 19h.

Soutenons nos petits commerces ! Tenue par Maria et Dominique, cette petite fromagerie artisanale nous fait plonger dans un univers sensoriel. Surtout si vous avez le nez fin ! Pont-l'évêque, livarot, pavé d'Auge et des camemberts d'exception, le tout en appellation d'origine contrôlée (AOC) et provenant de petits producteurs locaux. Mais également de la tomme normande, à découvrir, des fromages bien faits provenant d'autres horizons, selon la saison, sans oublier les produits laitiers et la célèbre teurgoule. Un coup de cœur !

POISSONNERIE PILLET-SAITER

Boulevard Fernand-Moureaux
✆ 02 31 88 02 10
www.maisonsaiter.com
Tous les jours de 8h à 20h. Livraison possible. Dégustation sur place.

Fondée en 1887, la maison Saiter est une véritable institution trouvillaise. Six générations se sont succédé derrière l'étal coloré et directement tiré de la mer. On adore, d'autant plus que la famille ne se contente pas de vendre sa pêche et de beaux produits de la mer, mais compose également des recettes, comme des tartares ultra frais ou la fameuse soupe Jeannette, inventée par la grand-mère du même nom dans les années 60, et plusieurs fois récompensée.

LE HANGAR À ÉNIGMES - ESCAPE GAME TROUVILLE

67 bis, rue du Général-de-Gaulle ✆ 06 47 39 67 69
lehangaraenigmes.com
Du mercredi au dimanche. Vacances scolaires : tous les jours. Tarif dégressif selon nombre de joueurs, à partir de 30 €.

Le premier escape game de la Côte Fleurie ! Avant de créer Le Hangar à Énigmes, David et Emmanuel, deux passionnés, en ont fait plus de quarante à travers le monde ! Bienvenue dans un jeu d'évasion grandeur nature qui recèle son lot de surprises. Trois salles (Trésor des Caraïbes, Débarquement en péril, Casino clandestin) et une immersion totale. Nouveauté : la réalité augmentée promet un jeu d'espionnage 2.0 dans les rues de Trouville. À tester que vous soyez débutants ou confirmés !

CALVADOS

NORTH SHORE SURF SCHOOL

Promenade Savignac
✆ 06 49 52 79 01
northshore-school.com
Ouvert de Pâques à la Toussaint. Cours individuel 90 €. Balade stand up paddle sur la Touques 45 €.

Ecole labellisée ESUPF (Ecole du Stand-Up Paddle Français), fondée en 2006 par Stive Lener, moniteur breveté d'Etat et avec plus de quinze années d'expérience derrière lui. Située directement sur la plage de Trouville, l'école propose des leçons d'initiation ou de perfectionnement au stand-up paddle, mais aussi des cours de surf, body-board et skimboard, ainsi que des balades guidées sur l'eau en stand-up paddle, au fil de la Touques, ponctuées d'une dégustation de fruits de mer, qui rencontrent un vif succès ! Tous à l'eau !

STUDIO BRUME

8, rue Thiers ✆ 06 58 97 18 54
www.lestudiobrume.com
Planning et réservation en ligne. Cours à l'unité : 20 €. Carnet 10 cours : 180 €. Matériel disponible sur place.

Le voilà ! A 100 mètres de la plage, le tout premier studio de yoga à Trouville, au cœur du quartier Bonsecours. Ouvert en 2020 par Anaïs, notamment certifiée de l'école Muses Yoga, le Studio Brume est un joli lieu intimiste et lumineux, où tous les niveaux sont bienvenus. Hatha yoga, vinyasa, yoga de la femme, yoga flow, yin yoga, kundalini, yoga pour les enfants… Les cours sont variés pour une pratique douce ou dynamique, au choix. Pour assurer ce planning bienfaiteur, Clémentine et Claire font désormais partie de cette équipe passionnée et expérimentée.

CASINO BARRIÈRE DE TROUVILLE

Place du Maréchal-Foch ✆ 02 31 87 75 00
www.casinosbarriere.com
Du lundi au jeudi 9h30-2h, vendredi 9h30-3h, week-end 9h30-4h. Restauration. Animations. Bar. Discothèque.

Construit en 1912 par Alphonse Durville, le casino trouvillais a subi ces dernières années quelques rénovations d'ampleur qui n'ont rien enlevé de son cachet architectural. Il y a tout pour passer d'excellents moments entre deux bains de mer. Les amateurs trouveront de quoi faire : machines à sous, roulette française ou anglaise, blackjack… Des dîners-spectacles dans le salon des Gouverneurs font partie des nombreuses animations. Ici c'est moins guindé qu'à Deauv' !

VILLERS-SUR-MER ★

Porte d'entrée du méridien de Greenwich sur le continent, Villers-sur-Mer possède un patrimoine paléontologique d'exception. Les falaises des Vaches Noires recèlent de fossiles, témoins de la Normandie au Jurassique. Prisée des artistes au XIXe siècle (les peintres Paul Huet et Constant Troyon ou l'écrivain Alphonse Karr, entre autres), Villers-sur-Mer est également réputée pour ses superbes villas, érigées entre 1852 et 1900 avec l'arrivée du train et l'avènement des bains de mer, son immense plage et son centre-ville animé et fleuri. Il règne autour de l'emblématique dinosaure une ambiance chaleureuse et familiale propice au repos et à la découverte.

Bords de mer.

FALAISES DES VACHES NOIRES

Idée de balade : à marée basse entre Villers et Houlgate, au pied des Vaches Noires (environ 8 km). Animaux acceptés.

Patrimoine d'exception dressé face à la mer, les Vaches Noires sont classées d'intérêt paysager et scientifique pour leur gisement fossilifère. Ce nom provient de la forme des rochers couverts d'algues qui, vus de la mer, font penser à des vaches au pied des falaises. Attention, le site n'est accessible que par la plage à marée basse. L'office de tourisme de Villers organise des balades géologiques avec l'initiation à la collecte de fossiles, vous êtes sûr de rapporter un « trésor » !

PALÉOSPACE L'ODYSSÉE

5, avenue Jean-Moulin ✆ 02 31 81 77 60
www.paleospace-villers.fr
Eté : tous les jours 10h-19h (18h le reste de l'année). Adulte 8,90 €, enfant 6,90 €, planétarium 8,90 €.

Pliosaures de 10 mètres, ichtyosaures, crocodiles, ammonites, oursins… Le Paléospace propose de faire connaissance avec les espèces qui ont laissé leur empreinte dans les sédiments marins du Crétacé (celles accumulées sur les fameuses falaises des Vaches Noires de Villers) et de l'époque du Jurassique. Grands squelettes, petits fossiles et bornes interactives pour comprendre cette passionnante période. Le musée est le seul espace vert naturel de la Côte Fleurie. Nombreuses activités en complément : ateliers pour enfants, visite du marais littoral et planétarium.

DOMAINE DE VILLERS €€€

Chemin du Belvédère
✆ 02 31 81 80 80
www.domainedevillers.com
Chambre double à partir de 170 €. Petit déjeuner 21 €. Restauration. Spa.

Dominant la baie de Deauville, cet élégant domaine est une ode au confort sur fond de bon goût. Côté chambres, vous pourrez faire votre choix en fonction de quatre thèmes : Marine, Directoire, Art Déco ou Contemporaine. Mobilier trié sur le volet, peignoirs personnalisés, salle de bain où l'on se prélasse volontiers, des pièces agréables à vivre. Le domaine est également équipé d'une piscine intérieure et d'un spa avec hammam, sauna, bains bouillonnants, massages. Que demander de plus ? Juste un peu d'argent peut-être ou un chèque cadeau pour une petite escapade !

LA DIGUE DE VILLERS €€

Avenue de la République ✆ 02 31 88 61 47
restaurant-la-digue.fr
Tous les jours 10h-23h. Réservation recommandée. Carte 60 € environ. Menus de 20 à 39 €. Dîners musicaux.

Un peu excentrée, La Digue offre en terrasse comme en salle une belle vue sur la mer. Entre mer et terroir, les plats sont habilement parfumés de saveurs méditerranéennes ou exotiques : dos de cabillaud aux coques et chorizo, filet de bar émulsion Tom Yam, brochettes de poulet sauce Satay… Ou plus classiquement, encore que l'on reste dans le haut de gamme, entrecôte normande, sauce béarnaise. En vedette, la spécialité : la côte de cochon basque nourri au grain est un régal. Tout est frais et fait maison, le service jeune et prévenant, le décor chaud et lumineux.

LA TERRASSE DU MARAIS €€

Avenue Jean-Moulin
✆ 02 31 87 58 42
Du mercredi au dimanche le midi, vendredi et samedi le soir également. Réservation recommandée. Menus de 24 € à 33 €.

© ANNE CROCHARD

Au bord de l'eau, loin du front de mer, une charmante adresse où déjeuner ou dîner selon la saison. Une fois installé sur la terrasse en bois, on plonge dans un décor aquatique et naturel survolé par les oiseaux. La suite est dans les assiettes, déclinées autour de plats raffinés faits maison, qui s'adaptent aux végétariens et végétaliens. En cuisine, Laurent Marais, au nom prédestiné, a plus d'une suggestion gourmande à l'ardoise et dans ses casseroles. Enfin, goûtez au cidre Gaec Boissel Père et Fils de Saint-Benoît-d'Hébertot et vous aurez envie de revenir !

CASINO TRANCHANT DE VILLERS-SUR-MER

Place du Lieutenant-Fernand-Fanneau
✆ 02 31 14 44 88
villers.groupetranchant.com
Du dimanche au jeudi de 10h à 2h, vendredi et samedi de 10h à 4h. Restauration.

Face à la mer, ce casino propose une centaine de machines à sous et des tables consacrées aux jeux (boule, roulette anglaise, black jack, stud poker). Vous pouvez déjeuner ou dîner au restaurant Le Jardin du Méridien, lequel sert une cuisine traditionnelle. Figurent également au programme des spectacles variés : concerts, théâtre, magie… Enfin, notez que vous avez ici des salles pour organiser vos réunions ou événements. Le lieu est ludique, idéal pour clore une journée de détente.

CALVADOS

VILLERVILLE

La bourgade de 700 habitants (4 200 l'été) connaît un sursaut de vitalité depuis quelques années et parvient à se distinguer de plus en plus de ses imposantes voisines. La recette de son succès : l'authenticité. Ici pas de boutiques bling-bling, de plages bondées l'été, de maquillage outrancier mais des ruelles pittoresques, des petits commerces conviviaux, une nature préservée avec laquelle se confond la plage. Mais si certains semblent la redécouvrir, la ville a en son temps déjà séduit des stars comme Fernand Ledoux (l'acteur y repose d'ailleurs), Henri Verneuil qui y tourna *Un singe en hiver*, Eugène Boudin, Ulysse Butin, Charles Mozin, Jongkind...

ÉGLISE NOTRE-DAME DE L'ASSOMPTION ✝

Rue du Maréchal-Foch

L'église de Villerville remplaça un sanctuaire au XIIe siècle. De cette époque subsiste le clocher. Elle fut agrandie dans la deuxième moitié du XIXe lorsque les « étrangers » (comme étaient appelés les Parisiens à l'époque) vinrent nombreux en saison. L'architecte conçut alors une nef d'une hauteur démesurée, portant atteinte aux lignes harmonieuses de la petite église. Soulignons le retour de la célèbre bénédiction de la Mer qui suscitait la ferveur des Villervillais au XIXe siècle.

LE PAQUEBOT €€

3, rue des Bains
✆ 02 31 87 01 60
lepaquebot.fr

Chambre double à partir de 135 €. Petit déjeuner 18 €. Parking 15 €. Animaux acceptés avec supplément. Restauration.

Coup de cœur pour ce nouvel hôtel situé sur la digue de Villerville, en lieu et place de l'ancien casino. Les chambres, ou plutôt les cabines, sont magnifiques. Toutes bénéficient d'une vue directe sur la mer et d'une terrasse privative. On s'offre un bon bol d'air au sein de ce 4-étoiles sans courbettes ni chichis, et à l'équipage fort sympathique. Préparez-vous à embarquer à bord de ce Paquebot, les pieds dans l'eau, pour un séjour face à la mer et bercé par le chant des vagues. Il ne nous reste plus qu'à vous souhaiter une bonne croisière !

LE BELLEVUE €€

12, rue du Général-Leclerc ✆ 02 31 87 20 22
www.bellevue-hotel.fr

Du vendredi au lundi 12h-13h30, tous les jours 19h-21h. Menus de 43 € à 48 €. Grande assiette de fruits de mer 49 €.

Plaisir des yeux et des papilles sous la véranda ou en terrasse dans ce lieu réputé pour sa cuisine locavore. Vous pouvez déguster un plateau de fruits de mer à un prix intéressant, avec vue sur mer ! Parmi les autres régals concoctés par le chef Mickaël Roy, disciple d'Escoffier, en prenant par exemple le menu Bellevue : tronçon de merlu rôti au beurre de cidre fermier, ou côte de veau à la normande. Un festival de saveurs jusqu'au dessert, comme cette tartelette au chocolat et spéculoos, sauce caramel beurre salé. Le tout dans un cadre somptueux, face à la mer !

LE BISTRO FLEURI FISH & CHIPS €€

61, rue du Général-Leclerc
✆ 02 31 89 02 92

Du mercredi au samedi midi et soir, dimanche midi. Fish & chips 16,50 €. Terrasse. Vente à emporter.

Face à la mairie, ce petit bistrot familial est recommandé pour passer un agréable moment. La convivialité du patron Benjamin Preston, *so english !*, est à saluer. Tout comme la cuisine fraîchement locale à l'accent *so british*. Incontournable : le fish & chips. Le vrai, comme en Angleterre ! Dos de cabillaud XL frit dans une pâte à la bière, frites maison, citron, sauce tartare et purée de pois. Côté dessert, sticky toffee pudding ou les glaces artisanales de la Ferme du Bois Louvet.

CABARET NORMAND €€

2, rue Daubigny
✆ 02 31 87 20 57

Ouvert du jeudi au lundi, midi et soir. Compter 35 €.

Impossible de passer à Villerville sans pousser la porte de ce Cabaret Normand, décor du célèbre film d'Henri Verneuil, *Un singe en hiver*, sorti en 1962. Si ce lieu mythique du cinéma français ne fait plus bar, la petite auberge à la façade rouge propose une cuisine maison, simple et jouant la bonne franquette. Quatre chambres d'hôtes ont également été aménagées aux étages. Les cinéphiles et fans du couple Jean-Paul Belmondo - Jean Gabin viennent toujours aussi nombreux en pèlerinage ! Il faut dire que rien ou presque ne semble avoir changé.

HONFLEUR ★★★

Ville de pêcheurs habillée d'ardoises et ville des peintres, Honfleur comme *nul port ailleurs*. Monet, Courbet, Boudin et tant d'autres ont fait voyager les pittoresques quais de Honfleur dans le monde. Premier port de la Côte Fleurie en venant de la capitale, cette ville a attiré le Tout-Paris dès le début du XIXe siècle. Toujours aussi nombreux, les artistes continuent à immortaliser le vieux port, animé en toute saison. De hautes maisons normandes serrées autour du vieux bassin forment un décor qui enchante photographes, peintres et flâneurs. Que l'on y vienne pour la première fois ou que l'on y retourne, la beauté de la cité est toujours intacte.

CHAPELLE NOTRE-DAME DE GRÂCE ★

Côte de Grâce

Tous les jours de 8h30 à 18h30.

Fondée entre 1600 et 1615 sur les hauteurs de Honfleur, cette chapelle a pris lieu et place d'une ancienne chapelle édifiée au XIe siècle par Richard III, duc de Normandie, détruite dans un éboulement de falaise. Le monument est voué à Notre-Dame-de-Grâce, protectrice des marins. Monument historique depuis 1938, elle a vu passer de grandes figures de l'histoire comme Louis XIII, Bonaparte ou Thérèse de Lisieux, et offre un panorama sur l'estuaire de la Seine et le pont de Normandie.

CÔTE DE GRÂCE ET MONT JOLI

Côte de Grâce - **EQUEMAUVILLE**

Situés sur la commune d'Equemauville, tous deux sont pourtant propriété de la Ville de Honfleur. Sur le plateau de Grâce, site classé, se trouve la chapelle Notre-Dame-de-Grâce dont l'histoire date de près de 1 000 ans. Une première chapelle est fondée en 1023 grâce à un vœu fait au retour d'un naufrage, soit par Richard II, duc de Normandie, soit par son fils, Robert le Magnifique (père de Guillaume). Construite au bord de la falaise abrupte qui domine l'estuaire de la Seine, elle devient un lieu de pèlerinage. En 1538, suite à un glissement de terrain, la chapelle est entraînée dans le ravin ; seul le mur où la statue est adossée est intact. Au début du XVIIe siècle, les roches qui soutiennent les ruines menacent : on déplace la chapelle. La construction est achevée en 1653. Après la Révolution, la chapelle est transformée en taverne puis mise en vente. Les Honfleurais la rachètent. A l'intérieur, on peut voir de nombreuses plaques qui témoignent du passage de personnages illustres. Ces ex-voto symbolisent la réussite d'un vœu, d'une prière.

Et pour une chouette idée de promenade, d'environ 5 kilomètres : prendre la côte de la Croix-Rouge, puis tourner à droite vers la rampe du Mont-Joli. Le magnifique panorama sur Honfleur et l'estuaire de la Seine récompense les courageux. Sur le plateau de Grâce, au cœur d'un havre de verdure, vous ne pourrez manquer la célèbre chapelle Notre-Dame-de-Grâce. Pour entendre le carillon, rendez-vous à midi ! A ne pas manquer !

CALVADOS

© TOPDEQ - ISTOCKPHOTO

Le port de Honfleur.

DOMAINE DE LA POMMERAIE

Le Bourg - **GONNEVILLE-SUR-HONFLEUR**
© 02 31 89 20 11
Tous les jours 10h-12h30 et 14h-18h30. Visite guidée et dégustation : 2 € (gratuit pour les moins de 18 ans).

A quelques kilomètres de Honfleur, au cœur du pays d'Auge, le domaine de la Pommeraie ouvre ses portes pour vous révéler la fabuleuse histoire du Calvados. Des vergers à la salle de distillation, en passant par les chais, vous suivrez l'élaboration de ce précieux nectar. La visite se termine par une dégustation des plus grandes références. Non loin de la mer, le site offre une équation idéale pour ces eaux-de-vie équilibrées, bénéficiant d'une subtile empreinte iodée, d'une évaporation moindre et d'un vieillissement régulier. Bonne découverte !

ÉGLISE SAINTE-CATHERINE ★★

Place Sainte-Catherine
© 02 31 89 23 30
Tous les jours 9h-19h. Visite libre ou guidée sur demande à l'office de tourisme.

Une nouvelle fois, avec cette église classée Monument historique, Honfleur marque sa singularité. Fondée à la fin de la guerre de Cent Ans, afin de remercier Dieu du départ des Anglais, elle est la plus grande église construite en bois avec un clocher séparé de France. Ce choix de matériau s'explique par le manque de moyens des habitants de l'époque. Mais d'un inconvénient, les Honfleurais ont su en faire un atout. Forts de leur connaissance en construction navale, ils ont charpenté l'église à la manière d'un navire. Le résultat est époustouflant.

GRENIERS À SEL ★

Rue de la Ville

Au nombre de trois à l'origine (le troisième fut brûlé en 1892), les greniers sont de vastes bâtiments en pierre qui datent du XVIIe siècle. Situés non loin de l'Hôtel de Ville, ils ont été construits par la Ferme des Gabelles, sous l'autorité de Colbert, pour stocker le sel (jusqu'à 10 000 tonnes) nécessaire aux armements pour la pêche à la morue. Tout comme l'église Sainte-Catherine, leurs charpentes sont faites en chêne et rappellent la coque d'un navire. Classés Monuments historiques en 1916, ils accueillent aujourd'hui de nombreux événements culturels.

JARDIN DES PERSONNALITÉS

Boulevard Charles-V
Visite libre tous les jours. De mai à août 8h-21h. De septembre à avril 8h-19h.

Un petit coin méconnu des touristes. Un peu à l'écart du port, installé sur une ancienne vasière de l'estuaire de la Seine, ce Jardin invite à une promenade découverte de bateaux-jardins, au centre desquels se dressent les bustes des acteurs du patrimoine historique et culturel de Honfleur. On y croise les enfants du pays (Boudin, Satie, Allais) ou des personnalités, peintres ou écrivains, navigateurs, hommes et femmes politiques qui ont vécu à Honfleur ou qui en sont partis pour explorer le nouveau monde à la recherche de nouvelles terres.

JARDIN DU TRIPOT

Rue Bréard
Tous les jours 8h-21h (19h en basse saison). Accès libre.

Un lieu étonnant, situé au cœur du faubourg Saint-Léonard, à côté de l'office de tourisme et de la médiathèque. Un lieu secret, pourtant en plein cœur du centre historique, où l'on découvre la Claire, une petite rivière qui traverse Honfleur sous terre et qui ressort au niveau de ce jardin. Entre promontoires et points de vue, on découvre aussi l'ancien quartier des tanneurs. L'art est également mis à l'honneur dans ce parc urbain de 7 000 m², véritable havre de quiétude, avec des œuvres de la sculptrice Annick Leroy. Pour un moment de flânerie.

MAISONS SATIE ★★

67, boulevard Charles-V et 90, rue Haute
© 02 31 89 11 11
www.musees-honfleur.fr
Tous les jours, sauf mardi, de 10h à 19h (de 11h à 18h en basse saison). 6,30 € (tarif réduit 4,80 €).

Compositeur, pianiste, adepte de peinture et littérature, Erik Satie correspond à l'identité de sa ville honfleuraise natale. Ironie de l'histoire, alors qu'il entre au conservatoire de musique de Paris en 1879, ses professeurs ne donnent pas cher de sa carrière. Il collaborera pourtant avec les plus grands artistes de son époque (Picasso, Picabia, Cocteau) et influencera Debussy, Ravel ou Stravinsky. C'est l'histoire atypique de cet artiste hors norme que vous découvrirez dans ce musée. Une immersion totale dont on ressort imprégné par la poésie de l'artiste.

MUSÉE D'ETHNOGRAPHIE ET D'ART POPULAIRE ★

Rue de la Prison ✆ 02 31 89 14 12
www.musees-honfleur.fr

Hiver : mardi-vendredi 14h30-17h30, week-end 10h-12h et 14h30-17h30. Été : mardi-dimanche 10h-12h et 14h-18h30. 4,30 €

Ce musée, aménagé dans l'ancienne prison de la ville et dans une ancienne maison à pans de bois du XVIe siècle, présente des décors d'intérieurs, des meubles, des vêtements et des objets anciens (presse du XVIIIe siècle dans la salle de l'imprimerie par exemple). Une collection, constituée depuis plus d'un siècle par les membres de la Société du Vieux-Honfleur, qui invite le visiteur à un voyage dans le temps à la découverte des arts et traditions populaires normandes.

MUSÉE DE LA MARINE - ÉGLISE SAINT-ÉTIENNE ★

11, quai Saint-Etienne
✆ 02 31 89 14 12
www.musees-honfleur.fr

Du mardi au dimanche 10h-12h et 14h-18h30. 4,20 € (tarif réduit 3 €).

Ce musée témoigne de l'activité des marins et de la société honfleuraise du XVIIIe au XIXe siècle. Un véritable hommage au passé historique du port de Honfleur, qui prend place au sein de l'église Saint-Etienne, fondée au XIVe siècle. Au bord du Vieux Bassin, cette pittoresque église, l'un des plus anciens édifices de la ville, a connu plusieurs vies : monument voué au culte jusqu'à la Révolution, puis magasin, théâtre, bourse du commerce ou encore lieu de vente du gros hareng.

PETIT MUSÉE D'ALPHONSE ALLAIS

10, rue des Petites-Boucheries ✆ 06 74 07 72 29
alphonse-allais.blogspot.com

Du lundi au vendredi de 9h30 à 12h15 et de 14h à 19h, samedi de 9h30 à 12h30. Uniquement sur rendez-vous.

Suite à la fermeture de la pharmacie du Passocéan, où était implanté le musée, un nouveau lieu accueille désormais la collection d'objets insolites ayant appartenu à l'écrivain Alphonse Allais, et surtout des inventions truculentes de l'auteur à succès, connu pour son humour décapant et sarcastique. Ce petit musée dédié à l'écrivain honfleurais est tenu par Jean-Yves Loriot, lui qui personnalise les visites et qui pimente, depuis 1999, le parcours d'anecdotes et de jeux de mots.

MUSÉE EUGÈNE BOUDIN ★★

Place Erik-Satie
✆ 02 31 89 54 00
www.musees-honfleur.fr

Tous les jours, sauf mardi, de 10h à 12h et de 14h à 18h. 8 € (tarif réduit 6,50 €).

La visite de ce musée s'articule autour de plusieurs thèmes, dont le principal est, bien sûr, Eugène Boudin lui-même et les peintres du XIXe siècle. Les peintures, évoluant du romantisme sombre de Jean-Baptiste Isabey vers la clarté lumineuse de Claude Monet, évoquent l'atmosphère des rencontres à l'auberge Saint-Siméon, située non loin de Honfleur, où les artistes venaient trouver la lumière des ciels normands, de l'eau et des jardins. Les œuvres d'Eugène Boudin, né à Honfleur en 1824, sont entourées par celles des peintres amis : Monet, Dubourg, Courbet, Jongkind... pour ne citer qu'eux. Deux espaces présentent les 92 œuvres de Boudin (peintures et dessins), actuellement conservées ici même. Dans l'un sont regroupés les pastels, ciels, vues de Honfleur, scènes à l'auberge Saint-Siméon. Dans le second, les peintures à l'huile, plages, portraits, paysages et marines. D'autres salles offrent un voyage à travers la peinture plus contemporaine, consacrée aux artistes du XXe siècle, qui ont vécu ou travaillé à Honfleur et en Normandie, comme Vallotton, Marais, Dufy, Marquet, Cappiello et les peintres de l'école de Rouen.

A voir également, la collection ethnographique de costumes, accessoires, dentelles, mobilier et, à quelques mètres de là, le clocher Sainte-Catherine, annexe du musée (fermé de novembre à mi-avril), où sont exposées des œuvres religieuses (sculptures, souvenirs des Charités et de la chapelle Notre-Dame-de-Grâce). La chapelle, quant à elle, accueille des expositions temporaires.

PORT ET VIEUX BASSIN ★★★★

Créé par Abraham Duquesne en 1681, sur ordre de Colbert, le Vieux Bassin est une des pièces maîtresses du puzzle honfleurais. Son image est gravée dans l'inconscient collectif. L'endroit, bordé de pittoresques maisons plus étroites les unes que les autres, construites pour la plupart aux XVIIe et XVIIIe siècles, n'a cessé et ne cesse encore d'inspirer peintres, photographes et artistes en tous genres. Les bars-restaurants y sont nombreux mais pratiquent souvent des prix élevés. Préférez les petites ruelles adjacentes pour vous restaurer ou boire un verre !

NATUROSPACE ★★

Boulevard Charles-V ✆ 02 31 81 77 00
www.naturospace.com
Tous les jours 9h30-18h30 (jusqu'à 16h30 hors saison). Gratuit jusqu'à 3 ans. Adulte 9,50 €. Enfant de 3 à 14 ans 7,50 €

Imaginez-vous au bord du fleuve Maroni, au cœur de la forêt amazonienne. Sous le carbet – refuge forestier en Guyane –, ne manquent que les hamacs pour s'endormir bercé par le ballet des papillons en liberté et le bavardage des oiseaux multicolores. Vous pourrez admirer des espèces étonnantes comme les grands Morphos bleus, les Heliconius, les papillons chouette dont certains viendront peut-être se poser sur votre épaule. Les chrysalides sont maintenues dans un « éclosoir » et, chaque matin, on peut assister à la naissance des nouveaux papillons, au déploiement de leurs ailes et à leur envol dans la serre. Au hasard de la promenade, on découvre les œufs et les chenilles sur leurs plantes mères. Féerique. Le Naturospace propose également des expositions et animations autour du thème de la faune et de la flore. La serre à papillons dispose d'une salle de projection et d'une boutique de souvenirs orientée commerce équitable. Mention spéciale aux diamants de Gould, de petits oiseaux granivores originaires du nord de l'Australie, de la taille d'un moineau et dont les couleurs transforment le petit volatile en véritable joyau ! Pendant ce temps-là, les carpes Koï miroitent dans leur bassin et atteignent pour certains une taille impressionnante. Les enfants rient de bon cœur : ils ont le droit de leur donner à manger (granulés disponibles à la boutique). Un plan de la serre, avec infos ludiques, leur est d'ailleurs remis pour les aider à observer la faune et la flore. Tout est pensé pour une visite savante à ramener chez soi.

PROMENADE EN BATEAU (JOLIE FRANCE & LA CALYPSO)

55, chemin des Varêts ✆ 02 31 89 07 77
www.promenade-en-bateau-honfleur.fr
Tous les jours des vacances de printemps à octobre. Calypso (45 min) : 8 €. Jolie France (1h30) : 12 €.

Deux possibilités de promenade, deux bateaux, et donc deux fois plus de plaisir.

- **La Calypso**, ancienne baleinière, propose une découverte de la ville et son histoire. Embarquement : quai de la Planchette.
- **Jolie France** suggère une balade qui en met plein les yeux : passage du sas écluse, vue sur le radar, pont de Tancarville, le Havre, les hauteurs d'Honfleur, l'île aux oiseaux et le pont de Normandie. Embarquement : jetée du Transit (à 20 mètres de la descente des passagers autocars).

PORT DE PLAISANCE

Quai Sainte-Catherine
✆ 02 31 98 87 13 (capitainerie)
www.calvados-nautisme.com
Hiver : lundi à samedi 9h-12h. Été : 9h-12h et 16h-20h. Eau, électricité, sanitaires. Carburant en ville (500 m).

Les plaisanciers doivent s'aventurer dans l'estuaire de la Seine pour arriver jusqu'au chenal qui mène au port de plaisance. Une fois celui-ci passé, quelle récompense ! C'est le plus vieux des bassins qui vous accueille et le spectacle, ici, n'est pas sur l'eau. Les hautes maisons normandes qui font la réputation de la ville vous entourent dans un espace magique. La structure offre de nombreux services pour les plaisanciers : douche, toilettes, rampes de mise à l'eau par exemple. Le bureau du port de plaisance est situé au Cercle Nautique de Honfleur (CNH).

L'ARBRE AUX ÉTOILES €€

168, impasse d'Aumale - **FATOUVILLE-GRESTAIN**
✆ 09 54 08 03 18
www.larbreauxetoiles.fr
Gratuit pour les enfants de - de 4 ans. 80 € la nuit pour 1 personne, 120 € la nuit pour 2 (petit-déjeuner bio inclus)

Situé à proximité de l'estuaire de la Seine et à quelques kilomètres d'Honfleur, l'Arbre aux Étoiles est un hébergement écotouristique et insolite inventé par Cyril et Maÿlis. Les aventuriers sont invités à vivre un séjour bien-être dans l'une des 7 chambres du complexe. Au programme : des séances détente au spa, un petit-déjeuner bio chaque matin, des moments calmes dans la bibliothèque ou dans un hamac, des promenades dans le verger et le petit bois... Tout est fait pour communier avec la nature. Un établissement à découvrir pour se ressourcer !

LES CASCADES €€

19, cours des Fossés
✆ 02 31 89 05 83
www.lescascades.com
Chambre double à partir de 70 €. Petit déjeuner 9,50 € (enfant 5 €). Animaux acceptés avec supplément. Restauration.

Un hôtel à part, logé au sein de l'une des plus anciennes maisons honfleuraises, au cœur de la cité, à deux pas du Vieux Bassin. Ici, pas de fioriture, l'établissement n'est pas classé et ne dispose ni d'ascenseur, de spa ou autre *room service*. Mais c'est toute l'architecture sauvegardée des maisons de pêcheurs qui prime. Des chambres « miniatures » ? On dit ici à taille humaine, dont la valeur ajoutée repose sur l'accueil chaleureux d'Anita et Antoine. Leur sourire vous accompagne du matin au soir et du soir au matin. On s'approprie très vite les lieux.

CALVADOS

LA COUR SAINTE-CATHERINE €€

74, rue du Puits ✆ 07 87 04 49 16
www.coursaintecatherine.com
Chambre double à partir de 140 €, petit déjeuner inclus. Sauna finlandais (5 €).

Au cœur de la ville, à deux pas du vieux port, cet ancien couvent du XVIIe siècle, et son joli jardin de curé, offre un lieu paisible de villégiature. Sur place, plusieurs chambres de charme (dont une en rez-de-jardin), suites ou appartements avec vue sur la cour, tout confort, décorés avec goût et raffinement. Copieux petit déjeuner et pâtisseries à toute heure raviront les gourmands. On vous prépare même un panier garni pour la balade en vélo (gracieusement prêté qui plus est !). Il ne vous reste plus qu'à appeler et réserver, vous ne serez pas déçus du voyage !

LA FERME DE L'ÉGLISE €€

12, rue des Diligences - **FATOUVILLE-GRESTAIN**
✆ 02 32 42 15 95
www.lafermedeleglise.com
Chambre double 165 € le week-end. Petit déjeuner en chambre 9 €. 4 gîtes de 2 à 7 personnes.

Ancienne ferme, à seulement quelques kilomètres de Honfleur, cette demeure vous ravira par son charme et sa décoration chaleureuse. Ici, les possibilités d'hébergement sont vastes : on y trouve les gîtes Cannelle et Vanille en duplex, la Petite Chaumière de construction typiquement normande ou, pour les plus aventureux, le gîte Bohème aménagé dans une roulotte gitane joliment aménagée. Les chambres ont toutes une entrée indépendante et peuvent accueillir deux à quatre personnes, voire huit personnes pour certaines. Le plus : une piscine extérieure pour l'été.

LE GRAND CLOS DE SAINT-MARTIN €€

2180, chemin de Saint-Martin-le-Vieux
GENNEVILLE ✆ 02 31 67 80 44
www.legrandclosdesaintmartin.com
Chambre double à partir de 110 €, petit déjeuner compris.

Situé à une dizaine de kilomètres de Honfleur, au cœur d'un vallon du pays d'Auge, ce Grand Clos forme un domaine si normand. En effet, nature généreuse, pommiers, chevaux et colombages composent le paysage. Convivialité et détente sont au programme, que vous choisissiez de loger dans les chambres (aux noms évocateurs, « Honfleur » et « Cabourg ») ou dans la suite « Deauville » de 46 m², située au premier étage de la maison, également prisée pour son délicieux petit déjeuner.

LA MAISON DE HONFLEUR €€

21, rue Saint-Léonard
✆ 07 67 13 44 86
Chambre double de 80 à 130 €, quadruple de 100 à 150 €, avec petit déjeuner en chambre. Un conseil, appelez directement.

Au calme, au cœur du quartier Saint-Léonard, une maison honfleuraise avec son escalier construit autour de vieux mâts de voiliers. Les chambres avec leurs meubles normands sont charmantes. On y petit déjeune avec un système fort sympathique, un panier est déposé le matin au pas de votre porte. On vous chouchoute : Netflix, jeux, vélos et pommeau partagé devant le feu de cheminée ou dans le petit jardin. Enfin, les conseils de Christiène qui connaît bien les quartiers et meilleurs restos. Le parking ? Ne vous en faites pas notre propriétaire a ses tuyaux gratuits !

LE MANOIR DE LA PLAGE €€

Route du Littoral ✆ 06 58 18 02 81
www.lemanoirdelaplage.fr
Chambre double à partir de 120 € avec petit déjeuner. Restauration. En supplément : yoga, sauna infrarouge, fitness.

Tout près de Honfleur, un superbe manoir du XIVe se dresse fièrement au sein d'un écrin verdoyant. Une adresse d'un charme exceptionnel qui respire la Normandie. La mer est à portée de main, l'horizon s'ouvre sur l'estuaire de la Seine et ses lumières changeantes, chères aux impressionnistes. Derrière chaque porte se dévoile une ambiance différente, la sereine Ylang-ylang s'habille de rotin, tandis que Gratitude forme un nid douillet mansardé avec cheminée et salle de bain en mezzanine. On vous laisse découvrir les autres chambres de cet univers bienveillant.

PHARE ZDE FATOUVILLE €€

386, route du Phare - **FATOUVILLE-GRESTAIN**
✆ 02 32 57 66 56
pharedefatouville.fr
Chambre simple 66,80 €, double 80,60 €, familiale 4 personnes 143,60 €. Petit déjeuner inclus. Visites guidées du phare.

Coup de cœur garanti pour ces chambres d'hôtes offrant sans doute le site le plus original du département ! Qui n'a jamais eu envie de dormir au pied d'un phare ? Ici, quatre chambres thématiques sont installées dans la maison des gardiens, et vous déjeunez dans le phare de Fatouville avec des produits faits maison et issus de la ferme ! Du haut de ses 32 mètres, seuls les hôtes d'Anne et Jean-François Durand ont le privilège d'admirer le magnifique panorama à 360 degrés avec vue sur Honfleur et la côte normande. Prêt pour tenter l'aventure, matelot ?

HÔTEL-RESTAURANT LA CHAUMIÈRE €€€

Route du Littoral ✆ 02 31 81 63 20
www.hotel-chaumiere.fr

Chambre double à partir de 235 €. Petit déjeuner inclus. Petit cottage indépendant à partir de 390 €. Sauna infrarouge.

Entre mer et campagne, une maison de rêve à 30 minutes à pied d'Honfleur par la plage. Décor champêtre qui plonge dans la baie de Seine, bâtisse normande de la fin du XVIIe, ambiance romantique... Les chambres donnent le sentiment d'être chez soi. En quête d'un nid douillet pour vous et votre moitié ? La Chaumière dispose aussi d'un charmant cottage telle une cabane canadienne avec une incroyable vue. Envie d'une parenthèse iodée ? C'est décidé, vous pouvez annoncer votre arrivée.

LES JARDINS DE COPPÉLIA €€€

478, route du Bois-du-Breuil - **PENNEDEPIE**
✆ 09 85 60 23 00 - jardins-coppelia.com

Chambre double à partir de 180 €, petit déjeuner inclus. Restaurant gastronomique, bar, piscine chauffée, Spa.

Près de Honfleur, prêt pour une escapade romantique ? Cette belle bâtisse du XVIIe siècle, faite d'ardoise et de bois, vous ouvre ses portes à Pennedepie. Grégory et Alexandra ont créé un univers haut de gamme branché, coloré, original et qui surplombe la mer. Au cœur du parc de 7 ha, le spa, ouvert à tous, est signé par la marque française Garancia et forme un cocon de détente. Du petit déjeuner au restaurant gastronomique, en passant par le bar, le meilleur des produits locaux, issus d'une agriculture raisonnée, vous est proposé. Chic et tendance !

MANOIR DES IMPRESSIONNISTES €€€

23, route de Trouville ✆ 02 31 81 63 00
manoirdesimpressionnistes.com

Chambre double à partir de 240 €, petit déjeuner compris. Restauration. Spa, piscine extérieure chauffée.

Une adresse que l'on pense à tort réservée à une « certaine catégorie de clientèle ». Osez entrer dans ce beau manoir honfleurais pour y déjeuner et déguster produits locaux et légumes du potager, ou prendre le thé l'après-midi. Osez rencontrer ce lieu magnifique avec vue entre mer et campagne. Étonnez-vous des tarifs proposés. Conseil futé : optez pour la chambre 9, c'est la moins chère et la plus *cosy*. Osez ce caprice, tout est impressionnant de gentillesse, d'élégance et d'accueil.

LA RÉCEPTION €€

6, rue Traversière
✆ 06 08 87 39 36
www.la-reception.com

Ouvert toute l'année.

Pour un court séjour à la découverte de la cité des peintres, nous vous conseillons de réserver votre hébergement via le site de La Réception. Un peu comme un mini Airbnb local, cette plateforme, créée par Valentin et Emmanuel, propose de charmants studios et appartements. A l'image de la Chambre de Lucie : un petit cocon au cœur de la cité honfleuraise avec vue sur le pont de Normandie. Son nom, en hommage à Lucie Delarue-Mardrus, nous évoque quelques vers de cette romancière née en 1874, « Honfleur, ma ville de naissance, que j'aime plus que de raison. »

L'UNION FAIT LA FORCE €€

Sur le port, face à la Lieutenance
✆ 06 09 97 70 39

Haute saison : ouvert tous les jours de 11h à 22h. Compter 12 € à 25 €.

Il y a du nouveau sur la jetée de la Lieutenance ! *L'Union fait la force*, l'un des derniers vieux gréements de Honfleur, s'est transformé en bar à huîtres, tout en convivialité. C'est l'intarissable Manu, que l'on connaît depuis quelques années déjà, qui est à l'origine de ce projet si original. Lui et son équipage vous accueillent à bord pour un moment sur l'eau, au calme, à l'écart du monde. Et comme si cela ne suffisait pas, tout est fait maison ! Huîtres crues, chaudes ou en tartare, accompagnées de saucisse fumée ou de rillettes maison. Hisse et oh !

WOK 8 UP €

8, rue des Quatre-Francs
LA RIVIÈRE-SAINT-SAUVEUR
✆ 06 24 88 15 89

Vendredi à mercredi 11h-14h et 18h-21h. Menu han bol M : 6,80 €, L : 8,80 €, XL : 10,80 € avec boisson. Vente à emporter

Ce petit resto-traiteur asiatique se situe juste à côté du McDo. Ce n'est pas évident à trouver et il y a peu de place pour se garer. Mais vu les prix pratiqués, il serait dommage de ne pas insister. D'autant que les plats maison, sur place ou à emporter, sont bons et préparés devant vous. Rouleaux de printemps, potages, raviolis, nems croustillants et les fameux bols à composer soi-même (le petit suffit bien pour une personne). Un bol végétarien, encore un peu moins cher, est aussi proposé. Enfin, l'accueil du couple propriétaire est très sympa et professionnel.

BISTROT À CRÊPES €

1, quai des Passagers ✆ 02 31 89 74 96
www.lesappartsdagnes.com/bistrot-a-crepes
Tous les jours, midi et soir. Service continu week-end, vacances et jours fériés. Galettes à partir de 7,50 €.

Dans une ambiance feutrée et jazzy où règne la bonne humeur, cette crêperie accueille une clientèle fidèle et de tout âge. Avec vue sur le port, on s'installe et l'on découvre une carte variée de galettes 100 % sarrasin. Parmi les suggestions, la délicieuse Sucrée Salée (camembert au lait cru, poire, miel) et la savoureuse Végétarienne (œuf, emmental, tomate, oignons, champignons, noix). Pour les *aficionados*, des moules marinières cuites à la minute en cocotte, avec frites, sont également en bonne place. On ne résiste pas aux crêpes desserts, des gourmandises.

LES MARMOTTES €

26, rue de la Ville
✆ 02 50 43 91 87
Tous les jours midi et soir. Formule 11,90 €. Spécialités savoyardes (tartiflette, fondue, raclette) à partir de 15 €.

Dans ce « chalet », on ne badine pas avec les appétits gourmands. Comme un pied de nez à la gastronomie locale, ce sont les spécialités savoyardes – tartiflettes, raclettes et fondues, excepté l'été pour ces dernières – et les tartines garnies qui font la publicité de ce lieu chaleureux. Ambiance décalée, malgré les colombages, au cœur de la cité honfleuraise. Un endroit amical où l'on partage autant les éclats de rire, les refrains joyeux du patron Damien qui chante en cuisinant, que les plats qui réchauffent l'estomac et les cœurs, par temps de pluie, notamment.

LES CASCADES €

19, cours des Fossés
✆ 02 31 89 05 83
www.lescascades.com
Tous les jours midi et soir. Menus de 14,80 € à 39 €. Menu enfant 9,50 € (jusqu'à 10 ans). Chèque Restaurant. Terrasse.

© LES CASCADES

Si vous cherchez un resto gastro, passez votre route. Ici on a son franc-parler et le plus important c'est le sourire de la patronne. L'accueil est chaleureux, le service efficace. Deux terrasses (dont une couverte et chauffée), trois salles aux ambiances différentes, on s'y sent bien. On aime le menu accessible pour la localisation avec une délicieuse sole dont le prix défie toute concurrence, une fricassée de lotte à l'armoricaine ou encore un pot-au-feu de la mer. Les formules varient, on ne s'ennuie pas avec le chef qui est une cheffe, on le souligne !

BACARETTO €€

44, rue de la Chaussée
✆ 02 31 14 83 11
Du jeudi au mardi le soir, vendredi et samedi le midi. Réservation recommandée. Carte 14 € environ. Galettes 9,50 €.

Un endroit sur deux niveaux étroits, à l'image des traditionnelles maisons de pêcheurs honfleuraises. Est-ce un bar à vin qui fait restaurant ou l'inverse ? Les deux mon capitaine ! Pas de formules, mais une cuisine élaborée en fonction de l'envie. On vient pour le plat du jour, les tripes de chez Ruault, une planche de charcuterie... Pas de tergiversation : le vin est servi au verre et à l'aveugle, soigneusement choisi par Hervé, le maître des lieux. L'ambiance rappelle celle des estaminets flamands. C'est simple et sans courbette.

LA CANTINE €€

16, place Hamelin
✆ 09 83 03 41 09
Du mardi au samedi midi et soir, dimanche midi. Menus de 16,90 € à 21,90 €.

Adresse tendance qui se positionne parfaitement dans l'air du temps. Tout est là : jolie vaisselle, décoration sobre, et surtout, une cuisine saine et de saison. On découvre de délicieuses ravioles de céleri à l'huile de truffe, un délicat filet d'églefin façon crumble, ou encore un bowl saumon, équilibré et plein de saveurs. La gourmandise se poursuit au dessert, avec une tarte Tatin, un cheese-cake ou un café gourmand. De qualité, les produits sont pour la plupart bio. A l'image du cidre de la Ferme de Cutesson. Végétariens et végans trouveront ici leur bonheur.

CALVADOS

LE FLEURON €€

12, rue Montpensier
✆ 02 31 14 93 94

Du mercredi au lundi midi et soir. Menus de 29 € à 70 €. Carte 14 € environ.

A mi-chemin entre le gastro par sa qualité et le bistrot par sa simplicité, ce petit resto a tout d'un grand. Son chef Romain Madamet a posé ses valises à Honfleur pour le bonheur de nos papilles. Sa table est nichée dans une maison de carte postale. Une ardoise annonce quatre entrées, plats et desserts qui varient tous les 15 jours. Les produits sont de saison et ne parcourent pas plus de 50 km pour se retrouver dans nos assiettes. Le chef fait la part belle à la viande, aux poissons, directement négociés sur le port, et aux autres perles de nos terroirs.

HÔTEL-RESTAURANT LA CHAUMIÈRE €€

Route du Littoral ✆ 02 31 81 63 20
www.hotel-chaumiere.fr

Mercredi à dimanche, midi et soir (tous les jours en été). Formule du midi 25 € (entrée-plat-café gourmand). Brunch 45 €

Difficile de faire plus chaleureux : une adresse subtilement rustique, au sein d'une ancienne maison de famille, avec vue sur la mer. Poutres, ouvertures baignées de lumière et belle cheminée. Bien qu'il fasse partie du domaine de La Chaumière, le restaurant est ouvert à tous ! Côté cuisine, l'équipe met un point d'honneur à travailler en circuit court avec des producteurs locaux. Le frais et le bio se partagent la vedette. Enfin, mention spéciale à l'équipe, pleine de gentillesse.

HUÎTRE BRÛLÉE €€

8, rue Brûlée
✆ 09 82 57 90 18
huitre-brulee.business.site

Du vendredi au mardi midi et soir. Formule du midi 17 €. Carte environ 30 €.

Une table tendance où les plats locavores ne manquent pas d'idées et où les vins naturels soulignent les convictions écologiques de ce lieu prometteur. On ne peut que saluer l'initiative néo-bistrotière, cette cuisine régionale intuitive et surprenante, sachant que les menus touristiques abondent à Honfleur. Le temps des huîtres - nature, aux pickles de carotte ou à la *salsa verde* - a sonné : en entrée et en direct de Veules-les-Roses. Puis, le terroir et les desserts se revisitent avec astuce. L'addition raisonnable nous confirme que l'on reviendra bientôt !

L'HOMME DE BOIS €€

30-32, rue de l'Homme-de-Bois
✆ 02 31 89 75 27

Tous les jours midi et soir. Réservation recommandée. Menus de 28 € à 38 €. Menu enfant 13 €.

En face de la maison à l'homme de bois, dans la rue de l'Homme-de-Bois, il était une fois un restaurant nommé L'Homme de Bois... Cela pourrait ressembler à une légende honfleuraise mais il s'agit bien d'une histoire d'aujourd'hui. Niché dans une maison traditionnelle normande avec cheminée et poutres apparentes, l'établissement s'est fait un nom notamment grâce à ses spécialités, éclaboussées par les embruns de la mer toute proche. La cuisine se marie parfaitement avec le cadre et l'identité locale. Le service est charmant, placé sous la houlette de Cyrille Marie.

LES PIEDS DANS L'HERBE €€

Cours Jean-de-Vienne
✆ 02 31 89 29 16

Lundi et mardi midi, du jeudi au samedi soir. Carte 15 € environ. Terrasse.

Depuis près de 20 ans, cette excellente crêperie fait le bonheur de ceux qui osent sortir du vieux centre touristique. Il est par ailleurs facile de se garer à côté, un luxe à Honfleur. Faites à la demande (il faut parfois un peu de patience, surtout en pleine saison), les galettes et crêpes sucrées, bien garnies, devraient satisfaire toutes les envies sans vous ruiner. Le lieu, une ancienne écurie, est chaleureux tout comme le service. Le cadre, agrémenté d'une jolie terrasse au vert, les pieds dans l'herbe justement, pour ultime argument !

SAQUANA SAISON 3 €€

22, place Hamelin
✆ 02 31 89 40 80
www.alexandre-bourdas.com

Du mercredi au dimanche à partir de 7h. Petit déjeuner 9 €. Déjeuner : menu du jour de 16 à 22 €. Dîner : à la carte.

Vous ne le savez pas encore ? Sa-Qua-Na est un nom japonais qui signifie poisson et qui évoque les trois piliers de nos exigences quotidiennes : saveur, qualité, nature. Et savez-vous aussi que, depuis septembre 2020, cette table qui fit la renommé d'Honfleur a pleinement changé de cap ? Oui ! Son chef Alexandre Bourdas a décidé d'ouvrir un lieu dorénavant plus accessible et détendu avec sur place du pain et des viennoiseries, ainsi qu'un menu du jour le midi et un dîner à la carte. Ce chef, qui s'affranchit de ses deux étoiles, est définitivement un talent libre.

CALVADOS

LE SATIE €€

8, place Hamelin
✆ 02 31 89 04 14
Du jeudi au mardi midi et soir. Menus de 25 € à 35 €. Menu enfant 10 €. Formule du midi 15,90 € (entrée-plat-dessert).

James, bien connu des Honfleurais, a repris en 2019 cette enseigne en lieu et place de l'ancien Estuaire. Une cheminée au feu crépitant, une déco sympa agrémentée de cadres anciens et une carte alléchante mettent en appétit. Viande (tendre faux-filet ou caille avec gratin de légumes), poissons, fruits de mer, salades, cocottes de moules-frites… Et si on accompagnait tout ça avec du cidre de la ferme des Parquets ? Pour finir, les desserts maison sont convaincants, et les prix raisonnables. Ici, la gentillesse, la simplicité et l'efficacité sont les maîtres-mots.

LE CAPUCINE €€€

478, route du Bois-du-Breuil - **PENNEDEPIE**
✆ 09 85 60 23 00
http://jardins-coppelia.com
Ouvert tous les soirs, ainsi qu'au déjeuner le samedi et le dimanche. Menus de 40 € à 75 €. Menu enfant 15 €.

Au sein de ce superbe lieu que forment les Jardins de Coppélia, le restaurant Le Capucine vous accueille au pied des pommiers avec vue sur mer. Le cadre parfait pour se relaxer et se sentir en vacances. Natif de Caen, son chef Damien Frémont a fait ses armes dans les plus grands restaurants de Londres. Aujourd'hui disciple d'Escoffier, il régale d'une cuisine gastronomique réalisée à partir de produits locaux et biologiques. Au programme des réjouissances, raffinement, plaisir et audace, comme le prouve le menu surprise en 5 plats, servis à l'ensemble de la table.

L'ATELIER

15, cours des Fossés
✆ 02 31 84 33 66
Basse saison : du jeudi au lundi de 10h à 19h. Haute saison : tous les jours de 10h à 19h30. Terrasse.

Salon de thé digne d'Alice au pays des merveilles. Scones sur des présentoirs victoriens, Linzer Torte et crumbles, voilà pour la partie *tea time* de l'Atelier d'Olivia. De sa petite cuisine ouverte, la maîtresse de maison veille au grain. Au four et au moulin, elle virevolte entre les tables du bas, d'anciennes machines à coudre de grand-mère et les fauteuils moelleux avec tables basses de l'étage. Brunch gourmand ou formule déjeuner à l'ardoise qui varie au gré des saisons ? Ou pourquoi pas prolonger la soirée avec une bière normande et un pain d'épices maison ?

LA MAISON BLEUE €€

17, quai Saint-Etienne
✆ 02 31 89 41 30
Tous les jours de 9h à 23h. Carte 25 € environ. Formule 20 €. Terrasse.

C'est une Maison Bleue à l'angle du Vieux Port. Un repaire d'habitués tenu depuis 25 ans par Sandrine et Franck. Une vue sur le Vieux Bassin et une histoire : après-guerre, le lieu fut peint en bleu avec le reste de peinture des habitants du port… On venait y manger la soupe populaire. Puis des artistes aimaient y passer du bon temps. La cuisine à l'ancienne se perpétue. Pot-au-feu, jarret de porc, gratin de Saint-Jacques en saison, sole meunière, moules-frites, fruits de mer, tarte Tatin, crêpes ou homard se croisent dans les assiettes au gré des appétits.

© ANNE CROCHARD

© ANNE CROCHARD

CAKES ET GOURMANDISES - MAISON BLONDEL

4, rue des Logettes (en haut des marches)
© 02 31 89 69 30
maisonblondel.fr
Tous les jours, sauf jeudi, 8h30-19h.
Formule du midi (entrée-plat-dessert) 17,90 €.
Brunch dimanche à partir de 28,50 €

Un salon de thé coquet, chic et épuré, où tout n'est que douceur et gourmandise. La carte propose plusieurs formules de petit déjeuner en plus du brunch et d'un menu salé. Difficile de ne pas succomber à ces gâteaux sous cloche, ces viennoiseries croustillantes, ces cookies parfumés et autres pâtisseries maison… Grande sélection de thés et cafés, à moins que vous ne préfériez un bon chocolat chaud à l'ancienne pour accompagner vos douceurs. En plus, le service est vraiment adorable.

GLACE DE LA FERME DU BOIS LOUVET

4, rue Geneviève-Seydoux © 02 32 57 66 76
www.glaceduboislouvet.fr
Tous les jours 12h-22h30 en haute saison.
En moyenne saison jusqu'à 19h. Cornet ou boîte à emporter.

C'est depuis la ferme du Bois Louvet, à Saint-Jean-de-la-Lécqueraye, dans l'Eure, que Philippe Cocagne élabore, avec sa propre production laitière, glaces, sorbets, vacherins et autres pâtisseries glacées. Pas de conservateur, de colorant ni d'arôme artificiel. Que du lait entier, de la crème fraîche, du jaune d'œuf et des fruits. Quelque 80 parfums composent ces incontournables glaces artisanales : pomme, cassis, calvados, figue, teurgoule, tomate-basilic… et même camembert.

LA PETITE CHINE

14, rue du Dauphin
© 02 31 89 36 52
Tous les jours 9h-19h (basse saison, du jeudi au lundi 9h-19h). Petit déjeuner à partir de 7,50 €.

Qu'il s'agisse de la boutique ou du salon de thé, tout est dédié au plaisir des yeux et des papilles. Au rez-de-chaussée, la pâtisserie propose macarons et autres gourmandises maison comme la tarte à l'orange caramélisée. A l'étage, le salon de thé, ambiance « charme d'antan », offre une vue digne d'une carte postale sur le bassin. Une petite carte pour les becs salés à l'heure du brunch : tartare de saumon ou assiette paysanne par exemple. Quant aux becs sucrés, les délices vus en entrant n'attendent que vous. Une pause raffinée sur fond de voyage dans le temps.

LE BATEAU BOUTEILLE

15, rue de la Ville
© 02 31 98 39 39
Basse saison : ouvert le week-end de 10h à 19h.
Haute saison : tous les jours de 10h30 à 19h.

Y a-t-il un pirate à Honfleur ? On pourrait le croire en entrant dans cette caverne d'Ali Baba, située dans l'une des plus anciennes rues honfleuraises. On en franchit la porte comme la passerelle d'un bateau : plafond bas, filets de pêche, cordages… Le magasin d'Erwan et Marlène est un modèle du genre, où tout est dédié à l'univers marin dans son sens le plus noble. Des maquettes haut de gamme aux antiquités, en passant par les casques de scaphandriers, boussoles et autres objets de curiosité. Impossible de tout voir tant cette boutique fourmille de trésors…

LA CAVE NORMANDE

13, rue de la Ville © 02 31 89 38 27
boutique.lacavenormande.com
Basse saison : du jeudi au mardi de 10h30 à 18h30. Haute saison : tous les jours et les jours fériés de 10h à 20h.

Une cave-musée qui abrite la plus grande collection de Calvados millésimés de France. Albin, maître des lieux, ne manque pas de faire déguster d'autres de ses trésors. Des pommeaux, par exemple, dont il est seul revendeur sur Honfleur. D'autres alcools attendent le visiteur au coin des rayons : une absinthe, une liqueur, un pastis bio ou bien La Lieutenance, la première bière brassée à Honfleur. Le sourire et la connaissance vont de pair dans cette petite échoppe. Passionné, le caviste « en fait voir de toutes les saveurs », difficile de repartir les mains vides.

HONFLEUR NORMANDY OUTLET

Avenue de Normandie
© 02 31 88 42 82
www.honfleuroutlet.com
Tous les jours 10h-19h. Navettes HO Bus (ligne B) au départ du centre-ville de Honfleur : ticket 0,50 €.

Incontournable ! Le Village des Marques d'Honfleur propose pas moins de 80 marques nationales et internationales, réparties sur un parcours shopping de 13 000 m^2 moderne et attrayant. Situé au pied du pont de Normandie, à 2 km du cœur historique d'Honfleur, ce grand centre outlet propose de nombreuses enseignes qualitatives de prêt-à-porter, lingerie, beauté, articles pour la maison, sans oublier des points de restauration. Les plus : l'ouverture 7j/7, le parking gratuit et, bien sûr, les plus grandes marques à -30 % minimum toute l'année.

CALVADOS

PONT-L'EVÊQUE ★★

La légende veut que la ville tire son nom d'un pont bâti par un évêque, une autre prétend que le « pont des vaches », prononcé « vaques » en patois normand, a donné évêque au fil du temps... Des mythes qui font sourire et situent cette cité dans un passé riche. Construite sur un carrefour de routes et de rivières, Pont-l'Evêque est un incontournable de la Normandie. Passage obligé vers la mer, la ville avec son style typiquement normand, ses artisans, son marché et ses petits cafés a un indéniable charme. Les maisons à pans de bois, petits ponts et cours d'eau où surfent les canards entre les lierres grimpants : tout semble sortir d'une carte postale.

LES DOMINICAINES ET LA JOYEUSE PRISON

Place du Tribunal ✆ 02 31 64 89 33
www.pontleveque.fr
Tous les jours 10h30-12h30 et 14h30-18h. 3,50 € (gratuit jusqu'à 15 ans). Visite guidée de la prison sur réservation.

A découvrir, un magnifique édifice en pans de bois qui abritait autrefois un couvent de religieuses dominicaines. Aujourd'hui, des expositions temporaires, d'arts plastiques notamment, y sont organisées, ainsi qu'une permanente sur l'histoire de Pont-l'Évêque. Conférences et diverses animations pour les enfants ponctuent aussi l'actualité des Dominicaines, qui ont fêté leurs 20 ans en 2020.

L'espace culturel est doté d'une artothèque qui permet au plus grand nombre de venir emprunter (sur rendez-vous) des œuvres d'art contemporaines, réalisées par des artistes tels que Jacques Pasquier, Joan Miro, Ernest Pignon-Ernest, Paul Rebeyrolle, Pierre Alechinsky, ou encore Francis Bacon. Il y a près de 300 œuvres, de quoi changer régulièrement de déco, et à moindre coût ! A voir aussi, un jardin de plantes médicinales, reconstitué en mémoire des sœurs dominicaines qui les utilisaient pour soigner les maux de l'époque.

Hôtes de passage, ne manquez pas non plus la visite commentée de la « Joyeuse prison » (sur réservation), rue Eugène-Pian, qui vous fera passer un agréable moment. De style néo-classique, la prison de Pont-l'Évêque fut construite en 1823 et entra dans l'histoire suite, notamment, à l'arrestation de Réné Girier, dit René la Canne, en 1951, suite à son évasion. Il faut dire que la gestion de l'établissement carcéral de Pont-l'Évêque n'était pas franchement rigoureuse ! Une visite étonnante de cette prison restée intacte depuis sa fermeture en 1953.

ÉGLISE SAINT-MICHEL ★

Place de l'Eglise

Une belle église classée monument historique depuis 2008, au beau milieu de la ville, près du grand pont des Chaînes, sur la rive gauche de la Touques. A cet endroit, au XIIe siècle, s'élevait une chapelle consacrée à Saint-Michel. Sa nef et son chœur ont été construits dans un style gothique flamboyant, tandis que sa partie nord date du XVe siècle, et sa façade sud d'une époque plus récente : XIXe siècle. On pense que sa tour occidentale a été édifiée au XIIIe siècle. Ne pas rater la visite du jardin du presbytère, situé juste derrière.

QUARTIER ANCIEN

Plongez dans le XVIIe siècle tout autour de la rue de Vaucelles ! Grâce à une mise en couleur des colombages, ce quartier typique de Pont-l'Evêque, réhabilité au début des années 2000, offre à admirer de nombreuses maisons à l'architecture typique du Pays d'Auge, avec leurs colombages, leurs belles toitures d'ardoises, leurs petits jardins, leurs petites portes et fenêtres adorables. Traditionnelle de la région, l'ossature en bois, aussi nommée le pan de bois, se présente sous des formes diverses, avec hourdis de torchis ou tuileaux.

CALVADOS

CALVADOS EXPÉRIENCE ★

Route de Trouville
✆ 02 31 64 30 31
www.calvados-experience.com
Basse saison : du mercredi au dimanche 10h 18h. Haute saison : tous les jours 10h 19h. Adulte 12,50 €. Enfant 8 €.

On peut dire qu'on n'a pas peur du progrès à la maison Calvados Père-Magloire. C'est une véritable expérience multi-sensorielle que propose la marque augeronne la plus exportée au monde. Elle y conte l'histoire et la destinée de ce fameux breuvage qui fait connaître la Normandie par-delà les frontières. Pendant plus d'une heure, les visiteurs découvriront les contes et légendes de ce terroir, ainsi que l'élaboration du calvados. Pour les enfants, le jus de pomme coulera à flots et les animations sauront les charmer. Un temple du calvados à découvrir !

LA NORMANDIE EN 2CV ★

6, rue du Long-Clos ✆ 02 31 65 20 79
www.balades-2cv-normandie.com
Découverte du terroir normand en 2CV à partir de 79 € par personne la demi-journée (base 4 personnes par voiture).

Le monde entier nous l'envie. La Deudeuche, la plus légendaire des voitures populaires reprend la route pour des kilomètres de bonheur à travers la Normandie. En toute liberté ou en circuit personnalisé, pour un évènement privé ou professionnel, le plein d'essence est fait pour un plein de bonne humeur. Du Calvados à la Seine-Maritime, plusieurs formules pour dérouler le ruban de l'asphalte. Fous rires et radioguidage par Charlotte ou Philippe qui, chemin faisant, nous abreuvent de conseils directionnels, d'anecdotes et d'histoires drôles, surtout ! Knut Knuuut !

DOMAINE DE GEFFOSSES €€

979, route de Saint-Hymer ✆ 02 31 64 19 19
domainedegeffosses.fr
Chambre double à partir de 70 €. Petit déjeuner 9,50 €. Egalement des gîtes indépendants de 2 à 6 personnes.

Superbe domaine où Solenn et Stéphane vous accueillent tout sourire. Pour la petite histoire, Flaubert a passé une partie de son enfance ici... Plusieurs choix de nuitées : en gîtes indépendants (le Pressoir, le Chalet ou la Bouillerie) ou dans l'hôtel nommé le Petit Manoir, au sein de l'ancien corps de ferme datant de 1787. Idéales pour un week-end en amoureux ou entre amis, les chambres permettent un joli passage au vert, au cœur du Pays d'Auge et à deux pas des villes touristiques alentour. L'endroit, apaisant, réserve un bon accueil et un bon petit déjeuner !

HÔTEL & SPA LE LION D'OR €€

8, place Saint-Mélaine ✆ 02 31 65 01 55
www.leliondorhotel.com
Chambre double à partir de 81 €. Petit déjeuner 12 €. Restauration. Hammam, bain bouillonnant, sauna.

Plus qu'un hôtel, cet établissement propose un Spa moderne et élégant, à l'ambiance orientale, en sus de nombreux autres services. Incontournable, cet ex-relais de poste a su se mettre au goût du jour avec brio. Si la façade côté rue n'est pas folichonne, on commence à se douter de la perle quand on entre dans la cour. L'intérieur tient ses promesses et propose chambres, duplex et suites, toutes décorées avec raffinement. Une chambre sort cependant encore plus du lot : la suite 1001 nuits qui, avec son petit spa privatif, fait tout simplement rêver.

CHEZ LES JAMES €€

Route de Blangy - **LES AUTHIEUX-SUR-CALONNE**
✆ 06 14 14 13 40
Accueil 24h/24, boîte à clé sécurisée. Idéal pour un couple avec ou sans enfant. 75 € la nuit. Animaux acceptés. Wifi.

Au cœur du bocage normand, près de Pont-l'Évêque, voici la maison à colombages de rêve pour déconnecter. Cette ancienne grange fut restaurée selon des méthodes traditionnelles. Dès l'arrivée, le charme devrait opérer surtout si les chevaux du pré attenant pointent le bout de leur nez. Poussez la porte : intérieur au confort moderne avec cuisine ouverte, grand salon convivial avec cheminée, chambre avec douche à l'italienne promettent une belle parenthèse. À vous de vivre ce petit coin de paradis, où quoi de mieux que refaire le monde face au soleil couchant ?

LE 670 €€

670, route de Pont-l'Evêque - **SAINT-MARTIN-AUX-CHARTRAINS** ✆ 02 31 64 40 40
www.lesjardinsdedeauville-hotel.com
Ouvert du vendredi au mardi de 19h à 21h30. Entrée-plat ou plat-dessert 23 € ; entrée-plat-dessert 29 €. Terrasse.

Près de Deauville, dans le charme de la campagne augeronne, le 670 est le restaurant de l'hôtel Les Jardins de Deauville. Cette adresse conviviale, reprise depuis peu, se niche au cœur d'un vaste parc arboré. La salle du 670 est lumineuse, appropriée pour un repas privé ou d'affaires, et offre une belle vue sur le parc alentour. Au menu ou à la carte, la cuisine se décline autour de produits de saison et du terroir normand. La maison peut également organiser vos cocktails, apéritifs dînatoires ou tout autre événement professionnel ou privé. Le cadre s'y prête !

© LES JARDINS DE DEAUVILLE

© LES JARDINS DE DEAUVILLE

© LES JARDINS DE DEAUVILLE

LES JARDINS DE DEAUVILLE €€

670, route de Pont-l'Evêque - **SAINT-MARTIN-AUX-CHARTRAINS** ✆ 02 31 64 40 40
www.lesjardinsdedeauville-hotel.com
Chambre double à partir de 65 €. Restaurant, bar, piscine extérieure chauffée, parc, terrain de pétanque.

Calme et convivialité règnent ici, à 6 km de l'agitation deauvillaise, en pleine campagne augeronne. Cet hôtel, repris depuis peu, assure un séjour placé sous le signe de la détente. Un parc arboré, une piscine, une terrasse d'été, il y a même un petit étang où s'ébattent allègrement des canards… Les chambres sont spacieuses et agréablement aménagées. Vous pourrez vous délasser face à la cheminée, siroter un calva au bar ou squatter le coin salon. On n'oublie pas les trois salles de réception, dont une avec vue sur la piscine. Des prestations 3-étoiles !

© LES JARDINS DE DEAUVILLE

© LES JARDINS DE DEAUVILLE

AUBERGE DE LA TOUQUES €€

2, place de l'Eglise
✆ 02 31 64 01 69
www.aubergedelatouques.com
7j/7 midi et soir. Basse saison : fermé mardi et mercredi. Menus de 27 € à 37 €. Formule du midi 23 €.

Ne pas hésiter à entrer dans ce lieu typiquement normand, au bord de la Touques. Le cadre y est cosy : cheminée, poutres apparentes et mobilier rustique, mais confortable. La carte est tout aussi perfectionniste et alléchante, avec la Normandie à l'honneur : produits locaux, frais et de saison qui varient au gré des idées (nombreuses !) du chef et des arrivages. Pensez à réserver si vous voulez être sûr de profiter de la terrasse l'été, de la cheminée l'hiver. Bon plan : le midi, en semaine, le menu est plus qu'attrayant… et le personnel fort sympathique !

LA POPOTE EN COCOTTE €€

35, rue de Vaucelles
✆ 02 31 64 68 13
Du jeudi au lundi midi et soir. Menus de 18 € à 22 €. Menu enfant 9,50 €. Formule du midi 15 €, servie en semaine.

Julien et Jérémy, les frères qui ont repris cette Popote, optent pour une carte concise mais éminemment gourmande. S'y ajoute une ardoise renouvelée selon les saisons et les envies du chef. Un vrai travail sur les arrivages en direct du marché ou du producteur, pour un prix défiant toute concurrence. Coup de cœur pour ce talentueux duo tout droit sorti de restaurants deauvillais, sans oublier le sourire de Marco et la jolie terrasse. Notez que cette adresse est l'une des rares à Pont-l'Évêque à être ouvertes en soirée le dimanche et le lundi. À bon entendeur...

LE ROLLON €€

44, rue Hamelin
✆ 02 31 64 28 13
www.le-rollon.fr
Du mardi au samedi, midi et soir. Formule du midi : 17 €. Planches de 8 à 16 € le soir.

Fabien Vincent a repris les rênes de ce joli bistrot en 2016 après un véritable coup de cœur pour Pont-L'Evêque. Du cœur, il en a mis aussi sur sa carte, côté menus comme côté vins. Sommelier d'origine et doté de plusieurs expériences dans des maisons étoilées, ce dénicheur de cépages propose une vingtaine de références au verre. D'où l'évolution du Rollon en bar à vin en soirée ! Côté cuisine, le chef mijote de délicieux plats en sauce. D'autant que l'addition est raisonnable. Une bonne adresse bistronomique-rustique où la bonne humeur l'emporte !

LE SAINT HONORÉ GALERIE-SALON DE THÉ

12, rue de la Croix-Brisée
✆ 06 35 15 96 80
Du vendredi au lundi 10h-20h, jeudi 10h-19h. Petits déjeuners gourmands chaque samedi et dimanche à partir de 9h30.

Situé dans un ancien atelier de tonnelier, Le Saint-Honoré mêle art et gourmandise avec expos et salon de thé. Ancien pâtissier du Normandy de Deauville, Nicolas Boussin nous régale avec ses créations : la polonaise, la noisettine, la tarte citron meringuée, le financier aux amandes (recette de son grand-père, déjà pâtissier). Au service, Jacques, dont les belles lampes sont ici en vente. Un lieu surprenant, convivial et incontournable de Pont-l'Évêque.

CASA ROMEO

8, rue Hamelin
✆ 02 31 64 65 13
Ouvert du jeudi au lundi de 9h30 à 13h et de 15h30 à 19h. Fermé mardi et mercredi sauf pendant les vacances.

Dans cette jolie *trattoria* à emporter, vous ne trouverez pas moins de 500 produits ! Charcuterie, fromages et vins italiens, huiles truffées, pimentées... Avec, au-devant de la scène, des pâtes fraîches, des plats du jour, des antipasti et autres bruschettas maison. Ou comment égayer vos soirées en faisant voyager vos papilles et ce, sans même vraiment bouger de votre *casa*. « La *dolce vita* normande » ! L'Italie au cœur de Pont-L'Evêque ! Voilà l'ambition de Sarah qui tient cette épicerie de saveurs transalpines tout en finesse.

LAC TERRE D'AUGE

Lieu-dit la Cour-Maheut
✆ 02 31 65 56 99
www.terredauge-lelac.fr
Tous les jours 10h-20h. Activités de 14h à 19h les week-ends, jours fériés et vacances scolaires. Restauration.

Profitez en famille de cet écrin de verdure et son lac de 60 ha avec de nombreuses activités terrestres et nautiques. Amateurs de sensations fortes - mais pas que - vous allez adorer cet endroit ! Pédalo, bouée tractée, scooter des mers, canoë-kayak, stand-up paddle... Bref, si faire des ploufs dans la Manche ne vous suffit pas, vous savez ce qu'il vous reste à faire ! Pour les moins téméraires, vous pourrez toujours profiter du joli parc comprenant un minigolf, une promenade, un chouette restaurant et un espace plage ou pêche. A vous de jouer !

BEAUMONT-EN-AUGE ★

Considéré par beaucoup comme l'un des plus beaux et typiques villages du Calvados. Vous y croiserez deux enfants du pays : Laplace et Langlois. Nés au XVIIIe siècle, ils sont des références à Beaumont en matière de science pour le premier et de peinture des grandes batailles napoléoniennes pour le second. Vous pourrez admirer, depuis la place, le panorama sur le paysage du Pays d'Auge, parsemé de douets (ruisseaux qui alimentent les rivières, comme ici la Touques). Les activités de la vallée sont variées, mais l'élevage est prédominant depuis le XVIIe siècle. Le marché aux bovins de Beaumont était le deuxième plus important marché après La Villette.

LE CAFÉ DES ARTS €€

Place de Verdun
✆ 02 31 64 81 70

Lundi, mardi et jeudi 9h-17h, vendredi 9h-22h, samedi 10h-22h, dimanche 10h-15h30. Carte 25 € environ.

Côté cadre, il y a la place de Verdun qui offre un point de vue royal sur la vallée de la Touques (jusqu'à la mer par beau temps), appréciable également depuis la terrasse couverte. Et il y a la déco bohème du café, faite d'objets chinés. Côté cuisine, le plaisir est souvent au rendez-vous. On peut se régaler tour à tour, selon la saison, de p'tits légumes farcis, de bonnes huîtres, d'un boudin noir, d'un filet de bar rôti et, en dessert, d'une brioche façon pain perdu. Cuisine traditionnelle pas forcément donnée, mais une halte sympathique au cœur du Pays d'Auge.

LE P'TIT BEAUMONT €€

20, rue du Paradis
✆ 02 31 64 80 22

Lundi à samedi le midi, vendredi et samedi le soir. Formule Bistrot 16 € en semaine, 24,90 € soir et week-end.

Entre bistrot de pays et bouchon (lyonnais), Le P'tit Beaumont est le reflet de ses propriétaires, un couple haut en couleur. Au menu, buffet d'entrées puis, au choix parmi l'ardoise, sole façon bonne femme, lasagne bolognaise, côte de porc charcutière et frites maison... Les plats fument dans l'assiette. Et en dessert ? Crème caramel au beurre salé, riz au lait maison, le Succulent de Martine Lambert (qui porte bien son nom !)... Enfin, un œil sur le décor : au moins trois salles, un jardin intérieur et une terrasse. On est vraiment bien ici !

LE BREUIL-EN-AUGE

Au sud de Pont-l'Evêque, Le Breuil-en-Auge est un village caractéristique du Calvados. La commune, peuplée d'environ 1 000 Breuillois et Breuilloises, est traversée par la Touques. En son centre, l'église Saint-Germain est un monument intéressant, car l'on peut y observer tous les styles d'architecture qui se sont succédé depuis sa construction, au XIIIe siècle. Mais si Le Breuil-en-Auge est connu, c'est surtout pour son château, blotti dans un écrin de verdure. En effet, le château du Breuil, édifié aux XVIe et XVIIe siècles, figure parmi les fleurons du Pays d'Auge, et est aujourd'hui l'une des plus prestigieuses distilleries de calvados.

CHÂTEAU DU BREUIL ★

Domaine du Breuil ✆ 02 31 65 60 00
www.chateau-breuil.com

Tous les jours 9h-12h et 14h-18h. Visite « autour de vos 5 sens », avec spectacle visuel et dégustation 7 €, enfant 2 €.

Distillerie créée en 1954, le Château du Breuil est aujourd'hui l'une des plus prestigieuses du Calvados, et son château figure parmi les fleurons du Pays d'Auge. Construit aux XVIe et XVIIe siècles, classé monument historique, il fut le lieu de séjour de nobles et de grandes familles. Son parc, fier de ses arbres centenaires, est un lieu idéal pour flâner et même découvrir son poids en pommes ! Les curieux peuvent participer à des visites guidées et mettre leurs cinq sens en éveil en découvrant le processus d'élaboration du calvados AOC Pays d'Auge. Aux côtés de ce fleuron, le cidre, le pommeau ou la liqueur au calvados permettent de varier les plaisirs.

Mais depuis le 30 avril 2020, un vent nouveau souffle sur le château séculaire. En effet, en plein confinement, le Château du Breuil a été racheté par Frédéric Dussart. La maison souhaite rester un acteur majeur du calvados, le nectar qui a forgé sa réputation, mais la gamme des spiritueux va être élargie, notamment avec un whisky pur malt normand, brassé en Normandie, distillé, vieilli et mis en bouteille au Breuil-en-Auge. Depuis l'été 2020, la distillerie produit également du rhum, au goût riche et complexe, affiné avec le plus grand soin par son maître de chais.

« Allier tradition et innovation », telle est la devise du nouveau président-directeur général du Château du Breuil. Un pari osé, moderne mais judicieux, surtout au vu des récentes récompenses obtenues, notamment une médaille d'or 2020 pour la liqueur au calvados et pour le calvados fine !

© ANNE CROCHARD

Vue du parc.

LE POT D'ÉTAIN €

153, route de Dives - **MANERBE**
✆ 02 31 63 05 92
www.restaurant-lepotdetain.fr
Fermé dimanche soir et lundi. Ouvert tous les jours, midi et soir, en juillet-août. Menu 35 €. Formule du midi 14 €.

Une institution emplie de souvenirs et une cuisine du terroir pleine de saveurs réconfortantes. Amis de passage, prenez le temps de ralentir (malgré la belle ligne droite) pour profiter du lieu, situé sur l'axe Lisieux-Cabourg. Cette auberge, chaleureuse de simplicité, est à la portée du porte-monnaie. La carte alterne entre viandes, volailles et poissons. La cuisine restitue les produits locaux dans leur plus simple appareil – ou presque. Le Pot d'Étain est un retour aux sources, plein de fraîcheur, et où il est préférable de réserver son couvert.

AUBERGE DES DEUX TONNEAUX €€

Le Bourg - **PIERREFITTE-EN-AUGE**
✆ 02 31 64 09 31
Du mercredi au dimanche midi et soir. Réservation recommandée. Menus de 30 € à 50 €.

L'auberge à colombages avec toit de chaume offre une vue purement normande, tout comme sa carte de terroir. Une cuisine locale, des spécialités campagnardes : entrecôte crème de camembert, travers de cochon mariné au poiré, boudin artisanal ou Pig-Burger avec son pain aux lardons. Mieux vaut ne pas être végétarien ! Testez l'excellent cidre de la Maison Dupont et, pour le digestif, le calvados de chez Michel Bréavoine. Une carte postale augeronne qui change des restaurants de la côte.

LE DAUPHIN €€€

2, rue de l'Eglise
✆ 02 31 65 08 11
www.ledauphin-restaurant.com
Mardi et de jeudi à samedi midi et soir, mercredi et dimanche midi. Menus de 29 à 52 €, Découverte 69 € le samedi soir.

Le chef normand Mathieu Le Guillois est à la tête de cette institution qui a accueilli quelques têtes couronnées. Les produits régionaux sont au cœur des recettes avec pour vedettes les incontournables huîtres grillées, raviole de coquilles Saint-Jacques, bar en écailles de pommes de terre, escalope de foie gras chaud et, bien sûr, le soufflé au calvados du Breuil (mais d'autres surprises vous attendent car Mathieu est vice-champion de France du dessert à l'assiette). La cuisine d'auteur est gage de subtil régal, qui s'avère raisonnable pour le porte-monnaie.

LE PRESSOIR CONCEPT STORE

32, chemin de la Noë - **MANNEVILLE-LA-PIPARD**
✆ 02 31 65 49 97
www.lepressoir-conceptstore.com
Ouvert lundi et du mercredi au samedi de 10h30 à 18h30, dimanche de 10h30 à 13h.

Près de Pont-l'Evêque, deux fans de déco ont transformé un ancien pressoir à cidre en concept-store où il fait bon prendre son temps. Le duo, composé de Muriel (marchand de biens et éleveuse de chevaux) et Karinne (architecte d'intérieur), a métamorphosé ce lieu incroyable de 250 m². Venez flâner, dénicher, fouiner et… craquer pour leur belle sélection de mobilier, décoration, jardin, idées cadeaux et même épicerie fine et salon de thé. Un incontournable, devenu référence dans le coin.

LE HOM

Avec la réforme territoriale, Thury-Harcourt est devenue en 2016 une commune déléguée au sein de la commune nouvelle du Hom. Néanmoins, son cœur continue de battre comme avant, sauvegardant son cachet commerçant et traditionnellement convivial. La ville a beaucoup souffert en juin et juillet 1944, comme en témoigne l'architecture de la Reconstruction. Peu de monuments anciens mais peu importe, car blottie dans la vallée de l'Orne, Thury-Harcourt a été gâtée par dame nature et s'est tournée vers les activités de plein air. Ne manquez pas la Boucle du Hom, une curiosité naturelle belle et rarissime, il n'existe que deux « omégas » de ce type en France.

LE FIL DU TEMPS €€

7, rue de Caen
✆ 02 31 39 53 55
www.restaurant-lefildutemps.fr

Ouvert du mardi soir au dimanche midi. Réservation recommandée. Menus de 13 € à 32 €. Menu enfant 12 €.

Une table pleine de fraîcheur. François Bonnet, sportif de haut niveau, a écouté ses envies qui l'ont ramené à ses premières amours : la cuisine (petit, il adorait faire des desserts !). Devant ses fourneaux, il a la volonté de nous régaler de choses simples et délicates. Une cuisine traditionnelle et parfumée, une carte équilibrée entre poisson (selon arrivage), viande et volaille, mélange de couleurs, de sucré et d'acidité. On est séduit. Le flan banane-yuzu, chips de banane et glace cacahuète finit de nous convaincre de revenir.

ÉMAILLERIE NORMANDE

10-12, impasse des Lavandières
✆ 02 31 79 70 15
www.emaillerie-normande.com

Passer une tête pour voir s'il y a du monde. Travail à la demande.

L'émail, une histoire de famille depuis 1840 ! Six générations plus tard, les Opderbeck contribuent à parfaire l'art de l'émaillage avec la même passion. Installés à Thury-Harcourt en 1952, ils sont aujourd'hui trois à travailler dans ce hangar qui semble désaffecté et où il faut sonner pour que l'on vienne vous ouvrir. Dans la petite boutique, vous découvrez et admirez le fruit de leur travail : ustensiles de cuisine (l'émail possède d'insoupçonnables qualités en matière d'hygiène et de résistance), plats, objets décorés et plaques émaillées en tout genre.

CLÉCY ★

Perchée sur une hauteur dominant les méandres de l'Orne, environnée de paysages à couper le souffle, la « capitale de la Suisse normande » possède un cachet particulier. Blottie à l'abri de son église du XVe siècle, celle qui a inspiré les peintres Moteley et Pissarro, avant d'être le sujet favori de l'artiste normand André Hardy, continue de susciter l'admiration. Clécy se niche dans un écrin de verdure, curieux mélange de campagne et de montagne, où les prairies et vergers cèdent brusquement la place à des escarpements rocheux et des monts boisés. Dès lors, Clécy est le point de départ idéal pour les randonnées et les activités sportives.

© FRANCK GODARD

Depuis Clécy, les méandres de l'Orne ont entaillé les roches du massif armoricain.

CHEMIN DE FER MINIATURE ★

Rue d'Ermington ✆ 02 31 69 07 13
www.chemin-fer-miniature-clecy.com

Ouvert d'avril à début novembre. Horaires variables, en juillet-août tous les jours 10h30-18h. Adulte 9,50 €, enfant 7 €

Tchoutchou ! Structure gonflable qui permet aux petits de s'amuser entre deux visites (et pour les parents, une bolée de cidre dans le nouveau snack), tyrolienne, puis les anciens fours à chaux qu'on visite en... petit train. C'est tout bonnement grandiose ! Une maquette ferroviaire de 310 m², la seconde plus grande d'Europe, s'anime avec son et lumière sous les regards émerveillés. C'est l'œuvre d'Yves Crué, fou de modélisme. Aujourd'hui, c'est son fils Emmanuel qui a repris le flambeau. Une belle histoire de famille qui a soufflé ses 55 bougies en 2020 !

CALVADOS

PAIN DE SUCRE ★

Sur le parcours qui mène au Pain de Sucre, vous croiserez la boucle du Hom, la route des Crêtes, les rochers des Parcs ou encore la roche d'Oëtre, traverserez des villages pittoresques jalonnés de manoirs, maisons normandes, églises, viaducs, anciennes tanneries, châteaux, et profiterez de superbes paysages : une vraie bouffée d'oxygène ! C'est à Saint-Omer que commence la route des Crêtes qui domine les sommets du Pain de Sucre (171 mètres d'altitude), offrant ainsi des perspectives magnifiques. Décidément, la Suisse normande est propice aux découvertes.

AU SITE NORMAND €€

2, rue des Châtelets
© 02 31 69 71 05
hotel-clecy.com

Du mardi au samedi midi et soir. Réservation recommandée. Menus de 24,50 € à 67 €. Terrasse.

Rarement une table donne autant d'émotion. La cuisine est aussi naturelle qu'instinctive et les deux se rencontrent avec évidence. Maître Restaurateur, Arnaud Leconte compte parmi le cercle restreint des Tables Distinguées des restaurants Logis. Pas de menu, ni de carte. La saison est le seul maître à bord. Sans inutile coquetterie, le chef valorise les productions locales, simplement habillées de leurs arômes. A la commande, l'attention est de vous questionner sur vos préférences, viande ou poisson ? A la belle saison, une jolie terrasse ajoute au charme du lieu.

CAMPING LES ROCHERS DES PARCS €€

8, route du Viaduc © 02 31 69 70 36
www.camping-normandie-clecy.fr

Ouvert d'avril à septembre. Emplacement + VL + 2 pers à partir de 19 €. Chalet 4 pers à partir de 440 € la semaine.

Ludovic Dubosq a une conception du luxe qui vaut d'être plébiscitée. Point de toboggan, de TV écran plat et de karaoké : ce n'est pas le genre de la maison. Le luxe ici c'est l'espace et la nature : petits jardins et pieds de tomates au seuil des mobiles-homes. Autre régal, le cidre et le jus de pomme maison. Inutile de vanter la vue - extraordinaire entre rivière et falaises - ou de s'attarder sur la dimension des emplacements. A 5 minutes à pied de Clécy, voici un joli paradis vert.

LA CAVE DE LA LOTERIE

La Loterie
© 02 31 69 74 38
cavedelaloterie.fr

Du lundi au samedi de 9h à 12h30 et de 13h30 à 19h. Boutique en ligne. Livraisons.

Conduite par la famille Aubry depuis 1936, la Ferme de la Loterie est devenue la Cave de la Loterie quand Régis l'a reprise en 1999. Plus de 20 ans déjà ! Aujourd'hui, l'exploitation cidricole compte 23 ha de vergers conduits en agriculture biologique. La petite maison est devenue grande et renommée. Vous découvrirez la gamme complète de cidres bouchés, le pommeau et le calvados AOC. Vous serez séduit par l'apéritif maison, le r'Ève de poire, ou les jus de pomme, le vinaigre de cidre, la gelée de pomme... Une belle et respectueuse vitrine de la production locale.

LA ROUTE DES CRÊPES €

Le Mesnil - **LA POMMERAYE**
© 02 31 69 15 88
creperiesuissenormande.com

Tous les jours sauf mercredi et dimanche soir. Réservation recommandée. Carte 19 € environ. Galettes à partir de 9 €.

Au détour des petites routes de campagne, au cœur de la Suisse normande, vous tomberez sur cette jolie crêperie. La recette du bonheur gourmand au sein d'une maison de pierre. Vincent et Carole ont transformé d'anciennes écuries en une chaleureuse table à leur image. Vincent à l'accueil, Carole au billig (la vraie crêpière bretonne) vous reçoivent avec le sourire. Rangez les portables et trinquez autour d'un verre de cidre de la Loterie ou de bière La Lie. Les crêpes et les salades, faites à la commande, sont d'une agréable légèreté, il y en a pour tous les goûts.

LA SUISSE GOURMANDE

2, place du Tripot © 02 49 88 42 31
www.lasuissegourmande.com

Du mardi au samedi 9h30-19h, dimanche 9h30-13h. Juillet-août, tous les jours 9h30-19h. Dégustations.

Dans un ancien café 1900, une échoppe fort singulière où vous attend Laurence, qui privilégie commerce équitable et circuits courts. On craque pour les produits du terroir dénichés ici et là. Les petits producteurs sont en bonne place et nous retrouvons avec bonheur nos bières locales préférées : la Lie, l'Odon, entre autres. La cave propose calvados et cidres des voisins. Idéal pour accompagner le fromage de brebis de Clécy, le Carrouges ou la tomme de Pré-en-Pail. Cerise sur le gâteau, une jolie terrasse promet des dégustations ensoleillées aux beaux jours.

BEAU RIVAGE

9, la Cambronnerie
✆ 09 74 56 71 49
www.beau-rivage-clecy.fr
Tous les jours 10h-18h. Tarif variable selon le nombre de km et l'embarcation : canoë à partir de 28 €, kayak 17 €...

La base nautique et de loisirs Beau Rivage propose des balades pour tous, à partir de 8 ans, conseils personnalisés à l'appui. Selon le circuit choisi, d'une distance de 7 à 28 kilomètres, d'une durée allant de deux heures à une journée, vous traverserez à la seule force de vos bras les paysages magnifiques de la vallée de l'Orne et quelques fameux barrages. C'est rafraîchissant, sportif et merveilleusement revigorant. Des balades en bateau électrique, pédal'eau ou barque vous attendent également pour des croisières bucoliques. Alors, prêt à vous jeter à l'eau ?

VERTIG' - VIA FERRATA DE CLÉCY

Lieu dit la Cambronnerie ✆ 06 66 79 75 86
www.vertig.fr
D'avril à septembre, via ferrata de 10h à 17h. Accès et location équipement : 15,50 € (matin) et 17 € (après-midi).

Vous voulez prendre de la hauteur ? Vous adorez les poussées d'adrénaline ? Vous allez être gâté ! « Vertig' » vous attend avec sa tyrolienne géante de 400 mètres (à partir de 8 ans). Une descente à 70 km/heure avec vue imprenable sur la vallée de l'Orne... Superbe ! Sinon, tentez la via ferrata et son parcours de 250 mètres, le long des rochers, soit 70 mètres de dénivelé à 50 mètres de hauteur. Vous n'êtes pas équipé ? Il y a tout sur place. Allez zou ! C'est parti mon kiki !

THÉÂTRE ÉQUESTRE DE LA POMMERAYE

Le Mesnil - **LA POMMERAYE** ✆ 02 31 69 40 94
theatreequestre.com
Spectacles en juillet-août. Horaires et réservation en ligne. 15 €, enfant 10 €. Également visites des coulisses 10 €.

Un théâtre en pleine Suisse normande, à l'orée de la campagne et des bois : insolite, non ? Bienvenue dans l'univers du théâtre équestre de la Pommeraye, un lieu magique où Sylvie-Jane, Nino et leurs chevaux vivent en harmonie. L'été, la magie opère grâce au spectacle « Pour un tour de taille ». 50 minutes de poésie, de costumes colorés et de performance équestre. Pour les curieux, il y a des visites pour découvrir l'envers du décor, des écuries à l'atelier de confection des costumes.

SAINT-GERMAIN-LE-VASSON

Cette petite commune, située entre la plaine de Caen et la campagne de Falaise, abrite un peu moins de 1 000 âmes vassonnaises. Outre son menhir de la Roche Piquée datant du Néolithique, au lieu-dit le Peugray, et le clocher du XIVe siècle de l'église paroissiale, tous deux inscrits au titre des monuments historiques, Saint-Germain-le-Vasson est notoirement connue pour son intense activité minière. Dans les grès armoricains, en partie creusés par la Laize, d'importants gisements de minerai de fer furent exploités durant un siècle, jusqu'à la fermeture de la mine en 1989. L'ancien Carreau de Livet a ensuite été transformé en formidable musée.

BOIS DE SAINT-GERMAIN LE VASSON

Tables de pique-nique sur place.

A l'ouest de la commune, s'étendent 40 ha de bois au cœur d'une campagne préservée. Ce massif boisé de châtaigniers, chênes, frênes et hêtres enjambe des cours d'eau et voit serpenter la Laize, affluent de l'Orne, qui poursuit sa course dans les vertes prairies où paissent les troupeaux. Cette rivière, à l'origine de l'activité industrielle de la vallée, attire les pêcheurs grâce à la qualité de son eau. Des chemins pédestres attendent le visiteur pour du calme en pleine nature.

MUSÉE DE LA MINE DE FER LIVET

Carreau du Livet
✆ 02 31 90 53 44
De juillet à mi-septembre, dimanche 14h30-18h. Le 1er mai : Journée de la Mine et des Mineurs. Adulte 4 €, enfant 2,50 €

Il faut attendre les beaux jours pour visiter ce formidable musée. Le Carreau du Livet, vestige des anciennes mines de fer de Soumont-Potigny fermées en 1989, est d'un grand intérêt historique et patrimonial. Guidés par d'anciens mineurs, découvrez la salle des pendus (ainsi était appelé l'immense vestiaire), les bains-douches, la lampisterie dans sa disposition d'origine et bien d'autres témoins surprenants, comme la descenderie routière qui menait les employés à 650 m sous terre.

CALVADOS

FALAISE ★★

Lieu de naissance de Guillaume le Conquérant, Falaise s'est construite autour de son château. Ville carrefour, ville artisanale et commerciale, elle développa la pelleterie et la draperie, devenant vite prospère. Sa foire de Guibray était l'une des plus importantes de France et, au siècle dernier, Falaise était la deuxième ville du Calvados après Caen. La Seconde Guerre mondiale mit fin à cet essor. La poche de Falaise fut le théâtre de la dernière opération de la Bataille de Normandie et subit de nombreux bombardements. Ruinée, la ville s'est reconstruite dans le respect de ses monuments et est, aujourd'hui, une cité pleine de charme très appréciée.

© ANNE CROCHARD

Visite du chateau en réalité augmentée.

AUTOMATES AVENUE ★

Boulevard de la Libération ✆ 02 31 90 02 43
www.automates-avenue.fr

Tous les jours 10h-12h30 et 13h30-18h (le week-end et jours fériés en basse saison). 8 €, enfant 6 €.

Falaise peut s'enorgueillir de posséder un trésor unique. Que l'on ait 7 ou 77 ans, on resterait des heures devant les scènes féeriques de ces vitrines animées. Celles qui ont fait rêver des générations lorsque les grands magasins parisiens s'illuminaient de mille feux. Laissez-vous guider par ces 300 automates à travers des quartiers reconstitués. Orgue de Barbarie, chorégraphies et orchestres s'animent sur votre passage. On comprend le passé de ces marionnettes d'une autre époque, façonnées par des maisons de renom : Boucicaut, Descamps, Roullet... Fascinant !

CHÂTEAU DE VENDEUVRE ★★

9, rue du Château - **VENDEUVRE**
✆ 02 31 40 93 83
www.vendeuvre.com

Ouvert d'avril à la Toussaint. Été : tous les jours 12h30-18h30 (sinon 14h-18h). De 10 € à 13,50 € selon les visites.

Petit bijou du XVIIIe siècle, le château de Vendeuvre, toujours habité par la famille Le Forestier de Vendeuvre, invite à remonter le temps. A la visite du château et des jardins s'ajoute celle, surprenante, de la première collection au monde de mobilier miniature. Plusieurs options sont envisageables, mais si vous avez le temps, optez pour la visite complète, c'est-à-dire le musée, le château, les cuisines, la collection de niches, les jardins d'eau « surprises » (classés parmi les jardins remarquables du Calvados), les labyrinthes et la grotte aux coquillages.

CHÂTEAU GUILLAUME-LE-CONQUÉRANT ★★

Place Guillaume-le-Conquérant ✆ 02 31 41 61 44
chateau-guillaume-leconquerant.fr

Tous les jours 10h-18h. 8,50 €, enfant 4 €. Visite guidée pendant les week-ends, les ponts et les vacances scolaires.

Le château de Falaise, qui domine avec majesté les alentours, est le château le plus visité de Normandie ! Il faut dire qu'il en impose du haut de ses 1 000 ans d'histoire, avec son immense rempart flanqué de quinze tours et ses trois donjons édifiés par trois rois différents. Site stratégique, et donc convoité, ce château témoigne de la puissance anglo-normande, depuis Guillaume le Conquérant, qui y accomplit son premier fait d'armes, jusqu'à Richard Cœur de Lion et Jean Sans Terre. Pendant la guerre de Cent Ans, il fut même un centre stratégique essentiel pour les Anglais.

Sa visite, en réalité augmentée, ajoute encore au plaisir de le (re) découvrir. Aujourd'hui, c'est muni de tablettes tactiles que l'on déambule dans les lieux, chaque pièce étant recréée en 3D sur l'écran, telle qu'elle l'était à l'époque médiévale. Autant dire qu'on a l'impression de ripailler avec le roi ou de partager sa couche ! Les enfants sont scotchés bien sûr, mais les adultes aussi ! Immersive, la visite nous plonge au temps des ducs de Normandie et des rois d'Angleterre.

Attention, le château est quasi inaccessible aux personnes à mobilité réduite et aux poussettes : notre roi et ami Guillaume n'avait pas pensé à tout cela ! Des animations ont lieu régulièrement : ateliers, jeux, reconstitutions de la vie au Moyen Âge... Saluons, enfin, l'accueil et la disponibilité du personnel, et la possibilité de visiter librement les extérieurs de ce prestigieux témoin de l'histoire de la Normandie.

MÉMORIAL DE FALAISE - LA GUERRE DES CIVILS

12, place Guillaume-le-Conquérant
✆ 02 31 06 06 45 - www.memorial-falaise.fr

Tous les jours 10h-12h30 et 13h30-17h30. Juillet-août 10h-18h. Adulte 7,50 € (réduit 6,50 €). Supplément audioguide.

Installé dans l'ancien tribunal, ce musée est dédié aux victimes civiles de la Seconde Guerre mondiale. La scénographie est empreinte d'émotions. Comptez 1h30 (et beaucoup de lecture, peut-être un peu trop...) pour découvrir le quotidien de ces hommes, femmes et enfants qui, six années durant, ont vécu l'occupation, l'exode, les restrictions, les bombardements puis la libération. La visite commence par le second étage (profitez de l'ascenseur en verre et de la vue sur le château).

MUSÉE ANDRÉ LEMAÎTRE ★

Boulevard de la Libération ✆ 02 31 90 02 43
www.musee-andre-lemaitre.fr

Haute saison : tous les jours 10h-18h. 5 €. Gratuit jusqu'à 12 ans. Musée André Lemaître et Musée des Automates : 12 €.

Le peintre André Lemaître est né à Falaise en 1909. C'est tout naturellement que sa ville natale lui rend hommage à travers ce musée. Fortement imprégné de sa région, l'artiste a vécu et s'est éteint en Normandie. S'il a peint avec ferveur ses paysages et sa nature, il s'est également essayé avec succès au portrait. 90 œuvres composent la collection permanente mais le musée propose chaque année une exposition temporaire thématique. C'est dire si le fonds est riche ! Ne manquez pas ce temple de la peinture, installé tout à côté du musée des Automates.

LA ROCHE D'OËTRE ★★

Saint-Philbert-sur-Orne
✆ 02 31 59 13 13

Pavillon d'accueil ouvert de mars à octobre.

Un lieu exceptionnel. La campagne normande, habituellement si tranquille et paisible, offre ici un spectacle saisissant. Son nom : la Roche d'Oëtre. « Un des plus prestigieux belvédères de l'ouest de la France », comme aiment à le rappeler les guides qui font visiter les lieux aux touristes de passage. Plusieurs sentiers balisés (le sentier des corniches 600 m, le sentier des gorges 2,5 km, le sentier des méandres 6 km, le sentier du granit 9 km, vous proposent également de découvrir la roche et ses environs, non accompagnés et gratuitement. Sensations garanties !

LES PRÉMONTRÉS €€

20, rue des Prémontrés ✆ 02 14 10 13 86
www.lespremontres.fr

Chambre double à partir de 80 €, suite à partir de 99 €. Petit déjeuner inclus. Gîte à partir de 350 € la semaine.

A force de passion et de travaux de restauration, Bruno, Jocelyne et leur fils Lionel ont transformé cet ancien haras en établissement haut de gamme. Les Prémontrés vous ouvrent, en plein centre-ville, les portes de ses chambres et de ses gîtes (pour 6 personnes). L'ensemble complété d'une piscine intérieure chauffée, avec nage à contre-courant, et d'un espace de remise en forme. On aime cette idée de prendre le petit déjeuner dans les anciens box, reconvertis en salle lumineuse. D'autres surprises vous attendent dans cet établissement incontournable !

LE VAUQUELIN €

2, rue Vauquelin
✆ 02 31 42 66 26

Ouvert du mardi au samedi, midi et soir. Menu entrée-plat-dessert à midi : 20,90 €, le soir : 24,90 €. Vente à emporter.

© LE VAUQUELIN

De nouveaux propriétaires, Emmanuel et Noëlie, sont aux commandes du Vauquelin depuis août 2020. Ce qui a changé ? La décoration, toujours chaleureuse, dans un style bistrot chic, mais dorénavant d'un beau bleu. Et dans l'assiette ? Une cuisine familiale et le meilleur du terroir, à emporter pour ceux qui le souhaitent pendant les restrictions. Madame est aux fourneaux et Monsieur au service (après avoir épluché les légumes !). Les enfants profitent du même menu que les grands, mais en plus petite quantité. La bistronomie falaisienne a de beaux jours devant elle.

CALVADOS

MOULIN LÉGUMES €

Rue de l'Industrie
© 02 31 90 45 23
www.esatlessorfalaise.fr
Le midi, du lundi au vendredi. Sans réservation. Menu à partir de 7,70 € (entrée-plat-dessert). Terrasse.

Un endroit sympa où tout le monde se retrouve : les Falaisiens en ont fait leur repaire à l'heure du déjeuner et les touristes de passage sont accueillis à bras ouverts. Un bon plan et certainement le plus futé de la place pour une courte pause à midi et un porte-monnaie pas trop rempli. Le logo du Moulin Légumes reprend le graphisme de Moulinex. Dans l'ancienne cantine des employés de l'usine, on se laisse bercer par la nostalgie. Géré par l'association Essor-ESAT, ce self emploie des travailleurs handicapés, heureux de partager leur cuisine maison.

CAFÉ SYLVIE

23, porte du Château
© 02 31 40 16 97
Ouvert du mardi au jeudi de 9h30 à 12h30 et de 14h30 à 19h ; le vendredi et le samedi de 9h30 à 19h.

L'antre d'une passionnée de cafés. Hélène torréfie au cœur de son charmant repaire moult sortes de cafés venus de pays lointains, dont les senteurs se répandent jusqu'au pied du château. Des grains verts soigneusement sélectionnés et brûlés juste ce qu'il faut pour donner le meilleur d'eux-mêmes à l'heure de leur dégustation. Ici et là, des étagères de mugs, de tisanes variées, de thés et d'idées gourmandes de produits régionaux. On ne peut repartir sans un petit souvenir, accompagné du sourire d'Hélène empreint de fraîcheur et de gentillesse.

TERROIR DIT VIN

12, rue du 9e-Arrondissement
© 02 31 20 38 14
terroirditvin.fr
Du mardi au samedi 9h30-12h30 et 15h-19h30. Séances de dégustation.

Classés parmi les 10 meilleurs cavistes de France, Emmanuel Ménard et Vincent André font partie des hautes figures falaisiennes. Leur cave est incontournable que vous cherchiez le vin des copains ou celui des grandes occasions. Vous rêvez d'éduquer votre palais ? Participez aux leçons de dégustation. Vous serez surpris de leur savoir et conquis par leur simplicité. Comme le bon vin, cette cave se bonifie avec le temps. Levons nos verres à ce duo talentueux et à leurs initiatives, comme la « Résistance box » composée de 6 bouteilles sélectionnées par leurs soins !

PONT-D'OUILLY ★

Un joli bourg fleuri, au confluent de l'Orne et du Noireau, qui donne une impression de paix et de sérénité. Mais ne vous y trompez pas ! L'été, touristes et vacanciers ont vite fait de l'animer, et pour cause. A Pont-d'Ouilly, entre kayak, bateau à pédales, baignades, randonnées et parapente, on ne sait où dépenser son énergie ! Et pour recharger les batteries, d'excellents restaurants et guinguettes émaillent le bourg. Quant au fameux pont qui lui a donné son nom, il a été reconstruit en 1948, la guerre ayant eu raison de son vénérable prédécesseur, bâti au XIIe siècle, lorsque Pont-d'Ouilly était une ville étape vers le mont Saint-Michel.

L'OCÉANE €€

10, route du Stade (face au camping)
© 02 31 67 88 41
www.loceane-suissenormande.com
Mardi soir, de mercredi à dimanche midi et soir. Pizzas, salades à partir de 9 €, grillades 15,50 €.

L'Océane nous régale et ne désemplit pas. Pizzas au feu de bois et galettes de Joël, ancien pâtissier qui confectionne ses pâtes lui-même. Ici on privilégie le frais. Si beaucoup de plats portent des prénoms (Steph, Alex, Sandrina, Lisa et Océane évidemment), rien d'étonnant, Patrizia et Joël rendent par-là hommage à leurs six enfants et nombreux petits-enfants. Vous l'aurez compris, l'atmosphère est familiale, on n'est pas loin de rebaptiser L'Océane « le Paradis des familles » ! Petits mangeurs, prévoir des demi-parts, même après une salade on est rassasié.

PONT D'OUILLY LOISIRS

11, rue du Stade-René-Vallée
© 02 31 69 86 02
www.pontdouilly-loisirs.com
Tous les jours 9h-18h. Activités à partir de 12 €/personne. Hébergement (gîtes, camping).

Non loin de Clécy et de la frontière avec le département de l'Orne, venez prendre l'air à Pont-d'Ouilly grâce aux nombreuses activités proposées par la base de loisirs. En pleine nature, au confluent de deux rivières, le Noireau et l'Orne, l'offre comprend : canoë-kayak, stand up paddle, accrobranche, VTT, tir à l'arc, escalade, pêche, randonnée, course d'orientation... L'association « Pont d'Ouilly Loisirs » s'implique dans la forte dimension sociale de ce projet. Salariés et bénévoles œuvrent ensemble pour que vous passiez une excellente journée à Pont-d'Ouilly.

KOTAVENTURE €€

La Fouillerie - **LE MESNIL-VILLEMENT**
✆ 06 66 51 87 94
www.kotaventure.com

D'avril à octobre. Nuit pour 2 personnes : tente Pod de 40 à 60 €, Kota de 70 à 130 €. Sauna, location de vélos, snack.

Nous voici au village de la nature, non pas en Finlande ! Mais bel et bien dans le Calvados, à Kotaventure, chez Rachel et Xavier. Tentes en bois pod et kota (familial, romantique et PMR) promettent un moment coupé du monde avec sauna, snack et panier petit déjeuner. Seule chose à prévoir : votre serviette. Coup de cœur pour ce lieu magnifique, tout nouveau, tout beau et si dépaysant, que nous surveillons avec attention, car de nouveaux hébergements vont voir le jour. Alors, prêts à passer une nuit insolite dans un kota finlandais au cœur de la Suisse Normande ?

©KOTAVENTURE

LISIEUX ★★

À l'époque gallo-romaine, Noviomagus Lexoviorum est dotée d'un amphithéâtre, de temples et de thermes. Aujourd'hui, Lisieux est la capitale du Pays d'Auge et reste mondialement connue pour Sainte-Thérèse et la basilique érigée en son honneur. Entre-temps, la ville est notamment devenue le siège de l'évêché au Moyen Âge puis, après la guerre de Cent Ans, au XVe siècle, une cité textile et drapière très prospère. Deux siècles plus tard, nombre d'établissements religieux, hôpitaux et collèges sont construits. Dès le début du XXe siècle, la cité accueille de nombreux touristes grâce à l'architecture d'une part, et au pèlerinage d'autre part.

BUISSONNETS, MAISON D'ENFANCE DE SAINTE-THÉRÈSE ★

22, chemin des Buissonnets
✆ 02 31 48 55 08
www.therese-de-lisieux.catholique.fr
Du dimanche au vendredi 13h30-17h, samedi 10h-12h30 et 13h30-17h. Gratuit (offrande bienvenue).

C'est ici que la petite Thérèse Martin a grandi, entourée de son papa et ses quatre sœurs, jusqu'à son entrée au Carmel, à 15 ans. La famille s'est installée dans cette maison en 1877 peu après le décès de Madame Martin à Alençon. Le temps n'a rien effacé du souvenir : chaque pièce respire encore de la présence de la Sainte (la cheminée de la cuisine évoque la grande grâce de Noël 1886, la chambre où elle fut guérie par le sourire de la Vierge le dimanche 13 mai 1883...).

BASILIQUE SAINTE-THÉRÈSE DE LISIEUX ✝ ★★

1, avenue Jean-XXIII
✆ 02 31 48 55 08
therese-de-lisieux.catholique.fr
Tous les jours 9h-19h (17h30 en basse saison). Accès libre à la Basilique et au cloître. Visite du dôme 2 €.

La basilique de Lisieux est un véritable joyau architectural. L'édifice, construit à flanc de colline, est l'un des plus hauts lieux de pèlerinage catholique du monde. Après la canonisation, en 1925, de Thérèse, une jeune carmélite, le pape Pie XI ordonna en 1929 l'édification d'une basilique en son honneur. *« Je veux une grande basilique pour ma petite Thérèse »*. Le pape la considérait comme l'étoile de son pontificat. En 1930, ils furent 400 ouvriers à travailler 24h/24 à édifier cette immense église de béton armé et granit de Vire (Calvados), terminée en 1937. La basilique se déploie sur une superficie de 4 500 m² et son dôme se dresse à près de 100 m de hauteur, et 8 000 m² de mosaïques ornent la basilique supérieure, dont les bancs peuvent accueillir jusqu'à 3 000 pèlerins. La visite est incomplète sans une halte prolongée dans la crypte. Entièrement recouverte de marbre et de mosaïques représentant les étapes de la vie de Sainte-Thérèse, elle mérite que l'on s'y attarde. Admirable, également, le campanile abrite les 51 cloches chromatiques du carillon d'une exceptionnelle qualité sonore. On doit sa fabrication à la maison Paccard, parmi les fonderies plus réputées au monde, située à Annecy. Des messes sont célébrées, du lundi au samedi, dans la crypte à 15h30 et le dimanche à 17h. Messe en latin, à 9h, trois dimanches par mois. A la basilique supérieure, office tous les dimanches à 10h30. D'autres rendez-vous sont précisés sur le site Internet.

CATHÉDRALE SAINT-PIERRE ✝ ★

Place François-Mitterrand
✆ 02 31 62 09 82
Tous les jours 9h-18h45. Messe en semaine à 18h et dimanche à 10h30.

Joyau de l'art gothique normand, cette cathédrale est sans doute le premier fleuron de l'héritage religieux lexovien avant la basilique. Elle succède à une cathédrale romane, partie en feu en 1126. Sa construction a débuté vers 1170 sous l'égide de l'évêque Arnoult, ami du roi Louis VI et conseiller du duc de Normandie, et s'est achevée en 1182. Elle est composée en grande partie de calcaire tendre et friable de la vallée de la Touques. On y découvre, entre autres, la chapelle de la Vierge, dans laquelle la petite Thérèse eut la révélation de sa mission en 1887.

CHAPELLE ET MÉMORIAL DU CARMEL ✝ ★

37, rue du Carmel
✆ 02 31 62 90 46
www.therese-de-lisieux.catholique.fr
Chapelle : 7h15-19h. Mémorial : tous les jours 9h-12h15 et 13h30-18h (fermeture annuelle en janvier).

La chapelle est celle que connut Sainte-Thérèse même si, au fil des années, elle a subi des modifications successives. Dans la chapelle de la Châsse, quelques ossements sont insérés dans le gisant représentant la Sainte sur son lit de mort, mais la presque totalité des reliques est enfermée dans un coffret placé en dessous. Au-dessus : la statue de la Vierge. Celle qui, le 13 mai 1883, guérit la petite Thérèse par son sourire dans sa chambre des Buissonnets.

La basilique de Lisieux.

DIORAMA THÉRÈSE MARTIN - HISTOIRE D'UNE VIE ★

Avenue Jean-XXIII
✆ 02 31 48 55 08
De Pâques à octobre et pendant les vacances scolaires, tous les jours 14h-18h. Gratuit.

Créé en 1928, ce diorama présente, avec le concours de statues de cire grandeur nature, la vie de Thérèse, sainte égérie de Lisieux. Une manière originale et plus concrète qu'un film documentaire de découvrir l'enfance et les péripéties de la vie de celle qui à Lisieux n'a rien moins qu'une basilique monumentale. Des tableaux peuplés d'hommes et de femmes en taille réelle, habillés en costumes d'époque, retracent ce parcours exceptionnel qui marque la cité lexovienne.

MUSÉE D'ART ET D'HISTOIRE DE LISIEUX

38, boulevard Louis-Pasteur
✆ 02 31 62 07 70
lisieux-normandie.fr
Du mardi au dimanche 14h-18h. Gratuit.

Labellisé Musée de France et situé dans une des dernières maisons à pans de bois qui subsistent, il présente suivant un parcours chronologique l'histoire de la ville et aborde la multiplicité de ses visages : la cité gallo-romaine, médiévale et classique, la cité textile, les hommes et femmes célèbres, la reconstruction après les bombardements de 1944. Une riche histoire, illustrée par plus de 300 objets, tableaux et photos. Bref, un musée enrichissant. Et en plus, c'est gratuit !

PARC ANIMALIER DE CERZA ★

D143 - **HERMIVAL-LES-VAUX** ✆ 02 31 62 17 22
www.cerza.com
Tous les jours 9h30-18h30 (horaires variables selon saison). Adulte 22 €. Enfant 15 €. Hébergement et restauration.

Fondé en 1986, le CERZA, Centre d'Elevage et de Reproduction Zoologique Augeron, abrite 1 500 animaux en semi-liberté. Il a pour vocation de reproduire et élever des animaux en voie de disparition et de collaborer à des programmes de conservation sur le terrain. Pour explorer les 75 ha du parc, deux circuits pédestres sont proposés. Le circuit rouge (1h) est accessible à tous, son relief est peu accidenté. Observatoires et bancs permettent de faire des pauses dans cette découverte du continent africain avec girafes, zèbres, lions, rhinocéros blancs, hippopotames nains... Une volière de plus de 2 000 m² offre une immersion avec une soixantaine d'oiseaux, touraco de Fisher, canard à bosse ou encore sarcelle du Cap. Le circuit jaune (1h30), un peu plus sportif, permet de découvrir des animaux sauvages du monde entier (ours bruns, loups, bisons d'Amérique, tapirs, pandas roux...). La mini-ferme est accessible aux enfants accompagnés de leurs parents. Chacun pourra caresser les chevaux Falabella, les cochons du Vietnam et les chèvres naines, habitués à être approchés. Aussi, l'espace tropical vous plonge dans une atmosphère de mangrove. C'est le royaume des alligators, pythons, iguanes, tortues, chauves-souris et autres étranges amphibiens. L'évolution, chère à Darwin, est le fil conducteur de cette serre de 600 m². Parmi les autres incontournables : le cinéma 3D, le safari-train, les goûters safari permettant d'aller au plus près des animaux, l'apéro quizz, le safari Robinson, ou encore le jeu de piste.

HÔTEL SAINT-LOUIS €€

4, rue Saint-Jacques
✆ 02 31 62 06 50
www.hotelsaintlouis-lisieux.com

Chambre double de 67 € à 90 €, appartement de 80 € à 100 €. Petit déjeuner 10 €. Parking fermé 10 €.

Cet hôtel, situé en plein cœur de Lisieux, face à l'église Saint-Jacques, compte parmi nos préférés. Si vous voulez passer une nuit ou plusieurs jours dans la cité lexovienne, bénéficier d'un accueil chaleureux et souriant comme il n'en existe plus que rarement, profiter de chambres décorées avec goût, démarrer la journée d'un bon pied avec un petit déjeuner généreux, ne cherchez plus, choisissez le Saint-Louis ! Sophie, c'est comme une amie : elle fait tout pour être aux petits soins avec ses hôtes. De quoi faire de beaux rêves...

VILLA DES ARTS €€

2, avenue Victor-Hugo
✆ 02 31 62 36 72
villadesarts.fr

Chambre double à partir de 100 €. Petit déjeuner 7,50 € ou buffet 16 €. Restauration. Galerie d'art. Centre de bien-être

L'atypique bar et restaurant bistronomique de la Villa des Arts a étoffé son offre avec l'ouverture d'un hôtel 4-étoiles dans ses étages. Cet établissement design, riche en tableaux d'art contemporain, est tenu par un propriétaire à la fois collectionneur et passionné. Les 17 chambres, toutes uniques et décorées par des artistes locaux, forment chacune un écrin artistique inédit, haut en couleur et élégant. C'est l'adresse toute trouvée pour une escapade cocooning, ponctuée de petites attentions, en plein centre-ville de Lisieux.

CHÂTEAU D'HERMIVAL €€€

2686, route de Cormeilles - **HERMIVAL-LES-VAUX**
✆ 06 64 80 54 09
www.chateauhermival.fr

5 chambres et suites, pouvant accueillir 2 à 6 personnes), à partir de 157 €. Spa. Piano-bar.

Ce superbe château, tranquillement installé au milieu d'un parc verdoyant de 2 hectares bordé d'une rivière, vous ouvre ses portes le temps d'une parenthèse dans le Pays d'Auge. Les premières parties à avoir été construites correspondent aux deux tours carrées en damier de briques roses et de pierre, vers le XVIe siècle. Depuis 1927, les façades sont inscrites aux monuments historiques. Rénové avec beaucoup de goût, le château d'Hermival abrite aujourd'hui une maison d'hôtes de charme, où Adrien et Anne-Hélène vous reçoivent pour une escapade de prestige.

MANOIR DE L'ÉVÊCHÉ €€

14, boulevard Carnot
✆ 09 82 60 26 47
manoirdeleveche.fr

Appartements « Standard », « Familiaux » et « Privilège » à partir de 90 € la nuit.

Ouvert en 2019, dans l'ancien centre franco-américain de Lisieux, le Manoir de l'Évêché est un magnifique hôtel-restaurant-spa à découvrir. Penchons-nous sur la partie hébergement, qui offre 21 appartements de catégories différentes, de 38 à 45 m², pour 2 à 4 personnes, le tout dans un cadre d'exception et avec vue, pour certains, sur le jardin de l'Évêché. Il s'agit là d'un élégant appart-hôtel où les hôtes peuvent profiter des services du Manoir : entre spa avec piscine intérieure, restaurant et bar. C'est beau, c'est la classe à Lisieux.

LES SŒURS PINARD €

4, avenue Sainte-Thérèse ✆ 06 69 24 16 47
www.lessoeurspinard.fr

Mardi à vendredi midi et soir, samedi 12h-1h, dimanche 12h-18h. Menus de 14,50 € à 17,50 €. Brunch dimanche 22,50 €.

Café-concert, salon de thé ou pause gourmande et locale à midi. Ces Sœurs Pinard déploient leurs multiples talents dans cet endroit lumineux et agréablement décoré. Marie et Lulu, sœurs de cœur, ont souhaité un espace pluriel. Investies dans la vie locale, les jeunes femmes proposent uniquement du fait maison et détaillent sur une grande ardoise la liste de leurs producteurs et fournisseurs complices. L'option végétarienne est présente, c'est rare, bon et pas cher ! Le tout accompagné d'un petit nectar, après tout nous sommes chez les Sœurs Pinard !

AU BISTROT GOURMAND €€

8, boulevard Duchesne-Fournet
✆ 02 31 62 09 66

Lundi à jeudi midi, vendredi et samedi midi et soir. Réservation recommandée. Menu enfant 7 €. Formules de 15 € à 19 €.

Une table prisée en centre-ville reconnaissable à ses colombages bordeaux. Vaste et lumineuse, la salle du rez-de-chaussée est joliment décorée de poutres verticales. Le menu du midi est plus que correct. Au hasard des jours, sur l'ardoise ce fut pour nous saumon Gravlax, coq au vin à l'ancienne et charlotte au chocolat. L'équipe est impliquée, complice de Julien Étienne, chef qui porte haut l'étendard du goût et le respect des produits. Cette adresse est devenue incontournable à Lisieux à ce point que l'hippodrome l'a désignée traiteur officiel de son restaurant.

LA FERME DU ROY €€

122, boulevard Herbet-Fournet
© 02 31 31 33 98
www.lafermeduroy.com
Mardi à jeudi et dimanche midi, vendredi et samedi midi et soir. Réservation recommandée. Menus de 15,90 € (midi) à 41 €

Cette institution propose depuis toujours une cuisine de terroir et de goût. Pascal est aux fourneaux depuis plus de 30 ans. Les plats mijotés valorisent l'émincé de canard aux figues, les rognons de veau ou le filet de bœuf, et sait surprendre avec les poissons, classiques ou un tantinet exotiques. En dessert, la tarte fine maison aux pommes flambée est une valeur sûre, mais le choix reste difficile. On apprécie le service aux petits oignons, la sélection de vins et de cidres. Une table raffinée, au rapport qualité-prix fort équilibré, que l'on ne peut ignorer.

RESTAURANT DE L'ÉVÊCHÉ €€

14, boulevard Carnot © 09 86 20 90 25 - restaurantdeleveche.fr
Du lundi au samedi midi, vendredi et samedi soir. Menu 22 € (entrée-plat-dessert). Formule du midi 17,50 €.

Après trois ans de travaux, l'ancien centre franco-américain de Lisieux s'est métamorphosé en un superbe appart'hôtel-restaurant. Cet ambitieux projet fut mené par le Lexovien Benjamin Cariou. Le Restaurant de l'Évêché se situe au deuxième étage de cette majestueuse bâtisse. Osez pousser la porte ! Et découvrez un cadre sobre, détendu et élégant. Superbe : la terrasse qui donne sur la cathédrale et le jardin de l'Évêché offre un cadre idyllique l'instant d'un repas. À la carte, on aimera sans mal la cuisine traditionnelle entre terre et mer, soignée et abordable.

VILLA DES ARTS €€

2, avenue Victor-Hugo
© 02 31 62 36 72
villadesarts.fr
Tous les jours de 7h30 à 23h. Service continu. Formules du midi de 15 € à 20 €.

On est tombé sous le charme de ce lieu haut en couleur. Des œuvres d'art ornent les murs (le propriétaire a une galerie d'art à Cambremer). Et c'est ouvert 7j/7. Les fournisseurs-producteurs sont notés sur la carte, elle-même courte et aux prix bien tenus. Le menu du midi est accompagné d'une carte du jour, comme la bouchée de camembert, le faux filet normand, le croustillant au chocolat. Le vin provient de la Cave des Grands Cépages, bien connue à Lisieux, et on aime le cidre du coin. Le service est souriant et efficace. En bref, un écrin artistique chaleureux.

THE GUEST

21, boulevard Herbet-Fournet
© 06 59 98 11 58
theguestlisieux.com
Du jeudi au dimanche de 18h à 2h30. Happy hour de 18h à 19h.

Cette chapelle lexovienne, bâtie en 1883, a connu plusieurs propriétaires et, passant d'une main à l'autre, quelque peu perdu de son éclat. Jusqu'en 2017, lorsque Michel Boutte, ex-patron mythique du cabaret d'Ouilly-le-Vicomte, investit les lieux avec un concept original de bar lounge-restaurant. Cet endroit singulier se prête à merveille à toutes les fantaisies, déco pop-art, bar imposant, haut plafond en bois... De quoi ravir les trentenaires et quadras qui trouveront ici le bar, le restaurant et l'ambiance jusqu'à 2h30 du matin.

LE PÈRE JULES

1079, route de Dives © 02 31 61 14 57
www.calvados-leperejules.com
Visite gratuite et dégustation : du lundi au samedi de 8h30 à 12h30 et de 14h30 à 19h (1h30 environ). Point de vente.

Le Père Jules a vu le jour au lendemain de la Première Guerre mondiale, à l'époque où Jules Desfrièches vend du cidre dans le pays d'Auge jusqu'au Havre. Après le cidre fermier, Jules commence à distiller pour faire du calvados. La réputation et l'excellence du breuvage se transmettent de bouche à oreille et de génération en génération. Aujourd'hui, Guillaume est le quatrième à porter le drapeau familial. Chemin faisant sur les routes augeronnes, il faut s'arrêter ici. Calvados de 3 à 40 ans d'âge, cidre, pommeau et poiré : cédez à la tentation d'une dégustation.

THÉÂTRE LISIEUX NORMANDIE

2, rue au Char © 02 31 61 12 13
lisieux-normandie.fr
Du mardi au vendredi 12h30-18h et 1h avant les spectacles (hors vacances scolaires). Plein tarif 20 €, réduit 15 €.

Inscrit au titre des Monuments historiques, ce grand théâtre à l'italienne, datant de 1895, se trouve à Lisieux - l'un de nos joyaux du Calvados à préserver ? Sûrement ! En tout cas, de septembre à juin, la programmation est sympa, la saison culturelle variée, les prix des plus attractifs, et info très futée : si vous êtes un groupe de plus de huit personnes, une visite gratuite et privée est possible en appelant le théâtre, notamment par Emmanuelle.

CAMBREMER

Village plein de charme, typique du Pays d'Auge et chef-lieu de canton. Son cidre AOC cru de Cambremer est renommé. Etape principale de la Route du Cidre, il accueille également le Festival des AOC-AOP en Normandie. La légende veut que la petite commune ait inspiré Marcel Proust qui, dans son roman *À la recherche du temps perdu*, a donné à ses héros le nom de Cambremer. Ne manquez pas le marché à l'ancienne réputé dans la région, de vous attarder au cœur du village, de jeter un œil sur la grange aux Dîmes, l'église, les lavoirs, le Manoir du Bais sur la route de Montreuil-en-Auge, de rendre visite aux restaurateurs, cidriculteurs et commerçants locaux.

ROUTE DU CIDRE ★★

✆ 02 31 48 18 10
routeducidre.com

Sur 40 km, la Route du Cidre permet de découvrir au gré d'un itinéraire fléché le Pays d'Auge, ses pommiers, ses colombages, ses beaux villages, ses châteaux, haras et manoirs. Au départ de Cambremer, sillonnez les petites routes et découvrez au hasard d'un virage Beaufour, Bonnebosq, Grandouet, Rumesnil, Victot-Pontfol, La Roque Baignard, Crèvecœur-en-Auge... L'occasion d'une halte chez des producteurs de cidre du Pays d'Auge signalés par le panneau « Cru de Cambremer ». Ils se feront un plaisir de vous faire visiter leur cave et l'honneur d'une dégustation.

ÉGLISE SAINT-DENIS

Place de l'Église

Située au centre du village, l'église Saint-Denis est dotée d'une tour romane en plan carré datant du XIIe siècle, construite en pierre de Caen, et terminée par une corniche à modillons. C'est aussi la plus ancienne partie de l'édifice. Au début du XIXe siècle, l'église a perdu le bras nord de son transept pour y installer la place du marché et, en 1947, elle a été remaniée et rénovée. On peut y admirer seize vitraux du XXe siècle qui évoquent l'histoire des premiers chrétiens ou des personnages historiques, tels Jeanne d'Arc ou Charlemagne.

L'AUTHENTIC €

3, rue du Commerce
✆ 02 31 48 82 29

Du lundi au samedi 8h-20h, dimanche 8h-14h. Formule entrée-plat-dessert 14,90 €. Pizzas à emporter. Terrasse.

Un décor où se mêlent affiches rétro et petites voitures dans ce petit bar-restaurant de Cambremer, ouvert en 2019. Authentique, comme son nom l'indique ! La famille Da Silva, bien connue ici, est aux commandes, aimable et tout sourire. En cuisine, Manuel propose un plat du jour chaque midi en semaine (dos de cabillaud à la catalane, paella, blanc de poulet sauce aux cèpes, bourguignon, gratin dauphinois...), des pizzas à emporter en soirée et une carte plus variée le vendredi et samedi soir. Du fait maison généreux à des prix vraiment accessibles.

JARDINS DU PAYS D'AUGE ★

Avenue des Tilleuls
✆ 06 08 92 99 07
www.lesjardinsdupaysdauge.com

Mai à septembre, tous les jours 10h-18h30. Octobre, en semaine, 10h-17h. 8,50 €. Enfant 5 €. Crêperie. Animaux acceptés.

Armelle et Jacques Noppe, pépiniéristes de talent, vous invitent à une promenade dans les jardins créés par la paysagiste Chantal Lejard-Gasson, autour d'une ancienne ferme du XVIIe siècle, sur un site vallonné de quatre hectares, jouxtant le Domaine cidricole Pierre Huet. Sur un parcours libre d'environ 1h30, le visiteur flâne dans une multitude d'ambiances végétales, agrémentées de maisons à colombages typiquement augeronnes. Pour les gourmands, une crêperie permet de faire durer le plaisir. Pour une parenthèse pittoresque et hors du temps.

AU P'TIT NORMAND €€

Place de l'Église
✆ 02 31 32 03 20
www.auptitnormand.com

Mardi à samedi midi et soir, dimanche midi. Réservation recommandée. Menu 27 €. Formule du midi, en semaine, 16 €.

Petit restaurant de campagne avec pignon sur la place du village qui respecte les notions essentielles de la cuisine traditionnelle, et plus particulièrement la bonne cuisine normande. Profitons des produits frais et locaux, cuisinés maison par Huguette (dit Maman). Tout est régal : la côte de veau Vallée d'Auge, l'entrecôte sauce crémée au camembert, les crevettes sautées au pommeau, la pintade au cidre, les œufs en cocotte aux trois fromages, les tripes à la mode de Caen... Sans parler des desserts. Rien à redire : on se délecte des spécialités de Maman.

LA ROUTE DU CIDRE

Ou plutôt, la Route DES Cidres ! Car le Calvados compte une centaine de cidriculteurs fermiers qui sont autant de références et de belles adresses. Comme le vin, le cidre a ses caractéristiques, ses arômes et ses parfums. Comme la vigne, il existe de grands terroirs à cidre. Reconnu depuis 1996, le cidre Pays d'Auge est la seule appellation cidricole française d'origine contrôlée (AOC) et protégée (AOP), avec le cidre breton de Cornouaille. Alors profitez de votre escapade dans le Calvados pour sentir, goûter et faire vos provisions !

Haut comme trois pommes ?

Certainement pas ! Le cidre mérite qu'on y goûte et qu'on lui fasse fête. Et pas seulement avec des crêpes. Le cidre se marie avec le poisson, les viandes grillées ou en sauce, les fromages (camembert, livarot, pont l'évêque sont bien placés pour le savoir !), les desserts (aux pommes, c'est un régal). En apéritif, il pétille de bulles et de sourires au gré de cocktails qu'il partage avec ses non moins célèbres cousins : pommeau, calvados, cidre de glace… D'ailleurs, nos cavistes et restaurateurs locaux s'emparent de plus en plus du filon. L'emblématique boisson casse son image figée et traditionnelle. Cela tombe bien, on rêve de faire sauter les bouchons !

Un coup de cid' !

Site Remarquable du Goût, la Route du Cidre met en exergue la qualité des produits cidricoles au fil d'un territoire où il fait bon vivre. Surtout, cet itinéraire fléché d'environ 40 km (vous ne pourrez pas vous pommer) permet d'allier balade, découverte et rencontre des producteurs qui ont toujours de belles histoires à raconter. Au départ de Cambremer, sillonnons les chemins creux, à l'ombre des vergers du Pays d'Auge, pour découvrir au hasard d'un virage Crèvecœur-en-Auge, Bonnebosq, Grandouet, Druval... L'occasion d'une halte gourmande chez des producteurs amoureux de leur terroir qui se feront un plaisir de vous ouvrir leur cave, histoire de tomber dans les pommes !

L'évasion commence sur le site : www.larouteducidre.com. Bonne découverte.

DOMAINE ANTOINE MAROIS

520, rue d'Englesqueville
✆ 06 60 52 98 05
www.domaine-am.com

Dégustations et visites uniquement sur rendez-vous. Boutique en ligne.

Emblématique, parfois teinté d'une image traditionnelle figée, le cidre dévoile aujourd'hui toutes ses caractéristiques et arômes grâce à une nouvelle génération de producteurs. A l'image d'Antoine Marois, originaire du Pays d'Auge, dont l'approche vinicole du cidre révèle la richesse du terroir et fait naître des cidres d'exception. Comme la vigne, il existe de grands terroirs à cidre. Passionné et innovant, ce cidriculteur ouvre sur rendez-vous les portes de son domaine niché au sommet d'une colline surplombant Cambremer. Le cidre mérite qu'on lui fasse fête !

DOMAINE PIERRE HUET

5, avenue des Tilleuls
✆ 02 31 63 01 09
www.calvados-huet.com

Lundi à samedi 9h-12h30 et 14h-18h, dimanche 10h-13h et 15h-18h. Visite : 3,50 €, gratuit pour les moins de 15 ans.

Impossible de passer à Cambremer sans aller voir l'une des plus belles et anciennes caves cidricoles de Normandie, fondée en 1865 par François Huet. Les techniques ont évolué, les installations aussi, mais la recette reste la même, riche d'un savoir-faire et d'une transmission ancestrale. Pour être incollable sur le cidre et sur le calvados, vous tenez la bonne adresse ! Difficile de repartir les mains vides, alors direction la boutique où les précieux breuvages (cidre AOC-AOP Pays d'Auge, calvados AOC Pays d'Auge...) vous tendent les bras.

L'ÉPICERIE DE CAMBREMER

2, place de l'Église
✆ 02 31 32 08 99

Du mardi au samedi de 9h à 13h et de 15h à 19h, dimanche de 9h à 13h.

Lorsque l'on pousse la porte de l'épicerie du village de Cambremer, aucun doute : nous sommes bel et bien en Normandie. Tout dans cette charmante boutique sent bon le terroir. Ça exhale le lait et la crème. Ça embaume le camembert, le pont-l'évêque, le livarot, le neufchâtel. Ça transpire les tripes à la mode de Caen, l'andouille de Vire, mêlées d'effluves de pommes sorties tout droit des alambics. Une caverne d'Ali Baba où l'on ne peut s'empêcher de repartir les bras chargés. Mélany est l'heureuse propriétaire de ce petit coin de paradis 100 % normand.

MANOIR DE GRANDOUET

Grandouet ✆ 02 31 63 08 73
www.manoir-de-grandouet.fr

Accueil tous les jours de 9h à 12h30 et de 14h à 18h, dimanche de 14h à 18h30. Visite guidée et dégustation gratuites.

Superbe domaine augeron riche d'histoire que la famille Grandval se fera un plaisir de vous présenter. Ici le savoir-faire est transmis depuis trois générations. C'est Yvon, le grand-père et ses amis producteurs qui ont créé le Syndicat des producteurs du Cru de Cambremer et la Route du Cidre. Un détour s'impose donc pour découvrir le site, ses bâtiments à pans de bois, dont certains (cave et pressoir) datent du XVIe siècle, et les quelque 20 variétés de pommes cultivées : cidre AOC Pays d'Auge, pommeau AOC, calvados AOC Pays d'Auge Fine, Vieux, Hors d'Age...

LIVAROT-PAYS-D'AUGE

Célèbre pour son fromage AOP, Livarot est une sympathique bourgade installée dans la vallée de la Vie. Elle abrite la seule machine à vapeur encore entière construite au début du siècle dernier. Des entreprises d'envergure sont implantées sur la commune dont la fromagerie Graindorge et la cidrerie Écusson. Le bourg est notamment animé le jeudi, jour de marché, et le lundi matin, avec le marché aux bestiaux où « le gré à gré », dit aussi « tape dans la main », vaut valeur pour conclure un accord. Dans les environs, nombre de chemins ruraux mènent vers quelques manoirs typiques et églises à pans de bois. Un terroir comme on aimerait en voir plus souvent.

MANOIR DE BELLOU

Bellou ✆ 02 31 61 06 55
lemanoirdebellou.wordpress.com

Visite en juillet-août de 10h30 à 12h30 et de 15h à 19h. 4 €, enfant 1,50 €. Dégustation et vente de produits cidricoles

Typique manoir du Pays d'Auge des XVe et XVIe siècles classé Monument historique. À ses pieds, on se sent tout petit ! La construction tire tout son charme de son architecture : toit aux rampants disproportionnés, corps flanqué de deux pavillons carrés et deux tours. Le pigeonnier à entre-colombages tuilés date du XVIe. A admirer également, les écuries du XVIIe et, à l'intérieur, les peintures du XVIe. La poésie des lieux émane du superbe parc arboré qui entoure la bâtisse. La visite se termine par une dégustation de cidre bouché et jus de pomme de la propriété.

CALVADOS

MACHINE À VAPEUR DE L'ANCIENNE USINE LEROY

20, rue Georges-Leroy

Lundi 14h-17h, mardi à jeudi 9h-11h et 14h-17h, vendredi 14h-18h, samedi 9h-13h. Gratuit.

Inscrite à l'Inventaire supplémentaire des Monuments historiques, voici une fabuleuse machine à vapeur, présentée à l'Exposition universelle de 1889, achetée en 1906 par Georges Leroy. Symbole de la révolution industrielle du XIXe siècle à Livarot, ce trésor amoureusement sauvegardé est présenté librement au public. En effet, ne quittez pas la ville sans admirer cette authentique machine à vapeur qui servit à produire l'électricité de l'usine Leroy, une ancienne usine de filature de lin, reconvertie en 1901 dans la fabrication de boîtes à fromages. L'une des plus grandes institutions industrielles et ouvrières locales. On doit à Georges Leroy (1860-1936), entrepreneur local, l'invention des petites boîtes en peuplier, clouées et agrafées, pour remplacer les simples papiers paraffinés. L'usine Leroy a fonctionné jusqu'en 1988. Elle comportait une scierie et des ateliers, dont celui de fabrication des caisses à fromages. Deux bâtiments ont été réhabilités : le séchoir des copeaux de bois, destinés à la fabrication des boîtes, a été reconverti en pôle santé en 2015, et la chaufferie a été transformée en médiathèque en 2016. « C'est une quatrième vie qui commence pour ce lieu, passé de moulin à blé à filature de lin, puis à fabrique de boîtes à fromages », soulignent les historiens locaux. Vraiment, ne manquez pas ces lieux symboliques et historiques. Pour cela, rendez-vous à la Médiathèque pour récupérer les clés (en échange d'une pièce d'identité).

PIERRE TOURNANTE

Lieu-dit Les Monts-Jean

Au départ de Livarot, une promenade d'environ 6 km permet de découvrir le charme du Pays d'Auge à travers son passé et ses légendes. Et la Normandie est friande de ce type de légendes. On dit de cette pierre, située sur la rive droite de la Vie, qui mesure 2,20 m de hauteur, 2,10 de longueur et 0,70 d'épaisseur, qu'elle tourne comme le soleil à certaines périodes de l'année. On dit aussi qu'en dessous, auraient été enterrés de nombreux trésors. On prétend encore qu'autrefois, à son pied, des druides gaulois s'adonnaient à des sacrifices sanglants pour leurs dieux.

LA SARRAZINE €

28, rue Marcel-Gambier

© 02 14 11 28 29

lasarrazinelivarot.wixsite.com/creperie

Du dimanche au mardi le midi, du jeudi au samedi midi et soir. Carte 15 € environ. Formule 13,50 €.

Une crêperie où les locaux ont pris l'habitude de se donner rendez-vous. L'ambiance y est chaleureuse et les galettes généreuses. Les spécialités : la Livarotaise (livarot, pommes de terre, oignons, lardons, crème), la Piche (œuf, livarot, camembert, crème, gruyère), la Cap-Vert (chèvre, pomme, miel, gruyère, crème) et bien d'autres. On a compté une vingtaine de variétés, dont certaines ont été créées par les clients eux-mêmes ! Une note sucrée (crêpe ou glace) et un coup de cidre pour accompagner votre repas et vos discussions.

FERME DE LA MOISSONNIÈRE

Fervaques

© 02 31 32 31 23

www.fermedelamoissonniere.fr

Vente directe du lundi au vendredi 8h-13h et 14h-16h, samedi 8h-12h.

A la Moissonnière, on vous réserve le fervaques, dernier-né des fromages augerons au succès grandissant. Sa recette au lait cru et entier a été peaufinée par Carole et Olivier. Le couple, installé depuis 2011, conserve aussi de ses prédécesseurs le pont-l'évêque AOC-AOP (produit depuis 1946) et le pavé d'Auge. La visite est l'occasion de découvrir quelques secrets de fabrication. Une leçon grandeur nature où l'on voit le lait se transformer en fromage depuis le pis de la vache jusqu'au hâloir où, lavé à l'eau et au roucou, le fervaques prend sa couleur orangée.

VILLAGE FROMAGER - FROMAGERIE E. GRAINDORGE

42, rue du Général-Leclerc © 02 31 48 20 00

www.graindorge.fr

Du lundi au samedi de 9h30 à 13h et de 14h à 17h30. En continu en juillet-août. Visite et dégustation gratuites.

Créée en 1910 au cœur du pays d'Auge, avec l'emblématique livarot comme produit-phare, cette fromagerie est restée longtemps familiale. Eugène, Bernard, Thierry, trois générations de Graindorge et un nom indissociable de l'AOC. En 2016, le groupe est cédé à Lactalis qui maintient l'identité et la valorisation de l'entreprise. Le Village fromager invite à un tour audioguidé (conseillé le matin) de la fromagerie et ses ateliers à travers un couloir de galeries vitrées avec dégustation.

CALVADOS

CRÈVECOEUR-EN-AUGE

Depuis le 1er janvier 2017, Crèvecœur-en-Auge est intégré au sein de la nouvelle commune de Mézidon-Vallée-d'Auge. Peuplé d'environ 500 Crévigoriens, le village est connu pour son remarquable château du XIe siècle. Une place forte dans le Pays d'Auge du Moyen Âge, située sur la principale voie de communication entre Lisieux et Caen, très disputée notamment durant la guerre de Cent Ans. Dans la belle campagne du Calvados, ce site médiéval, classé Monument historique depuis 1928, est incroyablement bien conservé malgré les siècles d'histoire traversés. Ne manquez pas non plus le centre bourg dynamique de Crèvecœur, tellement typique du Pays d'Auge.

CHÂTEAU DE CRÈVECŒUR ★★

Route de Caen © 02 31 63 02 45

www.chateaudecrevecoeur.com

Tous les jours 11h-18h (19h en juillet-août). 8 € (réduit 5 €). Les chiens en laisse sont autorisés sur le site.

Êtes-vous prêts à voyager dans le temps ? Alors en route vers le splendide château de Crèvecœur, situé entre Caen et Lisieux. Imaginez… l'une des plus anciennes fortifications médiévales de Normandie… Une petite seigneurie médiévale admirablement conservée, dont pierres et colombages ont pourtant dix siècles d'histoire. Le bel ensemble fortifié, entouré d'eau et dressé au sommet d'une motte, est composé de plusieurs bâtiments : une ferme en pans de bois du XVe siècle particulièrement bien restaurée, un colombier, une chapelle castrale, une grange et un logis seigneurial, qui abrite une superbe exposition sur la vie quotidienne au Moyen Âge. Dans la grange, depuis 1970, est installée la Fondation Musée Schlumberger, consacrée à l'insolite épopée des frères Conrad et Marcel Schlumberger (grande famille alsacienne propriétaire du site), inventeurs du carottage électrique et infatigables prospecteurs miniers et pétroliers. Le musée met également en valeur l'histoire médiévale du château.

Géré par une équipe de passionnés, le château de Crèvecœur propose régulièrement des événements d'avril à octobre : expositions, pêche dans les douves, tournois de chevalerie, spectacles de fauconnerie… Et surtout « Les Médiévales », en août, une expérience vivante interactive, unique en France. Une semaine de reconstitution historique, documentée et scénarisée, dans le décor préservé de la seigneurie de Crèvecœur à ne pas manquer ! N'hésitez pas à vous tenir informés du programme très varié des réjouissances.

ORBEC ★

C'est parce que cette ville médiévale est située dans la vallée de l'Orbiquet qu'elle a tant de charme : pays des vaches et des chevaux, vergers, chaumières à pan de bois, forêts et vallées verdoyantes… Orbec est prisé des touristes et a même vu Debussy venir y chercher son inspiration. Pendant la guerre de Cent Ans, la ville fut pillée et son château démantelé sur ordre du roi de France Charles V. Orbec possède aujourd'hui un riche patrimoine des XVe et XVIe siècles : manoirs, maisons de maître et hôtels particuliers bordent les rues de son centre. Avouons notre tendresse pour ce trésor d'architecture augeronne qui renaît d'un oubli injustifié.

ÉGLISE NOTRE-DAME ✝ ★

Place du Parvis

© 02 31 32 56 68

Tous les jours de 9h30 à 17h.

Construite à l'origine au XIIIe siècle, l'église Notre-Dame d'Orbec fut pillée et détruite en partie pendant la guerre de Cent Ans. À première vue d'apparence classique, elle surprend par son immense et imposante tour, édifiée au XVe siècle, et agrémentée au XVIe siècle d'un clocher. Une curiosité architecturale de 43 mètres qui, après le démantèlement par Charles V en 1378 du château de la commune, a servi de tour de guet et d'élément de défense aux habitants. L'église est inscrite au titre des Monuments historiques depuis 1996.

MUSÉE DU VIEUX MANOIR ★

107, rue Grande

© 02 31 32 58 89

www.orbec.fr

D'avril à octobre, du mardi au dimanche de 14h à 18h. Gratuit.

Une visite qui vaut assurément le détour, ne fut-ce que pour la magnifique maison à pans de bois datant du XVIe siècle, classée Monument historique, qui abrite le musée depuis les années 1980. Baptisée le « Vieux Manoir », elle servait autrefois de fond de commerce à un tanneur fortuné au rez-de-chaussée, et d'habitation à l'étage. Le musée, en plus de retracer l'histoire de cette bâtisse, propose aux visiteurs d'en apprendre davantage sur l'histoire locale, les traditions et l'art de vivre du Pays d'Auge dans l'esprit insolite d'un cabinet de curiosité.

OFFICE DE TOURISME

6, rue Grande
✆ 02 31 48 18 10
authenticnormandy.fr
Du mardi au vendredi 9h30-12h30 et 14h-18h, samedi 9h30-12h30 et 13h30-17h30. Horaires variables selon saison.

Ce bureau d'information touristique est une antenne de l'Office de Tourisme de Lisieux. Si Beuvron-en-Auge est l'un des plus beaux villages de France, que dire d'Orbec ? La commune, située à la limite sud-ouest du Calvados, n'a rien à envier à son célèbre voisin et possède même un plus grand patrimoine architectural. Vous trouverez ici d'excellents conseils et des idées, ainsi qu'un circuit destiné à découvrir les plus beaux fleurons du Pays de l'Orbiquet. Le trajet jusqu'au village à 20 km de Lisieux demande juste un petit effort mais le jeu en vaut la chandelle.

LE MOULIN DU FOSSARD €€

Saint-Martin-de-Bienfaite-la-Cressonnière
✆ 02 31 31 46 77
www.lemoulindufossard.com
Ouvert du mardi au dimanche midi. Menus de 27 € à 44 €. Menu enfant 10,50 €. Formule du midi 17,50 €. Terrasse.

Ne passez pas à côté de ce restaurant, niché dans un ancien moulin à grain du XIXe siècle, au bord de l'Orbiquet. Katy et Benoît Villeneuve y sont installés depuis 2018, après avoir servi les tables deauvillaises. Benoît travaille les produits des producteurs voisins et la carte varie selon son inspiration et les saisons, avec un résultat fin et original. Entre autres : terrine de boudin noir, poires au miel et épices ; potée normande ; pavé de bar, risotto aux cèpes... Gardez une petite place pour le dessert : l'entremets poire et caramel a eu notre préférence.

LES BISCUITS D'ORBEC

73, rue Grande
✆ 02 31 32 83 41
www.biscuits-orbec.com
Du jeudi au samedi de 10h à 19h, dimanche de 10h à 14h. Ateliers de desserts. Démonstrations, dégustations.

Fondée en 1880, cette boutique ressemble à une maison de poupée. Un royaume où pâtes de fruit ou d'amande, financiers, sablés, tartes et pains d'épice, meringues et chocolats se disputent l'excellence. Un écrin gourmand qui diffuse les petits bonheurs avec générosité. Jean-Jacques est aux fourneaux et pétrit sa prochaine fournée. Chantal vante les spécialités de son petit mari. Au premier étage, c'est le salon de thé, un autre bijou. Le week-end et les jours fériés, Jean-Jacques réalise devant vous mille-feuilles et autres merveilles. On craque !

LE COMPTOIR DU BEC D'OR

La Livraye ✆ 06 61 67 96 97
Lundi, mercredi et vendredi de 10h à 12h30 et de 14h à 19h, samedi de 10h à 19h30, dimanche de 9h à 12h30.

Une belle histoire familiale qui commence avec Chantal et Dominique, dont la ferme située à Orbec est tournée vers la production laitière, la culture des céréales et l'élevage bovin. Puis vient le fils, Pierre, qui a créé un élevage de volailles fermières en plein air et ouvert, en 2019, une jolie boutique dédiée aux produits du terroir au sein d'un ancien pressoir à cidre, sur le bord de la D579. Vous y trouverez également les superbes produits fermiers de toute la famille en vente directe. Un comptoir qui fait des merveilles !

SAINT-GERMAIN-DE-LIVET

Au cœur du Pays d'Auge, à 15 minutes au sud de Lisieux, la commune de Saint-Germain-de-Livet est connue pour son château au style détonnant. Façade en pan de bois de la fin du XVe siècle et construction en pierre et brique vernissées du Pré-d'Auge de la fin du XVIe siècle composent le bâtiment, qui fait office de musée où fourmillent peintures, mobiliers et céramiques. Dans le centre-bourg, un circuit de promenade, « Les petits secrets de Saint-Germain-de-Livet, du bois de Noiremare à celui de la Hêtre », permet de découvrir le village et son histoire. Départ près de l'église Saint-Germain, dont la façade est inscrite aux Monuments historiques.

AUX 3 GOURMANDS DU CHÂTEAU €€

Cours du Château
✆ 02 31 62 83 50
aux3gourmandsduchateau.fr
De Pâques à la Toussaint, salon de thé-crêperie tous les jours, sauf lundi, 11h30-18h30. Soirées à thèmes.

Non, vous ne rêvez pas. Ce lieu est magique, à portée de main et de porte-monnaie. Prenez place dans la jolie crêperie-salon de thé du manoir. Vous n'avez rien d'autre à faire que d'admirer la nature, écouter le chant des oiseaux, avec le château et ses douves pour ligne d'horizon. Les propriétaires, tantôt jardiniers, cuisiniers, serveurs ou musiciens, se plient à tous les rôles pour vous accueillir comme des princes. Il fait bon vivre, le temps s'arrête.

CALVADOS

CHÂTEAU-MUSÉE DE SAINT-GERMAIN DE LIVET

D268

✆ 02 31 31 00 03

Ouvert d'avril au 1er week-end de novembre, tous les jours sauf lundi 11h-13h et 14h-18h. 8 € (parc 2 €). Visite guidée.

Un véritable joyau architectural, situé à dix minutes au sud de Lisieux, classé Monument historique et surnommé « la merveille du Pays d'Auge » ! Rien que ça ! Entouré de douves et d'un très agréable jardin fleuri, le château de Saint-Germain-de-Livet semble tout droit sorti d'un conte. Il réunit un manoir à pans de bois qui date de la fin du XVe siècle, et une construction en pierres de Caen et briques vernissées du Pré-d'Auge de la fin du XVIe siècle. Sur les bases d'un précédent château d'époque médiévale, il fut édifié par la famille de Tournebu, issue de la noblesse féodale, et qui tire son nom de la commune de Tournebu, située à 25 kilomètres au sud de Caen.

Un admirable château donc, mais aussi un musée. Labellisé Musée de France, il présente l'ameublement et les collections de la famille qui a fait don du domaine à la ville de Lisieux en 1958. A l'intérieur, vous découvrirez de superbes fresques de la fin du XVIe siècle, du mobilier et diverses œuvres d'art qui sauront réjouir votre regard. Outre l'art de vivre au XIXe siècle, également au programme, l'histoire du peintre Léon Riesener (1808-1878), petit-fils de l'ébéniste Jean-Henri Riesener et cousin du célèbre peintre Eugène Delacroix.

En face du château, considéré comme l'un des plus beaux de Normandie, le jardin de l'abbé Marie forme un lieu de promenade privilégié, surtout par beau temps. Un parc verdoyant, apaisant et calme, avec salon de thé, au cœur du Pays d'Auge, à découvrir absolument.

SAINT-PIERRE-EN-AUGE

La réforme des territoires est aussi passée par là. Saint-Pierre-sur-Dives est devenue commune déléguée au sein de la commune nouvelle de Saint-Pierre-en-Auge, mais la Dives y coule toujours des jours paisibles et la ville a gardé son cachet. Entre plaine et bocage, porte du Pays d'Auge, la cité pétruvienne (le gentilé donné à ses habitants) offre ses charmes à qui veut en apprécier le caractère rural et traditionnel. On ne saurait trop vous conseiller de visiter ses sites remarquables à l'histoire plus que millénaire, comme l'abbatiale et ses bâtiments conventuels. Et surtout, son grand marché du lundi matin sous la belle halle médiévale.

ABBAYE DE SAINT-PIERRE-SUR-DIVES ★

3, rue Saint-Benoît

✆ 02 31 20 97 90

Accès libre toute l'année.

Fleuron de l'architecture monastique normande, entre plaine de Caen et Pays d'Auge, l'abbaye bénédictine de Saint-Pierre-sur-Dives et ses bâtiments conventuels attenants valent, à eux seuls, un détour par la cité pétruvienne. On aperçoit de loin les flèches de ce magnifique édifice, initialement fondé au XIe siècle par la grand-tante de Guillaume le Conquérant, la comtesse de Lesceline.

Dévastée par un incendie, provoqué par Henri Ier d'Angleterre en 1106, il ne reste pratiquement plus rien de l'église primitive romane, à l'exception de quelques éléments à la croisée. Puis, à partir de 1108, l'église abbatiale fut reconstruite dans un style gothique. Le chantier de ce nouvel édifice durera plus de cent ans. L'abbaye subit ensuite les guerres, fortement endommagée pendant la guerre de Cent Ans, et saccagée par les protestants pendant les guerres de Religion. Mais l'édifice ravagé se relève, une fois encore : après quelques modifications (renforcement des murs extérieurs par des arcs-boutants, nouveau réfectoire...), l'abbatiale retrouve son faste.

On s'attarde volontiers sur le pavement exceptionnel en céramique du Pré-d'Auge, joyau de l'ornementation du XIIIe siècle et témoignage rarissime de l'art des sols en terre cuite. Au centre d'une rosace de trois mètres de diamètre alternent des motifs de fleurs de lys et d'animaux fantastiques. Magnifique ! Tout comme la ville, l'abbaye fut très heureusement épargnée par les désastres de la Seconde Guerre mondiale.

CLOÎTRE ET SALLE CAPITULAIRE (OFFICE DE TOURISME) ★

Rue Saint-Benoît

✆ 02 31 20 97 90

www.saint-pierre-en-auge.fr

Basse saison : tous les jours de 9h30 à 18h.
Haute saison : tous les jours de 9h30 à 20h.

L'abbaye de Saint-Pierre-sur-Dives avec son abbatiale, son cloître et ses bâtiments conventuels forme l'un des ensembles les plus complets de l'architecture monastique en Normandie. Le cloître, auparavant semblable à celui du Mont Saint-Michel, date du milieu du XVIIIe et fait partie des bâtiments conventuels qui forment un F contre l'abbatiale du XVIIe. Seules les parties basses et les caves voûtées ont été conservées. Une partie de ces bâtiments accueille l'office de tourisme.

HALLE MÉDIÉVALE ★

Place du Marché

De novembre à avril, de 8h à 16h. De mai à octobre, de 8h à 19h. Fermé la semaine précédant Pâques.

Cette immense halle, construite par les moines de l'abbaye à partir du XIe siècle, est l'un des fleurons du patrimoine médiéval normand. Ses dimensions imposantes (70 mètres de long pour 20 mètres de large) la placent parmi les plus grands édifices de ce type en France. Elle accueille sous sa superbe charpente en chêne de nombreuses manifestations, dont la foire aux antiquaires et brocanteurs le premier dimanche de chaque mois, et l'authentique marché du lundi matin. L'édifice est classé au titre des Monuments historiques depuis 1889.

JARDIN CONSERVATOIRE DES FLEURS ET LÉGUMES

Rue Saint-Benoît ✆ 02 31 20 41 84

www.saint-pierre-en-auge.fr

De mai à septembre, du lundi au vendredi 10h-12h30 et 14h-18h, samedi 10h-12h30 et 14h-17h. Gratuit. Visite guidée 3 €.

Saint-Pierre-sur-Dives, désormais Saint-Pierre-en-Auge, abrite un Éden : son Jardin Conservatoire. Fondé en 1995 et conçu comme un jardin-musée, il présente plus de 450 espèces et variétés de fleurs et légumes traditionnellement cultivés dans le Pays d'Auge.

À travers le parcours intitulé « Jardins de femmes en Pays d'Auge », on emboîte le pas des femmes affairées à cueillir, à conserver et à préparer les plantes. Lesquelles pour soigner leurs hommes et leurs bêtes, lesquelles pour fleurir l'église. On s'étonne devant « La pomme de terre bleue » et « Le petit carré de Caen », on s'émerveille devant « L'herbe à savon », « Le muguet des armoires » et « L'argentine », dont le secret était transmis de mère en fille. Réputée pour ses propriétés médicinales active, « L'argentine » était, notamment, efficace, en cas de menstruation excessive et de calculs rénaux. On mettrait bien quelques graines et plants dans ses poches. Il n'y a qu'à demander. On peut en emporter.

Un jardin extraordinaire où le public peut découvrir un patrimoine préservé, se voir confier petits secrets et recettes de grands-mères, et retrouver les gestes de nos si proches ancêtres. Chacun est invité à participer à cette sauvegarde : tout collectionneur de variétés quasi disparues ou introuvables (comme le melon « Sucrin de Honfleur », les pommes-de-terre « Noire des Montagnes », « Suie » et « Piquet », le pois « Puce », le panais « Rond »...) est bienvenu pour rassembler et sauvegarder ces vagabondes.

QUARTIER DES TANNERIES

En 2020, le quartier historique des Tanneries a montré un tout nouveau visage. Les travaux de restauration ont totalement transformé cet espace, dorénavant agréablement aménagé : le canal de la Dives a été curé, la toiture du lavoir restaurée, et les roues à aubes, derniers vestiges des moulins à tan, ont été rénovées. Comme il en existe pour l'abbaye, des panneaux sur l'histoire des moulins et du quartier permettent de mieux comprendre le patrimoine industriel de la Dives, et de revaloriser cet ancien quartier des Tanneries, au charme d'antan retrouvé.

LES AGRICULTEURS €€

118, rue de Falaise

✆ 02 31 20 72 78

www.lesagriculteurs.com

Tous les jours midi et soir, sauf vendredi et dimanche soir. Réservation recommandée. Menus de 17,90 € à 26,90 €.

Un restaurant qui réchauffe le cœur des amoureux de belles tables. Le chef des Agriculteurs se fait un devoir de régaler ses hôtes en servant des plats du terroir généreux, accompagnés de garnitures aux textures colorées et, pour certaines, un tantinet exotiques. Amandes, gingembre, pistaches, patate douce encadrent volontiers le travers de porc fermier, le pressé de volaille ou le canard confit. La carte rend indécis le plus gastronome d'entre nous. Ne partez pas sans avoir goûté le tiramisu ou autre plaisir sucré. Voilà un agréable repas. Pensez à réserver !

LES ARPENTS DU SOLEIL

Chemin des Vignes ✆ 02 31 40 71 82

www.arpents-du-soleil.com

Chai : tous les jours 14h-18h, sauf mercredi et dimanche. Visite guidée : jeudi à 14h30 d'avril à mi-novembre, 9 €.

En Normandie aussi il y a du vin ! Courez voir Gérard Samson et promenez-vous dans ses vignes. Plus de 25 ans après avoir acheté un coteau au sol exceptionnel, celui qui a tout quitté pour se consacrer à sa passion, récolte le fruit de sa patience : des vins dignes des plus grands crus ! Depuis le millésime 2009, les cuvées sont en IGP « Vin de Pays du Calvados » et, depuis 2011, en IGP « Vin de Pays du Calvados-Grisy ». Coup de cœur des magazines spécialisés, Les Arpents du Soleil occupent une place de choix sur la carte de nombre de restaurants de la région.

CALVADOS

DK CRÉATIONS CUIRS

49, rue de Lisieux
✆ 06 85 55 91 24
dkcreationscuirs.com
Lundi et de mercredi à vendredi 10h-12h et 14h-18h. Salon de thé. Espaces d'exposition, stages et ateliers pour enfants.

Une boutique éclectique qui regroupe plusieurs artisans. L'idée vient de Kelvine Daireaux, passionnée de maroquinerie à la fois traditionnelle, médiévale ou venue de mondes imaginaires (fantasy, steampunk, science fiction...). Elle a pignon sur rue dans la cité pétruvienne et a eu l'heureuse idée d'y convier des acolytes, dont un chapelier-modiste et une costumière qui travaillent sur place. Une partie de la boutique est réservée à d'autres artisans-amis qui exposent leur talent. Et un salon de thé a ouvert ! Une belle équipe qui vous accueille à bras ouverts.

ARGENCES

Bourgade paisible située entre le marais d'Oursin, l'avant-côte d'Auge et la campagne de Caen. Le bourg s'est développé face au gué de la Muance, au contact de ces trois terroirs, riches en ressources naturelles. Les productions locales étaient autrefois très variées : élevage, bois, argile, vignes et vergers sur les coteaux qui firent sa renommée. Au XIXe siècle, son économie s'est enrichie d'activités industrielles. Huit moulins travaillaient le blé, l'orge et l'huile. Hélas, la Seconde Guerre mondiale s'en est mêlée. Après une destruction totale en juillet-août 1944, son développement se poursuit aujourd'hui grâce à sa proximité avec Caen.

FERME DU BEL AIR

Le Bel-Air
✆ 06 37 84 58 94
Ouvert le vendredi et le samedi de 9h à 18h.

Des produits locaux à prix zéro intermédiaire : c'est à la Ferme du Bel Air que ça se passe ! Chaque vendredi et samedi, venez faire le plein de fruits et légumes de saison en direct de la ferme. Le jour de notre visite, un large choix de pommes de terre, oignons, échalotes, pommes, cidre, poulets, crème, fromages... nous tendait les bras. Aussi, avis aux amateurs, on trouve des huîtres de la Maison Vivier ou encore de la viande de bœuf au détail, 100 % locale, issue d'animaux élevés en plein air et au foin de notre région, de la Ferme de Castillon. On y court !

MOULIN DE LA PORTE

1, rue du Moulin ✆ 02 31 85 38 82
moulindelaporte-argences.fr
Visite gratuite le 3e week-end de juin et lors des Journées européennes du Patrimoine.

Doté d'une histoire riche, le Moulin de la Porte est le plus ancien et le mieux conservé des moulins actionnés par la Muance, affluent de la Dives. Il fut construit par l'abbaye de Fécamp au XIe siècle pour moudre le blé, avant d'être racheté après la Révolution et équipé de trois roues. Aujourd'hui, la roue en chêne vert tourne dans le vide pour le plaisir des promeneurs. La mise en production de farine de blé, avec vente de pains, est un rendez-vous à ne pas manquer, le troisième week-end de juin et lors des Journées du Patrimoine en septembre.

FROMAGERIE DE JORT

8, rue du Marché
✆ 02 31 90 50 69
Ouvert dimanche et lundi 9h30-13h. Jeudi, vendredi et samedi 10h-13h et 14h-19h.

Vous connaissez forcément les fromages de la Maison Jort, parmi les plus anciens fromagers de tradition du Pays d'Auge. Médaille d'or 2015 au concours général agricole, la marque Jort fait référence en la matière depuis 1888. Passion, savoir-faire et tradition sont les ingrédients de son AOP « *Camembert de Normandie* ». Chaque jour le lait est collecté chez les producteurs locaux qui partagent le même engagement dans la fabrication de ce camembert au lait cru, moulé manuellement à la louche. Dégustation conseillée à la boutique de Saint-Pierre-en-Auge !

FABRIQUE-MOI UN BONBON

23 bis, route de Paris - **VIMONT**
✆ 02 31 91 17 53
www.fabriquemoiunbonbon.fr
Ouvert du mardi au samedi de 9h à 19h. Boutique en ligne.

Sur la route Lisieux-Caen, arrêt obligatoire chez Aurélie et Ghislain, dans leur petite échoppe où chocolats, friandises et confiseries emplissent les rayons. « Parce que le délice est dans l'inattendu », notre sympathique duo nous fait saliver en même temps qu'il détend de plaisir nos zygomatiques. La spécialité : les pommes au calvados. Un cœur liquide au calvados enrobé de pâte d'amande maison. Hmm ! Coup de cœur aussi pour les patates du pays d'Auge (cerneaux de noix enrobés de chocolat blanc et crêpe dentelle). Un marchand de bonheur qui met de bonne humeur.

EVRECY

Dès le VIIe siècle, Evrecy est le siège d'un monastère à grande notoriété, détruit au IXe siècle par les différentes invasions barbares en Normandie. Au XIe siècle, les évêques de Bayeux instaurent une Châtellenie, dont les rois de France en deviendront titulaires à partir de 1204. Plus tard, l'impact des combats de l'été 1944 fut terriblement lourd à Evrecy, les obus détruisirent 86 % du village laissant aux rescapés un champ de ruines. Aujourd'hui, la commune, traversée par la Guigne, possède de grands espaces naturels protégés où il fait bon se balader. Les parcs des Moulins et de Bellefontaine forment ainsi 8 hectares de mares, bois et prairies.

LE MOULIN DE THIBO ET CARO

4, route de Fontaine
MALTOT
© 02 31 26 53 37
www.normandiealaferme.com
Du mardi au samedi 6h-19h30, dimanche 7h-13h.

Une adresse qui sent bon le pain frais, croustillant, tout chaud sorti du four. Farine de blé écrasé sur meule, baguettes fermières, pains, brioches, pâtisseries, tartes, biscuits... Le Moulin de Thibo et Caro, c'est tout cela à la fois. Pas à pas, nos deux jeunes paysans-boulangers ont fait grandir leur entreprise, gravissant les marches de leur échelle (de meunier, bien sûr) à force de volonté, de travail et de talent. En plus, aux beaux jours, on peut y pique-niquer.

VIEUX

Vieux est une petite commune rurale d'environ 680 habitants (appelés les Viducasses), située au sud-ouest de Caen. Elle regorge des vestiges de la fière cité qu'elle fut au temps de l'empire gallo-romain. À cette époque, la ville s'appelait Aregenua et comptait quand même 7 000 habitants ! À son apogée, vers la fin du IIe siècle, Aregenua s'étendait sur 35 hectares et abritait toutes sortes d'habitations, de la plus humble à la plus luxueuse. Commencé il y a quelques décennies, un important programme de fouilles met régulièrement à jour de nouveaux vestiges de cette ville antique, abrités depuis 2002 dans un superbe et passionnant musée archéologique.

MISTER R €€

© 06 81 63 66 06
Vente à emporter du mardi au vendredi de 18h à 21h dans différentes communes autour de Caen. Burger à partir de 7,50 €.

Envie d'un bon burger ? Si tu ne vas pas à Alexandre, Alexandre viendra à toi ! Comme le boulanger ou le boucher qui faisaient autrefois leur tournée, voilà Mister R qui s'installe : mardi à Feugeurolles-Bully (devant l'église), mercredi à Authie (parking de la boulangerie), jeudi à Maltot (place de la mairie), vendredi à Esquay Notre-Dame (face à l'église). Ni une ni deux, il se met aux fourneaux, tandis que le premier client est déjà au pied du camion. Mister Béé, Mister Chef, Mister Cheese... Tout est fait à la commande et les ingrédients locaux. Un délice !

VIEUX-LA-ROMAINE, MUSÉE ET SITES ARCHÉOLOGIQUES ★★

Route de Feuguerolles © 02 31 71 10 20
www.vieuxlaromaine.fr
Lundi-mardi-jeudi-vendredi 9h-17h, samedi-dimanche 10h-18h. Tous les jours 10h-18h pendant les vacances. 5 €.

© MUSEE VIEUX LA ROMAINE

La petite Rome du Calvados ! Près de Caen, plongez au cœur d'*Aregenu,* fabuleuse cité gallo-romaine. Un musée et trois sites pour mieux appréhender l'organisation de cette cité antique où les vestiges du forum et de maisons romaines ont été mis au jour. Ce n'est pas de la 3D mais du réel, la mémoire de notre civilisation. Inventif, le musée captive adultes et enfants. Cette année, profitez d'une exposition sur les vêtements de l'Antiquité. Ne passez pas à côté de cette visite unique.

CALVADOS

AUNAY-SUR-ODON

Rasée de la carte par les bombardements alliés en juin 1944 – dans le but de stopper la progression allemande –, Aunay-sur-Odon n'a malheureusement rien conservé d'une histoire pourtant vieille de 2 000 ans. Inutile d'espérer y rencontrer de vieilles pierres, c'est une ville neuve, une « petite Amérique » comme on la baptisa dans les années 1950. Aunay, première ville de la Reconstruction, a pu renaître de ses cendres entre 1947 et 1950 grâce au Plan Marshall et à la ténacité de ses habitants. Pour découvrir la passionnante histoire d'Aunay, la visite audioguidée proposée par l'office de tourisme rend un bel hommage à cette ville martyre.

LA BULLE ÉTOILÉE €€

BONNEMAISON

✆ 06 22 60 28 00

www.labulleetoilee.fr

Bulle à partir de 145 € la nuit avec petit déjeuner. Panier repas 49 € pour 2 personnes.

Manu et Chrysoline ont tout mis en œuvre pour que votre nuit reste gravée dans vos mémoires ! En 2016, ils fondent La Bulle Etoilée, à Bonnemaison, au sud-ouest de Caen. C'est là, au beau milieu d'un pré, que leurs sphères transparentes, entièrement conçues avec des matériaux recyclables, ont vu le jour. Associant rêve d'enfant et confort (bulles chauffées, équipées de sanitaires privatifs et d'un bain bouillonnant privé sur chaque terrasse !), ce lieu insolite promet une expérience unique à vivre à deux, la nuit tombée, la tête dans les étoiles…

BRASSERIE DE L'ODON

31 bis, rue de Vire

✆ 07 85 85 62 50

www.brasserie-odon.fr

Boutique de l'atelier : ouverte le jeudi 17h-19h. Visite de la brasserie sur réservation : 5 € par personne.

La bière coule, ici, des jours heureux avec Jean-Marc Berthelot et Vincent Guyot. Leur bière de fermentation haute, reconnaissable à son logo, s'affiche sur des étiquettes à couleur variable : blanche pour la Hefeweizen, rouge pour la triple blonde (proche des bières d'abbaye), grise pour la brune (arôme de céréales grillées et notes de chocolat), verte pour la bière d'hiver aux saveurs de fruits à coque. Elle séduit les plus prestigieux concours et vous croiserez forcément cette bière un peu partout chez les cavistes, épiceries fines, brasseries et restaurants.

VILLERS-BOCAGE ★

Rasée en juin 1944 par 250 bombardiers lourds américains, Villers-Bocage voit la première pierre de sa reconstruction – qui durera 12 ans – posée en mars 1948. La ville a conservé des logements préfabriqués, de type Jeep, que l'on peut voir de chaque côté de la rue Jean-Caby. Labellisée Village Étape, située à la sortie nord de l'autoroute A 84, proche de Bayeux et de Vire, la commune est une halte accueillante et paisible avec ses commerces, hôtels, restaurants et aires d'accueil pour camping-cars, pour qui veut poursuivre sa route soit vers le Cotentin et la Bretagne, soit vers le Pays d'Auge et les plages du Débarquement tout proche.

LA SOUPAPE €€

6, place du Maréchal Leclerc

✆ 06 71 32 36 49

Du mardi au samedi midi et soir. Galettes à partir de 7 €. Menu enfant 9 €.

Bonne humeur et prix familiaux chez Pauline et Jean-Baptiste. Ici les produits sont locaux et le fait maison prime. Galettes (normande, côtière, biquette…), crêpes (aux doux parfums de pomme, chocolat, caramel...), grillades au feu de bois (boudin noir, andouillette, jambon grillé) ou salades composées ont tôt fait de séduire. Pourquoi La Soupape ? Car un décor « tout mécanique » : le bar est habillé d'une carrosserie de combi Volkswagen et quelques motos stationnent dans le restaurant. Pas la peine d'être pistonné pour entrer : ici c'est bonne franquette.

CAHAGNES

A une dizaine de kilomètres à l'ouest de Villers-Bocage, Cahagnes se situe au nord de la région du Bocage virois, aujourd'hui dénommée Pré-Bocage. Dans cette petite commune habitée par 1 439 habitants, vous trouverez l'étang de la Vallée de Craham, un petit coin verdoyant, du lait bio à la laiterie et un clocher peu banal, datant de la Reconstruction. En effet, l'église de la Nativité-de-Notre-Dame est particulière avec son clocher-beffroi élancé, séparé de l'édifice principal. Ne pas manquer la Ferme du Loterot, un lieu destiné aux loisirs et à la culture, où l'on peut profiter de multiples activités ou en apprendre plus sur la Bataille de Normandie.

FERME DU LOTEROT €€

Loterot
02 31 77 57 27
www.loterot.com
Parc de loisirs : de Pâques à la Toussaint, de mardi à samedi 10h-13h et 14h-18h, dimanche 14h-18h. 10 €, enfant 8 €.

Idéale pour se mettre au vert, la Ferme du Loterot se révèle une entreprise familiale. Georges, le père, est liquoriste et fabrique entre autres une crème de calvados à tomber. Claire-France, la mère, tient les gîtes (pour 18 à 20 personnes) ainsi que la boutique de produits régionaux, secondée par Morgane, la fille. Côté activités et parc de loisirs, on ne manque pas d'imagination ! Du *swin-golf* au *disc-golf* en passant par le kart à pédales et l'échiquier géant, pas le temps de s'ennuyer, alors que les plus grands visitent l'atelier de liqueurs de Georges !

DOMAINE ALBIZIA €€€

La Vitardière
06 75 08 66 47
domainealbizia.fr
Chambre à partir de 100 € avec petit déjeuner. Gîte (13 personnes). Espace bien-être. Escape Game.

Albizia est un lieu mystérieux, magique, féerique, quasi mythique ! Comme si le temps s'y était arrêté. Difficile de savoir où poser ses valises. « Rêve de Pan », « Histoires naturelles », « Pomme d'épices », « Haute couture », « 1424, Lodge insolite », chacune des chambres recèle ses charmes et ses secrets. L'endroit est empreint de paix, de beauté et de poésie. Comment décrire l'indescriptible ? Le mieux est de vous installer chez Frédéric. Ancien fleuriste, c'est lui qui a conçu ce bijou, un domaine du XVIIIe et ses superbes jardins, avec un talent sans limite.

LIVRY

Cette petite commune de moins de 800 habitants est située à 20 km de Bayeux, à la limite entre le bocage virois et le Bessin. Elle compte quelques points d'intérêts dont des églises et deux châteaux, le château de Parfouru qui date du XIXe siècle et un château seigneurial du XVIIIe siècle. On y trouve également les traces de l'ancien château du vicomte du Bessin, érigé au début du XIe siècle, dont il subsiste encore la motte. Le domaine d'Albazia constitue une visite incontournable pour les amoureux des plantes. Depuis 2017, Livry devient, avec Caumont-l'Éventé et La Vacquerie, commune déléguée de la commune nouvelle de Caumont-sur-Aure.

VIRE ★

La capitale du Bocage mérite une virée. Pour sa gastronomie d'abord, la réputation de son andouille n'étant pas plus à faire que celle de ses produits laitiers Elle & Vire ou Cœur de Lion. Mais aussi pour son patrimoine. Même si Vire fut détruite à 95 % par les bombardements alliés en juin 1944, et qu'elle témoigne surtout d'une architecture de la reconstruction, elle a gardé les vestiges de la ville fortifiée qu'elle fut jadis. C'est ici que Guy Degrenne a ouvert en 1967 ses ateliers de fabrication de couverts, et que Michel Drucker est né en 1942. L'enfant du pays, dont le papa médecin a mis au monde nombre de Virois, aime à revenir sur ses terres.

JARDINS DU DOMAINE ALBIZIA

La Vitardière
06 75 08 66 47
domainealbizia.fr
De mai à mi-octobre, du mercredi au dimanche 13h-18h. Adulte 10 €. Nocturnes en haute saison avec jeux de lumière.

Un paradis végétal, un des plus beaux de Normandie, que Frédéric Tinard ouvre au public à la belle saison. On resterait des heures à admirer le soin et l'amour apportés à chaque fleur, chaque arbre, chaque parterre. Le parc du Domaine Albizia s'articule autour de douze espaces paysagers. Chacun regroupant des familles de plantes venues du monde entier qui exhalent autant de parfums et arborent autant de couleurs que notre belle Terre peut en compter. Un tour du monde hors du temps.

ÉGLISE NOTRE-DAME ★

Rue Notre-Dame

La belle église Notre-Dame de Vire est un robuste édifice en granit local, dont la construction s'est étendue du XIIIe siècle au XVIe siècle, à l'emplacement d'une ancienne chapelle romane. On y découvre une nef austère contrastant avec un chœur d'inspiration gothique flamboyant, très sculpté, attribué au même maître d'œuvre que la Merveille du Mont-Saint-Michel. Pillée pendant les guerres de Religion et sous la Révolution, dévastée lors des bombardements alliés de juillet 1944, l'église Notre-Dame a été totalement restaurée entre 1948 et 1957.

CALVADOS

MUSÉE DE VIRE NORMANDIE

2, place Sainte-Anne ✆ 02 31 66 66 50
museedevire.blogspot.com
Ouverture prévue au printemps 2021. A la rédaction du guide, horaires et tarifs non détaillés. Jardin en accès libre.

Au bord de la Vire, fleuve qui a donné son nom à la ville, on trouve l'Hôtel-Dieu. Ce remarquable monument du XVIIIe abrite un musée pas tout à fait comme les autres. En effet, outre sa totale rénovation, il nous immerge dans le quotidien de la Normandie d'autrefois. Un parfum d'antan que l'on retrouve dans la galerie des costumes, la salle des botanistes du XIXe, ou encore l'espace consacré aux industries viroises des siècles passés. Parmi les nouveautés, la reconstitution d'un appartement des années 50 est à découvrir. Tout comme le jardin, superbe et gratuit.

USINE GUY DEGRENNE

Rue Guy-Degrenne
✆ 02 31 66 44 44
www.degrenne.fr/visite-usine
Adulte : 4 €. Règlement à la boutique 15 minutes avant le début de la visite. Visite guidée (sur réservation). Boutique.

Le pionnier des arts de la table à la française vous propose de visiter sa fabrique située à Vire, de nouveau ouverte au public depuis fin 2020. Après un parcours guidé des ateliers de fabrication de couverts d'orfèvres, vous deviendrez incollable sur le savoir-faire exceptionnel de l'entreprise acquis au fil des décennies et comment fabriquer un couteau. Une pensée émue pour ce cher Guy Degrenne, dont ce fut le métier. Une exposition permanente vous fait découvrir, sur 100 m^{2}, les temps forts de cette entreprise visionnaire, née en Normandie en 1948.

HÔTEL DE FRANCE - LA TABLE VIROISE €€

4, rue d'Aignaux
✆ 02 31 68 00 35
www.hoteldefrancevire.com
Du lundi au samedi le soir, du mardi au vendredi et dimanche le midi. Réservation recommandée. Formules de 18 € à 23 €.

Tenu par Elise et Vincent, cet hôtel-restaurant convivial est idéalement situé à l'entrée du centre-ville. La cuisine compte parmi les bonnes tables locales. Les valeurs sûres sont en bonne place sur la carte : joue de porc confite, tripes à la mode de Caen de la Maison Ruault, andouille de Vire de la Maison Asselot ou dos d'églefin farci au chorizo… Les plats sont maison et de saison, et l'on apprécie de finir sur une note sucrée, ou salée avec les fromages du Bocage.

MANOIR DE LA POMMERAIE €€

Route de Flers - **ROULLOURS** ✆ 02 31 68 07 71 - www.restaurant-pommeraie-vire.com
Mardi, jeudi, vendredi soir, samedi midi et soir, dimanche midi. Menus 30-90 €, enfant 15 €, formules midi 19-28,5 €.

Jeunes et talentueux, Julien et sa complice japonaise Masako gravissent les échelons avec courage, audace et passion. A chacun ses recettes : Julien concocte des plats maîtrisés : poissons, coquillages et viandes de la Manche, produits de la ferme, légumes du potager du Manoir. Puis fondez pour les desserts de Masako qui insuffle à la pâtisserie française le raffinement de son pays. Posez-vous dans ce temple de la délicatesse. Profitez du décor : la véranda donnant sur le jardin, le coin salon et la cheminée, les salles épurées… Un petit coin de paradis.

AU VRAI NORMAND €€

14, rue Armand-Gasté
✆ 02 31 67 90 99
www.auvrainormand.com
Fermé dimanche soir, mardi soir et mercredi. Menus de 26 € à 38 €. Formule du midi en semaine : 17,50 €.

Les époux Wahl régalent habitués et touristes de passage dans leur restaurant du centre-ville. Les secrets d'un tel succès ? Le talent et le travail de Michael, aux fourneaux depuis l'âge de 12 ans, alliés à la gentillesse de Valérie, en salle depuis le début de l'aventure. De la cuisine du terroir (andouille, Saint-Jacques, bar…), aux classiques mais efficaces rognons, ris de veau et tarte fine aux pommes, en passant par le menu du midi (d'un excellent rapport qualité-prix), on n'est pas déçu de la balade gastronomique proposée.

ANDOUILLE ASSELOT

Rue de l'Allière
✆ 02 31 68 21 69
www.andouille-asselot.fr
Du mardi au samedi 9h-12h et 14h30-19h. Visite guidée et gratuite sur rendez-vous.

Fondée en 1981, la grande maison Asselot est la plus célèbre ambassadrice de la véritable andouille de Vire, régulièrement couronnée de lauriers d'honneur et d'excellence lors de concours régionaux et nationaux. Confectionnée à la main à partir de ventrée de porc, fumée dans des cheminées traditionnelles au bois de hêtre pendant trois semaines, puis mijotée dans un bouillon, l'andouille de Vire se déguste froide ou chaude, à l'apéritif ou à table. Une fabrication artisanale issue d'un savoir-faire ancestral du XVIIIe siècle, à découvrir grâce aux visites guidées.

TRIPES VIROISES MICHEL RUAULT

1, rue des Usines
✆ 02 31 68 05 78
www.tripes-viroises-ruault.fr
Du lundi au samedi 8h-19h. Egalement sur le marché de Vire le vendredi matin. Boutique en ligne. Livraison possible.

Il était une fois, les meilleures tripes de France et de Navarre ! Au bout de la Vire, du côté du donjon, la Maison Ruault fabrique et vend des tripes de père en fils depuis 1955. Au calvados ou à la mode de Caen, les tripes se côtoient dans cette petite boutique. De nombreux restaurants ont fait des tripes Ruault un de leurs ingrédients emblématiques. Et si les tripes ne sont pas votre truc, la maison fabrique aussi d'excellentes terrines de campagne ou rillettes d'oie.

CONDÉ-EN-NORMANDIE

Condé-sur-Noireau, devenue Condé-en-Normandie en 2016 par la fusion de plusieurs communes, fut détruite par les bombardements en juin 1944, alors qu'elle était une locomotive industrielle du département depuis le XVIIIe siècle. Dans les années 1950, elle a retrouvé son statut de pôle économique. On adore son marché traditionnel avec maraîchers et producteurs d'excellence, son parc municipal et son vaste étang. Sa médiathèque, ses deux musées, son cinéma classé Art et Essai en font une ville animée toute l'année. Pour la grande histoire, Condé vit naître Dumont d'Urville qui découvrit la Terre Adélie en 1840. Pour tout cela Condé vaut le détour.

AUBERGE SAINT-GERMAIN €€

1, route de Condé ✆ 02 31 69 08 10
www.auberge-saint-germain.com
Du lundi au samedi midi et soir, et dimanche midi. Réservation recommandée. Menu 30 €. Formule du midi 18 €.

Aux portes de la Suisse normande, cette auberge au décor sobre et contemporain offre une ambiance chaleureuse. La cuisine est orchestrée avec brio par le chef Laurent Malvaut qui revisite les produits du terroir et les recettes de grand-maman au gré des saisons et d'une fantaisie toute personnelle. Ses partenaires sont les producteurs du coin. Les fins palais se régalent de la fricassée de ris de veau ou du pavé de loup de mer, fenouil confit. Les desserts sont aussi de belle facture. Enfin, l'auberge dispose de chambres confortables à prix tout à fait abordables.

CHÂTEAU DE PONTÉCOULANT ★

✆ 02 31 69 62 54
chateaupontecoulant.wixsite.com/pontecoulant
Du 15 mars au 15 novembre, du mardi au dimanche 10h-12h et 14h30-18h. Visite guidée 6 €. Salon de thé. Parking gratuit.

Sur la rive gauche de la Druance, au cœur du Bocage normand, le château de Pontécoulant fut la propriété de la famille Le Doulcet de Pontécoulant du XIVe siècle jusqu'à la fin du XIXe siècle, date à laquelle la dernière dame de la lignée, Madame de Barrière, le légua au département, qui aménagea le château en musée dès 1908. Dans son écrin de verdure vallonné, le château, tel qu'on l'admire aujourd'hui, fut bâti au XVIe siècle sur une ancienne maison forte, puis agrandi et réaménagé dans la seconde moitié du XVIIIe siècle. Joyau architectural de la vallée de la Druance, inscrit au titre des Monuments historiques depuis 1927, le domaine de Pontécoulant offre le spectacle d'un magnifique corps de bâtiment, fait de schiste et de granit, coiffé d'ardoises, et ouvert sur une immense cour d'honneur, ornée d'un parterre à la française. Les visites, guidées et parfois théâtralisées, se déroulent de la mi-mars à la mi-novembre. Au-delà de son architecture majestueuse, le château impressionne par son mobilier et ses souvenirs d'époque, ses pavillons carrés et massifs du garde-chasse et du jardinier, son colombier, sa ferme, ses bois et ses terres. Quant à son immense parc à l'anglaise, bien entretenu, créé sous le règne de Louis XVI, il constitue le lieu idéal pour une balade romantique, entre cascade, jardin potager et bassin aux iris d'eau. Et si la promenade vous a creusé, un ravissant salon de thé, joliment baptisé « Le Boudoir d'Augustine », vous invite à déguster quelques biscuits accompagnés d'un thé…

WILL TO GO PARK

La Fosse
✆ 06 62 80 95 08
www.willtogopark.com
Ouvert sur rendez-vous de mardi à samedi 10h-20h, dimanche 10h-18h. Baptême en chiens de traîneau 45 €.

Vous formez un binôme complice avec votre chien et un beau voyage dans le Calvados vous tente ? Allez, on vous emmène chez Flavien à la découverte de son parc canin, unique en Normandie. Ce musher professionnel, passionné et passionnant, propose une myriade d'activités pour toute la famille, conçues pour le bien-être du meilleur ami de l'homme. Citons l'univers des chiens de traîneau, pour une expérience insolite, le parcours aventure, les séances d'éducation ou la ferme pédagogique. Quand on vous dit que l'aventure se vit là, juste à côté de chez nous !

SOULEUVRE EN BOCAGE

En 2016 naît Souleuvre-en-Bocage, suite à la fusion de vingt communes. Son nom fait référence à la rivière de la Souleuvre qui traverse cette jeune commune et s'y jette dans la Vire. On ne le clame pas assez, cette partie du département, les gorges de la Vire, est aussi belle, verte et vallonnée que la Suisse normande. Ne manquez pas de vous promener à pied, à cheval ou à vélo dans cet écrin de verdure. Ne manquez pas non plus la vue, magnifique, depuis le viaduc de la Souleuvre, vestige de l'ancienne ligne de chemin de fer reliant Caen à Vire. Cet ouvrage pensé par Gustave Eiffel est aujourd'hui devenu un spot à sensations fortes !

VIADUC DE LA SOULEUVRE

✆ 02 31 66 31 66
www.viaducdelasouleuvre.com
Horaires variables selon activités. Saut à l'élastique 139 €. Balançoire géante 59 €. Jardin pieds nus 4,50 €. Parking.

Un site époustouflant. Le viaduc de la Souleuvre, ouvrage ferroviaire reliant Caen à Vire, construit selon les plans de Gustave Eiffel, se dresse au-dessus des gorges de la Vire. La promenade y est particulièrement belle et la vue depuis le viaduc est exceptionnelle. Pour faire le plein de sensations, une plateforme de saut à l'élastique perchée à 61 m, une tyrolienne, une balançoire géante, une piste de luge sur rail praticable par tous et un parcours d'accrobranche vous attendent. Plus calme, un jardin pieds nus éveille les sens au cœur d'une magnifique nature.

AJ HACKETT NORMANDIE

Viaduc de la Souleuvre
✆ 02 31 66 31 66
www.ajhackett.fr
Ouvert le week-end, et tous les jours pendant les vacances. Luge 2,50 €, accrobranche 10 €, saut à l'élastique 139 €.

Leader incontesté du saut à l'élastique dans le monde, AJ Hackett vous tend la main. A vous de franchir le pas pour vous lancer du haut des 61 mètres du viaduc d'Eiffel. Pour les moins téméraires, d'autres activités à sensations comme une tyrolienne géante accessible aux enfants accompagnés dès 35 kg (belle descente de 400 mètres à une vitesse de 100 km/h), ou une balançoire géante qui vous propulse à 130 km/h. Et puis après, direction la luge d'été, le parcours sur filets dans les arbres ou le jardin pieds nus. Ça c'est plus zen et accessible !

NORMANDIE LUGE

Viaduc de la Souleuvre ✆ 02 31 66 31 60
normandie-luge.com
Ouvert les week-ends, jours fériés et vacances scolaires. 4 € tour Solo. 5,50 € tour Duo. Tyroliennes : 45 min, 13 €.

Faire de la luge en toute saison ? Voilà une idée formidable que l'on doit à Norbert et Estelle, enfants du pays. Inaugurée en 2013, après plusieurs années de recherche et de démarches, la toute première et unique luge sur rails de tout le grand ouest de France voit le jour ! Aujourd'hui, le dépaysement mêlant grands espaces et sensations est toujours bien présent.

Il suffisait d'y penser : la luge est montée sur des rails et, attention départ… Ils sont des milliers d'heureux à venir s'éclater, et pas seulement les enfants. Grands et moins grands, jeunes et moins jeunes, mamies et papis sont les premiers à accompagner leur progéniture. Il faut dire qu'une descente sur 600 m (le parcours total compte 1 km) avec des virages et des jumps dans un paysage époustouflant, ça décoiffe ! Tout ça pour le prix d'un tour de manège à peine ! Les enfants de 3 à 7 ans font la descente accompagnés, ensuite c'est solo… Si ça va trop vite, on freine, chacun mène sa luge à son rythme. Et après les sensations (il y a aussi des tyroliennes en forêt !), rien de tel qu'une halte au bar-restaurant avant une petite balade dans la nature environnante. Ça tombe bien. Une autre idée toute aussi ingénieuse a été imaginée, et elle fait des émules. On dit même que nombreux sont ceux qui viennent se ressourcer au cœur de ce « sentier pieds nus » aménagé dans un jardin botanique aux mille découvertes. Une invitation à pousser plus loin les investigations de ce magnifique terrain de jeux et une promenade insolite au cœur des paysages normands. On adore !

CALVADOS

EURE

Si l'Eure est avant toute autre chose un territoire agricole, on y découvre malgré tout une multitude de trésors tant sur le plan historique qu'en matière d'art et de nature. Il ne faut pas hésiter à s'enfoncer au cœur de ses bocages, à observer la faune et la flore de ses zones humides et à randonner en pleine forêt pour en faire l'expérience. Régulièrement, vous tomberez sur un joyau historique : une abbaye restaurée à la perfection, un château ayant conservé sa superbe d'antan, un petit village authentique peuplé de chaumières... Sans oublier les nombreux panoramas offerts par la Vallée de Seine. Du Marais-Vernier au Château Gaillard en passant par les maisons à colombages de Bernay et les superbes jardins de Giverny, laissez-vous happer par un département qui, pendant de nombreux siècles et encore aujourd'hui, fut source d'inspiration pour des artistes et voyageurs de tous les horizons.

Saint-Vigor-d'Ymonville
Port-Jérôme-sur-Seine
Notre-Dame-de-Bond
QUILLEBEUF-SUR-SEINE
Norville
DUCLAIR
Mont-Sai
Cantele
Yainville
Berville-sur-Mer
JUMIÈGES
CONTEVILLE
MARAIS-VERNIER
VIEUX-PORT
LA HAYE-DE-ROUTOT
Le Grand-Q
BOURG-ACHARD
BEUZEVILLE
PONT-AUDEMER
Moulineaux
Saint-Germain-Village
MONTFORT-SUR-RISLE
C
Le Bosc-Roger-en-Roumois
ELBE
Épaignes
CORMEILLES
LE BEC-HELLOUIN
Saint-Pierre-des-Fleurs
La Saussay
Lieurey
Le Gros-Theil
MOYAUX
BRIONNE
HARCOURT
LE NEUBOURG
Nassandres
Drucourt
Menneval
BERNAY
St-Martin-de-Bienfaite-Cressonnière
La Vespière
Beaumesnil
Arnières-sur-I
La Barre-en-Ouche
Montreuil-l'Argillé
CONCHES-EN-OUCHE
La Neuve-Lyre
Le Sap
Glos-la-Ferrière
La Ferté-Frênel
Breteuil
Saint-Evroult-Notre-Dame-du-Bois
Saint-Symphorien-des-Bruyères
Le Moulin à Papier
L'AIGLE
Bourth
Bâlines
Échauffour
Chandai
VERNEUIL D'AVRE ET D'ITON
Sainte-Gauburge-Sainte-Colombe
Crulai

LA HAYE
Ferrières-en-Bray
GOURNAY-EN-BRAY
Bihorel
Saint-Martin-du-Vivier
La Feuillie
ROUEN
VASCOEUIL
Saint-Jacques-sur-Darnétal
Saint-Germer-de-Fly
Neuf-Marché
Sotteville-lès-Rouen
LYONS-LA-FORÊT
Franqueville-Saint-Pierre
Lalande-en-Son
Boos
Saint-Étienne-du-Rouvray
FLEURY-SUR-ANDELLE
Sérifontaine
Heudicourt
Alizay
Igoville
Romilly-sur-Andelle
Pîtres
Éragny-sur-Epte
POSES
AMFREVILLE-SOUS-LES-
MONTS
Léry
GISORS
VAL-DE-REUIL
Dangu
Le Vaudreuil
LES ANDELYS
Incarville
Saint-Pierre-du-Vauvray
Heudebouville
Courcelles-sur-Seine
Saint-Gervais
ACQUIGNY
GAILLON
Hodent
AUTHEUIL-AUTHOUILLET
Vernonnet
VERNON
Gasny
Aincourt
GIVERNY
Ménilles
ÉVREUX
LE VIEIL-ÉVREUX
PACY-SUR-EURE
Mantes-la-Jolie
Melleville
Buchelay
Bueil
Garennes-sur-Eure
La Couture-Boussey
IVRY-LA-BATAILLE
Damville
Osmoy
Saussay
Anet
Richebourg
Houdan
Nonancourt
20 KM
Eure
Dreux
Les Corvées
Vernouillet
Adainville
Laons
Faverolles
Aunay-sous-Crécy
Villemeux-sur-Eure
Poigny-la-Forêt

PAGES

EURE

QUILLEBEUF-SUR-SEINE

Situé sur la dernière boucle de la Seine, le village de Quillebeuf-sur-Seine dévoile un riche patrimoine historique et culturel. Ancien fief des pilotes de Seine, il abrite une multitude de sites d'intérêt. Perdez-vous dans ses ruelles pleines de charme et découvrez, au hasard de vos pérégrinations, la maison Henri IV, le phare du XIXe siècle ou encore l'église Notre-Dame-de-Bon-Port, superbe exemple d'architecture romane normande. Vous y découvrirez toute une collection de maquettes de bateaux et de graffitis marins. Un village résolument tourné vers la Seine et encore très attaché à son histoire, parfait pour une pause culture et détente !

ÉGLISE NOTRE-DAME DE BONPORT ✝ ★

1, rue de l'Eglise ✆ 02 32 41 08 21
www.tourisme-pontaudemer-rislenormande.com
Tous les jours de 9h à 17h. Pour visiter, demander la clé à la mairie en semaine ou à l'épicerie le week-end. Gratuit.

La belle église de Quillebeuf mérite impérativement le détour. En premier lieu, parce qu'elle arbore une intéressante architecture du XIIe siècle avec sa façade à décor géométrique, mais aussi l'une des plus belles tours lanternes de Normandie ainsi qu'une nef percée de meurtrières. En second lieu, parce que l'église de Quillebeuf est entièrement vouée aux mariniers de la Seine : on y trouve nombre d'ex-voto, graffitis de marins, ainsi qu'une jolie collection de maquettes de bateaux.

MARAIS-VERNIER

Le Marais Vernier est une plaine marécageuse semi-circulaire de 45 km², dont un édit royal d'Henri IV ordonna l'assèchement en 1599. Jusqu'en 1850, le marais occupait 2 500 hectares lorsque la Seine couvrait encore la moitié du territoire. Aujourd'hui, ce vaste amphithéâtre naturel est bordé au nord par la Seine et au sud par les pentes boisées qui terminent le plateau du Roumois, et s'affirme comme une microrégion exceptionnelle au patrimoine unique. Classé d'intérêt écologique international, le Marais Vernier intègre une réserve de faune sauvage avec de nombreux oiseaux sédentaires et migrateurs, mais également une flore hors norme.

MARAIS VERNIER 📷 ★★

✆ 02 35 37 23 16
www.pnr-seine-normande.com/
Accès libre. Visite guidée (maison du Parc naturel régional des Boucles de la Seine Normande)

Le Marais-Vernier est le nom d'un village, mais aussi celui d'une zone naturelle protégée de 4 500 hectares située au cœur du marais Vernier-Risle maritime (9 500 ha), elle-même au sein du Parc naturel régional des Boucles de la Seine normande. Ce vaste espace entre la Seine et les versants boisés, reconnu zone humide d'importance internationale depuis le 18 décembre 2015 par la convention Ramsar, accueille le plus important gisement de tourbe de toute la France et constitue l'une des plus grandes zones humides de la vallée de Seine.

▶ **Une unité paysagère spécifique.** Pour situer l'importance d'un tel site, il faut savoir que même si les tourbières ne couvrent que 3 % de la surface terrestre, elles stockent deux fois plus de carbone que les forêts, pourtant présentes sur 30 % du globe. L'organisation parcellaire du marais Vernier est unique et contribue directement à la réduction des effets du réchauffement climatique. Les coteaux pentus et largement boisés isolent physiquement le site du plateau du Roumois. Ce véritable amphithéâtre naturel au paysage très typé fait de marais, roselières, prairies humides, mares, innombrables canaux, étangs et bocages, accueille une incroyable biodiversité. Il s'agit d'un couloir de migration pour de nombreux oiseaux, où l'on peut voir passer des cigognes, des balbuzards, des faucons ou encore des hérons cendrés. En empruntant à pied le chemin de découverte du marais, vous pourrez faire une halte à la Grand'Mare pour les observer. Vous verrez aussi de majestueux chevaux camarguais et des vaches écossaises aux poils longs lors de vos pérégrinations. A certains endroits, vos bottes peuvent s'enfoncer dans la tourbe noire mais qu'importe, la découverte vaut bien quelques efforts.

▶ **La plus grande tourbière de France forme un milieu naturel exceptionnel.** Pour le découvrir, un circuit pédestre de 5,4 km, ouvert d'avril à septembre, vous emmène à la découverte de la flore et de la faune, mais aussi de la digue des Hollandais, des chaumières dont les toits se couvrent d'iris, des « courtils » (bandes de terres agricoles longues de plusieurs kilomètres pour seulement quelques dizaines de mètres de large)... Riche d'un patrimoine naturel remarquable avec ses arbres têtards, ses haies de houx, ses roseaux, ses plantes carnivores et ses espèces protégées, le paysage contraste fortement avec le contexte industriel de la rive droite de la Seine.

▶ **Conseils à suivre !** N'oubliez pas vos bottes et vos jumelles pour profiter pleinement de ce site naturel unique en Normandie.

EURE

© VINCENT GUERRIER

Le marais Vernier.

EURE

AU FIL DU MANOIR €€

154, La Cour
✆ 06 46 84 28 20
www.aufildumanoir.fr/
3 chambres de 65 € à 90 €. Petit-déjeuner inclus. Emplacement camping-car : 5 € / nuit.

Cette maison d'hôtes vous accueillera dans une très belle bâtisse ancienne toute en colombages également connue au Marais Vernier sous le nom du vieux Château de la cour, cité en 1541 comme ayant été uni à la famille Longchamp faisant partie de la couronne d'Angleterre. Avec sa superbe cheminée et ses trois jolies chambres, vous passerez là un week-end très reposant et bucolique. Le petit déjeuner est servi dans une pièce lumineuse éclairée par de grandes fenêtres donnant sur le jardin classé au patrimoine naturel et culturel sur la route des chaumières.

VIEUX-PORT

Avec ses 57 hectares de superficie, Vieux-Port est l'une des plus petites communes de la région, mais aussi l'une des plus pittoresques ! Séparé d'Aizier par un massif boisé alluvial, cet adorable village se compose de coquettes chaumières, tel un écrin champêtre posé sur la rive de la Seine, aimé des artistes comme Julien Guillemard (1883-1960), écrivain havrais qui y repose aujourd'hui. Entre le marais Vernier et la forêt de Brotonne, Vieux-Port est une étape incontournable de la route des Chaumières, une escapade nature ressourçante et dépaysante qui offre, en plus, un panorama à couper le souffle sur une partie de la vallée de la Seine.

AUBERGE DE L'ÉTAMPAGE €€

82, quartier de l'Eglise
✆ 02 32 57 61 51
Du mardi au samedi de 12h à 13h30 et de 19h15 à 21h ; le dimanche de 12h à 14h. Ouvert tous les jours de juin à août.

En plein cœur du Marais Vernier, face à l'église, l'Auberge de l'Etampage offre un cadre bucolique magnifique et une cuisine maison qui fleure bon les déjeuners du dimanche chez grand-mère. La carte met à l'honneur les traditions normandes avec, en bonus, les saveurs typiques du Sud. Elle évolue au fil de l'année afin de proposer des produits de saison. De la cuisson minute aux petits plats mijotés, tout est fait avec des produits frais. En cas d'affluence, le service pourra être un peu long. Ce sera l'occasion de prendre le temps de vous détendre !

LA BONNE AUBERGE €€

42, route des Chaumières
✆ 06 61 40 39 91
Réception ouverte 24h/24. 5 chambres. Chambre double de 170 € à 350 €. Petit déjeuner inclus.

C'est ici le lieu idéal pour une halte hors du temps ! Cette ancienne chaumière avec son toit typique - nous sommes sur la route des Chaumières - et ses colombages, surplombant la Seine, offre une vue très agréable et un calme olympien. Ce n'est pas pour rien que quelques artistes sont passés par là : le peintre Charles Lhuillier y a vécu et son confrère William Turner y a réalisé 3 œuvres ; côté littérature c'est Victor Hugo et Guy de Maupassant qui ont séjourné ici. Et pour cause, selon la chambre choisie, vous verrez la Seine couler lentement depuis votre lit !

PONT-AUDEMER ★★

Historiquement un poste militaire gallo-romain déjà convoité pour sa situation stratégique sur la Risle et au croisement de la voie romaine reliant Lisieux à Lillebonne, puis disputée au Moyen Âge par les seigneurs et les rois, la ville de Pont-Audemer affirma son importance tout au long de l'histoire. Dénommée Duos Pontes puis Pons Audomaris, la ville devient rapidement un important carrefour pour le commerce de la région. Ce passé riche en événements a notamment été marqué par l'essor de ses manufactures, en particulier celles du papier et du cuir. L'activité de tannerie, la plus grande d'Europe, est à l'origine du réseau de canaux sillonnant la cité, où étaient lavées les peaux. La qualité des cuirs était telle que Guillaume le Conquérant en équipa son armée et, plus récemment, dans les années 1830, Thierry Hermès s'installa à Pont-Audemer pour approvisionner sa nouvelle manufacture de sellerie et harnachement de chevaux - qui deviendra une grande maison et un symbole du luxe français ! Aujourd'hui, elle est indéniablement l'une des plus jolies villes de la région et une étape à ne pas manquer. Bercée par la Risle, toute proche de Honfleur, Pont-Audemer est une ancienne cité de tanneurs autrefois réputée : une promenade dans la vieille ville médiévale permet d'identifier les anciens séchoirs à peaux avec clins de bois. Il faut s'attarder pour apprécier le charme de la place du Pot-d'Etain et sa dentelle pavée, les fontaines de la place Victor-Hugo, les hôtels particuliers, les ponts de pierre au-dessus des canaux qui lui valent son surnom de « petite Venise normande »...

ATELIER PACIA

440, chemin des Vergers - **SAINT-SYMPHORIEN**
✆ 06 80 32 48 36
www.paciaceramist.com
Boutique et showroom

N'hésitez pas à faire le détour pour aller visiter cet atelier de céramique, car il vous permettra de comprendre comment se fabriquent ces pièces uniques, grâce à des démonstrations de tournage. Ici, la technique est celle de la terre vernissée, une argile engobée et décorée cuite à 980 °C, qui est ensuite recouverte d'une glaçure transparente révélant les couleurs et rendant la pièce étanche. Les pièces réalisées par l'artisan sont vendues, vous trouverez ainsi assiettes, plats, pots, mugs, « bonzoms » et vases, de quoi s'émerveiller et rapporter un joli cadeau.

ÉGLISE SAINT-OUEN ✝ ★

Rue de la République
✆ 02 32 41 12 88
www.tourisme-pontaudemer-rislenormande.com/
Ouvert tous les jours de 8h à 18h. Gratuit. Visite guidée.

Imposante, bien que demeurée inachevée, l'église Saint-Ouen trône au cœur de la cité pont-audemérienne dans toute sa splendeur retrouvée après 4 années de restauration. Aujourd'hui inscrite aux Monuments historiques, elle fait partie des édifices représentant l'architecture flamboyante normande. De l'église romane originelle du XIe siècle, il subsiste la tour lanterne carrée et le chœur. On peut admirer, près de l'autel du Grand-sacrement, deux chapiteaux romans. Elle conserve une splendide collection de vitraux que l'on découvre avec émerveillement.

OFFICE DE TOURISME

2, place du Général-de-Gaulle
✆ 02 32 41 08 21
www.tourisme-pontaudemer-rislenormande.com
Du lundi au samedi de 9h30 à 12h30 et de 14h à 18h. Visites commentées pour les groupes toute l'année sur réservation

Un excellent bureau d'accueil touristique où trouver l'écoute, l'aide et les conseils d'une équipe avisée. Le site Internet regorge de bons plans et dévoile un agenda des fêtes et manifestations bien garni ainsi qu'une carte interactive pour préparer votre séjour en amont. L'office de tourisme organise des circuits commentés de la ville toute l'année, dont les plans sont également téléchargeables sur le site. Faites-y une petite escale pour découvrir tous les trésors de la ville et son passé médiéval, entre ruelles pavées et cours intérieures ombragées.

CAMPING RISLE-SEINE €€

19, route des Étangs - **TOUTAINVILLE**
✆ 02 32 42 46 65 - www.camping-risle-seine.com
Arrivée de 16h à 20h. Emplacement + véhicule + 2 personnes de 15,50 € à 26,50 €. Cottages : 235 € à 637 € / semaine.

Voilà un camping de grande qualité de par son emplacement et les très beaux hébergements en bois qui y sont proposés. À quelques minutes du centre de Pont-Audemer et à 20 minutes d'Honfleur, ce camping 3 étoiles tenu par les sympathiques Karine et Patrice est installé sur plus de 3,5 hectares, au cœur d'un espace naturel sensible et à proximité d'un plan d'eau. En dehors des emplacements, des cottages et autres hébergements écologiques, le camping dispose d'une piscine couverte et chauffée et d'une aire de jeux pour enfants, le tout à deux pas de la base nautique.

LE PETIT COQ AUX CHAMPS €€

400, chemin du Petit-Coq - **CAMPIGNY**
✆ 02 32 41 04 19 - www.lepetitcoqauxchamps.fr
16 chambres (et 1 duplex). Chambre double de 117 € à 210 €. Petit-déjeuner : 18 €. Restauration (demi-pension : 52 €).

Non loin de Pont-Audemer, en pleine campagne fleurie et verdoyante, cette authentique chaumière normande est à la hauteur de sa réputation. C'est ici que vous aurez l'occasion de séjourner au cœur de chambres décorées avec goûts, spacieuses et confortables, chacune offrant une atmosphère unique. Le restaurant gastronomique, L'Andrien, n'est pas en reste : Jean-Marie Huard y concocte une cuisine traditionnelle et raffinée, avec une grande variété de mets au fil des saisons. Une adresse que le *Petit Futé* recommande chaleureusement !

LA GARGOUILLE €

8, rue de la République
✆ 02 32 42 52 85
Le mardi et du jeudi au samedi de 12h à 14h et de 19h à 21h ; mercredi et dimanche de 12h à 14h. Carte : 15 € environ.

Installée dans une maison typique et adossée à l'église Saint-Ouen, cette charmante crêperie vous propose un vaste choix de plats, de la crêpe à la pizza, en passant par les feuilletés (la spécialité de la maison). Entre la galette normande et le feuilleté à l'andouille, avec sa pâte maison légère et croustillante, vous pourrez également goûter à la salade au chèvre chaud. Le restaurant utilise une majorité de produits locaux et les galettes sont sans gluten. Futé : la terrasse chauffée s'avère particulièrement agréable à la mi-saison !

LE BISTRO DE LA GARE €€

4, place Maréchal-Gallieni
✆ 02 78 08 60 00
www.lagareedenrock.com
Du lundi au jeudi de 12h à 14h ; le vendredi et le samedi de 12h à 14h et de 19h à 21h30. Menus de 14,90 € à 19,80 €.

Dans cette ancienne gare de 1867, rénovée et aménagée dans un style Art déco qui rappelle joyeusement l'esprit du wagon et du voyage, est né le Bistro de la Gare ! Christian Houde est aux manettes, et ses formules bistrot ont de quoi séduire : dos de lieu jaune sauce chorizo, rognon de veau à la moutarde, suprême de poulet à la normande... Votre plat à l'ardoise sera fait maison - comme toute la carte -, avec notamment des poissons cherchés tout spécialement sur la côte normande pour satisfaire vos papilles. Le plus ? Le calme et le service aux petits soins !

L'ENDROIT BISCORNU €€

18, rue de la République
✆ 02 27 36 98 83
www.biscornu.fr
Lundi / mardi de 10h30 à 15h ; mercredi / jeudi de 10h30 à 20h ; vendredi de 10h30 à 23h ; samedi de 10h30 à 22h.

L'Endroit Biscornu est situé en plein centre de Pont-Audemer dans un bel immeuble de briques ancien. Bistrot, brasserie, bar à vin, l'établissement vous accueille dans une ambiance sympathique et souriante. En famille ou entre amis, goûtez au foie gras de canard maison, au burger végétarien, mais aussi aux plats plus traditionnels comme les tripes gratinées façon Biscornu ou le dos de cabillaud et sa crème de chorizo. Naturellement, la carte des vins est large et variée, pour accompagner vos plats ou en apéro sur la terrasse de la rue piétonne.

O CINE FIL €€

7, rue Place de la ville ✆ 02 27 36 87 81
https://ocinefil.business.site
Le mardi et le mercredi de 12h à 14h ; du jeudi au samedi de 12h à 14h30 et de 18h à 21h30 ; le dimanche de 9h à 14h.

Dans un cadre romantique, avec pour thème le cinéma, O'Cinefil vous propose de goûter à des plats entre terre et mer pleins de saveurs. C'est dans une jolie ruelle du centre-ville, sur la terrasse ou en intérieur, face au paravent à l'effigie de Marilyn Monroe, que vous vous attablerez dans une atmosphère chaleureuse. La carte du restaurant change au gré des saisons, avec quelques plats phares comme le burger du Ciné Fil, le magret de canard ou encore le camembert aux sésames. Difficile de ne pas succomber aux produits de qualité et aux assiettes généreuses !

TRATTORIA ROMA €€

10, place Louis Gillain
✆ 02 32 42 22 83
www.trattoria-roma.fr
Ouvert du jeudi au mardi de 12h à 14h30 et de 19h à 21h30. Carte : 15 € environ. Terrasse. Vente à emporter.

Bienvenue en Italie ! La Trattoria Roma n'est pas une pizzeria lambda, mais un véritable petit restaurant italien où le chef, lui aussi italien, cuisine avec passion des produits de qualité. Les tomates, par exemple, sont issues de l'agriculture biologique, et les œufs proviennent de ses propres poules ! Juan Carmena vous invite à vivre une expérience culinaire au bon goût de Méditerranée, avec ses pizzas traditionnelles, ses plats de pâtes généreux et ses grands crus italiens. À vous, maintenant, de vous attabler dans la salle cosy ou sur la jolie terrasse !

L'EDEN ROCK

4, place du Maréchal-Gallieni
✆ 02 78 08 40 00
lagareedenrock.com
Mardi-jeudi 17h30-23h, vendredi-samedi 17h30-1h. Happy hours (jeudi 17h-20h). Formules midi 14,90 €/19,80 €.

Avec ses soirées à thèmes, ses concerts *live*, ses *happy hours*, sa grande terrasse et sa déco de pub, l'Eden Rock est vite devenu l'un des rendez-vous incontournables de Pont-Audemer. Ce nouveau « spot » est situé dans un ancien hangar ferroviaire où était abritée la micheline qui allait à Honfleur. Les soirées festives s'accompagnent de plats américains : burgers, ribs, mais aussi salades et pâtisseries, le tout fait maison. On ne peut qu'apprécier son ambiance bon enfant, son accueil sympathique et ses soirées richement animées !

BRÛLERIE DE LA RISLE

99, rue de la République
✆ 02 32 41 21 41
Ouvert le lundi et le vendredi de 9h30 à 19h ; le mardi, le jeudi et le samedi de 9h30 à 12h et de 14h30 à 19h.

A la Brûlerie de la Risle, vous trouverez toutes sortes de cafés, dont vous pourrez admirer la torréfaction chaque lundi et vendredi matin, mais aussi des thés en vrac, du chocolat et des gourmandises inédites comme des raisins dorés au Sauternes. La boutique propose également des cosmétiques, avec notamment des savons d'Alep ou de Marseille. Un rayon d'objets pour la maison vous offrira aussi un choix de tasses pour accompagner cafetières et théières. De quoi se fournir en produits de qualité ou bien faire un joli cadeau en créant par exemple un panier garni.

MARCHÉ

Rue de la République
Le lundi et le vendredi matin.

Toutes les semaines, deux marchés viennent s'installer en plein centre-ville de Pont-Audemer. Le marché qui se tient le lundi matin est le plus complet puisque l'on y trouve non seulement des produits alimentaires, mais aussi des vêtements. Quant à celui du vendredi matin, il se consacre entièrement à l'alimentaire ! Peu importe le jour choisi, vous pourrez y acheter tout ce qui fait la richesse du patrimoine culinaire normand : un grand choix de fromages, bien sûr, mais aussi des volailles, du beurre, et le fameux Pommeau de Normandie, né ici, à Pont-Audemer.

MUSÉE ALFRED-CANEL ★

64, rue de la République
✆ 02 32 56 84 81
www.ville-pont-audemer.fr/culture/musee-alfred-canel
Mai-sept : lun, mer-ven : 14h-18h, WE : 10h-12h30 & 14h-18h. Oct-avr : mer & ven : 14h-18h, WE : 10h-12h30 & 14h à 18h.

Implantée au cœur de Pont-Audemer, la bâtisse familiale d'Alfred Canel (1803-1879), écrivain, érudit local et homme politique mais également archéologue et avocat à ses débuts, abrite le musée cantonal depuis 1884. Manuscrits, incunables, livres emblématiques… la grande bibliothèque du XIXe siècle regorge de trésors. Elle est constituée d'environ 15 000 ouvrages couvrant une période allant du XVe au XIXe siècle. Viennent s'ajouter 6 000 volumes de la bibliothèque normande, legs d'Alfred Canel. Une belle escale dans cette ville de charme !

© MUSÉE ALFRED CANEL

© LAURENT LACHÈVRE

EURE

SILVÉRANE

5, rue Place-de-la-Ville
✆ 02 32 41 33 69
Ouvert le lundi et le vendredi de 11h à 12h30 et de 15h à 19h ; le samedi de 15h à 19h.

Dans cette très jolie petite boutique située dans une rue pavée romantique, vous trouverez tout un monde de raffinement mêlant des pièces neuves et anciennes, dans un esprit de temps perdu et retrouvé : services à thé, serviettes en tissus brodées, miroirs aux ornements divers et variés, assiettes anciennes, bijoux fabriqués à la main, textiles nobles et colorés, draps et robes de nuits des siècles passés... Bref, une belle adresse pour se laisser rêver au monde d'Emma Bovary ou de Marcel Proust et rapporter un cadeau bien choisi...

LE TEMPS RETROUVÉ

20, rue Paul-Clémencin ✆ 02 32 57 28 87
www.ebay.fr/str/lesplaisirsetlesjours
Ouvert le lundi et du mercredi au samedi de 10h à 19h ; le dimanche de 10h à 12h. Achat, vente et estimation.

Amoureux du papier qui sent le passé, des reliures dorées et des lettres du monde entier, vous serez ici comme un poisson dans l'eau. Dans la rue piétonne Paul-Clémencin, se trouve cette boutique où vous serez chaleureusement accueilli par un propriétaire passionné et fin connaisseur. Autour de lui, des milliers d'ouvrages, du Folio des années 80 aux Jules Verne encore dans leur jus. N'hésitez pas à demander ce que vous cherchez, le livre de vos rêves, et même celui que vous ne cherchez pas mais qui vous ravira, se cache quelque part dans les étagères.

PISCINE DES 3 ÎLETS

Avenue des Sports
✆ 02 32 41 02 20
www.ville-pont-audemer.fr
Ouvert tous les jours, horaires variables. Adulte : 5,35 €. Enfant : 2,70 €. Carte 10 entrées : 41,85 €.

Un lieu de détente et de jeux aquatiques pour toute la famille : entre bassin ludique avec jets d'eau, banquette massante, nage à contre-courant, toboggan de 62 mètres et bassin sportif de 25 m... Le tout entouré d'espaces verts, de grandes plages bien agréables l'été, et recouvert d'un toit ouvrant intégral pour les beaux jours. Dans cet espace ludique des plus plaisants, petits et grands peuvent aussi bien nager, s'amuser ou bronzer. À moins qu'ils ne préfèrent s'adonner aux nombreuses activités proposées par l'établissement comme l'aquagym ou les bébés nageurs.

PONT AU GOLF

19, route des Etangs - **TOUTAINVILLE**
✆ 06 95 22 12 16
www.pontaugolf.fr
Basse saison : ouvert de 9h à 17h. Haute saison : tlj de 9h à 18h30. Cotisation adulte : 280 €. Green-fee : 20 € / jour.

Niché dans la verdoyante vallée de la Risle, à seulement quelques minutes de Pont-Audemer, ce terrain de golf a été créé en 2010 par une association de passionnés. L'objectif : rendre ce sport accessible à tout le monde. Situé face aux étangs et à leur base de loisirs, ce parcours naturel s'étend sur 17 ha en zone sauvage ; on y trouve un practice (9 postes couverts et 6 extérieurs) en libre accès et un putting-green synthétique de 200 m². Le parcours 9 trous (5 par 4 et 4 par 3) est ouvert d'avril à fin octobre, mi-novembre en fonction de la météo.

EURE

La Risle traverse la ville de Pont-Audemer.

BEUZEVILLE

Limitrophe du Calvados, Beuzeville est une petite cité commerçante et paisible, chef-lieu d'un canton boisé et vallonné. Détruite par un incendie en 1764, la ville a perdu ses maisons à colombages mais saura vous accueillir autour de ses deux places commerçantes qui s'animent le mardi matin, jour de marché. Partez à la découverte du patrimoine exceptionnel de Beuzeville et de ses communes alentour. De l'église Saint-Hélier et ses vitraux à la maison médiévale de Saint-Sulpice-de-Grimbouville en passant par la route des lavoirs et des lavandières de Fort-Moville et le circuit des églises romanes, Beuzeville vous fera voyager à coup sûr.

ABBAYE DE GRESTAIN

2169, route de l'Estuaire - **FATOUVILLE-GRESTAIN**
✆ 02 32 57 72 10
www.abbaye-de-grestain.fr

Visite libre toute l'année de 10h à 18h. Visites commentées (sur réservation) : 3 €/famille. Animations.

Une histoire et un lieu magiques ! Cette ancienne abbaye fut fondée par Herluin de Conteville et sa femme Arlette (mère de Guillaume le Conquérant, enterrée ici même) vers 1050 à la suite d'un songe. Alors atteint d'une grave maladie de peau, Herluin rêva de la Vierge. Cette dernière le mena à l'eau d'une fontaine pour se purifier. L'abbaye fut alors bâtie en hommage à Notre-Dame. Faire vivre le souvenir d'Arlette et d'Herluin, telle est la mission des propriétaires de l'édifice, notamment grâce à un riche programme culturel fait de visites guidées, conférences...

ÉGLISE SAINT-HÉLIER ★

Place du Général-Leclerc
✆ 02 32 57 72 10
www.beuzeville-tourisme.com

Ouvert toute l'année et tous les jours de 9h à 19h. Gratuit.

Escale sur le circuit des églises romanes du canton (17 au total), l'église de Beuzeville est dédiée à saint Hélier, moine belge du VIe siècle. Cet édifice conserve un chœur à deux chapelles latérales du XIIe siècle et une nef à deux bas-côtés. Elle fut un temps entourée d'un grand cimetière. Les remaniements des XVIe et XVIIIe siècles l'ont dotée de fenestrages, balustres, contreforts, gargouilles et d'un colombage en style normand assez rare. Mais ce sont surtout les 19 vitraux sacrés contemporains qui, illuminés en soirée, attirent l'œil.

L'ARBRE AUX ÉTOILES €€

168, impasse d'Aumale - **FATOUVILLE-GRESTAIN**
✆ 09 54 08 03 18
www.larbreauxetoiles.fr

Gratuit pour les enfants de - de 4 ans. 80 € la nuit pour 1 personne, 120 € la nuit pour 2 (petit-déjeuner bio inclus)

Situé à proximité de l'estuaire de la Seine et à quelques kilomètres d'Honfleur, l'Arbre aux Étoiles est un hébergement écotouristique et insolite inventé par Cyril et Maÿlis. Les aventuriers sont invités à vivre un séjour bien-être dans l'une des 7 chambres du complexe. Au programme : des séances détente au spa, un petit-déjeuner bio chaque matin, des moments calmes dans la bibliothèque ou dans un hamac, des promenades dans le verger et le petit bois... Tout est fait pour communier avec la nature. Un établissement à découvrir pour se ressourcer !

LA FERME DE L'ÉGLISE €€

12, rue des Diligences - **FATOUVILLE-GRESTAIN**
✆ 02 32 42 15 95
www.lafermedeleglise.com

Chambre double 165 € le week-end. Petit déjeuner en chambre 9 €. 4 gîtes de 2 à 7 personnes.

Ancienne ferme, à seulement quelques kilomètres de Honfleur, cette demeure vous ravira par son charme et sa décoration chaleureuse. Ici, les possibilités d'hébergement sont vastes : on y trouve les gîtes Cannelle et Vanille en duplex, la Petite Chaumière de construction typiquement normande ou, pour les plus aventureux, le gîte Bohème aménagé dans une roulotte gitane joliment aménagée. Les chambres ont toutes une entrée indépendante et peuvent accueillir deux à quatre personnes, voire huit personnes pour certaines. Le plus : une piscine extérieure pour l'été.

PHARE DE FATOUVILLE €€

386, route du Phare - **FATOUVILLE-GRESTAIN**
✆ 02 32 57 66 56
pharedefatouville.fr

Chambre simple 66,80 €, double 80,60 €, familiale 4 personnes 143,60 €. Petit déjeuner inclus. Visites guidées du phare.

Coup de cœur garanti pour ces chambres d'hôtes offrant sans doute le site le plus original du département ! Qui n'a jamais eu envie de dormir au pied d'un phare ? Ici, quatre chambres thématiques sont installées dans la maison des gardiens, et vous déjeunez dans le phare de Fatouville avec des produits faits maison et issus de la ferme ! Du haut de ses 32 mètres, seuls les hôtes d'Anne et Jean-François Durand ont le privilège d'admirer le magnifique panorama à 360 degrés avec vue sur Honfleur et la côte normande. Prêt pour tenter l'aventure, matelot ?

CORMEILLES

Situé dans le pays d'Auge entre Lisieux et Pont-Audemer, Cormeilles est un village typique avec ses maisons à colombages, ses boutiques d'antiquaires et de brocanteurs, son cinéma des années 1960, son patrimoine bâti et naturel et sa distillerie de calvados. Traversée par la Calonne, une petite rivière, la commune compte toujours une voie romaine qui reliait Lisieux à Lillebone et des maisons du XVIe siècle. En parcourant les chemins de traverse, vous admirez les moulins, les séchoirs à lin, les manoirs et autres églises, notamment romanes. Ne passez pas à côté de son marché de Noël, ses expositions, ses brocantes et ses manifestations sportives.

OFFICE DE TOURISME

21, place du Général-de-Gaulle © 02 32 56 02 39
www.lieuvinpaysdauge-tourisme-normandie.fr
BS : mar-ven 9h30-13h ; sam de 9h30 à 12h30 et de 13h30 à 17h. HS : lui-sam : 9h30-13h et 13h30-18h, dim : 10h - 13h.

L'office de tourisme du canton de Cormeilles vous accueille dans trois bureaux, un espace de documentation classée par thématique, un affichage complet et dynamique, un coin jeux pour les plus jeunes, un espace boutique et un accès à Internet. Cartes, brochures, dépliants sur l'Eure mais aussi de la documentation sur la Normandie, les horaires de trains et de bus, et l'agenda des manifestations, l'équipe de l'office offre différents services bien utiles pour les résidents et les touristes souhaitant profiter d'un coin de la Normandie à découvrir sans modération !

DISTILLERIE BUSNEL ★

Route de Lisieux
© 02 32 57 80 08
www.distillerie-busnel.fr
10h-12h30 et 14h30-18h30 tlj mars à mi-novembre. Le WE et vacances scolaires de décembre. Visite guidée 4 €/par pers.

C'est la dernière grande distillerie de calvados en activité que vous pouvez visiter. Elle produit et élève aujourd'hui deux calvados d'exception : Busnel et Anée, et propose de parcourir les différentes étapes de leur élaboration : une technique de fabrication basée sur un savoir-faire datant de 1820. Découvrez les secrets du calvados en parcourant la salle de distillation Pays d'Auge et ses alambics en cuivre, les chais de vieillissement ou s'entremêlent les fragrances caractéristiques de la pomme. Possibilité d'acheter les produits sur place ou en ligne.

CIRCUIT DÉCOUVERTE DE CORMEILLES

21, place du Général de Gaulle
© 02 32 56 02 39
www.lieuvinpaysdauge-tourisme-normandie.fr
1,6 kilomètres de long. 45 minutes à 1h15 de visite. Gratuit. Visite guidée.

L'office de tourisme de Cormeilles propose un certain nombre de visites thématiques, parmi lesquelles ce circuit au cœur de la ville pour en découvrir toute l'histoire à travers ses rues et son architecture. Une carte vous sera donc donnée pour vous guider. Vous partirez de l'office de tourisme au centre-ville et parcourrez les 23 points d'intérêt et curiosités de la cité. Parmi ceux-ci : le Bonhomme de Cormeilles, la voie romaine, l'ancien relais de poste ainsi que le chalet Malherbe.

ÉGLISE SAINTE-CROIX

Rue Sainte-Croix
© 02 32 56 02 39
Ouvert tous les jours de 10h à 18h. Gratuit. Visite audioguidée de Cormeilles sur RDV : 3 € (1,50 € pour les 6-12 ans).

Sur les hauteurs du village, au cœur du pittoresque quartier du Mont-Mirel, l'église de Cormeilles, construite au XIe siècle, présente une caractéristique unique en Normandie : son sol suit la pente du terrain (9 %), le chœur est ainsi plus élevé que le portail ! Un effet vraiment saisissant : le maître autel se retrouve au même niveau que la tribune de l'orgue ! De l'église part la promenade du mont du Bourg avec ses marronniers centenaires, au bout de laquelle vous découvrirez un superbe panorama sur le Pays d'Auge et la vallée de la Calonne.

MONTFORT-SUR-RISLE ★

Montfort doit sa grandeur à la famille qui lui donna son nom lors de la période anglo-normande. Ses différents vicomtes s'illustrèrent durant plusieurs siècles tant par leurs faits d'armes que leurs réalisations architecturales locales. A l'image du château médiéval, perché à plus de 120 m d'altitude, qui représentait la forte puissance de Montfort, on retrouve une sentinelle de pierres presque inattaquable et à l'histoire mouvementée. Le château la Motte situé un peu à l'écart du village, aujourd'hui transformé en gîte, forme un bel ensemble composé d'un manoir de style Directoire (XVIIe), d'une chapelle (XVe) et d'un ancien colombier.

CHÂTEAU MÉDIÉVAL ★

Quartier des Bruyères
✆ 02 32 56 35 76
www.amcp27.fr
Accès libre et gratuit. Visite commentée pour les groupes sur RDV, à partir de 5 personnes : 2 €/adulte, 1 €/enfant

Au cœur de la vallée de la Risle, sur un éperon avec vue panoramique imprenable, le château médiéval de Montfort est inscrit aux Monuments historiques. Il vous livrera tous les secrets de la Normandie ducale alors qu'Hugues II de Montfort accompagnait Guillaume le Conquérant dans sa conquête de l'Angleterre. Situé sur un lieu stratégique à 120 m d'altitude, le château de Montfort fut édifié en 1035 par le vicomte Hugues Ier qui mourut au combat en défendant Guillaume, futur duc de Normandie. Un lieu chargé d'histoire à découvrir absolument !

BUREAU D'INFORMATIONS TOURISTIQUES

5, place des Annonciades ✆ 02 32 56 35 76
www.tourisme-pontaudemer-rislenormande.com
De fin mars à fin octobre : ouvert du mardi au samedi de 9h30 à 12h30 et de 14h30 à 18h. Accès Wifi gratuit.

Située à une quarantaine de kilomètres de Honfleur et de la côte normande, découvrez la vallée de la Risle, son riche passé historique, ses étangs pour pêcher, sa rivière pour pratiquer le kayak… Au centre de ce chef-lieu de la Communauté de communes Pont-Audemer/Val de Risle, le chaleureux bureau touristique de Montfort vous accueille pour vous faire découvrir tous les trésors de la région, dont les meilleurs sentiers de randonnée et les plus belles visites à effectuer.

L'ATELIER DU BON GOÛT €€

2, route de Montfort -
SAINT-GEORGES-DU-VIÈVRE ✆ 02 79 05 05 00
https://latelier-du-bon-gout.fr
Lundi 9h-22h, mercredi-jeudi 9h30-22h, vendredi 9h30-20h, samedi 9h30-22h. Carte 15 € environ.

L'Atelier du Bon Goût fait partie de ces établissements inclassables, à la fois épicerie fine, bar-café, restaurant et lieu de vie et de rencontre incontournable pour les habitants du coin. Vous y découvrirez toute une sélection de produits frais, de paniers gourmands, de terrines et autres merveilles du terroir, et aurez également l'occasion de vous attabler afin de goûter à la spécialité de l'établissement : le hamburger, qui se décline ici à toutes les sauces. L'Atelier du Bon Goût organise régulièrement des événements : soirées à thème, jeux de société, etc.

LE BEC-HELLOUIN ★★★

Écrin de verdure déposé entre deux longues phalanges forestières, le petit bourg du Bec-Hellouin a été classé en 2006 parmi les plus beaux villages de France, et il le mérite largement ! Bien entendu, la présence de l'abbaye Notre-Dame-du-Bec, haut lieu de spiritualité, dont la haute tour carrée à l'architecture unique qui domine la vallée du Bec, ajoute à ses attraits. Sa situation privilégiée au cœur du bocage normand et ses vieilles maisons à colombages en font une destination touristique prisée, d'autant que le village abrite quelques boutiques indépendantes. À admirer également, la prouesse technique du viaduc de l'A28 qui enjambe la vallée !

ABBAYE DU BEC-HELLOUIN ★★★

3, place de l'Abbé-Herluin ✆ 02 32 43 72 60
www.bec-hellouin.fr
Uniquement sur visite guidée : tlj en semaine (sauf mardi) à 10h30, 15h et 16h. Dimanche et fêtes, à 12h, 15h et 16h.

© VINCENT GUERRIER

C'est dans un paysage bucolique que le chevalier Herluin, originaire de Brionne, choisit de s'installer et de fonder une abbaye au XIe siècle. Notre-Dame-du-Bec est l'une des plus belles abbayes de Normandie. La visite guidée permet de découvrir les bâtiments conventuels, le logis de l'abbé, le cloître… L'arrivée sur le site, avec la haute tour clocher Saint-Nicolas du XVe siècle dominant la vallée du Bec, est magnifique. La bibliothèque des moines (90 000 ouvrages !) est ouverte au public. La boutique de l'abbaye commercialise des faïences et des bougies.

EURE

FERME BIOLOGIQUE DU BEC-HELLOUIN

1, sente du Moulin-au-Cat ✆ 02 32 44 50 57
www.fermedubec.com
Boutique : ouverte tous les vendredis de mai à fin novembre de 15h à 19h. Adulte : 10 € (6-14 ans 5 €).

La ferme biologique du Bec-Hellouin est sans conteste une ferme modèle, où s'invente l'agriculture de demain, et un choix de vie cohérent. Charles, après 22 ans d'expéditions autour de la planète, a posé ses valises en 2004, acheté cette ferme du Bec et créé avec sa femme Perrine, juriste internationale de formation, une exploitation agricole biologique, où croissent et fructifient près de 800 espèces, préservant ainsi la biodiversité.

Il est possible de visiter les jardins de cette ferme qui produit des aliments de la meilleure qualité possible selon les principes de la permaculture. L'accès, uniquement le vendredi en saison, est payant. Charles et Perrine proposent en outre des stages et formations, qui connaissent un franc succès, en accord avec leur philosophie (création d'un potager bio, utilisation d'un four à bois, traction animale : labourer son jardin à l'aide d'un âne, d'un cheval ou d'un poney...). A noter que c'est d'ici que proviennent les produits délicieusement préparés que vous dégusterez au Logis de Brionne.

Une vraie caverne d'Ali Baba ! Leur boutique propose la production de la ferme biologique du Bec : cidre, poiré, jus de pomme, sirops et confitures, pain au levain, miels, plantes aromatiques et médicinales, légumes oubliés, etc. Attention, elle est ouverte uniquement le vendredi en saison ! Sachez que Perrine partage également volontiers ses délicieuses recettes de butternut, potimarron et autre panais. A bon entendeur...

AUBERGE DE L'ABBAYE €€

12, place Guillaume-le-Conquérant
✆ 02 32 44 86 02
www.hotelbechellouin.com
Du mercredi au dimanche le midi et le soir. Fermé de début décembre à fin janvier. Menus de 16 € à 44,50 €

Installée dans une demeure du XVIIIe siècle à la superbe façade en pierre et en bois, l'Auberge de l'Abbaye propose une cuisine traditionnelle dans un décor champêtre. Ici, les mets normands sont à l'honneur à travers des créations innovantes comme le filet de bœuf normand rôti, l'onglet de veau poêlé ou la tartiflette au camembert et poisson. Vos papilles se régaleront tout autant à l'arrivée de la carte des desserts qui propose crème brûlée, riz au lait à l'orange ou un savoureux fondant au chocolat maison. L'établissement est également un hôtel 3 étoiles.

LA CRÊPE DANS LE BEC €€

2, place de l'Abbé-Herluin ✆ 02 32 47 24 46
http://lacrepedanslebec.fr/
Ouvert du jeudi au mardi de 12h à 13h30 et de 19h à 20h30. Galettes : de 7,5 € à 15,90 €. Crêpes : de 6,90 € à 7,40 €

Située au pied de l'abbaye, La Crêpe dans le Bec propose à sa clientèle des produits frais et bien travaillés, qui ravissent à la fois nos papilles et notre porte-monnaie. L'hiver, venez déguster une crêpe au coin du feu tout en admirant l'abbaye sous un jour rendu différent par les couleurs de la nuit. Ici toutes les conditions sont réunies pour passer un moment agréable dans un endroit à l'image des propriétaires : convivial et chaleureux ! Conseil futé : pendant l'été, n'oubliez pas de réserver à l'avance. Victime de son succès, le restaurant est souvent plein.

L'ANTRE DE CLOCHES

1, rue Lanfranc
✆ 06 16 51 63 07
Ouvert du mercredi au samedi de 14h à 18h. Terrasse. Boutique.

A deux pas de l'abbaye du Bec-Hellouin, ce charmant salon de thé et sa boutique proposent à leurs visiteurs une large sélection de produits artisanaux, comme des chocolats Patrice Chapon, des tisanes bio, des sucreries locales, des bouillottes fabriquées à la main et des biscuits d'antan. La boutique est également spécialisée en cafés du monde et en chocolats chauds maison, à déguster soit sur place après la visite de l'abbaye par exemple, soit à emporter pour ramener un souvenir du Bec-Hellouin. Une boutique indépendante parfaite pour (se) faire plaisir !

LA MAISON D'HELLOUIN

2, rue du quartier burcy
✆ 09 66 88 13 49
www.lamaisondhellouin.com
Lundi-mardi 14h-18h ; mercredi-dimanche 10h-19h. Les horaires seront modifiées pendant la période estivale.

Plus qu'une simple épicerie du terroir, plus qu'une simple galerie et bien plus encore qu'un magasin de décoration, la Maison d'Hellouin est un lieu de vie à part entière, où l'on se plaît à flâner entre tableaux impressionnistes, savons artisanaux et meubles anciens. Installée à deux pas de la célèbre abbaye, la boutique ne ressemble à aucune autre. Vous y trouverez différentes sortes de miels et de cidres de Normandie, des objets décoratifs en céramique, des œuvres d'artistes locaux ou encore des parfums d'ambiance pour la maison.

BRIONNE ★

Cette petite ville, dominée par son donjon du XIIe siècle, abrite un beau patrimoine qui témoigne de son histoire : on s'attarde sur l'église Saint-Martin, dont la tour clocher est aussi du XIIe siècle, sur la chapelle Sainte-Mère-de-Dieu du XIVe, et sur le manoir XVIIIe en briques des ducs de Lorraine, seigneurs du château d'Harcourt tout proche, et sur l'ancienne justice de paix. Arrêtez-vous également à la champignonnière qui fut également un refuge pendant la Seconde Guerre mondiale. Dotée d'une belle base de loisirs, cette petite cité commerçante ne manque pas de charme ! C'est aussi un point de départ idéal pour parcourir la vallée de la Risle.

DONJON ★

Sentier du Vieux-Château
✆ 02 32 45 70 51
tourisme.bernaynormandie.fr/
Ouvert toute l'année. Accès libre. Gratuit. Visite guidée possible.

Construit à la fin du XIe siècle afin de défendre la vallée de la Risle, le donjon de Brionne fait partie des rares donjons carrés normands encore debout. Notez l'épaisseur de ses murs, près de 4 mètres, et admirez les vestiges des baies et d'une cheminée, cette dernière étant comme suspendue dans le vide ! Démantelé au XVIIIe siècle par les seigneurs de Brionne, cet édifice marque le paysage de sa puissance et reste le symbole phare de la ville malgré son rôle mineur pendant la Guerre de Cent Ans. Depuis les hauteurs, la vue panoramique vaut vraiment le détour.

ÉGLISE SAINT-MARTIN ✝

11, place de l'Église
✆ 02 32 44 81 88
www.tourisme.bernaynormandie.fr
Ouvert toute l'année. Accès libre de 8h à 19h. Gratuit. Visite guidée sur RDV.

L'histoire de l'église de Brionne est celle d'une longue série de destructions et de reconstructions : fondée en 1030, détruite totalement en 1124 par Henri II d'Angleterre, elle a été rebâtie en 1183, puis à la fin de la Guerre de Cent Ans. L'édifice actuel date de 1458, mais conserve deux rangées de piliers rectangulaires de la fin du XIIe siècle, ainsi qu'une tour carrée et d'autres éléments romans et gothiques de la même époque. À l'intérieur, vous découvrirez la contre-table du maître-autel dessiné vers 1694 par le moine-architecte Guillaume de la Tremblaye.

OFFICE DE TOURISME BERNAY TERRES DE NORMANDIE

1, rue du Général-de-Gaulle ✆ 02 32 44 05 79
www.tourisme.bernaynormandie.fr
Ouvert du mardi au samedi de 10h à 13h. Fermé du 1er octobre au 31 mars excepté en période de vacances scolaires.

Une visite s'impose puisque cet office de tourisme est aménagé dans un ancien pressoir à pommes réhabilité, toujours visible, dans les dépendances du manoir des seigneurs d'Harcourt. En dehors des nombreux dépliants touristiques, vous pourrez y obtenir de précieux renseignements sur les loisirs et les hébergements dans le canton de Brionne et y voir des expositions d'art. On vous proposera également une douzaine de randonnées à thèmes pour tous les âges.

LE CLOS DE LA RISLE €€

2, chemin du Clos-Philippot - **CALLEVILLE**
✆ 02 32 45 91 90
https://insolite-normandie.com
Gîte et roulotte : à partir de 200 € le WE et 580 € la semaine. Petit-déjeuner : 8 €. Panier pique-nique : 12,50 €.

Si vous rêvez de vacances atypiques, n'hésitez plus et optez pour cet hébergement insolite pour vivre la vie de bohème ! A l'ombre des pommiers, au cœur de la forêt, vous découvrirez deux roulottes pouvant accueillir jusqu'à 5 personnes. Elles disposent de tout le confort nécessaire. Les propriétaires proposent également un gîte dans une longère du XVIIIe siècle. Le site dispose par ailleurs d'une piscine couverte, d'un spa, d'une épicerie fine avec des produits du terroir (miel, cidre, pommeau...). Tout pour passer un bon séjour.

LE REFUGE DU CLOS DU MOULIN €€

56, rue des Fontaines ✆ 02 32 46 23 47
www.lerefugeduclosdumoulin.com
Tipi : de 75 € à 150 € la nuit. Chariot : 75 € la nuit. Yourte : de 150 € à 225 € la nuit. Ouvert toute l'année.

Tipi, yourte ou chariot de western, choisissez votre abri pour ce séjour insolite. Sandrine et Olivier, les propriétaires du domaine, vous proposent des hébergements nomades nichés en pleine la nature, à proximité du Bec-Hellouin, de Lisieux et de Rouen. C'est dans la vallée de la Risle, sur des terres luxuriantes et à deux pas de la forêt, que le Refuge du Clos du Moulin vous invite à vous retirer dans une atmosphère empreinte de sérénité, propice à l'évasion et au dépaysement.

BERNAY ★

Située au cœur de la Normandie, au sein du pays Risle-Charentonne, Bernay est labellisée Ville d'art et d'histoire depuis 2011, seule commune du département à posséder cette distinction. Découvrez un paysage architectural et historique unique. De son abbaye du XIe siècle à ses maisons à pans de bois des XVe et XVIe siècles, en passant par l'hôtel de la Gabelle, ses jardins, ses bois sculptés de monstres grimaçants et son musée des Beaux-Arts, Bernay offre des promenades le long de la Charentonne et du Cosnier et propose des circuits découverte. Une cité agréable dotée d'un large tissu associatif et d'une desserte routière et ferroviaire importante.

ÉGLISE SAINTE-CROIX ✞ ★

90, rue Thiers
✆ 02 32 43 32 08
www.bernaytourisme.fr
Accès libre. Ouvert tous les jours. Gratuit.

Commencée en 1374, la construction de cette église ne fut achevée qu'à la fin du XIXe siècle. L'ensemble forme une composition gothique cohérente malgré les apports du classicisme (XVIIIe siècle) et du néogothique de la fin du XIXe. La façade est de style composite avec une statue de sainte Hélène en bois (1724). La tour carrée est de pur style gothique flamboyant. La façade de ce joyau classé à l'Inventaire des Monuments historiques a bénéficié d'une superbe rénovation en 2007. Elle est depuis lors mise en valeur par des illuminations nocturnes.

ABBATIALE NOTRE-DAME ✞ ★

1, place Gustave-Héon
✆ 02 32 46 63 23
Visite du mardi au dimanche. Du 1er octobre au 31 mai : 14h-17h30. Du 1er juin au 30 septembre : 11h-18h. Gratuit.

C'est l'un des plus grands trésors de Bernay. Bâtie au XIe siècle, l'abbaye dévoile une architecture typique et pionnière de l'art roman en Normandie. On ne manquera pas de découvrir sa très belle série de chapiteaux sculptés de motifs végétaux, de personnages et de monstres. Le monument fut reconstruit aux XVIIe et XVIIIe siècles. Depuis la Révolution, il a abandonné toute vie monastique. Les bâtiments du monastère abritent aujourd'hui l'Hôtel de Ville, le musée municipal et le tribunal. L'abside et la salle capitulaire font partie de la visite du musée.

MUSÉE DES BEAUX-ARTS 🏛 ★

Place Guillaume-de-Volpiano ✆ 02 32 46 63 23
www.bernay27.fr/pole-culture/le-musee
Du lundi au vendredi de 8h30 à 12h et de 13h30 à 17h ; le week-end de 14h à 18h. Adulte : 5 €. Tarif réduit : 3 €.

Conçu sur le modèle du Louvre, le musée abrite des collections artistiques et historiques réparties sur deux niveaux. On y trouve une salle dédiée à la collection d'arts décoratifs mais aussi des peintures de l'école italienne, de l'école du Nord, des moulages d'inscriptions et de sculptures mésopotamiennes, des collections préhistoriques et gallo-romaines, et de nombreux vestiges de l'histoire locale. Ce musée très vivant programme des expositions temporaires, des spectacles et des activités pour petits et grands : visites à thème, conférences, jeux découverte...

BASILIQUE NOTRE-DAME-DE-LA-COUTURE ✞ ★

1, rue de la Fontaine-Saint-Germain
www.bernaytourisme.fr
Accès libre et gratuit. Ouvert tous les jours de 9h à 18h. Visite guidée.

La basilique Notre-Dame-de-la-Couture tient son nom de la déformation du mot culture, terres labourées sur lesquelles elle a été édifiée. Bâti à la fin du XIVe siècle sur un ancien site religieux mérovingien, le bâtiment actuel fut sans cesse agrandi et restauré jusqu'au XIXe siècle où, à la faveur des innovations de Viollet-le-Duc, les voûtes sont remaniées. On y découvre une crypte, une belle collection de vitraux et un orgue, qui lui permet d'accueillir régulièrement des concerts.

LE PHILADELPHUS ⚘

62, La Bertinière - **GIVERVILLE** ✆ 02 32 45 98 70
www.eure-tourisme.fr
Ouvert du 16 mai au 20 septembre : le week-end de 14h à la nuit et sur rendez-vous les jours de semaine. Adulte : 5 €.

Le Philadelphus est un arbuste à fleurs plus communément connu sous le nom de jasmin des poètes... C'est donc tout un programme qui vous attend ici, dans ce superbe jardin botanique resté sauvage, où vous découvrirez de nombreuses espèces différentes d'arbres, d'arbustes et de plantes venus des quatre coins de la planète. Le lieu est agrémenté de cabanes pouvant vous accueillir vous et votre pique-nique, pour un moment de dépaysement et de détente garanti. Un véritable havre de paix réalisé, tenu et expliqué par un passionné de nature et de voyage.

LE MOULIN

2, rue de la Charentonne
✆ 02 32 47 42 00
www.bernay27.fr/pole-culture/le-moulin/
Ouvert du mardi au vendredi de 13h30 à 18h30 ; le samedi de 13h30 à 18h. Hors carte culture : de 15 € à 35 € l'adhésion.

Centre culturel de la ville de Bernay, Le Moulin est un mélange de médiathèque et de ludothèque, tranquillement installé dans un moulin à l'architecture du XIXe siècle et dans une extension en béton et en verre. Moderne, connecté mais malgré tout traditionnel, le lieu a pour ambition d'ouvrir la culture à tous : conférences et débats, lecture publique, musique, vidéo, numérique, jeux… Ici on a accès à tout, et chaque activité possède son propre espace pour que chacun y trouve sa place. Les possesseurs de la carte Culture bénéficient de l'entrée gratuite.

CHAMBRE D'HÔTES ABBATIALE €€

13, rue de l'Abbatiale ✆ 02 32 45 15 23
https://chambre-hotes-bernay.wixsite.com/abbatiale
4 chambres. Chambre double à partir de 54 € ; chambre triple à partir de 70 €. Petit déjeuner inclus.

Juste en face de l'abbatiale et du musée, cette chambre d'hôte est idéalement placée pour un week-end culturel ou une nuit à Bernay. Avec ses quatre chambres (deux doubles, une triple et une suite) avec vue sur l'abbaye et sur la Charentonne qui coule à ses pieds, cette superbe bâtisse normande ancienne vous offrira tout le confort et le calme pour poser vos valises. La suite avec sa cheminée, son bureau, son canapé et son piano, est particulièrement agréable pour un repos complet.

LA BELLE HISTOIRE €€

46, rue Thiers
✆ 02 27 19 62 45
www.labellehistoire-bernay.fr/
Ouvert du mardi au vendredi de 8h à 18h ; le samedi de 8h à 18h30. Plats de 9,50 € à 12 €.

Au coin de la rue Thiers et de la rue Robert-Lindet, cette superbe maison à colombages du XVIe siècle abrite un salon de thé-restaurant très agréable où vous pourrez déguster des plats et des desserts faits maison et de qualité. Au plat du jour à midi, selon la saison, vous aurez le choix entre burger savoyard, tarte nordique, salade mixte au thon ou encore tartine ibérique. Pour y prendre un petit déjeuner ou venir à l'heure du thé, cakes, moelleux et cookies vous y seront proposés, ainsi que des jus de fruits frais, le tout réalisé par Sindie et Michèle.

OFFICE DE TOURISME BERNAY TERRES DE NORMANDIE

29, rue Thiers
✆ 02 32 44 05 79
https://tourisme.bernaynormandie.fr
BS : lun - ven 9h30-12h30 et 14h-17h, sam 9h30-13h et 14h30-17h. HS lun - sam 9h30-13 h et 14h-18h, dim 10h-13h

L'office de tourisme est situé dans la rue principale de Bernay et dispose de cinq autres accueils touristiques sur son vaste territoire. Vous pourrez y trouver toute la documentation nécessaire pour découvrir la première commune de l'Eure labellisée Ville d'Art & d'Histoire. Randonnées pédestre, cyclo et équestre… Vous y obtiendrez toutes les infos pour passer un séjour au vert ressourçant ! N'hésitez pas à rejoindre l'un des circuits découverte de la ville et des alentours !

© F. GRIMAUD

© F. GRIMAUD

EURE

LE BISTROT DE BERNAY €€

21-23, rue Gaston-Folloppe
✆ 02 32 46 23 60
www.lebistrotdebernay.com
Du mardi au samedi de 12h à 14h et de 19h à 21h30. Réservation recommandée. Menus de 21,50 € à 28,50 €. Carte : 25 €.

Bien connu à Bernay, ce restaurant situé dans la rue des brocanteurs et des antiquaires propose une cuisine traditionnelle à déguster dans le cadre historique d'une maison à colombages du XVe siècle, ancienne cour des miracles ! Vous y dégusterez de bons petits plats maison dans une salle avec cheminée : un grand choix de tartiflettes et de salades, mais aussi des plats traditionnels normands comme les fameuses tripes au cidre. Vous pourrez également profiter du coin bar façon pub, ainsi que de la cour intérieure couverte et chauffée l'hiver.

LES TERRASSES DE BROGLIE €€

5 bis, rue Augustin Fresnel - **BROGLIE**
✆ 02 27 19 15 92 - www.terrassesbroglie.com
Ouvert du mercredi au samedi de 12h à 14h et de 19h à 21h ; le dimanche de 12h à 14h. Menus de 16 € à 28 €.

C'est au cœur du village de Broglie que ce charmant restaurant vous accueille dans sa salle cosy, sous sa lumineuse véranda ou sur sa terrasse pittoresque. Il vous y sera servi une cuisine légère et sophistiquée, réalisée dès que possible avec des produits locaux et de saison. Comment ne pas tomber sous le charme du cadre verdoyant et des petits plats faits maison ? Au menu, selon les arrivages : une brochette d'aiguillettes de canard aux pruneaux, un dos de cabillaud et son risotto menthe fraîche... L'établissement propose aussi cinq jolies chambres et un gîte.

LE BRIN D'ZINC

32, rue Gaston-Folloppe
✆ 02 32 43 68 00
Ouvert du mardi au vendredi de 16h à 0h30 ; le samedi de 11h à 14h30 et de 17h à 0h30. Animations. Concerts.

Une adresse sympathique et animée en plein centre de Bernay, dans la rue dite « des Antiquaires » ! Chez Hervé, c'est à la fois un excellent bar à whiskys et une ambiance tantôt cosy, tantôt très vivante (le bar est l'un des repères préférés des lycéens de Bernay). Chaque mois, deux concerts sont organisés, soit en plein air l'été, soit à l'intérieur l'hiver, avec des artistes, parfois même de renom, venus des quatre coins de la planète pour se produire ici. Mention spéciale pour l'accueil incomparable du patron, devenu une figure locale !

BRÛLERIE DE BERNAY

12, rue du Général-de-Gaulle
✆ 02 32 46 47 74
Ouvert le mardi de 9h à 19h ; du mercredi au samedi de 9h à 12h30 et de 14h30 à 19h.

Sébastien Lerat, ancien ouvrier automobile et Meilleur Torréfacteur de France en 2013, détient la brûlerie la plus attractive de la région. Machines à café à filtre, à l'italienne, à expresso, ateliers découverte, capsules compatibles avec les grandes marques, mais aussi cafés en grains et moulus venus de tous les continents, ou encore thés en vrac et autres infusions, la Brûlerie de Bernay est la boutique favorite des amateurs de café, mais pas uniquement ! On y retrouve en effet des thés, des tisanes, ainsi qu'une belle collection de tasses et de théières.

GOLF PASTORAL DE LA CHARENTONNE

117, rue du Val-de-la-Couture
✆ 06 45 86 45 56
Ouvert du lundi au vendredi de 10h à 12h et de 14h à 19h ; le week-end de 9h à 12h et de 14h à 19h. Abonnement : 380 €.

Découvrez, tout près du centre-ville de Bernay, le plus petit golf homologué du monde ! Ce golf de 9 trous, 100 % écolo, est implanté sur un site classé Natura 2000 et engagé dans une démarche d'entretien et de gestion responsables, avec par exemple l'utilisation de moutons et de poneys pour tondre, aucun produit chimique, et aucune consommation d'eau. Le parcours 9 trous de 1 381 m (par 29) est complété par un parcours *Pitch & Putt* de 18 trous, tous deux homologués en 2011.

VOIE VERTE DE BERNAY À BROGLIE

Boulevard Dubus
✆ 02 32 43 32 08
www.eure-voiesvertes.fr
Ouvert toute l'année.

La voie verte court du centre-ville de Bernay jusqu'à Broglie, en traversant de jolis paysages de campagne ponctués de moulins toujours en activité et de charmantes demeures normandes. Au total, ce sont 13 kilomètres de voie qui permettent de découvrir la pittoresque vallée de la Charentonne. Dessus se côtoient les cyclistes, les passionnés de roller et les marcheurs, sur une petite route goudronnée et interdite aux véhicules motorisés et aux cavaliers.

LE PIAF

11, Boulevard Dubus

✆ 02 32 46 64 47

https://bernay27.mapado.com/

De 0 à 15 €. Carte culture : 5 €.

Du théâtre musical ou non, de la danse, des ciné-concerts, des spectacles de magie ou d'humour, des concerts, que ce soit du classique, du jazz ou ce qu'on appelle des musiques actuelles, Le Piaf est la salle culturelle de Bernay. Inaugurée en octobre 2018, elle propose une programmation pour le moins variée, avec l'intervention régulière d'artistes connus aux quatre coins du pays, et même du monde ! À noter la retransmission des opéras de l'institution rouennaise, et des spectacles hors les murs, comme des promenades poétiques à l'abbatiale.

HARCOURT

Un village qui doit son nom à son superbe château, berceau de la famille d'Harcourt, barons normands d'envergure au Moyen Âge et qui ont été à l'origine d'une lignée prestigieuse. À deux pas de Brionne et du Bec-Hellouin, on y découvre aussi une jolie place avec son église, l'ancien prieuré Notre-Dame-du-Parc et quelques maisons d'époque. Quel plaisir de déambuler au cœur de son arboretum, d'admirer ses châteaux et d'approcher son hôtel de ville, ancienne halle bâtie au Moyen Âge qui a conservé toute sa superbe malgré le passage du temps ! Une belle échappée dans l'histoire normande vous attend lors de votre découverte d'Harcourt...

LE COMPTOIR DE L'ARBORETUM €€

1 Place du Général Chrétien

✆ 02 27 19 12 79

Du mardi au dimanche de 12h à 14h ; le vendredi et le samedi de 19h à 21h30. Menus de 25 à 45 €.

Au Comptoir de l'Arboretum, la cuisine, c'est une affaire de famille ! L'établissement a été entièrement rénové et dispose d'une salle chaleureuse pouvant accueillir jusqu'à 60 personnes. Au menu, on retrouve les classiques d'un bistrot-grill traditionnel, avec en bonus des spécialités végétariennes pour ceux qui ont renoncé à la viande ! Les plus gourmands pourront aussi compter sur des desserts maison savoureux comme les profiteroles du comptoir ou le crumble aux fruits du comptoir.

CHÂTEAU ET ARBORETUM D'HARCOURT ★★

13, rue du Château

✆ 02 32 46 29 70

www.harcourt-normandie.fr

Du 1/03 au 15/06 et du 15/09 au 15/11 : de 14h à 18h (sauf le mardi). Du 16/06 au 14/09 : de 10h30 à 18h30 tlj

Le domaine d'Harcourt est un endroit magique où l'on peut, le temps de quelques heures, conjuguer à la perfection histoire et nature. Installé sur un parc de 11 hectares, le château médiéval permet aux visiteurs de plonger dans des siècles d'histoire. Le domaine possède également l'un des plus vieux arboretums de France. Vous aurez l'occasion d'y admirer des hêtres tortillards, des cyprès chauves, d'impressionnants séquoias et des cèdres, pour certains, vieux de près de deux siècles.

© DOMAINE D'HARCOURT

© DOMAINE D'HARCOURT

EURE

LE NEUBOURG

Neubourg était une place forte du duché normand au Moyen Âge. La forteresse, autrefois château fort, vit de nombreux ducs et rois y séjourner et subit les conséquences de la guerre de Cent Ans. Aujourd'hui nommé vieux château, l'édifice compte peu de vestiges de sa construction au XIIe siècle par Roger de Beaumont. La commune est aujourd'hui le centre d'un riche plateau agricole, ce dont témoigne bien l'activité de son marché hebdomadaire. À découvrir aux alentours : le château du Champ de Bataille, la voie verte reliant Évreux au Bec-Hellouin, et la floraison des champs de lin, dont la culture a été relancée avec succès ces dernières années.

© TOM PEPEIRA - ICONOTEC

Façade à colombages - Le Neubourg.

JARDINS DU CHÂTEAU DU CHAMP DE BATAILLE

8, route du Château © 02 32 34 84 34
www.chateauduchampdebataille.com

Jardins ouverts d'avril à octobre tlj 14h-18h ; Château : 14h-18h : samedi, dimanche & jours fériés. Tlj juillet & aout.

Tirant son nom d'un affrontement qui eut lieu en 935 entre les armées du comte de Cotentin et celles de Guillaume Longue-Épée, le site vit la construction en 1651 de la résidence du comte de Créqui. Ce palais somptueux a été racheté et rénové dans les années 1990. Un chantier titanesque et un résultat versaillais ! En quelques années, il ressuscite Champ de Bataille et ses splendeurs princières, livrant un enchaînement de salons, de galeries et de bibliothèques richement décorés.

LE MOULIN AMOUR

Route du Moulin - **SAINT-OUEN-DE-PONTCHEUIL**
© 02 35 77 54 44
www.moulinamour.com

Ouvert le dimanche et les jours fériés de 14h30 à 18h30. En semaine sur réservation. Adulte : 4 €. Tarif réduit : 2 €.

Situé entre Le Neubourg et Elbeuf, le Moulin Amour est l'un des monuments historiques les plus importants et les plus anciens de la région puisqu'il était déjà mentionné au XVe siècle. En fonction jusqu'au début de la Première Guerre mondiale, il fut ensuite réhabilité et fonctionne à nouveau depuis 1993. Il est d'ailleurs aujourd'hui l'unique moulin à eau du genre encore en marche dans tout le département. Si vous avez envie de goûter à une farine traditionnelle et authentique et que vous passez dans le coin, arrêtez-vous ici pour en acheter un ou deux kilos.

MUSÉE DE L'ÉCORCHE D'ANATOMIE

54, avenue de la Libération © 02 32 35 93 95
www.musee-anatomie.fr

Du mercredi au dimanche & les jours fériés de 14h à 18h. Gratuit jusqu'à 10 ans. Adulte : 5 €. Enfant (10-18 ans) : 4 €.

Voilà un musée pour le moins original ! Ouvert en 1995, le musée de l'Ecorché d'Anatomie dévoile une collection unique... Savez-vous comment l'on formait les médecins au XIXe siècle ? Avec les moulages et modèles anatomiques du Dr Auzoux : réalisés en carton, coulés dans des moules en plomb, ils reproduisaient chaque partie du corps humain de manière hyper-réaliste. Le musée présente des modèles de matériel de fabrication et une collection d'histoire naturelle sur la faune et la flore.

OFFICE DE TOURISME DU PAYS DU NEUBOURG

Place du Maréchal-Leclerc
© 02 32 35 40 57
www.tourisme.paysduneubourg.fr/

HS : mar-ven de 10h à 12h30 et de 14h à 17h ; WE de 10h à 17h. BS : mer & sam matin et AM ; jeu & ven de 14h à 17h.

Vous trouverez dans cet office de tourisme tout ce que vous devez savoir sur les 41 communes de la région, y compris les visites incontournables et événements programmés, les hôtels et les restaurants. Le nouveau site internet (sorti à l'été 2020) vous apportera un certain nombre d'informations supplémentaires sur les communes environnantes, les manifestations, expositions et randonnées sur le territoire. Un accès WiFi H24 gratuit est disponible sur place.

LE BAS DU PRÉ €€

5, rue du Bas-du-Pré - **MARBEUF**
✆ 02 32 35 00 26
www.gitelebasdupre.com
Gîtes de France (3 épis). Pour 10 personnes (135 m², 4 chambres). De 350 € à 550 € la semaine selon saison. Wifi.

Pour un séjour de repos en pleine campagne, avec immersion au cœur d'une ferme en activité, c'est au Bas du Pré qu'il faut aller ! Ici les agriculteurs travaillent le blé, les betteraves sucrières, le lin pour le textile, ou encore le colza, et vous feront vivre au plus près leur activité. Le gîte en lui-même est confortable, avec 4 chambres agréables et toutes refaites à neuf pour vous accueillir le temps d'un week-end ou d'une semaine. Les salles communes, tout en poutres et en briques, sont elles aussi très sympathiques avec leur cheminée.

GÎT'ÂNE ÉVASION €€

16, rue Valcrocq - **LE BEC-THOMAS**
✆ 02 32 35 25 53
www.git-ane-evasion.com
2 chambres (et 1 gîte). Chambre double de 65 € à 70 €. Petit-déjeuner inclus. Gîte (5 pers) : 295 € à 395 € la semaine.

Bienvenue dans la vallée de l'Oison ! Gît'Âne Evasion est l'endroit rêvé pour se détendre en famille en pleine nature. Vous pourrez profiter du jardin, découvrir la mini-ferme et profiter d'une promenade en attelage ou d'une balade avec les ânes bâtés... Plus futé : vos hôtes mettent à disposition une cuisine équipée. Le petit-déjeuner servi dans la salle à manger de la famille est très copieux. N'hésitez pas à goûter aux excellentes confitures maison ! Gît'âne Évasion dispose aussi d'un gîte pouvant accueillir jusqu'à 5 personnes, idéal pour un week-end familial.

LA LONGÈRE €€

1C, rue du Docteur-Couderc ✆ 02 32 60 29 83
restaurant-la-longere.fr
Ouvert du mardi au dimanche de 12h à 13h45 ; le mardi et du jeudi au samedi de 19h à 21h30. Menus de 30 € à 69 €.

De l'extérieur, la demeure possède le charme caractéristique des longères normandes, ces habitations bucoliques tout en longueur. Convertie en restaurant moderne par un couple de passionnés, La Longère possède un intérieur épuré, à l'image du montage de ses assiettes. Des plats audacieux y défilent, de la mise en bouche au dessert. Ils se présentent sous toutes sortes de formes, de textures, de couleurs et ne manqueront pas de vous étonner. Le service y est accueillant et aux petits soins. La terrasse est particulièrement agréable pour prendre un apéritif.

LA TABLE DE TOM €€

46, avenue de la Libération
✆ 02 32 24 14 29
Du mardi au jeudi de 12h à 14h et de 19h à 21h30 ; vendredi et samedi de 12h à 14h30 et de 19h à 22h. Carte : 30 € env.

La Table de Tom est un restaurant-grill qui vous réserve, derrière sa façade toute en retenue, le meilleur de la cuisine française traditionnelle. Si vous voulez goûter à des plats généreux, réalisés avec des produits de qualité, et surtout avec passion, c'est ici qu'il faut aller ! Le service y est rigoureux et les tables joliment dressées. En entrée, optez pour le mariage parfait du filet de haddock poché et sa sauce beurre blanc. Puis n'hésitez pas à tester le magret de canard fermier à l'orange, pour finir par une savoureuse poire pochée au vin rouge...

L'ACOUSTICA

14, place du Maréchal-Leclerc
✆ 02 32 35 00 45
Ouvert du mardi au jeudi de 9h à 0h ; le vendredi de 9h à 1h ; le samedi de 10h à 1h. Cocktails 5 € à 7 €. Terrasse.

À L'Acoustica, vous êtes sûr de trouver de la bonne humeur à tout moment. Avec sa terrasse pour les beaux jours, l'adresse propose des cocktails et une belle carte avec tous les ingrédients pour passer une bonne et mémorable soirée entre amis. Sa spécialité ? Le cocktail du Grand Schtroumpf, dans lequel sont savamment mélangés curaçao, vodka et Schwepps Lemon. Vous pourrez, notamment lors des soirées de concert ou de match, savourer l'événement avec une généreuse assiette de charcuterie et fromage. Une adresse conviviale où passer un bon moment après le travail !

GOLF DU CHAMP DE BATAILLE

Allée du Champ-de-Bataille ✆ 02 32 35 03 72
golfchampdebataille.com
Ouvert toute l'année. Tous les jours de 9h à 19h. Green-fees : de 40 € à 78 € selon le jour et la saison.

Créé en 1990, ce golf compte 18 trous et de nombreux arbres centenaires et autres massifs de rhododendrons. Installé sur un domaine historique de 60 hectares, le parcours, réputé bien au-delà des frontières de la région, emprunte les vallées naturelles et traverse des pièces d'eau. Il s'enfonce dans les bois et permet de découvrir la nature préservée du site. Sur place, sont installés un practice, un pro-shop riche en matériel, en sportswear et en accessoires, ainsi qu'un restaurant.

BOURG-ACHARD ★

Ce bourg au cœur du Roumois (pays de Rouen) est une base intéressante grâce à ses nombreux sentiers de randonnées pour découvrir la forêt de Brotonne et la vallée de la Seine, pour rallier facilement Rouen et pour parcourir le Parc naturel des boucles de la Seine normande, la forêt de la Londe ou encore le village de La Bouille. Bourg-Achard est localement connu pour sa foire à la Bourette (3e week-end de septembre), une foire commerciale très ancienne. Découvrez l'histoire de ce bourg grâce au patrimoine bâti et aux musées comme le Moulin Amour, le manoir du Fay, le four à pain ou encore la Maison du lin. Une cité où il fait bon vivre...

MAISON DU LIN ★

2, place du Général-Leclerc - **ROUTOT**
✆ 02 32 56 21 76
Ouvert de mars à novembre. Entrée : 3 €.

Au XVIIIe siècle, les halles de Routot, capitale du lin en Normandie, se spécialisent dans la commercialisation des toiles de lin, une plante abondamment cultivée dans la région. Cet écomusée associatif est dédié à la culture et l'exploitation de la petite plante à fleurs bleues d'apparence délicate, mais très résistante. On découvre les outils pour la culture, l'arrachage et la transformation du lin, mais aussi le tissage et l'entretien des tissus. Expositions temporaires, démonstrations et Fête du Lin, en juin. Vente de linge de lit et de table à la boutique.

MOULIN À VENT

Rue du Moulin-de-Pierre - **HAUVILLE**
✆ 02 32 56 21 76
moulinavent27.wixsite.com/hauville
Ouvert du printemps à l'automne, l'hiver les jours d'animation. Gratuit jusqu'à 16 ans. Adulte : 3 €.

Dernier du genre encore en activité dans la région, ce moulin du XIIIe siècle arbore une tour de pierre élégante, une charpente en chêne et en roseau, et une toiture tournante. Il accueille régulièrement des manifestations comme des ateliers de fabrication traditionnelle, des contes et histoires racontés aux adultes comme aux enfants, des groupes de parole, des ateliers familiaux, des visites guidées et commentées du moulin... Un passage incontournable, soit pour un après-midi découverte, soit en coup de vent pour plonger dans l'histoire de la Normandie !

ASUKA €€

599, rue de Rouen
✆ 02 32 57 32 27
Ouvert du lundi au samedi de 11h30 à 14h30 & de 18h30 à 22h ; le dimanche de 18h30 à 22h. Carte : 25 € environ. Terrasse

Ouvert depuis à peine plus d'un an, ce restaurant japonais était attendu depuis un certain temps dans la région de Bourg-Achard ! L'établissement a le mérite de proposer un menu original, avec notamment un carpaccio de saumon flambé, un tataki de thon ou saumon à l'huile de truffe, une salade de calamars et ses petits légumes, un choix de ramen au poulet pané, au porc ou aux crevettes tempura, et même des brochettes de Saint-Jacques ou de gambas et d'autres au boeuf fromage. Difficile de ne pas trouver son bonheur tant la carte est riche et développée !

LA HAYE-DE-ROUTOT

Voici un village de 305 habitants à 3 km de Routot, en lisière de la forêt de Brotonne, au cœur du parc naturel des Boucles de la Seine normande, où il se passe beaucoup de choses ! La petite commune est connue pour ses deux ifs ancestraux et classés, âgés de plus de 1 600 ans, dont les troncs abritent deux chapelles construites au XIXe siècle, et que l'on visite tous les jours de mars à novembre. Mais La Haye-de-Routot est aussi (et surtout !) devenue un conservatoire très vivant du patrimoine rural avec un musée du Sabot, un four à pain en activité où vous pouvez déguster de délicieuses gourmandises, et la capitale de l'ortie et des légumes oubliés !

ÉCOMUSÉES DE LA HAYE-DE-ROUTOT ★

Grand'Rue ✆ 02 32 56 21 76
www.terresvivantes-normandie.fr/
Le dimanche de 14h à 18h de mars à novembre et tlj de 14h à 18h30 en juillet-août. Gratuit jusqu'à 16 ans. Adulte : 3 €.

Amoureux de la nature, de l'artisanat d'hier et d'aujourd'hui, écologistes, gourmets et amateurs du bien et du bon manger (et si possible bio !), familles en quête d'activités pleines de (bon) sens pour votre nichée, artistes, artisans... La Haye-de-Routot abrite quatre sites qui vous plongeront au coeur des saveurs et des techniques d'autrefois. Le four à pain, le musée du sabot, la chaumière aux orties et le jardin des herbes sauvages vous réservent de belles surprises !

EURE

VERNEUIL D'AVRE ET D'ITON

Fondée par Henri Ier Beauclerc, duc de Normandie et roi d'Angleterre, en 1120, Verneuil (aujourd'hui Verneuil-sur-Avre suite au regroupement avec la commune voisine de Francheville), bâtie entre l'Avre et l'Iton, était une ville frontière entre France et Normandie, alors matérialisée par l'Avre. La cité était défendue par une triple enceinte, aux fossés remplis par un détournement de l'Iton. De nombreux bâtiments, donjons, fortifications, fossés, tour de Guise (ancienne place forte de la guerre de Cent Ans) et édifices religieux témoignent de son passé. La ville compte également des maisons à tourelles du XVIe siècle, des façades à damiers et des anciens hôtels particuliers. Depuis, la proximité de Paris a fait de Verneuil-sur-Avre un lieu de villégiature. Les week-ends voient affluer les touristes venus de Paris pour se détendre et profiter des charmes de cette petite ville à la campagne. Ce n'est pas pour rien qu'elle fait partie des « 100 plus beaux détours de France » : les richesses architecturales, le calme ambiant, la présence d'eau et les nombreux espaces verts incitent à de bien agréables flâneries. Pour fêter le printemps, Verneuil accueille chaque année un délicieux Festival d'art naïf, et s'anime tout au long de l'été de manifestations variées (concerts, expositions, visites guidées...). On se déplace aussi pour son charmant marché du samedi matin et, bien sûr, pour le complexe de loisirs de Centers Parc, installé à quelques kilomètres de la ville, et que l'on peut maintenant rallier, depuis Verneuil, par la voie verte longue de 8,5 km.

ABBAYE SAINT-NICOLAS ✝

124, rue de la Place-Notre-Dame
✆ 02 32 32 17 17
www.normandie-sud-tourisme.fr/
Visites libres du RDC du mercredi au dimanche, de 14h à 18h, en juillet et août 2021. Visite guidée, 4 € par adulte.

Fondé en 1627 pour les moniales bénédictines, le prieuré a été érigé en 1631 en abbaye royale. Comptant jusqu'à 80 moniales à la fin du XIXe siècle, les dernières religieuses ont quitté le lieu en 2001. L'abbaye est entourée de vergers et de potagers verdoyants et était autrefois reconnue grâce aux « nonnettes », pain d'épice fabriqué par les habitantes. Actuellement propriété de la Communauté de communes de Verneuil-sur-Avre, elle fait l'objet d'un important programme de valorisation, avec un Centre de l'architecture et du patrimoine.

ÉGLISE ET TOUR DE LA MADELEINE ✝ ★

Place de la Madeleine
✆ 02 32 32 17 17
Ouvert toute l'année. Visites tous les jours sur réservation. Adulte : 3 €. Enfant (de 6 à 11 ans) : 1 €.

L'une des premières images que l'on découvre de Verneuil, à des kilomètres à la ronde, est bien sûr l'élégante silhouette de la tour de la Madeleine, dominant la ville du haut de ses 56 mètres. On y découvre une riche statuaire : une remarquable Mise au tombeau polychrome du XVIe siècle, une Vierge à l'Enfant du XIVe siècle ainsi qu'une Vierge à la pomme du XVe siècle. Ne manquez pas non plus d'admirer de remarquables vitraux ainsi qu'un orgue magnifique de la fin du XVIIIe siècle.

MAISONS ANCIENNES ★

rue du Pont-aux-Chèvres
www.normandie-sud-tourisme.fr/
Visite guidée ou libre. (A pied : 3 heures pour 1 à 5 pers : 60 €. En carrosse : 3 heures pour 1 à 4 pers : 320 €).

Vous découvrirez ici l'une des villes de l'Eure conservant les plus belles maisons anciennes. Promenez-vous au hasard des rues de Verneuil à leur rencontre : la maison à tourelle Renaissance, qui abrite aujourd'hui la bibliothèque, avec sa façade à damier de briques et de silex et ses sculptures ; celle de la rue Notre-Dame, sculptée de visages et d'entrelacs de fleurs ; la très pittoresque rue du Pont-aux-Chèvres avec ses demeures à colombages construites au bord du canal. Sans oublier les ruines des remparts que l'on découvre en se baladant autour de la cité.

LE DOMAINE DES 7 SENS €€

✆ 06 75 30 81 02
www.o7sens.com
11 chambres/4 chalets. Tarifs : de 80 € à 250 €. Petit-déjeuner : 10 €, restauration : de 15 € à 30 €.

Ce domaine éveillera vos 7 sens. Planté au beau milieu d'un écrin de verdure, il n'est situé qu'à 1h30 de Paris. Pouvant accueillir jusqu'à 40 personnes, vous séjournerez en chambres individuelles ou collectives et dans le parc on trouve quatre chalets indépendants. En soirée, un buffet vous est proposé, mais il est possible de privatiser un salon pour dîner à deux. Et pour faire la fête et plus si affinités, vous pouvez rejoindre le dancefloor et les espaces coquins. Afin d'agrémenter votre séjour, piscine couverte, espace fitness et service de massages.

EURE

FNAC

✆ 02 78 04 01 06

Ouvert du lundi au samedi à partir de 9h30 et jusqu´à 19h30.

Besoin de faire un cadeau ou de vous faire plaisir à vous-même sans pour autant courir jusqu'à la grande ville la plus proche ? Installée dans la galerie commerciale Intermarché de Verneuil-sur-Avre, la Fnac de Verneuil s'étend sur près de 500 m² pour vous proposer un large choix de livres, musiques et vidéos sous différents formats, ainsi qu'un rayon high-tech, jeux vidéo, informatique, TV. Un service de billetterie est mis à votre disposition pour vos places de concert et autres évènements. Le magasin est aéré et très agréable.

CONCHES-EN-OUCHE ★

Même si la ville compte encore des traces de l'occupation gallo-romaine, l'histoire de Conches commence vers 1034, lorsque les seigneurs de Tosny, descendants de Rollon, duc de Normandie, héritent de ce fief alors appelé Castellio, qui deviendra plus tard Châtillon. Au retour de leur pèlerinage à Saint-Jacques-de-Compostelle, ils s'arrêtent à Conques-en-Rouergue, où l'on célébrait le culte de sainte Foy, et ramènent des reliques de la sainte. Châtillon devient alors Conches. Les seigneurs édifient une forteresse de défense et un donjon et entourent la ville de murailles. Aux alentours, la forêt de Conches offre de superbes itinéraires de randonnées.

© BLUESKY6867

Le clocher sculpté de l'église Sainte-Foy de Conques-en-Ouche.

DONJON

11, place Aristide Briand ✆ 02 32 30 76 42

www.conches-en-ouche.fr

Accès libre et visites guidées sur réservation auprès de la Maison du Tourisme. Gratuit. Visite guidée.

Surplombant la commune de Conches-en-Ouche, les ruines du donjon rappellent le passé défensif du lieu. Édifié à la fin du XIe siècle par Roger III de Tosny, le château, alors composé d'un donjon et de cinq tours, était cerné par des murailles de 2,60 mètres d'épaisseur. Bâti en silex et entouré de profonds fossés, l'édifice donne une impression noble grâce aux enduits de mortier, mélangés à de la chaux et à du sable, visibles sur les murs et les embrasures des fenêtres. Au rez-de-chaussée, on y trouvait la réserve de vivres, bien utile lors des nombreux sièges.

ÉGLISE SAINTE-FOY ★

18, rue Sainte-Foy

✆ 02 32 30 04 32

www.conches-en-ouche.fr/

Accès libre. Ouvert de 8h à 20h. Messe dominicale : 10h30.

Entièrement reconstruite au 16e siècle dans le style gothique flamboyant, l'église Sainte-Foy se démarque par son clocher finement sculpté. Elle se caractérise par une nef à 8 travées, flanquée de bas-côtés et prolongée directement par un chœur à 7 pans. Ses vitraux forment une remarquable collection, témoin de l'art verrier du milieu du XVIIe siècle en Normandie. Sa tour méridionale est coiffée d'une flèche de 56 mètres de haut, copie exacte de la flèche originale qui s'écrasa un soir de tempête en 1842, brisant certaines verrières et faisant d'importants dégâts.

MUSÉE DU PAYS DE CONCHES ★

Rue Paul-Guilbaud ✆ 02 32 37 92 16

Ouvert de juin à septembre du mercredi au dimanche de 14h à 18h. Fermé les jours fériés sauf 14 juillet et 15 août

C'est au cœur d'une ancienne usine de boulons un temps reconvertie en cidrerie que ce musée de 500 m² dédié à la mémoire régionale s'est installé. On y découvre une collection riche de milliers d'objets et outils répartis dans six ateliers artisanaux reconstitués : apiculture, cordonnerie, maréchalerie, serrurerie, bourrellerie et un dernier sur le thème de la pomme avec pressoir, cidre, brassage à l'ancienne. Il ne faut pas manquer de visiter l'arboretum du musée, où l'on peut approcher plus de cent variétés de pommiers et autres espèces d'arbres.

MUSÉE DU VERRE ★

Route de Sainte-Marguerite
© 02 32 30 90 41
www.museeduverre.fr
Ouvert de mars à novembre. Ouvert du mercredi au dimanche de 14h à 18h. Gratuit jusqu'à 16 ans. Adulte : 3 €.

Conches est la patrie du célèbre maître-verrier François Décorchemont (1880-1971), créateur de modèles pour les grandes maisons Lalique et Daum. Pour conserver ses vitraux en pâte de verre, la ville a ouvert en 1996 ce musée d'une superficie de 600 m^2, aujourd'hui labellisé Musée de France. On y découvre des œuvres de Décorchemont bien sûr, mais aussi des œuvres de ses petits-fils Antoine et Étienne Leperlier, ainsi que celles d'artistes contemporains tels que Yan Zoritchak, Claude Monod, Matéi Négréanu, Alain et Marisa Begou.

MAISON DES ARTS ET DU TOURISME

Place Aristide-Briand © 02 32 30 76 42
www.conches-en-ouche.fr
BS : lui-ven de 14h à 17h30. HS : du mardi au vendredi de 14h à 17h30 ; samedi de 9h30 à 12h30 et de 14h à 17h30.

Avis aux amateurs d'art, la Ville met en avant l'art sous toutes ses formes et offre une programmation riche en événements culturels avec des expositions temporaires (peinture, sculpture, arts plastiques, photographie) tous les mois à la Maison du tourisme, ainsi qu'une biennale (peinture en mai, photographie en octobre). Fin octobre, vous aurez l'occasion d'assister, comme 30 000 autres visiteurs, à la traditionnelle fête de la pomme, un événement incontournable dans toute la région !

VILLAGE ÉQUESTRE DE CONCHES

Quenet
© 02 32 30 22 56
www.villageequestreconches.com
Tous les jours de 7h30 à 18h. Cotisations club : de 40 € à 90 €. Promenade de passage : 25 €.

Fondé en 1975, le village propose une multitude d'activités. Collège et lycée équestres, centre de formation au monitorat, mais également centre d'accueil qui programme tout au long de l'année des stages pour les enfants de 6 à 17 ans. Les férus d'équitation ont la possibilité de faire des stages de voltige, poney et cheval. Des balades et des randonnées sont également proposées aux visiteurs. Futé : le centre équestre propose un Camping Poney pour les enfants.

EVREUX ★★

La capitale de l'Eure possède un riche passé : ancienne cité romaine, dont les vestiges restent encore bien visibles le long des berges de l'Iton et ne cessent d'être retrouvés par les archéologues au gré des chantiers urbains, ville médiévale importante, qualifiée au XVIIIe siècle par Madame de Sévigné de « plus jolie ville de Normandie », Evreux offre aujourd'hui un visage particulièrement contrasté. Si de beaux bâtiments anciens subsistent, le cœur du centre-ville, détruit à plus de 80 % pendant la Seconde Guerre mondiale, a été reconstruit dans les années 1950 et 1960. Découvrez ainsi cette commune en vous promenant le long de l'Iton ou échappez-vous dans les forêts alentour pour vous ressourcer en pleine nature. Arrêtez-vous pour découvrir la cathédrale et ses remarquables vitraux provenant de dons royaux et connus par leur teinte singulière, ainsi que le musée attenant, où vous aurez l'occasion de plonger dans l'histoire de la ville et de sa région. À quelques kilomètres de là, au Vieil-Evreux, vous aurez l'occasion d'admirer les vestiges de l'époque gallo-romaine sur le site de Gisacum et les trésors cachés dans les villages du canton. Evreux, cinquième ville par importance de la Normandie (après Le Havre, Rouen, Caen et Cherbourg), ne se situe qu'à une grosse cinquantaine de minutes de Paris par le train. Nombreux sont d'ailleurs ceux qui préfèrent profiter de la douceur de cette ville à taille humaine et travailler dans la capitale. Il faut dire qu'à Evreux, douceur de vivre et nature offrent un cadre de vie des plus agréable pour les familles.

LE BEFFROI OU TOUR DE L'HORLOGE

Rue de l'Horloge
Pas de visite de l'intérieur. Illumination à la tombée de la nuit.

À deux pas de l'hôtel de ville, de la Maison des arts et du théâtre, découvrez un bout d'histoire de la ville et écoutez sonner la Louyse. Trônant fièrement au bord de la promenade de l'Iton, le beffroi d'Évreux, également appelé tour de l'Horloge, est l'un des deux derniers beffrois normands, et l'un des plus méridionaux de France, tant ces constructions sont peu fréquentes en dehors des Flandres, du Nord de la France et de la Belgique. L'horloge date de 1813 et a été créée par Rosse.

CATHÉDRALE NOTRE-DAME D'ÉVREUX ✝

19, Rue Charles-Corbeau
✆ 02 32 24 04 43
www.eure-tourisme.fr
Accès libre. Tous les jours de 8h30 à 19h. Gratuit. Audioguide : 3 € en location à l'office de tourisme.

Consacrée à la Vierge depuis 1076, plus vaste église du département, la cathédrale d'Évreux offre un véritable catalogue des styles architecturaux présents entre l'époque romane et la Renaissance. Cette cathédrale abrite parmi les plus beaux vitraux de France, connus pour leur fameux « jaune d'Évreux » et réalisés entre les XIIIe et XVIe siècles. Accolés à l'édifice, ne manquez pas de visiter le musée d'Évreux et le cloître des Capucins, qui abrite le conservatoire.

FERME PEDAGOGIQUE DE NAVARRE

24, rue des Marronniers
✆ 02 32 33 06 18
1er novembre au 28 février : 9h-17h. 1er mars au 31 octobre : 9h-19h. Gratuit. Fermé lors des manifestations.

Les enfants tournent en rond et vous cherchez désespérément une sortie qui leur permettra de lever la tête des écrans ? Direction la ferme pédagogique de Navarre. Tout au long de l'année, vous y trouverez sur six hectares un petit labyrinthe végétal, une mare, des jardins scolaires entretenus par les élèves des écoles de la ville et, bien sûr, toutes sortes d'animaux avec par exemple des poules de Pavilly, des dindes et dindons, des oies normandes, des vaches, ânes, chèvres...

EURE

© FRANCK GODARD

La cathédrale Notre-Dame d'Evreux.

ÉGLISE ABBATIALE SAINT-TAURIN ✝

2, place Saint-Taurin
✆ 02 32 33 06 57
www.lecomptoirdesloisirs-evreux.fr
Ouvert toute l'année. Accès libre libre et gratuit les jours de 9h à 18h.

L'église abbatiale fut fondée au Xe siècle par Richard sans Peur, duc de Normandie, sur l'emplacement présumé de la sépulture de saint Taurin, réputé avoir été le premier évêque évangélisateur d'Évreux. Plusieurs fois remanié, l'édifice allie des styles architecturaux différents et possède un superbe chœur gothique, une somptueuse collection de vitraux du XVe au XXe siècle, quelques statues remarquables des XVe et XVIe siècles, mais aussi des éléments d'architecture romane.

JARDIN BOTANIQUE

Rue de Pannette ✆ 02 32 31 52 52
www.lecomptoirdesloisirs-evreux.fr/
Jardin ouvert du lundi au vendredi de 8h à 17h30 ; le week-end de 9h à 17h30. Visite guidée. Serre ouverte l'après-midi.

Paradis de verdure au cœur de la ville, le jardin botanique d'Évreux offre un large espace arboré, agrémenté de bassins, de promenades, de sculptures et d'une aire de jeux refaite à neuf en 2018. Le clou étant la serre tropicale de verre et de métal, qui conserve dans un microclimat chaud et humide des échantillons de 400 spécimens issus des cinq continents et présentés par thèmes, et ce toute l'année pour le plus grand bonheur des visiteurs. Vous pourrez découvrir fougères, plantes primitives, caféiers, cacaotiers, bananiers et autres fleurs venues d'ailleurs.

MUSÉE D'ART, HISTOIRE ET ARCHÉOLOGIE ★★

6, rue Charles-Corbeau
✆ 02 32 31 81 90
www.evreux.fr/sortir/culture/musee-evreux
Mardi-vendredi 9h30-12h et 14h-18h, week-end 10h-12h30 et 14h-18h. Gratuit.

Accolé à la cathédrale Notre-Dame, le musée fut inauguré en 1873, aux lendemains de fouilles réalisées dans le village du Vieil-Évreux. L'établissement ainsi créé devient précurseur dans la recherche archéologique comme discipline scientifique et dans la protection du patrimoine. Ce sont les pièces trouvées lors des campagnes de fouilles entreprises tout au long du XIXe siècle qui constituent aujourd'hui la belle collection archéologique du musée.

LE COMPTOIR DES LOISIRS

11, rue de la Harpe
✆ 02 32 24 04 43
www.lecomptoirdesloisirs-evreux.fr
Ouvert du mardi au vendredi de 9h30 à 17h30. Ouvert le dimanche. Boutique dans l'office de tourisme.

Vous trouverez là dans ce nouvel espace d'accueil touristique, une équipe dynamique qui vous proposera tout pour découvrir et profiter de la ville et ses alentours : des expositions, de nouveaux lieux, des randonnées en pleine nature ou à thème, des visites théâtralisées, des enquêtes policières pour les ados, des chasses aux trésors, des audioguides, des idées d'après-midi sportives, et même de bons conseils pour vous détendre, vous loger et vous restaurer à Evreux. Vous y aurez naturellement accès à toutes les informations nécessaires.

GARE EVREUX NORMANDIE

Boulevard Gambetta ✆ 02 32 78 32 12
www.garesetconnexions.sncf/fr/gare/frevx/evreux-normandie
lun-ven de 5h à 22h30 ; sam de 6h05 à 21h50 ; dim de 7h à 21h50. Guichet : lundi au samedi : 9h15-12h40 et 14h05-17h45.

Située sur la ligne Paris-Cherbourg, la gare rebaptisée aujourd'hui Évreux-Normandie, est reliée par plusieurs dizaines de trains quotidiens à la Capitale et au littoral normand. Vous pourrez ainsi, en partant d'Évreux, rejoindre Bayeux et sa tapisserie, Caen, son Mémorial et ses plages du Débarquement, ainsi que Deauville et Trouville, les villes jumelles avec leurs casinos et leurs terrasses... et enfin Cherbourg et sa Cité de la Mer. Cette gare moderne vous proposera tous les services d'assistance aux voyageurs et même un baby-foot et un piano

LE VERT GALANT €€€

118, route de la Vallée - **NORMANVILLE**
✆ 02 32 34 18 84
www.levertgalant.com
5 chambres. Chambre double de 90 € à 380 €. Petit-déjeuner inclus. Gîte 3 chambres : 600 € la semaine, 490 € le WE.

© LE VERT GALANT

Situé à 8 km d'Evreux et à 1 heure de Paris, Le Vert Galant est une vaste demeure contemporaine, à l'orée d'un bois, qui surplombe la vallée de l'Iton au-dessus du village de Normanville. On y retrouve trois chambres joliment décorées ainsi que deux suites au summum du luxe. Ajoutons à cela le gîte de La Bergerie et nous obtenons l'endroit idéal pour organiser une réception privée ou pour s'offrir des vacances au vert en famille. Confort luxueux avec notamment un bain à remous privé, décoration haut de gamme et accueil aux petits soins.

ARTISANS RADIO TAXIS D'ÉVREUX

Place de la gare
✆ 02 32 33 44 33
www.taxi-evreux.com
24 heures sur 24 et 7 jours sur 7. Réservation par téléphone.

Un seul numéro de téléphone pour une disponibilité à chaque heure du jour et de la nuit ! Les berlines et breaks des Artisans Radio Taxis d'Evreux vous emmèneront partout où vous le voulez, et n'importe quand. Transports personnels, professionnels, en France et à l'étranger, circuits touristiques personnalisés, les voitures sont aussi conventionnées par les organismes d'assurance maladie. Vous avez la possibilité de réserver longtemps à l'avance sur le site Internet dédié.

HÔTEL DE L'ORME €€

13, rue des Lombards
© 09 74 56 76 62
www.hotel-de-lorme.fr
39 chambres. Chambre double à partir de 45 €. Petit déjeuner : 9,20 €. Animaux acceptés.

En plein centre-ville d'Évreux mais dans une rue calme, l'Hôtel de l'Orme est installé sur quatre niveaux desservis par un ascenseur. Il compte au total 39 chambres, toutes différentes les unes des autres et récemment rénovées, offrant un confort agréable avec notamment du double vitrage, une télévision écran plat et une connexion wifi gratuite. Au rez-de-chaussée, se trouvent un salon, une salle de petit-déjeuner, une salle de séminaires et, plus original et particulièrement pratique : un local à vélos. En bref, tout est fait pour faciliter la vie des voyageurs !

LE BISTRO €€

75, rue Joséphine
© 02 32 31 14 38
Lundi de 8h30 à 16h ; du mardi au jeudi de 8h30 à 17h ; vendredi de 8h30 à 20h ; samedi de 8h30 à 15h. Formule : 14,90 €

Ne vous fiez pas à sa devanture modeste et franchissez les portes du Bistro sans hésiter. Vous découvrirez, à l'intérieur, une vaste salle lumineuse ainsi qu'une superbe terrasse bien cachée. Et c'est en toute convivialité que vous aurez l'occasion de déguster des plats traditionnels et faits maison. Au menu : un tartare de bœuf, du sauté de dinde au curry, un suprême de poulet à la forestière... Les habitués comme les gens de passage se retrouvent ici le midi pour passer un agréable moment devant des assiettes généreuses et gourmandes.

CRÊPERIE L'AUTHENTIQUE €

13, rue du Général-Leclerc
© 02 27 34 88 13
https://lauthentique-creperie.business.site/
Du lundi au samedi de 12h à 14h ; le jeudi de 19h à 21h30 ; vendredi et samedi de 19h à 22h. Carte : 15 € environ.

Toute de pièces de bois recyclées et assemblées en des meubles chaleureux, cette crêperie est particulièrement confortable. Un bar en bois très accueillant, des fauteuils autour d'une table basse ou un minibar collé à la vitrine pour déjeuner en solo, vous aurez le choix pour déguster votre plat. Car ces galettes et ces crêpes sont de véritables réalisations gastronomiques, à base de produits frais comme de la crème, de la noix de joue de porc confite, des champignons et des oignons confits au cidre... Sans oublier la gourmandise des crêpes sucrées en dessert !

LE BISTRO ITALIEN €€

29, rue Saint-Thomas
© 02 32 58 73 43
www.lebistroitalien.fr
Le dimanche et le lundi de 18h30 à 21h45 ; du mardi au samedi de 12h à 14h et de 18h30 à 22h. Menus de 16 € à 28,80 €.

Pas besoin de prendre l'avion pour inviter le soleil et les saveurs méditerranéennes dans votre assiette ! Au Bistro Italien, petit restaurant familial situé au bord de l'Iton, les plats sont faits maison avec des produits frais et rigoureusement sélectionnés par le chef. Amateurs de gastronomie italienne, vous serez ici comblés avec cette carte extrêmement variée, où vous trouverez non seulement des salades à la mozzarella de bufflonne, mais aussi des risottos, pizzas, pâtes fraîches et plats de viandes et de poissons. Prêts à voyager ? Alors *buon appetito* !

LES DOMAINES QUI MONTENT €€

2, place Georges-Clemenceau © 09 87 32 79 38
www.lesdomainesquimontent.com/evreux-27000-caviste-epicerie-fine
Ouvert du mardi au vendredi de 9h à 20h ; le samedi de 10h à 20h. Vente à emporter via le site internet.

Les Domaines qui montent, c'est un lieu mixte comme on les aime, où l'on peut venir pour faire ses emplettes, boire un petit verre, ou encore prendre un vrai repas assis à table servi par les maîtres de maison, Laura et Pierre-Antoine. Cave à vin, table d'hôte, épicerie fine, tout ce qu'il faut pour satisfaire vos papilles. Vous y trouverez donc toutes sortes de bons vins sélectionnés avec passion auprès de producteurs soucieux de la qualité de ce qu'ils vendent. Des producteurs qui viennent régulièrement présenter leurs nouveautés dans la boutique !

RESTAURANT COTE TERRE ET MER €€

3, rue Joséphine © 02 32 38 71 27
www.restaurant-coteterreetmer.fr
Ouvert du mardi au samedi de 12h à 14h30 et de 19h à 23h ; le dimanche de 12h à 14h30. Menus de 17 € à 38 €.

Le Côté Terre & Mer porte son nom à merveille. D'un côté il y a la terre avec son pot-au-feu sauce ravigote, son quasi de veau façon Orloff et son onglet de bœuf à l'échalote, et de l'autre il y a la mer avec ses fruits de mer, ses moules et ses poissons en sauce. Avec un grand choix de menus pour tous les budgets, des plats à la carte particulièrement variés et une cave à vins bien fournie, l'établissement s'adresse à toutes les papilles en quête de cuisine maison et bien réalisée !

MAD CATS

45, rue Jean Jaurès
✆ 02 32 33 00 09

Du mardi au jeudi de 18h à 21h ; vendredi et samedi de 11h30 à 13h30 et de 18h à 21h. Terrasse. Restauration. Concerts.

Qu'on vienne pour s'y sustenter ou s'y désaltérer, on trouve à toute heure une ambiance conviviale au Mad Cats ! Depuis qu'Élizabeth Yvon et sa fille Alexandra ont repris les rênes de l'ancien Mac Leod, l'accent est mis sur les produits de qualité. Le pub se fournit directement chez les petits producteurs du coin dans une logique de consommation écoresponsable. Au menu : burger au poivron, poulet et sauce curry, tenders maison, croque normand... Sans oublier le camembert rôti, qui remporte tous les suffrages auprès des gourmands !

À LA VALLÉE D'AUGE

16, place Georges-Clemenceau
✆ 02 32 33 18 90
www.alavalleedauge.com

Du mardi au jeudi de 9h à 12h30 et de 14h30 à 19h30 ; le vendredi & le samedi de 9h à 19h30 ; le dimanche de 10h à 12h30

Depuis plus de 30 ans, Cyriaque Crevel sélectionne ce qu'il y a de meilleur pour les Ébroïciens. Vous trouverez ici vins fins et alcools, mais aussi des produits locaux tels que le calvados. A noter près d'une centaine de références de whiskies, mais aussi de très nombreux alcools blancs, cognacs ou armagnacs… Quant aux vins, ils sont suivis, et sachez que tous ceux référencés ici ont été préalablement testés. Une descente à la cave climatisée vous fera découvrir une collection de vins d'Alsace, de Bourgogne, de Bordeaux ou de Provence.

BRÛLERIE MODERNE

9 bis, rue des Lombards
✆ 02 32 33 03 26

Mar-ven de 9h à 12h30 et de 14h30 à 19h ; sam de 8h30 à 12h30 et de 14h30 à 19h. Ouvert le dimanche en décembre

Faites un tour du monde en passant la porte de la Brûlerie moderne, cette institution ébroïcienne depuis 1936. Éthiopie, Cuba, Guatemala ou encore République dominicaine... On vous propose ici un large choix de cafés fraîchement torréfiés mais également des thés, des infusions et des chocolats. Certains crus sont issus de l'agriculture biologique. La maison familiale, qui transmet sa passion du métier de torréfacteur de père en fils, renouvelle souvent son offre. Aujourd'hui Philippe Desprès propose une variété de produits qui satisferont tous les épicuriens.

LE BARON €€

12, place Georges Clemenceau
✆ 06 66 94 26 56
www.lebaron27.com

Tous les jours 8h-1h. Menus 16 €/25 €. Menu enfant 9 €. Buffet à volonté + plat du jour : 13,50 €. Animations.

Le Baron, qui remplace depuis le printemps 2020 le Relais d'Alsace, est le nouveau lieu en vogue d'Evreux. Ce pub-restaurant ouvert 7 jours sur 7 est un véritable lieu de vie, avec son ambiance conviviale et ses nombreuses animations. Au programme des réjouissances : petit-déjeuner le matin, brasserie le midi, snacking et planches l'après-midi, apéro dînatoire et cuisine traditionnelle le soir... Tout cela pour finir, bien souvent, par une note festive grâce aux nombreux concerts, soirées à thème et autres événements proposés par l'établissement.

© LE BARON

© LE BARON

EURE

CUEILLETTE ET MARCHÉ DE PITHIENVILLE

Route de Neuville ✆ 02 32 34 37 59
www.cueillettedepithienville.fr
BS : mar-sam de 9h à 12h30 et de 13h à 17h30. HS : du lundi au vendredi de 9h à 12h et de 14h à 19h ; WE de 9h à 19h

Près d'Évreux, cette exploitation agricole, membre du réseau Chapeau de paille, vous invite à venir cueillir vous-même vos fruits, légumes et fleurs ! Voilà une activité qui a tout pour plaire, autant aux parents qu'aux enfants ! Vous trouverez le calendrier des récoltes sur le site Internet : légumes et fruits en toute saison, fleurs à couper... Avec la cinquantaine de variétés différentes produites sur ces 20 hectares, vous trouverez forcément de quoi remplir votre panier.

ACROFOREST

rue du Frais-Vent - **BROSVILLE**
✆ 06 03 71 15 82
www.acroforest.com
D'avril à octobre : 13h à 18h. Juillet - août : 13h à 19h. Hors-saison : sur réservation. Acrobranche : de 12 € à 24 €.

Toute l'année, profitez de ce site forestier aménagé pour renouer avec la nature. Ici, adultes et enfants auront l'occasion de s'ébrouer dans les arbres avec au choix 12 parcours d'accrobranche, chacun conçu pour une tranche d'âge et des challenges pensés pour eux. Les plus grands se défieront autour de combats de Sumo ou se prendront pour Rambo dans les parcours « Commando », longs de 1,8 km, semés d'embûches et de pièges, tandis que les plus calmes pourront s'essayer au mini-golf où ils mettront leur capacité de concentration à l'épreuve.

GARDEN GOLF D'EVREUX

Chemin de Valême
✆ 02 32 39 66 22
golf-evreux.com
Avril-octobre 9h-18h. Mai-septembre 8h30-19h. Novembre-mars 9h-17h30. Individuel 98 €/mois, -18 ans 17 €/mois.

Situé à 5 minutes du centre-ville, à proximité de la Voie verte, dans un cadre vallonné et verdoyant, le golf offre un parcours 18 trous par 72 de 6 330 mètres et des zones d'entraînement, dont un practice de 10 postes couverts et 25 découverts. Un endroit parfait aussi bien pour les joueurs débutants (6 trous pitch and putt) que pour les avertis. Dominant le green du 18, le très moderne club-house, avec son restaurant et sa terrasse, permet d'accéder à un beau panorama sur les fairways. Le pro-shop propose un grand choix de produits, de matériel et de vêtements.

VOIE VERTE EVREUX-LE BEC HELLOUIN

Rue de la Cavée Boudin
www.voiesvertes.com
Ouvert toute l'année. Accès libre. Gratuit. Accessible aux personnes handicapées.

Vous voulez partir à la découverte de l'Eure ? L'ancienne voie ferrée Évreux-Honfleur a été transformée en un itinéraire balisé et équipé qui permet la cohabitation des marcheurs – avec ou sans poussettes –, des cyclistes et des patineurs. La Voie verte permet de relier Saint-Georges-Motel à Bueil sur une vingtaine de kilomètres. Profitez des aires de pique-nique pour faire des pauses gourmandes, et avec vue ! Et ne manquez pas de visiter les villages pittoresques croisés en chemin.

LE PARVIS BOWLING

2, rue Franklin-Delano-Roosevelt
✆ 02 32 62 42 33
www.leparvis-bowling.fr
Lundi : 20h-00h. Mardi, mercredi, jeudi : 14h-00h. Vendredi : 18h-1h. Samedi : 14h-2h. De 5 à 8 € la partie de bowling.

Dans une ambiance à la fois feutrée et festive, ce sont quelque huit pistes qui attendent les joueurs débutants et confirmés, venus se détendre en famille, entre amis ou en groupe pour fêter un anniversaire... Et si vous voulez faire une pause pour vous restaurer tout en regardant les joueurs sur les pistes, sachez que le restaurant « Le Benjamin » vous proposera une cuisine de qualité avec au menu : noix de Saint-Jacques rôties, tagliatelles basilic et fèves coulis d'asperges ou filet de bar, mignons de veau sauce morilles ou carré d'agneau..

IVRY-LA-BATAILLE ★

Drôle de nom pour un village ! Ivry-la-Bataille fait référence aux guerres de religion et à la célèbre bataille que remporta Henri IV, le 14 mars 1590, sur les catholiques de la Ligue de Paris commandée par le duc de Mayenne. Aujourd'hui, cette petite ville est surtout connue pour les fouilles archéologiques, reprises en 2007, dans le château fort, dont les vestiges dominent la cité, et qui est une des plus anciennes forteresses normandes en pierre, construite au Xe siècle et l'une des plus puissantes de son époque. Pour l'histoire, l'architecte Lanfred eut la tête coupée par Alberède qui craignait une pareille construction ailleurs.

EURE

VESTIGES DU CHÂTEAU D'IVRY

✆ 02 32 36 40 19
ivry-lesvieillespierres.fr/
Accès libre toute l'année. Visites guidées sur réservation (06 50 00 14 27) pour les groupes de min. 5 pers : 5 €.

Prenez de la hauteur pour découvrir des ruines chargées d'histoire ! Quelques années avant l'an 1000, Raoul, frère du duc de Normandie, fit construire une puissante forteresse pour défendre le lieu et la frontière normande. Il s'agit à ce jour de la plus vieille forteresse du monde occidental, un vrai joyau historique, mais aussi naturel. Le château est en effet bâti sur un promontoire dominant la vallée de l'Eure. Appréciez les panoramas depuis les sentiers de marche environnants...

LE VIEIL-EVREUX

À 7 kilomètres d'Evreux en direction de Paris, le Vieil-Evreux porte son nom à merveille. Des recherches archéologiques ont permis d'y découvrir des silex taillés par l'homme de Néandertal, en faisant la plus ancienne ville occupée de la région. Si le Gisacum, site gallo-romain, est sans conteste le site le plus réputé du Vieil-Evreux, il ne faudra pas non plus manquer de visiter l'église Saint-Aubin et le château de Cracouville, entouré d'un magnifique parc. Entre sites naturels et sites historiques, le Vieil-Evreux n'en finit pas d'attirer les visiteurs à la recherche d'un écrin de verdure et d'un livre ouvert sur l'histoire normande.

SITE ARCHÉOLOGIQUE DE GISACUM ★

8, rue des Thermes ✆ 02 32 31 94 78
www.gisacum-normandie.fr
Mars, octobre et novembre : 13h-17h, sauf le mardi. Avril, mai, juin, septembre : 13h-18h. Juillet - août : 10h30-18h30.

Un endroit à visiter absolument ! Petits et grands seront séduits par les vestiges présentés à Gisacum. Le site archéologique présente l'histoire et les vestiges d'une vaste ville sanctuaire gallo-romaine, nommée Gisacum. Aujourd'hui, des aménagements et un jardin paysager mettent en scène les vestiges des anciens bains publics. Une exposition permanente présente la ville sanctuaire et la civilisation gallo-romaine à travers des maquettes et des objets trouvés sur le site.

EURE

CHEMIN DE FER DE LA VALLÉE D'EURE

Gare de Pacy sur Eure
✆ 02 32 36 04 63
www.cfve.fr

Ouvert du mardi au vendredi de 9h30 à 12h30 et de 13h30 à 17h. Gratuit jusqu'à 4 ans. Adulte : 10 €. Enfant : 7 €.

Et si vous découvriez la vallée d'Eure et son histoire autrement ? Le chemin de fer de la vallée d'Eure propose à ses visiteurs de vivre une expérience pour le moins insolite. Entrez dans une charmante gare de la fin du XIXe siècle puis embarquez à bord d'un train et dégustez un délicieux repas tout en vous imprégnant de l'ambiance des lieux, très années 50. La ligne traverse la vallée d'Eure le temps de deux circuits : l'un de Pacy à Cocherel, et l'autre de Pacy à Breuilpont.

© CHEMIN DE FER DE LA VALLÉE DE LYEURE

© CHEMIN DE FER DE LA VALLÉE DE LYEURE

PACY-SUR-EURE

Autrefois à la frontière entre la Normandie et la France, Pacy est aujourd'hui l'une des premières localités que rencontre le touriste parisien en provenance de la capitale. D'où la présence de plusieurs antiquaires et d'un office de tourisme actif. À découvrir : le beau jardin de l'Île des Moulins entre deux bras de l'Eure, l'église Saint-Aubin, les lavoirs et les maisons anciennes et, dans un autre registre, la rue commerçante et ses ruelles. Cette petite bourgade paisible offre de nombreuses promenades aux alentours. À ne surtout pas manquer : le chemin de fer de la vallée d'Eure qui vous emmène à la découverte des environs dans des trains anciens !

CHÂTEAU DU BUISSON DE MAY

Route Nationale 13
✆ 01 39 58 02 81
www.buissondemay.fr

Visites sur RDV du 1er mai au 30 septembre. Gratuit jusqu'à 18 ans. Adulte : 6 €. Groupe (10 personnes) : 5,50 €.

Situé dans un parc boisé, ce château fut autrefois une colonie de vacances avant de devenir un hôpital militaire anglais. Le lieu, classé Monument historique depuis 1994, aurait servi de cachette aux résistants en 1944 avant de devenir une propriété privée. Un vaste programme de restauration a été lancé en 1999 pour lui rendre son faste d'origine. En plus des visites guidées, le monument est ouvert lors d'événements comme les Journées du Patrimoine ou les Rendez-vous aux Jardins.

ÉGLISE SAINT-AUBIN DE PACY ★

Rue de Lyre
www.cape-tourisme.fr/

Ouvert toute l'année. Accès libre 7j/7. Gratuit.

Située dans une rue parallèle à la rue principale, l'église Saint-Aubin-de-Pacy, qui était jadis placée sous le patronage de l'Abbaye de Lyre, a été construite au XIIIe siècle (excepté le chœur, du XIVe), sur un plan cruciforme en pierre de taille et silex. On peut y voir une Vierge à l'Enfant du XVIe siècle provenant du château d'Anet, ainsi que deux réalisations de François Décorchemont, maître verrier normand : le bel autel en pâte de verre et les vitraux du chœur.

OFFICE DE TOURISME DES PORTES DE L'EURE

Avenue des Poilus
✆ 02 32 26 18 21
www.cape-tourisme.fr
BS : du mardi au vendredi de 9h30 à 12h30 et de 14h à 17h. HS : du mardi au samedi de 9h30 à 12h30 et de 13h30 à 17h30.

L'office de tourisme de Pacy est, avec Giverny et Vernon, l'un des trois offices de l'agglomération des Portes de l'Eure C'est le lieu tout trouvé pour découvrir la vallée d'Eure, organiser votre visite, et surtout ne rien manquer des choses à voir ou à faire dans la région. Train touristique, antiquaires, chambres d'hôtes, restaurants, spectacles et événements… Le site propose également un agenda complet des manifestations qui ont lieu dans le coin.

LE MILLÉSIME €€

47, Voie communale - **MÉNILLES** ✆ 02 32 54 79 36
www.lahaiedesgranges.fr/
Ouvert le dimanche et le lundi de 12h à 14h ; du mardi au samedi de 12h à 14h et de 19h à 21h30. Carte : 60 € environ.

Découvrez dans ce havre de paix, implanté au cœur du Domaine de la Haie des Granges, une carte aux mets raffinés comme le pavé de cabillaud en croûte de chorizo ou la côte de veau rôtie à la sarriette et ses pommes de terre fondantes. Le restaurant met en avant son menu Ephémère qui change toutes les semaines, et son menu Dégustation du Millésime pour savourer deux entrées, deux plats et deux desserts. Et le petit plus futé ? Des cours d'œnologie au cœur de la cave, l'hôtel et sa piscine, sans oublier le spa avec ses soins des quatre coins de la planète !

PÂTISSERIE CHASLES

30, rue Edouard-Isambard
✆ 02 32 36 00 85
www.macaron-chasles.fr
Mardi - vendredi de 8h à 13h et de 15h à 19h15 ; samedi de 7h30 à 19h15 ; dimanche de 7h30 à 13h. Ateliers pâtisserie.

Située en plein centre-ville de Pacy-sur-Eure depuis 1998, la pâtisserie Chasles est une institution dans la région. L'établissement est en effet réputé pour ses réalisations non seulement bourrées de saveurs, mais aussi particulièrement agréables à regarder. Mais la grande spécialité de la maison, ce sont bien sûr les macarons. Ces petites gourmandises rondes, moelleuses et croustillantes à la fois, raviront vos papilles et vos sens gustatifs. Il y en a pour tous les goûts : framboise rose, cassis violette, chocolat au lait passion, caramel beurre salé…

BEL AMI €€

1, rue Edouard-Isambard
✆ 02 32 36 36 30
www.belami-normandy.com
18 chambres. Chambre double de 100 € à 220 €. Parking inclus. Wifi gratuit. Restauration.

Entièrement rénové en 2017, le Bel Ami tire son nom du roman de Guy de Maupassant. Il occupe un ancien moulin exploité jusqu'à la fin du XIXe siècle et accueille ses invités dans un décor simple, mais chaleureux. Les chambres sont décorées avec goût et l'établissement possède un grand duplex de 51 m² ainsi que 3 chambres disposant de leur propre patio. Chacune offre une jolie vue soit sur le jardin de la demeure, soit sur la rivière. Attenant à l'hôtel, le restaurant le Bel Ami propose une cuisine traditionnelle et de saison, avec des produits frais et locaux.

© BEL AMI

© BEL AMI

EURE

VERNON ★

Porte de la Normandie, entre Paris et Rouen, Vernon est une petite ville animée et fleurie (trois fleurs) d'environ 25 000 habitants au riche patrimoine historique : collégiale Notre-Dame, Tour des Archives, château des Tourelles, château de Bizy, Musée Alphonse-Georges Poulain, nombreuses rues et places aux maisons à pans de bois, jardins... Fondée au IXe siècle, elle fut tout au long du Moyen Âge l'une des principales places fortes de la Normandie, et l'un des points de passage de la Seine. Vous pourrez d'ailleurs admirer le Vieux moulin du XVIe siècle sur un ancien pont médiéval du XIIe siècle, détruit lors de la Seconde Guerre mondiale.

CHÂTEAU DES TOURELLES ET VIEUX MOULIN

4, rue Ogereau

Accès libre à l'extérieur et au jardin. Gratuit.

En passant à Vernon, n'oubliez pas de traverser la Seine du côté de Vernonnet pour découvrir deux monuments indissociables de la commune : le château des Tourelles et le vieux moulin. Le château, témoignage de l'époque médiévale, constituait la tête de pont des fortifications de la Seine et défendait en son temps la ville et le fleuve. La silhouette massive des quatre tours du donjon trône fièrement sur une motte artificielle. Des lieux enclins aux promenades bucoliques.

CHÂTEAU DE BIZY ★

Avenue du Maréchal-de-Lattre-de-Tassigny (D181) ✆ 02 32 51 00 82

www.chateaudebizy.com

Tlj du 1er Avril au 1er Novembre 2021 de 14h à 18h. Fermé le lundi. Gratuit jusqu'à 7 ans. Adulte : 9 €. Enfant : 5 €.

Il était surnommé le Petit Versailles. Construit en 1723 par le duc de Belle-Isle, le lieu vit se succéder rois, marquis et barons. De ce château originel subsistent les magnifiques écuries, construites par l'architecte Coutant d'Ivry en 1740, et surtout le parc à l'Anglaise qui évoque son ancienne splendeur : fontaines de Neptune, de Gribouille, escalier d'eau, bassin des dauphins… Le bâtiment actuel date de 1858, superbe résidence à l'italienne, meublé de tableaux et de tapisseries, acquises par la famille d'Albuféra, toujours propriétaire du château.

TOUR DES ARCHIVES ★

14, rue des Écuries-des-Gardes

✆ 02 32 51 39 60

www.cape-tourisme.fr/

Intérieur inaccessible, sauf visites exceptionnelles pendant les Journées du Patrimoine. Gratuit.

Classée Monument historique, cette belle tour circulaire située rue des Écuries-des-Gardes est l'ancien donjon de pierre du château que Philippe Auguste fit construire pour renforcer les fortifications de la ville à la fin du XIIe siècle. Haute de 22 mètres avec un diamètre de 11,50 mètres, elle s'élève sur trois étages reliés par un escalier à vis de 102 marches. Elle recèle encore des chapiteaux et des dalles funéraires datant du siècle de sa construction. Cette tour offre à son sommet l'un des plus beaux points de vue sur la ville et la vallée de la Seine.

EURE

Château de Bizy.

MUSÉE DE VERNON ★

12, rue du Pont ✆ 02 32 64 79 05
www.vernon27.fr/la-ville/culture/musee/
Haute saison : tlj de 10h à 18h. Basse saison : du mardi au dimanche, de 10h à 12h30 et de 14h à 17h. Adulte : 4,50 €.

Dans un ancien hôtel particulier des XVIe et XVIIIe siècles situé en centre-ville, le musée de Vernon présente des collections orientées vers les beaux-arts, avec des thématiques sur les artistes de Giverny (autour de deux toiles de Claude Monet figurent des tableaux de Blanche Hoschedé-Monet et d'artistes américains ayant vécu à Giverny) et les nabis (Bonnard, Vuillard, Denis, Vallotton). Le musée est aussi spécialisé en art animalier des XIXe, XXe et XXIe siècles (Rembrandt Bugatti, Pompon, Jouve…). Plusieurs expositions temporaires sont proposées chaque année.

GIVERNON TOURISME

39, rue Émile-Steiner
✆ 06 27 25 00 55
www.givernon.fr
Basse saison : week-end 9h-18h30. Haute saison : tlj 8h30-19h. Aller-retour Vernon-Giverny (petit train) : 8 €.

À la sortie de la gare de Vernon-Giverny, Givernon Tourisme regroupe un service de location de cycles et un petit train touristique qui vous fait découvrir Vernon et Giverny. En ce qui concerne la location de vélos, trottinettes, tandem, vélos avec remorque et pour enfants, vélos et voitures électriques, c'est Givernon Rental Station qui est aux manettes, et qui propose aussi la vente de billets des différents musées ainsi qu'une conciergerie. Quant au petit train, il fonctionne 7 jours sur 7 et le billet est valable toute la journée pour un trajet aller-retour.

LES CANISSES €€

1, chemin du Halage de la Gare - **SAINT-PIERRE-LA-GARENNE** ✆ 02 32 52 20 00
www.canisses.com
Ouvert 7 jours sur 7 durant la belle saison et du lundi au samedi de début octobre à fin mars. 18 chambres de 64 à 122 €

Voici une adresse à ne pas manquer en bord de Seine ! Les chambres sont modernes et très lumineuses, avec leurs agréables couleurs rouges, jaunes ou vertes, et de nombreux équipements. Et qu'il est bon de se réveiller avec le soleil émergeant derrière le fleuve ! Une terrasse vous permettra de prendre votre petit déjeuner face au rivage, avant d'entamer une promenade digestive sur les bords de Seine et leurs paysages bucoliques. Certaines chambres disposent d'un accès au jardin et peuvent accueillir 4 personnes, l'idéal pour un week-end en famille !

Claude Monet
Nymphéas

Th. Earl Butler
Collégiale de Vernon

Pierre Bonnard
Vue du balcon sur la Seine

LE FRICHTI DE MISS ET CIE €€

8, rue Potard
✆ 02 77 19 63 71
Mardi-samedi 12h-14h30, vendredi-samedi 19h-20h30. Carte : 15 € environ. Vente à emporter. Boutique.
Un lieu tout-en-un où vous pourrez non seulement acheter des produits d'épicerie fine normands, mais aussi vous attabler à la table d'un restaurant spécialisé dans les plats locaux et faire du shopping dans une jolie boutique toute en couleur. Le Frichti de Miss et Cie met la Normandie à l'honneur en proposant chaque jour de nouveaux plats au bon goût de Normandie : saucisse lentilles, hachis parmentier revisité, pot au feu façon Frichti... Comment ne pas succomber ?

© MISS ET CIE

© MISS ET CIE

20 HEURES VIN €€

5, place d'evreux
✆ 09 50 98 97 18
Ouvert du mardi au samedi de 8h à 20h20. Carte : 15 € environ. Formule du midi : 13,90 €. Terrasse.
Depuis son ouverture à l'été 2019, ce restaurant-bar à vin ne désemplit pas. Accueilli par les frères et gérants Yannick et Damien, laissez-vous conter une carte des plus alléchante : filet mignon de porc au chorizo, ravioles de champignons et lentilles vertes, magret de canard et sauce au poivre... Le menu change régulièrement pour s'adapter aux arrivages et aux saisons. Et si vous voulez vous y retrouver entre amis en fin de journée, l'établissement propose aussi des planches de fromage et charcuterie à déguster autour d'un verre de vin, de rhum ou de whisky.

AUBERGE DU PETIT VAL €€

25, avenue de l'Ile-de-France
✆ 02 32 51 11 85
www.aubergedupetitval.com
Ouvert du mercredi au dimanche de 12h à 13h30 et de 19h30 à 21h30. Menus de 29 à 61 €
Située à la sortie de Vernon, direction Bonnières-sur-Seine, l'Auberge du Petit Val est tenue par le Maître Restaurateur François Boudier. Le chef vous invite à découvrir une cuisine traditionnelle et généreuse mêlant produits frais et produits du terroir, le tout avec une note de modernité. Filet de bar de ligne à l'unilatérale et caviar d'Aquitaine, blanc de volaille farcie au foie gras, grand choix de fromages de pays et de desserts faits maison... Une chose est sûre : on recommande ! Le midi, un copieux menu est également proposé.

LE QUATORZE XIV €€

11, place d'Évreux
✆ 09 86 42 85 85
Du mardi au jeudi de 12h à 16h et de 18h à 23h ; vendredi et samedi de 12h à 16h et de 18h à 0h ; dimanche de 11h à 16h
Voici un restaurant semi-gastronomique à la fois chic et moderne, où vous aurez l'occasion de goûter à des plats créatifs et savoureux. Avec sa salle de restaurant et sa salle lounge, l'établissement vous offre le choix de l'ambiance dans laquelle vous aurez l'opportunité de tester cette cuisine raffinée que vous concocte le chef, Chellot Dossous, passé par des grandes tables étoilées. Au programme, après une salade de filets de hareng, vous pourrez opter pour un filet de daurade cuit à la perfection ou un carpaccio de bœuf et son pistou maison. Un délice !

GIVERNY ★★

Giverny est un petit village connu et reconnu grâce au peintre Claude Monet, qui y vécut de 1883 jusqu'à sa mort en 1926, et s'inspira de son environnement à couper le souffle pour peindre ses plus belles toiles. Situé à flanc de coteau et à deux pas de la Seine, le village offre de belles promenades dans les collines mais également dans la rue principale où se mêlent hôtels, restaurants, belles demeures, magasins, ateliers d'artistes, Musée des Impressionnismes et Fondation Claude Monet. Le village, qui accueille de nombreux touristes étrangers, est le deuxième site touristique le plus visité de Normandie après l'abbaye du Mont-Saint-Michel.

FONDATION CLAUDE MONET

84, rue Claude-Monet ✆ 02 32 51 28 21
https://fondation-monet.com
Ouvert tous les jours de 9h30 à 18h d'avril à octobre. Gratuit jusqu'à 7 ans. Adulte : 11 €. Enfant : 6,50 €

Léguée en 1966 à l'Académie des Beaux-Arts par le fils du peintre, la maison au crépi rose a subi d'importants travaux de rénovation. Admirez, dans la demeure de l'artiste, la célèbre collection d'estampes japonaises et immergez-vous dans le quotidien de Monet au fil des pièces. Dans le jardin, laissez-vous emporter par les senteurs et les couleurs des différentes variétés florales au gré des allées. En parcourant les roseraies, vous tomberez sur le Jardin d'eau formé par un pont japonais. C'est le lieu qui a donné naissance à l'œuvre célèbre *Les Nymphéas*.

MUSÉE DES IMPRESSIONNISMES GIVERNY ★★★

99, rue Claude-Monet ✆ 02 32 51 94 65
www.mdig.fr
Mars-novembre : tlj 10h-18h. Novembre-décembre : vendredi-dimanche 10h-18h. Adulte : 5 €. Enfant (7 à 11 ans) : 3,50 €.

Retrouvez au fil des expositions les chefs-d'œuvre originaux des grands maîtres de l'impressionnisme : Pierre Bonnard, Edgar Degas, Claude Monet, Auguste Renoir… Partiellement enterré et couvert de toits végétalisés, ce musée a pour vocation de mettre en lumière l'impressionnisme sous toutes ses formes : pré-impressionnisme, post-impressionnisme, ainsi que l'étude du mouvement pictural non seulement en Normandie, mais aussi dans les autres pays européens et en Amérique du Nord.

LA GUINGUETTE DE GIVERNY €€

6, rue de Falaise ✆ 06 72 76 03 66
laguinguettedegiverny.com
Ouverture : 1er avril au 31 octobre du vendredi au dimanche de 12h à 14h30 ; le vendredi et le samedi de 19h à 21h.

Les pieds dans l'eau, délicatement ombragée par les arbres, une vue sur les prés et les collines environnantes, en plein cœur des paysages ayant inspiré les impressionnistes, on ne peut rêver mieux pour savourer toute l'atmosphère de l'époque où la Guinguette de Giverny faisait partie de la vie quotidienne. Cette très bucolique terrasse vous offrira, dès le printemps, un superbe espace pour déjeuner ou prendre l'apéro avec un beau choix de cocktails. À la carte, l'œuf mayo à la française, le hareng pomme à l'huile comme autrefois, et des plats maison et de saison.

EURE

MAISON D'HÔTES ET GÎTE LA RÉSERVE €€€

✆ 02 32 21 99 09
www.giverny-lareserve.com
Chambre double de 110 € à 170 €. Petit déjeuner inclus. Gîte de 650 € à 1200 €. Animaux acceptés.

© LA RÉSERVE

Sur les hauteurs de Giverny, entre plaines et bois, faites une pause dans cette magnifique demeure, bâtie avec des matériaux du XVIIIe siècle. Les 5 chambres, dont une accessible aux personnes à mobilité réduite, sont feutrées et spacieuses avec une décoration inspirée du siècle des Lumières. Ne manquez pas de lever la tête dans les couloirs afin d'admirer les nombreuses toiles représentant Giverny. Le petit déjeuner est à l'image des lieux : délicat, généreux et d'excellente qualité.

LE JARDIN DES PLUMES €€€

1, rue du Milieu
✆ 02 32 54 26 35
www.lejardindesplumes.fr
Du mercredi au dimanche de 12h30 à 13h30 et de 19h30 à 21h. Réservation recommandée. Menus de 90 € à 115 €.

Depuis que le chef étoilé Michelin David Gallienne a repris les rênes de la cuisine du Jardin des Plumes, le restaurant ne désemplit pas. Le finaliste de Top Chef s'est installé ici début 2020 et a, depuis, donné un véritable souffle de fraîcheur à l'établissement. C'est en plein cœur de Giverny que vous pourrez venir déguster ses créations gastronomiques en profitant d'une nouvelle carte chaque mois, imaginée en fonction de la saison et de l'inspiration du chef, avec des menus construits en 3, 5 ou 7 tableaux plus gourmands les uns que les autres.

GAILLON ★

Entre Seine et Eure, Gaillon, propriété des archevêques de Rouen, est connue pour son superbe château Renaissance, qui a rouvert ses portes au public en 2011, après de nombreuses années de fermeture. Celui-ci domine le centre-ville et représente à merveille la transition architecturale entre le gothique flamboyant et le style Renaissance. Non loin de là, vous aurez l'occasion de visiter l'église Saint-Ouen et ses belles façades à pans de bois sculpté. Très attachée à sa riche histoire, Gaillon est aujourd'hui devenue une petite ville active, une cité normande authentique bien placée entre l'axe routier Vernon-Rouen et la vallée de la Seine.

AU COIN DU PAIN'TRE €€

73, rue Claude-Monet
✆ 02 32 71 01 70
Ouvert tous les jours de 8h à 19h. Menus de 18,80 € à 25 €.7,50 €. Chèque Restaurant. Chaises bébé.

Avec sa terrasse au mobilier chiné ou son intérieur style brocante, le Coin du Pain'tre vous offre les délicatesses de la pâtisserie faite maison et du pain artisanal, ainsi que l'inventivité du restaurateur qui aime faire plaisir. Les planches et les salades regorgent de couleurs et de fraîcheur, le tout à savourer sous les parasols avant de rejoindre les plus beaux jardins du monde. Pour accompagner tout ça, ne manquez pas de demander conseil et trouvez votre bonheur dans la carte de vins bio, de cidres et de blondes locales, le tout à des tarifs abordables.

CHÂTEAU DE GAILLON ★

Allée de l'Ermitage
✆ 02 32 53 86 40
www.arc-gaillon.fr
Avril-septembre. Visites guidées uniquement. Adulte 6 €. Enfant 4 €. CB non acceptée. Visite guidée (par l'asso Arc).

Le château de Gaillon est l'un des premiers joyaux de la Renaissance française, construit par l'archevêque de Rouen, le cardinal Georges d'Amboise, en parallèle à ceux édifiés dans la vallée de la Loire. Démantelé à la Révolution, transformé en centre pénitentiaire jusqu'en 1946, il est finalement racheté par l'État en 1975. Depuis cette date, une longue campagne de restauration est à l'œuvre. Visites guidées, visites théâtralisées ou encore expositions animent le site pendant la saison et permettent de découvrir toutes les richesses de cet édifice.

OFFICE DE TOURISME DE GAILLON

4, place Aristide-Briand ✆ 02 32 53 08 25
www.cc-euremadrieseine.fr/office-de-tourisme-eure-madrie-seine/
HS : mar-sam de 10h à 12h30 et de 14h à 17h. BS : mar & ven de 10h à 12h30 et de 14h à 17h, mer de 10h à 12h30.

Cet office de tourisme vous fera découvrir le centre-ville de cette belle cité de Gaillon, dominée par son superbe château. Après un accueil chaleureux et souriant, l'hôtesse vous invitera à parcourir les villages environnants de Clef Vallée d'Eure et des Trois Lacs, autant de petits bourgs charmants et chargés d'histoire qui ne vous laisseront pas indifférents. L'office propose toute la documentation sur les hébergements et la restauration des alentours. N'hésitez pas à entrer !

LES ÉCURIES D'ALTESSE

35 bis, rue de la Mare-des-Fosses
✆ 06 40 20 27 95
Ouvert du lundi au samedi de 9h à 17h.

Si vous rêvez de partir vous balader à cheval, de prendre des cours, de faire découvrir les joies de l'équitation à vos enfants, ou encore de placer votre animal en pension pour le préparer à des concours ou pour lui faire vivre tranquillement sa retraite, vous pouvez aller faire un tour dans ce centre équestre, avec ses écuries refaites à neuf par une propriétaire jeune et dynamique : Zémia Louchard. Cette passionnée de chevaux prend soin de tous ses pensionnaires, qu'elle se plaît à entraîner avec la plus grande affection.

ACQUIGNY

Au confluent de l'Eure et de l'Iton, ce village aux nombreuses maisons anciennes arborant pierre blanche, briques ou colombages, est à découvrir en empruntant la rue Aristide-Briand jusqu'aux murs du château et à la pelouse de l'église en face de laquelle on remarque une superbe demeure à la façade en bois sculpté. En prenant la voie adjacente des Grandes-Ruelles, vous parviendrez à un atelier de potier et à un ancien moulin. De nombreux antiquaires et brocanteurs ont aujourd'hui pignon sur rue dans ce village de charme. Et connaissez-vous l'Iton perché ? C'est ainsi que l'on nomme un bras de l'Iton, surélevé au-dessus du cours naturel.

PARC ET JARDINS DU CHÂTEAU D'ACQUIGNY

1, rue Aristide-Briand ✆ 06 84 51 66 77
chateau-acquigny.fr
Du premier samedi d'avril au 1er novembre : WE & jours fériés de 14h à 18h. Du 14 juillet au 31 août : tlj de 13h à 19h.

Bordé par l'Eure dans le magnifique village d'Acquigny, le château, conçu par Philibert de l'Orme, est un beau témoignage de l'apogée de l'architecture Renaissance et l'hommage d'Anne de Montmorency à son défunt mari. Majestueux et romantique, le parc paysager conçu à la fin du XVIIIe siècle s'étend sur une soixantaine d'hectares ponctués de canaux, de petits ponts et de cascades. Vous pourrez ensuite poursuivre votre visite sur les berges de l'Eure ou dans les ruelles du village !

EURE

Parc et Jardins du Château d'Acquigny.

LA MAISON DU VERGER €€

1655, route d'Évreux
✆ 02 32 50 23 57

Gîtes de France 3 épis. 2 chambres (1 chambre de 3 personnes et 1 chambre de 5 personnes. De 50 à 115 € la nuit).

Imaginez une vaste et lumineuse maison entourée d'un jardin arboré, à deux pas du château d'Acquigny et de ses jardins, et au cœur des vallées de l'Eure et de l'Iton. Originalité de la Maison du Verger : une grande terrasse vitrée qui est aussi un atelier de peinture. Le lieu est idéal pour les familles avec un mini-appartement à l'étage, comprenant 2 chambres et un coin séjour, donnant sur le jardin par une verrière. On y trouve aussi une chambre pour 3 personnes. Le petit-déjeuner gourmand est servi dans un grand séjour chaleureux, au coin de la cheminée.

LE VIEUX LOGIS D'ACQUIGNY €€

4, rue Aristide-Briand ✆ 06 98 92 43 68
www.vieuxlogis.wix.com/acquigny

Chambres d'hôte à partir de 90 € la nuit (petit-déjeuner inclus). Gîte (4 à 5 personnes) : de 355 à 5200 € la semaine.

Bienvenue dans cette ancienne demeure du XVIe siècle, à quelques pas du château d'Acquigny et de l'église. Chargée d'histoire, la bâtisse en pierre et à colombages a sûrement appartenu à un châtelain et a été l'objet de différents pèlerinages. Sacha Guitry en fut propriétaire avant que le lieu ne devienne, en 1946, l'école du village. Mais la forme qu'on lui connaît aujourd'hui, c'est bien sûr cet ensemble de gîtes tout équipés sur le bord de l'Iton et de chambres décorées avec goût.

L'HOSTELLERIE D'ACQUIGNY €€€

1, route d'Évreux ✆ 02 32 50 20 05
www.hostellerie-acquigny.fr

Du mardi au samedi de 12h à 13h30 et de 19h30 à 21h. Réservation recommandée. Menus de 25 € à 29 €. Carte : 35 € environ

Éric Georget est un restaurateur qui fait preuve à la fois d'une belle créativité, d'audace et d'un grand savoir-faire, ce qui fait de l'Hostellerie l'une des meilleures adresses de la région. Les menus sont renouvelés régulièrement et donnent une large place aux produits de saison et aux saveurs inventives, pour des plats garantis faits maison. Découvrez le foie gras en terrine mi-cuit au naturel, la brochette de gambas, Saint-Jacques et ananas, le pavé de bar au beurre de clémentine... Des noms qui en disent long sur le travail délicat du maître d'œuvre !

LOUVIERS ★

Cité drapière dès le XIIIe siècle, construite au bord de l'Eure, Louviers comptait à cette époque près de mille maîtres drapiers ! Prise par les Anglais durant la guerre de Cent Ans, la ville sera libérée en 1440 par ses propres habitants ; ils en seront récompensés sous forme de privilèges par Charles VII. L'industrie du drap y fut prospère, et se spécialisa dans la fabrique de draps fins. L'activité prit un nouvel essor grâce à l'industrialisation : la ville vit naître la première filature mécanique de laine et se mit à produire du textile pour l'armée, des sous-vêtements de flanelle et des draps. Aujourd'hui, la cité conserve de belles maisons à pans de bois rue Terneaux, rue des Grands-Carreaux et rue du Polhomet, en dépit des dommages subis au cours des bombardements de 1940. Quant à la bonne odeur de chocolat qui flotte régulièrement sur la ville, on la doit à la chocolaterie Barry Callebaut, située dans la commune. Malheureusement, cette chocolaterie qui embaume ne se visite pas. Plus de 10 % de la production mondiale de fèves de cacao y sont torréfiés, avant de partir soit vers des chocolatiers artisanaux, soit vers des groupes agroalimentaires mondiaux. La ville compte aujourd'hui environ 19 000 habitants et n'en finit pas d'attirer les visiteurs, curieux de découvrir le charme typiquement normand de l'ancienne cité drapière. Traversée par une vingtaine de rivières et bras de rivières, elle dévoile des promenades pittoresques à emprunter absolument pour approcher le moulin, le jardin de Bigard, la villa Caldéron et bien d'autres monuments témoignant de sa longue histoire.

CLOÎTRE DES PÉNITENTS ★

1, rue des Pénitents
✆ 02 32 40 04 41
www.tourisme-seine-eure.com

Accès extérieur libre. Intérieur uniquement accessible lors des concerts de l'école de musique.

Au détour d'une rue, tout près de la collégiale, légèrement excentré par rapport au centre-ville, on découvre un endroit unique : seul cloître d'Europe bâti sur l'eau, le cloître des Pénitents a été construit en 1646 et connut des utilisations diverses. Couvent de l'ordre Saint-François, école de garçons, maison d'arrêt, il abrite désormais le conservatoire de musique. Il ne se visite pas, mais on en découvre un beau point de vue depuis la rue, et aux horaires d'ouverture du conservatoire, il est possible, avec un peu de chance, de demander à y accéder.

EURE

ÉGLISE NOTRE-DAME ★

1, rue Pierre-Mendès-France
✆ 02 32 40 04 41
www.tourisme-seine-eure.com
Ouvert toute l'année. Tous les jours de 9h à 19h. Visite libre tous les jours. Gratuit. Visites guidées sur réservation.

Découvrez ce magnifique édifice, son porche royal, ses sculptures, son mobilier et ses vitraux. Un chef-d'œuvre architectural mêlant plusieurs styles, qui s'échelonnent du XIIIe siècle à la Renaissance. La construction de l'église Notre-Dame de Louviers a débuté en 1197, lorsque l'archevêque de Rouen devint seigneur de la ville, un statut qui explique les proportions imposantes de l'édifice. Un dépliant de visite très bien fait est disponible à l'office de tourisme, qu'il est possible de télécharger sur le site www.tourisme-seine-eure.com.

MAISON DU PARLEMENT

41, rue aux Huiliers
✆ 02 32 40 04 41
http://tourisme-seine-eure.com
Visite extérieure libre. Gratuit. Visite guidée (lors des journées européennes du patrimoine).

Au cœur du vieux Louviers, laissez-vous surprendre par le charme de cette maison à pans de bois du XVe siècle, ainsi baptisée car elle aurait abrité le Parlement de Normandie au moment de la prise de Rouen par les protestants en 1562. Au premier étage, une salle a conservé ses boiseries peintes. Bien que les curieux n'aient pas accès à l'intérieur du bâtiment, sa façade à encorbellement et poutres sculptées mérite le détour. On trouve également de belles maisons anciennes, rescapées des bombardements de la Seconde Guerre mondiale, dans la rue des Grands-Carreaux.

MUSÉE MUNICIPAL

Place Ernest-Thorel ✆ 02 32 09 58 55
www.ville-louviers.fr/ma-ville/culture/le-musee/
Mer-lun : de 14h à 18h. Visites commentées gratuites tous les premiers dimanches du mois de 15h à 16h30. Gratuit.

Créé en 1872, le musée municipal est installé depuis 1888 dans la cour de la mairie. Avec une étonnante collection constituée de près de 38 000 objets, il tient ses œuvres de dons et legs. Archéologie, histoire locale et art contemporain sont mis à l'honneur au fil de la programmation. Vous pourrez ainsi découvrir du mobilier, de la faïence, des peintures de la Renaissance. L'exposition permanente est quant à elle consacrée au passé d'industrie drapière de la ville, et donne la possibilité de redécouvrir l'avant des bombardements de la Seconde Guerre mondiale.

OFFICE DE TOURISME SEINE-EURE

10, rue du Maréchal-Foch
✆ 02 32 40 04 41
www.tourisme-seine-eure.com
D'avril à septembre : lundi au samedi de 9h30 à 12h30 et de 14h à 18h. D'octobre à mars : fermeture à 17h30.

L'office de tourisme, dédié à l'ensemble de l'agglomération Seine-Eure, est installé dans la maison dite du Fou du Roy superbement restaurée avec ses colombages peints en rouge, et qui fut l'ancienne demeure de Guillaume Marchand, maître-apothicaire devenu « Bouffon du Roi Henri IV » après avoir été capturé par l'armée protestante. Cet office organise des visites guidées de la ville, des visites contées, ainsi que des expositions d'art ou sur le patrimoine local.

HOSTELLERIE SAINT-PIERRE €€€

6, chemin de la Digue - **SAINT-PIERRE-DU-VAUVRAY**
✆ 02 32 59 93 29 - www.hotel-saintpierre.com
15 chambres. Restaurant ouvert tous les soirs sauf le dimanche et à midi sur réservation. (menus 34 € à 49 €).

Une étape de charme au calme et au fil de l'eau, tout près de Louviers et du Vaudreuil. Les chambres sont décorées de manière raffinée, avec des meubles de style ancien ou contemporains, mais toutes différentes et exposées côté Seine ou côté village. Et que dire de la quiétude des lieux ? Le parc fleuri, la terrasse et le bar irlandais vous feront apprécier le séjour. Les après-midi, vous pouvez vous y rendre pour boire un thé ou un chocolat et profiter de la vue. L'établissement dispose également d'une salle pour les réceptions et séminaires et d'un restaurant.

LA TANNERIE €

5 bis, rue Ternaux
✆ 02 32 25 09 62
www.restaurant-latannerie.fr
Lun : 12h-14h ; mar-jeu : 12h-14h et 19h30-21h30 ; ven : 12h-14h et 19h30-22h30 ; sam : 19h30-22h30. Pizzas dès 9,90 €.

C'est encore et toujours une valeur sûre de la ville et pour bien des raisons : un vaste choix de plats traditionnels, bien préparés, servis avec efficacité et sourire. Entre le poêlon d'escargots au beurre d'ail, la soupe de poisson, les différentes fricassées de Saint-Jacques, les viandes de qualité... on ne sait que choisir ! Mais on viendra aussi (et surtout) pour les pizzas délicieuses, cuites au feu de bois, ou là encore, le choix est vaste. N'hésitez pas à goûter la pizza Pays d'Auge, spécialité de la maison ! On recommande.

EURE

LE PRÉ SAINT-GERMAIN €€

7, rue Saint-Germain
© 02 32 40 48 48
www.lepresaintgermain.com
Ouvert du lundi au vendredi de 12h à 14h30 et de 19h30 à 21h30. Carte : 45 € environ.

Situé à proximité du centre-ville, dans une petite rue calme, cet hôtel-restaurant moderne à la décoration contemporaine se niche au fond d'un ancien verger. La cuisine est française avec quelques déclinaisons grecques ou moyen-orientales selon l'inspiration du chef. Les viandes et les poissons sont préparés avec talent : à vous de trouver votre bonheur entre le burger du pré au camembert, le wok de crevettes ou encore l'entrecôte de veau... Côté sucré, on vous recommande le mille-feuille de pommes normandes et caramel de cidre.

PÂTISSERIE CHOCOLATERIE MORIN

12, rue du Matrey
© 02 32 40 03 13
Ouvert du mercredi au vendredi de 8h30 à 19h15 ; le samedi de 7h30 à 19h15 ; le dimanche de 8h à 13h.

Depuis plus de 30 ans, le maître pâtissier Morin offre ses créations colorées et originales aux habitants de Louviers et d'ailleurs. Vous trouverez dans cette boutique gourmande de quoi chatouiller vos papilles à l'heure du goûter : macarons, chocolats, confiseries, gâteaux fourrés maison, petits fours... Une adresse à garder en tête également pour une pièce montée ou un gâteau d'anniversaire ou les grandes occasions avec des œufs de Pâques ou des bûches de Noël.

MAISON CLET

4-8, rue Pierre-Mendès-France
© 02 32 40 06 72
www.maisonclet.fr
Ouvert du mardi au samedi de 9h à 19h15.

Depuis 1957 qu'elle est implantée à Louviers, la Maison Clet n'a cessé de voir plus grand. On la retrouve désormais aux numéros 4 à 8 de la même rue, dans un espace somptueux et généreux qui permet d'offrir un large éventail de vins et spiritueux et tout le meilleur de l'épicerie fine. En plus du millier de vins proposés, vous trouverez près de quatre cents whiskies, des rhums, cognacs et des calvados déclinés pour tous les goûts, ainsi qu'un beau choix de foies gras, truffes, chocolats, confitures, thés... Les produits normands sont mis à l'honneur naturellement.

CASÉO - COMPLEXE AQUATIQUE SEINE EURE

Rue du Canal © 09 71 00 27 50
www.caseo-seine-eure.fr
Fermé : 24, 25, 31/12, 1er/01, 1er/05. Lun., mer., jeu : 9h30-20h. Mar., vend : 9h30-22h. WE et jours fériés : 9h30-18h.

Ce grand complexe offre plusieurs espaces dédiés au bien-être et aux plaisirs de l'eau. Un bassin ludique pour les enfants, un bassin extérieur chauffé de 50 m, un bassin sportif et un autre d'apprentissage (vous pourrez suivre des cours d'aquabiking, d'aquafitness ou encore d'aquafusion dispensés par des professionnels). Dans l'espace détente vous profiterez d'un sauna, d'un solarium et du tepidarium comme dans les thermes romains ! Enfin, un espace fitness, réservé aux adultes.

GLACÉO

Rue du Canal
© 02 32 09 86 19
www.patinoire-glaceo.fr/
Horaires à consulter sur le site internet. Entrée : 6 € + 3 € la location de patins. Enfant : 4 €. - de 4 ans : 2 €.

Ouverte courant 2019, la patinoire de Louviers était attendue depuis longtemps ! Elle ravira petits et grands par son allure moderne et toutes les animations qu'elle propose sur ses deux pistes : outre le simple plaisir de glisser seul, entre copains ou en famille, vous pourrez pratiquer le hockey, le foot sur glace ou encore le bubble foot. Les enfants, eux, pourront s'initier au hockey avec des séances de balai ballon, et venir fêter leur anniversaire sur la glace ! Un jardin des glaces accueille également les moins de 12 ans le mercredi et le samedi après-midi.

PONT-DE-L'ARCHE ★

Née après la construction de bastions militaires, la commune de Pont-de-l'Arche est située au confluent de l'Eure et de la Seine. Elle fut dotée d'un pont fortifié dès la fondation de la Normandie par les Vikings, vers 862, et protégée par deux forts. La cité, mélange de Moyen Age et de Renaissance, offre un bel ensemble de maisons anciennes, datant pour la plupart des XVIIe et XVIIIe siècles, et des vestiges de ses anciennes fortifications (notamment celles édifiées par Charles II, dit le Chauve) sont encore visibles. Une petite ville agréable et animée, avec de nombreuses manifestations tout au long de l'année et son traditionnel marché.

EURE

ABBAYE DE BONPORT ★

Bonport
✆ 02 35 02 19 42
www.abbayedebonport.com
Du 1er avril au 30 septembre, tous les dimanches et jours fériés. En juillet et août, tous les jours sauf les samedis.

Une légende entoure la fondation de l'abbaye de Bonport en 1189 : Richard Cœur de Lion, duc de Normandie et roi d'Angleterre, aurait manqué de se noyer dans la Seine. Il fit le vœu, s'il parvenait sur l'autre rive, « à bon port » donc, de fonder un monastère ici. Comme toutes les abbayes cisterciennes, la sobriété et l'élégance de l'architecture médiévale est remarquable. On découvre ainsi la salle capitulaire, la salle des moines, le dortoir, les cuisines et le réfectoire, superbement restaurés. L'abbaye accueille des manifestations culturelles chaque été.

ÉGLISE NOTRE-DAME-DES-ARTS ★

Place du Maréchal-Leclerc
✆ 02 32 40 04 41
www.tourisme-seine-eure.com/
Accès libre. Basse saison : tous les jours de 8h à 18h. Haute saison : de 8h à 19h. Gratuit.

Dominant la paisible bourgade, l'église Notre-Dame-des-Arts trône fièrement à proximité de la Seine et de l'Eure. Son architecture et son originalité permettent aux visiteurs arrivant de Rouen de la contempler en traversant le pont. Reconstruite au XVIe siècle, l'église Saint-Vigor, aussi appelée Notre-Dame-des-Arts, est richement décorée. Côté sud, des vitraux des XVIIe et XXe siècles, parmi lesquels figure la représentation du halage des bateaux, œuvre originale de Martin Vérel.

L'AUBERGE DE LA POMME €€€

44, rue de l'Eure - **LES DAMPS** ✆ 02 35 23 00 46
www.laubergedelapomme.com
Ouvert du mardi au samedi de 12h15 à 13h30 et de 19h30 à 21h. Réservation recommandée. Menus de 35 € à 90 €. Terrasse.

William Boquelet et son équipe ont repris ce restaurant en 2008, l'ont entièrement refait en 2011, et ont vu en 2012 leur travail récompensé par une étoile au Michelin. Des recettes originales et traditionnelles à la fois (canette des Dombes, ris de veau, saumon mi-fumé, tartare d'huîtres aux pommes vertes, turbot sauvage au beurre blanc...), de belles déclinaisons autour du homard (l'une des spécialités de la maison !), de bonnes idées comme ce menu enfant servi en demi-portion, pour que même les plus jeunes puissent goûter à la gastronomie.

VAL-DE-REUIL

Vous êtes ici dans la plus récente commune de France, et la seule à avoir été créée sans population à l'origine. Décidée à la fin des années 1960, pour rééquilibrer la croissance des villes de la région parisienne en en fondant de nouvelles en région, Le Vaudreuil-ville nouvelle a été bâtie à partir de 1972, compte aujourd'hui 16 000 habitants et abrite de nombreuses industries. Le nom actuel de Val-de-Reuil date de 1984 pour éviter la confusion avec le village ancien du Vaudreuil. Son architecture est totalement atypique : un plan en grille, qui évite de définir à l'avance les centres importants, des rues qui se coupent à angles droits, à l'américaine, une chaussée surélevée, tout cela en faisait à l'époque un urbanisme totalement original. Si la population est aujourd'hui équivalente au seul sixième des prévisions initiales (qui tablaient sur 100 000 habitants à l'horizon 2000), on en retiendra l'obligation d'être prudent ! Depuis une bonne dizaine d'années, le Val-de-Reuil est l'objet d'une vaste rénovation urbaine. Autre particularité pour une commune de cette taille : le nombre d'équipements sportifs et culturels – on y trouve pas moins de 3 théâtres, dont celui des Chalands, récemment reconstruit et agrandi, et un stade d'athlétisme où se déroulent des championnats d'envergure. Val-de-Reuil voit grand, ce qui en fait sans doute la commune la mieux équipée du département en la matière. En passant par Val-de-Reuil, arrêtez-vous à la serre zoologique Biotropica, distante de quelques kilomètres, et où adultes et enfants apprécieront approcher les animaux exotiques.

ANYMANIA

Chaussée de Léry
✆ 06 03 15 98 50
www.anymania.fr
Vacances scolaires : 10h à 19h en été, 10h à 17h en hiver. Hors vacances : mercredi + WE aux mêmes horaires. 5 € / an.

Sur un terrain de 10 hectares, cette ferme pédagogique propose toutes sortes d'activités ludiques pour les enfants aimant les animaux. Une belle occasion de les sensibiliser à la diversité et au développement durable. Dans une atmosphère familiale, on participe à des ateliers de fabrication de produits de la ferme tels que le pain ou le beurre. Sur place, la restauration est prévue, toujours avec l'optique de promouvoir l'agriculture locale et de saison. Au cœur du projet également, des séances de sensibilisation pour les personnes en situation de handicap.

EURE

BIOTROPICA

CD110
✆ 02 32 40 71 44
www.biotropica.fr
B.S : tous les jours de 9h30 à 17h30. H.S : tous les jours de 9h30 à 19h. Adulte : 14,50 €. Enfant : 10,50 €.

Le parc Biotropica et ses 6 000 m² vous propose sept microcosmes reconstitués et répartis entre intérieur et extérieur : la serre tropicale, la crique des manchots, le bush australien, la brousse africaine, le jardin d'Asie, le lac des pélicans… et la ferme des enfants. Au programme : découverte et mise en valeur de la biodiversité à travers des espèces en voie d'extinction : wallabies d'Australie, guépards du Soudan, pandas roux… Nouveauté de l'année : une «nurserie» de gavials du Gange, cet étrange crocodile reconnaissable à son long nez.

LA FACTORIE - MAISON DE POÉSIE

Île du Roi ✆ 02 32 59 41 85
https://factorie.fr/
Ouvert du lundi au vendredi de 9h30 à 12h30 et de 14h à 17h30. Restauration. Boutique. Animations.

On aurait bien voulu garder ce lieu secret, mais ce serait tout de même dommage… Sur l'île du Roi, se trouve une pépite pour tous ceux qui aiment la création artistique et en particulier la poésie. Vous pourrez assister à des spectacles pour tous les âges, à des récitals, à des concerts, l'occasion de rencontrer de nouveaux talents. Des ateliers sont également organisés toute l'année. Une petite soif ? Rendez-vous au joli petit café pour rencontrer poètes et compositeurs.

LA CASCADE INSOLITE €€

19, place du Général-de-Gaulle - **LE VAUDREUIL**
✆ 02 32 25 97 41
la-cascade-insolite.com
Ouvert du mardi au samedi de 12h à 14h et de 19h à 21h30 ; le dimanche de 12h à 14h. Carte : 50 € environ.

La décoration de ce lieu vaut à elle seule le détour ! Vous vous pelotonnerez dans des banquettes et fauteuils confortables et chaleureusement modernes avec leurs couleurs vives, pendant que sur les murs, toutes sortes d'animaux et de miroirs vous feront de l'œil ! Sans compter que vous vous sentirez ici chaudement accueilli. Côté bouche, là encore, le plaisir est au rendez-vous : noix de Saint-Jacques snackées, patate douce et chorizo, filet de bœuf, croustillant au parmesan, pleurotes, jus à l'oignon brûlé... A essayer sans hésiter !

ASSOCIATION DES MARAÎCHERS BIO DES HAUTS-PRÉS

1, Voie des Vendaises
✆ 06 51 97 37 83
produirebio-normandie.org/
100% Bio. Ouvert le mercredi de 9h30 à 13h ; le samedi de 9h à 12h30.

Vous trouverez dans ce magasin situé près de la Brasserie des Deux Amants tout un choix de légumes, de lait, de miel et autres fromages, produits par les agriculteurs du coin. Laissez-vous tenter par des formules de paniers dans lesquels sont rassemblés les légumes de saison : radis, potimarron, poireaux, céleri, carottes, betteraves, salades en tout genre. De quoi se préparer des petits plats sains qui vous coûteront moins cher que dans une boutique classique au regard de la qualité.

GOLF DU VAUDREUIL

26, avenue Marc-de-La-Haye - **LE VAUDREUIL**
✆ 02 32 59 02 60
www.golfduvaudreuil.com
Ouvert tous les jours. Abonnement : 1 627 € (temps plein individuel. 2636 € pour un couple). Green fee de 40 à 76 €.

Créé en 1962, le golf du Vaudreuil est le plus ancien de l'Eure. Installé sur un terrain de 95 hectares, son parcours de 18 trous a été dessiné par l'architecte anglais Fred Hawtree en 1961 au milieu d'un vaste parc planté de milliers d'arbres centenaires aux essences les plus diverses, au cœur d'une boucle de la Seine. Pas besoin d'être un joueur chevronné pour apprécier la beauté du lieu. Il vous suffira de vous installer à la table du restaurant pour apprécier l'environnement. Ce dernier a été aménagé dans une superbe grange dîmière du XVIIe siècle.

PAGAIE PASSION

Voie Marmaille ✆ 06 25 75 27 94
www.canoevaldereuil.com
Ouvert du 01/05 au 15/10, tous les jours sur réservation. Navigation : 8 € par heure et par personne.

Ouvert aux groupes, aux associations et aux particuliers, le club Pagaie Passion propose toutes sortes de prestations en lien avec le canoë-kayak. Freestyle, slalom et descente de rivière en eaux vives, cours de navigation, randonnée aquatique, location de matériel pour naviguer sur le site... C'est l'endroit où passer un bon moment en famille, que ce soit pour une heure de détente ou pour une journée entière d'aventure ! Plusieurs parcours entre Acquigny et Criqueboeuf ont été mis en place et sont ouverts à tous, offrant de jolies promenades au fil de l'Eure.

POSES

Le village de Poses est en plein développement depuis quelques années : on y venait autrefois pour ses écluses et leur ambiance guinguette, ensuite pour la base de loisirs, où se trouve maintenant Biotropica, une serre tropicale promise à un bel avenir touristique (voir à Val de Reuil dans ce guide), et, depuis peu, une antenne de l'office de tourisme Seine-Eure. L'accès routier depuis Pont-de-l'Arche (et l'A13) a été totalement repensé, et est devenu beaucoup plus pratique. En bref, une escale incontournable pour se détendre au bord de l'eau, s'adonner à des activités nautiques ou approcher une grande diversité d'animaux exotiques !

AUBERGE DU HALAGE €€

34, chemin du Halage ✆ 02 32 59 38 40
www.auberge-eure-traiteur-27-restaurant-normandie.com

Ouvert le lundi, le mardi et du jeudi au samedi de 12h à 14h ; du jeudi au samedi de 19h à 20h45. Carte : 25 € environ.

C'est en longeant la Seine que l'on tombe sur cet agréable établissement, délicatement posé au bord de l'eau. Attablez-vous à l'intérieur, et offrez-vous un bain de soleil sur la terrasse sur pilotis... Accueilli chaleureusement, vous aurez l'occasion de goûter aux burgers maison, aux lasagnes saumon-cabillaud ou encore au thon snacké, accompagné de ses petits légumes... Tout cela en observant les canards flotter sur le fleuve... Un vrai petit coin de paradis, où vous dégusterez des plats maison simples et pleins de saveurs.

BASE DE LOISIRS DE LÉRY-POSES

Lac des Deux-Amants
✆ 02 32 59 13 13
www.lery-poses.fr

Lac : 6h-19h. Golf et centre sportif : à partir de 8h30 le WE, 9h en semaine. Stationnement : 5 € par voiture.

A 30 minutes de Rouen, cette grande base permet de se balader, faire du sport et se baigner. Autour des lacs du Mesnil et des Deux-Amants, vous trouverez téléski nautique, canoë, catamaran ou paddle, minigolf, golf à 18 trous, pétanque, tennis de table. Pour déjeuner, une aire de pique-nique où les barbecues sont tolérés ; sinon, la brasserie Le Nautic offrent un choix de plats. En été, des snacks concoctent frites et saucisses. Parfait pour des sorties familiales.

AMFREVILLE-SOUS-LES-MONTS

Perchée au sommet de l'une des boucles de la Seine, en amont du confluent avec l'Andelle, Amfreville-sous-les-Monts était déjà occupée pendant l'Antiquité. Elle conserve de son riche passé l'église Saint-Michel, dont la tour-clocher date du XVIe siècle, ainsi que le manoir de Senneville, aujourd'hui classé monument historique. Une balade dans le village permet également d'approcher le barrage de Poses et les écluses sur la Seine, ainsi que le château de Canteloup bâti au XVIIe siècle. Ne manquez pas de vous balader sur le site naturel classé de la côte des Deux-Amants, au sommet de laquelle se trouve le château du même nom, empreint de nombreuses légendes.

ABBAYE NOTRE-DAME DE FONTAINE-GUÉRARD ✝ ★★

CD 714 - **RADEPONT** ✆ 06 86 08 04 67
www.abbayefontaineguerard.fr

Ouvert de juin à septembre. Tarif plein : 6 €, tarif réduit : 4,50 €, tarif enfant : 3,50 €, gratuit : moins de 7 ans.

Au pied d'une source aux vertus guérisseuses, cette abbaye de femmes semble avoir été oubliée par le temps. Chef-d'œuvre du style gothique anglo-normand du XIIIe siècle où la rigueur cistercienne prend toute sa pureté, fondée en 1190, elle offre au visiteur un cellier troglodytique, les ruines de l'abbatiale, une salle capitulaire à trois nefs, une salle de travail, le dortoir des moniales et les jardins monastiques ponctués de sculptures évoquant les femmes qui y vécurent.

LA FERME DES PEUPLIERS

4, rue des Peupliers - **FLIPOU**
✆ 02 32 49 72 32
www.fermedespeupliers.fr/

Mardi-jeudi : de 14h à 18h ; vendredi de 9h à 13h et de 14h à 18h ; samedi de 9h à 13h. Visites guidées sur réservation.

Cette ferme familiale qui transforme le lait depuis plus d'un demi-siècle est aux mains de François Chedru, vétérinaire rural, et de ses fils qui travaillent à l'élaboration de yaourts de grande qualité (lauréats de plusieurs médailles). Ils font tout dans une maîtrise totale du cycle, de la production de fourrages à l'alimentation des vaches, jusqu'au produit fini disponible sur place. Du yaourt nature onctueux à celui sur lit de fruit, des gélifiés aux gâteaux de riz, les gammes sont variées et savoureuses. Un circuit de visite permet de découvrir le métier.

EURE

VASCOEUIL

D'une superficie de moins de 8 km², Vascoeuil n'en est pas moins traversée par deux cours d'eau : l'Andelle et le Crevon. Mais c'est surtout son château qui a fait a renommée de la commune. Ce Centre d'Art et d'Histoire accueille des expositions dans un cadre unique et prestigieux. Ses jardins font également le bonheur des quelque 25 000 à 30 000 curieux qui franchissent ses grilles chaque année, et des amateurs de jardins à l'anglaise et à la française. Pour plonger dans l'histoire de Vascoeuil, il ne faut pas hésiter à franchir les portes de son église paroissiale où de véritables chefs-d'œuvre d'art religieux attendent les visiteurs.

CHÂTEAU DE VASCŒUIL ★★

8, rue Jules-Michelet
© 02 35 23 62 35
www.chateauvascoeuil.com
D'avril à novembre. Du mercredi au dimanche de 14h30 à 18h. Tlj en été de 11h à 18h30. Adulte : 10 €. 7-18 ans : 6,5 €.

Mêlant patrimoine architectural et art contemporain, le château de Vascœuil est une demeure dont l'origine remonte au XIIIe siècle (il en subsiste une très belle tour octogonale), remaniée au XVe siècle, ainsi qu'un superbe colombier du XVIIe siècle. Le parc à la française abrite plus de 60 sculptures des plus grands artistes (Braque, Dali, Volti, Vasarely...) rassemblées et exposées dans un parc de près de 8 hectares. Aujourd'hui Centre d'art et d'histoire, le site accueille chaque année une grande exposition d'art moderne de très haute qualité.

GRAINE DES CHAMPS

20, rue de la Gare © 02 32 91 19 72
www.grainedeschamps.com
Mar.-sam. 9h30-13h et 15h30-19h, dim. 9h30-12h30. Restauration (formules -10 €, enfants 4,95 €). Livraison possible.

Graine des Champs est une épicerie et un collectif de plus de 50 producteurs et artisans normands. Cédric Devienne, à l'initiative du projet, propose à la vente les produits bio de ses partenaires à la traçabilité exemplaire, issus de productions respectueuses de l'environnement et dans un rayon de 50 km. Vous trouverez ici fruits et légumes bien sûr, viandes et fromages, mais aussi des thés et cafés fournis par des torréfacteurs de la région. Un rayon bien-être et maison offre une gamme complète pour l'hygiène et l'entretien. Possibilité de manger sur place.

LYONS-LA-FORÊT ★★

Petit bourg de 800 habitants, niché au cœur d'une des plus belles hêtraies d'Europe (10 000 hectares), Lyons est l'une des plus séduisantes destinations du département : la place principale et ses spectaculaires halles du XVIIIe siècle, ses maisons à colombages de la fin du XVIe siècle, celles en brique des XVIIe et XVIIIe siècles, ses petites rues tranquilles et fleuries justifient amplement son classement parmi les plus beaux villages de France. Particularité : sa forme circulaire reste l'un des derniers vestiges de l'enceinte du château d'Henri Ier Beauclerc, duc de Normandie et roi d'Angleterre, à qui l'on doit le développement du village. Centre administratif jusqu'au XVIIIe siècle, Lyons vit aujourd'hui essentiellement du tourisme. Illustration de l'architecture traditionnelle normande et médiévale, ses rues ont servi de décor de cinéma à plusieurs reprises, pour des adaptations du roman de Flaubert, *Madame Bovary* : en 1933 (Jean Renoir), en 1977 pour un téléfilm italien et en 1991 (Claude Chabrol). N'hésitez pas à visiter les cachots et la salle du tribunal dans l'hôtel de ville. Aux alentours, de nombreux sites exceptionnels sont à découvrir comme les abbayes de Mortemer et Notre-Dame de Fontaine-Guérard ou encore le château de Vascoeuil. C'est une escale typiquement normande qui vous attend ici, entre nature et culture. Les amateurs de randonnée pédestre et équestre y trouveront une multitude de sentiers, traversant de vastes clairières, une forêt sans fin, mais aussi des petits villages isolés et des plaines cultivées ponctuées de fermes.

© M. MORTECRETTE

Les Trois Moulins.

EURE

ABBAYE DE MORTEMER

Mortemer - **LISORS**
© 02 32 49 54 34
www.abbaye-de-mortemer.fr
Avril-août : tlj 11h - 18h. Hors saison : contacter l'abbaye. Gratuit : - de 6 ans. Adulte : 5 €. Visite guidée (+ 4 €).

Un air de mystère plane sur l'abbaye de Mortemer. Niché au cœur de la forêt de Lyons, ce lieu hors du temps ne laisse personne indifférent. Au fil de votre balade, vous pourrez admirer les ruines de l'abbaye cistercienne du XIIe siècle, la plus grande en son temps, au sein d'un parc où se mêlent étangs et colombiers. Au sous-sol de l'édifice, le musée vous permettra de découvrir les récits historiques et légendes de la Dame Blanche et de la fontaine des Célibataires. Poursuivez votre périple à pied le long des étangs et arrêtez-vous pêcher à la mouche !

ARBORETUM DE LYONS - JARDIN FORESTIER DES BORDINS

Route de Belle Face
© 02 32 49 31 65
www.paysdelyons.com
Accès libre et gratuit.

C'est au beau milieu de la hêtraie, à 5 km de Lyons-la-Forêt, que l'Arboretum a été aménagé sur près de 8 hectares, depuis plus de vingt ans maintenant. Visitez-le et offrez-vous un véritable tour du monde des arbres ! Cette ancienne pépinière forestière reconvertie est constituée d'une centaine d'essences, classées en fonction des continents et des régions du monde : Amérique, Asie, Europe... Depuis peu, le site peut être découvert à travers différents parcours d'orientation.

CHÂTEAU DE FLEURY-LA-FORÊT ★

4, route de Lyons - **FLEURY-LA-FORÊT**
© 02 32 49 63 91
www.chateau-fleury-la-foret.com
BS : ouvert le week-end et les jours fériés de 14h à 18h. HS : tlj et les jours fériés de 14h à 18h. 6 € à 9 €.

Ce château en briques rouges, dont l'origine remonte au XVIe siècle, est classé Monument historique. Il existe différentes façons de le découvrir : soit en visite privée, soit en visite groupée, soit en séjournant dans l'une de ses chambres d'hôtes. Ce sera l'occasion de découvrir un superbe salon, mais aussi une cuisine monumentale et le fameux musée de poupées anciennes entourées de leur mobilier. L'établissement accueille de nombreuses manifestations tout au long de l'année.

LES HALLES ★

rue de l'Hôtel-de-Ville
© 02 32 49 31 65
www.lyons-andelle-tourisme.com/
Ouvert toute l'année. Accès libre. Gratuit. Restauration. Animations.

Véritable emblème de Lyons, on ne peut pas manquer les halles, avec leurs piliers et leur charpente en bois, d'autant qu'elles trônent au milieu de la place, bordées de maisons anciennes en briques roses et à colombages. Construites au XVIIIe siècle, elles présentent un remarquable travail de charpente. Et si le lieu vous semble familier, c'est peut-être un souvenir de cinéma qui vous revient : Jean Renoir, en 1932, et Claude Chabrol, en 1990, y ont tous deux tourné des scènes de leurs adaptations de *Madame Bovary*, tant cette place a conservé son cachet ancien.

MUSÉE DE LA FERME DE ROME

3, rue de Rome - **BÉZU-LA-FORÊT**
© 02 32 49 66 22
www.fermederome.fr
Ouvert de Pâques à la Toussaint : week-ends et jours fériés de 14h à 18h. Juillet - août : tous les jours de 14h à 18h

En bordure de la forêt de Lyons, ce musée fondé en 1987 par d'anciens agriculteurs passionnés rassemble plus de 2 000 objets, dont environ 300 ustensiles de cuisine liés à la production et à la fabrication de produits laitiers, ainsi qu'une collection d'affiches publicitaires. Moules à beurre ou à fromages, armoires normandes, barattes, c'est tout un passé agricole qui est transmis ici. Saviez-vous par exemple que Charles Gervais s'était installé à quelques kilomètres du site ?

OFFICE DE TOURISME LYONS ANDELLE

25 bis, place Isaac Benserade
© 02 32 49 31 65
www.lyons-andelle-tourisme.com
Ouvert tlj matin et après midi d'avril à octobre. Fermé le dimanche et les jours fériés de novembre à mars.

Une mine d'informations et de documentation ! Vous y trouverez des dépliants gratuits fort bien faits pour découvrir le patrimoine de Lyons-la-Forêt ou celui du pays de Lyons à travers plusieurs routes : route des Abbayes, route des Châteaux, route des Parcs et des jardins, route des Musées... Et tout sur la belle forêt domaniale : ses sentiers de randonnées, ses sentiers thématiques et même un jeu de découverte de la forêt à destination des enfants.

GITE BLACK HORSE HOUSE €€

1 route de Lorleau - **BEAUFICEL-EN-LYONS**
© 06 09 17 78 15 - www.gites-de-france.com
Pour 6 personnes (3 chambres). Semaine à partir de 540 € en basse saison et 850€ en haute saison. Wifi gratuit.

Le Black Horse House est une vaste demeure pouvant accueillir jusqu'à 6 personnes réparties dans 3 chambres. Ce lieu unique, conçu dans un astucieux mélange de styles, propose de surcroît une décoration pleine de goût. Le bois et la pierre se combinent parfaitement dans les espaces communs comme dans le vaste salon ou la sublime salle à manger. Les chambres, à la literie irréprochable, sont propices à la détente. Rapport qualité-prix hors pair pour ce lieu proche du magnifique village de Lyons-la-Forêt, et qui, cerise sur le gâteau, dispose même d'un sauna !

LES ANDELYS ★★★

C'est le fier Château-Gaillard, l'une des plus célèbres forteresses médiévales normandes, qui fait la renommée de la ville des Andelys. Une place stratégique souvent disputée par les armées anglaises et françaises. Au bord de la Seine, entre deux coteaux, elle est divisée en deux parties, le Grand et le Petit Andely. Ses monuments et ses paysages magnifiques valent largement le détour. Sur les hauteurs, découvrez les ruines de Château-Gaillard qui fut entre autres propriété de Richard Cœur de Lion et Philippe Auguste. Le long du fleuve, en contrebas, le Petit Andely vous enchantera avec son port de plaisance et ses vieilles maisons à pans de bois.

EURE

CHÂTEAU GAILLARD ★

Chemin de Château-Gaillard
© 02 32 21 31 29
www.cape-tourisme.fr
Fin-mars-début novembre 10h-13h et 14h-18h. Juillet-août 10h-18h.

Surplombant la Seine, les ruines de Château-Gaillard témoignent du passé de l'une des plus célèbres forteresses de la région et offrent un point de vue à 360 degrés sur la Seine, le Petit-Andely et les falaises de craie. Classé monument historique depuis 1862, répertorié comme grand site national, Château Gaillard a maintes fois inspiré les peintres, les poètes et autres artistes contemporains. En août, des jeux médiévaux et des camps reconstitués y sont organisés le week-end, ainsi que des ateliers pour les enfants. Billet groupé avec le musée Nicolas Poussin.

COLLÉGIALE NOTRE-DAME ★

Rue Louis-Pasteur
© 02 32 21 31 29
www.cape-tourisme.fr/
Hiver : de 9h à 17h30 et Été : de 9h à 19h. Gratuit. Visites guidées sur réservation à l'OT des Andelys.

La collégiale, joyau de la ville, fut construite au XIIIe siècle sur le site de l'ancienne abbaye Sainte-Clotilde, et remaniée au XVIe siècle. Il aura fallu près de quatre siècles pour obtenir le résultat que l'on connaît aujourd'hui. Le monument, majestueux, est en réalité un véritable livre d'histoire sur l'architecture. À l'intérieur, quelques trésors à admirer absolument : le buffet d'orgue Renaissance, des statues du XVIe siècle, des toiles du XVIIe attribuées à Quentin Varin et Jacques Stella, et des riches vitraux de grands maîtres verriers du XVIe siècle.

Les Andelys.

ÉGLISE SAINT-SAUVEUR ★

Place Saint-Sauveur
✆ 02 32 21 31 29
www.cape-tourisme.fr/
Tous les jours 9h-18h. Gratuit. Visite guidée (pour les groupes uniquement, se renseigner à l'office de tourisme).

De style gothique, cette église fut édifiée en 1202. À la Révolution, elle fut transformée en entrepôt de stockage. Sur le trumeau du portail, on peut admirer la statue de saint Sauveur tenant un globe terrestre. Des paroissiens du Petit-Andely perpétuent la tradition viticole du village, très ancienne, en accrochant sur ce globe une grappe de raisin durant la période des vendanges. Ne manquez pas le retable venant de l'abbaye voisine de Mortemer, ainsi que le plus ancien orgue de France encore en fonctionnement, celui de Robert Ingoult, qui date de 1674.

MUSÉE NICOLAS POUSSIN ★

Rue Sainte-Clotilde
✆ 02 32 54 31 78
www.ville-andelys.fr/musee-nicolas-poussin/
Du 28 mars au 30 avril, du 2 mai au 11 septembre et du 14 au 30 septembre : du mercredi au lundi de 14h à 18h.

Installé dans une ancienne demeure bourgeoise du XVIIIe siècle, le musée Nicolas Poussin retrace l'histoire de la ville depuis la période préhistorique jusqu'aux activités industrielles du XXe siècle. La salle consacrée à Nicolas Poussin, peintre natif des Andelys, expose le fameux tableau *Le Coriolan supplié par sa mère* et de multiples documents évoquant la vie et l'œuvre de cet artiste majeur du XVIIe siècle. Des visites guidées, des ateliers de mosaïque et des animations en tout genre sont régulièrement organisés au sein de l'établissement.

HÔTEL DE PARIS - RESTAURANT LE BISTRONOMY €€

10, avenue de la République ✆ 02 32 54 00 33
www.hotel-andelys.fr
8 chambres de 70 à 95 €. Restaurant ouvert de 12h30 à 14h30 et de 19h30 à 21h30 tlj, sauf lun et mer midi et dim soir.

A deux pas du centre-ville, l'Hôtel de Paris est une véritable institution, niché dans un élégant manoir en briques rouges et au toit d'ardoises, le tout au cœur d'un jardin arboré. L'établissement propose des chambres décorées avec goût, lumineuses et avec vue sur les arbres. Le restaurant Le Bistronomy est quant à lui une réussite, avec un menu à base d'huîtres et plateaux de fruits de mer, de foie gras maison accompagné de son pain d'épice ou encore de saumon fumé.

VILLA ALIÉNOR €€

1, rue Grande
✆ 02 32 54 90 13
www.villa-alienor.fr
Chambre double entre 90€ et 130€ la nuit petit déjeuner inclus.

La Villa Aliénor accueille dans un écrin de verdure les amoureux de nature et de tranquillité. De nouveaux propriétaires se sont récemment emparés des lieux pour transformer cet ancien relais du XVIIIe siècle en maison d'hôtes. Au calme, l'endroit dispose d'une terrasse au charme bucolique idéale pour faire une petite pause. Les chambres disposent d'un bureau, d'une penderie, d'un nécessaire thé/café, d'une salle d'eau avec douche à l'italienne et vasque et des toilettes séparées. Une suite familiale, ainsi que trois studios-gîtes sont également proposés.

LES SAVEURS DU LIBAN ET DE L'ORIENT €€

36, rue Grande ✆ 09 53 37 48 30
www.saveursliban.com
Ouvert du mercredi au dimanche et les jours fériés de 10h à 21h. Entrées à partir de 5,50 €. Carte : 25 € environ.

Bienvenue dans le temple des saveurs orientales ! Implanté au Petit-Andely sous le regard bienveillant du Château-Gaillard, le restaurant Les Saveurs du Liban et de l'Orient vous invite au voyage. Découvrez une cuisine inventive et savoureuse mêlant plats traditionnels orientaux et créations du chef. L'épicerie fine, quant à elle, fourmille d'épices rares en provenance des quatre coins du monde, de miels ou encore de moutardes. L'établissement propose aussi un service traiteur.

LE PRESSOIR D'OR

57 bis, route des Andelys - **BOISEMONT**
✆ 02 32 69 41 25
www.pressoirdor.com
Lui, mar, jeu, ven : de 9h à 12h et de 14h à 18h ; mercredi et samedi de 14h à 18h. Visite guidée : 5 € par personne.

Installé dans une ancienne ferme à colombages (XVIIe-XVIIIe siècles) entourée d'une roseraie et d'un potager, le Pressoir d'Or se compose d'une exploitation, du verger de 27 hectares et d'une cave. Dans cette dernière, vous aurez l'occasion de découvrir les instruments utilisés autrefois pour la transformation de la pomme. À pied, en tracteur ou en autocar, immergez-vous dans le monde passionné de ce producteur et découvrez les différentes manières de déguster la pomme : en cidre, en jus de pomme, mais aussi sous forme de gelées, de confitures ou de confits...

EURE

Château fort de Gisors.

GISORS ★

Ancienne ville frontière entre les royaumes de France et d'Angleterre, Gisors est devenue ville d'échanges et de commerce. Porte de la Normandie, capitale du Vexin normand, étape sur diverses routes touristiques, Gisors est enclavée entre la Picardie et l'Île-de-France et offre les attraits d'un patrimoine bien conservé (son château médiéval est célèbre, notamment à cause de la légende des Templiers, mais aussi ses maisons médiévales à colombages, sa remarquable église Saint-Gervais-Saint-Protais, ses douves, son cabinet de verdure et sa statue de la Vierge dorée) et d'une cité commerciale active. Son caractère de ville normande valorisé, son cadre naturel ouvert sur de grands espaces agricoles, les forêts et la verdoyante vallée de l'Epte présentent une variété de couleurs et de paysages qui a séduit des peintres célèbres. Les impressionnistes Monet, Pissarro et Sisley ont trouvé ici l'inspiration. Mais Picasso aussi vécut à Gisors, au hameau de Boisgeloup, ou encore Dado, dont on peut admirer une fresque dans la chapelle de la Léproserie, récemment restaurée. Dans la rue de Vienne, vous aurez l'occasion de vous balader au milieu des demeures anciennes à colombages, typiques de la région, et d'admirer de près le lavoir de Gisors situé au bord de l'Epte, reconnaissable à sa charpente en bois particulièrement bien conservée. La commune est également célèbre pour son animation « Gisors la Légendaire », des spectacles son et lumière avec des thèmes différents proposés tous les ans. Une cité médiévale fascinante qui n'attend que de vous dévoiler tous ses secrets !

CHAPELLE DE LA LÉPROSERIE SAINT-LAZARE ✞

18-22, rue de Rouen
© 02 32 27 60 63
www.ville-gisors.fr
Accès libre. Visite guidée.

Bâtie en 1210 par Jean de Gisors afin d'accueillir les malades victimes d'une variante de la lèpre apparue après la première croisade de 1095, la léproserie prend le nom de Saint-Lazare, en référence au saint patron des lépreux, et la chapelle, elle, celui de saint Luc, le patron des médecins. Le monument sera remanié tout au long de son histoire. A l'intérieur, une superbe fresque, *Le Jugement dernier*, de l'artiste monténégrin Miodrag Djurić, aussi connu sous le nom de Dado.

CHÂTEAU FORT DE GISORS ★

Place Blanmont
© 02 32 55 59 36
www.tourisme-gisors.fr/chateau-fort
Parc accessible gratuitement de 9h à 17h en hiver et jusqu'à 19h30 en été. Visite guidée (50 min) : plein tarif 5 €.

Imposant, le château de Gisors ! Le site était stratégique, puisque l'Epte, la rivière qui traverse la ville, fut du Xe siècle au début du XIIIe, la frontière de la Normandie. On y découvre de magnifiques salles voûtées d'ogives ainsi qu'un cachot aux murs ornés de graffitis laissés par les anciens détenus. Il faut ensuite grimper une petite centaine de marches pour accéder au sommet du donjon et à un panorama à couper le souffle. Le spectacle *Gisors la Légendaire* est proposé chaque année au mois de mai, à chaque fois sur un thème légendaire différent.

ÉGLISE SAINT-GERVAIS - SAINT-PROTAIS ✝ ★

Rue Saint-Gervais
✆ 02 32 27 60 63
www.tourisme-gisors.fr/
Tous les jours 9h-18h. Visites guidées : 5 € plein tarif (4 € tarif réduit) Visites guidées organisées par l'OT.

Ce bel édifice est remarquable par les œuvres d'art qu'il abrite : une sculpture monumentale de l'arbre de Jessé datant du XVIe siècle, des verrières peintes par le prestigieux atelier de Beauvais, ou encore, dans la chapelle Sainte-Claude, le pilier sculpté en l'honneur de la Confrérie des tanneurs, ainsi que ce rare transi du XVIe siècle, représentant un mort dans son cercueil. L'édifice, de style gothique, roman et renaissant, a été classé Monument historique en 1840.

OFFICE DE TOURISME DU VEXIN NORMAND

1, passage du Monarque - rue de Vienne
✆ 02 32 27 60 63
www.tourisme-gisors.fr
Qualité Tourisme. Ouvert du lundi au samedi de 9h à 12h et de 14h à 18h. Label Tourisme & Handicap.

Gisors, à la limite de l'Eure, de l'Oise et du Val-d'Oise, ville des Templiers, possède un patrimoine médiéval important. L'équipe de l'office de tourisme offre toutes les informations sur les hébergements, les restaurants, les visites de sites (douves, château de Pablo Picasso, Vierge Dorée, chapelle de la Léproserie...), les loisirs, les transports, l'artisanat et le terroir local. Vous y trouverez des idées de séjours à thèmes et de promenades ainsi qu'une billetterie.

BRASSERIE DE SUTTER

19, rue du Grand-Champ-Fleury
✆ 02 32 27 57 17 - www.brasseriedesutter.com
Ouvert le lundi de 10h à 12h30 et de 13h30 à 17h30 ; du mardi au samedi de 10h à 12h30 et de 13h30 à 19h. Visite guidée.

Ce sont deux frères qui ont donné leur nom à cette brasserie : Antoine et Frédéric, deux agronomes passionnés par la fermentation, le houblon, et toutes les subtilités qui en découlent. Depuis 2012, après quatre années d'essai, ils commercialisent leurs créations : des bières non pasteurisées, bio, et déclinées en plusieurs gammes, parmi lesquelles certaines vieillies en fût de calvados ou d'armagnac. Une belle diversité et une belle réussite, puisque certaines bières sont même médaillées ! N'hésitez pas à aller y faire une dégustation... avec modération bien sûr.

DOMAINE DES PRÉS DU HOM €€

73, route de Gisors - **BÉZU-SAINT-ELOI**
✆ 02 32 55 61 19
www.presduhom.com
Gîtes de France (4 épis). Chambre double de 80 € à 115 €. Petit-déjeuner inclus.

A 30 min de Giverny, ces chambres d'hôtes installées au cœur de 4 000 m² de verdure sont un vrai havre de paix. Dans la bâtisse ancienne, 3 chambres vous attendent, avec leur charme typiquement anglo-normand et leur luminosité. Sous les toits, la suite de 53 m² avec vue sur le jardin, qui peut accueillir jusqu'à 4 personnes, est particulièrement agréable. Une atmosphère cosy que vous retrouverez à la table du petit déjeuner. Vous pourrez aussi profiter des séances de coaching proposées sur place avec notamment de l'hypnose, des massages, de la musicothérapie...

CHÂTEAU DE LA RAPÉE €€€

La Rapée - **BAZINCOURT-SUR-EPTE**
✆ 02 32 55 11 61
www.hotel-la-rapee.com
hambre à partir de 15h. Départ 12h. 12 chambres. Chambre double de 98 € à 135 €. Demi-pension. Petit déjeuner : 14 €.

C'est à deux pas de Gisors que ce château-hôtel accueille les voyageurs dans une ambiance des plus romantiques. Perché tout en haut d'une jolie colline et niché dans un domaine de 3 hectares, il propose un total de 12 chambres réparties en trois catégories. L'endroit est idéal pour s'offrir des vacances reposantes tout en profitant des plats raffinés servis au restaurant. L'établissement possède également un sauna et une piscine où se détendre entre deux visites. Il est aussi possible de privatiser le château pour un événement familial ou d'entreprise.

LE CAPPEVILLE €€

17, rue Cappeville
✆ 02 32 55 11 08
www.lecappeville.com
Jeu & ven de 12h à 13h45 et de 19h à 22h ; sam de 12h à 14h et de 19h à 22h ; dim de 12h à 14h. Menus de 21 € à 72 €.

Une adresse devenue incontournable à Gisors ! Derrière cette humble façade blanc et bleu se cache une salle des plus chaleureuses avec sa cheminée et surtout sa très belle cuisine. A base de produits frais du marché ou tirés de la pêche, tous les plats sont ici préparés maison, et vous offriront des saveurs recherchées, comme de la sole et son chutney de pomme, émulsion de cidre ou une fricassée d'escargots aux ravioles du Royan. Côté douceurs, croustillant de fruits rouges et soufflé au calvados (la spécialité de la maison) se disputeront vos faveurs.

L'OLIVE VERTE €€

26, rue de la Libération
✆ 02 32 55 48 10
www.restaurant-pizzeria-olive-verte.fr
Le lundi de 12h à 14h ; du mardi au samedi de 12h à 14h et de 19h à 22h. Tarifs 7,50 €/23 € selon plats.

Outre les pizzas traditionnelles comme la calzone et la napolitaine, vous pourrez savourer dans cet établissement toutes les déclinaisons du plat italien. Parmi celles-ci, la version normande, avec neufchâtel, livarot et camembert ! Le chef associe des produits nobles aux plats traditionnels. Découvrez les tagliatelles aux gambas flambées au whisky et copeaux de parmesan, le risotto à la crème de truffe et ses pointes d'asperge, l'escalope de veau normande ou encore le burger italien maison. Pour les végétariens : assiette de légumes poêlés et grillés.

MARCHÉS

Quai du Fossé-aux-Tanneurs
Les vendredi et dimanche matin de 8h à 13h.

De tradition commerçante, Gisors accueille les marchands et leurs étals depuis le Moyen Âge. Aujourd'hui, la ville compte deux marchés par semaine : le vendredi et le dimanche, de 8h à 13h. Vous aurez ici le choix parmi une cinquantaine de stands : légumes, fruits, charcuteries, fromages, vêtements, ou encore quincaillerie. A noter que lors des grands week-ends, des marchés exceptionnels se tiennent les lundis de Pâques et de la Pentecôte dans plusieurs rues du centre-ville. Les marchés sont un moment agréable pour flâner et boire un petit café à une terrasse.

VOIE VERTE GISORS-GASNY

1, passage du monarque, rue de Vienne
✆ 02 32 27 60 63
www.tourisme-gisors.fr/
Ouvert toute l'année. Accès libre.

Entre Gisors, capitale du Vexin normand, et Gasny, découvrez ces 28 km de voie verte longeant la vallée de l'Epte. Le tracé est bordé de châteaux qui marquaient, autrefois, la frontière entre la Normandie et le domaine royal de France. Paysages verdoyants, vallonnés, traversant des petits villages pittoresques tels que Fourges, Aveny ou encore Château-sur-Epte. Découvrez la vallée de la Seine et poursuivez vers Giverny et la maison Claude Monet, Vernon ou encore La Roche-Guyon. Une belle promenade à pied, en roller ou à vélo, au gré de vos envies...

MANCHE

Peu de territoires peuvent s'enorgueillir d'offrir tant de visages différents : des bocages paisibles et verdoyants, des collines escarpées et surprenantes, des marais qui recouvrent la terre à perte de vue, et surtout la mer, présente le long de 350 kilomètres de côtes offrant falaises, criques et immenses plages de sable. Ainsi est la Manche : marqué par une riche histoire, qui lui a légué un patrimoine époustouflant et les lieux de mémoire du débarquement, le département a pour symbole le Mont-Saint-Michel, merveille mondialement connue. Mais la Manche, c'est un sens de l'accueil et une gastronomie goûteuse et roborative qui vous pourrez découvrir au gré des petites villes qui pullulent ici : Granville, Coutances ou Saint-Lô. Difficile, enfin, de ne pas passer par Cherbourg, qui regroupe à elle seule près de 20 % de la population de la Manche et vous charmera par ses cinq ports, son centre ancien et sa splendide Cité de la Mer.

VICQ-SUR-MER
FERMANVILLE
BARFLEUR ★★
LA HAGUE
SAINT-PIERRE-ÉGLISE ★
Équeurdreville-Hainneville
CHERBOURG ★★
LA PERNELLE
LE VAST
La Glacerie
QUETTEHOU
SIOUVILLE-HAGUE
SAINT-VAAST-LA-HOUGUE ★★
FLAMANVILLE ★
SOTTEVAST
LES PIEUX
VALOGNES ★
30 KM
LE ROZEL
MONTEBOURG
BRICQUEBEC-EN-COTENTIN ★
ÉCAUSSEVILLE
SURTAINVILLE
SAINTE-MÈRE-ÉGLISE ★
BARNEVILLE-CARTERET ★★
SAINTE-MARIE-DU-MONT
SAINT-SAUVEUR-LE-VICOMTE ★
PORT-BAIL-SUR-MER
CARENTAN-LES-MARAIS ★
LA HAYE
LE MOLAY-LITTRY
LESSAY
CERISY-LA-FORÊT
La Manche
Saint-Sauveur-Lendelin
Gouville-sur-Mer
SAINT-LÔ ★
Agneaux
AGON-COUTAINVILLE ★
Condé-sur-Vire
COUTANCES ★★
TORIGNY-LES-VILLES
HAUTEVILLE-SUR-MER
Le Bény-Bocage
ÎLES CHAUSEY ★★
VILLEDIEU-LES-POÊLES-
VIRE ★
GRANVILLE ★★★
SAINT-PAIR-SUR-MER ★
ROUFFIGNY ★
JULLOUVILLE ★
CAROLLES ★
AVRANCHES ★★
Cancale
Baie du Mont Saint-Michel
MORTAIN-BOCAGE ★★
LE MONT-SAINT-MICHEL ★★★★
Barent
Manche
Pontorson
SAINT-HILAIRE-DU-HARCOUËT
SAINT-JAMES
Plerguer
Fougerolles-du-Plessis
Louvigné-du-Désert
Antrain

PAGES

MANCHE

PAGES

MANCHE

CHERBOURG-EN-COTENTIN ★★

C'est la capitale du Cotentin et, de loin, la plus importante ville de la Manche. Forte de ses 80 000 habitants, Cherbourg-en-Cotentin, mondialement connue pour son rôle dans la libération alliée et pour ses parapluies, mérite une découverte, et même davantage. Fille de la mer, très prisée depuis quelques années, la ville aux multiples ports vaut mieux que la réputation fraîche que certains lui collent. Les multiples ruelles commerçantes de son vieux centre, son patrimoine architectural et sa vie culturelle intense en font une destination de premier plan. Et puis d'ici, les ferries vous mènent chaque jour outre-Manche, au Royaume-Uni ou en Irlande.

ABBAYE DU VŒU

Rue de l'Abbaye
✆ 02 33 87 89 13
www.ville-cherbourg.fr
Visites guidées les samedis et dimanches en été. Visite guidée (1h30 ; visite libre : 1h). Parking à proximité.

L'histoire raconte qu'en 1145 l'impératrice Mathilde, petite-fille de Guillaume le Conquérant, affronte une terrible tempête en mer. Dans ses prières, elle demande l'aide de la Vierge. Elle formule le vœu de faire construire, en échange de la vie sauve, une chapelle. Mathilde débarque à Chantereyne et fait ériger la chapelle de Notre-Dame-du-Vœu. La Seconde Guerre mondiale a malheureusement laissé de terribles traces, détruisant une large partie de l'abbaye qui, depuis, a été un peu restaurée. Aujourd'hui, c'est un lieu de promenade très apprécié.

BATTERIE DU ROULE ★★

Montée des Résistants
✆ 06 31 45 25 80
www.exspen.com
Horaires : se renseigner sur le site. Adulte : 12 €. Enfant : 6 €. - de 18 ans : 9 €. - de 10 ans : 6 €.

Depuis quelques années, l'association Exspen permet l'exploration des entrailles de la Batterie du Roule, un site classé aux Monuments historiques depuis 1995. Muni d'un casque et d'une lampe frontale, vous partirez à la découverte d'une partie des fortifications creusée pendant la Seconde Guerre mondiale, et vous découvrirez un patrimoine incroyable à la manière des explorateurs, sans muséologie particulière. Vous vous replongerez alors au temps où ces souterrains, équipés de canons, étaient destinés à la protection de la grande rade artificielle de Cherbourg.

MUSÉE DE LA LIBÉRATION ★

Fort du Roule
✆ 02 33 20 14 12
www.cherbourg.fr
Ouvert du mardi au vendredi 10h/12h30 et 14h/18h ; le week-end 13h/18h. Gratuit jusqu'à 26 ans. Adulte : 4 €

Situé sur la Montagne du Roule, à 117 m d'altitude, ce musée est aménagé dans un ancien fort du Second Empire, occupé par l'armée allemande au cours de la Seconde Guerre mondiale. Sa reprise par les troupes alliées, le 25 juin 1944, est l'un des symboles de la libération de Cherbourg. Le parcours propose la scénographie de l'invasion à la reconstruction. C'est bien fait, et l'on prend conscience du rôle déterminant de la ville dans la libération de l'Europe. Enfin, la vue est époustouflante : la totalité de la ville, mais aussi l'ensemble de la rade.

MUSEE THOMAS HENRY

Esplanade de la Laïcité ✆ 02 33 23 39 33
www.quasar-cherbourg.fr
Ouvert mardi au vendredi 10h/12h30 & 14h/18h, week-end 13h/18h. Mercredi : gratuit. Adulte : 5 €. Tarif réduit : 3 €.

Dans ce vaste vaisseau, situé en plein cœur de la ville, le musée vous permet de découvrir les œuvres innombrables, et éclectiques. La muséographie, digne des plus impressionnants établissements parisiens, met en valeur les legs de Thomas Henry, mais aussi de nombreuses peintures d'artistes locaux mondialement connus comme Jean-François Millet par exemple. Vous pourrez également parcourir, de très nombreuses expositions temporaires. Assurément l'un des plus beaux musées du Cotentin, qui mérite amplement à lui seul de venir jusqu'à Cherbourg.

LE PARC DE LA ROCHE FAUCONNIÈRE

3, impasse de la Maurienne
www.lacitedesplantes.fr
Visites guidées le dimanche. Gratuit jusqu'à 18 ans. Adulte : 5 €.

Le parc de la Roche Fauconnière : ce jardin extraordinaire, également appelé jardin Favier, est situé sur les hauteurs, à l'emplacement d'un ancien vignoble. Ce parc de 7 ha, dont 4 sont classés monument historique depuis 1978, abrite plus de 4 500 espèces de plantes, dont certaines très rares. Il est géré depuis 2017 par la ville de Cherbourg-en-Cotentin. Depuis mars 2019, l'association La Cité des plantes organise des visites guidées de ce jardin jusqu'ici fermé aux visiteurs.

MANCHE

PARC DU CHÂTEAU DES RAVALETS

Avenue du Château ✆ 02 33 22 01 35
www.cherbourg.fr
Ouvert toute l'année. Le parc du château est ouvert tous les jours selon des horaires variables selon les saisons.

C'est l'un des incontournables de Cherbourg. Au cœur d'un parc de 17 hectares, les allées des jardins à la française, invitent à la promenade vous emmènent de parterres de fleurs en cascade, de bassins en grotte aménagée, des douves jusqu'à la serre abritant palmiers et plantes grasses. Le château que vous aurez peut-être la chance de visiter est bordé de douves en eau. Restauré, il est classé monument historique en 1995. Le parc est également le lieu de différentes manifestations.

PARC ET SERRES EMMANUEL LIAIS

22, rue de la Bucaille ✆ 02 33 87 88 98
www.cherbourg.fr/infos-services/nature-et-environnement/nature-et-paysage/les-parcs-et-jardins/cherb
Parc ouvert toute l'année. Horaires variables en fonction des saisons.

En plein cœur de ville, c'est un petit morceau de paradis et un appel au voyage, en plus d'être un poumon vert au sein de l'agglomération. Un jardin aussi beau que paisible, planté d'épicéas, de palmiers, de camélias ou d'azalées centenaires. Emmanuel Liais, maire de la ville au XVIIIe siècle et passionné de botanique, il profite de séjours au Brésil et développe peu à peu une impressionnante collection, qu'il lègue à la ville qui lui dédie ce parc d'un hectare.

OFFICE DE TOURISME DU COTENTIN

14, Quai Alexandre-III ✆ 02 33 93 52 02
www.encotentin.fr
Septembre à juin : ouvert du lundi au samedi. Juillet-août : ouvert du lundi au dimanche midi.

Repaire incontournable des visiteurs, dépendant de l'office de tourisme du Cotentin, le bureau cherbourgeois est le passage obligé des touristes. Face au bassin du commerce, c'est la mine incontournable pour y puiser idées de visites, de découvertes et d'activités. Disposant de la totalité des contacts nécessaires, hôtels, restaurants, musées, expositions permanentes ou temporaires, vous y trouverez l'ensemble des idées de sortie à réaliser dans la ville de Cherbourg-en-Cotentin.

LA CITÉ DE LA MER ★★★★

Gare maritime transatlantique
✆ 02 33 20 26 69 - www.citedelamer.com
Adultes : 19 € ; juniors : 14 € (5 à 17 ans) ; gratuit -5 ans. 10h-18h.

Immanquable, la Cité de la Mer, l'un des emblèmes de la ville et l'une de ses destinations phares, est un site familial et ludique. Logée dans l'ancienne gare maritime, chef-d'œuvre Art déco, la Cité s'organise en plusieurs espaces, tous consacrés à la vie sous-marine : une grande galerie des engins et des hommes et la visite du sous-marin *Le Redoutable* (les moins de 5 ans n'y ont pas accès) pour l'aspect exploration, « L'Océan du Futur » avec ses 17 aquariums dont l'Abyssal de 10,70 m de haut puis « Titanic, retour à Cherbourg » pour l'histoire.

SAUMON DE FRANCE

ZA Produimer
✆ 02 33 20 46 43
www.saumondefrance.fr
Ouvert du mardi au vendredi de 10h à 12h30 et de 14h à 18h30 ; le samedi de 10h à 12h30 et de 14h à 17h30.

L'exploitation cherbourgeoise de saumon d'élevage – créée en 1991 – est parvenue à obtenir un produit d'excellence dès sa création. Le secret de la réussite du seul élevage de saumon en mer en France ? Des saumons qui ont assez d'espace et de courants pour pouvoir nager et se muscler, et une nourriture de qualité, distribuée avec soin. Tout cela est protégé par la digue de la grande rade de Cherbourg, et le résultat de tous ces soins, et d'un cahier des charges scrupuleusement respecté, est un saumon très haut de gamme, peu gras et très goûteux. Sa qualité est bien au-delà des normes imposées par le fameux Label Rouge, avec une concentration de poisson de 12 kilos par mètre cube d'eau, alors que le label impose une limite à 20 kilos ! Par l'apparence de sa chair, comme par son goût, il se rapproche beaucoup de son cousin sauvage d'Irlande. S'il est invité des meilleures tables de la région, on le trouve aussi dans le commerce sous l'appellation Saumon de France. La jeune société Saumon de France, qui a absorbé en 2017 le Saumonier de Cherbourg propose en direct, sur le site de production, le saumon en filet et pavé frais ainsi qu'en fumé. Le succès aidant – certains restaurateurs parisiens en sont fous –, il est parfois difficile d'en trouver, en raison de la saisonnalité des pêche. Notez enfin que vous pouvez, sur place, visiter la ferme aquaponique, qui élève évidemment des saumons mais cultive aussi des végétaux, des fruits, des herbes aromatiques et même des fleurs comestibles délicieuses !

INTERVIEW

L'ÉMOTION AU RENDEZ-VOUS

Découvrir les richesses inconnues de notre planète bleue, revenir un siècle en arrière, s'émerveiller d'une faune aquatique qui s'offre à vous, admirer un lieu classé chargé d'histoire : la Cité de la Mer offre plusieurs voyages en un. Vous découvrirez « L'océan du futur », le parcours permanent qui vous sensibilise à la protection des océans (comprenant pas moins de 17 aquariums dont l'un, de 10,70 mètres, est le plus profond d'Europe). Vous embarquerez à bord du Redoutable, plus grand sous-marin visitable au monde, premier sous-marin nucléaire français ; et vivrez le voyage du Titanic, réellement passé ici en rade avant de rejoindre son tragique destin dans le parcours « Titanic, retour à Cherbourg ». Plus en pointe que jamais la Cité de la Mer reçoit, pour deux années, une exposition unique au monde d'objets remontés à la surface. 3 questions à Bernard Cauvin, président de la Cité de la Mer.

Des objets remontés du Titanic sont exposés pour deux ans : quels sont-ils ?

Nous avons en effet l'immense privilège de proposer 53 objets, représentatifs de la société de la Belle Époque. Après avoir passé des décennies à 3 800 mètres de profondeur, quelle émotion ! Porte-savons, parfums, valises, autant d'objets incroyables mis en perspective le plus souvent avec leurs propriétaires, passagers, et leurs parcours que nous avons retracés.

Comment avez-vous pu réussir ce pari ?

La Cité de la Mer bénéficie d'un partenariat, unique en Europe, avec la société RMS Titanic, Inc. Ses responsables ont eu un coup de cœur en venant ici, et nos relations nous permettent également d'être destinataires de toutes les archives : de quoi envisager d'autres expositions !

Le Titanic et Cherbourg, l'histoire continue ?

Plus que jamais ! Et par le Titanic, la Cité de la Mer poursuit son objectif : apprendre à respecter l'océan, véritable patrimoine vivant, qui sera toujours plus fort que l'Homme.

LA CITÉ DE LA MER

Gare maritime transatlantique
✆ 02 33 20 26 69 www.citedelamer.com

PETIT TRAIN TOURISTIQUE DE CHERBOURG

Cité de la Mer
✆ 07 89 59 48 01
www.traintouristiquedecherbourg.com

Circule de mi-avril à début octobre. Adulte : 6,50 €. Enfant : 4,50 €. Tarifs groupes : 5,50 €/adulte, 4 €/enfant.

Le petit train touristique qui arpente les rues de la capitale du Cotentin est tout simplement l'outil idéal pour découvrir cette dernière. Proposant jusqu'à 5 départs quotidiens en haute saison depuis la Cité de la mer, les touristes pouvant prendre ce même train quelques minutes plus tard à l'angle des rues du Maréchal-Foch et du Château, vous pourrez ainsi découvrir les rues piétonnes, la place centrale, le parc Emmanuel Liais, le port de plaisance, la plage verte.

PROMENADE EN MER À BORD DE L'ADÈLE-HAGUE A PART

Pont tournant ou Cité de la Mer
✆ 02 33 93 52 02
www.hagueapart.com

Départ au pont tournant de Cherbourg ou à la Cité de la mer. Tarif adulte : 14,50 €. Enfant : 9,90 €.

C'est une histoire incroyable qui vous sera contée, et montrée, depuis l'*Adèle* : celle de la rade de Cherbourg ! Lors de votre visite, vous approcherez des monuments situés en pleine mer dont la magie n'a d'égal que le gigantisme. En parallèle, des sorties vous sont aussi proposées les jeudis soir en saison, au large de la Hague. Professionnels, voici une incroyable manière de surprendre vos invités, vos clients, vos salariés. Particuliers, c'est une sortie que vous n'oublierez pas.

AÉROPORT CHERBOURG-MANCHE

7, rue Jean-Mermoz -
MAUPERTUS-SUR-MER
✆ 02 33 88 57 60
www.cherbourg.aeroport.fr

Ouvert chaque jour.

C'est une belle plateforme aéroportuaire, disposant d'équipements bien entretenus. Si, pendant des années, l'aéroport offrait une ligne régulière vers Paris, celle-ci a aujourd'hui disparu, laissant place à une aviation de loisir (l'aéro-club y est particulièrement dynamique) et à de nombreux vols de tourisme vers Ténérife, la Crête, les Canaries, la Croatie... L'accès depuis Cherbourg est aisé, comptez une quinzaine de minutes, un peu plus lorsque le trafic routier est dense.

AUBERGE DE JEUNESSE DE CHERBOURG €

55, rue de l'Abbaye ✆ 02 33 78 15 15
www.hifrance.org/auberge-de-jeunesse/cherbourg-octeville.html

Ouvert toute l'année. Accueil 24h/24. 26 chambres (99 lits, plusieurs lits par chambre). Dortoir à partir de 25,20 €.

C'est dans le cadre prestigieux des anciens bâtiments de la Marine nationale que se trouve l'auberge de jeunesse, celle-ci est gérée par la FUAJ (Fédération Unie des Auberges de Jeunesse). L'auberge cherbourgeoise, quant à elle, est visitée par une clientèle de touristes de tous âges. Offrant des conditions d'hébergement optimales pour ce type de résidence, elle propose ainsi un vaste espace de restauration et des chambres (ou dortoirs) de plusieurs lits confortables.

HÔTEL NAPOLÉON €

14, place de la République
✆ 02 33 93 32 32
www.napoleon-cherbourg.com

Ouvert toute l'année. 9 chambres. Chambre double de 56 € à 66 €. Petit déjeuner : 8,50 €.

C'est une belle demeure bourgeoise, à quelques dizaines de mètres du port de plaisance, au cœur de la ville. L'hôtel Napoléon est un lieu familial et convivial, qui se trouve à proximité immédiate de la célèbre statue du grand homme. Ici, on vous donnera les meilleurs conseils pour visiter au mieux la capitale du Cotentin. L'intérieur, simple et chaleureux, constitue un véritable havre de paix en pleine ville. Les chambres, modernes, sont très confortables, et les familles de 5 personnes peuvent bénéficier d'une chouette suite familiale !

AMBASSADEUR HÔTEL €€

22, quai de Caligny
✆ 02 33 43 10 00
www.ambassadeurhotel.com

Chambre simple à partir de 45 €, double à partir de 55 €, triple à partir de 86 €. Petit déjeuner : 9,90 €.

Un très bel établissement de la ville, qui offre une vue imprenable sur le port. Les logements sont aménagés de façon confortable dans un style à la fois sobre et chaleureux. Huit d'entre elles sont communicantes, et deux sont aménagées pour les personnes à mobilité réduite. Ajoutez l'excellent petit déjeuner buffet (à volonté !), et l'accueil chaleureux auprès duquel vous ne manquerez jamais de bons conseils pour visiter la ville et le Cotentin. Petit plus : la jolie salle de sport, qui vous permet de garder la forme avant d'arpenter les rues de la ville.

LA BRISTELLERIE €€

7, La Bristellerie - **HARDINVAST**
© 06 20 37 18 28
www.labristellerie.fr

Ouvert toute l'année. Petit déjeuner inclus. Gîte : de 350 à 560 € par semaine. Cours de cuisine.

C'est à quelques kilomètres de l'agglomération cherbourgeoise que La Bristellerie vous accueille. Le lieu, en pleine nature, vous propose des chambres d'hôtes et deux gîtes, l'un de 50 m², et l'autre de 65 m². L'ensemble est décoré avec goût, et vous aurez tout le confort nécessaire. Ici, le calme est le maître mot, et le soin apporté à votre séjour se manifeste dans les moindres détails : jardin splendide, accueil hors pair. L'endroit est aussi le cadre des « Ateliers de Yannick », qui sont d'excellents cours de cuisine, de pâtisserie ou des soirées œnologie.

CAMPING DE COLLIGNON €€

313, rue des Algues
© 06 70 31 89 60

Fermé de septembre à avril. 82 emplacements. Emplacement + véhicule de 6,75 € à 7 €. Restauration. Plage à proximité.

C'est un camping bien connu dans la région par la convivialité qui s'en dégage. Il vous permet de profiter de la piscine, de l'espace sportif, de la maison du littoral et du centre nautique. Location de mobil-homes, emplacements pour les tentes, les caravanes et les camping-cars, à quelques dizaines de mètres de la plage. Ajoutez une friterie, un snack-bar, un bar et une épicerie. Comme chaque année, des animations seront organisées : guinguettes, orchestres, spectacles de magie, concerts... Vous n'êtes ici qu'à 5 kilomètres du centre-ville de Cherbourg.

LE CERCLE €€

13, place de la République
© 02 33 01 44 60
www.hotel-lecercle.com

Ouvert toute l'année. Chambres doubles de 65 à 175 €. Chambre triple de 85 à 155 €. Petit-déjeuner : 13,50 €.

Attention, établissement haut de gamme ! Les chambres, réparties selon les gammes appelées moderne, classique et suite sont chics et sobres. La literie est excellente et la décoration épurée, jouant sur des tons clairs et une jolie luminosité. La palette de services proposés est assez impressionnante, allant du service de restauration et de conciergerie 24 heures sur 24, au bar lounge. Enfin, l'endroit est également propice aux séminaires avec de nombreuses salles de réunion. L'ensemble en plein centre-ville, face au port de plaisance.

HÔTEL KYRIAD €€

200, rue de la Paix
© 02 33 01 58 00
www.kyriad-cherbourg-equeurdreville.fr

Ouvert toute l'année. Ouvert 7/7. Accueil 24h/24. 43 chambres. Chambre double à partir de 51 €. Parking (gratuit).

Situé à trois kilomètres du centre de Cherbourg, dans le cœur d'Equeurdreville-Hainneville, proche de la mer et à quelques kilomètres de la Hague, l'établissement Kyriad offre un confort de qualité et vous assure un très bon rapport qualité-prix ! L'hôtel est fonctionnel, propre, moderne, et le petit déjeuner présenté sous forme de buffet est servi face à la mer et l'accueil est assuré 24h/24. Cet établissement propose la restauration sur réservation pour les groupes. Location de salle pour mariage et séminaires possible. Le grand parking est gratuit.

APPLE GARDEN CAFÉ €

60, rue Gambetta
© 09 81 86 21 09

Fermé le dimanche. Restauration de 12h à 14h, salon de thé de 14h à 18h. Carte : 10 € environ.

Petit budget et temps limité sont parfois les deux impératifs d'un déjeuner, surtout en semaine. Heureusement existe l'Apple Garden Café, où l'on déjeuner le midi, et qui devient salon de thé lorsque pointe l'après-midi. Pour déjeuner, vous aurez le choix entre différentes pommes de terre chaudes, bien garnies et roboratives, pouvant être déclinées selon la formule, mais aussi quelques plats du midi, dont les produits viennent de la région et les plats sont élaborés sur place. L'après-midi, en plus de votre thé, les pâtisseries de la maison sont à tomber.

L'ACCORD PARFAIT €

6, quai Alexandre III
© 02 50 29 92 85

Ouvert du mardi au dimanche. Carte : 15 € environ. Plat du jour : 10,50 €

Cet établissement cherbourgeois offre l'une des meilleures terrasses de la ville, avec pleine vue sur le bassin du commerce ! C'est d'abord bar à vin tenu par Sylvain et Régis. Les deux propriétaires proposent de nombreuses références en la matière, que vous pourrez déguster aux beaux jours au soleil. Mais ce n'est pas tout, car ici, on peut aussi se régaler le midi de plats entièrement élaborés sur place (plats du jour et desserts du jour), l'ensemble ayant un coût largement acceptable. Des tapas, des tagliatelles, des croques, du magret, un plat du jour...

CHEZ MARCO €

4, rue de l'Ancien-Quai
© 02 33 53 09 33
Ouvert toute l'année du lundi au samedi le midi. Réservation recommandée. Carte : 18 € environ.

Le lieu est aussi convivial que sympa. Installé en terrasse ou au premier étage, vous goûterez aux petits plats du chef qui revendique que ses produits sont faits maison. Et l'équipe du *Petit Futé* confirme largement ! Nombreux choix d'entrées, de plats évoluant au fil des saisons et de desserts : des viandes, avec une prédilection pour les accompagnements (sauces notamment) locaux, frites maison, haricots verts, flageolets, riz, pâtes, pomme de terre vapeur ou salade, avec la proportion qui va avec. Les prix, enfin, sont très très largement abordables.

LE BISTRO BOUCHE €€

25, rue Tour-Carrée
© 02 33 04 25 04
www.bistro-bouche.fr
Ouvert du lundi au samedi soir & du mardi au samedi midi. Carte : 20 € environ. Menu enfant : 9,90 €. Vente à emporter.

Une carte bistronomique qui propose des entrées à partager, pour encore plus de convivialité : du foie gras, des rillettes avec un bon verre de vin (le choix est vaste et malin), on adore ! Le reste des plats est traditionnel est extrêmement bien fait, avec un très bon rapport qualité-prix. A tester sans hésiter les ris de veau poêlés et la fameuse tarte aux pommes « bouche » ! En été, le filet de thon mi-cuit à la sauce vierge est très frais. Notez enfin que vous pouvez aussi commander et emporter les délices proposés par l'établissement.

LA PIZZA €

48, quai de Caligny
© 02 33 43 15 17
www.lapizzacaligny.fr
Ouvert 7/7 en été. Réservation recommandée. Menus de 11,50 € à 14,10 €. Carte : 20 € environ.

Difficile de trouver une bonne pizzeria, et parfois on se perd dans le choix : pas de souci, l'équipe du *Petit Futé* est là pour ça ! La Pizza, c'est une valeur sûre de la ville. C'est un restaurant simple, à la devanture immuable depuis des années, où la qualité du repas et l'ambiance conviviale en font un lieu très apprécié. À l'étage, comme sur la terrasse en été, la vue sur le port et le pont tournant est magnifique. Côté carte, que de choix : bruschetta, pizzas à pâte fine toujours travaillée avec un coup de main unique, galettes ou moules-frites.

BRASSERIE LE COMMERCE €€

42, rue François-la-Vieille
© 02 33 53 18 20
www.brasserie-du-commerce.fr
Ouvert de 8h30 à 1h (en semaine) et de 8h à 2h le samedi. Service continu de 11h à minuit. Carte : 20 € environ.

C'est une figure de proue de la restauration cherbourgeoise, qui vous sert jusqu'à tard et tout au long de la journée. Vous avez ici des standards délicieux : burgers, poulet à la provençale ou brochette de bœuf par exemple. Quant à l'ambiance, difficile de la décrire tant les profils sont ici différents : jeunes actifs travaillant dans l'hyper-centre, touristes, lycéens entre deux heures de classe, chacun peut y trouver de quoi se restaurer. Car outre la quantité de plats proposés, vous aurez ici le choix entre différentes formules.

MANCHE

L'ANTIDOTE €€

41, rue au Blé © 02 33 78 01 28
www.restaurant-cherbourg.fr
Ouvert du mardi au samedi le midi et le soir. Réservation recommandée. Menus de 22,90 € à 32,90 €. Menu enfant : 9,90 €.

Pour trouver l'établissement, vous devrez prendre, si vous venez des Halles, un petit passage couvert plein de charme, et après quelques mètres, l'Antidote est face à vous ! L'endroit est un restaurant, mais aussi un bar. Le choix de menus est vaste, que vous soyez seul, à deux ou en groupe, et développe toujours une cuisine inventive, avec de bons produits. Quelques exemples : les côtelettes d'agneau à la sarriette, le filet de bœuf et sa sauce foie gras, cet incroyable choix de moules-frites ! En été, une terrasse très calme vous attend. Un immanquable.

BRASSERIE MARCEL'S €€

Les Rouges Terres
© 02 33 44 50 50
www.brasseriemarcels.fr
Fermé le dimanche. Menu enfant : 8,90 €. Formule du midi : 14,80 € (et 19,80 €). Menu gourmand : 30,50 €.

A l'intérieur, un vaste espace, avec des bibliothèques, des teintes noires et blanches, c'est chic, c'est sobre et rudement joli. A la carte, de nombreuses propositions, simples, mais généreuses et bien senties, servies avec le sourire : des burgers, des viandes, des standards parfois revisités. L'établissement, qui est la seconde déclinaison dans la région après le Marcel de Caen, est très fréquenté. Normal : les prix sont abordables pour la qualité des plats, et puis cette ambiance de bistrot moderne n'est pas sans déplaire, et est assez rare sur Cherbourg.

CARABOT €€

2-14, Place de la Révolution
© 02 33 04 78 26

Ouvert le mercredi et le dimanche le midi ; du jeudi au samedi le midi et le soir. Carte : 20 € environ.

Aux commandes, Brice Moncuit, plein d'expériences professionnelles et visiblement bien attaché à région, propose chaque jour un menu à l'ardoise pour ses 30 convives (au maximum) qui peuvent le voir travailler, dans cette configuration moderne. C'est très réussi : les produits sont locaux, et le savoir-faire du chef est indéniable. Le jour de notre passage, une crème de chou vert en entrée et un risotto crémeux à la Saint-Jacques ont fait notre bonheur. Un quasi impératif toutefois : réserver. On comprend facilement pourquoi !

LE COMPTOIR LIBANAIS €€

3, rue du Port
© 06 46 88 37 05
www.lecomptoirlibanais-cherbourg.fr

Carte : 15 € environ. Accueil des groupes. Vente à emporter. Livraison a domicile.

Ce Comptoir Libanais, qui est situé rue du Port, est un havre de dépaysement. Et rien ne manque : des *mezze*, des *kefta*, du *chiche taouk*, des boulettes ou des *falafels*. C'est bon, pas cher, préparé sur place et à base de produits locaux ! Notez enfin que les végétariens ont des plats spéciaux, que ceux qui fuient le gluten sont également bienvenus, et que la part belle est faite aux produits bio. Il n'y a pas à dire : Julia, à la tête de l'enseigne, sait y fait ! Notez enfin que vous pouvez commander, puis venir chercher vos repas.

LA COCOTTE DU COTENTIN €€

17, rue Notre-Dame
© 02 33 53 54 69

Maître Restaurateur. Ouvert toute l'année. Du mardi au samedi le midi et le soir. Carte : 25 € environ.

Ici, c'est simple, tout est dans le nom : la Cocotte du Cotentin propose, en effet, de nombreux plats présentés dans des cocottes, permettant de faire encore mieux ressortir les saveurs ! Le midi, un menu propose principalement des cocottes, qu'il s'agisse du plat du jour ou de la cocotte de bulots par exemple, et le soir, place à la carte : beignets en cocotte, cocotte du boucher, de la marée... Une terrasse estivale et la possibilité d'acheter quelques produits du terroir complètent l'offre. Le label « Restaurant de qualité » leur a été attribuée.

L'ÉQUIPAGE BAR-LOUNGE-RESTAURANT €€

Port Chantereyne © 02 33 53 02 83
www.restaurant-equipage.com

Ouvert toute l'année. Ouvert 7j/7 dès 10h. Menu enfant : 11,50 €. Menu à 28,50 €. Formule du midi : 15,90 € ou 20.90 €

Si le lieu est un bar tout au long de la journée, c'est aussi un restaurant avec une belle et grande terrasse avec vue. Les produits sont frais, de qualité, les poissons viennent directement de l'armement cherbourgeois, le service sympa. Le grill est ouvert sur la salle de restaurant, le chef y cuisine poissons de saison et viandes au feu de bois comme la célèbre côte d'agneau de pays, un régal. Très fréquenté, à juste titre, lieu mérite bien un petit appel en amont, afin de réserver.

MANCHE

© GINETTE CREUSSON

Le port de Cherbourg.

HÔTEL RESTAURANT LA RÉGENCE €€

42, quai de Caligny
✆ 02 33 43 05 16
www.laregence.com
Ouvert ous les jours le midi et le soir. Menus de 19,90 € à 38,50 €. Carte : 30 € environ. Menu enfant : 11,90 €.

On aime l'hôtel, on aime aussi le restaurant. Ouvert midi et soir, le lieu à l'intérieur cosy et confortable (les banquettes sont reines ici) propose une belle cuisine déclinée selon plusieurs menus, avec un excellent rapport qualité-prix. Les produits de la mer sont à l'honneur (le port est juste en face, et on peut manger avec vue sur les bateaux) ainsi que la cuisine normande : raclette à la trappe de Bricquebec, aiguillettes de canard caramélisées et vermicelle de riz...

L'ARMOIRE À DÉLICES €€

Port Chantereyne
✆ 02 33 95 23 02
www.larmoireadelices.fr
Ouvert du mardi au samedi le midi et le soir. Réservation recommandée. Menus de 17,50 € à 21,50 €.

L'Armoire à Délices est un lieu incontournable de la gastronomie cherbourgeoise, et qui ne déçoit jamais ! Situé sur le port de plaisance, c'est un lieu multi-cartes. D'abord une épicerie, ensuite un salon de thé, et enfin – et surtout pour certains – un savoureux restaurant. Vous trouverez à la carte quelques classiques, mais vous aurez principalement une cuisine originale, où les saveurs sont mélangées, mixées, et donnent lieu à un feu d'artifices en bouche. Le lieu, décoré avec un goût imparable, tranche avec la rigueur architecturale de cette partie du port.

LA MAISON ROUGE €€

16, l'anse du Brick - **MAUPERTUS-SUR-MER**
✆ 02 33 43 34 05
www.restaurant-lamaisonrouge.fr
Haute saison : du jeudi au mardi. En basse saison, fermé le dimanche soir. Prix moyen à la carte : 25 €.

Le lieu offre une vue imprenable, et sa réputation progresse rapidement. En cuisine, le chef David Lemée qui, en dépit de son jeune âge, dispose d'une solide expérience, propose des mets d'une finesse incomparable, à base de produits issus principalement du terroir. Ici, on favorise les circuits courts, avec une pêche du jour à l'ardoise, mais aussi des chouettes plats, de viandes ou de poissons, distillés selon différents menus. Les desserts sont irréprochables, et le rapport qualité-prix est correct. Mention spéciale aux fruits de mer, eux aussi excellents.

LE NOUVEAU CAFÉ DU PORT €€

20, quai de Caligny ✆ 02 33 23 12 73
www.epicerienormande.fr
Tous les jours le midi et le soir. Carte : 15 € environ. Menu enfant : 8,50 €. Vin au verre.

Situé face à l'avant-port, une situation idéale pour profiter du spectacle incessant des bateaux, le Café du Port peut recevoir plusieurs dizaines de personnes, en salle ou sur la très vaste terrasse. Le lieu, qui ouvre chaque jour jusque tard, propose de nombreuses possibilités en matière de restauration. Si vous êtes friand de fruits de mer et de poissons, le choix est vaste, la provenance directe. Mention spéciale aux plateaux de fruits de mer, hors pair. Mais le lieu propose en plus du bar une belle épicerie, qui dispose d'un site Internet dédié.

LE PATIO €€

5, rue Christine
✆ 02 33 52 49 10
www.restaurant-lepatio-cherbourg.fr
Ouvert du mardi au samedi midi et soir. Prix moyen à la carte : 45 €.

Chic et rare : la recette du Patio, c'est une cuisine raffinée, concoctée par Gildas Gautier, avec au menu un triplé gagnant réussi : entrée – plat – dessert, l'ensemble étant cuisiné devant vous, dans un esprit de gastronomie française avec une petite touche d'originalité. Un mot sur le lieu, enfin : sobres et épurées, les différentes salles du vaste restaurant sont colorées de gris, de blanc, de taupe. Celle donnant sur la rue vous donnera l'occasion de manger avec le spectacle de la ville en décor, les autres donnent sur une terrasse intérieure très sympa.

LE PLOUC 2 €€

59, rue au Blé
✆ 02 33 01 06 46
Ouvert du lundi au samedi le soir, du mardi au vendredi & le dimanche le midi. Carte : 35 € env. Formule midi : 17,50 €.

Une façade en pierre typique de Cherbourg, un intérieur chic et discret, qui a fait l'objet d'une jolie rénovation, faisant la part belle à la verdure, et l'un des meilleurs restaurants de la ville. Valeur sûre, le Plouc 2 propose un rapport qualité-prix hors pair pour des prestations de ce niveau : cuisine créative, inventive et, chose rare, qui allie qualité et quantité. La formule du midi est d'ailleurs un vrai coup de cœur. En été, une terrasse derrière le restaurant vous permet d'être au calme en plein cœur de la ville.

LE QUAI DES MERS - CITÉ DE LA MER €€

Cité de la Mer © 02 33 88 75 60
www.lequaidesmers.fr
Ouvert tous les midis et les vendredi et samedis soir en septembre. Carte : 25 € environ. Menu enfant : 9,40 €

C'est tout d'abord un lieu, puisque situé dans l'immense grande halle de la Cité de la Mer. Plusieurs menus, principalement axés autour des produits de la mer, faisant la part belle à une cuisine traditionnelle.Les spécialités de la maison sont la choucroute de la mer ou le dos de cabillaud rôti : efficace. Le jour de notre dernier passage, en plein été, l'affluence était forte (les visiteurs de la cité étaient nombreux) mais le personnel, très pro, a véritablement assuré.

LA SATROUILLE €€

26, quai de Caligny
© 02 33 43 13 76
www.lasatrouille.fr
Ouvert toute l'année. Fermé le mercredi soir. Réservation recommandée. Carte : 45 € environ. Formule du midi : 18 €.

Un décor de bois – une terrasse abritée en été, d'où vous admirerez le spectacle toujours vivant de l'avant-port – et des prestations toujours à la hauteur. Suivant le précepte bien connu d'une cuisine dont les produits sont bio, frais et issus du marché, l'accent étant ici mis sur les produits de la mer, c'est un petit feu d'artifice gustatif qui viendra à vous. Mention spéciale au homard grillé, absolument impeccable. Le plaisir de redécouvrir des saveurs nouvelles, ou oubliées, n'a pas de prix, ou presque. On pensera bien à réserver.

LE SEQUIN €€

18, Quai Alexandre-III
© 02 33 43 00 56
www.casinocherbourg.com
Ouvert du mercredi au samedi le soir. Carte : 35 € environ.

Le Sequin, c'est l'excellent restaurant du casino de Cherbourg, et qui est en un vrai concept à lui seul : inspiré des lieux contemporains de sortie, il mêle restauration, concerts, spectacles mais aussi *dancefloor* et bar d'ambiance. Une programmation riche est en place avec des têtes d'affiche nationales. Le lieu a gardé toute sa splendeur, et les dimensions sont préservées, bien que la transformation soit absolue. Dans cette décoration moderne et années 30 à la fois, la cuisine se veut fondée sur des plats traditionnels revisités, l'ensemble étant fait maison.

LE CAFÉ DE PARIS €€€

40, quai de Caligny
© 02 33 43 12 36
www.restaurantcafedeparis.com
Ouvert toute l'année : lundi soir, du mardi au samedi midi et soir. Réservation recommandée. Carte : 50 € environ.

C'est une institution cherbourgeoise, et pour cause : elle vous accueille depuis 1803. Dans ce cadre contemporain et chic, ouvert sur l'avant-port, la vue y est imprenable. En cuisine, le chef cuisine des spécialités de fruits de mer avec un arrivage quotidien de poissons et fruits de mer, les produits de la mer ayant contribué à la belle réputation du lieu, mais aussi des viandes de notre terroir, et on décortique et travaille les fruits de mer devant vous. Le lieu est d'ailleurs labellisé Manche Gastronomie du Terroir, et ce n'est pas pour rien.

LA GOURMANDINE €€€

24, rue Surcouf
© 02 33 93 41 26
www.restaurant-lagourmandine.com
Fermé le samedi midi, le dimanche soir & le lundi. Menus de 27 € à 50,50 €. Formule du midi : 18,50 €.

Régis Boudard est à la barre de La Gourmandine, restaurant gastronomique très réputé dans le Cotentin. Ici, vous embarquerez pour une véritable croisière culinaire. À bord, profitez d'un accueil chaleureux de la part d'un équipage dévoué et ce sont principalement les produits de la mer qui font l'objet des honneurs de la cuisine. Du côté des plats, certains standards, comme le poisson du jour, mais aussi, et de plus en plus, des mélanges de saveurs. Les produits de la terre sont aussi présents, mais les propositions marines ont largement notre préférence.

LE PILY €€€

39, Grande-Rue
© 02 33 10 19 29
www.restaurant-le-pily.com
Haute saison : fermé le dimanche et le lundi midi. Basse saison : fermé le dimanche et lundi. Menus de 56 € à 118 €.

Pierre pour Pi et Lydie pour Ly, une association qui a donné naissance à l'établissement le plus coté de la ville, et étoilé. Car ici, on est dans le très haut de gamme. À chaque saison son menu, Pierre Marion met un point d'honneur à ne cuisiner que les produits du moment, issus des productions locales. Vous aurez ainsi le choix entre des menus à 3, 4, 5 et même 7 services - les deux derniers étant appelés «dégustation». Les assiettes sont à la fois régals et œuvres d'art, preuves du temps passé à cuisiner. Le service, impeccable, est attentif est discret.

MANCHE

LE VAUBAN €€€

22, quai de Caligny
✆ 02 33 43 10 11
www.levauban-cherbourg.fr
Fermé le samedi midi, le dimanche soir et le lundi toute la journée. Réservation recommandée. Carte : 35 € environ.

C'est un incontournable de la ville, récompensé depuis très longtemps par de multiples prix culinaires. Côté cuisine, le chef, Régis Chauvin, fait des merveilles. Des menus à la carte - y compris pour la formule express du midi, un des meilleurs rapports qualité-prix de la ville - tout est raffinement. Vous l'aurez compris, bord de mer oblige, les poissons sont toujours produits des pêches locales et correspondent aux saisons. Si vous le pouvez, placez-vous au plus près des baies vitrées : spectacle de la ville, et du port, garanti.

LE 5 BIS

5 bis, rue Christine
✆ 06 99 60 68 69
Ouvert le mardi et le mercredi de 18h à 23h ; du jeudi au samedi de 18h à 1h.

Un nom facile à retenir pour ce chouette bar à vin du cœur de ville, dans cette étroite rue Christine qui se prête si bien à ces atmosphères nocturnes. Le 5 bis propose de nombreux crus soigneusement sélectionnés, on vous conseillera ici plein de belles choses, parfois des découvertes, et c'est souvent réussi et bien pensé. Mais le lieu, c'est aussi, et avant tout pour de nombreux habitués, un endroit convivial avec des concerts, des animations, des retransmissions sportives, l'ensemble tenu par un groupe de jeunes visiblement heureux d'être là.

LE BAYOU

5, rue Tour-Carrée
✆ 02 33 53 04 55
Ouvert du lundi au samedi.

Cette vénérable institution de Cherbourg reste un passage quasi obligatoire sur le chemin des fêtards et noctambules, dans ce quartier de la ville très vivant la nuit. Ici, les concerts assurent l'animation - parfois la clientèle également - et le vendredi ou le samedi soir, il est parfois difficile de se faire une place ! Le lieu propose toujours sa quinzaine de bières à la pression, on peut également venir ici pour partager un saucisson avec ses amis au moment de l'apéro ! En été, la petite terrasse côté rue est très chouette.

CAFÉ DE L'ÉTOILE

2, rue des Portes
✆ 02 33 93 29 70
Ouvert du lundi de 14h à 20h ; du mardi au samedi de 8h30 à 20h. Terrasse.

C'est le rendez-vous terrasse de la ville. Évidemment, il en existe beaucoup dans la ville, mais celle-ci est particulière, à l'angle de plusieurs rues piétonnes, le point d'observation sur la vie de la ville est parfait ! L'intérieur, plutôt *cosy*, et tout aussi animé, et le lieu propose de nombreux cocktails avec ou sans alcool, de thés, de fruits pressés, d'apéritifs (pouvant être dînatoires, avec une planche), de vins... Du côté de la pause déjeuner, des plats simples et efficaces. Notez que la priorité le midi est immédiatement accordée à ceux qui déjeunent.

AU CAFÉ POMPON

1, rue du Maréchal-Foch
✆ 02 33 53 08 75
Ouvert le lundi de 11h à 19h ; du mardi au samedi de 10h à 19h. Salades et omelettes à partir d'environ 10 €.

Depuis bien longtemps, c'est une institution cherbourgeoise. Facile à trouver, à l'angle de plusieurs rues, il est immanquable. Ce Café Pompon, c'est une brasserie proposant de savoureux plats pour le déjeuner (et uniquement !) mais ce sont surtout des pâtisseries, parmi lesquelles l'immanquable cake au citron. Il est frais, il est tendre, jamais sec et sa recette est tenue soigneusement secrète - on comprend pourquoi. Si celui-ci est le plus demandé, il serait dommage de passer à côté des autres délices. Un détour par la maison est vivement conseillé.

LE CHAUDRON BAVEUR

2-4, rue du port
Ouvert du mardi au samedi de 17h30 à 1h.

Si le nom n'est pas sans rappeler un célèbre film, l'intérieur est bien différent, sauf sur quelques subtils rappels. Ici, pas de chaudron, mais un très vaste choix de bières, des boissons créées sur place – à commencer par d'excellents rhums arrangés – dans une atmosphère très citadine, avec de chaleureuses briques rouges et du bois. Si l'heure n'est pas au premier bilan – le lieu a ouvert début 2020, une année particulière... – on ne peut que valider l'endroit, animé et convivial, et vous recommander chaudement de vous y rendre.

JEAN-FRANÇOIS FOUCHER CHOCOLATERIE

12, rue au Fourdray
✆ 02 33 94 82 35
www.patisserie-foucher.com
Ouvert le lundi de 13h à 19h ; du mardi au samedi de 9h à 19h ; le dimanche de 9h à 13h.

C'est un *must* cherbourgeois ! En passant par le quartier central, vous ne pourrez pas manquer cette belle boutique. Des chocolats, des pâtisseries fines, des macarons… La réputation de Jean-François Foucher a depuis longtemps dépassé les frontières départementales. Sur place, à emporter ou pour vos desserts de fêtes, les références sont très prisées, comme le Saint-Honoré façon M. Foucher, à la crème légère à la vanille de Tahiti, pâte feuilletée et choux caramélisés : imparable.

LA GODAILLE

quai Alexandre III ✆ 02 33 43 43 84
www.godaille.com
Expédition des commandes garanties pour le lendemain, sauf pour les départements du sud-est français.

Quatre chalutiers cherbourgeois, Maribelise, Maranatha II, Marie-Catherine II et Boree- Al (appelés Armement Cherbourgeois) sillonnent la mer de la Manche : ils sont la pierre angulaire de Godaille.com. Derrière ce nom, une idée simple : commander en circuit court auprès des bateaux. Avantages : une fraîcheur optimale et des prix attractifs. Le principe ? Vous effectuez votre commande sur le site, elle est reçue via satellite par les chalutiers, et est livrée à domicile le lendemain (les bateaux rentrent au port le lundi, mardi, le mercredi et le jeudi).

LE COMPTOIR DES HALLES

13, rue des halles ✆ 02 33 94 83 70
Ouvert du mardi au vendredi de 9h à 13h et de 15h à 19h30 ; le samedi de 9h à 19h30 ; le dimanche de 9h à 13h.

Vous trouverez dans ce vaste espace plusieurs commerces de bouche : boucherie, charcuterie, traiteur, fruits, légumes, épicerie, huîtres de Lestre, saumon de Cherbourg, vin, fromagerie, crèmerie et restaurant... rien ne manque et tout est bon, certifié d'une grand qualité, et proposé par de véritables connaisseurs. Petit à petit, le lieu est adopté par les Cherbourgeois. Des brunchs sont organisés les dimanches : en été, vous pourrez les prendre en extérieur, puisque cette rue est maintenant piétonne et calme ! À tester sans hésiter.

LES JARDINS DU SAUMONIER CHERBOURG

Rue Port-des-Flamands ✆ 02 33 20 46 43
www.saumonfrance.fr
Ouvert du mardi au vendredi 10h/12h30 & 14h/18h30, le samedi 10h/12h30 & 14h/17h30. Visite : 8 €/adulte, 6 €/enfant.

Le Saumonier Cherbourg est l'unique élevage de saumon en mer en France, dans la rade. Le saumon est élevé dans des eaux pures, est nourri grâce à une pêche durable conçue spécifiquement et n'est soumis à aucun produit chimique. Ceci donne à sa chair une texture naturelle, ferme et savoureuse. Une gamme de produit fumé est également proposée : haddock, maquereaux fumés à froid ou parfumés et fumés à chaud, etc. Vous pouvez également visiter les lieux, et notamment la ferme aquaponique.

LES SAVEURS D'ANTAN

24, rue Albert Mahieu
✆ 09 83 80 40 67
Ouvert du mardi au samedi de 9h45 à 13h et de 14h à 19h.

Une belle boutique, au cœur de Cherbourg, d'où émanent des senteurs enivrantes jusque sur le trottoir ! En plus de l'offre fameuse de torréfaction de café (réalisée pour pas moins de 16 crus différents), le lieu propose de nombreux thés et produits du terroir. Vous trouverez également ici des tisanières, des théières et autres mugs, ainsi que quelques gourmandises. L'accueil est excellent, vous pourrez même ici déguster du café. En bref, un chouette endroit pour se faire plaisir, ou pour disposer de nombreuses idées de cadeaux.

AGORA, ESPACE CULTURES

Avenue du Thivet
✆ 02 33 53 96 00
www.cherbourg.fr

C'est une vaste et belle salle située sur les hauteurs de la ville. Régulièrement, les nombreuses associations de la ville profitent de cet outil hors pair pour y organiser leurs manifestations. Pour de nombreux jeunes de la région, l'Agora est aussi le lieu de rassemblement des cultures urbaines et musicales. Grâce aux nombreux espaces modulables qui en font une salle de concert à l'acoustique réputée excellente, l'Agora accueille ainsi régulièrement des pointures françaises et internationales, qu'ils soient musicaux, traditionnels ou humoristiques.

LE VÉRITABLE CHERBOURG ★

22, quai Alexandre-III
✆ 02 33 93 66 60
www.parapluiedecherbourg.com
Ouvert du lundi au samedi en basse saison, et du lundi au dimanche en haute saison.

Un véritable vaisseau amiral dédié à la marque a pris ses quartiers dans le bâtiment qui appartenait autrefois à la Banque de France. Ici, la manufacture s'est installée, et vous pourrez bien évidemment la visiter. Mais le lieu, c'est aussi une boutique magnifique, restaurée à l'ancienne, face au bassin du commerce, et dans laquelle vous trouverez également des produits gourmands, des sacs, étoles et autres merveilles. Le parapluie n'est pas un symbole de la ville pour rien, et ces lieux, majestueux, face au port, sont incontournables.

CASINO DE CHERBOURG

18, quai Alexandre-III
✆ 02 33 43 00 56
www.casinocherbourg.com
Ouvert toute l'année. Du dimanche au jeudi de 10h à 2h ; le vendredi et le samedi de 10h à 3h.

Cherbourg dispose du plus vaste casino du département, situé face au bassin du commerce, et qui marche fort ! Magnifique, l'endroit a fait l'objet de plusieurs phases successives de travaux, et est un splendide établissement : salles de jeux, machines à sous, bar, restaurant, l'endroit ne manque pas d'atouts. Dans une ambiance Art déco, que vous soyez joueur (les machines sont nombreuses !) ou pas, l'endroit ne pourra pas vous laisser indifférent, il est simplement sublime. Notez enfin que vous pouvez vous restaurer au Sequin, le restaurant du lieu.

GOLF DE CHERBOURG

Domaine des Roches
✆ 02 33 44 45 48
www.golfdecherbourg.fr
Ouvert toute l'année. Journée 18 trous : de 30 à 40 €. Journée 9 trous : de 25 à 32 €.

Sur les hauteurs de La Glacerie, le golf de Cherbourg domine la rade de la ville, dans un véritable écrin de verdure, si charmant qu'il a été classé parmi les plus beaux parcours de la région. Plat, celui-ci est pourtant entouré de collines qui vous donnent un sentiment de tranquillité, si proche de la ville. Le parcours de 9 trous, plutôt plat, compte des fairways peu larges ainsi que des petits greens bien pensés. Pratique d'accès, permet également de prendre des cours, et de louer le matériel nécessaire à cette initiation.

HIPPODROME DE LA GLACERIE

Rue de l'Hippodrome
✆ 02 33 22 09 80
www.hippodrome-la-glacerie.com
Ouvert toute l'année. Restaurant panoramique ouvert lors des courses.

Experts ou néophytes, la visite d'un champ de course est toujours une expérience à vivre. À l'hippodrome de la Glacerie, qui accueille essentiellement les courses de trotteurs, c'est un équipement de grande qualité que l'on vous propose de découvrir. Outre la piste en sable de 1 200 mètres de long et 26 mètres de large, l'hippodrome dispose aussi d'une piste de dégagement intérieur d'un bar restaurant depuis lequel la piste s'offre à vous : une expérience unique.

LA HAGUE

C'est une presqu'île dans la presqu'île : la Hague est une commune à part entière, fruit de la fusion de la vingtaine de petites bourgades qui la composaient. Si son nom est connu pour l'usine atomique qui s'y trouve, la beauté de ses paysages est bien la réelle raison de s'y rendre. Des falaises, des criques, des petits ports, des chemins qui serpentent et descendent dans l'infini de l'eau bleutée, telle est la Hague. A proximité immédiate de Cherbourg, vous y trouverez - manne financière du nucléaire oblige - des équipements de très haut niveau. Et puis la Hague, ce sont aussi de magnifiques petites maisons et de charmants villages.

JARDIN BOTANIQUE DE VAUVILLE

1, route du Thôt

✆ 02 33 10 00 00

www.jardin-vauville.fr

D'avril à septembre : tous les après-midi. Octobre : samedi et dimanche. Tarif : 9,50 € par adulte.

À la pointe de La Hague, dans une lande balayée par les vents, un château typique du nord Cotentin s'est vu doté d'un jardin exotique surprenant. On doit cette folie au parfumeur-botaniste Eric Pellerin et à son épouse Nicole qui plantèrent dans leur pré attenant au mur d'enceinte des espèces de l'hémisphère austral de 1947 à 1982. Le développement du jardin s'est poursuivi grâce à Guillaume Pellerin et Cléophée de Turckheim qui créèrent une succession de chambres de verdure, protégées des vents par les lins de Nouvelle-Zélande (*phormium tenax*) et les *eryngiums*. En doublant la superficie du jardin (4,5 hectares aujourd'hui) ainsi que la collection botanique, ils ont acclimaté plus de 1 000 espèces des plantes d'origine subtropicale. Dès 2017, Eric Pellerin (fils de Guillaume et Cléophée) reprend le flambeau et poursuit l'embellissement de cet écrin en vous accueillant tout au long de la saison dans ce surprenant foisonnement pour partager avec vous cette passion familiale. Pour le plus grand plaisir des plus jeunes, une ferme pédagogique appelée « La Ferme du Jardin » met en avant les races locales, tout en souhaitant maintenir les races locales et évoquer le travail des anciens qui ont tant contribué à maintenir ces dernières. Chèvres ou lapins nains, poules miniatures, âne du Cotentin, porc de Bayeux ou moutons *shetland – parmi d'autres* – sont autant d'habitants de ce chouette endroit : une très belle manière de conclure votre passage ici.

MAISON NATALE DE JEAN-FRANCOIS MILLET

Hameau Gruchy

✆ 02 33 01 81 91

www.manche.fr/patrimoine/

Ouvert d'avril à la Toussaint. Adulte : 4,50 €. Enfant (de 7 à 18 ans) : 2 €.

© MAISON NATALE J-F MILLET.JPG

Fierté locale mondialement connue, Jean-François né à Gréville. Le peintre, qui a su sublimer la réalité paysanne, se voit ainsi mis à l'honneur de différentes manières. Muséographie originale, celle-ci permet aux visiteurs, par exemple, de voir exposés des outils agricoles et des reproductions d'œuvres les représentant. De même, de nombreux ateliers sont proposés ici : vous pourrez découvrir un atelier créatif dédié à la gravure et un autre pour réaliser des croquis en plein air.

JARDIN EN HOMMAGE À JACQUES PRÉVERT

✆ 02 33 52 77 58

www.lahague-tourisme.com

Ouvert de Pâques au 1/10. Visite tous les jours sauf le vendredi, 14h/19h. Juillet/août : 11h/19h. Adulte : 6 €.

Ce jardin est l'hommage de Mme Prévert et de ses amis tels que Juliette Gréco et Yves Montand qui y plantèrent chacun un arbre... Ici, tout murmure la poésie à la Jacques Prévert. Une trentaine de ses textes jalonnent le jardin où l'on trouve les fleurs et les plantes chères au cœur du poète. Ainsi l'a voulu son ami et désormais propriétaire de cet endroit : Gérard Fusberti. Il vous accueille et vous guide au fil des statues, sculptures ou édifices, du pavillon au kiosque.

MANCHE

MAISON JACQUES-PRÉVERT

3, Hameau du Val
✆ 02 33 52 72 38
patrimoine.manche.fr

Ouvert d'avril à la Toussaint. Gratuit jusqu'à 7 ans. Adulte : 5 €. Enfant (de 7 à 18 ans) : 2,50 €.

Entrez dans le bourg d'Omonville-la-Petite et garez votre véhicule sur le parking face à l'église. Vous n'êtes pas encore arrivé à la maison du célèbre poète Jacques Prévert mais la visite commence ici. Jetez un œil au cimetière et regardez ces tombes fleuries, ornées de galets. C'est là, au calme, que reposent Jacques Prévert, sa femme et sa fille. Empruntez cette rue bordée par les champs. Elle vous mènera, après une dizaine de minutes de marche, au coin de paradis de l'écrivain. C'est lorsqu'il tournait avec les comédiens de la compagnie Octobre qu'il est tombé sous le charme du cap de la Hague. Celui que l'on connaît aujourd'hui pour être l'auteur des meilleures répliques du cinéma français, mais aussi un poète engagé et maître dans l'art du collage retrouve son coup de cœur dans les années 1970. Il acquiert une maison discrète avec jardin, au Val. Les Paroles y résonnent encore... Au rez-de-chaussée, contemplez l'exposition temporaire en hommage à l'auteur et les grands artistes avec lesquels il a collaboré puis regardez le film de sa vie. À l'étage, tournez les chapitres de la vie de Jacques Prévert, de l'atelier aux chambres, et terminez votre visite en passant par le jardin… Collages, œuvres, brouillons… Tout vous replonge dans l'univers Prévert, et ce depuis plus de 20 ans, via cette belle maison. Le 11 avril 1977, le poète s'y est éteint : il aura vécu 40 ans dans cette superbe maison de La Hague, et sa tombe se situe à proximité. Une magnifique visite, que le nom de Prévert vous soit familier ou non.

MANOIR DU TOURP ★★

Omonville la Rogue ✆ 02 33 01 85 89 - www.letourp.com

Fermeture annuelle en janvier. Gratuit. Un trésor au bout du monde : 7 €/adulte, 5 €/enfant dès 7 ans.

Difficile d'imaginer passer par la Hague sans concevoir une visite du manoir du Tourp. Espace incontournable pour mille et une raisons, il propose un incroyable parcours-spectacle immersif intitulé « Un trésor au bout du monde ». Le manoir du Tourp, qui date du XVIe siècle, est aussi un ensemble architectural et culturel hors pair qui organise toute l'année des expositions temporaires en accès libre et des animations (ateliers pour les enfants, rencontres et conférences) sur le thème du patrimoine local. Nombreuses possibilités de randonnées à proximité.

NEZ DE JOBOURG ★★

Rue des Falaises - D202

C'est si beau que le lieu est régulièrement sur les affiches promotionnelles touristiques. Pour vous y rendre, filez directement à la pointe du Nez de Jobourg et découvrez-y, à 128 mètres d'altitude, une vue mêlant splendeur et spectacle à couper le souffle. Au loin, le cap de Flamanville, le phare de Goury et les îles anglo-normandes sont visibles du haut des falaises parmi les plus hautes d'Europe continentale. Ce n'est pas un hasard si ce panorama est réputé au point de se classer deuxième site le plus visité de la Manche après le Mont-Saint-Michel.

© BERTRAND DALIN

La maison de Jacques Prévert.

MANCHE

MANOIR DU TOURP

monville la Rogue
440 La Hague

✆ 02 33 01 85 89
www.letourp.com

PORT RACINE

Saint-Germain-des-Vaux

On dit de lui qu'il s'agit du plus petit port de France : réalité ou mythe, personne ne le sait véritablement, mais les dimensions de Port Racine en font un endroit de taille réduite. Au delà du nombre réduit d'embarcations qui peuvent accoster ici, c'est surtout la quiétude et l'environnement qui font de ce petit endroit un espace digne d'une carte postale. En été, et à marée haute, les enfants sautent dans la mer depuis la digue, quelques pique-niqueurs de passage profitent des lieux, et les collines de la Hague complètent un cadre enchanteur.

L'ERGUILLÈRE €€

Port Racine

✆ 02 33 52 75 31

www.hotel-lerguillere.com

Ouvert toute l'année. Accueil jusqu'à 20h. 10 chambres. Haute saison : chambre double à partir de 90 €. Parking.

Hôtel splendide, amarré au plus petit port de France, surplombant l'anse Saint-Martin, l'Erguillère est un hôtel de charme et de pierre rendra votre séjour inoubliable, quelle que soit la saison. À l'intérieur : esthétisme, chaleur et sobriété. Vous choisirez entre l'une des 10 chambres, chacune avec son style propre et élégant. Admirez à tribord de la vue sur jardin et profitez, à bâbord, de l'horizon dessiné par les vagues. C'est tout naturellement qu'on s'endort bercé des poèmes de Prévert, qui est passé là, et du chant des flots en contrebas.

AUBERGE LA BUHOTELLERIE BACKPAKER €

La Buhôtellerie ✆ 06 63 82 55 85

www.la-buhotellerie.com

Ouvert toute l'année. Petit déjeuner : 4 €. 25 €/ personne en chambre partagée. 56 €/ 2 personnes en chambres ou chalet.

Le lieu est très apprécié des *backpackers* - comprenez les randonneurs qui se promènent des jours durant avec leurs sacs sur le dos. Et pour cause, c'est à Jobourg, à la rencontre de nombreux chemins de randonnée, que ce lieu vous attend. Au choix, vous pourrez choisir deux chambres en dortoir pour 7 personnes, une chambre pour deux personnes et un chalet. Au cœur d'un grand parc, avec tables, barbecue pour l'été, rien ne manque. Les prix sont très compétitifs et l'accueil excellent.

LES GÎTES DE LA RIVIÈRE €€

✆ 06 33 62 05 56

www.digulleville.fr

Gîtes de France. Ouverts toute l'année. De 445 € à 738 € la semaine selon saison.

Tout comme les gîtes de Jardeheu, les Gîtes de la Rivière sont gérés par la commune déléguée de Digulleville, elle-même faisant partie de la commune nouvelle de la Hague. Il s'agit ici de maisons typiques de la Hague, au cœur d'un parc arboré de 3 000 m² bordé d'un ruisseau : la plus grande est équipée d'une cheminée, d'un grand séjour, de deux salles de bains et de trois chambres. Conçu pour sept personnes, extensible à onze, c'est un véritable petit coin de détente. La longère comprends deux chambres, une mezzanine et un studio indépendant.

LES GÎTES DU SÉMAPHORE DE JARDEHEU €

Pointe de Jardeheu

✆ 06 33 62 05 56

www.digulleville.fr

Gîtes de France. Ouvert toute l'année. Location pour une semaine : de 414 € en basse saison à 738 € en haute saison.

Il s'agit là d'un ancien site militaire, construit dans les années 1860 et désaffecté en 1984. Du Cap Levi à Auderville, vous dominez l'anse Saint-Martin et le port du Hâble, et c'est au bout du monde que vous êtes logé dans l'un des quatre gîtes du sémaphore de Jardeheu, formidablement réhabilité. Les gîtes du sémaphore se composent de quatre lieux de vie : Esquinandra, La Gravette (gîtes ruraux), Plainvic et Ecuty (gîtes d'étapes) pour 2 à 7 personnes.

HÔTEL DU CAP €€

✆ 02 33 52 73 46

www.hotelducap.net

Chambre double de 80 € à 125 €, chambre triple à partir de 97 €. Petit déjeuner : 11 € (en chambre : 13 €).

Idéalement situé entre les falaises de Jobourg et le Port Racine, à proximité du sentier des douaniers, l'Hôtel du Cap garantit un dépaysement total face à l'île d'Aurigny. Tout y est : le charme de la traditionnelle maison en pierre, le jardin orné d'hortensias, la vue mêlant le bleu de la mer et la verdure chatoyante des champs. Vous serez logés dans des chambres rustiques, aux meubles massifs, offrant propreté, confort, charme et modernité. La plupart bénéficie d'une vue sur l'océan. Une promenade dans les environs est un moment unique.

© CHRISTIAN BOEUF

© ADRIEN DASTE

© ADRIEN DASTE

ANDRA - CENTRE DE STOCKAGE DE LA MANCHE ★

ZI de Digulleville
✆ 0 810 120 172

L'accès au bâtiment d'accueil est libre du lundi au vendredi de 9h à 18h. Visite guidée gratuite sur réservation.

Une visite unique : c'est sur son site de stockage de déchets radioactifs que l'Andra (Agence nationale pour la gestion des déchets radioactifs) vous invite sur les hauteurs de la Hague, à près de 180 mètres d'altitude. Le site veille sur plus d'un million de colis de déchets, et c'est le premier centre mondial à être entré en phase de fermeture : surveillance active, contrôles permanents, recherche, développement et transmission de la mémoire en sont les principales activités.

© ADRIEN DASTE

© ADRIEN DASTE

HÔTEL LE LANDEMER €€

2, rue des Douanes
✆ 02 33 04 05 10
www.le-landemer.com

10 chambres. Basse saison : chambre double de 97 € à 188 € selon la saison. Petit déjeuner : 17 €.

L'hôtel-restaurant le Landemer est un des *must* de l'hôtellerie dans le Cotentin. Et pour cause : dix chambres splendides, offrant chacune une vue imprenable sur la Manche, et qui sont réparties dans le bâtiment historique et dans la superbe longère. Toutes les chambres disposent de terrasses privées, et la literie, remarquable, les salles de bain, sublimes, le souci du détail jusque dans la noblesse du parquet, n'auront d'égal que la gentillesse et le professionnalisme du personnel. Pas étonnant que le Landemer soit classé parmi les meilleurs 3-étoiles de France.

LA MALLE AUX EPICES €€

71, rue de l'église
✆ 02 33 03 19 60
www.lamalleauxepices.com

Ouvert dimanche midi. Basse saison : lundi & jeudi soir, mardi, mercredi, vendredi & samedi midi & soir. Menu : 25 €.

On ne change pas des recettes qui gagnent ! Le lieu, bien connu ici, reste tourné autour d'excellents mélanges de saveurs, bien pensés, et formidablement réalisés. Aux fourneaux, on sent bien que le chef s'en donne à cœur joie : mi-cuit de thon mariné au tandori, travers de porc sauté aux 5 épices, crème brûlée à la pistache et au lait de coco, compris dans ce menu découverte qui tient le haut du pavé, avec dégustation de trois entrées et de trois plats. Excellent rapport qualité-prix, très bon service (certes parfois long), cette Malle aux épices garde le cap !

AUBERGE DES GROTTES €€

8, rue des Falaises
✆ 02 33 52 71 44
www.aubergedesgrottes.com

En saison fermé le mercredi, hors saison le mercredi et le jeudi. Réservation recommandée. Menus de 29 € à 38 €.

Un point de vue époustouflant au sommet des falaises du Nez-de-Jobourg. Que ce soit pour déguster des fruits de mer, des produits locaux ou des crêpes l'après-midi, vous serez conquis par cet endroit magnifique et dont la situation est, vous l'aurez compris, incroyable. Différents menus et une belle carte, principalement basée autour des offres gastronomiques autour de la mer. L'intérieur, très bien agencé, est chic et sobre, et l'accueil est excellent et souriant. Réputée, la table mérite que l'on pense à réserver, surtout l'été et le week-end.

Ô P'TIT CRABE DE GOURY €€

1, rue du port
✆ 02 33 52 77 01

Ouvert toute l'année. Du lundi au jeudi et le dimanche midi, le vendredi et le samedi midi et soir. Prix moyen : 18 €.

On déjeune ou on dîne ici, à proximité immédiate du port. Evidemment, on aperçoit celui-ci, ainsi que le phare au loin depuis presque toutes les tables, car l'endroit, aéré, le permet largement. On mise sur une cuisine bistronomique, avec la plus grande partie des produits issus des producteurs de la région. Viandes ou poissons, le chef se fait visiblement plaisir, et ça ne manque pas de caractère. On dispose également de plusieurs formules et menus. Notez enfin que l'endroit propose parfois quelques concerts, l'été notamment.

LA BRUYÈRE €€

16, place de l'Église ✆ 02 33 52 78 24
www.labruyere-50.com

Basse saison : mardi/vendredi/dimanche midi, vendredi/samedi soir. Été : 7j/7. Menus : 23 €/33 €. Form. midi : 14,50 €

La Bruyère, cache, derrière sa devanture en pierre, un intérieur chaleureux. Le midi, un menu dont le rapport qualité-prix est très apprécié des locaux et des touristes est très demandé. Pour le reste, une gastronomie traditionnelle avec une pointe d'originalité. Mention spéciale au pavé de veau avec sa crème de champignons aux cèpes avec sa tuile noisette, absolument délicieux. Vous vous en doutez, les desserts maison à « tomber par terre ! ». L'accueil est chaleureux et très bon, et on reviendra sans problème dans cette chouette petite adresse de la Hague.

RESTAURANT DU PORT €€

Le Hâble
✆ 02 33 52 74 13
www.restaurantduport-omonvillelarogue.fr

Ouvert toute l'année. Du mercredi au dimanche le midi et le soir. Réservation recommandée. Carte : 20 € environ.

Le Hâble est un tout petit port auquel vous accédez en descendant vers la mer par Omonville-la-Rogue, et c'est ici que vous trouverez le restaurant du port. Dans la jolie salle ou en terrasse l'été, la vue est splendide. Puisque les vagues à marée haute lèchent le pied du mur, aucun doute à se faire sur la fraîcheur des produits : provenant directement de la pêche locale du jour, ils sont donc cuisinés en fonction du contenu des filets. Nous vous conseillons d'ailleurs la suggestion du chef : le poisson « retour de pêche » et les crustacés de la région.

PLANÉTARIUM LUDIVER

1700, rue de la Libération
✆ 02 33 78 13 80
www.ludiver.com

Ouvert du dimanche au vendredi (tous les jours pendant les vacances). Musée + planétarium : 8,80 € (enfant : 6,70 €).

Sur les hauteurs de la Hague, c'est un complexe unique dans la région. Le planétarium Ludiver est une destination à part entière. Sous une voute de dix mètres de diamètre, à vous la découverte de 7 000 étoiles au-dessus de vos têtes. Les séances du planétarium ont lieu à heure fixe, et celui-ci propose des animations thématiques. En outre, vous pourrez admirer les astres directement via un télescope géant de 600 mm, appelé T600. Un espace muséographique, ouvert les après-midi, et destiné principalement aux sciences et vie de notre planète, est également proposé.

Sentier de randonnée, GR223, nez de Jobourg.

LES TAMARINS €€

Belle Rive
✆ 02 33 04 74 04
www.lestamarins.com

Ouvert midi et soir en juillet, août et pendant les vacances scolaires. Pizzas. Carte : 18 € environ.

C'est une valeur sûre, où l'équipe du *Petit Futé* se rend toujours avec plaisir. Pour y accéder, c'est bien depuis Beaumont qu'il faut prendre la petite route en descente – le paysage est splendide. Pierres apparentes, cheminée et décoration chic et sobre à l'intérieur, véranda, terrasse panoramique ensoleillée et en plein air, voici pour le cadre du lieu. Ici, le feu de bois est la base de toute gastronomie. De la pizza aux gambas et même la tarte fine aux pommes, tout est bon, copieux et la simplicité est le maître mot du contenu des assiettes.

LE MOULIN À VENT €€€

10, route de Port-Racine
✆ 02 33 52 75 20
www.le-moulin-a-vent.fr

Fermeture : Vendredi & samedi midi. Haute saison : ouvert tous les jours midi & soir. Menus de 39 € à 78 €.

Le panorama est saisissant, et le vent, souvent présent, donne au lieu un côté particulièrement romantique. Ici, la cuisine est en communion avec un territoire, entre terre et mer : créative, gastronomique et surtout succulente, attachée aux produits locaux et de saison. Ici, les menus répondent à des noms évocateurs, à l'image de Cap Cotentin ou encore de Dégustation. On ne dressera pas la liste des créations délicieuses ici, mais il faut souligner que ce restaurant pas comme les autres vaut largement les tarifs indiqués, assez élevés.

RESTAURANT LE LANDEMER €€€

2, rue des douanes ✆ 02 33 04 05 10
www.le-landemer.com

Ouvert du mardi au dimanche midi, du mardi au samedi soir. Menus de 47 € à 69 €. Formule du midi : 35 €.

Du très haut de gamme ! Tout y est charmant, et chic : le lieu, la décoration, le contenu des assiettes. Le Landemer est bien un incontournable de la région. Le lieu, c'est donc tout d'abord une vue époustouflante sur la plage de la commune et, au-delà, sur la rade de Cherbourg. De manière générale, que vous soyez sous la verrière où à l'intérieur, la mer n'est jamais loin de votre vue. A la table du chef, des produits du terroir, et de la mer. Et que dire des desserts : que du bon ! Notez que le lieu est également un hôtel – trois étoiles, cela va sans dire.

LES PIEUX

Située à 20 km au sud–ouest de Cherbourg, Les Pieux a connu, pendant les années 1980 et 1990, de profonds changements. La raison ? La construction de la centrale nucléaire de Flamanville, à seulement 4 km d'ici, qui a métamorphosé ce petit chef-lieu de canton anonyme en lui permettant d'avoir des équipements de haut niveau. Si l'intérêt principal de la la ville est consitué par les nombreux commerces que vous y trouverez, sa plage, appelée Sciotot, est un rendez-vous prisé de estivants et surfeurs l'été, sur cette côte ouest du Cotentin réputée plus chaude que celle de l'est. La vue sur la plage, depuis les hauteurs, est splendide.

ANSE ET PLAGE DE SCIOTOT

Sciotot

L'Anse de Sciotot s'étend du cap de Flamanville au cap du Rozel, au sud, sur environ 4 kilomètres. La vue plongeante sur la mer ou panoramique depuis ce dernier lieu, en fonction de votre situation, est un véritable décor de carte postale. La plage de Sciotot, petit village où les maisons de villégiature sont nombreuses, connaît une très forte affluence l'été, et il vous sera parfois aussi difficile de trouver une place de stationnement que facile de poser votre serviette, la plage étant vaste. Pour se sustenter, quelques restaurants sont situés près de la plage.

CAMPING LE RANCH €€

La Mielle - **LE ROZEL**

✆ 02 33 10 07 10

www.camping-leranch.com

Piscine, restaurant. Mobil-home : de 480 à 2060 €/semaine. Emplacement (2 personnes + véhicule) de 22,5 à 40 €/jour.

Situé sur la côte ouest du Cotentin, le camping Le Ranch se place entre mer et campagne, proposant des prestations haut de gamme les pieds dans l'eau : piscine avec toboggan aquatique, mobil-home avec bain bouillonnant privatif et vue sur la mer, joli restaurant, notamment. Sur 4 hectares, l'ensemble, très bien entretenu, mérite largement ses 5 étoiles, c'est l'un des campings les plus modernes de la région. Si l'envie vous prend d'aller dompter les vagues, n'oubliez surtout pas votre planche car le spot du Rozel est réputé pour le surf !

LE CHATEAU DU ROZEL €€€

Le Chateau - **LE ROZEL** ✆ 02 33 52 95 08

www.chateau-du-rozel.fr

Ouvert toute l'année. Chambre simple de 90 € à 125 €, chambre double de 100 € à 135 €, chambre triple de 115 € à 145 €.

Du luxe, du calme et un environnement exceptionnel font de ce château un lieu complètement hors du temps. Le superbe ensemble, entouré d'un parc lui aussi splendide de 6 hectares, développe toute une gamme d'hébergement basée sur les chambres d'hôtes, d'une part, et la location de gîtes, d'autre part. C'est chic, et se conjugue selon plusieurs offres allant de la chambre pour deux personnes à la très vaste suite familiale. Le matin, après une nuit de sommeil au calme, la magnifique salle de petit-déjeuner vous attendra pour un très copieux moment.

LE SAUVE QUI PLEUT €€

1, route du Fort-Sciotot

✆ 02 33 94 33 85

www.lesauvequipleut.fr

Ouvert toute l'année. Horaires variables selon la saison. Carte : 30 € environ.

Si le ciel du Cotentin devient capricieux et que quelques gouttes de pluie se font sentir sur Sciotot ou si vous souhaitez simplement passer un agréable moment autour d'un verre ou d'un repas, courez-y ! Cet établissement dispose d'une vue panoramique à couper le souffle sur la plage de Sciotot ainsi que d'une terrasse sous véranda. En salle comme en cuisine, l'équipe vous propose une carte variée, riche des spécialités locales mais aussi ouverte vers d'autres contrées.Vos papilles n'auront que l'embarras du choix ! Notez que l'on se gare facilement ici.

CIDRERIE LE PÈRE MAHIEU

Hameau Les Mesles - **BRICQUEBOSQ**

✆ 02 33 93 03 79

www.leperemahieu.com

Ouvert du lundi au samedi de juin à septembre & vacances. Autres périodes : ouvert mardi et jeudis au samedi.

Cidre demi-sec et brut bien sûr mais aussi calvados, pommeau, jus de pomme, vinaigre de cidre, gelée de pommes, le tout dans le respect de la tradition haut de gamme et bio. L'équipe de la cidrerie vous accueille tout l'année pour vous faire la visite des installations et vous expliquer comment on fait un cidre de grande qualité. Vous êtes au cœur du savoir-faire biologique et de ses traditions. Et vous ne serez pas les seuls, puisque le cidre Mahieu a été, parmi d'autres, admis dans le très fermé cercle de l'Appellation d'Origine Protégée du cidre du Cotentin.

MANCHE

CIDRERIE THÉO CAPELLE

1, le Haut de la Lande - **SOTTEVILLE**
✆ 02 33 04 41 17
www.theo-capelle.com
Ouvert du lundi au samedi de 9h à 12h30 et de 14h à 19h. Fermé le dimanche. Visite guidée : 2,50 € / adulte.

Théo Capelle raconte le cidre, le calvados, les pommes, ses nectars fabuleux, tirés d'une production toute familiale. La cidrerie-distillerie Théo Capelle, ce sont 10 hectares de vergers, 6 500 pommiers, quinze variétés, un pressoir, un magasin. L'ensemble, verger, distillerie, magasin, se visite toute l'année. On se promène dans les allées de pommiers, on écoute avec délice le vocabulaire sucré du travail de la pomme, on découvre l'alambic où se distillent le calvados AOC et le pommeau de Normandie AOC. On goûte bien-sûr à quelques savantes potions !

LES TRAVAILLEURS DE L'AMER

23, Route de cherbourg
✆ 07 66 36 42 12
www.lestravailleursdelamer.com
Ouvert du mercredi au vendredi de 10h à 13h et de 16h à 19h30 ; le samedi de 10h à 13h et de 14h à 19h30.

Ce sont plusieurs centaines de litres de bières qui sont brassés mensuellement par l'équipe des travailleurs de l'amer, une microbrasserie qui n'est plus si micro que ça, et qui a su progressivement gagner de nombreux amateurs. Ayant été primées lors de nombreux concours, les bières sont brunes, blondes, ambrées, et toujours savoureuses. Vous pouvez retrouver ces délices dans bon nombre d'établissements locaux, et surtout dans la chouette échoppe située en bas du bourg des Pieux.

FLAMANVILLE ★

C'est un nom connu dans toute la France pour la présence sur son territoire d'une centrale nucléaire, et davantage encore depuis que s'y déroule le fameux chantier de l'EPR, ce nouveau générateur nucléaire. Évidemment, la manne financière a permis à la commune d'environ 1 800 habitants de disposer d'infrastructures à faire pâlir d'envie bien des maires, mais Flamanville, c'est aussi un très joli cadre naturel, de belles falaises, un château classé et splendide, et son port, Port-Diélette. Ancien village de pêcheur, le lieu s'est transformé il y a un quart de siècle pour devenir un ensemble de plaisance de plusieurs centaines d'anneaux.

LE CHÂTEAU DE FLAMANVILLE ★

Rue du Château
✆ 02 33 87 66 66
www.flamanville.fr
Ouvert toute l'année. Parc accessible toute l'année - visite du château en saison.

Le château de Flamanville c'est avant tout un parc magnifique d'une vingtaine d'hectares, accessible toute l'année et gratuitement. Le château est une véritable page d'histoire, tant par son apparence et ses matériaux que par les seigneurs qui l'occupent au fil des siècles. Aujourd'hui, le château est propriété communale et inscrit à l'inventaire supplémentaire des Monuments historiques. Construit entre 1654 et 1660, il est le lieu de multiples expositions, très courues des locaux.

LA FERME AUX CINQ SAISONS

Rue des Moliers
✆ 02 33 04 56 84
www.lafermeaux5saisons.com
Haute saison : ouvert du dimanche au vendredi à partir de 14h.

Apprendre, s'enrichir, développer ses connaissances, l'ensemble dans un magnifique corps de ferme : tel est le pari, réussi, de cette Ferme aux Cinq Saisons, restaurée dans les années 1990, et qui permet aux enfants, aux adultes et aux touristes de découvrir de manière pédagogique le quotidien à la campagne. Ainsi des visites aux animaux, des contes, des démonstrations de fabrication du pain, des goûters et d'autres événements ponctuels comme une inoubliable chasse aux œufs sont autant de propositions. Véritable homme orchestre des lieux, François Thiébot, après des années en tant qu'électronicien, a véritablement opéré un changement de vie pour animer les lieux - et les visiteurs le lui rendent bien. Et le lieu élargit progressivement sa palette d'activités, puisque des *teambuildings* (comprenez des réunions professionnelles) et même des enterrements de vie de garçon sont possibles. Autre déclinaison, et pas des moindres, la création d'un golf paysan : le club est en bois, les balles sont de petits ballons et on joue dans les champs au milieu des animaux. Les plus jeunes, là aussi, mais également les groupes qui bénéficient d'une sortie de groupe pour resserrer les liens, en garderont un formidable souvenir. Autre possibilité, enfin, celle de se restaurer dans un très ingénieux et sympa « bar à tartines », appelé ici le Club'Ouse. On se régale de chouettes propositions et de jolis desserts, ou on boit un verre dans la cour de la ferme. Un beau moment.

VISITE DU SITE EDF DE FLAMANVILLE

Centrale nucléaire de Flamanville
✆ 02 33 78 77 77
www.edf.fr
Circuit falaise : réservation obligatoire 72 h avant visite, 12 ans minimum. Gratuit. Espace découverte : entrée libre.

Quasi invisible depuis la terre, le site de production d'électricité de Flamanville – qui comprend deux réacteurs en production, et l'EPR – se visite. Ainsi, un circuit sur les falaises vous permettra notamment de disposer d'un point de vue unique sur l'immensité des installations. Place ensuite à une conférence – passionnante – sur le fonctionnement de celles-ci, à un parcours et enfin à un passage au simulateur de la salle de commande. Inscription sur visiteedf.fr

LA VILLA BEL AIR €€

2, rue du Château ✆ 02 33 04 48 00
www.lavillabelair.fr
Ouvert toute l'année. Chambre simple de 99 € à 110 € ; chambre double de 115 € à 125 €. Parking. Wifi gratuit.

En reprenant son nom d'antan, la Villa Bel Air est passée du statut d'hôtel à celui d'hébergement en chambres d'hôtes, agrémentées d'un petit cottage. Quelle réussite : les chambres sont toujours douillettes et disposent de tout le confort nécessaire, au plus grand calme. Dans ce que beaucoup considèrent comme étant d'anciennes dépendances du château tout proche, vous aurez le choix entre une chambre standard de belle facture, ou d'une autre, supérieure, dont le nom se suffit. Le petit déjeuner est copieux, l'accueil hors pair : un très bon plan !

LA MAISON DES PRODUCTEURS

4, route de Caubus
✆ 02 33 94 27 65
www.maisondesproducteurs.fr
Ouvert le mercredi et le vendredi de 10h à 12h45 et de 14h à 18h30 ; le samedi de 10h à 12h45 et de 14h à 17h.

Mutualiser les productions locales et les retrouver en un seul et même endroit : tel est le principe de la Maison des producteurs, qui propose en circuit court des produits locaux de fermes partenaires, situées dans les environs. Vous trouverez bien évidemment de la charcuterie et de la viande, mais aussi des laitages, des fruits et légumes ou des œufs. Ici, on ne trouve des produits qu'en fonction des saisons, et on pensera à s'assurer en amont de la disponibilité !

LE ROZEL

Charmant petit village d'à peine 300 habitants, vivant principalement de la pêche et de la culture maraîchère, Le Rozel est situé séparé de la mer par environ un kilomètre de champs. Connue pour son château (aujourd'hui transformé en très belles chambres d'hôtes), la commune a donné son nom à un cap, s'avançant dans la Manche, et au pied duquel se trouve un spot de surf très apprécié ici. Sa grande plage de sable fin et ses dunes en font une destination balnéaire familiale, encore relativement peu connue mais pleine de charme. Pour vous ravitailler, la petite ville des Pieux, qui surplombe l'ensemble, juchée sur sa colline, est l'endroit idéal.

SIOUVILLE-HAGUE

Petite commune longeant le littoral sud de la Hague, à une vingtaine de kilomètres de Cherbourg, Siouville-Hague est célèbre pour sa très belle plage de sable, qui fait le bonheur des touristes l'été, mais pas uniquement. En effet, ces dernières années se sont développés ici de nombreuses activités relatives aux sports de glisse : char à voile, mais surtout le surf. Siouville-Hague dispose en effet de sa propre école dédiée, et le spot est connu de nombreux amateurs. Sur les hauteurs, l'église Saint-Pierre, coiffée de sa coupole hexagonale, surplombe un ensemble qui compte un millier d'habitants l'hiver, et bien plus aux beaux jours.

PLAGE DE SIOUVILLE-HAGUE

Longue, panoramique depuis les hauteurs de Siouville, la plage offre un merveilleux paysage. C'est aussi la plage du vent et de tous ses adeptes. Ici vous venez à la rencontre de ces « fous volants » dont les pieds parfois quittent la terre et pour cause : le site est dédié à tous les sports de glisse, voile et vent. Venez avec vos planches, vos palmes, vos ailes... Surf, windsurf, kitsurf... Le rendez-vous est connu des spécialistes de la région, et des structures dédiées sont proposées, dont des écoles pour les novices. Immanquable.

LE BOUCHE À OREILLE €€

3, Le Beuzembec
✆ 02 33 41 84 49
www.leboucheaoreille-siouvillehague.fr
Fermé le lundi. Réservation recommandée. Carte : 25 € environ. Chèque Vacances, Chèque Restaurant. Terrasse.

Notez qu'il faut trouver le Bouche à Oreille, même s'il est bien indiqué : la petite route qui y mène est pour le moins discrète ! Au bout : un restaurant où l'on vous sert des produits régionaux, oui, mais cuits au feu de bois ! Installé dans une salle « nature », vous n'êtes qu'à quelques minutes du port de Diélette, face au petit marais où coule la Diélette. Dans l'assiette, le chef vous cuisine le poisson de la Diélette, du foie gras mi-cuit, du filet de bar grillé ou encore du magret grillé à l'orange. C'est bien fait, bien pensé, et on valide.

SURTAINVILLE

Cette petite commune de la côte ouest du Cotentin offre un atout non négligeable : sa très longue plage, très peu fréquentée, et qui s'étend sur des kilomètres. Ainsi est Surtainville : tout vous mène ici à la mer. Face aux îles anglo-normandes, qui l'on aperçoit au loin (les apercevoir trop clairement est toutefois signe de mauvais temps à venir), la commune est appréciée pour son calme. Ici, vous aurez l'impression que la plage vous appartient, tant celle-ci est vaste. Entre le cap du Rozel et celui de Carteret, une dizaine de kilomètres font le bonheur de tous. A 5 kilomètres, la ville des Pieux vous permet de bénéficier des commerces nécessaires.

PLAGE DE SURTAINVILLE

Matériel amphibie pour les personnes à mobilité réduite disponible au poste de secours.

Si vous cherchez l'immensité, la tranquillité, les grands espaces, vous allez être servis. Car entre le cap du Rozel, au nord, et celui de Carteret, au sud, s'étire l'une des plus grandes plages de sable de la côte ouest du Cotentin. Partagée entre plusieurs communes, dont Surtainville, elle est peu fréquentée, même en été. Le littoral, préservé, est fait de dunes de sable blanc. Pour accéder à la mer, plusieurs petites routes dont, à Surtainville, de la « Brèche de l'église », où vous trouverez le seul poste de surveillance du coin.

CHAMBRES D'HOTES LES ORCHIDEES €

44, route du Cululey
✆ 02 33 94 41 87
www.lesorchidees.unblog.fr
Deux chambres. Chambre double 50 € ; chambre triple à partir de 70 €. Petit déjeuner inclus. Animaux acceptés. Wifi.

Au cœur du bocage, dans un petit hameau très calme à 2 km du bourg, sentez l'odeur des Orchidées. Ce pavillon contemporain vous propose deux chambres d'hôtes décorées avec goût et disposant de salle de bains et wc indépendants. L'accueil est sympathique et le lieu est propice à visiter la région environnante. Sur place, les conseils ne vous manqueront pas, et on prendra le temps de vous donner toutes les informations pour partir à l'assaut des merveilles de la région.

LA PALMERAIE GÎTES ET CHAMBRES D'HÔTES €€

14, Le Bourg
✆ 06 05 38 28 76
www.giteslapalmeraie.fr
Ouvert toute l'année. Chambre double de 45 € à 55 €. Gîte pour 4 personnes : de 450 à 650 €/semaine, selon la saison.

Les gîtes & chambres d'hôtes « La Palmeraie » vous accueillent toute l'année : pour une nuit, une semaine ou plus... Ici, on est aux petits soins et disponible afin que votre séjour soit des plus agréables possible, et il faut bien reconnaître qu'ici, on ne manque pas de propositions, et on peut garder vos enfants ou votre animal de compagnie ! Au choix, deux gîtes, une chambre, un studio, ou même la possibilité de camper dans une des chouettes tentes proposées ici.

BARFLEUR ★★

Souvent dans le haut du classement du «plus beau village de France», Barfleur est un incontournable de la presqu'île. Son port, orienté plein est, est en effet un petit joyau, cerné de hautes maisons et fermé par les digues et la perspective de la massive église Saint-Nicolas. Port de pêche de premier rang, Barfleur est le fruit d'une histoire millénaire, puisque Guillaume Le Conquérant y est passé en 1066, en pleine bataille contre l'Angleterre. Une déambulation sur le port, en été et sous le soleil, n'a rien à envier aux ports de la Méditerranée : les terrasses sont pleines, et les promeneurs sont nombreux dans ce cadre enchanteur.

LE PHARE DE GATTEVILLE

GATTEVILLE-LE-PHARE ✆ 02 33 23 17 97

www.phare-de-gatteville.fr

Fermeture de mi-novembre à mi-décembre et en janvier. Gratuit jusqu'à 5 ans. Adulte : 3 €. Enfant : 1 €.

© OLIVER HOFFMANN - ISTOCKPHOTO

75 mètres de hauteur, 356 marches, 7 400 tonnes de granit : n'hésitez pas, tentez l'ascension de cette vigie du Cotentin. De palier en palier, les 52 fenêtres vous distribuent un éclairage tout particulier, vous offrent petit à petit la vue imprenable sur les terres et au-dessus des mers. Chaque année, 30 000 courageux partent à l'ascension du lieu. Depuis 1984, le phare est automatisé. Par temps d'orage ou dès que le vent souffle à 50 km/h, le phare est fermé, normal étant donné l'altitude. L'accès au phare est payant, mais son prix est résolument modeste.

SOCIÉTÉ NATIONALE DE SECOURS EN MER

5, rue Julie-Postel

✆ 02 33 23 10 10

Visite de 10h à 12h et de 14h à 18h en saison.

La station de sauvetage de Barfleur se compose de sauveteurs qui viennent au secours des bateaux en détresse, bravant le grain à bord du navire insubmersible et autoredressable *Amiral de Tourville*. Toujours visible dans le port au milieu des bateaux de pêche, c'est le 6e canot de la station. Au bout du quai vous pouvez visiter la station : un tronc vous attend et recueille vos dons. Dehors, vous découvrirez au monument érigé en extérieur à la mémoire des péris et disparus en mer.

OFFICE DE TOURISME DU COTENTIN

2, rond-point Guillaume-le-Conquérant

✆ 02 33 71 99 71

www.encotentin.fr

Octobre à mars : du mardi au samedi. Avril à septembre : ouvert tous les jours.

Barfleur, la perle du Val de Saire, s'inscrit dans un patrimoine historique et touristique hors pair, et la commune est régulièrement nommée parmi les plus beaux villages de France. Evidemment, la petite commune du Cotentin dispose comme il se doit d'un office de tourisme qui vous permettra de découvrir ce port normand au passé aussi prestigieux que le lieu est splendide. Sur place, vous trouverez toutes les informations nécessaires à une visite. Les horaires sont larges : pratique.

LE CONQUÉRANT €€

16 et 18, rue Saint-Thomas-Beckett

✆ 02 33 54 00 82

www.hotel-leconquerant.com

Qualité Tourisme. Fermé l'hiver. Chambre double de 95 € à 135 €. Petit déjeuner inclus.

Le Conquérant impose par sa façade de granit, splendide, en plein cœur du village qui ne l'est pas moins. Son architecture est chargée de l'histoire de ce manoir de ville, datant du XVIIe siècle, qui profite d'un joli jardin à la française. Du belvédère au fond du jardin, on admire… la mer. Les chambres sont sobres et confortables. Certaines disposent d'agréables balcons ou terrasses, d'autres de coins salon. Le petit déjeuner peut être pris dans le grand salon ou sur la magnifique terrasse qui donne directement sur le jardin.

MANCHE

© GIUMAS - STOCK.ADOBE.COM

Barfleur.

INDIANA €€

Route de Saint-Vaast-la-Hougue
✆ 02 33 23 95 61
www.camping-indiana.com

Emplacement + véhicule + 2 personnes de 15 € à 17 €. Mobil-homes (2 à 4 personnes) de 330 € à 630 €/semaine

Comptant 44 emplacements, l'Indiana est idéalement placé, à une centaine de mètres seulement de la plage, et à quelques pas du superbe port de pêche de Barfleur. Plusieurs formules sont à votre disposition, que vous soyez campeur, amateur de camping-car ou désireux de louer un mobil-home. Niveau confort, rien à reprocher : du pain frais le matin, des animations à plusieurs reprises chaque semaine, des locations de vélos... Bref, ce qu'il faut pour passer des vacances réussies ! Un bon point enfin : les tarifs ne bougent pas d'une année sur l'autre.

LA LAITERIE DE TOCQUEVILLE €€

15, rue de la Gare - **TOCQUEVILLE**
✆ 06 72 71 67 62
www.laiterie-tocqueville.com

Tarifs : se renseigner sur le site. Wifi gratuit.

Cette ancienne laiterie, joliment rénovée, offre plusieurs formules d'hébergement. En chambre d'hôtes premièrement, lesquelles sont au nombre de cinq. Le soin apporté à la décoration, chic et sobre, vous charmera d'emblée. Côté gîte, quatre formules, quatre bâtiments : le Loft, pour quatre personne, ou les deux bâtisses pour huit personnes, nommées la Cotentine, la Villa du directeur et le Château d'eau, un appartement de 60 m² pour 2 à 3 personnes en duplex.

CAFÉ DE FRANCE €€

12, quai Henri-Chardon
✆ 02 33 54 00 38

Ouvert toute l'année. Haute saison : ouvert tous les jours, basse saison fermé le mercredi. Carte : 15 € environ.

Le Café de France, la brasserie de Barfleur, est un haut-lieu estival bien connu ! Aux beaux jours, une terrasse avec vue sur le port vous permet de passer des moments agréables. L'accueil y est pour beaucoup. À la carte, chaque saison a son petit plat. De l'aube à la nuit, l'endroit offre toujours à se restaurer certes, mais aussi à partager un apéritif, un café. Avis aux lève-tôt, le retour de pêche au petit matin dans le petit port de Barfleur est un véritable spectacle. Profitez des petits déjeuners pour admirer la scène. En été, pensez toutefois à réserver.

TRICOTERIE DU VAL DE SAIRE

36, rue Doncanville - **VALCANVILLE**
✆ 02 33 54 02 06
www.valdesaire-france.com

Ouvert le lundi de 14h à 18h ; du mardi au samedi de 10h à 12h et de 14h à 18h.

Cette belle maison, très connue sur la presqu'île, a désormais fièrement passé le cap des 40 ans. Plus qu'une simple tricoterie, c'est une véritable maison de mode, avec ses collections propres. Pour femmes et hommes, elle s'évertue avec succès à développer des collections chics, confortables et, surtout, d'une très grande qualité. Inspirées par les les paysages du coin, elles sont disponibles à Valcanville (là où se situe la fabrique), à Cherbourg et à Saint-Vaast-la-Hougue.

MANCHE

SAINT-VAAST-LA-HOUGUE ★★

Principal port de la côte est du Cotentin, Saint-Vaast-la-Hougue est le fruit d'une longue histoire mouvementée et plus que millénaire. Disputée au temps des vikings, puis lieu de débarquement des Anglais en 1346, située à proximité immédiate de la bataille de la Hougue de 1692, c'est à cette date que deux tours fortifiées sont érigées afin de protéger la cité et les côtes françaises. Aujourd'hui, la tour située sur l'île de Tatihou est l'emblème de la ville. Ville portuaire, Saint-Vaast est également un important centre de pêche et de plaisance. La mise en place d'un bassin à flots en 1982 a permis de développer cette dernière activité.

ÎLE TATIHOU & TOUR VAUBAN ★★

Quai Vauban

✆ 02 33 23 19 92

www.manche.fr/tatihou

Adulte : 11,50 € (a/r bateau+accès libre au fort, aux jardins et au musée). Enfant (de 3 à 11 ans) : 5 €.

Face au port, l'île Tatihou avec sa tour Vauban est accessible par bateau amphibie quelle que soit la marée. Ici se côtoient patrimoine naturel et patrimoine architectural d'exception. A la clé, les jardins thématiques, la réserve ornithologique et le sentier des fortifications aux installations artistiques. Il est possible de séjourner sur l'île avec pas moins d'une trentaine de chambres mises à disposition (séjours en demi-pension ou pension complète).

MUSÉE MARITIME DE L'ÎLE TATIHOU ET TOUR VAUBAN

✆ 02 33 54 33 33

www.patrimoine.manche.fr

Haute saison : 10h/18h. Adulte : 11,50 €. Enfant : 5 €. (Aller-retour en bateau, le musée, les jardins et tour Vauban).

A sa création, en juin 1992, le musée fut largement imaginé autour des épaves de la Hougue, témoins de la fameuse bataille de mai-juin 1692. Le musée accueille le mobilier archéologique provenant des navires de la Hougue coulés lors du combat. Depuis, il s'est élargi à l'histoire et à l'ethnologie des côtes normandes et à l'histoire naturelle du littoral. En plus de l'exposition permanente « Flottes et fracas, les épaves de la Hougue (1692) », vous découvrez la splendide tour Vauban.

OFFICE DE TOURISME DU COTENTIN

1, place du Général de Gaulle

✆ 02 33 71 99 71

www.encotentin.fr

Octobre à mars : ouvert du lundi au samedi. Avril à septembre : ouvert tous les jours.

Ouvert toute l'année, le bureau saint-vaastais de l'office de tourisme du Cotentin est un concentré de bons conseils. Tout d'abord parce que l'équipe qui l'anime est pleine d'enthousiasme. Ensuite parce que, le bouche-à-oreille aidant, il est très apprécié des locaux et des touristes, qui viennent ici faire le plein d'astuces et de bonnes idées. Il faut dire que le coin ne manque pas de belles propositions, comme vous pouvez le découvrir dans ce guide.

DORMIR SUR TATIHOU €€

Ile Tatihou

✆ 02 33 54 54 90

www.tatihou.manche.fr

Ouvert d'avril à septembre. 41 chambres. Pension complète : 92 €. Demi-pension : 62 €.

Sur Tatihou, séjournez dans l'une des 34 chambres confortables et bien équipées. Les aménagements comprennent également une salle de conférences et un centre de documentation. Ces chambres sont à la disposition d'individuels mais aussi à celle de groupes professionnels, scolaires, agences de voyages et associations. Intéressé par un séjour à thème ? Découvrez Tatihou au travers de la cuisine, la biologie, les étoiles ou encore une chasse au trésor. Quelle que soit la raison de votre venue ici, une nuit sur Tatihou est toujours un moment complètement inoubliable.

HÔTEL - RESTAURANT LES FUCHSIAS €€

20, rue du Maréchal-Foch

✆ 02 33 54 40 41

www.france-fuchsias.com

Normandie Qualité Tourisme. Ouvert toute l'année. 32 chambres. Chambre double à partir de 69,30 €.

Ce petit écrin, niché avec sa verdure au cœur de Saint-Vaast, est bien évidemment cet excellent restaurant que nous avons adoré lors de notre passage, c'est aussi un hôtel. De la chambre simple à la chambre familiale, vous disposerez de plusieurs offres. La décoration est chic et apaisante, les offres avec vue sur jardin agrémenteront ce sentiment de quiétude et le service irréprochable. Notez enfin que vous disposez ici d'un gîte de mer pour 4 personnes maximum.

BRASSERIE LE DETOUR €€

5, Quai Vauban
✆ 02 33 22 69 45

Ouvert du mercredi au dimanche le midi et le soir. Carte : 25 € environ. Chèque Restaurant. Terrasse.

L'établissement est situé face au port, avec une terrasse en bois brut qui vous attend aux beaux jours. Dans ce lieu aux tons modernes et chics, beaucoup viennent pour le poisson et les moules-frites, et c'est vrai qu'elles sont excellentes. Mais on ne s'arrêtera pas en si bon chemin, et on ne rechignera pas à déguster des viandes, des ris de veau, du foie gras ou des burgers, tous de bonne facture. Le rapport qualité-prix est bon, le service vraiment sympa, et en été on peut vous servir jusque relativement tard, une chose pas si fréquente ici !

LE CHASSE-MARÉE €€

8, place du Général-de-Gaulle
✆ 02 33 23 14 08
www.chassemaree.net

Basse saison : du jeudi au lundi le midi et soir. Haute saison : tous les jours midi et soir. Carte : 40 € environ.

Dans un cadre tout en déco marine, la spécialité, c'est le poisson ! Le chef Jean le décline sous toutes ses formes : noble, du moment, selon la marée ou choucroute de la mer, c'est délicieux. La pêche du jour, ramenée notamment par le bateau du frère de Aude, la maîtresse des lieux, est évidemment d'une imparable fraîcheur. Pour ne rien gâcher, la finesse des sauces et la sélection des accompagnements sont à la hauteur. Aux beaux jours, une chouette terrasse vous accueille. Est-ce utile de vous préciser que l'on vous recommande vivement le lieu ?

MAISON GOSSELIN

Rue de Verrüe
✆ 02 33 54 40 06
www.maison-gosselin.fr

Ouvert du mardi au samedi, et le dimanche matin. Ouvert également le lundi en haute saison.

La maison est une institution vers laquelle on vient de partout dans le Cotentin. Ouverte en 1889 par Clovis Gosselin, l'art de présenter les produits les plus courants et les plus rares s'est transmis de génération en génération. Les étals de cette épicerie fine vous font voyager à échelle mondiale en commercialisant les épices venues de Jamaïque, des Indes... L'endroit fait encore crèmerie, confiserie, primeur, cafés torréfiés, cave, parfums et cadeaux. Vous trouverez aussi des trésors de décoration et d'arts de la table, avec la « place Belle Isle ».

LA PINTE DE SAIRE

47, rue d'Isamberville
✆ 06 62 76 53 70

Magasin ouvert le mercredi pendant les vacances scolaires.

Chinquante : non, une lettre supplémentaire ne s'est pas glissée dans ce nom, c'est bien la manière de dire (et surtout d'écrire) le numéro du département de la Manche en patois d'ici ! Ce n'est pas tout, car la Chinquante, c'est aussi le nom d'une incroyable variété de bières, élaborées et fabriquées à Saint-Vaast ! L'affaire, lancée par un groupe de jeunes passionnés, propose des bières blondes ou ambrées, mais aussi de nombreuses créations originales, dont la fabrication est parfois secrète. La vente sur place est possible le mercredi pendant les vacances.

LA VERDURA

177, rue du Maréchal-Foch
✆ 02 33 22 47 75
www.laverdura.fr

Basse saison : du mardi au samedi. Haute saison ouvert du lundi au dimanche.

La Verdura, implantée entre Quettehou et Saint-Vaast, propose depuis plus de vingt ans des fruits et légumes produits en grande partie à quelques kilomètres. Ici, l'écrasante majorité des produits sont labellisés bio, : autant d'assurances en matière de provenance. Mais ce n'est pas tout, puisque le lieu propose également biscuits, cafés, thés, alcools, charcuterie, compotes, soupes, miel ou produits de la mer, notamment. Ici, on vous propose également du pain, ainsi que de nombreux produits locaux. Affable, le personnel saura vous aiguiller efficacement.

CABARET LE TAMBOUR

7, Rue du Pont des Bernes
✆ 06 12 03 64 63
www.tambourcabaret.com

Ouvert le samedi soir au public à 19h30, ou a la demande. Revue et dîners : prix moyen de 65 à 70 €.

Un lieu incroyable, ce Tambour ! Si les cabarets reviennent en force dans l'offre, et les goûts, tous ne sont pas égaux. Et celui-ci est bien un établissement qui tient le haut du panier départemental. Dans cet endroit créé pour accueillir jusqu'à 70 personnes, vous en prendrez plein les yeux, et plein les papilles. Attention, la réservation est impérative ! Le déroulé de votre soirée est simple : on mange (et, chose pas si fréquente dans les cabarets, c'est plutôt bon !), et on assiste à la revue ! Et c'est franchement très bien fait !

LE GOELAND 1951 €€

82, route du phare - **RÉVILLE**
✆ 09 72 83 94 07
Ouvert de juin à septembre et toutes le vacances scolaires. Réservation recommandée. Carte : 20 € environ.

C'est tout au bout de la pointe de Jonville que se trouve le Goéland 1951, un des meilleurs spots du Val-de-Saire. Une chouette maisonnette de bois, accolée à un ancien blockhaus de la seconde guerre mondiale et lui aussi transformé pour accueillir les heureux clients, propose des déjeuners et des dîners, mais aussi des cocktails les pieds dans le sable, et des planches pour l'apéro, le lieu a quand même un petit goût de paradis. Des huîtres, des bulots… des hamburgers, etc. Les plats sont bons et fabriqués le plus souvent avec des produits locaux.

LE PANORAMIQUE €€

1, village de l'Église
✆ 02 33 54 13 79
www.le-panoramique.fr
Ouvert du mardi au dimanche le midi et le soir en haute saison. Menus de 27,90 € à 51,90 €. Formule : 19,90 €.

Il s'agit probablement du meilleur restaurant du Val-de-Saire. Sa position géographique, en haut de la colline de la Pernelle, offre une vue incroyable ! Ici, on n'est pas labellisé Maître Restaurateur pour rien. Les produits du coin, des poissons au saumon de Cherbourg en passant par les escargots de Fermanville, sont sublimés, mis en valeur tant tout est bon et fin. Plusieurs menus sont proposés, et disons-le, rien ne manque, y compris l'offre végétarienne. Et puis que dire des ravioles de homard du Cotentin ? Un conseil : pensez à réserver.

LA PERNELLE

La petite commune, constituée de quelques maisons autour de sa belle église Sainte-Pétronille, dont le clocher est inscrit au titre des monuments historiques, et surtout un magnifique panorama. En effet, du haut de ses 120 mètres d'altitude, La Pernelle surplombe le rivage du Val-de-Saire, embrassant une vue panoramique allant du phare de Gatteville jusque Saint-Vaast-la-Hougue. Un restaurant, offrant lui aussi une vue imprenable, est très prisé dans le coin - à juste titre. En descendant la petite route en lacets, vous découvrirez une grotte où se trouve une statue de Notre-Dame-de-Lourdes, et qui fait l'objet d'un pèlerinage estival.

EGLISE DE LA PERNELLE ★

Outre le point de vue sur le phare de Gatteville et la baie des Veys, on surplombe la côte à plus de cent mètres d'altitude ici, l'église de La Pernelle est située non loin d'une petite grotte dédiée à la Vierge : une copie – presque – conforme de celle de Lourdes s'y trouve. De nombreux ex-voto de marins ornent les parois. Détruite en partie lors des deux guerres mondiales, elle n'en est pas moins intéressante à visiter. L'accès n'y est pas forcément aisé si vous êtes adepte de la marche, en raison de la rude montée, mais les plus sportifs adorent.

QUETTEHOU

Situé à environ deux kilomètres seulement de Saint-Vaast-la-Hougue, commune avec laquelle elle entretient une quasi-continuité urbaine, Quettehou compte quelques jolis joyaux architecturaux, comme l'église Saint-Vigor, classé patrimoine historique, ou de Notre-Dame de Morsaline, elle aussi classée, du nom de la commune déléguée ayant fusionné avec Quettehou il y a deux ans. Comptant près de 1 800 habitants, la petite cité est idéalement placée entre mer et campagne, et compte de nombreux commerce, qui en font un lieu de rendez-vous pour de nombreux habitants du Val-de-Saire. On ne passe pas une semaine ici, mais on y viendra sans déplaisir !

LA CHAUMIÈRE HÔTEL RESTAURANT €

6, place du Général-de-Gaulle ✆ 02 33 54 14 94
www.chaumiere-normandie.com
Ouvert toute l'année. Chambre double de 43 € à 54 € ; chambre triple à partir de 60 €. Petit déjeuner : 6,50 €.

Un excellent rapport qualité-prix pour cet hôtel situé à Quettehou, bénéficiant d'un bel emplacement, proche des commerces et à trois petites minutes en voiture du port de Saint-Vaast. Cinq chambres composent cet ensemble aux tons colorés et chaleureux (des noms de fruits sont donnés aux chambres, expliquant ainsi les couleurs aux murs !), avec des espaces bien entretenus et même un savoureux restaurant que vous trouverez au rez-de-chaussée. On recommande !

MANCHE

LA DEMEURE DU PERRON €€

12, rue des Flandres-Dunkerque
✆ 02 33 54 56 09
www.hoteldemeureduperronquettehou.com
20 chambres (dont une avec accès handicapé). Chambre double à partir de 67 €. Possible. Petit déjeuner : 9 €.

C'est un vaste bâtiment comprenant une vingtaine de chambres, chacun disposant de son aspect propre, avec une literie confortable à souhaits. Gros avantage du lieu, son vaste parc arboré, propice à la détente, et qui marque une vraie coupure l'été avec l'extérieur, lorsque la vie est parfois bouillonnante entre Quettehou et Saint-Vaast. L'accueil est aimable, et le prix d'appel des premières chambres est vraiment avantageux. Le petit déjeuner est copieux, et on peut trouver ici des produits locaux. Au final, un bon plan futé, comme on les aime !

LES EMBR'EOLES €€

7, Village du Haut Boscq - **CLITOURPS**
✆ 09 73 03 19 85
www.lesembreoles.com
Ouvert toute l'année. 75 € par nuit pour deux personnes, petit-déjeuner inclus. Tarif dégressif à partir de 3 nuits.

Un havre de quiétude que ces deux chambres d'hôtes entourées d'un vaste parc, et proposant de belles prestations. La première d'entre elles, appelée Vintage, et la seconde, Industriel sont pensées selon deux styles différents mais se rejoignent sur bien des points : soin accordé à la décoration, literie très confortable, terrasse donnant sur la jolie verdure, télévision et wifi. La table d'hôtes ne manquera pas d'atouts non plus, mais il vous faudra penser à réserver impérativement ! L'accueil, enfin, est d'une grande gentillesse.

SAINT-PIERRE-EGLISE ★

Située à une quinzaine de kilomètres à l'est de Cherbourg, Saint-Pierre-Eglise est une petite ville commerçante, autour de sa grande place, et depuis laquelle vous pourrez rayonner pour découvrir le splendide Val-de-Saire : les côtes découpée et sauvages, le Vast, les ports de Barfleur ou de Saint-Vaast-la-Hougue, l'île de Tatihou ou le phare de Gatteville. Sur les hauteurs, Saint-Pierre, qui mérite un petit détour, vous invite à découvrir son église du même nom, en forme de barque renversée, mais aussi le château de la famille Castel, monument historique que vous ne verrez malheureusement que de loin, car il n'est pas possible de le visiter.

CHÂTEAU DE SAINT-PIERRE ★

Rue de l'Eglise

C'est sur les ruines d'une construction Renaissance que le neveu de l'abbé de Saint-Pierre fait construire le château actuel. Nicolas Blondel, architecte du Roi en est le concepteur. Le château est entouré d'un parc de plusieurs dizaines d'hectares, que l'on devine splendide, clos par des murs vers 1730. Le château est inscrit à l'inventaire Monuments historiques de France le 6 janvier 1930. De leurs côtés, le portail, les toitures des pavillons d'entrée, la cour d'honneur, ses parterres et perspectives le sont en septembre 1970.

AUX DÉLICES DE LAURIE €€

54, place de l'Abbé-Pierre
✆ 02 50 16 28 45
Ouvert du mardi au samedi. Réservation recommandée. Carte : 15 € environ.

C'est une épicerie fine, c'est une formidable cave à vins, un très bon salon de thé, mais c'est aussi un excellent restaurant situé dans la salle du fond de l'enseigne, et dans lequel on revient avec plaisir ! Toujours sous la houlette de Laurie – vous l'aurez compris – c'est du fait maison de l'entrée au dessert. C'est simple et très bon, les formules sont bien pensées pour offrir un très bon rapport qualité-prix. Les amateurs de vin pourront bien sûr choisir d'excellents crus. Une adresse décidément très futée, et de plus en plus prisée.

LE P'TIT BISTROT €€

52, Place Abbé Saint Pierre
✆ 02 33 43 65 93
leptitbistrot50.eatbu.com
Ouvert du mardi au dimanche le midi. Haute saison : du mardi au samedi le midi et le soir. Carte : 15 € environ.

À la carte de ce lieu plein de vie, des plats savoureux, traditionnels et généreux, élaborés avec des produits locaux principalement, et ça se sent ! Proposition à l'ardoise, burger au top, desserts merveilleux, et l'ensemble avec un rapport qualité-prix lui aussi d'excellent niveau. Et comme l'établissement ne s'arrête pas en si bon chemin, on organise ici régulièrement des concerts en été (Le P'tit Bistrot, c'est aussi un bar !) qui permettent de passer un bon moment. Vous l'aurez compris, on ne peut que conseiller cet endroit !

MOULIN À EAU
DE MARIE RAVENEL

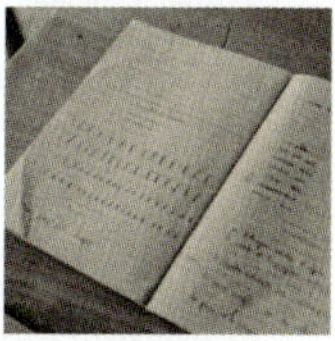

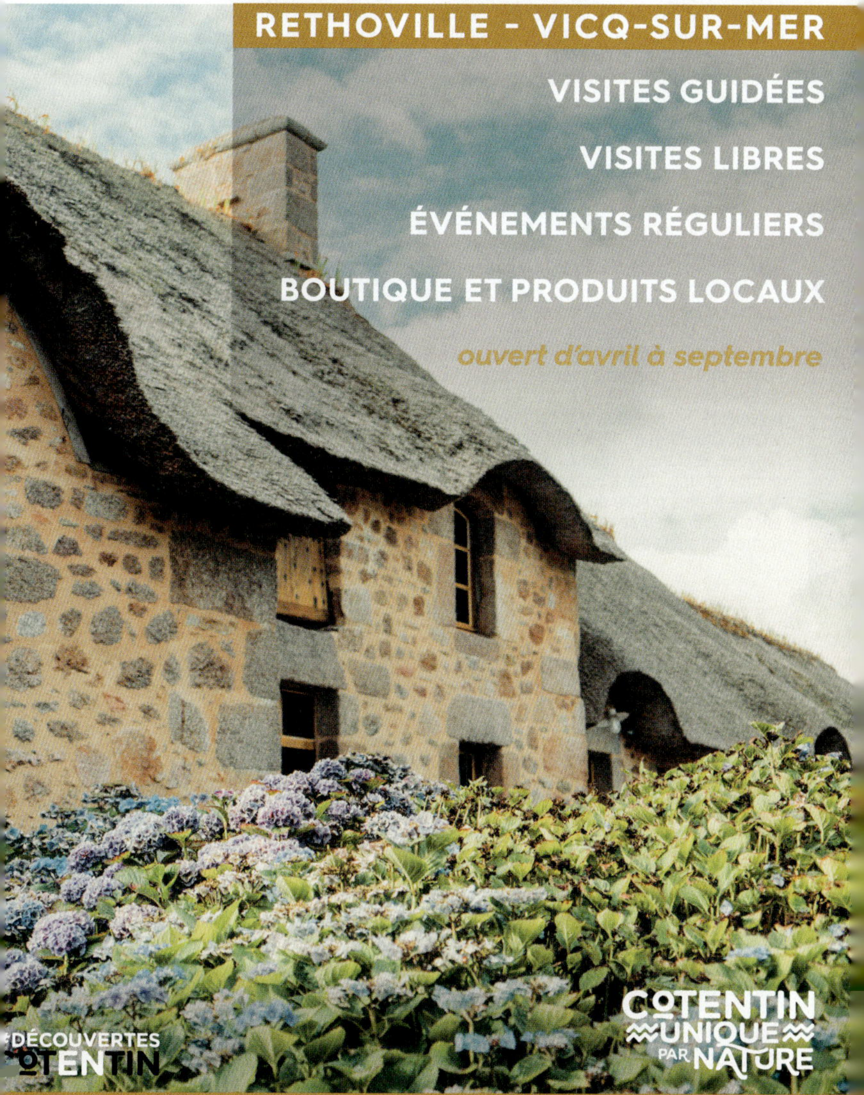

RETHOVILLE - VICQ-SUR-MER

VISITES GUIDÉES

VISITES LIBRES

ÉVÉNEMENTS RÉGULIERS

BOUTIQUE ET PRODUITS LOCAUX

ouvert d'avril à septembre

DÉCOUVERTES COTENTIN

COTENTIN UNIQUE PAR NATURE

www.moulinmarieravenel.fr · 02 33 54 56 18

FERMANVILLE

À mi-chemin entre Cherbourg et Barfleur, Fermanville est une petite commune paisible, qui borde la côte nord du Cotentin et mérite bien un détour. Si son littoral, très découpé, est propice aux baignades estivales (notamment dans la jolie anse du Brick), son patrimoine est riche : son fort napoléonien, son sémaphore et son petit port sont autant de lieux de promenade très prisés. Mais Fermanville, c'est aussi un bocage, et ce vert normand qui habille l'intérieur des terres. De l'ancienne voie ferrée la traversant, la commune a hérité d'un joli viaduc, construit en granit rose, et qui est le coeur de la vallée des moulins, elle aussi à visiter !

CAMPING DE LA PLAGE €€

2, village de Freval
✆ 02 33 54 38 84
www.campingdelaplage-fermanville.com

Emplacement 2 personnes : 11,80 € à 16,30 €/jour. Mobil-homes (4 à 6 personnes) : 310 € à 690 €/semaine.

Le camping de la plage, tenu par Lionel et Virginie à Fermanville, est le lieu idéal pour des vacances chaleureuses et familiales ! Sous tente (vous disposez de plusieurs gammes ; dont la dernière arrivée, la tente « espace » qui comprend deux chambres), en caravane ou camping-car, dans un mobil-home ou un chalet, rien ne manquera. Les enfants adoreront les toboggans aquatiques, la belle plage et la possibilité d'être hébergé en Coco Sweet, plus confortable qu'une tente. Le rapport qualité-prix est bon, et l'ambiance est excellente !

LA CROIX DU PROMÉTHÉE

Sur la côte de Fermanville au point le plus proche du naufrage

C'est une histoire peu connue, et pourtant : le 7 juillet 1932 a eu lieu la cinquième et malheureusement dernière sortie en mer pour le sous-marin français le *Prométhée*. C'est au large de Fermanville qu'il sombre avec 62 marins et ingénieurs. Six hommes et le commandant survivent, sauvés par un pêcheur cherbourgois. A l'époque, la France entière a été marqué par ce drame, et une croix a été érigée à l'endroit de la côte le plus proche du naufrage. Aujourd'hui encore, le *Prométhée* repose au fond de l'eau, à l'extrémité ouest de la fosse Lévi.

LE FORT DU CAP LÉVI €€

7, Le Cap Lévi
✆ 02 33 23 68 68
www.fortducaplevi.com

5 chambres. Pour 2 personnes : de 65 à 85 € la nuit. Chambre pour 5 personnes : 155 €. Petit-déjeuner compris.

Cet ancien bâtiment militaire, face à la mer, est situé dans un site protégé en bordure du sentier GR 223. C'est peu de dire que les 5 chambres qui vous attendent ici ne peuvent se trouver plus près de la Manche. Répondant aux noms de Dumas-Vence (laquelle peut accueillir jusqu'à 5 personnes), Arméria, Lévi, Goëland, Bieroc ou Amiot, elles sont simples, joliment décorées, et proposent un bon rapport qualité/prix. Vous êtes ici en plein val de Saire, et à une quinzaine de kilomètres de Cherbourg seulement, que vous pouvez gagner en vélo.

Le phare de Fermanville.

LE P'TIT GRIS DES MOULINS

19, Chemin des Arguillères
✆ 02 33 43 20 75
www.ptit-gris-moulins.fr
Vente à la ferme en juillet et août : du lundi au vendredi de 15h à 18h.

Le « P'tit Gris des Moulins » est un élevage hélicicole créé par Florence et Jean-Jacques Lucas. Deux races d'escargots sont élevées dans leur ferme, au sein d'un parc extérieur, en pleine nature, au milieu des bois, sur les hauteurs de la Vallée des Moulins, à Fermanville. Le public avide de tout savoir sur l'escargot est également accueilli puisque la ferme dispose des labels « Ferme de Découverte » et « Ferme pédagogique ». Notez bien que vous pouvez être hébergés ici.

LE VAST

Enfouie au fond d'une vallée, là où le Val-de-Saire se fait verdoyant et escarpé, la commune du Vast est connue pour deux particularités : ses cascades et ses brioches. Ainsi les premières sont le fruit des pérégrinations de la Saire, qui donne ici une spectacle magnifique, que vous pourrez prendre en photo depuis un petit pont bucolique. Les secondes ont une histoire bien singulière : ainsi au début du XXe siècle, la famille Roupsard créée la recette d'une brioche aérienne, légère, unique. Depuis, les différents propriétaires se sont donnés sous le sceau du secret la recette, et dont l'appellation est déposée : c'est la Brioches du Vast.

VICQ-SUR-MER

Issue de la fusion des anciennes communes de Cosqueville, Gouberville, Néville-sur-Mer et Réthoville, Vicq-sur-Mer (qui a pris le long d'une plage du coin) borde la côte nord-est du Cotentin, faisant office de porte du Val-de-Saire pour qui arrive de Cherbourg en longeant la côte. Ses petites maisons, blotties autour de ses églises, mais aussi ses manoirs et ses zones natuelles protégées et son rivage en font une succession de lieux pleins de charme. Beaucoup viennent ici pour ces dernières, qui se présentent comme une succession de criques, de tailles variables, aux eaux translucides lorsque le soleil est présent : un spectacle magnifique.

LE MOULIN À EAU DE MARIE RAVENEL ★

✆ 02 33 54 56 18
www.moulinmarieravenel.fr
De juin à septembre : de mercredi à dimanche de 10h30 à 13h et de 14h à 18h30. Adulte : 4 €. Enfant : 1,50 €.

Renommé « Moulin à eau de Marie Ravenel » en hommage à la poétesse qui y vécut au XIXe siècle, le lieu situé à Vicq-sur-Mer a progressivement été rénové, au point de devenir aujourd'hui un site incontournable dans le Val de Saire. La grande roue à eau, de plus de trois mètres de diamètre, a été entièrement refaite, de même que le toit typiquement normand. À l'intérieur, différents ateliers pédagogiques (les ateliers Pain enfant et adulte) sont proposés.

POINT D'OBSERVATION ORNITHOLOGIQUE

Gratuit.

Depuis ce bel endroit indiqué par la présence d'anciens blockhaus, à la jumelle ou à l'œil nu, on observe facilement les mouvements des oiseaux, des espèces différentes. En hiver, on peut voir le bruant des neiges, en automne le pipit spioncelle, en été les oiseaux limicoles chevaliers gambettes, bécasseaux variables ou grands gravelots et au printemps, on peut suivre la migration des bergeronnettes printanières. Attention, il est impératif de rester sur le sentier littoral (GR 223).

BARNEVILLE-CARTERET ★★

Autrefois séparées, les communes de Barneville et Carteret fusionnent en 1965 pour développer le site très prisé d'aujourd'hui tout en conservant au littoral son charme sauvage. Barneville-Carteret est aujourd'hui station balnéaire classée Pavillon Bleu d'Europe, ville paisible hors saison, présentant deux visages différents : rural pour le bourg de Barneville, maritime avec le port de Carteret. En été, la population décuple. Depuis une vingtaine d'années, Carteret est progressivement devenue davantage huppée, les prix de l'immobilier s'envolant, les programmes immobiliers, certes maîtrisés, fleurissant, les infrastructures se développant.

PHARE DE CARTERET ★★

2, le Phare ✆ 02 33 04 90 58
www.encotentin.fr
Ouvert de février à novembre : horaires variables, disponibles auprès de l'office de tourisme. Adulte : 2 €

© OLIVER HOFFMANN - ISTOCKPHOTO

Que ce soit par un jour de grand vent et de grosse pluie ou lors d'un beau coucher de soleil, le spectacle est toujours grandiose. À près de 60 mètres au-dessus de la mer, au sommet des falaises, vous apercevrez à l'horizon les Écréhous et des îles Anglo-Normandes. Le phare lui-même dispose d'un joli espace muséographique et d'une salle d'exposition temporaire, ces dernières étant gratuites. L'accès au phare est, lui, payant, mais le tarif reste très modique compte tenu de l'emplacement exceptionnel de ce dernier. L'endroit est magnifique.

LE SENTIER DES DOUANIERS

Possibilité de se garer au phare.

Le sentier des Douaniers, qui longe la côte du département, présente sur la partie reliant la plage de Carteret à celle de la vieille église un profil à ne pas manquer. Il offre des vues magnifiques, sur les plages, sur les rochers de la falaise (qui sont une réserve ornithologique pour le grand corbeau noir), les dunes d'Hatainville et les îles anglo-normandes. Ce sentier permet d'accéder aux ruines d'une ancienne batterie d'artillerie côtière construite en 1745 pendant la guerre de succession d'Autriche et restée en service jusqu'au milieu du XIXe siècle.

OFFICE DE TOURISME DU COTENTIN

15 bis, rue Guillaume-le-Conquérant
✆ 02 33 04 90 58
www.encotentin.fr
Avril à septembre : ouvert tous les jours. Octobre à mars : le lundi et du mercredi au samedi.

Ici, aucune question ou interrogation ne restera sans réponse en matière de visites, d'hébergement, de manifestations diverses. La ville, qui compte pas moins de deux bureaux d'information touristique (l'un sur Barneville, l'autre pour Carteret), vous donne toutes les informations nécessaires, des hébergements aux traversées vers les îles anglo-normandes, par exemple. L'accueil est très professionnel, et les horaires sont larges, avec une ouverture du lundi au dimanche en haute saison.

TRAIN TOURISTIQUE DU COTENTIN

La Gare
✆ 02 33 04 70 08
www.train-touristique-du-cotentin.com
Circulation mardis, mercredis, jeudis & dimanches en saison. AR Carteret/Portbail : adulte 10€, enfant 5€, famille 26€.

Depuis 1988, le train touristique du Cotentin se tortille de Barneville-Carteret à Portbail. Véritable attraction, les vieilles locomotives gagnent leurs lettres de noblesse en tirant des wagons des années 1930 et 1950 : une promenade à la découverte de toutes les richesses naturelles de la région. Vous pouvez également profiter du train des marchés en juillet-août entre Portbail et Carteret. De nombreux trains à thèmes circulent également, consultez le programme !

BEL SITO €€

Caumont de la rue - **BAUBIGNY**
✆ 02 33 04 32 74
www.camping-normandie-belsito.com

Ouvert mi-avril à mi-septembre. Emplacement/ véhicule/2 personnes : 6 € à 10,50 €/j. Chalets : 410 € à 730 €/semaine.

Ce camping sauvage, au cœur du site protégé des dunes de Baubigny, vous promet calme et tranquillité. Ceux qui ne voudront par dormir sous tente pourront louer un chalet confortable, dont il existe de nombreuses références. Si ce camping ne propose aucune animation, il est un point de départ bien idéal pour de nombreuses activités : vous pourrez par exemple découvrir les joies du surf ou du kitesurf à la plage située à moins de 900 mètres. Vous pourrez aussi flâner sur la plage, la plupart du temps presque déserte, avec les îles Anglo-normandes au loin !

CAMPING LE PRÉ NORMAND €€

57, route de la Mer - **SAINT-JEAN-DE-LA-RIVIÈRE**
✆ 02 33 53 85 64 - www.pre-normand.fr

Ouvert d' avril à septembre. Réservation recommandée. Piscine. Mobil-home 2 personnes à partie de 195 € / semaine.

Le Pré Normand, c'est le plaisir du camping, mais aussi le confort des cottages, et le charme des chalets. Pour les apprentis investisseurs, vous pouvez même acheter votre propre chalet. L'ambiance y est chaleureuse et festive, et le soir au bar, vous vous retrouverez en famille ou entre amis en toute convivialité : Patricia et Michel, les propriétaires des lieux, y veillent avec réussite ! Depuis l'année dernière, le lieu dispose d'un splendide centre aquatique qui a été immédiatement adopté par petits et grands. A découvrir ou redécouvrir, et vite !

GÎTE ENTRE DUNES ET MER €€

15, rue de Maudret - **LES MOITIERS-D'ALLONNE**
✆ 02 33 04 39 89 - www.entre-dunes-et-mer.fr

Gîtes de France. Ouvert toute l'année. De 250 € à 1 100 € la semaine selon saison. Label «Tourisme et Handicap».

Le calme et la plénitude de ces paysages quasi lunaires (les dunes sont juste à côté) sont un cadre enchanteur pour ce gîte où l'accueil n'est pas une vaine notion. Dans cette belle maison de bois, qui peut accueillir jusque 6 personnes sur une belle surface de 103 m², rien ne manque : ni la literie confortable, ni le joli jardin, ni le barbecue, ni la totalité des équipements nécessaires. Enfin, le lieu est labellisé pour accueillir les personnes handicapées : rampes d'accès, lit électrique et possibilité de venir avec un chien d'aide à la personne.

LA MARINE €€€

11, rue de Paris
✆ 02 33 53 83 31
www.hotelmarine.com

Ouvert de février à fin novembre. 26 chambres (19 des chambres ont vue sur mer). Tarifs : se renseigner.

Si le restaurant vaut le détour, une nuit ici sera inoubliable. Car l'emplacement est le meilleur de la ville, sous réserve que vous disposiez d'une vue sur la mer, ses marées, et le spectacle des bateaux. Car c'est bien cela qui vaut le détour ici, cette vue imprenable, à quelques mètres de la mer. Rendons justice aux prestations de l'hôtel, qui sont excellentes : la literie est hors-pair, les chambres sont claires et aérées, bien équipées et avec goût. L'accueil est lui aussi excellent, et on adore le petit déjeuner, en été, sur la magnifique terrasse.

L'EN BAR QUAI €€

1, place de l'église
✆ 02 33 41 74 15

Ouvert du mardi au samedi le midi et le soir. Carte : 20 € environ.

Il est difficile de manquer cet endroit : situé à l'angle de deux rues passantes, il se signale par une drôle de statut représentant une grenouille, juste à l'entrée de celui-ci. Depuis maintenant un an, l'En Bar Quai propose une cuisine maison fraîche et variée, et ce chouette lieu de vie (qui fait bar dans la journée) vous propose ainsi un menu du jour bien senti avec un bon rapport qualité-prix. Et on ne s'arrête pas ici en si bon chemin, puisque le lieu se distingue également par une belle carte de *burgers*, que l'on peut emporter.

LE RUSSEL €€

2, rue du Port
✆ 02 33 53 84 90

Ouvert tous les jours en saison. Accueil des groupes. Terrasse.

Dans cet intérieur de bois, dans un style très *irish* se trouve ce Russel, absolument immanquable, face au port, disposant d'une grande terrasse et ayant plein d'atouts. Bar à vin - dont l'ambiance est parfois très festive certains soirs d'été, cave à manger, le lieu compte de très nombreuses références, qui vous seront conseillées avec un grand professionnalisme. Des planches, quelques tapas et plats complètent l'offre : c'est simple, c'est bon, c'est convivial et pas très cher. Futé : des encas sont servis toute la journée.

LA MARINE €€€

11, rue de Paris ✆
02 33 53 83 31
www.hotelmarine.com
Fermé le lundi et le mardi sauf juillet et aout. Ouvert le soir. Réservation recommandée. Menus de 46 € à 94 €.

Quelle table ! Un chef, Damien Goguet, qui fait découvrir une cuisine gastronomique au fil de son inspiration, un délice ! Un hôtel aussi réputé que celui-ci ne pouvait que proposer une table du même standing. Vous avez ici plusieurs menus, dont le plus fameux, appelé «dégustation» : la sole, le turbot, et les meilleures viandes normandes sont appelés à la rescousse pour vous faire vivre une expérience culinaire absolument exceptionnelle. On ne ne lassera pas de la situation, au bord de l'eau, qui achèvera de faire de cette parenthèse un enchantement.

LA KALAKIKI [CALE MARINE]

2, promenade Abbé-Lebouteiller
✆ 02 33 53 82 50
Ouvert du printemps à l'automne, tous les jours sauf mercredi.

Si l'endroit est réputé pour ses moules-frites, pour lesquelles les clients peuvent attendre sur le trottoir en pleine saison, il est également un chouette bar en journée, avec vue imprenable sur les quais de Carteret, et sur la plage de Barneville un peu plus au loin. Le service est rapide, l'ambiance hors pair et souvent animée, et l'intérieur, certes un peu chargé mais terriblement convivial, terminera de vous convaincre que vous êtes ici dans un immanquable dans la station.

LA POTINIÈRE

16, rue du Port
✆ 02 33 53 75 99
www.la-potiniere-carteret.com
Ouvert d'avril à septembre et pendant les fêtes de fin d'année. Réservation recommandée. Terrasse. Animations.

Cet endroit est connu désormais comme le rendez-vous incontournable de l'été à Barneville-Carteret. Il a vu le jour en 1910. On venait alors prendre les eaux dans cet établissement de bains de mer réputé pour le soin et le confort apportés à la clientèle. En 1950, La Potinière devient restaurant-cabaret. C'est aujourd'hui un endroit très fréquenté en été pour boire un verre, en terrasse lorsque le soleil est présent, ou le soir, des concerts étant souvent organisés. C'est aussi un restaurant où l'on mange comme l'on boit, les pieds dans l'eau !

LA MAISON DU BISCUIT

Hameau Costard -
SORTOSVILLE-EN-BEAUMONT
✆ 02 33 04 09 04
www.maisondubiscuit.fr
Ouvert tous les jours de 8h30 à 19h. Fermé tout le mois de janvier. Livraison possible.

Qui ne connaît pas la Maison du Biscuit ? Le temps a fait de Sortosville-en-Beaumont une capitale des délices, et la modeste biscuiterie, devenue empire gastronomique, est maintenant un lieu touristique - même des cars de touristes s'y arrêtent ! Naguère, on y venait chercher quelques fondants financiers en laissant les enfants rêver devant les vitrines de jouets de la maison bleue. Fourneaux d'un côté, épicerie de l'autre, bocaux emplis de bonbons acidulés, rien de tout cela n'a disparu. L'ensemble est mis en scène avec un savoir-faire inégalé.

PORT-BAIL-SUR-MER

Port d'escale sur la route de l'étain, position stratégique durant la guerre de Cent Ans, Port-Bail (que certains orthographient toujours Portbail) connaît ses heures de gloire au Moyen Âge avant l'arrivée du chemin de fer. Aujourd'hui, Portbail est un havre de paix pour qui cherche la sérénité, avec son petit port d'ancrage de mouillages aménagés et son magnifique pont aux 13 arches. Plus calme que sa voisine Barneville-Carteret, elle complète le paysage de la Côte des Isles avec charme. La petite cité est aussi théâtre, fêtes et festival pour colorer les paysages du Cotentin. Environ 1 600 habitants vivent ici, et bien davantage en été.

OFFICE DE TOURISME DU COTENTIN

26, rue Philippe-Le-Bel
✆ 02 33 04 03 07
www.encotentin.fr
Octobre à mars : ouvert mardi & vendredi.
Avril, mai, juin, septembre : mardi au samedi.
Juillet/août : tous les jours.

Sur place, rien ne manque, des offres et possibilités en matière d'hébergement ou de restauration, mais aussi de manifestations diverses et variées sur le territoire. Il est également le point de vente des billets pour les îles anglo-normandes, la Cité de la mer de Cherbourg, le train touristique de Portbail-Carteret et les manifestations ponctuelles. Ouvert toute l'année, ce bureau d'informations touristiques l'est même tous les jours aux beaux jours.

MANCHE

CAMPING LES CAROLINS €€

2, rue de la Mer
✆ 02 33 04 84 85
www.camping-carolins.com

Les tarifs sont indicatifs. Emplacement de 4,40 € à 4,80 €. Mobil-homes [4 personnes] : 318 € à 567 €/semaine.

Convivial, familial, chaleureux : difficile de mieux décrire ce très chouette camping plein de vie, et dont les prestations méritent largement que l'on y vienne. Tout le monde est bienvenu ici : en tentes, caravanes, camping-cars, mobil-home ou en tentes confortables « coco sweet ». Côté tarif, le rapport qualité-prix est hors pair, et les hébergements pour 4 à 6 personnes, par exemple, sont imbattables en la matière. On accueille également les amateurs de chouettes soirées pour une nuit [sous réserve de réservation et de place, surtout en haute saison].

LE BAC A SABLE €

8, Avenue Lindbergh
✆ 02 33 21 05 33

Ouverture vers Pâques jusqu'à fin septembre, tous les jours sauf le lundi. Fermeture annuelle : janvier, février, mars.

C'est littéralement caché dans les dunes de Lindbergh, dans un paysage hors du temps et à perte de vue, que se trouve le Bac à sable ! Dans ce lieu original, à la décoration hétéroclite et conviviale, vous pourrez opter pour les canapés ou, assis à table, vous pourrez également vous restaurer de moules-frites ou boire des cocktails ou des bières. La carte est simple mais bonne, chaque jour un nouveau dessert qui ravira les gourmands. Le lieu ne manque jamais d'animation : scène ouverte, quiz bilingue, concerts... On y revient encore et encore.

LES CUISINES DU MOULIN €

21, rue de la Lande -
FIERVILLE-LES-MINES
✆ 02 33 04 33 51

Ouvert du mercredi au dimanche, midi et soir. Carte : 20 € environ.

Ce chouette restaurant vous offre une vue époustouflante sur la côte et les îles anglo-normandes, perché à plus de 100 mètres d'altitude. C'est un lieu pour déjeuner et dîner, mais aussi un café. Différentes formules, dont celle du midi avec des plats simples et bien élaborés. Mais le lieu propose aussi pas mal d'autres plats, et surtout des galettes déclinées selon un bon nombre de propositions, mais aussi des créations locales, comme ce burger où le fromage est un excellent camembert ! Ouvert en saison, l'endroit mérite bien un détour.

APPRT'HOTEL LE COTENTIN & BAR RESTO LE COT' €€

13/15, place Edmond Laquaine
✆ 02 33 04 84 18
www.apparthotels-lecotentin.fr

Fermé en décembre, janvier, février. Ouvert du mardi au dimanche midi ; du mardi au samedi soir. Carte : 20 € environ.

On en regretterait presque la fermeture hivernale. Car reconnaissons-le, si on aime les propositions de logement contiguës, on adore ce restaurant ! Le choix est vaste, avec des moules et des huîtres [en saison bien sûr, car ici, on ne fait que du frais], des pizzas, des burgers et pas mal de chouettes autres petits plats classiques de brasserie. En été, la terrasse orientée plein sud est immanquable. A l'intérieur [qui a fait l'objet de travaux cet hiver], une belle ambiance.

AUX XIII ARCHES- BISTROT-HÔTEL-RESTAURANT €€

9, place Castel
✆ 02 33 04 87 90
www.13arches.com

Ouvert du mardi au samedi midi ; mardi, mercredi, vendredi & samedi soir. Menus de 26 € à 43 €. Carte : 35 € environ.

Quel lieu ! Ce vaste hôtel est aussi un excellent restaurant, à proximité immédiate du havre de la ville, et qui est très apprécié dans le coin. On comprend : les produits frais et la cuisine de saison fait la part belle aux produits de la mer. Des poissons, selon l'arrivage du jour, pour permettre une fraîcheur optimale, et des fruits de mer, avec notamment des plateaux dédiés qui font les délices de ceux qui viennent. Le reste est tout aussi excellent, tout comme le service.

DOMAINE DE RUGUEVILLE

1, carrefour des Hougues
✆ 06 61 40 04 22
www.domainederugueville.fr

Visites avec dégustation sur rendez-vous. En juillet et aout boutique ouverte mardi, jeudi, vendredi & samedi.

Entre plages et bocage, la côte des Isles [Barneville-Carteret, Port-Bail, Denneville] recèle bien des trésors, dont le cidre de ce domaine bien connu des locaux : brut traditionnel et demi-sec, brut et demi-sec bio, rien ne manque ici. Tous ces trésors sont certifiés « Bio Qualité France ». Vous pouvez ajouter à votre panier à provision d'autres doux breuvages [pommeau, calvados, jus de pommes, vinaigre]. Ses produits sont très appréciés des autochtones et le bouche-à-oreille fonctionnant très bien, par de nombreux visiteurs et touristes.

LE MOULIN À VENT DU COTENTIN ★

23, rue de la Lande - **FIERVILLE-LES-MINES**
✆ 02 33 53 38 04
www.lecotentin.fr/moulin-vent-du-cotentin/
Ouvert de février à novembre. Restauration, boutique & ateliers. Groupes : visites toute l'année (réservation).

Situé à 120 m d'altitude, ce moulin datant de 1744 offre un panorama exceptionnel sur le bocage du Cotentin. Sa toiture pivotante à 360° permet d'amener les ailes face au vent, afin de produire les différentes farines vendues à la boutique avec les autres produits du terroir. Pendant les vacances scolaires, de nombreux ateliers sont proposés pour tous les âges. L'ancienne maison du meunier abrite un restaurant où l'on déguste de délicieuses crêpes préparées avec la farine du moulin.

VALOGNES ★

Remarquable par son architecture, Valognes garde de splendides demeures de caractère et de beaux vestiges anciens, mais les bombardements alliés du 20 juin 1944 occasionnent de lourds dégâts. Toutefois, Valognes se reconstruit en pierre du pays et conserve un riche patrimoine architectural. On la surnomme le « Versailles normand ». Aujourd'hui, si la cité a son caractère propre, sa proximité de l'agglomération cherbourgeoise en fait une ville périphérie, en témoigne la très dense circulation entre les deux villes. Riche de 7 000 habitants, bien desservie par les voies routières et ferroviaires, Valognes se visite facilement sans hésiter.

ABBAYE NOTRE--DAME-DE-PROTECTION ✝

8, rue des Capucins
✆ 02 33 21 62 82
abbaye.valognes.pagesperso-orange.fr

Ouvert toute l'année. Office religieux de 9h15 à 10h15. Ouverture du magasin vers 10h30 en saison. Gratuit. Boutique.

L'abbaye actuelle a été initialement construite pour une communauté de moines capucins. En 1789, cet ordre mendiant tombe en désuétude et les derniers capucins s'exilent à Jersey. Devenu entre-temps fabrique de draps, le couvent est racheté en 1810 par les bénédictines. Les bombardements de 1944 n'épargnent pas ce havre de paix, quatre-vingt-quatre bombes tombent dans l'enceinte du monastère. La reconstruction mêle avec harmonie l'ancien et le moderne, dans une sobriété toute monastique. Sculptures et vitraux contemporains voisinent avec des œuvres du grand siècle – retable de bois du XVIIe siècle avec le tableau de La Hayre, vitraux de Léon Zack – dans une église vaste, à nef unique, dont la charpente de 1956 évoque une coque de navire renversée. En visite sur place, veillez à respecter le calme et la sérénité des lieux. Les bénédictines dépendent de l'ordre des contemplatives. L'accueil, humble et paisible est une invitation à l'observation et à la méditation. Ici, les femmes peuvent également être accueillies pour une retraite au calme. Pour celles n'ayant jamais tenté l'expérience et désireuses de se ressourcer ou tout simplement de travailler au calme, n'ayez crainte : vos sorties sont évidemment libres, les heures de repas étant simplement fixes et respectées. Enfin, un passage ici ne peut se concevoir sans visite au magasin, les bénédictines valognaises fabriquant leurs propres pâtes de fruit, proposant également de nombreux autres produits.

LE HANGAR À DIRIGEABLE ★

La Bazirerie - **ECAUSSEVILLE** ✆ 02 33 08 56 02
www.aerobase.fr

Juillet/août : de 10h à 18h. Le reste de l'année : consulter le site. Adulte : 6 €. Enfant (de 8 à 14 ans) : 2,50 €.

Ce hangar en béton, unique en Europe, a été construit entre 1917 et 1919. Aujourd'hui, cet imposant hangar (visible à des kilomètres à la ronde) de 150 mètres de long et 30 mètres de haut est classé monument historique. Comptez environ 1h30 pour profiter pleinement de la visite. Basée sur l'histoire mouvementée du site et (sur) de son passé avec les dirigeables sur la période des 3 guerres (1914-1918, 1939-1945 et la guerre froide, pour nous les années 1967-1969). Ici, un simulateur de vol vous permet de manier vous-même, de manière virtuelle, un engin volant.

MUSÉE RÉGIONAL DU CIDRE-MAISON DU GRAND QUARTIER ★

Rue du Petit-Versailles ✆ 06 75 89 89 52 - www.mairie-valognes.fr

Haute saison : tous les jours. Avril/mai/juin/septembre/Toussaint : mercredi à dimanche. 4,50 €/adulte, 2,50 €/enfant.

Dans le dernier bâtiment valognaisdu XVe siècle, le musée régional du cidre vous conte l'histoire de la pomme dans tous ses états. De l'origine biblique du monde au cidre pétillant : douze salles, un documentaire audiovisuel, les campagnes de promotion du cidre les plus savoureuses, les presses d'hier et d'aujourd'hui, les traditions normandes et une jolie exposition d'affiches, pour certaines très anciennes. Plus original, le lit taillé dans un tonneau et appelé « Croque-la-pomme ».

PARC ANIMALIER MONTAIGU-LA-BRISETTE ★

Route de Montaigu - **MONTAIGU-LA-BRISETTE**
✆ 02 33 40 40 98
www.zoomontaigu.fr

Ouvert du 15/02 à la Toussaint : tous les jours en haute saison & pendant les vacances. Adulte : 10 €, enfant : 8 €.

La visite du parc animalier Saint-Martin de Montaigu-la-Brisette est une sortie idéale en famille. À l'ombre des grands arbres, les enfants profitent à loisir des 15 hectares : dans la mini-ferme se trouvent de petits cochons noirs, moutons et chèvres en liberté. Il y a aussi les faons, biches et chevreuils, les émeus et la pouponnière des loups, qui en fait craquer plus d'un. Plus exotiques, chameaux, dromadaires, lamas, zèbres ou singes font aussi partie du paysage du zoo.

MANCHE

DANS LE VERSAILLES NORMAND

On surnomme Valognes le « Versailles Normand », non sans raisons, car la cité peut s'enorgueillir d'une belle richesse en matière d'hôtels particuliers. Déambuler dans les rues, au gré de ces demeures, vous charmera assurément. Depuis la place du château, laissez l'église Saint-Malo sur votre droite, et prenez la rue des religieuses. Au numéro 32, l'hôtel de Grandval-Caligny, édifié au XVIIIe siècle et classé monument historique en 1982, est agrémenté d'une vaste cour intérieure pavée, et d'une terrasse en double balustrade. Quelques pas plus loin se situent au numéro 41 l'hôtel de la Buissière, puis au 70 l'hôtel d'Aboville. Faites ensuite demi-tour et tournez à gauche, rue Pélouze, pour admirer l'hôtel de Thieuville, aujourd'hui transformé en musée. Encore quelques dizaines de mètres et, sur votre gauche, s'offre à vous le plus connu des hôtels valognais, celui de Beaumont. Son avant-corps central est la figure de proue d'un édifice lui aussi classé. Prenez ensuite la petite rue Wéléat et passez devant l'hôtel de Carmesnil, avant de longer la rue Henri-Cornat, de traverser de nouveau la place du château et d'arpenter la rue de la Poterie, où vous pourrez clôturer votre promenade par un aperçu des hôtels Dursus (numéro 43), de Carville (numéro 45) ou de Blangy (numéro 55).

OFFICE DE TOURISME DU COTENTIN - VALOGNES

25, rue de l'Eglise © 02 33 40 11 55
www.encotentin.fr
Avril à septembre : du lundi au samedi. Octobre à mars : ouvert mardi, mercredi (matin), jeudi et vendredi.

Située en plein centre du Versailles normand, dépendante du groupement des offices de tourisme du Cotentin, l'antenne valognaise est aérée, moderne et confortable. Ici, c'est une véritable base de départ, avant d'aller découvrir les merveilles de la ville et de ses environs, qui est à votre disposition ! Musées, parcs ou hôtels particuliers, rien ne vous manquera, de même pour les offres d'hébergement disponibles, et les renseignements utiles de rigueur. Immanquable.

LE GRAND HÔTEL DU LOUVRE ET SON RESTAURANT €

28, rue des religieuses © 02 33 40 00 07
www.grandhoteldulouvre.fr
Ouvert toute l'année. Chambre simple de 57 € à 63 € ; chambre double de 59 € à 78 € ; chambre triple à partir de 68 €.

Cet établissement propose un bon un rapport qualité-prix. Les chambres, confortables, se distinguent selon qu'elles peuvent accueillir une à quatre personnes, et ont été rénovées il y a un peu plus d'une année : mention spéciale à la literie, excellente ! Chaque matin, vous pourrez prendre un petit-déjeuner à prix modique dans le bar ancien, très beau. L'accueil, enfin, est très sympa et efficace, et ici on n'économisera pas son énergie pour vous donner les meilleurs conseils.

MANOIR DE SAVIGNY €€€

© 06 84 81 23 94
www.manoir-de-savigny.com
Chambre simple de 85 € à 120 €, double de 90 € à 130 €. Petit déjeuner inclus. Gîte à partir de 336 €/semaine.

Le manoir de Savigny est une propriété de plusieurs bâtiments que vous pénétrez en traversant l'allée d'imposants peupliers. Le portail est conservé dans le style d'époque. Le bâtiment principal, aménagé en cinq chambres d'hôtes est une dépendance agricole flanquée de son pressoir, de sa charetterie et de sa boulangerie. Les chambres, aménagées en suite pour l'une d'entre elles, allient le charme d'antan au confort moderne. Le petit déjeuner au jardin ou à l'intérieur est royal, et les deux gîtes proposés développent également des offres confortables.

LA DOLCE VITA €€

6, rue de Poterie
© 02 33 21 19 44
www.resto-ladolcevita.com
Ouvert toute l'année. Ouvert 7j/7 sauf le samedi midi et le dimanche midi. Carte : 20 € environ.

En plein cœur de la ville, après avoir fait l'objet de jolis travaux de rénovation, la Dolce Vita vous propose une carte variée, avec des produits locaux de qualité. Une suggestion de trois poissons et trois viandes au choix selon le marché, une carte de pizzas et de pâtes, que vous pourrez aussi emporter. En hiver, on adapte la carte et y ajoutant un joli choix de fondues. En saison enfin, les moules de Barfleur et les huîtres de Saint-Vaast sont autant de jolies propositions, qui vous rappellent que la mer n'est qu'à quelques kilomètres.

LA GALETIERE €€

10, place Vicq-d'Azir
© 02 33 40 08 33
www.lagaletiere.fr
Ouvert du mardi au samedi midi & soir. Menu unique à 18 €. Carte : 25 € environ. Plat du jour : 7,50 €.

Difficile de ne pas trouver la Galetière, sur la principale place de Valognes. Des banquettes, des chaises capitonnées, des tons gris, prune, un peu de noir ; bref, le lieu est épuré juste comme il faut. Le rapport qualité-prix est franchement très bon : le plat du jour notamment, évidemment renouvelé, est excellent, de même que les formules du midi. Et puis ici, on se fournit en local, et ça se sent : les œufs viennent de la ferme du Vinehay, dans le sud-Manche, les huîtres de Saint-Vaast et la charcuterie de Marigny. Un vrai bon plan valognais.

LE MOULIN DE LA HAULLE €€

Tapotin - **YVETOT-BOCAGE**
© 02 33 40 21 37
www.lemoulindelahaulle.com
Ouvert toute l'année. Ouvert 7/7. Crêpes l'après-midi. Carte : 20 € environ.

Dans un cadre idéal, en bord d'étang, vous ne pourrez pas manquer le Moulin de la Haulle, depuis la route de Valognes. Le restaurant dispose de deux salles dans lesquelles pierre et bois se marient à merveille dans ce décor traditionnel. Terrasse l'été et cheminée l'hiver, vous trouverez toujours une place agréable ! L'endroit est équipé en jeux pour les enfants. On vient ici pour choisir crêpes et galettes, mais aussi quelques spécialités comme la brochette de canard cuite au feu de bois. On valide une nouvelle fois, comme depuis de nombreuses années.

LA ROUTE DES PÂTES €€

La Croix des Fresnes - **FLOTTEMANVILLE**
✆ 02 33 04 46 08
www.laroutedespates.fr
Fermé dimanche soir, samedi midi et lundi toute la journée. Service traiteur. Carte : 30 € environ.

Entre Valognes et Picauville un lieu gastronomique original et convivial : la Route des Pâtes. Ici, sous la houlette du chef Sylvain Lebas, ce sont les pâtes fraîches et réalisées sur place qui sont à l'honneur : cannellonis, tagliatelles, ou spaghettis vous sont proposés. Plus qu'un simple restaurant de pâtes, c'est un lieu créatif, qui met en exergue la passion – et le savoir-faire – du chef. Traditionnelles ou plus originales c'est un véritable festival de pâtes. Mais ce sont aussi de nombreux plats traditionnels : cocotte, côte de bœuf ou grillades.

CIDRERIE DE LA BRIQUE

La Brique - **SAINT-JOSEPH**
✆ 02 33 40 19 27
www.cidrerielabrique.com
Magasin ouvert de 8h à 12h et de 13h30 à 17h30 du lundi au vendredi.

On ne visite pas les ateliers de fabrication de cette cidrerie, néanmoins vous serez chaleureusement accueillis ici. La cidrerie de Francis Dupont a bien grandi depuis sa création en 1953. Les joyeux nectars sont réalisés à partir des pommes (et poires) récoltées essentiellement dans les vergers du Cotentin plantés de pommiers traditionnels, haute tige et de pommiers basse-tige, plus récents, dont les variétés ont été, minutieusement, sélectionnées par la Cidrerie de la Brique. Outre le cidre, vous trouvez ici du pommeau, du poiré, jus de pommes bio...

LA CIDRERIE DES VERGERS DE LA PASSION

26, Hameau Delay - **RAUVILLE-LA-BIGOT**
✆ 02 33 95 09 75
les-vergers-de-la-passion-cidrerie.fr
Ouvert du lundi au samedi de 15h à 19h. Ouvert du 15 avril au 15 septembre.

Si vous connaissez la maison des produits régionaux, également appelée «Vergers de la Passion», et qui se trouve à Martinvast, alors vous allez adorer la cidrerie ! Située à Rauville-la-Bigot, à une dizaine de kilomètres du magasin (il vous faudra prendre la direction de Bricquebec) elle se visite d'avril à septembre et propose ainsi à chacun de découvrir la fabrication du cidre - et pas des moindres - mais aussi celle du vinaigre, notamment. L'ensemble se termine par une dégustation.

BRICQUEBEC-EN-COTENTIN ★

Qui dit Cotentin dit mer, littoral et plages : on en oublierait presque les cités nichées dans le bocage, dont Bricquebec-en-Cotentin. La ville est très largement rattachée à l'histoire viking, ne serait-ce que par son étymologie. Au XIVe siècle, Bricquebec tombe sous le joug du roi de Navarre, puis l'occupation anglaise domine encore le site jusqu'en 1450, alors que, Bricquebec est un centre politique et commerçant important. Aujourd'hui, Bricquebec-en-Cotentin (le nom à rallonge étant issu de la fusion avec les communes voisines) est un gros bourg le plus souvent calme, sauf le lundi, lorsque le très grand marché, dominé par le donjon, prend place.

ABBAYE CISTERCIENNE ★

Notre-Dame-de-Grâce
✆ 02 33 87 56 10
www.abbayebricquebec.fr
Accueil toute l'année. Magasin ouvert tous les jours sauf le mardi.

Nichée au pied des collines cernant Bricquebec-en-Cotentin, l'abbaye a été fondée en 1824 par l'abbé Onfroy, qui a créé ici un beau lieu, comptant plusieurs bâtiments et une belle église. Celui-ci place l'édifice sous la protection de Notre-Dame-de-Grâce. Ici, les prêtres observent la vie cistercienne dans le plus profond dénuement, quelle que soit la saison. Aujourd'hui, l'abbaye cistercienne s'ouvre à qui veut effectuer une retraite en toute quiétude. Vous êtes accueilli par le père hôtelier, le tarif est laissé à votre estimation, même si l'on vous indique un prix moyen, ce qui semble pour le moins normal – et rassurez-vous, celui-ci est pour le moins modique, et comprend de merveilleux repas, que vous devrez toutefois prendre en silence. Sont hébergés ici des jeunes qui révisent leurs cours, des personnes en convalescence légère ou à la recherche de moments de calme, pour penser, se reposer ou même parfois prier. Les moines trappistes vivent ici de l'élevage de bovins, et de la vente de produits dérivés dont la fameuse trappe de Bricquebec. Et c'est bien la raison pour laquelle bon nombre de personnes viennent ici : un magasin très prisé pour la qualité de ses produits (la charcuterie est sans égal dans le Cotentin, foi de *Petit Futé*) est ouvert à une dizaine de mètres. La qualité de l'accueil n'a d'égal que l'enthousiasme des consommateurs. L'échoppe est sobre, et vous y trouverez également de nombreux objets religieux. Un très beau lieu, de quiétude et de paix, et qui ne laisse personne indifférent.

LE RELAIS DU COTENTIN €

9, place Sainte-Anne
✆ 02 33 04 01 81
www.relais-cotentin-traiteur.fr
Ouvert toute l'année. Du lundi au samedi le midi ; le vendredi et le samedi le soir. Carte : 18 € environ.

Des bons plats traditionnels, avec des produits frais et un rapport qualité-prix excellent : voici le Relais du Cotentin. C'est principalement le midi que l'endroit vous accueille (et le soir en week-end) avec un menu dédié : les viandes sont cuites juste comme il faut, le *fish and chips* est excellent, les burgers originaux les accompagnements sont généreux, c'est rapide et plein de saveurs. Lorsque le relais est ouvert le soir, le menu se fait plus étoffé, et le chef Fred semble vraiment maîtriser la technique. On notera enfin que l'établissement fait traiteur.

SAINT-SAUVEUR-LE-VICOMTE ★

Au cœur du Cotentin, Saint-Sauveur-Le-Vicomte jouit d'une position militaire stratégique au bord de la Douve. Durant la guerre de Cent Ans, le château subit l'occupation anglaise. L'enceinte fortifiée protégeait le développement de l'agglomération. Valons, marais et forêts, alors favorables à l'activité des charbonniers, à la navigation fluviale font aujourd'hui la richesse touristique du site. Saint-Sauveur-Le-Vicomte, naguère pays d'une bourgeoisie émergente est aujourd'hui terre d'élevage. Bocages et prairies se prêtent à la pâture des bovins et à l'élevage équin. La commune est site d'origine du fameux Haras Du Pin. Louis XIV y avait fondé en effet le haras du Roi au château du Quesnoy. La Seconde Guerre mondiale et les bombardements de 1944 marquent profondément la bourgade, amorcent aussi un développement certain en direction de Bricquebec d'une part, Portbail de l'autre. Aujourd'hui Saint-Sauveur-Le-Vicomte, dont on ne manquera pas le musée dédié à Barbey d'Aurevilly, né et enterré ici, est un bourg vivant qui peut s'enorgueillir d'une vieille tradition : les concours du comice agricole et les concours de chevaux. Saint-Sauveur-le-Vicomte est labellisée Station Verte. Destination touristique de loisirs et vacances, elle est reconnue à échelle nationale pour offrir une nature protégée, de multiples formes de séjour, des lieux de découvertes et loisirs, une approche sensible du terroir.

MANCHE

LE CHÂTEAU DE SAINT-SAUVEUR ★

✆ 02 33 21 50 44
www.ville-saint-sauveur-le-vicomte.fr
Ouvert toute l'année. Visite guidée. Boutique. Tarif : 4 € par adulte, 2 € par enfant.

Vous ne pouvez le manquer. Le château médiéval de Saint-Sauveur est l'un des témoins les plus importants de la guerre de Cent Ans. Au niveau architectural, le donjon actuel, édifié dans la première moitié du XIVe siècle, domine la haute et la basse-cour. Durant la visite, vous découvrez notamment la basse cour et sa porte à deux tours, la haute cour son logis-porte, la chapelle castrale, le mur d'enceinte, la tour nord, la tour du Colombier, et la tour sud.

L'ABBAYE BÉNÉDICTINE ★

✆ 02 33 95 88 80
www.ville-saint-sauveur-le-vicomte.fr
Ouvert toute l'année. Possibilité d'hébergement. Ouvert de 10h à 12h et de 14h à 18h, dès 9h30 en juillet et août.

Fondée au XIIe siècle par Néel de Nehou, vicomte de Saint-Sauveur, l'abbaye est riche d'un passé pour le moins chargé, tonitruant, reflet des temps troublés traversés, est érigée à partir de 1067 par les Bénédictins de Jumièges. La guerre de Cent Ans entraîne les premières ruines : Geoffroy d'Harcourt cède son château aux Anglais. Jean Chandos, commandant des troupes du roi d'Angleterre, fait raser partiellement l'abbaye, les moines s'exilent. À leur retour aux alentours de 1640, ils entreprennent de rebâtir l'église dans le style de l'époque. Vient la Révolution, l'église devient carrière. 1832, Marie-Madeleine Postel achète les ruines de l'abbaye et installe la Maison-Mère de sa Congrégation. Il ne subsiste que les décombres de l'église et du logis abbatial, deux maisons sans étage, le porche monumental et la partie basse du bâtiment. La restauration est confiée en partie à François Halley, artiste local, architecte et sculpteur autodidacte. Il meurt sans avoir eu le temps de terminer son œuvre. En 1842, le clocher, premier élément remis en état, s'effondre sous la tempête, entraînant avec lui le transept et les premières travées du chœur. La Mère Fondatrice, âgée alors de 86 ans, décide alors de reconstruire l'édifice : quelle énergie ! L'église enfin achevée est consacrée en 1885. Aujourd'hui, celle-ci se visite à intervalles irréguliers, aussi contacter l'abbaye ou l'office de tourisme de Saint-Sauveur-le-Vicomte vous permettra de connaître les dates les plus proches de votre venue.

MUSÉE BARBEY D'AUREVILLY ★

64, rue Bottin-Desylles ✆ 02 33 41 65 18
www.museebarbey.wixsite.com/museebarbey
Ouvert toute l'année. Adulte : 5 €. Groupe (10 personnes) : 3 €. Scolaire, étudiants : gratuit.

Peu le savent, mais Barbey d'Aurevilly est né ici, à Saint-Sauveur-le-Vicomte, en 1808. C'est donc tout naturellement que la maison familiale été transformée en musée à la fin des années 1980. Au fur et à mesure des années, l'endroit a retrouvé sa splendeur : rénovation totale en 2008 puis, plus récemment, des espaces verts et désormais une nouvelle muséographie ! Sont évoqués l'auteur et son époque, mais aussi la vie de l'homme, au moyen de nombreux objets personnels, dont des manuscrits qui ne vous laisseront pas indifférent. Un passage ici s'impose.

CAMPING MUNICIPAL DU CHÂTEAU €

Avenue Division Leclerc
✆ 02 33 41 7204
www.saintsauveurlevicomte.stationverte.com
Ouvert de juin à septembre. Terrain de 2 ha. 57 emplacements. Sol : herbeux. Emplacement + véhicule + 2 personnes.

Le camping municipal est situé au pied du Vieux Château, et est bordé par la Douve. Equipé avec confort et modernité, on y séjourne sous tente et en caravane dont l'accès est facilité. Sur place les enfants trouvent de multiples loisirs, et un espace jeux leur est également dédié. Membre Station Verte de vacances, ce lieu de villégiature vous émerveillera de par son cadre enchanteur. A proximité, les commerces de la petite ville sont nombreux. Un mot enfin sur les tarifs : attractifs.

GÎTE COMMUNAL €

3, chemin de la Ferme
✆ 02 33 41 79 06
Ouvert toute l'année. 2 personnes. Juin à septembre : 204 €/semaine. Le reste de l'année : 150 € + forfait chauffage.

C'est dans un cadre bucolique que se trouve ce gîte communal pour 2 personnes. Cette petite maison mitoyenne de plain-pied, située à côté de la base de loisirs, est un lieu dédié au repos et à la détente. Elle comprend chambre, salle de bains et pièce à vivre avec une kitchenette toute équipée. C'est le confort standard pour une petite location gérée par la mairie qui est véritablement le meilleur rapport qualité/prix pour ceux souhaitant disposer d'une base de départ idéalement située avant de visiter la région. On recommande !

GITES LES ÉCURIES MÉCANIQUES €€

6, Le Marinel
✆ 02 33 56 28 80
Pour 11 personnes (4 chambres). De 500 € à 1 000 € la semaine selon saison. Possibilité week-end et mid-week.

Cette vaste longère a été rénovée avec un goût indiscutable : les pierres et le bois sont présents partout, et renforcent le côté cosy de ce gîte pouvant accueillir jusqu'à 11 personnes et comptant 4 chambres. Plusieurs formules de location sont proposées : week-end, mid-week ou semaine complète. La situation est idéale, l'environnement déjà invite à la détente, rien de tel qu'une belle balade dans la forêt ou dans les marais. L'accueil est très chaleureux.

LE RIDEAU CRAMOISI €

31, rue Bottin-Desylles
✆ 02 33 41 62 37
Ouvert toute l'année. Fermé le dimanche et le mercredi après le déjeuner. Carte : 15 € environ.

Pour un lieu original, c'est un lieu original ! Car ce bar-brasserie en plein centre du village, c'est un une terrasse très ensoleillée, un lieu de vie très animé, un chouette petit restaurant, et aussi un nom que l'on n'oublie pas ! On boit un verre, on se raconte les nouvelles du pays. Accoudé aux magnifiques comptoirs tout en bois, on admire la déco faite d'objets chinés dans les brocantes locales. Côté cuisine, on se régale d'une cuisine locale simple avec une carte hebdomadaire qui se renouvelle régulièrement, mais aussi des jolies et généreuses pizzas.

AUBERGE DU VIEUX CHÂTEAU. HOTEL-RESTAURANT €€

9, avenue de la Division-Leclerc ✆ 02 33 41 60 15
www.auberge-vieux-chateau.com
Du mardi au samedi le soir & du mardi au dimanche le midi. Menu à 23 €. Carte : 25 € environ. Formule midi : 13 €.

Face au château, l'Auberge du même nom est facilement reconnaissable, avec sa vigne vierge qui court le long de la façade. Idéalement placé, c'est la pause parfaite, menée de main de maître par le chef Philippe Batard. Ce chouette restaurant qui développe de nombreuses offres classiques et sacrément bien faites est très apprécié ici : une cuisine maison, des produits frais, un magret de canard hors pair ou une excellente assiette du pêcheur sont autant d'offres possibles.

ATELIER CÉCILE BOUVAREL

Rond-point du château
✆ 02 33 41 58 10
www.cecilebouvarel.com

Expositions saisonnières d'avril à septembre et pour la période de Noël. Il est prudent de téléphoner avant de venir.

Du savoir-faire, de la poésie et un indéniable talent, qu'elle souhaite faire partager avec une grande générosité : tels sont les atouts de Cécile Bouvarel, qui excelle dans le domaine de la mosaïque contemporaine. Ici, la création est à son comble et se partage entre œuvres décoratives et thématiques sorties de son imagination. L'atelier se visite, ainsi que son jardin colorié par ses «mosaïques au vent». L'artiste propose également deux livres : la monographie de 33 années d'atelier et *Cotentin-mosaïque*, un parcours poétique de la presqu'île.

LAIT DOUCEUR DE NORMANDIE

24, route d'Auréville ✆ 02 33 41 07 11
www.lait-douceur.com

Fermeture pour travaux jusqu'au printemps 2021. Réseau Manche Terroirs. Possibilité d'acheter en ligne.

C'est avec la confiture de lait que commence l'histoire de l'entreprise. Depuis, la ferme familiale s'est mise à produire d'autres douceurs de lait : chocolats, berlingots, crème au calvados ou encore confitures (primées en août dernier !) et condiments… Si, en temps normal, un détour par la boutique et la visite de la fabrique sont proposés, notez qu'à l'heure où nous bouclons ce guide, ces dernières sont fermées pour travaux jusqu'en avril 2021 ! Appelez pour en savoir plus !

FOREST ADVENTURE EN COTENTIN

Forêt de l'Abbaye
✆ 02 33 52 57 42
www.forestadventure.fr

Ouvert de février à la toussaint. Tarifs de 10 à 35 €.

Tyroliennes, filets, passerelles et ponts jalonnent Forest Adventure. Le parc est familial, et des couleurs indiquent les niveaux de difficultés. Grimpeurs, coureurs, cascadeurs en herbes, hop, allez-y ! Les amateurs de frissons et sensations fortes oseront sans doute de laisser tenter par la dernière attraction du parc : le speed roll, une tyrolienne tournante suspendue à 15 mètres du sol. Tel un oiseau, vous ferez le tour du parc au-dessus des arbres. Une belle expérience.

SOTTEVAST

Cette petite commune nichée dans un petit vallon est largement connue pour sa laiterie coopérative, et qui fait rayonner les productions normandes au-delà des frontières hexagonales par leur excellence : beurres, crèmes et autres desserts évidemment excellents. Verdoyante, arrosée par une petite rivière joliment appelée «Douve», Sottevast se situe à une quinzaine de kilomètres de Cherbourg : depuis plusieurs années, nombre de citadins font le choix de s'installer ici et trouver un cadre calme. Quelques édifices remarquables se distinguent ici, parmi lesquels l'église Saint-Hermeland et la chapelle Sainte-Suzanne, qui valent le coup d'oeil.

LIBR' & CAV' AVENTURE

Zone Artisanale de la Galanderie
✆ 02 33 21 30 45

Ouvert le lundi de 14h à 19h ; du mardi au samedi de 9h à 12h et de 14h à 19h.

Vos événements privés, professionnels ou associatifs disposent désormais d'un lieu dédié, sacrément bien pensé et où rien ne manque pour en assurer la réussite. Car en plus d'être une très belle cave, Libr' & Cav' Aventure vous propose le matériel qui va avec : tireuses à bière, location de tentes, chaises, tables ou vaisselle. Le pari de Thomas, Freddy et Paul : regrouper en un seul et même point l'ensemble des produits nécessaires pour votre événement. Des paniers gourmands, et même la location de véhicules de neuf places, sont aussi possibles.

LESSAY

Située en plein cœur de la Manche, Lessay est une petite ville dont la réputation tient principalement à l'animation dont elle bénéficie lors des foires de mai et de septembre. Plus que millénaire, la foire de la Sainte-Croix est la survivance des kermesses médiévales, dont la tradition a été relancée après la dernière guerre, et qui attire plusieurs centaines de milliers de personnes. Lessay, c'est aussi la proximité de la mer et, depuis quelques années, la multiplication d'activités de loisirs : karting, paintball, aérodrome. Entre le Cotentin au nord et le reste du département au sud, Lessay peut constituer une belle étape, à ne pas manquer.

LE CHÂTEAU DE PIROU ★

PIROU

✆ 02 33 46 34 71

www.chateau-pirou.org

Ouvert de début avril à début janvier. Adulte : 7 €. Forfait famille 22 €. Enfant (de 7 à 17 ans) : 4 €.

Connu pour être un des plus anciens châteaux forts normands, le château de Pirou est une forteresse construite au XIIe siècle, située à l'emplacement d'un site viking. Inscrit à l'inventaire des Monuments historiques depuis 1968, il est doté de hauts remparts, d'une boulangerie, d'un pressoir, de douves et d'un chemin de ronde : un lieu qui replonge le visiteur au temps de la guerre de Cent Ans. Maintes fois assiégé et restauré aux XVe, XVIIe et XVIIIe siècles, il abrite la tapisserie de Pirou, réalisée au XXe siècle. Un très beau lieu, magnifiquement restauré.

CÔTE OUEST CENTRE MANCHE TOURISME - LESSAY

11, place Saint-Cloud

✆ 02 33 45 14 34

www.tourisme-cocm.fr

Juillet / août : ouvert du lundi au samedi. Reste de l'année : du lundi au vendredi.

Au pays des havres et des landes de Lessay, le bureau d'information touristique de la ville vous fera découvrir entre autres les Nocturnes de l'Abbaye, les foires Sainte-Croix et Saint-Thomas, la Fête de la carotte à Créances mais aussi les visites guidées. Notez qu'il existent plusieurs bureaux touristiques sur le territoire, lesquels sont ouverts en saison uniquement : à la Haye (d'avril à octobre), à Pirou et à Saint-Germain-sur-Ay (en juillet et août).

ABBAYE SAINTE-TRINITÉ DE LESSAY ★★

Avenue Paul Jeanson ✆ 02 33 45 14 34

www.lessay.fr/abbatiale-lessay/manche.htm

Visite libre de 10h à 18h, sauf lors des offices religieux. Visites guidées : adulte 5 €. Gratuit jusqu'à 15 ans.

Classée monument historique, l'abbatiale de Lessay est le symbole de la résistance des pierres face à l'Histoire. Fondée au XIe siècle par les barons de La Haye-du-Puits, l'abbaye accueille des moines bénédictins. Plusieurs fois dévastée, elle renaît toujours de ses cendres : la guerre de Cent Ans la voit ravagée par les flammes, elle est restaurée à l'identique au début du XVe siècle. Les guerres de religion laissent le monastère à l'état d'abandon, les bâtiments non entretenus tombent en ruine. Les moines décident de les raser entièrement et de construire, en 1752. La Révolution chasse les derniers moines. Les bâtiments conventuels sont vendus. L'église est attribuée à la commune par l'Assemblée Nationale. Survient la Seconde Guerre mondiale. Sous les bombardements, l'abbaye romane subit de lourds dégâts puis s'écroule le 11 juillet, minée par les Allemands. À leur retour d'exode, les habitants ne trouvent que des décombres. La commune obtient de l'administration des monuments historiques l'ouverture d'un chantier de restauration. Le projet titanesque est confié à un jeune architecte en chef : Yves-Marie Froidevaux. Une douzaine d'années de travaux plus tard, l'abbaye est rendue au culte à ses habitants, et redevient le joyau d'art roman qu'elle était - et est toujours. Aujourd'hui, cet emblème de la ville, surplombé par un magnifique coq de cuivre, se visite, et la majesté des lieux ne vous laissera pas indifférent. Difficile de ne pas faire une étape ici.

MANCHE

BRIT'HOTEL ET RESTAURANT DE LA CÔTE DES HAVRES €€

12, rue du Ferrage
✆ 02 33 45 60 01

29 chambres. Basse saison : chambre double à partir de 88 €. Haute saison : à partir de 98 €. Petit déjeuner : 9,50 €.

L'hôtel propose une halte reposante dans un environnement naturel préservé. Véritable havre de paix, les chambres offrent confort et bien-être, et le lieu offre quelques moments de détente bienvenus, avec par exemple un boulodrome. Enfin l'établissement, qui est également un restaurant, met son salon privé à disposition des réunions professionnelles, le lieu étant situé à proximité de zones d'activité. L'équipe, très professionnelle, est à votre disposition.

RESTAURANT DE LA MER €€

2, rue Fernand-Desplanques - **PIROU**
✆ 02 33 46 43 36
www.restaurantdelamer.com

Ouvert du jeudi au lundi le midi ; le vendredi et le samedi le soir. Carte : 45 € environ. Menu enfant : 13 €.

C'est sans conteste depuis de longues années l'étape culinaire immanquable de Pirou, et dont le nom est aussi simple que le contenu des assiettes. Ici, le chef, qui n'est rien de moins qu'un Maître Restaurateur, va vous permettre de vivre un véritable festival des papilles. La carte témoigne d'un vrai savoir-faire : filet de rouget barbet juste rôti ou noisette de filet de bœuf français au lard de Colonnata. Bref, vous l'aurez compris, on ne s'arrête pas ici pour un déjeuner rapide, on prend le temps d'apprécier les bonnes et belles choses.

LES JAMBONS DE LESSAY

10, zone industrielle Fernand-Finel
✆ 02 33 47 91 12
www.jambons-lessay.com

Ouvert du lundi au samedi de 9h à 12h30 et de 14h à 18h30. Grand parking. Possibilité d'apporter votre jambon à fumer.

Ici, c'est bien de jambon fumé dont on parle, et sa conception est le fruit d'un savant travail, minutieux et patient : salé, mis au repos, fumé au hêtre, séché, affiné, l'ensemble prenant environ 6 mois.Christelle la maîtresse des lieux à un savoir faire et une qualité d'accueil extraordinaire. Particuliers et professionnels peuvent venir faire fumer leur jambon sur place. Dans le vaisseau amiral de la marque, vous trouverez bien évidemment de quoi vous procurer ces jambons à la saveur unique, mais également d'autres merveilles gustatives du Cotentin.

MAPALGA

64, zone industrielle Fernand Finel
✆ 09 84 48 20 27
www.mapalga.fr

Ouvert du lundi au vendredi de 8h30 à 18h ; le samedi de 10h à 18h. Ouvert le samedi en décembre.

En partant du principe que le coût du café est prohibitif, qu'ils ne sont pas toujours très bons et que leur fabrication engendre de nombreux déchets, Pascal Ménard a lancé sa propre marque en la matière : Mapalga. L'enseigne, qui dispose d'un magasin pour accueillir les clients, propose des cafés de toutes provenances soigneusement sélectionnés, bien évidemment, mais aussi ses propres crus torréfiés. C'est vrai que, testés et goûtés, ils sont exquis. À cette marque s'est ajoutée, avec le même goût pour l'excellence, celle de thé Lomatéa.

GOLF DU CENTRE MANCHE

Le Haut-Boscq
SAINT-MARTIN-D'AUBIGNY
✆ 02 33 45 24 52
www.golfcentremanche.com
Ouvert toute l'année. Haute saison : Green fee : 38 €. Practice : 2,5 € le jeton, tarifs dégressifs.

Situé, comme son nom l'indique, au cœur du département, ce golf de 9 trous, qui propose un parcours de 2 800 mètres, est logé dans un écrin de verdure. Homologué par la fédération française, il propose à chacun, novice ou confirmé, d'évoluer selon son niveau. Le calme qui règne ici en fait un endroit réputé. Une tarification intelligente et dégressive permet enfin de swinguer à moindre coût en toute quiétude. Un ben endroit, et dont la fréquentation permet d'envisager en permanence de ne pas être submergé par les flots de golfeurs.

LA HAYE

La Haye (qui s'appelait il y a quelques années La Haye-du-Puits, nom que vous trouverez encore sur de nombreux panneaux indicateurs, mais qui a été simplifié avec le regroupement des communes alentour il y a peu) a été fondée au Moyen Âge, et a vu son histoire brutalement marquée en 1944, lorsque les bombardements l'ont durement touchée, avant qu'elle ne soit reconstruite en pierre du pays. Elle garde toutefois un joli patrimoine, et si la Haye est un carrefour routier, comptant de nombreux commerces, les maison de la reconstruction ont été, pour certaines d'entre elles, repeintes de couleurs vives qui ne manquent pas de susciter l'intérêt.

LA CAMPAGNETTE

✆ 02 33 46 01 92
www.lacampagnette.fr
Ouvert toute l'année. Ouvert tous les week-ends de 23h à 5h. Privatisation possible. Restauration.

On connaît bien la campagnette, qui fait danser depuis plus d'un demi-siècle. Et on aurait tort de faire l'impasse sur le restaurant du lieu. En été, on profite d'une magnifique terrasse ombragée. Un vrai bon plan, à ne pas manquer ! A la Campagnette, le décor, rustique et pittoresque, a vu passer des générations de danseurs et de danseuses dans ce lieu à la décoration dans le plus pur style pub anglais. Réputée, l'ambiance est toujours très festive dans ce que les initiés appellent « la Campe » : rock salsa, musiques actuelles ou années 1980.

HÔTEL-RESTAURANT LE COMMERCE €€

11, place Patton
✆ 02 33 46 02 44
www.restaurant-commerce-haye-puits.fr
Tous les jours le midi et le soir. Menus de 13,90 € à 24,50 €. Menu enfant : 8 €. Formule du midi : 13,90 €.

L'équipe du Commerce vous accueille autour de la cheminée, dans une jolie salle aux tons rouges et boisés, et grille devant vous des viandes de premier choix, qui feront tomber les amateurs de bonne viande : côtes de bœuf, entrecôte, magret, côtelettes d'agneau... A l'honneur également, les charcuteries faites maison, de même que le jarret de porc et la saucisse à l'oignon. Plusieurs formules sont proposées, et une tranquille terrasse vous accueillera l'été.

LE SALOON

55, espace d'activités Fernand Finel
✆ 06 85 93 80 87
Le vendredi initiation à la country de 19h30 à 20h30. Le vendredi de 19h à 3h ; le week-end de 18h à 5h30.

On peut y boire un verre, mais on peut surtout y danser ! Dans la zone industrielle de Lessay, les amateurs de country ont désormais un nouveau lieu de divertissement, et quel lieu ! D'extérieur, avec son habillage en bois et son entrée avec ses portes de *saloon*, on est directement dans l'ambiance ! De la musique country bien sûr, mais pas seulement, puisqu'ici on peut également se trémousser sur du rock, des chansons françaises, de la disco, bref, sur les immanquables et les valeurs sûres qui assurent une ambiance sympa, et des soirées inoubliables !

POM' CANNELLE €€

10, rue du général Leclerc
✆ 02 33 46 45 57
www.restaurantpomcannelle.fr
En saison fermé le lundi. Fermé le mercredi soir (hors saison). Menus de 19,90 € à 32,50 €. Formule du midi : 12,90 €.

Le lieu, au premier coup d'œil, c'est déjà un cadre chaleureux, où les poutres en bois donnent un cachet indiscutable à l'ensemble. Ici, la carte, variée et attachée au patrimoine culinaire de la région, vous permet de choisir selon les trouvailles gastronomiques du chef Philippe Buquet. Du côté des menus, là encore, le choix est vaste. Originalité du lieu, parmi d'autres : les menus cinéma, au nombre de deux, en partenariat avec le lieu dédié aux septième art de la cité, Le Rialto. Enfin, les plats peuvent être directement emportés.

MANCHE

CARENTAN LES MARAIS ★

Elle est surnommée à juste titre la capitale des marais : située à quelques kilomètres des plages du débarquement, très bien desservie par voies autoroutières vers Cherourg, Caen ou Saint-Lô, elle mérite bien un détour. Ses arcades médiévales, qui abritent des commerces, les hôtels de Ponthergé et Hervieu-de-Pontlouis, son église Notre-Dame, dont le clocher est visible à des kilomètres et son vaste hôtel de ville sont autant de lieux à découvrir. En hiver, la ville, cernée par l'eau qui recouvre les marais, semble totalement coupée du monde. Reliée à la mer par un canal, elle dispose également d'un joli port de plaisance au coeur de la ville.

D-DAY EXPERIENCE ★★

2, village de l'Amont
✆ 02 33 23 61 95
www.dday-experience.com
Basse saison : 10h/18h. Haute saison : 9h30/19h. Adulte : 13 € (option ciné : 6€). Enfant : 9 €. Tarifs indicatifs 2020.

Saint-Côme-du-Mont/Carentan : le secteur le plus vital du débarquement de Normandie selon le Général Eisenhower. Ici, les parachutistes américains de la 101e Airborne sont les premiers à arriver en Normandie. Ils ont pour mission de s'emparer de Carentan dont le contrôle est primordial pour assurer la jonction entre les plages d'Utah et d'Omaha. Avec le D-Day Experience, vous n'apprenez plus l'histoire, vous la vivez, avec un parcours immersif et interactif sur les troupes aéroportées du Jour J. Au cœur du secteur américain du débarquement, ce lieu incroyable se distingue selon deux bâtiments. Le D-Day Experience expose le côté américain et le Dead Man's Corner (carrefour de l'Homme mort) le côté allemand. Puis ensuite, vous prendrez place dans un briefing virtuel 3D avec un officier pour prendre part à la mission des opérations du Jour J dans la peau d'un parachutiste. Vous embarquerez alors à bord d'un véritable avion C-47 : une simulation de vol unique au monde. Pour la petite histoire, les vétérans américains, parmi les premiers à tester cette véritable attraction, en ressortirent bluffés. Mais ce n'est pas tout : depuis près de deux ans, poursuivant la mise en place d'attractions immersives, le lieu propose un film en 3D sur écran géant. L'espace, splendide, vous propose de revivre l'expérience du D-Day dans la peau d'un soldat, au moyen d'effets incroyables. Moderne, l'approche de ce musée, qui se distingue nettement des autres, permet de le classer dans les immanquables en la matière.

MEMORIAL DE BLOODY GULCH - MAISON DE DONVILLE

1, route de la Chapelle - **MEAUTIS**
✆ 02 33 42 03 22
www.museebloodygulch.com
Basse saison : du vendredi au dimanche 10h/18h. Haute saison : tous les jours 10h/18h. Adulte : 10 €. Enfant : 6 €.

C'est sous la houlette de Franck Feuardent que le Manoir de Donville vous offre ses portes, où plutôt son champ de bataille. C'est en effet ici que s'opposèrent durement, au moment de la libération, les parachutistes de la 101e Airborne et les SS de la 17e Panzer grenadier division. Parmi les moments cultes de cette visite guidée, vous découvrirez du matériel d'époque, où les sensations, et les vibrations de ces moments historiques vous feront forte impression.

PARC NATUREL RÉGIONAL DES MARAIS DU COTENTIN

3, village Ponts-d'Ouve (Maison du Parc)
✆ 02 33 71 65 30
www.parc-cotentin-bessin.fr
Maison du parc fermée entre Noël et le jour de l'an.

Créé en 1991, le parc naturel régional des Marais du Cotentin et du Bessin est à cheval entre Manche et Calvados, traversant le Cotentin d'est en ouest. Son origine remonte à plus de huit mille années, lorsque les marais étaient des vallées, progressivement comblées par la fonte de la calotte glaciaire. Chaque marée amenant son lot de dépôts argileux et sablonneux, la mer entrant dans ces territoires de plus en plus difficilement, les marais se sont progressivement constitués. Douve, Taute, Vire et Sèves sont les quatre cours d'eau qui convergent vers la baie des Veys, au cœur du parc, et alimentent cet immense espace. Le marais, progressivement domestiqué par l'homme, abrite cependant une faune et une flore incroyablement riches d'oiseaux nicheurs et de plantes rares. Le parc prend deux visages bien différents selon les saisons : vert en été et majoritairement recouvert d'eau l'hiver, sur des centaines d'hectares, créant un paysage splendide. Point de ralliement ou passage obligé avant d'entamer votre visite, la maison du parc, située à Saint-Côme-du-Mont (elle est très facile d'accès depuis la voie rapide Caen-Cherbourg), propose informations, expositions thématiques et même une boutique : on peut passer ici un bon bout de temps à s'informer et faire le plein de connaissances, avant de découvrir les lieux. Et puis, en plus de la faune, de la flore et des multiples paysages, savourez le silence : absolu, entier, si rare, absolument sans égal.

LE PONT-CANAL

On le traverse en quelques dizaines de secondes, à toute allure, sans pour autant se rendre compte que le pont-canal est un ouvrage d'exception, unique en France : inauguré le 6 juin 1994 pendant la célébration des fêtes du débarquement, son projet était simple : dévier Carentan par une 2x2 voies, afin d'assurer une continuité autoroutière entre les deux principales villes de l'Ouest normand, Caen et Cherbourg. Ici, deux possibilités : l'une, plus longue, était de dévier la ville par le sud et l'ouest, et la seconde, beaucoup plus directe, par l'est. Seul hic : devoir passer sous le canal reliant Carentan à la mer, dans une zone marécageuse ! C'est ce dernier projet qui fut pourtant retenu. Long de 615 m et haut de 4,85 m, il est défini par trois zones. Deux zones d'accès en tranchées ouvertes, et le Pont-Canal proprement dit de 85 m situé sous le canal, permettant la circulation sur 4 voies avec un gabarit de 4,85 m de hauteur. Pour faire face à la présence d'une nappe d'eau quasi affleurante, on prévoit de drainer en permanence les eaux de la nappe, de les relever par un pompage et de les refouler au milieu extérieur. Ce chantier représente plus de 300 000 heures de travail réparties sur 22 mois sur 2 et 3 postes afin d'assurer les délais imposés. Une prouesse que l'on peut admirer de deux manières : en passant sous le pont-canal en voiture (attention à ne pas trop ralentir tout de même) ou en longeant le canal, plus en hauteur ! Gain de temps : près de 20 minutes par rapport à l'ancien tracé.

OFFICE DE TOURISME BAIE DU COTENTIN - CARENTAN

24, place de la République
✆ 02 33 71 23 50
www.ot-baieducotentin.fr
Avril à juin & septembre : lundi au samedi. Juillet et août : lundi au dimanche. Octobre à mars : lundi au vendredi.

Le lieu d'accueil est le passage obligé pour chaque personne souhaitant visiter les environs. On y trouve en effet une disponibilité réelle, une connaissance des opportunités de découverte, de l'histoire et de l'animation de la ville. Vous avez aussi l'occasion de découvrir les environs autrement grâce à la location de tablettes pour les circuits du musée à ciel ouvert et le circuit historique 1944. Enfin, le lieu fait également office de billetterie.

NORMANDY VICTORY MUSEUM

✆ 02 33 71 74 94
www.normandy-victory-museum.com
Basse saison : ouvert le week-end 10h/17h30. Haute saison : tous les jours 9h30/19h. Adulte : 9 €. Enfant : 6 €.

Le Normandy Victory Museum propose une nouvelle manière d'appréhender l'histoire de ce fameux été 44. Situé au niveau de la piste d'aviation A10 utilisée par les forces alliées, celui-ci est articulé autour de plusieurs scènes et sur un immense espace. Vous pourrez ici être acteur de votre visite, car des expériences en réalité virtuelle ainsi qu'un baptême en véhicule blindé vous seront proposés. Ici, au delà de la Libération et du Débarquement, c'est plus précisément autour de la bataille dite « des haies » que le musée vous évoquera d'incroyables épisodes.

© NVM-INT-MUSÉE-A7_06982-JIM PROD-CP

© BAPTEME EN BLINDE NVM.LPG

MANCHE

LES BATELIERS DES MARAIS

9, rue Beauregard
✆ 06 34 28 50 54
www.decouvertemarais.com
Ouvert du printemps à la fin de l'été. Différentes formules proposées, de 2 à 3 heures. À partir de 15 € par personne.

Dès le printemps arrivé, et le niveau de l'eau des marais suffisamment descendu, ces visites n'ont rien en commun avec ce que vous pensiez connaître. Et pour cause, ces bateliers vous proposent des croisières fluviales sur la Taute et la Douve, et pas n'importe lesquelles : à bord de la *Rosée du Soleil,* pour la première, mais aussi de barques électriques, différentes formules s'offrent à vous : balades, croisière commentée simple, avec apéritif dînatoire ou repas du terroir, le spectacle est magique, l'accueil excellent, les souvenirs impérissables !

CIRCUIT HISTORIQUE 1944 ★★

2, village de l'Amont
www.carentan-circuit-44.com
Informations au centre historique des parachutistes du Jour J ou à l'office de tourisme.

Le 6 juin 1944, 20 000 parachutistes américains sautent sur Carentan, Sainte-Mère-Église et Utah Beach. Leur mission principale : protéger les troupes débarquées sur la plage et s'emparer au plus vite de Carentan afin d'unir le front entre les plages d'Utah et d'Omaha. Il leur faudra 6 jours de batailles meurtrières pour atteindre cet objectif. Le Circuit Historique 1944 est un chemin de mémoire de 40 km. 13 sites phares des événements du débarquement sont intégrés à un parcours guidé par GPS : le carrefour de l'homme mort à Saint-Côme-du-Mont, la «drop zone» maudite d'Angoville-au-Plain, le coin de l'enfer de la barquette ou encore la colline 30 à Méautis. Vous suivez l'itinéraire dans votre propre véhicule et revivez l'histoire à votre rythme au cœur des marais de Carentan. Cette visite originale et historique est encore l'occasion de découvrir les richesses patrimoniales et naturelles du parc naturel régional des marais du Cotentin et du Bessin. Prévoyez un après-midi, il faut environ 3 heures pour suivre l'intégralité du circuit. La visite peut également se faire *via* l'application mobile, culturelle et touristique Kit M dont l'autre offre permet d'effectuer le parcours « 15 ans en 1944 » entre Saint-Lô et Hambye. Voici un moyen de découvrir le débarquement à votre rythme, sans stress, et avec la sensation de revivre pas après pas les étapes de ces jours décisifs pour la libération de l'Europe. Pour vous renseigner, l'office de tourisme de Carentant ou le centre des parachutistes du Jour J sont à votre disposition.

NORMANDY DISCOVERY TOURS

Place de la République
✆ 06 16 32 18 57
www.normandydiscoverytours.com
A partir de 60 € l'heure jusque 460 € la journée pour 4 personnes (avec location de van).

C'est une offre de visites guidées sur les plages du débarquement pas comme les autres. Sur deux heures, une journée entière ou même plusieurs, Flavie et Thomas, deux passionnés originaires d'ici, souhaitent immerger les visiteurs dans l'histoire. Comment ? En mettant à profit leur connaissance incroyable du terrain, et leur passion pour cette période. Autre possibilité : faire des sorties plus poussées, avec demande spécifique (notamment de suivre les traces d'un vétéran), ou plus immersives (incluant des tours en jeep et des rencontres avec des locaux).

AUBERGE NORMANDE HÔTEL-RESTAURANT €€

11c, boulevard de Verdun ✆ 02 33 42 28 28
www.aubergenormande.com
Ouvert toute l'année. 15 chambres. Chambre double de 45 € à 125 €. Soirées étapes : de 75 à 95 €. Restauration.

Au cœur de la ville, c'est une vaste demeure avec une belle véranda et un jardin très fleuri. Les chambres, vastes, contemporaines, très bien équipées, épurées et dont la literie est très bonne, devraient vous plaire. L'accueil est efficace et souriant, et les familles peuvent également bénéficier de deux chambres communicantes, afin de disposer d'un espace adapté. On savourera aussi l'excellente cuisine : à base de produits de saison, la cuisine proposée allie tradition et modernité.

CAMPING LE HAUT DICK - FLOWERS €€

30, Chemin du Grand bas-pays ✆ 02 52 56 02 91
www.flowercampings.com
Emplacement pour 2 personnes à partir de 84 €/semaine. Mobil-home pour 2 personnes à partir de 129 €/semaine.

À proximité immédiate du centre-ville de Carentan, au bord du canal, le Haut Dick, qui est passé il y a quelque temps sous la houlette de l'enseigne Flowers, laquelle dispose de nombreux campings dans l'Hexagone, est le camping familial par excellence. Sur place, une offre de services simple et traditionnelle : salle de jeux, mini-golf, terrain de pétanque, animation barbecue collectif par exemple. Et si le temps le permet, piquer une tête dans la piscine sera largement apprécié.

DOMAINE AIRBORNE €€

11, rue de l'église

✆ 06 87 41 91 20

www.domaine-airborne.com

Chambre double à partir de 86 €.

Le lieu est légitimement très prisé par les touristes, car cette vaste bâtisse du XVIIe siècle a elle-même été libérée par les Américains à l'été 1944, et ça se sent : en effet, les objets de l'époque ne manquent pas, et vous serez rapidement dans le bain. Les prestations sont nombreuses en termes d'hébergement, qu'il s'agisse de chambres pour 2, 4 ou même 6 personnes. Côté repas, la table d'hôte est excellente, et le petit-déjeuner se défend très bien, le tout dans une ambiance chaleureuse. Enfin, l'emplacement est idéal, au cœur de la zone du Débarquement.

HARAS DU VIEUX CHÂTEAU €€€

✆ 02 33 71 00 38

www.haras-vieux-chateau.com

Gîte pour 2 personnes : 360 à 480 € / semaine. Pour 4 personnes : de 560 à 750 € / semaine.

Quel lieu ! On traverse en effet les allées impeccables du Haras sans quitter des yeux, dans l'ouverture lumineuse du sommet des grands arbres, la grande et chaleureuse demeure du XVIe siècle. Le simple intitulé de ces logements de haut standing est inspirant : Divine, Harmonie, Mélodie, Céleste, Exquise... Au petit déjeuner, le buffet est généreux, la salle de repas équipée d'une kitchenette vous permet de préparer votre propre repas. Les deux gîtes comptent 160 m² habitables, 4 chambres, salon spacieux avec cheminée et accès direct à la piscine chauffée.

A10 CANTEEN €

La Fourchette

✆ 02 33 54 51 83

Basse saison : lundi au samedi midi, mardi au samedi soir. Haute saison : tous les jours. Carte : 15 € environ.

Se situant dans l'enceinte du Normandy Victory Museum, cette brasserie a tout compris : à l'intérieur, des nappes à carreaux, de références - et c'est bien normal - à l'époque du débarquement, et de belles bouteilles rangées dans des habillages en bois. L'accueil est excellent, le service efficace et le rapport qualité-prix tout aussi bon. Jambon braisé, bavette ou pizza du jour sont de chouettes propositions, bien faites et bien pensée. Et puis c'est pratique : une fois la visite terminée, à table ! Notez enfin qu'ici, des animations régulières ont lieu.

LA CLÉ DU BONHEUR €

21, rue Sebline

✆ 09 54 83 28 75

www.lcb-carentan.com

Ouvert le midi du mardi au samedi et le dimanche pour le « brunch ». Formules du midi : 11,5 € et 13 €.

La Clé du Bonheur, c'est une parenthèse de bonne qualité avec des produits frais, achetés localement, et confectionnés avec toute l'attention et l'affection des bonnes choses du couple composé de Lidwine et Rolando. La formule est végétarienne, des recettes excellentes ! Côté décoration, elle réchauffe le cœur (beaucoup de bois, dépareillé le plus souvent). L'après-midi du samedi est également un salon de thé. Et le dimanche midi pour le « brunch ». On y va pour la cuisine, l'ambiance et la convivialité. Un lieu unique à Carentan.

L'ESCALE DES SENS €€€

10, rue Jean Loret

✆ 02 33 42 08 87

www.escaledessens.wix.com/carentan

Ouvert du mardi soir au dimanche midi. Réservation recommandée. Carte : 40 € environ. Accueil des groupes.

C'est sous la houlette de Valentin Doraphé que L'Escale des Sens développe ici le concept de « bistrot chic ». Visuellement, c'est épuré, sobre, et les tables sont bien dressées. Mais c'est bien du côté des assiettes que l'on se penchera. Déclinées en « Pour bien débuter », « La terre », « L'eau », « Au gré du maître affineur » ou « Une touche sucrée », on vogue d'heureuse surprise en heureuse surprise, ces propositions étant renouvelées chaque mois. Des saveurs inattendues, parfois inconnues la viande et le poisson sont réinventées au fil des saisons.

LES DELICES D'ANTAIN

8, rue des Croix

✆ 06 37 36 26 55

Haute saison : du mercredi au samedi de 15h à 19h et le dimanche de 15h30 à 18h30. Hiver : le vendredi de 15h à 18h30.

C'est une affaire familiale qui fonctionne bien, et qui vous accueille avec le sourire ! Les parents, Catherine et Michel, et les enfants, Lucie et Antoine, sont aux manettes de cette chouette ferme, et ont eu la bonne idée d'installer, sur le bord de la route, une maison de bois pour vous permettre de vous procurer bien des délices. Lesquels ? Des œufs et des crèmes, bien évidemment, mais de manière plus originale, des crèmes à base de lait de la ferme et de fruits issus de productions locales. On valide, et surtout on y revient !

MANCHE

LE VINTAGE

20, rue de Caligny
✆ 02 33 20 82 57
www.levintagecarentan.com
Ouvert le lundi et le mardi de 16h à minuit, du jeudi au dimanche de 16h à 1h. Terrasse. Animations.

Le Vintage, c'est un incontournable du port de Carentan. Et pour de nombreuses bonnes raisons : d'abord, car c'est un lieu plein de vie, qui propose de nombreux concerts. Il faut reconnaître que l'endroit est idéal, avec sa très belle terrasse face aux bateaux du port, pouvant accueillir du monde et des groupes musicaux. Ici, on déguste vin, bière, tapas, on fait la fête, on assiste à des retransmissions sportives, dans une ambiance très bon enfant. On valide largement cet établissement, où il est bien difficile de ne pas passer une bonne soirée !

LE COMPTOIR DE MARIUS

27, place de la République
✆ 09 52 21 38 58
Ouvert le lundi, le mardi et du jeudi au samedi de 9h30 à 18h30.

Ce concept cartonne fort, car ici on vous propose plus qu'une épicerie : bien sûr, vous trouverez des délices à déguster, mais également des produits cosmétiques. Pour la première catégorie, vous avez un choix très vaste, allant des boissons aux jus de fruits en passant par les biscuits. Pour la seconde, une sélection soigneusement réalisée par la responsable, à laquelle on peut faire pleinement confiance ! Notez enfin que les producteurs locaux sont mis à contribution pour réaliser d'excellents petits plats que vous pourrez déguster sur place ou chez vous.

MAISON HÉROUT

36, route de Cantepie - **AUVERS**
✆ 02 33 71 07 89
www.maisonherout.com
Avril, mai, juin & septembre : ouvert du lundi au vendredi. Juillet & août : lundi au samedi. Toute l'année sur rdv.

La propriété de la famille Hérout est composée de vergers de pommes à cidre sélectionnées et certifiées Agriculture Biologique. C'est dans le respect des cultures traditionnelles, avec des productions 100 % bio, qu'est produit ici un cidre unique, bénéficiant de l'AOP Cidre Cotentin, et développé selon plusieurs cuvées d'exception. Ce n'est pas tout, ici on produit également du pommeau et du calvados, eux aussi parmi les meilleurs de toute la région, ainsi que du jus de fruit et du vinaigre. Le lieu mérite bien un passage, et pourquoi pas une visite.

LA PETITE MUSETTE

17, rue du château
✆ 02 33 20 80 93
www.lapetitemusette.com
Ouvert du lundi au samedi de 10h à 18h30. Ouvert le dimanche au mois d'août.

Une incroyable boutique au cœur de Carentan : telle est cette Petite Musette, qui est plutôt grande. Car ici, on vous propose de très nombreuses références en matière d'objets en rapport avec la Seconde Guerre mondiale – on rappelle aux étourdis que l'on est ici à une petite dizaine de kilomètres d'Utah-Beach seulement. Et venir ici, c'est un peu faire un retour quelques décennies en arrière : des objets reconstitués, de la veste en passant par les armes factices, mais aussi des objets de collections une librairie et quelques *goodies* qui marqueront votre passage.

KARTDRIVE

2, route des joncs
✆ 06 84 44 14 82
Réservations sur le site internet. Session enfant : à partir de 10 €. Session adulte : à partir de 15 €.

Voici une magnifique piste, ouverte à tous, et qui vous fera vibrer sur l'asphalte, en plein cœur des marais ! Evidemment, on peut ici s'adonner au kart selon des sessions classiques, mais de nombreux challenges sont également organisés ici, permettant l'accueil des spectateurs pour des courses de haut vol. Notez également la possibilité de conduire en biplace, chose rare non dénuée de sensations. Les enfants adorent et disposent de sessions dédiées. Enfin, Kartdrive dispose de son propre snack avec des plats simples, mais efficaces !

LE BLOCKHAUS

27, rue de la 101ème Airborne ✆ 02 33 20 81 15
www.leblockhaus-escape.fr
Du mardi au jeudi : 13h30-20h30. Vendredi : 13h30-22h. Samedi : 11h30-22h. Dimanche : 11h30-20h30. Tarifs dégressifs.

L'*escape game* le Blockhaus met les bouchées doubles niveau décor : vous serez plongés en 1944, et devrez mener à bon port des planeurs, susceptibles de prendre une part immense dans la libération de l'Europe. Attention, vous disposerez d'une heure, et pas une minute de plus ! Dans une seconde salle, baptisée « Fortitude », vous êtes des résistants français envoyés en mission par un agent double, du nom de Garbo. Vous vous retrouvez la veille du débarquement, et devrez rejoindre la maison d'un couple normand pour un échange de documents. Bluffant !

SAINTE-MARIE-DU-MONT

C'est une étape incontournable dans votre circuit de visite lié au débarquement, car Sainte-Marie-du-Mont, pour beaucoup, c'est Utah-Beach. Le 6 juin 1944, les lieux, déserts, rentrent dans l'histoire avec l'arrivée de dizaines de milliers de soldats libérateurs. La commune dispose sur son littoral de musées et de sites de commémoration et son bourg, blotti autour de l'église Notre-Dame de l'Assomption, sur les hauteurs à deux kilomètres du rivage, compte quelques commerces. Sainte-Marie, qui ne manque pas de charme, est ainsi très animée lors des commémorations, et se rejoint très facilement avec la voie autoroutière, à quelques minutes de là.

LES MONUMENTS AUX SOLDATS AUX ENVIRONS D'UTAH

Le souvenir du débarquement allié à Utah Beach est commémoré en permanence par la présence de monuments :

- **Monument fédéral américain,** inauguré en 1984.
- **Monument de la 90e division** d'infanterie américaine, débarquée les 6 et 7 juin 1944.
- **Monument de la 4e division** d'infanterie américaine, dédié aux hommes débarqués le 6 juin 1944 à 6h30.
- **Monument Danois,** dédié aux 800 marins danois qui ont participé au débarquement.
- **Panneaux** en souvenir des hommes de la 1re brigade du génie.

JEEP TOUR UTAH BEACH

Le Holdy © 02 33 44 81 20
www.batterie-du-holdy.com
Visites en fonction des réservations. Visite commentée de deux heures : 100 €. 3 heures : 150 €. De nuit : 200 €.

Un chouette parcours, et un beau souvenir en perspective. Ici, vous vous trouverez en effet embarqués sur les traces du débarquement dans une véritable jeep. Le moment, commenté par de vrais connaisseurs, arpente les lieux historiques du débarquement, et change largement des moments habituels de découverte ! Vous avez ici le choix, de la visite d'une heure jusque celle, organisée de nuit, avec des figurants (et beaucoup d'autres possibilités intermédiaires). Enfin, vous passerez par la batterie du Holdy, où vous découvrirez de nombreux objets historiques.

MUSÉE DU DÉBARQUEMENT UTAH BEACH ★★★

Utah-Beach
© 02 33 71 53 35
www.utah-beach.com
Basse saison : ouvert de 9h30 à 19h. Haute saison : tous les jours de 10h à 18h. Adulte : 8 €. Enfant (6/15 ans) : 5 €.

Rénovée à l'occasion du 70e anniversaire du débarquement, l'extraordinaire collection du musée est digne des plus grands lieux de mémoire, et l'ensemble est agrémenté d'un vaste hangar construit à cet effet, contenant un véritable bombardier B26 Maurauder. Le Musée d'Utah-Beach est à la fois un pôle de transmission culturelle et pédagogique, et un endroit de conservation de mémoire, valorisant des collections associées à un souci pédagogique constant. Immanquable.

© AGENCE SO DIRECT MUSÉE D'UTAH BEACH

© GALATAUDJULIEN (6)

MANCHE

CAMPING PARADIS UTAH-BEACH €

La Madeleine ✆ 02 33 71 53 69
www.camping-utahbeach.com
Fermé d´avril à septembre. Réservation recommandée. 164 emplacements. Tarifs emplacements et chalets : voir le site.

Les campeurs de la côte est du Cotentin connaissent bien ce très vaste camping au bord de mer. Et pour cause : pas moins de 164 emplacements, et de très nombreuses possibilités. Ainsi les campeurs peuvent disposer d'espaces aux tailles variables, mais c'est surtout sur les autres formules que les choix sont vraiment multiples : caravanes, *mobil-home*, chalets pour un nombre de personnes variables. Les équipements sont nombreux, dont une magnifique piscine couverte avec parc aquatique.

LE GRAND HARD €€€

14, La Rivière
✆ 02 33 71 25 74
www.domaine-utah-beach.com
Chambre double de 105 € à 150 €. Petit déjeuner : 15 € (enfant : 10 €). Chambre famille : de 160 € à 190 € par nuit.

Les 19 chambres de l'hôtel Le Grand Hard, dépendant du domaine d'Utah-Beach, frôlent le luxe, avec des boiseries très présentes et des équipements de haut niveau, offrant un cadre cosy et chaleureux. Elles se répartissent entre des chambres doubles standard, des chambres supérieures et des chambres famille (dont une supérieure, qui est un véritable petit loft en soi). Evidemment, l'accueil est excellent, de même que le petit-déjeuner. Mention spéciale au restaurant Chez Arsène, et qui propose une cuisine savoureuse à base de produits locaux.

HOLDY MILITARIA - LA BOUTIQUE DU HOLDY BAR SNACK €

18, place de l'Église ✆ 02 33 71 56 54
www.leholdy.com
Accueil des groupes. Terrasse.

Magasin-musée militaire, on trouve ici tout ce qui se rapporte à la Seconde Guerre mondiale et au débarquement. Comme parachutés dans un surplus de l'armée américaine, sont présentés treillis, casques, insignes chers aux collectionneurs et bérets en tout genre. Ici, on pratique aussi le troc. Avis à ceux qui conservent quelques vestiges dans leur garage… Cela pourrait en intéresser plus d'un ! Notez enfin la présence d'un bar, d'un snack et d'une boutique de produits du terroir.

SAINTE-MÈRE-EGLISE ★

C'est une cité mondialement connue depuis 1944, et la petite commune compte parmi les grands sites de l'histoire contemporaine. C'est en effet à Sainte-Mère-Église, dans la nuit du 5 au 6 juin 1944, que la libération de l'Europe commence avec le parachutage de la 82e division aéroportée qui prend la ville par surprise. Aux commémorations traditionnelles s'ajoutent plusieurs événements qui font de la petite cité le point de ralliement des derniers anciens combattants, d'officiels ou de personnes souhaitant leur rendre hommage. Aujourd'hui, les boutiques de souvenirs fleurissent et on y entend parler plus souvent anglais que français !

© DEAN MORIARTY - FOTOLIA

Sainte-Mère-Église.

BATTERIE D'AZEVILLE ★★

La Rue - **AZEVILLE**
✆ 02 33 40 63 05
www.manche.fr/patrimoine/
De juin à août : tous les jours. Reste de l'année : tous les jours sauf samedi.

La batterie d'Azeville, édifiée dès 1941, est l'une des premières constructions du mur de l'Atlantique en France. Elle était chargée de défendre, depuis l'intérieur des terres, les plages de la côte Est du Cotentin. Sa visite est impressionnante. Ici, vous entrez dans l'histoire et vous vous laissez guider à travers les 350 mètres de souterrains, ainsi que dans les nombreux ouvrages de béton marqués par la violence des combats. Durant la nuit 5 au 6 juin 1944, la batterie d'Azeville est prise d'assaut par un groupe de parachutistes tombés là par erreur. Puis, très tôt le matin, elle entre en action contre le débarquement américain d'Utah Beach. Elle retarde alors les forces alliées qui finissent par la contourner. La position tombe le 9 juin après des combats intenses et de nombreux rebondissements. Ici vous est proposé un parcours illustré et audioguidé présentant l'architecture des blockhaus ainsi que le quotidien des 170 servants au sein de cette forteresse en béton armé. Vous pouvez également visionner aussi un film exclusif sur la construction du mur de l'Atlantique, avec les témoignages d'Azevillais. Une exposition permanente sur la présence d'une garnison allemande dans le village vous permettra une incursion dans le passé de la bourgade. Notez enfin que l'endroit est l'objet d'expositions temporaires, qui vous donneront la possibilité de terminer votre visite sur une note différente. Assurément l'un des meilleurs endroits pour vous faire une idée de l'ampleur des installations mises en place pendant la guerre.

AIRBORNE MUSEUM ★★

14, rue Eisenhower ✆ 02 33 41 41 35 - www.airborne-museum.org
De mai à août : 9h/19h. D'avril à septembre : 10h/18h30. D'octobre à mars : 10h/18h. Adulte : 9,90 €. Enfant : 6 €.

Installé en face de la fameuse église de Sainte-Mère, l'Airborne Museum rend hommage aux parachutistes américains des 82e et 101e divisions aéroportées : leur courage et leur sacrifice valurent à cette petite commune d'entrer dans l'histoire dans la nuit du 5 au 6 juin 1944, en devenant la première commune libérée de France par les parachutistes américains. Le musée, inauguré en 1964, était initialement composé d'un bâtiment à l'architecture originale, puisque représentant un parachute ouvert, et qui reste dans l'imaginaire collectif le symbole du musée. Dans celui-ci, vous trouverez un véritable planeur Waco, dont la contribution à la libération fut si grande, ainsi que de nombreux documents d'époque. Plus loin dans le parc du musée, le Douglas C-47 Argonia, qui a largué de nombreux libérateurs il y a plus de soixante-dix ans : le bâtiment est en rénovation jusqu'en avril 2021. Parmi les plus récentes parties de l'ensemble, « Opération Neptune ». Dans ce bâtiment en forme d'aile, le visiteur devient acteur puisqu'il embarque dans un de ces fameux C-47 en Angleterre, et se retrouve largué – virtuellement, cela va sans dire – sur les vertes campagnes normandes. Impressionnante, la muséographie, soigneusement étudiée, vous laissera un incroyable souvenir, pour longtemps. Notez également qu'existe le centre de conférences Ronald Reagan. Parmi la multitude de musées existants, celui-ci apparaît dans la très courte liste des incontournables. Logiquement, il est très fréquenté, notamment en été.

LA BORNE 0 ★

Place de la Mairie

Vous pourrez voir la célèbre borne 0 à l'emplacement du monument aux morts. Celle-ci marque le point de départ symbolique de la Voie de la Liberté, ouverte par les armées américaines en juin 1944. La borne porte d'ailleurs les couleurs et les symboles des Etats-Unis : les 48 étoiles bleues en son sommet représentent les 48 Etats d'alors (avant les 50 étoiles dues à l'intégration de l'Alaska et d'Hawaï), les vagues à ses pieds symbolisent l'océan Atlantique, et le flambeau en son centre rappelle celui brandi par la statue de la Liberté à New York.

LA BORNE ROMAINE

Il ne s'agissait pas de bornes kilométriques, mais presque : à l'époque romaine, sur la voie reliant Rome à Londres, chaque 1 481 mètres se trouvait une borne romaine. Et c'est avec les matériaux de plusieurs de celles-ci que fut édifié le calvaire qui se trouve aujourd'hui sur la place de l'église. Posée sur un chapiteau romain, on peut y lire sur un panneau que c'est en raison de ce type de voies qu'est née l'expression «tous les chemins mènent à Rome» ! Aujourd'hui, beaucoup se font prendre en photo devant ce petit monument, devenu un des emblèmes de la ville.

MANCHE

BATTERIE DE CRISBECQ ★★

Route des manoirs - **SAINT-MARCOUF**
✆ 06 68 41 09 04
www.batterie-marcouf.com
Avril à juin & septembre à novembre : 10h/18h. Juillet & août : 10h/19h. Adulte : 10 €. Enfant (6/14 ans) : 6 €.

Le lieu est impressionnant et vous replonge dans les heures noires de la Seconde Guerre mondiale. L'ennemi avait installé à proximité immédiate d'Utah Beach une immense batterie d'artillerie, la plus importante du mur de l'Atlantique, pouvant couvrir une zone allant de Saint-Vaast-la-Hougue à la pointe du Hoc. Pour les connaisseurs, le lieu était équipé de canons de 21 centimètres, le *must* pour l'époque. Sous les ordres de l'*oberleutnant* Walter Ohmsen, la garnison de 400 soldats avait mené une résistance acharnée jusqu'au 12 juin 1944. Site incontournable d'où a été tiré le premier coup de canon à l'aube du 6 juin 1944, tombée dans l'abandon le plus total et la nature reprenant ses droits (un bois prenant ses aises ici, et les casemates étant remplies de vase et d'eau...), elle a été rachetée il y a une quinzaine d'années par des passionnés et a fait l'objet d'une remise en état afin de pouvoir être visitée : belle idée ! Vous cheminerez aujourd'hui selon un tracé bien établi allant des casemates aux différents abris et découvrirez l'intégralité d'une batterie en visitant : dortoirs, cuisine, soutes à munitions, infirmerie... On ne manquera pas de vous fournir de nombreuses explications, et les plus jeunes apprendront énormément sur l'intense passé des lieux. Mais la batterie, c'est aussi un programme d'animation très chargé : anniversaire du Débarquement, participations à la Nuit des musées ou aux Journées européennes du patrimoine, visites guidées nocturnes... Un passage ici ne laisse personne indifférent.

ÉGLISE DE SAINTE-MÈRE-ÉGLISE ★

16, rue Eisenhower
www.ot-baieducotentin.fr

Commencée au XIe siècle en roman, elle fut achevée au XVe siècle, et est devenue surtout un symbole de mémoire de la libération de 1944. Car c'est bien pour cela que la majeure partie des personnes admirent l'église : on peut voir suspendu au clocher le corps du parachutiste américain John Steel. Il ne s'agit évidemment que d'un mannequin soigneusement placé. Ce dernier fit en effet semblant d'être mort, son parachute accroché au clocher, et ceci le temps que la bataille se calme...

LA FERME MUSÉE DU COTENTIN ★

Chemin de Beauvais
✆ 02 33 95 40 20
www.manche.fr/patrimoine
Ouvert d'avril à l'automne. Gratuit jusqu'à 6 ans. Adulte : 5 €. Enfant (de 7 à 18 ans) : 2,50 €.

La ferme-musée du Cotentin est un éco-musée vivant dans une ancienne ferme-manoir des XVIIe et XVIIIe siècles. Un espace à la fois ludique et muséographique, dans lequel vous découvrez les savoir-faire d'hier : laiterie, laverie, cellier, pressoir, écurie... Machines et tracteurs retracent la folle époque de la mécanisation et de la motorisation de l'agriculture. À l'extérieur, c'est la rencontre avec les animaux de basse-cour normands. Un potager et un rucher complètent la visite.

© JEF WODNIACK - SHUTTERSTOCK.COM

Batterie de Crisbecq.

MANCHE

MARCOUF 44

Route de Crisbecq - **SAINT-MARCOUF**
www.marcouf44.com
En été ouvert de 9h30 à 17h30. Visite privée et guidée : pour les groupes 7 €/personne, gratuit pour les - de 15 ans.

Ce lieu de mémoire, unique, et qui a ouvert après de longs travaux, permettant de découvrir une nouvelle face du débarquement. Situé entre Cherbourg et la Pointe-du-Hoc, le poste de commandement de la batterie de Crisbecq est à découvrir. Partie prenante du mur de l'Atlantique (bien que le long de la Manche), la batterie a été totalement abandonnée (ses sous-sols étant même inondés) avant de spectaculairement reprendre vie, sous forme d'endroit de visite. Des fouilles, réalisées à l'hiver 2020-2021, ont permis de mettre à jour des secrets oubliés : bluffant.

LE MUSÉE À CIEL OUVERT

6, rue Eisenhower
✆ 02 33 21 00 33
www.ot-baieducotentin.fr
Adulte : 8 € (un appareil pour 2 à 4 personnes). Visite guidée (un seul appareil par véhicule - environ 3h).

Ce parcours est unique en son genre : il s'agit du seul musée à ciel ouvert sur la thématique du débarquement. Le principe est simple : un circuit de plusieurs dizaines de kilomètres autour de Sainte-Mère-Église a été balisé. Onze sites et lieux-dits, étapes clés des événements du débarquement autour de la commune, sont expliqués et détaillés. Comment faire ? Rien de plus simple ! Téléchargez l'application dédiée sur le site de l'office de tourisme, repérez les bornes et laissez-vous guider ! Prévoir plusieurs heures pour la visite complète.

OFFICE DE TOURISME BAIE DU COTENTIN - STE-MÈRE

6, rue Eisenhower
✆ 02 33 21 00 33
www.ot-baieducotentin.fr
Ouvert tous les jours d'avril à septembre. Ouvert du lundi au vendredi d'octobre à mars.

L'office de tourisme offre des services complets aux nombreux touristes qui sillonnent la région et associe le souvenir aux nouvelles technologies. Via l'application gratuite KIT'M ou grâce à la location de tablettes tactiles, vous découvrirez les environs autrement avec les circuits du Musée à Ciel Ouvert et le circuit historique 1944. Notez que vous bénéficierez ici d'un service de billetterie pour les immanquables de la région, de la Cité de la Mer aux promenades en mer.

WORLD WAR II MUSEUM ★★

18, avenue de la Plage
QUINÉVILLE
✆ 02 33 95 95 95
www.worldwar2-museum.com
Ouvert tous les jours de mars à août de 10h à 19h. Septembre/ octobre : fermeture 18h. Adulte : 7 €. Enfant : 5,50 €.

Ce musée recèle bon nombre de trésors. Grâce à une scénographie innovante, vous parcourez les grandes étapes du conflit : sur 1 000 m² d'exposition, le long d'une rue des années 40 avec ses boutiques et ses véhicules, vous découvrirez une très belle collection d'objets du quotidien, de photographies et de figurines uniques. Depuis le bunker situé dans le musée, vestige du système défensif allemand, à vous la vue imprenable sur Utah Beach. Pour terminer cette visite en beauté, vous admirerez le film d'époque « Du Débarquement à la prise de Cherbourg ». Magnifique.

© DR

© DR

MANCHE

LA PLAGE D'UTAH BEACH ★★

C'est l'histoire d'une plage déserte depuis toujours, et qui est entrée dans l'histoire en quelques heures. Il est 2h ce matin du 6 juin 1944, et 30 000 hommes ont quitté le sud de l'Angleterre pour rallier la côte est du Cotentin. La libération de la Normandie est proche. La plage de la Madeleine, rebaptisée Utah Beach, est le théâtre de la fameuse opération Verlaine qui inaugure un événement d'une tout autre ampleur : Overlord. Ici le Débarquement doit absolument réussir. En cas de défaite, l'état-major prévoit de reporter toutes les troupes sur Utah dans le but d'isoler le nord Cotentin. Les troupes américaines donnent l'assaut à 6h30. De toutes les plages, celle-ci sera la moins meurtrière. Une petite erreur entraîne les soldats à quelques kilomètres au sud. Le terrain est bien préparé par les vagues successives de bombardements. Au soir du 6 juin, 24 000 soldats alliés ont débarqué avec véhicules et matériel d'approvisionnement. Ils rencontrent peu d'opposition de la part des soldats allemands, à la différence d'Omaha et de la pointe du Hoc. Le nom de code donné à la plage de la Madeleine à Sainte-Marie-du-Mont par les Alliés est toujours employé aujourd'hui. Les vétérans reviennent sur cette plage tous les ans. Ils sont un peu des hôtes perpétuels, et sont toujours accueillis comme de véritables héros. Pas étonnant que ce lieu de mémoire soit pressentis pour être classé au patrimoine mondial. Ici, vous vous recueillerez sur l'immensité de la plage, et vous pourrez découvrir le musée du débarquement.

HÔTEL DU 6 JUIN €

11, rue des Clarons
© 02 33 21 07 18
www.hotel-du-6-juin.com

Ouvert de février à fin novembre. Chambre double à partir de 72 €. Wifi gratuit.

Passez la porte de cette vaste bâtisse typique des standards architecturaux de la reconstruction de l'après-guerre, et vous apprécierez l'agencement de la réception et de la salle de petit déjeuner. En intérieur, l'alliance de l'ancien et du contemporain est très réussie, ce qui ajoute encore à la sérénité des lieux. Le décor des chambres est très homogène et le confort indiscutable. Toutes les chambres possèdent leurs sanitaires intégrés, et le rapport qualité-prix est l'un des plus avantageux de la cité. L'emplacement est idéal, très proche du cœur de ville.

CAMPING DE SAINTE-MÈRE-EGLISE €€

6, Rue du 505e-Airborne © 02 33 41 35 22
www.camping-sainte-mere.fr

Emplacement/véhicule/2 personnes : 10,80€ à 15,80€. Bungalows 2 à 3 personnes 343 à 539€/semaine

C'est un camping, tout simple et bien pensé, qui a changé de propriétaire il y a quelque temps. Proposant diverses formules, allant de l'emplacement classique au chalet en passant par la caravane et le bungalow, l'endroit est parfaitement situé, à quelques pas du centre de Sainte-Mère et de ses témoignages historiques. Le camping compte également une petite boutique de produits locaux ainsi qu'un service de location de vélos. Notez enfin l'excellent rapport qualité-prix.

LE JOHN STEELE HÔTEL-RESTAURANT €€

4, rue Cap-de-Laine
© 02 33 41 41 16
www.auberge-john-steele.com

7 chambres. Chambre double à partir de 65 €. Petit déjeuner : 7,80 €. Parking.

Dans la parfaite lignée du restaurant, le John Steele propose une très belle offre d'hébergement saisonnière. Ce sont 7 chambres, avec un prix d'appel très bas, qui se trouvent ici. On aime le confort proposé ici, les literies sont très confortables et l'accès wifi est gratuit. Le petit déjeuner est excellent et copieux, et le calme est garanti. La vaste bâtisse est de plus un excellent endroit pour rayonner dans la région. L'accueil, enfin, n'est pas un vain mot.

LES CABINES €

1, rue des Alliés
© 02 33 01 36 59

Ouverture de la mi-mars à la fin septembre et 7j/7 juillet et août. Carte : 20 € environ.

Au menu, une cuisine traditionnelle, des recettes se déclinant suivant le marché. La cuisine est maison : vous y trouverez viandes, poissons et pizzas, mais aussi du snacking. Les moules de pays en saison, sont excellentes, ainsi que le couscous de la mer. En été, une très grande terrasse ensoleillée est là pour se restaurer ou prendre un verre l'après-midi. L'endroit possède une grande salle de restaurant pouvant accueillir les groupes. Futé : en juillet et en aout vous disposez d'un service de brasserie toute la journée. Et la mer n'est qu'à quelques pas !

CRÊPERIE CAUQUIGNY €

31, rue du Général-de-Gaulle ✆ 02 33 41 36 63
www.restaurant-creperie-saintemereeglise.fr
Basse saison : mardi au dimanche midi, mardi au samedi soir. Haute saison : tous les jours. Menus : 12,90 € à 16,20 €.

C'est une petite crêperie qui repose sur la simplicité et un rapport qualité/prix honorable. A la carte, des standards, mais aussi quelques petites spécialités, notamment la galette D-Day et sa sauce normande, la Cauquigny avec pommes et jambon fumé où la Sainte-Mère-Église avec jambon blanc et camembert. A la carte également, des salades et quelques viandes. Petit point d'émotion : la vaste fresque dans la salle qui rend hommage aux vétérans, avec les signatures et témoignages d'un grand nombre d'entre eux. En plein centre du village, vous ne pouvez la manquer.

CHEZ JEANNE €

1, rue de la Division-Leclerc
✆ 02 14 14 13 60
www.chezjeannecreperie.com
Basse saison : ouvert du jeudi au lundi midi & soir. Haute saison : mercredi au lundi midi & soir. Carte : 20 € env.

C'est une chouette crêperie : outre les traditionnelles propositions en la matière, le lieu propose de nombreuses créations, comme la Cotentin, la Chaudin ou la Saint-Jacques en saison. Ouverte à tous, vous trouverez ici salades, viandes ou omelettes. Attention, ici les fournisseurs sont locaux, rien n'est surgelé ici, et la garantie de la qualité ne se discute pas : trappe de Bricquebec pour la charcuterie, William et James pour le saumon fumé ou les maîtres laitiers du Cotentin. Ainsi les assortiments appelés « cochon » ou « terroir » sont à tomber.

L'EUCALYPTUS €€

14, Route de la mer
✆ 02 33 41 43 76
www.eucalyptus-ravenoville.fr
Ouvert toute l'année. Fermé dimanche soir et lundi. Réservation recommandée. Carte : 35 € environ.

Du bon, du chic sans chichis, les tables sont nappées, la déco tendance, la cuisine recherchée suivant le marché du jour. Le chef suit son inspiration d'où le nom de l'un des menus star du lieu : Inspiration ! Toujours à la recherche de l'idée nouvelle pour étonner, la cuisine est très colorée et inventive, et c'est bien ce qui fait la réputation du lieu. Le fameux homard grillé, spécialité de l'enseigne, et le poisson du moment sont de pures merveilles - parmi tant d'autres. La réservation est conseillée, notamment le week-end.

UN MONDE SANS FAIM €€

18, rue du Général-de-Gaulle
✆ 02 50 79 21 03
Ouvert tous les jours le midi et le soir. Carte : 25 € environ. Chèque Restaurant.

C'est sans conteste l'un des meilleurs et des plus originaux restaurants de Sainte-Mère. Si un monde sans faim est encore aujourd'hui, malheureusement, un vœu pieux, ici ce n'est pas le cas. Le créneau, c'est la cuisine du monde, inventive, chaleureuse, woks ou autres merveilles d'ailleurs cuisinées devant vous. Les amateurs de cuisine franco-française peuvent se rassurer, ils seront également à l'honneur. Deux salles aux ambiances bien différentes, imaginées par Mark, le très chaleureux propriétaire, vous accueillent. À tester sans hésiter.

LA PAUSE GOURMANDE - LE BISCUIT DE SAINTE-MÈRE €€

5, rue de la Division-Leclerc ✆ 02 33 93 36 50
www.biscuit-sainte-mere-eglise.com
Ouvert toute l'année. Tous les jours le midi ; le vendredi et le samedi le soir. Carte : 25 € environ.

Après vous être ouvert l'appétit à déambuler au milieu des allées de la biscuiterie de Sainte-Mère-Église (qui vous propose également de très jolis objets de décoration) que diriez-vous d'un bon repas ? Ici vous trouverez d'excellents petits plats, concoctés avec des produits frais, de saison et issus du terroir normand. Le service est excellent, et les créations culinaires sont parfois originales. Un passage par la boutique, ensuite, est vivement recommandé !

BISCUITERIE DE QUINÉVILLE

6, rue du Port-Sinope - **QUINÉVILLE**
✆ 02 33 40 68 51
www.biscuiterie-quineville.com
Ouvert du mardi au dimanche de 9h à 12h45 et de 14h à 19h.

Ce sont d'abord, comme son nom l'indique, que vous trouverez ici. Fabriqués avec des produits locaux, ils sont bien sûr excellents, et se déclinent sous de nombreuses formes. Mais vous pourrez également ici vous procurer l'excellente tarte Cotentine, dont la fabrication reste secrète. Au-delà, c'est toute une gamme d'excellents produits, venus d'un peu partout en France, qui font de cette épicerie fine un immanquable de la cité. Enfin, on peut également manger, et prendre un verre.

SAINT-LÔ ★

Cité préfectorale de petite taille, comptant moins de 20 000 habitants, elle fut surnommée « capitale des ruines » après les rudes batailles de juillet 1944 qui la laissèrent presque entièrement détruite. Saint-Lô a su reprendre pied et se redresser fièrement sur son rocher. Ville administrative, ses remparts, sa douceur de vivre et son cadre méritent une étape. La ville est bien desservie et est située en plein cœur du département. Ces dernières années, les initiatives pour rendre la ville plus vivante et attractive se sont multipliées, avec succès. Outre le centre-ville, commerçant, la ville a aménagé les berges de la Vire qui la traversent.

LE JARDIN D'ELLE

15, Le Repas - **VILLIERS-FOSSARD**
✆ 02 33 05 88 64
www.dellenormandie.com
Ouvert du mardi au samedi 9h/12h et 14h/18h. Dimanche, lundi et jours fériées 14h/18h. Adulte : 6 €. Enfant : 3 €.

C'est un jardin pas comme les autres qui se situe à Villiers-Fossard. Fruit de la passion de la famille Anquetil, le Jardin d'Elle vous invite en effet, à côté de leur pépinière, à découvrir un savoir-faire hors du commun. Pas moins de 2 500 variétés différentes sont ainsi réparties selon 27 espaces thématiques. Parmi ceux-ci, l'équipe du Petit Futé a particulièrement apprécié le jardin de méditation, l'espace dédié aux roses et le jardin gourmand. Cet espace met également en valeur de nombreuses espèces exotiques, qui trouvent ici un paradis à leur mesure.

BIENVENUE À LA FERME

✆ 02 33 31 48 07
www.normandiealaferme.com
430 établissements référencés en Normandie.

Visiter la Normandie c'est bien, mais la découvrir au travers de ses fermes, c'est encore mieux ! Qu'il s'agisse d'hébergements, de repas, d'activités pédagogiques ou d'achats de produits locaux, Bienvenue à la Ferme vous permet de choisir parmi de nombreux établissements à taille humaine, dûment référencés et vous assurant une sélection pointue et authentique. Ici, le lien direct avec les agriculteurs, la qualité de l'accueil et des échanges, le respect de l'environnement ou encore la provenance des produits sont garantis. Chambres d'hôtes, gîtes ruraux ou hébergements insolites (roulottes ou cabanes dans les arbres), camping à la ferme, aires de camping-car, pique-niques, apéritifs fermiers ou tables d'hôtes : Bienvenue à la Ferme propose un vaste choix. Si vous êtes à la recherche de bons produits, la marque distingue les agriculteurs proposant, sur leurs exploitations ou sur les marchés, des productions d'excellence, des viandes aux œufs en passant par les produits cidricoles ou laitiers, les légumes et même des produits non alimentaires (cosmétiques ou huiles essentielles). Enfin, les amateurs de découvertes pédagogiques ou ludiques trouveront une offre diversifiée et qualitative (ateliers de fabrication culinaire, labyrinthes végétaux, chasse aux œufs…). En Normandie, 430 établissements sont référencés, vous assurant des moments fermiers de grande qualité. Pour prendre connaissance de ceux-ci, vous pouvez vous rendre sur le site Internet dédié ou découvrir le guide papier, disponible dans les offices de tourisme.

MANCHE

Le tour des Beaux-Regards domine le flanc le plus escarpé du rocher.

MUSÉE D'ART ET D'HISTOIRE

Place du Champ-de-Mars ✆ 02 33 72 52 55
www.saint-lo.fr
Basse saison : ouvert du mardi au dimanche 14h/18h. Haute saison : du mardi au dimanche 13h30/18h30. Adulte : 4,50 €

Totalement repensé, disposant désormais d'une muséographie claire et aérée, ce musée présente la cité jusqu'à nos jours : la reconstruction bien sûr, les années 1950 et 1960 à grand renfort de publicités d'époque, l'actualité culturelle et les années 2020, avec une splendide vue aérienne. Du côté des arts, une tapisserie de Gombault et Macée, toiles de Jean-François Millet, de Corot, ou de Le Goût-Gérard qui a peint la place du marché de Saint-Lô avec un incroyable réalisme…

MUSÉE DU BOCAGE NORMAND - LA FERME DU BOIS JUGAN

Boulevard de la Commune
✆ 02 33 72 52 55
www.ot-saintloagglo.fr
Ouvert d'avril à octobre. Gratuit jusqu'à 12 ans. Adulte : 5,50 €. Enfant (de 12 à 25 ans) : 2,50 €.

Entourée de clos et de haies, située dans un environnement préservé, cette ferme devenue musée il y a plus d'une quinzaine d'années retrace l'histoire et de l'ethnographie du Bocage normand des années 1800 à nos jours. Quelques chiffres : trois niveaux d'exposition, près de 120 supports graphiques, 800 m² et un millier d'objets exposés. Des lieux typiques comme l'écurie, l'étable, l'atelier et la beurrerie y sont reconstitués. Pédagogique et passionnant.

LE PAVILLON DES ÉNERGIES

Ecosiet du Fleurion - **LE DÉZERT**
✆ 02 33 06 69 00
www.planete.manche.fr
Ouvert le lundi, le mardi, le jeudi et le vendredi de 10h à 17h ; le mercredi de 13h30 à 17h. Visite libre.

Ouvert depuis plusieurs années sur le site du Fleurion, tout à côté de Saint-Lô, le Pavillon des Energies répond au besoin d'information et de formation du public au sujet de l'écoconstruction et des énergies renouvelables. La lutte contre le changement climatique passe aussi par l'habitat, et le Pavillon des Energies apporte toutes les réponses pour adopter un mode de vie durable. Destiné à tous les publics, le Pavillon des Energies donne des informations et renseignements sur les questions relatives à l'écoconstruction, une thématique d'actualité.

OFFICE DE TOURISME ST-LÔ AGGLO

60, rue de la Poterne ✆ 02 14 29 00 17
www.ot-saintloagglo.fr
Ouvert toute l'année. Horaires variables selon la saison. Juillet et août : du lundi au samedi, matin et soir.

L'office de tourisme de Saint-Lô Agglo vous accueille dans des bureaux au pied des remparts. Des visites guidées aux activités les plus insolites, l'office recense, de manière exhaustive, les nombreuses possibilités de la cité préfectorale, que vous pourrez découvrir y compris via les technologies modernes. Notez enfin que vous pouvez ici louer des vélos électriques en été (7,50 € pour la journée ou 10 € le week-end). Les horaires peuvent évoluer : n'hésitez pas à appeler en amont !

LA COCOTTE GOURMANDE €€

12, La Mazure - **CARANTILLY** ✆ 02 33 57 39 13
www.restaurant-lacocotte-gourmande.fr
Chambre double à partir de 75 €. Petit déjeuner : 9 €. Soirée étape (VRP) : 85 €. Wifi gratuit.

Non content de proposer un restaurant que l'on aime beaucoup, et basé sur la présentation en « cocotte » – d'où le nom du lieu –, Sylvie et Emmanuel Plaine ont souhaité proposer ici quelques chambres d'hôtels. Comme pour le repas, la prestation est impeccable : les chambres sont bien pensées, bien décorées et spacieuses. Le petit-déjeuner est copieux, et le rapport qualité/prix très bon. On se dira que ça vaut parfois le coup de s'éloigner un peu des grands axes (tout en restant géographiquement bien placé) pour profiter de ces beaux endroits !

LE PETIT POUCET HOTEL-RESTAURANT €€

10, de la Chancellerie
✆ 02 33 57 14 68
Ouvert toute l'année. 15 chambres. Chambre double de 64 € à 80 €. Chèque Vacances. Connexion Internet. Wifi.

Une adresse futée et une valeur sûre de l'hôtellerie saint-loise, dont le rapport qualité-prix font du lieu un incontournable de la cité préfectorale. Bon niveau de confort : salle de bain privative, wifi, confortable literie, excellent petit-déjeuner (à base de produits frais et régionaux) le pain et les viennoiseries sont cuites sur place, rien ne manque. Ici, on sait recevoir avec gentillesse, Eric le maître des lieux saura vous donner les bonnes infos pour découvrir la ville.

CHATEAU DE LA ROQUE €€€

THÈREVAL

✆ 02 33 57 33 20

www.chateau-de-la-roque.fr

18 chambres. Chambre double 129 € ; chambre triple à partir de 133 € ; suite à partir de 159 €.

Un merveilleux écrin : en pleine campagne, ce splendide château des XVIe et XVIIe siècles vous accueille pour des prestations haut de gamme. Non seulement le cadre est enchanteur, avec un parc magnifique, mais les chambres sont douillettes, décorées avec goût et dans un style ancien et cosy. Elles se déclinent selon plusieurs tailles : pour deux personnes ou familiales, avec une offre également accessible aux personnes à mobilité réduite. Autre atout de taille : l'espace bien-être, avec spa, hammam et jacuzzi, agrémenté de soins personnels et d'une tisanerie.

LES CAPUCINES €€

1, rue Alsace Lorraine

✆ 02 33 05 15 36

www.brasserie-les-capucines.com

Ouvert du lundi au samedi. Menus (tarifs 2020) de 22 € à 29,50 € (le soir). Carte : 30 € environ. Menu enfant : 10 €.

Un bistrot gourmand comme on les aime, et qui gagne à être connu. De la cuisine mijotée, des plats de nos grands-mères ! De la couleur, de l'orange, du blanc qui se marient bien dans un ensemble moderne et fonctionnel, y a pas à dire, Mickael et Estelle Marion ont décidément bien fait les choses ! Beaucoup de propositions et de possibilités le midi en matière de formules et menus, un espace brasserie, des plats de saison, qui changent souvent. Une adresse testée et approuvée par le *Petit Futé*, et pas seulement, puisque le lieu accumule les récompenses.

LE 9BOURG €€

64, rue du Neufbourg

✆ 09 52 88 44 50

Ouvert du lundi au vendredi. Formule du midi : 12,90 € (entrée/plat ou plat/dessert. Entrée/plat/dessert : 14,9 €).

C'est sous la houlette d'Alexandre et Vanessa Renard que l'endroit, ouvert le midi (et le soir sur réservation) gagne progressivement une jolie réputation sur Saint-Lô et dans les environs. Ainsi des formules pour le déjeuner vous sont proposées, avec des produits frais et des plats renouvelés en grande partie quotidiennement. Le foie gras maison est excellent, les saucisses maison sont vraiment délicieuses, et on vous proposera même de terminer votre repas avec une jolie sélection de cafés. Service rapide et efficace : on valide !

LE BISTROT 59 €€

59, rue Saint-Thomas

✆ 02 33 72 36 75

Ouvert toute l'année, tous les jours le midi et le soir. Carte : 20 € environ.

Vaste brasserie du centre de Saint-Lô, dont le nom vient tout simplement du numéro de la rue (facile à retenir, donc), Le Bistrot 59 est l'une des meilleures brasseries de la ville. La carte fait la part belle aux standards, à commencer par le *snacking* (croques ou tartes salées), mais aussi, et surtout, aux standards de la cuisine hexagonale : des salades ou des cassolettes en entrée, des viandes fraîches et bien cuisinées ou un vaste choix de pâtes pour continuer, de bons et copieux desserts pour terminer. On notera enfin un joli brunch le dimanche !

BISTROT LAMBS €€

21, place de la Palière

AGNEAUX

✆ 02 33 57 69 93

Ouvert du mardi au samedi le midi ; le vendredi et le samedi le soir. Réservation recommandée. Carte : 25 € environ.

Le couple qui tient ce joli lieu a exercé 20 ans outre-Manche : on sent le savoir-faire et l'amour des bons produits. Ici, la carte, généreuse, montre combien le chef de cuisine connaît son sujet : les viandes, les poissons sont bien choisis et le plus souvent proposés selon une version bistronomique que l'on n'attendrait pas ici. C'est original (souvent) et savoureux (toujours). A noter que les produits sont locaux et maison. Connaissant un succès qui ne s'est jamais démenti, le lieu est devenu un incontournable de l'agglomération saint-loise.

LA PERGOLA €€

11, route de Villedieu

✆ 02 33 55 17 27

www.lapergola-restaurant.fr

Ouvert tous les jours le midi et le soir. Menus de 18,50 € à 22,50 €. Menu enfant : 6,50 €.

C'est un succès que chacun connaît bien ici : le choix est vaste, les plats sont simples, copieux et bons, et le rapport qualité-prix imparable. Il faut dire que la cuisson au feu de bois change véritablement la saveur et la texture de l'ensemble des pizzas, que les produits sont frais (ainsi qu'en attestent les nombreuses salades). L'endroit est vaste et très facile à trouver en centre-ville. Les enfants adorent, et on peut même ici emporter son repas : difficile de faire plus efficace. Notez qu'un second établissement de l'enseigne existe à Coutances.

RESTAURANT INTUITION €€€

6, rond-point du 6-Juin
✆ 02 33 05 15 36
www.restaurant-intuition.com
Ouvert du jeudi au samedi midi & soir. Tarif des menus (2020) : de 39 € à 67 €. Formule midi : 25 €.

Évidemment l'une des meilleures tables de Saint-Lô. Véritable concept, celle-ci propose une surprise gustative : le chef laisse aller la sienne, et vous propose des plats dont vous ne saurez rien jusqu'à ce qu'ils gagnent votre place puis, encore plus rapidement, votre estomac. Copieux et, surtout, fins et originaux, les trois menus proposés vont de 3, pour le menu «Découverte», à 4 ou 7 plats, pour les menus «Instant».. À signaler que le chef ramasse toujours des fleurs et des herbes sauvages pour vous faire découvrir de subtils parfums. Service irréprochable.

L'ARCA

30, rue des Maréchaux
✆ 09 82 40 64 98
www.larca.fr
Ouvert du mardi au samedi de 9h à 19h.

Tout un concept, qui marche fort et pour de bonnes raisons ! Car l'Arca, situé dans le cœur de la cité préfectorale, n'est pas un lieu comme les autres. C'est un café, et bien davantage : lieu d'exposition, vous y flânerez et prendrez un café – ou partager une planche avec des amis dans un environnement unique. On peut également s'installer tranquillement et bénéficier d'une connexion internet et, à intervalles réguliers, participer à des ateliers artistiques : sculpture, photo ou gravure, par exemple, sont autant de possibilités offertes. On adore !

LES JAMBONS D'ANTAN

9, rue de la Source - **THÈREVAL**
✆ 02 33 57 68 47
www.jambons-d-antan.com/
Ouvert du lundi au vendredi de 8h à 12h et de 14h à 18h ; le samedi de 9h à 12h. Ouvert toute l'année.

Lorsque vous passerez le pas de la boutique, l'odeur du fumé vous accueillera, et si cela vous ouvre l'appétit, la boutique saura satisfaire toutes vos envies ! Elaboration, salaison, fumage et désossage : les Jambons d'Antan assurent la production dans son ensemble. Tout est bon dans le cochon et plus encore, après 6 mois de préparation dans le respect des traditions normandes ! Que le jambon soit fumé avec ou sans os, tranché, en demi ou en quart, qu'il soit braisé ou blanc, accompagné des poitrines fumées ou jambon à l'os, il est excellent.

PÔLE HIPPIQUE DE SAINT-LÔ ★★

437, rue du Maréchal-Juin ✆ 02 33 57 27 06
www.polehippiquestlo.fr
Visite libre tous les jours de 10h à 17h.

Ici cohabitent tradition et modernité : le Pôle hippique, ce sont 9 disciplines équestres pratiquées, 27 000 parcours de chevaux de sport, 170 jours d'événement par an, 4 concours de sauts d'obstacle internationaux. Le site regroupe sur 35 hectares, le haras historique et des installations plus récentes pour former le Pôle Hippique de Saint-Lô qui propose des animations sportives, touristiques et culturelles. Les visites y sont libres chaque jour : l'endroit mérite bien un passage.

AU JARDIN DES SAVEURS

47 bis, rue Torteron
✆ 02 33 77 99 46
Ouvert tous les jours.

C'est en plein cœur de la cité préfectorale qu'a ouvert en septembre dernier cette échoppe pleine de couleurs et dans l'air du temps. Ce Jardin des Saveurs, ce sont d'abord des fruits et légumes, dont la provenance locale et certifiée, et l'origine biologique est fréquente. Ici, on saura vous conseiller et vous expliquer combien les produits proposés sont de qualité, ce qui est incontestable ! Des conserves, des boissons et d'autres propositions, comme des gâteaux, complètent une offre qui ne devrait pas manquer de vous plaire.

TORIGNI-LES-VILLES

Résultat de la fusion de Torigni-sur-Vire et de quelques communes environnantes, Torigni-les-Villes occupe une territoire situé au sud de l'agglomération saint-loise. Traversé par la Vire, dont les berges constituent un joli lieu de promenade, les lieux comptent certains paysages remarquables, à commencer par les impressionnantes roches de Ham, qui surplombent les environs à plus de 120 mètres d'altitude. Bien desservie par l'autoroute, Torigni-les-Villes propose commerces, lieux de restauration et d'hébergements, ainsi qu'une offre culturelle remarquable. Un lieu de villégiature idéal, qui ne manque pas d'un joli patrimoine religieux à découvrir.

LES METS DE LA FERMIÈRE

67, rue des Frères Lumière **AGNEAUX**
✆ 09 87 15 22 22
Ouvert du mercredi au vendredi de 10h à 13h et de 14h30 à 19h ; le samedi de 10h à 19h.

C'est dans la zone artisanale de la Croix Carrée que vous pouvez trouver les Mets de la Fermière. Sous la houlette de son initiateur et responsable Renaud Simon, la volonté est de vous proposer les meilleurs produits issus de filières courtes, c'est-à-dire principalement de la Manche. Fermiers et artisanaux, ceux-ci, qu'ils soient légumes, laitages, beurres, fromage, pain, cidre, jus divers en provenance de plus de 50 producteurs locaux, sont soigneusement sélectionnés pour vous permettre d'obtenir le meilleur, et surtout au juste prix !

CHÂTEAU DES MATIGNON ★

Rue Victor-Hugo
✆ 02 33 56 71 44
Visite guidée en juillet et août. Appeler la mairie (numéro ci-dessous) pour obtenir davantage d'informations.

En 1715, Jacques de Matignon, propriétaire du château, épouse Louise de Monaco et devient prince monégasque par la même occasion. Les turpitudes de la Révolution endommagent fortement le bâtiment, et seule l'aile sud flanquée d'une tour carrée sera épargnée. En 1817, Jacques Le Chartier en fait l'acquisition, et la municipalité, en 1840, construit le pavillon. Restauré après la Seconde Guerre mondiale, il abrite aujourd'hui une fabuleuse collection de tapisseries d'Aubusson, du mobilier Louis XV et de belles œuvres d'Arthur Le Duc, sculpteur animalier local.

HIPPODROME DE GRAIGNES

25-27, rue du Vieux-Château - **GRAIGNES**
✆ 02 33 55 45 26 -
www.hippodromedegraignes.com
Consulter les horaires des courses sur le site internet. Restauration. Contact pour le restaurant : 06 88 18 49 94.

Amateurs d'événements équestres, courses, spectacles, Graignes est nationalement connu : il affiche un standing réel, par ses dimensions (piste en cendrée, corde à gauche, piste trot homologuée avec départ aux élastiques, 1 034 mètres de longueur sur 20 de large, piste d'obstacles de 4 200 mètres, restaurant panoramique de 400 couverts, 100 boxes, 2 500 places de parking...). Aujourd'hui, l'hippodrome accueille 30 réunions annuelles de trot, et dispose d'un chouette restaurant panoramique pour lequel la réservation, les jours de course, est vivement recommandée !

OFFICE DE TOURISME ST-LO AGGLO/TORIGNI-LES-VILLES

1, rue Victor-Hugo
✆ 02 14 29 00 17
www.ot-saintloagglo.fr
Ouvert juillet/août : lundi 9h30/12h30 & 14h30/18h30, mercredi au samedi 10h/12h & 14h30/18h30, dimanche 14h30/18h30.

Le bureau d'informations touristiques de Torigny-les-Villes, dépendant de celui de Saint-Lô Agglo, est un haut lieu pour les curieux et touristes qui souhaitent découvrir la ville. Le lieu, situé rue Victor-Hugo, continue d'aiguiller avec talent et professionnalisme visiteurs, curieux et autres désireux d'obtenir les informations nécessaires à la bonne exécution de leur passage ici. Attention, les horaires peuvent évoluer, n'hésitez pas à appeler en amont !

LES ROCHES DE HAM ★

Entre Torigni et Tessy, au cœur de la vallée de la Vire, les roches de Ham culminent à plus de 105 m d'altitude, offrant des points de vue superbes sur la Vire. Ce point d'entrée de la Suisse Normande, qui ouvre sur des paysages vallonnés de toute beauté, et un incontournable du pays saint-lois. Constituées essentiellement de schiste, ces roches prennent de magnifiques reflets bleutés, gris et violets qui se transforment en or au coucher du soleil. Saisissant ! La Vire, dans toute sa splendeur, longe les roches et se taille un très beau méandre, dans les terrains schisteux anciens. À cet endroit, la vallée est profonde et calme. Au cœur du bocage verdoyant, un chemin de halage s'est trouvé préservé et les rochers sont juste impressionnants. En haut de la falaise, deux plates-formes successives permettent l'accès au site. Sur la rive droite de la Vire, les promeneurs peuvent jouir d'une superbe vue plongeante sur l'incroyable encaissement de la vallée de la Vire et le méandre de la rivière. En contrebas, sur la rive gauche de la Vire au lieu-dit « Le Grand Val de Vire », on peut admirer la belle vue d'ensemble des versants abrupts couverts de verdure. Sur le chemin de halage, on croise des randonneurs à pied, à cheval ou en VTT. L'ensemble est un très beau lieu, très prisé, notamment aux beaux jours, pour de belles promenades familiales, ou des pique-niques. Notez enfin que, depuis l'été 2020, un grand belvédère est aménagé pour profiter d'une vue encore plus spectaculaire : à ne pas manquer !

CRÊPERIE LES ROCHES DE HAM €

Site des Roches de Ham
✆ 02 33 56 51 57
www.creperie-lesrochesdeham.fr
Ouvert d'avril à fin septembre, du lundi midi au samedi soir. Réservation recommandée. Carte : 15 € environ.

Un joli endroit dont vous vous souviendrez longtemps, avec une époustouflante vue sur la vallée en contrebas. Établissement saisonnier, cette crêperie ouverte d'avril à septembre (et à la Toussaint !) est une jolie maison couverte de lierre, avec des tables en extérieur, incontestablement le meilleur endroit pour s'installer, à condition de réserver. Les galettes sont bonnes et vraiment abordables, le cidre bouché et le jus de pomme sont fabriqués par les propriétaires.

CERISY-LA-FORÊT

Cerisy-la-Forêt, qui compte un bon millier d'habitants, est évidemment connue pour sa splendide église abbatiale, classée monument historique, et dont elle est l'emblème. Véritable joyau, le lieu mérite une visite, et bien davantage, puisque ses environs directs sont propices à la promenade, notamment du côté du parc des sculptures, regroupant plusieurs oeuvres contemporaines. Traversée par l'Elle, Cerisy a également été le cadre d'âpres combats en 1944, et son patrimoine naturel est classé. Accessible facilement en train ou par les voies autoroutières environnantes, vous auriez tort de tirer un trait sur cette commune pleine de charme.

ABBAYE BÉNÉDICTINE SAINT-VIGOR ✝ ★

✆ 02 33 57 34 63
Visite de l'église de 9h à 18h30. Visites guidées tous les jours de Pâques au 1er octobre, samedis/dimanche en octobre.

Perle de l'art roman, cette magnifique abbaye fut fondée en 1032 par Robert le Magnifique, père de Guillaume le Conquérant. Elle est dédiée à saint Vigor. L'abside achevée en 1110. Avec ses trois étages de fenêtres, c'est un exemplaire unique en Basse-Normandie. La chapelle de l'abbé, construite en 1260 en pur style gothique, est remarquable. Cette abbaye majestueuse eut malheureusement à subir de nombreuses destructions et déclina peu à peu, avant de lourds travaux de restauration.

PARC DE SCULPTURES

rue de l'église
✆ 02 33 56 10 01
Ouvert toute l'année. Tous les jours. Gratuit.

Voilà une riche idée : profiter du symposium de sculpture organisé tous les deux ans pour exposer les œuvres réalisées lors de l'événement. Contemporaines, elles tranchent avec la majesté des lieux de Cerisy, et notamment la splendide Abbaye. Les sculpteurs venus des quatre coins du monde laissent ici la trace de leur passage, donnant à voir, et à comprendre (car les panneaux explicatifs sont nombreux et bien pensés) la genèse de chacune des œuvres, et l'identité de leurs auteurs. Un très bel endroit que les enfants aimeront aussi grâce à l'aire de jeu dédiée.

MANCHE

COUTANCES ★★

Bâtie sur une colline enserrée entre deux ruisseaux affluents de la Soulles, Coutances occupe, à une douzaine de kilomètres de la mer, une position qui la rend remarquable de loin. Intéressante, la ville l'est aussi par son site et par son legs architectural. Siège de l'évêché, Coutances fut jusqu'à la Révolution la capitale du grand bailliage du Cotentin. C'est à cette double fonction qu'elle doit l'importance et la qualité de son patrimoine. Impossible d'évoquer Coutances sans parler de sa superbe cathédrale, et de son festival Jazz sous les pommiers, internationalement connu, qui fait de la sage cité une ville pétillante le temps de l'événement.

CHÂTEAU DE CERISY ★

CERISY-LA-SALLE
✆ 02 33 76 63 30
www.ccic-cerisy.asso.fr
Haute saison : ouvert du jeudi au dimanche de 11h à 15h. Gratuit jusqu'à 10 ans. Adulte : 6 €. Enfant : 2 €.

Ceci expliquant que ce bel ensemble soit connu dans le monde entier par des intellectuels de haut vol. Bâtie au début du XVIIe siècle par Jean Richier, grand seigneur protestant, cette belle demeure fut agrandie au XVIIIe siècle. Elle est restée dans la même famille jusqu'en 1819. Une partie des bâtiments et du château est classée Monument historique. Plus loin, de la verdure, un étang et des cascades, qui sont autant de merveilles de la nature. Vous pouvez également poursuivre votre passage ici par un détour via l'impressionnant parc des sculptures.

CHÂTEAU DE GRATOT ★

Route d'Argouges - **GRATOT**
✆ 02 33 45 18 49
www.chateaugratot.com
Ouvert tous les jours de 10h à 19h. Gratuit jusqu'à 10 ans. Adulte : 4 €. Enfant (de 10 à 18 ans) : 1,50 €.

Le château de Gratot, situé entre Coutances et Agon-Coutainville, est constitué des vestiges de diverses constructions médiévales bâties par plusieurs générations de seigneurs de la lignée des Argouges. L'ensemble des bâtiments est entouré de douves, dont l'eau provient de la Source de la fée. Abandonné au début du XXe siècle, le lieu a fait l'objet de longs travaux avant d'ouvrir ses portes au public. Vous pourrez visiter les différents corps de bâtiments et vous laisser envoûter par la légende de la fée Andaine, qui a donné son nom à une tour.

MUSÉE QUESNEL-MORINIÈRE ★

2, rue Quesnel-Morinière
✆ 02 33 07 07 88
www.coutances.fr
Ouvert tous les jours, sauf les dimanche matin, mardi et jours fériés. Adulte : 2,50 €. Groupe (10 pers) : 1,55 €.

Le musée Quesnel-Morinière occupe un ancien hôtel particulier du XVIIe siècle, et il fait partie de ces petites pépites qu'il vous faut découvrir. Construit en granit du pays, il a été agrandi d'une orangerie au XIXe siècle. Depuis 1970, achats, dons et legs permettent de compléter les collections existantes et la création de nouvelles sections. On y découvre la peinture, la sculpture et l'art graphique du XVIIe siècle à nos jours, sans oublier les céramiques normandes, les estampes, sculptures religieuses, toiles d'art moderne et contemporain.

Château de Gratot.

CATHÉDRALE NOTRE-DAME DE COUTANCES ★★★

1, rue du Puits-Notre-Dame
✆ 02 33 19 08 10
cathedralecoutances.free.fr

La cathédrale est ouverte tous les jours de 9h à 19h. Visite guidée (pour groupes et individuels).

L'histoire « gothique » de l'édifice commence il y a huit siècles, mais le siège épiscopal fut fondé au Ve siècle. Lors des invasions vikings, celui-ci s'exila à Rouen et il fallut attendre 1048 pour qu'un évêque revienne à Coutances. Peu après, l'évêque Geoffroy de Montbray fit élever une église dans le plus pur style roman en granit de Chausey. Cette cathédrale romane fut consacrée en 1056. Au début du XIIIe siècle, l'évêque Hugues de Morville lança la construction de l'édifice gothique, chemisant les vestiges romans de la façade et de la nef d'une enveloppe dans le nouveau style, en calcaire d'Yvetot, et faisant entièrement reconstruire le chœur. Les références caractéristiques au style normand sont la tour-lanterne percée d'ouvertures qui permet d'inonder de lumière l'édifice, l'élévation sur trois niveaux et la galerie de circulation aux pieds des fenêtres hautes. Dans la deuxième moitié du XIIIe siècle et au XIVe siècle, furent ajoutées les chapelles latérales et la chapelle d'axe. Le visiteur peut admirer un ensemble unique en Normandie de verrières du XIIIe siècle ainsi que le vitrail du Jugement dernier datant du milieu du XVe siècle. Aujourd'hui, comme hier, la cathédrale reste l'emblème de la ville, la dominant de son imposante masse. Vous pouvez y pénétrer chaque jour, et ainsi être saisi par la majesté et la beauté des lieux. Vous pouvez également - car un tel édifice ne peut se découvrir entièrement seul - participer à une visite guidée. Un immanquable.

COUTANCES TOURISME

6, rue Milon
✆ 02 33 19 08 10
www.tourisme-coutances.fr
Basse saison : du lundi au samedi sauf mardi après-midi. Haute saison : du lundi au samedi & dimanche matin.

Cité de caractère, Coutances se doit d'avoir un office de tourisme digne de ce nom, qui propose un nombre de services et d'informations tel qu'il est bien difficile de ne pas y trouver son compte : informations sur les lieux à visiter, les offres de logement, les événements de la ville, commencer par le festival Jazz sous les Pommiers. Sous la bannière Coutances Tourisme, et outre l'établissement précité, sont regroupés les bureaux annexes d'Agon-Coutainville, Blainville-Sur-Mer, Gavray, Gouville-Sur-Mer et Hauteville-Sur-Mer.

LE COSITEL HOTEL RESTAURANT €€

Rue de Saint-Malo
✆ 02 33 19 15 00
www.cositel.fr
Qualité Tourisme. Logis. Ouvert toute l'année. 55 chambres. Chambre double à partir de 55,70 €.

Voilà un petit coin de verdure où il fait bon dormir. Seul, en famille, ou en groupes, pour le travail, le loisir ou les vacances, l'équipe s'adapte selon vos besoins. Dans les chambres tout est confort : couleurs chaudes et apaisantes, espaces de travail, accès wi-fi gratuit, écrans plats, literie tout confort, beaux volumes... Certaines chambres donnent sur la terrasse ou le jardin. Mais le lieu est aussi un endroit de restauration. Excellent rapport qualité-prix.

HÔTEL TANQUEREY DE LA ROCHAISIÈRE €€

13, rue Saint-Martin
✆ 06 50 57 22 55
www.bandb-hotel-coutances.fr
Chambre double 110 €. Petit déjeuner inclus.

Magnifique, splendide, hors du temps : les qualificatifs manquent face à ce splendide lieu, unique, et presque secret. Car cet authentique hôtel particulier des XVII et XVIIIe siècles est idéalement situé dans le centre historique de Coutances, et propose deux chambres confortables. Cet hôtel particulier, dont l'histoire est si longue qu'il faudrait plusieurs pages de ce guide pour vous la décrire, vous offre des prestations magnifiques : tout est travaillé avec minutie.

CLOS L'ABBE €€€

3, rue de l'Église - **OUVILLE** ✆ 06 03 48 41 75
www.closlabbe.com
A partir de 1070 € la nuit pour la location de l'ensemble de la propriété et l'accès à son centre spa/bien-être.

Un lieu hors du commun. Ce Clos l'Abbé, c'est une vaste maison, qui peut accueillir une dizaine de personnes, et dont les prestations en font l'un des lieux les plus chics du département. Ici, vous êtes guidés par un hôte tout au long de votre séjour. Deux suites, dont l'une située sous une charpente de bateau, des salles de bain dignes des plus grands hôtels, un goût absolu où chaque meuble ou finition ont haut de gamme en font un endroit unique. Un vaste parc, une immense terrasse, une fontaine contemporaine et un centre spa et bien-être complètent l'ensemble.

LA BARATTE €€

Le Bourg - **SAINT-DENIS-LE-VÊTU** ✆ 02 33 45 45 49
www.restaurant-labaratte.fr
Ouvert le lundi et du jeudi au samedi le midi et le soir, du dimanche au mardi le midi. Menus de 26,50 € à 40,50 €.

Ici, le chef, labellisé Maître-Restaurateur, travaille les produits locaux et les accommode suivant les saisons. Que ce soit dans la grande salle, dans l'épicerie ou en terrasse, l'accueil est chaleureux et la cuisine maison. Les menus sont du coin, s'appelant Lait, Crème ou Beurre. Ainsi la daurade, l'agneau de Bricqueville, le magret de canard séché ou le foie gras de Pont-l'Évêque sont autant de possibilités gustatives qui ne déçoivent jamais. Le midi, on notera la présence d'une astucieuse formule. Cet établissement est multi-primé : c'est amplement mérité.

COTE SAINT-PIERRE €€

55, rue Geoffroy-de-Montbray
✆ 02 33 47 94 78
www.cote-saint-pierre.fr
Maître Restaurateur. Ouvert du mardi au dimanche le midi ; du mardi au samedi le soir. Carte : 35 € environ.

Une adresse coutançaise qui dispose d'une place de choix dans le paysage gastronomique local, et constitue un incontournable de la ville, telle est la Cote Saint-Pierre. Ici on développe une cuisine placée sous le signe de la bistronomie, avec une cuisine créative de qualité et des plats traditionnels réinventés. Les produits sont frais et suivent les saisons. Les expositions de tableau ajoutent une touche de modernité à la décoration. Dans l'assiette, des plats renouvelés (l'ardoise change chaque jour). Multi-primé, l'établissement tient ses promesses.

LA CRÊPERIE DE SOPHIE €€

74, avenue Alsace-Lorraine
© 02 33 45 54 45
Ouvert toute l'année. Fermé dimanche et lundi. Réservation recommandée. Carte : 15 € environ.

Des tons doux et contemporains pour une ambiance chaleureuse, tout comme l'accueil. Cette crêperie de Sophie propose des crêpes et des galettes de qualité agrémentées de produits de locaux de saison, avec des propositions créatives et novatrice en matière de galettes, en plus des classiques bien évidemment. Ici, la galette burger devrait rassasier les plus grandes faims, mais rassurez-vous, d'autres plus légères sont proposées. Évidemment ici, tout est fait maison, ça se voit et ça se sent, et la carte est agrémentée de quelques autres plats, comme des viandes.

LA PERGOLA RESTAURANT PIZZERIA €€

ZI de la Mare
© 02 33 45 93 22
www.lapergola-restaurant.fr
Ouvert 7j/7 le midi et le soir. Menus de 17,50 € à 22,50 €. Menu enfant : 6,50 €.

Idéalement située dans la zone commerciale de La Mare, la Pergola peut accueillir plus de cent personnes. Vous y trouverez un très vaste choix, des pizzas bien sûr mais aussi des salades, des plats traditionnels et autre spécialités du chef. Soyons clairs, on ne trouvera pas ici la cuisine la plus fine de Coutances, mais le rapport qualité-prix est bon, les plats sont copieux et les enfants adorent car leur menu est offert certains jours de la semaine.

LE RELAIS DU VIADUC €€

25, avenue de Verdun
© 02 33 45 02 68
Ouvert le mardi, le mercredi et le dimanche le midi ; du jeudi au samedi le midi et le soir. Carte : 25 € environ.

Sous la houlette de Solène et Frédéric, le vaste établissement poursuit son chemin, proposant de jolis plats, élaborés maison, avec de belles propositions, notamment avec le menu du midi dont le rapport qualité-prix est excellent. Parmi les changements notables, la salle a été rénovée, et surtout les cuisines disposent désormais d'un véritable four à bois argentin - le seul dans le département ! Le but : permettre aux produits cuits de ne jamais être secs, et c'est vrai que la méthode est imparable. Bref, voici un établissement à découvrir.

KALAMANSI €€€

10, place du Général de Gaulle © 02 33 17 41 45
www.kalamansi.fr
Ouvert toute l'année. Du jeudi au lundi le midi et le soir. Menus de 34 € à 51 €. Formule du midi : 17,50 €.

Multiprimé, largement plébiscité par les gastronomes locaux, Kalamansi est assurément la valeur qui monte en matière de restauration. Dans ce bel espace feutré et moderne, Frédéric Michel joue avec réussite les virtuoses en cuisine, proposant des saveurs exceptionnelles, comme autant de créations originales. L'ensemble se décline selon deux menus dont l'un, appelé Calamondin, vous invite à faire confiance au chef. En 4 plats, comme autant de surprises, le voyage est inoubliable. Pensez bien à réserver, le légitime succès du lieu fait qu'il est souvent complet.

IL É THÉ UNE FOIS

61, rue Saint-Nicolas
© 02 33 17 92 79
Ouvert le lundi de 11h à 19h, du mardi au samedi de 9h à 19h. Terrasse.

On se sent tout de suite bien dans ce petit salon de thé, qui fait également office d'épicerie fine (on y trouve d'excellents coffrets de vins et spiritueux), et propose également de la restauration, avec uniquement de bons produits une cuisine traditionnelle faite comme à la « maison ». L'accueil est d'une grande gentillesse, quelques originalités, à l'image de ces « cafés tricots » ou « cafés généalogies » sont proposées, et c'est bien une petite parenthèse enchantée que constituera un passage ici. A l'étage : un charmant salon où il fait bon se poser.

LES PIPELETTES

3, rue Quesnel-Canveaux
© 09 82 41 45 89
Ouvert toute l'année. Ouvert le samedi pendant les vacances scolaires, ouvert le dimanche en juillet et aout.

Décoré avec un goût certain, dans un style sympa et chaleureux, les Pipelettes a su s'imposer comme un endroit plein de malice, décoré avec un goût certain, et dans lequel on se sent terriblement bien ! Vous êtes dans un salon de thé, un restaurant, plus original encore, un chouette bar à cidre. Et c'est bien ce breuvage qui est sublimé ici, avec pas moins de 12 références soigneusement choisies. Niveau repas, des quiches et autres salades forment le cœur de l'offre, mais on vous proposera également pas mal de petits plats mijotés par la patronne.

CALVADOS FOUCHARD

28, route de la forge Durand
OUVILLE
✆ 06 79 29 23 98
Visites ouvertes au public le dimanche. Gratuit.

Une fois que l'on aura rappelé - certes à juste titre - que la boisson est à consommer avec modération, il ne faudra pas pour autant éviter une visite des lieux, et même une dégustation ! Le GAEC des Poumyis est en effet le producteur du Calvados Fouchard, mais aussi de cidres et de pommeau. Les chais se visitent bien évidemment, histoire d'en savoir davantage sur les modes de fabrication. L'achat de ces merveilles est également possible sur place, ce qui permet de clôturer en beauté - et en saveurs - votre passage par ce chouette endroit !

MANCHE TERROIRS

boulevard Général Patton
✆ 02 33 76 62 62
www.artisanat50.fr
Ouvert du lundi au jeudi de 8h45 à 12h et de 13h45 à 17h15 ; le vendredi de 8h45 à 12h et de 13h45 à 17h.

Un territoire comme la Manche compte d'innombrables merveilles à déguster. Seulement voilà, il est parfois difficile de s'y retrouver. Pas de panique, Manche Terroirs est là. Ainsi, ce label, attribué selon de stricts critères (qualité, provenance, respect environnemental) est donné aux poissons, viandes, fruits ou légumes, par exemple, du terroir départemental ! Un site internet et un guide, distribué dans les offices de tourisme, vous permettent de savoir où les trouver. Enfin, le label est présent sur différents événements départementaux.

LA MAROQUINERIE DU COTENTIN

La Martinière - **ANCTEVILLE**
✆ 02 14 14 78 69
www.maroquineriecotentin.fr
Ouvert le lundi de 14h à 18h ; du mardi au samedi de 10h à 12h et de 14h à 18h ; le dimanche de 10h à 12h.

Vous trouverez ici, à quelques kilomètres de Coutances, cette jolie maroquinerie. L'atelier vous propose des créations sur mesure – avec un goût et une technique que l'on ne peut pas discuter, à l'image du petit sac appelé « Marinette », création de la maison – mais aussi la réparation et la restauration d'articles. En prime, des ateliers créatifs sont mis en place ici, afin de mieux vous familiariser avec certaines des techniques employées. Un bel endroit.

LA VERITABLE SAUCISSE DE BELVAL GARE

La gare
BELVAL
✆ 02 33 45 04 20
Ouvert du mardi au samedi de 7h à 13h et de 14h30 à 19h30 ; le dimanche de 7h à 12h30.

Certains peuvent faire des dizaines de kilomètres pour s'en procurer : on parle de la vraie, l'unique saucisse de Belval-Gare. La boucherie propose en effet, en plus de viandes et de charcuteries particulièrement délicieuses, une saucisse élaborée sur place, dont la recette à l'oignon, ancestrale, lui donne une saveur incomparable. Les goûter est un petit bonheur que vous n'oublierez pas, et à n'importe quelle heure : un appareil automatique d'achat se situe au bord de la route !

AGON-COUTAINVILLE ★

Agon-Coutainville, c'est d'abord une situation géographique unique, puisque la forme même de la ville forme un triangle épousant le littoral d'un côté, le havre de la Sienne de l'autre, et la campagne sur la troisième face. On vient ici principalement pour la longue et belle plage de sable fin qui transforme chaque été la ville en un lieu animé : Agon-Coutainville dispose du label Commune touristique, et c'est bien mérité ! Mais la petite ville, qui compte près de 2 800 habitants, ce n'est uniquement un aspect balnéaire : le rural petit bourg d'Agon et son église Saint-Evroult, dont l'édification a commencé au XIIe siècle, méritent un détour.

PORT NATUREL D'ÉCHOUAGE DE LA POINTE D'AGON ★

C'est un endroit majestueux, une merveille de la nature située sur le territoire d'Agon-Coutainville : la ville compte sur son territoire la pointe du même nom, où l'on peut admirer le spectacle saisissant des plus fortes marées d'Europe. À proximité, on admire un beau phare du XIXe siècle. La nuit, cette mythique pointe apparaîtra encore plus grande. Dans la journée, pour peu que vous fassiez attention à la marée, une balade sur cette langue de sable est une immense bouffée d'oxygène.

MANCHE

COUTANCES TOURISME : BUREAU D'AGON-COUTAINVILLE

2, place du 28-Juillet-1944 ✆ 02 33 19 08 10
www.tourisme-coutances.fr
Juillet/août : lundi/samedi & dimanche matin. Reste de l'année : mardi (sauf après-midi) samedi (sauf am octobre/mars).

Chaque année, le bureau touristique d'Agon-Coutainville, qui dépend lui-même de l'office coutançais, édite plusieurs guides pour avoir la garantie que rien ne vous échappera dans la station : l'un est un ouvrage pratique, avec les informations essentielles, l'autre est relatif aux vacances en famille, le dernier concerne les loisirs nautiques. Sur place, on vous conseille notamment sur les idées de balades dans la région, quelle que soit votre demande – ou presque !

LES COUTAINVILLAISES €€

9, rue Amiral Tourville ✆ 02 33 47 05 77
www.lescoutainvillaises.fr
Chambre simple de 60 € à 79 € ; chambre double de 64 € à 89 €. Petit déjeuner : 9,90 €. Lit d'appoint : 8 €.

Mathilde et Corinne, les deux amies à la tête de cet hôtel « de charme », mettent un soin tout particulier à poursuivre sur le joli chemin qu'elles tracent depuis près de deux années maintenant. A deux pas de la mer, vous pourrez choisir une chambre avec balcon, ceci pour quelques euros supplémentaires seulement – d'ailleurs, notez que le rapport qualité-prix est globalement très bon. On notera plusieurs propositions devenues malheureusement trop rares, comme la possibilité de se faire servir son petit déjeuner en chambre. L'endroit fait également café.

LA VILLA JULIA €€

5, rue du Docteur-Viaud
✆ 02 33 76 67 50
www.lavillajulia.fr
Ouvert toute l'année. Chambre double de 72 € à 115 €. Petit déjeuner : 10 €.

Idéalement situé dans le quartier du Passous, cet hôtel contemporain et confortable est un havre de paix. A proximité des commerces et de la plage, cet établissement invite à la détente par son cadre, son infrastructure, sa décoration, sa terrasse au soleil... Le soir vous pourrez déguster tapas, cocktails. Tenu par Laurence et Eric, l'atmosphère y est très conviviale. Les chambres sont confortables et se déclinent selon plusieurs propositions, de la chambre dite « confort » à la suite. Le rapport qualité/prix est probablement l'un des meilleurs d'Agon.

L'ATHOME €€

1, route du Hutrel
BLAINVILLE-SUR-MER
✆ 02 33 47 19 61
Ouvert du mercredi au samedi le soir ; du mercredi au dimanche le midi. Réservation recommandée. Carte : 45 € environ.

C'est face à la Sienne que cet Athome vous réserve un voyage culinaire qui fait partie des coups de cœur de l'équipe du Petit Futé, et que notre dernier passage ici a confirmé. A la barre, Edwige et Lionel Cotentin, ce dernier, chef de cuisine, a eu un parcours professionnel tel qu'il peut aujourd'hui légitimement arborer les meilleures distinctions pour son établissement. Chaque mois, le menu change, et la carte elle aussi vaut le détour, ainsi que le lieu, souvent le cadre d'expositions de photos. A noter enfin, un véritable salon à vins et à tapas !

SALICORNE €€

38, rue de l'Amiral Tourville
✆ 09 73 21 29 29
www.restaurant-salicorne.fr
Basse saison : mercredi au dimanche. Haute saison : tous les jours. Menu unique à 33 €. Formule du midi : 19 €.

Salicorne : le nom est désormais bien connu sur Agon – et en bien ! Car le principe est simple, ici on cuisine des produits locaux principalement. Et pour cause : propriétaire et cuisinier, Julien Choquenet a travaillé dans de grandes tables étoilées de la capitale. Chaque jour, le midi du midi change, aussi il est bien difficile de vous donner quelques exemples réguliers précis. L'ensemble est réalisé avec un savoir-faire et dans un décor industriel moderne. La Salicorne se définit ainsi : produits et bistronomie. Le pari est largement tenu.

LE MASCARET €€€

1, rue de Bas - **BLAINVILLE-SUR-MER**
✆ 02 33 45 86 09
www.lemascaret.fr
Réservation impérative. Menus de 43,50 € à 106 €. Carte : 85 € environ. Formule du midi : 24 €.

Attention, voici du très, très haut de gamme ! Installé dans l'ancienne école de Blainville-sur-Mer, multi-récompensé, le chef étoilé Philippe Hardy magnifie tous les produits du terroir normand. L'accueil est tout aussi chaleureux que le lieu, à la décoration très chic, développe les grands standards du classicisme en la matière. Haut de gamme signifie tarifs peu abordables, mais on est ici sur un rapport qualité-prix largement avantageux,. Ainsi, selon les deux salles de restaurant ou le salon privé, vous aurez le choix parmi mille et une merveilles.

HAUTEVILLE-SUR-MER

Aussi calme en hiver qu'animée en été, Hauteville-sur-Mer est à mi-chemin entre Agon-Coutainville et Granville une petite station balnéaire pleine de charme. Flâner le long de la digue de 1,7 kilomètre de cette commune officiellement classée touristique, c'est découvrir un petit village charmant, entre terre et mer, et dont la quiétude n'est quasiment jamais troublée. Ceux qui souhaitent passer du temps ici, dans cet environnement de toute beauté, ne manqueront pas d'aller se renseigner en amont à l'office de tourisme, sans nul doute l'un des plus dynamiques du département. La nature est ici chez elle, et l'homme ne la dérange jamais.

COUTANCES TOURISME : BUREAU DE HAUTEVILLE-SUR-MER

30, avenue de l'Aumesle
✆ 02 33 47 51 80
www.tourisme-coutances.fr
Juillet/août : lundi/samedi & dimanche matin. Reste de l'année : mardi (sauf après-midi) samedi (sauf am octobre/mars).

C'est à proximité immédiate du cinéma que le bureau touristique de Hauteville-sur-Mer, intégré au vaste ensemble appelé Coutances tourisme, vous accueille dans un cadre moderne : en plus des habituels renseignements sur les animations, les hébergements et conseils pratiques, la possibilité de disposer du wifi, l'organisme a mis sur pied toute une palette de services qu'on ne voit que trop rarement dans les autres offices de tourisme, ce qui est très appréciable !

LES AGAPANTHES €€

50, rue de la Sienne - **LINGREVILLE**
✆ 09 53 70 05 24
www.lesagapanthes.jimdo.com
Chambre double à partir de 70 €. Gîte : 200 € le week-end, de 595 à 770 € en semaine. Dîner : 17 € par adulte.

Les Agapanthes, tenues par des amoureux de la région, proposent des hébergements multiples et originaux. Commençons par l'offre de chambre d'hôte. Située au sein d'un gîte (mais vous garantissant une tranquillité optimale) elle vous permet l'accès à la cuisine. Passons ensuite aux gîtes, l'un étant appelé, « Plume» et l'autre « Nacre». Pierres et bois se marient à la perfection, et les deux lieux sont particulièrement chaleureux. Le premier, d'une surface de 120 m², et le second, de 100 m², sont assez spacieux pour accueillir 6 personnes chacun.

COULEURS SAVEURS €€

2, route de la Bretonnière
BRICQUEVILLE-SUR-MER ✆ 02 33 61 65 62
www.couleurssaveurs.fr
Ouvert du jeudi au mardi le midi, le mardi et du jeudi au samedi le soir. Menus de 29 € à 39 €. Formule du midi : 16 €.

C'est un *must* de Bricqueville, et même de la région. Benoît Delbasserue gère avec sa femme son restaurant après une riche carrière chez Savoy, Lassere et au Ledoyen à Paris. Il était, avant d'arriver dans la Manche, chef de cuisine à la Mare aux Oiseaux à Saint-Joachim en Loire-Atlantique. Et franchement, on le ressent dans les assiettes. Joliment dressées, celles-ci vous font découvrir des légumes oubliés, dont la variété l'inspire, aux couleurs et saveurs qui intriguent le convive. Une certitude : le lieu est véritablement un incontournable.

LA MER Ô VENT €€

1, rue de l'Aumesle
✆ 02 33 76 41 84
Service en continu en été. Ouvert tous les jours le midi et le soir. Carte : 20 € environ.

Le lieu est aéré, clair, de bon goût, avec des touches de couleurs bleues et jaunes qui achèvent de faire du lieu un endroit cosy ! Si, installés sur la terrasse avec vue directe sur la mer (la plage n'est qu'à 5 mètres !), des salades, de savoureuses viandes (avec des frites faites de A à Z par la maison), des poissons et de gourmands desserts sont au programme, il convient de ne pas oublier d'autres plats plus élaborés, et dont on se régale à la carte ou via le menu du midi, toujours bien pensé : wraps maison, saumon gravlax, brandade, spécialité normande.

BRASSERIE ARTISANALE LA MOUSSETTE

6, Rue de la Cavée
✆ 06 42 73 95 53
Ouvert du vendredi au dimanche.

C'est l'une des dernières brasseries ouvertes dans la Manche, qui est décidément une vraie terre de production en la matière. A Hauteville, c'est la Moussette que vous trouverez. Derrière ce joli nom, trait d'union entre le breuvage et la mer toute proche, se trouve le savoir-faire de deux jeunes locaux. Brune, blonde, blanche : la bière élaborée ici dans les règles de l'art est pleine de saveurs, forte et douce, et s'acquiert selon des bouteilles d'un demi-litre.

LE MONT-SAINT-MICHEL ★★★★

Classé patrimoine mondial de l'Unesco, le Mont-Saint-Michel est somptueux et incontournable, avec des millions de visiteurs chaque année. La légende raconte qu'il apparut à la suite d'un immense raz-de-marée qui enfouit sous les eaux les terres alentour. Après avoir uniquement connu le vie tranquille d'un village blotti au pied de son Abbaye, le Mont s'ouvre au tourisme au début du XXe siècle, la digue construite provoquant un lent ensablement. Après dix ans de travaux, une passerelle sur pilotis rejoint le Mont, lui redonnant son caractère maritime. Enfin, pas de gaffe : le Mont-Saint-Michel est bien normand, quoi qu'en pense le voisin breton !

ALLIGATOR BAY ★

62, rue du Mont-Saint-Michel - **BEAUVOIR**
✆ 02 33 68 11 18
www.alligator-bay.com
Basse saison : week-end. Haute saison : tous les jours 10h/19h. Adulte : 14 €. 13/18 ans : 11,50 €. 3/12 ans : 9,50 €.

Alligator Bay vous offre des sensations (très) fortes, et a su s'imposer dans le paysage touristique du coin. Dans la serre tropicale, plus de 200 alligators, caïmans et autres crocodiles, mais aussi d'autres espèces comme des tortues par exemple, cohabitent dans des climats chauds et humides. Sur 10 000 m² de surface, vous découvrez iguanes, boas, varans ou encore caméléons et autres animaux énigmatiques du labyrinthe des dragons. La ferme aux 400 tortues, avec ses 20 espèces différentes, enchantera petits et grands. Les tortues, enfin, sont à portée de main.

ABBAYE DU MONT-SAINT-MICHEL ✝ ★★★★

✆ 02 33 89 80 00
www.abbaye-mont-saint-michel.fr
Ouvert toute l'année : de 9h30 à 18h en basse saison, de 9h à 19h en haute saison. Entrée : 11 € par adulte.

Vous le savez, car ce Carnet de Voyage y fait référence souvent, impossible de ne pas visiter ce lieu. Au sommet du rocher du Mont-Saint-Michel, l'abbaye hisse à plus de 150 m d'altitude la flèche de son église abbatiale, laquelle est surplombée par l'archange saint Michel, véritable symbole du Mont. Elle fut fondée dans le haut Moyen Age quand l'évêque Aubert eut trois apparitions de l'archange. D'une richesse architecturale incomparable, elle présente un panorama complet des merveilles architecturales du Xe au XVe siècle, les bâtisseurs réalisant des édifices de style carolingien, roman, gothique et flamboyant selon la période. Elle comprend tout un ensemble de cryptes et bâtiments exceptionnels qui vous seront présentés selon un circuit de visite parcourant près d'une vingtaine de salles – que l'on vous décrit dans ce guide : réfectoire, église, merveille, escalier abbatial, aumônerie, salle des gardes, salle des chevaliers, jardins, salles des hôtes, crypte des gros piliers. Également immanquable, le cloître, véritable écrin de verdure entre ciel et mer permettant d'admirer la vue sur la baie. Après une année de travaux de restauration en 2018, le cloître, ses colonnes et vitraux ont retrouvé leur éclat. En juillet et août, l'abbaye se pare de toutes les lumières pour une promenade nocturne loin de la foule. Sachez enfin que diverses formules de visites existent : visite-conférence, visite libre, visite commentée, visite audioguidée et visite thématique.

MANCHE

Intérieur de l'abbaye du Mont-Saint-Michel.

Le Mont-Saint-Michel.

LE BARRAGE SUR LE COUESNON

Accessible tous les jours.

Mis en service officiellement en septembre 2009, le barrage est un des éléments les plus importants des travaux de désensablement de la baie, aujourd'hui terminés. L'ouvrage a été conçu par l'architecte Luc Weizmann comme un lieu de contemplation du Mont-Saint-Michel, et c'est vrai que la vue est splendide. Le promeneur déambule sur un pont-promenade surplombant les huit portes qui régulent le courant du Couesnon. Un bel ouvrage qui renvoie à l'histoire et à la culture du site.

LOGIS TIPHAINE ★

Intra-Muros
✆ 02 33 60 85 12
www.lemontsaintmichel.info

Basse saison : tous les jours de 9h à 17h. Haute saison : les jours de 9h à 18h. Gratuit jusqu'à 12 ans. Adulte : 9 €.

Lorsque Bertrand du Guesclin a été nommé capitaine de Pontorson, il a fait de la ville la capitale des joutes et des tournois. En 1365, il fait même construire dans la partie haute du Mont une maison pour y mettre en sûreté son épouse Tiphaine de Raguenel, qu'il appelait « la Douce Fée », et c'est dans celle-ci que vous découvrirez ce logis, auquel vous accéderez via un petit cheminement extérieur parsemé d'armures (dont une bonne partie sont malheureusement rouillées), et constitué d'une succession de salles sur les niveaux différents, reliés entre eux par un escalier en colimaçon. Beaucoup de meubles d'autrefois, sans que l'on sache véritablement s'ils étaient contemporains, ou non, des personnages en question, les informations manquent. Vous y verrez aussi une ceinture de chasteté de l'époque – que les femmes pouvaient être obligées de porter pendant l'absence, parfois longue, de l'époux. La visite se poursuit avec le cabinet d'astrologie de Tiphaine, qui lisait dans les étoiles, sans doute inspirée par un lieu aussi magique. Si la façade et la toiture de ce lieu sont classées, on ne peut que conseiller une sérieuse rénovation à l'ensemble. En effet, on imagine fort bien une dernière rénovation datant de quelques décennies, et peu d'entretien depuis. Le Logis Tiphaine faisant partie du circuit des musées du Mont, on ira donc faire un tour, les pass dédiés permettant l'accès à la totalité des musées. Mais le Mont, sa majesté et sa riche histoire méritent assurément de meilleurs lieux à visiter.

LE MOULIN DE MOIDREY

35, rue des Moulins
PONTORSON
✆ 06 46 36 18 82

Basse saison : ouvert tous les jours 9h/12h & 14h/18h. Haute saison : 9h/20h. Adulte : 4 €. Enfant : 2,50 €.

En haut de la colline battue par les vents, on aperçoit ses ailes. Lorsque vous filez vers le Mont en provenance de Pontorson, il marque sur votre droite l'entrée dans les derniers hectomètres avant d'accéder au parking. Le moulin de Moidrey construit en 1806 a été intégralement restauré en 2003 et classé en 2007. Son mécanisme est en bois, sa meule en pierre. On peut venir assister au travail du meunier et voir les grains devenir farine. Vous pourrez acheter la farine fabriquée sur place, cela donnera un « meilleur » goût à vos galettes.

MUSÉE DE LA MER ET DE L'ÉCOLOGIE ★

Grande-Rue ✆ 02 33 60 85 12
www.lemontsaintmichel.info

Ouvert tous les jours de 9h à 18h. Adulte : 9 €. «Pass» 4 musées : 18 €/adulte, 12 € pour les 18-25 ans.

On peut se passer de cet endroit... Cette succession de petites salles vieillottes ne présente que des maquettes très anciennes et pas entretenues. A un moment, un film vous est diffusé sur le rétablissement du caractère maritime du Mont, mais, manque le vieil écran semblait a rendu l'âme. Ce n'était pas le cas des autres écrans, situés à la sortie, qui vous donnent le détail des promotions des boîtes de biscuits vendues à côté. On ressort de l'endroit par une boutique.

MUSÉE HISTORIQUE

Grande-Rue
✆ 02 33 89 02 02
www.lemontsaintmichel.info

Ouvert toute l'année, tous les jours. Basse saison : 9h/17h. Haute saison : 9h/18h. Inclus dans le forfait des musées.

Il s'agit ici du dernier des musées constituant le circuit dédié sur le Mont, si vous les visitez au fur et à mesure, en montant vers le sommet. Quelle tristesse : vous enchaînez ici des salles tristes, poussiéreuses et mal entretenues, sans aucun lien les unes avec les autres : ici des coqs de montre, là une baignoire ancienne, la sculpture d'un enlisé, ici un petit jardin pas entretenu... L'ensemble se termine par une visite dite « des cachots ». Malheureusement, les mannequins qui habitent ces derniers sont en bien mauvais état. Bilan : un vrai gâchis.

OFFICE DE TOURISME MONT-SAINT-MICHEL NORMANDIE

Place de l'Hôtel-de-Ville - **PONTORSON**
✆ 02 33 60 20 65
www.msm-normandie.fr
Basse saison : ouvert du lundi au samedi. Haute saison : tous les jours.

L'office de tourisme Mont-Saint-Michel dispose à Pontorson d'un bureau d'information touristique qui vous propose toutes les informations pratiques : randonnées en baie, hébergement, restauration. Notez que, dans les environs, des bureaux d'information existent également à Genêts, Ducey-Les Chéris, Mortain-Bocage, Saint-Hilaire-du-Harcouët - en complément de ceux d'Avranches et du Mont-Saint-Michel bien évidemment : un maillage efficace qui vous rendra bien des services.

OFFICE DE TOURISME MONT-SAINT-MICHEL NORMANDIE

Grande Rue
✆ 02 33 60 14 30
www.msm-normandie.fr
Ouvert tous les jours (fermé uniquement le 25 décembre et le 1er janvier).

Il est très facile à trouver, car il se situe à l'entrée du Mont, une fois que vous vous êtes engagés dans la Grande-Rue ! Rénové il y a quelques temps, il est ouvert selon de très vastes plages horaires, et vous accueille du lundi au dimanche. Vous y trouverez toutes les informations nécessaires pour votre visite ici : expositions, musées, restaurants, mais aussi des renseignements sur les alentours. Complet, le lieu propose tout un espace dédié aux services postaux : bien vu !

PARC DE STATIONNEMENT

✆ 02 14 13 20 15
www.bienvenueaumontsaintmichel.com
Ouvert tous les jours, toute l'année. Forfait 24h glissant : 9,80 € en basse saison, 14,80 € en haute saison.

Attention, information impérative si vous venez ici pour la première fois. Grâce à un parcours renouvelé il y a quelques années maintenant, vous garez votre véhicule au parc de stationnement et vous vous laissez guider. De nombreux parcours piétonniers permettent d'admirer le nouveau panorama sur le Mont-Saint-Michel avant d'emprunter une des navettes qui vous conduisent du Continent au Mont (le tarif du parking comprend les navettes). Amateurs de marche, profitez pleinement de votre traversée en empruntant la digue-route, dernière étape menant au Mont.

LE RELAIS DE MOIDREY CHAMBRES D'HÔTES €

17, route de la Grève
PONTORSON
✆ 02 33 58 70 74
www.moidrey.com
Chambre simple à partir de 45 € ; chambre double de 50 € à 60 €. Petit déjeuner inclus.

Dans cet ancien relais du XIXe siècle, cinq chambres d'hôtes avec salle d'eau et w.c. privés, dans lesquelles vous trouverez confort et calme, sont proposées. La literie est excellente ! Au rez-de-chaussée, une chambre pour personnes à mobilité réduite permet à tous de profiter de ce lieu décidément bien pensé. La vue est sublime depuis les fenêtres desquelles on admire les couchers de soleil. A l'intérieur, l'ambiance est chaleureuse, juste comme il faut.

BEST WESTERN PONTORSON - MONT-SAINT-MICHEL €€

13, rue du Couesnon - **PONTORSON**
✆ 02 33 60 00 09
www.hotel-montgomery.com
Ouvert toute l'année. 32 chambres. Chambre double à partir de 79 €. Wifi gratuit.

Une vaste bâtisse du XVIe siècle recouverte de vigne vierge au sein de Pontorson, et faisant partie du groupe Best Western. Le lieu en lui–même ne laisse pas indifférent : plafonds peints, escalier d'époque, le tout associé à des prestations de confort, et notamment un silence appréciable ainsi qu'une literie irréprochable, le lieu développant les standards de la marque. Le personnel est discret, et aux petits soins, permettant de vraiment bien se sentir dans cet établissement.

AUX CHAMBRES DU MONT €€

8, rue de la grange à dîme - **HUISNES-SUR-MER**
✆ 02 33 60 33 40
www.auxchambresdumont.fr
Chambre double à partir de 55 €. Buffet. Possibilité de table d'hôtes.

Ici, vous êtes dans la petite commune de Huisnes-sur-mer, c'est à dire à 5 minutes en voiture seulement du Mont : quel meilleur emplacement que celui-ci ? A l'écart des zones touristiques, cette jolie maison d'hôtes (qui vous propose également une jolie table) vous invite à partager le calme des lieux. Ici, de jolies chambres d'hôtes vous accueillent : lit simple ou double, décoration classique, lieu impeccablement tenu, et accueil très souriant. Attention, le lieu est très demandé, et notamment en été, donc anticipez autant que possible votre venue ici.

FERME SAINT JOSEPH €€

Polder Saint Joseph - **BEAUVOIR**
✆ 02 33 60 09 04
www.gite-piscine-montsaintmichel.fr
5 gîtes pour 2 à 10 personnes. 5 chambres. Chambre double à partir de 78 €. Petit déjeuner inclus.

Ici, le Mont n'est qu'à 35 minutes de marche, et les navettes d'accès à ce dernier à 10 minutes seulement. La ferme Saint-Joseph, située sur le polder du même nom, propose de très nombreuses formules d'hébergement, allant de la chambre double au gîte pour une dizaine de personnes. Les intérieurs sont classiques et soignés, le petit-déjeuner (pour les heureux titulaires de chambres d'hôtes) roboratif, et l'accueil sera aux petits soins. Cerise sur le gâteau, une magnifique piscine couverte vous accueille, ainsi qu'une salle de sport bien équipée.

L'ERMITAGE HÔTEL €€€

14, route du Mont Saint Michel - **BEAUVOIR**
✆ 02 33 50 60 00
www.lemsm.com
Ouvert toute l'année. Suite à partir de 276 €.

Voici probablement l'un des plus luxueux établissements de Beauvoir, à quatre kilomètres du Mont. Car non contents de proposer un restaurant haut de gamme, Aurélie et Willy Rodhmann déclinent leur offre sur le créneau de l'hébergement, avec des suites qui vous sont proposées selon plusieurs gammes, de « Junior » à « Duplex » – cette dernière, sur deux étages, vous donne l'impression d'être dans un loft ! Calmes, chics, décorées avec goût, ces suites sont des pépites. Evidemment, l'accueil est excellent, le service discret, et le petit déjeuner immanquable.

© PHILIPPE GUERSAN - AUTHOR'S IMAGE

Le Mont-Saint-Michel.

LE RELAIS DU ROY HÔTEL-RESTAURANT €€

Route du Mont-Saint-Michel ✆ 02 33 60 14 25
www.le-relais-du-roy.com
Accueil 24h/24. 27 chambres. Chambre double à partir de 90 €. Petit déjeuner : 12 € (- de 12 ans : 6 €).

Le Relais du Roy vous ouvre les « portes du mont Saint-Michel ». A proximité immédiate de la merveille, l'hôtel vous propose une étape dans le temps puisque ce lieu a conservé son décor médiéval. Vous logez et dormez dans une ambiance XVe/XVIe siècle tout en bénéficiant du confort d'un établissement trois fois étoilé. Le choix des chambres va de l'offre pour deux personnes jusqu'à la possibilité de disposer d'une suite familiale, et le restaurant est également très bon.

MONT B&B €€€

34, Boulevard Clemenceau - **PONTORSON**
✆ 07 67 26 67 94
www.montbandb.com
Chambre double de 55 € à 75 € ; chambre triple de 75 € à 90 €. Lit supplémentaire : 15 €.

Authenticité et modernité : ce sont les principaux qualificatifs qui viennent à l'esprit lorsque l'on découvre ces très jolies chambres d'hôtes, idéalement situées, en plein cœur de Pontorson et à quelques minutes seulement du Mont-Saint-Michel. Les chambres (supérieure, deluxe ou trio) sont vastes et bien équipées, et la literie est hors pair. Les équipements sont d'excellente qualité, le petit déjeuner copieux et l'accueil excellent. Vous pouvez enfin louer ici des vélos, où réserver votre navette vers le Mont. Rapport qualité-prix très bon.

MANCHE

LA BARAKA €

8, route du Mont-Saint-Michel
COURTILS
✆ 02 33 60 37 03

Haute saison : tous les jours. Juillet et août : chaque jour. Carte : 15 € environ.

Ce vaste endroit, convivial à souhait, est ouvert en saison, et même chaque jour en juillet et août. Beaucoup de simplicité, mais un excellent rapport qualité-prix à proximité du Mont, et surtout un très vaste choix : des galettes, des crêpes, des pizzas (que vous pourrez emporter) et une immense terrasse chauffée. En saison, les moules de Bouchot sont les stars du lieu, et le lieu propose de servir en continu pendant cette période. L'endroit dédié pour une pause rapide et pratique avant, où après une visite de la merveille toute proche.

AUBERGE SAINT-PIERRE €€

Grande Rue
✆ 02 33 60 14 03
www.auberge-saint-pierre.fr

Ouvert tous les jours le midi et le soir. Menus de 21,80 € à 62 €. Carte : 40 € environ. Menu enfant : 11 €.

Partant du principe que l'ascension du Mont, ça creuse, alors on pourra sans hésiter venir vers un saut dans cette auberge. Hôtel, c'est également un restaurant qui compte plusieurs salles, avec cheminées massives, bois et pierres un peu partout, dans le plus pur style d'ici, et nappes à carreaux, parce qu'on est en France - les touristes adorent. Plusieurs menus existent, jusqu'à celui dédié au homard. Moins chers, les autres sont copieux, avec la part belle qui est faite à des standards bien réalisés. Service rapide, et avec le sourire : on valide !

LA FERME SAINT-MICHEL €€

Le Bas Pays
✆ 02 33 58 46 79
www.restaurantfermesaintmichel.com

Ouvert toute l'année, du lundi au samedi midi et soir ; le dimanche midi. Menus : 25 € à 39 €. Menu enfant : 12 €.

Voici un vrai bon plan à quelques encablures du Mont. Dans cette ancienne ferme des polders reste une vaste cheminée qui donne l'ambiance. Les offres se déclinent ici selon deux menus – sans compter celui pour les enfants – qui tiennent la route et développent des plats plutôt bien sentis : blanquette de veau, poisson du jour ou cuisse de poulet bio ou bien sûr l'épaule d'agneau de pré-salé confite. Un menu végétarien, et la possibilité d'emporter votre repas sont également proposés. Ensuite, vous pourrez filer tranquillement vers le Mont.

LA FERMETTE €€

42, route du Mont-Saint-Michel - **BEAUVOIR**
✆ 02 33 60 03 28
www.lafermette-beauvoir.com

Fermeture de novembre à janvier. Haute saison : ouvert 7j/7. Fermé le jeudi hors saison. Menus de 17,60 € à 26,20 €.

Si le lieu s'appelle la Fermette, c'est sans doute parce qu'on y goûte les produits du terroir. Mais l'intérieur impeccable au style contemporain est loin d'offrir le cadre champêtre de la ferme, et pourtant on s'y sent bien, avec la vaste vue sur l'extérieur. A la carte, vous trouvez les spécialités locales, mais aussi des pizzas, grillades, salades et des inconditionnelles crêpes et galettes. Un coin bar convivial et sympathique proposant toutes sortes de boissons, soda, bières, vins cocktails, que vous pouvez prendre en terrasse dès que le temps le permet.

LA PARENTHÈSE DE LA BAIE €€

42, route du Mont Saint Michel - **COURTILS**
✆ 09 53 40 67 72

Ouvert du mercredi au dimanche le midi et le soir. Carte : 20 € environ.

Si on est souvent perplexe face aux restaurants proposant un nombre de références culinaires trop important, on a bien cherché, et ici tout est bon ! Disposant d'une très vaste terrasse, le lieu tenu par un jeune et dynamique couple propose du frais, du local, du bon ! Les crêpes sont légères et fines, les burgers généreux, et surtout les petits plats proposés, notamment via un menu aux forts accents bistronomiques qui est un excellent exemple du savoir-faire de la maison. Si vous venez avec les enfants, soyez tranquilles : un joli petit coin leur est dédié.

LE SILLON DE BRETAGNE €€

Voie de la Liberté
TANIS
✆ 02 33 60 13 04

Ouvert toute l'année. Fermé le dimanche, le mardi soir et le mercredi toute la journée. Carte : 35 € environ.

Difficile de rater l'enseigne, une vaste maison de couleur ocre, et qui est au bord de la (très) passante route reliant Bretagne et Normandie : une très heureuse surprise. Dans l'assiette, une cuisine pleine d'idées et de talent, avec des produits locaux comme les légumes, les poissons, la viande et même les glaces, dont on retient l'agneau de pré-salé et les recettes de foie gras de canard. Les repas sont absolument délicieux, et le patron vous fera découvrir ses talents de sommelier qualifié au fil de sa carte des vins, mais aussi de cidres ou encore de poirés.

LA MÈRE POULARD €€€

Grande-Rue
✆ 02 33 89 68 68
www.merepoulard.com
Ouvert tous les jours le midi et le soir. Menus de 49 € à 65 €. Carte : 80 € environ.

On ne changera pas d'avis : y aller au moins une fois reste un incontournable ici. Car si l'histoire d'Annette Poulard, aubergiste qui servait au XIXe siècle aux pèlerins des omelettes qui ont fait sa réputation, est bien connue, elle se poursuit aujourd'hui. Le lieu est vaste, et décoré des photographies dédicacées des centaines de personnalités venues ici. Car ici, on vient pour l'omelette : inutile de tenter de percer le secret de celle-ci, il est soigneusement gardé. Différents menus sont proposés, le prix d'appel est certes élevé, mais le repas vaut le coup.

LA BAIE DES GOURMANDISES

20, Rue du Docteur Tizon - **PONTORSON**
✆ 06 76 58 45 47
www.labaiedesgourmandises.fr
Ouvert le mardi, le mercredi, le vendredi et le samedi de 10h à 12h30 et de 15h à 19h30 ; le dimanche de 10h à 12h30.

Le nom de cette échoppe en dit long, mais y aller, c'est en voir encore davantage ! Car la Baie des Gourmandises, c'est un concept regroupant un salon de thé, un café, mais aussi une chouette boutique ! Dans cette dernière, des chocolats, des cidres, des thés. Pour boire un café en journée, c'est aussi excellent : il arrive même que vous puissiez le déguster dans des tasses comestibles nappées de chocolat ! Enfin, le salon de thé vous accueille pour une pause sucrée, et même plus, puisqu'ici, on vous propose d'autres produits, comme les huîtres et les tartines !

BRASSERIE DE LA BAIE

5, La rencontre
PONTORSON
✆ 02 33 60 37 65
www.brasseriedelabaie.com
Ouvert toute l'année.

Après avoir gagné de nouveaux locaux il y a maintenant deux ans, la Brasserie de la Baie continue à installer sa solide réputation. En effet, c'est depuis de nombreuses années maintenant que, sous la houlette de Christophe, des dizaines d'hectolitres sont produits. Il y en a pour chaque goût : de la brune à la blonde en passant par l'ambrée, le savoir-faire et la sélection de bons produits en font de petites merveilles. De nombreux revendeurs vous donnent l'occasion de vous en procurer dans la région : difficile de ne pas succomber.

L'ÉPICERIE DE LA BAIE

13, Route du Mont Saint Michel
BEAUVOIR
✆ 02 33 60 29 98
www.lepiceriedelabaie.fr
Ouvert tous les jours de 9h à 19h.

Depuis quelques années, ce joli condensé de ce qu'il se fait de mieux ici se retrouve dans l'épicerie de la baie. Vous la trouverez sur votre trajet vous menant au Mont, et elle est très bien indiquée. Cette véritable petite caverne d'Ali Baba vous propose bien évidemment des souvenirs, des cartes postales et des idées cadeaux, mais aussi beaucoup de spécialités sucrées, salées et alcoolisées. Des dégustations, de cidre notamment, sont régulièrement proposées. L'accueil est excellent, et le lieu est ouvert chaque jour, non-stop !

MAISON PELERIN

1bis, Route du Mont Saint Michel - **BEAUVOIR**
✆ 09 81 05 82 91
www.maison-pelerin.com
Ouvert tous les jours de 9h30 à 19h. Accessible aux fauteuils roulants / personnes à mob. réduite. Qualité tourisme.

Des caramels et des chocolats principalement, et bien d'autres merveilles : la maison Pèlerin ne manque pas de ressources. Ce vaste bâtiment, que l'on trouve à l'approche du Mont-Saint-Michel, propose en effet également des spécialités sucrées et salées et met en avant, avec raison, la fabrication française qui est sa marque de fabrique. Côté caramels, de nombreuses références, à commencer par ceux salés, à tomber par terre. Même chose pour les chocolats, avec des tuiles, des orangettes et des plaquettes qui, là aussi, ne manqueront pas de vous plaire.

DE PONTORSON AU MONT-SAINT-MICHEL À VÉLO

Place de l'Hôtel-de-Ville
PONTORSON
✆ 02 33 60 20 65
www.mont-saint-michel-baie.com

À seulement 10 kilomètres du célèbre Mont-Saint-Michel, la ville de Pontorson est une bonne base pour visiter la Manche et la cité médiévale. Au départ de cette ville marquée par une histoire tantôt anglaise tantôt française, une piste cyclable rejoint les bords du Couesnon. Vous longerez ensuite l'eau jusqu'au Mont-Saint-Michel. La dernière partie se fait sur une voie partagée avec les piétons. Attention toutefois à la forte affluence de visiteurs pendant la période touristique.

MANCHE

AVRANCHES ★★

Sous-préfecture de la Manche, généralement considérée comme la porte d'entrée de la Normandie pour ceux en provenance de Bretagne, Avranches est fièrement posée sur son promontoire granitique. Ville royale, détruite pendant les guerres de religion du Moyen Âge, elle fut fortement disputée pendant la guerre de Vendée, puis lourdement bombardée lors de la libération alliée. Remise de ses plaies, Avranches est aujourd'hui une ville commerçante, dont le patrimoine religieux est remarquable : basilique Saint-Gervais, église Saint-Saturnin ou église Notre-Dame-des-Champs, par exemple. Avranches, ce sont aussi de jolies petites ruelles et de beaux parcs.

LE JARDIN DES PLANTES ET SON BELVÉDÈRE

Place Carnot

Ouvert toute l'année.

Joliment installé sur l'éperon rocheux qui domine la baie du Mont-Saint-Michel, ce jardin bénéficie d'un panorama exceptionnel. À l'origine ce sont les capucins qui l'ont créé. Il deviendra officiellement Jardin des plantes en 1895. Les richesses accumulées par les botanistes seront détruites par les guerres et les tempêtes, y compris celle de 1999, mais le parc a retrouvé son lustre depuis. On s'y balade parmi les mosaïques de fleurs, les héliotropes et les cèdres du Liban.

LE CHÂTEAU DES MONTGOMMERY ★

4, rue du Génie - **DUCEY-LES CHÉRIS**

✆ 02 33 60 21 53

www.ducey-code.com

Fermé de septembre à juin. Horaires sur le site. Gratuit jusqu'à 12 ans. Adulte : 6 €. Groupe : 3 €.

Situé sur les bords de la Sélune, ce superbe château fut construit au XVIIe siècle par Gabriel II de Montgommery, chef du protestantisme dans l'Avranchin. L'architecture élégante se révèle dans l'envolée de son perron. A l'intérieur, l'escalier à balustre, deux cheminées richement décorées et des plafonds Renaissance à caissons peints. Le cadre idéal pour le jeu d'enquête auquel vous pourrez participer ici : un moment inoubliable, dans un cadre splendide, et qui plaira à tous.

ÉCOMUSÉE DE LA BAIE DU MONT SAINT-MICHEL

Route du Grouin-du-Sud - **VAINS** ✆ 02 33 89 06 06

www.manche.fr/patrimoine

Avril, mai, juin et vacances scolaires : 14h/18h. Juillet, août, septembre : 10h/18h. Adulte : 5 €. Enfant : 2,50 €.

Se rendre à l'Ecomusée de la baie du Mont-Saint-Michel, c'est aller à la rencontre d'un patrimoine naturel. Cette baie, au paysage grandiose en perpétuel mouvement, recèle une richesse biologique extraordinaire. En bordure du rivage, face à cette immensité et au Mont-Saint-Michel, l'écomusée de la baie est un centre d'interprétation. On y découvre le fonctionnement des milieux naturels de la baie et la façon dont l'homme exploite depuis des siècles cet espace singulier.

CHEMINS DE LA BAIE DU MONT-SAINT-MICHEL

34, rue de l'Ortillon - **GENÊTS**

✆ 02 33 89 80 88

www.cheminsdelabaie.com

Traversées et sorties toute l'année pour tous publics. Tarif variable en fonction de la sortie : à partir de 10 €.

Traverser la baie, bien sûr, encore faut-il bien le faire, et avec les bonnes personnes ! C'est bien pour cela que l'équipe des Chemins de la Baie permet de passer un moment fort, que l'on ne peut que vous conseiller. Ici, le choix est très vaste et, outre les traversées habituelles (commentées selon différentes thématiques, ou non), on vous propose des traversées qui sortent de l'ordinaire : au petit matin, en nocturne, aux flambeaux, les possibilités sont multiples !

LE MUSÉE D'ART ET D'HISTOIRE ★

Place Jean-de-Saint-Avit
✆ 02 33 58 25 15
www.avranches.fr

Ouvert du 1er juin au 30 septembre du mercredi au dimanche. Gratuit jusqu'à 18 ans. Adulte : 3 €

Ouvert en 1967, l'endroit propose de nombreuses peintures d'artistes locaux (avec de très belles découvertes à la clé), diverses collections archéologiques, et enfin deux salles spécifiquement dédiées aux arts et traditions populaires de Normandie. Ainsi, un intérieur normand d'autrefois est entièrement reconstitué, et se replonger dans une époque lointaine mais finalement pas si éloignée a toujours quelque chose de bluffant. Une chouette étape en perspective.

LE PARC DU CHÂTEAU DE CHANTORE

BACILLY
✆ 06 74 30 66 64

Ouvert tous les jours en juillet/août, week-end en mai/ juin/septembre. Reste de l'année : réservation. Adulte : 7 €.

Entourant le splendide château, le parc de ce dernier est un merveilleux écrin, ouvert à la visite toute l'année. L'édifice est une splendeur du XVIIIe siècle, construit sur une petite butte de laquelle on aperçoit le Mont. Son parc, lui, est d'inspiration anglo-chinoise. Sur près de 19 hectares, des arbres exotiques, des cascades, des jungles de bambous sont autant de rendez-vous fixés dans ces lieux et vous offrent des dépaysements totalement inattendus ici.

SCRIPTORIAL D'AVRANCHES - MUSEE DES MANUSCRITS ★★★

Place Estouteville ✆ 02 33 79 57 00 - www.scriptorial.fr

10h-13h et 14h-19h en été, 18h les autres mois. Adulte : 8 €. Enfant (10-18 ans) : 3 €.

Moderne, aéré, le Scriptorial bénéficie d'une muséographie magnifique. Le visiteur traverse l'histoire d'Avranches et du Mont de l'époque gallo-romaine, puis au Moyen Âge et à la découverte de la fabrication des manuscrits. Ce cheminement aboutit à un corpus d'environ 700 images numérisées permettant la manipulation virtuelle des manuscrits. Puis à la salle du trésor où sont exposés à tour de rôle 15 volumes de la bibliothèque du monastère du Mont, et enfin l'imprimerie aujourd'hui.

OFFICE DE TOURISME MONT-SAINT-MICHEL - NORMANDIE

2, rue du Général-de-Gaulle
✆ 02 33 58 00 22
www.msm-normandie.fr

Basse saison : ouvert du lundi au samedi. Haute saison : tous les jours.

Le lieu incontournable pour découvrir non seulement la cité, de ses édifices religieux à son jardin des plantes en passant par ses jolies rues et son histoire mouvementée lors de la libération (sous l'égide du général Patton), mais aussi les environs à commencer par le Mont, distant d'une vingtaine de kilomètres seulement. Rien ne vous manquera en terme de bons plans, et les amplitudes d'ouverture sont vastes, surtout en haute saison. Notez enfin qu'ici on vous loue des vélos !

DÉCOUVERTE DE LA BAIE - LA MAISON DU GUIDE

1, rue Montoise - **GENÊTS** ✆ 02 33 70 83 49 - www.decouvertebaie.com

Ouvert de fin mars à début novembre. Ouvert tous les jours en saison. Consulter le site Internet pour les tarifs.

Il est très fortement déconseillé d'arpenter la baie du Mont-Saint-Michel seul et sans encadrement. Et cette maison du guide, située à Genêts. Conçue et lancée en 1994, celle-ci propose une liste impressionnante de sorties : traversées traditionnelles, commentées, se déroulant le soir par exemple. Le talent hors pair de Sylvie et Valérie, les responsables, et leurs connaissances parfaites de lieux, font qu'il ne s'agira pas ici d'une simple marche, mais bien d'une vraie découverte.

ALTOS & SPA €€

37, boulevard du Luxembourg
✆ 02 33 58 66 64
www.hotel-mont-saint-michel.com

Ouvert toute l'année. 29 chambres. Suite. Chambre double à partir de 109 €.

Dans cet hôtel résolument moderne, les couleurs et matériaux des chambres se conjuguent avec la lumière, très présente ici. Altos & Spa est l'une des très belles offres du secteur, à une bonne vingtaine de minutes du Mont-Saint-Michel en voiture, et qui propose un magnifique spa : sauna et hydromassage sont à votre disposition. Un joli lieu situé en plein cœur d'Avranches et qui, étant donné les offres, propose un excellent rapport qualité-prix. On pensera à réserver suffisamment en amont, sous peine de ne pas avoir de place.

BEST WESTERN MOULIN DE DUCEY €€

1, Grande-Rue
DUCEY-LES CHÉRIS
✆ 02 33 60 25 25
www.moulindeducey.com
Ouvert toute l'année. 28 chambres. Chambre double à partir de 84 €.

Au bord de la Sélune, l'établissement ne manque pas d'atouts. On recommande fortement celles qui donnent sur l'eau, histoire de se laisser bercer par son flux régulier et la vue très agréable sur le pont et la rivière. Un vrai plus ! Situé dans un charmant village-étape à seulement 2 km de l'autoroute A84, l'hôtel tout proche de la baie est un excellent point de chute. Un grand parking permet de recevoir des réunions de travail ou de famille, des locations de vélos électriques...

HÔTEL RESTAURANT DE LA CROIX D'OR €€

83, rue de la Constitution
✆ 02 33 58 04 88
www.hotel-restaurant-avranches-croix-dor.com
27 chambres. Chambre simple à partir de 73 € ; chambre double à partir de 96 €. Petit déjeuner : 11,50 €. Restauration.

Charme, de tradition et de distinction : tel est cet hôtel de la Croix d'Or. Il faut dire que ce petit écrin a de quoi plaire : le bâtiment est un ancien relais de poste du XVIIe siècle réhabilité dans l'esprit de la Normandie de l'époque. Vous pourrez admirer les imposantes armoires normandes, les horloges, les cuivres de collection... Du côté des chambres, elles offrent une esthétique sobre et chaleureuse, à la hauteur de l'offre en matière d'équipement et de discrétion.

CAMPING LES COGNETS €€

3, route de la Côte - **DRAGEY-RONTHON**
✆ 02 33 48 86 98
www.camping-lescognets.fr
Ouvert d'avril à octobre. Emplacement + véhicule de 4,30 € à 4,90 €. Mobil-home pour 2 : à partir de 285 €/ semaine.

Un chouette camping, à seulement 5 minutes de Genêts et à 1,5 km de la plage, en plein cœur de la baie du Mont-Saint-Michel ! Ici, pas moins de 176 emplacements vous attendent pour y planter vos tentes, disposer d'un mobil-home ou encore y garer votre camping-car. Vous profitez des salons de jardins et barbecue et de l'emplacement clos. Camping oblige, l'accueil et l'ambiance sont très décontractés. Toujours sur le site du camping, l'esprit vacances est privilégié : pétanque, aire de jeu pour les petits et un très chouette snack.

HÔTEL RESTAURANT DES BAINS €€

8, allée Clémenceau
SAINT-JEAN-LE-THOMAS
✆ 02 33 48 84 20
www.hdesbains.fr
Fermeture du 15 novembre au 1er avril. 7 chambres. Parking. Chambres à partir de 52 €.

Une adresse conviviale, qui propose pas moins de 7 chambres calmes - l'endroit est dans un écrin de verdure -, confortables et au bon rapport qualité-prix. On apprécie d'y déjeuner ou d'y dîner, voire d'aller se chercher un verre au bar et de le prendre au pied de la piscine extérieure. Le restaurant avec sa terrasse est un plus et comprend 90 places assises, 160 environ en dînatoire, de quoi satisfaire tous les événements, privés comme professionnels.

MANCHE

© D.DAGUIER

Écomusée de la Baie du Mont Saint-Michel.

VILLA RAMADE €€

2, rue de la Côte
MARCEY-LES-GRÈVES
✆ 02 33 58 27 40
www.laramade.fr
Ouvert toute l'année. Chambre double à partir de 79 € ; suite à partir de 149 €.

Un établissement qui rejoint le cercle très fermé de l'hôtellerie haut de gamme. C'est évidemment très mérité pour cette Villa Ramade, une excellente petite adresse que l'on aime fort. Quand on dit « petite », c'est bien d'une expression dont il s'agit, car les le niveau de confort ici reste toujours aussi élevé. L'hôtel vous propose ici deux villas, Ramade et Madile. Décoration pleine de goût, verrière splendide, jardin à la française : les touristes, mais aussi les amoureux, adorent, et les tarifs sont très largement justifiés.

LE SAINT JEANNAIS €

8-4, Rue Saint-Michel
SAINT-JEAN-LE-THOMAS
✆ 06 83 35 49 09
Ouvert 7 jours sur 7 en saison de 10h à 1h.

Niché près de la plage, l'endroit est rêvé pour passer un bon moment. Ici on vous reçoit avec convivialité que ce soit pour boire un verre ou pour manger. Vous vous plairez dans cet endroit loin du stress. Installez-vous côté plage, côté rue ou même sous la tonnelle : en haute saison, le lieu est ouvert 7 jours sur 7. La cuisine non-stop en saison est simple et bonne : des grillades, des hamburgers, des salades et des huitres et des moules en saison et surtout des frites maison. Pour le dessert, on vous proposera des glaces : efficace.

HÔTEL-RESTAURANT LE GUÉ DU HOLME €€€

14, rue des estuaires
SAINT-QUENTIN-SUR-LE-HOMME
✆ 02 33 60 63 76
www.le-gue-du-holme.com
10 chambres. Chambre double à partir de 88 €. Petit déjeuner : 12,50 €. Wifi gratuit.

A l'image du restaurant, l'hôtel propose de jolies prestations, à quelques kilomètres du Mont et à proximité des grands axes. Malin, le lieu offre un rapport qualité-prix que l'on a parfois du mal à trouver à mesure que l'on se rapproche de la merveille, avec un prix d'appel intéressant. Les tons clairs, parfois drôlement bariolés, c'est très propre et la literie est de qualité. Petit plus, la vue garantie sur la jardin, et qui vous permet de vous reposer en toute quiétude.

LE BISTROT DE PIERRE €€

5, rue du Général-de-Gaulle
✆ 02 33 58 07 66
Ouvert toute l'année. Fermé le dimanche et le mercredi. Carte : 25 € environ.

En plein centre d'Avranches, ce bistrot à la française permet d'accueillir jusqu'à 70 personnes dans ses trois salles. La carte change jusqu'à deux à trois fois par semaine selon les envies du chef pour le plus grand plaisir de la clientèle locale qui en a fait sa cantine du midi. La carte est toujours composée d'au moins un poisson et une viande et tous les desserts sont maison. Une cuisine qui joue les valeurs sûres et qui compte dans le paysage local. Attention à l'affluence, surtout le midi en semaine, on vous conseille de venir tôt !

LE GRAND CAFÉ DE L'UNION €

Place Littré ✆ 02 33 58 00 44
Basse saison : du lundi au samedi de 7h45 à 19h. Haute saison : du lundi au samedi de 8h à 23h. Carte : 15 € environ.

Une institution de la ville : aux commandes, Romain et William, qui savent y faire ! À l'intérieur, le bleu foncé et le vert donnent un sacré cachet, les tables et chaises semblent sorties d'un atelier de design, et l'ambiance est feutrée. La carte que l'on vous soumettra (et qui drôlement prend la forme d'un journal appelé *Les Potins du Grand Café de l'Union*) est vaste, et vous permettra de choisir selon de nombreux plats simples, efficaces et bien réalisés. Les produits sont frais, et le menu du midi propose un bon rapport qualité-prix.

HÔTEL RESTAURANT DE LA CROIX D'OR €€

83, rue de la Constitution ✆ 02 33 58 04 88
www.hotel-restaurant-avranches-croix-dor.com
Ouvert tous les jours midi et soir. Menus de 29,80 € à 63,50 €. Formules du midi : 16,60 € & 19,60 €.

Cette étape gastronomique fort prisée est probablement la meilleure de la cité., et depuis longtemps. Dans ce cadre rustique et chaleureux, Eric Bertheaume met tout son talent au service d'une cuisine normande, élaborée et souvent originale, et qui se décline selon une belle carte et plusieurs menus. Filet mignon en croûte de noix, noisette d'agneau de l'Avranchin ou filet de daurade grise snackée comptent parmi les meilleures propositions du sud-Manche. On pensera à réserver en amont.

LE JARDIN DES DUNES €€

Plage du Pignochet
SAINT-JEAN-LE-THOMAS
© 02 33 68 28 20

Fermé de novembre à mars. Ouvert du mardi au samedi le soir ; du mardi au dimanche le midi. Carte : 25 € environ.

Un cadre hors pair, les pieds dans le sable, et une décoration très estivale et de bon goût en font un petit plaisir. Un nouveau cuisinier a totalement repensé cette carte, qui a évolué en bien, passant d'une offre de brasserie à quelque chose de plus élaboré – même si l'on reste sur des plats classiques. Et franchement, c'est très réussi ! En terrasse ou en salle, le lieu saura vous séduire : les moules de bouchot, les poissons ou les salades sont excellents. Notez enfin que d'excellentes pizzas peuvent être emportées. Un vrai bon plan en bord de mer.

LE SAINT MARCO €€

47, rue Constitution © 02 33 58 77 82
www.saint-marco.com

Haute saison et vacances scolaires : fermé le dimanche. Hors saison : fermé le dimanche & lundi soir. Carte : 20 € env.

Située au cœur du centre-ville d'Avranches à côté du cinéma, la pizzeria le San Marco est une belle bâtisse de pierre – avec quelques touches orangées qui en font un lieu reconnaissable ! Ici, beaucoup viennent pour les pizzas : on en compte près d'une vingtaine à la carte, et elles sont toutes savoureuses, généreuses, et expliquent le succès du lieu. On ne s'arrête toutefois pas ici, puisque le San Marco, ce sont également des salades, des viandes grillées, des bruschettas, des salades (la liste n'est pas exhaustive !) qui sont proposées selon une vaste carte.

LA PAUSE DES GENÊTS AUBERGE-RESTAURANT €€

11, rue de l'Entrepont - **GENÊTS**
© 02 33 89 72 38
www.lapausedesgenets.fr

Ouvert du mardi au dimanche en saison, et du jeudi au dimanche hors saison.

Voilà un lieu qui ne manque pas d'amateurs ! Et pour cause, la Pause des Genêts vous invite dans un lieu à la décoration unique, chargée de beaux objets, mais qui bénéficie également d'un immense jardin très, très prisé. Une cuisine créative excellente, avec des petits légumes qui croquent, des poissons préparés comme il se doit, et quelques viandes bien pensées. Très prisé de ceux qui vont traverser la baie, le lieu peut également être privatisé pour vos événements personnels.

OBIONE €€€

8, rue du Docteur-Gilbert
© 02 33 58 01 66
www.restaurant-obione.fr

Ouvert toute l'année. Fermé le dimanche. Possibilité de privatiser le petit salon. Carte : 35 € environ.

Aux commandes de ce très bel établissement, le chef Sébastien Godefroy, multi-récompensé par de nombreux guides tant son talent est évident, il bouscule le paysage du secteur en proposant une cuisine fine, élaborée et accessible, et dont les menus sont composés en fonction des arrivages et des saisons, bref, une attitude écoresponsable ! Et il n'y a pas à tergiverser : Sébastien Godefroy livre bien un festival de saveurs à des prix très abordables. La décoration de cet établissement est moderne, de bon goût et élégante. L'accueil est très professionnel.

CARA-MEUH !

11, route de Saint-Léonard - **VAINS**
© 02 33 70 82 40
www.cara-meuh.com

Boutique à la ferme ouverte du lundi au samedi (le dimanche pendant les vacances).

Cara-Meuh a réussi le tour de force de devenir une référence en quelques années ! Le principe, simple, est le suivant : à partir de lait fermier, issu d'animaux évoluant dans les verts pâturages du sud-Manche, des agriculteurs élaborent leurs succulentes friandises. Crème, beurre et fromages sont également fabriqués ici. Le lieu de production se visite de manière libre, ou en visite guidée en août et juillet, où sur réservation pour les groupes toute l'année. Evidemment, vous pourrez déguster mais aussi acquérir des produits locaux (beurres, fromages ou cidres).

LA DINETTE

11, rue du pot d'étain
© 02 33 89 77 10

Ouvert du lundi au samedi de 8h30 à 18h. Prix moyen du repas : 15 €.

La Dinette, c'est un véritable salon de thé, et même au-delà. Pour prendre son petit-déjeuner, un verre, déguster une des délicieuses pâtisseries faites sur place ou d'autres merveilles salées, difficile de trouver mieux. L'ambiance créée ici par le père et la fille est en effet propice au repos, et on s'accorde ici une parenthèse hors du temps. Notez que la Dinette propose de déjeuner à toute heure. La *maestria* du duo aux commandes fait des merveilles, et les quiches, les buns, les petits plats bien sentis se succèdent, et peuvent être emportés chez soi !

SAINT LÉNA

1, place de la chaussée
VAINS
✆ 02 33 58 03 26
Ouvert du mardi au samedi de 9h à 18h.

L'image du Mont est exceptionnelle, et c'est bien ce qui fait la force de Saint Léna. La marque, pariant sur des motifs imprimés, développe toute une gamme de produits, des coussins aux sacs en passant par le linge de table et divers objets de décoration intérieure. Saint-Léna, qui connaît un succès croissant, est basée sur le logo, dessiné par Stéphane Heslot, et qui représente la merveille. Pour le reste, les idées, l'inspiration de Geneviève Tumoine ont fait le reste, à savoir décliner sur des tissus et des créations, choisis avec goût, ce sigle à l'infini.

AÉRO-CLUB DES GRÈVES DU MONT-SAINT-MICHEL

55, Rue Bouille
LE VAL-SAINT-PÈRE
✆ 02 33 58 02 91
www.aeroclub-avranches.org

Un endroit au bout du monde, face au Mont Saint-Michel : vous êtes à l'aéroclub d'Avranches. Ce jour-là, sous un beau soleil d'hiver, la vue est superbe, les moutons sont là aussi même parfois sur la piste. Sur place une école de pilotage, possibilité de faire des vols d'initiation, ou des baptêmes. En ULM ou en avion à vous de choisir le moyen de prendre votre envol. Sur place un bar ouvert à tous, une belle terrasse pour admirer le ballet des petits avions.

DECOUVERTE DE LA BAIE DU MONT-SAINT-MICHEL EN ULM

4, chemin des Cognets - **DRAGEY-RONTHON**
✆ 02 33 48 67 48
www.ulm-mont-saint-michel.com
Tarif individuel de 50 € à 250 €.

Voilà une manière unique de découvrir la baie, et bien sûr le Mont, et qui vous vaudra des souvenirs gravés dans votre mémoire. Car Didier Hulin, un passionné d'ULM, vous propose de survoler le Mont-Saint-Michel. Au départ d'une petite piste privée situé au nord de la baie, ou de l'aérodrome du Val-Saint-Père, au sud d'Avranches, les possibilités sont multiples : vol de découverte, survol du Mont, de la totalité de la baie ou circuit plus long, allant de Granville à Cancale.

LES ÉTANGS DU VAL DE SÉE

Le Moulin de Saint-Geroges
SAINT-GEORGES-DE-LIVOYE ✆ 02 33 60 91 74
www.etangs-valdesee.com
Basse saison : ouvert du mardi au dimanche de 8h à 18h. Haute saison : tous les jours de 8h à 18h.

Marie-Thérèse et Alain Sourdin vous accueillent dans leur pisciculture. Ici, dans un environnement champêtre, vous attendent des truites arc-en-ciel dans deux grands étangs : un étang familial (pêche au poids) et un étang sportif (pêche à la demi-journée ou à la journée maximum 5 kilos de prise). Pêche à la mouche, au coup, au moulinet, pêche amateur et pêche sportive : à chacun sa technique, à chacun son plaisir ! L'endroit propose également un restaurant, dont le rapport qualité-prix est très bon. Au final, on passe ici une chouette journée.

EVENT PARK

Aubigny - **PONTS**
✆ 02 33 60 21 21
www.eventpark.fr
Fermé le lundi sauf en été. Ouverture : de 14h à 17h. Fermeture : 22h ou 23h en semaine, et minuit le week-end.

C'est un lieu unique, à proximité immédiate d'Avranches et des grands axes de circulation. Ce sont pas moins de 8 000 m² qui sont consacrés aux divertissements, faisant du lieu un complexe de loisirs *indoor* : une piste de karting de 380 mètres, un laser game accessible à partir de 7 ans, et une zone appelée «plaine de jeux», destinée aux plus petits. Différentes formules tarifaires vous sont proposées et les amateurs, comme les professionnels, peuvent organiser ici leurs événements privés. Les horaires sont variables selon la saison.

BOWLING DE LA BAIE

31, le Pavé
MARCEY-LES-GRÈVES
✆ 02 33 58 86 90
Ouvert toute l'année. Tous les jours et les jours fériés de 14h à 0h. Restauration.

Ce bowling se situe à cinq petites minutes d'Avranches sur la route de Granville, facile d'accès avec un grand parking à disposition. Vous pourrez tenter le strike sur l'une des huit pistes. Et pour se remettre de ses émotions, il y a un bar et un restaurant où l'on peut suivre les retransmissions de matchs. L'endroit, qui a changé de propriétaire il y a quelques mois, n'a pas perdu au change : les horaires s'appliquent uniformément chaque jour, permettant ainsi de ne pas se perdre dans des tableaux trop longs à comprendre !

SAINT-JAMES

Difficile de dissocier la petite ville de la fameuse marque de prêt-à-porter, qui est bel et bien pensée et fabriquée ici. Mais Saint-James, c'est aussi une situation géographique idéale, entre Normandie et Bretagne, et à quelques kilomètres du Mont-Saint-Michel seulement. Si certains viennent ici pour quelques jours d'hébergement avant d'arpenter la merveille, ils profiteront également d'un cadre paisible et verdoyant, non dénué de petites merveilles : l»église Saint-Jacques, du XVe siècle, mais aussi le château de la Paluelle, inscrit aux monuments historiques. Bien desservie, commerçante et animée, Saint-James est la ville-étape par excellence.

LES TRICOTS SAINT-JAMES

Route d'Antrain © 02 33 89 15 55 - www.saint-james.fr

Boutique ouverte du lundi au samedi. Visite de l'usine sur rendez-vous. Adulte : 5 €.

C'est l'un des fleurons du tricot français. Réputée à l'origine pour son chandail marin, Saint James a progressivement développé toute une gamme de prêt-à-porter, dont la qualité reconnue en a fait un succès hexagonal et mondial. Fabriqués dans la ville du même nom, Saint James y dispose de son unité de production, qui emploie environ 300 personnes. Contrôle des fils, tricotage, assemblage sont autant d'étapes indispensables pratiquées ici. Sur place, visitez les différentes chaînes de production.

CIMETIÈRE MILITAIRE AMÉRICAIN DE SAINT-JAMES ★

MONTJOIE-SAINT-MARTIN

Fermé le 1er janvier et le 25 décembre.
Ouvert tous les jours de 9h à 17h.

L'ABMC - American Battle Monuments Commission -, fondée en 1923, a pour mission la construction et l'entretien des cimetières et monuments en dehors du territoire des Etats-Unis. C'est le 20 juillet 1956 que fut inauguré ce cimetière mémorial dans lequel reposent 4 410 soldats tombés pendant le débarquement de 1944. Une chapelle en granit de la région de la Pyrie abrite un mémorial. Sur le mur des disparus, on peut voir le nom, le grade, l'unité et l'état d'origine de 498 soldats.

LES TRICOTS SAINT-JAMES

Route d'Antrain
© 02 33 89 15 55
www.saint-james.fr

Boutique officielle ouverte du lundi au samedi.

Les Tricots Saint-James perpétuent une longue tradition textile qui remonte au Moyen Age avec ses tisserands et drapiers. La notoriété de l'entreprise s'est forgée sur un vêtement culte, « le vrai pull marin breton tricoté en pure laine vierge », destiné à l'origine aux marins-pêcheurs, puis adopté par les grands navigateurs et les plaisanciers. Saint-James a reçu la distinction Entreprise du Patrimoine Vivant, un label d'excellence. Accolée à l'usine de production, vous trouverez une belle et moderne boutique, aérée et comprenant toutes les références.

MANCHE

Le cimetière militaire de Saint-James.

SAINT-HILAIRE-DU-HARCOUËT

Gros bourg regroupé autour de sa vaste église, Saint-Hilaire-du-Harcouët est l'un des points de passage du sud-Manche. Idéalement située, très commerçante, la ville se situe entre le Mont-Saint-Michel et les collines du sud-est du département. Outre son patrimoine, Saint-Hilaire est le cadre d'une vie artistique ponctuée de plusieurs festivals, qu'il s'agisse de Dessinator, pour les amateurs de bandes dessinées, d'Art en Bars, qui anime la ville avec concerts et oeuvres exposées, ou Arts et Sentiers, qui mêle promenades et cultures. Le point d'orgue annuel reste toutefois la foire Saint-Martin, qui accueille début novembre plus de 150 000 personnes.

ANGE MICHEL - PARC D'ATTRACTIONS

Saint Martin de Landelles
✆ 02 33 49 04 74
www.angemichel.com
Haute saison : ouvert tous les jours 10h30/18h30. Autres horaires : sur internet. Adulte : 18,50 €. Enfant : 16 €.

Il s'agit ni plus ni moins de l'un des plus grands parcs de la région, avec plus de 40 attractions, accessibles en illimité et en plein cœur de la nature. Au programme, des frissons avec la Flash Tower (tour de 40 m) ou le Tornado (avec ces wagonnets virevoltants sur 420 m de rails) ; des sensations à bord de la Déferlante ou l'Aquasplash ; de la féerie au travers de fleurs géantes sur des grenouilles sauteuses ; mais aussi des animaux dans une jolie ferme.

CAMPING MUNICIPAL LA SÉLUNE €

Rue de Marly ✆ 02 33 49 43 74
www.st-hilaire.fr
Ouvert du 1er avril au 30 septembre. Terrain de 1,9 ha. 63 emplacements. Adulte : 2,50 €. Voiture : 1,15 €.

Ce chouette camping municipal propose 63 emplacements spacieux, sur une surface totale de près de 2 hectares, que ce soit à l'ombre, au soleil, en tente ou en camping-car ! Idéalement placé, le camping n'est qu'à quelques minutes de marche des commodités de Saint-Hilaire : commerces, restaurants, piscine, tennis… n'en jetez plus ! Côté tarifs, on apprécie : un camping municipal est en général très bon marché. À noter enfin que des roulottes sont disponibles à la location.

LE JARDIN DES FÉES €€

Le bois Bunon - **SAVIGNY-LE-VIEUX**
✆ 06 20 14 40 99
www.jardindesfees-normandie.fr
Chambre double de 60 € à 65 €. Petit déjeuner : 8 €. Gîtes pour 4 personnes : 80 € la nuit.

C'est une belle et vaste maison de pierre donnant sur un splendide jardin. Ce Jardin des Fées, ce sont plusieurs offres d'hébergement. En chambre d'hôtes (il en existe deux) ou en gîte pour quatre personnes. Les premières répondent aux noms de Jasmin et Fougères, et le joli gîte est une véritable maison. C'est délicieusement agencé, cosy, et l'on s'y sent immédiatement bien. Mention spéciale au jardin, qui se divise en plusieurs parties, lieu de promenade principalement, on peut même y cueillir des fruits et légumes ! Notez que les camping-cars sont les bienvenus.

LE LION D'OR HÔTEL-RESTAURANT €€

120, rue de la République ✆ 02 33 89 55 83
www.hotelleliondor.com
20 chambres. Chambre double de 75 € à 80 € ; chambre triple à partir de 95 €. Petit déjeuner : 9,50 €.

Une vingtaine de chambres pour cet hôtel situé en plein centre-ville, dans une vaste bâtisse typique de la reconstruction de l'après-guerre. Confortables et modernes, les chambres sont fonctionnelles et bien équipées : TV bien sûr, mais aussi wifi gratuit sont disponibles. Sobres, les chambres vous apparaîtront sans aucun doute comme autant de havres de paix en plein cœur de la cité. Le restaurant, situé au rez-de-chaussée, est excellent et largement connu comme tel.

BRIT HOTEL RESTAURANT LE CYGNE €€

99, rue Waldeck-Rousseau
✆ 02 33 49 11 84
Ouvert toute l'année. Tous les jours le midi ; du lundi au jeudi et le samedi le soir. Carte : 25 € environ.

Voici un hôtel-restaurant situé au carrefour de plusieurs régions touristiques, parmi lesquelles la Suisse normande et le pays du Mont-Saint-Michel. Le nouveau maître des lieux et chef une cuisine régionale. Le midi, c'est une offre simple qui est proposée, avec une cuisine fraîche et de qualité. En été, la terrasse s'ouvre en extérieur. Enfin, le lieu est aussi un hôtel de qualité offrant des chambres de confort ainsi qu'une piscine extérieure chauffée !

MANCHE

AU SOLEIL D'ITALIE €€

Route d'Avranches
© 02 33 91 79 59
www.restaurant-pizzeria-ausoleilditalie.com
Fermeture le mardi. Menu unique à 18,50 €. Carte : 20 € environ. Menu enfant : 8,50 €. Formule midi : 13 €.

Ce soleil d'Italie, très apprécié, à juste titre, est toujours un restaurant traditionnel mais aussi une pizzeria ! Dans cette ambiance familiale, la cuisine faite de produits frais vous fera découvrir la chaleur des produits du soleil. Un buffet à volonté, dont une formule spéciale avec les desserts, eux aussi à volonté, pour les plus grandes faims, la possibilité de vous faire livrer des pizzas, un grand parking (la situation, en entrée de ville y aide beaucoup) sont, en vrac, les atouts majeurs d'un lieu qui n'en manque pas !

COMPTOIRS DES ISLES

Route d'Avranches
© 02 33 89 74 50
www.comptoirsdesisles.com
Ouvert du mardi au samedi de 10h à 12h30 et de 15h à 19h ; le dimanche de 10h à 12h30.

Au bord de la route d'Avranches, c'est un lieu que l'on ne peut pas laisser passer ! En effet, les Comptoirs des Isles se repèrent de loin, et pour cause ! Bien situé, le lieu est un oasis de bon goût : outre les produits régionaux, l'enseigne vous propose des centaines de références d'épicerie fine, des huiles aux produits de la mer, en passant par les jus de fruits et les liqueurs. Les produits sont soigneusement rangés dans de beaux meubles en bois, à l'image de ce lieu, chaleureux et bien décoré. Un service de livraison et de *drive* est proposé.

DOMAINE DU COQUEREL

Manoir du Coquerel
© 02 33 79 02 20
www.calvados-coquerel.com
Visites : de juillet à septembre du lundi au jeudi 8h30/11h30 & 13h30/17h. D'octobre à juin, sur rendez-vous.

L'activité du domaine du Coquerel réside dans la fabrication, le stockage et la commercialisation de calvados et pommeau AOC. La visite du domaine, niché dans un coin de verdure du bocage, vous permettra de découvrir les secrets de fabrication de cette boisson emblématique de la Normandie. Vous serez impressionné par la quantité des pommes brassées, par les chais où vieillissent 10 000 hectolitres de calvados de quoi vous tourner la tête. Les visites, et dégustations, peuvent s'effectuer ici toute l'année : on ne manque pas de belles propositions.

AIRE DE LOISIRS DU PLAN D'EAU DU PRIEURÉ

rue Thomas Riffaudière
© 02 33 51 97 46
Ouvert toute l'année.

Ces deux bassins alimentés par le bief des Quatre Moulins se situent au sud de la ville. Entourés de verdure, dont de vaste espaces engazonnés, c'est un lieu de promenade très apprécié des familles avec de nombreux jeux pour les enfants et un mini-golf. Dès la mi-juillet, la mairie installe un terrain de sport gonflable où l'on peut pratiquer du beach soccer, beach volley et du sand ball autrement dit du foot, volley et hand de plage. Notez que les animaux sont acceptés.

MORTAIN-BOCAGE ★★

L'histoire de cette ville remonte à sa fondation à la fin de l'Empire romain, même si à l'époque ce n'était qu'un poste militaire. Guillaume le Conquérant confia ce fief à son demi-frère Robert qui rassembla ici une brillante cour et fonda en 1082 la collégiale Saint-Evroult. Mortain devint anglaise de 1106 à 1204 avant que saint Louis ne rattache la région à la couronne. La région subit toutes les vicissitudes de l'histoire : guerre de Cent Ans, guerres de religion. C'est en 1789 que la municipalité de Mortain fut créée. La ville fut presque totalement détruite en août 1944. Depuis quatre années maintenant, la ville s'appelle Mortain-Bocage, suite à la fusion de la ville avec les communes de Bion, Notre-Dame-du-Touchet, Saint-Jean-du-Corail et Villechien. Aujourd'hui, cette station verte de vacances présente des trésors d'architecture nichés joliment dans son décor de nature. Les reliefs, très marqués dans cette zone de la Manche, ont engendré de superbes spectacles naturels, dont les cascades de Mortain. Sur les hauteurs, vous pouvez admirer par temps clair le mont Saint-Michel, distant de plus de 40 kilomètres.

LES CIRCUITS DES CASCADES ★

Vallée de la Cance

Livret de visite disponible gratuitement à l'Office de Tourisme.

Accessibles à pied depuis le centre-bourg, deux cascades bucoliques grondent dans la vallée de Mortain. Et lorsque vous arrivez ici, le dépaysement est garanti : le bocage laisse place, lorsque l'on se trouve à certains endroits, à des paysages de basse montagne – on parle de Suisse normande non sans raison ! La petite cascade est alimentée par le Cançon qui dévale à toute vitesse les rochers et forme un étroit canyon aux eaux vives, déversant majestueusement ses flots en un rideau de dentelle composant un paysage fascinant. La Grande Cascade, quant à elle, est la plus importante de tout l'Ouest. Sa chute de 25 mètres impressionne par son débit et son cadre rocheux remarquable. Le cheminement vers la petite Cascade est aménagé et mène à la chapelle Saint-Vital cachée dans son écrin de verdure et au Rocher Brûlé qui offre une vue plongeante sur la ville. On poursuit ensuite vers la Grande Cascade qui dévale sa barre de grès armoricain. Ici se jette la Cance, affluent de la Sélune. La floraison des rhododendrons fin mai – début juin ajoute à son charme. L'escalier qui la longe permet d'accéder à une passerelle en bois qui enjambe la rivière, et ainsi de jouir pleinement de ce spectacle perpétuel et changeant au fil des saisons. L'office de tourisme propose des balades contées de ces sites qui vous dévoilent les légendes populaires locales qui y sont attachées. Renseignez-vous en amont, car le lieu est parfois très fréquenté, notamment aux beaux jours.

© FRANCIS MASSIAS - PARC NORMANDIE-MAINE

MANCHE

PARC-MUSÉE DU GRANIT

Le Bourg - **SAINT-MICHEL-DE-MONTJOIE**
✆ 02 33 59 02 22
patrimoine.manche.fr

Ouvert de juin à septembre. Juin/septembre : mercredi au dimanche. Juillet/Août : mardi au dimanche. Gratuit.

Le parc-musée est situé dans la commune de Saint-Michel-de-Montjoie qui abrite le dernier centre d'extraction d'un granit : le bleu de Vire. C'est en se promenant au cœur d'un vaste parc boisé que l'on apprend à connaître le métier de carrier, plutôt physique et rude. Bien qu'aujourd'hui, l'activité se soit spécialisée, elle est toujours présente sur le territoire. La visite permet également de découvrir une collection d'objets uniques taillés : auges, calvaires. Des kiosques situés tout le long du parcours évoquent le granit français.

AIRE NATURELLE MUNICIPALE DE CAMPING €

Chemin du Potager - **SOURDEVAL**
✆ 02 33 79 35 55

Ouvert du 1er mai au 30 septembre. 11 emplacements. Emplacement + véhicule + 2 personnes à partir de 4,50 €.

Un rapport qualité-prix comme celui-là, c'est très rare ! Si le sud-Manche regorge de lieux méconnus, la région de Sourdeval en fait largement partie ! Verte et vallonnée, elle mérite largement un détour. Disposant de 11 emplacements, l'aire naturelle municipale de ce chef-lieu de canton commerçant vous propose une grosse dizaine d'emplacements, tous bien entretenus, et dont les tarifs sont particulièrement attractifs. Notez que des hébergement insolites sont également proposés.

FERME DE LA GORTIERE €€

28, route de Saint-Hilaire - **LE TEILLEUL**
✆ 02 33 59 43 29
www.chambres-hotes-gortiere.com

Chambre simple à partir de 35 €, double de 42 € à 55 €, triple de 60 € à 65 €. Roulotte (par nuit) : 75 € pour 2.

C'est aux confins du sud du département que se situe cette ferme de la Gortière, qui compte bien des atouts dans des propositions. Proposant quatre chambres d'hôtes (deux dans d'anciennes étables, les autres dans le cellier de cette belle maison du XVIe siècle) permettant pour certaines d'accueillir trois personnes, elles sont décorées et meublées avec goût. Autre possibilité, l'hébergement en roulotte, que les enfants ne manqueront pas d'adorer. Le lieu, équipé d'un bain bouillonnant, est également table d'hôte. Enfin, la ferme se visite !

GRANVILLE ★★★

Les remparts qui entourent la haute ville sont le témoignage de son histoire : la présence des Anglais au XVe siècle et leur déroute devant Louis d'Estouville, la Révolution puis la Seconde Guerre mondiale. Originalité, l'existence d'un véritable quartier insulaire, qui n'est autre que les îles Chausey : archipel de 6,5 kilomètres sur 12, comptant pas moins de 52 îles à marée haute et accessibles depuis le port en quelques minutes, celui-ci est habité par quelques dizaines de granvillais à l'année. Ville animée été comme hiver, sa vie est rythmée autour de plusieurs grands événements, dont son carnaval, le plus important du département.

ABBAYE DE LA LUCERNE D'OUTREMER ✞ ★

D 105 - **LA LUCERNE-D'OUTREMER**

✆ 02 33 60 58 98 - www.abbaye-lucerne.fr

L'abbaye est ouverte de juillet à la Toussaint, du mercredi au dimanche. Gratuit jusqu'à 7 ans. Adulte : 7 €.

Fondée au XIIe siècle par des chanoines prémontrés, l'abbaye le surnom d'Outremer pour son attachement aux rois d'Angleterre lors de la guerre de Cent Ans. L'église abbatiale, dont la plus ancienne partie date de 1164, est dotée de fenêtres romanes au premier niveau et d'une voûte gothique à l'étage. Aujourd'hui l'abbaye offre l'un des exemples les plus complets d'une architecture prémontrée médiévale, suite au travail de restauration remarquable dont elle bénéficie depuis 1959.

MANCHE ÎLES EXPRESS

Gare maritime

✆ 08 25 13 10 50

www.manche-iles.com

Horaires des traversées disponibles sur le site Internet. Tarif aller-retour à partir de 35 € (en traversée directe).

La compagnie Manche Îles Express effectue une liaison régulière au départ de Granville, Carteret ou Diélette vers Jersey, Guernesey, Aurigny ou Sercq. Ces îles, que l'on voit depuis les rives françaises et qui sont donc à portée d'un petit trajet en bateau, sont ainsi aisément joignables. Deux navires sont à votre disposition : le *Granville* et le *Victor Hugo*. À bord, la compagnie vous propose ses services duty free avec des opérations de réductions régulières. Notez que les tarifs sont modulables en fonction de la période, et de la durée du séjour.

LE ROC DES CURIOSITES MUSEE ET AQUARIUM

1, boulevard de Vaufleury ✆ 02 33 50 19 83

www.aquarium-du-roc.com

Ouvert toute l'année. Tarifs : Adulte : 9 €. Enfant (de 4 à 14 ans) : 6 €. Etudiant : 7 €.

Unique, le Roc des Curiosités expose aujourd'hui plus de 2 000 spécimens et objets. Proposant quatre univers différents vous serez accompagné dans votre visite par un parcours et un livret d'accueil qui vous aideront à parcourir ces 20 étapes de découverte. Ce « parcours de curiosités » permet une meilleure mise en valeur des collections. Un jardin des papillons vous propose ainsi de très nombreuses espèces, provenant de l'ensemble des continents. Ses murs sont le cadre de peintures de Guillaume Masson, et valent de coup d'œil (vous l'aurez compris, on vous garde la surprise !). Ensuite, vous faites un passage par le palais minéral, véritable chef-d'œuvre où diverses représentations sont représentées sous cette forme. La féerie des coquillages, ensuite, vous en mettra plein les yeux en vous proposant des sculptures et créations (en coquillage, cela va sans dire) au moyen de 3 tonnes de coraux ! L'aquarium enfin, qui reste bien la pièce maîtresse du lieu, avec ses poissons multicolores et son otarie Marco, dont le repas, trois fois par jour (11h, 15h30 et 17h), est un spectacle à lui seul. Enfin l'endroit propose également divers événements ponctuels, comme ces ateliers décoratifs de Noël à destination des plus jeunes en fin d'année. Un petit lieu de restauration, avec vue imprenable sur la mer, est également proposé. Bilan : les enfants adorent, et chacun appréciera le cadre, l'originalité et la pluralité des propositions faites ici. Un immanquable granvillais.

MUSÉE D'ART MODERNE RICHARD ANACRÉON 🏛 ★

Place de l'Isthme

✆ 02 33 51 02 94

De juin à septembre : ouvert du mardi au dimanche, de 11h à 18h. Autres dates : se renseigner. Plein tarif : 4 à 5 €

Né en 1907 à Granville, dans la haute ville, Richard Anacréon part pour Paris à 17 ans et goûte au métier de journaliste. Il y fait la connaissance du « Tout-Paris artistique » (Colette, Braque, Picasso, Cocteau…) qui lui conseille d'ouvrir sa propre librairie, « l'Originale ». Quelques années avant sa mort, il fit don à la ville de sa collection privée réunissant photos, tableaux, autographes et éditions originales aujourd'hui exposés dans ce très beau musée de la haute ville.

MANCHE

MUSÉE ET JARDIN CHRISTIAN-DIOR ★

1, Rue d'Estouville
✆ 02 33 61 48 21
www.musee-dior-granville.com
Basse saison : du mardi au dimanche 10h/12h30 & 14h/18h. Haute saison : tous les jours de 10h/18h30. Adulte : 9 €.

Le musée est ouvert uniquement pendant ses sublimes expositions temporaires. Après les trésors de la collection, et qui recensait 30 ans d'acquisition, une exposition qui a connu un immense succès avec des milliers de visites, après l'événement intitulé Grace de Monaco, princesse en Dior, le musée devrait de nouveau nous enchanter en 2021. Celui-ci se situe dans la maison d'enfance du couturier, acquis par ses parents en 1906 puis par la ville en 1932, aujourd'hui dédiée à célébrer l'enfant du pays, sur les hauteurs de la ville. Appelée « Villa Les Rhumbs », celle-ci, de couleur rose vif, est sublime. De son côté, le magnifique jardin, œuvre de la mère de Christian Dior, est restauré à l'identique. Des bornes olfactives permettent de découvrir les différents parfums de la maison Dior. Le salon de thé éphémère, aux meubles de jardin dessinés par l'artiste, est une invitation supplémentaire à la contemplation. Régulièrement, des visites commentées, des expositions et des lectures font de ce lieu un espace culturel incontournable de Granville. Un salon de thé permet de se détendre. Notez enfin que le lieu est labellisé Musée de France, et que la vue depuis les lieux est exceptionnelle. Il s'agit bel et bien ici d'un incontournable de la ville, qui mérite davantage qu'un détour : une visite bien préparée, prévue et avec, si possible, vous billets réservés en avance, afin de ne pas être pris au dépourvu lorsque vous vous rendrez ici en haute saison.

OFFICE DE TOURISME DE GRANVILLE TERRE ET MER

2, rue Lecampion
✆ 02 33 91 30 03
www.tourisme-granville-terre-mer.com
Haute saison : ouvert tous les jours. Avril à mai, septembre/octobre : lundi dimanche midi. Basse saison : lundi/samedi.

L'office de tourisme Granville Terre et Mer vous accompagne pour que, selon votre profil, vous profitiez au mieux de la destination Granville. A noter : le professionnalisme des équipes, l'accueil chaleureux et efficace, les plages horaires larges, surtout en saison : de quoi vous faire vivre des expériences uniques. D'autres bureaux d'information touristique vous accueillent également tout au long de l'année : Bréhal, Donville-les-Bains, Saint-Pair-sur-Mer et Jullouville.

JOLIE FRANCE

Rue des Îles
✆ 02 33 50 31 81
www.vedettesjoliefrance.com
Tarif aller-retour à partir de 28,60 € (adulte), enfants (de 3 à 14 ans) : 18,30 €, moins de 3 ans 10,20 €.

A 45 minutes de traversée depuis Granville, les îles de Chausey sont un spectacle grandeur nature. Cet archipel, royaume incontesté des oiseaux, des dauphins et des crustacés, est une île d'exception. Vous pouvez faire l'aller-retour ou opter pour la balade commentée autour des îles. Un bateau vous emmène aussi dans la fameuse baie du Mont-Saint-Michel, là où il y a les plus grandes marées d'Europe ! Vous l'aurez compris, avec Jolie France, vous serez dépaysé, enchanté de découvrir des sites fabuleux si près de nos côtes. Réservation fortement conseillée.

MANCHE ÎLES EXPRESS

Gare maritime
✆ 08 25 13 10 50
www.manche-iles.com
Horaires des traversées disponibles sur le site Internet. Tarif aller-retour à partir de 35 €.

Véritable trait d'union entre les îles anglo-normandes et le département de la Manche, Manche Îles Express effectue une liaison régulière au départ de Granville, Carteret ou Diélette vers Jersey, Guernesey, Aurigny ou Sercq. Notez que les tarifs sont modulables en fonction de la durée de votre séjour sur place, mais aussi de la période pendant laquelle vous partirez. Les bateaux sont modernes et rapides, et les traversées s'effectuent en quelques dizaines de minutes : c'est le court laps de temps qu'il vous faudra pour vous retrouver chez nos voisins anglais.

CENTRE RÉGIONAL DE NAUTISME DE GRANVILLE €

Boulevard des Amiraux
✆ 02 33 91 22 60
www.crng.fr
Ouvert toute l'année. Tarif spécial Auberge de Jeunesse. Pension complète. Demi-pension.

Le CRNG se trouve sur le port de plaisance, à deux pas du centre-ville. Il propose plusieurs dizaines de chambres, ainsi qu'un service de restauration simple, efficace et bon. Les formules possibles sont nombreuses, des formules façon auberge de jeunesse, pension complète ou la demi-pension. Notez enfin qu'un vaste appartement pour 6 personnes est ouvert à la location à la semaine ou pour un week-end : vue sur mer exceptionnelle garantie ! Un endroit décidément très, très futé !

AU BOUT DU QUAI €€

5, place Pierre-Sémard
✆ 02 33 50 02 05
www.hotelauboutduquai.free.fr
Ouvert toute l'année. Chambre quadruple. Lit bébé gratuit. Chèque Vacances. Wifi gratuit.

Situé à proximité de la gare, avec des tons blancs et gris, il est propice au repos. Côté déco, les boiseries, au sol notamment, achèvent de donner un cachet particulier au lieu. Les chambres sont à l'avenant, que vous choisissiez des formules pour une à quatre personnes, et on appréciera la qualité de la literie, des prestations et de l'accueil. Dans ce cadre, les prix pratiqués sont assez bluffants, ce qui explique qu'il faut bien penser à réserver en amont ! Au passage, un passage au bar de l'hôtel est une expérience conviviale à ne pas rater !

DOMAINE DE LA CARPERIE €€

Le village Trottin - **BRÉHAL**
✆ 06 68 22 91 92
www.domainedelacarperie.fr
Chambre double de 85 € à 99 €. Petit déjeuner : 10 € (enfant : 5 €). Chambre familiale : de 110 à 129 € par nuit.

C'est dans le cadre du domaine bien connu de la Carperie que vous trouverez plusieurs possibilités d'hébergement, aussi douillettes que le lieu est accueillant. Dans la jolie maison située dans le parc, vous trouverez ainsi une chambre pour deux personnes et une seconde, familiale, permettant d'accueillir petits et grands. Notez que vous avez également la possibilité de privatiser l'ensemble de la maison. Le confort est garanti, l'ensemble est moderne et confortable, et le petit-déjeuner, à ne surtout pas manquer, est très copieux.

CAMPING DE L'ERMITAGE €€

Rue de l'Ermitage - **DONVILLE-LES-BAINS**
✆ 02 33 50 09 01
www.camping-ermitage.com
Ouvert d'avril à la toussaint. Emplacement de 7 € à 8 €. 2 personnes de 12 € à 16 €. Lodges : de 300 à 700 €/semaine.

Misant sur des activités variées sur place (ping-pong, pétanque) comme sur celles accessibles aux alentours (golf, tennis, pêche à pied…), le camping de bord de mer propose de nombreux emplacements et la location de lodges *cosy* et d'excellente qualité, qui sont louables selon plusieurs formules tarifaires et plusieurs durées possibles. Les prestations sont excellentes, le rapport qualité-prix franchement bon. En haute saison, bar, épicerie et restaurant sont à votre disposition. L'accueil est excellent, les animations sont conviviales et le wifi est gratuit.

GRAINE DE RÊVES €€

1, route de l'église - **SAINT-SAUVEUR-LA-POMMERAYE**
✆ 06 12 30 77 24
www.grainedereves.fr
Ouvert toute l'année. 4 chambres. Chambre double de 80 € à 95 €. Petit déjeuner inclus.

Un petit écrin dans un calme absolu : Graine de Rêves n'usurpe pas sa réputation, celle d'un lieu cosy, chaleureux et où l'on se sent instantanément bien. Les 4 chambres proposées, dont l'une peut accueillir jusqu'à 6 personnes, répondent aux doux noms de Fleur des Champs, Glycine, Hortensia et Pivoine. Elles sont confortables, décorées avec goût et bénéficient de tout le confort nécessaire. Carine et Mickaël, les maîtres des lieux, sont aux petits soins, et le petit déjeuner est copieux et délicieux. Bilan : l'un des meilleurs plans d'hébergement du coin.

MANCHE

© FRANCK GODARD

Vue sur l'église Notre-Dame et une partie des remparts de la vieille ville.

MAISON PLEVILLE €€

110, Avenue de la Libération
✆ 02 33 50 03 00

Chambre double de 70 € à 96 €. Pension complète. Demi-pension. Petit déjeuner : 10 €. Wifi. Restauration.

Maison Pléville avec 17 chambres dispose toujours d'un confort indiscutable ! Situé à 3 minutes du jardin et du musée Christian Dior et à proximité du centre-ville, l'endroit est un bon compromis pour ceux qui veulent découvrir Granville. Pas de problème de circulation puisque situé à proximité des grands axes pour partir à l'assaut des hauts lieux du département. Pour les travailleurs, un espace séminaire et une salle de co-working ont été mis en place. Sur place un bar agréable et un restaurant de qualité. On recommande vivement.

O2 CAMPING €€

La Bretonnière - **LONGUEVILLE**
✆ 02 33 51 27 19
www.o2camping.fr

Emplacement + véhicule + 2 personnes de 17 € à 30 €. Mobil-homes pour 6 à 8 personnes de 500 € à 900 € la semaine.

Le respect de l'environnement est en effet à la base de ce camping, à proximité immédiate de la mer. Ainsi la jolie piscine couverte est chauffée par un poêle à granulés et l'entretien de la centaine d'emplacements est on ne peut plus respectueux de la nature. Côté hébergement, en plus des emplacements « classiques », vous pourrez choisir les mobil-homes, chacun pouvant accueillir jusqu'à 8 personnes. Notez enfin deux offres originales : le « nichoir », qui prend l'allure d'une jolie petite cabane de bois, et les « tentes cloches », avec terrasse.

LA VILLA SAINT-JEAN €€

14, rue de la Cocardière
✆ 02 14 13 18 89
www.villasaintjean.com

Ouvert toute l'année. Arrivée à partir de 17h30. Chambre double de 90 € à 140 €. Petit déjeuner inclus.

Beaucoup de charme et des prestations supérieures pour ces chambres d'hôtes rudement bien pensées. La Villa Saint-Jean, en plein cœur de la cité, ce sont trois possibilités d'hébergement dans un environnement magique. Destination Mer, Retour de Pêche ou Cabine numéro 7 : tels sont les noms des chambres, aux tons gris, blanc et bleu, dignes d'un magazine de décoration et ce n'est pas pour rien que nombre d'entre eux ont diffusé des papiers sur le lieu. On bénéficie aussi d'une piscine, et d'un accueil d'une immense gentillesse.

LES CHATEAUX DE LA LUCERNE D'OUTREMER €€€

1, rue du télégraphe Chappe
LA LUCERNE-D'OUTREMER ✆ 02 33 69 39 17
www.auchateau.fr

Gîtes de France (4 épis). Ouvert toute l'année. 5 chambres. Chambre double de 160 € à 250 €. Petit déjeuner inclus.

C'est un lieu magnifique, cerné d'un parc qui l'est tout autant : les châteaux de la Lucerne d'Outremer vous feront passer de belles nuits. Et pour cause : Sylvie et Frédéric, les propriétaires des lieux, ont créé ici un lieu magique, bourré de charme, de vieilles pierres, et offrant cinq chambres douillettes et luxueuses à leurs hôtes. Celles-ci, qui répondent aux noms de Prune, Joséphine, Azur ou Iris - ainsi qu'une suite nommée Eva -, rivalisent de charme.

BAR À HUÎTRES - CONSERVERIE AU P'TIT MAREYEUR €€

64, rue du Port
✆ 02 33 90 46 76
www.poissonnerie-auptitmareyeur.com

Ouvert tous les jours de 8h à 19h30.

Au P'tit Mareyeur est une poissonnerie qui fabrique certains produits comme elle-même sa soupe de crabe, de poissons ou son velouté d'étrille. C'est aussi un bar à huîtres, avec la possibilité de déguster des crustacés, selon une formule comprenant 6 à 12 huîtres et plein d'autres produits de la mer. La vaste terrasse, située face au port, est splendide. Et le petit voisin, déclinaison du Petit Mareyeur version café qui s'appelle l'Annexe, est comme un prolongement bienvenu !

LE BISTRO'NOMIK €€

12, rue du Port
✆ 02 57 54 61 05
www.lebistronomik-granville.fr

Ouvert lundi, mardi, vendredi et samedi midi et soir ; le dimanche midi. Menus de 26 € à 33 €. Carte : 35 € environ.

Tout est dans le nom ! C'est plus qu'un bistrot, mais ça n'atteint pas les prix d'un gastro ! Qu'il s'agisse de la terrasse (avec vue imprenable sur le port) ou de la salle, la place ne manque pas. Côté plat, le chef Cyril Guillaumin ne ménage pas sa peine. Jugez plutôt : pavé de merlu et crumble d'amande ou queue de lotte nacrée et choux à l'étuvé, c'est excellent, fin et déborde de saveurs étonnantes. Evidemment, tout ceci est non-exhaustif, mais on prend le pari de vous laisser découvrir la suite, et vous serez sans aucun doute surpris.

LA BONNE AVENTURE €€

rue d'Estouteville
✆ 06 43 71 04 22
www.labonneaventure.fr

Ouvert d'avril à septembre. Ouvert du jeudi au mardi de 10h à 18h. Carte : 20 € environ. Accueil des groupes. Terrasse.

L'endroit est ouvert en saison, et vous invite à une parenthèse enchantée dans un cadre qui l'est tout autant, puisque cette Bonne Aventure se situe dans le jardin de la maison Christian Dior. Salon de thé, le lieu est également un endroit de restauration chic et bien pensé. Chaque jour, le menu est renouvelé, avec 2 plats, 2 entrées, 2 desserts : c'est frais, bon, souvent parsemé d'une petite originalité bienvenue. La vue sur la mer, l'ombre des pins parasols, l'endroit est unique à Granville. Attention, la réservation est conseillée en pleine saison.

BRASSERIE DU GRAND CAFE €€

41-43, rue Lecampion
✆ 02 33 50 00 28

Ouvert tous les jours le midi ; le vendredi et le samedi le soir. Carte : 20 € environ. Formule du midi : 14,90 €

Cette brasserie bien connue de la cité a fait peau neuve il y a quelques mois, et ce vaste lifting est largement réussi. Néanmoins, l'esprit et la convivialité du lieu sont restés, et les habitués, ainsi que les touristes, revenus. On déjeune et/ou dîne ici de jolies propositions, simples, mais bien réalisées. Le midi, le menu dédié offre un joli rapport qualité-prix, et la carte, assez vaste, permet à chacun d'y trouver de quoi se régaler. Enfin du matin au soir, on peut venir prendre un verre ici, et admirer l'animation de la ville.

LES CASTELIERS €€

74, rue du Port
✆ 09 83 86 64 64
www.lescasteliers.fr

Ouvert toute l'année. Carte : 20 € environ.

Disposant d'une vue imprenable l'étage, sur le port de pêche l'animation ne manque jamais. Le *mix* entre pub et restaurant, à l'anglaise, fonctionne bien. Dans les assiettes, les surprises sont bonnes, les propositions à la carte sont variées, comprenant chacune des plats de la mer ou de la terre en passant par les fruits de mer. Mais ici, ce sont principalement des fruits de mer présentés en plateau, le *must* de l'endroit, à commencer par celui comprenant le homard de nos côtes. Logiquement, la terrasse est très prisée aux beaux jours.

LE COMPTOIR DE L'ATELIER GOURMET €€

13, avenue Aristide-Briand
✆ 02 14 13 64 32

Ouvert du mardi au samedi le midi & les jeudis, vendredis & samedis soirs. Réservation recommandée. Carte : 30 € env.

Attention, réservation quasi obligatoire pour cet établissement qui compte à Granville. Derrière la vaste devanture de l'établissement, c'est un festival. A la carte, l'inventivité du chef prime, qu'il s'agisse des poissons, des viandes, sans oublier les desserts. C'est frais, les produits sont de qualité et le rapport avec le prix se tient largement. On notera aussi la carte des vins impressionnante. Le midi, une formule largement abordable, comprenant deux plats, vous est proposée.

LA CONTREMARCHE €€

Place Cambernon
✆ 02 33 50 31 94
www.lacontremarche.fr

Ouvert du mardi au samedi le midi et le soir. Carte : 30 € environ.

Situé dans la haute-ville granvillaise, le lieu laisse d'abord découvrir un splendide escalier qui justifierait presque à lui seul la venue. Un très long travail de réflexion et de restauration a fini par donner jour à cet établissement hors-pair, qui ne manque pas d'atouts. En effet, dans un esprit brasserie à l'ancienne, on trouve ici une carte riche, beaucoup de plats élaborés avec des produits locaux, et des menus malins dont le rapport-qualité prix est très bon. Cette Contremarche est rapidement devenue une valeur sûre : évident !

LA GRANGE DE TOM €€

40, route des Falaises
CHAMPEAUX
✆ 02 33 61 85 52
Basse saison : du mercredi au dimanche. Haute saison : tous les jours. Menus de 24 € à 28 €. Carte : 35 € environ.

Le lieu est magnifique : face au Mont-Saint-Michel, avec une vue à couper le souffle. Ici Damien Gourdel, le maître des lieux, saura vous mettre à l'aise d'office dans ce cadre rustique où les pierres et le bois se marient à la perfection. Enfin – et surtout pour beaucoup – parce que la cuisine est faite maison, et que ça se sent. On est ici dans du traditionnel avec un bon rapport qualité-prix : les menus, comme le plat du jour, tiennent bien la route. La viande est grillée dans la cheminée, et tout est très bien réalisé : on valide !

LE NORD MONT RESTAURANT EPICERIE €€

17, Route des falaises
CHAMPEAUX
✆ 02 33 51 79 81
Ouvertures variables selon les saisons. En été : ouvert tous les jours, midi et soir. Carte : 20 € environ.

Unique dans la région, Roger-Marc Bonnet (Lillois pur souche !) a décidé de faire du lieu un restaurant de Spécialités du Nord et de Belgique où la convivialité est présente dès votre arrivée ! Vous l'avez compris, ici la base c'est le maroilles et les moules/frites (avec des pommes de terre belges !) mais aussi la carbonnade flamande et le poulet fermier au maroilles. A noter également l'incroyable carte de bières, et la possibilité d'acheter de nombreux produits du nord.

LE PHARE €€

11, rue du Port
✆ 02 33 50 12 94
www.restaurant-lephare-granville.com
Ouvert tous les jours en haute saison. Basse saison : fermé mercredi soir et jeudi. Menus de 21 € à 32 €.

Pas besoin d'aller loin pour trouver les poissons qui font le coeur de la carte de ce Phare, qui vient de connaître une vaste rénovation. La carte est élaborée en fonction de la pêche du jour et de l'humeur du chef, et cela se ressent, avec la présence du roi homard, vedette du plateau de fruit mer somptueux ou servi en solo avec son beurre amande et ail. Même si la spécialité du Phare est tournée vers les fruits de mer et le poisson, on note la présence de viandes au menu. La terrasse extérieure est très appréciée en été : on adore !

LE PIRATE €€

2, place du Général-de-Gaulle
✆ 02 33 50 03 83
www.lepirate-granville.com
Basse saison : lundi, mardi, jeudi et vendredi midi. Haute saison : tous les jours le midi. Carte : 30 € environ.

Un lieu plein de vie, qui accueille en plein cœur de ville, au moyen d'une immense terrasse et d'une jolie salle, de nombreuses personnes chaque jour, qui viennent boire un verre, passer du bon temps ou se restaurer. Et pour cette dernière offre, que de bonnes choses vous attendent ! C'est simple et efficace, le cuisinier ne chôme visiblement pas et est plein de talents : le gratiné de Saint-Jacques aux petits légumes est fin et bon, la brochette de magret de canard excellente, les salades ou l'entrecôte juste cuite comme il faut sont fameux.

LE RESTAURANT DU PORT €€

19, rue du Port
✆ 02 33 50 00 55
www.restaurantduport-granville.com
Ouvert toute l'année. Fermé lundi et mardi. Menus de 19,90 € à 36,90 €. Menu enfant : 10 €. Formule du midi : 14,50 €.

Une allure de pub *so british* tout de bois verni vêtu mais une vraie adresse pour se régaler de poissons. C'est simple et bon, et les produits sont très frais. Et que dire de la surprenante paella maison, si appétissante (à en juger par les assiettes qui passaient sous nos yeux), et qui fait l'objet d'un menu dédié ? On apprécie aussi l'extérieur, pour un déjeuner entre amis, en terrasse face au port de pêche au soleil ou même chez soi avec la formule à emporter. Par mauvais temps (ça arrive aussi à Granville), la salle panoramique à l'étage est immanquable !

LA TABLE DU SCION €€

8, Le Scion
BEAUCHAMPS
✆ 02 33 68 91 04
Ouvert du vendredi au mardi. Menus de 22 € à 28 €. Menu du jour : 12,90 à 14,90 €.

On aime fort cette jolie table : déjà le décor, fait de pierres avec quelques touches de bois et de modernité. Et puis évidemment le repas. Car la table du Scion, c'est une cuisine traditionnelle, avec des jolies formules (y compris le midi). Et le menu de décembre, lors de notre passage, était excellent : cassolette de crevettes aux petits légumes, croustillant de saumon et tagliatelles à l'encre de seiche, il n'y avait rien à redire. Notez enfin que la table du Scion est également très réputée pour son foie gras. En été, une terrasse agrémente l'ensemble.

LA CITADELLE €€€

34, rue du Port ✆ 02 33 50 34 10
www.restaurant-la-citadelle.fr
Ouvert du jeudi au mardi midi et soir. Réservation recommandée. Menus de 35 € à 90 €. Menu enfant : 13,50 €.

Face au port, disposant en extérieur d'une superbe terrasse abritée des vents et à l'intérieur d'un cadre choc dans lequel trône l'immanquable aquarium et ses homards, la Citadelle reste fidèle à sa réputation. Vous êtes bien dans l'un des meilleurs restaurants de poissons et fruits de mer de la région : directement issus de la mer si proche, les fruits de la pêche se déclinent selon différents menus, dont l'incontournable menu Homard, avec un exemplaire entier de 500 grammes venu des îles Chausey toutes proches. Quelques viandes sont proposées également.

L'EDULIS €€€

8, rue de l'Abreuvoir
✆ 02 14 13 45 88
www.restaurantledulis.com
Fermeture dimanche soir (sauf en été), le lundi et le mardi. Menus de 35 € à 65 €. Formule du midi : 15 € (et 30 €)

Attention, haut de gamme ! Dans le cœur de la cité corsaire, c'est là sous la houlette du jeune chef trentenaire Jonathan Datin que l'Edulis vous permettra de vivre une jolie expérience culinaire. Dans une ambiance calme et un décor tout en sérénité qui tranche avec l'animation de la ville, vous dégusterez ici une cuisine inventive, évidemment élaborée sur place et avec de bons produits. Si l'offre de menus est vaste, les formules du midi sont tout aussi élaborées, proposant un rapport qualité/prix très intéressant... Un des meilleurs établissements de la ville.

PARFUM POIVRE €€€

23, rue Couraye
✆ 02 33 69 17 98
Ouvert tous les jours le midi et le soir. Réservation recommandée. Carte : 25 € environ.

C'est un chef local expérimenté, Alexandre Gournay, passé par le lycée hôtelier de la ville, puis par la Norvège, la Bulgarie et quelques restaurants locaux et qui s'est mis à son compte en reprenant cet établissement, avec sa femme Boryana. Ici, les produits sont locaux, la cuisine est savoureuse et maison (faut-il le préciser), les viandes cuites exactement comme il faut – au feu de bois – et les poissons exquis. Le rapport qualité/prix est bon, ce qui fait du lieu, déjà, un immanquable de la Monaco du Nord. Une bonne adresse futée.

LA MARQUISE DE PRESLES

26 bis, rue Lecampion
✆ 02 33 50 02 34
www.yverchocolatier.com
Ouvert le lundi 10h/12h30 et 14h/19h30 ; du mardi au vendredi 9h/13h et 14h/19h30, le week-end 8h/19h30.

La maison existe depuis 1946. Ici, on déguste dans le salon de thé un merveilleux chocolat chaud et onctueux accompagné d'un gâteau succulent, et on repart avec quelques-unes des spécialités de la maison comme les Rocs de Granville, du blé soufflé caramélisé, des chocolats au caramel, à l'infusion de bâton de cannelle, de gingembre, d'anis étoilé, de pulpe de framboise. Yver, c'est aussi une fabrication de pâtisseries, de macarons qui n'ont rien à envier aux meilleurs. Vous l'aurez compris, c'est bien ici le *nec plus ultra* en la matière.

LE PIRATE

2, place du Général-de-Gaulle
✆ 02 33 50 03 83
www.lepirate-granville.com
Ouvert tous les jours.

C'est un lieu de vie permanent, puisque le Pirate en mode «café», c'est un bar, lieu de rassemblement bien connu des granvillais, et situé en plein cœur de la ville, vous offrant une vue imprenable sur l'activité de la ville. Que vous preniez votre petit déjeuner du matin ou vos consommations de la journée, le service est rapide et efficace. En été, la terrasse, vaste, est fortement prisée et appréciée. On n'oubliera pas, si vous avez une petite faim, que l'établissement est aussi une brasserie proposant d'excellents et simples plats.

LA RAFALE

6, place Cambernon
✆ 02 33 50 10 01
www.la-rafale.com
Basse saison : le mercredi, le jeudi et le dimanche de 10h à 1h. Haute saison : tous les jours de 10h à 2h

Mené de main de maître par Hugo, la Rafale, ce chouette bar situé sur une petite place de la haute ville, est un bel exemple de ce que devrait être un endroit comme celui-ci : un lieu de vie, où il se passe toujours quelque chose, et où on vous accueille avec le sourire. Outre les rhums arrangés de la maison, et qui sont délicieux, l'endroit propose une cave à bière (qui ouvre du mercredi au dimanche) et qui vous invite à découvrir plusieurs dizaines de rousses, blanches et blondes ! On peut également ici assister à des matchs ou assister à de belles expositions ;

FERME CIDRICOLE DE L'HERMITIÈRE

SAINT-JEAN-DES-CHAMPS
© 02 33 61 31 51
www.ferme-hermitiere.com
Magasin ouvert du lundi au samedi des vacances de Pâques à fin septembre. Visites : se renseigner sur le site.

Située entre Granville et Villedieu, la Ferme de l'Hermitière est avant tout une affaire de famille. Transmise de père en fils depuis six générations, on y produit du cidre bouché, calvados, pommeau de Normandie, jus de pommes ou encore gelée de pommes, confit de cidre et du vinaigre de cidre... Curieux d'en connaître davantage sur ces produits ? Jean-Luc Coulombier vous transmet sa passion et vous plonge dans son univers cidricole lors d'une visite guidée des lieux.

FRESIL MAREE

30, Rue Lecampion
© 02 33 50 36 35
www.fresilmaree.fr
Ouvert du mardi au dimanche.

C'est un plaisir des yeux, d'abord : cette splendide poissonnerie vous propose en effet en plein cœur de Granville toutes les merveilles de la mer. Mais Frésil Marée, ce sont également de magnifiques plateaux de fruits de mer (plusieurs formules vous sont ici proposées). Vous l'aurez compris, l'endroit est une référence de la ville, avec également un service traiteur, qui vous proposera notamment une paella de la mer, des praires farcies ainsi que divers plats autour de la mer proposés sur place ou même sur commande. Une référence.

UN POIL GOURMAND

3, rue Georges-Clemenceau
© 02 33 50 68 68
Ouvert le lundi 14h/19h ; du mardi au samedi 10h/12h30 et 14h/19h30 ; le dimanche 10h30/13h et 15h/19h.

Passer le seuil de l'entrée, c'est déjà succomber. Dans cette boutique qui porte terriblement bien son nom, tout gourmand goûte à ses dépens. Sucré ou salé, liquide ou solide, à offrir ou à s'offrir, cette bonne adresse granvillaise ne laisse personne indifférent. Emballages rétro pour des produits typiques de Normandie. La fameuse teurgoule, mélange ancestral de riz au lait à la cannelle ou le contentinoix, apéritif original qui mélange calva, cidre et noix verte, la maîtresse des lieux saura vous conseiller pour que vous fassiez le plein de petits plaisirs.

LE SAUMONIER GRANVILLE

210, rue Conillot
© 02 33 59 45 07
www.lesaumonier.fr
Ouvert du mardi au vendredi de 10h à 12h et de 14h30 à 18h30 ; le samedi de 14h30 à 18h30.

C'est une *success story* saumonière : qu'il soit sauvage ou d'élevage, ici, le saumon, afin d'être transformé en mets délicieux, suit invariablement le même processus : filetage, salage, fumage, affinage, tranchage. Ici, c'est bien la qualité qui est visée – et atteinte – et non la quantité. Et pour découvrir les secrets de fabrication, quoi de mieux que d'aller sur place, au sein du lieu de conception, suivre une visite aussi étonnante que passionnante ? Évidemment, vous pourrez conclure votre visite en acquérant une ou plusieurs tranches, et même des sushis.

LA GRANVILLAISE BISQUINE DE GRANVILLE

43, boulevard des Amiraux
© 02 33 90 07 51
www.lagranvillaise.org
La journée à bord de 57€ à 72 € selon la saison. De 35 à 45 € la demi-journée selon la saison. Enfant : 36 €.

Venez découvrir la navigation traditionnelle à bord du plus beau, le plus toilé et le plus puissant bateau de travail des côtes normandes. Dans le passé, ces bateaux de pêche étaient utilisés pour la drague aux huîtres et la pêche au chalut ou aux lignes. Aujourd'hui, à bord de la Granvillaise, vous découvrez la baie de Granville et les îles Chausey. Monter à bord, avec vos amis ou votre famille, avec vos collaborateurs ou vos clients, restera une belle expérience.

ARCHIPEL - SPECTACLES ET CONGRÈS

Place du Maréchal-Foch
© 02 33 69 27 30
www.archipel-granville.com
Ouvert du lundi au vendredi de 14h à 17h45 ; le samedi de 10h à 13h.

Le Théâtre du Casino a ouvert ses portes pour la première fois en 1911. Il a, dès lors, accueilli de nombreux spectacles, et de grands noms de la chanson française y ont fait leurs premiers pas. Transformé en cinéma, puis laissé à l'abandon pendant près d'un quart de siècle, il renaît en 2001 sous le nom d'Archipel. Aujourd'hui, ses équipements de pointe, le dynamisme et la passion de son équipe, en font un des lieux incontournables de la culture dans la Manche.

ILES-CHAUSEY ★★

Elles font partie du territoire communal de Granville, mais elles sont d'abord un espace magique. Les îles Chausey, à quelques kilomètres des côtes, c'est un petit archipel découpé, comptant plusieurs centaines d'îlots (dont certains ont la taille de quelques roches), leur nombre évoluant selon la marée, très puissante ici; Les eaux, turquoises, sont propices à la baignade en été, et les plus vastes de ces îles comptent quelques maisons, isolées de tout. Ainsi est Chausey, qui compte également un restaurant et un hôtel, très prisé : un espace sans égal, d'une beauté inouïe et auquel on peut accéder via différent bateaux depuis la Monaco du nord.

LA FERME DE CHAUSEY €€

La Grande Île
✆ 02 33 90 90 53
www.ileschausey.com
Réservation à partir de la Toussaint pour l'année suivante et tout au long de l'année.

Les 20 gîtes ont été aménagés dans l'ancienne ferme de la Grande Île. D'ici, vous bénéficiez d'un calme, d'un environnement et d'une quiétude à couper le souffle ! Le bâtiment est clos, les appartements sont distribués autour d'un grand jardin où chacun trouvera des tables de pique-niques et des barbecues. On s'y sent privilégié, loin des visiteurs d'un jour, pour passer des vacances de rêve sur une île… Mais ce petit paradis est couru, alors réservez à l'avance et vous serez comblé d'avoir choisi ce lieu paradisiaque pour passer vos vacances !

LE FORT

C'est en 1866 que Napoléon III édifie cette forteresse dans la tradition de Vauban. Déclassée dès 1906, elle a connu des fortunes diverses, entre abandon total et regain d'intérêt, car elle a détenu plusieurs centaines d'Allemands et d'Autrichiens pendant la Première Guerre mondiale, et une garnison nazie pendant la Seconde. Ce bâtiment de granit, entouré de fossés profonds, est un des rares espaces publics de l'île (avec le phare). Le reste est une immense propriété privée où l'entrée est tolérée pour le touriste de passage.

GÎTES COMMUNAUX €€

La Grande Île
✆ 02 33 91 30 03
De 255 € / semaine le gîte 4 personnes à 585 € / semaine le gîte 7 personnes.

Installés dans l'ancien presbytère et la petite école, les cinq gîtes proposés par la ville de Granville accueillent 4 à 7 personnes. Ils peuvent être loués le week-end du 1er octobre au 31 mars et exclusivement à la semaine d'avril au 30 septembre. Le confort y est simple, les douches sont minutées et payantes car l'eau douce est une denrée rare sur l'île. Des barbecues sont à votre disposition pour griller votre pêche du jour, le décor est magnifique, la plage vous attend au bout du jardin. Un moment absolument inoubliable.

MANCHE

© KAYANN - FOTOLIA

Iles-Chausey.

HÔTEL DU FORT ET DES ÎLES €€

Iles Chausey ✆ 02 33 50 25 02
www.hotel-chausey.com
Ouvert d'avril à septembre, 7j/7. 8 chambres. Demi-pension. Réservation sur le site internet. Restauration.

Ce petit morceau de paradis que constituent les îles Chausey valent bien de passer au minimum une nuit sur place, loin de tout, à vivre au rythme des marées. L'hôtel du fort et des îles, sur la plus vaste de ces îles, est le lieu idéal. La blanche bâtisse dispose en effet de 8 chambres, la plupart avec vue sur mer et dont les intérieurs sont soigneusement pensés. Les chambres sont principalement pour deux personnes, mais d'autres appelées «famille» accueillent jusque 4 personnes.

CONTRE VENTS ET MARÉES €€

✆ 02 33 59 83 36
www.contreventsetmarees.fr
Ouvert d'avril au 1er novembre. Ouvert tous les jours le midi et le soir. Carte : 25 € environ.

Situé sur l'île principale, et qui comprend, en plus du restaurant, un chouette bar, ce restaurant est un haut lieu de Chausey. Du côté des assiettes, c'est bon, c'est frais et élaboré le plus souvent, pour les produits de la mer, avec des fruits de mer (dont des homards), des poissons et quelques viandes grillées qui font pencher l'endroit vers une jolie bistronomie ! L'été, de très nombreuses soirées, sous la houlette d'une équipe que l'on sent soudée, avec une ambiance du tonnerre. A investir sans hésiter, l'endroit est bourré de charme.

LA BOUTIQUE DE CHAUSEY

1, La Grande-Île
✆ 02 33 50 24 01
Basse saison : ouvert tous les jours de 8h30 à 13h et de 14h30 à 18h30. Haute saison : tous les jours de 8h30 à 19h30.

Inutile de se charger avant de prendre le bateau… Si vous désirez pique-niquer, vous trouverez de quoi vous restaurer ainsi qu'un grand choix de boissons de même qu'un espace friterie et rôtisserie. Une aire de pique-nique non couverte et même mise à votre disposition. La boutique de Chausey propose aussi des vêtements, des souvenirs, de la presse, sans oublier la fameuse carte postale : tout y est, rien ne manque ! Le lieu est ouvert chaque jour, en continu pendant la haute saison, et avec une petite coupure du midi le reste du temps.

SAINT-PAIR-SUR-MER ★

Station balnéaire située à quelques kilomètres au sud de Granville, et au nord de la baie du Mont-Saint-Michel. Face aux îles Chausey, Saint-Pair est le cadre d'une magnifique plage, ce qui explique la forte augmentation de sa population en été. Comptant de nombreux lieux de villégiature, la commune est très commerçante, et propose de nombreuses animations en été. Son église, et sa petite chapelle Sainte-Anne, mérite le coup d'oeil. Si vous souhaitez éviter le foule qui peut envahir Granville en été, Saint-Pair est le lieu dédié. Un détour par cette charmante station reste un joli moment, y compris l'hiver, lorsque la plage est à vous seul !

FAIENCERIE DE LA BAIE DU MONT-SAINT-MICHEL

Route de Jullouville
✆ 02 33 50 61 58
www.faienceriedelabaie.fr
Ouvert du lundi au vendredi de 9h à 12h et de 14h à 17h.

A quelques kilomètres de Granville, la faïencerie d'Art de Saint-Pair-sur-Mer fabrique de nombreux objets, depuis 1953 ! Les décors sont inspirés de l'histoire de la Normandie et entièrement réalisés à la main. Cet endroit hors du commun fait profiter de son savoir-faire lors de la visite guidée. Du tournage au séchage, en passant par le calibrage et le pressage, on assiste ici aux principales étapes de la fabrication d'une pièce : les enfants adorent.

CAMPING DU CHÂTEAU DE LEZ-EAUX €€€

240, avenue de lez-Eaux ✆ 02 33 51 66 09
www.lez-eaux.com
Ouvert d'avril à septembre. Terrain de 15 ha. 229 emplacements (emplacements caravanes : 100). Tarifs sur le site.

Le Château de Lez-Eaux, comme son nom ne l'indique pas, est un camping haut de gamme dans un endroit exceptionnel. Membre du réseau Les Castels, ce camping grand standing vous promet calme et verdure. Proche de la baie du Mont-Saint-Michel, vous profiterez des paysages à pied ou à vélo mais aussi du beau parc aquatique couvert de 1 300 m². Situé au bord de mer et en campagne, ce camping Château de Lez-Eaux saura faire de vos vacances un moment de dépaysement sur son site de qualité.

JULLOUVILLE ★

Petite ville très touristique, toute proche de Granville, à une petite encablure des îles Chausey et du Mont-Saint-Michel. A cheval entre la mer et la campagne, Jullouville s'étend derrière de superbes falaises aux tonalités changeantes selon les saisons. Son climat plutôt clément a permis l'acclimatation de palmiers, mimosas et autres plantes exotiques qui embellissent parcs et jardins. La petite commune est réputée pour son immense plage où l'on pratique toute la palette des activités nautiques.

LE RAYON VERT €€

122, rue de la plage
✆ 02 33 49 74 01
Ouvert de 10h à 1h, 7/7 en saison le reste du temps ouvert du jeudi au dimanche.

Un lieu unique, face à la Manche, et qui ne manque pas d'atouts. Car ce Rayon Vert, c'est un bar à huîtres – quoi de plus normal ici – avec un choix vaste et des petits vins qui s'accordent parfaitement : l'idéal pour un apéro entre amis, d'autant plus quand les concerts, réguliers, se produisent. Mais comme l'endroit est plein de ressources, c'est aussi une jolie brocante, dont les objets décorent le lieu : maquettes, statuettes, luminaires, on en prend plein les yeux, et on ressort d'ici la tête pleine d'idées pour soi ou pour ses amis !

L'ESCALE €€

33, place Charles de Gaulle
✆ 02 33 90 85 15
Ouvert toute l'année. Fermé le mercredi en haute saison. Carte : 25 € environ.

Dans ce très bel établissement avec une jolie décoration de style bistrot (tables et chaises allant dans ce sens), et des couleurs originales comme le jaune et le vert, on se sent tout de suite très bien. Du côté de la cuisine, on sent le savoir-faire du chef (qui a passé dix années en cuisine au Pays basque) qui propose une cuisine du marché. Tout est fait maison, et les produits locaux sont à l'honneur : la carte change au fil de la saison. Plusieurs formules du midi existent : excellent rapport qualité-prix. On valide, et on apprécie !

MINI GOLF DU THAR €€

278, rue du golf
✆ 09 82 37 72 42
Ouvert 7/7 en été, à partir de 10h.

C'est certes un minigolf, comme son nom l'indique, mais c'est encore bien davantage : structure gonflable, trampoline, élastiques et location de rosalies. Vous disposez ici également d'un restaurant avec ce concept original de planchas au milieu de ces tables rondes, qui permet de se régaler en toute convivialité ! Des planchas, un burger de saumon, des salades, rien ne manque véritablement. Dans la journée le bar est ouvert et propose gaufres, glaces et crêpes dans une ambiance sympa, et certains soirs d'été, l'ensemble est agrémenté de musique. On valide !

JARDIN DU CLOS FLEURI- LE TONNEAU DES AMOUREUX €

186, route du Mesnil-Grimeult
✆ 02 33 61 89 85
www.jardin-du-clos-fleuri.com
Chambre double à partir de 115 €. Petit déjeuner inclus. Restauration (se renseigner sur place).

C'est ici Virginie, la maîtresse des lieux, qui vous reçoit dans son «petit paradis», qui est pour le moins surprenant : un tonneau ! Alors évidemment, il est vaste, sacrément bien agencé, et vous pourrez dire que vous avez dormi réellement dans un tonneau. Bien sûr c'est rond, tout en bois, un peu exigu mais bourré de charme. A l'intérieur, un lit au fond, 2 banquettes de chaque côté qui accueillent les enfants ou servent de bancs si vous prenez le déjeuner a l'intérieur.

BRASSERIE L'ÉCUME DES FALAISES

16, avenue du Général Eisenhower
✆ 06 48 04 52 06
www.lecume-des-falaises.fr
Ouvert en été mercredi au samedi (après-midi). Hiver : jeudi 15h/18h, vendredi 11h/13h & samedi 11h-13h/15h-18h.

Si elle n'est pas iodée, cette écume-là est bien ambrée, blonde, blanche ou même brune ! Découvrez cette belle et vaste brasserie installée en plein centre de Jullouville, dans un grand hangar noir, ouvert sur la rue et facile d'accès. Des visites sont organisées à heure fixe, en individuel ou en groupe, suivies d'une dégustation. Une charmante boutique style « vintage » propose des coffrets dont les saveurs changent au fil des saisons. À tester sans hésiter !

MANCHE

CAROLLES ★

Carolles, dont la population inférieure au millier d'habitants en hiver grimpe en flèche en été, est située à l'entrée de la baie du Mont-Saint-Michel, lorsque vous arrivez de Granville. Côtière, la petite commune dispose d'un superbe littoral, et notamment d'une plage, mais son patrimoine naturel est également constitué de jolies vallées, à commencer par celles des peintres et du Lude. Amateurs de vues imprenables et de vieilles pierres, une montée vers l'ancienne vigie, appelée « Cabane Vauban » pour y admirer le Mont, est un passage obligatoire. Ici, les solutions d'hébergement et les offres en matière de restauration ne manquent pas, et l'équipe du Petit Futé a su vous trouver les meilleurs plans en la matière.

LA VALLÉE DES PEINTRES

1, parvis Saint-Vigor
www.tourisme-granville-terre-mer.com

Voilà un joli lieu de promenade que ce vallon boisé où coule le Crapeux, enjambé par le viaduc de la vallée des Peintres, qui permettait au début du siècle son franchissement par le train de la ligne Granville-Sourdeval via Avranches. Cette vallée a été baptisée vallée des Peintres, car dans les années 1900, elle a inspiré de nombreux artistes dont les sculpteurs Jules Blachard et Étienne Leroux ainsi que les peintres Émile Dasdoize et Edmond De Bon. Deux circuits sont proposés : l'un appelé « hors les murs », et le second « parcours des ateliers ». Magnifique !

CABANES VAUBAN ★

Construits à base de schiste et de granit, trapus et solides pour affronter les tempêtes, ces abris furent édifiés au XVIe siècle. Ils étaient à l'origine construits pour surveiller le littoral, et sont maintenant au nombre de deux. Les cabanes sont de nos jours distantes de 1,8 kilomètre, et chacune constitue un joli point d'étape pour admirer la vue ou pique-niquer. Aujourd'hui situés le long du GR 223, le panorama domine toute la baie de Granville jusqu'à la pointe du Grouin. Pour accéder directement à la première, suivez les panneaux « Pointe de Champeaux ».

CAMPING LA GUÉRINIÈRE €€

Rue des Jaunets
✆ 02 33 61 93 75
www.carolles.fr

Fermé d´avril à septembre. 58 emplacements. Tarifs : consulter le site.

Situé à proximité des commerces et entre Granville et le Mont, La Guérinière est un établissement familial. Sur place, vous trouverez de jolies parcelles, et ce camping convivial a su fédérer une clientèle d'habitués, donnant à la Guérinière un côté très sympathique, et ceci, quelle que soit la formule que vous choisissiez, en chalet, en tente ou en bungalow. Un mot sur les tarifs, qui sont particulièrement appréciables ici. Pensez à bien réserver en amont, le lieu est très prisé. Le lieu a fait l'objet de travaux il y a quelques temps.

LES FALAISES DE CAROLLES ★

Elles dominent un vaste panorama s'étendant par temps clair jusqu'au cap Fréhel et aux îles Chausey. De nombreux peintres ont aimé s'installer en ce si bel endroit. Du Pignon Butor, en suivant le G.R. 223 qui suit le tracé du chemin des douaniers, vous apprécierez cette belle promenade. Vers le sud vous plongerez dans la vallée du Lude. Encaissé entre deux hautes falaises, c'est un site sauvage d'une grande richesse naturelle, puis vous remonterez sur les falaises de Champeaux, et admirerez la silhouette du mont Saint-Michel dans sa baie. Splendide.

AUBERGE DE CAROLLES HÔTEL-RESTAURANT €€

1, parvis Saint-Vigor
✆ 02 33 69 16 05
www.aubergedecarolles.fr

Baisse saison : fermé mercredi & dimanche soir et le lundi. Haute saison : tous les jours. Carte : 30 € environ.

Si l'Auberge de Carolles est un joli lieu de villégiature, c'est aussi un restaurant original où le chef met un point d'honneur à cuisiner des plats aux saveurs lointaines, exotiques et toujours surprenantes, l'ensemble dans une très belle salle. Si la formule du midi est réussie, c'est délibérément vers les menus du soir – à peine plus onéreux – qu'il faut se diriger. Les produits du terroir sont eux aussi totalement revisités, et le poisson est à l'honneur dans chaque menu.

VILLEDIEU-LES-POÊLES-ROUFFIGNY ★

Une étape indispensable, surnommée la «capitale du cuivre» à juste titre, et qui compte encore plusieurs ateliers. Les vieilles rues de ce bourg renferment de nombreuses maisons anciennes, notamment dans les petites cours intérieures non visibles de la rue, dont certaines sont classées, telle la Cour du Foyer, la Cour des Trois Rois, la Cour du Dauphin… certaines, datant du XVe siècle, étaient le cadre de la vie quotidienne des ateliers de dinandiers, et se visitent aujourd'hui. Commerçante, la cité a fusionné avec la petite bourgade voisine de Rouffigny, donnant ce nom à rallonge, mais qui reste dans l'esprit de tous celui de Villedieu.

OFFICE DE TOURISME DE VILLEDIEU-LES-POÊLES

8, place des Costils
✆ 02 33 61 05 69
www.ot-villedieu.fr
Février à mai : ouvert du lundi au samedi. Juin à septembre : tous les jours. Octobre à janvier : du lundi au samedi.

Il est situé en plein cœur de la ville, face à un vaste parking rendant le lieu on ne peut plus accessible. Difficile de manquer l'espace à l'architecture contemporaine. À l'intérieur, s'intégrant parfaitement au lieu, des sculptures et objets soigneusement exposés, beaucoup ayant un lien avec le cuivre – vous aurez compris pourquoi. Ici, difficile de ne pas trouver l'information qu'il vous faut. L'accueil est excellent, et très professionnel : un immanquable.

ABBAYE DE HAMBYE ✝ ★★

Route de l'Abbaye
HAMBYE
✆ 02 33 61 76 92
www.patrimoine.manche.fr
Ouvert d'avril à septembre. Adulte : 5,5 €. Enfant (de 7 à 18 ans) : 2,5 €.

C'est l'un des immanquables du département, et si vous passez dans le coin, vous ne pouvez pas ne pas faire une longue halte ici. Notre-Dame de Hambye est fondée vers 1145 sur les terres du seigneur du lieu, Guillaume Paynel. Des moines bénédictins de la congrégation de Tiron se sont installés dans ce vallon isolé de la Sienne et y ont aménagé un ensemble monastique caractéristique du gothique normand. L'abbaye vit une époque prospère au XIVe siècle puis s'éteint petit à petit jusqu'au XVIIIe siècle. En 1810, l'abbaye devient une carrière de pierres. Aujourd'hui, l'abbatiale privée de sa voûte surplombe encore les bâtiments conventuels qui abritent notamment une remarquable salle capitulaire du XIIIe siècle. Dans le chœur de l'église repose le corps de Louis d'Estouville, défenseur du Mont-Saint-Michel. L'exposition «Histoires de l'abbaye» raconte les deux derniers siècles de l'histoire de l'abbaye, de son démantèlement partiel à l'époque révolutionnaire jusqu'à la restauration actuelle du monument. Celle consacrée aux toiles peintes de Hambye permet de comprendre leur rôle comme décor et protection des lits alcôves. L'endroit est enfin un lieu d'expositions temporaires ou permanentes, qui sont souvent et légitimement très prisées. Remontez le temps en compagnie d'un guide pour une visite approfondie. Ces visites guidées ont lieu en saison, et le lieu permet également de disposer de tablettes numériques, permettant de parachever de manière moderne votre immersion dans de lointaines époques.

MANCHE

Abbaye de Hambye.

ATELIER DU CUIVRE ★

54, rue du Général-Huard
✆ 02 33 51 31 85
www.laboutiqueducuivre.fr
Ouvert du lundi au vendredi de 9h/12h et 13h30/17h30, le samedi 9h/12h et 14h/17h. Adulte : 8,50 €. Enfant : 7,10 €.

L'Atelier du Cuivre est un des plus anciens ateliers de Villedieu-les-Poêles encore en activité. Depuis près de neuf siècles, la fabrication du cuivre est restée intacte au cœur de cette cité médiévale. Vous pourrez admirer et apprécier les gestes, les techniques des ouvriers repousseurs, étameurs, polisseurs et marteleurs. Vous assisterez à la fabrication d'objets de décoration, mais aussi casseroles, bassines à confitures... Pour rendre votre visite plus agréable, l'Atelier du Cuivre a su combiner tradition en vous montrant des gestes ancestraux, et progrès : un film de 15 minutes – français, anglais ou allemand – est projeté. Une manière aisée de comprendre toutes les techniques modernes et passées de cet artisanat séculaire. L'ensemble de la visite, très complète (on peut l'effectuer chaque matin et chaque après-midi) prend environ une heure, et vous ne concevrez plus jamais le cuivre de la même manière. Jean-Louis, un pro en la matière, saura vous expliquer et vous emmènera dans son univers, un véritable moment de plaisir ! A l'issue de votre visite, vous aurez la possibilité d'acquérir l'une de ces merveilles - véritablement authentique, on le répète : des casseroles, des poêles, des bassines à confiture, des souvenirs et même des produits d'entretien. Ici, le conseil n'est pas un vain mot, et on prend le temps pour répondre à vos questions. Outre un chouette lieu de connaissance, la boutique et l'atelier vous permettent donc de disposer du fruit du travail que vous connaîtrez à l'issue de la visite.

MUSÉES DE LA POESLERIE ET DE LA DENTELLIÈRE ★

25, rue du Général-Huard
✆ 02 33 69 33 44
www.museesvilledieu.sitew.com
Musées ouverts d'avril à octobre. Adulte : 5 €. Enfant de 10 à 18 ans : 2 €.

Berceau du cuivre à Villedieu, la Cour du Foyer forme un ensemble architectural inscrit aux Monuments historiques. Il abrite le musée de la Poeslerie et la Maison de la Dentellière où vous découvrirez le quotidien des poêliers et dentellières. Au rez-de-chaussée se trouve une reconstitution d'un atelier du poêlier du XVIIe siècle où outils et matériel sont religieusement conservés. Les amateurs seront heureux de voir que la collection s'est enrichie récemment d'un martinet, dont l'utilité était de battre les objets en cours de façonnage. De son côté, la Maison de la Dentellière permet aux visiteurs de découvrir l'habilité et la précision des gestes des dentellières. Sur place, une démonstration de dentelle aux fuseaux est proposée par les guides, en fin de visite. Notez enfin que le Foyer a été récemment réhabilité, vous permettant ainsi de découvrir le lieu exclusif de fonte du cuivre et du laiton durant le Moyen Âge, à Villedieu. Agrémentée d'objets et de panneaux, elle possède des éléments architecturaux du XIIIe siècle. A la fin de votre visite, une boutique de souvenirs se tient dans la cour. Notez enfin que le musée du meuble normand est désormais ouvert pour les groupes uniquement sur réservation. Avec ces établissements, vous disposez donc d'un vaste panorama sur les métiers et savoir-faire développés dans la cité, ainsi que sur le patrimoine normand. Bien pensés, ces musées sont indissociables, et peuvent se visiter l'un après l'autre.

FONDERIE CORNILLE HAVARD

10, rue du Pont Chignon
✆ 02 33 61 00 56
www.cornille-havard.com
Basse saison : ouvert mardi au samedi. Haute saison : ouvert tous les jours. Visite de la fonderie : 8,50 € / adulte.

L'établissement, connu mondialement, fabrique une bonne centaine de cloches chaque année, et ceci depuis plus de 150 ans. Outre une boutique, le lieu se visite également, une étape quasi obligée pour celles et ceux qui passent pas Villedieu, preuve en est, les dizaines de milliers de passages annuels dans les murs de la fonderie. On comprend aisément pourquoi, tant la visite s'effectue facilement. On apprend, on comprend, on se fait expliquer les techniques et les gestes ancestraux qui deviennent non pas familier, mais beaucoup plus accessibles.

HÔTEL LE FRUITIER €€

3, rue Jules-Ferry
✆ 02 33 90 51 00
www.le-fruitier.com
Ouvert toute l'année. 48 chambres. Chambre double de 57 € à 98 € ; suite de 120 € à 128 €. Petit déjeuner : 10,60 €.

Cet hôtel est l'un des plus vastes et modernes de la ville. Le Fruitier – dont le restaurant, l'Atelier, est situé au rez-de-chaussée – propose de confortables prestations à des prix attractifs. Qu'il s'agisse des chambres « standard », « privilège » ou « céleste », ainsi prédéfinies en fonction du confort offert, il n'y a ici rien à redire. Télévision et wi-fi gratuit sont proposés instantanément. Chaque matin, vous pourrez prendre votre petit déjeuner dans la salle dédiée. Pour vous garer, un parking public – et gratuit – se trouve juste en face.

ZOO DE CHAMPRÉPUS ★

Route de Granville - **CHAMPREPUS**
✆ 02 33 61 30 74
www.zoo-champrepus.com

Ouvert de février à novembre, 10h/19h en haute saison, 11h/18h en basse saison. Adulte : 19 €. Enfant : 12,50 €.

Ce zoo associe étroitement monde animal et monde végétal. Sur 8 hectares, on voit les animaux évoluer dans de véritables mises en scène de leur habitat naturel, selon que vous arpentiez l'espace tropical, asiatique ou encore, par exemple, malgache. Découvrir les quelques soixante espèces d'animaux sauvages au moyen des sept jardins thématiques est donc une aventure, pour le plaisir des petits et grands. Champrépus participe, avec les plus grands parcs européens, à la sauvegarde des espèces en voie de disparition, comme le tigre de Sumatra, la panthère de Perse, le babiroussa, le guépard, le zèbre... Les petits adoreront la mini-ferme où on peut toucher les animaux et participer au nourrissage. Pour s'amuser, un mini parc d'attractions est à la disposition des enfants, avec piscine de balles et structures gonflables. On ne peut que saluer l'approche à la fois scientifique, ludique et pédagogique d'un zoo qui aime vraiment ses animaux. Sur place un restaurant de qualité, Le Sumatra, avec une ambiance indonésienne, à l'intérieur ou sur la terrasse ombragée vous vous y sentirez bien. Aussi un snack drôlement appelé Le Krokus, une aire de pique nique et une boutique. L'année dernière, le zoo a poursuivi son développement avec l'ouverture d'un nouvel espace dédié aux panthères. Notez enfin que vous avez ici la possibilité de découvrir les coulisses du zoo et de passer un moment avec les soigneurs, une expérience exceptionnelle qui vous laissera des souvenirs pour la vie. Incontestablement l'un des meilleurs zoos de la région.

LA FLAMBÉE DES CUIVRES €€

65, rue du Général Huard ✆ 02 33 61 02 26

Ouvert tous les jours en haute saison, fermé mardi soir et mercredi le reste de l'année. Carte : 20 € environ.

Sous la houlette de Julien Robert, l'enseigne développe une offre complète, chaleureuse, bien pensée, avec des produits locaux le plus souvent. Ici, on parle de crêpes, de galettes, de glaces. Les deux premières sont le plus souvent revisitées, se font tantôt fines et savoureuses, parfois gourmandes et roboratives. Le choix est vaste, le service sans faute et le rapport qualité-prix excellent. Un mot enfin sur le lieu : on s'y sent tout de suite bien, la décoration sera complètement refaite en début 2021 pour le plaisir de tous.

LA FLAMBÉE DES CUIVRES €€

65, rue du Général Huard © 02 33 61 02 26

Ouvert tous les jours en haute saison, fermé mardi soir et mercredi le reste de l'année. Carte : 20 € environ.

Sous la houlette de Julien Robert, l'enseigne développe une offre complète, chaleureuse, bien pensée, avec des produits locaux le plus souvent. Ici, on parle de crêpes, de galettes, de glaces. Les deux premières sont le plus souvent revisitées, se font tantôt fines et savoureuses, parfois gourmandes et roboratives. Le choix est vaste, le service sans faute et le rapport qualité-prix excellent. Un mot enfin sur le lieu : on s'y sent tout de suite bien, la décoration sera complètement refaite en début 2021 pour le plaisir de tous.

LE MOULIN DE BEAUCHAMPS €€

Le Pont Neuf - **CHAMPREPUS** © 02 33 61 30 77

www.le-moulin-de-beauchamps.com

Ouvert toute l'année. Du mercredi midi au dimanche soir. Menus de 21,80 € à 24,80 €. Carte : 20 € environ.

Une valeur sûre ! C'est dans le creux d'un vallon que tourne la roue de cet ancien moulin : un cadre on ne peut plus rustique et bucolique pour un repas en toute tranquillité. Ici, la carte est vaste, les amateurs de viande seront particulièrement heureux, et le fait-maison est ici la règle de cette cuisine simple et bonne. Savoureuses, les viandes se déclinent en pavé de bœuf, jambon, magret. Vous pourrez aussi déguster des salades, galettes ou crêpes, les prix d'appel de ces deux dernières étant particulièrement intéressants.

RESTAURANT DE LA GARE DE PERCY €€

4, rue de l'Ancienne-Gare - **PERCY EN NORMANDIE**
© 09 83 82 22 82

www.restaurant-gare-percy.fr

Ouvert du jeudi au lundi midi et soir. Menus de 24 € à 29 €. Formule du midi : 13 € (et 16 €).

Cette maison en pierres meulières donne tout de suite envie d'y aller. Bien vous en prend, puisque ce Restaurant de la Gare compte parmi les meilleures tables de la région. Ici, le chef décline un savoir-faire qui s'exprime au travers des plats de gastronomie française, les produits sont bons et les cuissons excellentes, avec une pointe d'inventivité. Un petit tour du côté des desserts achèvera en beauté votre repas. La carte est saisonnière, elle suit la saison et le marché.

LA FERME DE MALTE HÔTEL-RESTAURANT €€€

11, rue Jules-Tétrel © 02 33 91 35 91

www.lafermedemalte.fr

Fermé le lundi, dimanche soir et mercredi soir. Réservation recommandée. Menus de 23 € à 43 €. Carte : 45 € environ.

L'établissement, ouvert toute l'année, propose une cuisine gastronomique dont les prix restent abordables – chose rare. Vous profitez ainsi des saveurs régionales, en terrasse aux beaux jours, au coin du feu en hiver. La cuisine répond à vos envies de patrimoines culinaires, principalement, mais quelques touches d'originalité se font parfois sentir. Mention spéciale pour les poissons et les audacieux et réussis mélanges de poisson et de viande. La réservation est quasi impérative.

LE MOULIN DE JEAN €€€

La Lande - **CUVES**
© 02 33 48 39 29

www.lemoulindejean.com

Fermé le lundi et le dimanche soir. Réservation recommandée. Menus de 37 € à 65 €.

Ancien moulin à eau restauré dont la rénovation, dans le respect des vieilles pierres, est une véritable réussite, tant la modernité a su s'intégrer ici. Bien connu dans la région, Le Moulin de Jean est indissociable de son chef Jean-Marie Lenfant. Plusieurs salles et une sublime terrasse terminent de faire du lieu un *must*. Côté cuisine, des merveilles d'inventivité, pour lesquelles les prix pratiqués sont particulièrement étonnants – dans le bon sens du terme. Formule 2 plats, 3 plats ou dégustation, c'est bien la vraie gastronomie que vous tutoyez ici.

MAUVIEL 1830

47, route de Caen
© 02 33 61 00 31

www.mauviel.com

Ouvert du lundi au vendredi de 9h30 à 12h30 et de 14h à 18h.

Mauviel, qui est pour beaucoup synonyme d'excellence en matière d'ustensiles de cuisine, dispose d'un magasin à Villedieu, le cœur historique de l'enseigne, par ailleurs capitale française du cuivre ! Vous trouverez ici toutes les merveilles réputées, de la casserole aux plats, qu'ils soient en cuivre, en Inox, étamés ou nus, et pour chaque type de cuisson, quel que soit votre appareil. Petit conseil : vous trouverez ici également des produits déclassés, mais bien sûr neufs, à prix cassés. Notez que l'on se gare facilement ici.

ORNE

Envie de prendre un grand bol d'air pur ? Direction l'Orne, pour une escapade au vert. Territoire aux multiples facettes, le département ne manque pas d'attraits. Son patrimoine, sa gastronomie, ses activités de plein air, son dynamisme culturel, ses paysages variés et sa nature préservée en font une destination privilégiée. Du pays d'Ouche à l'Ouest au pays du Perche à l'Est, il fait bon sillonner sur les routes de la région en quête de découvertes. Joyaux du patrimoine et dentelle à Alençon, majestueuse cathédrale à Sées, quartier Belle Époque et thermes à Bagnoles-de-l'Orne, escapade médiévale dans la cité de Domfront-en-Poiraie, découverte du monde équin au Haras du Pin, campagne et patrimoine préservés à Mortagne-au-Perche et Bellême, savoir-faire industriel à L'Aigle… Entre tradition et modernité, l'Orne a plus d'un tour dans son sac pour faire de votre escapade un moment inoubliable !

Orne
Caumont-l'Éventé
CAHAGNES
ÉVRECY
Rocquancourt
Mézidon-Canon
AUNAY-SUR-ODON
Saint-Pierre-sur-Dives
Thury-Harcourt
POTIGNY
Saint-Rémy
FALAISE
Vassy
Condé-sur-Noireau
Athis-de-l'Orne
TINCHEBRAY-BOCAGE
FLERS
PUTANGES-LE-LAC
Écouché
Messei
Ger
La Ferrière-aux-Étangs
LONLAY-L'ABBAYE
Rânes
DOMFRONT EN POIRAIE
La Ferté Macé
BAGNOLES DE L'ORNE NORMANDIE
CARROUGES
P.N.R. Normandie-Maine
Passais-la-Conception
La Chapelle-d'Andaine
Ceaucé
Pré-en-Pail
Javron-les-Chapelles
Brecé
Villaines-la-Juhel
Châtillon-sur-Colmont
Mayenne
Aron
20 KM
Fresnay-sur-Sarthe
Mont-Saint-Jean
Martigné-sur-Mayenne
Évron
Saint-Jean-sur-Mayenne
La Chapelle-Anthenaise
Montsûrs
Voutré
Rouessé-Vassé
Rouez

Menneval
BERNAY
Le Tilleul-Othon
La Commanderie
Barc
Émanville
aint-Julien-le-Faucon
St-Martin-de-Bienfaite-Cressonnière
Livarot
Beaumesnil
La Barre-en-Ouche
Le Fidelaire
Montreuil-l'Argillé
VIMOUTIERS
CAMEMBERT
La Neuve-Lyre
MONT-ORMEL
La Ferté-Frênel
Breteuil
GACÉ
L'AIGLE
Bourth
LE PIN-AU-HARAS
Échauffour
Verneuil-sur-Avre
Saint-Maurice-lès-Charencey
SOLIGNY-LA-TRAPPE
SÉES
La Ferté-Vidame
TOUROUVRE AU PERCHE
Bazoches-sur-Hoëne
Longny-au-Perche
LE MÊLE-SUR-SARTHE
MORTAGNE-AU-PERCHE
Moutiers-au-Perche
RÉMALARD EN PERCHE
LENÇON
Village
Condé-sur-Huisne
BELLÊME
Margon
Coudreceau
Mamers
Igé
P.N.R. du Perche
Nogent-le-Rotrou
Le Theil-sur-Huisne
Dangeul
La Ferté-Bernard
Bonnétable
Cherré
Sainte-Jamme-sur-Sarthe

PAGES

ALENÇON ★★★

Alençon, ville agréable où il fait bon flâner, a conservé ses rues anciennes et ses parcs. Les chantiers initiés ces dernières années permettent à la ville de jouer la carte de la modernité et du dynamisme, tout en préservant son patrimoine. La cité des ducs est réputée pour avoir été un centre dentellier majeur depuis le XVIIIe siècle. Cet art perdure encore de manière artisanale et à travers le musée de la ville. Le point d'Alençon est d'ailleurs inscrit au patrimoine culturel immatériel de l'Unesco. Haut lieu de spiritualité, Alençon conserve également la mémoire de la famille Martin, les parents de Sainte-Thérèse, canonisés en 2015.

BASILIQUE NOTRE-DAME ✝ ★★

Place de La Magdelaine

Ouvert tous les jours de 8h30 à 19h.

D'architecture gothique, la construction de la basilique Notre-Dame d'Alençon a débuté en 1356 et s'est terminée au XIXe siècle. L'édifice possède l'un des plus beaux portails gothiques flamboyants de Normandie. Une véritable dentelle de pierre, peuplée de statues illustrant le thème de la Transfiguration, rarement représenté. Cette façade contraste avec le chœur et le clocher. Très massifs, ils ont été reconstruits au XVIIIe siècle après que le monument a été frappé par la foudre. C'est dans cette basilique que sainte Thérèse de Lisieux a été baptisée.

ALENÇON, LA MÉDIÉVALE 📷

La Préfecture de l'Orne a un passé médiéval. Pour le découvrir, direction le quartier Saint-Léonard : LE quartier historique de la ville à ne pas manquer. Ses ruelles pavées et ses bâtisses constituent un témoignage unique d'Alençon à l'époque du Moyen Âge. Tout au long du parcours, on découvre l'église Saint-Léonard, la Maison des sept colonnes, la Maison à l'étal. Il faut aussi avoir les yeux en l'air, car le quartier compte de nombreux balcons sculptés en fer forgé. C'est aussi un quartier vivant avec ses bars et restaurants.

CHAPELLE ET MAISON FAMILIALE DE SAINTE-THÉRÈSE 📷 ★

50, rue Saint-Blaise ✆ 02 33 26 09 87

https://louisetzelie.com/

Novembre à mars 10h-12h et 14h-17h. Avril à octobre 9h30-12h et 14h-18h. Visites en ville l'été. Boutique.

Face à la préfecture de l'Orne, poussez la porte de la chapelle Sainte-Thérèse de Lisieux (1873-1897) qui abrite les reliques de la sainte d'Alençon béatifiée en 1925. Les murs sont tapissés de plaques de marbre de reconnaissance pour ses bienfaits et sa chambre natale est accessible à la visite. À côté, un musée tenu par la congrégation des petites sœurs de Sainte-Thérèse d'Imola qui gardent la maison de cette famille fondée par Louis et Zélie Martin. Le couple a été canonisé en 2015.

ORNE

La rivière la Sarthe et l'église Notre-Dame d'Alençon.

© PARC NATUREL RÉGIONAL NORMANDIE-MAINE

Forêt d'Écouves.

ORNE

CHÂTEAU DES DUCS

Ne se visite pas.

Du château des Ducs, il ne reste que le pavillon d'entrée : le reste a été détruit au cours des siècles, notamment par la volonté du roi Henri IV, qui voyait les importantes forteresses d'un mauvais œil. Situé sur la place Foch, l'édifice classé Monument historique en 1862 a abrité une prison durant deux siècles. Si d'importants travaux de restauration ont été engagés par la Ville afin d'aménager un parc urbain dans les anciennes cours de promenade, l'édifice demeure interdit à la visite. Une étude est en cours concernant sa future réhabilitation.

FORÊT D'ÉCOUVES ★

Www.onf.fr.

A pied, à vélo ou à cheval : peu importe ! Les 463 km de sentiers du plus grand massif forestier bas-normand vont satisfaire votre envie de nature. Au cœur du Parc naturel régional Normandie-Maine, la forêt domaniale d'Ecouves étend ses chênes et ses hêtres jusqu'au nord d'Alençon. Ses reliefs variés offrent de jolis points de vue sur la campagne environnante, il y a toujours de belles découvertes à faire : sources, sites commémoratifs etc. Il n'est pas rare de croiser un chevreuil ou une biche. La forêt est également un terrain de jeu pour les sportifs !

FLÂNEZ DANS LES PARCS

✆ 02 33 32 40 88

Toute l'année. Parc des promenades et parc Simone-Veil fermé à la tombée de la nuit. Gratuit.

Parc Simone-Veil

Adossé au château, ses portes monumentales ont ouvert il y a un peu plus d'un an. Les anciennes cours de promenade des détenus, à l'époque où l'édifice était une prison, ont été réaménagées pour donner naissance à ce nouveau lieu.

Parc des promenades

Créé en 1783 et rénové en 1999, il est très apprécié des Alençonnais et des visiteurs. Kiosque à musique, bassin, aires de jeux pour les enfants, labyrinthe végétal, enclos pour animaux et roseraie.

La Providence

Non loin de la basilique et au bord de la Sarthe, ce site accueille de nombreuses animations.

HALLE AU BLÉ ★

Première partie du site ouverte tous les jours de 10h à 18h. Seconde accessible uniquement lors d'évènements. Gratuit.

Ouverte en 1812 pour le commerce du grain, à l'emplacement d'un ancien couvent, la Halle au blé connaît des modifications au fil du temps. La qualité de sa restauration et sa mise en lumière font de ce monument l'un des emblèmes de la ville. Remarquable par sa forme circulaire à l'image de la Halle aux grains de Paris, l'édifice est doté d'une coupole en métal et verre. Hôpital militaire durant la Première Guerre mondiale, elle accueille désormais des évènements variés (salons, expos…). L'édifice est inscrit à l'inventaire supplémentaire des Monuments historiques.

HOTEL DE GUISE ★

39, rue Saint-Blaise

Visite guidée du parc et de la résidence lors des journées du patrimoine en septembre.

L'Hôtel de Guise est l'un des monuments les plus somptueux d'Alençon. Siège actuel de la préfecture, cet édifice fut bâti vers 1630 dans un pur style Louis XIII avec ses façades mêlant pierres et briques. Propriété d'Élisabeth d'Orléans, veuve du duc de Guise, cette belle bâtisse fut acquise par la Ville avant d'accueillir le premier préfet de l'Orne au début du XIXe siècle. Actuellement, seul son parc se visite. Le bâtiment est classé Monument historique depuis 1903. A noter : en face, se situent la chapelle et la maison natale de Sainte-Thérèse.

MEDIATHEQUE - EGLISE DES JESUITES

Cour carrée de la Dentelle

Ouvert du mardi au jeudi et le samedi de 13h30 à 18h. Vendredi jusqu'à 19h. Fermé dimanche et lundi. Visite libre.

Inscrite au titre des Monuments historiques, cette église à l'architecture imposante avec son campanile et son toit à l'impériale a été construite au XVIIe siècle et abrite la médiathèque. Le site compte un patrimoine unique d'ouvrages sur la Basse-Normandie : 57 000 documents ! Parmi lesquels 728 manuscrits, dont 137 médiévaux et l'édition originale avant censure des *Fleurs du mal* de Baudelaire, publié en 1857 par l'éditeur et imprimeur alençonnais Auguste Poulet-Malassis.

MUSÉE DES BEAUX-ARTS ET DE LA DENTELLE ★★

Cour Carrée de la Dentelle ✆ 02 33 32 40 07

http://museedentelle.cu-alencon.fr/

De juin à septembre du mardi au dimanche. Juillet et août, ouvert également le lundi. Adulte : 4,10 €. Animations.

Ce musée dévoile l'histoire et le savoir-faire du fameux point d'Alençon. Agrémentée d'outils pédagogiques, la scénographie met en valeur les acquisitions du musée dont un voile de mariée datant du XIXe siècle entièrement réalisé avec la technique du point d'Alençon, inscrite sur la liste représentative du patrimoine culturel immatériel de l'humanité de l'Unesco. Le musée comprend également une section beaux-arts et une étonnante collection d'objets cambodgiens du siècle.

OFFICE DE TOURISME D'ALENÇON

Place de la Magdeleine

✆ 02 33 80 66 33

www.visitalencon.com

Ouvert du lundi au samedi de 9h30 à 12h30 et de 14h à 18h. Juillet et août : le dimanche de 9h30 à 12h30. Boutique.

L'Office de Tourisme d'Alençon est installé dans la Maison d'Ozé. Ce logis en granit du XVe siècle, imposant avec ses deux tourelles, est agrémenté d'un jardin et d'un petit verger conservatoire ouverts au public. C'est dans ce joli cadre que vous seront fournies une multitude d'idées de balades ou de visites d'Alençon et ses environs (meilleures adresses, pratiques ou ludiques). Profitez de l'espace boutique où vous trouverez une sélection de produits.

A DEUX ROUES SUR LES VOIES VERTES !

Ces anciennes voies de chemin de fer réhabilitées permettent de sillonner la région à deux roues ou à pied, en toute sécurité. Depuis dix ans, on peut aller de Condé-sur-Huisne à Alençon. Depuis octobre dernier, on peut partir de la préfecture et rejoindre Rives d'Andaines (via le département voisin de la Mayenne). Et ce n'est pas fini : en fin d'année, on pourra aller de Briouze à Bagnoles de l'Orne Normandie via La Ferté-Macé. Les voies vertes ont de beaux jours devant elles !

CAP ORNE

Hôtel du Département ✆ 02 33 81 61 95

www.orne.fr/transports-mobilite/cap-orne-lignes-regulieres

Ticket : 2 €, partout dans l'Orne. Carte 10 voyages : 16 € (valable un an). Gratuit pour les moins de 4 ans.

Alençon, Flers, Argentan, Mortagne-au-Perche et L'Aigle : le réseau Cap Orne compte au total 23 lignes, réparties autour des cinq principaux centres urbains du territoire. Dans tout le département, il est donc possible d'accéder facilement aux commerces et aux services, ainsi qu'aux lignes ferroviaires vers Paris, Le Mans et Caen. Vous pouvez acheter vos titres de transport, notamment vos abonnements, à la gare ou acheter directement un ticket à votre montée dans le bus. Attention : n'oubliez pas de préparer votre monnaie en amont.

LE TAPIS VERT €

LALACELLE

✆ 02 33 28 07 00

www.tapis.vert.pagesperso-orange.fr/tapis.vert/index.html

Gîtes de France (2 épis). Ouvert toute l'année. 3 gîtes de 140 € le week-end à 480 € la semaine.

Envie de concilier amour de la culture et de la nature ? C'est au Tapis vert que ça se passe ! Cet ancien relais de chasse du XIXe siècle, situé dans un écrin de verdure avec chalet construit par le petit neveu de Mirabeau en 1880, est un centre de résidences artistiques. Tout au long de l'année, les artistes peuvent venir profiter du chapiteau de cirque de 400 places, des espaces scéniques, des pianos. Il est possible de venir simplement y séjourner dans un ensemble de gîtes dont la capacité varie. A noter : site protégé classé Natura 2000.

LE CHAPEAU ROUGE €€

3, boulevard Duchamp

✆ 02 33 29 49 37

www.lechapeaurouge.net

Qualité Tourisme. 14 chambres. A partir de 59 €. Petit déjeuner : 7 €. Label accueil vélo. Wifi gratuit.

L'hôtel Le Chapeau rouge, établissement 2 étoiles, vous ouvre ses portes dans un cadre convivial. Les chambres sont de style contemporain, équipées d'une télévision à écran plat et dotées d'une douche à l'italienne ainsi que de tous les équipements nécessaires à un séjour agréable. Un room service est également à votre disposition pour répondre à vos besoins. Le parking est gratuit. L'hôtel est situé à 5 min du centre-ville, et à 2 min de la salle de musiques actuelles La Luciole, la salle de spectacle Anova et du cinéma Planet'ciné.

LE HUSSARD €€

20, place du Général-de-Gaulle

✆ 02 33 27 19 30

www.lehussard-alencon.com

Bar-restaurant ouvert de 7h à 23h du lundi au samedi. De 56 € à 86 €. Restauration. Animaux acceptés.

Cet hôtel-restaurant qui ne paie pas de mine est situé sur un carrefour entre la gare et le centre-ville. Mais cela reste une adresse sympathique malgré tout : l'accueil est chaleureux et serviable, le petit déjeuner est copieux pour cette gamme de prix, et vous pouvez déguster sur place couscous, tajines et plats du jour. En prime, les chambres ont une bonne isolation phonique ce qui vous protège de la circulation toute proche. C'est une adresse parfaite pour les budgets serrés et ceux qui souhaitent loger dans le centre-ville.

TERRASSES D'ECOUVES ET SON SPA NORDIQUE €€

Momont

LA LANDE-DE-GOULT

✆ 06 86 80 61 84

Ouvert toute l'année. Gîte de 80 m2 pouvant accueillir 8 personnes. Spa nordique. Piscine chauffée. Terrain de 1000m2.

Envie de vous venir vous réfugier dans la campagne ornaise pour prendre une grande bouffée d'air pur et de sérénité ? Venez passer quelques jours au sein de ce joli gîte niché en lisière de la forêt d'Ecouves. Entièrement doté des équipements nécessaires pour passer un agréable séjour, l'hébergement est également doté d'un spa nordique chauffé au bois pour six personnes ouvert toute l'année et d'une piscine accessible uniquement à la saison estivale.

BAR RESTAURANT DU CHATEAU €

72, rue du Château

✆ 02 33 26 04 61

Ouvert du lundi au vendredi, restauration le midi exclusivement. Réservation recommandée. Terrasse.

Cette petite brasserie, on vous la recommande ! Chaque midi, elle affiche complet et il y a de bonnes raisons à cela : on y mange très bien et le rapport qualité-prix est imbattable. La carte met la cuisine traditionnelle française à l'honneur. Pour les gros appétits, ajoutez-y un bon buffet d'entrées (piémontaise, carottes râpées...) et un large choix de desserts (tarte au citron, fromage blanc, fruits...). Sans oublier le petit café, inclus dans le menu, pour conclure le repas.

CAFÉ DU THÉÂTRE €

78, place de la Halle au Blé

✆ 02 33 26 05 13

Du mardi au samedi le midi. Réservation recommandée. Carte : 9 € environ. Plat du jour 9,50 €. Terrasse.

Une bonne adresse avec un très bon rapport qualité-prix. La cuisine traditionnelle est revisitée en plat du jour : endives au jambon et sa salade, brandade... Le client a le choix entre tartines, croque-monsieur, omelettes ou entrecôtes/frites. Les desserts sont fait-maison et le café gourmand est bien gourmand ! La décoration des lieux, ambiance rétro, mérite un coup d'œil. C'est aussi le lieu de rendez-vous idéal pour boire un chocolat ou un bon vin chaud en hiver ou déguster une bière et un verre de blanc à l'apéro (la carte des vins est de qualité).

LES 4 SENS €€

25, rue Cazault
✆ 02 33 28 06 97
Ouvert du mardi au samedi le midi et le soir. Réservation recommandée. Formule du midi à partir de 15,50 €. Terrasse.

Une cuisine traditionnelle revisitée tout en finesse et en légèreté pour ravir les papilles et sublimer les sens : ce restaurant porte bien son nom. Le fait-maison et les produits frais de saison sont ici à l'honneur. Plutôt amateurs de viande, de poisson ? Chacun trouve dans les plats inscrits à la carte de quoi se régaler. Assiettes bien présentées, cuisson maîtrisée, associations de saveurs réussies, accompagnements variés. En bref : le goût, la vue, l'ouïe et l'odorat sont comblés. Le cadre est chaleureux, l'ambiance tamisée, le service souriant.

LE BISTROT €€

21, rue de Sarthe
✆ 02 33 26 51 69
lebistrotalencon.com
Ouvert du lundi au samedi le midi et le soir. Réservation recommandée. Carte : 26 €. Plat du jour : 10,50 €.

Le Bistrot c'est : des plats et menus inscrits sur l'ardoise, des tables en bois revêtues d'une toile cirée motifs vichy rouge et blanc, un grand rideau couleur lie de vin pour faire son entrée comme au théâtre… mais surtout une très bonne adresse ! Les plats changent régulièrement pour le plus grand plaisir des habitués qui sont ici comme chez eux. Viande, poisson, crustacés : il y en a pour tous les goûts. Les desserts font aussi le bonheur des gourmands. Amateurs de bonne cuisine et d'ambiance chaleureuse, ne passez pas votre chemin.

L'ALEZAN €€

183, avenue du général Leclerc
✆ 02 33 28 67 67
www.lalezan-restaurant.com
Ouvert du mardi au vendredi le midi et le soir. Fermé samedi midi, dimanche soir et lundi. Assiette au guide Michelin.

Ne passez pas par Alençon sans pousser la porte de L'Alezan. Le chef, Adrien, reconnu maître restaurateur et auréolé d'une assiette au guide Michelin, élabore une cuisine gastronomique tout en finesse. Dans les assiettes, un mélange unique de saveurs et de textures qui met en avant la qualité du produit. Le plaisir des yeux – les assiettes sont très soignées – égale le plaisir des papilles. Le service est impeccable. Le restaurant est certes un peu excentré, mais l'on s'y sent comme dans un cocon et cela mérite bien un petit effort.

COCO VINS €€

8, rue de la Halle aux Toiles
✆ 02 33 82 96 50
Ouvert du mardi au samedi le midi. Réservation recommandée. Plat du jour 11 €. Vins au verre à partir de 3 €.

Dans une petite salle de restaurant conviviale où l'esprit bistrot règne, les assiettes sont garnies de plats entièrement faits maison et c'est toujours très bon. Le plat du jour change au gré des saisons et des envies de la cuisinière. L'adresse fait aussi épicerie fine, d'une façon décalée : c'est au mur que la sélection est affichée. Kits biscuits / apéro et belle sélection de bouteilles de vin : vous pouvez faire confiance au maître des lieux qui est également le patron de la cave Vins et Tradition située juste en face du restaurant.

LE BIO EN HERBE €€

27, rue Aux sieurs
✆ 06 18 35 06 43
Ouvert du mardi au vendredi le midi, samedi midi et après-midi. Terrasse. Animations.

Ce restaurant associatif est un concept en soi. En plein centre-ville, Le Bio en herbe détonne. C'est un lieu à l'atmosphère unique. Ici, toute la déco a exclusivement été réalisée à partir de matériaux de récup' ! Si la météo le permet, demandez à déjeuner sur la terrasse qui vaut le coup d'œil : les palettes en bois sont garnies de fleurs et on n'y est à l'abri des regards. Prolongement de l'association Du champ à l'assiette, qui œuvre pour la promotion des produits bio de l'Orne, Le Bio en herbe propose des plats de saison et/ou végétariens.

CÔTÉ PARC €€

RN12 - **LALACELLE**
✆ 02 33 27 38 48
www.lalentillere.fr
Logis. Restaurant fermé le dimanche soir. Réservation recommandée.

Côté Parc, c'est le restaurant de l'hôtel La Lentillère. Cet ancien relais de poste accueille sa clientèle dans une décoration très « boisée » et moderne. L'établissement est facile d'accès au bord de la nationale et, malgré cela, vous ouvrez la porte sur une maison à la campagne, avec terrasse et chambres de l'auberge donnant sur la cour intérieure. Le restaurant ne désemplit pas à midi avec des formules buffets et plat du jour très avantageuses. On s'y régale en toute simplicité, mais on peut aussi s'attarder pour un week-end romantique ou/et gastronomique.

LA FABRIQUE €€

161, Grande rue
✆ 09 53 73 88 53
Ouvert toute l'année. Du mardi au vendredi le midi et le soir. Lundi midi uniquement. Carte : 15 € environ.

La viande a les honneurs de la carte à La Fabrique. Ce restaurant régale ses habitués et les nouveaux venus avec son (tendre) pavé de bœuf accompagné de sa sauce au poivre et de ses frites maison, son tartare de bœuf au couteau (classique, à l'italienne ou tandoori), ses travers de porc marinés rôtis, ou sa petite nouveauté : le burger. Côté plats du jour, les classiques français tiennent le haut de l'affiche. Les desserts, eux aussi faits maison, sont des classiques revisités servis dans des contenants type pot à confiture. Ils font mouche à chaque fois !

LA SUITE €€

19, place Poulet Malassis
✆ 02 33 29 70 85
Ouvert du lundi au vendredi midi et soir. Réservation recommandée. Menu déjeuner 24 €. Menu dîner 33 €. Terrasse.

Cette adresse alençonnaise place la barre haut. Les deux frères propriétaires de ce restaurant semi-gastronomique, Christophe officie en cuisine et Frédéric en salle, viennent de Rive Droite : une autre adresse de standing à Alençon. La cuisine est délicate et raffinée. Le cadre magnifique a entièrement été rénové, ceux qui connaissaient l'ancienne Brasserie des Ducs ne reconnaîtront pas les lieux, et fait la part belle au bois et au fer forgé. L'escalier central vaut le coup d'œil. Tout comme le mange-debout avec vue sur les cuisines. Sans oublier la terrasse.

CHEZ FANO €€

22, rue Saint-Blaise
✆ 02 33 32 16 84
Fermé le samedi et le dimanche. Réservation recommandée. Formule Marilou 15 € (2 plats) / Formule Gaston 20 €.

Cette adresse propose une cuisine créative, confectionnée à partir de produits locaux, et les plats changent au gré des saisons. Viandes et poissons sont cuisinés à la perfection et les accompagnements jouent la carte de la diversité. En dessert, sautez sur les mouillettes de gaufres et leur caramel au beurre salé, c'est la spécialité ! La carte des vins vaut aussi le détour. Petite originalité : ici, le menu se dévoile sur tablette. N'oubliez pas de réserver, même si Chez Fano est l'un des rares restaurants alençonnais à servir relativement tard.

L'ATELIER DU BISCUIT

6, rue du Jeudi
✆ 02 33 29 18 18
Ouvert du mardi au samedi de 8h30 à 18h30 et le dimanche de 10h à 13h.

Vous aimez déguster un petit biscuit avec votre café, votre thé ou toute autre boisson ? Alors, poussez la porte de cette boutique où vous serez accueilli par Karine Sebyre. Vous trouverez dans ce salon de thé une sélection d'une vingtaine de biscuits confectionnés sur place par son mari boulanger-pâtissier. Des recettes uniques qui mettent la ville à l'honneur : galette Sainte-Thérèse, pavé du jeudi, etc. Il y en a pour tous les goûts et même pour les allergiques au gluten puisqu'ils proposent un financier qui en est dénué. A découvrir.

AU PETIT VATEL €€

72, place du Commandant-Desmeulles
✆ 02 33 28 47 67
Ouvert midi et soir du jeudi au samedi et le lundi, uniquement le midi le dimanche. Plusieurs formules à partir de 24 €.

Cet établissement, véritable institution alençonnaise, a rouvert ses portes grâce à Barbara et Julien Perrodin, un couple qui a roulé sa bosse dans de nombreux restaurants de renom au sein de l'Hexagone, le restaurant a bénéficié de longs mois de travaux pour se refaire une beauté. Nappes et serviettes blanches prennent désormais place dans une décoration moderne. Côté cuisine, le chef mise sur des plats gastronomiques confectionnés à partir de produits de qualité faisant la part belle au poisson et à la viande. Le tout garanti fait maison !

BE BAR

10, bis rue de la Cave aux Boeufs
✆ 02 33 26 71 85
Ouvert du mercredi au samedi de 16h à 1h. Animations.

Ce bar lounge offre un nouveau lieu pour les noctambules qui ont envie de déguster un bon verre de vin ou bonne bière, le tout accompagné de tapas et de planches de charcuterie et fromages. Situé dans la rue piétonne, les deux terrasses extérieures constituent une halte idéale l'après-midi entre deux emplettes. Et quand vient le soir, poussez la porte et profitez du cadre. Non loin de là, la boîte de nuit Le Bayokos, c'est un endroit idéal pour bien démarrer (et poursuivre) sa soirée. A noter : des événements sont régulièrement organisés.

CAFÉ DU THÉÂTRE

78, place de la Halle au Blé
✆ 02 33 26 05 13

Ouvert toute l'année. Du mardi au samedi. Terrasse.

Le Café du Théâtre est l'un des lieux de rendez-vous des Alençonnais. Situé à deux pas de la Halle au blé, ce café à l'ambiance rétro joue la carte de la convivialité. Sa décoration est à la fois typique des bistrots et originale avec ses affiches singulières qui ornent les murs ! C'est une adresse idéale pour boire un thé, un chocolat viennois ou un vin chaud (lorsque la saison s'y prête) et/ou déguster un bon verre de vin ou une bonne bière quand vient l'heure de l'apéro. Aux beaux jours, sa terrasse ensoleillée est très prisée.

LE PETIT CHOCOLATIER

234, avenue du Général Leclerc ✆ 02 33 31 72 73
https://lepetitchocolatier.fr/

Mardi au samedi 9h-12h15 / 14h-19h.
En décembre : ouvert sans interruption et dimanche de 9h30 à 12h30 et de 14h30 à 18h

Cette chocolaterie n'est pas comme les autres. Olivier Veil, le maître des lieux, est un véritable passionné qui assemble lui-même des fèves de cacao rigoureusement sélectionnées qu'il est allé dénicher en République dominicaine ou à Madagascar. Cet aventurier du chocolat a été distingué en 2018, par le club national des Croqueurs de chocolat, en obtenant un Award pour sa tablette lait pur Equateur. Il a également été primé, lors de la dernière édition du Salon du chocolat, et décroché une tablette d'or dans *Le guide des croqueurs de chocolat (édition 2020)*.

LE CHARLYN'S BAR

61, place du bas de Monsort
✆ 09 87 73 61 92

Ouvert toute l'année. Bar à bières et vin, partenaire du label Orne Terroirs. Du mardi au samedi. Terrasse. Concerts.

Le Charlyn's bar mise sur la convivialité et les bons produits. L'accueil est souriant, les bières artisanales, et les vins viennent principalement des pays de Loire, Alsace et Bourgogne. Le tout s'accompagne de généreuses planches apéritives mettant en avant des produits locaux. Le lieu, à l'ambiance jazzy, fait aussi épicerie fine et chacun peut repartir avec terrines, bouteilles de vin ou de bières locales. Le midi, vous pouvez y déjeuner autour d'une planche ou d'un plat du jour. A noter : la terrasse le long de la Sarthe est agréable aux beaux jours.

CIDRE FOURNIER

La Lentillère - **LALACELLE**
✆ 02 33 27 40 00
www.cidre-fournier.com

Lundi au jeudi 8h30-12h/13h30-18h, vendredi 8h30-12h/13h30-17h. Samedi 9h-12h/14h-17h, sauf octobre, novembre, janvier.

Les Cidre Fournier, c'est une histoire familiale créée en 1943, à petite échelle. Les frères Fournier ont repris l'affaire en 1996 et n'ont eu de cesse de la faire fructifier dans le respect de la tradition. Les pommiers et des poiriers haute tige s'épanouissent sur les coteaux au soleil. La maison est régulièrement récompensée. A la boutique, après une petite dégustation, vous pouvez acheter en direct du cidre, du jus de pomme et de poire, du pétillant de pomme, du poiré, du calvados... La maison propose aussi une belle gamme bio.

PEDRO

39, Grande-Rue
✆ 02 33 26 00 47

Ouvert du mardi au samedi d8h30-12h30 / 14h-19h15 ; dimanche 8h30-13h. Pâtisserie, chocolaterie et salon de thé.

Au sein de sa pâtisserie-chocolaterie Jacky Pedro, secondé par son épouse Huguette, perpétue une tradition familiale : il est issu d'une famille de pâtissiers. Officiant depuis 1987 dans cette maison dont les murs datent du milieu du XIXe siècle, Jacky Pedro compte parmi ses créations : les chocolats à la dentelle d'Alençon incrustée en chocolat blanc sur un moelleux au caramel croustillant, le traditionnel Bouchon, un praliné aux amandes grillées ou le croustillant de Sainte-Thérèse. A ne pas manquer : les excellentes glaces faites maison !

FNAC

61, rue de Bretagne
✆ 02 33 28 06 74

Ouvert du lundi au samedi de 10h à 19h30.

Situé dans le centre commercial Carrefour, ce magasin Fnac offre une belle sélection de produits culturels. Ici, petits et grands peuvent retrouver tous les univers habituels de l'enseigne : disques, DVD, informatique, jeux vidéo, téléphonie, son, photo et vidéo... mais également un beau rayon livres où vous trouverez romans, BD, livres pratiques et une belle sélection de guides de voyage. Le magasin dispose également d'un espace billetterie pour vos places de concert ou autres spectacles et de plusieurs cartes ou coffrets cadeaux pour (vous) faire plaisir !

LEKLAPIER

11, rue du Pont neuf
✆ 02 33 26 46 73
www.leklapier.fr
Ouvert du mardi au samedi de 11h à 13h et de 14h30 à 19h.

Envie de dénicher des objets uniques pour se faire plaisir ou faire plaisir à sa famille ou ses amis ? Ici vous êtes au bon endroit. Leklapier, enseigne mortagnaise qui se décline désormais à Alençon, propose de jolies créations. Mobilier, décoration, design et même jardinage : entre les coussins et autres tapis pour aménager sa maison, les accessoires pour profiter agréablement de son extérieur, les fauteuils ou canapés, les jeux pour enfants, les jolies tasses et autres mugs... l'enseigne qui promeut le « slow life à la française » regorge de belles idées.

AU ROY FROMAGE

29, Grande rue
✆ 02 33 26 17 08
Ouvert du mardi au vendredi de 8h30 à 12h30 et de 15h à 19h. Ouvert en continu le samedi de 8h30 à 18h.

C'est LE paradis des amateurs de fromage et c'est pour cela que cette enseigne porte si bien son nom ! Dans cette boutique sont mises en avant toutes les spécialités qui régalent les palais des gourmands : camembert (évidemment), brie, gruyère, bûches de chèvre et aussi saint-nectaire, gouda à la truffe (oui oui), munster... C'est un véritable tour de France des spécialités fromagères ! Franchement, on ne sait pas ce que vous ne pourrez pas trouver ici. L'accueil est agréable et les nouveaux locaux depuis 2019 rendent cette boutique encore plus conviviale.

VINS ET TRADITION

7, rue de la Halle-aux-Toiles ✆ 02 33 32 15 07 - www.vinsettradition.fr
Ouvert du mardi au vendredi de 10h à 12h et de 15h à 20h ; le samedi de 10h à 12h30 et de 15h à 20h.

La passion du vin et de la gastronomie s'unissent autour de cette adresse conviviale et idéale pour trouver votre perle rare au sein d'une large et rigoureuse sélection de vins (gamme bio et biodynamique), champagnes, whiskys, cidres, poirés et autres cognacs. La sélection de produits d'épicerie fine, où sont mis en avant huile d'olive et autres chutneys, a été rigoureusement testée. A noter : régulièrement des produits sont mis à l'honneur.

▸ **Juste en face** c'est *Coco Vins*, un petit bistrot chaleureux pour un déjeuner entièrement fait maison concocté par Corinne.

SENTIER DE DÉCOUVERTE : LA GESTION FORESTIÈRE

carrefour du Rendez-Vous
ÉCOUVES
Informations auprès de l'ONF au 02 33 28 10 63 ou au 06 18 68 02 54.

Au « Carrefour du Rendez-Vous », l'une des nombreuses intersections de la forêt d'Ecouves, deux boucles pédestres vous attendent : l'une de 2,1 km et l'autre de 2,5 km. Ces sentiers de découverte axés sur le thème de la gestion d'une forêt domaniale détaillent enjeux et contraintes d'une telle mission. Des panneaux d'information jalonnent le parcours. Comptez environ 45 min de marche pour la première boucle et une petite heure pour la seconde (pauses lecture intégrées !).

LE BAYOKOS

25, cours Clemenceau
✆ 02 33 26 32 15
Ouvert toute l'année. Du jeudi au samedi. 700 places. 3 bars. 3 pistes de danse. 2 salles avec 2 ambiances.

C'est LE rendez-vous des noctambules ! Après avoir dîné dans un resto et pris un verre dans un bar, la suite logique c'est de pousser la porte du Bayokos. Ici, on vient prolonger sa soirée en musique. Electro, années 80, hip-hop, rap ou R'nB résonnent dans les deux salles. Toute l'année, des événements sont organisés avec, à la clé, des soirées festives assurées. Et le jeudi soir, forcément ce sont les étudiants qui mettent l'ambiance. Attention : tenues et états d'esprit corrects exigés ! Le plus : le night-club est situé en plein cœur de la ville.

HIPPPODROME D'ALENCON

104, rue d'Argentan ✆ 02 33 28 02 90
www.hippodrome-alencon.com
Entrée : 5 € (gratuit moins de 16 ans et personnes handicapées). Ouverture de l'hippodrome à 12h. Animations.

Un golf de six trous au milieu d'un champ de course ? Eh oui, la Société des courses d'Alençon a osé ! A Alençon, l'hippodrome n'est pas tout à fait comme les autres... le centre de la piste abrite même un mini-golf. Alors visez le bon trou et pariez sur le bon cheval ! La qualité exceptionnelle de la piste en herbe de l'hippodrome d'Alençon autorise des épreuves d'importance dont les courses Premium ou les étapes du Trophée Vert. En moyenne huit courses sont inscrites au programme de chaque réunion, soit un total d'une cinquantaine d'épreuves par saison.

ORNE

SAINT-CÉNERI-LE-GEREI ★★★

Classé parmi les plus beaux villages de France, Saint-Céneri-le-Gérei possède un charme inégalé. Ses églises, ses maisons anciennes, ses ruelles, son vieux pont de pierre sur la Sarthe qui date du XIIIe siècle… Situé au cœur des Alpes mancelles, ce petit village est niché dans un écrin de verdure d'où il domine la Sarthe de son éperon de granit. De nombreux peintres du XIXe siècle y ont laissé la trace de leur passage. Une tradition qui perdure, aujourd'hui encore, puisque les artistes continuent d'arpenter ses ruelles. Il est d'ailleurs possible de découvrir tout cela grâce au parcours *Saint-Céneri sur le motif* riche en informations artistiques.

AUBERGE DES SŒURS MOISY

Rue de Dessous
✆ 02 33 27 84 47
Ouvert d'avril à octobre. 2 €.

Dès 1875, l'Auberge des Sœurs Moisy fut l'un des lieux de villégiature des peintres impressionnistes qui viennent puiser leur inspiration dans le cadre bucolique des Alpes mancelles. Fermé en 1908, le site est devenu un musée. Sa scénographie originale, pédagogique et ludique vous immerge dans l'histoire des arts plastiques. L'auberge est réputée pour sa salle des Décapités : là où les artistes venaient dessiner sur les murs, au fusain, le portrait des convives de l'auberge éclairés à la bougie et restitués grandeur nature par l'ombre portée.

CHAPELLE ✝

Ouvert toute l'année. Gratuit.

Bâtie au XVe siècle au milieu d'un vaste pâturage et près de la rivière, là où saint Céneri avait établi son ermitage au VIIe siècle, cette chapelle a jadis été un lieu de pèlerinage très fréquenté, surtout par les jeunes filles souhaitant se marier et enfanter. La légende dit qu'en s'allongeant sur la pierre qui aurait servi de lit au saint, leur vœu serait exaucé. Une autre prétend que si une jeune femme souhaite se marier, elle doit piquer une aiguille dans le talon de la statue du saint. L'édifice, de style gothique, dispose d'une magnifique charpente.

ÉGLISE ★

Rue de l'Église
Ouvert toute l'année. Tous les jours. Gratuit.

C'est l'une des plus anciennes du département et l'une des rares attestées avant la conquête normande. Cet édifice roman, bâti entre 1089 et 1125, est constitué de grès et de granit. A l'intérieur, des peintures murales du XIIe et du XIVe siècle. Elles ont été redécouvertes au XIXe siècle sous des badigeons du XVIIe siècle avant d'être restaurées. Autre originalité : sa voûte en bois peinte dans le chœur et dans l'abside. Le chemin de croix en étain argenté a été réalisé par le sculpteur Christian Malézieux, dont l'atelier est situé à quelques mètres de là.

ORNE

Pont sur la Sarthe, Saint-Céneri-le-Gerei.

FONTAINE MIRACULEUSE

Pendant votre visite dans le charmant petit village, prenez les chemins de traverse et rendez-vous sur l'autre rive de la Sarthe, face à la chapelle du XVe siècle. À cet emplacement, d'où jaillit la source qui aurait étanché la soif du diacre et prédicateur saint Céneri et de son disciple, a été édifiée une fontaine qui se cache allègrement dans la verdure environnante. Selon la légende son eau aurait des vertus curatives, notamment le don de guérir certaines maladies des yeux. Il ne tient qu'à vous de choisir d'y croire… ou pas !

L'AUBERGE DES PEINTRES €

Le Bourg
✆ 02 33 26 49 18
Ouvert du mercredi au lundi. De 10h30 à 21h. Réservation recommandée.

L'auberge des peintres a tout pour plaire. Connu il y a plusieurs siècles sous différents noms, le lieu fut ainsi baptisé au XIXe siècle. Le restaurant propose une cuisine française traditionnelle avec des menus qui changent au gré des saisons. Du fait-maison accompagné d'une belle carte de vins pour toutes les bourses. Le p'tit plus futé : à cette adresse historique autrefois, comme à l'auberge Moisy voisine, les peintres payaient parfois leur part en peignant sur les murs qui sont ornés donc 26 peintures à l'huile. Un vrai patrimoine.

JARDINS DE LA MANSONIÈRE

✆ 02 33 26 73 24
www.mansoniere.fr
Jardins ouverts du 1er au 20 septembre, les samedis et dimanches toujours l'après-midi. Dernière entrée à 18h.

Ce jardin est propice à la rêverie et révèle toute la personnalité de Michèle et Philippe Manson, propriétaires amoureux et passionnés. Fleurs, arbustes, mobilier : chaque espace est pensé comme un univers clos avec son atmosphère particulière. On arpente avec bonheur la roseraie, le jardin lunaire, le jardin de senteurs, la chambre verte, le jardin gothique avec plantes et légumes anciens et plantes médicinales etc. L'été, visites nocturnes, balades aux chandelles et concerts de musique classique se déroulent dans les jardins illuminés par plus de mille bougies.

L'ÉCHOPPE GOURMANDE €€

23, rue Saint-Pierre
✆ 02 33 81 91 21
Réservation recommandée. Formules à 18,90 € et 22,90 €. Fermeture annuelle de décembre à février.

Coup de cœur pour cette adresse de charme dans le vieux St-Céneri, adossé à l'un des piliers du château, avec une petite terrasse romantique et une salle agréable enrichie d'un espace produits du terroir et exposition artistique. Coup de chapeau pour les patrons qui ouvrent leur établissement toute l'année et qui ne jouent pas du tout dans le créneau « attrape-touristes ». Le chef propose une cuisine de terroir simple, pleine de fraîcheur et d'inspiration. A la carte : galettes, tartines salées, quiche normande, planches océane ou fermière, trilogie d'escargot…

ORNE

Le Jardin Gothique.

CARROUGES ★★

Carrouges est un joli village posé au cœur du bocage normand et de ses vallons. Siège de la Maison du parc Normandie-Maine, la cité abrite un château médiéval entouré de douves. Pour accéder à l'édifice, au départ de l'église située dans le bourg, il faut emprunter une ancienne voie pavée plus facile à descendre qu'à remonter si l'on est à pied ou à vélo ! Chapelles, maisons nobles, manoirs... Ses environs offrent de belles découvertes. C'est aussi le lieu de la légende de la fée de Carrouges : marqué dans sa chaire rouge – dite, car rouge –, Karl le rouge, fils de la dame du lieu, aurait subi la vengeance d'une fée en portant ce stigmate sur son front.

CHÂTEAU DE CARROUGES ★★

Rue du Chapitre - D16 ✆ 02 33 27 20 32
www.chateau-carrouges.fr
Basse saison : ouvert tous les jours 10h-12h30/14h-17h. Haute saison : tous les jours 10h-12h45/14h-18h.

Ensemble tout à fait remarquable de briques et de pierres, ce château témoigne de sept siècles d'histoire. Acquis par l'Etat en 1936, ce monument historique est habité durant 15 générations par la même famille : les Leveneur. Les lieux se visitent, des cuisines du rez-de-chaussée aux grands appartements à l'étage, salons, antichambres, chambres, escalier d'honneur confondus aux magnifiques boiseries. La galerie de portraits de famille est impressionnante. Un beau jardin à la française complète l'ensemble. Le site accueille de nombreuses manifestations culturelles.

LA FERME ORNÉE DE CARROUGES

La Boujardière
✆ 09 63 45 99 79
www.lafermeorneedecarrouges.fr
Ouvert de mai à fin octobre. Adulte : 7 € (5 € pour les moins de 12 ans).

A la ferme Ornée, il fait bon se promener. Dans ce lieu original et singulier, dans le paysage ornais, vous partez à la découverte de 7 jardins aux thématiques variées : labyrinthe, jardin d'eau, collection de courges, etc. La découverte est au bout de l'allée ! Chaque été, de nombreuses animations sont organisées pour le plaisir des petits et des grands. Vous êtes invités à venir mener l'enquête lors d'une « murder party » ou à vous affronter autour d'une chasse au trésor.

FORGES DU CHAMP DE LA PIERRE

Haut Fourneau
LE CHAMP-DE-LA-PIERRE
www.lechampdelapierre.com
Visite libre sur demande toute l'année au 02 33 28 83 93. Gratuit jusqu'à 6 ans. Adulte : 3 €.

Ce petit hameau a abrité jusqu'au XIXe siècle d'importantes forges qui faisaient alors sa prospérité. Créées par Claude de Broon en 1572 sur sa seigneurie du Champ de la Pierre et de Joué-du-Bois, les forges demeurent dans cette famille jusqu'au XVIIe siècle, passant en 1702 aux Ricœur de Bâmont. Le fer y était extrait à ciel ouvert. Les forges approvisionnaient clouteries, serrureries et quincailleries. Elles sont classées monuments historiques.

MAISON DU PARC NATUREL RÉGIONAL NORMANDIE-MAINE ★★★

Rue du Chapitre - D16 ✆ 02 33 81 13 33
www.parc-naturel-normandie-maine.fr
Gratuit. Boutique. Animations.

Au cœur du parc naturel régional Normandie-Maine, la Maison du Parc fait office de point central. Située à quelques mètres du château, elle est installée dans un ancien chapitre (une chapelle et un logis). La Maison du Parc est un lieu incontournable qui vaut que l'on s'y attarde. Ici, vous pourrez faire une halte et déjeuner sur l'une des tables de pique-nique mises à votre disposition, profiter des nombreuses animations et même louer un vélo à assistance électrique !

PARC DU CHÂTEAU DU CHAMP DE LA PIERRE

LE CHAMP-DE-LA-PIERRE
✆ 02 33 27 21 70
www.lechampdelapierre.com
Adulte : 5 €. CB et chèques non acceptés.

Empruntez l'allée qui relie le château au bord d'un étang entouré de bois, prairies et vergers. Là, deux petits ports, un labyrinthe et des fabriques pré-romantiques de l'époque des Lumières ponctuent le cheminement qui invite à une découverte pleine de poésie. Ce parc a été conçu à la fin du XVIIIe siècle par l'ancêtre des propriétaires actuels, Ricoeur de Bâmont. A noter, le romantisme de l'île à la chaumière au cœur de son étang et la présence dans le parc d'arbres remarquables.

ORNE

SAINT-PIERRE-DE-GOULT

Hameau de Goult
LA LANDE-DE-GOULT

Ce site, isolé, abrite la chapelle romane Saint-Pierre-de-Goult, un véritable joyau médiéval. Et pour cause : il s'agit de l'un des derniers vestiges de l'abbaye de Lonlay fondée par Guillaume de Bellême au XIe siècle. Son originalité réside dans son architecture particulière : 6 chapiteaux ont été disposés de chaque côté du porche. Les thématiques s'inspirent d'un bestiaire et de l'art de l'enluminure. A gauche, sur trois d'entre eux, vous découvrirez des oiseaux et, à droite, sur les trois autres, des scènes qui évoquent la chasse.

LA TOURBIÈRE DES PETITS-RIAUX

LA LANDE-DE-GOULT
✆ 02 33 81 75 75

Ouvert toute l'année. Visites guidées avec le Parc naturel régional Normandie-Maine. Accès parking à La Lande-de-Goult.

Des plantes carnivores et des coussins spongieux : la visite de la tourbière des Petits Riaux vous réserve de drôles de surprises. L'accumulation de matières organiques dans un milieu gorgé d'eau a donné naissance à cet espace naturel sensible. Chaussé(e) s de bottes, et en suivant des panneaux d'information, sillonnez le parcours aménagé en caillebotis. Vous y croiserez notamment la grassette et la droséra, qui utilisent leurs feuilles gluantes pour attraper des insectes : charmant !

LA CAGE AUX OISEAUX €€

La Perdière - **LA LANDE-DE-GOULT**
✆ 06 86 80 61 84
www.cocoeugenelacroix.fr

Ouvert toute l'année. Petit déjeuner inclus. À partir de 75 €. Table d'hôte : tous les repas sont bio.

Plénitude et bien-être. La cage aux oiseaux, ce sont 3 chambres d'hôtes aménagées avec goût, souci du détail et l'envie de faire plaisir. Coco, artiste céramiste, a rénové ces demeures anciennes. « Larguez les amarres » porte bien son nom : à l'étage, les espaces de nuit sont séparés par de véritables portes de ferry japonais ! « Nuit insolite » met à disposition une terrasse extérieure dotée d'un bain bouillonnant privatif au pied de la rivière et la chambre est dotée d'une salle de bains rétro. « Suite familiale » est idéale pour les familles avec son dortoir.

TERRASSES D'ECOUVES ET SON SPA NORDIQUE €€

Momont
LA LANDE-DE-GOULT
✆ 06 86 80 61 84

Ouvert toute l'année. Gîte de 80 m2 pouvant accueillir 8 personnes. Spa nordique. Piscine chauffée. Terrain de 1000m2.

Envie de vous venir vous réfugier dans la campagne ornaise pour prendre une grande bouffée d'air pur et de sérénité ? Venez passer quelques jours au sein de ce joli gîte niché en lisière de la forêt d'Ecouves. Entièrement doté des équipements nécessaires pour passer un agréable séjour, l'hébergement est également doté d'un spa nordique chauffé au bois pour six personnes ouvert toute l'année et d'une piscine accessible uniquement à la saison estivale.

L'ANNEXE €

rue du Chapitre
✆ 07 71 70 46 61

Ouvert du mardi au dimanche midi et soir.

Cette maison ancienne date du XIXe siècle et joue de son charme à plus d'un titre. Le week-end, c'est un grand gîte avec bistrot et cuisine professionnelle pouvant accueillir jusqu'à 16 personnes, auquel s'ajoute désormais 2 nouvelles chambres. Et la semaine, c'est un bar-restaurant qui anime le cœur du village. Une volonté de la patronne Cécile Dubrulle, ancienne enseignante, qui a décidé d'ouvrir un bistrot en semaine, et une table de pays conviviale pour le déjeuner avec menu du jour. Billard américain, flipper et babyfoot sont à disposition.

QUATRE ÉLÉMENTS €€

10, rue Sainte-Marguerite ✆ 09 71 21 52 41
www.quatreelements.net

Ouvert du lundi au samedi le midi. Ouvert vendredi et samedi soir. Réservation recommandée. Carte : 15,50 € environ.

Cette adresse est un coup de cœur ! Ce restaurant tient ses promesses en revisitant la cuisine française. Le chef suit le rythme des saisons pour composer ses menus, et on ne peut que vous inciter à venir régulièrement pour découvrir ses nouvelles réalisations. L'accueil est convivial et l'adresse est fréquentée par des locaux, ce qui est toujours un indicateur positif. Le nom du restaurant fait référence aux éléments qui composent la bière ! Les maîtres de lieux produisent leur propre breuvage, déjà récompensé d'une médaille d'or au concours national.

ATELIER CÉRAMIQUE D'ART COCO EUGÈNE LACROIX

La Perdrière - **LA LANDE-DE-GOULT**
✆ 06 86 80 61 84
www.cocoeugenelacroix.fr
Atelier à la journée ou à la demi-journée (max. 7 personnes). Visite de l'atelier et de la galerie sur rendez-vous.

Artiste céramiste, Coco a ouvert son atelier dans l'une des maisons d'hôtes dont elle et sa famille sont propriétaires au cœur du hameau de La Perdrière à La Lande-de-Goult. C'est ici, dans l'une de ces demeures anciennes qu'ils ont entièrement rénové au fil des années, qu'elle travaille la céramique, le bronze ou la pierre. Sa spécialité : la décoration de jardin. Coco expose dans de célèbres galeries et propose des ateliers dans son lieu insolite propice à la création.

FERME CIDRICOLE HUGUES DESFRIÈCHES

L'Aunay - **SAINTE-MARGUERITE-DE-CARROUGES**
✆ 02 33 26 39 86
www.calvados-huguesdesfrieches.com
Ouvert du lundi au samedi et le dimanche matin. Visite : 3 € par personne, 2,50 € pour les enfants.

Cette ferme cidricole, c'est une affaire de familles ! Il y a eu Jules, le fondateur qui vendait son cidre dans le Pays d'Auge dès 1919. Léon, son fils, qui créa la marque Le Père Jules. Il a transmis sa passion à ses fils Thierry et Hugues. Ce dernier a pris possession des terres ornaises avec son épouse Corinne. Le corps de ferme du XVIIe siècle, rénové, est entouré de 10 hectares de pommiers de variétés anciennes BIO et d'un hectare de poiriers en cours de transition vers le bio.

DENTELLE AUX FUSEAUX

La Roulerie
MAGNY-LE-DÉSERT
✆ 02 33 38 18 96
www.patriciadentelle.com/

Une pépite ! Maître Artisane, Patricia a étudié la dentelle aux fuseaux au Conservatoire de la dentelle de Bayeux et a ouvert son atelier en 2003. Son travail est remarquable et se décline en napperons, cartes postales, bijoux, marque-pages... Une véritable joaillerie en fil. C'est un art et une technique manuelle traditionnelle très sophistiquée permettant de tisser des pièces délicates et très fines. Cette dentellière d'art anime des cours toute l'année à Saint-Denis-sur-Sarthon et programme des stages dans son propre atelier de Magny-le-Désert.

LE MÊLE-SUR-SARTHE

Titulaire des labels Station verte, station pêche et Villes et villages fleuris, Le Mêle-sur-Sarthe est une destination agréable à découvrir. La commune compte une base de loisirs qui fait le bonheur des amateurs de baignade à la saison estivale, ainsi que des pêcheurs et des marcheurs tout au long de l'année. Idéalement située sur l'itinéraire de la voie verte, les cyclistes et les randonneurs sont nombreux à arpenter cette ancienne voie de chemin de fer réaménagée. Récemment, Le Mêle-sur-Sarthe a été sous le feu des projecteurs puisque la commune a été choisie comme lieu de tournage du film *Normandie nue* avec l'acteur François Cluzet.

SÉES ★

Nature, architecture et culture : la ville de Sées mérite bien son label Petite cité de caractère. Connue et reconnue pour son impressionnant édifice religieux, la cathédrale Notre-Dame dont on reconnaît les clochers au loin, la ville séduit également par son quartier historique, ses hôtels particuliers, ses petites ruelles typiques. Située à la lisière du grand espace domanial qu'est la forêt d'Ecouves, la nature est également très présente dans la cité. L'eau, au cours des Fontaines, et les grands espaces de verdure, du pré humide aux jardins d'Argentré, ont forgé l'identité de Sées qui est entourée à l'est et à l'ouest de deux zones Natura 2000.

ABBAYE SAINT-MARTIN

www.tourisme-sourcesdelorne.fr
Site privé. Ne se visite pas.

Edifiée au VIe siècle puis détruite par les Vikings, l'abbaye Saint-Martin fut refondée au XIe siècle sous la protection de Guillaume le Conquérant. Devenue abbaye royale en 1204, elle est détruite lors de la guerre de Cent Ans, puis reconstruite au XVIIe siècle. Après la séparation de l'Eglise et l'Etat, les bâtiments (11 500 m^2) sont confisqués et reconvertis en filature, hôpital, sanatorium, préventorium puis institut médico-éducatif. Le site, majestueux, a servi de décor pour des tournages. Son parc abrite une rosace de 530 tilleuls unique au monde.

BASILIQUE DE L'IMMACULEE CONCEPTION ✝ ★

La basilique, construite entre 1854, année de la proclamation du dogme de l'Immaculée Conception par le Pape Pie IX, et 1872, est l'œuvre de l'architecte Ruprich Robert. Sa particularité ? Son décor entièrement consacré à la Vierge représente les épisodes de sa vie. L'ensemble de la statuaire fut confié au sculpteur Leharivel-Durocher et les vitraux à Maréchal et Champigneulle. En face de la basilique, subsiste la tour d'Argentan, vestige d'une fortification datant du XIIe siècle.

CATHÉDRALE NOTRE-DAME DE SÉES ✝ ★★

Place du Général de Gaulle
www.ville-sees.fr
Ouvert tous les jours de 9h à 18h. Spectacle son et lumière en été. Festival de musique sacrée en juillet et en août.

Fleuron du style gothique normand, la cathédrale de Sées a survécu aux soubresauts de l'histoire. Bâtie au Ve siècle, détruite par les Normands au IXe siècle, reconstruite fin Xe siècle et réduite en cendres en 1048 puis en 1150 après une nouvelle reconstruction : la cathédrale de Sées, telle qu'on la connaît, naît en 1210. Mais la guerre de Cent Ans et les guerres de religion mettent à mal l'édifice... Heureusement, cette réalisation unique a fini par voir le jour.

CHAPELLE MARGUERITE DE LORRAINE

ESSAY
✆ 06 75 01 30 55
Ouverte pour les Journée du patrimoine et sur rendez-vous uniquement pour les visites guidées.

Dernier vestige du comté puis du duché d'Alençon, la chapelle est édifiée par la famille de Bellême en 1166, en même temps que château dont il ne reste que les murs d'enceinte. Pierre II d'Alençon et Marguerite de Lorraine en avaient fait leur résidence principale. Edifié sur le plan des Saintes-Chapelles, le monument était doté de 2 étages : la chapelle-haute communiquant avec les appartements seigneuriaux, et la chapelle basse affectée aux gens de service et à la garnison.

CHÂTEAU D'Ô ★

MORTRÉE
✆ 02 33 12 67 46
Ouvert tous les jours d'août à début septembre 10h - 16h. Gratuit. Visite accompagnée des extérieurs (45 mn).

Cet ancien pavillon de charme des premiers seigneurs d'Ô, a été édifié après la guerre de Cent Ans, et reconstruit par Jean d'Ô au XVe siècle et achevé au XVIIe siècle. De style gothique flamboyant et Renaissance, le monument est bâti sur les ruines d'une ancienne forteresse. Implanté sur une île au cœur d'un étang, il est construit sur pilotis et se reflète en miroir dans l'eau. D'une grande élégance, avec ses hautes toitures et ses tourelles effilées, sa façade d'époque est richement ornée. L'accès au château se fait par un pont-levis en traversant les douves.

CHÂTEAU DE MÉDAVY ★

MÉDAVY ✆ 02 33 35 05 09
www.chateau-medavy.com
Ouvert de fin juin à fin août tous les jours et lors des Journées du patrimoine de 13h à 19h. Visite guidée de 4 à 8 €.

Le château de Médavy est une ancienne place forte du duché de Normandie (XIIe siècle). La première forteresse fut sans doute détruite entre 1417 et 1449, durant l'invasion par les armées anglaises. Le château en a conservé les tours d'angles, des murailles en briques rouges avec coupoles et les douves alimentées par l'Orne. Au cœur d'un écrin de verdure, dont une superbe allée de tilleuls, le château actuel a été construit en pierres de 1703 à 1725 par Jacques Léonard de Médavy. A ne pas manquer : une impressionnante collection d'atlas et de cartes anciennes.

MUSÉE DÉPARTEMENTAL D'ART RELIGIEUX

7, place du Général de Gaulle ✆ 02 33 28 59 73
https://culture.orne.fr
De juillet à septembre. Label Musée de France. Ouvert du mercredi au lundi de 12h à 18h. Fermé le mardi. Gratuit.

Dans un ancien entrepôt du XIVe siècle transformé en maison de chanoine aux XVIIe et XVIIIe siècles, puis restauré par les Monuments historiques, ce musée a été créé en 1969 à l'initiative du Conseil départemental. Vous découvrirez ici des collections de peintures, sculptures, orfèvrerie, ébénisterie ou encore ornements liturgiques datant du Moyen Age à nos jours.

Œuvres 3D. Le musée se réinvente en version numérique, 1 000 œuvres seront accessibles en ligne fin 2021/début 2022.

PALAIS ÉPISCOPAL D'ARGENTRÉ ET JARDINS

Rue d'Argentré

Les jardins sont ouverts tous les jours : de mai à septembre de 8h à 21h, d'octobre à avril de 8h à 18h.

D'architecture néoclassique, le palais d'Argentré est édifié au XVIIIe siècle à la demande de Monseigneur Jean-Baptiste du Plessis d'Argentré, précepteur des enfants de Louis XVI. Siège épiscopal, le palais d'Argentré devient propriété de l'Etat en 1905 et hôpital militaire durant la Première Guerre mondiale. Il a été racheté par le Conseil départemental en 1989. Ses jardins ont été restaurés dans l'esprit du jardin d'origine par le Conseil départemental, propriétaire des lieux.

PARC ANIMALIER D'ÉCOUVES ★

La Houssaye - **LE BOUILLON** ✆ 02 33 82 04 63 - www.parc-animalier-ecouves.fr

Basse saison : ouvert tous les jours 11h-18h. Haute saison : tous les jours 10h30-19h. Février et mars de 14h à 17h.

À 10 minutes d'Alençon, en lisière de la forêt d'Ecouves, ce parc animalier est le seul de l'Orne ! Créé par Vincent Chauvin, un passionné, il présente 400 animaux de plus de 40 espèces différentes qui vivent ici en semi-liberté. Sur le sentier, d'environ 3 km, petits et grands partent à la rencontre des chameaux, ânes nains, lamas, alpagas, buffles d'Asie, kangourous wallaby, chiens-loups, etc. Pour ceux qui souhaiteraient côtoyer de plus près les animaux, devenez soigneur d'un jour ou passez la nuit dans un lodge (sur réservation).

QUARTIER DES CHANOINES ✝

La chapelle canoniale est accessible lors des manifestations.

Sées est l'une des rares villes épiscopales qui a conservé une partie de son quartier canonial, là où vivaient les chanoines de la cathédrale. Si aujourd'hui l'édifice du XIIe siècle, improprement baptisé « chapelle », accueille des manifestations culturelles, son usage passé était bien différent. C'était le lieu de vie collective pour les chanoines. Ces derniers vivaient de la mise en valeur des terres épiscopales. Au XVIe, lorsque la vie communautaire des chanoines s'est assouplie, habitations individuelles et granges ont été créées.

SITE CASTRAL DES DUCS D'ALENÇON

ESSAY

✆ 06 75 01 30 55

Gratuit. Visite libre des extérieurs d'avril à novembre. Visite intérieure commentée sur rendez-vous (2 € à 4 €).

Etabli au XIe siècle par la famille de Bellême, le site castral des Ducs compte alors un château féodal et une chapelle. Cette dernière est toujours existante, mais du château il ne reste que des ruines. Le lieu constitue un rare témoignage patrimonial du comté puis duché d'Alençon. C'est là que s'installa Pierre II d'Alençon, fondateur de la ville close d'Essay. En partie détruit lors de la guerre de Cent Ans, le château fut remanié entre le XIVe et le XVIe siècle.

CHEZ MARY-JO €

21, rue Auguste-Loutreuil

✆ 06 79 19 54 09

2 chambres. Chambre double à partir de 55 €. Petit déjeuner inclus. Wifi.

Dans un environnement calme, à environ 200 mètres de la cathédrale, c'est ici que Mary-Jo invite les touristes à faire une halte. Située dans le centre-ville de Sées, sa chambre d'hôtes compte un jardin où il fait bon se reposer après avoir profité des randonnées ou des balades culturelles qui ne manquent pas dans la région ! Les deux chambres, chacune dotée d'une salle de bains privative, sont situées aux 1er et 2e étages. Possibilité de profiter de la salle à manger et de la cuisine pour déguster le repas que vous aurez pris soin d'apporter.

CHÂTEAU DE VILLIERS €€

ESSAY

✆ 02 33 31 16 49

www.chateau-normandie.com

Chambre double à partir de 90 € ; suite. CB non acceptée. Bain bouillonnant, sauna.

Vous avez envie de mener la vie de château le temps d'un séjour dans l'Orne ? Rendez-vous au domaine de Villiers. L'origine de cet édifice remonte au XIIe siècle. Caves voûtées, douves en eau, charpente exceptionnelle, cheminées monumentales, escalier à vis en granit et pigeonnier donnent évidemment un cachet particulier à cette demeure entourée d'un parc de 6 hectares. Dans leurs 5 immenses chambres d'hôtes aux meubles chinés Haute Époque ou XVIIIe siècle, les propriétaires des lieux font de votre confort et votre bien-être leur priorité.

LA MAISON DU JARDINIER €€

39, rue Saint-Martin
✆ 02 33 26 73 09

Deux chambres doubles dont une accessible aux personnes à mobilité réduite. 69 € la nuit.

Philippe vous accueille dans cet ancien presbytère du XVIe siècle entièrement rénové dans un esprit « campagne chic ». Seul objectif pour le maître des lieux : offrir à ses hôtes une « parenthèse verte ». Les 2 chambres, dont l'une est située en rez-de-chaussée accessible pour les personnes à mobilité réduite, disposent chacune d'une salle de bain privative. Le jardin est ouvert aux hôtes. Ils pourront y découvrir le petit coin potager ainsi que la terrasse pour se détendre. Un parking fermé permet aux visiteurs de stationner leur véhicule.

LE RELAIS DES CORDELIERS €

5, Enclos des Cordeliers
✆ 02 33 27 19 95

Ouvert du lundi au vendredi de 7h30 à 15h. Menu unique à 13 €. Accueil des groupes. Terrasse. Vente à emporter.

Ce restaurant-bar est une véritable institution dans le coin. S'il a été repris par Cécilia Guichard et Arnaud Croppi, la recette de fonctionnement demeure elle inchangée : un menu unique avec un buffet d'entrées, un plat principal (3 ou 4 choix), un quart de vin ou de limonade et le café compris. Le tout à un prix très attractif. Le lieu est fréquenté par les gens du coin et les ouvriers qui viennent y déguster une cuisine familiale et généreuse. On ne peut que vous inviter à profiter de la terrasse qui est bien agréable l'été.

AU BISTROT DE FERNAND €€

10, place du Maréchal Leclerc
ALMENÊCHES
✆ 09 61 60 53 20

Fermé le dimanche soir, le lundi soir et le mercredi toute la journée. Formule du midi : 13 €. Concerts.

Ce bistrot est un réel coup de cœur ! L'ambiance est chaleureuse, conviviale. On s'y sent comme à la maison. La porte d'entrée, qui donne droit sur le zinc, nous fait pénétrer dans un autre univers. Un joyeux bric-à-brac où fauteuils rouges et tables en bois s'acoquinent avec des chandeliers. Dans l'assiette, tout est local. La carte de provenance de chaque produit s'affiche d'ailleurs en grand sur l'un des murs. Les planches, burgers maison et *brunch* ont la cote : ce n'est pas pour rien que les gens du coin fréquentent assidûment cette bonne adresse !

AU NORMANDY €€

20, place de la Cathédrale
✆ 02 33 27 80 67
www.au-normandy.com

7j/7. De 9h30 à 22h30. Réservation recommandée. Accueil des groupes. Terrasse. Vente à emporter.

Cette taverne, face à la Cathédrale, conjugue la restauration traditionnelle autour des produits du terroir, grill, crêperie, pizzeria et bar. Ouverte sept jours sur sept, c'est l'adresse parfaite du touriste affamé qui peut y faire une pause gastronomique, après ou avant les visites culturelles, historiques et spirituelles. Plat du jour ou formule du midi en semaine, suggestions du week-end : l'ardoise est riche et se décline autour de la cuisine traditionnelle française (coq au vin, planche du boucher, trilogie de la mer ou assortiment terre-mer).

ASINERIE MÉLISÂNE

Lieu-dit La Place - **LE BOUILLON** ✆ 02 33 82 02 35
www.melisane.fr

D'avril à fin septembre, se renseigner sur le site. Visite de la ferme 3 € par adulte. Deux chambres à partir de 57 €.

En pleine campagne ! Alors pour vous aider à trouver cette ferme de découverte, voici comment y aller : de Sées prendre la direction de Carrouges, au lieu-dit « Les Choux », prendre à gauche vers Le Bouillon (ou l'inverse si vous venez de Carrouges), suivre les indications de La Croix Médavy, continuer environ 900 mètres après l'église. Dans cette ferme ravissante et accueillante, les Brand élèvent des ânesses pour leur lait qu'ils transforment en cosmétiques (label bio). Vous pouvez voir le troupeau, très familier, et goûter sur la table de bois sous les noyers.

FERME DES TERTRES

Odile et Jean-Claude Besniard - **LA CHAPELLE-PRÈS-SÉES**
✆ 02 33 27 74 67
www.fedestertres.com

Chambers d'hôtes : 47 € 1 pers., 56 € 2 pers. Table d'hôte : 18 €. Assiette gourmande : 14 €.

L'équitation en pleine nature : la spécialité de la maison ! Vous êtes ici dans le lieu idéal pour partir à la découverte de la forêt avec chevaux et poneys. Vous pouvez soit venir avec votre propre monture (pension au pré ou en box), soit partir en balade accompagnée ou pas ! De longues randonnées sur 4 ou 5 jours, organisées de A à Z, sont également proposées. Le site propose également de confortables chambres d'hôtes. Spécialisée dans l'élevage de vaches laitières, vous pouvez déguster et acheter en direct de la ferme des produits laitiers.

BAGNOLES-DE-L'ORNE ★★

Petit coin de paradis niché dans un écrin de verdure au cœur du Parc Naturel régional Normandie-Maine, Bagnoles-de-l'Orne constitue une destination bien-être, et ce depuis des siècles. Découverte au Moyen Âge, l'eau des sources donne naissance au XIXe siècle à cette station réputée (unique dans l'ouest de la France). Depuis, la Ville étend le bien-être thermal à d'autres domaines : dans l'assiette avec la gastronomie locale, dans le sport (bon pour le corps et l'esprit) avec au développement de nombreuses activités sportives, et avec la culture grâce aux festivals et nombreuses animations organisées tout au long de l'année. A ne pas manquer !

ARBORETUM DU CHÂTEAU DE LA ROCHE

Ouvert toute l'année. Gratuit. Visites guidées, renseignements auprès de l'Office de Tourisme. Animaux acceptés.

Ce superbe parc de 18 hectares, situé en contrebas de l'édifice datant du XIXe siècle qui abrite désormais l'Hôtel de Ville, compte une très belle collection botanique. Au total, 168 espèces sont recensées, dont le séquoia ou le cèdre de l'Atlas Bleu déclinés en spécimens géants, etc. N'hésitez pas à emprunter le cheminement pédagogique qui vous permet de découvrir la richesse ornithologique du site. Au sein de ce vaste parc, ce château fut édifié entre 1855 et 1859.

CHÂTEAU DE COUTERNE

RIVES D'ANDAINE

✆ 02 33 37 97 97

La salle d'exposition du château est accessible à la visite en juillet et en août. Tarif : 4 €, gratuit - de 18 ans.

A 2 km de Bagnoles, le château de Couterne est dans la famille de Frotté depuis 14 générations. Son commanditaire fut Jehan de Frotté, poète à la cour Marguerite de Navarre. Les fondations de l'édifice bâti en briques et en granit remontent aux XVIe et XVIIe siècles. D'une surface de 3 hectares, le parc à la française offre un petit et un grand parcours, avec 3 km d'allées boisées et d'essences signalées. La salle d'exposition recense 250 objets historiques ou d'usage courant, retraçant l'histoire de la demeure et de la région, et évoquant les conflits religieux.

JARDIN RETIRÉ

14, avenue Robert-Cousin

✆ 02 33 37 92 04

www.lejardinretire.fr

Ouvert d'avril à septembre le week-end. De mai à août : vendredi, samedi, dimanche 10h-18h et sur rendez-vous. Ateliers.

Au cœur de la forêt d'Andaines, cet espace de verdure est empli de charme et de douceur. De délicates nuances de couleurs et de senteurs se dévoilent au fil de la visite. Imaginé et créé par Annie et Laurent Blanchais, il y a près de vingt ans, ce jardin se déploie sur 2 500 m^2. Une haie d'arbustes et d'arbres centenaires sert d'écrin à ce tableau vivant où s'épanouissent de nombreuses variétés de clématites, vivaces, géraniums, nombreux arbustes etc. La floraison des roses et de leurs associées crée des mises en scènes théâtrales, romantiques ou sauvages.

Bagnoles-de-l'Orne.

MAISON DE LA PEUR

RIVES D'ANDAINE
✆ 06 71 12 77 47
Ouvert toute l'année. Sur réservation sauf le lundi. Fermé le 1er janvier. Tarif : 4 €. CB non acceptée.

Et si on jouait à se faire peur ? Dans les caves d'une ancienne minoterie, la Maison de la Peur plonge petits et grands dans une ambiance mystérieuse. Vent et cris en fond sonore créent une ambiance effrayante qui donne la chair de poule. Si vous êtes courageux, vous traverserez sans aucun frisson la chambre du vampire et celle de la Belle et la Bête, en passant par le couloir de la mort... Les décors sont constitués d'immenses peintures signées par un artiste local : Alain Ribbens. En plus, les mannequins et les objets présentés effraient petits et grands !

LA MICHAUDIÈRE, LA FERME DU CHEVAL DE TRAIT ★

JUVIGNY VAL D'ANDAINE ✆ 02 33 38 27 78
www.chevaldetrait.com
Ouvert d'avril à mi-octobre. Haute saison : ouvert le mercredi, le jeudi, le samedi et le dimanche. Restauration.

Dans de superbes bâtiments séculaires, la ferme de la Michaudière réhabilite le cheval de trait avec le plus grand spectacle équestre de la région. Cobs (normands et bretons), shires géants et percherons font partie de cette belle famille qui cohabite avec quelques congénères et cousins plus petits : ânes et poneys des Shetland. Séances de dressage, course d'attelage, salut au public... tout y est ! À découvrir aussi, les illuminations de Noël, très courues en fin d'année.

ROC AU CHIEN ★

10-12, rue du Professeur-Louvel
✆ 02 33 37 97 33

C'est depuis le piton rocheux du Roc au Chien, 53 mètres de haut (!), que l'on obtient le plus beau panorama de la ville. Deux légendes sont à l'origine de son nom. La première raconte qu'un enfant se promenant avec son chien serait tombé dans une crevasse et que, grâce aux aboiements du fidèle compagnon, il aurait été sauvé. Plus tard, le chien aurait été enterré sur place pour lui rendre hommage. La seconde laisse à penser que c'est un seigneur qui aurait été transformé en monstre à tête de chien pour avoir dévoré des jeunes filles. A vous de choisir !

TOUR DE BONVOULOIR ET VESTIGES DE LA FORTERESSE ★

JUVIGNY VAL D'ANDAINE
Ouvert toute l'année. Visite guidée sur réservation au 02 33 37 85 66.

Haute de 26 mètres, la Tour de Bonvouloir a été construite fin du XVe siècle. Elle est le résultat de plusieurs étapes successives : ses origines remonteraient au XIVe siècle. Ce lieu est chargé de légendes, comme c'est souvent le cas dans la région : les vestiges de la forteresse et des fossés de défense confèrent au site une atmosphère particulière ! L'originalité de l'ensemble a conduit à son classement à l'inventaire supplémentaire des Monuments historiques en 1995.

OFFICE DE TOURISME DE BAGNOLES-DE-L'ORNE

Place du Marché ✆ 02 33 37 85 66
www.bagnolesdelorne.com
En basse saison, fermé dimanche et lundi. En moyenne saison, fermé le dimanche. En été, ouvert tous les jours.

Il n'y a pas que les thermes à Bagnoles-de-l'Orne, l'Office de Tourisme est là pour vous donner toutes les clés de cette petite station dotée d'un certain cachet. Animations en tous genres, nature, patrimoine : demandez le petit topo historique (gratuit) qui vous permettra de vous plonger dans l'ambiance de la cité. Notamment la période Belle Époque que Bagnoles de l'Orne souhaite mettre davantage en valeur. La ville a d'ailleurs décidé de créer l'association Villes Belle Epoque.

GÎTE DE LA PASSÉE €

La Passée
✆ 02 50 45 91 82
Gîtes de France (2 épis). 57 € la chambre pour 2 pers. Wifi. Cheminée. Lave-linge, sèche-linge. Jeux pour enfants.

Ce gîte est une adresse parfaite pour les randonneurs qui souhaitent réaliser une halte salvatrice ! Situé sur le parcours de la Vélofrancette, du GR22, du GR22B, de la Véloscénie, et de nombreux chemins de randonnée, le lieu propose des chambres collectives et semi-collectives. Un espace de restauration pour préparer les repas est à disposition des marcheurs et des cyclistes (le lieu est labellisé Accueil vélo), ainsi qu'une salle de jeux avec table de ping-pong. Vous pouvez également commander des petits déjeuners, avant de reprendre la route.

NUIT INSOLITE EN TIPIS €€

✆ 02 33 30 73 86
www.bagnolesdelorne.com

Forfait 1 : 249 € le tipi ou 2 nuits : 339 € le tipi. Petit déjeuner et pique-nique du terroir inclus.

Si vous souhaitez vivre une expérience originale, contactez Bagnoles de l'Orne Tourisme. La structure vient de s'équiper de 3 tipis en lisière de forêt. Destinée aux familles qui souhaitent se reconnecter à la nature et vivre des moments complices, cette nouveauté permettra à chacun de vivre sa propre aventure, sa propre expérience. Pour certains enfants, ce sera une première de dormir en dehors de leur chambre ou en pleine nature, nouvelles sensations garanties dans la chaleur du cocon familial. A noter : des activités sont proposées pour animer ce séjour.

B'O COTTAGE €€

Boulevard de la Gatinière
✆ 08 11 90 22 33
www.bo-cottage.com
Hammam.

Le B'O Resort propose des résidences hôtelières avec ses restaurants : B'O résidence des Thermes (face au centre de soins) et la résidence B'O Cottage (située à 300 m). En harmonie avec le style architectural de la cité thermale, cette résidence de charme offre un large choix d'hébergements : du studio aux 3 pièces, avec balcon ou jardin privatif, dont la moitié des appartements communiquent entre eux. Même en cure, les familles sont donc bien accueillies, avec un club enfants et ados (pendant les vacances scolaires). Plusieurs formules sont proposées.

HÔTEL-SPA LE ROC AU CHIEN €€

1012, Rue Du Professeur Louvel
✆ 02 33 37 97 33
www.hotelrocauchien.fr
Normandie Qualité Tourisme. Logis. Animaux acceptés. Restauration.

Cet établissement Logis 3 étoiles de charme est installé dans une maison bourgeoise datant du XIXe siècle. L'accueil est convivial, vous vous y sentirez comme chez vous et apprécierez la cuisine de terroir : le restaurant a obtenu l'an passé le titre de Maître restaurateur. Belle nouveauté : vous pourrez maintenant profiter d'un Spa pour un véritable moment de détente. Pendant votre séjour, profitez du parc, de la rivière et du charme qu'offre la forêt d'Andaines.

CAMPING DE LA VÉE €€

5, avenue du Président-René-Coty
✆ 02 33 37 87 45
www.campingbagnolesdelorne.com
Qualité Tourisme. Label Tourisme & Handicap. Wifi gratuit. Restauration.

Situé à 1 km du centre-ville, de ses commerces et de ses marchés, et à 600 m de l'établissement thermal, le camping de la Vée s'étend sur 4,7 hectares. Le site compte des emplacements ombragés pour tentes et caravanes, emplacements stabilisés pour camping-car, et résidences de plein air à la location (Coco Sweet et mobil-homes) : l'offre est variée. Sur place, vous trouverez également plusieurs services à votre disposition : snack-bar, dépôt de pain, salle de réunion, machines à laver et sèche-linge. Possibilité de locations de tentes. Animations.

LE CAFÉ DE PARIS €

4, avenue Robert-Cousin
✆ 02 33 37 81 76
www.cafedeparis-bagnolesdelorne.fr
Qualité Tourisme. Ouvert du jeudi au lundi et les jours fériés le midi et le soir. Menus de 19 à 26 €. Terrasse.

Contrairement à ce que son nom pourrait laisser penser, il règne au Café de Paris une ambiance chaleureuse... de pub anglais. Situé au bord du lac de Bagnoles-de-l'Orne, ce restaurant ne désemplit pas : le lieu est très fréquenté par les habitués qui apprécient sa cuisine simple et savoureuse de brasserie. Salades copieuses, choucroutes et planchas gourmandes, poissons et moules délicieusement préparés, ainsi que des plats plus traditionnels comme leur célèbre fondue au camembert. Le p'tit plus : le Café de Paris est ouvert le dimanche soir.

FERME DE LA PRÉMOUDIÈRE €€

Marie et Pascal Brunet - **JUVIGNY VAL D'ANDAINE**
✆ 02 33 37 23 27 - www.lapremoudiere.com
Gîtes de France (3 épis). 5 chambres (chambre double à partir de 50 €) ; Repas : 19 €.

Au cœur du bocage ornais, dans un ancien bâtiment à colombages restauré attenant à leur exploitation agricole, Marie et Pascal Brunet ont aménagé 5 chambres d'hôtes confortables avec une vue imprenable sur la nature environnante. Parfait pour un séjour reposant et une belle occasion de vivre avec les animaux de la ferme et faire le plein de produits naturels et authentiques : jus de pomme, cidres, calvados domfrontais AOC, pommeau, poiré et confitures (30 parfums)... Tout est fabriqué sur place et vous pourrez les déguster à la table d'hôtes.

L'AUBERGE DE LA CORBONNIÈRE €€

lieu-dit La Corbonnière - **RIVES D'ANDAINE**
✆ 02 33 66 30 12
www.aubergedelacorbonniere.fr
Ouvert du mercredi au dimanche midi, vendredi et samedi soir. Menu 26 €. (formule du midi en semaine 12 €). Terrasse.

Entre Lassay-les-Châteaux et Bagnoles-de-l'Orne, cette escale gourmande mérite que l'on s'y restaure ! Dans cette grande ferme, on vous ouvre une table de gastronomie locale élaborée à partir de produits frais. Ici, tout est fait maison. A l'ardoise du jour, toujours inspirée, vous choisissez entrées, plats et desserts raffinés. Vous pouvez aussi vous tourner vers un menu du midi très abordable et de belle tenue. Le p'tit plus : une jolie terrasse en bois.

LES CAMÉLIAS €€

6, avenue du château de Couterne
✆ 02 33 37 93 11
www.cameliashotel.com
Maître Restaurateur. Tous les jours, midi et soir. Menus de 19,90 € à 32 €. Label Normandie Qualité Tourisme.

Ce restaurant situé sur les hauteurs de la ville compte deux labels Normandie Qualité Tourisme et Maître Restaurateur. Les menus sont élaborés à base de produits frais et de saison. Les produits du terroir sont à l'honneur sur la carte, comme par exemple l'aumônière d'andouilles au camembert. Poissons (cabillaud, saumon) et viandes (bavette, blanquette ou magret de canard) tiennent le haut de l'affiche. En fin de repas, un chariot de fromage est proposé... mais si vous êtes plutôt sucré, optez pour les profiteroles au chocolat ou la crème brûlée.

Ô GAYOT €€

2, avenue de la Ferté-Macé
✆ 02 33 38 44 01
www.ogayot.net
Fermé jeudi, dimanche soir et lundi midi. Formule du midi : 21 €. Chambres de 65 à 115 €. Jardin. Terrasse. Boutique.

Ici, c'est le restaurant bistronomique du Manoir du Lys. Le chef étoilé Franck Quinton propose un établissement plus décontracté que son Manoir. Le lieu est très vivant et apprécié des touristes et des habitants de la région. Au rez-de-chaussée de l'hôtel, dans une maison Belle Epoque avec salle lumineuse, terrasse façon guinguette et son petit parc. Sous la supervision du chef étoilé, c'est Franck Langlois qui officie aux fourneaux et qui propose une belle ardoise du jour avec des entrées et des desserts à choisir à la carte. A noter : une belle carte des vins.

LA TERRASSE €€

16, rue des Casinos
✆ 02 33 37 81 44
Fermé lundi, dimanche soir et mercredi soir. Menus de 29 € à 43 €. Formule : 19 €. Terrasse.

À La Terrasse, l'accueil est convivial et a conservé le goût des bonnes manières d'un service à la française. Cuisine traditionnelle et poissons trônent en bonne place sur le menu. Si le cadre manque un peu de modernité, cela s'harmonise bien avec l'ambiance respectueuse et un poil conservatrice qui règne ici. Rien de péjoratif là-dedans, La Terrasse séduit depuis de nombreuses années une clientèle de fidèles et de nombreux anglais de passage dans la région. En cuisine, le terroir normand est à l'honneur. Les portions sont généreuses et le service impeccable.

LA BELLE ÉPOQUE €€

10-12, rue du Professeur Louvel
✆ 02 33 37 97 33
Maître Restaurateur. Restaurant ouvert 7j/7 de 12h à 13h30 et de 19h à 20h30. Menus de 25 à 45 €.

Les maîtres des lieux Jérôme et Séverine ont à cœur de proposer une cuisine traditionnelle, inventive et qui met à l'honneur les produits frais et de saison. Il y en a pour tous les goûts et pour toutes les bourses : que vous soyez amateur de viande, de poisson, végétarien ou végétalien... vous trouverez le menu qui vous convient ! Les thermes étant situés en face, ils ont même prévu un menu diététique le midi à un prix fort sympathique. Et non, il n'est pas réservé qu'aux curistes. Le vin est choisi par le couple chez différents producteurs. Une bonne table !

© LA BELLE EPOQUE

© LA BELLE EPOQUE

ORNE

AU TÊTE À TÊTE €€

6, rue du Square
✆ 02 33 37 82 91

Ouvert toute l'année. Fermé le lundi et le dimanche soir. Terrasse.

Situé dans un petit renfoncement, ce restaurant mérite que l'on pousse sa porte. Ici, tout est fait maison et les produits sont frais. La carte change très régulièrement et chacun pourra y trouver son bonheur ! Cuisine traditionnelle, bistrot ou gastronomie : les nouveaux gérants Mickaël et Audrey-Rose Beucher, qui ont repris les commandes depuis juillet 2020 et redonné un coup de jeune à la décoration des lieux, fourmillent d'idées. Il y en a pour tous les goûts et pour toutes les bourses. Il y a même des cocktails maison, à consommer bien sûr avec modération !

LE MANOIR DU LYS €€€

Route de Juvigny
✆ 02 33 37 80 69
www.manoir-du-lys.fr

Qualité Tourisme. Restaurant fermé dimanche soir, lundi et mardi midi. Menus de 49 € à 99 €. Chambre double dès 155 €.

Un macaron au guide Michelin... cela pose le décor ! Franck est aux fourneaux, Yvon à la cave : l'accord fonctionne à merveille. Cet établissement de grand charme fait le délice des gastronomes dans son écrin splendide où l'on peut résider pour des séjours luxueux. Mais pas seulement : une aile, plus abordable, est ouverte pour les randonneurs. Dans l'assiette c'est un festival de saveurs autour de produits de pays rigoureusement sélectionnés et magnifiquement présentés comme par exemple l'andouille de Vire, la coquille Saint-Jacques ou la pomme !

CASATI DU LAC

4 bis, rue des Casinos
✆ 02 33 37 82 74

Ouvert tous les jours de 9h30 à 12h30 et de 14h30 à 19h.

Connue pour ses macarons labellisés Orne Terroirs qui offrent en bouche un léger craquant et une explosion de saveurs, la boutique propose d'autres spécialités : tonneaux au calvados, pavés de Bagnoles, muscadines, sans oublier glaces, biscuits maison et excellentes confiseries. Parmi les autres succès de la maison : le camembert en chocolat qui trompe son monde. L'enseigne participe chaque année au Salon du Chocolat à Paris. Le chocolatier confectionne aussi des spécialités cacaotées sans sucre ajouté pour les personnes qui souffrent de diabète.

LE PANIER GARNI

10, rue des Casinos
✆ 02 33 65 30 51

Ouvert le lundi, le mardi et du jeudi au samedi de 10h à 12h30 et de 14h30 à 19h. Ouvert le dimanche.

Dans cette boutique pleine de charme, l'ancien et le moderne se mêlent, donnant un caractère convivial et authentique au lieu. Sandrine Bothelin, la maîtresse des lieux, met en avant les spécialités du territoire et d'ailleurs. Les amateurs de gastronomie y trouveront de bonnes bouteilles de vin, des apéritifs normands, dont la spécialité locale La Bagnolaise, de la crème de pomme de La Ferté-Macé, et aussi des rillettes de poisson venues tout droit de la Manche etc. Mugs et théières garnissent également les étals. Il y a du choix dans cette boutique !

PRIEURÉ SAINT-ORTAIRE

Possibilité de visites guidées sur rendez-vous au 02 33 37 85 66.

Le prieuré Saint-Ortaire, situé dans le hameau du Bas-Bézier, compte deux chapelles qui datent du XVIIIe et du XXe siècle. L'édification de ces monuments rappelle l'histoire de ce saint évangélisateur, mort en 580, connu pour ses miracles. L'ermite aurait possédé la faculté d'accomplir des guérisons. Les fidèles qui se rendaient à la chapelle déposaient, sur les arbres entourant le sanctuaire, une pierre à hauteur du mal ou de la douleur à guérir. Selon la légende, lorsque le caillou tombait de façon naturelle, le malade était guéri !

CASINO DE BAGNOLES DE L'ORNE

6, avenue Robert-Cousin
✆ 02 33 37 84 00
www.casino-bagnolesdelorne.com

Tous les jours de 10h30 (10h samedis et dimanches) à 2h (4h les vendredis, samedis et veilles de jour de fête).

Idéalement placé au bord du lac et entouré d'un parc, le casino de Bagnoles-de-l'Orne est le seul du département. Il abrite un véritable centre de loisirs et d'animations. Outre les machines à sous et les jeux traditionnels - chaque jour, ce sont plus de 500 personnes qui viennent tenter leur chance -, vous trouverez ici des animations et des spectacles. Vous pouvez aussi vous faire une séance ciné et boire un verre ou vous restaurer au Lounge Café ou au restaurant Le 1927.

ORNE

DOMFRONT EN POIRAIE ★★★

Labellisée Petite cité de caractère, Domfront est taillée dans la roche. Aux confins du Massif armoricain, la ville est bâtie sur un promontoire rocheux de grès à 215 mètres d'altitude. A l'époque du duché de Normandie, ce positionnement stratégique lui vaut d'être dotée d'un puissant donjon carré en pierre. Domfront a conservé d'importants vestiges de son passé, notamment ses remparts et un cœur de ville moyenâgeux. Allez-vous promener dans ses petites rues étroites, admirer ses belles maisons en pierre ou à pans de bois. Ne manquez pas le panorama depuis l'une des 11 tours de ses remparts encore visibles : vue imprenable sur la campagne environnante.

ÉGLISE NOTRE-DAME-SUR-L'EAU ★

✆ 02 33 38 53 97
www.ot-domfront.com

Ouvert tous les jours de 10h à 18h. Gratuit. Visites avec l'Office de Tourisme.

Edifiée par Guillaume de Bellême au début du XIe siècle, l'église de Notre-Dame-sur-l'Eau est un monument roman construit en forme de croix latine. L'édifice a conservé ses attraits, même si l'Histoire n'a pas épargné le lieu, très prisé par Guillaume le Conquérant. Pillages et saccages s'y sont déroulés pendant la guerre de Cent Ans. L'église échappe de peu à la démolition en 1826. Durant la Seconde Guerre mondiale, la nef et le clocher sont touchés par un bombardement aérien.

ÉGLISE SAINT-JULIEN ★

✆ 02 33 38 53 97

Ouvert toute l'année. Tous les jours de 9h à 19h. Gratuit. Visites commentées avec l'Office de Tourisme.

Au milieu de la ville médiévale, l'église Saint-Julien détonne. Sa haute silhouette moderne, dominée par son clocher octogonal interpelle les visiteurs. L'édifice a été construit entre 1924 et 1926... en béton armé ! Une technique révolutionnaire pour l'époque. Les 4 grands arcs qui se croisent ont permis la suppression des piliers intérieurs. La décoration de mosaïques Art déco lui confère un style néo-byzantin. Ce monument est vraiment original. A noter : si l'édifice est récent, des travaux de restauration ont néanmoins été nécessaires il y a quelques années.

ESPACE MUSÉE CHARLES LÉANDRE

Hôtel de Ville
✆ 02 33 30 60 60

Ouvert toute l'année. Du mardi au jeudi de 9h30 à 12h, sauf jours fériés. Visite guidée le mardi à 16h. Gratuit.

Plus qu'un musée, l'espace Charles-Léandre est d'abord un cabinet de curiosités installé dans les locaux de la mairie. Dédié à l'artiste né à Champsecret (tout près de Domfront) en 1862 et décédé à Montmartre en 1934, vous trouverez ici quelques-unes de ses œuvres : pastels, dessins au fusain, lithographies... De multiples objets, provenant de dons de notables domfrontais, y sont également présentés. Certains ont été ramenés suite à des voyages réalisés à l'étranger.

LES FORGES DE VARENNE

Parc des Forges de Varenne
CHAMPSECRET
✆ 06 15 74 53 68
www.lesavoiretlefer.fr

Ouvert du 1er mai au 30 septembre, tous les jours de 10h à 18h. Gratuit jusqu'à 12 ans. Adulte : 5 €.

Dans le bocage ornais, les vestiges sidérurgiques sont nombreux. Et les forges de Varenne constituent l'ensemble de sidérurgie au bois le plus complet et parmi les mieux conservés en Europe. Reconstruit en partie à la fin du XVIIe siècle et au début du XVIIIe, ce site a poursuivi son activité jusque sous le Second Empire. Baignées par la Varenne, les forges ont conservé la plupart de leurs aménagements. Autour du haut fourneau, de l'affinerie et de la fenderie, prend place un ensemble de bâtiments annexes. Classée Monument historique en 1987.

PRISON ROYALE ★

34, Grande-Rue - **TINCHEBRAY-BOCAGE**
✆ 02 33 96 19 49
www.tinchebray.fr

Visite sur demande de groupes uniquement. En juillet et août, visite à 14h30 mardi, mercredi, vendredi et dimanche.

L'ancienne prison royale de Tinchebray est unique en Normandie. Le site, qui date des XVIIe et XVIIIe siècles, est doté d'anciennes geôles et d'une chapelle séparée par des barreaux qui permettait aux détenus d'assister à la messe. Au-dessus, dans son état d'origine, la salle du tribunal qui servait encore pour les audiences des Prud'hommes il y a une vingtaine d'années, et la « cohue », où les villageois attendaient le rendu des jugements. Sur les murs et les portes subsistent de nombreux graffitis laissés par les prisonniers, notamment pendant la Révolution.

VESTIGES DU CHÂTEAU ★

Ancien château
✆ 02 33 38 53 97
www.ot-domfront.com
Entrée libre et gratuite du site du château. Visites guidées sur réservation.

© PARC NATUREL RÉGIONAL NORMANDIE-MAINE

Il ne reste que des ruines du château bâti par les ducs de Bellême car Sully, ministre d'Henri IV, ordonna son démantèlement en 1610. Les vestiges les plus anciens de cette vaste enceinte castrale sont : le prieuré Saint-Symphorien et ses contreforts-colonnes uniques dans le monde normand construit vers 1100, et la « aula » (grande salle de réception) qui date du début du XIIe siècle. Les vestiges comprennent : le donjon, 2 pans de murs existants, l'enceinte, les remparts, les tours et autres fortifications. Une table d'orientation détaille le magnifique panorama.

HÔTEL DE FRANCE €€

7, rue du Mont-Saint-Michel
✆ 02 33 38 51 44
www.hoteldefrance-domfront.fr
Logis. Restaurant fermé dimanche soir, lundi et mardi, grill ouvert tous les jours. Menu du logis au restaurant 27,50 €.

Cet hôtel, c'est une adresse idéale pour une étape d'un soir. Chambres correctes et deux possibilités de vous restaurer : le restaurant classique et le grill. Vous serez au calme, malgré la proximité de la route, si vous demandez une chambre donnant sur le parc à l'arrière. Attention : l'hôtel se trouve près de Notre-Dame-sur-l'Eau, en contrebas de la vieille ville. Avantage non négligeable, le grill reste ouvert assez tard le soir. L'hôtel propose des séjours à thèmes. Une chambre est aménagée pour les personnes malvoyantes et malentendantes.

NUMÉRO CINQ €€

5, rue Montgomery
✆ 06 89 93 99 63
Ouvert toute l'année. 3 chambres. Petit déjeuner inclus. De 60 € à 75 € la nuit.

Originaire du sud de l'Angleterre et installée à Domfront depuis plus d'une dizaine d'années, Jacqueline accueille ses hôtes dans une partie de son habitation datant de la fin du XVIIIe siècle. Dotée de 3 chambres d'hôtes, qui peuvent accueillir 6 personnes, la maison bénéficie d'une décoration épurée qui met en valeur poutres et parquets anciens. Situés sur le parcours de la véloscénie, les lieux accueillent de nombreux cyclistes. Idéalement localisé à deux pas du centre ancien. Le plus : une pièce commune où il fait bon se réchauffer autour du poêle à bois.

AU BAR NORMAND €

29, rue Saint-Julien
✆ 02 33 38 51 29
Ouvert tous les jours sauf le mardi et le dimanche. Galette complète 6,50 € / Plat thaï 12 €. Terrasse.

Situé dans une maison ancienne à colombages, au cœur du centre historique de la ville et au pied de son église atypique, le Bar normand a été repris l'été dernier par Taya et Etienne Moquet. Cet ancienne hôtesse de l'air originaire de Thaïlande et cet ancien steward officient désormais dans ce petit restaurant de charme. En cuisine, c'est Taya qui confectionne crêpes, galettes et plats de son pays avec des options végétariennes. Etienne, lui, assure le service en salle et derrière le zinc. En prime, la convivialité et la gentillesse sont au rendez-vous.

LE BISTROT ST-JULIEN €

2, place Saint-Julien
✆ 02 33 37 14 60
Ouvert lundi, mardi et du jeudi au samedi midi et soir. Menu 12 € à 22,50 €. Terrasse.

Sa façade rouge repérable de loin et sa terrasse sur une place animée aux beaux jours font du Bistrot St-Julien une bonne adresse. Dans une maison à colombages, au cœur de la cité médiévale, le restaurant est idéal pour un repas entre amis ou une petite pause entre deux visites. Spécificité de la maison : des tartines confectionnées aux saveurs de Normandie (camembert au lait cru, boudin noir..). Le plat du jour revisite les classiques de la cuisine traditionnelle française. Les desserts sont majoritairement confectionnés à base de farine bio de Domfront.

ORNE

AUBERGE DU GRAND GOUSIER €€

1, place de la Liberté ✆ 02 33 38 37 25
www.restaurant-grandgousier.com
Fermé le lundi, jeudi soir et dimanche soir. Menus de 24 € à 34 €. Formule du midi : 15 €. Terrasse.

Armez-vous d'appétit pour faire honneur à la cuisine qui va vous être servie ! Dans cette belle auberge de style normand avec cheminée, qui dispose de 2 salles de restaurant, le bonheur est sans aucun doute dans l'assiette. Vous avez le choix entre 2 menus : le « Médiéval » et le « Grand Gousier ». Dans les 2 cas, les spécialités françaises ont un goût d'évasion. Entrée et plats s'accompagnent d'un chariot à fromages et d'une diligence de gourmandises sucrées, sauf pour la formule du midi. Une très bonne table à la hauteur de sa réputation.

L'ÉCHAUGUETTE €€

12, Grande-Rue
✆ 02 33 37 71 71
www.lechauguette-domfront.com
Ouvert du mardi au dimanche midi et soir. Carte : 15 € environ (ou moins selon les plats). Terrasse. Vente à emporter.

Buongiorno e benvenuti ! Destination l'Italie avec Onofrio, chef originaire de Sicile et Emilie, les propriétaires de cette institution domfrontaise. Le duo, venu de Bretagne, s'est installé dans la célèbre maison à pans de bois située entre haute et basse ville, face à l'échauguette. L'assiette s'est parée de couleurs et de soleil. Ça fleure bon la tomate, le basilic et le pesto. A la carte : pizzas, antipasti, bruschetta, escalope au marsala ou milanaise, coppa, pancetta, salami, et en dessert trio de panna cota ou pizzas versions sucrées !

L'ART DES METS

9 bis, Grande rue
✆ 02 33 38 53 26
Ouvert du mardi au samedi 9h30-12h30 / 14h15-19h15 et dimanche matin. En été ouvert le dimanche après-midi et le lundi.

Cette jolie petite boutique d'épicerie fine est située dans le centre ancien. Ici, gourmets et gourmands ont l'embarras du choix. Forcément, une large gamme de produits locaux trône sur les étals en bois : poiré et calvados domfrontais AOC, liqueur de poires et de pommes, terrines normandes au camembert ou à l'andouille de Vire, biscuits de Lonlay-l'Abbaye. D'autres terroirs sont également représentés pour ceux qui auraient envie de s'évader : tapenades et tartinades, sels arrangés, thés, confitures, confiserie. Le plus dur : faire son choix !

LA BARRIQUE À MOUSSE

La Halte de St Front
✆ 06 45 98 62 22
Cave à bières. Ouvert du lundi au jeudi 10h-20h, vendredi 10h-minuit, samedi 10h-21h.

L'accueil est souriant à La Barrique à mousse. Dans ce lieu chaleureux et convivial, chacun se retrouve autour d'une bière ou d'un verre de vin (à consommer avec modération bien sûr) pour la diffusion d'un match de foot ou une soirée à thème. Comme son nom l'indique, il y a un large choix de bières : blondes, ambrées, belges, bretonnes, allemandes, etc. Ici, tout est fait pour passer un bon moment et/ou trouver la bonne bouteille qui vous plaira. Le p'tit plus : une restauration à prix réduit avec burgers, croque-monsieur ou brochettes de poulet mariné.

LES FARINES DE LA TOUCHE

La Touche
✆ 02 33 37 03 99
www.yourte-souslespoiriers.com
Sur rdv. Camping 4 € la nuit + 1,50 € pour l'électricité/j. Petit déj. bio et fermier 7,50 €/adulte et 4 € par enfant.

Cette exploitation agricole biologique conjugue l'élevage bovin et la culture de céréale pour produire de la farine. Vous pouvez découvrir l'exploitation et acheter en directe cette farine fraîche et très fine, 100 % naturelle, sans sel ni aucun adjuvant, déclinée en blé semi-complète, blé complète et seigle. De beaux sachets que l'on retrouve à la Maison du Parc, et dans de nombreuses épiceries, magasins bio et magasins et producteurs. Vous trouvez sur place d'autres produits locaux : fromages, pâtes, légumes de la ferme (depuis 2019), cidre, huile, œufs...

FERME DU CHAMP SECRET

La Novère
CHAMPSECRET
✆ 06 99 44 60 19
www.fermeduchampsecret.com
Visite et dégustation (1h30 environ) : 3 €. Visite de groupes toute l'année sur réservation.

Lors de votre passage à Domfront, et après la découverte des Forges de Varenne, profitez-en pour aller rendre visite à la Ferme du Champ Secret. C'est là que vous trouverez le seul camembert qui allie 3 grandes qualités à la fois : fermier, labellisé AOP de Normandie et 100% bio. Producteurs laitiers depuis 3 générations, Patrick et Francine Mercier ont voulu donner de la valeur ajoutée à leur travail. Outre le célèbre fromage normand, vous pourrez vous approvisionner ici en lait cru et beurre (doux ou demi-sel)... et découvrir les coulisses de l'exploitation.

ORNE

LONLAY-L'ABBAYE ★★

Un charmant petit village où au milieu coule une rivière. Lonlay-l'Abbaye mérite bien un détour. Son abbatiale et sa biscuiterie ont fait sa renommée, mais il fait bon simplement se promener dans cette commune qui a conservé son caractère authentique entre maisons en pierre et espaces verts. Le jardin de l'abbaye est propice à la quiétude et, lorsque l'on traverse le petit pont de bois, on accède au pressoir : symbole d'un savoir-faire ancestral et dont les panneaux d'information nous renseigne sur la fabrication du cidre. Lonlay-l'Abbaye est située non loin de la fosse Arthour, un site naturel exceptionnel lié à la légende du roi Arthur.

ABBAYE BÉNÉDICTINE

✆ 02 33 38 67 36
www.lonlaylabbaye.com

Ouvert toute l'année. Tous les jours de 8h à 19h. Visites guidées du 15 juin au 15 septembre sur réservation.

© ABBAYE BÉNÉDICTINE

Fondée en 1020 par Guillaume de Bellême, l'abbaye de Lonlay est rapidement devenue l'une des grandes abbayes de l'ouest normand. Avant de subir de nombreuses destructions au cours de son histoire : nef réduite en cendres par les Anglais en 1418, embrasement accidentel qui ravage l'abbatiale en 1533, feu qui se déclare en 1944 lors des combats de la Libération. Néanmoins, l'église abbatiale affiche toujours un visage imposant et sobre, avec son vaste transept roman, ses chapiteaux d'inspiration anglo-normande (XIe siècle) et ses belles statues.

LE RELAIS DE L'ABBAYE €€

16, place Jules Levée
✆ 02 33 37 89 65

Ouvert du lundi au vendredi midi. Soirs et week-end sur réservation. Formule à 13,90 €.

A deux pas de l'abbaye, ce restaurant de pays offre une table de bonne qualité dans une ambiance très vivante. La maison propose une cuisine française pour un tarif abordable. Dans les assiettes, les plats joliment présentés sont élaborés à base de produits frais et le café est offert dans chaque formule. Le service est efficace, très professionnel et d'une grande gentillesse. La salle est lumineuse avec ses grandes baies vitrées et offre une vue imprenable sur l'abbaye. Possibilité de repas pour les groupes jusqu'à 60 personnes, y compris le week-end.

BISCUITERIE DE L'ABBAYE

Route du Val ✆ 02 33 30 64 74
www.biscuiterie-abbaye.com

Visite du site lundi au vendredi sur réservation. Boutique en ligne.

Qui ne connaît pas le sablé de l'abbaye ? Cette délicieuse spécialité normande au beurre d'Isigny AOP a été créée en 1909 par le boulanger de Lonlay-l'Abbaye, petit village du bocage normand. Tombée dans l'oubli après la Première Guerre mondiale, sa recette originelle est reprise par Georges Lautour (également boulanger à Lonlay) en 1941. Son fils et son gendre créent la biscuiterie née en 1964. Le biscuit se décline en version sucrée ou en version salée en mettant les produits de la région en valeur, comme la pomme ou le camembert !

CHÂTEAU DE LA BIÈRE

Le Fay
✆ 02 33 38 07 86
www.chateau-de-la-biere.com

Fermé le dimanche. Visite sur rendez-vous 10 € par personne. Bières bio en 33cl et 75cl.

Partant du principe que la bière est un produit noble au même titre qu'un vin, les maîtres des lieux lui ont construit un château... un petit château de bois pour leur micro-brasserie bio afin de brasser et d'accueillir la clientèle dans de bonnes conditions ! La bière est produite à partir de céréales bio et plusieurs variétés de houblon provenant d'Angleterre, d'Alsace ou de Tchéquie. Elle se décline en Tortue ou en Dragon, blonde, ambrée ou blanche. Vous avez envie de vous mettre à brasser vos propres bières ? Des formations sont proposées !

ORNE

LE POTAGER DES GOURMETS

La Collardière

✆ 02 33 38 64 01

Bienvenue dans le Potager des Gourmets ! Renate et Mickaël Hewitt cultivent les plantes aromatiques dans leur potager où s'épanouissent des fleurs comestibles, des fines herbes et des salades, le tout estampillé bio. Quelques fleurs décoratives sont aussi proposées pour le plaisir des yeux. L'occasion de partir à la rencontre de l'Anis Hysop, du Pourpier, de la Perilla verte et autres Lis ou bien de les redécouvrir sous un autre regard. Et si le site vous séduit, vous pouvez même y faire escale dans l'un des gîtes de ce jardin gourmand. Le Petit Futé recommande !

TINCHEBRAY-BOCAGE

A l'extrême ouest du département, cette commune située près de Flers a vu naître deux orfèvres, l'un de l'écriture, l'autre de la vaisselle : André Breton, le fondateur du mouvement surréaliste, et Guy Degrenne, dont les couverts ornent les tables. C'est également la capitale française de la quincaillerie. Mais c'est d'abord et avant tout une bataille qui s'y déroula en 1106 qui fit la renommée de Tinchebray. Car c'est ici que furent à nouveau réunies la Normandie et l'Angleterre. La bataille a d'ailleurs laissé quelques traces dans la dénomination des lieux-dits. Tinchebray conserve de beaux monuments de son passé médiéval et moderne.

PRISON ROYALE ★

34, Grande-Rue

✆ 02 33 96 19 49

www.tinchebray.fr

Visite sur demande de groupes uniquement. En juillet et août, visite à 14h30 mardi, mercredi, vendredi et dimanche.

L'ancienne prison royale de Tinchebray est unique en Normandie. Le site, qui date des XVIIe et XVIIIe siècles, est doté d'anciennes geôles et d'une chapelle séparée par des barreaux qui permettait aux détenus d'assister à la messe. Au-dessus, dans son état d'origine, la salle du tribunal qui servait encore pour les audiences des Prud'hommes il y a une vingtaine d'années, et la « cohue », où les villageois attendaient le rendu des jugements. Sur les murs et les portes subsistent de nombreux graffitis laissés par les prisonniers, notamment pendant la Révolution.

FLERS ★

Le château du XVIe siècle, les halles, le square Delaunay, la place Paulette-Duhalde, l'église Saint-Germain et la rosace de Jean Chaudeurge, le château Duhazé et son style néogothique, de riches demeures du XIXe siècle, et de beaux balcons en fer forgé : Flers est une ville qui recèle des petits trésors. Ils ne sont pas en or, au grand désespoir des alchimistes venus dans la cité au XVIIe siècle avec l'espoir de transformer le minerai de fer, très présent dans la région. Ces « pseudos savants » sont finalement repartis, mais des écrits sont restés. Et l'exploitation du minerai de fer a continué dans la région jusqu'à la fin des années 70.

LE CHÂTEAU ★

Avenue du Château

L'enceinte accueille l'Hôtel de ville et le musée d'histoire et d'oeuvres d'art. Le parc est en libre accès. Animations.

Edifié au XVIe siècle, l'édifice a été largement remanié durant les deux siècles suivants. La partie ancienne est encadrée par les douves, la façade datant du XVIIIe est plus élégante. Flers étant la capitale de la chouannerie normande, le château a été incendié en 1800, puis reconstruit. Il a échappé aux bombardements de 1944. Propriété de la commune depuis 1901, c'est dans l'ancienne orangerie qu'est installé aujourd'hui l'Hôtel de ville. Le lieu abrite également un musée, situé dans le château proprement dit. L'édifice est classé monument historique.

LA HALLE COUVERTE

place Paulette-Duhalde

Ouvert lors du marché couvert le mercredi et le samedi matin.

L'édifice a été construit en 1883 par Amédée Hédin d'Alençon en lieu et place de l'ancien cimetière de la ville. Abritant désormais le marché couvert le mercredi et le samedi, le bâtiment à l'architecture remarquable a été fondé sur des pieux de sapin. Insolite, le nom de la plaque apposée dans la petite ruelle qui jouxte la halle : « rue de la halle, communément appelée rue des femmes qui pissent ». Quand les latrines publiques n'existaient pas encore, les commerçantes avaient l'habitude de se soulager dans cette rue. Heureusement, les temps ont bien changé !

INTÉRIEUR À CIEL OUVERT

6, chemin du Lavoir - **ATHIS-VAL DE ROUVRE**
✆ 02 33 65 70 38

En haute saison, ouvert tous les jours sauf le lundi de 11h à 19h. Visites guidées de groupes sur rendez-vous : 6,50 €.

« C'est un jardin à 2 têtes et à 4 mains », affirment Dominique et Benoît Delomez. Ces artistes plasticiens ont commencé la création de cet espace vert contemporain en 2000, avant de décider de l'ouvrir au public. Sur une surface de 3 000 m², plus de 1 200 variétés de plantes, vivaces, graminées, arbustes... et, petite spécificité, une collection de 135 fougères. Plein de poésie, ponctué de pièces d'eau et de sculptures, il invite à la contemplation et à la méditation. Tous les ans, des nouveautés viennent enrichir le lieu. Des œuvres pérennes ponctuent la visite.

MUSÉE DU CHÂTEAU

Avenue du Château
✆ 02 33 64 66 49
www.flers-agglomeration.fr

Ouvert de mi-mai à fin novembre du mardi au dimanche de 14h à 18h. Visite guidée sur demande. Boutique. Animations.

Scénographie moderne, animations, expositions temporaires annuelles... : le musée du château de Flers offre une large place à l'histoire du domaine et de ses propriétaires. Le tout à travers une mise en valeur des pièces du château, des chambres à la cuisine, aux décors reconstitués. Riche de belles œuvres, dont l'une de Gustave Courbet, *Le Cerf dans la forêt*, le lieu possède également un fonds « beaux-arts » constitué d'un large éventail pictural avec les différents mouvements du XIXe siècle : Ecole de Barbizon, impressionnisme, orientalisme, réalisme.

MAISON DU FER ET CIRCUITS DU FER

Le Bourg - **DOMPIERRE** ✆ 02 33 38 03 25
www.lesavoiretlefer.fr

Fermé le week-end sauf dimanche après-midi en haute saison. Gratuit. Point de départ de circuits touristiques. Boutique.

Méconnu, le riche passé minier et métallurgique fait pourtant partie du patrimoine ornais. Jusqu'au milieu du XIXe siècle, le minerai de fer était extrait à ciel ouvert et transformé en métal dans des ateliers regroupant fourneaux et forges. De 1901 jusqu'à 1978, les 3 mines de fer de La Ferrière-aux-Étangs, Larchamp et Saint-Clair-de-Halouze ont alimenté en minerai les hauts-fourneaux du Nord-Pas-de-Calais. L'association Le savoir et le fer valorise cette épopée industrielle

PLAN D'EAU DE LA FERRIÈRE-AUX-ÉTANGS

LA FERRIÈRE-AUX-ETANGS
✆ 02 33 66 92 18

Ouvert toute l'année.

Cet écrin de verdure tranquille est évidemment propice à la détente. Ce plan d'eau de 3 hectares compte une aire de jeux, un mini-golf et des tables de pique-nique bienvenues à la belle saison. Il est possible de pratiquer la pêche de mars à septembre. Asséché durant de nombreuses années, l'étang a été reconstruit dans les années 70, permettant à la ville de devenir une station verte et de développer son potentiel touristique. Idéal pour accueillir tous les publics.

MÉDIATHÈQUE DE FLERS AGGLO

9, rue du collège
✆ 02 33 98 42 22

Ouvert mardi et jeudi de 14h à 18h, mercredi de 10h à 18h, vendredi de 14h à 19h et samedi de 10h à 17h.

La médiathèque de Flers agglo prend ses quartiers dans un bâtiment construit à la fin du XIXe siècle. Le lieu fut d'abord un collège classique, au sein duquel ont été formés de futurs cadres pour l'industrie du textile, très importante à cette époque dans la région, avant de devenir une médiathèque. La structure se distingue par son fonds ancien d'une importante valeur, environ 10 000 documents, parmi lesquels des écrits alchimiques (sur la supposée transformation du fer en or).

LA ROCHE D'OËTRE

SAINT-PHILBERT-SUR-ORNE
✆ 02 31 59 13 13

Site naturel accessible tlj toute l'année. Bureau d'information tlj 10h-19h en juillet-août. Hors saison se renseigner.

En surplomb de 118 m au-dessus de la vallée de la Rouvre, la vue est à couper le souffle. Taillée dans la pierre, la Roche d'Oëtre est l'un des plus prestigieux belvédères naturels de l'ouest de la France. Classé « Espace naturel sensible », ce lieu riche en histoires et légendes de toutes sortes abrite une faune et une flore peu communes sur le territoire. Un endroit idéal pour pratiquer des activités sportives de pleine nature ! Le bâtiment d'accueil abrite le bureau d'information touristique et une boutique propose une large gamme de produits du terroir.

CAMPING À LA FERME DE LA RIBARDIÈRE €

Athis de l'Orne - **ATHIS-VAL DE ROUVRE**
✆ 06 33 67 06 69
www.fermelaribardiere.wordpress.com
Ouvert de mi-avril à mi-octobre. 3 € l'emplacement, 2,80 € par adulte, 2,60 € l'électricité.

Membre du réseau Bienvenue à la ferme, Christophe Davy vous accueille sur son exploitation agricole biologique : l'endroit idéal pour découvrir la vie d'une ferme typique du bocage normand au cœur de la Suisse normande avec ses vaches laitières, sa basse-cour, sans oublier sa production de cidre et de poiré. Les enfants apprécient particulièrement cette vie rurale. Bâtiments anciens, vergers de pommiers haute tige, la ferme propose à la vente du lait, des œufs, du cidre et du poiré.

AUBERGE DE LA MINE €€

8, route Champsecret - **LA FERRIÈRE-AUX-ETANGS**
✆ 02 33 66 91 10
www.aubergedelamine.com
Fermé lundi et mardi. Réservation impérative. Menus de 38 € à 56 € (menu dégustation 75 à 105 €). Accueil des groupes.

Coup de cœur pour cette auberge tout à fait insolite dans cette ancienne cité minière. Excentrée à la lisière de la forêt d'Andaine, le restaurant n'a rien de mondain : il occupe l'ancienne cantine des ouvriers. Clin d'œil à la mémoire des lieux : une décoration vintage réussie. Dans l'assiette, une cuisine gastronomique de haut vol, innovante et confectionnée à partir de produits locaux de qualité par le chef Hubert Nobis qui les travaille avec une grande délicatesse. Chaque jour, il fait une proposition selon l'arrivage et son inspiration en plus de sa carte.

LE CAILLOU €€

La Roche d'Oëtre
SAINT-PHILBERT-SUR-ORNE
✆ 07 84 22 22 28
www.le-caillou.fr
Ouvert le soir du mercredi au samedi de 19h à 20h30, le dimanche midi de 12h à 13h30.

Dans un site hors du commun, venez vous régaler à la table du Caillou. Ici, pas de menu à rallonge mais de bons petits plats faits maison, à base d'ingrédients frais et de qualité. Vous avez le choix entre d'un côté le restaurant qui met à l'honneur magrets de canard, poissons en croûte ou filets de bœuf, et de l'autre côté le café qui propose des pizzas confectionnées à base d'ingrédients biologiques et des burgers accompagnés de leurs frites maison certifiées bio. A noter : de jolis vins sélectionnés par un duo de cavistes accompagnent les plats.

LE PETIT BISTROT €€

26, rue de Blin
✆ 02 14 19 57 28
Service le midi en semaine, fermé le week-end. Formule entrée/plat ou plat/dessert 13,10 €. Terrasse.

Envie d'un plat fait maison, servi rapidement, dans un cadre agréable et avec un service convivial ? Rendez-vous au resto Le Petit Bistrot. Cette brasserie porte bien son nom et fait le bonheur des Flériens et des touristes de passage. Située à deux pas du centre-ville, cette adresse ravira les amateurs de cuisine française préparée comme à la maison avec des portions généreuses. Evidemment, comme dans tout bistrot qui se respecte, le plat du jour demeure une valeur sûre et le steak-frites est au menu. Classique et efficace.

DISTILLERIE LA MONNERIE

La Monnerie - **CERISY-BELLE-ETOILE**
✆ 02 33 66 39 07
www.distillerie-monnerie.com
Visite et dégustation de 25 min à 1h30, selon formule. Ouvert de 9h à 19h tous les jours sauf le dimanche. Boutique.

Au cœur du bocage et de la Suisse normande, chez les Legay la pomme est un précieux héritage. Depuis 1920 et trois générations, chacun s'emploie à faire fructifier le trésor familial légué par Constant, le grand-père. C'est lui qui eut la bonne idée d'élever quelques vergers hautes. Didier et son épouse Isabelle poursuivent l'aventure familiale avec générosité et convivialité. Calvados élevé en fût de chêne (AOC calvados pays d'Auge, AOC calvados, AOC calvados domfrontais), pommeau de Normandie, et cidre sont confectionnés dans le respect de la tradition.

GOLF FLERS-LE HOULME

8, rue le Clos-Foucher - **LA SELLE-LA-FORGE**
✆ 02 33 64 42 83
www.golf-flerslehoulme.fr
Entrée : 28 € (green-fee), 12,50 € (green-fee jeunes). Tarifs réduits pour les joueurs normands titulaires d'une licence

Non loin du centre-ville de Flers, à La-Selle-la-Forge, ce parcours de golf de 9 trous s'étend sur 20 hectares de prairies vallonnées. Greens roulants et nombreux obstacles d'eau nécessitent de faire preuve d'habilité et de stratégie. 2 putting-greens, practice. Possibilités de cours, stages et compétition. Le golf, doté d'une école handi-golf depuis de nombreuses années, a été labellisé en 2008 par le Comité régional olympique et sportif. Le site offre des tarifs préférentiels pour les joueurs normands titulaires d'une licence : profitez-en !

ORNE

ORNE AVENTURE

route de Bréel - la Roche d'Oëtre
SAINT-PHILBERT-SUR-ORNE
© 06 17 05 09 60

Ouvert d'avril à octobre. En juillet-août, tous les jours de 10h à 19h. Entrée : 20 €. Enfant : 14 €.

A proximité du magnifique site naturel de la Roche d'Oëtre, Orne Aventure propose un parcours aventure accessible à toute la famille. Vous avez le choix entre plusieurs parcours (tyroliennes, pont de singe, saut de Tarzan, entre autres…) dont le niveau de difficulté s'accroît progressivement. Les plus courageux s'envoleront à 18 mètres du sol dans les cimes. Le site est bien aménagé et les conditions de sécurité sont impeccables afin de profiter sereinement des activités proposées. Le site propose également des événements tout au long de l'année.

PUTANGES-LE-LAC

Bienvenue dans la partie ornaise de la Suisse normande ! Commune nouvelle réunissant neuf communes, Putanges-le-Lac se distingue par les atouts que la nature lui a donnés. Son relief accidenté avec ses vallons verdoyants fait le bonheur des amateurs de nature en quête d'un bon bol d'air pur. Avec ses gorges sinueuses, ses escarpements rocheux, ses cours d'eau et son lac (dans le village de Rabodanges), cette destination touristique constitue un formidable terrain de jeux pour les amateurs de loisirs de plein air. Canoë-kayak, pêche, ski nautique, paintball, équitation, stand-up paddle : il y en a pour tous les goûts et pour tous les styles.

ÉGLISE SAINT-VIGOR

Le Ménil-Gondouin
© 02 33 35 86 46

Ouvert d'avril à novembre tous les jours. Visite guidée : 02 33 35 86 46 ou 02 33 35 74 17. CB non acceptée.

Elle est unique. Construite en 1870, l'église St-Vigor est haute en couleur et doit son allure actuelle à l'abbé Paysant. Nommé curé en 1873, alors que la construction de l'édifice n'est pas encore terminée, il en change la destinée. Il la décore et la meuble de façon inédite. Après sa mort, le nouvel abbé, sur ordre des autorités ecclésiastiques, fait effacer les peintures et enfouir de nombreuses statues. Le monument doit à Guy Béchet, maire, de recueillir des fonds pour la restauration des décorations de l'église qui retrouve son allure colorée et ses fresques.

CENTRE DE LOISIRS EQUESTRES DE LA ROTOURELLE

La Morinière © 02 33 36 88 89
larotourelle.com

Centre de loisirs, cours d'équitation, randonnées etc. Location de gîtes et camp indien d'avril à octobre.

Ce centre équestre, proche du lac de Rabodanges, affiche un beau dynamisme. Situé au cœur de la Suisse normande où règne une ambiance amicale et familiale, l'établissement propose de nombreuses activités et des séjours à thème sont organisés toute l'année. Randonnées vers le Mont-Saint-Michel, sur la route des châteaux, jusqu'à la mer, camp indien ou médiéval… On peut également passer la nuit dans un tipi, dans un gîte, et même participer à des journées escape game nature !

LAC DE RABODANGES

© 02 33 35 86 57
www.office-tourisme-putanges.com/decouvrir/lac_rabodanges.html

Ouvert toute l'année. Nombreuses activités sur place.

Ce plus grand plan d'eau de Basse-Normandie est classé 2e catégorie. Il fait le bonheur des pêcheurs et plus particulièrement ceux qui pratiquent la pêche à la carpe de nuit. C'est aussi un terrain de jeu idéal pour les amateurs de canoë-kayak ou de ceux qui préfèrent profiter du bateau croisière. Ses abords sont particulièrement prisés par les familles qui viennent volontiers s'installer aux tables de pique-nique, pendant que les enfants s'amusent aux jeux. Un belvédère domine l'impressionnant barrage de 160 mètres de long et 17 mètres de hauteur.

LE VAL D'ORNE

Rue de la Forge
© 02 33 39 30 30
www.valdorne.com

Ouvert toute l'année. Du 16 juin au 31 août : tous les jours (sauf le mardi).

Voilà une façon sympathique de découvrir le lac de Rabodanges tout au long de l'année. Embarquez à bord du bateau croisière pour une escapade tranquille, au fil de l'eau. La promenade dure environ 1h15 et, grâce aux commentaires du commandant, vous serez incollables sur la faune et la flore locales, ainsi que sur le fonctionnement du barrage, ses détails techniques, etc. Il est également possible de déjeuner ou de dîner à bord : le terroir normand, entre terre et mer, inspire le chef. Seul impératif : penser à bien réserver, c'est indispensable !

ARGENTAN ★★

Nature, culture, patrimoine, loisirs, gastronomie, sport : à la limite du Calvados et de l'Orne, Argentan ne manque pas d'atouts ! La meilleure façon de les découvrir, c'est d'arpenter ses rues à pieds ou sur l'un des vélos à assistance électriques en location à l'office de Tourisme. Découvrez ses édifices, faites une pause à la médiathèque (à l'architecture surprenante), déjeunez dans un bon restaurant, allez vous promener aux Pâtures et découvrez la quiétude qui règne dans cet espace de verdure préservé en cœur de ville… A découvrir aussi le kiosque, lieu très animé aux beaux jours, et les musées dédiés à la dentelle et à l'artiste Fernand Léger.

ABBAYE NOTRE-DAME ★

2, rue de l'Abbaye
✆ 02 33 67 12 01
abbaye-argentan.fr
Ouvert du lundi au samedi de 14h45 à 16h. Sauf jours fériés. Gratuit. Groupe 2 € par personne. Boutique.

Reconstruite en 1958 au bord de l'Orne pour accueillir les bénédictines réfugiées à Sées après les bombardements de 1944, l'abbaye Notre-Dame d'Argentan mérite une visite. Ici se poursuit la confection du point d'Argentan par quelques sœurs dentellières. Un héritage précieux toujours exécuté à l'aiguille. Elles ne confectionnent des pièces de collection, parfois à usage liturgique. En 1996, elles ont offert une pale au Pape Jean-Paul II pour son jubilé d'or sacerdotal. Leur art s'harmonise avec le silence et la contemplation de la vie bénédictine.

CHÂTEAU DE RÂNES ★

RÂNES
✆ 02 33 39 73 87
Ouverture toute l'année pour la visite de la tour (clé auprès de la mairie). Accès libre au parc et aux extérieurs.

La construction de ce château a débuté en 1404. De cette époque subsiste le donjon à créneaux et mâchicoulis, accessible à la visite. Il faut monter pour découvrir le magnifique panorama. Les pavillons à chaque angle datent de la fin du XVIe siècle, les corps de logis du XVIIIe. Ils ont été rebâtis après un violent incendie ainsi que les écuries édifiées à la même époque. Le site, restauré après les bombardements de 1944, est inscrit à l'inventaire des Monuments historiques. Le château abrite la mairie et le musée de la préhistoire en son sous-sol.

CHÂTEAU DE SASSY ★

BOISCHAMPRÉ
✆ 02 33 35 32 66
De Pâques au 15 juin : ouvert les week-ends et jours fériés. Du 15 juin au 15 septembre : ouvert tous les jours.

Au sud d'Argentan, le château de Sassy est un imposant édifice de pierre et de briques du XVIIIe siècle doté d'une succession de terrasses dominant de magnifiques jardins à la française (1920). Les 2 vastes parterres latéraux, symétriques, et les 3 petits parterres centraux, bordés de broderie d'if et de buis, s'ordonnent autour d'un bassin circulaire. C'est du bout du parc que vous apprécierez vraiment l'équilibre architectural de l'édifice et de ses jardins. A découvrir à l'intérieur du château, toujours habité, une bibliothèque riche de 25 000 ouvrages.

ORNE

Le tribunal de grande instance.

CHÂTEAU DES DUCS ET DONJON ★

Place du Marché

Le château, qui abrite l'actuel Palais de justice, et le Donjon sont fermés à la visite.

Les vestiges du château des ducs et de son donjon abritent l'actuel palais de justice. C'est Pierre II de Valois, comte d'Alençon, qui fit édifier le palais ducal en 1372 où il vécut durant douze ans. Incendié pendant la guerre de Cent Ans, remanié dans sa version actuelle au XIVe siècle, le château a ensuite servi de résidence royale à François Ier. Catherine de Médicis et Henri IV y séjournèrent également. La nuit un éclairage spécifique met en valeur son architecture.

UN COEUR DE VILLE NATURE !

✆ 02 33 67 12 48

Renseignements auprès de l'Office de Tourisme pour la location de vélos à assistance électrique.

La nature a une large place à Argentan. Classées zone natura 2000, les Pâtures constituent un espace naturel protégé qui jouxte le plan d'eau de la Noë. Ces prairies, à la faune et la flore remarquables, sont un lieu de balade idéal. Au plan d'eau de la Noë, familles, pêcheurs, et touristes se réunissent à l'abris des saules. Les berges sont longées par un sentier. Aux beaux jours, le kiosque s'anime et une guinguette éphémère y prend ses quartiers.

ÉGLISE SAINT-CHRISTOPHE ✝ ★

BOISCHAMPRÉ

Ouvert tous les jours de 9h à 17h. Gratuit.

Cette petite église reconstruite à la fin du XIXe siècle n'a, a priori, rien de particulier, excepté le fait qu'elle soit devenue, au fil des siècles, un centre de pèlerinage international ! L'édifice, reconnu par les papes successifs, est dédié à saint Christophe, patron des voyageurs « sur terre, sur mer et dans les airs ». Chaque année, en juillet, les visiteurs de tous bords ont donc rendez-vous ici pour une messe suivie d'une bénédiction. Que vous soyez piétons, cyclistes, cavaliers, conducteurs de deux ou quatre roues : vous êtes les bienvenus !

ÉGLISE SAINT-GERMAIN ✝ ★

Place du Marché

✆ 02 33 67 12 48

www.tourisme-argentan-intercom.fr

Illuminée toute l'année dès la tombée de la nuit. Visite gratuite. Renseignements à l'Office de Tourisme.

La construction de cet édifice en dentelle de pierre s'étend sur plus de trois siècles (XVe, XVIe et XVIIe) et mélange donc trois styles différents : gothique, Renaissance et classique. À découvrir : le grand clocher, couronné au XVIIe siècle par l'architecte Maurice Gabriel, le magnifique porche au nord et la tour lanterne. Le soir, son éclairage met en valeur les moindres détails. Pour la petite anecdote, l'église abrite depuis fin 2018 le cœur de Marguerite de Lorraine, morte en 1521, qui a été duchesse d'Alençon pendant près d'une trentaine d'années.

© ANNE CROCHARD

En Normandie, le cheval est roi.

ORNE

HARAS NATIONAL DU PIN ★★★

LE PIN-AU-HARAS ✆ 02 33 36 68 68
www.haras-national-du-pin.com
Spectacle équestre dans le manège tous les week-ends d'avril à fin septembre. Tarif : à partir de 8 €.

Édifié au début du XVIIIe siècle et baptisé le Versailles du cheval, le Haras du Pin représente 300 ans d'histoire. Ce site majestueux vous ouvre les portes de ses écuries pour découvrir l'épopée de l'élevage équin en France. Ce site constitue un joyau du département. L'écurie numéro 1 a donné naissance à un parcours découverte associant histoire du cheval et de l'élevage, métiers et exposition d'œuvres et de photos. Animation à ne pas manquer : les Jeudis du Pin, spectacle d'étalons et des attelages en musique, tous les jeudis à 15h, de juin à septembre.

MAISON DES DENTELLES

34, rue de la Noé
✆ 02 33 67 93 98
www.argentan.fr
Ouverture de mars à novembre. Du mardi au samedi 10-12h30 / 13h30-18h, le dimanche 13h30-18h en été. Boutique.

Située au bord du plan d'eau d'Argentan, cette ancienne maison bourgeoise témoigne de l'histoire locale, au temps de Marie-Antoinette, lorsque la ville était un important centre dentellier. Le fameux point d'Argentan, dentelle fine exécutée avec du fil de lin, y est présenté aux côtés du célèbre point d'Alençon. La Maison des dentelles présente environ 300 pièces historiques ou contemporaines. Le lieu met aussi en avant les techniques modernes. Tous les ans le musée propose au visiteur une exposition temporaire et des ateliers créatifs.

MÉDIATHÈQUE FRANCOIS-MITTERRRAND

1-3, Rue des Rédemptoristes ✆ 02 33 67 02 50
www.mediatheques-argentan-intercom.fr
Mardi 10h- 12h / 13h - 18h30, mercredi 10h - 18h30, jeudi et vendredi 13h - 18h, samedi 10h - 18h. Entrée libre.

L'architecture originale de cet espace mérite vraiment que vous en poussiez la porte. Le bâtiment alterne entre modernité et tradition car une partie de l'édifice est une chapelle rédemptoriste datant du XIXe siècle. Véritable lieu de vie, la structure est également dotée d'une salle d'expositions où sont régulièrement accueillis des artistes. La médiathèque abrite également un mini-lab : imprimante 3D, brodeuse numérique, presse à badges sont à disposition. Profitez-en !

LA NORMANDIE EN BIPLAN

rue de Sées
✆ 06 68 92 49 79
Lorsque les conditions météorologiques le permettent.Sur réservation. De 95€ à 210€ selon durée du vol.

© LANORMANDIEENBIPLAN

Alexandre vous propose de découvrir à ses côtés la Normandie vue du ciel. Vous montez à bord de son magnifique biplan Kiebitz, inspiré du Focke-Wulf Fw44 Stieglitz (pour les connaisseurs !) et c'est parti pour un vol au choix ou combiné autour d'un de ses trois thèmes de prédilection : l'histoire (survol de la poche de Falaise puis une boucle incluant Trun, Saint-Lambert-sur-Dives, Chambois, Coudehard, Vimoutiers...), l'architecture (survol des châteaux de Sassy et de Bourg Saint-Léonard, du Haras du Pin) et la nature (en longeant la vallée de l'Orne).

MUSÉE DE LA PRÉHISTOIRE

RÂNES ✆ 02 33 39 72 94
https://sites.google.com/site/museeprehistoireranes
Ouvert en juillet et en août du mercredi au dimanche de 14h à 18h. Gratuit jusqu'à 7 ans. Adulte : 5 €. Animations.

Bienvenue dans le seul musée de Normandie consacré à la Préhistoire. Autour de Rânes ont été exhumés des vestiges préhistoriques, parmi les plus anciens de l'Orne, qui témoignent de nombreux sites d'occupation datant du Paléolithique moyen. Les fouilles qui ont été réalisées ont permis de dater la présence d'hommes entre -150 000 et -40 000. Les caves du château, qui abritent ce musée, présentent outils lithiques, objets et moulages de crânes préhistoriques. Petits et grands voyagent ainsi à travers les âges pour mieux comprendre l'évolution de l'Homme.

MUSÉE FERNAND LÉGER - ANDRÉ MARE

6, rue de l'Hôtel de Ville ✆ 02 33 16 55 97
www.musees-argentan.fr
En juillet et en août : du mardi au samedi 10h-12h30 et 13h30-18h, le dimanche 13h30-18h. Boutique.

Fernand Léger, enfant du pays devenu artiste peintre, céramiste et sculpteur reconnu internationalement, voit son histoire retracée dans la maison de son enfance devenue musée. Un important travail architectural et scénographique a été réalisé : on ne vous gâchera pas l'effet de surprise ! Venez donc constater le « défi » qu'a constitué la création d'un site unique. Des espaces d'expositions sont aussi consacrés à son ami également né à Argentan et spécialiste de l'art Déco André Mare.

OFFICE DE TOURISME D'ARGENTAN

Place du Marché ✆ 02 33 67 12 48
www.tourisme-argentan-intercom.fr
Ouvert du lundi au vendredi de 9h30 à 12h30 et de 14h à 18h ; le samedi de 9h30 à 12h30 et de 13h30 à 17h30.

Au cœur du centre-ville, l'office de tourisme est immanquable : il a pris ses quartiers dans la chapelle Saint-Nicolas édifiée au XIVe siècle. Ce lieu abrite une incroyable fresque dédiée aux deux enfants du pays devenus des artistes reconnus : Fernand Léger et André Mare.En allant chercher toute la documentation et les renseignements utiles à votre séjour, ne la manquez pas ! Tout comme le magnifique retable en chêne du XVIIIe siècle. En prime, l'équipe est souriante et accueillante.

LE MOULIN FOULON €

Impasse du Moulin Foulon - RI
✆ 02 33 35 90 27
Gîtes de France (3 épis). Chambre simple 55 € ; chambre double 60 €. Wifi. Table d'hôtes.

Située entre Falaise et Argentan, cette ancienne ferme en pierre blanche transformée en gîte abrite 3 grandes chambres joliment décorées : « Rêverie » (chambre double), « Violette » (chambre simple) et « Hirondelle » (chambre triple). Les familles avec de jeunes enfants apprécieront particulièrement l'alcôve attenante à cette dernière, avec un lit bébé et lit d'appoint. Chaque chambre dispose d'une salle de bains spacieuse et bien équipée. Au rez-de-chaussée : un espace séjour et repas avec cheminée. La chambre « Violette » est même dotée d'une cuisine.

MANOIR DE COULANDON €€

5, route de Coulandon
✆ 02 33 39 18 22
www.manoir-de-coulandon.com
Gîtes de France (3 épis). A partir de 67 €, cuisine à disposition. Animaux acceptés.

En franchissant les murs de l'enceinte de ce joyau du XVe siècle, vous avez l'impression d'être complétement hors du temps. Annie a le goût du détail ainsi que la passion des objets anciens et Patrick, son époux, a su restaurer ce magnifique manoir avec soin. Le lieu allie confort moderne et matériaux rustiques, et cela se retrouve dans chacune des chambres. Dans ce cadre approprié, les hôtes sont vraiment choyés. Chaque chambre a son univers et sa petite terrasse privative. Le petit-déjeuner est servi dans la vaste salle de réception aux tons pastel.

LE COMPTOIR DE MARIA €

4, rue Saint-Denis
✆ 02 33 67 53 32
www.lecomptoirdemaria.fr
Fermé le dimanche. Spécialités italiennes.

Envie de manger italien ? Laissez-vous tenter par le Comptoir de Maria. En cuisine, le chef étoilé Arnaud Viel revisite les classiques de la cuisine italienne en utilisant des produits frais et du terroir. Evidemment, la carte fait la part belle aux pizzas, mais pas seulement ! Risottos, pâtes fraîches, charcuterie italienne et corse : des saveurs venues tout droit du Sud titillent vos papilles. En prime, le restaurant propose une belle sélection de vins pour accompagner vos plats. Sans oublier une carte de desserts qui vous met l'eau à la bouche.

LE MOULIN DES SAVEURS €

2, avenue de la Forêt-Normande
✆ 02 33 12 63 82
le-moulin-des-saveurs.fr
Ouvert du mardi au samedi midi et soir. Formule du midi : 10,50 €. Galettes et pizzas à emporter.

De l'avis de la clientèle, ici les pizzas sont excellentes et il y a de quoi : le maître de maison, Philippe Synaeve, est l'un des meilleurs spécialistes de la pizza de l'Hexagone. Membre du Pizza Tour de France, il participe chaque année au championnat de France des pizzaïolos. Sa farine vient d'Italie et ses spécialités de la maison sont cuites au feu de bois. Il y en a tellement, entre goûts et couleurs, et vous n'en mangerez pas de telles ailleurs. Les végétariens y trouveront aussi leur bonheur. Il y a également des crêpes et des galettes au menu !

LE REFUGE DU P'TIT FISCHER €

1, place des Trois-Croix
✆ 02 33 67 05 43
Menus de 10 € à 12 € (entrée + plat + dessert ou entrée + plat + dessert et 1/4 boisson). Accueil des groupes.

La décoration de de ce sympathique hôtel-restaurant étonne un peu mais ce refuge porte bien son nom. Il fait bon y déjeuner ou y séjourner. Si le restaurant a gardé son décor d'inspiration alsacienne, l'assiette est bien française. C'est plutôt brasserie avec buffet d'entrées et des grands classiques qui ont fait leurs preuves en plats de résistance : escalope normande, sauté d'agneau, paupiettes de veau, purée ou frites, avec un très bon rapport qualité-prix. L'hôtel est propret.

LE BISTROT DE L'ABBAYE €€

23, rue Saint-Martin
✆ 02 33 39 37 42
Ouvert lundi et mardi midi, du mercredi au samedi midi et soir. Menus de 25 à 45€.

Installé dans un édifice religieux en partie détruit pendant la Révolution puis transformé en auberge, le Bistrot de l'Abbaye est une adresse recommandée par les habitués. L'ambiance est feutrée, la cuisine de terroir savoureuse et raffinée. Le menu du marché (servi uniquement le midi en semaine) propose des formules entrée-plat ou plat-dessert qui offrent un bel aperçu du talent culinaire du chef. La carte change au gré des saisons, car ici on fait la part belle aux produits frais. Côté accueil, le service est impeccable et convivial.

LA TABLE DE FERNAND €€

7, Rue Aristide briand
✆ 09 81 78 51 51
www.latabledefernand.fr
Fermé le mardi, le mercredi et le dimanche soir. Formule du midi en semaine 17,50 €. Menus de 27 € à 35 €.

La Table de Fernand est une adresse incontournable pour régaler les Argentanais et les gastronomes. Ce bel endroit, tenu par Emmanuelle et Jeremy, propose des plats gourmands. Il y a une synergie entre les assiettes colorées et les tableaux mis en valeur au restaurant inspirés de ceux de Fernand Léger, l'enfant du pays devenu un artiste reconnu. Un joli clin d'œil puisque le lieu est situé à deux pas du musée dédié à l'artiste. Mais revenons à l'art culinaire qui se pratique ici. Les plats sont gourmands, de qualité et de saison : vous y reviendrez !

LA RENAISSANCE €€€

20, avenue de la 2e-DB
✆ 02 33 36 14 20
www.arnaudviel.com
Fermé fin juillet-début août (3 semaines). Ouvert du mardi au samedi le midi et le soir. Menus de 62 € à 98 €.

Etre un « petit futé » ce n'est pas forcément être un critique gastronomique, mais c'est pouvoir oser rentrer dans un restaurant dont on nous a parlé et qui nous a fait rêver depuis longtemps ! C'est pousser cette fameuse porte, et goûter à la cuisine réputée du chef (Arnaud Viel) qui a reçu la plupart des récompenses culinaires. Cette adresse, on va s'en souvenir très longtemps. On s'est promis de revenir parce qu'on a un goût de « reviens-y ». Parce que le billet qu'on avait en poche, on n'a pas du tout regretté de l'avoir dépensé. En prime, un super accueil !

CAVE HENRI 4

20, Place Henri IV
✆ 02 33 12 80 83
www.cavehenri4.fr
Ouvert du mardi au samedi de 10h à 12h30 et de 14h à 19h.

Caviste indépendant, Marc Pottier a ouvert sa cave Henri IV il y a un an et demi. Dans ce lieu, ce dernier propose une belle sélection de vins et de spiritueux. Comme tout passionné, il met un point d'honneur d'aller à la rencontre des producteurs de vins raisonnés, naturels ou produits en biodynamie. Les produits locaux, comme le Calvados et autres cidres et poirés, trônent sur les étals. Un coin épicerie fine propose tartinades et biscuits pour accompagner l'apéro. Les amateurs de boissons sans alcool découvriront ici une belle sélection de thés.

LOCATION DE CANOË KAYAK

Venelle Alexandre ✆ 06 87 48 55 36
www.plargentanck.fr
Canoë, kayak, pédalo et stand up paddle à partir de 7 ans. Tarifs de groupe à partir de 8 pers.

Pour découvrir la cité argentanaise autrement, quoi de mieux que de la sillonner au fil de l'eau ? Que ce soit pour une demi-heure ou une demi-journée (voir plus), le club propose différents types d'embarcations : canoë, kayak, pédalo et aussi stand-up paddle. Au départ du plan d'eau, les amateurs de sensations descendront l'Orne et en profiteront pour découvrir les charmes de la faune et la flore de la région. Plusieurs parcours sont proposés. Les locations sont possibles de mai à septembre en fonction, évidemment, du niveau d'eau.

MONT-ORMEL

Mont-Ormel, petit village d'une cinquantaine d'habitants situé dans la partie ornaise du Pays d'Auge, est particulièrement connu pour son histoire tragique. Comme le retrace le Mémorial de Coudehard-Montormel, installé sur les hauteurs de la commune où le relief culmine à 262 mètres, des affrontements particulièrement sanglants ont eu lieu en 1944 entre les Alliés et les Allemands. Ces ultimes combats de la Bataille de Normandie ont marqué à jamais l'histoire de la région et ses habitants. Au-delà de son histoire, la localité, très vallonnée, mérite de faire un détour, particulièrement pour les amateurs de randonnée qui sont nombreux dans la région.

MÉMORIAL DE COUDEHARD-MONTORMEL ★

Les Hayettes

✆ 02 33 67 38 61

www.memorial-montormel.org

Ouvert toute l'année. Tous les jours d'avril à septembre. Adulte : 6 €. Groupe : 5,50 €.

À quelques kilomètres d'Argentan, installé sur la cote 262 qui domine la région, il règne en ce haut lieu de mémoire un calme bien différent de l'histoire qu'il retrace : les combats acharnés qui opposèrent les Alliés aux soldats de la VIIe armée allemande, encerclés dans la poche de Falaise-Chambois. C'est sur l'emplacement même du Mémorial, du 18 au 22 août 1944, que se joua l'épilogue de la bataille sanglante de Normandie où les combats firent plus de 10 000 morts.

MAISON NATALE DE CHARLOTTE CORDAY

Les Champeaux

Attention : la maison ne se visite pas.

Entre Trun et Vimoutiers, allez jeter un coup d'œil à la ferme du Ronceray. Cette propriété privée, classée monument historique, a vu naître Charlotte Corday le 27 juillet 1768. Arrière-petite-fille de Corneille, Marie-Anne Charlotte de Corday d'Armont (de son vrai nom) est entrée dans l'histoire pour avoir assassiné le révolutionnaire Marat, le 13 juillet 1793 à Paris. Au-delà de son histoire, cette maison à colombages est très représentative de l'architecture du Pays d'Auge.

MOULIN DE VIMOUTIERS ★

Avenue du Général-de-Gaulle

✆ 02 33 39 03 66

Ouvert toute l'année, sur réservation. Mise en route du moulin deux fois par an.

Ce magnifique moulin est l'un des rares de la région à être encore en état de marche. Attesté depuis le XIVe siècle, il fut d'abord moulin à tan (pour préparer les cuirs), avant de devenir un moulin à farine. Utilisant l'énergie de la rivière la Vie, il a ensuite été équipé d'une turbine en 1928. Reconstruit après la Seconde Guerre mondiale et les bombardements de Vimoutiers, il est toujours possible de le découvrir grâce à ses deux propriétaires passionnés : Yvette et Jean Brêteau. Ce dernier, ancien meunier, aime partager son savoir.

VIMOUTIERS ★

Le Calvados n'a pas le monopole du pays d'Auge ! Vimoutiers en est la version ornaise et gagne à être connue. En arrivant du sud de l'Orne, on a un joli point de vue sur la région et ses belles maisons à colombages. Les villages environnants, avec manoirs ou longères à pans de bois, sont aussi très agréables. La région a connu des drames sanglants lors de la Seconde Guerre mondiale, une page douloureuse de l'histoire qui explique l'absence de véritable cœur de ville historique à Vimoutiers. Cependant, la capitale du pays d'Auge ornais possède d'autres atouts et non des moindres : la gastronomie, avec notamment son produit phare qu'est le camembert.

MUSÉE DU CAMEMBERT ★

10, avenue du Général-de-Gaulle

✆ 02 33 39 30 29

www.museeducamembert.fr

Ouvert tous les jours de 14h à 18h, en haute saison de 10h à 18h. Adulte : 3 €. Dégustation : 1 €. Boutique.

Créé grâce aux dons provenant des caves de vieilles familles fromagères de la région, ce musée a fait peau neuve il y a un an. À travers les 4 salles d'exposition, on découvre les étapes de fabrication du camembert : de la collecte du lait à sa commercialisation, en passant par son empresurage, son moulage et son affinage. Les visiteurs peuvent également suivre l'évolution des techniques au travers du matériel, des affiches... et d'une collection de près de 3 000 étiquettes de camembert. Un guide et une vidéo de l'INA complètent cette visite.

LE PRESSOIR D'MIQUELOTS €€

Le Pont de Vie
✆ 02 33 28 07 00
Gîtes de France (3 épis). A partir de 180 € le week-end, 350 € la semaine.

Au cœur du Pays d'Auge ornais, dominant la vallée de la Vie, ce gîte est situé à 2,5 km du centre-ville de Vimoutiers. Ce sont Edith et Charles Hauton, les maîtres des lieux, qui ont restauré cet ancien pressoir à pommes aménagé en gîte pour 2 ou 3 personnes. Confortable, chaleureux et spacieux, il compte une chambre à l'étage avec une décoration très romantique. De la maison et du jardin, vous pourrez découvrir un large panorama sur la campagne environnante et de jolis levers de soleil. En prime, votre hôte vous fera partager sa passion pour l'aviation légère.

L'ARDOISE GOURMANDE €

1, rue du Quatorze juin
✆ 02 33 39 59 95
Ouvert tous les jours midi et soir, sauf mercredi soir et jeudi soir. Formule plat / dessert à 12,50 €. Terrasse.

Simplicité et efficacité : ce sont les mots d'ordre à l'Ardoise gourmande. Ici, la cuisine française est revisitée (comme les traditionnels cabillaud, paupiettes de veau et faux-filet) et les produits frais et de saison sont à l'honneur ! Les amateurs de fromages trouveront ici leur bonheur : de nombreuses spécialités sont proposées à la carte. La décoration en bois est moderne, le service rapide, efficace et très souriant. N'hésitez pas à profiter de la terrasse dès que la météo le permet. Le petit plus futé : ils servent assez tard, un atout sans aucun doute !

LE BINÔME €€

3, rue du 14 juin
✆ 02 33 12 93 44
Ouvert du mardi midi au dimanche midi. Fermeture le dimanche soir et le lundi toute la journée.

La bistronomie est au menu dans ce restaurant qui a ouvert ses portes l'été dernier. Clara Spiegelsberger et Théo Millery sont aux manettes de cette nouvelle adresse qui a décidé de mettre à l'honneur les produits locaux et de saison. Velouté de butternut, aile de raie, pintade accompagnée de sa purée de carottes, brioche façon pain perdu et son caramel au beurre salé... La carte qui change tous les trois mois fait le bonheur des papilles des gourmets et des gourmands. A noter que les végétariens et les végétaliens sont les bienvenus.

LA GALOTIÈRE

Crouttes
✆ 02 33 39 05 98
www.lagalotiere.fr
Vente à la salle de l'alambic du lundi au samedi de 9h30 à 12h30 et de 14h à 18h. Visite et dégustation sur réservation.

Le domaine de la Galotière est niché au fond d'une petite vallée. Chemin faisant, profitez bien du paysage. C'est là que Jean-Luc Olivier dédie tout son temps à la conduite des vergers de pommiers et à l'élaboration de cidre, de pommeau et de calvados certifiés bio depuis 2000. Sur 44 hectares de vergers, 30 sont menés en « hautes-tiges ». Ici vous avez l'embarras du choix entre les différentes variétés de cidres, poirés, pommeaux, calvados, jus ou (dans un autre registre) de vinaigres ! A noter : deux gîtes à la location pour un séjour nature.

GACÉ

Ce qui fait la beauté de Gacé ? Son château bien sûr ! Cette bâtisse qui date des XIIe et XVe siècles et qui fut occupée par les Chouans en 1800, abrite aujourd'hui la mairie, les services de la communauté de communes, le musée de la « Dame aux Camélias » et le musée des minéraux et fossiles. La ville de 1900 habitants est le lieu idéal pour une halte avant d'entrer de plain-pied dans le pays d'Auge. Profitez-en pour vous promener dans les ruelles, aux abords du château, avant d'aller déjeuner à l'une des bonnes tables de cette jolie bourgade. La campagne environnante est agréable et dotée du principal atout normand : elle est verdoyante !

MUSÉE DE LA DAME AUX CAMÉLIAS ★

Place du Château
✆ 02 33 67 08 59
Ouvert de mi-juin à mi-septembre. Ouvert du mardi au samedi de 14h à 18h. Adulte : 4 €.

Ce musée est un véritable coup de cœur et on ne peut que vous encourager à y aller. Situé dans le château médiéval de Gacé, le lieu consacré à la Dame aux camélias mérite le détour. L'héroïne du roman d'Alexandre Dumas, née sous le nom d'Alphonsine Plessis à Nonant-le-Pin, a grandi dans une extrême pauvreté avant de devenir une des plus célèbres courtisanes parisiennes de son temps. On découvre, à travers de nombreux objets, le destin de cette femme morte de la tuberculose à 23 ans.

MUSÉE DES MINERAUX ET FOSSILES

Le Château

✆ 02 33 35 51 98

Ouvert mercredis et samedis de 14h à 17h, de Pâques à fin septembre, ou sur rendez-vous toute l'année. Adulte : 2 €.

Ce musée est l'œuvre de Michel Brodin, passionné de « pierres », qui collectionne, achète, échange ces petites merveilles depuis l'âge de 14 ans. Soutenu par la Ville, le septuagénaire présente le fruit de son labeur dans une collection foisonnante. Ici, pas d'audio-guide : la visite est personnalisée selon le degré de curiosité du public ! Certains minéraux (quartz, cristaux) attirent davantage les regards. Tout comme les fossiles de dinosaures : dents, griffes…

L.'ANTRE-METS €

Place de la libération

✆ 02 33 36 18 91

Ouvert du mardi au samedi midi et soir. Réservation recommandée. Formule : 15 €. Terrasse.

Testé un midi, ce restaurant ne manque pas d'atouts : l'accueil est super efficace et la formule, gourmande, comprend entrée, plat, dessert et café… le tout fait-maison. La carte des plats est courte, c'est un gage supplémentaire de fraicheur. Le midi, un plat du jour est à l'ardoise ainsi que des burgers, et le soir c'est menu et carte bistronomique. Un soin particulier est apporté à la présentation des plats. La décoration du lieu est jolie, simple, sobre. Ouvert en 2019 par un jeune couple, l'Antre-Mets fait souffler un vent de fraicheur sur Gacé.

CAMEMBERT ★

Au cœur du pays d'Auge se niche un village dont la (petite) taille et la faible population (moins de 200 habitants) sont inversement proportionnelles à celle de sa renommée : Camembert. C'est ici, au milieu des prés, qu'est né le fameux fromage au lait de vache qui régale les palais depuis plus de deux siècles. Cette spécialité est le fruit de la rencontre entre Marie Harel, jeune fermière, et un prêtre réfractaire l'abbé Bonvoust. Chaque année, des milliers de visiteurs empruntent la route sinueuse qui mène à la commune pour se rendre à la Maison du camembert. Installé près de l'église, ce lieu touristique est le point de rassemblement des curieux.

LA MAISON DU CAMEMBERT ★

Le Bourg

✆ 02 33 12 10 37

www.maisonducamembert.com

Ouvert de mars à octobre.

Une belle bâtisse à colombages du XVIIIe siècle dévoile les coulisses du camembert, né à… Camembert. Depuis son invention par Marie Harel en 1791 la recette n'a pas changé : 2 litres de lait pour un camembert ! On découvre archives vidéo, affiches publicitaires, les grandes dates de l'histoire de la spécialité fromagère, différents objets nécessaires à sa fabrication et même la reconstitution d'une cave d'affinage. A la boutique d'en face : fromages, produits locaux (cidre, confiseries, etc.), produits dérivés et petite restauration. Testez le camembert rôti.

L'entrée du village de Camembert.

BELLÊME ★

Village pittoresque, dont les vestiges médiévaux et les hôtels particuliers des XVIIe et XVIIIe siècles se découvrent au fil des rues, Bellême est (avec Mortagne-au-Perche) une ancienne capitale du Perche. Conservant son caractère authentique, ce sont aujourd'hui boutiques d'antiquités, salons de thé, galeries de peinture et autres ateliers d'artistes qui y ont élu domicile. Située au cœur du Parc naturel régional du Perche, la petite cité est environnée de manoirs, moulins, et villages en pierre nichés dans des paysages vallonnés dont les charmes varient au fil des saisons. Pour les fêtes de fin d'année, Bellême revêt de magnifiques habits de lumière.

ÉCOMUSÉE DU PERCHE ★

Prieuré de Sainte-Gauburge
SAINT-CYR-LA-ROSIÈRE ✆ 02 33 73 48 06
www.ecomuseeduperche.com

Haute saison : ouvert tous les jours de 10h30 à 18h30. Label Tourisme & Handicap. Boutique. Animations.

Situé dans un bâtiment attenant à l'ancien prieuré de Sainte-Gauburge, l'écomusée est consacré à la vie rurale et aux arts et traditions populaires du Perche. Au fil de la visite, le public découvre les us et coutumes de la région : travaux agricoles, métiers de l'artisanat traditionnel, cheval percheron etc. Les salles d'exposition présentent objets et outils anciens, regroupés par corps de métier. Le rez-de-chaussée est consacré à la fabrication du cidre et du calvados, avec pressoirs, bouilles… De nombreuses activités pédagogiques et stages sont proposés.

FORÊT DE BELLÊME ★★

Connue pour ses futaies séculaires, la forêt domaniale de Bellême est l'une des plus belles du Perche. D'une surface de 2 400 hectares, son relief est vallonné grâce aux petits ruisseaux qui y prennent leur source ou la traversent. Ce massif compte une cinquantaine de mares, ce qui en fait un important réseau de milieux humides. L'étang de la Herse, site classé, en est une belle représentation : la vision des arbres qui se reflètent dans l'eau constitue un magnifique spectacle, qui change au gré des saisons. La forêt offre de nombreuses possibilités de sorties.

PARC DU CHATEAU DE LORIERE

D11 - VAL-AU-PERCHE
✆ 02 37 49 61 43

Ouvertures ponctuelles en juin, juillet et août. Visites sur rendez-vous pour les groupes uniquement. Tarif : 5 €.

Ce joli parc paysager à l'anglaise avec alignements, qui a vu le jour au XIXe siècle, mérite bien une visite. Le lieu labellisé « Jardin remarquable » est constitué de bois et de bosquets d'essences exotiques ainsi que d'un potager classé « Potager de France ». Petits et grands qui s'y promène peuvent admirer au passage la vue sur le paysage environnant. A ne pas manquer également : la roseraie. Le parc est inscrit à l'inventaire supplémentaire des Monuments historiques.

LE VIEUX BELLÊME ★

L'ancienne capitale du Perche ne manque pas d'attraits. Afin de les découvrir, il faut emprunter ses ruelles à pied ! Au départ de la rue Ville Close, ancienne artère médiévale aux façades colorées, découvrez des hôtels particuliers et de jolis balcons en fer forgé comme sur l'ancienne maison du gouverneur du Perche. Admirez le porche du XVe siècle et découvrez d'autres vestiges de l'ancienne forteresse : remparts et anciennes douves où cygnes et canards ont élu domicile. L'église Saint-Sauveur, qui date des XVe et XVIe siècles, a été reconstruite au XVIIe siècle.

LES VIGNES €

Les Vignes - **SAINT-FULGENT-DES-ORMES**
✆ 02 43 34 41 65
www.chambre-d-hote-les-vignes.webnode.fr

Accueil paysan. 1 chambre. 50 € 1 pers., 60 € 2 pers. Petit déjeuner inclus. CB non acceptée. Toilettes sèches.

Cette ancienne longère paysanne, conservée dans son jus et restaurée avec des matériaux naturels majoritairement locaux, a été conçue pour un retour à l'essentiel. Labellisée accueil paysan, cette chambre d'hôte offre tout le confort dans le respect des normes écologiques. La maîtresse des lieux propose à ses visiteurs un accueil riche en découvertes : four solaire, jardin en permaculture… Idéalement situé au cœur de la nature, où de nombreuses espèces d'oiseaux s'épanouissent. Il n'est pas rare d'apercevoir aussi des chevreuils !

ORNE

LA BELLÊME BLEUE €€

26, rue Boucicaut
✆ 02 33 25 29 75
www.labellemebleue.com
Tarifs des chambres de 90 € à 140 €, petit-déjeuner inclus. Wifi.

Cette ancienne bâtisse percheronne du XVIIe siècle, totalement restaurée, va vous faire voyager. A travers chacune des chambres, vous découvrirez un continent : l'Afrique de Karen Blixen, l'Amérique de Frida Khalo, l'Asie de Mata Hari et l'Europe d'Aristide Boucicaut. Personnage emblématique de Bellême, ce dernier fut le fondateur du premier grand magasin Le Bon Marché à Paris. La maîtresse des lieux propose aux visiteurs un séjour unique, entre exotisme et design, avec les services d'un mini-hôtel et des prestations sur mesure.

CHÂTEAU DE LA GRAND-MAISON €€€

33-37, rue d'Alençon
✆ 07 71 00 12 52
Gîtes de France (4 épis). Chambre double ; suite. Wifi. Restauration.

Un cadre romantique et plein de charme à deux pas du centre-ville : le château de la Grand-Maison séduit le visiteur par son environnement de charme propice à la détente. Situé dans un parc de 5 000 m², cet ancien édifice restauré offre un ensemble de 3 chambres et 2 suites de prestige, vastes et confortables, au nom de personnages historiques célèbres. La noblesse et la délicatesse du décor résonnent avec l'esprit du XVIIIe siècle. Profitez de la terrasse et du salon de jardin.

LE MOULIN DE GÉMAGES €€

Lieu-dit Le Moulin - **VAL-AU-PERCHE**
✆ 02 33 25 15 72
www.lemoulindegemages.com
Chambre simple de 90 à 100 €. Chambre double de 100 à 110 €. Chambre triple 120 €. Gîte : 495 € le week-end.

Le Moulin de Gémages, c'est l'endroit idéal pour les amoureux de la pêche à la mouche ! Les passionnés trouveront ici 12 plans d'eau et 3 km de berges pour s'adonner à leur plaisir favori. Et ce ne sont pas les seules ressources du lieu ! Ce beau moulin ancien abrite également cinq chambres d'hôtes (dont une avec séjour et baignoire) et un grand gîte pour 6 personnes dans l'ancienne maison du meunier. De nombreuses animations sont proposées tout au long de la saison. L'accueil est tout aussi chaleureux que les lieux, à conseiller aux amateurs de nature.

LA BELLÊMOISE €

19, place de la Liberté
✆ 02 33 73 19 41
www.pizzeria-bellemoise.fr
Pizzeria et crêperie. Ouvert du mardi au samedi midi et soir. Fermé dimanche et lundi.

Déguster une délicieuse pizza ou une bonne galette à petits prix ? Le restaurant devrait satisfaire votre appétit ! Les ingrédients sont de qualité, le jambon digne de ce nom, et la pâte au sarrasin affiche une belle couleur en plus d'être agréable en bouche. En dessert, la traditionnelle crêpe beurre/sucre est vraiment beurrée, ce qui n'est pas souvent le cas hors de la Bretagne (avis aux amateurs). Pour ceux qui ont envie d'Italie, ils ont le choix entre les classiques Reine, Marguerita... et de nombreuses spécialités dont une locale à base de boudin noir.

ORNE

PERCHÉ DANS LE PERCHE €€

Le Renardière
BELLOU-LE-TRICHARD
www.perchedansleperche.com
160 € la nuit pour deux personnes petits déjeuners compris.

Venez profiter du confort, de l'ambiance paisible et de l'environnement naturel de cette belle cabane de 40 m² en duplex avec terrasse de 25 m² et cuisine d'été. Isolée et chauffée en hiver, la cabane est perchée autour d'un châtaignier plusieurs fois centenaire. A deux pas, le sentier des arbres vous invite à cheminer dans un espace naturel de 10 ha avec vues panoramiques sur les paysages vallonnés du Parc naturel régional du Perche. Egalement une maison perchée de 48 m² pouvant accueillir 6 personnes. Les deux constructions sont écologiques.

A LA DINETTE GOURMANDE €€

Place du Général Leclerc
✆ 02 33 25 99 32
www.aladinettegourmande.fr
Normandie Qualité Tourisme. Ouvert tous les jours, mercredi et dimanche midi uniquement. Menus de 11,40 € à 29 €.

Ce restaurant ne compte plus les distinctions et bénéficie d'une belle renommée. Le talent de Cyril Font et Nathalie Boulay est régulièrement salué par la profession. Ambassadeur de son terroir, le couple ne manque pas de valoriser le savoir-faire des producteurs voisins qui sont devenus leurs fournisseurs. En semaine, les formules à l'ardoise offrent une large palette pour un déjeuner rapide ou plus gastronomique. Le tout est orchestré de main de maître par Nathalie, à l'accueil, comme en salle. Excellent rapport qualité/prix, cette adresse fait l'unanimité !

LE 5

5, place Boucicaut
✆ 02 33 85 67 60
Du jeudi au lundi de 10h à 18h. Brunch - Déjeuner - Goûter. Vente à emporter. Boutique.

Une atmosphère chaleureuse, conviviale, cosy et généreuse à l'image de Yasmine la maîtresse des lieux : les qualificatifs ne manquent pas pour Le 5. Ce salon de thé est une adresse que l'on ne peut que vous recommander ! Dans un cadre à l'esprit très anglais, c'est le lieu idéal pour venir déjeuner ou goûter. Les quiches, tartes salées et autres soupes en hiver (salades aux beaux jours) changent au gré des envies de la cuisinière. Pas facile de faire un choix parmi les desserts tous faits maison également. Profitez de l'option à emporter !

CHOCOLATERIE BATAILLE

14, boulevard Bansard-des-Bois
✆ 02 33 73 41 02
www.chocolateriebataille.wix.com/chocolaterie-bataille
Du mercredi au samedi, de 9h à 12h30 et de 14h30 à 19h. Dimanche matin de 9h30 à 12h30.

Charles Bataille, chocolatier et pâtissier de la ville, vient de rendre son tablier. Mais la continuité est assurée grâce à un couple de repreneurs... venus d'Alsace ! On continuera donc de se régaler grâce à l'équipe de chocolatiers et de pâtissiers qui demeure, elle, inchangée. Parmi les spécialités : bonbons pralinés, ganaches, macarons, saint-honoré, tartelettes chocolatées et quelques nouveautés dont les tablettes de chocolat aux noisettes caramélisées. Et si vous avez envie de prolonger les plaisirs chocolatés, prenez place au bar à chocolat !

LA SAVONNERIE DE LA CHAPELLE

place au Blé ✆ 02 33 85 50 18
www.savonneriedelachapelle.com
Ouvert mardi, mercredi, vendredi 10h-13h / 15h-19h, jeudi et samedi 10h-19h et dimanche 10h-13h. Fermé le lundi.

Lorsque vous poussez la porte de La Savonnerie de la Chapelle, de multiples parfums envahissent vos narines. Normal, vous êtes dans le temple du savon. « Vallée boisée », « Nuit de l'Orient », « Fruit du soleil » : des noms évocateurs ! Ici, tous les produits sont garantis 100 % naturels. Comme la boutique offre une vue directe sur l'atelier de fabrication, on peut découvrir les différentes étapes de conception des savons... et aussi des baumes, des huiles sèches et autres shampoings.

MORTAGNE-AU-PERCHE ★

Pour découvrir les charmes de Mortagne, il faut arpenter ses ruelles pavées et vallonnées (à l'image de la région), contempler ses murs de pierres et activer sa curiosité. Le patrimoine de l'ancienne capitale du Perche, désormais labellisée « Petite cité de caractère », témoigne de la richesse de son histoire : porte Saint-Denis, hôtels particuliers, crypte Saint-André, etc. Mortagne est aussi la ville qui a vu naître et grandir le philosophe Alain, dont une statue a été élevée à l'arrière de l'incontournable place du Tribunal. A la tombée de la nuit, l'éclairage des lanternes en fer forgé confère à la partie historique une atmosphère particulière.

CRYPTE SAINT-ANDRÉ

Rue du Fort
Ouvert du lundi au samedi de 9h30 à 17h. Pour la visite, s'adresser à la conciergerie du Tribunal. Gratuit.

Dernier vestige de la Collégiale, la crypte Saint-André mérite que vous y fassiez une halte lors de votre promenade dans le vieux Mortagne. Cette belle salle gothique du XIIIe siècle est divisée, par des piliers massifs, en deux nefs et trois travées aux larges croisées d'ogives. Forcément, il y règne une atmosphère très particulière... Ce site, chargé d'histoire, est particulièrement apprécié par les artistes qui sont régulièrement invités à exposer leurs œuvres. De nombreux évènements sont organisés tout au long de l'année.

ÉGLISE NOTRE-DAME ★

4-14, rue Henri Chartier
✆ 02 33 83 34 37
www.ot-mortagneauperche.fr
Ouvert du lundi au samedi de 8h30 à 18h.

L'église Notre-Dame n'a pas été ménagée par les péripéties de l'Histoire et autres coups du sort. Situé à l'emplacement de l'ancienne chapelle du Fort Toussaint, enceinte édifiée du temps où la ville était une forteresse, l'édifice a été reconstruit et agrandi après la guerre de Cent Ans. Vers 1620, la Tour fut coiffée d'un dôme d'ardoises... qui brûla en 1887. Ce n'est pas là son seul préjudice : la Tour, probablement mal restaurée, s'effondra en 1890. Sa reconstruction, telle qu'on peut la voir aujourd'hui, se limite à abriter l'horloge et les cloches.

ORNE

FERME DES CABRIOLES

La blanchardière de landres
MAUVES-SUR-HUISNE ✆ 09 54 02 14 69
www.ferme-des-cabrioles.fr
De mi-mars à mi-novembre : ouvert le vendredi de 16h à 19h, samedi et dimanche de 15h à 19h. Traite des chèvres à 18h.

Sur un site préservé au cœur du Parc naturel régional du Perche, deux éleveurs d'une soixantaine de chèvres poitevines et alpines vous proposent de découvrir la fabrication de fromages fermiers bio. Au gré d'une balade sur le sentier pédagogique, vous apprendrez le fonctionnement de la ferme et le lien entre nature, paysage et agriculture. Parmi les spécialités : des fromages de chèvre fermiers en frais, demi-sec et affiné. Moulés à la louche, les traditionnels crottins, pyramides ou bûches côtoient 2 spécialités : le cœur frais miel lavande et le carré au cidre.

HALLE AUX GRAINS

56, place du Général de Gaulle
Intérieur accessible aux horaires d'ouverture de la médiathèque.

C'est un lieu incontournable ! La halle aux grains, située non loin de l'hôtel de ville, trône sur la place principale de la capitale du Perche. Construit entre 1822 et 1825, le bâtiment a plusieurs fonctions : vente de céréales au rez-de-chaussée, halle aux toiles et spectacles avec le théâtre à l'étage. Aujourd'hui, la halle poursuit sa fonction de divertissement avec le cinéma Etoile installé dans l'ancienne salle de théâtre, accessible par un grand escalier en bois. Au rez-de-chaussée, plus de grains mais des livres : la médiathèque y a ses quartiers.

ORNE

HOTEL DE VILLE ET JARDIN PUBLIC

L'Hôtel de ville ne se visite pas. Jardin public ouvert toute l'année jusqu'à 18h.

Construit au XVIIIe siècle, l'Hôtel de Ville conserve de belles boiseries mais n'est pas ouvert à la visite. Le jardin public en revanche, et la vue imprenable qu'il offre sur les vallons verdoyants de la région, est accessible tous les jours. Ce parterre à la française organisé autour d'un bassin circulaire compte une statue équestre en bronze du sculpteur Emmanuel Frémiet (XIXe siècle) et un buste de Jules Chaplain, figure mortagnaise. Tables de pique-nique et jeux pour enfants.

HOTEL DES TAILLES

9, rue des Tailles
Visible uniquement de l'extérieur.

La façade de cet édifice, qui appartenait à un banquier parisien, date du XVIIIe siècle. Rigoureusement symétrique, et dotée au centre d'un balcon en pierre protégé par un garde-corps en fer forgé ouvragé, cette magnifique demeure mortagnaise dispose d'un fronton foisonnant de sculptures, dans lequel s'inscrit l'un des plus beaux cadrans solaires du Perche. La méridienne s'étire en hauteur avec deux cornes d'abondance affrontées. Cet hôtel particulier fait désormais chambre d'hôtes pour ceux qui souhaiteraient le découvrir de l'intérieur.

MAISON DES COMTES DU PERCHE

8, rue du Portail-Saint-Denis

Elevée par les comtes du Perche, cette maison datant du XVIIe siècle a remplacé la demeure seigneuriale qui avait été édifiée au XIIe siècle. Doté d'une petite cour intérieure, le lieu abrite le musée dédié au philosophe Alain, de son vrai nom Emile-Auguste Chartier, né à Mortagne-au-Perche. L'occasion d'en apprendre un peu plus concernant l'auteur de *Propos sur le bonheur*. Ne manquez pas de faire le tour du bâtiment : la façade arrière et la petite placette méritent un coup d'œil !

MUSÉE ALAIN ★

Rue du Portail-Saint-Denis
✆ 02 33 85 35 75
www.alainmortagne.fr
Ouvert de fin mai à mi-septembre, du jeudi au samedi de 14h30 à 18h. Gratuit. Visite commentée : 2,50 €

Enfant du pays, le philosophe Alain – de son vrai nom Emile-Auguste Chartier – est né à Mortagne-au-Perche en 1868. Son cabinet de travail du Vésinet, dans les Yvelines, est reconstitué dans 3 pièces de la Maison des comtes du Perche (XVIIe siècle). Alain a dépeint le Perche, et la capitale du Perche ornais en particulier, dans un recueil de textes intitulé *Portraits de famille*. Agrégé de philosophie, il fut aussi journaliste, musicien, peintre et moraliste. Le fonds Alain est constitué d'un ensemble de livres, revues, photos, peintures, etc.

OFFICE DE TOURISME DE MORTAGNE-AU-PERCHE

36, place du Général-de-Gaulle
✆ 02 33 83 34 37
www.ot-mortagneauperche.fr

Ouvert toute l'année. Juillet à septembre : du lundi au samedi 10h-18h, dimanche et jours fériés 10h-13h.

Accueil souriant et convivial à l'office de tourisme. Vous trouverez ici leurs meilleures idées pour un séjour réussi : en plus des informations sur la ville, hébergements, activités, bonnes adresses où se restaurer, l'équipe met à disposition une boutique de cadeaux et de souvenirs. L'office organise des visites du patrimoine de la cité, sur demande pour les groupes. Borne interactive 24h/24. Le p'tit plus futé : possibilité de louer des vélos à assistance électrique.

LE GROS CHÊNE €€

Le Gros Chêne
✆ 02 33 25 02 72
www.fermedugroschene.com

Gîtes de France (3 épis). Label Tourisme & Handicap.

Offrant une vue imprenable sur la capitale du Perche ornais et doté de 14 places, le gîte du gros chêne est le lieu idéal pour accueillir les familles ou les groupes d'amis qui ont envie de se mettre au vert. Situé au cœur de l'exploitation agricole de la famille Pasquert, ce gîte est en réalité une ancienne grange qui a été entièrement réhabilitée. Ici, petits et grands (re) découvriront le charme de la vie à la campagne. Si vous le souhaitez, vous pouvez aussi séjourner dans une roulotte ! A noter : un espace détente est également à votre disposition.

JEUX D'ENFANTS €€

4, ruelle de l'Hospice
✆ 06 89 87 39 05

Ouvert du 1er mars au 31 décembre 2021. Pour 5 personnes (2 chambres). 80€. CB non acceptée.

Ce gîte est situé dans une maison mitoyenne confortable et chaleureuse qui permet d'accueillir 5 personnes. Non loin du centre de Mortagne (400 mètres), l'habitation est dotée d'un jardin paysagé et d'un atelier pour permettre aux visiteurs de s'adonner à tous types de loisirs créatifs : peinture, patchwork, etc. Une bibliothèque, qui compte de nombreuses revues, est également mise à disposition des hôtes. Les 2 chambres offrent tout le confort nécessaire et sont équipées de postes de télévision. Une bonne adresse pour un séjour reposant.

CAFÉ DE FRANCE €

19, place de la République
✆ 02 33 85 58 03

Ouvert du mardi au jeudi de 9h à 20h. Vendredi et samedi de 9h à 01h. Réservation recommandée. Plat du jour : 9,50 €.

Prenez un accueil chaleureux et convivial, ajoutez-y une cuisine où tout est fait maison avec deux plats du jour à la carte le midi et vous obtenez une excellente adresse ! Christophe officie en salle et derrière le zinc, où il propose notamment une large gamme de bières soigneusement sélectionnées, pendant que Stéphanie s'affaire en cuisine à préparer les plats du jour issus de ses emplettes matinales auprès des producteurs locaux. Un excellent rapport qualité-prix. Une super adresse que l'on vous recommande sans hésitation !

HÔTEL DE LA POSTE €

15, place de la République
✆ 02 33 25 08 01

Fermé le dimanche. Ouvert du lundi au samedi le midi. Réservation recommandée. Menu à partir de 14 €. Terrasse.

De la cuisine traditionnelle, familiale et fait maison : c'est tout cela le restaurant de l'Hôtel de la Poste. Les habitants en ont fait leur « cantine » du midi avec raison ! Au menu : des plats incontournables de la cuisine française. De l'assiette de crudités en passant par le filet de hareng, du boudin mortagnais (forcément) au poulet au cidre et à la truite meunière... Il y a aussi de très bonnes tartes en dessert. La patronne est sympathique, le patron un peu plus taiseux. La décoration ne paie pas de mine mais, la simplicité a ici ses lettres de noblesse.

LA CROIX D'OR €€

6, Rue de la Herse - **LE PIN-LA-GARENNE**
✆ 02 33 83 80 33
www.lacroixdor.free.fr

Ouvert du jeudi au lundi le midi et le soir. Fermé le lundi soir. Réservation impérative. De 28 à 47 €.

Tenu par Karine et Laurent Olivier, ce restaurant est très prisé. Mieux vaut réserver longtemps à l'avance si vous souhaitez goûter la cuisine du chef. Le menu est inspiré par les saisons et les produits du terroir, comme la formule du midi en semaine baptisée « Balade sur le marché ». Ailes de raie, pièce de bœuf, boudin noir, camembert, desserts fruités ou chocolatés... : vous avez le choix. Si c'est votre cas, et si votre porte-monnaie vous en donne l'opportunité, laissez-vous emporter par le menu le plus onéreux de la carte baptisé Plaisir des gourmets.

HÔTEL - RESTAURANT LE TRIBUNAL €€

4, place du Palais
✆ 02 33 25 04 77
www.hotel-tribunal.fr
Logis. Menus de 34 € à 56 €. Formule du midi : 17,50 €. Chambre dès 79 €. Patio.

A cette table renommée, le chef et son équipe proposent une cuisine inventive et gastronomique avec produits de qualité et de saison. Les menus sont inspirés du monde judiciaire : il y a « Le Référé », le « Premier jugement », le « Verdict » et le menu « Grande instance ». Et le chef met un point d'honneur à revisiter la carte à chaque changement de saison. Grands classiques de la maison et spécialités locales se dévoilent régulièrement sous de nouvelles saveurs.

MÉTRO MONTREAL €€

32, rue des 15 fusillés
✆ 06 48 84 55 54
Ouvert du lundi au samedi le midi et le soir. Terrasse. Vente à emporter.

Envie de vous évader direction le Québec ? Pas besoin de faire des heures d'avion, poussez tout simplement la porte du resto Métro Montréal ! Ici, ambiance 100 % québécoise garantie autour d'un bon burger. Que vous ayez un grand appétit ou une petite faim, ils sauront satisfaire vos envies. Pour l'accompagnement, vous avez le choix entre les traditionnelles frites, la fameuse « poutine » ou encore les haricots blancs au bacon… et sirop d'érable ! Le tout est servi dans un décor typique des fast-foods nord-américains avec briques rouges et ambiance industrielle.

LA VIE EN ROUGE €€

31, rue Sainte-Croix
✆ 09 66 13 88 20
www.lavie-en-rouge.com
Ouvert du jeudi au samedi de 10h à 20h, dimanche de 10h à 15h, lundi de 10h à 19h. Vin au verre. Boutique.

Cette épicerie fine est une bonne adresse. Ici, les produits qui ornent les étals sont également proposés à la dégustation autour d'un bon verre de vin ! On pousse la porte pour le dépaysement que propose le patron de l'établissement : Italie, Grèce, Pays basque…, les spécialités régionales du sud de la France et des pays latins tiennent le haut de l'affiche. Assiettes de charcuteries espagnoles et de fromages sont accompagnées d'un bon pain de campagne. Côté vin : la gamme est exclusivement composée de boissons naturelles ou en biodynamie.

LE VOLANT €€

12, rue Catinat - **MAUVES-SUR-HUISNE**
✆ 02 33 83 65 73
www.lavoilerestaurants.com
Ouvert du jeudi au dimanche le midi et le soir. Formule du midi : 13 €.

Belle découverte que cette adresse où Anglais et Français amoureux de belles voitures et de produits frais se côtoient dans une ambiance sympathique. C'est un ancien restaurateur de Boston qui a décidé de s'installer dans ce petit village au cœur du Perche. Les plats sont faits maison et s'inspirent de la cuisine française : il fait bon s'y restaurer. Le Volant c'est aussi un piano-bar et un bar à vin, ce qui en fait un superbe endroit convivial à la campagne et à la déco sobre. L'hiver, la cheminée vous réchauffera, l'été profitez de la terrasse !

GLACE'ART

38, rue Sainte-Croix
✆ 02 33 85 70 38
Du Mardi au jeudi de 16h à 19h, le vendredi de 10h à 12h et 15h à 19h et le samedi de 10h à 19h. Pot : 2,50 € les 80ml.

Quelle belle découverte que ce glacier. Gérard Taurin régale les palais des petits et des grands avec glaces, sorbets et autres « gâteaux » glacés (vacherins, bûches). Impossible de résister au savoir-faire reconnu du meilleur ouvrier de France glacier, sacré également Champion du monde glacier. Dans la petite boutique, l'ambiance est inversement proportionnelle aux produits qu'ils proposent : l'accueil est chaleureux et convivial. On peut voir les glaciers s'affairer dans le laboratoire, là où se créent les plaisirs glacés aux multiples parfums.

R10

5, place Notre-Dame
✆ 06 83 70 71 41
Fermé lundi et mardi. Desserts glacés. Glaces et sorbets : un parfum 2 €, deux parfums 3,50 €.

Vanille, cassis, citron vert, spéculos, et pour les plus hardis safran ou basilic : vous avez le choix entre de nombreux, et parfois surprenants, parfums chez R10. Un nom original pour cette boutique de glace qui est le diminutif du prénom de la gérante, Herdis Paesen. L'ex-vétérinaire devenue glacière propose ses spécialités artisanales confectionnées à base de lait du Perche. Herdis Paesen est déjà connue des gourmands : la spécialiste d'origine flamande officiait déjà, à seulement quelques kilomètres de là, à Saint-Langis-lès-Mortagne.

CHARCUTERIE LA RENOMMÉE

5 rue du Général-Leclerc
✆ 02 33 25 04 98
Ouvert du mardi au samedi de 8h15 à 19h15. Ouvert le dimanche (uniquement le matin).

Elisabeth et Thomas Habert, charcutiers installés à Mortagne-au-Perche depuis juillet 2006, sont à la tête de la charcuterie La Renommée. Cet établissement reconnu dans la région propose de nombreux produits de qualité, notamment les boudins noirs et blancs qui sont primés. A noter que leur andouillette tient aussi le haut de l'affiche. Ils sont d'ailleurs référencés au *Gault & Millau* depuis 2017 : un gage de qualité. Ils font également partie du réseau local Orne Terroirs qui propose une sélection des meilleurs produits du département.

CHARCUTERIE MEREL

8, rue des Marchands
✆ 02 33 25 02 53
Ouvert du mardi au samedi de 8h à 13h et de 14h30 à 19h. Ouvert le dimanche de 8h à 12h30. Fermé le lundi.

Du boudin noir toute l'année : ici c'est le principe ! Traditionnel, fumé, aux pommes, pimenté… sous forme de quiches ou de chaussons aux pommes-boudin, François Mérel aime la spécialité de la région ! Il la défend tous les ans lors de la foire au boudin et de son traditionnel concours international du meilleur boudin noir où le charcutier officie en qualité de membre du jury. Ses autres spécialités ? Le boudin blanc, le filet mignon fumé et une création ultralocale : la Bûche de Réno, un saucisson de bœuf et de porc aromatisé au poivre.

MAISON BOSSARD

33, rue Montcacune
✆ 02 33 85 53 02
Ouvert du mardi au vendredi de 8h à 13h et de 15h à 19h. Ouvert samedi de 7h30 à 18h.

Spécialisée en boucherie et charcuterie, la Maison Bossard a fait du porc sa spécialité. Mais ne vous méprenez pas : cette viande de bonne qualité, que le maître des lieux José Herrero aime décliner sous toutes ses saveurs, n'est pas la seule à avoir ses faveurs ! Le boucher, parrainé par Claude Bossard (propriétaire de la boutique), propose du bœuf, de la volaille et même du lapin. A noter : la Maison Bossard propose une gamme de produits en conserves dont des rillettes de porc et de poulet, des terrines de lapin, de campagne, etc.

SOLIGNY-LA-TRAPPE

Ravissant petit village fleuri avant tout connu pour son abbaye de moines trappistes, Soligny-la-Trappe séduit également les amoureux de nature. Balades en forêt, baignade, pêche… sa base de loisirs située au cœur de la forêt fait le bonheur de plusieurs milliers d'estivants chaque année. Les gourmands apprécieront le « bourdin », une pâtisserie locale à base de pommes. Parmi les curiosités locales, ne manquez pas le Marché au Cadran. Ce marché à l'ancienne, destiné aux éleveurs, bouchers et négociants en bestiaux (ovins-bovins), vous surprendra par sa technique de vente particulièrement originale. Il ne tient qu'à vous de la découvrir !

ABBAYE DE LA TRAPPE ★

✆ 02 33 84 17 05
www.latrappe.fr
Abbaye fermée au public. Possibilité d'assister aux offices tous les jours (horaires sur le site internet). Boutique.

© ARTHUR LEROY - ICONOTEC

Sauf exception lors des journées du patrimoine ou des 7 offices quotidiens, l'abbaye de la Trappe n'est pas accessible à la visite. Seule une vidéo d'environ 30 min présente l'histoire des lieux d'hier à aujourd'hui. Abbaye cistercienne, c'est le seul monastère d'hommes de l'Orne encore en activité. Avant d'être une abbaye, c'était une simple chapelle dédiée à la Vierge construite en 1122 par le comte Rotrou III. Sur place, une boutique propose des produits des monastères et abbayes de France. Il est possible d'y faire des retraites, individuelles ou en groupe.

BASE DE LOISIRS

D930

✆ 02 33 34 53 38

Pleine saison en juillet et août, tous les jours de 13h à 20h, baignade autorisée et toboggan aquatique surveillé.

C'est l'endroit parfait pour une escapade bucolique ! A deux kilomètres de l'abbaye de la Trappe, en pleine forêt, il fait bon se réfugier sur ce site qui s'étend sur 7 hectares pour se rafraîchir. Au programme : stand-up paddle, toboggan aquatique, barques, bateaux à pédales, jeux pour les enfants, trampoline, terrains de boule, mini-golf (18 trous). Une terrasse couverte a même été aménagée sur l'eau pour y pique-niquer. On peut aussi y préférer le snack-bar-buvette. L'eau y est d'excellente qualité, car renouvelée régulièrement par les sources qui l'alimentent.

ÉGLISE SAINT-GERMAIN-D'AUXERRE

Soligny-la-Trappe est certes réputée pour son abbaye, mais ce n'est pas de cette église-là qu'il s'agit. Saint-Germain-d'Auxerre est beaucoup plus ancienne que l'abbatiale. Construit entre le XIe et le XIIe siècle, ce monument est le seul à avoir survécu à l'incendie qui a ravagé le bourg en 1753. Edifiée en grison, la pierre locale, l'église est ornée d'un portail roman surmonté d'une frise reposant sur des colonnettes à chapiteaux sculptés. A découvrir !

CHARCUTERIE DUJIROUARD

Grande rue ✆ 02 33 34 51 29

Ouvert le mardi, le mercredi, le vendredi et le samedi de 8h30 à 19h. Jeudi et dimanche de 8h30 à 13h.

Vainqueur d'un trophée national du meilleur boudin noir, Éric Dujirouard ne compte pas uniquement le fleuron mortagnais parmi ses spécialités ! Sur ses étals on trouve aussi des tripes à la mode de Caen, de la terrine de campagne, du boudin blanc et de l'andouillette de campagne. Bref, tout ce qui régale les palais de sa clientèle. Original, le charcutier est sur les routes pour 2 tournées hebdomadaires, le jeudi et le vendredi après-midi, dans les communes environnantes. Le petit plus futé : le charcutier a également développé une activité de traiteur.

RÉMALARD EN PERCHE

Rémalard est le chef-lieu de la commune nouvelle Rémalard-en-Perche, qui intègre également Bellou-sur-Huisne et Dorceau. Ancienne possession des comtes du Perche, la commune est associée à Octave Mirbeau, journaliste, défenseur des avant-gardes et pamphlétaire redouté (1848-1917) qui y a passé sa jeunesse. Plusieurs siècles auparavant, c'est là que Guillaume le Conquérant avait établi plusieurs mottes défensives afin de s'emparer de la seigneurie de Bellême en 1077. Rémalard possède une belle église datant des XIIe-XVe siècles, un peu excentrée du village, mais à laquelle on accède par une jolie rue bordée de maisons du XVIIIe siècle.

ÉCOMUSÉE DU PERCHE ★

Prieuré de Sainte-Gauburge

SAINT-CYR-LA-ROSIÈRE ✆ 02 33 73 48 06

www.ecomuseeduperche.com

Haute saison : ouvert tous les jours de 10h30 à 18h30. Label Tourisme & Handicap. Boutique. Animations.

Situé dans un bâtiment attenant à l'ancien prieuré de Sainte-Gauburge, l'écomusée est consacré à la vie rurale et aux arts et traditions populaires du Perche. Au fil de la visite, le public découvre les us et coutumes de la région : travaux agricoles, métiers de l'artisanat traditionnel, cheval percheron etc. Les salles d'exposition présentent objets et outils anciens, regroupés par corps de métier. Le rez-de-chaussée est consacré à la fabrication du cidre et du calvados, avec pressoirs, bouilles… De nombreuses activités pédagogiques et stages sont proposés.

JARDIN DE LA PETITE ROCHELLE

22, rue du Prieuré

✆ 02 33 73 85 38

la-petite-rochelle.com

Jardin remarquable. 14h-18h certains week-ends en avril, mai et juin (rdv jardins fin juillet-fin août). Adulte 7 €.

Hélène d'Andlau a commencé les jardins de La Petite Rochelle en 1976, créant au fil des ans sur un hectare et demi en bordure de Rémalard une succession de dix jardins associant arbres, arbustes, plantes grimpantes et vivaces choisis pour leur intérêt tout au long de l'année. Alliant abondance à l'anglaise et architecture à la française, des espaces densément plantés et plus ouverts, elle a su créer un lieu plein de charme et de poésie où l'eau se retrouve partout.

JARDIN FRANÇOIS

PERCHE EN NOCÉ ✆ 02 37 49 64 19

www.ferme-et-jardin-francois.com

Jardin remarquable. Ouvert du lever au coucher du soleil tous les jours de l'année. 5 chambres d'hôtes à partir de 50 €.

Ce jardin contemporain est conçu comme un tableau impressionniste autour d'une jolie ferme percheronne. Point d'ordre rigoureux ici : les plantes les plus élégantes côtoient les plus simples et déclinent leurs palettes de couleurs à chaque saison. Collections végétales ou paysages naturels se déploient et s'enrichissent chaque année sur près de 2 hectares, en belle harmonie avec les bâtiments. Des manifestations y sont organisées : concerts, expos, conférences. Pour ceux qui veulent prolonger la promenade, 5 chambres d'hôtes vous offrent un accueil chaleureux.

MAISON DU PARC NATUREL RÉGIONAL DU PERCHE ★★★

Manoir de Courboyer

PERCHE EN NOCÉ

✆ 02 33 25 70 10

www.parc-naturel-perche.fr

Ouvert toute l'année. En juillet et août de 10h30 à 18h30.

C'est au manoir de Courboyer que la Maison du Parc du Perche s'est installée il y a quelques décennies. Véritable vitrine du patrimoine régional, ce site de 65 hectares à flanc de colline, abrite un ancien logis seigneurial du XVe siècle. Il s'agit de l'un des plus grands manoirs du Perche. La Maison du Parc organise de nombreux événements : animations nature pour petits et grands, journées à thème, balades avec des chevaux percherons. Expositions.

GÎTE DU BOISTIER €€

Le Boistier - **PERCHE EN NOCÉ**

✆ 02 33 83 04 76

www.giteduboistier.com

Gîtes de France (3 épis). Pour 8 personnes. De 380 € à 430 € la semaine. Week-ends ou mid-week : de 270 à 300 €.

Ce gîte Panda est situé au cœur d'une ferme biologique, installée dans un ancien manoir du XVe siècle. Le lieu a été restauré dans la tradition du bâti percheron, les chambres sont spacieuses et confortables. Gilberte et Jean sont des passionnés de l'environnement et de l'écotourisme, engagés dans la vie locale et l'agriculture biologique. Ils ont à cœur de promouvoir leur territoire. Ils mettent à votre disposition une mallette pédagogique pour découvrir la flore et la faune locales. Leur gîte est labellisé par le Parc naturel régional du Perche.

MANOIR DE LORMARIN €€

PERCHE EN NOCÉ ✆ 02 33 25 41 89

www.manoirdelormarin.fr

Chambre double 130 €. Petit déjeuner inclus. 250 € la chambre double pour 2 nuits. CB non acceptée. Pas de restauration.

Construit à la fin du XVIe siècle, le manoir de Lormarin offre de belles proportions avec ses tourelles de chaque côté. Inscrit aux Monuments historiques, l'édifice a été amoureusement restauré par ses propriétaires Alban Cristin, antiquaire, et sa femme Laurence, peintre sur laque. Tous deux ont aménagé dans l'ancien fournil une confortable maison d'hôtes, indépendante et meublée avec goût. Au rez-de-chaussée : salle de bains et pièce qui abrite le vieux four à pain, à l'étage une chambre avec cheminée et salon. Soit un ensemble de 70 m² entièrement décoré.

DOMAINE DE VILLERAY €€€

Château et Moulin de Villeray
SABLONS SUR HUISNE ✆ 02 33 73 30 22
www.domainedevilleray.com
Chambres dès 139€ ; Hammam, bain bouillonnant, sauna.

Ce domaine est un monde de beauté, de calme et de volupté. Entre un château du XVIe siècle, érigé sur une colline surplombant le Val d'Huisne, et un moulin ocre et bucolique : séjourner ici c'est le paradis. Le décor extérieur, le panorama, les terrasses et jardins, un Spa POM des plus délassant, des salons, salles à manger et chambres tous plus merveilleux les uns que les autres par leur confort et leur décoration mêlant l'ancien et le moderne… Ce lieu est un enchantement. La table est à la hauteur du décor, imaginative et riche de savoirs et saveurs.

D'UNE ÎLE €€€

Domaine de Launay
✆ 02 33 83 01 47
www.duneile.com
De 113 € à 225 €. Petit déjeuner : 15 €. Wifi. Restauration (sur réservation. Prix à la carte : environ 45 €).

Au cœur d'un domaine de 8 hectares de terre, entre prairies et forêts, ce hameau du XVIIe siècle fait office d'hôtel de campagne. Situé à 150 km de Paris, au cœur du Perche, cet endroit bucolique a été entièrement réhabilité et offre une magnifique vue sur les vallons environnants. En arrivant ici, le visiteur pourrait croire que le temps s'est arrêté. La décoration épurée est pleine de poésie avec des meubles des années 1950, des touches d'art et de *do it yourself*. Le restaurant est principalement dédié à la clientèle de l'hôtel ou sur réservation uniquement.

AUBERGE DES TROIS J €€

1, place du Docteur-Gireaux - **PERCHE EN NOCÉ**
✆ 02 33 73 41 03
www.auberge-3j.fr
Fermé dimanche soir, lundi et mardi. Ouvert le mercredi pendant les vacances scolaires. Menus de 28 € à 50 €.

Cette adresse gourmande et délicate au cœur du Perche, proche du manoir de Courboyer, mérite qu'on y réserve une table. Connaisseurs et fidèles font des kilomètres pour y déguster ses mets délicats et savoureux. Il faut dire que l'établissement compte de nombreux atouts : un magnifique jardin, une belle terrasse, une jolie salle à manger (avec sa cheminée) et une cuisine orchestrée par Stéphane Joly. D'une année sur l'autre, le maître des fourneaux conserve l'amour du travail bien fait et livre à ses hôtes des compositions inventives. Une explosion de saveurs !

LE TROU NORMAND €€

5, place Saint-Ouen - **VERRIÈRES**
✆ 02 33 73 82 31
letrounormand61.fr
Ouvert mercredi, jeudi et dimanche le midi uniquement. Vendredi et samedi midi et soir. Formule bistrot en semaine.

Sandrine et Frédéric Glon vous régalent dans leur établissement situé au cœur de Verrières, petit village typique du Perche. Depuis seize ans, de l'entrée au dessert, en passant par l'accueil et le service, leur réputation et leur talent ont séduit de nombreux gourmets. On vous recommande vivement cette table au décor champêtre et reposant. Les assiettes suivent le rythme des saisons et sont garnies de produits locaux. Le plus dur sera de faire son choix parmi les nombreux plats de saison. Attention : n'oubliez pas de réserver.

LE JARDIN DE FRANÇOIS

PERCHE EN NOCÉ
✆ 02 37 49 64 19
Ouvert toute l'année du lundi au dimanche du lever au coucher du soleil.

Le Jardin de François s'étend sur 2 hectares qui se répartissent autour d'une ancienne ferme percheronne, le cœur du jardin. De la cour, on aperçoit les pâtures grasses du Perche et les bois environnants. A chacun, ensuite, au fil de la balade à travers la lande de bruyères ou la colline aux magnolias, à travers la roseraie, le sous-bois aux hydrangéas ou du côté des étangs, de se laisser aller à imaginer d'autres paysages. Vous pouvez séjourner dans les chambres d'hôtes et vous régaler du panier gourmand de produits de la ferme remis pour votre séjour.

SPA'POM

Lieu-dit Villeray - **SABLONS SUR HUISNE**
✆ 02 33 83 11 01
www.spapom.com
Dimanche au jeudi : 10h-13h / 14h-19h. Vendredi et samedi 10h-13h / 14h-20h. Accès : 25 € en semaine, 35 € le week-end.

Envie d'une pause bien-être ? Rendez-vous au hameau de Villeray. Dès que vous poussez la porte du Spa'pom, vous êtes déjà plus détendu(e). Eclairage délicat, bois brut… Construit dans les anciennes dépendances du château de Villeray, l'endroit regroupe tous les atouts propices à la détente : hammam, sauna, bassin avec jets massants et aussi cheminée intérieure, aire de repos sous une grande verrière, et infusions à volonté pour se réhydrater. Pour ceux qui sont tentés par un soin, la pomme (reconnue pour ses bienfaits) y tient une place particulière.

TOUROUVRE AU PERCHE

Au bord de la forêt du Perche, le village possède une très jolie église du début du XIIe siècle, perchée sur une colline. C'est l'une des plus visitées de l'Orne ! Notre-Dame d'Autheuil, restaurée au XIXe siècle, est l'un des édifices romans les mieux conservés de la région. Édifiée vers 1100, on peut admirer ses chapiteaux historiés avec de fins entrelacs végétaux et des figures sculptées d'animaux ou d'Adam et Eve. Ils s'inspirent de la sculpture scandinave avec laquelle l'abbaye de Saint-Evroult, dont dépendait Notre-Dame d'Autheuil, entretenait des liens étroits au Moyen Âge. La nef possède une certaine élégance avec sa suite d'arcatures.

EGLISE NOTRE-DAME D'AUTHEUIL ✞

✆ 06 70 57 13 19

www.autheuilpatrimoine.fr

Ouvert du 15 avril au 15 novembre de 10h à 18h. Visite commentée à la demande. Gratuit. Parking. Aire de pique-nique.

Construite au XIIe siècle, et ancienne dépendance de l'abbaye de Saint-Evroult, l'église est l'une des plus anciennes de la région. Témoignage de l'art roman, sa façade est entièrement reconstruite au XIXe siècle. De ses origines, elle conserve encore l'arcature supérieure du portail. A l'intérieur, l'édifice recèle de trésors architecturaux et de décors originaux : les chapiteaux sont dotés d'animaux fantastiques et de quadrupèdes étranges. L'influence viking est également présente.

ÉGLISE SAINT-AUBIN ✞ ★

Ouvert de 8h30 à 19h en été, de 9h à 17h le reste de l'année. Gratuit.

D'origine romane, l'église est reconstruite au cours des XVe et XVIe siècles avec son clocher-porche surmonté d'un dôme à campanile et sa nef principale lambrissée avec charpente apparente. De la période romane ne subsistent que l'ancien porche et les petites baies sur le mur sud de la nef. Deux vitraux de la fin du XIXe siècle relatent : le départ pour le Québec vers 1650 de plus de 80 familles de Tourouvre et des environs, et la visite du Premier ministre québécois Honoré Mercier en 1891 (sur les traces de son aïeul originaire de la commune).

L'INZOLITE

Le Bourg

✆ 02 33 25 91 07

www.musee-de-linzolite.fr

Ouvert de Pâques à la Toussaint. Le week-end 14h-18h. En juillet et août, tous les jours 14h-18h sauf le lundi.

Après avoir vendu au musée de Tourouvre son musée de l'épicerie d'autrefois, Pierre Marzorati a ouvert un nouvel espace dans l'ancien café - restaurant - épicerie - hôtel de ce petit village percheron. Ce véritable cabinet de curiosités invite les curieuses et les curieux au voyage. Digne d'une caverne d'Ali Baba, L'Inzolite fait se côtoyer toutes sortes d'objets rares et insolites (plusieurs milliers tout de même !) soigneusement mis en scène. Au total, 13 salles sont réparties sur les 400 m² de ce lieu original. A découvrir !

MUSÉALES DE TOUROUVRE

15, rue du Québec

✆ 02 33 25 55 55

www.musealesdetourouvre.fr

Ouvert d'avril à décembre du mardi au dimanche 10h-12h30/14h-18h. Sur réservation pour les groupes

Les Muséales de Tourouvre, c'est 2 musées : celui de l'Emigration française au Canada, et celui des Commerces et des Marques. Le premier perpétue la mémoire de cette épopée fondatrice qu'ont vécue 325 Percherons. Pionniers, ils ont affronté l'océan et défié un hiver difficile avant de bâtir les premières maisons sur les rives du Saint-Laurent en Nouvelle-France. Le second musée aborde une thématique radicalement différente. Consacré aux petits commerces, étals, réclames d'antan inscrits dans les mémoires, le lieu recense slogans, affiches, et autres objets.

LE BOIS GERBOUX €€

Route du Lavoir

✆ 02 33 83 68 43

www.leboisgerboux.com

Tarif pour 2 personnes 65 €. CB non acceptée. Animaux acceptés.

Au cœur du Perche, Marie et Richard Buxtorf ont restauré et aménagé dans l'ancienne grange de leur propriété deux chambres d'hôtes. Baptisées Coccinelle et Pivert, elles sont chaleureuses et confortables. Au rez-de-chaussée : salle de petit déjeuner avec kitchenette pour séjourner en toute autonomie et partager les repas. Le hameau étant situé en lisière de la forêt domaniale du Perche et de la Trappe, c'est la tranquillité assurée. Pour les amoureux de rando, le GR 22 est à proximité. Pour les amateurs de vélo, la maison vous en prête.

L'AIGLE ★

Si la Seconde Guerre mondiale ne l'a pas épargnée, la ville conserve néanmoins un joli centre-ville ancien où se succèdent de belles maisons en grison : la pierre locale. Traversée par la Risle et située à la limite de l'Eure, L'Aigle est une porte d'entrée idéale pour découvrir le pays d'Ouche, à cheval sur les deux départements. La cité, qui a su conserver son côté rural, est au cœur d'une région qui, au XIXe siècle, était largement industrielle avec l'exploitation du minerai. Il faut s'y promener pour découvrir son château, reconstruit au XVIIIe siècle, l'église Saint-Martin, dont le clocher signale le centre de loin et ses petites boutiques.

ÉGLISE SAINT-MARTIN ★

30, rue des Emangeards
✆ 06 07 02 86 99
www.eglisesaintmartin.com
Ouvert de 9h à 18h. Visites guidées. Renseignements au 02 33 24 12 40.

Eglise millénaire à la silhouette curieuse, l'édifice se voit de loin. La tour de l'Horloge et l'abside sont édifiées en grison, pierre typique du pays d'Ouche reconnaissable à sa couleur rousse. La chapelle du Rosaire et la tour gothique possèdent 3 cloches et un curieux toit d'ardoise termine la tour carrée couronnée d'un aigle aux ailes déployées. Les niches extérieures abritent des sculptures modernes. Des vitraux modernes complètent les 2 seuls vitraux anciens du XVIe siècle rescapés des combats de la Libération. Un chantier de rénovation est en cours.

CHÂTEAU ET COMMUNS ★

Place Fulbert-de-Beina
✆ 02 33 24 12 40
www.ville-laigle.fr
Ouvert du lundi au jeudi de 8h30 à 12h et de 13h30 à 17h30 ; le vendredi de 8h30 à 12h et de 13h30 à 16h45.

Le château fut construit vers 1690 à l'emplacement de l'ancienne forteresse médiévale édifiée au début du XIe siècle par Fulbert de Beina. Ici, ce dernier aurait découvert un nid d'aigles, donnant son nom à la ville. Les plans de l'édifice actuel ont été réalisés par un architecte de Louis XIV. Les travaux ont duré plus de 40 ans pour réaliser une architecture classique de la fin du XVIIe siècle, et des jardins à la française organisés en 3 terrasses jusqu'à la Risle. L'édifice, qui abrite aujourd'hui l'hôtel de ville, est doté d'un superbe escalier monumental.

EXPOSITION DES INSTRUMENTS DE MUSIQUE

Place Fulbert-de-Beina
✆ 02 33 84 44 44
www.ville-laigle.fr
Du lundi au jeudi de 8h30 à 12h et de 13h30 à 17h30, fermeture à 16h45 le vendredi. Gratuit.

Envie de mieux connaître le monde merveilleux de la musique ? Laissez-vous guider ! Cette exposition présente environ 90 instruments autour de 3 grandes thématiques : instruments à vent, à cordes et ethniques. Cet univers original est né de la passion de Marcel Angot. Musicien et compositeur originaire de L'Aigle, il avait à cœur de partager sa collection avec le grand public, c'est pourquoi il en a fait don à la ville. Une jolie façon de découvrir l'histoire de la musique.

ORNE

© ARTHUR LEROY - ICONOTEC

Maison normande.

MUSÉE JUIN 44 ★

Place Fulbert-de-Beina
✆ 02 33 84 44 44
www.normandie-tourisme.fr

Ouvert d'avril à septembre le mardi, mercredi, samedi et dimanche de 14h à 18h. Adulte : 3,60 €. Visite guidée.

Ce petit musée est en soi une curiosité. Ne vous attendez pas à une scénographie dernier cri, mais plutôt à un musée resté «dans son jus» depuis sa création en 1953. Ici, l'appel du 18 juin ou la bataille de la Poche de Falaise sont évoqués par des scènes reconstituées avec des personnages de cire, sonorisées avec les vrais enregistrements des personnages historiques de l'époque (Pétain, de Gaulle, Churchill, Roosevelt, Staline...). Pour compléter le tout, une carte stratégique animée de 36 m² explique la bataille de Normandie.

CAFÉ DE L'EUROPE €

7, rue Gambetta
✆ 02 33 84 46 65

Du lundi au vendredi de 6h30 à 20h et de 7h à 19h le week-end. Formules snacking, planches de charcuterie. Terrasse.

Ici, c'est un bon plan futé ! Le Café de l'Europe est ouvert 7 jours sur 7. L'adresse située en centre-ville, reconnaissable à sa décoration flashy rouge et noir, est dotée d'une terrasse et d'un parking. Pas de grande cuisine mais des petits déjeuners et des formules snack à toute heure de la journée : sandwichs jambon / beurre ou poulet / mayonnaise, croque-monsieur et planches de charcuterie figurent à la carte. On y sert également des cocktails et, à tester, le café normand : la spécialité de la maison composée de café, crème chantilly, calvados et sucre.

LE PIAZZA CAFÉ €

7, place Bois Landry
✆ 02 33 24 69 50
www.lepiazzacafe.fr

Ouvert du lundi au samedi à partir de 7h. Menu du jour : 10,90 € entrée-plat ou plat-dessert, 14 € entrée-plat-dessert.

Ce sympathique café propose une cuisine simple et sans fioritures. Tartines, salades, hamburgers, croque-monsieur, carpaccio... sans oublier la fondue normande, spécialité de la maison : ce n'est pas de la grande cuisine mais on y retrouve les bons basiques d'une brasserie. La clientèle est composée d'habitués, toujours un bon signe, et le service convivial. Le tarif est raisonnable, ce qui ne gâche rien. Aux beaux jours, la terrasse est très prisée. Sa grande amplitude horaire est un vrai plus. À noter : le piazza café est également un hôtel.

HÔTEL RESTAURANT DU DAUPHIN €€

4-6, place de la Halle
✆ 02 33 84 18 00
www.hotel-dauphin.fr

Qualité Tourisme. Du lundi au samedi midi et soir, dimanche et jours fériés midi.

Ancien relais de diligence de 1618 situé tout près du château, Le Dauphin est aujourd'hui un hôtel 3 étoiles. Le restaurant gastronomique cultive sa réputation avec une cuisine inventive, fine, savoureuse et de terroir récompensée par le Gault et Millau. Plus modeste, la brasserie attenante propose une jolie sélection de plats du jour, menu express ou grillades, avec un bon rapport qualité-prix. C'est également un hôtel de même qualité que le restaurant.

LALOUE

19, rue Bec-Ham
✆ 02 33 24 11 56
www.laloue-patissier.com

Ouvert du mardi au vendredi de 8h30 à 19h, le samedi de 7h30 à 19h30 et le dimanche de 7h30 à 12h30. Fermé le lundi.

Depuis plus de trente ans, ce pâtissier-chocolatier régale les gourmets et les gourmands de ses chocolats et de ses pâtisseries. Parmi ses spécialités : les bonbons au chocolat, les Étriers normands et les Aiglentines. Au rayon pâtisserie, les croquants au chocolat, le gospel et le Trois chocolats séduisent les palais. Également à l'étal, des macarons et une gamme de tablettes de chocolat maison. Didier Laloué renouvelle sa carte en fonction des saisons et propose un service traiteur très apprécié. N'hésitez pas à goûter aussi leurs glaces maison.

LA BELLE AU BOIS D'ARGENT

10, place de la Halle
✆ 02 33 34 03 95

Ouvert du mardi au samedi de 9h30 à 12h30 et de 14h30 à 19h. Ouvert le dimanche de 10h à 12h30.

La décoration intérieure, Claire Gagez en a fait sa spécialité ! Chacun trouvera ici la perle rare qui viendra embellir son intérieur. De nombreux miroirs ornent les murs en pierre – la passionnée en a fait sa spécialité – ainsi que de jolis luminaires, des cadres en tous genres, des bougies aux multiples senteurs et des fleurs artificielles plus vraies que nature. Côté art de la table, découvrez verres à pied, mugs et autres théières, etc. Il y a aussi des bijoux faits main !

ORNE

VERSION NUMÉRIQUE
OFFERTE
Obtenez votre guide numérique en scannant ce QR code
ou rendez-vous sur le site
www.ebookfute.com
avec le code avantage
8RLGGU
petit futé
2021
Normandie
VERSION NUMÉRIQUE OFFERTE
© ART ALEX - STOCK.ADOBE.COM
OFFRE VALABLE JUSQU'À L'ARRÊT DE COMMERCIALISATION DU TITRE EN FRANCE MÉTROPOLITAINE ET DANS LE MONDE ET SOUS RÉSERVE QUE LE NOMBRE DE TÉLÉCHARGEMENTS SOIT INFÉRIEUR OU ÉGAL AU NOMBRE D'EXEMPLAIRES DE GUIDES PAPIER IMPRIMÉS. FORMATS DISPONIBLES POUR

SEINE-MARITIME

Longtemps la vallée de la Seine a eu mauvaise presse. Aujourd'hui, disons-le, l'itinéraire qui vous mènera de Rouen au Havre a retrouvé ses lettres de noblesse. Prés verdoyants et généreux vergers, route des abbayes longeant le fleuve sur lequel des embarcations vous feront goûter les plaisirs des heures, patrimoine restauré, gastronomie revisitée, la partie terre de la Seine-Maritime s'est mise au goût du jour et offre à ses visiteurs des trésors. Prenez le bac d'une rive à l'autre, levez la tête vers les iris des toits de chaume, goûtez l'huître fraîche ou la pomme et son jeune cidre. Longez les murs de pierre ancrés depuis mille ans dans les collines et côtoyez les cerfs enclos mais libres dans les hêtraies centenaires. Sur la Côte d'Albâtre, partez le nez au vent sentir les embruns entre deux falaises de craie, montez à bord pour apprécier les flots et savourez le mois de mai sur les fronts de mer imperturbables. Bienvenue !

Seine-Maritime

Ault
Friville-Escarbotin
LE TRÉPORT
Chépy
EU
Feuquières-en-Vimeu
CRIEL-SUR-MER
Gamaches
PETIT-CAUX
BLANGY-SUR-BRESLE
DIEPPE
VARENGEVILLE-SUR-MER
Les Vertus
ARQUES-LA-BATAILLE
OFFRANVILLE
Aumale
NEUFCHÂTEL-EN-BRAY
Auffay
Tôtes
SAINT-SAËNS
Bosc-le-Hard
FORGES-LES-EAUX
CLÈRES
DOUDEAUVILLE
Montville
Quincampoix
Malaunay
Isneauville
Le Houlme
GOURNAY-EN-BRAY
Canteleu
Bihorel
Saint-Martin-du-Vivier
ROUEN
Saint-Jacques-sur-Darnétal
Le Grand-Quevilly
Franqueville-Saint-Pierre
Boos
Saint-Étienne-du-Rouvray
FLEURY-SUR-ANDELLE
Sérifontaine
Moulineaux
Alizay
Igoville
Romilly-sur-Andelle
Cléon
POSES
PONT-DE-L'ARCHE
Léry
ELBEUF
VAL-DE-REUIL
Le Vaudreuil
LES ANDELYS
Louviers
Saint-Pierre-du-Vauvray

PAGES

SEINE-MARITIME

ROUEN ★★★★

Rouen, capitale de la Normandie et du département de Seine-Maritime, vous ouvre ses portes et son cœur. « La ville aux cent clochers », chère à Victor Hugo, a gardé un patrimoine exceptionnel, véritable invitation à la promenade dans son centre historique entièrement dédié aux piétons. En flânant dans les rues animées, vous découvrirez ses maisons à colombages et ses trésors d'architecture qui défient les siècles : des merveilles du gothique comme la cathédrale Notre-Dame, l'abbatiale Saint-Ouen, l'église Saint-Maclou et le palais de justice, de purs joyaux de la Renaissance comme le Gros-Horloge, l'aître Saint-Maclou et l'hôtel de Bourgtheroulde ou encore la majestueuse sobriété des hôtels particuliers classiques. Au détour des rues, des musées et des monuments, ses personnages célèbres viendront à votre rencontre : Richard Cœur de Lion, Jeanne d'Arc, Pierre Corneille ou Gustave Flaubert. Si vous montez jusqu'au panorama de la côte Sainte-Catherine, admirez la ville blottie autour de son fleuve, enserrée dans un écrin de collines verdoyantes. En marchant le long du Robec, les moulins et le patrimoine industriel vous raconteront le long passé textile de cette cité drapière dont le mouton est resté le symbole. Autre particularité de Rouen, son grand port maritime, qui est l'un des plus actifs d'Europe et qui relie Le Havre à Paris en suivant les méandres de la Seine. Événements festifs, festivals de cinéma et grandes manifestations sportives (hockey, basket, ou encore rugby en sont quelques-unes de ses vitrines) rythment la vie d'une cité où l'art de vivre n'est pas un vain mot.

ABBATIALE SAINT-OUEN ✞

3, place du Général-de-Gaulle

Du mardi au jeudi, samedi et dimanche : 10-12h et 14h-17h jusqu'à 18h en haute-saison).

L'abbatiale fut construite entre le XIVe et le XVIe siècle. Ses proportions sont imposantes : 137 m de longueur pour 26 m de large. Cinquième église édifiée au même emplacement, elle est l'œuvre de l'abbé Jean Roussel qui débute son édification en 1318, qui durera trois siècles ! C'est un magnifique exemple d'architecture gothique, mais son chef-d'œuvre est à l'intérieur : l'orgue réalisé par le grand Cavaillé-Coll en 1890, encore utilisé de nos jours. Cette église mérite d'être observée plutôt des jardins de l'Hôtel de Ville, donc entrez-y et faites le tour.

ÉGLISE SAINT-MACLOU ✞ ★★

7, place Barthélémy

Basse saison : du samedi au lundi : 10h-12h et 14h-17h30. 18h en été.

L'église Saint-Maclou est l'un des joyaux de la ville. Elle est dédiée à un saint breton, aussi connu sous le nom de Malo. Dès le Xe siècle, une chapelle consacrée au saint aurait été implantée dans ce quartier, alors situé en dehors des remparts de la ville. En 1432, l'édifice s'écroule par le milieu. Une nouvelle construction est alors envisagée en 1437 sur les plans de Pierre Robin. Le monument sera consacré en 1527. L'église Saint-Maclou échappa aux bombardements de juin 1944, même si une partie du chevet et les chapelles se sont effondrées.

ÉGLISE SAINTE-JEANNE-D'ARC ✞ ★

Place du Vieux-Marché

✆ 02 32 08 13 90

www.rouentourisme.com

Du lundi au jeudi et le samedi de 10h à 12h et de 14h à 18h ; le vendredi et le dimanche de 14h à 18h. Entrée libre.

Sainte-Jeanne-d'Arc fut construite en 1979. Son architecte, Louis Arretche a voulu donner à l'édifice la forme d'un bateau renversé. Il a renoué avec les principes de la construction navale traditionnelle en créant une structure en bois apparente au-dessus de la nef. L'église étant en contrebas, la vue y est impressionnante que ce soit depuis le narthex (partie surélevée), ou depuis les ouvertures extérieures en forme de poissons. Très beaux vitraux à voir de l'intérieur.

FONDS RÉGIONAL D'ART CONTEMPORAIN

3, place des Martyrs-de-la-Résistance

SOTTEVILLE-LÈS-ROUEN ✆ 02 35 72 27 51

www.fracnormandierouen.fr

Ouvert toute l'année. Du mercredi au dimanche de 13h30 à 18h30. Gratuit. Ateliers, visite guidée.

Le Fonds régional d'Art contemporain, le FRAC, a pour vocation de promouvoir l'art contemporain via des ateliers de découverte, des animations et des expositions sur place ou lors de sessions appelée « hors les murs ». Pour mener à bien cette mission, le lieu commande et achète des œuvres et les expose – de façon gratuite – pour permettre à chacun de découvrir les diversités culturelles et artistiques de chaque région. Chaque public y est accueilli dans un programme qui lui est dédié.

GROS-HORLOGE ★★

Rue du Gros-Horloge ✆ 02 32 08 32 40
www.rouen.fr/gros-horloge
Basse saison : du mardi au dimanche de 14h à 18h. Haute saison : du mardi au dimanche de 10h à 13h et de 14h à 19h.

© CATHERINE LANCIEN

C'est l'un des symboles de la ville. Outre son orthographe, c'est un bâtiment remarquable qui fut tour à tour hôtel de ville et beffroi. Flanqué d'une tour de beffroi (1389), c'est un pavillon Renaissance (1527) qui enjambe la rue par une arche surbaissée. Sur chaque face, un cadran en plomb doré et richement ornementé est encadré de deux pilastres. Vous remarquerez qu'il n'a qu'une seule aiguille, celle des heures, car, à cette époque, on n'avait pas besoin des minutes. L'intérieur est une véritable machine à remonter le temps. Incontournable.

JARDIN DES PLANTES

114 B, avenue des Martyrs-de-la-Résistance
✆ 02 35 08 87 45
https://rouen.fr/jardindesplantes
Nov.-fév : 8h-17h30 (18h45 mar.-avr. et sep.-oct., 20h15 mai-août). Gratuit. Visite guidée 1er mer. du mois : 14h-16h.

Au cœur de la rive gauche de Rouen, le Jardin des Plantes accueille sur 85 000 m² les visiteurs le temps d'un pur moment de détente et de dépaysement. C'est l'un des meilleurs endroits pour se ressourcer sans quitter la ville. Baladez-vous au milieu des parterres de fleurs et observez les curiosités botaniques du site. Entre les roses et les iris, se cachent plusieurs centaines de plantes médicinales et des arbres venus des quatre coins du monde. Une grande serre restaurée vous propose une immersion sous les tropiques. Idéal pour une promenade en famille.

AÎTRE SAINT-MACLOU ★★

186, rue Martainville ✆ 02 35 52 48 21
Du lundi au vendredi de 9h à 18h. Gratuit.

Après deux ans de travaux, l'aître Saint-Maclou est refait à neuf. Le lieu est tranquille et ombragé. Et pour cause, vous êtes ici dans un ancien charnier, construit dès 1526 pour enterrer les victimes de la peste. Initialement entassés au centre du cimetière, les ossements furent ensuite déplacés dans les galeries supérieures pour gagner de la place et créer cette cour carrée. Les colombages présentent d'ailleurs des figures et des symboles explicites : crânes, tibias entrecroisés et pelles de fossoyeurs. Le lieu accueille aussi deux galeries d'art et un café.

MUSÉE DES BEAUX-ARTS ★★★

Esplanade Marcel-Duchamp ✆ 02 35 71 28 40 - www.mbarouen.fr
Du mercredi au lundi : 10h-18h. Gratuit. Expositions temporaires : de 3 à 6 € (gratuit -26 ans). Accès handicapés.

Le musée des Beaux-Arts abrite l'une des plus prestigieuses collections publiques françaises. Peintures, sculptures, dessins et objets d'art couvrant la période allant du XVe siècle à nos jours. Le point fort du lieu est la richesse du fonds du XIXe : Géricault, Delacroix, Corot, Gustave Moreau, Degas ou Monet dont on peut admirer le *Portail de la Cathédrale de Rouen*, au sein de c qui est la première collection impressionniste de France en province. Sous la verrière de l'ancienne cour, le jardin des sculptures est l'endroit idéal pour un déjeuner ou un thé.

MUSÉE DES TRADITIONS ET ARTS NORMANDS ★

Route du Château (RN 31) - **MARTAINVILLE-EPREVILLE** ✆ 02 35 23 44 70 - www.chateaudemartainville.fr
Mer - sam : 10h-12h30 et 14h-18h, dim : 14h-18h30 (17h et 17h30 en basse saison). Fermé jours fériés et mardi.

Le château de Martainville fut construit en 1485 pour Jacques Le Pelletier. Depuis 1965, le musée y abrite une exceptionnelle collection d'objets normands, pour un fabuleux voyage dans l'histoire de la vie quotidienne. On y retrouve l'évolution des styles du XVe au XIXe siècle avec du mobilier, des vêtements, liés aux us et coutumes des différents « pays ». Tout l'artisanat normand et ses modes de vie sont ici à l'honneur. Le lieu organise des expositions temporaires et des animations.

SEINE-MARITIME

ZOOM

L'AÎTRE SAINT-MACLOU

L'ANCIEN CIMETIÈRE À GALERIE POURSUIT SON HISTOIRE

Après deux ans de travaux, l'aître Saint-Maclou se dévoile sous un tout nouveau jour. Cette importante restauration a permis de faire renaître l'aître tel qu'il était en 1880. Tous les éléments ou presque sont passés entre les mains de plusieurs dizaines d'artisans : tapisseries, boiseries macabres… Même le célèbre chat momifié s'est offert une beauté !

En cinq siècles d'existence, l'aître Saint-Maclou a investi de nombreuses fonctions, passant de cimetière à ossuaire avant de devenir, plus récemment, une école des Beaux-Arts.

En plus de la restauration du gros œuvre et des éléments constitutifs du monument, la rénovation de l'aître Saint-Maclou a permis de redécouvrir de nouveaux espaces. Ainsi pourra-t-on visiter la galerie des Arts du feu exposant les œuvres d'artisans traditionnels, assister à des spectacles estivaux dans la cour centrale, et très bientôt savourer les petits plats du Café Hamlet sous une superbe verrière située dans la cour des prêtres, autrefois fermée au public. En complément, les visiteurs auront également l'occasion de découvrir la galerie d'art contemporain Telmah.

Grâce à la création du passage entre la rue Martainville et la rue Géricault, l'aître devient un vrai lieu de vie dans la ville. Tout au long de l'année, des animations seront proposées dans la cour.

L'aître Saint-Maclou est ouvert au public tous les jours de 9h à 19h. L'entrée est libre et des visites guidées seront régulièrement organisées. La réservation se fait en ligne sur www.aitresaintmaclou.fr ou à l'accueil de l'Historial Jeanne d'Arc.

AÎTRE SAINT-MACLOU
186, rue Martainville
© 02 35 52 48 21

CATHÉDRALE NOTRE-DAME ★★★★

Place de la Cathédrale ✆ 02 35 71 85 65
www.cathedrale-rouen.net/site

Visite des cryptes sur réservation (OT de Rouen : 02 32 08 32 40). Accès libre pendant les confinement : 14h30-17h30

Au cœur de la ville, clôturant la rue du Gros-Horloge, ce très bel exemple d'architecture gothique avec sa façade sculptée telle une dentelle de pierre fut construit à partir du milieu du XIIe siècle. Elle connut deux grands incendies en 1514 et 1822. Elle abrite les sépultures des ducs de Normandie, tel Richard Cœur de Lion qui demanda que son cœur soit conservé dans la crypte. Y est aussi enterrée Mathilde l'Emperesse, la fameuse « Dame blanche » de Mortemer, morte en 1167. La cathédrale fut immortalisée par Claude Monet, père de l'impressionnisme.

© ALXPIN

MUSÉE MARITIME FLUVIAL ET PORTUAIRE DE ROUEN

Quai Émile-Duchemin ✆ 02 32 10 15 51
www.musee-maritime-rouen.asso.fr
Du mardi au dimanche 14h-17h. Gratuit -6 ans. Adulte : 5 €. Enfant (6-18 ans), groupe (10 pers.) & tarif réduit : 3 €.

Pour découvrir le patrimoine fluvial et maritime et l'histoire du port de Rouen, poussez la porte du hangar n° 13. On trouve des objets de marine, des instruments de navigation et des maquettes de bateaux de la marine marchande d'autrefois. Les thèmes abordés sont riches et variés : la construction navale, les métiers portuaires, la chasse à la baleine, les expéditions polaires de Jean Charcot, la mer et le pétrole. Des expositions temporaires sont organisées chaque année.

MUSÉE NATIONAL DE L'ÉDUCATION ★

185, rue Eau-de-Robec
✆ 02 35 07 66 61
www.reseau-canope.fr/musee/fr
Lundi et mercredi au vendredi : 13h30-18h15 ; week-end : 10h-12h30 et 13h30-18h15.

L'exposition permanente « Cinq siècles d'école : lire, écrire, compter » permet de découvrir l'histoire et l'évolution de l'école du XVIe au XXe siècle, avec notamment la salle de classe reconstituée de l'école de Jules Ferry, gratuite, obligatoire et laïque. Le lieu propose aussi des expos temporaires. Au programme : « Regards sur images, réinterprétations d'affiches de la guerre 14-18 » et surtout « Métier d'enseignant(e), métier d'élève », à voir jusqu'au 5 septembre 2021.

GARE AUX ESCROQUERIES

Rouen, la ville aux cent clochers, offre de nombreuses églises en son centre-ville historique. Bien sûr, vous aurez envie d'y entrer, pour en découvrir toutes les richesses, autant que le silence. Cependant, soyez prudents, car il se peut que, mus par votre curiosité, vous soyez tentés d'accepter des propositions de personnes malintentionnées se proposant de vous faire une visite guidée à l'improviste… et monnayée ! Méfiance ! L'entrée des monuments religieux est gratuite ! Et les dons aux paroisses, eux, se font à l'intérieur du lieu de culte, dans un dispositif prévu à cet effet. Pour une visite guidée avec un professionnel, rendez-vous à l'OT, place de la cathédrale.

HISTORIAL JEANNE D'ARC

7, rue Saint-Romain
✆ 02 35 52 48 00
www.historial-jeannedarc.fr
Ouvert du mardi au dimanche de 10h à 19h. Adulte : 10,50 €. Tarif réduit : 7,50 €. Visite guidée.

Ouvert en 2015 dans l'archevêché, cet espace vous plongera en plein XVe siècle dans la vie de la Pucelle, jugée hérétique et brûlée vive sur le bûcher de Rouen le 30 mai 1431 à 20 ans à peine. La scénographie vivante et bien ancrée dans le XXIe siècle vous fera comprendre l'influence de ce personnage et le mythe construit au fil des siècles : un premier espace nous ramène en 1456, année du procès en réhabilitation de Jeanne d'Arc, tandis que la « mythothèque » décrypte les objets et œuvres d'art qu'elle a inspirés. Idéal pour les enfants.

© ROUEN NORMANDIE MÉTROPOLE

© ALAN AUBRY – MÉTROPOLE ROUEN NORMANDIE

SEINE-MARITIME

LE DONJON DE ROUEN - HYPER ESCAPE GAME ★

Rue Bouvreuil
✆ 02 32 08 32 40
www.donjonderouen.com
Mercredi, jeudi et vendredi : 16h30 à 23h30. Samedi : 15h à 23h30. Dimanche : 15h à 22h. Entrée : 105 €/groupe. Visites.

La tour Jeanne d'Arc est le tout dernier vestige du château de Rouen, devenue l'un des symboles de la capitale normande. Jeanne d'Arc n'y fut pas prisonnière, mais elle y subit une audience au printemps 1431, quelques jours avant de passer au bûcher place du Vieux Marché. D'abord musée historique, le donjon est aujourd'hui le terrain de jeu des passionnés d'hyper escape game, savant mélange d'escape game et de réalité virtuelle. Vous pouvez aussi simplement le visiter.

© ALAN AUBRY – MÉTROPOLE ROUEN NORMANDIE

© ALAN AUBRY – MÉTROPOLE ROUEN NORMANDIE

MUSÉE PIERRE CORNEILLE - MAISON DES CHAMPS

502, rue Pierre-Corneille - **PETIT-COURONNE**
✆ 02 35 68 13 89
www.museepierrecorneille.fr
Du mercredi au samedi de 10h à 12h30 et de 14h à 18h ; le dimanche de 14h à 18h. Fermé les jours fériés.

Située dans un cadre champêtre, cette « Maison des champs » est une authentique demeure rurale normande qui restitue à merveille l'atmosphère du XVIIe siècle. En 1639, Pierre Corneille, né à Rouen en 1606, reçoit à la mort de son père cette propriété constituée d'une ferme, d'un verger, de plusieurs prairies, de pièces de labours, de bois, soit 18 hectares. Vous y découvrirez l'histoire du lieu, les différents aspects de l'œuvre de l'écrivain et l'histoire de sa famille.

MUSÉUM DE ROUEN ★★

198, rue Beauvoisine
✆ 02 35 71 41 50
www.museumderouen.fr
Mardi-samedi : 13h30-17h30, dimanche : 14h-18h. Entrée gratuite. Label Tourisme & Handicap. Visite guidée.

C'est en 1934 que le Museum, à l'origine destiné à illustrer les cours municipaux de zoologie, de botanique et de pharmacie, ouvre ses portes au public. Dès lors, il devient un lieu important des sciences naturelles du XIXe siècle, avec un fonds composé aujourd'hui de 800 000 pièces venues des quatre coins du monde. La dernière-née, la section des Amériques, a été ouverte en 2017. Midi-musées, musée des tout-petits, Scientikid, visites guidées, chaque public trouvera le dispositif qui lui convient pour découvrir ce grand cabinet de curiosités.

PALAIS DE JUSTICE ★

36, rue aux Juifs
✆ 02 32 08 32 40
Ouvert toute l'année. Toujours en activité. Gratuit. Visite guidée (audio-guide).

Ancien parlement de Normandie, le palais de justice se compose d'un bâtiment principal commencé en 1508 sur ordre de Louis XII et de deux ailes. Construit sur les vestiges de l'ancien quartier juif de la ville, c'est un chef-d'œuvre d'architecture gothique qui abrite aujourd'hui la cour d'assises entre autres. Dans sa cour ont été mis au jour récemment les restes d'une maison juive, dont on ignore encore précisément la fonction. L'intérieur est richement décoré et, sur ses façades, vous pourrez voir les restes d'impacts de balles datant de 1944.

SEINE-MARITIME

PANORAMA XXL ★★

Quai de Boisguilbert
✆ 02 35 52 95 29
www.panoramaxxl.com
Mar-dim : 10h-18h (basse saison). 10h-19h (haute saison). Gratuit -6 ans. Adulte 9,50 €. 6-18 ans & tarif réduit 6,50 €.

Inédit en France, le Panorama XXL mêle chefs-d'œuvre artistiques et prouesse numérique pour une expérience visuelle unique en son genre. Cette combinaison entre les nouvelles technologies (dont la photo en 3D) et les talents de Yadegar Asisi, un architecte et artiste allemand spécialiste du panorama, vous fera passer un moment exceptionnel. Depuis la plateforme d'observation, au milieu d'une fresque géante, l'immersion dans le thème n'en sera que plus impressionnante. L'installation devrait néanmoins disparaître à la fin de l'année 2021.

QUARTIER DES ANTIQUAIRES ★★

Rue Damiette
Accès libre.

Les rues Damiette et Martainville sont au cœur du quartier Saint-Maclou, toutes deux représentatives de l'architecture à pans de bois utilisée du Moyen Âge au XIXe siècle. Vous y rencontrerez ainsi de très belles maisons à encorbellement pour certaines classées. Aujourd'hui, ce quartier abrite de nombreuses enseignes d'antiquaires, mais aussi des petites boutiques originales de décoration, de design, des orfèvres, mais aussi des bars, cafés et restaurants très sympathiques qui en font l'un des meilleurs endroits pour flâner et chiner. Incontournable.

FÊNO

46, avenue des Canadiens - **LE GRAND-QUEVILLY**
✆ 02 35 18 28 28 - feno.normandie.fr
Du 10 au 12 septembre 2021. Entrée et parking gratuits.

Après une première édition qui s'est tenue à Caen en 2019, ce nouveau festival qui devait se dérouler à nouveau en 2020 à Rouen a été annulé et revient donc en 2021 au Parc expo de Rouen du 10 au 12 septembre. Son principe ? La mise en lumière des richesses culturelles au sens large de la Région Normandie. Les talents régionaux y sont mis à l'honneur, que ce soit dans l'économie, le sport, le patrimoine, la création artistique, l'innovation ou encore la gastronomie. Vous y découvrirez donc démonstrations, animations, concerts, rencontres et dégustations.

OFFICE DE TOURISME DE ROUEN

25, place de la Cathédrale
✆ 02 32 08 32 40
www.rouentourisme.com/
Du lundi au samedi de 9h30 à 12h30 et de 13h30 à 18h.

Face à la cathédrale, l'office de tourisme est le point de départ pour découvrir la ville. Vous y trouverez tous les renseignements et les documents nécessaires à votre orientation, définir les activités et les visites à faire durant votre séjour. On vous indiquera les sorties à thème et des événements ponctuels, pour petits et grands, ainsi que les bons plans du moment, et on vous proposera des visites guidées. Le bureau de change est situé sur le côté droit du local.

PETIT TRAIN DE ROUEN

Place de la Cathédrale
✆ 02 32 08 32 40
www.rouentourisme.com
Tlj d'avril à octobre, toutes les heures de 10h à 12h et de 14h à 17h. Adulte : 8 €. Enfant (de 3 à 11 ans) : 5 €.

Pour découvrir la ville, le petit train de Rouen est l'une des meilleures solutions. En parcourant le cœur historique de la ville, il faut 45 minutes environ pour admirer les maisons à encorbellements et les églises à architecture gothique. De la place du Vieux-Marché à la rue du Gros-Horloge, en passant par les antiquaires, le petit train n'oublie rien et permet une visite sympathique qui plaira aux grands et aux petits. Le véhicule est électrique, donc sans impact sur la qualité de l'air de la ville, et les explications sont soit en français, soit en anglais.

MOBILBOARD

208, rue Martainville
✆ 09 54 12 54 79
www.mobilboard.com/fr/agence/segway/rouen
Ouvert du lundi au samedi de 10h à 12h et de 14h à 19h. City Tour : à partir de 30 €. Réserver.

Cette boutique, située à gauche de l'église Saint-Maclou, vous propose tous les engins à roues et à roulettes électriques : Hoverboard, gyroroue, mobilboard, aussi appelé Segway... C'est sur ce genre de véhicules que vous pourrez parcourir la ville et découvrir son riche patrimoine, et ce à travers différents parcours – nature, urbain ou encore challenge –, à faire en famille, en duo ou en groupe. Une adresse pour les amoureux de l'insolite et de l'aventure, si vous ne connaissez pas encore la ville et ses recoins, et même si vous croyez la connaître !

CY'CLIC

Rue Bésus

✆ 08 00 08 78 00

Accès libre 24h/24 et 7j/7. 0 € la 1re demi-heure puis 1 € par demi-heure. Abonnements : 6 mois (15 €) ou un an (25 €).

Pour s'affranchir des embouteillages fréquents dans le centre-ville et parcourir Rouen tranquillement, un seul mot : Cy'clic ! Ces 250 vélos en libre-service sont accessibles dans 22 stations réparties dans la Métropole. Avant d'en emprunter un, réservez en ligne ou aux bornes des stations Cy'clic. Pensez à accepter les « Conditions générales d'accès et d'utilisation » et à autoriser la caution de 150 €. Le retrait des Cy'clic s'effectue tous les jours de 5h à 1h, mais il possible de retourner les vélos en station à tout moment. Libre à vous de rouler maintenant !

AUBERGE DE JEUNESSE HI ROUEN €

3, rue du Tour

✆ 02 35 08 18 50

www.fuaj.org

25 chambres. Dortoir de 21 € à 23 €. Petit-déjeuner inclus. Salle de bains et sanitaires partagés.

Cette auberge de jeunesse est installée dans l'ancienne teinturerie Auvray, en bordure du Robec. Le site se partage ainsi entre les ateliers de la teinturerie datant du XVIIIe siècle et une maison de maître datant du XIXe siècle, tous deux classés monuments historiques. C'est un grand bâtiment tout confort, qui comprend des dortoirs de 4 à 6 lits mais aussi des chambres doubles et individuelles avec salle de bain privée. Le site est relié au centre-ville par le réseau TEOR.

AUBERGE SHARE & CHEERS ! €

28, quai Gaston-Boulet

✆ 02 32 10 10 12

www.shareandcheers.com

Arrivée entre 16h et 20h. Départ entre 8 et 11h. Lit en dortoir de 23 € à 27 €. Chambre privée de 55 € à 90 €.

Depuis 2019, cet hostel ne désemplit pas ! À mi-chemin entre une auberge de jeunesse et un hôtel, l'établissement s'impose comme un incontournable pour qui souhaite visiter la ville sans se ruiner. Au total, 80 lits répartis dans 18 dortoirs et des chambres pour 2, 4 ou 6 personnes. L'hostel, ultra moderne, propose également un espace commun avec jeux et télévision. Son *rooftop* est accessible à tous, clients ou non. Voilà une belle occasion de boire un verre tout en profitant d'une vue en hauteur sur la Seine et le quartier Pasteur.

LE GRAND MELMONT €€

1391, chemin du Grand-Melmont, - **ROUMARE**

✆ 02 35 33 42 30

www.chambresdemelmont.com

Gîtes de France (3 épis). 3 chambres à partir de 58 €. Petit déjeuner et parking inclus. Animaux acceptés. Wifi gratuit.

Installé dans une demeure de caractère du XVIIe siècle à la frontière du Parc naturel régional des Boucles de la Seine normande, le gîte écologique du Grand Melmont est un véritable petit havre de paix. Enguerrand, le propriétaire, est passionné de nature et d'écologie et se fera un plaisir de vous faire visiter son domaine, ses vergers et sa bergerie. Au programme : un grand potager, des terrasses, un verger, un poulailler... Situées au 1er étage de la propriété, les chambres sont spacieuses et lumineuses. Très belle adresse.

HÔTEL MERCURE ROUEN CENTRE €€€

7, rue Croix-de-Fer

✆ 02 35 52 69 52

www.mercure.com

125 chambres (3 chambres accessibles aux personnes à mobilité réduite). Chambre double de 119 € à 149 €.

Comme son nom l'indique, le lieu est idéal, car central, pour découvrir les sites médiévaux de Rouen et le Vieux-Marché. Cet hôtel de qualité propose des chambres décorées avec élégance sur le thème des écrivains normands. Les bibliothèques y sont d'ailleurs omniprésentes et renforcent l'aspect culturel du séjour. L'établissement, fraîchement rénové, dispose d'un bar et d'un parking privé et fermé, un grand luxe dans ce centre-ville encombré. Très bonne adresse.

NOVOTEL SUITES ROUEN NORMANDIE €€€

10, quai de Boisguilbert

✆ 02 32 10 58 68

www.accorhotels.com

80 chambres (32 suites familiales et 3 pour personnes à mobilité réduite). Chambre double de 99 € à 160 €.

Situé au bord de la Seine, cet hôtel est unique en son genre : il ne propose que des suites. Avec leur déco contemporaine, ces suites de standing de 30 m² offrent un confort irréprochable et des services de qualité. De là, vous pourrez à pied aller flâner le long du fleuve, faire du shopping aux Docks 76, visiter le Panorama XXL ou aller assister aux rencontres sportives au Kindarena. L'hôtel est en effet situé à mi-chemin entre le quartier des Docks et le centre-ville.

ANTICO CAFFÉ €

11, place Barthélémy
✆ 02 35 98 20 55
https://antico-caffe.business.site
Dimanche à mardi et jeudi : 10h-20h ; mercredi, vendredi et samedi : 10h-21h. Vin au verre. Terrasse. Vente à emporter.

Où goûter de savoureux plats typiquement italiens en plein cœur de Rouen ? À l'Antico Caffé avec son cadre chaleureux au cœur de la place Barthélémy, face à la célèbre église Saint-Maclou. Avec les beaux jours, nous vous conseillons de vous asseoir à la terrasse avec un Spritz, le cocktail italien par excellence, pour profiter de l'animation du fameux quartier des Antiquaires. À midi, des menus composés de plats italiens sont proposés à des prix très raisonnables et de qualité. Et vous pouvez repartir avec des pâtisseries italiennes maison.

ACQUA ET FARINE €€

4 bis, place de la Pucelle
✆ 02 32 18 38 62
www.acquaetfarine.com
Ouvert 7/7j de 12h-14h30 et de 19h-22h30. Carte : 20 € environ.

Ici, on travaille une pâte fermentée pendant au moins 72 heures, réalisée avec des farines et des levures exclusivement italiennes. Les pizzas sont ainsi fines, moelleuses au cœur et croustillantes sur les bords, garnies avec des produits de saison et d'une fraîcheur irréprochable. De fait, la carte change chaque semaine : consultez-la sur le site avant de venir vous asseoir sur la terrasse multicolore dès les premiers rayons de soleil. Un très grand choix, à accompagner d'un vin bio, et des surprises ! Un conseil : choisissez le tiramisu au dessert !

LES GENS HEUREUX €

196, rue Eau-de-Robec
✆ 02 77 07 70 72
Lundi mardi, jeudi, vendredi midi ; jeudi & vendredi soir ; samedi : 12h à 15h. Carte : 15 € environ.

Ce restaurant tenu par un couple à l'énergie débordante vous propose une cuisine faite de produits frais et réalisée maison. Le menu change chaque semaine en s'inspirant de la cuisine française, parfois revisitée avec originalité. Les plats sont parfumés, copieux et savoureux comme le poisson du marché et sa crème d'ail fumé, le travers de porc mariné à l'orange, le parmentier 100 % végétarien... Le décor vintage avec ses éléments dépareillés est très agréable, et sa grande bibliothèque donne au lieu une ambiance tout à fait chaleureuse.

ALBA RESTAURANT €€

236, rue Martainville
✆ 09 87 36 44 24
www.alba-restaurant.fr
Déjeuner du mercredi au samedi : de 12h15 à 13h30. Dîner du mardi au samedi : de 19h15 à 21h15 Carte : 35 € environ.

Bienvenue chez Théophile, jeune chef rouennais revenu dans sa ville natale après des études d'hôtellerie-restauration et plusieurs années de vadrouille culinaire aux quatre coins du monde. À la table de son restaurant, il sublime les produits frais au gré des arrivages et des saisons. Si au fil d'une balade dans le quartier des Antiquaires, l'envie vous prend de faire une belle découverte gastronomique, arrêtez-vous ici. Néanmoins, nous vous conseillons vivement de réserver votre table à l'avance pour éviter une déception devant une salle complète.

Les rues rouennaises évoquent encore par endroits les siècles passés.

LA GRILLADE €€

921, route de Neufchâtel - **QUINCAMPOIX**
✆ 02 35 34 70 11
www.la-grillade.fr
Ouvert tous les jours sauf le mardi soir, mercredi toute la journée et le dimanche soir. Menus de 18 € à 39 €.

Ce charmant établissement propose une cuisine traditionnelle. Elle est ici préparée devant les clients, dans l'âtre de la cheminée : le restaurateur désosse lui-même ses viandes, il est d'ailleurs l'un des derniers dans le secteur à pratiquer cette méthode. L'établissement vous propose une large gamme de menus : beaucoup de viandes et de poissons grillés, de fruits de mer… Et des desserts aussi gourmands qu'inédits. Enfin, la carte des vins est très fournie avec une cinquantaine de références. La réservation est fortement recommandée, car le lieu est très prisé !

TAVERNE SAINT-AMANT €€

11, rue Saint-Amand
✆ 02 35 88 51 34
www.tavernesaintamant.fr
Ouvert du mardi au samedi de 18h à 2h. Carte : 25 € environ.

Dans une petite rue piétonne du centre-ville, ce restaurant vous accueille dans une ambiance médiévale remise au goût du jour. Passé la lourde porte en bois, découvrez une authentique taverne toute en vieilles pierres où vous attabler devant des plats simples et savoureux tels que le burger normand, la choucroute taverne ou le welsh-frites, la spécialité galloise faite d'un toast, de cheddar fondu, d'un œuf au plat et de bière. L'atmosphère est décontractée et chaleureuse jusque tard dans la soirée avec parfois un concert. Une bonne adresse.

CHEZ YULIN €€

35, rue du Vieux-Palais
✆ 02 35 07 76 77
Ouvert toute l'année du mardi au dimanche et les jours fériés de 12h à 14h30 et de 19h à 22h30. Carte : 20 € environ.

Chez Yulin, nous sommes loin des restaurants chinois et japonais habituels. Les spécialités ont vraiment été importées d'Asie. Au menu : du canard à la bière, du poulet à la citronnelle, et une foule d'autres propositions tout droit venues de Chine, du Japon et de Corée. Les plats sont réalisés avec des ingrédients frais et dévoilent des saveurs inédites, inspirées de la tradition culinaire asiatique. Si la salle peut paraître froide, la qualité des mets vous le fera vite oublier. Une adresse incontournable pour goûter à la «vraie» cuisine asiatique.

LA COURONNE €€€

31, place du Vieux-Marché
✆ 02 35 71 40 90
www.lacouronne-rouen.fr
Tous les jours midi et soir. Menus de 38 € à 75 €. Carte : 80 € env. Formule midi : 27 €. Terrasse. Salons particuliers.

La Couronne est l'expérience à tenter à Rouen. «Plus vieille auberge de France», elle accueille les gourmands depuis 1345. Sa façade à pans de bois, ses géraniums et ses drapeaux multicolores agrémentent ce lieu qui sort du lot. De nombreuses personnalités, de la princesse Grace de Monaco à Salvador Dali, en passant par Serge Gainsbourg, s'y sont bousculées pour déguster le plat traditionnel le plus réputé : le canard à la rouennaise. En cuisine, Vincent Taillefer élabore à chaque saison une nouvelle carte dans laquelle il mêle la tradition à l'innovation.

LE P'TIT ZINC €€€

20, place du Vieux-Marché ✆ 02 35 89 39 69
www.restaurant76.fr
Ouvert du lundi au samedi de 12h à 14h30 et de 19h à 22h30. Réservation recommandée. Menus de 23,50 € à 28 €. Terrasse.

Se rendre au P'tit Zinc, c'est être sûr de goûter une cuisine du terroir de qualité, d'avoir un service attentif et de vivre un vrai petit moment de bonheur. On y savoure une gastronomie traditionnelle finement exécutée, composée de produits frais, pleine de saveurs et qui sera divinement accompagnée par un vin issu d'un grand cépage ou de la récolte d'un petit producteur. La déco et l'ambiance *cosy* accompagnent parfaitement le côté gastronomique mêlé au côté bistrot. L'un des meilleurs établissements de la place du Vieux-Marché. Réservez impérativement !

L'ESCALE DES CONTRÉES

21-23, rue Thouret
✆ 02 76 61 02 98
www.lescaledescontrees.fr
Ouvert du lundi au samedi de 10h à 19h. Fermé le dimanche.

Faites ici une escale gourmande en terres de malt et de houblon. Dans cette grande boutique vous pourrez dénicher la perle parmi les 250 références de whiskies venus des quatre coins du monde : Japon, Taïwan, Inde, Amérique, Suède, Écosse ou Irlande ; et vous aurez même la surprise d'en découvrir élaborés dans l'Hexagone ! Côté bières, une belle collection également avec de nombreux produits locaux, telles la Saint-Wandrille ou la bière des Deux Amants, non filtrée et non pasteurisée. Sans oublier le cidre, naturellement, on est quand même en Normandie !

L'AUTHENTIQUE
UN SAUCISSON SIMPLEMENT BON
Saucissons
Roches Blanches
Simplement Bon...
FABRICATION ARTISANALE
L'authentique
SAUCISSON
SEC
QUALITÉ SUPÉRIEURE
COCHONS NÉS ET ÉLEVÉS EN NORMANDIE
NOURRIS À BASE DE CÉRÉALES ET GRAINES DE LIN
SANS AJOUT
DE NITRATES ET NITRITES.
SANS ANTIBIOTIQUES.
POIDS NET : 200 G
WWW.ROCHES-BLANCHES.FR
Saveurs de
NORMANDIE

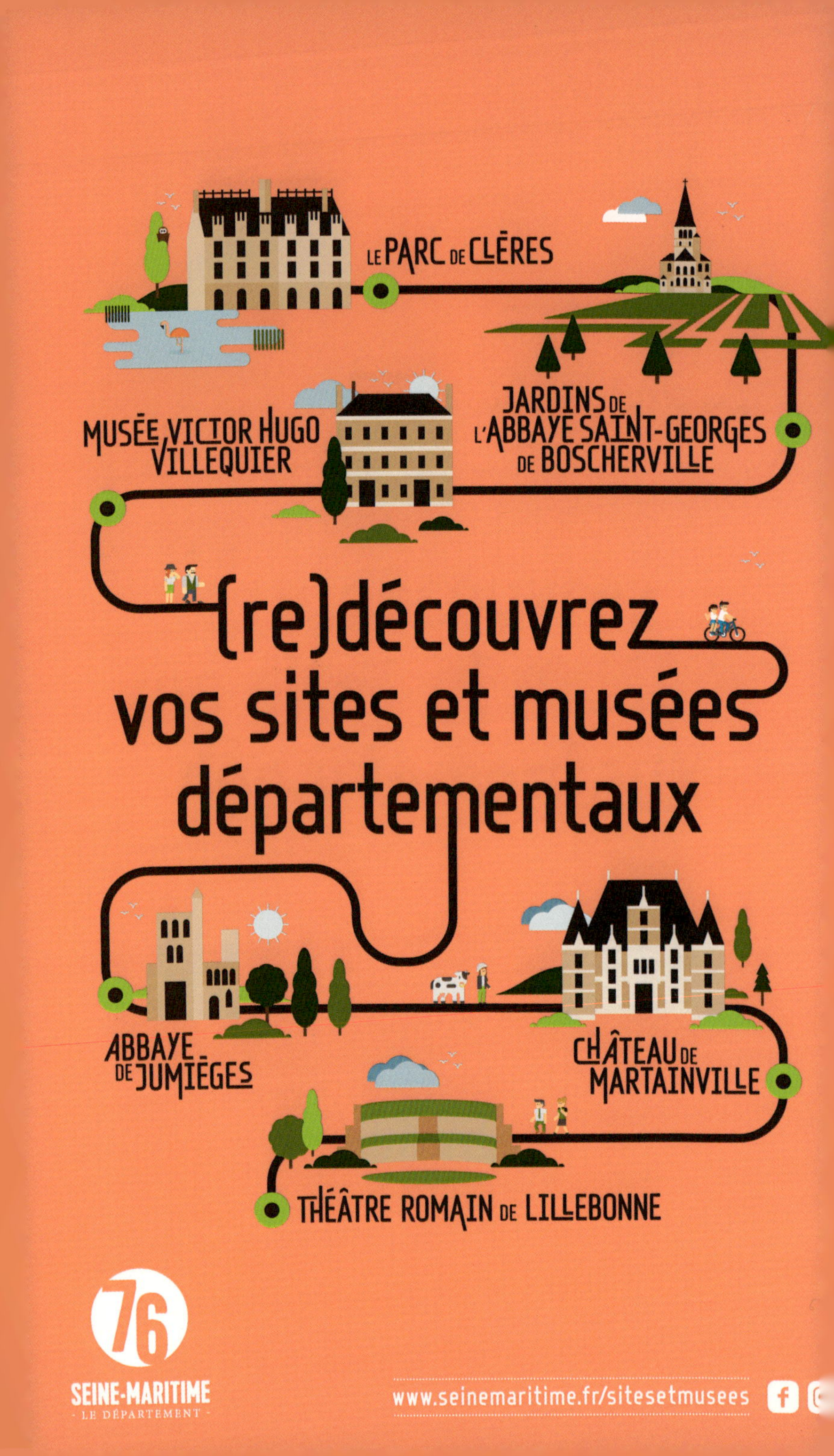
LE PARC DE CLÈRES
MUSÉE VICTOR HUGO VILLEQUIER
JARDINS DE L'ABBAYE SAINT-GEORGES DE BOSCHERVILLE
(re)découvrez vos sites et musées départementaux
ABBAYE DE JUMIÈGES
CHÂTEAU DE MARTAINVILLE
THÉÂTRE ROMAIN DE LILLEBONNE
76
SEINE-MARITIME
- LE DÉPARTEMENT -
www.seinemaritime.fr/sitesetmusees

DAME CAKES

70, rue Saint-Romain
✆ 02 35 07 49 31
www.damecakes.fr

Lundi au samedi : 10h à 19h. Déjeuner : 12h à 15h. Formule goûter : 9,50 €, formule déjeuner : 17,50 €. Boutique.

Sans doute l'un des plus charmants salons de thé de la ville, dont la seule vitrine vaut le détour. Au rez-de-chaussée, on trouve une salle *cosy* au décor pimpant à l'anglo-saxonne, tandis qu'à l'étage vous accueille une pièce parée d'une large baie ouverte sur la cathédrale. Dans cette véritable maison de poupée, on déguste de sublimes gâteaux faits maison, dont certains sans gluten, avec un thé, un jus de fruit frais ou un chocolat chaud gourmand à souhait. Au déjeuner, feuilletés, quiches et salades… Repartez avec des chocolats pour prolonger le plaisir.

LE DELI CAT

70, rue Cauchoise
✆ 02 35 03 89 57
https://ledelicat.business.site/

Ouvert le mardi de 14h à 19h ; du mercredi au vendredi de 11h à 19h ; le week-end de 10h à 19h.

Amoureux des chats, ce lieu est pour vous ! Dans la rue Cauchoise, à deux pas de l'église Jeanne d'Arc, ce salon de thé vous accueillera dans une ambiance très chaleureuse. Son mobilier aux couleurs chaudes et douces cache naturellement le trésor de l'adresse : des chats ! Vous les verrez grimper à l'arbre qui trône au milieu des tables, se cacher au pied de votre table ou se lover au creux d'un canapé... Cherchez-les, ils vous offriront mille ronrons si vous savez les prendre. Idéal pour un goûter avec Junior ou un déjeuner, avec des plats pour végétariens.

DÉLIRIUM-CAFÉ

30, rue des Vergetiers
✆ 02 32 12 05 95

Ouvert le lundi de 16h à 2h ; du mardi au dimanche de 18h à 2h. Happy hours. Terrasse.

Le Délirium-Café accueille ses clients au pied du Gros Horloge… Difficile de faire plus central ! Dans une ambiance décontractée, on s'y retrouve pour prendre un verre entre amis. Avec son décor patiné, l'endroit plaira aux amateurs de bière : la maison propose 20 pressions et plus de 250 bières bouteille venues des quatre coins du monde. On y retrouve des grands classiques comme les bières Authentic Trappist Product, des bières artisanales, d'autres aux fruits, chacun y trouvera son bonheur. De 17h à 21h, profitez de l'Happy Hour. Attention, bar très prisé !

LA FÉE TORCHETTE

21, rue des Augustins
✆ 09 87 10 93 80

Ouvert toute l'année. Du mardi au samedi de 18h30 à 2h. Happy hours. Concerts.

La Fée Torchette est l'un des bars emblématiques de la ville. Derrière ce nom poétique se cache un haut lieu de la vie nocturne rouennaise. Dans une petite salle, les « fée-tards » se pressent au comptoir pour commander toutes sortes de cocktails, puisque ce sont eux qui font la renommée du lieu ! Autre particularité : ses nectars sont réalisés sur demande, selon vos goûts ! Et le tout dans une ambiance chaleureuse, mais aussi festive avec la présence d'un DJ du jeudi au samedi. Une adresse simple, bon enfant et bien placée. Très prisé !

MAISON VATELIER

76, rue des Carmes
✆ 02 59 05 00 01
www.maison-vatelier.com

Du mardi au samedi : 9h30 - 19h30. Commandes.

Voici l'une des meilleures adresses du centre-ville. Vous y trouverez les caramels au beurre salé, produits phares de la maison, mais aussi les tartes abricots-amande, trois chocolats ou pistache-fraise... Sans oublier les cakes, les entremets, les macarons, les brioches dorées à point, les farandoles aux framboises et le célèbre moelleux au chocolat ou « gâteau de voyage » rond ou en forme de cœur, qui fond littéralement en bouche... Entre deux haltes shopping, idéal pour s'offrir un fameux croissant fourré au chocolat ou à la pistache. Incontournable.

LE VIEUX CARRÉ

34, rue Ganterie
✆ 02 35 71 67 70
www.hotel-vieux-carre.com

Ouvert du lundi au samedi de 15h à 19h. Des thés à 3,80 €, avec une carte renouvelée deux fois par an. Terrasse.

C'est le lieu idéal pour une pause au calme ! Avec son mobilier en osier, ses plantes et ses façades à colombages, la cour est charmante. En été, vous y apprécierez la fraîcheur en sirotant un thé glacé, ou, à midi, en dégustant une cuisine simple et goûteuse, avec salades, omelettes et tartes salées. L'intérieur cosy est le prolongement de ce havre de paix où, l'hiver, une tasse de chocolat chaud maison ou un délicieux thé accompagneront votre part de gâteau réalisé en cuisine... Et regardez bien, parfois un félin rode à vos pieds...

LES CONFISEURS

12, rue de L'Abbaye - **NOTRE-DAME-DE-BONDEVILLE** ✆ 02 32 91 60 75
www.lesconfiseurs.com/
Boutique et fabrication du mardi au vendredi de 13h10 à 17h.

Sur l'ancien site industriel de Notre-Dame-de-Bondeville s'est installée une antenne de l'ESAT du Pré de la Bataille. C'est un atelier-boutique où les travailleurs de l'ESAT, les confiseurs, confectionnent des spécialités sucrées, parmi lesquelles le fameux sucre de Rouen à la pomme, autrefois vendu par les apothicaires pour soulager les maux de gorge et éloigner la mélancolie, mais aussi des chocolats et des fruits confits. Une visite intéressante de cet établissement primé aux Trophées de l'Attractivité touristique dans la catégorie Valorisation du Patrimoine.

MAISON PINEL

15, rue Grand-Pont ✆ 09 50 70 43 92
www.maisonpinel.fr
Ouvert du mardi au samedi de 10h à 13h et de 14h à 19h. Ouvert le dimanche et le lundi en décembre. Livraison possible.

La Maison Pinel est une épicerie fine où l'on peut faire le plein de produits gourmands de qualité issus des producteurs et artisans locaux. La place belle est faite aux spécialités régionales, comme le caramel de pommes dieppois et les incontournables cidres et calvados. Mais aussi des terrines, condiments, plats cuisinés, confitures, miels, confiseries, thés du Comptoir Havrais, ainsi que des vins, bières et spiritueux. Et pour faire découvrir le terroir normand autour de vous, des paniers gourmands peuvent être composés, avec les conseils avisés de la maison.

SAVEURS DANTAN

12, rue Saint-Lô
✆ 02 35 07 68 20
www.saveurs-dantan.com
Ouvert le lundi de 13h à 18h30 ; et du mardi au samedi de 9h30 à 19h. Fermé le dimanche.

Dans cette belle boutique du cœur quartier historique de Rouen, à deux pas du palais de Justice, vous serez bien accueillis, et trouverez votre bonheur parmi la centaine de variétés de thés Dammann et Compagnie coloniale, la vingtaine de cafés en vrac, et des dosettes de toutes les couleurs compatibles. Dans les douceurs, vous aurez un choix de biscuits artisanaux normands, chocolats Cluizel, Dolfin et Monbana (aux goûts originaux comme l'Earl Grey, spéculoos ou poivre rose), miels et confitures sans sucre ajouté, dont vous pourrez faire des paniers gourmands.

SAINT-MARTIN-DE-BOSCHERVILLE

Au cœur du Parc naturel régional des Boucles de la Seine Normande, Saint-Martin-de-Boscherville est une étape incontournable dans votre découverte de la région car faisant partie de cet itinéraire historique que constitue la Route des Abbayes. Vous y accéderez en partant de Rouen en une vingtaine minutes après avoir longé la forêt de Roumare. Si l'on apprécie le charme de ce village si paisible, c'est surtout pour son abbaye Saint-Georges et ses jardins qui attirent tous les regards et valent vraiment le détour. Sa situation, en surplomb de la Seine, en fait un site convoité dès le Ier siècle de notre ère, comme l'atteste un *fanum* gaulois.

ABBAYE SAINT-GEORGES DE BOSCHERVILLE ★★

Route de l'Abbaye ✆ 02 35 32 10 82
www.abbayesaintgeorges.fr
1er-31 mars et 1er-17 nov : 14h-17h. 1er avril-30 oct : 9h30-18h30. Adulte : 6 €. Visite guidée. Boutique. Audio-guide.

Cette majestueuse abbaye bénédictine du XIIe siècle se compose d'une abbatiale de style roman normand, d'une salle capitulaire, d'une chapelle, dite des Tancarville, et d'un bâtiment conventuel. L'harmonie demeure grâce à la pierre blanche de Caumont très lumineuse. Le jardin monastique de 4 hectares est classé « Jardin remarquable », vous y découvrirez plantes, arbres fruitiers, vignes, ainsi qu'un labyrinthe où vous perdre… Le site accueille concerts et expositions. Incontournable.

MANOIR DE VILLERS

30, route de Sahurs - **SAINT-PIERRE-DE-MANNEVILLE** ✆ 02 35 32 07 02
www.manoirdevillers.com
Du 1er avril au 31 octobre : sam. 14h30-17h30, dim. et j. fériés 15h-18h30. Visite guidée. Parc. Chambres d'hôtes.

Le manoir de Villers fait face à la Seine depuis la fin du XVIe siècle. Comme nombre de monuments de la région, il a été construit en pierre de Caumont. Doté d'un étage à pans de bois et recouvert de petites tuiles, il est peu à peu devenu un manoir néo-normand au fil des agrandissements, avec une façade en trompe-l'œil et des colombages. Classé monument historique et possédant un magnifique parc labellisé Jardin remarquable, le lieu est habité depuis 1764 par la même famille. Ouvert au public lors d'événements, il dispose de quelques chambres d'hôte.

SEINE-MARITIME

INTERVIEW

LES CONFISEURS

Orangettes, pâtes de fruits, mendiants en chocolat, sucres de pomme… Toutes ces gourmandises que l'on trouve chez Les Confiseurs ont été savamment créées par des travailleurs de l'ESAT. Chantal, employée de l'établissement, nous parle de son métier et de la confection traditionnelle des confiseries.

Pouvez-vous vous présenter et nous parler de votre rôle au sein des Confiseurs ?

Je m'appelle Chantal et je travaille à la boutique où j'ai été formée à la caisse et à la vente. Je m'occupe également de visites dont l'objectif est d'expliquer aux clients comment on fabrique les confiseries, les modes de cuisson, etc. C'est un métier très enrichissant et très varié.

Comment se sont passés les débuts ?

J'ai été formée dès mon arrivée. M. Alexandre, un ancien professeur d'histoire, est venu nous parler de l'usine et de l'histoire de la Vallée du Cailly et de ses cheminées à vapeur. Les Confiseurs est installé dans un bâtiment historique qui fabriquait autrefois du coton et des mèches à bougie. La formation m'a permis d'apprendre les techniques de fabrication des confiseries et de travailler en autonomie à la boutique.

Pouvez-vous nous en dire plus sur les confiseries confectionnées ?

Nous fabriquons des mendiants, des guimauves, des orangettes, des pâtes de fruits… Et bien sûr du sucre de pomme, une confiserie typiquement rouennaise dont la recette a été inventée au XVIe siècle !

Pourquoi Les Confiseurs n'est pas une confiserie comme les autres ?

Nous jouons aussi un rôle pédagogique. Il m'arrive très régulièrement de faire visiter la fabrique aux écoles et de participer à des événements d'entreprise. Ces visites permettent de découvrir l'envers du décor.

LES CONFISEURS

12, rue de L'Abbaye
NOTRE-DAME-DE-BONDEVILLE
✆ 02 32 91 60 75
www.lesconfiseurs.com

© LES CONFISEURS

© LYDIE LEMAIRE

© LES CONFISEURS

LA BOUILLE ★

Enserré entre la Seine et les falaises calcaires, ce village ne disposait jadis d'aucune terre cultivable et de très peu de pâturages. Avec la reprise et le développement du transport maritime et fluvial au lendemain de la guerre de Cent Ans, entre la seconde moitié du XVe et le début du XVIe siècle, La Bouille a pris une autre dimension, tout comme son port. Aujourd'hui, cette commune des bords de Seine est devenue touristique grâce à son bac, ses restaurants, ses ruelles et ses galeries de peinture. On y trouve notamment la maison natale d'Hector-Malot, l'auteur de « Sans Famille », située sur le quai éponyme et toujours habitée par ses descendants.

RUES PIÉTONNES ET DEMEURES ★

1, rue de la République
✆ 02 35 18 01 48
www.labouille.fr/

Accès libre. Visite guidée. Animations. Prendre dépliant à la mairie.

Si vous êtes amateur de promenade, de gastronomie et d'art, vous trouverez votre bonheur dans ce havre de paix. Ce village est l'un des plus beaux du département et une promenade dans ses ruelles vous ravira. La Bouille fut source d'inspiration pour les impressionnistes, mais aussi la terre d'Hector Malot (le père de « Sans Famille »). Trouverez-vous son buste ? Trouverez-vous la statuette de l'archange saint Michel ? Et Le Nid » ? Allez-y, de petites merveilles vous attendent.

HÔTEL LE BELLEVUE €€

13, quai Hector-Malot ✆ 02 35 18 05 05
www.hotel-le-bellevue.com

Chambre double : 70 à 120 €. Demi-pension : 130 à 179 € pour 2. Petit déjeuner : 11 €. Soirée étape : 87 à 90 €. Wifi.

À La Bouille, le Bellevue est une institution, pour sa table comme pour son hôtellerie. Le restaurant met à l'honneur les traditions normandes avec ses colombages, sa cheminée et surtout avec sa cuisine. Les chambres ont toutes été rénovées et le mobilier modernisé tout en conservant l'âme des lieux. Chacune possède une salle de bain ou douche, une TV écran plat et le Wifi. Autant d'atouts qui font de cet établissement, tout proche de l'autoroute A13, une bonne adresse pour une halte ou pour découvrir La Bouille et ses environs. Préférez une chambre côté Seine.

LES GASTRONOMES €€

1, place du Bateau
✆ 02 35 18 02 07
www.les-gastronomes.fr

Vendredi à mardi : midi et soir. Réservation recommandée. Menus : 29,50 € à 36,50 €. Formule du midi : 23 € la semaine.

Francis Forestier, depuis 20 ans aux manettes des Gastronomes, vous emmène à la rencontre du patrimoine culinaire français à travers une belle sélection de plats originaux faisant honneur à la cuisine traditionnelle. Parmi les plats figurant au menu, vous trouverez le rouget poêlé aux pignons de pin ou les Saint-Jacques poêlées déglacées au vinaigre de cidre et chorizo. Quant aux desserts, il serait dommage de manquer la tarte Tatin à la crème fraîche de Normandie, à déguster les yeux fermés. Ici, les amoureux de bonne cuisine se réjouiront.

SEINE-MARITIME

La Bouille.

LA MAISON BLANCHE €€

1, quai Hector-Malot
✆ 02 35 18 01 90
www.restaurant-lamaisonblanche.com
Du mercredi au samedi 12h-14h et 19h-23h, dimanche 12h-16h. Menus de 25 à 40 €. Carte 40 € environ.

Installés depuis plus de dix ans dans le village, Mina et Grégory Derasse continuent leur belle progression avec ce restaurant gastronomique au cadre chaleureux et à la vue imprenable sur les boucles de la Seine. Le chef, Toque normande, réjouira vos papilles autant que vos yeux avec des plats riches en saveurs à base de produits frais de saison. Pour les gourmets, on retiendra le savoureux tartare au saumon fumé et à la mangue, suivi de l'émincé de magret de canard rôti aux poires puis de la tarte Tatin accompagnée de sa crème chantilly maison.

LE SAINT-PIERRE €€€

4, place du Bateau
✆ 02 35 18 79 39
www.lesaintpierre-labouille.com/
Ouvert du jeudi au samedi de 12h à 14h et de 19h à 22h30 ; le dimanche de 12h à 14h30.

Repris en 2020 par Franck Archimbaud, le Saint-Pierre est l'une des belles étapes gastronomiques normandes et son cadre somptueux, en bord de Seine, le rend encore plus savoureux. L'immense baie vitrée vous fera profiter d'une vue imprenable sur le fleuve, telle une mise en bouche aux inventions de ce chef créatif : foie gras normand aux mirabelles en gelée, truite normande en gravlax, ou agneau confit de sept heures avec son jus réduit et sa mousseline de pommes de terre au beurre salé. La carte des vins est majestueuse et les desserts tout autant.

ELBEUF ★

Blottie entre l'un des méandres de la Seine et des coteaux forestiers, « la ville aux cent cheminées » voit sa première mention au Xe siècle. Pendant plus de trois siècles, la cité a développé une importante activité drapière, concentrée autour de l'église Saint-Étienne et du petit cours d'eau du Puchot. Colbert dote les draperies elbeuviennes d'un règlement et d'un statut propres aux manufactures dès 1667. Des ateliers aux manufactures, la prestigieuse histoire du drap d'Elbeuf laisse en héritage un patrimoine bâti riche aujourd'hui restauré et réhabilité, et qui accueille une vie culturelle en plein renouveau, pour le bonheur de ses 5 000 habitants.

BALADES CITÉ-NATURE

cours Gambetta
✆ 02 32 96 90 10
www.mairie-elbeuf.fr
Ouvert toute l'année. Gratuit.

Pour découvrir la cité d'Elbeuf dans sa dimension de nature, rien de tel que ces trois balades au cœur du floral et du végétal. Celle du centre-ville vous fera découvrir glycine, charmilles, en passant par le parc de la Cerisaie et celui de la Ruche. La balade à l'orée des bois vous emmènera au jardin Maubec voir le hêtre Mont-Duve et le chêne à la Vierge. La dernière vous fera passer «d'arbre en arbre», en passant par le jardin Fleury, via le chêne aux quatre branches, celui des deux frères jusqu'au pendu... Prenez un plan (en mairie) et laissez-vous guider.

ÉGLISE SAINT-ÉTIENNE ★

87, rue de la République
✆ 02 76 30 18 76
Ouverte sur demande, contacter la paroisse au numéro de téléphone indiqué. Gratuit.

Bâtie au Xe siècle, l'église présente un clocher très bas et des tuiles vernissées ocre et vertes, qui forment un ensemble d'influence bourguignonne très rare dans la région. Consacrée en 1454, elle fut beaucoup remaniée. À la Révolution, elle récupère du mobilier de l'église Saint-Étienne-des-Tonneliers de Rouen : les stalles du XVIIIe, les fonts baptismaux, et le lutrin en forme d'aigle. Le vitrail des Tisserands, évoquant la vie de saint Roch, fut offert par la corporation des drapiers en 1514. L'église est classée monument historique depuis 1930.

ÉGLISE SAINT-JEAN

53-59, rue Augustin-Henry
www.mairie-elbeuf.fr
Demander la clé au presbytère. Gratuit.

De cette église dont l'édifice primitif date du XIIIe siècle, c'est d'abord sa tour-clocher gothique d'environ 33 mètres que l'on remarque, avant même sa belle façade classique. Réputée pour son majestueux orgue Cavaillé-Coll à buffet du XVIIIe siècle classé monument historique, elle possède également un magnifique gisant en chêne du XIIIe siècle et des verrières du XVIe siècle, elles aussi classées ; elles figurent le supplice de saint Laurent, saint Louis sur son lit de justice et l'arbre de Jessé. Plusieurs pièces viennent de l'église des Carmes de Rouen.

LA FABRIQUE DES SAVOIRS

7, cours Gambetta
✆ 02 32 96 30 40
http://lafabriquedessavoirs.fr
Gratuit (collections permanentes). Adulte : 3 € (expo temporaires). Audioguide : 3 €. Ateliers enfants. Boutique.

Cet équipement pluridisciplinaire de la Métropole, installé dans une friche de 12 000 m² au cœur du quartier Blin réhabilité, accueille trois pôles : un musée, un centre d'interprétation de l'architecture et du patrimoine, et les archives. Les collections du musée, constituées à partir de 1884, représentent aujourd'hui près de 45 000 œuvres, objets et animaux naturalisés. C'est une source inépuisable d'émerveillement pour tous, grâce notamment à une salle d'atelier où sont organisées des activités et des expositions temporaires régulières. Un incontournable.

LA BRASSERIE ALSACIENNE €€

13, rue Sainte-Cécile ✆ 02 35 81 06 38
Fermé dimanche soir et lundi. Menus : 12,50 € à 18,50 €. 120 places assises. Parking gratuit. Terrasse.

Cette très ancienne brasserie à la façade reconnaissable, ouverte en 1882, rappelle l'importance des Alsaciens dans l'histoire textile de la ville. Avec une cuisine de brasserie traditionnelle et généreuse, les gourmands seront satisfaits : la tête de veau à l'ancienne côtoie avec bonheur et efficacité les indétrônables choucroutes et flammekueches que tout Elbeuvien attend en franchissant la porte. Des soirées musicales y sont régulièrement proposées. C'est une adresse incontournable, une véritable institution, vous ne pouvez pas vous tromper.

LES JARDINS DE L'HÔTEL DE VILLE

Rue du 1er-Mai
Accès libre.

Autour de l'hôtel de ville, ce jardin aujourd'hui labellisé «Ensemble arboré remarquable» regroupe 59 arbres de 19 espèces différentes qui vous combleront par leur beauté et leur rareté. Des érables de Cappadoce, des séquoias géants et des marronniers d'Inde majestueux, tous ayant un panneau explicatif qui vous éclaire sur leur provenance. À noter qu'un peu plus loin, rue Arthur-Hulme, pousse le Chêne à la Vierge, classé «Arbre Remarquable». Une belle balade donc.

LES ROBINS DES BIO

18, rue de Rouen
✆ 02 35 77 25 37
www.cooplocalbioelbeuf.over-blog.com
Ouvert du mardi au samedi de 10h à 18h.

Plus qu'un lieu de vente, cette épicerie associative propose aux clients (souvent eux-mêmes sociétaires) un mode de vie écoresponsable. Mieux, elle invite aussi à participer à une économie sociale et solidaire qui privilégie les circuits courts. Sur 200 m², ce magasin vend donc des produits exclusivement bio, équitables et locaux. C'est aussi un lieu de rencontre et un repaire convivial, où les clients peuvent rencontrer les producteurs normands, mais aussi s'entendre conseiller des idées de recettes ou encore s'essayer à la réflexologie.

VILLA GALLO-ROMAINE DU VAL CARON

Allée de la Maison-Romaine
✆ 02 32 96 90 10
Ouvert toute l'année. Gratuit.

Dans le quartier du Buquet, au lieu-dit du Val Caron, se trouvent les vestiges d'une villa gallo-romaine. Ceux-ci furent découverts en 1981 lors d'une campagne de fouilles. Selon les historiens, le site fut occupé du Ier au IVe siècle. Il a été restauré et mis en valeur avec l'aménagement d'un jardin archéologique et la reconstitution du système de chauffage de l'époque. Vous pourrez voir les objets trouvés lors des fouilles (os, verrerie, céramique) à la Fabrique des Savoirs.

CIRQUE-THÉÂTRE D'ELBEUF

2, rue Augustin-Henry ✆ 02 32 13 10 50
www.cirquetheatre-elbeuf.com
Du mardi au samedi. Plein tarif : 17 €. Tarif réduit : 13 €. Restauration. Boutique.

Construit à la fin du XIXe siècle, le magnifique cirque-théâtre d'Elbeuf est l'un des huit derniers cirques en dur de France, et le seul de tous à posséder une piste et une scène de théâtre à l'italienne. Lieu de spectacles, de formation, de création, de découvertes et de rencontres artistiques, ce vaste complexe est désormais le siège du centre régional des arts du cirque. Sa programmation, qui a su dépoussiérer les arts circassiens, est axée sur l'innovation et multi-disciplinarité, et concerne tous les publics, enfants comme adultes.

CIRCUITS BALISÉS

✆ 02 32 96 90 10

Ouvert toute l'année. Gratuit.

La commune d'Elbeuf propose 4 sentiers de randonnée balisés familiaux (de 1,7 à 9 km) et 3 balades cité-nature pour une découverte globale de la ville, selon votre temps et vos envies. Certains peuvent se faire à vélo. Flânez en bord de Seine, visitez la villa gallo-romaine du Val-Caron, profitez du panorama de la Côte Saint-Auct ou étonnez-vous devant le chêne à la vierge. Découvrez également les richesses architecturales de cette ancienne cité drapière : manufactures et usines du secteur textile, bains-douches, lavoir. Les plans sont disponibles à la mairie.

© FRANCOIS BOIZOT - SHUTTERSTOCK.COM

Clères.

CLÈRES ★

Ce bourg tirerait son nom de clara, « la source » en celtique. Au bord de la petite rivière qui le traverse, les terrasses vous attendent pour passer un agréable moment en contemplant les belles halles en bois. Clères, lieu de charme et vallonné (pic de 181 mètres d'altitude), vous comblera aussi par son authenticité et son beau parc animalier et botanique, spécialisé dans l'ornithologie avec la présence de dizaines d'oiseaux venus des quatre coins de la planète. Il est également un passage apprécié, grâce à son caractère bucolique, des promeneurs et cyclotouristes qui font la descente de la vallée de la Scie, partant de Dieppe pour finir à Rouen.

OFFICE DE TOURISME

59, avenue du Parc ✆ 02 35 33 38 64
www.normandie-caux-vexin.com/fr/
9h30-12h30/14h-17h30 semaine, sam 14h-17h30. Nov-jan, mars : mer-jeu. Avr-juin, oct : mer-ven. Juil-sept : ouvert mar.

Pour ne rien manquer de tout ce que le canton de Clères peut vous offrir, l'office de tourisme vous propose toute une série de dépliants vous permettant de découvrir les nombreuses activités à faire autour de la ville. Vous pourrez aussi vous inscrire à différentes visites guidées, avec notamment la découverte des monuments historiques du coin. Le personnel, aussi charmant que compétent, se fera un plaisir de vous parler des événements organisés dans la commune, comme la fameuse fête des Jonquilles avec son marché du terroir, ses concerts et sa soirée cabaret.

PARC DE CLÈRES ★

32, avenue du Parc
✆ 02 35 33 23 08
www.parcdecleres.net
Réouverture en mars 2021. Gratuit jusqu'à 3 ans. Adulte : 9 €. Enfant (de 3 à 11 ans) : 6,50 €.

Aménagé par l'ornithologue Jean Delacour, le parc de Clères compte 200 mammifères, dont certains en voie de disparition, qui vivent en toute quiétude et en semi-liberté ce cadre enchanteur de 13 hectares. 1 500 oiseaux tiennent compagnie aux cerfs, aux singes et aux kangourous. La collection botanique est composée d'un verger conservatoire et d'un jardin de plantes médicinales. Le château, magnifique exemple du gothique flamboyant édifié au XVIe siècle propose des expositions tout au long de l'année. C'est un lieu idéal pour une balade avec les enfants.

LA POPOTE €€

36, route des Moulins-du-Tôt
✆ 02 35 33 62 76
www.restaurantlapopote.fr
Mercredi à dimanche midi : 12h-14h et 19h30-21h30. Résa recommandée. Menus : 33 à 68 €. Formule midi : 23 €. Terrasse.

L'Auberge du Moulin est morte, vive La Popote ! C'est le chef Thomas Cordier, également traiteur, qui a repris la barre de ce bel établissement gastronomique de Clères, avec de bons produits de saison concoctés avec passion et délicatesse, tels le dos de cabillaud pané en croûte d'herbe ou la côte de veau normande. Côté dessert, laissez-vous tenter par le soufflé au chocolat pur Venezuela 72 % relevé à la fleur de sel de Camargue, un pur délice. Le plus ? Un cadre raffiné avec des serviettes en coton français, un cadre sobre et une cheminée pour les jours d'hiver.

DUCLAIR ★

Ce chef-lieu de canton à 20 minutes de Rouen est réputé pour son canard « au sang ». Forte de plusieurs bons restaurants, la cité gastronomique possède une rivière, l'Austreberthe, que l'on peut découvrir lors de la balade de la Source. Elle doit son développement à son emplacement et au passage du fleuve, assuré aujourd'hui par un bac qui fait la navette entre les deux rives. En 1991, la fermeture de son usine de clous, de visserie et de fers à cheval (usine Mustad) a signé son déclin industriel mais, au carrefour des trois grandes abbayes normandes de Saint-Wandrille, Saint-Martin-de-Boscherville et Jumièges, elle bénéficie d'un riche patrimoine.

CENTRE D'ART CONTEMPORAIN DE LA MATMUT ★

425, rue du Château - **SAINT-PIERRE-DE-VARENGEVILLE** © 02 35 05 61 73 -
www.matmutpourlesarts.fr

Entrée libre du mercredi au dimanche de 13h à 19h. Sf jours fériés. Parc en accès libre tous les jours de 8h à 19h.

Abrité dans un bel édifice du XVIIe siècle, ce centre d'art propose 4 expositions d'art contemporain par an. La galerie de 400 m² accueille des artistes émergents ou confirmés pour donner à voir la création d'aujourd'hui, photo, sculpture ou peinture. L'accès est libre et ouvert à tous, petits et grands, amateurs ou connaisseurs. Dans le parc de 6 hectares, 17 sculptures monumentales côtoient un riche arboretum. Profitez des animations, visites commentées et ateliers pour enfants.

MUSÉE AOÛT 1944

Hameau de Saint-Paul
© 02 35 37 95 46
www.chateaudutaillis.com/

1/6-15/9 : mer à dim de 14h à 18h. Groupes : toute l'année. Adulte : 5 €. Tarif réduit : de 2 à 4 €. Visite guidée.

Le château du Taillis, classé Monument historique, fut bâti du XVIe au XVIIe siècle dans le style de la seconde Renaissance italienne, avant d'être modifié au cours des siècles suivants. Ses écuries abritent le Musée Août 1944, « L'Enfer sur la Seine », inauguré le 6 juin 2004, lors du 60e anniversaire du Débarquement. Au travers d'armes, d'uniformes, d'objets et de photographies patiemment collectés, vous pourrez vivre les dernières journées de la bataille de Normandie, ainsi que la Libération de la Vallée de la Seine, une histoire encore trop méconnue.

LE BISTRO DU SIÈCLE €

75, rue Jules-Ferry
© 02 35 37 62 36
www.bistrotdusiecle.site-solocal.com

Du mardi au samedi : 12h à 14h et 18h à 22h. Réservation recommandée. Menus : 14 € à 25 €. Chèque Restaurant. Groupes.

On vient au Bistro du Siècle pour son originalité, son ambiance hors norme et sa déco vintage inspirée des auberges d'autrefois. Dans ce restaurant familial, ce n'est pas le raffinement qui est mis à l'honneur, mais la cuisson au feu de bois. Les habitués s'y bousculent pour dévorer un carry boucané, une andouillette à la cheminée, des brochettes de porc et de bœuf marinées ou encore une bonne éclade de moules, que vous dégusterez sur une nappe à petits carreaux. En fin de repas, laissez-vous séduire par les délicieux desserts à la pomme, faits maison.

LE COQ HARDY €€

84, avenue du Président-Coty
© 02 35 37 50 37
www.lecoq-hardy.fr/

Fermé le jeudi soir d'octobre à fin avril. Menus de 27,50 € à 37,50 €. Formule midi : 12,50 €. Vin au verre. Terrasse.

Sylvain et Mélanie Bras vous accueillent dans un décor élégant. Vous pourrez y goûter les créations de Sylvain Bras qui, fort de son expérience dans la cuisine haut de gamme, a repris l'établissement en 2014. Cet ancien chef du restaurant gastronomique Le Réverbère à Rouen réalise avec passion des plats non traditionnels ou revisités. En attestent la fricassée de rognons de veau à la moutarde ou encore le steak de thon rôti à l'huile d'olive et fruit de la passion. Des entrées aux appétissants desserts, tout est fait maison de A à Z.

LE CLOS DES CITOTS

165, route de la Mailleraye
HEURTEAUVILLE
© 09 70 35 88 65
www.leclosdescitots.fr

Ouvert du lundi au samedi de 9h à 17h.

En plein cœur du Parc naturel régional des boucles de la Seine normande, Gérard Lenormand est connu comme le plus gros producteur de cidre de la région. Il vend ainsi dans sa ferme tous les – très bons – produits dérivés de la pomme : pommeau confitures, cidre de glace, eau-de-vie de cidre, apéritif normand, vinaigre et, bien sûr, calvados. Ses produits ont été largement récompensés, notamment par une médaille d'or au Concours agricole de Paris 2015 pour le cidre demi-sec. Gérard Lenormand est aussi présent sur le marché de Jumièges.

JUMIÈGES ★★★

Cette commune et sa forêt sont situées à 20 km de Rouen dans la vallée de la Seine, à deux pas de la falaise blanche, au creux d'une boucle du fleuve. Ensemble, elles forment la presqu'île de Jumièges. Placée sur la route des abbayes, Jumièges conserve des ruines impressionnantes de son monumental édifice, la plus haute église de son temps en Normandie au XIe siècle. La cité doit sa renommée aux nombreux vergers qui longent la Seine et aux fruits savoureux qu'ils produisent. Son patrimoine se découvre au fil de balades, notamment avec un circuit libre en suivant la brochure *Duclair et ses alentours* (disponible gratuitement à l'office de tourisme).

LE CLOS DES FONTAINES €€€

191, rue Fontaines ✆ 02 35 33 96 96
www.leclosdesfontaines.com

Chambre double à partir de 89 €. Lit bébé gratuit. Parking. Wifi. Hammam, jacuzzi, sauna, piscine chauffée (en saison).

© LE CLOS DES FONTAINES

Idéalement situé près de l'abbaye de Jumièges, cet hôtel propose des prestations de luxe avec ses bâtisses en briques, colombages et pierre de taille. Meublées avec goût, les chambres offrent une très belle vue sur l'abbaye et les boucles de la Seine. Les suites ont un coin salon et une baignoire à balnéothérapie. L'espace spa de 100 m² comprend hammam, bain bouillonnant extérieur et sauna. Vous pourrez y faire toutes sortes de soins (visage, corps, massages). L'été, vous prendrez l'apéritif sur la grande terrasse de la piscine face au soleil couchant...

CAMPING DE LA SEINE €€

2699, route du Conihout ✆ 06 60 22 84 22
www.campingdelaseine.com

Réservation impérative. Gardé 24h/24. Bungalows à partir de 480 € la semaine. mobil-home à partir de 54 €.

Le cadre de ce camping situé sur la rive de la Seine est paisible et verdoyant. C'est l'endroit parfait si vous rêvez de retourner aux sources le temps de vacances actives et agréables. Dans ce vaste domaine, séjournez en tente, en caravane, en camping-car, en bungalow ou même dans le gîte *La Maison du Bonheur*. De nombreuses activités sont disponibles à proximité : golf, tir à l'arc, pêche, tyrolienne, balades à vélo, escalade, visites de fermes... Il y en a pour toutes les envies. Le tout à moins de 3 kilomètres du centre-ville de Jumièges et de son abbaye.

L'AUBERGE DES RUINES €€

17, place de la Mairie
✆ 02 35 37 24 05
www.auberge-des-ruines.fr

Midi et soir. Fermé mercredi et jeudi et dimanche soir. Réservation recommandée. Menus : 45 à 77 €. Groupes. Terrasse.

Ici, la Normandie est à l'honneur : dans un décor de colombages, vous dégusterez des plats cuisinés dans le respect du terroir, à partir de produits des environs. Ouvrez les yeux, les ruines de l'abbaye sont juste en face ! Entre tradition et modernité, Christophe Mauduit concocte des plats savoureux et raffinés tels le homard bleu à la pistache et au fenouil ou la darne de truite de Saint-Wandrille aux jeunes légumes et aux herbes du jardin. Pour finir, choisissez la savoureuse crème brûlée au caramel et à la glace au sirop d'érable ou le pudding au cassis.

BASE DE LOISIRS DE JUMIÈGES-LE MESNIL

4, route du Manoir - **LE MESNIL-SOUS-JUMIÈGES**
✆ 02 32 13 30 00
www.basedejumieges.com

Ouvert toute l'année. Activités de mai à octobre. Tous les jours de 7h à 21h30. Gratuit.

Au cœur du Parc régional des Boucles de la Seine normande, la base de loisirs est un vaste espace de verdure aménagé offrant de nombreuses activités : escalade, tir à l'arc, beach-volley, tennis, accrobranche, mini-golf, mais aussi des randonnées, et d'autres divertissements. Son plan d'eau de 45 ha se prête aux activités nautiques : planche à voile, dériveur, canoë, et au farniente bien sûr. Idéal pour les enfants et les parents. Attention, le site est très prisé aux beaux jours !

ABBAYE DE JUMIÈGES ★★★

24, rue Guillaume-le-Conquérant
✆ 02 35 37 24 02
www.abbayedejumieges.fr
Tlj de 9h30 à 13h et de 14h30 à 17h15. Gratuit jusqu'à 18 ans. Adulte : 6,50 à 7,50 €. Groupe : 5 €. Visite guidée.

« La plus belle ruine de France » est l'un des plus anciens et des plus importants monastères bénédictins de Normandie. Impressionnante par sa taille, sa construction débute en 654 avec saint Philibert. Son rayonnement s'exerce sur toute la contrée, jusqu'à sa destruction par les Vikings en 841. Les moines reviennent quand les ducs de Normandie font reconstruire les abbayes. Finalement la Révolution la réduit à l'état de carrière de pierres. Promenez-vous dans le parc à travers les ruines, et profitez des expositions temporaires d'art contemporain.

GOLF DE JUMIÈGES - LE MESNIL

Route du Manoir
✆ 02 35 05 32 97
https://golfdejumieges.eu
De 9h à 19h30 selon la saison. Green fees : 9 trous de 23 à 41 €, 18 trous de 33 à 60 €.

Dans un véritable écrin de verdure, ce golf est l'un des plus agréables de toute la région. Les joueurs y viennent des quatre coins de la Normandie pour se frotter à son parcours de craie et de sable. Simples amateurs et experts profitent du terrain praticable toute l'année sur les parcours 9 ou 18 trous. L'établissement organise aussi des stages de découverte et des cours collectifs ou individuels. En fin de jeu, vous pourrez vous prélasser sur l'agréable terrasse du restaurant.

RIVES-EN-SEINE

Rives-en-Seine est une commune nouvelle pleine de charme regroupant trois perles du Parc naturel régional des boucles de la Seine : Caudebec-en-Caux, Saint-Wandrille-Rançon et Villequier. La plus importante des trois, Caudebec, qui signifie étymologiquement « eau froide », accueille le cœur de ce grand ensemble. De nombreux témoignages de son importance historique demeurent : les antiquités du musée municipal, l'église au gothique flamboyant ou les maisons à pans de bois des XVIIe et XVIIIe siècles. Le site était connu comme point de vue sur le mascaret. Aujourd'hui, ses quais aménagés et le musée Victor Hugo restauré de Villequier sont à découvrir.

ABBAYE DE SAINT-WANDRILLE ✝ ★★

2, rue Saint-Jacques
✆ 02 35 96 23 11
www.st-wandrille.com
21/3-30/6 et 1/9-1/11 : visite guidée tlj à 15h30. Dim. et fêtes : visite suppl. à 11h30. Juil-août : 11h30, 15h, 16h.

C'est la plus ancienne abbaye de la vallée de la Seine, fondée en 649 par saint Wandrille selon la règle de saint Benoît. Son rayonnement spirituel et culturel s'étend malgré les sursauts de l'histoire. Elle renaîtra toujours, reconstruite ou repeuplée après chaque coup du sort. Aujourd'hui, la communauté vend ses produits artisanaux et fait de la restauration de peintures et de l'édition. Si vous le pouvez, assistez aux offices, chantés en grégorien.

MAISON DES TEMPLIERS

1, rue Thomas-Bazin
✆ 02 35 96 95 91
Réouverture au mois d'avril.

La Maison des Templiers de Caudebec-en-Caux est l'édifice le plus ancien de la ville. Il a rouvert durant l'été 2019 grâce à l'initiative de l'association des Amis du Vieux Caudebec qui a lancé un appel à candidatures pour faire revivre cette bâtisse du XIIIe siècle. Au rez-de-chaussée, des artisans présentent leurs productions : bijoux, objets en cuir, céramique, coutellerie. Au premier étage se trouve le musée Biochet-Bréchot dédié à l'histoire et à l'archéologie de Caudebec et la vallée de la Basse-Seine avec une collection de pièces celtes et gallo-romaines.

MAISON DU PARC NATUREL DES BOUCLES DE LA SEINE

692, rue du petit-Pont
NOTRE-DAME-DE-BLIQUETUIT ✆ 02 35 37 23 16 - www.pnr-seine-normande.com
Toute l'année, du lundi au vendredi : 13h30-17h30. WE et jours fériés du 1/7 au 31/8 : 11h-17h. Location de vélos.

Créé en 1974, ce poumon vert entre Rouen et Le Havre englobe aujourd'hui 82 communes de la Seine-Maritime et de l'Eure et 3 villes « portes » : Canteleu, Yvetot et Pont-Audemer. Depuis les forêts de Roumare, Brotonne, Maulévrier jusqu'au marais Vernier, c'est un patrimoine naturel et culturel d'une grande richesse : 3 abbayes (Jumièges, Saint-Wandrille, Saint-Georges de Boscherville), 18 musées dont MuséoSeine à Caudebec-en-Caux, et des routes touristiques (des Chaumières, des Fruits).

MONUMENT DU LATHAM 47 ★

12, avenue du Latham-47
✆ 02 35 95 90 10
Visite libre. Gratuit.

Cette sculpture de béton est surprenante, mais intéressante. En effet, la ville abrita un temps des chantiers aéronautiques et, quand le dirigeable *Italia* s'écrasa lors d'une expédition au pôle nord, l'hydravion Latham 47 fraîchement sorti de l'usine, initialement prévu pour tenter la traversée de l'Atlantique Nord, partit à son secours le 16 juin 1928. Et disparaîtra, malgré la prouesse technique qu'il représentait pour l'aéronautique de l'époque. Le monument fut bâti à l'endroit où il décolla pour cette mission, en hommage à l'équipage disparu.

MUSÉOSEINE

Avenue Winston-Churchill
✆ 02 35 95 90 13 - www.museoseine.fr
Février à juin et de septembre à novembre : 13h-18h30. Juillet-août : 10h-18h30. Adultes : 5 €. Visite guidée : 6 €.

Voici un musée familial pour découvrir l'histoire du fleuve de manière originale. Une partie du musée, principalement dédiée aux adultes, expose entre autres une gribane de Seine et des objets et photographies permettant de plonger dans la vie de ceux qui vécurent le long du fleuve siècle après siècle. Muséoseine propose également une section plutôt dédiée aux enfants où ceux-ci pourront se mettre dans la peau d'un moussaillon et participer à des jeux de reconnaissance interactifs. Toute l'année des expositions temporaires mettent un thème ou un objet en lumière.

MUSÉE VICTOR HUGO ★

Quai Victor-Hugo
✆ 02 35 56 78 31
www.museevictorhugo.fr
Lun, mer-sam : 10h-12h30 et 14h-17h30, dim : 14h-17h30. Du 1/4 au 30/9 : ferme à 18h et ouvert lun matin de 10h à 12h30.

Ce joli musée est abrité dans la maison Vacquerie, du nom d'une grande famille d'armateurs havrais, et met à l'honneur le grand écrivain français à qui elle fut liée. Vous y découvrirez des photographies, des dessins, des courriers, des objets et du mobilier témoignant de sa vie de père et d'époux et de l'histoire familiale. Car c'est ici que Léopoldine Hugo et son mari Charles Vacquerie se noyèrent le 4 septembre 1843. Tout au long de l'année sont proposées des expositions en lien avec l'œuvre de Hugo et son engagement politique tumultueux.

DUCK HOUSE €€

38, rue de Caillouville ✆ 06 12 50 52 39
www.duck-house.fr
À partir de 75 €/nuit. Table d'hôtes : 30 €/personne. Parking privé (inclus). Animaux non autorisés. Wifi. Tv satellite.

Cette maison de caractère à colombages du XVIIIe siècle rend hommage aux palmipèdes de son bassin. Elle dispose d'un salon avec une cheminée à l'ancienne, d'une salle à manger où profiter d'un petit-déjeuner copieux ou d'un repas du terroir, d'une mezzanine avec bibliothèque, et de chambres au style anglais. Toutes sont confortables, spacieuses et propres, avec une salle de bain équipée attenante. Le Duck House est l'endroit idéal pour passer un séjour paisible au cœur du Parc naturel régional des boucles de la Seine normande et sur la route des Abbayes.

MANOIR DE RÉTIVAL €€€

2, rue Saint-Clair
✆ 06 50 23 43 63
www.restaurant-ga.fr
Mercredi à dimanche : midi. Réservation impérative. Menus de 69 € à 149 €. Fermé en janvier. 1 au guide Michelin.*

Située à l'intérieur d'un somptueux manoir du XVIIIe siècle, cette « table d'hôtes gastronomique » est dirigée par le talentueux David Goerne, chef allemand amoureux de la cuisine française passé par des maisons étoilées parisiennes. Sa cuisine raffinée et pleine de créativité s'appuie sur des produits locaux et de saison. Les cuisines, face aux clients, confèrent au lieu une atmosphère conviviale et intime. Vous profiterez en plus d'une belle vue sur les boucles de la Seine. Un enchantement pour les papilles, les yeux et les sens.

YVETOT ★

D'origine suédoise, le nom de la ville rend hommage à son fondateur, le chef Yvar : le suffixe « tot » indique en effet qu'Yvetot n'est autre que « la terre d'Yvar ». Quand Clotaire Ier assassina au VIe siècle un seigneur d'Yvetot, il se fit pardonner en affranchissant la ville, qui aura alors son propre roi et sera une principauté indépendante jusqu'à la Révolution. Aujourd'hui capitale du pays de Caux, la commune, largement détruite en 1940 par les bombardements, est un centre économique et touristique vivant. La ville possède également une forte culture culinaire, où les petits commerces et les agriculteurs locaux proposent des produits du terroir.

ÉGLISE SAINT-PIERRE ★

2, rue Saint-Pierre
✆ 02 35 56 72 07
Lundi au vendredi : 10h-12h et 16h-18h. Messes sam : 9h, dim : 11h. Audioguides (Yvetot Accueil Animation).

Après la destruction de la précédente église du XVIIIe siècle en 1940, les architectes Pierre Chirol, Robert Flavigny et Yves Marchand ont créé ces plans très modernes dont l'esthétique étonne. Une gigantesque statue de saint Pierre invite à entrer, pour découvrir l'un des plus grands ensembles de vitraux d'Europe (1 046 m²) réalisés par le maître verrier Max Ingrand et retraçant la vie de saints normands. Le campanile s'élève à 45 m, et quatre cloches carillonnent chaque heure. Procurez-vous l'audioguide gratuit à l'office de tourisme.

LE MANOIR AUX VACHES €€

Rue Félix-Faure
✆ 02 35 95 65 65
www.le-manoir-aux-vaches.fr
Réouverture avril 2021. Chambre double : 106 € à 116 €. American Express, Chèque Vacances. Animaux acceptés. Wifi.

Ne cherchez plus les fameuses vaches de la chanson, c'est ici qu'elles se cachent, dans ce petit établissement qui accueille une collection de 1 600 vaches ! L'annexe de l'Hôtel du Havre, tout aussi belle qu'insolite, vaut le détour pour cette tocade amusante, mais aussi et surtout pour le confort de ses chambres. Vous trouverez votre bonheur entre la charolaise, la montbéliarde ou encore la limousine. Quant à la déco, elle est dédiée à la mise en valeur du terroir normand. Un hôtel « vachement » sympa pour un week-end enchanté.

LE MOULIN À POIVRE €€

6/8, rue Guy-de-Maupassant ✆ 02 35 96 56 12
www.lemoulinapoivreyvetot.eatbu.com
Mardi, jeudi, vendredi, samedi : midi et soir. Mercredi et dimanche : midi uniquement. Menus de 24 € à 34 €. Terrasse.

Depuis 2018, l'établissement s'est imposé comme un incontournable à Yvetot. Son intérieur cosy, aux nuances de gris et de beige, appelle à la sérénité dès les portes d'entrée franchies. Et le bonheur se poursuit dans les assiettes, avec des plats cuisinés avec passion et générosité. Duo de canard confit/snacké, filet de bœuf poêlé, cassolette de la mer... En cuisine, le chef met un point d'honneur à ne choisir que des ingrédients de qualité. Si l'on y ajoute un service souriant et une atmosphère paisible, on peut dire que le Moulin à Poivre fait carton plein !

ALLOUVILLE-BELLEFOSSE

À mi-chemin entre Rouen et Fécamp, Allouville-Bellefosse, dont le nom est attesté sous la forme *Adeloldvilla* dès 1050, tire son actuelle dénomination des deux communes fusionnées en 1823. Sa renommée vient de son trésor unique : un chêne millénaire dans lequel fut construite une chapelle, en plein centre-ville, à côté de l'église Saint-Quentin. La ville - qui compte aujourd'hui près de 2 000 habitants - accueille un important centre de sauvegarde de la nature et conserve un patrimoine bâti authentique comme l'ensemble que constitue le manoir d'Isménil, son orangerie et son four à pain. Des brocantes et des animations y sont organisées régulièrement.

LE CHÊNE CHAPELLE ★

Rue du Dr Patenotre
Accès libre.

Ce chêne millénaire semble sorti d'un conte de fées avec ses deux minuscules chapelles, l'une au pied de l'arbre, dans le tronc creux, dédiée à Notre-Dame de la Paix, l'autre, située en haut, nommée chapelle du Calvaire ou cellule de l'Ermite. A la Révolution, il fut sauvé de l'anticléricalisme des révolutionnaires par la ruse d'un instituteur qui n'hésita pas à le consacrer « Temple de la Raison » pour lui éviter d'être abattu. Le vieux chêne est au nombre des « Arbres remarquables » et bénéficie d'une protection toute particulière, à la mesure de sa célébrité.

ESPACE DE DÉCOUVERTE DU CHÊNE ★

12, rue du Musée ✆ 02 35 96 06 54
www.associationchene.com
Tous les jours, weekends et jours fériés : 14h à 18h. Adulte : 5 €. Tarif réduit : 3,50 €. Animations.

Unique en Normandie, cet espace de découverte ouvert au public a pour slogan : « Un lien entre l'homme et la nature ». Ses équipes vous permettront de découvrir le monde du soin de la faune sauvage. Via les nouvelles technologies (réalité virtuelle, hologramme), vous irez au plus près du métier de soigneur animalier, des centaines d'espèces accueillies, soignées puis relâchées chaque année. Grâce à une exposition immersive et un parc ludique, vous y passerez un bon moment en famille.

BOLBEC ★

Née au Xe siècle, Bolbec tire son nom de « bol », homme scandinave, et de « bec », ruisseau. D'abord formée de deux hameaux, elle en accueille un troisième au XIIe siècle, le Val-au-Grès. Des moulins sont alors édifiés le long de la rivière, le Bolbec, et la fabrication de toiles de laine - puis de coton - se développe. Au XIXe siècle, l'activité s'intensifie grâce aux machines à vapeur : filature, tissage et impression de toiles s'accompagnent, de 1818 à 1850, d'un doublement de la population. Aujourd'hui la ville compte plus de 12 000 habitants et demeure, avec l'ancienne usine Desgenétais et ses moulins, un témoin de ce riche passé industriel.

ABBAYE DU VALASSE

GRUCHET-LE-VALASSE
✆ 02 32 84 64 64
www.abbayeduvalasse.fr
Parc en accès libre de 6h à 20h. Gratuit. Visite guidée. Restauration. Boutique. Animations. Parking.

C'est un édifice cistercien construit au XIIe siècle par la petite-fille de Guillaume le Conquérant. Détruit par les Anglais en 1437, reconstruit, le lieu a vu ses moines dispersés par la Révolution et fut transformé en résidence châtelaine, puis en filature et enfin en laiterie-fromagerie. Aujourd'hui le site accueille des rendez-vous festifs, comme la Fête du cheval, des salons ou des expositions d'art, mais aussi des mariages, des séminaires et des concerts. Le parc à l'anglaise est ouvert à tous et le salon de thé La Laiterie vous offrira un moment gourmand.

ATELIER-MUSÉE DU TEXTILE ★

5, rue Auguste-Desgenétais
✆ 06 38 39 10 17
www.filmemoire.bolbec.pagesperso-orange.fr
Fermé de mi-décembre à mi-janvier. Ouvert du mardi au vendredi de 14h à 15h30. Adulte : 5 €. Visite guidée.

Au XIXe siècle, en plein boom de l'industrie du textile, Bolbec était « Capitale de la vallée d'Or ». Pour rappeler cette époque florissante, l'atelier-musée créé par une équipe de bénévoles composée d'anciens du métier vous dévoile toute la chaîne textile, de la balle de coton au mouchoir, sur 1 400 m². Vous y verrez des planches d'impression, des métiers à tisser, une belle collection d'indiennes, et le fameux mouchoir de priseux de Bolbec qui se portait sur le col de la blouse bleue traditionnelle normande. Optez pour la visite guidée.

MOULINS

Ruelle Papavoine
✆ 02 32 70 46 32
www.normandie-caux-seine-tourisme.com
Accès libre. Gratuit. Audioguide à télécharger sur www.entreseineetmer.fr

Il subsiste aujourd'hui 3 des 14 moulins qui jalonnaient la rivière de Bolbec au XIXe siècle. Le moulin de la Fontaine situé dans l'enceinte de l'usine Oril, le moulin Vallot dans la rue des Martyrs-de-la-Résistance, et le moulin Séminel dans la ruelle Papavoine sont le symbole du passé de la ville marqué par l'industrie textile et par sa production d'Indiennes, commencée à la fin du XVIIIe siècle. Ils servaient à faire fonctionner les machines nécessitant de l'eau et de la vapeur. La ville comptait près de 18 manufactures à la veille de la Révolution française.

LE SAINT-THOMAS €€

75, avenue du Maréchal-Foch
GRUCHET-LE-VALASSE ✆ 02 35 31 85 22
www.le-saint-thomas.zenchef.com
Lundi à vendredi midi et soir (réserver le soir de lundi à jeudi). Samedi soir ; dimanche midi. Menus : 23,80 à 44 €.

Le Saint-Thomas est incontestablement le bon resto du secteur. Avec sa cuisine savoureuse mettant à l'honneur les produits locaux et des menus variés, sans cesse retravaillés pour ne jamais lasser et toujours surprendre les gourmands. C'est l'endroit parfait pour déguster des plats traditionnels pleins de saveurs : croustillants d'escargots, entrecôte grillée sauce rouennaise, marmite du pêcheur ou foie gras de canard maison en brioche. Le trou normand est à déguster avant les profiteroles... Pour rejoindre à pied l'abbaye à 1 kilomètre !

LILLEBONNE ★

Lillebonne est sans doute l'une des villes les plus riches en histoire du département, comme l'attestent ses monuments, ses sites et ses lieux-dits hors du commun. Capitale de la tribu des Calètes, l'essor de ce site d'abord appelé Juliobona est dans un premier temps lié à son port gallo-romain. Les nombreuses découvertes archéologiques faites depuis le XIXe siècle, et notamment la récente mise au jour d'une série de commerces le long d'une voie romaine (place Carnot), témoignent du rayonnement de la cité. Beaucoup d'objets, comme la belle mosaïque de la chasse au cerf, ont approvisionné les collections du Musée départemental des Antiquités de Rouen.

MUSÉE GALLO-ROMAIN JULIOBONA ★

Place Félix-Faure ✆ 02 32 84 02 07 - www.musee-juliobona.fr
Fév-nov : mer, WE 13h30-17h30. Vac. aut-hiver : 10h30-12h30/13h30-17h30. Vac. prtps/été : 10h-12h30/13h30/18h. Sf mardi.

Un incontournable pour découvrir le patrimoine gallo-romain local. À l'époque, Lillebonne était le chef lieu de la cité des Calètes, aujourd'hui le Pays-de-Caux. Sont exposés des vestiges de cette période clé dans la construction urbanistique de la ville. La scénographie amène le visiteur à se balader successivement au cœur du théâtre, du commerce, des thermes et de la vie quotidienne, pour finir avec les nécropoles et les cultes. À visiter en complément du théâtre romain.

THÉÂTRE ROMAIN

Place Félix-Faure
✆ 02 35 15 69 11
www.theatrelillebonne.fr/fr
Du lundi au vendredi : 9h30-12h et 13h30-17h ; WE : 10h30-12h et 13h30-18h. Gratuit. Visite guidée.

Cet amphithéâtre qui date du Ier siècle de notre ère constitue le plus important vestige gallo-romain au nord de la Loire. Il fait par ailleurs toujours l'objet de fouilles archéologiques. Pour l'anecdote, il est désormais certain que de nombreux vestiges reposent sous la route, entre l'amphithéâtre et le musée Juliobona. Aujourd'hui, le théâtre romain est l'un des lieux culturels les plus importants de Lillebonne et organise régulièrement des expositions et des ateliers thématiques pour découvrir cette histoire archéologique locale.

SEINE-MARITIME

INTERVIEW

MUSÉE JULIOBONA

IMMERSION DANS LE PASSÉ GALLO-ROMAIN DE LILLEBONNE

Plongez dans l'Antiquité, à l'époque où Juliobona, aujourd'hui connue sous le nom de Lillebonne, était une capitale de cité gallo-romaine. Marie Penna, responsable des musées de Caux Seine agglo, nous invite à découvrir le musée Juliobona et ses 300 pièces de collection.

Pouvez-vous nous parler de la ville antique de Juliobona ?

La première période d'occupation connue date de l'Antiquité. Les Romains s'installèrent ici et créèrent une plateforme économique. On y retrouve toutes les caractéristiques d'une capitale de cité : des bâtiments publics, des thermes, un forum, un théâtre et probablement un temple, encore non localisé.

S'il ne fallait résumer le musée qu'à une seule pièce, laquelle serait-ce ?

Le musée expose un ensemble d'une cinquantaine d'objets de valeur inestimable, retrouvés dans une urne funéraire. Et parmi eux, se trouve un flacon en verre soufflé en forme de dauphin, recouvert de paillettes d'or. C'est tout à fait extraordinaire, car il n'en existe aucun autre de semblable à l'échelle du monde romain. Il témoigne du statut social du défunt, mais aussi plus généralement des habitants de Lillebonne.

La visite du musée comprend aussi le théâtre romain…

Oui, cela permet d'avoir une vision d'ensemble du site. C'est un édifice de spectacle qui pouvait probablement accueillir toute la ville antique. Le monument accueillait des spectacles, et sans doute des combats de gladiateurs.

Organisez-vous des événements ou des ateliers ?

Oui, nous avons une programmation destinée à un public très large, aussi bien aux familles qu'aux passionnés d'histoire. Tous les jeudis pendant les vacances scolaires, les enfants peuvent participer à un « atelier rigolo » et repartir avec leur création !

MUSÉE JULIOBONA

Place Félix Faure - Lillebonne
✆ 02 35 95 90 13
musees@cauxseine.fr
www.musee-juliobona.fr

© CAUX SEINE AGGLO

© CAUX SEINE AGGLO

© CAUX SEINE AGGLO. V-BRUNEAU

PONT DE TANCARVILLE ★★

RN 182 - **TANCARVILLE**

✆ 02 35 24 64 94

www.pontsnormandietancarville.fr/

Ouvert toute l'année. Gratuit. Visite guidée (fresque, jardin, sentier).

Ce pont suspendu fait de béton et d'acier, long de 1 420 m avec des pylônes de 125 m, franchit la Seine et relie la Seine-Maritime et l'Eure. Commencé le 16 novembre 1955, il fut mis en service le 2 juillet 1959 et fut le pont le plus proche de l'estuaire de la Seine jusqu'à la construction du célèbre pont de Normandie, achevé en 1995. Pour le découvrir à pied, empruntez le parcours explicatif au départ des parkings visiteurs de chaque côté pour 2 h de balade. Près du bâtiment des péages, un Jardin des ingénieurs offre des explications sur son histoire.

LE HAVRE ★★

Inscrite sur la liste du patrimoine mondial de l'Unesco depuis le 15 juillet 2005, la ville du Havre doit tout, ou presque, à deux hommes. L'un l'a créée, l'autre l'a réinventée. Si l'un en a fait un port royal, l'autre a redessiné ses axes et ses bâtiments. Ces deux hommes sont François Ier d'abord, et le célèbre architecte Auguste Perret ensuite. Entre les deux, cinq siècles se sont écoulés. Cinq siècles d'histoire qui ont façonné cette ville aux mille visages, berceau de l'impressionnisme au XIXe siècle et véritable musée à ciel ouvert de nos jours, notamment grâce aux œuvres pérennes créées à l'occasion de la grande manifestation désormais culte : «Un Été au Havre». Car disons-le tout net, Le Havre, ce n'est pas que du béton, même si ce béton a désormais gagné ses lettres de noblesse. Le Havre, c'est aussi la mer, son port gigantesque, sa plage hyper animée en plein cœur de la ville, de belles avenues et des kilomètres carrés de verdure. C'est également une ville aux richesses patrimoniales et paysagères sans précédent, avec quelques pépites incontournables qui ont pour notre bonheur échappé aux bombardements de la Seconde Guerre mondiale et qui témoignent encore aujourd'hui du riche passé portuaire et marchand de la ville. Sans compter les manifestations culturelles qui lui on redonné un visage moderne et tourné vers l'international. Avec un savant mélange de falaises, de mer, de plateaux et d'espaces urbanisés d'un côté, et une identité architecturale unique née de la Reconstruction, celle que l'on surnomme la cité océane s'impose comme un territoire de diversité.

APPARTEMENT TÉMOIN AUGUSTE PERRET ★

181, rue de Paris ✆ 02 32 22 31 22

www.lehavre.fr/annuaire/appartement-temoin-perret

Visites mer et ven : 15h30, 16h30, sam : 11h, 14h30, 15h30, 16h30, dim et 11/11 : 11h, 14h30, 15h30. Été : tlj. 5 €.

Cet appartement témoin, aujourd'hui labellisé Patrimoine mondial de l'UNESCO, est un résumé de l'urbanisme moderne et plein d'ambition du XXe siècle, imaginé et conçu à la Reconstruction par l'architecte Auguste Perret. Fonctionnalité, ensoleillement optimal, cuisine et salle de bain intégrées, cloisons amovibles, le lieu est une immersion pleine de charme grâce aux objets du quotidien des Trente Glorieuses : auto-cuiseur, aspirateur, tourne-disque, machine à écrire...

CATÈNE DE CONTAINERS

Quai de Southampton

Ouvert toute l'année. 7j/7 et 24h/24. Gratuit. Étape 22 du parcours historique.

Elle vous surprendra au détour des boulevards François Ier et Clémenceau si vous y arrivez de la plage ou sortez du Musée Malraux à proximité, avec sa taille et ses couleurs se détachant au-dessus du bassin. Inspirée du travail de l'espagnol Antoni Gaudi, la fameuse Catène, réalisée par Vincent Ganivet pour l'édition 2017 du festival désormais culte « Un été au Havre », rend hommage à l'utilisation des containers dans la « chaîne logistique ». Devenue l'emblème de la ville, l'installation pèse 288 tonnes et atteint 28,5 mètres de hauteur. Incontournable.

SEINE-MARITIME

© FRANCK GODARD

Vue aérienne du centre reconstruit par Auguste Perret.

ABBAYE DE GRAVILLE ✝ ★

53, rue de l'Abbaye ✆ 02 35 24 51 00
www.lehavre.fr/annuaire/abbaye-de-graville
Avril à octobre : 10h-12h30 et 13h45-18h. Novembre à mars : 10h30-12h30 et 13h45-17h30. Fermé mardi et jours fériés.

Commune indépendante, Graville n'intègrera Le Havre qu'en 1919. Le fief appartenait à un compagnon de Guillaume le Conquérant. Récompensé par le nouveau roi d'Angleterre, Guillaume Malet fait construire une abbaye romane au XIIe siècle, sur le site d'un ancien ermitage. De style roman (la nef) et gothique (le chœur), l'église donne, au sud, sur le cloître de l'abbaye, entouré de l'ancienne salle capitulaire et de quelques vestiges des bâtiments conventuels. Près du petit cimetière, la Vierge noire domine l'entrée de la ville.

ÉGLISE SAINT-JOSEPH ✝ ★

130, boulevard François-Ier
✆ 02 32 74 51 71
www.lehavre.fr/annuaire/eglise-saint-joseph
Ouvert toute l'année. Tous les jours de 10h à 18h. Sauf lors des cérémonies. Gratuit.

C'est l'un des chefs-d'œuvre d'Auguste Perret. Moderne et majestueuse, avec une base carrée, elle présente un clocher monumental de 107 m de hauteur que l'on peut voir à 60 km au large. En 1951, en pleine reconstruction, l'abbé Marcel voulait une nouvelle église. Perret a alors repris les vieux plans d'une basilique qu'il avait imaginée : en ressort la première église de France avec un autel placé au centre d'un puits de lumière, où le soleil peut jouer avec les vitraux de Marguerite Huré incrustés dans la matrice de béton. Incontournable.

ESPACE OSCAR NIEMEYER

8, Place oscar Niemeyer
Bibliothèque ouverte du mardi au dimanche de 10h à 19h. Accès au volcan de la bibliothèque de 11h à 18h.

L'espace Oscar Niemeyer a été construit de 1978 à 1982 par le renommé architecte brésilien qui lui donna son nom. Situé face au monument aux morts, dans le prolongement du bassin du Commerce, il s'est inséré entre les îlots reconstruits par Perret sur un emplacement qu'André Malraux, ministre de l'après-guerre, avait réservé pour la construction d'une maison de la Culture. Les courbes des deux enveloppes monumentales, aujourd'hui acceptées par la population, ont alors déclenché les passions : « centrale atomique » et « pot de yaourt » furent les deux appellations les plus courantes pour désigner le monument. Un autre précurseur installera sa nouvelle boutique dans cet espace : ce sera la première boutique de la librairie La Galerne, devenue fleuron du monde du livre havrais (aujourd'hui installée dans l'ancien magasin des anciennes Nouvelles Galeries). En 1990, la construction est officiellement appelée « Le Volcan ». Mais c'est son classement au patrimoine mondial de l'Unesco qui change encore le regard des Havrais et de tous les Normands sur cet espace. En 2015, après de longs travaux, le grand volcan reste Scène nationale, mais de nouveaux équipements accompagnent sa réouverture : une salle à l'acoustique perfectionnée et un foyer chic où l'on prend un verre. Le petit volcan quant à lui devient l'épicentre de la nouvelle bibliothèque municipale. Elle est aujourd'hui considérée par le public comme l'une des plus belles bibliothèques de prêt de France, avec des équipements technologiques à la pointe.

SEINE-MARITIME

© PEBE57

Eglise Saint-Joseph, Le Havre.

MA&H
MUSÉES D'ART ET D'HISTOIRE

HÔTEL DUBOCAGE DE BLÉVILLE MUSÉE

1, rue Jérôme-Bellarmato ✆ 02 35 42 27 90 - www.lehavre.fr/annuaire/hotel-dubocage-de-bleville-musee

1er avr-31 oct : 10h-12h30 et 13h45-18h. 1er nov-31 mars : ferme à 17h30. Fermé 1/1, 1 et 8/5, 14/7, 11/11, 25/12.

Cet hôtel particulier du quartier Saint-François fut la propriété du navigateur et négociant Michel Dubocage de Bléville (1676-1727). Sa construction date du XVIIe siècle et reste l'un des beaux monuments du Havre ayant résisté à la Seconde Guerre mondiale, avec sa façade en pans de bois. L'intérieur aménagé en musée permet aux visiteurs de retracer l'histoire portuaire du Havre à travers des objets, du mobilier, des peintures, des estampes, des plans et des maquettes. Vaut le détour.

MAISON DE L'ARMATEUR ★

3, quai de l'Île ✆ 02 35 19 09 85 - www.lehavre.fr/annuaire/maison-de-larmateur

Avril à octobre : 10h-12h30/13h45-18h. Novembre à mars : 10h30-12h30/13h45-17h30. Fermé mardi et jf. Adulte : 7 €.

Rescapée des bombardements, la Maison de l'Armateur est l'un des plus beaux lieux du Havre. Édifiée vers 1790 par l'architecte Paul-Michel Thibault (1735-1799), elle est rachetée par l'armateur Martin Foäche en 1800. Son originalité réside dans son puits de lumière octogonal autour duquel sont distribuées les pièces sur 5 étages. Vous y découvrirez des objets et du mobilier de la vie quotidienne, mais aussi des pièces dédiées à l'histoire du négoce, des voyages et du port, avec entre autres une belle collection de cartes marines. C'est un incontournable.

MAISON DE L'ESTUAIRE

20, rue Jean-Caurret
✆ 02 35 24 80 00
www.maisondelestuaire.org

Ouvert du lundi au vendredi de 9h à 12h et de 14h à 17h. Rendez-vous nature : 5 € par adulte, 3 € par enfant.

La Maison de l'Estuaire est le siège de l'association gérant la réserve naturelle de l'Estuaire de La Seine. On y trouve des informations sur la réserve, les sentiers de découverte répartis entre la rive droite et la rive gauche du fleuve, ainsi que des fiches pédagogiques. Vous y seront proposées des visites guidées, thématiques ou des expositions. Les visites guidées ne partent pas du Havre, mais de la **Maison de la Réserve**, basée près du péage du pont de Normandie. Prévoyez bottes et jumelles. Très intéressant pour les petits comme pour les grands.

MUMA / MUSÉE D'ART MODERNE ANDRÉ MALRAUX ★★★

2, boulevard Clemenceau
✆ 02 35 19 62 62
www.muma-lehavre.fr

Mar-vend : 10h-18h. WE : 11h-19h. Fermé 1/1, lundi de Pâques, 1/5, lundi de Pentecôte, 11/11 et 25/12. Adulte : 7 €.

Le MuMa, musée d'art moderne André-Malraux, inauguré en 1961 par celui qui lui donna son nom, est l'un des fleurons de la reconstruction du Havre. Son concepteur, Guy Lagneau qui avait travaillé avec Auguste Perret, préfère des constructions plus légères, plus aériennes. Le bâtiment qu'il a imaginé ici en est l'expression évidente. Ses baies donnant sur la mer paraissent audacieuses pour un musée contenant des toiles qu'il faut protéger de la lumière mais, au contraire, l'ensemble est vivifié par la lumière du jour, sans nuire aux œuvres. En 1999, un remaniement de la structure intérieure permet d'accueillir des expositions temporaires d'importance. Le MuMa est la deuxième collection d'œuvres impressionnistes en France après le musée d'Orsay. C'est le résultat de dons d'artistes comme ceux de Claude Monet, ou de legs comme celui du frère d'Eugène Boudin, très attaché au Havre, mais aussi de collections particulières, elles aussi léguées au MuMa, qui enrichirent encore son fonds. Les grands peintres havrais y ont leur place, tels Raoul Dufy ou Emile Othon-Friesz. En 2017, un événement exceptionnel s'est inscrit dans l'histoire du lieu et de la ville : *Impression, soleil levant*, de Claude Monet, y est revenue pendant une trentaine de jours pour célébrer les 500 ans du Havre. L'artiste l'avait peinte en 1872 à 300 mètres de là, de sa chambre d'hôtel située sur le Grand Quai. À l'extérieur, *Le Signal*, œuvre monumentale d'Henri-Georges Adam, fait partie des collections.

MUSÉUM D'HISTOIRE NATURELLE ★

Place du Vieux-Marché ✆ 02 35 41 37 28 - www.museum-lehavre.fr

Mardi à dimanche : 10-12h et 14h-18h. Fermé les jours fériés. Entrée : 5 €. Gratuit le 1er sam du mois. Visite guidée.

Le muséum est l'un des rares édifices à avoir échappé aux bombardements. L'histoire de ses collections est intimement liée aux activités du port puisqu'elles furent constituées d'objets rapportés du bout du monde par les bateaux. Quand Charles-Alexandre Lesueur, naturaliste, revient au Havre en 1837, il fait don de ses dessins et de sa collection au musée. Aujourd'hui le lieu propose la découverte des sciences de la vie et de la Terre à travers plus de 250 000 objets.

SEINE-MARITIME

ZOOM

MUSÉUM D'HISTOIRE NATURELLE

VOYAGE EN TERRES AUSTRALES

Visiter le Muséum d'histoire naturelle du Havre, c'est vivre une nouvelle aventure à chaque fois. Tout au long de l'année, les expositions se succèdent sans se ressembler. Et du 5 juin au 7 novembre 2021, ce sera au tour de l'Australie de s'inviter en terre havraise…

Le Muséum, en lien avec le programme « Australia now France 2021 » mis en place par l'ambassade d'Australie en France, a imaginé un parcours mêlant collections patrimoniales exceptionnelles et créations contemporaines dont certaines ont été conçues pour l'exposition, offrant ainsi une plongée dans la culture australienne d'hier et d'aujourd'hui.

Fait inédit, l'exposition présentera 217 manuscrits et dessins du Voyage aux Terres Australes, une expédition scientifique à laquelle participa le célèbre peintre naturaliste et premier conservateur du Muséum du Havre, Charles-Alexandre Lesueur. L'expédition partit du Havre en 1800 et permit de ramener en France une multitude de spécimens zoologiques surtout, mais aussi de botanique et de géologie encore inconnus en Europe.

L'objectif de cette exposition ? Faire le lien entre le passé et le présent, et entre l'ici et l'ailleurs, à travers une exposition lourde de sens. Car au-delà de la découverte des cultures australiennes, l'événement abordera également les problématiques environnementales liées aux océans.

Le Muséum ne sera pas le seul à porter les couleurs de l'Australie, puisque pour l'occasion de l'Escale australienne, c'est toute la ville du Havre qui participera à l'événement à travers une programmation riche en manifestations culturelles, sportives et artistiques (à retrouver en détail sur lehavre.fr).

MUSÉUM D'HISTOIRE NATURELLE

Place du Vieux-Marché
© 02 35 41 37 28
www.museum-lehavre.fr

LA BOUTIQUE DU RÂLEUR

155, rue de Paris
✆ 06 31 29 73 96
Mardi-samedi 10h-13h et 14h30-19h.

Le concept de cette jolie boutique havraise repose sur des produits fabriqués à 100 % en France. Vous y trouverez un beau panel de miels, de bières, de savons de Marseille, de confitures et de gelées, de fruits secs pour l'apéro, ou encore de pâte à tartiner. Côté mode et accessoires, vous aurez le choix parmi les pulls, ceintures, tee-shirts, marinières ou espadrilles. On aime particulièrement les bottines colorées pour protéger nos pieds de la pluie tout en gardant belle allure. Idéal pour se faire plaisir en réduisant son empreinte carbone !

© LA BOUTIQUE DU RÂLEUR

© LA BOUTIQUE DU RÂLEUR

OFFICE DE TOURISME

186, boulevard Clemenceau
✆ 02 32 74 04 04
www.lehavre-etretat-tourisme.com
Basse saison : lun, 14h-18h, mar-sam, 10h-12h30 et 14h-18h. Haute saison : tlj, 9h30-13h et 14h-19h. Sf 25/12 et 01/01.

Situé près de la plage, vous y trouverez toutes les informations relatives à votre séjour dans la région : visites libres, visites guidées, hébergement, restauration, etc. Une équipe polyglotte vous accueille 7/7 jours selon la saison. Mais aussi : borne de rechargement des véhicules électriques, consigne à bagages, prêt de kit de réparation pour vélos, tapis à langer, chauffe-biberon, porte-bébé, accueil canin. Côté boutique, de nombreux ouvrages sur la ville et ses trésors, ainsi que des souvenirs du Havre. Accueil professionnel et serviable.

BEE LE HAVRE

15, rue Robert-de-la-Villehervé
www.beelehavre.com
Adulte : 9 €, 4-17ans : 6 €, gratuit jusqu'à 3 ans. Départ toute l'année de la place Perret. Résa en ligne ou sur place.

Telle une abeille, ce bus cabriolet vous embarque à la découverte de la ville. Les départs se font à 14h30, 15h45, et 17h, et lors des escales des paquebots, Bee Le Havre propose des visites supplémentaires à 10h15, 11h30 et 12h45. Vous partirez de la place Perret, traverserez le centre-ville, symbole de la reconstruction et qui vaut à la ville d'être classée au patrimoine mondial, avant de remonter la rue de Paris et longer le front de mer jusqu'à Sainte-Adresse. Vous passerez par la plage, les quais, le stade Océane, l'abbaye de Graville, enfin la ville haute.

1872 STADIUM HOTEL €€€

Rue du Stade Océane
✆ 02 35 13 14 15
www.1872stadiumhotel.com/fr/hotel/
Accueil 24h/24. Chambre double à partir de 86 €. Parking inclus. Wifi gratuit. Restauration. Tv satellite, Canal+.

« Ce soir, on dort au stade ! » C'est le concept développé au stade Océane depuis septembre 2018. Ce sont vingt chambres au sommet de la tribune ouest, réparties entre des chambres « Stadium » de 34 m² et des chambres « Stadium de luxe » de 56 m² donnant toutes sur l'intérieur de l'édifice, et ayant des gradins privatifs. Le matin, c'est petit déjeuner au lit ou buffet dans le salon présidentiel. Et les soirs de match ? On y assiste côté salon VIP ou côté tribune… et on accède à sa chambre, le match terminé. Mortel, comme on dit !

LE BISTROT PARISIEN €€

39, place de l'Hôtel-de-Ville
✆ 02 35 22 10 40
www.le-bistrot-parisien.com

Menus : 19,50 à 24,90 €. Vin au verre. Plateaux fruits de mer : 19,90 à 89,90 €. Terrasse. Vente à emporter, livraison.

Voici une valeur sûre ! Ouvert tard et tous les jours sur la place de l'Hôtel-de-Ville, cet établissement propose une cuisine traditionnelle et généreuse avec une carte variée de viandes, de poissons et de choucroutes. La déco refaite à neuf y est moderne et sobre. Les assiettes sont bien garnies et font honneur au terroir normand : soupe de poisson, plateaux de fruits de mer, tartare de saumon sauce au yuzu, mais aussi tartare de bœuf ou andouillette à la moutarde à l'ancienne, et faits maison. Un incontournable havrais pour les fruits de mer.

THE ARCHITECT €€

55, quai de Southampton
✆ 02 32 73 68 03
www.thearchitectrestaurant.com
Tlj 8h à 2h. Vente à emporter 7j/7 : 12h-15h et 18h-21h. Formule midi : 12,50 € à emporter. Burgers à partir de 13 €.

C'est sans doute ici que vous pourrez déguster parmi les meilleurs burgers du coin. Ce café australien, situé face aux paquebots en repos dans le bassin de la Manche, propose des plats typiquement anglo-saxons : fish and chips, salade Caesar, pulled pork toasties et burgers, avec leur lot de goûts et d'inventivité, mais aussi des plats traditionnels tels que le bœuf bourguignon ou les spaghettis ! Il y en a même pour les végans. Et à l'étage, le très cosy Attic vous attend pour un breakfast ou un bon whisky. Un lieu dépaysant à découvrir !

© THE ARCHITECT

© THE ARCHITECT

CRÊPERIE LES KORRIGANS €

54, quai Michel-Féré
✆ 02 35 42 70 59
Tous les jours : 12h à 14h et 19h à 22h. Carte : 15 € env. Menu enfant : 7,90 €. Formule du midi : 10,90 €. Terrasse.

Ce sont les Korrigans, ces créatures légendaires originaires de Bretagne, qui ont inspiré le décor de cette charmante crêperie nichée dans le quartier Saint-François. Ce petit établissement familial, installé au bord du bassin du Roy, propose des galettes et des crêpes qui feront voyager vos papilles : l'Espagnole et ses poivrons, la Mexicaine et son chorizo ou l'Indienne au curry... Mais Isabelle et son équipe n'ont pas oublié d'inviter la Bretagne : vous vous régalerez de la crêpe au caramel beurre salé accompagnée de sa bolée de cidre !

BISTROT DU P'TIT PORT €€

11, quai de l'Île
✆ 02 35 47 97 99
Du mardi au dimanche : de 8h à 18h.

Tout près de la Maison de l'Armateur, se trouve le Bistrot du p'tit port, un restaurant spécialisé dans les produits de la mer que vous dégusterez sous toutes les formes : poissons à peine sortis de l'eau, huîtres, moules et bulots, mais aussi tourteaux et homards... Vous préférez la viande ? Pas d'inquiétude, ce petit bistrot a pensé à tout ! L'endroit est aussi idéal pour boire une bière ou un cidre à l'heure de l'apéro, l'ambiance y est bon enfant et sympathique, et si vous prêtez l'oreille, vous entendrez peut-être des histoires de marins...

DOCKS VAUBAN

70, quai Frissard
✆ 02 35 11 33 60
www.docksvauban.com
Lundi à samedi de 10h à 20h et le dimanche de 11h à 19h. Places de parking gratuites après 17h30, et le WE.

Entourés d'eau, les docks sont l'un des lieux historiques du commerce du Havre. Érigés dès 1846 pour stocker les marchandises en transit (café, coton, épices, etc.), ils furent progressivement abandonnés et désaffectés. Depuis octobre 2009, cet ensemble urbain a retrouvé sa fonction originelle. Aujourd'hui, sur plus de 55 000 m², une soixantaine de boutiques mode et loisirs et des restaurants y sont installés sous une large baie vitrée. On y trouve les grandes enseignes, ainsi qu'un cinéma. Le lieu est accessible à pied du centre-ville.

SEINE-MARITIME

MARCHÉS

rue Voltaire

Le Havre est une ville où il fait bon vivre et les marchés y participent. Pas moins de 18 marchés répartis sur différents jours de la semaine vous proposent leurs étals de produits frais. De Sanvic à Aplemont, du port à Montgeon, vous y trouverez forcément votre bonheur. À noter néanmoins l'abondance de celui de la place des Halles, en plein centre-ville, qui a l'avantage d'être secondé par les Halles et de surtout posséder des terrasses où il fait bon, le dimanche matin, siroter son café avec son journal. Un dépliant de la mairie vous donnera toutes les adresses.

LES BAINS DES DOCKS

Quai de la Réunion

© 02 32 79 29 55

www.vert-marine.info/lesbainsdesdocks/

Tlj : 10h-14h et 15h-20h. Entrée 4,90 €. Moins de 12 ans : 2 €. Gratuit pour les moins de 3 ans. Balnéo+piscine 15,90 €.

Les bains des Docks, situés à deux pas du centre-ville, se distinguent par une architecture résolument contemporaine et des espaces entretenus à la perfection. C'est l'architecte Jean Nouvel qui les a créés, s'inspirant des thermes romains. Les volumes blancs et colorés forment avec l'eau des bassins un ensemble salué par son public comme l'une des plus belles piscines de France. Bassin olympique, plusieurs bassins ludiques pour les enfants, espace bien-être et détente, salle de fitness, hammam, sauna... Bref, bien plus qu'une simple piscine !

GOLF DE BEVILLIERS

Chemin de la ferme de Bévilliers

GONFREVILLE-L'ORCHER © 02 77 15 92 05

golfdebevilliers.fr

Du mardi au dimanche. Green fees : 25 € (9 trous), 40 € (18 trous). Abonnement : à partir de 200 €. Restauration.

Sur le site du Manoir de Bévilliers, ce parcours vous accueille dans un cadre splendide où la nature et le patrimoine Renaissance sont réunis pour le plus grand bonheur des golfeurs. L'académie est le lieu idéal pour l'apprentissage et le perfectionnement, avec plusieurs formules de stages, de cours et de coaching personnalisé, pour profiter des conseils d'un professionnel. Après l'effort, le réconfort : le club house est l'endroit où se retrouver pour déguster un bon repas dans une ambiance chaleureuse. À noter que le restaurant est ouvert à tous.

SCANDAL

42, place de l'Hôtel-de-Ville

© 02 32 73 05 51

Ouvert le lundi de 10h à 19h. Du mardi au samedi, de 9h à 19h30.

Depuis janvier 2020, l'enseigne Scandal s'est installée en lieu et place de l'ancienne boutique Adam et Eve et c'est toujours une love-boutique. Vous y trouverez des collections de lingerie avec des marques comme Obsessive et de prêt-à-porter sexy sans oublier le fétichic Catanzaro. Un espace est réservé autre aux produits de bien-être tels que des huiles de massage et des baumes comestibles. Parmi les autres rayons, il y a celui des sex-toys et des DVD pour adultes. Si vous le souhaitez, ils peuvent aussi animer une vente en réunion chez vous.

© SCANDAL LH

© SCANDAL LH

SAINTE-ADRESSE ★★

La ville de Sainte-Adresse, située à l'extrémité nord-est du Havre, doit son nom à l'adresse dont faisaient preuve les marins pour franchir le cap de la Hève et rejoindre ainsi l'estuaire de la Seine. Au milieu du XIXe siècle, le site, réputé pour sa vue et sa tranquillité, devint peu à peu un lieu de villégiature privilégié qui attire également les peintres. Un rôle qui perdure aujourd'hui comme en témoignent sa plage et ses terrasses, la ville est même surnommée « le rocher de Monaco normand » par les locaux. Avec son spot de funboard, ses villas Art déco et le Nice havrais, monument classé, Sainte-Adresse mérite vraiment le détour !

LA PETITE RADE €

3 bis, chemin de la Mer
www.lapetiterade.com
Printemps-été : midi et soir. Hiver : lundi-vendredi : 16h-0h, week-end : 12h-0h. Terrasse.

Quelle vue ! Sans aucun doute, la Petite Rade est le spot préféré des amoureux des couchers de soleil. Sur la belle terrasse en bois, on s'attable face à l'horizon pour admirer les couleurs du ciel et de la mer, le long de la plage de Saint-Adresse, lieu mythique s'il en est. On y vient pour prendre un verre le week-end ou en fin de journée, picorer un plateau apéritif entre amis ou dévorer un délicieux hamburger maison, des tapas, des wraps ou un classique tartare de bœuf. Un endroit magique et dépaysant dont vous ne pourrez plus vous passer !

LE GRAND LARGE €€

11, place Clemenceau
© 02 35 46 16 25
www.legrandlarge76.fr
Lundi au samedi : 12h-15h et 19h-22h ; dimanche de 12h à 15h. Réservation recommandée. Menus : 26,90 € à 35,90 €.

Le Grand Large porte bien son nom : ici ce sont les produits de la mer qui sont à l'honneur ici et on savoure des plateaux très complets, avec crevettes roses et grises, huîtres, bulots, langoustines, tourteau... le tout face à la mer, évidemment. On apprécie également la soupe de poissons, le tartare de saumon, le filet de bar à la plancha, la poêlée de saint-jacques et la sole meunière. Et si la mer ne vous inspire pas, vous pourrez toujours choisir le filet de bœuf grillé sauce bordelaise ou le suprême de volaille au miel. Service irréprochable et vue divine.

HARFLEUR ★

Harfleur, Honfleur... La ressemblance des noms n'est pas le fruit du hasard, et rappelle le riche passé maritime des deux villes : ceux-ci désignent le « port du haut », pour la première, le « port du bas » pour la seconde. Alors qu'elle contrôlait la Seine et qu'elle concurrençait Rouen, Harfleur s'est ensablée à partir du XIIIe siècle, cédant ainsi la place au Havre. Aujourd'hui, avec ses rues piétonnes, ses maisons traditionnelles et son grand parc, Harfleur offre un cadre de vie de qualité et un patrimoine bâti intéressant. Les sinuosités de la Lézarde, la rivière qui coule en son cœur, donnent à la ville une touche très pittoresque.

Les cabanes de Sainte-Adresse sur l'espace des Courlis.

SEINE-MARITIME

CHÂTEAU DE FILIÈRES

471, rue du château de Filières - **GOMMERVILLE**
✆ 02 35 20 53 30
www.chateaux-france.fr/chateau-de-filieres
Mai à septembre : dimanche et j. fériés après-midi. Tous les après-midi en juillet, août. Adulte : 7 €. Enfant : 3 €.

Le château fut bâti au XVe siècle par le marquis de Filières sur les ruines d'un ancien fort médiéval détruit pendant la guerre de Cent Ans. L'édifice brûle lors des guerres de Religion. Est alors élevé un château Henri IV dont une partie sera remplacée par un bâtiment Louis XVI. Le château actuel allie ainsi les deux époques. Les armes des marquis de Mirville ornent le fronton de la façade d'honneur. Son salon chinois est particulièrement raffiné. Des jardins de Le Nôtre, il ne reste rien, mais de belles essences d'arbres constituent le parc.

LA FERME DU MAHIEL COTÉ €€

385, rue du Mahiel-Coté
SAINT-ROMAIN-DE-COLBOSC ✆ 02 35 30 70 97 - https://gitefermenormandiemer.jimdofree.com
Accueil paysan. Gîte 7 pers dès 75 €/nuit. Chambres d'hôtes dès 145 €/nuit.

Deux gîtes de qualité aménagés dans les anciennes étables d'un clos-masure typiquement cauchois. L'un peut accueillir 7 personnes dans 3 chambres, avec 3 salles de bain. Le second est pour 4 personnes, dans une seule chambre avec 1 salle d'eau. Les 2 chambres d'hôtes sont des suites de 38 m², très claires et agréablement aménagées. Le bâtiment en brique rouge et en silex du pays offre un cadre ravissant avec un jardin verdoyant. Vous pourrez par ailleurs faire une visite de la ferme, où sont élevées des vaches laitières.

MONTIVILLIERS ★

La ville Montivilliers doit sa prospérité et son renom à sa prestigieuse abbaye de femmes, dont la création dénota parmi les nombreuses abbayes d'hommes de Normandie. L'ancien Monasterii Villare, qui a donné son nom à la ville, fait partie des grandes fondations monastiques du VIIe siècle dans la basse vallée de la Seine. Au Moyen Âge, Montivilliers deviendra un haut lieu de la draperie, et cette vocation pour le textile se confirmera jusqu'au XIXe siècle. Mais ce qui fait le charme de Montivilliers, c'est surtout la qualité de son patrimoine historique, que l'on peut découvrir en suivant un parcours qui relie l'Abbatiale à la Pierre Grise.

ABBATIALE SAINT-SAUVEUR ★

Place François-Mitterrand
✆ 02 35 30 96 66
www.abbaye-montivilliers.fr/
Ouvert tlj : 10h à 18h. Visite guidée avec audioguide, conférences, expositions. Messes jeudi et dimanche : 10h à 12h.

Construite de 1035 et 1065, l'église était d'abord destinée à l'usage de l'abbaye. Les styles roman et gothique y cohabitent, car en 1241, l'abbesse bénédictine céda la nef jusqu'à hauteur du transept aux paroissiens. Ceux-ci ayant acquis le droit de célébrer les offices dans la grande nef, ils l'agrandirent en 1450, donc en style gothique. Le chœur à trois travées mêle des deux styles, comme le portail, roman, qui a été accolé d'une tour clocher romane payée par les paroissiens, et d'un porche gothique. À noter l'exceptionnelle tribune gothique à trois pans.

ABBAYE DE MONTIVILLIERS

Jardin de l'Abbaye
✆ 02 35 30 96 66
www.abbaye-montivilliers.fr
Réfectoire gothique (salle d'exposition) accessible.

Fondée au VIIe siècle pour accueillir des moniales selon la règle de saint Benoît, par saint Philibert, abbé de Jumièges. Les bâtiments s'organisent autour d'un cloître carré, avec au nord l'église conventuelle destinée aux offices en communauté. Se déclinent ensuite les espaces de cuisine, le réfectoire, les dortoirs, la salle capitulaire et la bibliothèque. Le réfectoire gothique du XIIIe siècle, devenu salle d'exposition, a des voûtes magnifiques. La galerie du cloître, en bois, a été reconstruite, le jardin intérieur redessiné.

AÎTRE DE BRISGARET

Rue Aldric-Crevel
✆ 02 35 30 96 66
www.aitre-de-brisgaret.blogspot.com
Ouvert tous les jours de 8h30 à 17h. L'aître fait partie du cimetière de Montivilliers. Gratuit. Visite guidée.

L'aître de Brisgaret jouxte le cimetière extra-muros investi dès la seconde moitié du XVe siècle et s'inspire de l'aître Saint-Maclou de Rouen construit à la même époque. L'abbaye de Montivilliers refusant de copier jusqu'au bout l'édifice de Rouen, laissa le cloître inachevé, composé d'une chapelle, d'un charnier et d'une galerie-ossuaire de 36 m de longueur. Sa charpente repose sur 16 piliers de bois sculptés. Monument historique depuis 1886, le site a été restauré en 2014. Observez les détails de la chapelle dédiée à saint Lazare, patron des lépreux.

SEINE-MARITIME

ETRETAT ★★★

Autrefois un modeste village de pêcheurs, Etretat est aujourd'hui une station balnéaire incontournable de la côte d'albâtre. Qui ne connaît pas, ou n'a jamais entendu parlé, de ses falaises de craie blanche et de ses arches de calcaire ? Elles séduisent toujours autant les locaux et les touristes, comme les artistes d'antan dont Claude Monet, Gustave Flaubert, Guy de Maupassant ou encore Maurice Leblanc. Le sentier piéton qui longe les falaises permet de profiter de l'air iodé et de s'imprégner des paysages de ce site qui contribue au rayonnement de la Normandie, au même titre que le Mont-Saint-Michel ou les planches de Deauville.

VOICI DES AILES - ETRETAT LOCATION VÉLOS

2 bis, rue de Verdun
✆ 06 11 59 54 67
www.larosedesvents-etretat.com/
Vélo électrique : 1/2 j : 15 €, 1 j : 25 €. VTC : 1/2 j : 11 €, 1 j : 16 €. Vélo enfant : 1/2 j : 6 €, 1 j : 10 €.

© VOICI DES AILES

Rien de tel, pour profiter du grand air normand et courir la campagne, que la bicyclette ! Voici des Ailes vous propose toutes sortes de deux-roues pour toute la famille : le traditionnel pour ceux qui veulent éprouver les vallons du coin, le vélo électrique contre le petit coup de fatigue en bas de la côte, le VTC pour les chemins caillouteux ou la forêt, mais aussi la trottinette pour les urbains et la précieuse remorque pour y mettre Junior. Une belle façon de découvrir Étretat !

LE CLOS LUPIN - MAISON MAURICE LEBLANC ★

15, rue Guy-de-Maupassant ✆ 02 35 10 59 53
www.etretat.net
1/10-31/3 : WE 10h30-12h30/13h30-17h30. 1/4-30/9 : tlj 10h-12h30/13h30-18h. Adulte : 7,50 €. Enfant : 5 €. Boutique.

Le gentleman-cambrioleur le plus célèbre de la littérature vous ouvre ses portes ! Maurice Leblanc, le père du célèbre Arsène Lupin, s'est toujours plaint que son héros était plus connu que lui auprès d'un public qui ne cessait de lui réclamer la suite ! Ici Lupin lui vole encore la vedette puisque dans cette demeure au style balnéaire, la voix de Georges Descrières, l'acteur qui incarna le personnage au petit écran vous guide dans une ambiance mystérieuse qui ravira petits et grands.

LA GUILLETTE - MAISON DE MAUPASSANT

57, rue Guy-de-Maupassant
www.laguillette.com
Sur rendez-vous via le site internet. Visite guidée.

C'est Laure, la mère de Guy de Maupassant, d'abord installée rue Notre-Dame dans la villa Les Verguies, qui acquiert le terrain dans le Grand Val en 1872, pour y aménager un potager avec une cabane pour le régisseur. Quelques années plus tard, le jeune Guy donne des fêtes dans cette cabane où se pressent ses amis. En 1882, il en devient propriétaire, et fait construire ce qui deviendra La Guillette. C'est installé dans sa nouvelle maison qu'il écrit son premier roman, *Une vie*.

LES JARDINS D'ÉTRETAT

Avenue Damilaville
✆ 02 35 27 05 76
https://etretatgarden.fr
Basse saison : tlj 10h-17h. Avril à nov : tlj 10h-19h. Adulte : 9,50 €. Pas de chiens. Non accessible aux poussettes.

Créés par le paysagiste Alexander Grivko, les Jardins d'Étretat auraient été inspirés par Monet... Cela n'enlève rien au charme de cet incroyable site segmenté en sept parties dans un parc de plus de 7 000 m², mêlant architecture paysagère et sculptures, une composition qui en fait le « premier jardin du courant de l'architecture bionique ». Jardin Émotions, jardin d'Amont, jardin Impressions, jardin d'Aval, jardin Avatar, jardin Zen et jardin de la Manche : le chemin serpente d'un univers à l'autre, alternant influences maritime et futuriste.

© VELORAIL D'ÉTRETAT

© VELORAIL D'ÉTRETAT

© VELORAIL D'ÉTRETAT

VELORAIL D'ÉTRETAT

56, rue de la Gare - **LES LOGES**
✆ 02 35 29 49 61 - http://velo-rails-etretat.fr/
D'avril à juin et de septembre à octobre : mer, sam, dim, jf et vacances scolaires. Été : tlj. 1er départ : 10h. Snack.

Ce petit train touristique prend ses passagers en gare d'Étretat ou des Loges puis les emmène d'une ville à l'autre en faisant cinq allers-retours dans la journée sur l'ancienne ligne de chemin de fer reliant Les Ifs et Étretat. Il est également possible de louer un vélo-rail et d'admirer les paysages sur cet étrange moyen de transport. Le parcours de 5 kilomètres se fait en descente et dure environ une demi-heure. Il est donc accessible à tous ! Il existe également un forfait pour faire l'aller en vélo-rail et le retour en train, histoire de varier les plaisirs.

© VELORAIL D'ÉTRETAT

© VELORAIL D'ÉTRETAT

© BERTL123

FALAISES D'ÉTRETAT ★★★★

Rue du Docteur-de-Miramont

La côte d'Albâtre, du Cap de La Hève à Dieppe, forme une muraille unique en son genre de ce côté de La Manche. Les ouvertures qui les sillonnent à partir de la mer s'appellent ici des valleuses, et la plus célèbre d'entre elles est ici, à Étretat. En montant sur la **falaise d'Aval**, à partir du front de mer puis en longeant le golf, on dépasse un premier escarpement, pour parvenir à la **Porte d'Aval**, fragile pont au-dessus de la mer, qui discute avec **l'Aiguille** et ses 51 mètres, bien moindres que les 130 m du Cap d'Antifer... Mais la poésie emplit l'espace, le ciel et le creux de l'Aiguille si l'on écoute Maurice Leblanc. En contrebas, on peut passer d'un côté à l'autre en empruntant le **Trou à l'homme**, tunnel creusé pour aller plus vite qu'en faisant le tour à marée basse. Cela n'empêche pas les touristes étourdis de s'y faire piéger, alors méfiance ! Le chemin des Douaniers, lui, mène à la **Manne Porte**, la grande arche, majestueuse et imposante, et plus loin, la **Pointe de la Courtine**, derrière laquelle se niche la plage d'Antifer, à laquelle on accède du Tilleul. De l'autre côté, sur la **falaise d'Amont**, les pêcheurs ont érigé une chapelle, afin que la Vierge les protège. Cela n'empêche pas la mer de se déchaîner sur Étretat lors de grandes tempêtes. Elle aussi a sa **Porte d'Amont**, d'où l'on pouvait autrefois descendre sur l'estran, c'est désormais déconseillé. Au loin, on distingue encore deux merveilles, le **Roc Vaudieu** et l'**Aiguille de Belval**, à Bénouville. De quoi regarder l'horizon durant des heures...

HÔTEL LA RÉSIDENCE - MANOIR DE LA SALAMANDRE €€

4, boulevard du Président-René-Coty
✆ 02 35 27 02 87
http://hotel-salamandre-etretat.com/
Arr : 15h-19h, dép : 11h30. Chambre double : 55 € à 174 €. Animaux acceptés. Wifi. Restauration.

Initialement située à Lisieux, cette élégante demeure du XVIe siècle fut démontée et reconstruite à Étretat en 1912. À deux pas de la plage, l'hôtel a un décor patiné et authentique, avec poutres massives, escaliers majestueux et vitraux. Une nuit ici est l'occasion d'un voyage dans le temps, sans sacrifier à la modernité ni au confort. Les chambres sont charmantes et bien équipées, certaines avec une baignoire balnéo. Et, en plus, le restaurant vous propose des plats bio et locaux.

HÔTEL NEW WINDSOR €€

9, avenue George-V
✆ 02 35 27 07 27
www.newwindsorhotel.net
à partir de 102 €). €. Demi-pension : 22 € par pers. Petit déjeuner : 7,50 €. Wifi gratuit.

Ce charmant hôtel situé en plein centre-ville et à deux pas de la plage d'Étretat propose des chambres agréables, équipées de tout le confort moderne. Pour la restauration, le Café brasserie d'Arsène vous offre une carte qui met à l'honneur les produits locaux et de saison ; vous y dégusterez du poisson fraîchement pêché, des fruits de mer, mais aussi une tartiflette normande au camembert et des tartines normandes accompagnées d'une bolée de cidre ou encore des viandes savamment choisies. Accueil des nouveaux propriétaires chaleureux.

CASTEL DE LA TERRASSE €€

1, rue Jean-Baptiste-Cochin
✆ 06 85 21 40 84
casteldelaterrasse.com
Réception de 17h à 22h. Chambre double de 160 € à 200 €. Pas d'enfant. Wifi. Tv satellite.

© CASTEL DE LA TERRASSE

Cette très belle villa balnéaire, à deux pas du front de mer, vous plongera dans la Belle Epoque des premiers bains. Construite en 1840 en brique et silex comme il se doit, la demeure a été habitée par Victor-Antoine Desfossés, banquier collectionneur et patron de presse qui sera aussi le mécène de Gustave Courbet et de Van Gogh. Un endroit chargé d'histoire qui vous accueille toute l'année pour un week-end ou des vacances. Les cinq chambres sont décorées avec goût, modernes avec des meubles anciens, et pour certaines, une vue sur la mer. Belle adresse.

CRÊPERIE LANN-BIHOUÉ €

45, rue Notre-Dame ✆ 02 35 27 04 65
www.etretat-lannbihoue.fr
Vendredi au mercredi midi et soir. Réservation recommandée. Menu à 15,30 € (1 galette et 1 crêpe). Menu enfant : 8,90 €.

À la crêperie Lann-Bihoué, c'est la Bretagne qui s'invite en Normandie. Derrière la porte aux carreaux colorés, ce sont de nombreuses crêpes et galettes qui vous attendent, plus généreuses et savoureuses les unes que les autres. Selon vos goûts, à vous de choisir les galettes classiques ou bien la galette à l'andouille de Guémené et à la moutarde à l'ancienne, ou celle au saumon fumé... Pour le dessert, les crêpes sucrées prennent le relais avec des garnitures gourmandes comme le chocolat chaud ou le caramel au beurre salé maison. Belle halte après promenade.

LE ROMAIN D'ÉTRETAT €

1, rue Georges-Bureau
✆ 02 35 28 45 97
www.leromaindetretat.com
Jeudi à lundi midi et soir. Carte : 15 € environ. Chèque Restaurant et Vacances. Terrasse. Vente à emporter.

Située tout près du casino, cette pizzeria puise son inspiration dans la cuisine italienne et plus particulièrement romaine. De la bruschetta à la salade pour les petites faims, jusqu'à l'entrecôte ou l'osso buco pour les gourmands, vous y profiterez d'une belle variété de plats faits maison. Au centre de la carte, on trouve une trentaine de recettes de pizzas : chaque jour, le chef pizzaïolo les prépare avec une pâte pétrie de façon traditionnelle. Les plus ? La terrasse qui vous tend les bras dès les premiers rayons de soleil.

© HUANG ZHENG - SHUTTERSTOCK.COM

Etretat.

LE BISTRETATAIS €€

17, rue Adolphe-Boissaye
✆ 02 35 28 89 43
www.etretat-le-bistretatais.fr
Tous les jours midi et soir. Réservation recommandée. Menu : 28 €. Carte : 30 € environ. Menu enfant : 11 €. Terrasse.

Au Bistretatais, vous serez toujours accueilli avec le sourire. Le lieu est petit, mais c'est l'un des meilleurs d'Etretat. Si les grands amateurs de moules-frites y trouvent leur bonheur, ceux qui préfèrent le poisson frais et les fruits de mer tout juste pêchés seront aussi comblés ! Et pour ceux qui préfèrent la viande, le Bistretatais sert les grands classiques : andouillette de Vire, magret de canard, souris d'agneau, bavette... Le tout préparé avec maîtrise et à déguster dans une ambiance sympathique et conviviale. Une valeur sûre.

LE DONJON - DOMAINE SAINT-CLAIR €€€

Chemin de Saint-Clair ✆ 02 35 27 08 23
www.hoteletretat.com
Du mercredi au dimanche le soir ; le week-end et les jours fériés à midi. Réservation recommandée. Menus : 35 € à 85 €.

Surplombant les falaises d'Etretat, ce restaurant gastronomique, qui vient d'obtenir sa première étoile, offre une vue et un cadre qui vous mettront en joie. Dans le donjon, ou au bistrot, vous dégusterez des mets raffinés élaborés par les chefs Gabin Bouguet et Sébastien Dufour, à partir des produits du marché et de producteurs locaux. Les produits de la mer viennent de la criée de Fécamp. Une belle adresse pour un déjeuner inoubliable. Pour prolonger le plaisir, réservez l'hôtel.

LA MARIE-ANTOINETTE €€€

12, rue Alphonse-Karr
✆ 09 86 23 88 93
www.marieantoinette-etretat.fr
Tous les jours à midi et le vendredi soir. Plateau de fruits de mer 2 personnes 75 €. Plateau Marie-Antoinette : 120 €.

Clin d'œil à la reine qui faisait venir ses huîtres d'Etretat, dans ce délicieux restaurant à la décoration façon Marie-Antoinette et Coppola *by Mister Kitsch*, ce qui est sérieux, ce sont les fruits de mer ! En direct de la poissonnerie voisine, leur fraîcheur est irréprochable. Les plateaux sont particulièrement soignés et la carte propose un très beau choix de salades magnifiquement déclinées autour du poisson, de carpaccios de haddock ou de dorade. Et si vous avez envie de toucher au luxe ultime, sachez que du caviar français y est servi à un prix abordable.

LA SALAMANDRE €€€

4, boulevard du Président-René-Coty
✆ 02 35 27 17 07
Ouvert de 12h à 16h et de 18h à 23h. Service continu les week-end et vacances scolaires.

S'arrêter dans cet établissement est une bonne occasion de profiter du cadre unique du manoir de la Salamandre, avec ses grandes tables en chêne et sa superbe cheminée. Côté cuisine, on travaille ici le poisson sauvage et les produits bio des petits producteurs locaux. Les plats sont simples et sains. Parmi les spécialités de la maison : fruits de mer, foie gras maison, bar et saumon sauvage, morue à la cauchoise, trio de poissons grillés à l'huile d'olive. Pour végans et végétariens : curry de tofu à la crème végétale, bolognaise aux protéines de soja.

LA ROSE DES VENTS

2, rue Monge
© 02 35 29 66 91
www.larosedesvents-etretat.com/
Mars : tlj 10h-18h30. 1er avril-30 sept et vacances scolaires : tlj 9h30-19h30. Nov-déc/jan-fév : fermé mar-mer et midi.

Cette épicerie située dans une ancienne bâtisse va bientôt fêter ses 20 ans. Vous y découvrirez un beau panel de produits régionaux à rapporter de votre séjour chez vous : terrines, plats cuisinés normands, biscuits, confitures, miels, caramels d'Isigny, paniers garnis, objets de vaisselle, savons... Au frais, retrouvez les 4 fromages AOP normands et ne manquez pas l'indispensable rayon boissons avec plus de 200 références de calvados, de cidres issus de tous les départements normands, pommeaux, jus de pomme, jus de poire, ou bières normandes.

© LA ROSE DES VENTS

© LES GLACES DE LA FERME

GLACES DE LA FERME

rue du Général-Leclerc
© 09 67 84 49 83
Du 1er avril au 30 septembre.

Heureux ceux d'entre vous qui atteindront ce lieu de délices ! Ici, vous entrerez dans l'univers des mythiques glaces de la ferme Follet, fabriquées à Saint-Vaast-Dieppedalle. Bénédictine, calvados, caramel au beurre salé, rhum raisins, violette, noisette ou nougat... Vous ne trouverez nulle part ailleurs ces saveurs concoctées par ce glacier normand. Faits avec des fruits de saison, les sorbets sont tout aussi divins. Vous pourrez également goûter les glaces italiennes, créées elles aussi à la ferme, avec ce petit truc en plus qui les rend irrésistibles.

GOLF D'ÉTRETAT

Route du Havre
© 02 35 27 04 89
www.golfetretat.com
Avril-août : tlj de 8h30 à 19h. Sept-oct : tlj de 9h à 18h. Nov-mars tlj sauf mardi de 9h à 17h. Green fees : 56 à 77 €

Quand les Britanniques des années 1900 s'ennuyaient sur la côte d'Albâtre, ils créaient des golfs. Celui-ci ouvrit ses portes en 1908. Au sommet de la falaise d'Aval, le golf surplombe la mer et la baie, offrant une vue grandiose et un air vivifiant à ceux qui viennent taper la petite balle sur ce parcours 18 trous de 6 073 mètres. Prévoyez, bien sûr, un jeu de balles de rechange ! Le golf propose aussi une école pour les enfants de 5 à 17 ans. Profitez du restaurant après votre partie, et de la boutique si l'équipement vous fait défaut.

NATTERRA

29, route de la Plaine
© 06 82 77 87 55
www.natterra.fr
Toute l'année. Réservation par téléphone ou par mail : cyriaque@natterra.fr. Enfant : 15 €. 30 € au-delà de 14 ans.

Natterra vous invite à approcher les fameuses falaises d'Étretat de manière différente, plus immersive. Accompagné d'un guide naturaliste professionnel, percez tous les secrets de ce site entouré de mystère. Une visite de deux heures est proposée chaque samedi. En dehors, il est également possible de réserver une visite guidée thématique pour explorer le coin lors de la marée basse, en observant la faune et la flore de la vallée au coucher du soleil, via les différents sentiers, ou en assistant au lever du soleil sur la mer… Les possibilités sont quasi infinies !

CRIQUETOT-L'ESNEVAL

Entre Le Havre et Fécamp, à 9 km de la mer, Criquetot-l'Esneval fut un bourg à croisée de routes anciennes, telle la voie la romaine reliant Harfleur à Fécamp. Des fouilles ont permis de déterminer que le site fut habité dès la Préhistoire. C'est ici que le passage se faisait de la Gaule à l'actuelle Angleterre. Et son nom viendrait de *kerch*, le mot celte pour désigner la hauteur, ou de *kirkja,* signifiant église. L'Esneval vient quant à lui du nom d'une lignée de barons. Le village fut en effet une baronnie jusqu'au XVIe siècle et abrita une importante communauté protestante. Aujourd'hui demeure un beau patrimoine méritant une halte.

PARCOURS TOURISTIQUE

2, Impasse du Stade
✆ 02 35 10 20 40
Accès libre. Gratuit.

Partez de la mairie, dirigez-vous vers la motte féodale du XIIe siècle et le vivier. Suivez les balises totems jusqu'au presbytère et rejoignez la gare et l'école Guillard et son passage couvert. Après la Pommeraie, le sentier fait une halte par l'Aquabowling. Reliez l'ancienne mairie, puis le château du XVIIe siècle autrefois résidence des seigneurs de Criquetot. La 10e étape vous fait découvrir la tour du clocher du XIe siècle. Après la gendarmerie, finissez le parcours avec le Mont à Finances, passage pittoresque menant au marché.

SAINT-JOUIN-BRUNEVAL

Saint-Jouin-Bruneval a l'atout d'offrir une plage où il fait bon s'installer à une terrasse à l'apéro. C'est en 1823 que les deux villages formant son nom ont fusionné. Dès le XIIe siècle, le nom de Saint-Jouen - un ermite poitevin - est attesté. L'autre élément intéressant est la présence depuis 1975 du terminal pétrolier en eau profonde du cap d'Antifer. Il a accueilli les super-pétroliers de par sa fonction d'avant-port du Havre pendant la fermeture du canal de Suez. Aujourd'hui, il est sous-exploité. La ville est aussi connue pour le discours qu'y tint le général de Gaulle le 30 mars 1947 pour commémorer l'opération Biting du 27 février 1942.

LABYRINTHE DES FALAISES

Route des Quatre-Fermés
✆ 06 24 30 31 74
labyrinthedesfalaises.com
Juillet-août tous les jours de 10h à 19h. Fermeture de la billetterie à 17 h. Adulte : 7 €. Enfant : 6 €.

Et si vous partiez vous perdre dans un champ de maïs de 4 hectares, voire y passer la nuit entière à vous faire peur ? Tout près des falaises, le Labyrinthe éponyme créé par Angélique et Stéphane, un jeune couple d'agriculteurs, vous propose de vivre cette expérience insolite. Tracées au cœur même du champ, les allées de ce labyrinthe géant vous feront tourner en bourrique, rire, et même peut-être parfois un peu paniquer. Mais ne vous inquiétez pas, des panneaux ont été installés pour vous aider à sortir de ce labyrinthe ! Parfait pour un bon moment familial.

MÉMORIAL DE BRUNEVAL

Chemin André-Haraux
www.bruneval42.com
Ouvert toute l'année.

Durant la Seconde Guerre mondiale, les Allemands déploient le long des côtes leur mur de l'Atlantique, avec des radars permettant de prévenir les attaques. En 1941, une mission de reconnaissance aérienne repère le nouveau radar Würzburg près du cap d'Antifer. L'opération « Biting » a lieu le 27 février 1942 pour s'en emparer. 120 parachutistes largués sur la zone le récupèrent. Le 30 mars 1947, le général de Gaulle inaugure le premier mémorial dans le vallon de Bruneval. L'actuel est construit sur la falaise, dominant la plage par laquelle le radar a été exfiltré.

LE BELVÉDÈRE €€

Route du Belvédère
✆ 02 35 20 13 76
www.le-belvedere.com
Lundi, mardi, vend, sam : midi et soir ; mer et dim : midi. Lundi et mardi soir sur réservation. Carte : 55 € environ

Le Belvédère offre une vue admirable sur la mer et les falaises. Les assiettes sont elles aussi très belles à voir… et à déguster ! Sont mis en valeur les produits de la région, comme les poissons, les fruits de mer et les fromages. En entrée, on savoure le foie gras de canard cuisiné selon l'humeur ou la soupe de poisson ; en plat, le dos de cabillaud au lard fumé ou les rognons de veau flambés au calvados. Galet glacé au sorbet de fruits rouge ou moelleux au chocolat ferment la marche. Une ambiance élégante et un service impeccable pour un excellent moment.

FÉCAMP ★★★

Aussi loin que remontent leurs souvenirs, les Fécampois ont toujours sillonné les mers lointaines à la recherche d'épices, de denrées ou de nouvelles matières. Mais c'est surtout au XVIe siècle, lorsque les pêcheurs dénichèrent le filon de la morue au large de Terre-Neuve, dans les eaux canadiennes de l'Atlantique nord, que la ville prit réellement son essor. Ce qu'on appelle « l'or blanc » fera pour trois siècles sa fortune : en 1872, Fécamp est ainsi devenu le premier port de pêche hauturière avec une flotte de plus de 100 bateaux. Une flotte qui compte surtout des terre-neuvas mais aussi des « pèqueux », ces dundees utilisés pour la pêche aux harengs et aux maquereaux dans les eaux de la Manche. Au début du XIXe siècle, ils disparaîtront au profit des grands chalutiers à vapeur… Aujourd'hui, toute cette mémoire a été mise en valeur de façon très réussie dans le Musée des Pêcheries. Avec sa longue plage ouverte vers la mer et son port au cœur de la ville, Fécamp vit toujours au fil de l'eau. Vous découvrirez ici un lieu différent des autres villes côtières comme Étretat ou Dieppe. Plus rude, mais peut-être plus authentique, Fécamp est avant tout une ville de marins, qui s'est ouverte au tourisme beaucoup plus tard que les stations balnéaires voisines. La ville a pourtant rattrapé son retard en organisant des manifestations nautiques importantes, notamment le salon nautique en septembre. Pleine de surprises et de richesses, la ville a été labellisée « Ville d'Art et d'Histoire » en 1992, et « France Station Nautique » en 2000. À découvrir à pied, en petit-train ou à la voile.

SEINE-MARITIME

CHAPELLE NOTRE-DAME-DU-SALUT ✝

Route du Phare
www.vieux-fecamp.org
Accès libre.

La visite de la chapelle Notre-Dame-du-Salut est un impératif pour appréhender la ville. Selon la légende, Robert le Magnifique l'aurait construite après avoir été sauvé d'un naufrage. Pour y accéder, empruntez la sente aux Matelots à partir du port, et gagnez le haut de la falaise. La chapelle est la gardienne de la mémoire des hommes péris en mer : vous y découvrirez de nombreux ex-voto sur les murs mais aussi des maquettes de navires. Elle sert toujours de repère aux bateaux en mer.

PALAIS BÉNÉDICTINE ★★★

110, rue Alexandre-Le-Grand ✆ 02 35 10 26 10
www.palaisbenedictine.com
Visite : 10h-13h et 14h-18h30. Boutique : 14h-18h. Entrée : 12 €, atelier Cocktails 45 €. Gourmet au Palais : 95 €.

Son histoire remonte à 1863, lorsque le marchand et collectionneur Alexandre Le Grand découvre par hasard la recette d'une liqueur composée de 27 plantes, créée en 1510 par le moine Dom Bernardo Vincelli à l'abbaye de Fécamp. Grâce à la création de sa distillerie, il la modernise et la remet au goût du jour. Et quand l'usine devint trop petite, il construisit… un palais, inauguré en 1888. Le musée vous fera découvrir les secrets de fabrication de la liqueur à travers la salle des épices, la distillerie et les caves. Dégustation en fin de visite, avec modération.

LES PÊCHERIES - MUSÉE DE FÉCAMP ★

3, quai Capitaine-Jean-Recher
✆ 02 35 28 31 99
10h-18h. Fermé le mardi du 15 septembre au 30 avril. Gratuit jusqu'à 18 ans. Adulte : 7 €. Groupe et tarif réduit : 4 €.

Après de nombreuses années de travaux, le lieu a ouvert ses portes dans l'ancienne sècherie de morues. Il abrite des collections municipales sur les pêcheurs fécampois, les terre-neuvas, qui partaient chaque année pêcher la morue au large du Canada, mais aussi des collections de costumes et de mobilier normands, ainsi qu'un cabinet de curiosités. Des expos temporaires rythment l'année. C'est aussi l'occasion d'avoir une vue imprenable sur la ville et le port.

LE GRAND PAVOIS €€

15, quai de la Vicomté
✆ 02 35 10 01 01
www.hotel-grand-pavois.com
32 chambres et 3 suites, dont 2 ch à mobilité réduite. Chambre double à partir de 119 €. Animaux acceptés. Wifi. TV.

Face au port, Le Grand Pavois est un hôtel tout confort. Vous aurez le choix entre des chambres et des suites, toutes aussi spacieuses et agréables les unes que les autres, où les poutres apparentes donnent un cachet à l'établissement. Chaque chambre dispose de son propre balcon et de la climatisation. L'hôtel propose différentes formules à ses hôtes, dont un séjour avec soirée piano-bar (disponible le samedi). Mention spéciale pour le savoureux petit-déjeuner, servi sous forme de buffet, où un large choix de mets sucrés et salés vous attend.

© LAURENT CRITOT

© OIT FÉCAMP

© LAURENT CRITOT

FÉCAMP AU GRÉ DES VENTS

Quai Sadi-CArnot
✆ 02 35 28 84 61

Avril à juin et sept-oct : mercredi à dimanche. Vac. scol. Pâques à Toussaint : tlj. À partir de 15 €. Résa obligatoire.

S'il y a bien un lieu où il faut expérimenter la sortie en mer, c'est à Fécamp ! Dans cette cité de navigateurs et de pêcheurs, cette équipe de passionnés du vent vous propose des séances inoubliables de navigation sur de vieux gréements. Vous monterez à bord de bateaux des années 1960, habilement restaurés, mais qui ont vu bien des tempêtes et des remous, et découvrirez, au son des cordages et du bois qui craque, les falaises de la côte d'un autre point de vue. De 2 heures ou de 4 heures selon la formule, cette expérience au gré du vent est incontournable.

© OIT FÉCAMP

© OIT FÉCAMP

Palais Bénédictine.

LE BARBICAN €

97, quai Bérigny
✆ 02 27 30 59 95
www.lebarbican.fr
Mar, ven, sam : midi et soir. Jeu et dim : midi. Réservation recommandée. Formule : 13 € (fish & chips + verre de vin).

Le Barbican tire son nom d'un des quartiers emblématiques de Plymouth, en Angleterre. C'est ici que se sont rencontrés l'Anglais Tony et la Française Sarah. Après avoir travaillé de l'autre côté de la Manche, ce couple est venu s'installer ici avec, dans ses marmites, le célèbre fish and chips. Le chef le réalise dans les règles de l'art, avec un filet de poisson trempé dans une pâte à frire et avec des frites épaisses en accompagnement ! Après le sympathique accueil de Sarah, vous voyagerez de l'autre côté de la Manche. Une belle adresse à adopter.

LA BOUCANE €€

12, Grand-Quai
✆ 02 35 10 50 50
www.la-boucane.com
Tlj de 11h à 23h. Moules frites : à partir de 12,95 €. Fish and chips : 15,95 €. Tartare maison : 19,95 €. Terrasse.

Installé sur le port de Fécamp dans un hangar historique où était autrefois fumé le hareng, ce bar-restaurant propose une cuisine à la fois moderne et créative dans laquelle les produits frais sont à l'honneur. Dans un décor cosy et industriel, vous y dégusterez des spécialités de la mer, mais aussi de délicieuses pizzas et des plats de viande, tout cela fait maison. Juste envie de boire un verre ? C'est aussi possible dans l'espace bar où un beau choix de vins, bières, smoothies et cocktails vous attend. Le plus ? La terrasse, parfaite dès que le soleil arrive.

CHEZ NOUNOUTE €€

3, place Nicolas-Selle ✆ 02 35 29 38 08
www.cheznounoute.com
Lundi, mardi, vendredi, samedi : midi et soir. Dimanche : 12h-16h. Menus : 16,50 € à 38 €. Terrasse.

Nounoute, c'est LA Fécampoise, une ancienne femme de pêcheur qui ne souhaite qu'une chose : faire découvrir sa ville et ses saveurs. Face au port de plaisance, à proximité du débarquement des poissons, voilà sans conteste une adresse sans prétention mais avec du cœur. Quand Nounoute officie en cuisine, ses assiettes parlent pour elle : les plateaux de fruits de mer sont généreux, les coquilles Saint-Jacques ultra fraîches et les moules-frites toujours au top. Sans oublier la raie aux câpres, la sole meunière ou la choucroute de la mer... À ne pas rater.

LA RACLET'TERIE €€

11 bis, rue de l'inondation
Ouvert tous les jours de 10h45 à 1h45. Formule : 20 € (raclette traditionnelle ou végétarienne). Vin au verre.

C'est au sein d'un tout nouveau lieu où se côtoient une salle de jeux, le pub O'Laurenss et un espace de coworking que se trouve la Raclet'terie. Et vous l'aurez compris, on vous y propose de la raclette. Pas de celle que l'on fait à la maison où chacun a son petit poêlon, non, ici, c'est de la vraie raclette traditionnelle : sur un support, on place une demi-meule de fromage, un fromage au lait cru du Valais en Suisse ou de Savoie. Lentement, le fromage fond, c'est là que vous le récupérez pour l'étaler sur votre pomme de terre chaude... Une belle adresse.

LE REIDROC €€

67, boulevard Albert-Ier
✆ 02 35 28 10 55
www.restaurant-brasserie-fecamp.fr
Ouvert toute l'année. Tous les jours de 8h30 à 0h30. Carte : 22 € environ. Terrasse.

C'est l'un des établissements du front de mer de Fécamp qui permet de déjeuner ou boire un verre face à l'horizon. On a souvent du mal à y trouver une place tant le lieu est prisé des touristes et des habitués. Mais si vous y parvenez, vous pourrez manger les moules-frites dont vous avez rêvé tout le trajet, un plateau de fruits de mer ou encore un poisson pêché à quelques encablures de votre table. Mais il y a aussi de quoi satisfaire les viandards. Le plus du lieu est sa terrasse lors des jours de soleil, et l'accès à la plage sitôt votre tiramisu avalé.

COMPTOIR DE LA MER

Chaussée Gayant
✆ 02 35 29 45 46
www.comptoirdelamer.fr
Du mardi au samedi de 10h à 12h30 et de 14h30 à 19h. Ouvert le lundi d'avril à août.

L'univers du Comptoir de la mer ne se résume pas aux excellents produits artisanaux (sauce rouille, rillettes au saumon ou terrine au homard et cognac). Cette boutique, unique en Haute-Normandie parmi les 64 magasins du réseau présents en France, possède aussi un large choix d'objets, de textiles et de produits cosmétiques. Vous trouverez ici tout l'univers de la mer à travers les rayons mode (pull marins, cirés...), pêche (épuisette, hameçons, cannes), déco (mugs, serviettes) et nautisme (gilets de sauvetage, pochettes étanches). Pour toute la famille donc.

SEINE-MARITIME

YPORT

Entre Étretat et Fécamp, au creux d'une valleuse descendant vers la mer, Yport est une escale de charme. À l'origine village de pêcheurs, dont vous vous étonnerez encore des bateaux de bois posés sur leurs flancs sur les galets, la cité a suivi le grand mouvement pour offrir ses falaises et ses paysages au tourisme balnéaire. Côté patrimoine, Yport brille par son église construite par les habitants eux-mêmes et qui abrite de nombreux ex-voto de marins pour beaucoup sous forme de maquettes de bateaux, mais aussi pour ses belles villas et ses modestes maisons de pêcheurs. Site classé, le village propose de nombreuses balades, notamment sur le GR21.

CASINO TRANCHANT D'YPORT

Promenade Roger-Denouette
✆ 02 35 28 77 36
www.yport.groupetranchant.com
Ouvert du dimanche au jeudi de 10h à 3h ; le vendredi et le samedi de 10h à 4h. Tenue correcte exigée. Restauration.

Entre la plage et la falaise, ce casino vous offrira un moment de détente et d'amusement. Si les machines à sous remportent toujours un franc succès, les tables de Black Jack et de Hold'em Poker affichent elles aussi complet le week-end. Il faut dire que l'établissement a su créer une ambiance chaleureuse et conviviale, et les heures défilent sans que l'on s'en aperçoive. Pour satisfaire un petit creux, le restaurant du casino propose un grand choix de plats et organise des dîners concerts certains soirs. Sa vue panoramique sur la mer est à couper le souffle !

HOTEL NORMAND €

2, place Jean-Paul-Laurens
✆ 02 35 27 30 76
www.hotel-normand.fr
13 chambres. Chambre double de 72 € à 98 €. Animaux acceptés. Restauration.

Vous serez ici, à l'Hôtel Normand, à seulement une centaine de mètres de la plage, et ça, ça n'a pas de prix. Pourtant, ceux de cet établissement sont plus que corrects au vu de son emplacement idéal. Avec son extérieur un brin vintage, il offre des chambres tout à fait modernes, bien équipées, et chacune est unique, au gré de l'architecture de la bâtisse. Si vous venez avec votre petite famille, de grandes chambres pouvant accueillir jusqu'à 4 personnes vous seront proposées, d'autant que Médor, lui aussi, est accepté. Un bon plan.

LA FALAISE €€

32, rue Emmanuel-Foy
✆ 09 54 62 55 72
Tous les jours midi et soir. Terrasse.

Cette adresse a beau être sans prétention, c'est l'une des meilleures tables de la ville pour s'offrir un déjeuner rapide et gourmand. Installez-vous sur l'agréable terrasse dès que le soleil pointe son nez, ou bien à l'intérieur en hiver, dans une charmante petite salle à la décoration soignée. Si La Falaise affiche souvent complet, c'est que l'établissement propose exclusivement des petits plats faits maison. À chaque période de l'année ses spécialités puisque, évidemment, les produits de saison sont à l'honneur... Un classique néanmoins : l'assiette d'huîtres.

CANY-BARVILLE ★

Au cœur de la vallée de la Durdent, sur la route de la côte, Cany-Barville eut à la fois à pâtir et à se réjouir de sa situation géographique. Peuplée depuis la haute Antiquité, comme le prouvent les vestiges trouvés lors des fouilles archéologiques, la ville subit de plein fouet les guerres qui ensanglantèrent le pays de Caux. Néanmoins, un commerce varié (encre, huile...) y a toujours été florissant. La ville bénéficia aussi d'une importante activité textile grâce aux nombreux moulins bordant la rivière. De nos jours, la visite de son château et de son bourg permet une halte de charme, que complète une belle base de loisirs sur le lac de Caniel.

CANY AU FIL DE L'EAU

32, place Robert-Gabel
✆ 02 35 57 17 70
https://cote-albatre-tourisme.fr/
Promenade d'env. 2h. Gratuit. Visite guidée pendant les vacances de Pâques et en été. Accueil de groupes toute l'année.

Commencez au sortir de l'office du tourisme par l'ancienne gare, place du 8-Mai-1945. À côté se trouve la salle du Bailliage de Caux, puis la Ferme Lepinay (la médiathèque). Revenez sur la place et rejoignez la turbine et la Durdent. De l'autre côté de la rue du Général-de-Gaulle, voyez les moulins du Luxembourg et Saint-Martin. Poussez jusqu'à l'église Saint-Martin et remontez la rue Louis-Bouilhet. Entrez dans le parc du Clos-Saint-Martin, dans le parc René-Coty. Redescendez la route de Barville jusqu'à la chapelle de Barville et le château de Cany. Plan à l'OT.

SEINE-MARITIME

INTERVIEW

YPORT

VILLAGE ATYPIQUE ET ARTISTIQUE

C'est au cœur de la Côte d'Albâtre, à mi-chemin entre Etretat et Fécamp, que le village d'Yport dévoile ses maisons de pêcheurs authentiques. Pas étonnant qu'il ait inspiré autant d'artistes au fil des siècles. Et qui pourrait mieux nous parler de ce petit trésor normand que son maire, Christophe Dubuc ?

Pouvez-vous nous présenter le village en quelques mots ?

Yport était autrefois un hameau rattaché à la commune de Criquebeuf-en-Caux. En 1842, une délégation d'Yportais est allée voir le roi Louis-Philippe pour demander l'indépendance du village, qui a finalement été accordée l'année suivante. En 2022, nous fêterons donc les 180 ans d'indépendance du village !

Yport a inspiré beaucoup d'artistes au fil des siècles…

Yport est situé sur le parcours des impressionnistes. Le village a notamment eu l'occasion d'accueillir Renoir, Manet, Courot, ainsi que Maupassant, André Gide, Georges Sand, et de nombreux musiciens et photographes. Il faut dire qu'avec ses constructions de briques et silex, son casino, ses trois campings, son camp de naturisme et sa jolie plage, Yport a de quoi inspirer…

Que conseillez-vous à un visiteur souhaitant passer une journée sur place ?

La première chose que je conseille, c'est de faire le tour du village. Avec ses petites maisons de pêcheurs, ses boutiques indépendantes et ses ruelles pleines de charme, Yport est un village atypique comme on en trouve peu sur la côte normande. Tout autour, les bois offrent également de beaux sentiers de randonnée. Et puis, en été, il y a bien sûr la plage !

Avez-vous des projets pour la suite ?

Oui, nous prévoyons beaucoup de choses pour dynamiser le village, une Maison de santé pluridisciplinaire, un espace de coworking, et nous travaillons aussi sur le développement durable !

CHÂTEAU DE CANY ★

Le Château

✆ 02 35 97 00 63

Tous les jours du 1er juillet au 31 août, sauf vendredi : 10h-12h et 15h-18h, et Journées européennes du patrimoine.

Classé aux Monuments historiques en 1930, ce château est un chef-d'œuvre de l'architecture Louis XIII. Édifié de 1640 à 1646 sur les plans de François Mansart, il est au centre d'un domaine immense comprenant un parc à l'anglaise de 30 hectares agrémenté de bassins. Le bâtiment fait de briques, de pierre calcaire et de grès, mesure 45 mètres de long et, selon la légende, il compterait autant de fenêtres que de jours dans l'année. Il est actuellement l'objet d'une longue campagne de restauration. Les jardins en eux-mêmes valent le détour.

VISITE DU SITE EDF

La Centrale de Paluel - **PALUEL**

✆ 02 35 57 66 66

Entrée libre. Visite guidée et de la salle des machines sur inscription via Visiteredf.fr.

Tout au long de l'année, EDF ouvre les portes de ses sites de production d'électricité pour le plus grand bonheur des curieux. La centrale de Paluel, notamment, est ouverte au grand public. Sur place, vous aurez l'occasion de marcher au cœur des installations, de visiter un espace découverte, d'arpenter la salle des machines et d'assister à une conférence sur la production d'énergie. Des animations y sont organisées les mercredis ou pour des événements, avec par exemple des escape games et également des ateliers pédagogiques.

LA TABLE D'AGNÈS €€

73, rue du Général-de-Gaulle

✆ 02 35 97 96 88

www.la-table-dagnes.lafourchette.rest

Du mercredi au dimanche : 12h-14h et 19h-21h. Carte : 40 € environ. Chèque Vacances, Chèque Restaurant. Groupes.

Tous les sens sont à la fête dans cette belle auberge située au bord de la Durdent. Les assiettes font la part belle aux produits de la ferme et aux maraîchers locaux. Les plats sont savoureux et généreux : terrine de foie gras mi-cuit, ris de veau flambée au cognac, sole meunière... Le cadre, typiquement normand, est très agréable avec sa grande cheminée et son ambiance authentique. L'accueil mérite aussi une mention spéciale aux propriétaires des lieux. Leur longue expérience mêlée à l'amour du métier leur permet d'afficher une franche réussite.

LES ROCHES BLANCHES

1, avenue Maximiliansau

✆ 02 35 97 78 11 - www.roches-blanches.fr

Ouvert du lundi au vendredi de 9h à 12h et de 13h30 à 17h30. E-boutique.

Depuis trois générations, les équipes des Roches Blanches travaillent un seul et unique produit : le saucisson sec, à partir de porc fermier normand élevé en plein air et nourri aux céréales et graines de lin, et avec un affinage en hâloir traditionnel. Aujourd'hui forte de son Label Rouge et de sa certification bio, la boutique de Cany-Barville, adossée aux ateliers, vous propose plusieurs gammes de saucissons, dont celui du marin, la spécialité des Roches Blanches, fabriqué avec du porc français, du gros sel de mer et des épices, et séché pendant six mois.

LAC DE CANIEL

Rue du Dessous-des-Bois - **VITTEFLEUR**

✆ 02 35 97 40 55

www.lacdecaniel.fr

Accès plein air d'avril à octobre. Activités couvertes toute l'année. Entrée et parking gratuits. Bowling. Restauration.

Le lac de Caniel est un site pour toute la famille. Sur cette base de loisirs de 70 hectares, vous aurez accès à de nombreuses activités : ski nautique, skate park, luge d'été, kayak et bateau à pédales. Sur la partie nord du lac, le téléski permet aux novices de s'amuser pendant que les confirmés font une démonstration de figures aériennes. Sur la terre ferme, le site offre un espace de jeu intérieur avec bowling et billards. Prévoir une journée complète pour profiter de tout. Sur place, diverses possibilités de restauration. Idéal pour un après-midi détente.

VEULETTES-SUR-MER

Werlestes à l'époque celtique, aujourd'hui surnommé la perle du pays de Caux, Veulettes-sur-Mer est l'une des petites stations de la côte d'Albâtre qui valent le détour. Située entre Fécamp et Dieppe, sa longue plage de plus d'un kilomètre est, comme beaucoup, encadrée de ses falaises blanches. Entre mer et campagne bucolique, elle offre toutes les possibilités : pêche à pied, bateau à voile, kayak et planche avec l'école de voile, randonnée pédestre, nage, course à pied, le tout sans être prétentieuse. Son front de mer, accessible à tous, offre de quoi passer une après-midi parfaite en famille en toute saison, car la mer y est un spectacle permanent.

INTERVIEW

EDF

PLONGEON DANS LE PATRIMOINE INDUSTRIEL D'EDF

Peu de gens le savent, mais il est tout à fait possible de visiter les sites industriels majeurs de Normandie tout au long de l'année. Nous avons eu la chance de nous entretenir avec Valérie Bernet, directrice Communication Industrie et Territoires chez EDF...

Depuis quand EDF a mis en place la visite de ses sites industriels ?

La possibilité de visiter nos sites est pensée dès le chantier. C'est-à-dire qu'avant même de bâtir une centrale, nous faisons en sorte que les installations puissent être visitées dans un objectif de transparence et de pédagogie. En Normandie, les sites de Flamanville, Paluel, Penly, et Veulettes-sur-Mer sont ouverts aux visites, et ce depuis leur création. C'est dans l'ADN du groupe EDF.

Avez-vous un objectif précis en ouvrant ces sites industriels aux visites ?

La raison première concerne l'acceptabilité par les riverains. En leur offrant la possibilité de visiter ces chantiers hors-normes et spectaculaires, nous misons sur la pédagogie pour qu'ils acceptent l'existence de ces sites. Et puis, c'est aussi une démarche patrimoniale, culturelle et artistique.

Quel est le profil des visiteurs ?

Il n'y a pas de profil type, et c'est justement là tout l'intérêt des visites EDF : elles intéressent tout le monde. Nous ouvrons nos portes aussi bien aux particuliers qu'aux écoles, aux élus, aux communautés de commune... Depuis 10 ans, ce sont déjà 4 millions de visiteurs qui sont venus découvrir nos sites industriels.

Comment se déroule la visite des sites EDF ?

Il faut d'abord s'inscrire sur le site edf.fr/visiteredf en choisissant le site à visiter et la date souhaitée. Le jour J, le visiteur découvre l'impressionnante salle des machines, la passe à poisson, ou parfois le simulateur de la salle de commande....

CENTRALE NUCLÉAIRE DE PALUEL

Hameau de Conteville
✆ 02 35 57 69 99
edf.fr/visiteredf

© JEAN-BAPTISTE BALDI

© ALEXIS MORIN

© VEULETTES DR

VISITE DU PARC ÉOLIEN EDF

D79
✆ 01 40 90 23 80
Inscription par mail à visites.edfrenouvelables@exirys.com. Gratuit. Visite guidée.

Né d'une initiative locale visant à favoriser les énergies renouvelables, le parc éolien de Veulettes-sur-Mer est, depuis sa création, ouvert aux visites. L'objectif ? Permettre à tous de comprendre le fonctionnement de l'énergie éolienne en visitant un parc éolien en activité et en s'arrêtant à proximité d'une éolienne. Les visites sont accessibles toute l'année au grand public comme aux scolaires, et peuvent être couplées avec la centrale nucléaire de Paluel.

CÔTÉ PLAGE €€

27, Digue Jean-Corruble
✆ 02 35 57 29 84
Lundi, mardi et de jeudi à samedi : 12h-22h ; dimanche : 12h-17h30. Réservation recommandée. Terrasse.

Tenue par une Italienne et un Breton, cette crêperie et brasserie familiale est l'une des meilleures tables en ville. L'accueil y est aux petits oignons. C'est simple, une fois passée la porte, on se sent comme à la maison ! Dans l'assiette, les produits sont bien frais. Les plats sont généreux et gourmands et les prix très corrects. N'hésitez pas à tester la spécialité maison : les couteaux à la persillade. En été, profitez du coucher du soleil, installé sur la terrasse du front de mer. Parfois cependant, il faudra être patient pour y trouver une place.

LE RELAIS DES DALLES €€€

6, rue Elisabeth-d'Autriche
SASSETOT-LE-MAUCONDUIT ✆ 02 35 27 41 83
www.relais-des-dalles.fr
Réservation recommandée. Menus : de 40 € à 60 €. Chambres de 86 € à 165 €. Petit déjeuner : 12.50 €. Jardin. Terrasse.

Face au château de Sissi, à une encablure de la plage, ce restaurant vous ravira. Le lieu respire la sérénité grâce à sa bâtisse ancienne et son jardin de curé où vous pourrez déjeuner au soleil jusqu'en septembre. Attaché à la culture gastronomique normande – goûtez l'agneau en cannelloni d'aubergines ou le financier de cèpes et girolles sur un velouté de potimarron –, le chef peut s'évader à travers un boudin blanc accompagné de patates douces ou bien encore un nougat glacé d'épices. L'hôtel prolongera délicieusement le plaisir d'un séjour sur la côte.

RESTAURANT DE LA MER €€

13, digue Jean-Corruble
✆ 02 35 97 96 28
restaurant-de-la-mer.lafourchette.rest
Mardi à dimanche midi et soir. Menu à 45 €. Carte : 45 € environ. Vin au verre. Chaises bébé. Terrasse.

Avec une vue imprenable sur la mer, c'est l'endroit idéal où aller déjeuner en fin de semaine. Ici, la spécialité ce sont les fruits de mer de la côte, telles les huîtres de Veules-les-Roses, les meilleures ! De la mer, vous y dégusterez aussi le fameux bar rôti entier aux herbe, un pur délice, après une soupe de poisson en entrée. Les carnivores se régaleront du foie gras de canard maison et des rognons de veau à la moutarde. Terminez avec les profiteroles maison parfaites. L'été, la terrasse vous fera profiter au maximum du paysage et de la lumière normande.

SAINT-VALÉRY-EN-CAUX ★

Nichée au creux de falaises monumentales, la ville de Saint-Valery-en-Caux vaut le coup d'œil ne serait-ce que pour son aspect un peu vieillot et sans prétention. Si aujourd'hui elle semble s'être arrêtée dans le temps, beaucoup de peintres et d'écrivains y sont autrefois passés : Victor Hugo, Gustave Flaubert, Sacha Guitry… Aujourd'hui, c'est une station balnéaire familiale avec un front de mer agréable. Côté campagne, elle sert de point de départ à de nombreux circuits touristiques. Côté gastronomique, elle possède de discrets et excellents restaurants de fruits de mer où huîtres et fish and chips rivalisent avec ceux des grands chefs.

MAISON HENRI-IV ★

3 bis, Quai du Havre (quai de la Batellerie)
✆ 02 35 57 14 13
saintvaleryencaux.fr/maison-henri-iv
Juillet et août : mercredi à dimanche de 10h30 à 12h30 et de 14h à 18h. Septembre : mercredi à dimanche de 14h à 18h.

Érigée en 1540 par Guillaume Ladiré, un armateur de Saint-Valéry-en-Caux, cette imposante bâtisse abrite un musée. Sa belle façade de bois sculpté figure des scènes de voyage. L'histoire dit que le roi Henri II y fut reçu par les notables locaux en 1550. À l'étage, découvrez l'histoire maritime de la ville. En bas, on parle de la Seconde Guerre mondiale, qui marqua la station balnéaire. La cour intérieure, avec sa tour octogonale, son escalier et sa galerie du XVIe siècle est une merveille. Le lieu accueille des expositions temporaires d'artistes normands.

L'EDEN €€

21, place du marché ✆ 02 35 97 11 44
www.hotel-restaurant-eden.fr

Tlj midi et soir. 7 jours sur 7 en été. Fermé le jeudi en hiver. Menus de 13 € à 15 €. Menu enfant : 7,50 €.

Quand le temps n'est pas au beau fixe, les copieuses cassolettes de moules dévorées sous la terrasse chauffée de l'Eden vous réchaufferont le cœur. Cet hôtel, bar et brasserie séduit ses clients avec une cuisine française traditionnelle simple et goûteuse, proposée à bons prix. L'ambiance est chaleureuse, même les jours de forte affluence, grâce au sourire du patron et à une équipe dynamique. Et si vous voulez prolonger votre séjour, vous pourrez louer l'une des sept chambres de l'établissement. Un endroit de premier choix pour une étape agréable en bord de mer.

LE CASINO

1, promenade Jacques-Couture
✆ 02 35 57 84 10
www.casino-saintvalery.com

Lundi-jeudi : 20h-1h, vendredi : 20h-2h, samedi : 20h-3h. Dimanche et veille de j. férié : 16h-20h/21h-3h. Restauration.

Le casino de Saint-Valéry-en-Caux est un endroit connu par tous ceux qui aiment le luxe sans ostentation, le frisson du jeu sans la frime. Ce long bâtiment en forme de paquebot a remplacé l'ancien détruit par la guerre. Le bar et le restaurant valent le détour pour la vue sur la mer. L'intérieur est moderne et confortable. Les cent machines à sous sont à la disposition du public, d'autres préféreront la roulette anglaise, le stud poker ou le blackjack… L'établissement dispose aussi d'un cinéma, d'un lounge-bar, et programme des concerts et des soirées spéciales.

VEULES-LES-ROSES ★

Veules-en-Caux honora tellement les roses qu'elle dut changer de nom en 1897 pour prendre celui qu'on lui connaît aujourd'hui, beaucoup plus révélateur de sa beauté. A l'époque romantique, ce lieu pittoresque, avec ses moulins, son église du XVe siècle, ses fameuses cressonnières et son minuscule fleuve, fait accourir les estivants en quête de calme et de beauté. Les années ont passé, mais le charme demeure : la découverte de Veules, de ses ruelles et de ses jardins qui embaument à la belle saison reste un délicieux moment de sérénité qu'il faut prendre le temps de savourer. La ville est aussi renommée pour ses huîtres uniques remises au goût du jour.

AU GOÛT NORMAND

5, place du Marché
✆ 02 35 97 05 31

Ouvert du mardi au samedi de 9h à 13h et de 15h à 19h30 ; le dimanche de 9h à 13h.

Un achalandage sans faille, une véritable passion pour les produits régionaux et fermiers, et un accueil souriant, tels sont les atouts de cette petite boutique gourmande qui saura vous combler en plein centre-ville. On y trouve un grand choix de cidre, bière normande, fromages, fruits et légumes, biscuits, confitures, vins et charcuterie. Sans oublier les Calvados, dont 2 ont été élus meilleurs Calvados du monde. C'est toute la Normandie qui se déguste ici, sans craindre des petites excursions gustatives dans d'autres régions tout aussi riches en saveurs.

© AU GOÛT NORMAND

© AU GOÛT NORMAND

SEINE-MARITIME

CHÂTEAU ET JARDIN DE MESNIL-GEOFFROY ★

2, chemin de la Dame-Blanche
ERMENOUVILLE ✆ 06 71 07 22 50
www.chateau-mesnil-geoffroy.com
Réouverture : 1er mai 2021. Mercredi à dimanche : 14h-18h. Gratuit jusqu'à 7 ans. Adulte : 8 €. Enfant : 5 €.

Ce château du XVIIe siècle de style Louis XIII est un élégant bâtiment en briques et ardoises. Ses espaces intérieurs sont richement décorés dans un style rocaille du XVIIIe siècle. Il appartient aujourd'hui au prince et à la princesse Kayali qui y résident et se font un plaisir de vous dévoiler toutes les beautés de leur propriété. Le domaine est connu pour ses jardins à la française, son potager ainsi que les 2 900 rosiers qui constituent la plus grande collection privée de Normandie. Un site qui a obtenu le prix du plus beau potager de France en 2017 par la Société nationale d'horticulture. Et peu après celui du plus beau jardin de collection. Une consécration obtenue grâce à la collection d'iris du XIXe siècle conservée jalousement ici. Au mois de mai, celles-ci s'épanouissent, puis viennent les roses, les hortensias et les rhododendrons, dans une explosion de couleurs et de parfums. Dans le potager, on redécouvre des légumes oubliés comme la tomate « améliorée de Montlhéry », l'oignon rocambole ou l'épinard-fraise, tandis que les plus jeunes s'amuseront dans le labyrinthe végétal. Un jeu de piste gratuit a même été imaginé pour les enfants. La visite du château inclut l'historique des parfums du XVIIIe siècle : vous découvrirez les fragrances préférées de Sissi, de Louis XV ou encore de Madame de Pompadour, que vous pourrez ensuite vous procurer à la boutique.

LA VEULES, LE PLUS PETIT FLEUVE DE FRANCE

Chemin des Cressonnières ✆ 02 35 97 63 05
https://cote-albatre-tourisme.fr/ - info@cote-albatre-tourisme.fr
En accès libre. Visite guidée : juillet-août pour les individuels. Toute l'année sur réservation pour les groupes.

Ce fleuve est long de 1 149 mètres, ce qui en fait le plus court de France. Le circuit part du front de mer et vous emmène aux sources de la Veules pour longer le cours d'eau jusqu'à son embouchure dans la mer. C'est une promenade charmante et tranquille pour découvrir le patrimoine de la commune : moulins, chaumières et villas, dont celle de Paul Meurice qui recevait Victor Hugo. Ne ratez pas les fameuses cressonnières, d'où vous pouvez également partir pour rejoindre la mer.

OFFICE DE TOURISME

27, rue Victor-Hugo
✆ 02 35 97 63 05
https://cote-albatre-tourisme.fr
Du 1er avril au 30 septembre : tlj de 9h30 à 12h30 et de 14h à 18h. Du 1er octobre au 31 mars : du mercredi au samedi.

Un petit détour par cet agréable office de tourisme est indispensable pour obtenir de précieuses informations sur les sites à visiter à Veules-les-Roses, mais aussi aux alentours. C'est également l'endroit parfait pour en apprendre plus sur l'histoire de la ville à travers des animations et les récits des employés d'accueil. Passionnés, ces derniers se feront un plaisir de vous faire découvrir Veules autrement, en assistant aux expositions artistiques locales ou en suivant un parcours pédestre le long du plus petit fleuve de toute la France !

DOUCE FRANCE €€

13, rue du Docteur-Girard
✆ 02 35 57 85 30
www.doucefrance.fr
Studio / appartement à partir de 242 € ; suite de 102 € à 162 €. Petit déjeuner : 13 €. Wifi gratuit. Tv satellite.

Cet ancien relais de poste, adossé à la Veules, rénové par les compagnons de France, est une merveille de douceur et de confort. À peine a-t-on franchi le porche que les parfums des fleurs de la cour annoncent la couleur : ici, tout sera luxe, calme et volupté. Les chambres et les suites sont très accueillantes et décorées avec soin, et donnent l'envie d'y rester... Un salon de thé adorable vous offre, à votre passage, une agréable pause pour un thé ou une crêpe... L'une des plus belles adresses de Veules-les-Roses, pour un après-midi, ou un long séjour.

COMME À LA MAISON €

26, rue Victor-Hugo
✆ 06 64 96 16 12
Lundi, mardi, vendredi et samedi : 9h-17h ; dimanche : 9h à 18h30. Carte : 20 € environ. Vin au verre. Terrasse.

Envie de vous régaler en vous sentant comme à la maison ? Ce petit restaurant vous propose tout un choix de tartes salées, poulet à la créole, fish and chips merveilleux, filet de porc au paprika, boudin blanc ou burger de Martin, et bien d'autres ! Tout est fait maison et avec passion ! Quant aux desserts, c'est une farandole de saveurs garanties : île flottante, crumble et autre gâteau de grand-mère vous réjouiront. La terrasse, prise d'assaut dès les premiers rayons de soleil, est très agréable. Une belle adresse après la promenade dans les ruelles de Veules !

LE BISTROT DES ROSES €€

4, rue Docteur-Pierre-Girard
✆ 02 27 13 03 32
Fermé le mardi (toute l'année) et le lundi (hors saison). Menu enfant : 8,50 €. Formules : de 13,90 à 15,90 €. Terrasse.

Pour une petite halte gourmande au cœur de Veules, Le Bistrot des Roses, installé dans une ancienne pâtisserie – dont l'enseigne est toujours présente aujourd'hui – vous accueille avec sa terrasse. La carte est courte, mais c'est parce que la cuisine est faite maison. Et c'est dans l'assiette qu'on le découvre, avec des saveurs parfaitement équilibrées et le bon goût des produits frais et de saison. Un restaurant incontournable à Veules-les-Roses, d'autant qu'il est l'un des rares à être ouvert toute l'année dans le village.

VARENGEVILLE-SUR-MER ★

Tous les peintres et écrivains qui se sont aventurés sur la Côte d'Albâtre y ont un jour posé leur chevalet ou leur cahier d'écriture pour s'imprégner de l'atmosphère et des couleurs de Varengeville. Claude Monet, Georges Braque, Guy de Maupassant et bien d'autres visiteurs prestigieux ont marqué de leur empreinte ce village côtier. Ce n'est pas un hasard si, depuis quelques années, les résidences secondaires s'y multiplient. Les nombreux Parisiens et Nordistes de passage témoignent de l'engouement que suscite le lieu : le calme et la quiétude invitent aux balades à cheval ou à vélo. Varengeville compte aujourd'hui un peu plus d'un millier d'habitants.

ÉGLISE ET CIMETIÈRE MARIN ★

Route de l'Église
✆ 02 35 85 12 46
www.varengeville-sur-mer.fr
Accès libre.

Il faut prendre la rue de l'Eglise après avoir traversé le village, et continuer jusqu'à ce que la falaise vous arrête. Rassurez-vous, un parking vous attend pour garer votre voiture. Vous découvrirez là l'un des lieux des plus tranquilles et des plus intéressants de toute la côte. Et pour cause, la petite église du XIIe siècle et son cimetière marin sont de véritables havres de paix pour le repos des âmes. Pour les vivants, c'est l'un des plus beaux cimetières de France, puisqu'il surplombe la mer et ses sublimes nuances de bleu. Dorment ici quelques hommes célèbres : le compositeur Albert Roussel (1869-1937), sous son bloc cuivré rectangulaire, le mathématicien Raphaël Salem ou l'architecte Paul Nelson (1895-1979) reposant au côté de son ami Georges Braque (1882-1963). Braque, qui est ici le chef de la bande puisque, tombé amoureux du village, il y acheta une maison en 1928, où il arrivait dans sa Bentley noire et grise pour y passer la moitié de l'année, et où défilèrent tout ce que la période compte d'artistes : Miró, de Staël, Prévert, Char, le cinéaste Jean Renoir ou encore l'éternel Picasso. Dans l'église, vous pourrez voir le tout dernier vitrail de Braque, un arbre de Jessé aux bleus éclatants. Après avoir visité l'église et le cimetière, aventurez-vous sur le chemin qui mène à la plage. Il part sur votre gauche en sortant. Mais attention, pour cela il faut être bien chaussé. Car après le chemin, il y a des marches, et enfin des rochers. Incontournable.

JARDIN LE VASTERIVAL

346, route du Phare-d'Ailly
SAINTE-MARGUERITE-SUR-MER © 02 35 85 12 05
www.vasterival.fr
Toute l'année sur RDV sf dimanche et jours fériés. Visites guidées lundi à vendredi : 11h, du 22/3/2021 au 29/10/2021.

Ancienne résidence du compositeur Albert Roussel (1869-1937), le Vasterival fut acquis en 1955 par la princesse Greta Sturdza, originaire de Moldavie. Amoureuse de la nature, elle a construit peu à peu ce jardin de 9 ha aujourd'hui riche de 10 000 espèces : rosiers, camélias, rhododendrons, magnolias, hydrangeas… Un lieu bucolique où il fait bon se perdre le temps d'une promenade. Mais chaussez-vous bien ! Les passionnés pourront suivre des stages d'horticulture et des cours de taille, et les plus jeunes un atelier de rempotage... suivi d'un goûter !

DIEPPE ★★

Doyenne des stations balnéaires françaises et premier port de pêche pour la coquille Saint-Jacques, Dieppe cultive le charme et la douceur de vivre. Depuis mille ans, elle a épousé la mer et l'accueille dans son port historique. En plus de sa culture maritime ancienne marquée par l'importation d'ivoire, et culinaire, avec ses recettes typiquement dieppoises, l'une des richesses de la ville réside dans son front de mer de 2 km de long : pelouses, jardins d'enfants, restaurants, mais aussi un centre aquatique doté d'une piscine olympique extérieure chauffée toute l'année… Tout a été conçu pour que le séjour soit à la fois simple et dépaysant.

MANOIR D'ANGO ★

Chemin de Cayenne
© 02 35 83 61 56
www.manoirdango.fr
1er mai-30 septembre : tlj de 10h à 12h30 et de 14h à 18h. Avril et octobre : WE et jf. Adulte : 5,50 €. Visite guidée.

Ce manoir de la Renaissance a été construit entre 1530 et 1542 par le célèbre armateur dieppois Jehan Ango. Ce petit bijou de briques et de silex repose dans un écrin de verdure de 28 hectares. Fermé pendant plusieurs années pour d'importants travaux, il s'impose depuis sa réouverture comme l'un des monuments incontournables de la région dieppoise, et a été d'ailleurs l'un des premiers à être classé monument historique en 1862. Ne ratez pas non plus le colombier, sa toiture d'influence byzantine et ses décors géométriques polychromes.

LES RÉGATES €€

30, rue du Casino - **HAUTOT-SUR-MER**
© 02 35 84 11 33
Mer, jeu, dim : 9h-18h ; ven-sam : 9h-22h30. Réservation recommandée. Plateau de fruits de mer à commander 48h avant.

C'est un sympathique restaurant de front de mer loin des grandes stations balnéaires. En été sur la terrasse ou en hiver à l'intérieur, vous vous régalerez ici des arrivages du jour : plateaux de fruits de mer (la spécialité de l'établissement), viandes, poissons, moules-frites, salades. Quant aux desserts, ils sont aussi copieux et savoureux que le reste, et l'on vous conseille tout particulièrement le café gourmand ! Une excellente adresse, d'autant que la salle, avec ses fenêtres tournées vers le large, est joliment décorée, et que le service est impeccable !

ESTRAN CITÉ DE LA MER

37, rue de L'Asile-Thomas
© 02 35 06 93 20
www.estrancitedelamer.fr
Lundi-vendredi : 9h30-18h. WE et j. fériés : fermé de 12h30 à 13h30. Fermé les 24-25 et 31/12, 1er/1. Adulte : 7,50 €.

L'estran, c'est cet espace mouvant entre terre et mer, mais aussi l'acronyme de l'espace scientifique et technique des ressources aquatiques et de la navigation, qui propose une exploration du monde maritime aux grands comme aux petits. Il regorge de maquettes, de vidéos et d'objets exposés sur 1 600 m² et trois niveaux. Vous y découvrirez la construction navale, les énergies marines renouvelables, la pêche, les falaises et les aquariums. Des animations vous permettront de nourrir les poissons, d'être soigneur d'un jour, ou encore de fabriquer un cerf-volant.

MÉMORIAL DU 19 AOÛT 1942 ★★

Place Camille-Saint-Saëns © 02 35 40 36 65
Vendredi au dimanche et les jours fériés : 14h à 18h. Adulte : 3,50 €. Groupe : 3 €. Visite guidée. Boutique.

En une douzaine d'heures, 1 197 soldats alliés perdirent la vie ce 19 août 1942 en se battant pour libérer Dieppe : des 6 000 soldats débarqués, dont une majorité de Canadiens, peu ont pu témoigner de l'horreur de cet épisode historique. Ce mémorial leur rend hommage et explique, plage par plage, le déroulement des combats, grâce à des maquettes, des documents et des photographies. Les témoignages des soldats font de ce mémorial un lieu profondément marquant, pour toujours rappeler le sacrifice de ces hommes au nom de la liberté.

SEINE-MARITIME

LES RÉGATES
RESTAURANT
GRANDE TERRASSE
face à la mer...
Restaurant Les Régates
Pourville Sur Mer
TÉL. 02 35 84 11 33

MUSÉE DE DIEPPE ★

Rue de Chastes
✆ 02 35 06 61 99
www.dieppe.fr

Mercredi au dimanche. 1er juin-30 septembre : 10h-18h. 1er octobre-31 mai : 10h-12h et 14h-17h (18h dim. et j. fériés).

Le lieu fut édifié par le capitaine Desmarets après 1435 pour défendre la ville contre les Anglais lors de la guerre de Cent Ans. Siège du gouverneur, garnison, le château devient le musée de Dieppe en 1923. Y est conservée une exceptionnelle collection d'ivoires sculptés. Mais aussi les très belles cartes de la célèbre école de cartographie de Dieppe, des maquettes de bateaux, des peintures relatant l'aventure maritime de la ville, des grandes expéditions du XVIe siècle aux paquebots du XXe siècle. En haut, profitez de la vue sur la cité et les falaises.

PARC ÉOLIEN EN MER

1, quai de l'Avenir
dieppe-le-treport.eoliennes-mer.fr

La société Éoliennes en Mer Dieppe Le Tréport (EMDT) a remporté en juin 2014 l'appel d'offres lancé par l'État pour le développement d'un parc éolien en mer au large de Dieppe et du Tréport. Ce projet majeur pour la Normandie et les Hauts-de-France, dont la mise en service est prévue en 2021, est la concrétisation d'un engagement pour la réussite de la transition énergétique en France et contribue à la préservation de la planète, en pleine lutte contre le dérèglement climatique. 62 éoliennes permettront de couvrir la consommation annuelle de 850 000 personnes.

TRANSMANCHE

7, quai Gaston-Lalitte
✆ 0 800 650 100
www.dfds.com/

Liaison Dieppe-Newhaven : 2 allers-retours par jour. À partir de 49 € avec une voiture.

Visiter Dieppe, c'est presque avoir un pied en Angleterre. Alors si l'envie vous prend d'aller boire l'*Afternoon Tea* de l'autre côté, le Transmanche vous y emmène en seulement 4 heures. Les deux ferries de la compagnie relient Dieppe à Newhaven et retour deux fois par jour, et même davantage en période estivale. Les traversées peuvent se faire à pied – c'est ce qu'il y a de plus économique – mais aussi en voiture et même avec un camping-car ou une caravane. À bord, tout est prévu pour le confort des passagers : des salons avec télévision, une cantine, un bar...

CABANES DE LA CHAUSSÉE €€€

741, rue du Duché - **LA CHAUSSÉE** ✆ 02 35 84 91 90
www.cabanesdelachaussee.com

Dès 115 €/nuit selon saison et durée. Panier-repas, location de vélos, sentiers de randonnée.

Ces six cabanes enchanteresses de 5 à 15 m de haut vous accueillent dans des chênes centenaires. Toutes ont leurs propres caractéristiques. À vous de voir si vous préférez accéder à la vôtre via une trappe, un escalier en colimaçon ou un petit pont suspendu au milieu de la végétation ! Chacune a sa propre terrasse meublée, ses toilettes sèches, une réserve d'eau, un lit, une table pour les repas. Une grande terrasse commune à trois cabanes permet de profiter du feuillage des arbres et de faire connaissance avec les autres Robinson de passage.

HÔTEL AGUADO €€

30, boulevard de Verdun
✆ 02 35 84 27 00
www.hoteldieppe.com

Chambre double : 99 € à 149 €. Petit déjeuner : 10 €. Parking. Wifi. Tv satellite. Jeux enfants. Vue sur mer.

L'hôtel Aguado, avec sa façade un peu rétro, bénéficie d'un emplacement exceptionnel en bord de mer. Cet établissement qui surplombe la plage et vous offre une très belle vue panoramique mérite bien ses trois étoiles. L'accueil est chaleureux et souriant, et le personnel se met en quatre pour vous apporter satisfaction. Les chambres, qui donnent sur la ville ou sur la mer, sont raffinées et spacieuses, équipées d'une salle de bains, d'un téléviseur et du wifi. Une salle de petit déjeuner ainsi qu'un bar au style anglais sont également à votre disposition.

LA CALE €€

34, rue Jean-Antoine-Belle-Teste
✆ 02 35 84 14 93

Du mercredi midi au dimanche midi. Réservation recommandée. Menus : 15 € à 24 €. Menu enfant : 12 €. Vin au verre.

Empruntez le pont mobile pour entrer dans l'île du Pollet. La façade de ce sympathique bistrot est discrète, mais une fois à l'intérieur, vous serez accueilli avec sourire et attention dans un décor Art déco où se mêlent des objets rappelant la mer. Car vous êtes là au cœur du quartier des pêcheurs, et le poisson y est roi ! Alors profitez-en pour goûter sole, bar, barbue, turbot ou saint-pierre, agrémenté d'une sauce maison. C'est une cuisine généreuse et fine à la fois, préparée avec des produits locaux d'excellence. Très belle adresse dieppoise.

INTERVIEW

LES ÉOLIENNES EN MER

STOP AUX IDÉES REÇUES !

La société Éoliennes en Mer Dieppe Le Tréport a pour projet d'installer un parc de 62 éoliennes au large de Dieppe et du Tréport à l'horizon 2024-2025. Son objectif : alimenter en électricité verte 850 000 personnes sur le réseau national. Thibaud Grandsire, responsable des relations locales, nous aide à comprendre ce projet sur lequel de nombreuses idées reçues circulent.

Idée reçue n° 1 : les éoliennes en mer détruisent la faune sous-marine

Lorsqu'on installe un parc éolien offshore, on vient implanter une technologie dans la mer. Cela a évidemment un impact sur l'écosystème local, mais nous mettons tout en œuvre pour le limiter. Nous avons, par exemple, pris l'engagement de stopper les travaux d'installation des fondations en période propice à la reproduction des mammifères marins.

Idée reçue n° 2 : les éoliennes en mer dégradent les paysages

L'impact sur le paysage est très subjectif. Lorsque nous sommes sur le terrain, certes nous recueillons des avis réservés, mais nous nous rendons également compte que beaucoup de personnes trouvent cela beau quand d'autres n'ont pas vraiment d'avis sur la question. Une chose est certaine, le vent est une énergie renouvelable et inépuisable. Alors, même si les éoliennes sont visibles, n'est-ce pas acceptable de les accueillir dans le paysage ?

Idée reçue n° 3 : les éoliennes sont abandonnées sur place une fois devenues inutilisables

La réglementation française nous oblige à provisionner les montants nécessaires au démantèlement. Donc une fois la durée de vie des éoliennes écoulée (environ 30 ans), leur démantèlement est garanti. Et de nombreuses innovations ont été réalisées en matière de recyclage. Aujourd'hui, une éolienne se recycle à plus de 90 % !

PARC ÉOLIEN EN MER

1, quai de l'Avenir
dieppe-le-treport.eoliennes-mer.fr

© EMDT

© SIEMENS GAMESA RENEWABLE ENERGY

© NICOLAS JOB

LES ATELIERS D'ÉTRAN

1, Grande-rue-des-Salines - **MARTIN-EGLISE** ✆ 02 32 90 55 00 - https://boutique.apeidieppe.fr/

Ouverture du showroom du lundi au jeudi de 8h30 à 17h et le vendredi de 8h30 à 12h.

Les Ateliers d'Étran, c'est un établissement qui a pour missions l'insertion professionnelle et l'intégration sociale. Ils accueillent des personnes en situation de handicap, qui y trouvent des activités professionnelles leur permettant de s'épanouir par le travail. Parmi les différents métiers qui y sont exercés, il y a la confection du fameux caramel de pommes dieppois que vous pouvez acheter à la boutique où chez les différents distributeurs. Ce caramel unique, qui se tartine et se cuisine, se décline en plusieurs saveurs. N'hésitez pas, prenez-les toutes !

ENTRE 2 MERS €€

70, boulevard de Verdun

✆ 09 51 82 62 89

Tous les jours sauf le mercredi midi et soir. Réservation recommandée. Terrasse.

Avec ce restaurant de poissons et fruits de mer situé entre le port et la plage, Nadège et Allan entendent bien revisiter les grands classiques de la cuisine de la mer en privilégiant le frais et le fait maison ! Et c'est un défi réussi, car l'établissement ne désemplit pas ! Outre les traditionnelles moules-frites déclinées ici à toutes les sauces, les grands gourmands se délecteront d'un plateau de fruits de mer copieux, d'huîtres généreusement assaisonnées, de requin ou encore d'une aile de raie à la sauce du jour. Un incontournable.

L'EPSOM BAR

11, boulevard de Verdun

✆ 02 35 84 12 27

Ouvert toute l'année, 7/7j. Ouvert du dimanche au jeudi de 12h à 1h ; le vendredi et le samedi de 12h à 2h.

Envie de savourer un verre face à la mer ? L'Epsom Bar est un endroit éclectique, spécialisé dans les cocktails maison avec ou sans alcool, mais pas seulement. Pour accompagner votre boisson, vous choisirez une salade, un assortiment de tapas, une bruschetta (fromage, viande ou légumes), un burger pour les grosses faims. Dans une ambiance feutrée et jazzy, servi par un personnel sympathique, vous passerez ici un excellent moment. Un vendredi sur deux, le lieu accueille un groupe de musique. Des soirées pour lesquelles il vaut mieux réserver tant le lieu est prisé.

L'ENTREPÔT

19, arcades de la Poissonnerie
✆ 02 35 50 06 00
Du mardi au jeudi : 10h-22h ; vendredi et samedi : 10h-23h45 ; dimanche : 11h-18h. Restauration. Animations. Concerts.

Le lieu est devenu, depuis son rachat par le Dieppois François Sallé, un incontournable de la ville. Face au port, il offre un cadre vintage très sympathique avec plusieurs salles délicieusement aménagées. La spécialité ? Des crêpes de sarrasin et de froment bio, comme la Tonton Jehan à la coquille Saint-Jacques. Mais on vient aussi ici pour écouter de la musique, notamment le jeudi soir, pour le Djam Orchestra, une scène ouverte à tous les styles. Y sont aussi organisés des ateliers en tout genre. Bref, un lieu de convivialité et de partage précieux !

LES BAINS DE DIEPPE

101, boulevard de Verdun
✆ 02 35 82 80 90
www.lesbainsdedieppe.fr
Lundi-vendredi : 7h30-20h30 ; WE : 8h30-19h. Entrée : 6 €. Enfant : 5 €. Espace aquatique + bien être : 14 €.

En tout, trois zones composent le site : un centre aquatique avec un bassin zen, un bassin d'apprentissage, un bain bouillonnant, des plages minérales et un bassin sportif en extérieur ; un espace fitness avec une salle de cardio-training et des cours collectifs (bodypalm, aquafitness, aquabiking, pilates, stretching), enfin un spa (hammam, sauna, douches hydro-massantes, solarium extérieur, soins en cabine). Pendant que les adultes nagent ou s'offrent une thalasso, les plus jeunes pourront se lancer dans la rivière à contre-courant ou descendre le toboggan.

CASINO DE DIEPPE

3, boulevard de Verdun
✆ 02 32 14 48 00
https://casino-dieppe.partouche.com
Du dimanche au jeudi : 10h à 3h ; vendredi et samedi : 10h-4h. Restauration. Soirées cabaret, théâtre.

Comme toute ville balnéaire digne de ce nom, Dieppe possède son propre casino. Impossible de le rater, le bâtiment est reconnaissable à sa grande baie vitrée donnant sur la mer. Vous y trouverez les tables de black jack et de roulette anglaise, ou pourrez participer aux tournois de poker. Le lieu propose des soirées à thème. Pour dîner, le restaurant Le Trèfle vous accueille avec son concept bistronomique : burgers, tapas, salades, cocottes gourmandes et produits de la mer, le tout issu de circuits courts et de saison. Le Grand Hôtel vous accueillera pour la nuit.

ARQUES-LA-BATAILLE ★

À 6 km de Dieppe, en lisière du Pays de Bray, Arques-la-Bataille voit sa première mention en 750 sous la forme *Arcas*, la dénomination Arques faisant référence au fleuve. La ville se niche sur un plateau crayeux dominant trois rivières, chacune formant une vallée pour se rejoindre dans l'Arques : la vallée de l'Eaulne, celle de la Béthune et celle de la Varenne. Le site est riche d'un patrimoine intéressant et d'une vie culturelle dynamique, notamment grâce à l'Académie Bach dont les concerts en l'église Notre-Dame-de-l'Assomption attirent du monde. La commune est aussi une étape de l'Avenue Verte, cet l'itinéraire cyclable reliant Paris à Londres.

CIMETIÈRE MILITAIRE DU COMMONWEALTH

Chemin communal
www.ville-arques-la-bataille.fr
Accès libre.

Dans ce cimetière, créé par la mairie d'Arques-la-Bataille dès l'année 1916 et placé sous la responsabilité du gouvernement britannique, se trouvent 311 sépultures. Parmi celles-ci, 264 sont celles de Zoulous et de Bantous originaires d'Afrique du Sud ayant combattu dans l'armée de Sa Majesté. Les autres sont celles de Chinois, Hindous ou Anglais ayant appartenu au corps médical. La plupart sont venus en 1917 pour exécuter des travaux routiers et forestiers ou servir l'intendance.

RUINES DU CHÂTEAU D'ARQUES-LA-BATAILLE ★

Rue du Bel
Accès libre. Gratuit. Point de vue.

Édifié de 1038 à 1043, ce château installé sur un promontoire rocheux est une référence exemplaire de l'architecture militaire du Moyen Âge. Il subit en 1053 l'assaut de Guillaume-le-Bâtard. Henri Ier Beauclerc, son descendant, le reconstruit en 1123, remplaçant les défenses de bois par un solide donjon de pierre carré, haut d'une vingtaine de mètres. Ces ruines, classées Monument historique, offrent aujourd'hui une vue panoramique lors du fameux feu d'artifice du 14 juillet.

OFFRANVILLE ★

A une encablure de Dieppe, Offranville aurait été « donnée » par le Roi Dagobert aux moines de l'abbaye francilienne de Saint-Denis, en même temps de 26 autres villages : la première trace écrite faisant mention de la ville date de 750. Au XIXe siècle la commune prend son essor avec l'ouverture d'une voie de chemin de fer. Les deux guerres du siècle suivant l'affaibliront, à cause notamment des fameux V1, tirés en 1943 par l'armée allemande, dont la précision était très relative. La personnalité ayant marqué la ville est le peintre Jacques-Emile Blanche : ses œuvres léguées à la commune sont aujourd'hui visibles dans le musée qui porte son nom.

CIRCUIT DU PATRIMOINE

Rue Jacques-Emile Blanche
✆ 02 35 85 40 42
www.offranville.fr
Accès libre. Dépliants disponibles à la mairie, à la halte-verte et à la maison du parc-terrasse gourmande.

À pied ou à vélo, ce circuit vous fera connaître la riche histoire de cette commune, le long d'une promenade de 12 km. Partez de la halte-verte, cette ancienne gare de 1898 restaurée en 2007, située en bordure de l'Avenue verte, au croisement de la rue Jacques-Émile Blanche. De là, vous découvrirez la Villa Marie, le petit colombier, l'église Saint-Ouen, le calvaire, la borne de l'aire de garnison. Là, par le chemin sur votre gauche, gagnez le parc où se trouve la plus ancienne maison de la ville. Finissez par la Maison du parc et le musée Jacques-Émile Blanche.

PARC DE LOISIRS DU COLOMBIER

Rue Louis-Loucheur
✆ 02 35 85 40 42
www.offranville.fr
Ouvert toute l'année. Parc floral William Farcy + musée Jacques-Emile Blanche : 6 €.

Ce parc est un concentré de petits plaisirs : chevaux, fleurs, vélo... Ici, les amateurs d'équitation seront comblés : leçon particulière ou stage de cinq jours. Les autres loueront des vélos, déambuleront dans le parc, humeront les collections florales du jardin, ou iront voir les œuvres de Jacques-Émile Blanche dans son musée, avant de finir la journée par un verre à la Terrasse du Parc, un charmant salon de thé installé dans une ancienne « charretterie » du XVIIIe siècle.

LE COLOMBIER €€€

Rue Loucheur ✆ 02 35 85 48 50
www.lecolombieroffranville.fr
Lundi et du jeudi au samedi : midi et soir ; dimanche : midi. Réservation impérative. Menus de 28 € à 85 €.

Avec son étoile, ce restaurant gastronomique offre un cadre campagnard grâce à sa maison typiquement normande du XVIe siècle - la plus ancienne de la commune -, et sa grande cheminée. L'établissement propose une carte qui vous ravira par sa délicatesse et son inventivité, avec son foie gras poêlé et sa sauce acidulée, son ris de veau en cocotte aux morilles crémeuses, son paleron de veau ou ses saint-Jacques marinées. Pour finir, optez pour un confit de pomme façon tatin ou un « tube chocolait », ganache citron vert, glace fromage blanc... Très belle adresse !

SEINE-MARITIME

Ruines du Château d'Arques-la-Bataille.

PETIT-CAUX

Entre Dieppe et Le Tréport, tout près des fameuses falaises du Talou, Petit-Caux est une nouvelle commune née en 2016 de la fusion des dix-huit petites villes ou villages du territoire littoral du pays de Caux. Un territoire dont l'histoire récente est directement liée à la Seconde Guerre mondiale et l'opération Jubilee du 19 août 1942, et dont un monument rappel l'échec et les pertes humaines. Mais la ville est aussi liée au développement de l'énergie nucléaire, puisqu'elle accueille la centrale de Penly. Entre bord de mer et paysages bucoliques - empruntez le chemin vert -, Petit-Caux a à offrir quelques jolis recoins loin des foules.

LUDI'BULLE

Rue de l'Ancienne-Foire
✆ 02 35 85 84 84
www.vert-marine.info/ludibulle/
De 9h à 20h. Horaires différents selon activités. Piscine, patinoire, fitness, spa.

À une dizaine de kilomètres de Dieppe, Au cœur du pays de Caux, le centre aquatique Ludi'Bulle accueille les amateurs de sport et de bien-être. Que vous vouliez apprendre à nager, entretenir votre forme, vous détendre en famille, profiter d'une pause pour faire un sauna ou un hammam ou encore découvrir les joies de la glisse à la patinoire, le lieu réunit à lui seul un grand choix d'activités. Un bel équipement sur la côte de Seine-Maritime qui permet à tous de s'amuser ou de pratiquer des sports plus endurants comme le fitness, le biking ou l'aquagym.

VISITE DU SITE EDF

Route de la centrale
✆ 02 35 40 60 00
Entrée libre. Visite guidée et de la salle des machines sur inscription via Visiteredf.fr.

Visiter une centrale nucléaire, cela peut paraître un peu étrange au premier abord. Pourtant, depuis toujours, EDF ouvre ses sites de production d'énergie aux visiteurs dans un objectif pédagogique. Et la centrale nucléaire de Penly ne fait pas exception... Entrez dans les coulisses de la production d'électricité, découvrez le fonctionnement d'une centrale nucléaire, approchez la salle des machines et assistez à une conférence... Tout cela gratuitement. Une immersion fascinante dans un univers encore très méconnu du grand public !

CRIEL-SUR-MER

Situé sur la côté, à l'embouchure du petit fleuve appelé l'Yères, Criel-sur-Mer vaut le détour notamment pour sa sympathique petite plage – tout comme comme celle, voisine, de Mesnil-Val –, loin des grands rassemblements touristiques estivaux, mais aussi pour son atmosphère Belle Epoque restituée par de jolies villas surplombant la mer. Son patrimoine est aussi riche d'un manoir, ancien relais de chasse où passa la Grande Mademoiselle, et du château de Chantereine, qui vous accueillera pour un séjour. Cette ancienne cité de pêcheurs est aujourd'hui une station balnéaire familiale et paisible, où la nature très présente offre une belle parenthèse.

CAMPING LES GOÉLANDS €€

11, rue des Grèbes ✆ 02 35 83 82 90
www.camping-les-goelands.fr
Basse saison : 240 à 300 €/semaine. Haute saison : 300 à 360 €/semaine. Mobil-home résidentiel : 2280 €/an.

C'est dans le charmant village de Saint-Martin-en-Campagne que le camping des Goélands s'est installé, à 500 mètres de la plage ! Grâce à sa rampe d'accès, c'est l'endroit idéal pour la pêche à pied ou la mise à l'eau de votre embarcation. Entre emplacements de tente pour une nuit ou mobil-home à l'année, vous aurez du choix. Les animations sont nombreuses, surtout en été : concours de pétanque, tournois sportifs, ateliers de cuisine, concerts en direct, soirées karaoké... Sans compter les innombrables possibilités de promenades dans la nature tout autour.

CHÂTEAU DE CHANTEREINE €

Rue de Chantereine
✆ 02 35 50 18 46
www.chateaudechantereine.fr
Chambre double à partir de 53 € ; dortoir à partir de 25 €. Petit déjeuner : 6,25 €. Déjeuner : 13,60 €.

Cité dès le XVe siècle, ce château en pierres et en briques fut transformé par la marquise de Reynel en 1776 qui y fit construire la chapelle. Le lieu fut successivement école militaire et colonie de vacances. Aujourd'hui c'est toujours un centre d'hébergement, idéal pour les réceptions, mais surtout intéressant, car il permet des nuitées à petits prix dans des dortoirs tout autant que des nuits tranquilles dans des chambres doubles très confortables dans la partie hôtel, qui propose aussi des chambres familiales. Le tout dans un parc boisé. Bonne adresse donc.

MUSÉE D'HISTOIRE DE LA VIE QUOTIDIENNE ★

3, rue de l'Ancienne-Foire ✆ 02 35 86 31 61
www.mhvq.com
Ouvert du mardi au dimanche de 14h à 18h. Adulte : 5 €. Tarif réduit : 2,50 €. Entrée + animation : 6 €. Visite guidée.

Ce musée vous plongera dans la vie quotidienne de la fin du XIXe au XXe siècle et les évolutions qui ont bouleversé ces décennies durablement. Dans trois bâtiments (dont la maison Mercier qui date de la fin du XVe siècle et un petit manoir à colombages normand), vous découvrirez l'artisanat, l'industrie, l'agriculture, le commerce et les services, la vie sociale et culturelle, à travers des objets et des écrans interactifs. Chaque année une exposition thématique est proposée.

LE TRÉPORT ★

Petit port de pêche et de commerce aux portes de la Picardie, Le Tréport est aussi une station balnéaire classée depuis 1960, qui offre à ses habitants et aux touristes des animations toute l'année. Très appréciée des Parisiens, qui viennent pratiquement en voisins - Le Tréport est la ville côtière la plus proche de la capitale -, la cité a vu ses premières villas de front de mer apparaître dès le milieu du XIXe siècle. Malheureusement, de cette Belle Époque il ne reste plus grand-chose. Les falaises, elles, sont demeurées là et quand vient le soir, elles s'illuminent pour offrir un spectacle grandiose. Le funiculaire et sa plage sont ses deux atouts.

SEINE-MARITIME

© FRANCK GODARD

Le Tréport, avec ses charmantes maisons à flanc de falaise

MUSÉE DU VIEUX TRÉPORT

1, rue de l'Anguainerie
✆ 02 35 86 13 36
Des vacances de Pâques à fin septembre : WE et jours fériés de 10h à 12h et de 15h à 18h. Adulte : 3 €. Enfant : 1,50 €.

Ce petit musée s'est installé dans l'ancienne prison et l'ancienne mairie du Tréport. À proximité d'une porte voûtée de 1563, le lieu présente sur cinq niveaux d'exposition l'histoire de la ville. Vous y découvrirez la naissance des stations balnéaires aux XIXe et XXe siècles, des maquettes de bateaux, des costumes traditionnels et ustensiles de pêche, le ramassage du galet, la charpenterie de marine, mais aussi les naufrages et les sauvetages en mer. A travers objets, photos et peintures, c'est toute la vie maritime du Tréport qui se dévoile ici.

QUARTIER DES CORDIERS

Rue Saint-Julien
Accès libre.

Les cordiers, ce sont les marins qui pêchaient sans filet, juste avec une corde et des hameçons. Et ce quartier, entre mer et falaises, prit forme à partir du XVIIIe siècle. Il est constitué de ruelles étroites, de petites maisons à étages décorées de balcons en fer forgé et de bow-windows. Un dépliant est disponible à l'office de tourisme pour retrouver la vingtaine de motifs marins qui ornent ces maisons typiques. Le site a perdu un peu de son charme après la dernière guerre : une partie fut rasée pour la construction du mur de l'Atlantique par le IIIe Reich.

OFFICE DE TOURISME

Quai Sadi-Carnot
✆ 02 35 86 05 69
www.destination-letreport-mers.fr
Lundi à samedi : 10h-12h et 14h-17h. Fermé le jeudi de janvier à mars. Ouvert le dimanche d'avril à la Toussaint.

Passage incontournable pour découvrir les trésors du Tréport, sa vie et son histoire, cet office de tourisme propose toutes les informations essentielles : nature, patrimoine, nautisme… Adressez-vous au personnel pour en apprendre plus sur les événements organisés tout au long de l'année ou sur les visites guidées du domaine portuaire et de la ville. Vous y trouverez également tous les dépliants où puiser l'inspiration et faire le plein de culture et de grand air, mais aussi pour vous loger et déguster les spécialités du coin.

LE DAMALI €€

6, rue du Duc-de-Penthièvre
✆ 02 35 04 57 94
Du jeudi au lundi le midi et le soir. Réservation recommandée. Chèques non acceptés. Chèque Vacances, Chèque Restaurant.

Depuis que Damien a ouvert son restaurant dans le quartier des Cordiers, tout près du port, le Damali ne désemplit pas. De la salle ouverte sur la cuisine, vous assisterez à la préparation des produits en direct. La spécialité de l'établissement : les produits du terroir revisités en burgers, que Damien présente chaque année au concours du meilleur burger de France. Les suggestions sont désormais à l'ardoise, avec les mêmes fondamentaux : des produits locaux. Et tout ici est fait maison, jusqu'aux buns ! Une excellente adresse au Tréport.

INTERVIEW

LE DAMALI

GOÛTEZ À L'UN DES MEILLEURS BURGERS DE FRANCE !

Depuis qu'il a ouvert ses portes à deux pas du port du Tréport, Le Damali est parvenu à se faire une belle réputation. On peut d'ailleurs y déguster parmi les meilleurs burgers de France, des classiques de la cuisine française revisités entre deux petits pains ! Rencontre avec Damien Leconte, le chef cuisinier…

Pourquoi votre restaurant rencontre-t-il un tel succès ?

Je pense que la raison principale se situe dans la fraîcheur et la qualité des produits que j'utilise. Au Damali, on mange des plats 100 % maison, jusqu'aux pains ! La cuisine du restaurant est par ailleurs ouverte sur la salle, on peut donc voir les cuisiniers à l'œuvre.

Est-ce que la carte change régulièrement ?

Comme j'utilise principalement des produits locaux, la carte change tous les trois mois, au gré des saisons.

Est-ce qu'il y a une spécialité à goûter absolument ?

Le Damali est avant tout un restaurant de burgers. Ils constituent 80 % de ma cuisine. En plus de faire mon propre pain, je suis sans cesse à la recherche de nouvelles saveurs et de nouvelles idées de recettes. Je m'amuse à décliner des plats français traditionnels sous forme de burgers et, comme nous sommes installés en bord de mer, vous trouverez régulièrement à la carte des burgers aux Saint-Jacques ou à l'aile de raie par exemple.

Il paraît que vous participez chaque année au concours du meilleur burger de France…

Oui, ça fait deux ans que je participe, et j'ai d'ailleurs été retenu parmi les 100 meilleurs burgers de France. Cette année, j'ai repris la traditionnelle blanquette de veau sous forme de burger. Et en 2019, j'ai obtenu le titre du meilleur burger normand !

LE DAMALI

6, rue du Duc de Penthièvre - Le Tréport

✆ 02 35 04 57 94

Du jeudi au mardi de 12h à 14h30 et de 19h à 20h30.

© LE DAMALI

© LE DAMALI

© LE DAMALI

LE HOMARD BLEU €€

45, quai François-Ier ✆ 02 35 86 15 89

www.le-homard-bleu.com

Tous les jours midi et soir. Réservation recommandée. Menus de 19,90 € à 29,90 € (trois plats).

© LE HOMARD BLEU

Ce restaurant est une institution au Tréport. Le chef, Eric Bagnost, apporte tout son savoir-faire pour réinventer une cuisine de tradition à base de produits du terroir. Sur les ardoises, les poissons affichés ont été pêchés le matin même et préparés avec maestria pour satisfaire les gourmets. Quant aux fruits de mer, la spécialité du chef (le homard bleu) vous comblera forcément... N'hésitez pas à réserver, car les tables du premier étage avec vue sur la mer et la falaise sont très prisées... Même sans la vue, les assiettes sont toujours époustouflantes !

COMPTOIRS DE L'OCEAN €€

46, quai François 1er ✆ 02 35 86 24 92

Ouvert tous les jours de 11h à 14h30 ; du jeudi au mardi de 18h à 22h30. Menus de 19,70 € à 65 €.

Si l'envie vous prend de déguster de savoureux fruits de mer fraîchement pêchés lors de votre découverte du Tréport, c'est ici, aux Comptoirs de l'Océan, que vous trouverez votre bonheur. Situé sur le port, ce restaurant est une adresse incontournable pour les amateurs de produits de la mer. Parmi les spécialités proposées au menu, vous trouverez des incontournables comme le plateau de fruits de mer, les moules frites ou les assiettes d'huîtres fraîches. Et pour plaire au plus grand nombre, le restaurant propose aussi des plats de viande et un menu végétarien.

LE FUNICULAIRE

Rue de l'Amiral-Courbet

✆ 02 35 50 55 20

destination-letreport-mers.fr

Lundi au vendredi : 7h45-20h45. Samedi : 7h45-00h45. Dimanche : 7h45-23h. Mi-juin à mi-septembre : 7h45-0h45. Gratuit.

C'est une expérience unique que propose le funiculaire du Tréport : un superbe voyage à travers la falaise qui domine la station balnéaire, à partir du quartier des Cordiers. En haut, vous découvrirez la vue incroyable sur la mer et l'horizon. Ouvert en 1908, le tunnel permettait aux touristes du Grand Hôtel Trianon de gagner la plage facilement. Remis en service en 2006, il a été équipé de 4 nouvelles cabines qui fonctionnent sur le principe de l'ascenseur incliné. La traversée dure 1 minute et 55 secondes, assez pour se prendre pour Jules Verne. Incontournable !

RÉSIDENCE VOILES ET TERRASSES €€

11, quai Sadi-Carnot

✆ 06 07 09 81 44

www.voilesetterrassesletreport.com

De 400 € à 805 € la semaine selon saison. Nuit de 70 à 80 €. Week-end de 85 à 125 €. Wifi gratuit.

Cette résidence se compose d'un agréable studio de 25 m², d'une chambre située face au port et d'un appartement équipé d'une terrasse de 15 m². Ces trois hébergements proposés à la location sont dans un immeuble charmant et disposent de tout le confort. Vous y trouverez une petite cuisine entièrement équipée et une salle d'eau. La résidence est par ailleurs idéalement située à 30 mètres d'une boulangerie et tout près d'un parking gratuit. Le must pour visiter le Tréport à pied !

L'ÉTOILE FILANTE - BATEAU DE PROMENADE

Quai François-Ier ✆ 06 38 69 03 67

www.etoilefilante76.fr/

Départs toutes les 30 min pour les petites croisières. Adulte : 11,50 €. Enfant (3-12 ans) : 9 €.

À bord de cette Étoile vous observez la côte et ses falaises de craie, admirez les villas Belle Époque et respirez l'air marin. Et si vous avez de la chance, vous pourrez même apercevoir les phoques de la baie de Somme qui s'ébrouent dans les eaux bleues ! Il est également possible de vivre une belle expérience marine en partant pêcher au large durant 6h de navigation sportive. Un après-midi à bord de l'un des deux bateaux de l'Étoile filante est assurément un moment exceptionnel.

EU ★

Si le comté d'Eu a été créé au Xe siècle, les premières traces d'occupation du territoire remontent à l'époque gallo-romaine. Forte de cette son histoire, Eu la bourgeoise offre un patrimoine exceptionnel la plaçant juste après Rouen et Le Havre dans la diversité et la richesse de ses monuments, de ses activités et de ses animations. Dynamique, enthousiaste, toute proche du Tréport et de ses marins, Eu mérite que l'on s'y attarde, ne serait-ce que pour admirer son magnifique château Renaissance, aménagé en son temps par Louis-Philippe, et flâner dans ses ruelles. Côté campagne, découvrez le chemin de l'ancienne voie de chemin de fer Eu-Dieppe.

MUSÉE DES TRADITIONS VERRIÈRES

Ruelle Sémichon ✆ 02 35 86 21 91
www.traditions-verrieres.com
14h-17h30. Avril à novembre : mar, mer, WE et jf. Visites guidées : 14h30, 15h30, 16h30. Démonstration. Adulte : 5 €.

Le lieu retrace l'histoire du verre depuis ses origines en Egypte il y a 6 000 ans. L'accent est mis sur la mécanisation à travers des démonstrations de machines et un exposé sur l'évolution industrielle de la fabrication des objets, avec une salle consacrée à la production de flacons de parfum, depuis la création de la fragrance jusqu'à leur mise en flacon. Plusieurs vidéos permettent également la compréhension de cet artisanat unique et qui fit la richesse de la région.

CHÂTEAU D'EU - MUSÉE LOUIS-PHILIPPE ★

Place Isabelle-d'Orléans ✆ 02 27 28 20 76
www.chateau-eu.fr
Réouverture le 15 mars 2021 : 10h-12h et 14h-17h30. Gratuit jusqu'à 6 ans. Adulte : 5 €. Visite guidée sur réservation.

C'est un incontournable de la ville, pour sa portée historique, la richesse de ses décors et de son architecture. Edifié à partir du XVIe siècle par le duc de Guise, agrandi en 1665 par Anne-Marie-Louise d'Orléans qui créa le jardin, il est aménagé en 1821 par Louis-Philippe d'Orléans. En 1974, s'ouvre le musée avec des collections relatant son histoire : tableaux, tapisseries, meubles et objets d'art. Dans les jardins trône un hêtre planté par Catherine de Clèves et Henri de Guise.

MAYRENA HOTEL €€

20, avenue de la Gare
✆ 02 77 23 03 18
www.mayrenahotel.fr
26 chambres. De 80 € à 120 €. Wifi. Restauration en semaine soirée étape. Parking. Bar : mardi à samedi de 17h à 23h.

Idéalement situé entre la Normandie et la Baie de Somme, à un petit quart d'heure de la plage, ce très bel hôtel a su intégrer à son bâtiment de brique typique du début du XXe siècle une belle déco moderne et épurée. Les chambres sont claires et de belle facture, réalisées avec des matériaux locaux. Vous dégusterez au bar, lors du happy hour, des cocktails maison dans une ambiance chaleureuse. Pour vos excursions, n'hésitez pas à solliciter les propriétaires. Ils vous diront par exemple, où aller observer les phoques avec junior. Une belle adresse.

Le superbe château d'Eu abrite aussi le musée Louis-Philippe.

AU RAPHIA DES MERVEILLES

38, rue Paul Bignon ✆ 02 35 40 37 97

Lundi 14h-18h30, mardi-jeudi 10h-18h30, vendredi-samedi 9h30-19h, dimanche 10h-12h30.

Difficile de décrire le Raphia des Merveilles avec précision. Tout ce que l'on peut dire, c'est que si vous souhaitez acheter un cadeau original et *Made in France*, si vous aimez les produits naturels ou encore que vous cherchez de nouveaux meubles ou objets déco, c'est l'endroit où aller ! Immense, la boutique met un point d'honneur à promouvoir le savoir-faire français et/ou normand à travers des bières artisanales locales et autres objets de coutellerie fabriqués en France. En bref, l'endroit parfait pour faire plaisir ou se faire plaisir !

REST'O ZOY €€

32, Grande Rue

✆ 02 32 97 30 05

Ouvert du mardi au samedi de 11h30 à 14h30 et de 18h30 à 22h. Carte : 20 € environ. Terrasse. Vente à emporter.

Ce restaurant à la décoration moderne et élégante a fait de la cuisine française sa spécialité. Chaque midi le menu change en fonction des trouvailles du chef. Tomberez-vous sur les paupiettes grillées accompagnées de leur sauce au porto, sur le dos de merlu et son savoureux risotto ou les cuisses de canard farcies aux cèpes ? Dans tous les cas, vous vous régalerez ! Mais l'établissement propose également tout un choix de belles pizzas, de salades et de pâtes à emporter pour les gourmands qui veulent rester à la maison. Une adresse résolument futée !

LE COLLÈGE €€

9, rue du Collège

✆ 09 80 78 49 74

www.restaurant-le-college.com

Jeudi-vendredi soir. Samedi : 12h-15h et 18h30-0h. Dimanche : 12h-15h. 15/06-15/09 : mar et mer soir pour les groupes.

Bienvenue dans l'antre d'un passionné, un restaurant plein d'âme et de caractère. Le Collège est intimiste et chaleureux, avec sa belle cheminée en briques, son poêle et ses boiseries, et vous propose une cuisine résolument locale, qui met en avant les produits du terroir de Normandie et de la baie de Somme. La carte se renouvelle souvent, mais jamais au détriment de la qualité. Les plats sont réalisés au rythme des saisons, avec les trouvailles du marché et les produits de la pêche qui arrivent dans le port du Tréport au petit matin.

MUSÉE DU VERRE

Rue du Manoir

✆ 02 35 94 44 79

www.tourisme-aumale-blangy.fr

Du 1/3 au 30/10 du sam au lun : 14h-18h, du mer au ven : 10h-12h et 14h-18h. Fermé lundi de Pâques, 1/5, 14/7. Boutique.

Au cœur de la vallée de la Bresle, le musée du verre a élu domicile dans le manoir de Fontaine, une demeure du XVIe siècle. En parcourant les 400 m² d'exposition, vous découvrirez les métiers des verreries qui ont fait la richesse du territoire. On vous conseille tout particulièrement la visite guidée, qui permet de profiter des lumières de passionnés d'histoire locale, et de découvrir les techniques de fabrication du verre. La cuisson, la taille, le polissage et le lustrage n'auront plus de secrets pour vous ! Le plus ? la démonstration d'un souffleur de verre.

BLANGY-SUR-BRESLE

Située entre la Bresle et la forêt d'Eu, la commune de Blangy-sur-Bresle est répertoriée dès 1059. Depuis le XVe siècle, elle prend part à cette formidable aventure, au cœur de la Vallée de la Bresle, qu'est le développement du verre. Les souffleurs de verre s'y sont installés pour utiliser le bois de la forêt d'Eu pour leurs fours, les fougères fournissant la potasse nécessaires à la fusion du sable. A Blangy, le musée du verre restitue cette tradition dans sa dimension historique mais aussi contemporaine. Côté nature, l'arboretum planté en 2000 par l'ONF est un havre de paix. Entre artisanat, nature et culture, le site mérite une halte.

SEINE-MARITIME

INTERVIEW

AU RAPHIA DES MERVEILLES

UNE BOUTIQUE AUX MULTIPLES TRÉSORS

Imaginez un endroit où l'on trouve aussi bien des meubles que de la vaisselle de qualité, de la coutellerie, des senteurs et des cosmétiques *Made in France*, de la bière locale, du chocolat, et beaucoup d'autres choses encore… Cet endroit, c'est Au Raphia des Merveilles, et nous avons eu la chance de nous entretenir avec Amandine, sa gérante.

Comment définiriez-vous votre boutique ?

Le concept du magasin, c'est justement qu'il ne peut pas être défini. Pour certains c'est un magasin de déco, pour d'autres une épicerie fine, et pour d'autres encore c'est une savonnerie. En réalité, Au Raphia des Merveilles est un *concept-store* où le fil directeur, c'est avant tout de proposer des produits de qualité.

Vous proposez beaucoup de Made in France, où est-ce que vous vous fournissez ?

En effet, j'essaie au maximum de promouvoir le savoir-faire français et de privilégier les circuits courts. Dès que cela est possible, je travaille avec les artisans du coin. C'est notamment le cas avec les bières qui proviennent de Normandie et de Picardie et avec la plupart des produits d'épicerie fine que je propose. Trouver des fournisseurs demande énormément de temps, c'est un travail de longue haleine.

Organisez-vous des événements, des ateliers pour faire connaître vos produits ?

En temps normal (hors crise sanitaire), j'organise des ateliers une à deux fois par semaine. L'objectif, c'est de montrer aux gens qu'il est très facile de créer ses cosmétiques soi-même, sans avoir à s'empoisonner avec ceux vendus dans la grande distribution.

AU RAPHIA DES MERVEILLES
38, rue Paul Bignon
✆ 02 35 40 37 97

NEUFCHÂTEL-EN-BRAY ★

Détruite dans sa quasi-totalité par les bombardements de la Seconde Guerre mondiale, la bourgade de Neufchâtel-en-Bray a conservé néanmoins quelques belles maisons à pans de bois, gardant leur place au milieu des immeubles de l'après-guerre. Ce n'est pas pour son architecture qu'on vient la découvrir, mais plutôt pour son petit musée, son environnement naturel et, surtout, pour son fameux « cœur de Neufchâtel ». Ce célèbre fromage qui naquit ici, au cœur du Pays de Bray, est sans conteste la plus grande fierté de la ville. Aujourd'hui labellisé, il demeure un puissant symbole du patrimoine culturel et historique de Neufchâtel-en-Bray.

OFFICE DE TOURISME BRAY-EAWY

6, place Notre-Dame ✆ 02 35 93 22 96
www.tourisme.brayeawy.fr
BS mar et ven : 14h-17h, samedi : 10h-12h30 et 13h30-17h. HS mar au sam : 9h30-12h30 et 13h30-18h, dim/jf : 10h-13h.

Cet office de tourisme rendra plus pratique votre séjour dans la capitale du pays de Bray, pour découvrir les manifestations culturelles, les restaurants, les hébergements, les randonnées, les visites ou les nombreuses activités proposés dans les environs. Faites un détour par ce lieu d'information pour profiter des précieux conseils des agents qui, passionnés par la région, accueillent les visiteurs avec le sourire et n'hésitent pas à les conseiller en fonction de leurs envies.

MUSÉE MATHON-DURAND ★

53, Grande-Rue-Saint-Pierre
✆ 02 35 93 06 55
15 juin-15 septembre : tlj (sf lundi) de 14h à 18h. 1er avril-31 octobre : WE de 14h à 18h. Adulte : 4 €. Enfant : 2 €.

Dans le centre-ville, à deux pas de l'Avenue Verte, la plus ancienne maison bourgeoise de la ville a été transformée en musée des Arts et Traditions Populaires. Labellisé Musée de France, l'établissement vous propose de parcourir plusieurs siècles de l'histoire du Pays de Bray, de la préhistoire au XXe siècle. Le RDC et le 1er étage sont dédiés aux arts décoratifs, sacrés et militaires. Le 2e propose une expérience plus interactive avec des maquettes, robots et jeux de lumière. La cave, comme il se doit, raconte l'histoire du fameux fromage Neufchâtel.

CAMPING SAINTE-CLAIRE €€

19, rue La Grande Flandre
✆ 02 35 93 03 93
Du 1er avril au 15 octobre 2021. Résa recommandée. Arrivée : 13h. Forfait tente 1 nuit/2 personnes/1 voiture : 14 €.

À deux pas du centre-ville, de la voie verte Paris-Londres et des supermarchés, ce camping est une petite perle pour les voyageurs souhaitant faire une halte dans la région de Neufchâtel. Installé dans une ancienne ferme et bordé par une rivière, cet établissement très propre, à l'équipe accueillante, offre toutes les commodités et le confort pour une bonne nuit. Il est doté d'une brasserie proposant une cuisine traditionnelle, ainsi que d'une petite épicerie. Sur les 100 emplacements, 22 accueillent les camping-cars. Les plus ? Tri sélectif et w.c. chimiques.

Musée des arts et traditions populaires Mathon-Durand.

CÔME INN €€

9, grande Rue-Fausse-Porte ✆ 02 35 93 00 02
www.comeinn.fr

Ch. simple à partir de 65 €, double à partir de 68 €, triple à partir de 82 €. Petit déjeuner : 9,50 €. Restaurant.

Le Côme Inn porte à merveille son nom accueillant et pourrait bien devenir une véritable institution à Neufchâtel-en-Bray. Depuis ses importants travaux de rénovation, l'hôtel-restaurant attire aussi bien les gens de passage que les habitants qui viennent y déguster une cuisine de qualité, réalisée à partir de produits frais et locaux et faits maison. Les chambres sont spacieuses et lumineuses, toutes équipées d'une salle d'eau privative, d'un bureau et d'une télévision à écran plat. Un bar lounge chaleureux aux influences british vous accueillera pour un verre.

LE CATANZARO €€

10, place du 8-Mai
✆ 02 35 93 78 98
www.restaurantcatanzaro.fr

Mardi à dimanche midi et soir. Menu : 12,50 €. Burgers : 10,50 € à 16 €. Pizza : 9,90 € à 13,90 €. Terrasse. À emporter.

Situé dans le centre-ville, le Catanzaro s'est spécialisé dans la gastronomie italienne avec tout un choix de plats à la mode méditerranéenne comprenant du poisson, de la viande, des pâtes, des pizzas, des burgers maison et des salades. Dans une ambiance résolument relax, laissez-vous guider par les bons conseils des serveurs. Les pizzas sont généreuses, les plats respirent le savoir-faire et l'expérience, et les desserts sont frais et gourmands (ne manquez pas le savoureux tiramisu fait maison)... En bref, de la vraie cuisine italienne comme on l'aime !

BOWLING DU PAYS DE BRAY

6, rue Sainte-Radegonde ✆ 02 32 97 19 94

Ouvert du dimanche au jeudi de 14h à 0h ; vendredi et samedi de 14h à 2h. Restaurant midi et soir. Entrée : 7 €.

Rien de tel qu'un bowling si la pluie décide d'accompagner votre week-end en Normandie ! Installé depuis 2016 dans un vaste espace de 1 200 m² dans la zone de la Béthune, le Bowling du Pays de Bray vous propose une dizaine de pistes où vous pourrez vous défouler au lancer de boule. Après l'effort, le restaurant (burgers, tartines chaudes) et le bar vous offriront un moment de détente autour d'un verre. Vous pourrez aussi jouer au billard, au baby-foot ou au flipper. Tout a été pensé pour s'y amuser et passer un bon moment en famille ou entre amis.

SAINT-SAËNS

Saint-Saëns est le genre d'endroit où il fait bon flâner au fil des rues et sur les bords de la Varenne. La commune tiendrait son nom d'un moine irlandais, Saen, que l'on peut traduire par « Jean ». C'est lui qui, en l'an 675, fonda un monastère sur les rives de la Varenne, en lisière de la forêt d'Eawy. Peu à peu, ce dernier attira la population qui finit par constituer le bourg. Aujourd'hui, c'est un village coquet avec ses maisons en briques et sa place centrale, et dont la spécialité est le « chou de Saint-Saëns », une variété ancienne qui peut peser jusqu'à 20 kg. La commune dispose d'un golf réputé, créé autour du château du Vaudichon.

FORÊT D'EAWY ★★

D12
✆ 02 32 14 40 20

Circuits et plans à se procurer à OT du Pays Neufchâtelois, à la Mairie de Mesnières-en-Bray ou à l'OT de Saint-Saëns.

La forêt d'Eawy (prononcez E-a-vi) a un nom d'origine germanique qui signifie « prairie humide ». Elle a l'une des plus belles hêtraies de France qui s'étale sur 7 200 m². On y découvre aussi 34 espèces d'arbres classés, et des espèces végétales rares comme les orchidées sauvages. Côté faune, de nombreux oiseaux, sangliers et cervidés y vivent. De Saint-Saëns, on y accède en empruntant la D12 en direction des Ventes-Saint-Rémy, puis de Maucomble jusqu'au parking situé à l'entrée du chemin de Carcahoux. L'ONF y organise des visites groupées.

SITE DE V1 DU VAL YGOT

Chemin du Val-Ygot
ARDOUVAL
✆ 06 84 29 67 05

Accès libre. Visite guidée.

À l'été 1943, l'Allemagne nazie décide de mettre en service des armes secrètement élaborées, les V1 et V2 : 400 rampes de lancement de V1 sont installées de Dunkerque à Cherbourg, à une trentaine de kilomètres des côtes. Le but ? Détruire Londres. En Seine-Maritime, parmi les 117 positions identifiées, le site du Val Ygot est à la lisière de la forêt d'Eawy. Fin 1943, alors qu'elle est presque terminée, les bombes alliées stoppent les travaux et la rampe est abandonnée. Au printemps 1944, 9 autres rampes V2 y furent montées, et furent très actives...

LE DOMAINE DE L'ABBAYE €€

70, L'Abbaye
✆ 06 27 64 03 70

Ouvert toute l'année. 5 chambres. Chambre simple : 60 € à 75 € ; chambre triple : 60 € à 115 €. Lit bébé gratuit. Spa.

Situé tout près de la grande forêt d'Eawy, le Domaine de l'Abbaye est une option intéressante pour s'offrir un séjour en toute tranquillité et en pleine nature. Ses cinq chambres sont accueillantes, spacieuses et confortables. La décoration est traditionnelle, avec de hautes fenêtres, des cheminées et de beaux parquets cirés. Certaines sont plus actuelles, avec du mobilier contemporain. Il y en a donc pour tous les goûts ! Profitez du salon bibliothèque, de la piscine couverte, du spa avec sauna et bain à remous, du billard ou du baby-foot, et surtout du parc !

L'ENTRE POTES €€

Golf Hôtel de Saint-Saens
✆ 02 35 34 27 35 -
www.golf-de-saint-saens.com

Basse saison jeudi-dimanche midi et soir. Haute saison tlj midi et soir. Menu : 14,50 €.

Ce restaurant aménagé dans le manoir du Vaudichon n'est pas réservé qu'aux golfeurs ! Situé face à la magnifique forêt d'Eawy, en plein cœur du domaine du golf de Saint-Saëns, il dispose d'un coin bar où l'on viendra justement se retrouver entre potes, et prendre l'apéritif dans une ambiance familiale. Vous y savourerez ensuite une très bonne cuisine traditionnelle : rillettes de raie aux herbes fraîches, rumsteak et sa sauce aux girolles, cabillaud sauce beurre blanc ou encore flammekueche... Sans oublier le service des plus efficace et le cadre des plus élégant.

LE RELAIS NORMAND €€

21, place Maintenon
✆ 02 35 34 38 93
www.lerelaisnormand.eatbu.com

Ouvert le lundi, le mardi et du jeudi au samedi midi et soir ; le dimanche midi. Réservation recommandée. Terrasse.

Le Relais Normand, installé dans un ancien relais de poste donc, est une véritable institution à Saint-Saëns. En été, on y profite d'une jolie terrasse tandis qu'en hiver, c'est dans une salle plutôt rustique que vous serez accueilli autour du feu de cheminée, pour y déguster une gastronomie typiquement normande, réalisée à base de produits frais et de saison. Les quantités sont généreuses, les plats innovants et les cuissons parfaitement maîtrisées. Mention spéciale à la soupe de fraises au vin rouge, un vrai délice plein d'originalité !

GOLF DE SAINT-SAËNS

Château du Vaudichon
✆ 02 35 34 25 24
www.golf-de-saint-saens.com

Tous les jours de 8h à 19h. Green fees 18 trous : 45 €. Hôtel : 90 €/nuit. Restauration. Abonnement annuel : 560 €.

Le golf de Saint-Saëns domine la vallée et offre des vues somptueuses. Au cœur de la forêt d'Eawy, l'une des plus belles hêtraies de France, le parcours s'étend sur 85 hectares d'un terrain boisé, vallonné et traversé par une rivière, la Varenne. Des stages d'initiation et de perfectionnement y sont organisés. Le golf comprend un bar, un hôtel d'une vingtaine de chambres, un restaurant, une salle de billard américain et un club-house installé dans la magnifique demeure du XIXe siècle qu'est le château du Vaudichon. Idéal pour un week-end complet.

FORGES-LES-EAUX

L'histoire de Forges est étroitement liée aux trois richesses de son sous-sol. Le fer, d'abord, extrait et travaillé jusqu'au XVIe siècle. Les eaux ferrugineuses thérapeutiques ensuite, découvertes en 1573 et rendues célèbres par la venue de Louis XIII, d'Anne d'Autriche et de Richelieu en 1633. Forges-en Bray change alors de nom pour Forges-les-Eaux. Enfin, les argiles blanches et rouges qui poussèrent l'Anglais George Wood à s'y installer en 1797 pour y fonder la première faïencerie. Aujourd'hui, Forges-les-Eaux est une petite ville appréciée de ses 3 500 Forgions. Le tourisme haut de gamme y est présent avec un large choix touristique.

COLLECTION DE FAÏENCES ★

Hôtel-de-Ville
✆ 02 35 90 52 10
fr.forgesleseaux-tourisme.com

Du mardi au vendredi sur rendez-vous. Adulte : 2,50 €. Enfant (jusqu'à 10 ans) : 1 €. Groupe (10 personnes) : 2 €.

C'est dans l'Hôtel de Ville de Forges-les-Eaux que sont exposées 250 pièces de faïence réalisées de la fin du XVIIe au XIXe siècle. La découverte de cette exposition permet de comprendre cette tradition locale qui remonte à l'époque romaine grâce à la présence abondante d'argile dans le sous-sol de la commune. En 1797, l'Anglais Georges Wood développe l'utilisation de cette argile en fondant la première faïencerie ici, à Forges. La faïence de Forges est aussi réputée pour ses décors naïfs (maisons, fleurs, poissons, oiseaux...).

SEINE-MARITIME

MUSÉE DE LA RÉSISTANCE ET DE LA DÉPORTATION

9, rue du Maréchal-Leclerc
✆ 02 35 90 64 07
www.normandyresistancemuseum.com
Tous les jours : 14h à 18h. Fermé dim et lun d'octobre à mars. Fermé lun et mar d'avril à septembre. Adulte : 5 €.

Situé dans le centre-ville, ce musée retrace la période de la Seconde Guerre mondiale à travers de nombreux objets et documents. On peut ainsi découvrir des armes et des tenues d'époque, des postes à galène, du matériel de sabotage, des affiches, des tracts et des cartes, mais aussi des objets personnels des déportés, pour la plupart issus de collections privées. Le musée dispose également d'une salle de projection où l'on visionne des films d'époque.

MUSÉE DES MAQUETTES HIPPOMOBILES

Hôtel de Ville ✆ 02 35 90 78 71
fr.forgesleseaux-tourisme.com
1er mai-30 sept : ven et sam de 14h à 17h ; dim et jf de 14h30 à 18h. Et sur RDV. Adulte : 3 €. Visite guidée.

Installé à l'arrière de l'hôtel de ville, dans le parc Montdory, ce musée vous fera découvrir toute une collection de maquettes hippomobiles, des véhicules tractés par des chevaux qui servaient autrefois au transport de personnes et de marchandises. Ce sont plus de cent maquettes qui sont exposées ici, illustrant à la perfection l'évolution des moyens de transport au début des années 1900. Des poupées anciennes sont également exposées dans une salle complémentaire. Nostalgie…

OFFICE DE TOURISME

Rue Albert-Bochet
✆ 02 35 90 52 10
fr.forgesleseaux-tourisme.com
Ouvert du lundi au samedi de 9h30 à 12h30 et de 14h à 18h ; le dimanche de 9h à 13h.

Situé dans un ancien relais de poste du XIXe siècle, l'office de tourisme de Forges-les-Eaux est une mine d'or pour obtenir de précieux renseignements sur la ville et sur sa région. Le personnel se fera un plaisir de vous indiquer les hébergements, les restaurants et les transports disponibles, et vous conseillera des activités selon vos goûts, les visites incontournables et les sites des environs. L'équipe organise des visites guidées et des randonnées, n'hésitez pas à demander ! Au moment de Noël, renseignez-vous sur le marché et les festivités.

FORGES HOTEL €€

Avenue des Sources
✆ 02 32 89 50 57
www.forgeshotel.com
Chambre double : 109 €. Petit déjeuner inclus. Parking fermé. Formules (bien-être, golf, gourmandes) : de 88 € à 254 €.

Cet établissement vous accueille dans un standing difficilement égalable. Arborant une architecture résolument design, c'est l'endroit rêvé pour s'échapper quelques jours au cœur de la Normandie. Vous y profiterez de chambres lumineuses et spacieuses et d'espaces communs particulièrement bien pensés : une bibliothèque bien fournie, un bar spécialisé dans la création de cocktails originaux, un spa avec hammam et piscine, et bien sûr, Forges Beach et sa jolie plage de sable doré. Profitez du golf à proximité. Une hôtellerie mêlant avec brio luxe et tradition !

AUBERGE DU BEAU LIEU €€

2, route de Montadet
✆ 02 35 90 50 36
www.aubergedubeaulieu.com
Lundi et du jeudi au samedi midi et soir ; dimanche midi. Réservation recommandée. Formule du midi : 15,80 €.

Accueilli par un artisan-cuisinier de talent, David Delalandre, laissez-vous entraîner dans un monde de saveurs uniques et de raffinement. De fait, le chef a cuisiné à l'hôtel Matignon et dans de prestigieux établissements de Deauville. Ici, tout est fait maison : tarte fine à l'andouille et pommes boskoops, filet mignon de porc et coppa cuits à basse température, croustade aux pommes caramélisées et glace vanille… Dans la belle salle aux poutres apparentes, où trône une cheminée majestueuse, tout est impeccable pour un grand moment gastronomique.

LE GRAND CASINO

Avenue des Sources ✆ 02 32 89 50 40
domaine-de-forges.partouche.com
Toute l'année. Du lundi au jeudi : 11h-3h, vendredi : 11h-4h, samedi : 10h-4h, dimanche : 10h-3h. Parking. Restauration.

Avec son architecture surannée, c'est tout un monde qui s'ouvre avec ce casino fastueux, typique des villes thermales d'autrefois. Vous y trouverez tous les jeux : machines à sous, roulette, tables de black-jack et de poker. Ceux qui ne jouent pas pourront profiter de toutes les autres joies du Grand Casino, notamment celles de la restauration (au Bistro et au restaurant L'escalier). Enfin, le bar Chatam Club, qui est aussi une salle de spectacle et de concerts, est un endroit agréable pour prendre un cocktail en assistant au spectacle ou à l'exposition du moment.

GOURNAY-EN-BRAY ★

Son nom vient de deux mots celtiques : *gord* qui signifie « amas d'eau » et *nawd* qui signifie « demeure ». Frontière du territoire de Rollon, la ville fut fortifiée au XIe siècle et confiée à son compagnon, Eudes. Aujourd'hui, la ville fait partie de la communauté de communes des Quatre rivières et offre différentes activités : parcours de santé, piscine, médiathèque. Le dépliant « Au fil des pas » vous guidera pour un parcours d'environ une heure et demie au fil du patrimoine : maisons normandes, collégiale Sainte-Hildevert, campanile. Pour tout savoir sur les animations, téléchargez l'application Gournay-en-Bray sur votre téléphone portable.

LE REPAIRE D'ASGEÏR €€

20, rue Principale - **DOUDEAUVILLE**
© 06 86 83 45 50
www.le-repaire-d-asgeir.com
Réservation de nombreux mois à l'avance !
A partir de 285 € la nuit pour 5 personnes.

Incroyable et unique ! Vous voulez vous plonger dans l'univers viking, le vrai, le temps d'une nuit ? C'est possible à la maison viking du Repaire d'Asgeïr, en location pour la nuitée ou le week-end. Vous allez profiter d'une immersion authentique pour vivre à la manière des Vikings, les féroces Northmen en tout confort et quiétude. Ce repère offre une fidèle reconstitution intérieure basée sur une maison existante au village-musée de Ribe au Danemark. L'occasion de vivre l'histoire à travers récits, jeux, activités et mise en situation de la vie quotidienne…

SEINE-MARITIME

ORGANISER SON SÉJOUR

Dans cette partie, vous trouverez les informations essentielles pour rendre votre venue ici plus pratique et plus simple. Comment se déplacer ici ? Comment venir en Normandie ? Comment s'informer ? Comment se loger ? Autant de questions, certes basiques, mais qui ne doivent en rien mettre un coin dans votre plaisir de venir ici ! Nous avons donc recensé le meilleur, et parfois le plus original : si vous rêvez d'un séjour 100 % normand, si vous optez pour le covoiturage, si vous avez une envie folle de vous déplacer en camping-car, lisez les pages qui viennent ! Vous avez envie de vivre chez l'habitant, vous souhaitez un gîte complet, où bénéficier de quelques jours sur mesure, correspondant exactement à vos envies ? Là aussi, c'est ici que ça se passe ! Notre but : vous rendre la Normandie plus simple, et plus facile à arpenter, de manière à ce que vous puissiez optimiser au maximum votre temps ici.

S'Y RENDRE

Si sa situation géographique la place en bordure de l'hexagone, rien de plus simple pour autant que de venir ici. Côté train, certes pas de TGV (sauf une liaison quotidienne entre Le Havre, Rouen et Marseille), mais beaucoup de lignes interrégionales : de Rouen vers Lille ou Paris, de Cherbourg vers Paris en passant par Caen, de cette dernière ville vers Rennes ou Tours, par exemple. Si les liaisons aéroportuaires ne sont pas très nombreuses (les aéroports parisiens ne sont pas si loin), quelques plateformes assurent des vols réguliers vers d'autres villes françaises. Enfin côté autoroutier, le maillage est efficace : vous pouvez venir depuis le sud avec l'A84 et l'A28, depuis le nord via l'A29, et en provenance de la capitale avec l'autoroute de Normandie, notamment. Si vous venez d'outre-Manche, les ports de Caen-Ouistreham, Le Havre et surtout Cherbourg proposent de nombreuses liaisons en ferry.

AÉROPORT CHERBOURG-MANCHE

7, rue Jean-Mermoz
MAUPERTUS-SUR-MER
✆ 02 33 88 57 60
www.cherbourg.aeroport.fr
Ouvert chaque jour.

C'est une belle plateforme aéroportuaire, disposant d'équipements bien entretenus. Si, pendant des années, l'aéroport offrait une ligne régulière vers Paris, celle-ci a aujourd'hui disparu, laissant place à une aviation de loisir (l'aéro-club y est particulièrement dynamique) et à de nombreux vols de tourisme vers Ténérife, la Crête, les Canaries, la Croatie... L'accès depuis Cherbourg est aisé, comptez une quinzaine de minutes, un peu plus lorsque le trafic routier est dense.

AÉROPORT DEAUVILLE-NORMANDIE

DEAUVILLE
✆ 02 31 65 65 65
www.deauville.aeroport.fr
Ouvert toute l'année, 7 jours sur 7, de 9h à 20h.

Petit mais costaud ! A taille humaine, l'aéroport de Deauville compte bien faire parler de lui. Laissez-vous surprendre par un éventail de destinations des plus exotiques aux plus scandinaves : Tunisie, Grèce, îles Canaries, Croatie, Espagne, Baléares et Portugal, Italie, Malte, Bulgarie, Monténégro, Norvège... Pays du cheval oblige, un fret de chevaux aide au transit des champions en provenance d'Irlande et d'Angleterre pendant l'été et toute l'année pour les poulains et leurs mamans.

AÉROPORT DE CAEN-CARPIQUET

Route de Caumont - **CARPIQUET**
✆ 02 31 71 20 10 - www.caen.aeroport.fr
Bureau d'info : lundi à vendredi 8h-18h45, samedi 9h-12h et 14h-18h, dimanche 14h-18h. Desservi par la Liane 3 de Twisto

Nous sommes des inconditionnels de cet aéroport de proximité à taille humaine, où l'information est donnée sans courir d'un guichet à l'autre. En plus, l'aéroport de Caen n'affiche quasi aucun retard ! Sont régulièrement assurés des vols directs vers Ajaccio, Calvi, Figari et Nice (par Hop ! Air France), vers Bastia, Toulouse, Marseille, Lyon et Montpellier (par Volotea). Plus besoin de passer par la case Paris. Petit plus, le parking est gratuit pendant une heure. Décollage imminent.

GARE DE CAEN SNCF

15, place de la Gare
CAEN
✆ 36 35
www.gares-sncf.com/fr/gare/frcfr/caen
Parking, wifi, objets trouvés, bar, restauration, presse.

Caen est une gare desservie par des trains grandes lignes Intercités et des trains régionaux TER Normandie. La desserte grande ligne assure les relations Paris-Saint-Lazare, Cherbourg, Le Mans, Tours. La desserte régionale concerne les relations Rouen, Cherbourg, Saint-Lô, Coutances, Lisieux, Alençon, Le Mans ou Rennes. Intra-muros, la gare est desservie par un service de taxis (Taxis Abbeilles), le réseau Twisto (bus de ville et tramway), les Bus Verts (service interurbain) et Vélolib' ou Véloloc', le service de location de vélos.

VOUS AVEZ ENVIE DE PENSER À L'ÉTÉ ?
Bastia
Ajaccio
Calvi
Figari
À TRÈS VITE AU DÉPART DE CAEN !
aéroport
CAEN CARPIQUET
AIRFRANCE
VOLOTEA
INFORMATIONS ET RÉSERVATIONS AU
02 31 71 20 10
CAEN.AEROPORT.FR

GARE EVREUX NORMANDIE

Boulevard Gambetta - **EVREUX** ✆ 02 32 78 32 12
www.garesetconnexions.sncf/fr/gare/frevx/evreux-normandie
lun-ven de 5h à 22h30 ; sam de 6h05 à 21h50 ; dim de 7h à 21h50. Guichet : lundi au samedi : 9h15-12h40 et 14h05-17h45.

Située sur la ligne Paris-Cherbourg, la gare rebaptisée aujourd'hui Évreux-Normandie, est reliée par plusieurs dizaines de trains quotidiens à la Capitale et au littoral normand. Vous pourrez ainsi, en partant d'Évreux, rejoindre Bayeux et sa tapisserie, Caen, son Mémorial et ses plages du Débarquement, ainsi que Deauville et Trouville, les villes jumelles avec leurs casinos et leurs terrasses... et enfin Cherbourg et sa Cité de la Mer. Cette gare moderne vous proposera tous les services d'assistance aux voyageurs et même un baby-foot et un piano

GARE MARITIME DE CHERBOURG / TERMINAL FERRY

Quai de Normandie
CHERBOURG-EN-COTENTIN
✆ 02 33 88 44 88
Ouvert chaque jour.

Ce vaste bâtiment est le centre névralgique d'un port trans-Manche en activité permanente. Sur place, vous trouvez de multiples services : boutique de souvenirs, restauration, distributeur de billets, salle d'attente avec accès handicapés, téléphones publics, office de tourisme.Les lignes, saisonnières ou régulières, vous emmènent vers l'Angleterre et l'Irlande au départ de Cherbourg. Brittany Ferries relie l'Angleterre, Irish Ferries et Stena l'Irlande.

GARE SNCF D'ALENÇON

Place de la Résistance - **ALENÇON**
✆ 3635
www.ter.sncf.com/normandie
Guichet : lundi 7h25-12h / 13h-15h45. Mardi à vendredi 11h40-19h. Fermé week-end et jours fériés. Parking.

Alençon, sur la ligne Caen-Tours, est à environ 1h de Caen, 1h30 de Paris (via Le Mans en TGV) et 2h de Tours. La gare offre de nombreux services : guichet, bornes libre-service, distributeur de billets régionaux, photomaton, presse, objets trouvés. Ses abords ont fait l'objet de travaux importants afin que le site devienne un pôle multimodal. Le parking vélos est sécurisé et abrité. Vous pouvez rejoindre le centre-ville, ses différents quartiers et les communes de la Communauté urbaine via le réseau Altobus, et les villes ornaises via le réseau Cap Orne.

GARE SNCF ROUEN - RIVE-DROITE

1, place Bernard-Tissot
ROUEN
✆ 3536
www.voyages-sncf.com
Lundi à jeudi : 4h40 à 23h, vendredi : 4h40 à minuit ; samedi : 5h40 à minuit ; dimanche/jours fériés : 6h30 à minuit.

Avec une soixantaine de départs journaliers vers Paris ou le Havre, la gare de Rouen est une véritable plaque tournante pour les employés du bassin normand et de Paris. L'atout de cette gare réside aussi dans les trains régionaux mis en service avec le concours de la Région, pour desservir de nombreuses communes de la région. La gare propose plusieurs services : achat de billets, accueil des personnes handicapées, restaurants et vente à emporter, presse-tabac, agence de voyages...

BLABLABUS

CAEN
www.ouibus.com
Horaires et tarifs variables selon votre trajet.

Devenue BlablaBus il y a un peu moins de deux années, le service, connu auparavant sous le nom de Ouibus, dessert Caen, Le Havre et Rouen notamment. Les avantages sont multiples, parmi lesquels le fait de ne pas s'encombrer d'une voiture, et surtout des tarifs à très petits prix, parfois quelques euros, pas davantage. Evidemment, le temps de trajet est parfois un peu long (les arrêts intermédiaires peuvent être nombreux), mais pour vous rendre en Normandie depuis la capitale, il restera largement acceptable, et le service reste ponctuel.

FLIXBUS

avenue Champlain
ROUEN
www.flixbus.fr
Horaires et tarifs variables en fonction des destinations et des périodes.

Rouen, La Havre ou Caen : Flixbus propose de nombreuses liaisons depuis la capitale. Si les tarifs peuvent amener à évoluer en fonction de la période, le site, très bien fait, vous permet en parallèle de connaître le taux de remplissage d'un bus : c'est pratique pour mieux prévoir ! Si le prix d'appel est bas, il peut vite grimper en haute saison. Les bus, confortables, disposent du wifi, de toilettes et de prises électriques. Au-delà de la Normandie, le réseau permet de très nombreuses liaisons avec des villes françaises et européennes.

SÉJOURS ET CIRCUITS

Vous vous apprêtez à découvrir la Normandie pour la première fois et ne savez comment organiser votre venue ? Vous êtes vous-même normand et souhaitez être pris en main pour mettre en place un séjour lointain ? Ici, vous trouverez quelques adresses pour vous aider. Si certains adorent organiser eux-mêmes leurs vacances, pouvant passer des heures à choisir ce qu'ils estimeront être les lieux immanquables, d'autres ne veulent s'encombrer de la logistique, qu'il s'agisse des transports ou des réservations. C'est pourquoi de nombreuses agences, et tout autant de services, vous donneront la possibilité de s'en occuper. Certaines agences spécialisées vous proposeront des sorties originales, d'autres resteront plus classiques : à chacun ses préférences. Quoi de plus agréable que de prendre le temps de discuter et d'échanger sur la région que l'on s'apprête à visiter pour se faire une idée plus claire des bons moments qui vous attendent ?

SELECTOUR TRAVELIGNE

37, place des Carmes - **ROUEN** ✆ 02 35 70 77 07
www.traveligne.com
Le lundi de 14h à 19h ; du mardi au vendredi de 9h30 à 13h et de 14h à 19h ; le samedi de 10h à 12h et de 14h à 18h.

Cette petite agence de voyage rouennaise, installée depuis 1978, s'occupe d'organiser pour vous des prestations sur mesure. Forte d'une longue expérience et d'un carnet d'adresse garni, l'équipe de passionnés vous concoctera le voyage de vos rêves à moindre prix. Et si vous n'avez pas d'idée précise de ce que vous souhaitez, cette agence saura vous aiguiller parmi plus de 70 destinations sur les cinq continents. À vous de choisir parmi les thèmes proposés : bien-être et art de vivre ; aventure douce ; observation de la faune et de la flore ; tourisme solidaire.

LES VACANCES D'ANITA

19 bis, boulevard Robert Schuman - **CHERBOURG-EN-COTENTIN**
✆ 02 33 87 57 00
www.vacances-anita-cherbourg.fr
Ouvert du mardi au samedi.

Des voyages sur mesure, et qui changent des traditionnelles agences bien connues, certes efficaces mais qui ne peuvent offrir un luxe de détails comme on le fait ici. En plein cœur de Cherbourg, l'agence Les Vacances d'Anita vous permet en effet de prendre le temps d'un rendez-vous, et d'élaborer un séjour qui sera calibré selon vos exigences. Ici, les départs peuvent s'effectuer d'aéroports normands, comme Deauville-Normandie ou Cherbourg-Manche, vous évitant ainsi d'avoir à appréhender un passage par les gigantesques plateformes parisiennes : pratique !

TRIP NORMAND

121, rue Calmette - **MONDEVILLE**
✆ 02 31 82 06 75
www.trip-normand.fr
Du lundi au vendredi de 9h à 12h et de 13h30 à 18h, samedi de 9h à 12h.

Émanation de l'Association Sports et Loisirs (ASL) créée en 1971 par le comité d'entreprise de la Société Métallurgique de Normandie (SMN) - pour ceux qui s'en souviennent -, cette association propose des excursions, des visites et des escapades lointaines : une agence de voyage avec beaucoup plus de convivialité. Avec une adhésion à l'année, des tarifs préférentiels sont à portée de valise pour des vacances de rêves (croisières, circuits), des loisirs en veux-tu en voilà (de la pétanque à la réunion de philatélie en passant par l'atelier photo et le nautisme).

QUOTATRIP

www.quotatrip.com

QuotaTrip est une nouvelle plateforme de réservation de voyage en ligne qui met en relation des voyageurs à la recherche d'expériences authentiques et uniques et des agences de voyages locales sélectionnées pour leurs compétences et leur sérieux. Le réseau de QuotaTrip couvre près de 200 destinations du monde entier. Le but de ce rapprochement est simple : proposer un séjour entièrement personnalisé aux utilisateurs. QuotaTrip promet ainsi l'assurance d'un voyage serein, sur mesure, sans intermédiaires et sans frais supplémentaires.

SE LOGER

C'est bien simple : la Normandie est l'une des régions françaises disposant du plus grand nombre d'offres d'hébergements. S'il convient bien évidemment de choisir la bonne formule, et le rapport qualité-prix qui vous conviendra au mieux (pas de panique, le *Petit Futé* est là pour vous aider !), les possibilités sont vastes. Des hôtels, allant du plus modeste aux références internationales luxueuses, des campings, des chambres d'hôtes, des gîtes, rien ne manque ici. Le hic, c'est parfois de trouver comment bien choisir : les services sont nombreux pour vous aider. En moyenne, les tarifs pratiqués ici sont relativement abordables pour une région touristique comme la Normandie, bien loin des prix que l'on peut parfois découvrir avec stupeur dans la capitale ou des régions plus au sud. Mention toute spéciale enfin à la location chez l'habitant : les valeurs d'accueil ne sont pas de vaines notions ici.

FÉDÉRATION UNIE DES AUBERGES DE JEUNESSE €

www.fuaj.org

La formule est plébiscitée par les plus jeunes, et de manière plus générale par celles et ceux qui souhaitent voyager à moindre coût. Ainsi, les auberges de jeunesse gérées par la fédération du même nom. En Normandie, elles sont nombreuses : Caen, Cherbourg, Granville, la baie du Mont-Saint-Michel ou Rouen, elles sont bien entretenues et vous proposent différentes formules, de la chambre privative au dortoir. Une cotisation annuelle est demandée avant toute réservation.

GÎTES DE FRANCE NORMANDIE €€

www.gites-de-france-normandie.com

Partage, authenticité, responsabilité, engagement sont les valeurs des Gîtes de France depuis plus de 60 ans. En Normandie, pas moins de 1 500 chambres d'hôtes et 2 300 gîtes vous attendent. Vous pourrez également préparer votre séjour selon vos envies : endroits insolites et thématiques : séjours à la ferme, équitation (évidemment) ou encore à proximité du Mont-Saint-Michel ou des plages du Débarquement. Beaucoup de possibilités existent pour un séjour sur mesure.

CLES VACANCES NORMANDIE €€

www.clevacances.com

Disposant de plusieurs antennes locales en Normandie, le label Clés Vacances vous propose des centaines d'hébergements sur l'ensemble du territoire de la région. Ici, on vous assure que l'ensemble des propositions répond à la charte, et donc aux critères, spécifiés. Ici, vous aurez le choix entre des locations meublées ou des chambres d'hôtes, et le site internet, très bien fait, vous permet de préciser vos demandes, tout en vous donnant de très nombreuses idées de visites en Normandie. Les prix pratiqués, et l'étendue des choix sont les principaux atouts.

GITES.FR €€

www.gites.fr

Simple, pratique, efficace : ce site internet, qui propose des offres en matière de gîtes dans toute la France, vous permet de trouver en quelques clics l'hébergement qui vous conviendra. Environ 300 offres dans l'Orne, autant dans l'Eure, plus d'un millier en Seine-Maritime et dans la Manche, et plus de 2 000 dans le Calvados : difficile de ne pas trouver ce qui vous conviendra ! Vous choisissez le nombre d'heureux vacanciers, la localisation, et à vous le choix. Vous pouvez directement envoyer un message aux propriétaires pour en savoir davantage : pratique.

SE DÉPLACER

L'un des points forts ici, c'est l'excellent maillage en termes de transport, et les grandes facilités que vous rencontrerez en pour vous déplacer. Ainsi la région dispose de nombreuses lignes de train – gérés par la région – et qui fonctionnent plutôt bien, sur les cinq départements. Si les aéroports restent de taille modeste, certains proposent des liaisons nationales. Mais la région, c'est aussi – et surtout – un maillage autoroutier intéressant, et peu de territoires normands peuvent aujourd'hui être considérés comme enclavés. Autre mode de déplacement qui vous permet de bouger à moindre coût, les bus. Les liaisons assurées par les transporteurs locaux assurent la desserte de nombreuses petites villes, et les grandes sociétés nationales relient la capitale aux principales villes de la région. Enfin, ces dernières années, les initiatives se multiplient, à commencer par le covoiturage : intéressant et écologique !

MANCHE ÎLES EXPRESS

Gare maritime - **GRANVILLE**
✆ 08 25 13 10 50
www.manche-iles.com
Horaires des traversées disponibles sur le site Internet. Tarif aller-retour à partir de 35 €.

Véritable trait d'union entre les îles anglo-normandes et le département de la Manche, Manche Îles Express effectue une liaison régulière au départ de Granville, Carteret ou Diélette vers Jersey, Guernesey, Aurigny ou Sercq. Notez que les tarifs sont modulables en fonction de la durée de votre séjour sur place, mais aussi de la période pendant laquelle vous partirez. Les bateaux sont modernes et rapides, et les traversées s'effectuent en quelques dizaines de minutes : c'est le court laps de temps qu'il vous faudra pour vous retrouver chez nos voisins anglais.

ROUEN VÉLO-TAXI

ROUEN
✆ 06 41 26 71 74
3 € de prise en charge + 1,50 €/km/personne. Promenade : 11 € / 30 min. City tour d'1 h : 23 € ; à deux : 43 €.

Que ce soit pour polluer moins, pour aller plus vite aux heures de pointe et ne pas subir les travaux qui envahissent la ville, ou encore pour profiter de Rouen lorsque ces derniers seront terminés, rien de mieux que de commander un vélo-taxi ! L'idée est tout à fait séduisante, et les tarifs sont très abordables pour la prestation. Vous pouvez être à deux dans votre petite cabine, à regarder les paysages urbains défiler sous vos yeux sans vous fatiguer. L'option promenade vous permet d'aller faire votre shopping ou simplement flâner.

NOMAD TRAIN - TER NORMANDIE

✆ 08 00 80 18 01
www.ter.sncf.com

En Normandie, le train, c'est l'affaire de la région ! Depuis 2020, le réseau TER et Grandes Lignes a été rebaptisé Nomad. L'objectif : permettre au rail normand, en partenariat bien évidemment avec la SNCF, de proposer des offres plus claires. Dans la région, le réseau est vaste : aucune voie à grandes vitesses, mais de nombreuses petites lignes reliant les villes moyennes, l'ensemble articulé autour des grands axes que sont Paris-Caen-Cherbourg et Paris-Rouen-Le Havre.

COVOITURAGE 76

www.covoiturage76.net

C'est à l'initiative du conseil départemental que cette initiative a vu le jour. Le principe en est simple : vous vous inscrivez et donnez quelques détails, à commencer par le trajet que vous comptez effectuer. Que vous soyez régulier ou occasionnel, que vous disposiez d'une voiture – et souhaitez partager le trajet – ou en recherche d'une solution pratique et à moindre coût, vous rentrez le parcours que vous effectuez, et vous serez mis en relation. Avantages : la convivialité, les économies et, en plus, un petit geste pour l'environnement !

IDYLCAR ROUEN NORD

Route du château d'eau - **SAINT-JEAN-DU-CARDONNAY** ✆ 02 35 33 82 57
www.idylcar.fr
Ouvert du mardi au samedi de 9h à 12h et de 14h à 19h.

Envie d'un retour à la vie nomade, de sillonner les routes de France à bord d'un véhicule tout équipé ? Ne cherchez plus : l'équipe du réseau Idylcar, située au nord de Rouen (vous disposez d'une seconde localisation à l'est de la ville) vous donne les clés pour réussir vos vacances. Outre l'achat de camping-cars, de fourgons ou de caravanes neufs ou d'occasion, vous pouvez ici louer ! En effet, l'enseigne vous propose des forfaits pour partir à l'assaut de la Normandie avec votre camping-car, dont la taille sera adaptée à vos besoins.

LUCAS CYCLES

88, avenue de la République
DEAUVILLE
✆ 02 31 88 53 55
www.cycleslucas.com
Haute saison : ouvert tous les jours 10h-12h30 et 14h30-19h. Fermé le jeudi en basse saison.

La Côte Fleurie à vélo, en voilà une bonne idée futée. Lucas Cycles vous aide à partir à l'aventure à bicyclette depuis 1924. Que ce soit la location de vélos de ville, de plage ou même avec un petit coup de pouce électrique, il est certain que vous trouverez votre bonheur dans ce petit magasin « old school ». Vous pourrez aussi trouver des carrioles et vélos enfants. Les passionnés et déjà convaincus trouveront des conseils et un atelier qui se chargera de l'entretien ou de la réparation de leur petite reine. Et mieux vaut dire qu'ici, on en connaît un rayon !

CY'CLIC

Rue Bésus
ROUEN
✆ 08 00 08 78 00
Accès libre 24h/24 et 7j/7. 0 € la 1re demi-heure puis 1 € par demi-heure. Abonnements : 6 mois (15 €) ou un an (25 €).

Pour s'affranchir des embouteillages fréquents dans le centre-ville et parcourir Rouen tranquillement, un seul mot : Cy'clic ! Ces 250 vélos en libre-service sont accessibles dans 22 stations réparties dans la Métropole. Avant d'en emprunter un, réservez en ligne ou aux bornes des stations Cy'clic. Pensez à accepter les « Conditions générales d'accès et d'utilisation » et à autoriser la caution de 150 €. Le retrait des Cy'clic s'effectue tous les jours de 5h à 1h, mais il possible de retourner les vélos en station à tout moment. Libre à vous de rouler maintenant !

MAISON DU VÉLO

54, quai Amiral Hamelin
CAEN
✆ 02 31 34 45 70
www.maisonduvelocaen.fr
Mardi et vendredi 10h-12h30 et 15h-19h, mercredi 10h-12h30, samedi 10h-12h et 14h-18h.

Avis aux adeptes de la « petite reine » ! Pilotée par l'association Vélisol', la Maison du Vélo propose un large éventail de services. Location de vélos et d'équipements divers, circuit de vélo-école (afin de se remémorer le code de bonne conduite). Mais ce n'est pas tout, un atelier de réparation est ouvert à tous. Ici le mécano, c'est vous ! Et parce que le vélo c'est écolo, Vélisol' collecte des bicyclettes, les rénove et les remet en selle pour ainsi dire... Un bon plan pour acquérir un vélo pas cher, à condition de mettre aussi les mains dans le cambouis !

LES GRANDES ROUES

Boulevard des Amiraux - **GRANVILLE**
✆ 06 66 15 65 80
www.lesgrandesroues.fr
Ouvert tous les jours. Location : à partir de 30 € pour une 1/2 journée

Louer des vélos en vacances c'est bien, mais louer un vélo électrique, surtout si l'on veut ne pas limiter ses sorties à quelques kilomètres, c'est mieux ! C'est pourquoi Les Grandes Roues vous propose de louer de très baux *fast bikes,* qui vous aideront grandement dans l'accomplissement de votre parcours, et disposent d'une autonomie de 70 km ! Autre originalité de ces engins, leurs grandes roues, qui vous permettront d'arpenter plage, sentiers, forêts avec une chouette aisance. Différentes formules de location, pouvant aller jusqu'au mois, sont proposées.

VOICI DES AILES - ETRETAT LOCATION VÉLOS

2 bis, rue de Verdun
ETRETAT
✆ 06 11 59 54 67
www.larosedesvents-etretat.com/
Vélo électrique : 1/2 j : 15 €, 1 j : 25 €. VTC : 1/2 j : 11 €, 1 j : 16 €. Vélo enfant : 1/2 j : 6 €, 1 j : 10 €.

Rien de tel, pour profiter du grand air normand et courir la campagne, que la bicyclette ! Voici des Ailes vous propose toutes sortes de deux-roues pour toute la famille : le traditionnel pour ceux qui veulent éprouver les vallons du coin, le vélo électrique contre le petit coup de fatigue en bas de la côte, le VTC pour les chemins caillouteux ou la forêt, mais aussi la trottinette pour les urbains et la précieuse remorque pour y mettre Junior. Une belle façon de découvrir Etretat !

INTERVIEW

JOUSSE CAMPING-CARS

DES VACANCES COMME À LA MAISON !

Depuis plus de 40 ans, Jousse camping-cars accompagne les passionnés de caravaning souhaitant s'équiper des véhicules et des équipements dernière génération. Nous avons eu l'occasion de nous entretenir avec Jean-Marie Jousse, président et fils du fondateur de cette entreprise familiale…

Pouvez-vous nous présenter l'entreprise Jousse en quelques mots ?

Nous sommes une entreprise familiale, qui se transmet de père en fils depuis maintenant trois générations. Nous disposons de trois points de vente : au nord et à l'est de Rouen ainsi qu'à Evreux. Chaque point de vente se compose d'une partie magasin d'environ 400 m^2 où nous proposons entre 5 000 et 6 000 références d'accessoires comme des stores extérieurs, des panneaux solaires, des climatisations… Mais aussi d'une partie atelier où nous assurons les réparations, les révisions et le service après-vente. Nos équipes sont pluridisciplinaires afin de proposer tous les services en lien avec les véhicules récréatifs.

Quels types de véhicules proposez-vous en boutique ?

Nous proposons un grand choix de véhicules de loisirs : des caravanes, mais aussi des camping-cars (capucines, profilés, intégraux), et depuis plus récemment des fourgons et des «vans» à toit relevable. Ces derniers rencontrent beaucoup de succès car ils font moins de 2 mètres de hauteur. Pour les budgets limités, nous disposons aussi de véhicules d'occasion entièrement révisés dans nos ateliers et garantis, provenant de nos offres de reprise.

Proposez-vous la location de camping-car ?

Oui, nous proposons certains véhicules à la location. Tous ont moins de deux ans. Vous pourrez par exemple louer un fourgon, un camping-car classique, ou même un camping-car familial pouvant accueillir jusqu'à 7 personnes !

JOUSSE CAMPING-CARS

D6015 - Saint-Jean-du-Cardonnay
✆ 02 35 33 82 57 - *www.idylcar.fr*
Mardi-samedi 9h-12h et 14h-18h

S'INFORMER

Qu'il s'agisse de la presse, des chaînes de télévision ou de radio, de sites internet notamment : la Normandie compte de nombreux moyens de s'informer. Le choix est vaste : certains opteront pour de l'information locale, histoire de s'immerger complètement dans la vie normande, d'autres préféreront des moyens d'information qui, en plus du local, traitent du national et de l'international. Et puis une région, grande comme la Normandie, est en elle-même une source d'actualité suffisamment importante pour remplir les journaux, quels que soient leurs formats ! Notez enfin que la majeure partie des publications papier disposent de déclinaisons sur internet (et parfois même de leurs propres applications pour smartphones). La sélection que nous vous proposons ici n'est bien évidemment pas exhaustive, elle tend simplement à vous présenter la diversité des moyens qui sont mis ici à votre disposition.

C'EST A CHERBOURG

CHERBOURG-EN-COTENTIN

www.actu.fr/c-est-a-cherbourg

Gratuit.

Cet hebdomadaire papier gratuit, appelé *C'est à Cherbourg*, est distribué dans la ville. La publication, également déjà présente sur les réseaux sociaux, a su en quelques années trouver un public fidèle et intéressé. Et c'est vrai que c'est plutôt bien fait, et réussi : des sorties culturelles, des infos pratiques, des bons plans, rien ne manque à cette publication plutôt maligne, et très jolie. Pour trouver la publication, rien de plus simple : rendez-vous chez l'un des 150 distributeurs (des magasins la plupart du temps) partenaires !

FRANCE 3 NORMANDIE

41, rue Fred Scamaroni

CAEN

✆ 02 31 30 60 00

france3-regions.francetvinfo.fr/normandie

Toute l'actualité de la région.

Basé à Rouen et Caen, France 3 Normandie permet également, grâce à un efficace maillage comprenant également des antennes à Cherbourg, Avranches et Alençon, une information de proximité efficace et quotidienne grâce à deux journaux. Mais la déclinaison normande de l'antenne propose également de nombreux programmes et émissions, comme des journaux dédiés ou «Littoral», le magazine bien connu dédié à la mer. Le site Internet de l'antenne est également un excellent moyen de revoir vos programmes favoris, et propose même une vaste base d'archives vidéo.

FRANCE BLEU NORMANDIE

Quai de Boisguilbert

ROUEN

✆ 02 35 07 66 66

www.francebleu.fr/normandie-rouen

Fréquences : Evreux 89.5, Bernay 103.1, Dieppe 102.2, Fécamp 96.3, Le Havre 95.1, Rouen 100.1.

Diffusés sur l'ensemble de l'ancienne région Haute-Normandie, les programmes de l'antenne locale de France Bleu proposent les formules traditionnelles de la radio : vous y trouverez de l'information (locale, régionale et nationale), de la musique, des émissions de proximité, des tranches dédiées à la vie quotidienne, du sport, des agendas de sorties, mais pas seulement. Si vous aimez l'interactivité entre auditeurs et animateurs, vous serez servis, c'est leur marque de fabrique. Pas étonnant que ce soit l'une des premières radios normandes.

OUEST FRANCE

✆ 02 31 38 32 32

www.ouest-france.fr

Quotidien régional. 1,10 € chaque jour, 1,20 € le dimanche et 1,35 € le vendredi avec le magazine TV.

Le groupe Ouest-France, c'est d'abord le quotidien homonyme. En Normandie, pas moins de quatre départements (Manche, Calvados, Seine-Maritime, Orne) sont couverts par les publications qui se déclinent elles-mêmes en éditions locales. Ainsi la rédaction nationale et internationale traite de l'actualité globale, et les équipes de proximité des événements se déroulant autour de vous : infos pratiques, dernières nouvelles, proximité. Le quotidien propose un supplément TV, le vendredi. *Ouest-France* est tout simplement aujourd'hui le journal le plus édité en France !

PARIS-NORMANDIE

1, rue Grand-Pont
ROUEN
✆ 02 35 14 56 56
www.paris-normandie.fr
1,40 € le numéro. Boutique.

Distribué dans toute la région et créé en 1944, *Paris-Normandie* demeure le quotidien (payant) de référence pour s'informer sur le territoire et ses habitants, grâce à ses nombreux journalistes présents sur toute la région. De nombreux reportages, des enquêtes et des portraits figurent parmi la quarantaine de pages dédiées aux actualités régionales, départementales et ultra-locales. Outre les rubriques « actu », vous y trouverez aussi des cahiers « sports », « loisirs » et « faits divers ». Vous pouvez vous abonner à la version web comme à la version papier.

LA PRESSE DE LA MANCHE

9, rue Gambetta
CHERBOURG-EN-COTENTIN
✆ 02 33 97 16 16
www.lapressedelamanche.fr
1,10 € sur semaine et le dimanche ; 1,30 € le samedi.

C'est une institution dans le Cotentin. Aux côtés d'autres quotidiens ou hebdomadaires traitant de l'actualité locale, *La Presse de la Manche* connaît un succès qui ne se dément pas. À l'origine de celui-ci, un traitement quasi-exhaustif de l'actualité locale, presque village par village ! Couvrant une zone géographique s'étirant du nord du département au centre-Manche, le journal, tiré 7 jours sur 7, propose également de nombreuses informations pratiques et, en fin de journal, deux pages sur l'actualité nationale et internationale.

RADIO FG [98.7]

www.radiofg.com
Ecoutez FG en FM, DAB+, sur radioFG.com, applis, boxes, satellite et 4G (Fréquence Caen : 98.7)

Dotée d'une vraie identité musicale, Radio FG est la radio électro de référence, ouvrant son antenne aux meilleurs DJ. Elle propose un programme axé principalement sur la deep, la techno et la house-music. Acteur unique du paysage radiophonique français, Radio FG est la radio « Feel Good ». Depuis ses studios à Paris, elle diffuse son programme dans 34 villes françaises. A l'origine du mouvement French Touch, elle est le découvreur et l'incubateur de nouveaux talents, pionnier dans la diffusion et le rayonnement de l'électro en France et dans le monde depuis 1992.

TENDANCE OUEST [100.2]

30, avenue du 6 Juin - **CAEN**
✆ 02 31 30 29 33
www.tendanceouest.com

Cette radio indépendante grignote peu à peu la sympathie. Uniquement manchoise à ses débuts, elle a conquis le public jusqu'à revendiquer le rang de première radio indépendante de Normandie. À l'antenne, des infos régionales, des invités, des jeux, des bons plans et une bonne dose de musique. Parmi les émissions phares : Normandie matin, Tendance List, les bons week-ends, entre autres et leurs infos trafic, idées sorties, offres d'emploi et rubriques pratiques de proximité. Retrouvez l'actualité de la radio sur papier dans *Tendance Ouest* et sur le site Internet.

TENDANCE OUEST CAEN

30, avenue du 6 Juin
CAEN
✆ 02 31 30 29 33
www.tendanceouest.com
Hebdomadaire gratuit.

Si la version radio de Tendance Ouest (sur 100.2) séduit plus facilement les plus jeunes, la version papier capte, en revanche, tous les publics. Distribué gratuitement, le jeudi, sur les communes de l'agglomération de Caen la Mer (plus de 300 dépositaires à Caen) jusqu'à Bayeux en passant par Ouistreham, *Tendance Ouest Caen* est devenu en quelques années un journal attendu. Résultats sportifs, faits divers, actualité locale, régionale, nationale, internationale, horaires de marées : rien ne manque dan cet hebdomadaire gratuit !

TENDANCE OUEST ROUEN

30, rue de la République - **ROUEN**
✆ 02 35 98 28 62
www.tendanceouest.com
Ouvert du lundi au vendredi de 8h30 à 12h et de 14h à 18h.

Tendance Ouest, c'est d'abord une station de radio basée dans la Manche. Depuis sa création, en 1982, le groupe a eu le temps d'étendre ses activités. En 2011, il lançait son hebdomadaire gratuit *Tendance Ouest Rouen*, publié chaque jeudi. Parmi la vingtaine de pages éditées chaque semaine, on trouve des articles sur l'actualité de l'agglomération rouennaise et ses alentours, des rubriques « Sport », « Loisirs », « Cinéma », « Culture » « Tendances », ainsi que des petites annonces. Un hebdomadaire conçu pour mettre au courant de ce qui se passe près de chez vous.

INDEX

B

C

D

M

N

O

P

EDITION
Directeurs de collection et auteurs : Dominique AUZIAS et Jean-Paul LABOURDETTE
Avec la collaboration de Sylvie MOUCHEL, Anne CROCHARD, Virginie MAHIEU
Auteurs : Guillaume EUSTACHE, Mélodie VANESSE, Aude REMY, Delphine VICTOR, Muriel PARENT, Isabelle SZKARADEK, Marie DIAS-ALVES, Audrey OTTONELLI, Mathieu NORMAND, Carla FERRAND, Agathe ANDRIEU, Jean-Paul LABOURDETTE, Dominique AUZIAS et alter
Directeur Editorial : Stéphan SZEREMETA
Rédaction France : Elisabeth COL, Tony DE SOUSA, Mélanie COTTARD, Audrey VEDOVOTTO
Rédaction Monde : Caroline MICHELOT, Morgane VESLIN, Pierre-Yves SOUCHET, Natalia COLLIER, Laureen DUCHESNE

FABRICATION
Responsable Studio : Sophie LECHERTIER assistée de Romain AUDREN
Maquette et Montage : Julie BORDES, Delphine PAGANO
Iconographie et Cartographie : Anne DIOT assistée de Julien DOUCET

WEB ET NUMERIQUE
Directeur Web : Louis GENEAU DE LAMARLIERE
Chef de projet et développeurs : Nicolas de GUENIN, Adeline CAUX, Kiril PAVELEK
Intégrateur Web : Mickael LATTES
Webdesigner : Caroline LAFFAITEUR
Community Traffic Manager : Alice BARBIER, Mariana BURLAMAQUI et Vincent PHAM

DIRECTION COMMERCIALE
Directeur commercial : Guillaume VORBURGER assisté de Manon GUERIN
Responsable Régies locales : Michel GRANSEIGNE
Responsables Développement régie inter : Jean-Marc FARAGUET et Guillaume LABOUREUR
Chefs de Publicité : Camille ESMIEU
Chefs de Publicité Régie nationale : Caroline AUBRY, François BRIANCON-MARJOLLET, Perrine DE CARNE MARCEIN

DIFFUSION ET PROMOTION
Directrice des Ventes : Bénédicte MOULET assistée d'Aissatou DIOP
Responsable des ventes : Jean-Pierre GHEZ assisté de Nelly BRION
Relations Presse-Partenariats : Jean-Mary MARCHAL

ADMINISTRATION
Président : Jean-Paul LABOURDETTE
Directrice des Ressources Humaines : Dina BOURDEAU assistée de Sandra DOS REIS et Eva BAELEN
Directrice Administrative et Financière : Valérie DECOTTIGNIES
Comptabilité : Jeannine DEMIRDJIAN et Adrien PRIGENT
Recouvrement : Fabien BONNAN assisté de Sandra BRIJLALL et Vinoth SAGUERRE
Responsable informatique : Arney BADER

PETIT FUTÉ NORMANDIE
LES NOUVELLES EDITIONS DE L'UNIVERSITE
18, rue des Volontaires - 75015 Paris.
✆ 01 53 69 70 00 - Fax 01 42 73 15 24
Internet : www.petitfute.com
SAS au capital de 1 000 000 € - RC PARIS B 309 769 966
Couverture : © La Catène du Havre © Philippe Breard VDH
Impression : IMPRIMERIE CHIRAT - 42540 Saint-Just-la-Pendue
Achevé d'imprimer : mars 2021
Dépôt légal : 04/05/2021
ISBN : 9782305056159

Pour nous contacter par email, indiquez le nom de famille en minuscule suivi de @petitfute.com
Pour le courrier des lecteurs : info@petitfute.com

IMPRIMÉ EN FRANCE